797,885 Books
are available to read at

Forgotten Books

www.ForgottenBooks.com

Forgotten Books' App
Available for mobile, tablet & eReader

ISBN 978-0-260-31140-5
PIBN 10982842

This book is a reproduction of an important historical work. Forgotten Books uses state-of-the-art technology to digitally reconstruct the work, preserving the original format whilst repairing imperfections present in the aged copy. In rare cases, an imperfection in the original, such as a blemish or missing page, may be replicated in our edition. We do, however, repair the vast majority of imperfections successfully; any imperfections that remain are intentionally left to preserve the state of such historical works.

Forgotten Books is a registered trademark of FB &c Ltd.
Copyright © 2017 FB &c Ltd.
FB &c Ltd, Dalton House, 60 Windsor Avenue, London, SW19 2RR.
Company number 08720141. Registered in England and Wales.

For support please visit www.forgottenbooks.com

1 MONTH OF FREE READING

at
www.ForgottenBooks.com

By purchasing this book you are eligible for one month membership to ForgottenBooks.com, giving you unlimited access to our entire collection of over 700,000 titles via our web site and mobile apps.

To claim your free month visit:
www.forgottenbooks.com/free982842

* Offer is valid for 45 days from date of purchase. Terms and conditions apply.

English
Français
Deutsche
Italiano
Español
Português

www.forgottenbooks.com

Mythology Photography **Fiction**
Fishing Christianity **Art** Cooking
Essays Buddhism Freemasonry
Medicine **Biology** Music **Ancient Egypt** Evolution Carpentry Physics
Dance Geology **Mathematics** Fitness
Shakespeare **Folklore** Yoga Marketing
Confidence Immortality Biographies
Poetry **Psychology** Witchcraft
Electronics Chemistry History **Law**
Accounting **Philosophy** Anthropology
Alchemy Drama Quantum Mechanics
Atheism Sexual Health **Ancient History**
Entrepreneurship Languages Sport
Paleontology Needlework Islam
Metaphysics Investment Archaeology
Parenting Statistics Criminology
Motivational

LIBER FEODORUM.

THE BOOK OF FEES

COMMONLY CALLED

TESTA DE NEVILL,

REFORMED

FROM THE EARLIEST MSS.

BY

THE DEPUTY KEEPER OF THE RECORDS.

PART I.

A.D. 1198—1242.

LONDON:
PUBLISHED BY HIS MAJESTY'S STATIONERY OFFICE.

To be purchased through any Bookseller or directly from
H.M. STATIONERY OFFICE at the following addresses:
IMPERIAL HOUSE, KINGSWAY, LONDON, W.C.2, and
28, ABINGDON STREET, LONDON, S.W.1;
37, PETER STREET, MANCHESTER;
1, ST. ANDREW'S CRESCENT, CARDIFF;
23, FORTH STREET, EDINBURGH;
or from E. PONSONBY, LTD., 116, GRAFTON STREET, DUBLIN.

Price Twenty-one Shillings Net.

19576

PREFACE.

The Testa de Nevill *of 1807.*

In December 1804, the Royal Commissioners on the Public Records made an order :—
"That the Books intituled 'Testa de Nevill' in the King's Remembrancer's Office, containing an account of Knights' Fees and Serjeanties in the reigns of Henry the Third and Edward the First, be forthwith transcribed and printed."
The book thus authorised was published in folio in 1807, and for more than a century it has been "at once the hunting-ground and the despair of the topographer and the student of genealogy."[1] It bristles with error and confusion throughout. The very title-page is misleading:—
"Testa de Nevill sive Liber Feodorum in curia Scaccarii, Temp. Hen. III. and Edw. I."
Although the greater part of the text belongs to the reign of Henry III, the sections belonging to the reign of Edward I actually occupy less space than sections belonging to the reign of John, while some scattered sections date back even to the reign of Richard I.

The Preface runs as follows :—

"In the King's Remembrancer's Office of the Court of Exchequer are preserved Two ancient Books called the Testa de Nevill, or Liber Feodorum, which are described in the Return of Abel Moysey, Esq. Deputy King's Remembrancer, printed in the Reports from the Select Committee of the House of Commons, appointed to inquire into the State of the Public Records of the Kingdom, &c. Page 138, as containing "Nomina Villarum, Serjeanties, and Knights Fees, in

---

[1] Round, *The Commune of London*, p. 261.

Wt. 3705. 375. 12/20. H.T. Ltd.

several Counties, taken by Inquisition temp. Hen. III. and Edward I."; and it is there also observed, "that these Two Books contain the Compilations known by the Name of Testa de Nevill;" and that in the Cover of each Book there is a Memorandum in an ancient Hand, of which the following is a Copy; "Contenta pro Evidenciis habeantur hic in Scc'io et non pro Recordo."

"These Books contain principally an Account,

1. Of Fees holden either immediately of the King, or of others who held of the King in Capite, and if alienated whether the Owners were enfeoffed ab antiquo, or de novo, as also Fees holden in Frankalmoigne, with the Values thereof respectively.
2. Of Serjeanties holden of the King, distinguishing such as were rented or alienated, with the Values of the same.
3. Of Widows and Heiresses of Tenants in Capite, whose Marriages were in the Gift of the King, with the Values of their Lands.
4. Of Churches in the Gift of the King, and in whose Hands they were.
5. Of Escheats, as well of the Lands of Normans as others, in whose Hands the same were, and by what Services holden.
6. Of the Amount of the Sums paid for Scutage and Aid, &c. by each Tenant.

"The Books appear to have been compiled near the Close of the Reign of Edward the Second, or the Commencement of that of Edward the Third, partly from Inquests taken on the Presentments of Jurors of Hundreds before the Justices itinerant, and partly from Inquisitions upon Writs awarded to the Sheriffs for collecting of Scutages, Aids, &c.

"From what Circumstance they have obtained the Name of Testa de Nevill is not ascertained; there are however Two Persons, to either of whom they may

PREFACE.

be assignable, viz. Ralph de Nevill, an Accountant in the Exchequer and Collector of Aids in the Reign of Henry the Third, whose Name occurs in the Book p. 39, and Jollan de Nevill, a Justice itinerant, of the same Reign, who, as Dugdale in his Baronage, Vol. I. p. 288, supposes, may have been the Author.

"The Entries which are specifically entitled "Testa de Nevill," are evidently Quotations, and form comparatively a very small Part of the Whole : they have in all Probability been copied from a Roll bearing that Name, a Part of which is still extant in the Chapter House at Westminster, consisting of Five small Membranes, containing Ten Counties ; the Roll appears to be of the Age of Edward the First, and agrees verbatim with the Entries in these Books.

John Caley,
W. Illingworth, } Sub-Commrs."

There is evidence in one of the books of the old Record Commission preserved at the Public Record Office that this very perfunctory Preface was composed by Illingworth. Caley altered a few words in the draft and affixed his signature. Nevertheless he was described as "editor" and as having done work in "preparing and revising for press."[1] Illingworth is moreover credited with "attending at Chapter House, examining Testa de Nevill, abstracting, etc., transcribing and collating records." The suggestion in the Preface that part of the Book was copied from the roll formerly preserved at the Chapter House proves to be erroneous.[2]

If either Caley or Illingworth had studied the entry which stands first in the present edition, he might have

---

[1] For the amount of historical work professedly done by Caley in the early part of the nineteenth century, see *Dictionary of National Biography*, vol. viii. pp. 251, 252 ; Nicolas's *Observations on the State of Historical Literature*, pp. 140–142, and *Refutation of Palgrave*, pp. 194, 195.

[2] This roll is now numbered S. ij. 4. For examples of divergencies see pp. 99–102 below.

gone on to ascertain from Fuller's *Worthies* that Roger de Bavent who is described as sheriff of Yorkshire held that office in the reign of Richard I, and from Le Neve's *Fasti* that no Archbishop of Canterbury bore a name beginning with 'H' between the years 1205 and 1414. The editor or editors may of course have supposed that certain returns (now known to date from the year 1212) which contain allusions to 'King Henry, the king's father,' dated only from the reign of Edward I, but a return from the sheriff of Stafford addressed 'Excellentissimo domino suo J. Dei gracia illustri regi Anglie'[1] ought to have suggested to the most careless editor that it could not belong to either of the reigns mentioned on the title-page.

The Preface to the volume published in 1807, set out above, is followed by a list of counties and by facsimiles of two passages in the Edwardian manuscript. The text extends to 418 pages, printed in double column from a transcript made by "a man of the name of Simpson, who was a writer in the Exchequer."[2] Numerals in the margin indicate the pagination of the two volumes copied by him, and Illingworth collated his transcript with the Book. The notorious faults of the printed volume are presumably due to Caley, if, as stated, he "corrected the press."

Many as are the shortcomings of the Edwardian manuscript, the compilers of it generally had the good sense to leave blank spaces between the different sections, and furthermore to mark the beginning of each new section by a fresh heading in larger lettering. Nevertheless in the edition of 1807, sections different in character and in date are often printed consecutively, without even a note to suggest that there should be an interval between them. Conversely, blank spaces, emphasised by lines across the text, have been introduced at haphazard in sections which

---

[1] Page 141 below.
[2] *Report of Select Committee on the Record Commission* (1836), p. 55; Nicolas's *Refutation of Palgrave*, p. 172.

should proceed continuously. The most charitable theory is that Caley left the printers to deal with the transcript as they pleased. Anyhow, the result is chaotic.

The volume thus published in 1807 has an 'Index Locorum' and an 'Index Nominum,' compiled by a Mr. Ellis and a Mr. Horne respectively. The former, extending from page 419 to page 523, is in point of fact a series of indexes purporting to deal separately with the different counties. Some errors in it are clearly due to the arrangement of the Book itself. Although this index makes no attempt to correct, or to bring together, the variant forms of particular local names, it appears to be fairly complete. The index of persons, extending from page 524 to page 599, does not possess even that merit.

Considering the character of the printed 'Testa de Nevill,' it is not surprising that students, even some of the best, have been misled by it. In default of any editorial guidance, they have been left to determine for themselves whether particular entries date from the accession of Henry III. in 1216 or from any one of the succeeding years down to the death of Edward I. in 1307. Some writers have referred to "the date of the *Testa de Nevill*," apparently unaware that its contents range from 1198 down to 1293, nearly a whole century.

The Liber Feodorum *of 1302.*

The manuscript officially styled '*Liber Feodorum*' and commonly known as '*Testa de Nevill*' consists of two stout volumes of parchment leaves now measuring 12½ inches by 9 inches. Originally the pages were larger, but the medieval binder has cut down the margins, and even removed some of the writing at the tops and edges of the leaves. Recent investigations have led to the discovery of an entry of a payment debited to John of Drokensford, keeper of the Wardrobe, in June 1302, which gives the date at which the Book was written and even the name of the scribe, in the following words :—

"Eidem, ix° die Junii, iij.s. liberati Willelmo de Coshals, clerico, in persolucione iiij.l. xiij.s. pro lxij. peciis scribendis de libro qui vocatur librum (sic) de feodis, videlicet pro pecia xviij.d."[1]

In the same year, the Book was bound. Among the entries of further payments debited to John of Drokensford there is the following:—

"Eidem, xxiiij^{to} die Novembris, x.s. liberati Johanni le Lumynor pro ligatura duorum librorum de feodis Anglie de novo scriptorum, per preceptum P. de Wylughby, tenentis locum thesaurarii, nunciante W. de Brichull'."[2]

Nine years later, the Book was certainly in use. On the 3rd of November, 1311, a royal writ was issued to the Treasurer and Barons of the Exchequer ordering search to be made in the rolls of their department as to the rights of the Crown in the hospital of Hornchurch during the voidance of the office of warden. In reply the Treasurer and Barons supplied some information from a roll of the year 1253 and added:—

"Comperimus eciam in libro feodorum in Essex in Testa de Nevill' in Hundredo de Bekyntre quod ecclesia de Haveringges est de donacione domini regis, et Rex Henricus avus dedit eam fratribus de Monte Jovis."[3]

Their reference is to page 247 of the second volume of the Book of Fees, which contains a transcript of part of the record of the proceedings before the justices in eyre in Essex in the years 1218–1219.[4] It should be noted, however, that the passage is not described in the Book as derived 'de Testa de Nevill'; indeed none of the matter transcribed for that county bears that description.

In like manner on the 1st of July, 1314, the Treasurer and Barons were directed to supply information with

---
[1] Issue Roll, Easter, 30 Edw. I. m. 1.
[2] Issue Roll, Mich. 30–31 Edw. I. m. 4.
[3] Chanc. Inq. Misc. file 72. no. 11.
[4] Printed on page 276 of the present edition.

PREFACE. ix

regard to the manor of Boxworth in Cambridgeshire, and they answered :—

"Compertum est in libro feodorum sub titulo Baronie Picoti quod Rogerus de Huntingfeld tenet in Bokesworth quartam partem unius feodi de domino rege."[1]

Their reference is to page 589 of the second volume of the Book of Fees.

It is not necessary to accumulate later instances in which the officers of the Exchequer furnished the Chancery with extracts of this kind. When asked for information concerning tenures, they regularly referred to the *Liber Feodorum*, just as they did to Domesday Book and to the Red Book of the Exchequer, which were also in their custody.[2]

A transcript of the sections of the *Liber Feodorum* relating to Lincolnshire was, in or soon after 1327, sent to the collectors of scutages in that county, together with a few brief extracts from the Red Book of the Exchequer.[3]

The identification of the two volumes which were completed in 1302 with the existing *Liber Feodorum* would be perfectly satisfactory in all points but for a definite reference in it to the Pipe Roll of 1319. This occurs in a list of fees in the county of Northampton copied from a return of 1242, and runs as follows :—

"Gilbertus de Preston' dimidium feodum in Gretton per cartam Regis Johannis et sicut continetur in rotulo xij° Regis Edwardi filii Regis Edwardi in Northamton'."[4]

Although the word '*et*' is interlined, the whole entry might at first sight appear to be contemporary with the entries that precede it. Close examination, however, shows

[1] C. Inq. post mortem, Edw. II. file 34. no. 4.
[2] *See* Chancery Writs and Returns, *passim* ; *Calendar of Inquisitions post mortem* vol. vi. pp. 15, 105, 136 ; vol. vii. pp. 215, 400 ; vol. viii. pp. 76, 77, 436, 446.
[3] This transcript, having been returned, is now numbered S. j. 8.
[4] *Liber Feodorum*, vol. i. p. 102 and p. 931 of the present edition.

that the later part of it is written in a hand slightly larger than that used in the first seven words of the entry, and that the original arrangement of the sections, or paragraphs, had left a blank space at this point in which it was easy to make an insertion. It is in fact almost certain that the words '*per cartam*' down to '*Northamton*' were added to the text as a gloss in a hand very similar to that of the original scribe, after the year 1319.

The arrangement of the quires of the two volumes shows that the order of their contents was for some time in doubt. There is evidence that the scribe copied the matter for many of the counties continuously, beginning each new county as he came to it, whether in the middle of a quire or not, but that at other times he followed a different system and began to write upon a new quire of parchment when he reached a fresh county. A detailed description of the quaternions of the two volumes will be found in a special appendix. Here it need only be noted that the quaternions which now stand at the beginning of the second volume were at one time intended to come first in the whole book.

The present covers of the two volumes are modern. The old covers are still in existence, wooden boards covered with leather, showing traces of metal bosses and clasps. A detailed account of them is given in a special appendix.

The contents of the Book purport to be arranged county by county, the pairs of counties which shared a sheriff being sometimes treated as one unit and sometimes subdivided. The scribe, however, was working from originals grouped according to the dates of successive enquiries, and he must have found the re-arrangement of his material somewhat complicated. In many cases he was able to proceed without much difficulty, though not without incidental error. But in other cases he had to deal with documents, such as eyre rolls, where a single membrane might contain matter relating to different counties, much to his embarrassment. A curious instance of this occurs in the second volume of the Book on pages 649 to 668, where the scribe has copied an eyre roll relating to Yorkshire, Lincolnshire and Lancashire consecutively, heading each page with the words ' *Com' Ebor*'.[1] After completing the transcript, he discovered his error and endeavoured to correct it by altering the headings; nevertheless the matter relating to Lincolnshire and Lancashire remains imbedded in the section relating to Yorkshire. Other instances of the same kind could be given.

But the division of the material by counties involved the scribe in other difficulties from which he had no simple means of escape. While a return from the sheriff of a particular county could without hesitation be assigned to its proper place, a return from the steward of an honour extending over several counties was obviously troublesome. If such a return were cut up and distributed, its unity was destroyed, and the connexion between the separated portions obscured; if the whole return were placed under the county that contained the '*caput*' of the honour, the lands that lay in other counties were misplaced. No uniform method was devised to deal with such difficulties.

A lack of system is particularly apparent in the treatment of the accounts of the collectors of the Aid of 1235 for the marriage of the king's sister. While collectors were appointed for the several counties, the payments for the Aid were due from the stewards of the honours. The scribe seems to have made a half-hearted attempt in some few cases to enter all manors both under the county where they lay and under the county where the '*caput*' of the honour was to be found. For instance his version of the account for Staffordshire begins with extracts from the accounts for Oxfordshire, Berkshire and Worcestershire, and he was so much occupied in collecting these that he omitted nearly all the items which really belonged to Staffordshire, and did not even give the names of the collectors for that county. The paragraphs so extracted

[1] Pp. 355-370 of the present edition.

are indeed given again in their proper places, with the result that Englefield, Compton Beauchamp and six other places in Berkshire figure in the printed index of 1807 as being in two different counties far apart. In other cases, part of a document is copied in one section and part in another.

Within the several county sections, the arrangement of the transcripts does not follow any very definite order. In almost every case, however, the scribe begins with one of the lists connected with the Scutage of Gascony of 1242, the latest and fullest with which he had to deal. A whole quire is sometimes interpolated giving transcripts of documents which had not been copied in the first instance. Thus in the section relating to Norfolk and Suffolk the continuity of a return of fees in 1242 is broken by the insertion of sixteen pages of different matter.[1] When the scribe found two manuscripts of a list, he usually copied both. There is thus a good deal of duplication, especially in the pages relating to the Aid of 1235 and the Scutage of Gascony. Some documents having little or no connexion with feudal tenures also got included in the compilation.

Of the two volumes one, now styled the first, begins with Nottinghamshire and Derbyshire; the other begins with Kent. The arrangement of the counties within the volumes is neither alphabetical nor geographical, but we may here and there perceive traces of an intention to follow the sequence of the counties as given in Domesday Book. The arrangement of the quaternions throws more light on this question.

The title of the Book.

The main title given to the printed edition of 1807 has been the subject of much discussion. In point of fact, the two books had been known as '*Testa de Nevill*' from an early date, although their official name was, as has been seen, '*Liber Feodorum.*' At the same time this singular title has never been satisfactorily explained. The word

---

[1] Vol. ii. pp. 297–312.

PREFACE. xiii

'*Testa*' strictly means an earthen vessel, but by metaphor it was also used for a skull, and so, later, for a head. It is of course conceivable that small rolls of parchment might have been kept in an earthen jar, especially if it had a cover. Nevertheless the alternative translation of 'head' is clearly preferable in this case.

The earliest known reference to the Book of Fees as the '*Testa de Nevill*' occurs in the year 1383. In the course of a dispute between the abbot and convent of Croyland and the collectors of an aid in Lincolnshire as to the tenure of certain lands at Langtoft and Wyham, the monks in their petition to the king and council speak of

"Une livre qe homme appele Teste de Nevill, ensemble des enquestes de office, qe nest pas de record."[1]

Thus it is clear that '*Testa de Nevill*' as the alternative title of the '*Liber Feodorum*' was already in popular use, and that the French word '*Teste*' was regarded as the equivalent of the Latin '*Testa.*'

It is well known that the officers of the medieval Exchequer were wont to mark particular collections of records with symbols as well as with verbal inscriptions. Many such symbols are given in Stapledon's Calendar of the year 1323.[2] Some were more or less heraldic, such as an ermine shield for Armenia and a fleur-de-lys for France. A fortified gateway denoted Newcastle, and a ship denoted Hull, while three herrings marked Yarmouth. At least five of the receptacles for records in the Treasury of the Exchequer bore drawings of human heads. King Edward was represented wearing a crown, the Archbishop of Canterbury wearing a mitre, and John le Latimer with a triple head, befitting an interpreter. In view of these facts, it seems likely that the receptacle for certain early documents relating to knights' fees, serjeanties and the like bore the drawing of a head, the head of Nevill. The person so

---

[1] *Rotuli Parliamentorum*, vol. ii. p. 71.
[2] *Ancient Kalendars of the Exchequer*, vol. i. pp. xxvi, xxvii.

designated, without a Christian name, has not been identified. It is only permissible to suggest that he was one of the many Nevills who held official positions in the thirteenth century, that he was well known at the Exchequer, and perhaps that his features lent themselves readily to caricature.

There is no obvious reason why a quaint nickname which was strictly applicable to about a quarter only of the contents of the Book of Fees should have become the popular title of the whole work. The compiler did not in a single instance begin his work upon any county with matter described as taken '*De Testa de Nevill*,' or '*Ex Testa de Nevill*,' or as being '*In Testa de Nevill*.' Nor do such words appear on the title-page of either volume.

Before attempting to deal with the sources from which the Book was compiled, it will be well to touch upon the motives which led to its preparation. There can be little doubt that the immediate cause is to be sought in the assessment, in the year 1302, of an Aid for the marriage of the eldest daughter of Edward I. For the purposes of any aid or scutage the collectors had to obtain information as to knights' fees and their holders, and for this they normally had to rely upon precedent. But from time to time the Exchequer would bestir itself and make a new enquiry, based of course on the results of the last enquiry of the kind, and this would serve as a model, until it in turn became antiquated. In the year 1302, the governing documents were the inquisitions taken in connexion with the Scutage of Gascony in 1242,[1] and, in a secondary degree, the previous enquiries of 1235 and 1212. The '*carte*' of the barons in 1166 had been already transcribed into the Red Book of the Exchequer. As a preliminary to the enquiry of 1302, steps were taken to collect and preserve the existing precedents in a handy form. It was moreover

---

[1] It might have seemed more likely that the part of Kirkby's Inquest (1285) which deals with knights' fees should have been so used. It did not, however, relate specifically to a scutage or aid.

thought desirable to deal not only with the fees which were liable to the contemplated Aid, but also with serjeanties which might be made to yield revenue to the Crown. And in consequence, matter connected with these was collected from various sources. The result is to be seen in the two volumes of the Book of Fees.

The Original Sources.

Most of the documents transcribed were taken from the general records of the Exchequer, from that section of them which afterwards became the records of the King's Remembrancer. But among them were at least two collections which bore specific names. The first and largest of these was that known as '*Testa de Nevill.*'

The earliest allusion to a collection of documents under this name occurs in an Exchequer roll of the year 1298, and runs as follows :—

"Henricus le Moigne, filius et heres Willelmi le Moigne, finem fecit cum rege per xviij.l. pro relevio terre sue de Eynstan quam de rege tenet in capite per seriantiam lardenarie regis, quam quidem terram Radulfus Monachus, antecessor ipsius Henrici, tenuit per eandem seriantiam, et valet terra illa per annum xviij.l. sicut continetur in rotulo Teste de Nevill' sub titulo Hundredi de Dunmawe."[1]

Here the reference is not to a book, but to a roll described as a roll of '*Testa de Nevill.*' The document itself has disappeared, but a transcript of it in the Book of Fees shows it to have been a record of the justices in eyre in Essex in 1218–1219.[2] As has been already mentioned, the scribe of the Book of Fees never states the source of the documents which he transcribed for Essex; and the above entry is particularly valuable as showing that this matter was derived from a manuscript in the '*Testa de Nevill.*'

In constructing a list of the contents of the ancient

---
[1] L.T.R. Memoranda Roll. Easter 26 Edward I. rot. 80.
[2] Printed on pp. 274–278 of the present edition.

collection known as '*Testa de Nevill*,' the chief guide that remains is to be found in the notes in the Book of Fees. These notes were not made systematically, and, as in the case of Essex, there is clear evidence that the scribe did not always mention the fact that a particular document came from the '*Testa de Nevill*.' But assuming—and it is a fair assumption—that such a note appended to one or more of the documents in a particular set is evidence as to the origin of the whole set, it is possible to draw up a list of those documents in the collection which were transcribed into the Book of Fees :—

Assessments of serjeanties in connexion with the carucage of 1198.

A list of fees in the Bishopric of Durham, about 1208–1210.

Lists of ecclesiastical fees seized during the interdict of 1208–1213.

An isolated return of fees, serjeanties and aliens' lands in Gloucestershire between 1211 and 1213.

Returns to the inquest of 1212.

Extracts from the rolls of the justices in eyre in 1219 and 1227.

Carucage accounts for Berkshire and Gloucestershire in 1220.[1]

A series of extracts from eyre rolls of various dates.

An early but undated list of payments due from towns in three hundreds in Leicestershire.

An enquiry touching the manor of Ospringe in Kent, made about 1240.

There may have been other documents in the collection, and it is clear that some were added at a later date. Thus a few original documents relating to the Scutage of Gascony bear on the dorse a note:—'*Testa de Nevill*.' So again a series of abstracts from a return of fees in three hundreds of

---

[1] Probably all the documents relating to this carucage were in the collection. But those for the other counties were not transcribed in 1302, and are now in the class of Subsidies.

PREFACE. xvii

the county of Huntingdon in 1303, made apparently in the later part of the fifteenth century, and so intrinsically of little value, has a heading in the original hand:—'*In baga de Testa de Nevill.*'[1]

The other collection seems to have been labelled:— '*Seriantie arentate per Robertum Passelewe tempore Regis H. filii Regis Johannis.*' It comprised two or more rolls, containing the proceedings and results of Passelewe's commission to arrent serjeanties, of which only one roll is still in existence.[2] With these rolls there was also a set of extracts from documents of various dates, being duplicates of those contained in the '*Testa de Nevill.*' To these, after the completion of Passelewe's enquiry, were added returns for several counties, containing the result of an enquiry taken about the year 1251.

At the date of the transcription of the Book of Fees, both sets of documents mentioned above had already suffered serious losses, and some of those that survived had been damaged and mutilated. Within a few months of its completion many of the original documents which had been copied into it were lent to the principal agents employed in the assessment and collection of the Aid for marrying the eldest daughter of Edward I. On the 6th of February, 1303, the Deputy-Treasurer and the Barons of the Exchequer made an order 'that all the old rolls concerning the fees of divers persons in the several counties of England, which are in the custody of John of Kirkeby, Remembrancer of the Exchequer, shall be delivered, or sent under seal' to the officers appointed to survey or direct the collection of the Aid, together with copies of the lists of all fees entered in the Red Book. Particulars

---

[1] S.iv.18. The original return has for a long time past been numbered Subsidies 122/3. *Feudal Aids*, vol. ii.

[2] This roll is now among the miscellaneous rolls of the Lord Treasurer's Remembrancer, where there is also a transcript of it. In all probability it was lent to that department by the King's Remembrancer for transcription, and never returned. L.T.R. Miscellaneous Rolls 1/11; the transcript is 1/12.

are given of the exact number of 'pieces' which were thus lent to the collectors for thirteen groups of counties. Among the documents described as 'divers rolls' were those connected with the scutage of 1242. A smaller number of documents are specifically stated to have belonged to the 'Testa de Nevill,' and endorsements can still be seen on some rolls of the years 1212 and 1219 agreeing precisely with the figures given in 1303. It is not, however, possible to identify all the originals which were lent, and, although we are specifically told that all the rolls, except a single 'piece' relating to Devon and Cornwall, were duly returned to the Exchequer, many have disappeared in the course of the six succeeding centuries.

But the very existence of the Book of Fees led to a long neglect of the rolls transcribed into it. The Book, rather than the original rolls, became the normal source of information, and the originals became absorbed into the general collection of the King's Remembrancer. Dugdale's *Baronage of England* ' published in 1675 contains various marginal references to '*Testa de Nevill*,' meaning the two volumes. The original rolls and certain early copies of them seem indeed to have lain neglected until after the publication of the folio volume in 1807. Some of them are mentioned in 1812 as having been 'discovered in the office of the King's Remembrancer at the Exchequer at Westminster.'[1] In 1834, Joseph Hunter identified many of the originals with the transcripts of them in the Book, and brought them together.

In 1859, some of the materials for the Book known as '*Testa de Nevill*' constituted bundle 894 of the Ancient Miscellanea of the Queen's Remembrancer of the Exchequer.[2] As left by Hunter, the little collection comprised not only certain early documents which had been in '*Testa de Nevill*' at the time of the compilation of the Book of Fees,

---
[1] *First Report from Commissioners on Public Records*, p. 196; *Report of Select Committee on the Record Commission* (1836), pp. 55, 444, 445.
[2] *Twentieth Report of the Deputy Keeper of the Records*, App., p. 132.

but also other documents which had been transcribed in that book˙ without any indication of their former place of deposit. Additions were made to this bundle from time to time upon no particular system, and it eventually developed into a small class known by the new name of 'Knights' Fees.' It had, however, never contained all the surviving originals of the Book of Fees; some of these bearing the endorsement '*in libro*,' put on them at the date of their transcription, had found their way into the class known as Subsidies; others have been discovered in recent years in the course of a further examination of the remaining Miscellanea of the Exchequer.

In the class of 'Knights' Fees' these documents were not arranged in any order, topographical or chronological; and in some cases membranes were found to have been fastened to other membranes with which they had no relation. For the purposes of the present edition, a re-arrangement was found to be necessary; and, although it has proved impossible to reconstitute the files in strict accordance with the medieval endorsements on some of the membranes, an improvement has been effected in that direction. A record of the relation between the old and the new arrangement has been preserved, and, in order to prevent any possible confusion, the name of the class has been altered. With but few exceptions the rolls used for the present edition are now to be found in a bundle bearing the new title of 'Exchequer K.R. Serjeanties, Knights' Fees, &c. ij.' The collection comprises not only original documents but also sundry transcripts, extracts and lists made at the Exchequer both before and after the compilation of the Book of Fees.

Neither the original rolls nor the transcripts of them in the Book can be regarded as wholly satisfactory manuscripts. The originals are in part illegible owing to careless treatment in the past; and, even when well preserved, they frequently present difficulties due to the varying styles of writing employed by provincial scribes. Moreover, they blunder now and then over names. The text of the Book is still less satisfactory. It is indeed well written and in very good preservation, but the transcriber of 1302 was clearly without much knowledge of the handwriting of an earlier period, and he is prone to error in the matter of capital letters, a particularly embarrassing characteristic in a manuscript replete with proper names.

The Exchequer authorities in the year 1302 were not disposed to exaggerate the authority of the Book of Fees compiled under their own direction. On one of the fly leaves in the second volume is a note, which may possibly be in the hand of the transcriber himself, in the following terms:—

"Memorandum quod iste liber compositus fuit et compilatus de diversis inquisitionibus ex officio captis tempore Regis Edwardi filii Regis Henrici, et sic contenta in eodem libro pro evidenciis habentur hic in Scaccario et non pro recordo."

The Book, it is thus clear, was regarded as a collection of evidences and not as a record, that is to say not as in itself peremptory proof of its own statements. The same phrase recurs in the petition of the monks of Croyland already cited in another connexion. The book called 'Nevill's Head' is, they say, a collection of 'enquestes de office, qe nest pas de record.' On more than one occasion, the memorandum in the Book was cited by the Treasurer and Barons of the Exchequer themselves.[1] Nevertheless, long afterwards, in 1836, C. P. Cooper, Secretary of the Record Commission, stated:—'The Testa de Nevill has always been received as evidence in courts of justice; it is in the nature of a record; it has always been considered like Doomsday Book, as a work of the greatest authority.'[2] Whatever may be the legal status of the Book of Fees,

---

[1] C. Inquisitions post mortem, Edw. III. file 78 no. 1; file 136. no. 19.
[2] *Report of Select Committee on the Record Commission*, p. 253.

PREFACE. xxi

there can be no question as to its historical value. To the student of tenures it is of the first importance; to the genealogist and the topographer it is equally indispensable, and those interested in these subjects will need no incitement to consult it. But it may be well to point out that these are not the only studies for which the Book of Fees may supply material. Even when its text appears to be a mere list of persons and places, the student may suddenly come upon an illuminating sentence, or still more often an unintelligible statement which may become the starting-point of a new and fruitful line of research.

The present Edition.

The plan of the present edition of the Book of Fees differs entirely from that of 1807. It would, of course, have been possible to follow the order of that edition, taking the Edwardian text as a foundation and correcting it where necessary by collation with such of its originals as have survived. But in view of the general character of that manuscript, there seemed no reason to perpetuate the confusions, caprices and blunders of the scribe of 1302. From another point of view, there was much to be said in favour of re-arranging the matter under counties in chronological order. But the practical difficulties of such an arrangement would have been great, and it would have separated documents that had a common origin, thus obscuring much of their significance. A third course was therefore adopted. In the present edition the material contained in the Book of Fees is re-distributed in more or less chronological order, so that all the returns and lists made in connexion with particular enquiries or proceedings are brought together. It will be found that by far the greater part relates to one or other of the following subjects :—

The enquiry as to serjeanties in 1198.
The enquiry as to tenures and alienations in 1212.
The eyres of 1219 and 1227.
The carucage of 1220.

The Aid for marrying the king's sister in 1235.
The enquiry as to aliens in 1236.
The scutage of Gascony in 1242.
The enquiry as to serjeanties and aliens in 1244.
The arrentation of serjeanties in 1250.

The remaining material is mostly of a local and casual character, and in some cases it cannot be regarded as the outcome of any known enquiry.

The total number of documents transcribed in the Book is about five hundred. Few of them bear a specific date, and the task of supplying the right one has not been easy. There have indeed been some previous attempts to determine by internal evidence the dates of the lists relating to a few of the counties, but they have generally failed because their authors have seldom realised that the documents with which they were dealing were only parts of returns for the whole realm.

For each of the sections now formed a special introduction has been written, explaining the origin and nature of its contents and setting forth the grounds on which a date has been assigned to it. Nothing more than this has been attempted. In many of the sections the matter falls naturally into counties or groups of counties. Where no particular order was suggested by the materials, the counties have been arranged in a topographical order, beginning with Kent, roughly following the arrangement of Domesday Book.

A few documents which were not transcribed into the Book of Fees have been included in certain sections of this edition. In some cases it was clear that the scribe of 1302 had omitted them accidentally. In other cases the new matter was so closely connected with the old that it seemed unreasonable to exclude it merely on the ground that the scribe had not made use of it. But no attempt has been made to collect all unprinted documents relating to feudal tenures during the period covered by the Book.

A certain number of illustrative documents will be found in the appendix. They have been chosen, either as explanatory of some of the more difficult documents printed in the body of the book, or as throwing additional light upon certain of the general enquiries there dealt with.

In the preparation of the present edition, the intention throughout has been to give the contents of the Book of Fees in their most authentic form. Recourse has therefore been had in the first instance to earlier sources, to the very rolls which were transcribed into it in 1302. Where such still exist, the text has been based directly upon them, and it has not been considered necessary to collate their readings with those of the Book. Unquestionable originals, noted with the words "*in libro*" or "*transcribitur*," are obviously preferable to mere copies of them made long afterwards. In some cases, early copies of lost documents have proved useful for purposes of comparison. Many of the originals have unfortunately disappeared in the course of six centuries, and so a considerable part of the text is of necessity based upon the Book alone.

It cannot of course be claimed that even the originals, when extant, are free from error. Sheriffs, royal commissioners and jurors might sometimes be misinformed as to matters of fact. Clerks of justices going in eyre to distant counties, and clerks working only at Westminster, were alike liable to miswrite proper names with which they were not familiar. Some emendations and critical remarks have been placed in footnotes to the present edition, and there is doubtless room for further emendation.

In one section only, that relating to serjeanties of various dates (pp. 335–352), has any attempt been made to construct an eclectic text from several versions, all of questionable authenticity.

While retaining as far as possible the orthography of the manuscripts here printed, considerable liberty has been taken in matters of punctuation and the like. Long paragraphs have sometimes been broken up, and, less frequently, short sentences have been grouped into paragraphs. For the sake of uniformity and convenience, marginal headings have often been transferred to the body of the text, at the beginning or end of the entries to which they respectively refer. Lacunae in the manuscripts have been marked by asterisks. Illegible portions have been indicated by dots. Missing words supplied from another manuscript have been placed within square brackets. Such words as are undoubtedly additions to the manuscript have been printed in italic type. In most cases these are the working notes made by clerks at the Exchequer while using the original rolls, such notes having been systematically omitted by the transcriber of 1302 as not important for his purpose. Sums of money described as *libre, solidi, denarii* and *oboli* have been rendered as l.s.d. ob. and *marce* have been rendered as m. Christian names indicated only by an initial have not been extended, except in the case of Kings Henry, John and Edward, and in cases where the name is to be found in full close by.

It has not been found possible to adopt an absolutely consistent plan for the spelling of proper names; the medieval scribes were themselves inconsistent in their practice. Such names might either be Latinised and inflected, as was usual with most Christian names and the names of counties and large towns, or they might be regarded as vernacular and therefore indeclinable. The normal abbreviation by suspension (*i.e.* by the omission of a letter or letters at the end of the name) often leaves us uncertain as to the writer's intention, since the sign employed may stand either for a final 'e' or for an inflection. As a general rule such names are here printed in extended form up to the point where an inflection might begin, an apostrophe indicating that the name is abbreviated. When a Latinised form is clearly indicated, the name is printed in full with the appropriate inflection. Some inconsistency will be found in the treatment of names ending in 'd', as it is often difficult to determine whether or not an abbreviation was intended. Instances have been found of the doubling of a final letter to indicate abbreviation, as

'Sarr'' for 'Saresberia.' In such cases the doubling has usually been neglected in the printed text.

The marginal references show the manuscripts available for the several sections. With the exception of pp. 335–352, the text is printed directly from the manuscript mentioned first. References to the Book of 1302 are given by volume and page. A table shows where any passage in the Book of 1302, or in the printed *Testa de Nevill* of 1807, is to be found in the present edition.

The Latin text has been prepared by Mr. C. G. Crump, of the Public Record Office, with the assistance of Mr. A. S. Maskelyne and other officers of the Department. Mr. J. H. Round has read many of the proof-sheets, and I am indebted to him for valuable suggestions. The Rev. C. W. Foster, Canon of Lincoln, the Rev. H. E. Salter and Mr. H. H. E. Craster have kindly helped to solve difficulties arising out of the lists relating to Lincolnshire, Oxfordshire and Northumberland. For the general scheme of the work, for the introductions to the several sections, upon which its chronology depends, and for some of the footnotes, I am primarily responsible.

H. C. MAXWELL LYTE.

Public Record Office,
July, 1920.

CORRIGENDUM.

On page 583, cancel lines 38 and 39, which are printed again on page 1150 in their proper place.

(xxvii)

KEY to the arrangement of the contents of the *Liber Feodorum* (1302), the *Testa de Nevill* (1807), and the present Edition (1920), the numerals in *italic* type referring to Part II.

1302.	1807.	1920.	1302.	1807.	1920.
NOTTINGHAM AND DERBY.			NORTHUMBERLAND.		
I. 1–6	1–2	*998–1001*	I. 141–143	38	26–28
6–24	2–6	*985–998*	143	,,	567
25–36	6–9	*978–985*			
37–41	9–10	*993–996*	NORTHAMPTON.		
41–49	10–11	*985–991*	144–147	31–32	502–505
49–52	11–12	*996–998*	147	32	556–557
52–55	12–13	*991–993*	148–151	32–33	*1221–1224*
55–57	13	*978*	152–154	33	*1175–1177*
57–59	13–14	*1320–1321*	155–156	33–34	505
60–62	14–15	*976–978*	156–160	34	*946*
63	15	*1255*	161	34–35	*See* p. 505.
63–70	15–16	*1194–1199*	162–165	35–36	*943–946*
70–73	16–17	286–288	165–167	36	17–19
73–75	17	223–224	167–171	36–37	*1287–1290*
75–83	17–19	148–153	171	37	*1138*
83–85	19–20	372–374	,,	,,	*1131*
86–88	20–21	531–534	,,	,,	*1256*
89	21	530–531	172	,,	608
89–90	,,	529–530	,,	,,	9
90–93	21–22	535–538	172–173	38	*1149–1150*
93	22	*1136*	173	,,	565
93–94	,,	7–8			
94–95	22–23	230–231	RUTLAND.		
95	23	348	175	39	*1150–1151*
,,	,,	352	,,	,,	10
96		348	176		506
,,		352			
,,		*1194*	WORCESTER.		
,,		558	178–181	39–40	*959–962*
100–101	,,	*1150*	182	40	376
NORTHAMPTON.			182–183	,,	526–527
102–122	23–27	*930–943*	184–185	41	527–529
122–125	27–28	602–605	186–191	41–42	35–39
126–129	28–29	494–496	192	42	609–610
129–133	29–30	496–498	192–193	,,	610
133–141	30–31	498–502			

KEY—cont.

1302.	1807.	1920.	1302.	1807.	1920.
WORCESTER—cont.			GLOUCESTER.		
I. 193	43	346	I. 342–346	73–74	438
193–195	,,	1290–1291	346–350	74–75	438–441
195	,,	570–571	351–356	75–77	441–445
196–198	43–44	139–141	356–359	77	49–51
199	44	1137	360	,,	1258
199–200	,,	583–584	,,	77–78	343–344
200	,,	559	361–362	78	1187–1188
			362–365	,,	1248–1250
SALOP AND STAFFORD.			365–370	78–81	306–312
202–215	44–47	962–970	371	81	376–377
215–225	47–49	970–975	372	,,	1134
226–233	49–51		,,	,,	1258
233–237	51–52	542–545	372–373	81–82	818–819
237	52	558	373–374	82	343–344
238–240	,,	593–595	374	,,	1157
240–241	53	453	,,	..	560
241–242	,,	458			
242–243	,,	528–529	WARWICK AND LEICESTER.		
243	,,	545	375–381	83–84	506–511
243–244	,,	546	381–387	84–86	632–635
244–247	53–54	383–385	387–408	86–88	1274–1282
247	54	636	408–409	88–89	1230–1231
248–251	54–55	141–143	409	89	1180
252–257	55–56	144–148	409–410	,,	,,
257	56	1257	410–416	89–91	511–516
257–261	56–57	542–545	416–417	91	568
261–265	57–58	1241–1244	417–421	91–92	516–521
265–267	58–59	1244–1246	421–423	92–93	374–376
268	59	1185–1186	423	93	1131–1132
268–272	,,	1183–1185	,,	,,	1138
272–276	59–60	1283–1286	,,	,,	1257
277	60–61	539–540	424	,,	8–9
277–279	61	538–539	426–427	93–94	521–523
279	,,	1134	427–429	94	523–526
279–280	61–62	6–7	430	,,	583
280	62	558	,,	,,	1150
			431–446	94–99	946–959
HEREFORD.					
281–312	62–67	797–812	OXFORD AND BERKS.		
313–314	67	382	446–459	100–103	833–842
314–322	67–69	812–818	459–473	103–106	820–830
322–323	69	437–438	474–478	106–107	251–253
324–327	69–70	99–102	478–480	107–108	254–256
327–330	70–71	1246–1248	481–484	108–109	830–833
330–336	71–72	1270–1274	485–489	109–110	845–850
337–338	72	1186–1187	490–493	110–111	850–852
338	,,	1134	493–501	111–113	445–450
,,	,,	1258	501–503	113–114	554–556
339	,,	5–6	503	114	556
339–340	73	343	,,	,,	557
340	,,	1157	,,	,,	,,
,,	,,	569	503–504	,,	559

KEY—cont.

1302.	1807.	1920.	1302.	1807.	1920.
OXFORD AND BERKS—cont.			SOMERSET AND DORSET—cont.		
I. 504–505	114	*1215–1216*	I. 699–711	160–163	78–86
506	115	*1230*	712–725	163–166	87–95
506–507	,,	*1172–1173*	725–727	166	427–429
507	,,	344	727–732	166–168	260–263
507–512	115–116	116–119	733–735	168	*753–755*
513–519	116–117	450–455	735–736	,,	562–563
519–520	117–118	587–589	736	168–169	*1135*
521–522	118–119	119–120	737–739	169	429–431
522–523	119	11	739–744	169–170	424–427
523–526	,,	457–459	744–747	170–171	377–379
526	,,	*1131*	747–748	171	*1170–1171*
,,	,,	*1132*	748–750	,,	*1182–1183*
,,	,,	607	750–758	171–173	*1264–1270*
526–528	,,	613–614	758–759	173	*1209–1210*
528–529	120	39–40	759–763	173–174	*1239–1241*
529	,,	*1154*	763	174	*1156*
530	120–121	626	763	,,	*1257*
531–544	121–124	*852–861*			
545–550	124–126	*862–866*	DEVON.		
551–555	126–127	*842–845*	765–800	175–184	*771–797*
555	127	610	801–811	185–187	*1307–1315*
556–557	,,	385–386	811–812	187	393–394
558–563	127–129	105–109	812–814	187–188	431
563–574	129–131	109–116	815–836	188–194	*755–771*
574–583	131–133	292–297	836–840	194–195	95–98
583–586	133–134	102–104	841–846	195–196	431–435
WILTS.			846	196	*1131*
588–598	135–138	*719–727*	846–848	196–197	263–265
599–604	138–139	,, ,,	849–850	197	*1250–1251*
605–618	139–143	*708–719*	850–853	197–198	*1262–1264*
619–621	143	585–587	853	198	342
621–627	143–145	*744–747*	854–855	,,	*1188–1189*
627–630	145	421–424	855–856	,,	*1297–1298*
630–635	146–147	*1224–1228*	856	,,	*1258*
635–636	147	341–342	856–858	198–199	611–613
637–638A	,,	*1177–1179*	858	199	560–561
638A–639	148	420–421	860–864	199–200	396–401
639	,,	*1132*			
,,	,,	*1257*	CORNWALL.		
640–641	148–149	11–13	865–868	201	435–437
641	149	607	868–877	201–203	40–45
641–642	,,	341–342	877	203	342–343
642–643	,,	,, ,,	877–882	204–205	*1315–1319*
644	,,	563	882	205	568
645–658	149–153	*727–736*	,,	,,	*1298*
658–661	153	*748–749*	883		342–343
662–681	153–156	*737–743*			
681–689	156–158	*719*	KENT.		
690–693	158–159	379–382	II. 1–17	205–210	*670–684*
SOMERSET AND DORSET.			18–32	210–215	*654–670*
694–699	159–160	*750–753*	32–36	215–216	269–271

KEY—cont.

1302.	1807.	1920.	1302.	1807.	1920.
	KENT—cont.			BEDFORD AND BUCKINGHAM—cont.	
II. 37–38	216	*1251–1252*	II. 193–198	253–254	469–473
38–39	216–217	*1189*	198	254	242
39	217	339	,,	,,	344–345
,,	,,	,,	199–205	254–256	*1210–1215*
41–42	,,	569–570	205–207	256	*1228–1230*
42–47	217–218	620–623	208–209	256–257	*1171–1172*
48	218	565	209–210	257	*1179–1180*
48–49	218–219	*1152–1153*	210–211	,,	*1154–1155*
49	219	*1258*	211	,,	*1155*
,,	,,	607	213–215	257–258	460–463
49–50	,,	13	215–218	258–259	463–466
			219–223	260–261	19–22
	SURREY AND SUSSEX.		223–226	261–262	466–469
53–56	219–220	*684–688*	227	262	566–567
57–60	220–221	,, ,,	,,	,,	*1131*
61–65	222–223	*688–693*	,,		*1256*
66–70	223–224	,, ,,	,,		*1257*
72–80	224–226	65–70	228		10–11
80	226	340			
81–85	226–227	70–73		ESSEX AND HERTFORD.	
85	227	*1153*	229–238	263–265	478–484
86–87	227–228	273–274	238–239	265	484–485
88–92	228–229	*1235–1238*	240–241	265–266	477–478
92	229	*1153*	241–242	266	476–477
,,	,,	*1257*	243–244	,,	589–591
93		272–273	244–250	267–268	274–278
94		*1238–1239*	251–252	268	*1217–1218*
,,		*1137*	253–259	268–270	120–125
95		559–560	259–260	270	125–126
,,		567	260–261	,,	126
			261–262	271	*1161–1162*
	SOUTHAMPTON.		263–264	,,	578–579
96–116	230–234	*693–708*	265–267	271–272	614–616
117–122	235–236	73–77	267–270	272–273	*900–902*
123–129	236–237	256–259	270	273	*1133*
130	237	340	,,	,,	*1256*
130–133	237–238	*1168–1170*	271	,,	608
133–135	238	417–419	271–274	273–274	236–239
135	,,	636	274–279	274–275	240–243
135	,,	,,	279–280	275–276	232–233
136–139	239	46–48	280–281	276	345
139	.,	*1137*	281–282	,,	*1174*
,,	240	*1256*	282	276–277	561–562
140–145	240–241	*1301–1306*	283–285	277–278	478–483
146–147	241–242	*1155–1156*	286–288	279	627–628
147	242	567	288–289	279–280	14–15
			289–293	280–281	485–490
	BEDFORD AND BUCKINGHAM.		294	‹281	*1154*
151–192	242–253	*866–897*	,,	,,	*1152*
192	253	344–345	,,		571

KEY—cont. xxxi

1302.	1807.	1920.	1302.	1807.	1920.
NORFOLK AND SUFFOLK.			CAMBRIDGE AND HUNTINGDON—cont.		
II. 295–296	282	*902–904*	II. 599–600	356–357	*492–493*
297–300	282–283	*591–593*	600–601	357	*493*
300–302	283–284	*576–578*	601	,,	*1173*
302–305	284–285	*278–281*	,,	,,	*1181–1182*
306–308	285	*281–283*	602	,,	*346*
308	285–286	*608*	602–603	,,	*1217*
,,	286	*10*	603–605	357–358	*1233–1235*
309	,,	*1151*	606	358	*567–568*
310–311	,,	*1174–1175*	606–607	,,	*571*
311	286–287	*566*	607		*1299–1300*
313–325	287–290	*904–913*	608		*1133*
325–330	290–291	*913–917*	608		*1256*
330–336	291–293	*917–920*	,,	,,	*1257*
336–352	293–296	*126–139*	,,	,,	*9*
353–355	296–297	*402–404*	608–611	358–359	*628–631*
356–359	297–298	*1218–1221*			
359–360	298	*346*	MIDDLESEX.		
360–363	298–299	*1166–1168*	613–615	360	*897–899*
364–371	299–300	*386–392*	616–617	360–361	*272*
371–372	300–301	*491–492*	617	361	*899*
372	301	*1133–1134*	617–619	,,	*473–474*
,,	,,	*1133*	619–621	361–362	*475–476*
			621	362	*1152*
LINCOLN.			621–622	,,	*899–900*
373–414	301–312	*1067–1097*	622		*11*
414–479	312–328	*1004–1052*	,,	,,	*561*
479–480	328	*1147–1148*			
480–498	328–332	*1052–1064*	YORK.		
498–502	332–333	*1002–1004*	625–638	363–365	*1097–1104*
503–561	334–347	*160–197*	638–648	366–368	*1097–1103*
561–564	347–348	*157–160*	649–653	368–369	*355–359*
565–568	348	*283–286*			
568–571	348–349	*1231–1233*	LINCOLN.		
571	349	*1244*	653–662	369–371	*359–363*
571–572	349	*546–547*			
573–576	350	*1064–1067*	LANCASTER.		
577	,,	*549*	662–668	371–372	*366–370*
577–578	350–351	*549–550*			
578–579	351	*548–549*	YORK.		
579–580	,,	*1136*	668–669	373	*1135–1136*
580	,,	*1257*	669	,,	*564–565*
580–581	351–352	*1158–1159*	670–671		*535–537*
581	352	*351*	671–672	373–374	*523*
582	,,	*348–349*	672–673	374	*550–551*
582–583	,,	*1180–1181*	673–675	,,	*32–33*
583	,,	*1147–1148*	675–680	374–375	*246–249*
584	352–353	*563–564*	680–681	376	*350*
			681	,,	*1256*
CAMBRIDGE AND HUNTINGDON.			682–688	376–377	*1199–1203*
587–592	353–354	*921–925*	688	377	*608*
592–598	355–356	*925–930*	689–690	,,	*4–5*

KEY—cont.

1302.	1807.	1920.	1302.	1807.	1920.
	YORK—cont.			LANCASTER—cont.	
II. 690–691	378	350	II. 844–845	409–410	349–350
691	,,	352	845–849	410	1190–1192
,,		1258	849	,,	1258
691–692	,,	1148	849–850	410–411	595–597
			851	411	349–350
	CUMBERLAND.				
693	378	553		WESTMORLAND.	
,,	,,	1149	853	412	552–553
693–695	378–379	265–267			
696–699	379–380	197–199		DIVERS COUNTIES.	
700–701	380	350–351	859–861	412–413	1138–1140
701–703	,,	1253–1255	861–862	413	571–573
703	381	1137	862	,,	1259
,,	,,	1258	863	,,	625
704		350–351	863–866	414	1292–1294
705	,,	1255	866	,,	678
			,,	,,	1296
	NORTHUMBERLAND.		867	,,	1295
717–748	381–388	1111–1130	,,	414–415	631–632
749–753	388–389	597–600	868	415	936
753–758	389–390	See p. 652	868–869	,,	584–585
758–760	390–391	249–250	869–870	,,	600–601
760	391	5	870–871	415–416	579–580
760–763	,,	370–372	871	416	580
763	,,	1149	872	,,	580–581
764–775	392–393	200–205	872–873	,,	581
776	393	1255	873	,,	582
,,	,,	351	874	,,	1141
776–780	393–394	1192–1194	877	416–417	582
780–781	394–395	553–554	878	417	346
781	395	1137	,,	,,	340
782–784	395–396	23–26	,,	,,	,,
			,,	,,	342
	LANCASTER.				346
785–802	396–400	1104–1111	879–880	,,	346–348
802–803	400	551	880	,,	348
803–804	,,	551–552	880–881	417–418	340–341
804–807	401	267–268	881	418	607
808–838	401–408	206–223	,,	,,	344
838–842	408–409	225–228	882		1153–1154
843–844	409	1252–1253	,,		559

CONTENTS
OF PART I.

		PAGE
A.D. 1198.	Introduction	1
	York	4
	Northumberland	5
	Hereford	5
	Salop and Stafford	6
	Nottingham and Derby	7
	Warwick and Leicester	8
	Northampton	9
	Cambridge and Huntingdon	9
	Rutland	10
	Norfolk	10
	Bedford	10
	Middlesex	11
	Oxford	11
	Wilts	11
	Kent	13
A.D. 1204–1212.	Introduction	14
	Hertford	14
A.D. 1208–1209.	Introduction	16
	Northampton	17
	Buckingham and Bedford	19
A.D. 1208–1210.	Introduction	23
	Bishopric of Durham	23
A.D. 1208–1213.	Introduction	32
	Honour of Tickhill	32
A.D. 1208–1213.	Introduction	34
	Bishopric of Worcester (1208–1211)	35
	Bishopric of Lincoln (1209–1212)	39
	Bishopric of Exeter (1208–1212)	40
	Hyde Abbey (1208–1213)	46
A.D. 1211–1213.	Introduction	49
	Gloucester	49
A.D. 1212.	Introduction	52
	Surrey	65
	Sussex	70
	Southampton	73
	Somerset	78

cxiv CONTENTS OF PART I.

.D. 1212—cont.   PAGE
         Dorset   87
         Devon   95
         Hereford   99
         Oxford   102
         Berks   105
         Borough of Wallingford   109
         Honour of Wallingford   116
         Essex and Hertford   120
         Norfolk and Suffolk   126
         Worcester   139
         Stafford   141
         Salop   144
         Nottingham and Derby   148
         Lincoln   153
         Cumberland   197
         Northumberland   200
         Lancaster   206

D. 1211–1213. Introduction   229
               Nottingham and Derby   230

D. 1214–1215. Introduction   232
               Fees of Raimes and Helion   232

rions dates.   Introduction   234
               Honour of Boulogne   236
               ,,   ,,   ,, (1217–1218)   240

D. 1219.   Introduction   244
               York   246
               Northumberland   249
               Oxford   251
               Berks   254
               Southampton   256
               Somerset and Dorset   260
               Devon   263
               Westmorland, Cumberland and Lancaster ..   265
               Kent   269
               Sussex   272
               Surrey   273
               Essex   274
               Norfolk   278
               Suffolk   281
               Lincoln   283
               Nottingham and Derby   286

. 1220.   Introduction   289
               Berks   292
               Windsor   302
               Gloucester   306

CONTENTS OF PART I. xxxv

			PAGE
A.D. 1220—*cont.*		Honour of Wallingford	312
		Oxford	315
		Northampton	319
		Norfolk and Suffolk	326
		Hertford	331
		Huntingdon	333
Various dates.		Introduction	335
		Kent	339
		Surrey	340
		Sussex	340
		Southampton	340
		Wilts	341
		Somerset and Dorset	342
		Devon	342
		Cornwall	342
		Hereford	343
		Gloucester	343
		Oxford	344
		Berks	344
		Buckingham and Bedford	344
		Essex and Hertford	345
		Norfolk and Suffolk	346
		Cambridge and Huntingdon	346
		Northampton	346
		Worcester	346
		Salop	346
		Stafford	348
		Nottingham and Derby	348
		Lincoln	348
		Lancaster	349
		York	350
		Cumberland	350
		Northumberland	351
		Honour of Peverel	352
		Honour of Tickhill	352
A.D. 1226–1228.		Introduction	353
		York	355
		Lincoln	359
		Lancaster	366
		Northumberland	370
		Nottingham and Derby	372
		Leicester, Warwick, Worcester, Gloucester, Somerset, Dorset and Wilts	374
		Hereford, Salop, Stafford and Berks	382
		Norfolk and Suffolk	386
A.D. 1228–1229.		Introduction	393
		Cornwall	393

xxxvi CONTENTS OF PART I.

		Page
A.D. 1234.	Introduction	395
	Fees of William Briwere	396
A.D. 1235.	Introduction	402
	Norfolk and Suffolk	402
A.D. 1235–1236.	Introduction	405
	Sussex	417
	Southampton	417
	Wilts	420
	Dorset	424
	Somerset	427
	Devon	431
	Cornwall	435
	Hereford	437
	Gloucester	438
	Oxford	445
	Berks	457
	Bedford	460
	Buckingham	460
	Middlesex	473
	Essex and Hertford	476
	Suffolk	490
	Norfolk	491
	Cambridge	492
	Huntingdon	493
	Northampton	494
	Rutland	506
	Warwick	506
	Leicester	516
	Worcester	526
	Derby	529
	Nottingham	531
	Salop	538
	Stafford	542
	Lincoln	546
	York	550
	Lancaster	551
	Westmorland	552
	Cumberland	553
	Northumberland	553
	Honours of Wallingford, Peverel and Giffard	554
	Aid of Prelates	558
	Divers Counties	569
A.D. 1236.	Introduction	574
	Fees of Robert Fitz Walter	576
	Fees of Henry de Pinkeny	579
	Fees of William Patrick	580
	Fees of Andrew de Helion	580

CONTENTS OF PART I. xxxvii

		PAGE
. 1236—*cont.*	Fees of Roger Fitz Payn	581
	Fees of Ralph Pirot	582
	Honour of Peverel of Dover	582
	Fees of the Prior of Coventry	583
	Fees of the Abbot of Pershore	583
	Fees of the Bishop of Worcester	584
	Fees of the Abbot of St. Edmunds	584
	Wilts	585
	Oxford	587
	Essex and Hertford	589
	Norfolk and Suffolk	591
	Stafford	593
	Lancaster	595
	Northumberland	597
	Liberty of St. Edmunds	600
. 1236 (?).	Introduction	602
	Northampton	602
	Introduction	605
	Fees of Margery de Reviers	607
	Introduction	609
	Worcester	609
. 1237.	Introduction	611
	Devon	611
	Oxford	613
	Essex and Hertford	614
	Cambridge and Huntingdon	616
	Lincoln	616
	Surrey	617
	Gloucester	617
	Sussex	618
	Nottingham and Derby	618
	Essex	618
	Rutland	618
	Norfolk and Suffolk	619
. 1240.	Introduction	620
	Manor of Ospring, &c.	620
. 1242.	Introduction	625
	Extracts	625
ertain dates.	Introduction	626
	Oxford	626
	Essex and Hertford	627
	Introduction	628
	Cambridge and Norfolk	628
	Introduction	631
	Hereford	631

Uncertain dates | | | | | | | PAGE
—cont. | Introduction | .. | .. | .. | .. | .. | .. | 632
| Leicester | .. | .. | .. | .. | .. | .. | 632
| Introduction | .. | .. | .. | .. | .. | .. | 636
| Fragments | .. | .. | .. | . | .. | 636

A.D. 1198.

THE earliest documents entered in the Book of Fees belong to the last year but one of the reign of Richard I. Roger of Howden states that in 1198 the king exacted an aid or 'tallage' of 5s. from every carucate of land in England, the normal carucate comprising a hundred acres. A clerk and a knight were sent to each county in order to make the necessary assessment, in conjunction with the sheriff and lawful knights chosen for the purpose. The chronicler, after giving particulars of the system adopted, proceeds to say that the results of the enquiry in each county, styled by Bishop Stubbs "a new Domesday inquest," were eventually recorded on rolls kept by the clerk, the knight, and the sheriff and by the stewards of the different barons so far as their respective lords were concerned.

All the information thus collected with regard to knights' fees has long since been lost. Lands, however, which were held by serjeanty, by the performance of particular services, were in a separate category :—
" Serjanteriæ vero domini regis quæ non erant de feodis militum excipiebantur ; sed tamen imbreviabantur, et numerus carucatarum terræ, et valentiæ terrarum, et nomina servientum ; et omnes servientes illi summonebantur esse apud Lundonias in octavis clausi Pentecostes, audituri et facturi præceptum domini regis."[1]

The king's order thus mentioned was that his tenants by serjeanty should contribute to the levy, each of them being expected to make a 'fine,' or composition in money.

The existence of transcripts of some of the reports of the commissioners of 1198 was unsuspected until 1888, when Mr. J. Horace Round drew attention to the fact that they had been "in type for more than eighty years," having been included "in that strange medley of returns" published under the name of 'Testa de Nevill.' As specimens, he printed the passages relating to the counties of York, Hereford, and Warwick and Leicester, and he concluded his article by expressing a hope that other fragments of the survey of 1198 would be identified.[2]

In the following pages are now given the passages relating to nineteen counties. None of the original returns are extant and we are thus entirely dependent upon the transcripts in the Book of Fees, which are scattered as usual throughout the book, and bear no indication of date.

It will be observed that some of the entries conclude with a note that a particular serjeant " venit " or " non venit," or that he " offert " a specified sum of money. These notes may have been made by the local commissioners in view of the natural unwillingness of the persons concerned to undertake a journey to London with the certainty of eventually having to pay. It

---
[1] *Chronica Magistri Rogeri de Houedene* (ed. Stubbs), vol. iv. pp. 46, 47.
[2] *English Historical Review*, vol. iii, pp. 501–510. In the same year, Sir Henry Barkly came to a similar conclusion with regard to the same counties, York, Hereford, Warwick and Leicester. *Transactions of the Bristol and Gloucestershire Archæological Society*, vol. xiii. p. 26.

is more probable, however, that they were made in London, on or after the day on which the serjeants had been ordered to appear there. The compilers of the Book of Fees did not attempt to distinguish between the original text of the returns and any notes added thereto. To them are due the headings "De Testa de Nevill" indicating the source of their information.

YORK. The return is addressed to Hubert, Archbishop of Canterbury, who was justiciar from 1193 to 1198. Roald, Prior of Guisborough, the first commissioner named, occurs in 1199.[1] Roger de Bavent, the third, was acting as sheriff from Easter 1194 to Michaelmas 1198. The mention of the octave of the Close of Whitsun as the day on which the serjeants ought to have appeared in London tends to prove the accuracy of Howden's narrative.

NORTHUMBERLAND. Although the return does not give the number of carucates held by certain serjeants named, it specifies the values of their respective serjeanties, and the 'fines' offered are noted in two cases. Sewal fitz Henry, William of Byker and John fitz Joel are alike mentioned as holding by serjeanty in this county in 1203.[2] If, as seems likely, the serjeanty of Sigga fitz Reynold lay in the wapentake of Sadberge, the entry concerning him must be anterior to March 1200, when that wapentake was transferred from the county of Northumberland to the bishopric of Durham.[3]

HEREFORD. The return is, like that from Yorkshire, addressed to the Archbishop of Canterbury.

SALOP. Mr. Eyton, the historian of this county, has, on different pages of his work, ascribed this return to various dates between 1200 and 1205.[4] It cannot, however, be later than 1203, for in that year Robert fitz William, here named as the king's forester, was succeeded by his son, Hugh.[5] There is yet stronger evidence as to the date of the return. Walter of Minton, mentioned in it as one of the serjeants who did not offer to compound, undertook in 1199 to pay 2 marks "de serientia sua."[6]

STAFFORD. The return for this county immediately follows that for Salop, with which it was so closely connected. Five of the tenants by serjeanty mentioned in it are recorded in an eyre roll of 1199 to have made fine in varying amounts.[7]

NOTTINGHAM and DERBY. The phraseology of the return agrees with that of other returns of 1198. Peter of Sandiacre was living in 1201.[8]

WARWICK and LEICESTER. The phraseology of the return is again similar. Hugh de Loges was living in 1200, and Roger of Bentley in 1205.[9]

NORTHAMPTON. Alan of Hale was dead at Michaelmas 1200, when his son Robert is entered as owing 2 marks for livery of his lands.[10]

---

[1] *Cartularium Prioratus de Gyseburne*, vol. ii. pp. xl. 55.
[2] Pipe Roll, 5 John, Northumberland.
[3] *Rotuli Chartarum*, p. 37; Pipe Roll, 1 John, Northumberland.
[4] *Antiquities of Shropshire*, vol. vi. p. 207; vol. viii. pp. 262, 267; vol. ix. p. 137.
[5] *Ibid.* vol. vi. p. 288; vol. viii. p. 266.
[6] Pipe Roll, 1 John, Salop.
[7] See Appendix.
[8] *Rotuli de Oblatis et Finibus*, p. 127.
[9] *Ibid.* pp. 78, 281.
[10] Pipe Roll, 2 John, Northampton.

CAMBRIDGE and HUNTINGDON. The return, as transcribed in the Book of Fees, does not give the values of the serjeanties. It appears, however, to have been made before 1199, when William of Warblington and Enguerrand de Monceaux divided the inheritance of Juliana wife of William fitz Audelin.[1]

RUTLAND. The Pipe Roll of 1198 shows that Ernisius, son of Richard Arbelaster, then paid 100s. for seisin of his father's land.

NORFOLK. The serjeanty of Roger la Vielle (*Vetula*) mentioned in the return was commuted for military service in 1201.[2] Lauretta Picot, the relict of Hugh de Burdeleis, was forty years of age in 1185.[3]

BEDFORD. Amauri de Landres is mentioned as holding land in this county in 1199, by a serjeanty connected with the royal larder.[4]

MIDDLESEX. The single entry is confirmed by a judicial roll of 1198.[5]

OXFORD. Gilbert Malesmeins held by serjeanty in this county in 1201.[6]

WILTS. The lands of Geoffrey Esturmi had been seized on account of his adherence to the king's brother John, Count of Mortain. In the financial year ending at Michaelmas 1198, he arranged to pay 500 marks for restitution and actually paid a moiety of that amount.[7] A year later, his son, Henry Esturmi, was regarded as responsible for the balance.[8] In the same year, 1199, Matthew Turpin paid a mark for seisin of Winterslow and the serjeanty whereof he had been deprived for not having gone abroad on the king's service as he ought.[9] Richard 'Ruffus' was dead at Michaelmas 1203.[10] Geoffrey of Pourton was dead at Michaelmas 1204.[11]

KENT. Sarah de Bendeville is mentioned in 1193, and again in 1198, when she took a vow of chastity.[12] The last entry in the return obviously cannot be earlier than 1201. From other sources we learn that the nature of William of Moriston's tenure was altered in 1199. Until that year he had held in gavelkind by a yearly payment of 50s. and other services unspecified, but he then became the military tenant of one normal fee.[13] It is uncertain whether the entry in its present form represents an alteration in a list of 1198, or an irrelevant addition to it. In either case, it cannot be later than 1209, when Thomas of Moriston became liable for relief on succession.[14]

---

[1] *Rotuli de Oblatis et Finibus*, pp. 19, 217; Round, *The King's Serjeants*, pp. 92-96.
[2] *Rotuli de Oblatis et Finibus*, p. 134; *Rotulus Cancellarii*, p. 24. Cf. the Norfolk return of 1212. [3] *Rotuli de Dominabus* (1913), p. 56.
[4] *Rotuli de Oblatis et Finibus*, p. 16. Cf. *Feudal Aids*, vol. i. p. 4.
[5] See Appendix. [6] *Rotulus Cancellarii*, p. 276.
[7] "Galfridus Esturmi reddit compotum de d. m. pro habenda saisina terre sue et foreste de Savernac unde dissaisitus fuit quia fuit cum comite Johanne. In thesauro cc. et l.m. Et debet cc. et l.m." Pipe Roll, 10 Ric. I, Wilts.
[8] "Henricus Esturmi cc. m. et l.m. pro pace habenda de debito patris sui de d.m. quam pater suus fecerat cum rege Ricardo, unde pater suus solverat cc. et l. m. et debuit cc. et l. m. et ut pater eius et plegii eius sint inde quieti, et pro habenda baillia sua de foresta de Savernac que fuit patris sui, etc." Pipe Roll, 1 John, Wilts. [9] *Ibid.*
[10] Pipe Roll, 5 John, Wilts. [11] Pipe Roll, 6 John, Hants.
[12] Pipe Rolls, 5 Ric. I and 10 Ric. I, Kent.
[13] *Rotuli Chartarum*, p. 31; *Rotuli de Oblatis et Finibus*, p. 9.
[14] Pipe Roll, 11 John, Kent.

In printing the following returns of 1198, the abbreviated word 'car.' has been extended as 'carucata,' unless preceded by the word 'wainagium,' in which cases it has been extended as 'caruca.'[1] It is, however, by no means certain that all medieval scribes would have made such a distinction.

[1] A note on the word 'wainagium' by Professor James Tait will be found in the *English Historical Review*, vol. xxvii. p. 720.

YORK.

II. 689-690.

DE TESTA DE NEVILL'.

Excellentissimo domino suo H. dei gracia Cantuariensi archiepiscopo tocius Anglie primati devoti sui R. prior de Giseburn' et R. Arund' precentor Ebor' et Rogerus de Badvent vicecomes Ebor' et Willelmus de Perci et Radulfus de Bolebec et Galfridus Baard' et Galfridus de Welles et Robertus de Mayton', salutem et tam debitum quam devotum per omnia famulatum. Noverit excellencia vestra nos itinerantes in Nortrithing' ad ponenda tallagia super wainagia carucarum juxta mandatum vestrum variis negociis detentos in Richemundesir' et Aveland'[1] non potuisse venire ad wapentacium de Pykering' ante diem Veneris proximam post festum Sancte Trinitatis. Ideo servientes domini regis tenentes de domino rege per seriantiam non potuerunt coram nobis[2] comparere apud Lund' ad diem a nobis[2] eis statutum, scilicet in octabis Clausi Pentecostes. Et quia absque presencia eorum de valencia terrarum suarum et de numero carucatarum certificari non potuimus eis diem prefiximus esse coram nobis[2] apud Lund' die Dominica proxima ante festum Sancti Barnabe apostoli.

Alanus Boye tenet in Lokinton' per seriantiam foreste, prout didicimus per sacramentum militum patrie et hominum eiusdem ville, iij. carucatas terre, valencie carucatarum xxx.s. Et ut dicitur ita appreciatum est tempore Henrici Regis senioris.

Alanus filius Galfridi tenet in Kinthorp per seriantiam foreste iij. carucatas, valencie carucatarum xxx.s.

Alanus Malekake tenet in Pikering per seriantiam ij. bovatas, valencia carucate x.s.

Wido Venator tenet in Aslakeby ij. carucatas per servicium aptandi unum limerium, valencie carucatarum xx.s.

Nomina militum et libere tenencium qui interfuerunt ubi terra Thome de Waukeriham quam tenet de seriantia in Geveldal' et Johannis la Poer quam tenet in Watlinton[3] et in Jarum[4] et in Barneby et Roberti de Geveldal quam tenet in eadem[5] : Willelmus filius Radulfi, Willelmus de Perci, Rogerus de Mundevill', Richardus de Brunnum, Ernisius de Melteby, Willelmus de Milinton', Willelmus filius Hugonis de Melteby.

[1] *Read* Cliveland.
[2] *Read* vobis, *with Mr. Round.*
[3] *Read* Waplinton.
[4] *Read* Japum.
[5] *Supply some such words as* appreciata fuit.

YORK

II. 689-
690—cont.
Isti dicunt in veredictis suis quod terra Johannis le Poer quam tenet in seriantia archerie apud Waplinton' et apud Jarum[1] et apud Barneby valet annuatim xij.l. scilicet due carucate terre et dimidia in Waplinton' et due carucate et dimidia in Jarum[1] et vj. bovate in Barneby.

Item dicunt quod terra Thome de Waukeriam, scilicet iij. carucate terre in Gaveldal in dominico de seriantia arbalistarie valet annuatim xxiiij.s. et non amplius, unde nequit aponere bovatam ad firmam nisi per xij.d. per annum ; et j. carucata terre et dimidia in libero servicio unde nichil accipit nisi forinsecum servicium quando seriantia[2] domini regis incidit.

Item dicunt quod terra Roberti de Geveldal, scilicet iij. carucate terre et vj. bovate quas habet in dominico, valet annuatim xxx.s. per seriantiam arbalistarie et non amplius, unde nequid[3] apponere bovatam nisi per xij.d. per annum ; et vj. bovate in libero servicio unde nichil accipit nisi forinsecum servicium quando seriantia[2] domini regis incidit.

NORTHUMBERLAND.

II. 760.
DE TESTA DE NEVILL'.

Seriantia Sewale[4] filii Henrici per servicium breviandi placita corone versus vicecomitem et faciendi summoniciones, cum quinque carucis[5] quas ibi habet, per annum valet xvj.l.

Domus illa quam tenet in Novo Castello valet per annum iiij. m. de eodem.

Seriantia Willelmi de Biker' valet per annum lxij.s. et iiij.d. per servicium breviandi et faciendi districciones.

Seriantia Johannis filii Joelis valet per annum xxxij.s. et vj.d. per servicium eligendi denarios regis. Offert domino regi xx.s.

Seriantia Sigge filie[6] Reginaldi de Sedberge valet per annum x.s. viij.d. per servicium custodiendi brevia corone. Offert domino regi dimidiam marcam.

HEREFORD.

I. 339.
DE TESTA DE NEVILL'.

Domino ac venerabili suo H. dei gracia Cantuariensi archiepiscopo, tocius Anglie primati, vicecomes Hereford' et socii eius assignati ad taillagium faciendum de carucatis in Herefordsira, salutem et fidele servicium. Juxta mandatum vestrum, domine, de seriantiis de Herefordsira secundum formam a sanctitate vestra prescriptam diligenter inquisivimus. Et de singulis seriantiis hoc est veredictum.

---

[1] *Read* Japum.
[2] *Read* servicium.
[3] *Read* nequit.
[4] *Read* Sewali.
[5] *Written in full.*
[6] *Perhaps an error for* filii.

I. 339—
cont.

In manerio domini regis de Mauurthin Simon de Wystaneston tenet in seriantia sua iiij^{tam} partem unius carucate, et valet per annum x.s. per faciendas summoniciones et ferendum thesaurum regis. Facit servicium suum.

In eodem manerio Paganus Avenel in seriantia sua iiij^{tam} partem j. carucate, et valet per annum dimidiam marcam per idem servicium.

In eodem manerio Willelmus Falconarius v. partem unius carucate, et valet per annum vj.s.

In eodem manerio Hugo Caperun v. partem unius carucate, et valet per annum v.s.

In Akes Rogerus de Haia tenet de seriancia sua dimidiam carucatam, et valet per annum x.s. per[1] summoniciones faciendas.

Stanford', Simon tenet in seriantia viij. partem unius carucate, et valet per annum iiij.s.

In eodem manerio Bernardus Picet[2] iiij^{tam} partem unius carucate, et valet per annum viij.s.

In Kyngeston Henricus le Fraunceys et Rogerus de Haya tenent duas partes unius carucate in seriantia sua, unde pars Henrici valet per annum iij.s. et pars Rogeri v.s.

SALOP AND STAFFORD.

I. 279-280.   *SERIANTIE DOMINI REGIS DE SALOPIA.*

Robertus filius Willelmi, forestarius domini regis de Salopsira, tenet de seriantia in Belewas dimidiam carucatam terre in dominico que valet dimidiam marcam, et j. carucatam et dimidiam ibidem in villenagio que reddit xviij.s. et unum molendinum quod reddet x.s. et valent per totum xxxiiij.s. et viij.d. Offert domino regi iij.m.

Idem tenet in Anebrig unum molendinum qui[3] reddit x.s. et unam carucatam terre que valet x.s. vj.d. in fine predicto.

Idem tenet in Cote quartam partem carucate terre que valet iiij.s. et iij.s. de redditu in predicto fine. Valet per totum x.m.

Willelmus de Sagint' tenet de Roberto filio Willelmi de eadem seriantia dimidiam carucatam terre in dominico que valet dimidiam marcam et j. carucatam in villenagio que valet xvj.s. et molendinum quod valet x.s. in finem[4] predicti Roberti.

Henricus de Lega tenet de eodem Roberto de seriantia dimidiam carucatam terre in Calveton' que valet dimidiam marcam. Est in fine predicti Roberti.

Radulfus de Horlet de eodem tenet de seriantia dimidiam carucatam terre et unum molendinum quod valet j. m. Est in fine predicti Roberti.

Reginaldus de Dodinton' tenet de eodem dimidiam virgatam terre in Dodinton' que valet xl.d. Est in fine predicti Roberti.

---

[1] per summoniciones faciendas added on margin.
[2] Read Picot.   [3] Read quod.
[4] Read fine.

SALOP AND STAFFORD.

I. 279-280 —cont.
Robertus de Wolint'[1] tenet de domino rege seriantiam, scilicet dimidiam virgatam terre que valet iiij.s. per custodiam servandi hayam regis. Offert dimidiam marcam.

Hugo Extraneus et Elias de Hatincham habent in custodia cum heredibus duas virgatas terre in Pulileg' de seriantia que valent viij.s. et Dionisia que fuit filia Rogeri Muissun tenet j. virgatam terre ibidem in dote que valet iiij.s.

Alexander de Haneburgo[2] tenet in seriantia unum molendinum quod valet ij. marcas et j. bovatam terre que valet ij.s. et j. libram cimini in Novo Burgo. Idem tenet in Salop' vj.s. et x.d. de redditu assise et unum par calcarium duorum denarorium et iiij^{or} ferra equi.

Adam de Beisin tenet in Burkinton'[3] et in Walkeslawe j. carucatam terre de seriantia in dominico et ij. carucatas terre in villenagio. Idem tenet in Esfeld iiij^{am} partem carucate terre in villenagio. Dominicum valet xij.s. et villenagium lx.s. Idem tenet duo molendina que valent viij.s. per custodiam j. ancipitris regis.

Walterus de Muneton tenet de seriantia domini regis dimidiam carucatam terre in Muneton in dominico que valet x.s. et j. carucatam terre in villenagio que ei reddit xx.s.

SERIANTIE DE STAFF'.

Huntendon'. Una carucata, seriantia Henrici del Brok de foresta de Canoc que valet per annum x.s. et reddit per annum ij.m.

[R]edbaldeston'. j. carucata, seriantia Hugonis des Loges de eadem foresta et valet per annum x.s. sine instauro.

Wirleg'. Dimidia carucata, seriantia eiusdem Hugonis et reddit per annum xviij.s. unde idem Hugo reddit domino regi per annum iiij.s. in firma seriantie sue de Canoc. Et preterea tenet j. carucatam terre de seriantia in villenagio, et valet per totum x.m.

[R]ugeleg' pars. Ricardus del Suz.[4] iiij^{ta} pars carucate, seriantia ejusdem Ricardi de Canoe et valet per annum iiij.s. et reddit dimidiam marcam per annum.

Ibidem seriantia Reginaldi del Suz.[4] xv. acre et possunt esse ad firmam per annum pro iij.s. et per servicium unius haie inter forestam.

Canoc pars. Jordanus. iiij^{ta} pars carucate, seriantia ipsius Jordani de foresta de Canoe et valet per annum ij.s.

Benetleg'. Dimidia carucata, seriantia Rogeri de Benetleg' de eadem foresta valet per annum j.m.

Perton'. ij. carucate in villenagio, seriantia Rannulfi de Perton de archeria in guerra domini regis et valet per annum xxx.s. si ponitur ad firmam annuatim; et fecit servicium suum inde.

NOTTINGHAM AND DERBY.

I. 93-94.
DE TESTA DE NEVILL'. SERIANTIE NOT' ET DERB'.

Reginaldus de Colewyk' tenet terram in Colewyk' per servicium seriantie. Et milites qui jurant dicunt quod terra sua non valet per annum nisi vj.l.

---

[1] Testa de Nevill *is added on the margin of* I. 280 *here, near the top of a page, although omitted at the heading of the section.*
[2] *Read* Novo Burgo.   [3] *Read* Wurkinton.   [4] *Read* Puz.

A.D. 1198

I. 93-94— Petrus Picot tenet Radeclive et Kyneston' per servicium seriantie
cont. hostricerie. Et sunt in eadem villa vj. carucate et dimidia et valent per annum ix. l. per sacramentum militum juratorum.

Willelmus filius Coste tenet in Hukenhal' wainagium unius caruce et quedam essarta et quoddam molendinum per seriantiam falconarie quod totum valet per annum vj.l. x.s. Willelmus venit et dicit quod facit seriantiam suam et quod habet falconem domini regis ad domum suam.

Robertus le Passeis tenet wainagium iij. carucarum in Sutton' per seriantiam et valet per annum xxx.s. inveniendo quendam equum de dimidia marca.

Galfridus de Brunnesley tenet in eadem villa et in Trowell' wainagium unius caruce et dimidie per seriantiam et valet per annum xx.s. et illa seriantia est de honore Peverelli.

Petrus de Sandiacr' tenet terram suam eiusdem ville per seriantiam ostrecerie, et valet per annum vij.l. et x.s. Et Ricardus de Riston' tenet de suo feodo et de eadem seriantia waingnagium j. caruce terre. Et Petrus venit et dicit quod facit servicium suum annuatim.

WARWICK AND LEICESTER.

I. 424. *SERIANTIE DOMINI REGIS IN WARR'. IN TESTA DE NEVILL'.*

Hugo de Loges tenet per forestariam de Canoc in Cestreton' waignagium j. caruce in dominico[1] j. in villenagio, et valet iiij.m. per annum.

Idem Hugo in Sowe waignagium dimidie caruee; valet xiij.s. et j.d.

Idem Hugo in Radewey waignagium dimidie caruce, et valet x.s. per annum.

Gilbertus Crok tenet de seriantia predicti Hugonis in Greneberg' waignagium j. caruce, et valet xx.s.

Henricus de Morton' tenet de eodem in Morton' waignagium j. caruee, et valet xx.s. per annum.

Rogerus de Benetleg' tenet de eodem waignagium tercie partis j. carnee, et valet dimidiam marcam.

Radulfus filius Wigeni[2] tenet per marescauciam in Leminton waignagium dimidie carucate, et valet xx.s.

Idem tenet in Turlaveston waignagium j. caruce, et valet xxx.s. per annum.

Idem tenet in Wilibi waignagium j. caruce et dimidie, et valet xxx.s. per annum.

Idem tenet in Shreveleg waignagium j. caruee in dominico, unde moniales de Wrokeshal tenent dimidiam carucatam in libera elemosina, et in eadem villa waignagium j. carnee in villenagio, et valet per totum v.m. et dimidiam. Et idem Henricus[3] dicit quod fecit inde servicium suum domino regi annuatim.

Willelmus Cocus tenet ut ipse dicit xx. solidatas terre in Staverton' per seriantiam coquine.

---

[1] *Supply* et.   [2] *Read* Wigani.   [3] *Read* Radulfus.

WARWICK AND LEICESTER

SERIANTIE DOMINI REGIS IN LEYC'. IN EADEM TESTA.

I. 424— In Houton' et Wymundewald Willelmus de Gorz tenet de seriantia
cont. hostiarie domini regis waignagium iij. carucarum et dimidie. Et
due domine sunt dotate de terra illa, scilicet Emma de Jorz et Alicia
de Bert, et valet terra illa xx.s. Et terra quam Willelmus de Jorz
tenet qui est in custodia Petri de Alakeston' valet xxiiij.s.
Et David de Scheftinton' tenet in Scheftinton' et in Merdefeld
waignagium iiij. carucarum et j. virgatam. Et valet terra illa lj.s.
Et debet esse nuncius domini regis.

NORTHAMPTON.

I. 172. *DE TESTA DE NEVILL'. SERIANTIE NORHAMPTONSIRE.*

Alanus de Hale, forestarius de Clive, j. carucatam terre; valet xx.s.
et tenet per archeriam.

Radulfus et Gilbertus tenent quartam partem j. carucate terre
in Charwell per forestariam, et valet v.s. preter viij.s. quos reddunt
per annum de firma.

Ricardus de Angaine ij. carucatas terre in Pectesle, et valent l.s.
et est venator leporum[1] et facit servicium annuatim.

Idem Ricardus iij. carucatas terre in Laxeton, et valent lxx.s.
Per eandem seriantiam.

Robertus Larcher iij. carucatas terre in Sibertoft, et valent c.s.
Per archeriam et facit servicium.

Willelmus filius Henrici de Selveston octavam partem unius
carucate terre, et valet iij.s. Per pincernariam.

Ascelinus et Andreas de Hecham iij. virgatas terre in seriantia,
et valent xij.s. Per servicium ferendi brevia de honore de Hecham,
et fecit servicium illud.

CAMBRIDGE AND HUNTINGDON.

II. 608. *DE TESTA DE NEVILL'.*
SERIANTIE DOMINI REGIS IN COMITATU CANTABRIGIE.

xx[ti] librate terre quam Willelmus filius Adelini tenuit in villa de
Tevresham per seriantiam marescalcie sunt escaete domini regis in
custodia Stephani de Turnham.

xl. solidate terre quam Ernulfus filius Roberti tenuit in villa de
Combreton per seriantiam pistrini sunt in custodia Simonis camerarii
domini Cant'.

Centum solidatas terre habet Willelmus Monachus in villa de
Seleford' per seriantiam aurifabri.

Ricardus Engaine habet in villa de Guedding c. solidatas terre
per seriantiam capiendi lupos et facit servicium suum cotidie.

Rogerus Malharteis tenet ij. carucatas per seriantiam custodiendi
vigil' circa dominum regem.

---

[1] *Read* luporum. *Cf.* p. 10 *below, and* Calendar of Inquisitions, vol. i.
pp. 42, 275; vol. iii. p. 280; vol. iv. p. 84; vol. vi. p. 253; vol. viii.
p. 162; Hen. VII, vol. i. p. 238; Feudal Aids, vol. iv. pp. 1, 18.

A.D. 1198.

RUTLAND.

I. 176.   *DE TESTA DE NEVILL'.*

Ricardus Arbalistarius de Saeton' in Roteland mortuus est et filius et heres eius vocatur Ernisius, set terra illa saisita est in manum domini regis et appreciata est ad c.s. et per ministratum debet eam tenere ; et hoc est veredictum de visneto.

NORFOLK.

II 308.   *DE TESTA DE NEVILL'.*

HUMILIARD' HUNDREDUM.

Radulfus de Alta Villa tenet in dominico iiij^{tam} partem j. carucate et iij. partes unius carucate in homagio in villa de Erlham in custodia cum herede Ricardi de Werstede ; precii lx.s.

DIMIDIUM HUNDREDUM DE ERLHAM.[1]

Rogerus Ostricer tenet v. partes j. carucate in Redehal' in dominico et homagio per seriantiam osterie[2] de domino rege, et valet per annum xx.s. et facit servicium annuatim.

Radulfus de Alta Villa tenet j. carucatam et dimidiam in dominico et j. carucatam et dimidiam in homagio in villa de Dunton' ; precii xiij.l.

Laurota Picot tenet dimidiam carucatam in dominico et iiij^{tam} partem j. carucate in homagio in Sculeton', et valet per annum vj.l. per servicium serviendi larderie regis.

Rogerus Vetula tenet viij^{am} partem j. carucate in homagio in Edmestorp' et iiij^{tam} partem per seriantiam, et valet per annum j.m. Est in custodia Radulfi de Havill'.

Robertus filius Ricardi tenet xij. partem j. carucate in dominico et homagio in villa de Turstona, et valet ij.m.

BEDFORD.

II. 228.   *DE TESTA DE NEVILL'.*

Villa de Felmersham. Ricardus de Peencurt tenet ij. carucatas terre in dominico et in villenagio que valent per annum iiij.m. per servicium esse dispensator regis.

Ibidem Amauricus de Landres tenet ij. carucatas excepta quinta parte illarum duarum carucatarum quam Henricus de Knell' tenet ; et iste due carucate valent iiij.m. et tota villa est de seriantia domini regis.

Turveia. Lambertus Sellator tenuit dimidiam carucatam de seriantia domini regis que valet xij.s. set dicunt quod est eschaeta. Est in manu domini regis.

Mapertcshale. Gilbertus de Mapertesala tenet unam carucatam in dominico. Liberi homines iij. partes j. carucate. Dustic[3] iiij^{tam} partem. Canonici de Merton ij. partes j. carucate in dominico

---

[1] *Read* Ersham.   [2] *Read* ostricerie.   [3] *Read* Rustici.

BEDFORD. 11

II. 228— suo. Hospitalarii de Ierosolyma vj. partes j. carucate. Moniales de
cont. Chikesand tenent ij. carucatas et dimidiam in dominico suo. Galfridus
de Pullehang' et Walterus filius Gilberti tenent iiij. partes j. carucate
de honore de Walingford'. Et hec predicta villa tota est de seriantia
domini regis, set tamen iij. hide et una virgata defendunt se in comitatu
Hereford[1]; pars vero residua appreciata est lx.s.

MIDDLESEX.

II. 622. *DE TESTA DE NEVILL'.*
Willelmus filius Ote tenet in Lilleston' in servien'[2] unam carucatam
terre que valet xl.s. per servicium servandi signa regis monete, et
facit servicium suum per totum annum.

OXFORD.

I. 522-523. *SERIANTIE DE TESTA DE NEVILL'.*
Robertus de Liddinton tenet j. carucatam in Ranton[3] per
serianteriam, et valet per annum j.m. qui a terra multum sterilis est;
per falconariam. Offert domino regi j.m.
Henricus de la Mare ij. carucatas et dimidiam in Alveseicuth' per
serianteriam, et valent per annum l.s.
Gilbertus Malesmeins ij. carucatas et dimidiam et in villenagio
iiij. carucatas in villa de Wotton' de dote uxoris sue, et valent xx.l.
cum hundredo. Non venit vel se essoniavit.
Robertus filius Alani j. carucatam et dimidiam in Orton', et valet
xl.s. per servicium portandi baneram populi prosequentis per marinam.
Et offert j.m.
Almaricus Dispensator ij. carucatas in dominico et in villenagio
ij. carucatas in Ewelm, et valent c.s.
Idem in dominico ij. carucatas et in villenagio iij. carucatas
in Magna Rollend', et valent per annum ciiij.s. per servicium
dispenserie; et dicit quod fecit servicium illud et modo facit pro eo
gener suus, et offert iij.m.
Henricus filius Willelmi in dominico et villenagio j. carucatam
in Middelton', et valet per annum xl.s. Essoniavit se per Thomam
le Bretun.
Radulfus Purcell in dominico j. carucatam in Niweton', et valet
per annum xl.s. Non venit vel se essoniavit.

WILTS.

I. 640-641. *DE SERIANTIIS IN TESTA DE NEVILL'.*
Galfridus Esturmi tenuit in Cuvelesfeld de domino rege j. carucatam per seriantiam. Modo est in manu domini regis et valet xx.s.

---

[1] *Read* Hertford'.   [2] *Read* seriantia.
[3] *Read* Banton *or some such form.*

II. 640-641—cont. Willelmus Spileman in eadem villa j. carucatam de domino rege per seriantiam, et valet xx.s.
Galfridus de Luveriz j. carucatam de domino rege per seriantiam, et valet xx.s.
Galfridus de Pourton in Hiwis dimidiam carucatam de domino rege per seriantiam, et valet x.s.
Radulfus Heiraz quartam partem j. carucate de seriantia in Alewarebir', et valet v.s.
Ricardus filius Petri quartam partem in Meleford de seriantia et valet v.s.
Andreas Moberd' in Meleford quartam partem carucate, et valet v.s.
Henricus de la Mara quartam partem carucate de seriantia, et valet v.s. in Laverkstok.
Jordanus de Laverkestok in Laverkestok quartam partem de seriantia, et valet v.s.
Henricus de la Mara in Winterburn' ij. carucatas de seriantia, et valent c.s.
Galfridus de Pourton in Pourton' j. carucatam et dimidiam de seriantia, et valent lij.s. vj.d.
Edwardus Pancet in Putton' quartam partem j. carucate de seriantia, et valet v.s.
Ricardus Archarius in Ferleg' dimidiam carucatam de seriantia, et valet x.s.
Philippus de Lingiur de Ricardo de Cardunvill iij[am] partem j. carucate que est de seriantia in Staulinc', et valet x.s.
Andreas Moberd' in Langeford j. carucatam et dimidiam de seriantia, et valent lx.s.
Galfridus de Pourton in Bretford dimidiam carucatam, et valet x.s.
Galfridus Camerarius in Norkinton iij. carucatas, et valent x.l.
Galfridus Monachus in Medinton ij. carucatas, et valent vj.l.
Willelmus Spileman in Tidulveshida dimidiam carucatam, et valet xx.s.
Robertus Duinel in Hywis ij. carucatas, et valent lx.s.
Ricardus Ruffus in Immemer ij. carucatas, et valent c.s.
Everard in Swindon iij. partem j. carucate de Willelmo Spileman de seriantia, et valet x.s.
Willelmus de Anesya iij. carucatas, et valent vj.l.
Ricardus Ruffus in Immeden' j. carucatam de dono Henrici Regis, et valet c.s. cum instauro.
Mauricius serviens in Walecot viij[am] partem j. carucate, et valet iij.s.
Walterus Spileman in Helmerton j. carucatam, et valet xx.s.
Ricardus Spileman in Tocham dimidiam carucatam de feodo Willelmi Spileman de seriantia, et valet xx.s.
Robertus de Venuz in Draycota iij. carucatas, et valent c.s.
Hismena de Chauz in Eston ij. carucatas, et valent lx.s. et Rogerus Falconarius[1] annuatim inde servicium.
Michael de Middelton' in Middelton' quartam partem j. carucate, et valet x.s. per servicium servandi lepores.[2]
Willelmus de Donecliva[3] in Wicha quartam partem j. carucate, et valet v.s.

---

[1] *Supply* facit.   [2] *Read* luparios.   [3] *Read* Bouecliva.

WILTS. 13

II. 640-641—cont. Johannes de Wycha in eadem villa quartam partem j. carucate per falconariam[1] foreste, et valet v.s.
Galfridus Esturmi tenuit in Burbech et in Durdolee ij. carucatas. Modo sunt in manu domini, et valent c.s.
Nicholaus Monachus in Westgrafton' j. carucatam, et valet xx.s.
Robertus Doynel in Estgrafton' dimidiam carucatam, et valet xv.s.
Walterus Esturmi in Staudiburn' j. carucatam et dimidiam, et valent l.s.
Matheus Turpin in Wintreslawe ij. carucatas, et valent xl.s. per servicium faciendum le Lare[2] regis et fecit servicium.
Galfridus de Pourton' in eadem villa dimidiam carucatam, et valet x.s.
Philippus de Lye in Eston' quartam partem carucate, et valet x.s.
Galfridus de la Huse habet in Hinglesham j. carucatam terre in dominico suo et dimidiam carucatam assisam et tenet in seriantia; valet l.s. per servicium mutandi osturcum et fecit servicium suum.
Mauricius de Kalna tenet iiij. solidatas terre in Queynford per seriantiam.
Galfridus filius Pagani in Wykedon[3] ij. carucatas terre per seriantiam coquine.

KENT.

II. 49. *DE TESTA DE NEVILL'.*
Albreda de Jarpenvill' tenet Effeton' in seriantia, et valet lx.s. et debet servire regi de ostriceria sua et dicunt quod serviunt[4] per Henricum le Tuschet.
Sarra de Bendevill tenet Peecham, et valet x.l. et debet invenire hominem ad ferendum j. osturcum ultra mare ad sumptus domini regis et facit annuatim servicium suum.
Willelmus de Beche tenet Burnes in seriantia, et valet x.l. et debet invenire domino regi j. navem ad servicium suum, et offere[5] domino regi iij.m.
Robertus de Baltun' tenet Waveringes in seriantia, et valet xxx.s. et debet invenire regi j. equum de v.s. ad sumonicionem suam.
Manaser de Hastinges tenet Grenech' in seriantia, et valet c.s.
Stacekinus de Burnes qui est infra etatem et in custodia Roberti de Turneham tenet Burnes in seriantia, et valet x.l̈. In manu Roberti de Turneham per dominum regem.

II. 50. Willelmus de Moriston tenet per servicium unius feodi militis tenementum quod tenet de rege in hundredo de Middelton' unde consuevit reddere vicecomiti l.s. per annum in partem firme corporis comitatus, sicut continetur in rotulo tercio Regis Johannis in Kancia.

---

[1] *Read* seriantiam. [2] *Read* claret'. [3] *Read* Wydehull.
[4] *Read* serviit. [5] *Read* offert.

(14)

A.D. 1204-1212·

The following list, which, according to the heading, purports to enumerate the knights who held of the king in chief in Hertfordshire, includes persons who held by serjeanty as well as those who held by military service. The measurement of the lands in hides and carucates suggests an early date. Henry fitz Ailwin, Mayor of London, who is entered as the tenant of Watton (here called Wautham), was dead at Michaelmas 1212, and the Countess of Leicester, who is entered as the tenant of Ware, was dead in May of that year.[1] On the other hand, the mention of Payn de Chaourches as tenant of Willian and Lilley can hardly be earlier than 1204, when these places were not yet in his possession.[2]

---

[1] *Rotuli Litterarum Clausarum*, vol. i. pp. 118, 124, 130.
[2] *Rotuli Normanniæ*, p. 129; *Rotuli Litterarum Clausarum*, vol. i. pp. 283, 328; *Rotuli Scaccarii Normanniæ*, vol. ii. p. cxliii.

HERTFORD.

II. 288.   *ISTI SUNT MILITES TENENTES IN CAPITE DE DOMINO REGE IN EODEM COMITATU.*

Simon et Eustachius de Campo Remigii tenent Cestrehunte per dominum regem, scilicet sex hidas.

Comitissa de Leicestria tenet Wares quod pertinet ad honorem comitis Leycestrie, scilicet sex carucatas terre per servicium unius militis.

Ricardus de Argentein' tenet ij. carucatas terre in Wylemundele per serianteriam rutelir.'[1]

Milo de Sumery tenet j. carucatam terre in Brikendon' per serianteriam de dispensa domini regis.

Maior Londonie tenet j. carucatam terre in Wautham per serianteriam inveniendi in exercitu domini regis j. equm[2] et unum arcum et ij. sagittas.

Paganus de Chaurcis tenet iij. carucatas terre in Wilie et Linlege per servicium unius militis.

Gerardus de Furnival' tenet v. carucatas terre in Munden' per servicium j. militis.

---

[1] *The obvious correction is* butelir. *Cf. the use of the same word in a* return *on page 51 below, and Sir Henry Barkly's note in the* Bristol and Gloucestershire Archæological Transactions, *vol. xii. p. 287. Mr. Round in* The King's Serjeants, *p. 265, states that the Argentine serjeanty "is nowhere spoken of as 'butler' service or assigned to the butler's department." It is, however, called* 'serganteriam pincernie' *in 1198.* Rotuli Curiæ Regis, *vol. i. p. 162. See Appendix.*

[2] *This word may be an error for* equitem. *Other mentions of the Watton serjeanty, however, specify* peditem *or* garcionem.

HERTFORD.

II. 288—
cont.

Robertus filius Osberti de Mara tenet j. carucatam terre in Walden' per servicium j. militis.

Gilbertus de Meperteshal tenet unam carucatam terre per serianteriam butelar' domini regis.

Johannes de Sanford' tenet iiij. carucatas terre in Hormad' per serianteriam camerarie domine regine.

Comes Saresberie tenet v. carucatas terre in Gatenden', que pertinent ad baroniam suam.

Radulfus de Tony tenet iij. carucatas terre in Flamstede que pertinent ad feodum suum.

Johannes Marescallus tenet iij. carucatas terre in Barewurthe per servicium j. militis.

Advocatus de Beton' tenet ij. carucatas terre in Messewell per servicium j. militis.

Baldewinus Wak' tenet vj. carucatas terre in Estwic, Roghamsted et Blakemere per servicium iij. militum et iij. quarteriorum.

Radulfus de Puteham tenet iij. carucatas terre in Putteham que pertinent ad honorem Leycestrie, scilicet de feodo de Turvill' per tres partes unius militis.

Comes de Albemar' tenet ij. carucatas terre in Wilemundele et j. in Waulingeton' per unum militem.

Adam de Portu tenet iij. carucatas terre in Clahall' per servicium j. militis.

Milo de Sumery tenet v. carucatas terre in Bygrave de honore Gloucestrie per ij. milites.

A.D. 1208-1209.

THE unfortunate loss of the Close Rolls for the tenth, eleventh, twelfth and thirteenth years of the reign of John and of the Patent Rolls for three of those years deprives us of likely sources of information as to the origin of several lists that are transcribed in the Book of Fees.

The following lists for the counties of Northampton, Buckingham, and Bedford appear to be classified abstracts made at the Exchequer from original returns which no longer exist.

NORTHAMPTON. There is no manuscript for this list except the transcript in the Book of Fees. It clearly belongs to the period when the bishopric of Lincoln was in the hands of a temporary guardian, that is to say between 1206 and 1213, and it has been included in a tentative list of the returns to the inquest of 1212.[1] Internal evidence, however, shows it to be some three years earlier. Robert de Picquigny, or Pinkeni, who is mentioned in it as tenant of fifteen fees, made fine on succession to his father, Henry, in the financial year ending at Michaelmas 1209.[2] On the other hand, William of Hendred's heir, whose land is here stated to be in the king's hand, obtained livery of it in the same year.[3] The date of the list can thus be fixed between Michaelmas 1208 and Michaelmas 1209.

There is further evidence that it cannot belong to the year 1212, as suggested. Ralph de Someri, who is mentioned in it as a tenant in chief, must have been dead in the first half of 1210, for his relict, Margaret, arranged to pay an instalment of her fine for assignment of dower at Midsummer in that year.[4] William Malesoures, who is mentioned as an under-tenant, was dead at Michaelmas 1211.[5]

It is not necessary here to speculate as to the source of an early list of fees and serjeanties in Northamptonshire given in the Red Book of the Exchequer, and containing names and information which are not to be found in the list now printed.[6] It includes among the tenants John Malesoures, who did not succeed until after Michaelmas 1210, and Miles Neirnut, who was dead at Michaelmas 1211. If therefore we may regard it as a faithful abstract of a single return, the date is obvious.

---

[1] Round, *The Commune of London*, pp. 263, 275-277.

[2] " Robertus de Pinkenni   c.l. pro habenda terra que fuit Henrici patris sui die quo obiit, cuius heres ipse est, et pro relevio suo." Pipe Roll, 11 John, Northampton.

[3] " Ricardus de Henred reddit compotum de lx. m. et j. palefrido pro habenda terra que fuit patris sui Willelmi." *Ibid.* Berks.

[4] " Margareta que fuit uxor Radulfi de Sumeri reddit compotum de ccc. m. pro habenda racionabili dote sua de terra que fuit predicti Radulfi, viri sui. Termini ; ad festum Sancti Johannis Baptiste anni xij. c. et l.m. etc." Pipe Roll, 12 John, Berks.

[5] " Johannes Malesoures   lx.m. et j. palefridum pro habenda terra que fuit Willelmi Malesoures, patris sui, et pro habenda quietancia de super-demanda que facta fuit patri suo de feodo dimidii militis quod tenuit de feodo Dodonis Bardulf quamdiu terra que fuit ipsius Dodonis fuit in manu regis." Pipe Roll, 13 John, Nottingham and Derby.   [6] Pp. 532-534.

The *lacunæ* in our text suggest that the manuscript copied into the Book of Fees was defective.

BUCKINGHAM and BEDFORD. Although there are separate lists for these counties, they are similar in form, one sheriff being responsible for both. There is no manuscript of them extant except the transcript in the Book of Fees, which appears to have been made from a document of which part at least was defective or illegible, as there are obvious *lacunæ* near the beginning on the right hand side.

The internal evidence as to date is very similar to that with regard to the neighbouring county of Northampton. The bishopric of Lincoln and the abbey of Ramsey were in the hands of temporary guardians. Among the tenants named are Robert de Picquigny (here disguised under the name of Ynchingny), who did not obtain his inheritance until after Michaelmas 1208, and Ralph de Someri, who was dead at Midsummer 1210, as seen above. Corroborative evidence may be found in the facts that Alan de Valognes, who is entered among the tenants of the Honour of Wallingford, was succeeded by his brother Robert in the financial year ending at Michaelmas 1210, and that three other persons named as tenants, Duncan de Lascelles, Ralph de Hoddeng, and Miles Neirnut, were alike dead at Michaelmas 1211.[1]

While then the names of the tenants mentioned in these lists show them to belong to the period between Michaelmas 1208 and Midsummer 1210, the heading and the classification of the entries suggest a close connexion with the list for Northamptonshire apparently made before Michaelmas 1209.

The Red Book of the Exchequer contains a list of fees and serjeanties in Buckinghamshire and Bedfordshire, giving names and information which are not to be found in the list now printed.[2] If we may regard it as a faithful abstract of a single return, it may perhaps be ascribed to the earlier part of the year 1210.

[1] " Robertus de Valeines reddit compotum de cc.m. et ij. palefridis pro habenda terra que fuit Alani fratris sui in Sobindon, cuius heres ipse est." Pipe Roll, 12 John, Buckingham and Bedford.
" Willelmus Briwere reddit compotum de lx.m. et j. palefrido pro habendo maritagio Cristiane filie Dunekani de Lascel', cum medietate ville de Burneham."
" Tomas de Nevill de iiij. feodis et dimidio et xvj^a parte cum herede Radulfi de Hosdeng."
" Jordanus filius Reginaldi Forestarii debet xx. m. pro habenda petitione regis ad Willelmum Painel ut concedat ei terram que fuit Milonis Neirenuit et custodiam heredum." Pipe Roll, 13 John, Buckingham and Bedford.
[2] Pp. 535-539.

NORTHAMPTON.

I. 165-167. *NOMINA TENENCIUM IN CAPITE DE DOMINO REGE IN BARONIA IN NORHAMT'.*

Comes Cestrie tenet manerium de Buchebroc in dominico.
Comes de Ferrariis tenet manerium de Tham'[1] cum pertinenciis.
Comes de Clare tenet Rowell' in capite.
Comitissa Albe Marlie tenet Norton' de dono regis.
Comes Wyntonie tenet Halso et Brachel' unde caput est in Leyc'.
Abbas Burgi tenet in capite per feoda lxx. militum.

[1] *Read* Hecham *or some form of* Higham Ferrers.

Advocatus de Betun' tenet in capite per feoda xj. militum.
Robertus de Pinchingny tenet xv. milites de feodo de Windlesor'.
Gerardus de Champvill' tenet 1. libratas terre in Sutton' et de[1] Dent.
Constabularius Cestrie tenet feoda trium militum.
Willelmus de Albeny tenet Stok' unde caput est in Leye'.
Wiscardus Leydet tenet in capite per xij. milites et dimidium.
Lucas Basset tenet in capite per xv. milites.
Eustachius de Watford' tenet feodum unius militis.
Simon de Lindon' tenet feodum unius militis.
Walterus de Preston' tenet*   *xxv. libratas terre et j. feodum et dimidium militis.
Heres Willelmi de Lanvelay tenet Wakerle.
Abbas de Crouland. Abbas de Evesham. Abbas de Grestein. Abbas de Seleby. Abbas Sancti Edmundi. Nescitur servicium.
Willelmus de Curtenay tenet Barewe in capite.
Radulfus de Somery tenet*   *unde caput est in Warr'.
Willelmus filius Hamonis tenet Wyk' unde caput est in Buk'.
Heres Walteri de Drayton' tenet feodum dimidii militis.
Robertus de Novo Burgo de honore de Choches ij. milites.
Comes Wintonie tenet de eodem honore feodum j. militis.

ISTI TENENT PER SERIANTIAM.

Ricardus Engayne tenet Laxton'.
Rogerus de Calco de Duston tenet j. virgatam terre.
Gilbertus de Monte tenet Wetefeld'.
Robertus filius Alani de Hale iij. partem virgate terre.

ISTI TENENT IN CAPITE DE FEODO DE MORETON'.

Willelmus filius Radulfi de Kaaynes feodum unius militis et dimidii.
Willelmus filius Ricardi de Chaaynes feoda ij. militum et dimidii.
Alicia de Duston' feodum unius militis.
Johannes de Monte Acuto.[2]

ISTI TENENT DE ESCAETIS IN EODEM COMITATU.

Honore de Notingh'.
Willelmus filius Roberti de Cattesby feodum unius militis.
Hugo de Insula feoda ij. militum.
Willelmus de Duston' feodum unius militis.
Robertus de Salceto iiij.^{or} partes feodi unius militis.
Petrus de Goudinton' feodum unius militis.
Galfridus de Pavilly feodum unius militis.
Willelmus*   *feodum unius militis.

ISTI TENENT DE ESCHAETIS TERRE NORMANNORUM.

Philippus de Wigornia. Dominus W. Briwerr'. Castallanus de Berg'. Nescitur servicium.

---

[1] *Read* Sutton' et Dodint'.
[2] *Probably the copyist was unable to read more of this entry.*

NORTHAMPTON.

I. 165-167
—cont.

ISTI TENENT DE WARDIS QUE SUNT IN MANU DOMINI REGIS.

De honore Leycestrie parte Simonis de Monte Forti. Heres Willelmi de Crauncford. Heres Hugonis de Diva. Thomas de Estlega. Willelmus de Turvill'. Johannes de Humez. Lucas Sorell'. Ricardus filius Wale. Ricardus Trussell'. Custos honoris Leycestrie respondet.

De feodo Lincolniensis episcopatus.
Robertus de Chaucumbe. Rogerus de Leonibus. Custos episcopatus respondet.

De Walengf'.
Andreas de Bello Campo. Custos honoris respondet.

De Gloucestr'.
Heres Willelmi de Hanred, cuius terra est in manu domini regis.

De feodo Dodonis Bardolf'.
Willelmus Malesoures feodum unius militis.

Fulco de Cantilupo tenet manerium de Burton' de domino rege.
Robertus de Bella Aqua et Willelmus Cumin tenent Upton' quod fuit dominicum regis, sed nescitur servicium.
Willelmus de Wichiet' tenet de abbacia de Rames' ix. partem feodi j. militis.

BUCKINGHAM AND BEDFORD.

II. 219-223.

NOMINA TENENCIUM IN CAPITE IN BARONIA IN BUK' DE DOMINO REGE.

Comes G. filius Petri[1]
Comes Cestrie tenet manerium de Elne[1]
Comes Arundell' tenet Waddon' quod fuit[1]
Comes Willelmus Marescallus tenet medietatem[1]
Comes Ebrouf tenet Merlawe et Hamele.
Episcopus Wintoniensis tenet Ymmer' et Witton'.
Episcopus Roffensis tenet Hoden*   *nescitur servicium.
Radulfus de Sumery tenet[1]
Willelmus filius Hamonis tenet feoda xv. militum.
Willelmus de Wyndlesor' debet vj. milites et dimidium.
Duncannus de Lascell' } debent vij. milites et dimidium.
Radulfus Hoddeng' }
Robertus de Ynchingny[2] tenet Dorchet'.
Heres Ricardi de Munfichet tenet Langeley.
Heres Willelmi de Monte Canusy tenet Duninton'.
Henricus Doilli tenet Elaindon'.[3]
Hugo de Gurnay tenet Wendouu'[4] de dominico domini regis.
Godefridus de Luvayn x. libratas terre in Radeneham de dominico regis.

---

[1] *These entries are unfinished.*   [2] *Read* Pinchingny.
[3] *Read* Claindon.   [4] *Read* Wendover, *or some form of the name.*

A.D. 1208–1209.

II. 219–
223—cont.

Elias de Bello Campo tenet ij. milites.
Jacobus de Novo Mercato tenet Herdewyc, sed caput est alibi.
Thomas de Sancto Walerico tenet Thornton', sed caput est alibi.
Ricardus filius Nigelli tenet j. militem et dimidium.
Heres Willelmi de Santon' tenet ij. milites.
Ricardus de Kamvill' tenet Olmere, sed caput est alibi.
Ricardus de Syfrewast tenet dimidium militem.
Abbas Sancti Albani; nescitur servicium.
Herebertus de Boleb' tenet feodum unius militis.
Hugo de Kaynes tenet ij. partes unius militis.
Petrus de Neunton' tenet terciam partem unius militis.
Alexander filius Ricardi tenet feodum dimidii militis.
Robertus Maudut, camerarius, tenet Hamslap'; nescitur an in seriancia an in milicia.

DE WARDIS IN MANU DOMINI REGIS EXISTENTIBUS.
De honore de Gloucestria.

Thomas de Saunford'.
Galfridus filius Roberti.
Walterus de Trailly.
Galfridus de Lucy.

Heredes Ricardi de Basevill'.
Jordanus Forestarius unam virgatam terre de dono domini regis.

De honore Leycestrie parte Simonis de Monte Forti.
Willelmus de Turvill. Brianus de Insula. Custos[1] honoris Leycestrie respondet.[1]

De feodis episcopatus Lincolniensis.
Hugo de Bello Campo. Robertus de Veteri Ponte. Matildis de Buyeto. Custos episcopatus respondet.

De feodis comitisse de Pertico.
Johannes de Harton'. Custos terre comitisse respondet.

DE SERIANTERIIS.
Albreda de Jarpunvill' tenet Ylmer' et[2]
Rogerus de Calne tenet Eton'
Nicholaus filius Bernardi
Willelmus de Clinton' tenet Eston'
Walterus Mauntell' tenet dimidiam hidam.

ISTI TENENT DE ESCAETIS IN EODEM COMITATU.
De honore de Walengford'.

Robertus filius Rogeri.
Robertus de Veteri Ponte.
Alanus Basset.
Turstanus Basset.
Radulfus Dauvers.
Alanus de Valeines.
Willelmus de Arches.

Milo Neirnut.
Thomas filius Ricardi.
Willelmus Paganoll'.
Galfridus filius Angod'.
Heres Walteri de Penna.
Simon Barre.
Rogerus de Staunford'.

[1] *This note appears to apply to the Honours of Gloucester and Leicester alike.*
[2] *The missing place is* Aston, *i.e.* Aston Mullins.

BUCKINGHAM AND BEDFORD. 21

II. 219-
223—cont.

Simon de Patishull'. Willelmus Basset.
Hamo Carbonell'. Walterus Foliot.
Urvioius[1] Malet. Willelmus de Heddesour'.
Henricus de Clinton'. Heres Roberti de Rotomago.
Alibi[2] custos honoris respondet.

De honore de Notingham.
Petrus de Goldinton' feodum unius militis.
Hugo de Haveresham feodum unius militis.
Robertus de Salceto v^{tam} partem feodi militis.
Ricardus de Vernon feodum unius militis.
Elizabet que fuit uxor Simonis Basset feodum dimidii militis.
Radulfus de Gresele feoda ij. militum.
Barnabas de Hertwelle feodum unius militis.
Heres Willelmi Uese[3] feodum unius militis.

De escaetis terre que fuit Willelmi de Similby.[4]
Henricus de Gray. Hugo de Samford'. Henricus de Curton'.
Nescitur servicium ; alibi.

De honore Peverelli de Dovor.
Philippus de Oxrund[5] feoda ij. militum.

De terra que fuit Willelmi Fugus.[6]
Hugo de Nevill' tenet custodiam per regem.

De feodo Johannis de Pratell'.
Robertus de Chetwode feodum unius militis.

De aliis escaetis.
Milo de Bello Campo. Ricardus Spigurnell'. Agnes Wak'.

NOMINA TENENCIUM IN CAPITE DE DOMINO REGE IN BARONIA
IN COMITATU BEDEFORD'.

Milo[7] de Bello Campo debet lij. milites.
Johannes de Hill[8] debet xxx. milites.
Robertus de Aubynny debet xxv. milites.
Hugo de Bello Campo debet ij. milites.
Walterus de[9] tenet j. militem de rege in capite.

Comes Albe Mar' tenet *   * de dono Regis Ricardi.

---

[1] *Other versions of this name are* Urveius (*Pipe Roll,* 3 *John*), Yrvoi (Red Book, p. 599), Hirvohi (*page* 119 *below*), Hyrveui (Rotuli Hundredorum, vol. i. p. 24*b*), Irevoy (Rotulus de Prestitis, p. 192).
[2] *This note is marked as applying only to the first eleven names in the list.*
[3] *The* Red Book, p. 536, *reads* Henricus Hose.
[4] *Read* Similly.   [5] *Read* Gyrund.
[6] *Read* de Feugeriis. *The lands of William de Fougéres were in the king's hands in* 1207 (Rotuli Litterarum Patentium, p. 70). *Those in Buckinghamshire consisted of Twyford.*   [7] *Read* Willelmus.
[8] *Read* Wahull.
[9] *Probably* Walterus de Traili. *But the lacunæ show that the text is irrevocably corrupt.*

A.D. 1208–1209.

II. 219-
223—cont.

Comes de Ferrariis tenet de feodo de Othun.
Willelmus de Bocland' tenet Weston'; nescitur servicium.
Hugo de Gurnaco tenet Hocton de dono Regis Ricardi.
Willelmus de Cantilupo tenet Eiton'; nescitur servicium.
Abbas de Wautham ; nescitur servicium.

Reginaldus de Cornhull' habet terram comitis de Ginnes in custodia.
Fulco de Kantilupo tenet terram comitisse de Pertico in custodia.

DE SERIANTIIS.

Gilbertus de Meperteshal' tenet Meperteshal'.

ISTI TENENT DE ESCAETIS IN EODEM COMITATU.

De honore Peverelli de Dovoria.
Petrus de Maulay feodum dimidii militis.
Willelmus de Sancto Remigio feodum dimidii militis.
Robertus filius Rogeri de Pixill' v^{tam} partem j. militis.
Johannes de Papeham[1] viij^{vam} partem unius militis.
Elias Luvell' feodum dimidii militis.
Mabilla[2] de Gimiges ij. partes feodi militis.

De honore de Walengf'.

Turstanus Basset. Ricardus filius Hugonis. Custos honoris respondet.

De feodis Lincolniensis episcopatus.

Heres Johannis de Carun. Willelmus Lodoringus. Johannes de Cheneto. Custos episcopatus respondet.

De feodo quod fuit Willelmi Humet, escaeta regis.

Frater Galfridus de Costenton' feodum ; nescitur servicium.

De abbacia de Rames'.

Robertus de Holewell'. Rogerus de Argenteim. Gocelinus de Stiuecle. Radulfus de Turvill'. Custos abbacie respondet.

---

[1] *Read* Pabeham. *Cf.* Red Book, p. 538.
[2] *Read* Sibilla. *Cf.* Red Book, p. 538.

(23)

A.D. 1208–1210.

FOUR original returns concerning the temporalities of the see of Durham, in the counties of Durham, Northumberland and York, clearly belong to the period when it was void by the death of Bishop Philip of Poitiers. The administration was in the first instance committed to Robert de Vipont, in April 1208.[1] He is mentioned in the return for Sadberg (p. 25) as the guardian of the heir of William fitz Randolf, having obtained that offiee in the financial year ending at Michaelmas 1209.[2] A closer indication of their date is given by the statement (p. 26) that "Robert of Burgate has the wardship of the heir of Walter Caru." There is a definite record of the grant to him of the wardship of the land and the heir of Walter of Carrow, with his marriage, in May 1208.[3] He did not, however, hold it long, for in the accounts of the royal Exchequer for the financial year ending at Michaelmas 1210 there is an entry :—" Simon filius Walteri reddit compotum de ccc. m. et j. palefrido pro habenda custodia terre et heredum Walteri de Carro, cum maritagio ipsorum heredum, quam custodiam Robertus de Burgate habuit."[4]

The object of these returns is somewhat obscure, and they differ in form. The sections, however, in two of them concerning lands of the Normans may have some connexion with similar sections in the lists for the counties of Northampton, Buckingham and Bedford assigned to the year 1208 or 1209. Various additions to the documents, such as " Veniat et fiat miles," or " Se altero," and notes of heavy pecuniary fines suggest that they were used in connexion with preparations for John's expedition towards Scotland in 1209 or his expedition into Ireland in the following year.

The return for Haliwerfolk was overlooked by the transcribers of the Book of Fees, and they also omitted most of the additions to the other three, although their notes "in libro" show that they used these originals. The return for Haliwerfolk has slits at the bottom to receive the tags of the seals of the four jurors.

---

[1] *Rotuli Litterarum Patentium*, vol. i. p. 81.
[2] Pipe Roll, 11 John, Cumberland.
[3] *Rotuli Litterarum Clausarum*, vol. i. p. 114.
[4] Pipe Roll, 12 John, York ; *Excerpta e Rotulis Finium*, vol. i. p. 15.

BISHOPRIC OF DURHAM.

S. ij. 2.   *SCRIPT'*.   *ALVERTONESCHERIE.*
II. 782-
783. De   Rogerus de Coingners tenet ereditarie de baronia Alvertoncherie
Testa de in Hot', in Nort', in Houm, in Hougrave, feodum j^{us} militis.
Nevill'. *Veniat.*

De[1] Coingners tenet de eadem baronia ereditarie in Griseb', in Ditneshal, in Rungheton, feodum j^{us} militis excepta j. carucata

---

[1] B:fore De, *original has* Galfridus *cancelled.*

S. ij. 2. terre et dimidia, quas Rogerus de Coingners tenet de eadem baronia,
II. 782– que perficiunt feodum.
783. De
Testa de   Eustacius de Vesci tenet de eadem baronia ereditarie in Werkesale
Nevill'— et in Landemot feodum dimidii[1] militis.
cont.   Robertus de Bonavill' tenet ereditarie de eadem baronia in Hot'
et in Herleseya feodum j^{us} militis.
    Robertus de Lunda tenet ereditarie de eadem baronia in Tornt'
super vivarium j. carucatam terre pro xij. parte j^{us} militis unde
xij. carucate terre faciunt feodum unius militis. *v.m.*[2]
    Ricardus de Percy tenet ereditarie de eadem baronia in Het' et
in Cessai feodum j^{us} militis.
    Thomas filius Hugonis tenet ereditarie de eadem baronia in
Otrington' j. carucatam terre et ij. bovatas unde xij. carucate terre
faciunt feodum j^{us} militis. *vj.m.*
    Johannes de Romundeb' tenet ereditarie de eadem baronia in
Romundeb' et in Otrington' quartam partem feodi j^{us} militis. *vij.m.
et dim.*
    Radulfus Faderleg' tenet ereditarie de eadem baronia in
Leisinggheb' ij. carucatas terre pro quinta parte feodi j^{us} militis
unde x. carucate terre faciunt feodum j. militis. *iij.m.*
    Jurdanus Hair' tenet ereditarie de eadem baronia in Timleb'
feodum dimidii militis et in Kepuuic j. carucatam terre unde xij.
carucate terre faciunt feodum j^{us} militis.
    Guido de Hellebec tenet ereditarie de eadem baronia in Otrington'
vij. bovatas terre unde xij. carucate terre faciunt feodum j^{us} militis.
iiij.m.
    Gilbertus Hansard tenet ereditarie de eadem baronia in Yrebi et
in Hornebi viij. carucatas terre unde ix. carucate terre faciunt feodum
j^{us} militis.
    Henricus de Putiaco tenet ereditarie de eadem baronia in Dicton'
et in Osmunderleia feodum j. militis. *Veniat*[3] *se altero.*
    Philippus de Colevill' tenet ereditarie de eadem baronia in Foxton'
iij. carucatas terre pro feodo dimidii militis. *Veniat.*
    Michael filius Michaelis tenet ereditarie de eadem baronia quartam
partem j^{us} militis in Siggeston. *xl.s.*[4]
    Willelmus de Herleseia tenet ereditarie de eadem baronia in
Herleseia feodum dimidii militis. *Veniat.*[5]
    Henricus de Ferlington tenet ereditarie de eadem baronia in
Bretteb' feodum j^{us} militis. *Fin'.*[6]
    Henricus Walensis tenet ereditarie de eadem baronia in Siggheston
quartam partem feodi j^{us} militis, que fuit escaeta Hugonis
Dunelmensis episcopi, quam idem episcopus dedit Waltero de
Ferlington et Philippus episcopus Dunelmensis dedit eandem terram
Henrico Walensi cum filia predicti Walteri, que fuit heres eiusdem
Walteri. *iij.m.*[7]

---

[1] *Written over an erasure.* II. 782 *reads* unius.
[2] v.m. *interlined above* tenet.
[3] Veniat se altero *interlined above* de eadem.
[4] xl.s. *interlined above* ereditarie.
[5] Veniat *interlined above* tenet.   [6] Fin' *interlined above* Henricus.
[7] iij.m. *interlined above* tenet.

BISHOPRIC OF DURHAM. 25

S. ij. 2.
II. 782–783. De Testa de Nevill'— cont.

V. carucate terre sunt in Tornton in Via, que fuerunt escaeta Hugonis episcopi Dunelmensis et idem episcopus dedit ereditarie Richero de Wausesat' et heredibus suis candem terram pro xx.m. argenti annuatim quam terram Ada de Wausat tenet de eadem baronia ereditarie, qui est heres predicti Richeri pro xx.m. argenti per annum. *v.m.*[1]

Willelmus de Houed' tenet ereditarie de eadem baronia in Kirkeb' j. carucatam terre que fuit escaeta Hugonis episcopi Dunelmensis quam idem episcopus dedit ereditarie Willelmo de Houed', patri predicti Willelmi, et heredibus suis pro iij. m. argenti reddendis annuatim. *iij.m.*[2]

Ospitale Alverton' tenet in elemosina in Romundeb' dimidiam carucatam terre que fuit escaeta Philippi Dunelmensis episcopi, et ipse episcopus dedit eandem terram ospitali in elemosinam.

Thomas de Colevill' tenet ereditarie de eadem baronia in Brumpton unam carucatam terre per servicium militis unde xij. carucate faciunt feodum j^{us} militis que fuit de dominico predicte baronie, pro qua Philippus episcopus Dunelmensis cepit escambium in parco de Creit[3], et illud escambium est in dominico baronie Alverton', et eadem carucata terre nunc est in custodia domini regis.

De escaetis Normannorum nihil scimus.

Jukellus de Smitheton' iij. m.

[*Endorsed* :—] *In libro.*

S. ij. 2.
II. 783–784. De Testa de Nevill'.

NOMINA JURATORUM IN WAPENTAC DE SADBERGE AD INQUISICIONEM FACIENDAM TENEMENTORUM MILITUM ET LIBERE TENENCIUM.

Rogerus filius Hugonis, Johannes de Midelton', Hugo Trahine, Radulfus Baard, Rogerus filius Gerardi, Robertus de Midelton', Ivo Talleboys, Michael de Bermeton, Petrus de Hert, Willelmus de Burdun', Rogerus filius Raven, et Robertus de Maroill'.

DE BARONIIS ET FEODIS MILITUM.

Hugo de Ball' tenet in capite de domino rege in wapentac de Sadberge feoda v. militum et j. quarterii in hereditate.

Petrus de Brus tenet in capite in eodem wapentac feoda ij. militum in hereditate.

Rogerus filius Hugonis tenet in eodem wapentac feodum j. militis in dote per Amabill' uxorem suam de herede Willelmi filii Ranulfi qui est in custodia Roberti de Veteri Ponte per dominum regem.

Johannes de Amundevill' tenet in capite in eodem wapentac feodum j. militis in baronia. *Veniat.*[4]

Ricardus super Tayse tenet in capite in eodem wapentac terciam partem feodi j. militis in baronia. *Veniat.*[5]

Radulfus Baard tenet in capite in eodem wapentac vj. partem feodi j. militis in baronia. *j.m.*[6]

---
[1] v.m. *interlined above* terre sunt. [2] iij.m. *interlined above* tenet.
[3] *Read* Creic. [4] Veniat *interlined above* Amundevill'.
[5] Veniat *interlined above* Tayse. [6] j. m. *interlined above* tenet.

26   A.D. 1208–1210.

S. ij. 2.
II. 783-784. De Testa de Nevill'— cont.

Walterus de Kam tenet in capite xij. partem feodi j. militis in baronia.
Robertus de Midelton tenet in capite xij. partem feodi j. militis in baronia.
Robertus de Burgate habet custodiam heredis Walteri Caru et cum eo feodum j. militis per dominum regem in eodem wapentac, et idem Walterus tenuit in baronia.
Rogerus Bertram tenet villam de Gretham cum pertinenciis in capite que pertinet ad baroniam suam de Norhumbria et debet sectam wapentachio.
Aliz de Tunestel tenet j. carucatam terre et demidiam[1] de heredibus Walteri filii Gilberti que pertinet ad baroniam de Norhumbria.

DE THEYNAGIIS ET SERGANTIIS ET FIRMARIIS.

Ivo Talleboys tenet in capite de domino rege theynagium quod fuit Willelmi filii Willelmi per Elyzabet uxorem suam et reddit per annum lx.s. Ricardus de Kartenay, Rogerus de Butemont habent duas sorores predicte Elyzabet et faciunt servicium per manum predicti Ivonis pro parte sua infra predictos lx.s.   j.m.[2]
Rogerus filius Gerardi tenet in capite ix. carucatas terre in thenagio per Angnetem uxorem suam et reddit per annum lx.s.   v.m.[3]
Ricardus super Tayse tenet in capite iij. carucatas terre in Mortona et reddit per annum lx.s. Et tenet predictam terram in hereditate.
Willelmus Burdun tenet in capite et hereditate iij. carucatas terre in Burdun et reddit lx.s.   xx.s.[4]
Willelmus filius Osberti de Sadberge tenet demidiam[1] carucatam terre in Sadberge in hereditate et reddit per annum iiij.s.   j.m.[5]
Gilbertus Warin tenet j. carucatam terre in Sadberge in capite unde reddit per annum v.s. et iiij.d. Et facit sergantiam.   xx.s.[6]
Johannes de Neubigin tenuit in capite iij. bovatas terre in Neubigin unde reddidit per annum iij.s. vj.d. et eadem terra est in manu hospitalis de Alverton per donum predicti Johannis et concessionem Philippi episcopi et confirmacionem domini regis.
Idem hospitale tenet molendinum et furnum de Sadberge per donum Philippi episcopi et confirmacionem domini regis in puram elemosinam.   Et valent per annum xx.s.

DE EXCHAETIS NORMANNORUM.

Dominus rex habet in manu sua terram in Helleton que fuit Willelmi de Meynillo Durant' de baronia Petri de Brus, et valet per annum ix.l. et v.s. et vj.d. et ij. libras piperis.

[*Endorsed* :—] *In libro.*

S. ij. 2.
I. 141-144.

VEREDICTUM HOMINUM DE NORHAMSYR' ET ELANDESIR'.

Rogerus de Andrei tenet medietatem ville de Anecroft et medietatem de Felkindon' et medietatem de Alvereden et facit inde servicium dimidii militis. Se altero.

---

[1] *Read* dimidiam.
[2] j.m. *interlined above* tenet.
[3] v.m. *interlined above* tenet.
[4] xx.s. *interlined over* carucatas.
[5] j.m. *interlined above* de Sadberge.
[6] xx. s. *interlined above* tenet.

BISHOPRIC OF DURHAM. 27

S. ij. 2.
I. 141-144
—cont.

Ingeramus de Hulecot' tenet alteram medietatem de Anecroft et de Felkindon' et de Alveredene et facit inde servicium dimidii militis. *Veniat solus.*

Domina Matildis de Muscamp' tenet villam de Rosse in dote et facit inde servicium dimidii militis. *Memorandum.*[1]

Willelmus de Etona tenet Hetonam et facit inde servicium dimidii militis. *Veniat solus.*

Jordanus Ridel tenet Tillemue et facit inde servicium dimidii militis. *Veniat et fiat miles.*

Willelmus de Cornehale tenet villam de Cornehale libere in escambio pro Hornecliff et reddit inde per annum xviij.m. *Dab.*[2] *Fin' x.m.*

Thomas de Tuisele tenet villam de Tuisele et villam de Dudehou libere et reddit inde per annum xx.m. *xv.m.*

Eustacius de Neubig' tenet villam de Neubiging libere et reddit inde per annum xl.s. *xl.s.*

Costantinus de Grandon' tenet iij. carucatas terre in villa de Grandon' libere et reddit inde per annum iiij.m. *iij.m.*

Ada de Thornetona tenet villam de Thornet' in drengagio et reddit inde per annum iij.m. et facit operaciones dominicis de Norham. *ij.m.*

Willelmus Masculus tenet villam de Hupsetligton' et villam de Tuedemue in socagio et reddit inde per annum c.s. *c.s.*

Henricus de Orde tenet villam de Orde in libero servicio et reddit per annum xx.m. *v.m.*

Johannes de Brafertona tenet terciam partem ville de Scremerstun et dimidiam carucatam terre libere et reddit inde per annum xxv.s. *v.m.*

Willelmus filius Roberti de Scremerst' tenet terciam partem ville de Scremerst' libere et reddit inde per annum xx.s. *iij.m.*

Robertus filius Ade de Scremerst' tenet in villa de Scremerstun ij. carucatas terre et dimidiam libere et reddit per annum xvs.. *iij.m.*

Patricius de Chesewic tenet iij^{am} partem ville de Chesewic libere in socagio et reddit per annum xxxiij.s. iiij.d. *c.s.*

Johannes de Hagardestun tenuit[3] iij^{am} partem ville de Chesewic in socagio et redidit[4] inde per annum xxxiij.s. iiij.d. Johannes mortuus est; terra est in manu domini regis. *xv.m. pro . . . dra rel'.*

Willelmus filius Ade de Chesewic tenet terciam partem de Chesewic libere et reddit per annum xxxiiij.s. vj.d. *xx.s.*

Gilebertus de Behil tenet medietatem ville de Behil libere et reddit per annum ij.m. *ij.m.*

Ada de Behil tenet medietatem de Behil in drengagio et reddit per annum xx.s. et facit operaciones in dominicis de Fenwic. *iij.m.*

Item Ada de Behil tenet terciam partem de Gosewic in drengagio et reddit per annum xiiij.s. vj.d. et facit operaciones in dominicis de Fenwic.

---

[1] *The notes printed at the end of the lines are on the left hand margin in original.*
[2] *So in original, perhaps for* Dabit.
[3] *Corrected from* tenet.
[4] *Corrected from* reddit.

A.D. 1208-1210.

S. ij. 2.
I. 141-144
—cont.

Henricus de Gosewic tenet terciam partem de Gosewic in drengagio et reddit inde per annum xiiij.s. v.d. et facit operaciones apud Fenwic.
xx.s.
Patricius de Gosewic tenet terciam partem de Gosewic in drengagio et reddit inde per annum xiiij.s. v.d. et facit operaciones apud Fenwic.
xx.s.
Johannes de Hagardestun tenuit[1] villam de Hagard' libere et redidit[2] inde per annum c.s. Johannes mortuus est et terra est in manu domini regis. *Nichil.*
Eustacius de Kylei tenet villam de Kylei et villam de Berigdon' et villam de Loulinne in thanagio et reddit inde per annum ix.m. et facit operaciones que pertinent ei apud Fenwic. xx.m.
Ada de Buketun tenet in Buketun j. carucatam terre et dimidiam in drengagio et reddit per annum xij.s. et facit operaciones suas apud Fenwic. xx.s.
Eudo de Butemunt tenet molendinum de Tuedemue de dono episcopi Philippi et reddit per annum iiij.m. ubi episcopus non solebat habere nisi iij.m. v.m.

[*Endorsed :—*] *In libro. In comitatu Norhumbr'.*

S. ij. 2. HII SUNT ANTIQUI JURATI AD VERITATEM DICENDAM DE TENEMENTIS DE HALIWERFOLC,
Willelmus de Herdewic, Willelmus de Aldakres, Robertus filius Aik, et Willelmus persona.

Jurati dicunt quod omnes quos nominabunt tenent hereditarie et tenere debent de deo et Sancto Cuthberto et episcopo Dunelmi.
Galfridus de Miners tenet Biscopetun' cum pertinenciis pro feodo j. militis. *Veniat.*[3]
Henricus Bec tenet Rodmerehil pro duabus partibus feodi j. militis. *Veniat.*[4]
Johannes de Thorp tenet Thorp pro feodo dimidii militis. *c.s.*[5]
Hugo de Capella tenet Winyard pro feodo dimidii militis. *Veniat.*[6]
Ilger Burdun tenet dimidiam Witun' pro tercia parte feodi j. militis. *xl.s.*[7]
Rogerus de Tursteintun' tenet Tursteint' et Fulthorp pro sexta parte feodi j. militis. sed dominus Hugo episcopus dedit ei Fulthorp in escambium hereditatis sue de Midelham et de Maineford. *Nichil.*[8]
Ranulfus de Fisseburne tenet Fisseburne cum pertinenciis pro feodo j. militis. *Veniat.*[9]
Petrus Harpin tenet dimidiam Mordune pro feodo dimidii militis. *Decem m.*[10]
Eustacius de Wesci tenet Elmedene cum pertinenciis pro feodo j. militis.
[Isti] omnes feffati sunt de antiquo tenemento ante tempus Henrici Regis, patris domini Johannis Regis, et ante tempus Hugonis Dunelmensis episcopi.

[1] *Corrected from* tenet.
[2] *Corrected from* reddit.
[3] *Veniat interlined over* militis.
[4] *Veniat interlined over* feodi j.
[5] c.s. *interlined over* tenet.
[6] *Veniat interlined over* Winyard pro.
[7] xl.s. *interlined over* Ilger.
[8] Nichil *interlined over* Rogerus.
[9] *Veniat interlined over* Ranulfus.
[10] *Altered from* c.s. dim', *and interlined over* Petrus Harpin.

BISHOPRIC OF DURHAM. 29

S. ij. 2
—cont.

Hi sunt qui tenent terras suas ad firmam feffati ab eodem tempore.
Willelmus de Herdewic tenet Herdewic pro x.s. annuatim. *iij.m.*[1]
Willelmus filius [Orm] tenet j. carucatam terre in Karletun pro x.s. annuatim. *j.m.*[2]
Willelmus de Cumba et mater sua tenent in Stoketun' v. bovatas terre pro dimidia marca annuatim. *c.s.*[3]
Ada de Prestun' tenet in Stoketun' ij. bovatas terre et xiij^{lm} acras pro j.m. annuatim per confirmacionem Philippi episcopi sed hanc terram......

Isti sunt quibus dominus Hugo Dunelmensis episcopus dedit terram in tempore Regis Henrici et post.
Johannes de Herdewic tenet . . . pro iiij^{ta} parte feodi j. militis de dono Hugonis episcopi. *xx.s.*[4]
Walterus de Faucunberge tenet ij. carucatas terre et dimidiam in Prestun' pro vj^a parte feodi . . . de dono Hugonis episcopi et de dominio suo. *Mittat militem.*[5]
Ada de Prestun' tenet j. carucatam terre in Prestun' annuatim pro x.s. de empcione Hugonis episcopi . . . *alibi.*[6]
Willelmus de Cumba tenet j. toftum et vij. acras pro xvj.d. annuatim de dono H. episcopi et de dominio suo. *Alibi.*[7]
Gamel de Stoketun' tenet xxx^{ta} acras pro operacione sua scilicet qualibet ebdomada quando operatur xij.d. de dono Hugonis episcopi et de dominio suo. *R.*[8]
Robertus le Loot tenet lx^{ta} acras terre in Nortun pro iiij^{or}s. annuatim de dono Hugonis episcopi et de wasto suo. *v.m.*[9]
Willelmus de Iarum tenet j. carucatam terre in Nortun quam Hugo episcopus dedit ei in escambio de Normantun pro j.m. annuatim faciendo opera per cartam suam. *R.*[10]
Willelmus de Heriz tenet j. carucatam terre et dimidiam in Claxtun pro iiij^{or}m. annuatim quas Hugo episcopus dedit ei in escambio pro drengagio de Karletun. *Capiatur*[11] *terra R.*
Willelmus de Aldakres tenet j. carucatam terre in Aldacris pro xvj.s. annuatim de dono Hugonis episcopi et de dominio suo. *xx.s. cum fratre.*[12]
Hugo de Buterwic tenet dimidiam carucatam terre in Brithorn pro dimidia marca de dono Hugonis episcopi de dominio suo. *xx.s.*[13]
Draugo de Midelham tenet Maineforde pro l.s. annuatim de dono Hugonis episcopi et de dominio suo. *c.s.*[14]
Mikael Scot tenet ij. acras terre in Segesfeld pro v.s. annuatim de dono Hugonis episcopi et dominio suo. *R.*[15]

---

[1] iij.m. *interlined over* Herdewic.   [2] j.m. *interlined over* annuatim.
[3] c.s *interlined over* Willelmus.   [4] xx.s *interlined over* feodi.
[5] mittat militem *interlined over* Faucunberge.
[6] alibi *interlined over* Ada.   [7] alibi *interlined over* Willelmus.
[8] R. *interlined over* Gamel.   [9] v.m. *interlined over* Loot.
[10] R. *interlined over* Willelmus.
[11] capiatur terra R. *interlined over* Heriz.
[12] xx.s. cum fratre *interlined over* Willelmus.
[13] xx.s. *interlined over* Hugo.   [14] c.s. *interlined over* Draugo.
[15] R. *interlined over* Mikael.

S. ij. 2
—cont.

Willelmus de Iarum tenet v. acras in Segesfeld' de elemosina Hugonis episcopi de dominio suo. *Monachus*.[1]
Thomas de Corneford tenet iij. bovatas terre in Corneford pro vij.s. de dono Hugonis episcopi de dominio suo. *Dimidia m.*[2]
Quidam alius Thomas tenet j. aliam bovatam in eadem villa pro ij.s. de dono Hugonis episcopi et dominio suo. *R.*[3]
Hospitale de Sireburne tenet in Wittune de exscaetis Hugonis episcopi.
Ada[4] de Lumesdene tenet j. carucatam terre in Grendune de hereditate uxoris sue pro . . . . de dono Hugonis episcopi. *j.m.*[5]
Eva tenet vj. acras terre in Herteburn de dono Hugonis episcopi de dominio suo sine servicio. *R.*[6]

Isti sunt quibus dominus Philippus Dunelmensis episcopus dedit terram.
Rogerus de Ba tenet iiij^{xx} [7] acras in Nortun' pro iiij^{or}s. annuatim de dono Philippi episcopi de wasto suo. *c.s.*[8]
Johannes filius Walteri tenet iij. bovatas terre in Nortun' pro xj.s. de dono Philippi episcopi de dominio suo. *Dimidia m.*[9]
Gilbertus de Butevile tenet ij. bovatas terre in Nortun' pro dimidia marca de dono Philippi episcopi de dominio suo. *R.*[10]
Robertus filius Aic tenet ij. bovatas terre et ix. acras in Nortun' pro xviij.s. et vj.d. de dono Philippi episcopi et dominio suo. *Dimidia m.*[11]
Willelmus de Colevill' tenet dimidiam acram terre in Segesfel' pro j.m. annuatim de dono Philippi episcopi et dominio suo. *R.*[12]
Hugo prepositus tenet ij. bovatas terre in Segesfeld' pro dimidia marca de dono Philippi episcopi. *Dimidia m.*[13]
Walterus de Maineford tenet j. toftum in Segesfeld' pro ij.s. de dono Philippi episcopi et dominio suo. *R.*[14]
Willelmus persona de Midelham tenet dimidiam acram terre in Mid . . . pro xiiij.s. et viij.d. annuatim de dono Philippi episcopi et dominio suo. *R.*[15]

Uxor Henrici de Heriz est in donacione regis et tenet terciam partem de Claxtun'. *Finivit.*[16]
Mater Hugonis de Capella habet dotem in Winyerd, scilicet dimidiam Winyerd et est in donacione regis. *Finivit.*[17]
. . . . Johannis de Herdewic est in donacione regis et habet terciam partem de Herdewic.
Uxor Willelmi filii Orm est in donacione regis et habet terciam partem carucate terre in Karletun'. *Condonatur.*[18]

---

[1] monachus *interlined over* Willelmus.
[2] Dimidia m. *interlined over* bovatas.   [3] R. *interlined over* alius.
[4] *This entry is in part illegible. There is an illegible interlineation beginning over* uxoris.   [5] j.m. *interlined over* Ada.
[6] R. *interlined over* Eva.
[7] *The number of acres has been erased and* iij. *is written over* tenet, *possibly as a correction.*   [8] c.s. *interlined over* Rogerus.
[9] dimidia m. *interlined over* Walteri.   [10] R. *interlined over* Butevile.
[11] Dimidia m. *interlined over* tenet.   [12] R. *interlined over* Colevill.
[13] Dimidia m. *interlined over* tenet.   [14] R. *interlined over* Walterus.
[15] R. *interlined over* Willelmus.   [16] Finivit *interlined over* uxor.
[17] Finivit *interlined over* Hugonis.   [18] Condonatur *interlined over* uxor.

S. ij. 2 —cont.

Mater Willelmi de Cumba est in donacione regis et habet v. bovatas terre in Stoketun'. *Superius fit.*[1]

Mater Ade de Prestun' est in donacione regis et tenet terciam partem j. carucate terre in Stoketun'. *Finivit.*

A . . . de Prestun' tenet j. carucatam terre in Prestun' in drangagio de antiquo tenemento.

[2]Willelmus filius Orm tenet dimidiam carucatam terre in drangagio de.[2]

Willelmus de Buterwic tenet Buterwic hereditarie in drangagio de antiquo tenemento. *iij.m.*

---

[1] Superius fit *interlined over* Willelmi.   [2] *This entry is cancelled.*

(32)

A.D. 1208—1213.

THE following list of tenants of the Honour of Tickhill by military service or by serjeanty may be referred to the period between 1208 and 1213. The last entry in it shows Brian de Lisle in possession of Laughton and Wheatley, which seem to have been committed to him, in February 1208, as part of the forfeited estate of Ralph Taisson.[1] Wheatley was transferred to Peter and Nicholas de Lettres in 1217, and Wheatley and Laughton were alike surrendered to the Countess of Eu in 1228.[2] The list, however, describes all the tenants as holding of the king, and such a description would have been incorrect after May 1214, when he restored the Honour of Tickhill to Ralph, Count of Eu.[3] John de Bulli, who is mentioned as one of the tenants, was dead in June 1213, when he was succeeded by his son-in-law Robert de Vipont, here entered as the tenant of a separate fee.[4]
Another version of the list, containing some additional names and particulars, is transcribed in the Red Book of the Exchequer.[5]

[1] *Rotuli Litterarum Clausarum*, vol. i. p. 104.
[2] *Ibid.* p. 319; *Close Rolls, 1227–1231*, p. 66.
[3] *Rotuli Litterarum Patentium*, vol. i. p. 116.
[4] *Rotuli Litterarum Clausarum*, vol. i. p. 136.
[5] Pp. 592–594.

HONOUR OF TICKHILL.

S. ij. 12.
II. 673–675.

NOMINA ILLORUM QUI TENENT DE DOMINO REGE IN HONORE DE TYKEHILL' ET SERVICIUM ILLORUM.

Constabularius Cestrie tenet feuda viij. militum.
Johannes de Bulli tenet feuda vj. militum.
Gerardus Furnival feudo v. militum et quartam partem militis.
Nigellus de Luvetot feuda v. militum.
Adam de Novo Foro feuda iiij. militum.
Hugo de Steintun feudum j. militis.
Rogerus de Monte Begonis et Alexander de Novilla, Adam Brito j. feudum.
Adam de Wulvessic j. feudum.
Eustacius de Vesci septem partes j. militis.
Robertus de Sandeby j. feudum et octavam partem militis.
Radulfus Selvein j. feudum.
Ranulfus de Novo Foro et Robertus de Sancto Quintino, Ricardus de Furnaus j. feudum.
Willelmus de Cressi iiij. feuda.
Willelmus filius Waukelini iiij. feuda.
Thomas de Wulvringtun' ij. feuda.
Hugo de Hedun' ij. feuda.
Maleveisinus ij. feuda.

HONOUR OF TICKHILL

S. ij. 12.
II. 673–
675—cont.

Rogerus Monachus j. feudum.
Philippus de Hullecote j. feudum.
Robertus de Veupun j. feudum.
Willelmus Pincerna j. feudum.
Robertus de Chevrecurt ij. feuda.
Johannes de Heincurt et Radulfus de Willebi j. feudum.
Robertus filius Willelmi ij. feuda.
Robertus de Chauurces j. feudum.
Ricardus de Scelton' dimidium feudum.
Robertus Mauluvel j. feodum.
Willelmus de Marcham unum feodum.

Philippus de Hullecote et Johannes de Nevilla debent j. sumarium quando dominus rex ibit in Wallia.
Adam de Hetun', Willelmus filius Huberti, j. sumarium.
Domina de Buketun' j. sumarium.
Willelmus filius Willelmi debet j. ancipitrem sorum vel xx.s. castello.
Rogerus de Monte Begonis et Alexander de Nevilla debent j. ancipitrem sorum vel xx.s.
Nicholaus de Limessi tenet terram que fuit Willelmi de Lund' cum herede Willelmi per ostriceriam.
Hugo de Letlewelle tenet viij. bovatas terre per custodiam cuiusdam brachetti per sex septimanas.

Brianus de Insula tenet Lactonam cum soka et Wetelle terram Normannorum per dominum regem.

[*Endorsed :—*] *In libro.*

(34)

A.D. 1208—1213.

IN the spring of 1208, King John confiscated the revenues of bishops and other ecclesiastics who had procured or obeyed the papal interdict on his realm. Some of them were not restored until the reconciliation effected by the Legate Pandulph, in 1213.

During these five years it was obviously necessary that the king's agents in the different counties and the officers of the Exchequer should have lists of the persons who held land under the dispossessed clergy, not only in connexion with the scutages of the period, but also for the purpose of obtaining any revenue arising from reliefs, wardships, and marriages.

The Red Book of the Exchequer contains valuable lists of the persons who at this period held by military service under the Archbishops of Canterbury and York, the Bishops of Rochester, Norwich, Hereford, Lincoln, Ely, London and Exeter, and the Abbots of Holme, St. Albans, Chertsey, Malmesbury, and Peterborough. Some of them are there stated to have been made "by inquisition."[1] The lists in the Book of Fees are less numerous.

BISHOPRIC OF WORCESTER. William de Beauchamp, who is mentioned several times in the list, may be identified with Wilikin de Beauchamp, the heir of the William de Beauchamp who died in 1197.[2] This Wilikin died under age in the summer of 1209, when his lands passed to another minor, Walter, or Watekin, de Beauchamp, who survived until 1236.[3] The list may therefore be referred to the period between the seizure of episcopal lands in 1208 and the death of the younger William de Beauchamp in 1209.

It is worthy of remark that although the account of the collectors of the Aid of 1346 in Worcestershire purports to be based upon the account of the collectors of the aid of 1302, the names of the former tenants of lands in the hundred of Oswaldslow as given by them are clearly taken from this list of the reign of John.[4]

BISHOPRIC OF LINCOLN. The list in the Book of Fees relates only to Oxfordshire. William of Boveney who is mentioned in it twice as holding lands belonging to the heir of Adam de Cardevill obtained the wardship and marriage of this heir in the financial year beginning at Michaelmas 1209.[5]

[1] Pp. 469, 473, 476, 491, 495, 508, 514, 524, 541, 551, 556.
[2] *Annales Monastici*, vol. i. p. 55; vol. ii. p. 65; vol. iv. p. 389; Pipe Roll, 10 Ric. I. Oxford.
[3] Pipe Rolls, 11 John, Worcester, Rutland; 12 John, m. 9*d*; 13 John, Worcester, residuum de Rutland and m. 17*d*; *Annales Monastici*, vol. iv. p. 400; *Rotulus de Prestitis*, p. 209; *Rotuli Litterarum Clausarum*, vol. i. pp. 168-170; *Bracton's Note Book*, vol. ii. pp. 203-205.
[4] *Feudal Aids*, vol. v. pp. 302, 306-310.
[5] "Willelmus de Boveneie debet xx.m. et iij. palefridos pro habenda custodia terra et heredis Ade de Cardevill." Pipe Roll, 12 John, Oxford.

INTRODUCTION.   35

On the other hand, Richard de Hovill who figures in the list was dead at Easter 1212.[1] The total number of the Bishop's fees amounts to a fraction more than the twenty-seven with which he was credited in the sheriff's return of June 1212.

A fuller and different list in the Red Book of the Exchequer, dealing with the episcopal fees in several counties, may perhaps have been compiled a little earlier, the temporalities of the see having fallen into the king's hand as far back as 1206, on the death of William de Blois.[2] Neither of these lists is based upon a list of the year 1201, with which, however, they may be compared.[3]

BISHOPRIC OF EXETER. The Red Book of the Exchequer contains a list of persons who held of the Bishop of Exeter by military service in Devon and Cornwall in the reign of John.[4] The following list gives the names and services of other free tenants of the see in Cornwall only. Richard fitz Richard, who is mentioned in it as the guardian of the heir of William of Roche, obtained the wardship in the financial year ending at Michaelmas 1208.[5] As he was dead at Michaelmas 1212, the list could on internal evidence be referred to the period between October 1207 and September 1212.[6]

HYDE ABBEY. A list of the free tenants and the military tenants of this ancient house may be a relic of a general survey of ecclesiastical property in England made soon after the issue of the Interdict. Adam de Port, who is entered in it as holding six fees, was dead in July 1213.[7] The note at the top of the roll to the effect that Hyde Abbey was not in the king's hand is confirmed by an order of April 1208 for the restitution of its property seized by the officers of the Crown.[8]

[1] Pipe Roll, 14 John. Compotus Episcopatus Lincoll'.   [2] Pipe Roll, 9 John.
[3] *Rotuli de Oblatis et Finibus*, pp. 153–156; *Rotulus Cancellarii*, p. 278.
[4] Pp. 556, 557.
[5] "Ricardus filius Ricardi reddit compotum de cc.m. pro habenda custodia terre et heredis Willelmi de Rupe, cum custodia Eve uxoris eiusdem Willelmi, filie predicti Ricardi." Pipe Roll, 10 John, Cornwall.
[6] "[Wi]ll' filius Ricardi filii Ricardi . . . pro habenda terra sua et pro relevio et ut se maritet cui voluerit." Pipe Roll, 14 John, Cornwall.
[7] *Rotuli de Oblatis et Finibus*, p. 477.
[8] *Rotuli Litterarum Clausarum*, vol i. p. 111.

BISHOPRIC OF WORCESTER.

S. ij. 3.   *SERVICIUM DEBITUM DOMINO REGI DE EPISCOPATU*
I. 186–191.   *WIGORNIENSI.*

Episcopus Wigorniensis debet domino regi xlix. milites et dimidium in omnibus, scilicet in comitatibus Wigornie, Gloucestrie et Warwici. De quibus dominus rex tenet iij.[1] milites scilicet in Burleg', in Bisseleg' et Queinhull', et in Broc.

Willelmus de Bello Campo acquietat eum de xv. militibus quorum nomina et servicia subscripta sunt :—

Ricardus de Waleg' j. militem in Dorna in comitatu Wigornie.

[1] I. 186 *reads* xij. S.ij. 3 *has a badly written* iij. *Cf.* Red Book, p. 300.

A.D. 1208-1209.

S. ij. 3.
I. 186-191
—cont.

Willelmus filius Warini in Pidele et Mora j. militem in eodem comitatu.
Rogerus de Lench' in Lench' j. militem et ij. hidas in eodem comitatu.
Robertus de Penedok in Westmanecota iiij. hidas in eodem.
Idem in Penedok ij. hidas et dimidiam in eodem comitatu.
Galfridus de Abbetot in Rudmereleg' vij. hidas in eodem comitatu.
Robertus de Bracy in Holefest j. hidam in eodem comitatu.[1]
Hillarius[2] de Wolfrintona in Wolfrint' ij. hidas et dimidiam in eodem comitatu.
Robertus de Bracy in Estona dimidiam hidam in eodem comitatu.[1]
Idem in Warmedona ij. hidas in eodem comitatu.
Stephanus de Bello Campo j. hidam in Pirian[3] in eodem comitatu.
Radulfus Haket in Alvithechirch' j. hidam in eodem comitatu.[1]
Willelmus de Bissopesdona in Wareslega dimidium militem in eodem comitatu.
Stephanus de Waresleg' in Waresleg' j. militem in eodem comitatu.[1]
Johannes de Abbetot in Hindelep j. militem in eodem comitatu.
Idem in Lawerna dimidium militem in eodem comitatu.[1]
Johannes de Cudeleg' in Cudeleg' j. hidam in eodem comitatu.
Walterus de Kekingwika in Kekingwik' ij. hidas et dimidiam in eodem comitatu.
Ricardus de Grimhull' in Grimhull' j. hidam in eodem comitatu.[1]
Osbertus de Abbetot in Crumba et Inteberga j. militem in eodem comitatu.
Radulfus Haket in Costona j. hidam in eodem comitatu.[1]
Galfridus de Abbetot in Penedok dimidium militem in eodem comitatu.[1]
Willelmus de Bello Campo in Holt v. hidas in dominico in eodem comitatu.
Idem in dominico in Stoltona et Mukenhull' vij. hidas et dimidiam in eodem comitatu.
Idem in Elmeleg' in dominico iiij. hidas in eodem comitatu.[1]

Episcopus tenet manerium Northwik' in comitatu Wigornie in dominico.
In quo tenet Johannes Puher' de episcopo in Cherchhull', Bradicota, Witintona et Spechleg' j. militem.
Ricardus Tirel in Crouleia j. militem.
Radulfus de Wilint' in Estona et Bevreburna j. hidam per servicium v. partis j^{us} militis.
Ricardus Bruille in Estona j. hidam per servicium v. partis j^{us} militis.

---

[1] *The words* in eodem comitatu *in these entries are not written in* S. ij. 3, *but indicated by lines drawn from the end of the lines to the place where these words last appear.*
[2] S. ij. 3 *has* Hill' *written after a letter struck out.* I. 186 *reads* Will'.
[3] *The reading is doubtful.* I. 186 *has* Pirton, *which is probably wrong.* Cf. V.C.H. Worcestershire, vol. iii. p. 512n.

BISHOPRIC OF WORCESTER. 37

S. ij. 3.
I. 186-191
—cont.

Walterus de Bureford' in Estona dimidiam hidam per servicium xme partis j^{us} militis.

Wikam in comitatu Wigornie episcopus tenet in dominico.
In quo tenet Ada filius Nigelli in Coderugge j. hidam per servicium v. partis.
Galfridus de Abbetot j. hidam per servicium v. partis et dimidiam in Wika per servicium x. partis.
Willelmus de Sancto Johanne in Rugge j. virgatam terre per servicium xx. partis.
Ricardus Puherius de Wicheneford in Wicheneford', Nortona et Hulla iiij. hidas.

Episcopus tenet manerium de Fladebir' in dominico in comitatu Wigornie.
Robertus Pipard' tenet de eodem manerio in Bihamtona j. militem.
Willelmus de Furch' in Bihamt' j. militem.
Episcopus Herefordensis in Inteberg' j. militem.
Willelmus Marescallus in Thorndona dimidium militem.
Domina Avicia de Cherletona in Cherletona dimidium militem.
Willelmus de Bradeleg' in Bradeleg' j. hidam.
Willelmus de Bissopesdona in Hulla ij. hidas.
Henricus filius Johannis in Trokemertona j. virgatam terre.
Ada filius Roberti in Trokemertona j. virgatam.
Willelmus filius Gocelini in Trokemertona j. virgatam.
Osmundus filius Gervasii in Trokemertona j. virgatam.

Episcopus tenet manerium de Rippell' in comitatu Wigornie in dominico.
Ada de Crumba tenet de eodem manerio in Crumba, Tidelmintona et Edmundescota j. militem.
Robertus de Bello Campo in Upt' dimidium militem.
Ivo de Bello Campo in Boctona iij. hidas.

Episcopus tenet manerium de Bredon' in comitatu Wigornie in dominico.
Johannes de Bonevill' tenet de eodem manerio in Kelmesham j. hidam.
Robertus de la Folie in Muttona j. hidam.
Prior Wigornie in Codeston' ij. hidas.
Robertus de Mortona in Mortona ij. hidas.
David' filius Roberti in Nortona dimidiam hidam.

Episcopus tenet manerium de Kemeseia in comitatu Wigornie in dominico.
Willelmus de Kerswell' et Tailefer tenent de eodem manerio in Kereswell' j. hidam et dimidiam.
Beatrix de Peritona in Nortona j. hidam.
Josep de Marisco in Nortona dimidiam hidam.

Episcopus tenet manerium de Blockeleia in comitatu Wigornie in dominico.

S. ij. 3.
I. 186–191
—cont.

Johannes Puher' tenet de eodem manerio in Evinlade j. militem.
Johannes de Estona in Estona dimidium militem.
Galfridus de Dichford' in Dichford' iiij. hidas.
Robertus filius Willelmi in Paxford' dimidiam hidam.
Robertus de Northwika in Northwika j. hidam.
Avicia de Kyngesford' in Northwika j. hidam.
Henricus filius Henrici in Uptona j. virgatam.
Tedelinus in Draicota dimidiam hidam.

Episcopus tenet manerium de Tredintona in comitatu Wigornie in dominico.
Willelmus Travers tenet de eodem manerio in Langedona iiij. hidas.
Willelmus filius Augerii in Tatlint', Neubold et Edmundescota et Hopwod' dimidium militem.

Episcopus tenet manerium de Tredint'[1] in comitatu Wigornie in dominico.
Galfridus de Hambir' tenet in eodem manerio j. hidam et dimidiam.
Phillippus filius Rogeri in Hambir' j. hidam et dimidiam.

Episcopus tenet manerium de Hertlebir' in comitatu Wigornie in dominico.
Stephanus de Waresleg' tenet in eodem manerio j. virgatam terre.

Episcopus tenet manerium de Alvichech' in comitatu Wigornie in dominico.
Radulfus Haket tenet de eodem manerio in Costona j. hidam.

Episcopus tenet manerium de Hambir' in Salso Marisco in comitatu Gloucestrie in dominico.
Elias Gyffard tenet de eodem manerio in Stok' j. militem.
Radulfus de Wilintona in Yeta ij. hidas.
Rogerus Corbet in Ichelintona dimidium militem.
Jacobus de Novo Mercato in Auste dimidium militem.
Ricardus Flandrensis in Cumptona dimidium militem de Galfrido de Abbetot', et Galfridus de Willelmo de Bello Campo et Willelmus de episcopo.
Simon de Salso Marisco in Weston' dimidium militem.
Robertus de Vaim, Petrus de Haia et Willelmus de Westbir' in Hambir' j. militem.
Gilbertus de Wika et Willelmus Mancell' in Thriddeland' et Wika dimidium militem.

Episcopus tenet manerium de Withind' in comitatu Gloucestrie in dominico.
Galfridus de Longo Campo tenet de eodem manerio in Estona j. militem de Waltero de Clifford', et Walterus de episcopo.
Hugo de Barevill' in Nategrava j. militem.

---

[1] *So in* S. ij. 3 ; *perhaps an error for* Hambir'.

BISHOPRIC OF WORCESTER.

S. ij. 3.
I. 186-191
—cont.

Ada Crocun in Foxcota iij. hidas de Henrico de Mineriis, et Henricus de episcopo.
Josep de Marisco in Colesburna j. hidam.
Willelmus de Marisco in Huldicota j. hidam.

Episcopus tenet manerium de Beibir' in comitatu Gloucestrie in dominico.
Radulfus de Wilint' tenet de eodem manerio in Ablintona ij. hidas.
Henricus de Boun, comes Herefordie, in Bardesleg' j. militem.
Willelmus Russel in Aicota j. hidam.
Johannes de Beibir' in Beibir' dimidiam hidam.

Episcopus tenet manerium de Cliva in comitatu Glouc' in dominico.
Henricus de Boun, comes Herefordie, et domina Lucia que fuit uxor Herberti filii Herberti tenent de eodem manerio in Suham et Brokhamt' ij. milites.
Johannes Archerius tenet v. hidas in Stok' per serianciam arcus de domino rege et rex de episcopo.
Jacobus de Novo Mercato in Gutherintona dimidium militem.
Robertus Gallicus in Stok' quartam partem unius militis.
Johannes Juvenis et Radulfus Carettarius in Gutherint' quartam partem unius militis.

Episcopus tenet manerium de Hamt' in comitatu Warwic' in dominico.
Ada de Crumba tenet de eodem manerio in Inge j. militem.
Nicholaus de Verdun' in Fekho dimidium militem de Eytropo Hasteing', et Eytropus de episcopo.
Willelmus de Bissopesdona in Bissopesdona iij. hidas.
Stephanus Puher' in Clifford' j. hidam et dimidiam.
Johannes de Clifford' in Cliff' ij. virgatas terre et dimidiam.
Hugo de Clifford' in Cliff' virgatam terre et dimidiam.

BISHOPRIC OF LINCOLN.

I. 528-529.

ISTI SUNT MILITES TENENTES DE EPISCOPATU LINCOLNIENSI QUI EST IN MANU DOMINI REGIS.

Robertus de Chaucumbe iij. partes j. militis in Burton'.
Idem viij^{am} partem j. militis in Wardinton'.
Radulfus filius Roberti j. militem in Claendon' et Wardinton'.
Robertus de Stokes iij. milites in Wykam et in Sualeclive et in Fauflur et in Eppewelle.
Matillis de Kusseie[1] j. militem et dimidium in Setteford' et in Burton'.
Johannes de Builli j. militem et dimidium in Prestecote.
Willelmus de Duston' j. militem in Walmescote de warda.
Simon de Cropperi dimidium militem in Cropperi.
Petrus Talemasche j. militem et dimidium in Fauflur et in Swaleclive.
Villata de Banneberi est in manu domini regis.

---

[1] *Read* Busseie. *Cf.* Pipe Roll, 13 John, Buckingham and Bedford; Excer ta e Rotulis Finium vol. i. 18 21.

I. 528–
529—cont.
Feoda ij. militum in Erdinton' sunt in manu domini regis, et Radulfus Hareng' habet illam custodiam per regem.

ISTI SUNT MILITES DE HUNDREDO DE BROCKETON[1] ET DE TAME DE EPISCOPATU LINCOLNIENSI.
Robertus de Wykam dimidium militem in Eppewelle.
Ricardus de Clifton ij. milites in Cliftun' et in Baldendun'.
Nicholaus de Bridicote j. militem.
Willelmus Monachus j. militem in Cliftun'.
Ricardus de Hoiville j. militem in Bensenton'.
Willelmus de Buveneye dimidium militem per heredem Ade de Cardunvill'.
Alexander de Bridicote x^{am} partem j. militis in Bridicote.
Comes Saresberie j. militem in Chiselhampton' per heredem Radulfi de Sumery.
Villa de Borket'[1] est in manu domini regis.
Herebertus Quatremars[2] j. militem in Westun' et Estcote.
Henricus Doilli j. militem in Estcote.
Henricus de Colevill' j. militem in Ettendun'.
In Waterstokes dimidium militem.
Mabilia vidua quintam partem j. militis in Tame.
Walterus de Clifford' ij. milites in Middelton'.
Villata de Tame est in[3] manu domini regis.
Petrus Talemasche iij. partes j. militis in Tetteswrth'.
Galfridus Dauvers iij. partes j. militis in Tetteswrth'.
Willelmus de Boveneye iiij^{tam} partem j. militis in Middelton cum herede Ade de Cardunvill'.

BISHOPRIC OF EXETER.

S. ij. 3. LIBERE TENENTES DE EPISCOPATU EXONIENSI IN CORNUBIA.
I. 86⅝–
877. De
Testa de
Nevill'.
Willelmus de Treglothenou tenet sex acras et dimidiam quamlibet pro ij.s. et j. ove et arura j. acre anglice et unam[4] dietam j. hominis ad messuram et auxilium assuetum sicut voluerit offerre.
Radulfus de Pennal ij. acras et dimidiam pro v.s. et ij. ovibus et dimidiam debet aruram de dimidia acra et dimidie acre anglice araturam et seuram j. hominis per diem et auxilium assuetum.
Willelmus Geudrelay j. acram et j. ferlingum pro ij.s. vj.d. et j. ove et quarta parte j. ovis et arura quarte partis acre anglice et seura j. hominis per diem et auxilium ut Radulfus.
Idem Willelmus tenet ij. partes j. acre pro xiij.d. ob. pro omni servicio.
Jocelinus de Tremur dimidiam acram pro xij.d. et dimidia ove et arura x. partis acre anglice et seura et auxilium ut alii.

---
[1] Read Dorchester or some form of that name.
[2] Read Quatremains. [3] In repeated by error.
[4] So in S. ij. 3. Read una dieta . . . et auxilio assueto. Perhaps debet has been omitted before unam.

BISHOPRIC OF EXETER. 41

S. ij. 3. Jocelinus de Penles j. acram et iij. ferlingos pro xxj.d. et j. ove
I. 868– et tercia parte ovis et arura tercie partis acre anglice et seura et
877. De
Testa de auxilio ut alii.
Nevill'   Simon de Danesel vj. acras et dimidiam pro xiij.s. et vj. ovibus
—cont.   et dimidia et arura j. acre anglice et seura et auxilio ut alii.
Idem Simon tenet dimidiam acram pro xij.d. pro omni servicio.
Ricardus de Polmorna tenet j. acram et j. molendinum pro v.s. pro omni servicio.
Eadwardus de Trewardres dimidiam acram pro xij.d. et dimidia ove et arura x. partis acre anglice et seura et auxilio ut alii.
Reginaldus de Treruvin iij. ferlingos pro xviij.d. et per tres partes j. ovis et araturam quarte partis j. acre et seuram et auxilium ut alii.
Ricardus Taillef' j. acram pro ij.s. et j. ove et arura quarte partis j. acre et seura et auxilio ut alii.
Henricus de Sancto Georgio j. acram et dimidiam pro xij.d. pro omni servicio.
Idem tenet ij. acras pro iiij.s. et auxilio consueto ut alii.
Henricus filius Willelmi vij. acras pro vij.s. vj.d. et ij. ovibus pro omni servicio.
Ranulfus de Trenewyth iiij. acras pro viij.s. et iiij. ovibus et auxilio assueto.
Stephanus de Trevemeder iij. acras et dimidiam pro vij.s. et iij. ovibus et dimidia et arura dimidie acre et seura et auxilio ut alii supra.
Thomas de Rosidenoch' j. acram pro ij.s. et j. ove et arura vj. partis j. acre anglice et seura et auxilio ut alii.
Ricardus filius Ricardi tenet in warda cum herede Willelmi de Rupe iij. acras et j. molendinum pro xj.s. pro omni servicio.
Michael de Tredus j. acram et dimidiam pro ij.s. pro omni servicio.
Petrus de Trehenben iij. acras pro vj.s. et iij. ovibus et arura ij. parcium j. acre anglice et seura et auxilio ut alii.
Petrus de Tremur j. acram et dimidiam pro iij.s. et j. ove et dimidia et arura quarte partis j. acre et seura et auxilio ut alii.
Augerus de Trearvan j. acram pro ij.s. et j. ove et arura vj. partis j. acre anglice et seura et auxilio ut alii.
Cosin tenet unam acram per idem servicium.
Martinus tenet duas acras pro iiij.s. et ij. ovibus et arura tercie partis j. acre anglice et seura et auxilio ut alii.
Filius Willelmi de Trearvan j. acram et dimidiam pro iij.s. et j. ove et dimidia et arura quarte partis j. acre et seura et auxilio ut alii.
Rogerus de Arlin iij. ferlingos pro xviij.d. et iij. partibus j. ovis et arura x. partis acre et seura et auxilio ut alii.
Odo de Kaerdin dimidiam acram pro xij.d. et dimidia ove et arura xij. partis acre et seura et auxilio ut alii.
Hermodus de Trehamd' tenet dimidiam acram pd' eundem[1] servicium.
Filius Roberti de Crugevorech ij. acras pro iiij.s. et ij. ovibus et arura iij. partis j. acre et seura et auxilio ut alii.

---

[1] S. ij. 3 *reads* pd' eundem ; *this* I. 870 *corrects to* per idem.

S. ij. 3. Martinus de Trevorgad j. acram et iij. ferlingos pro xxj.d. et iij.
I. 868–
877. De partibus j. ovis et arura viij. partis acre et seura et auxilio ut alii.
Testa de Andreas de Tredewi iij. acras pro vj.s. et iij. ovibus et arura dimidie
Nevill' acre anglice et seura et auxilio ut alii.
—cont. Benedictus Clericus iij. acras per idem servicium.
Remfrei de Pentir iij. acras per idem servicium.
Moises ij. acras pro iiij.s. et ij. ovibus et arura quarte partis j. acre anglice et seura et auxilio ut alii.
Nicholaus de Treniwid' j. acram et dimidiam pro iij.s. et j. ove et dimidia et arura quarte partis acre anglice et seura et auxilio ut alii.
Thomas de Treveben iij. acras pro vj.s. pro omni servicio.
Nicholaus Francigena dimidiam acram pro xij.d. et dimidia ove et arura vj. partis j. acre anglice et seura et auxilio ut alii.
Gillo de Tregengi dimidiam acram per idem servicium.
Willelmus filius Nicholai iiij. acras et j. ferlingum pro viij.s. vj.d. et iiij. ovibus et quarta parte j. ovis et arura dimidie acre et seura et auxilio ut alii.
Idem Willelmus tenet j. acram pro ij.s. pro omni servicio.
Robertus Venator j. acram et dimidiam pro iij.s. et j. ove et dimidia et arura dimidie acre anglice et seura et auxilio ut alii.
Alvredus de Arlin tenet ij. acras pro iiij.s. et ij. ovibus et seura et auxilio ut alii.
Idem tenet j. acram pro dimidia libra cere pro omni servicio.
Item idem tenet j. ferlingum pro xij.d. pro omni servicio.
Gervasius Blohiho v. acras pro x.s. et v. ovibus et arura et seura et auxilio ut alii.
Johannes de Porthmehin[1] iiij. acras et dimidiam pro ix.s. et iiij. ovibus et dimidia et arura et seura et auxilio ut alii.
Jocelinus Capellanus j. acram et dimidiam pro iij.s. et j. ove et dimidia et arura et seura et auxilio ut alii.
Haveloc iiij. acras et j. ferlingum pro viij.s. vj.d. et iiij. ovibus et quarta parte j. ovis et arura et seura et auxilio ut alii.
Robertus de Trewlgud' v. acras pro x.s. et v. ovibus et arura et seura et auxilio ut alii.
Petrus de Tregentros ij. acras pro iiij.s. et ij. ovibus et arura tercie partis acre anglice et seura et auxilio ut alii.
Dominus de Treworrech ij. acras et dimidiam pro iiij.s. et ij. ovibus et dimidia et arura x. partis acre et seura et auxilio ut alii.
Petrus de Tredinohc j. acram pro ij.s. et j. ove et arura quarte partis acre et seura et auxilio ut alii.
Wlvricus j. acram et dimidiam pro iij.s. et j. ove et dimidia et arura tercie partis acre et seura et auxilio ut alii.
Radulfus ibidem j. acram et dimidiam per idem servicium.
Ricardus de Pennal j. acram et dimidiam per idem servicium.
Nicholaus de Pennal j. acram pro ij.s. et j. ove et arura v. partis acre et seura et auxilio ut alii.
Engebaldus j. acram per idem servicium.
Robertus filius Hamonis dimidiam acram pro xij.d. et dimidia ove et arura x. partis acre et seura et auxilio ut alii.

---

[1] *The reading* of S. ij. 3 *is uncertain.* I. 871 *reads* Porchinchin.

BISHOPRIC OF EXETER. 43

S. ij. 3.
I. 868–
877. De
Testa de
Nevill'
—cont.

Sanson de Pencun j. acram pro ij.s. et j. ove et arura vj. partis acre et seura et auxilio ut alii.
Paganus de Pencun j. acram per idem servicium.
Ricardus de Sancto Hermete dimidiam acram pro xij.d. et dimidia ove et arura x. partis acre et seura et auxilio ut alii.
Johannes de Brun in Croen iij. acras pro v.s. et seura et auxilio ut alii.
Matheus de Eglosheil dimidiam acram pro xiij.d. pro omni servicio.
Willelmus de Lammael[1] vij. acras pro xix.s. j.d. et auxilio ut alii.
Hervicus de Eglosheil iij. acras pro vj.s. iij.d. et arura et seura et auxilio ut alii.
Petrus de Eglosheil j. acram et dimidiam pro iij.s. iij. ob. et arura et seura et auxilio ut alii.
Willelmus de Trenant tenet j. acram pro vj.d. pro omni servicio.
Item Gervasius Blohiho tenet viij. acras pro xvj.s. et iij. ovibus et iij. agnis et iij. ob. et arura et seura et auxilio ut alii.
Rogerus de Dunan tenet iij. acras pro vj.s. et j. ove et dimidia et j. agno et dimidio et iij. quadrantibus et arura et seura et auxilio ut alii.
Johannes filius Ranulfi tenet iij. acras per eundem[2] servicium.
Willelmus de Treglothenou tenet v. acras pro x.s. et ij. ovibus et ij. agnis et j.d. et arura et seura et auxilio ut alii.
Rogerus filius Roberti tenet iij. acras pro vj.s. pro omni servicio.
Heres Pharamus[3] de Walesbreu iij. acras pro v.s. pro omni servicio et j. acram pro iij.s. et auxilio assueto ut alii.
Olivarus de Halape tenet vj. acras pro xij.s. et auxilio ut alii.
Alanus de Rosmerin ij. acras pro ij.s. vj.d. et auxilio ut alii.
Radulfus de Bray tenet cum herede Johannis filii Ricardi v. acras et dimidiam pro xj.s. et ij. ovibus et j. hoggastro et arura et seura et auxilio ut alii.
Ricardus de Sancto Huthok iij. acras pro vj.s. et iij. ovibus et arura et seura et auxilio ut alii.
Philippus de Penant iij. acras et j. ferlingum pro vj.s. vj.d. et ij. ovibus et j. hoggastro et arura et seura et auxilio ut alii.
Radulfus Medicus j. acram pro ij.s. et j. ove et auxilio ut alii.
Galfridus de Spergor ij. acras pro iiij.s. et auxilio ut alii.
Rogerus de Tremoh j. acram pro ij.s. et auxilio ut alii.
Johannes de Tremoh dimidiam acram pro xij.d. et auxilio ut alii.
Henricus de Roscro ij. acras et dimidiam pro v.s. et auxilio ut alii.
Philippus de Cardino ij. acras et dimidiam pro v.s. et j. hoggastro et auxilio ut alii.
Johannes filius Ailtrap[4] j. acram pro ij.s. et j. ove et auxilio ut alii.
Robertus Pucin ij. acras pro iiij.s. et auxilio ut alii.
Willelmus de Tregeu j. acram pro ij.s. et auxilio ut alii.

---

[1] *The reading of* S. ij. 3 *is uncertain.* I. 872 *reads* Lamnuel.
[2] *So in* S. ij. 3. I. 872 *corrects to* idem. [3] I. 873 *reads* Pharaonis.
[4] S. ij. 3 *is almost illegible.* I. 873 *reads* Ailtrap.

A.D. 1208-1212.

S. ij. 3.
I. 868-
877. De
Testa de
Nevill'
—cont.

Willelmus de Prisslou j. acram et dimidiam pro iij.s. et j. ove et j. hoggastro et arura et seura et auxilio ut alii.
Johannes filius Ricardi j. acram pro vij.d. ob. et aliam acram pro ij.s. pro omni servicio.
Osbertus Sor cum herede Reimbaldi j. acram pro vij.d. ob. pro omni servicio.
Augerus de Tregun j. acram pro ij.s. et j. ove et auxilio ut alii supra.
Ricardus filius Ricardi j. acram pro ij.s. et auxilio ut alii.
Drogus de Maisoch v. acras pro x.s. pro omni servicio.
Thomas Tirannus ij. acras et sequitur comitatum et hundredum pro omni servicio.
Willelmus Serviens j. acram pro iij.s. pro omni servicio.
Johannes de Lammorech' iij. acras pro xv.d. et auxilio ut alii supra.
Alexander de Wolgrun dimidiam acram pro xvj.d. pro omni servicio.
Simon de Penkevel iij. acras pro vj.s. et auxilio ut alii.
Radulfus de Ros vij. acras et dimidiam pro xvj.s. et vij. ovibus et dimidia et arura et seura et auxilio ut alii.
Thomas filius Ian[1] vj. acras pro xij.s. et vj. ovibus et auxilio ut alii.
Rogerus de Rosfrein j. acram et iij. partes acre pro iij.s. vj.d. et j. ove et iij. partibus unius ovis et arura et seura et auxilio ut alii.
Philippus Clericus j. acram pro ij.s. et j. ove et arura et seura et auxilio ut alii.
Girardus j. acram et dimidiam pro iij.s. et j. ove et dimidia et arura et seura et auxilio ut alii.
Gervasius de Ros iij. acras pro vj.s. et iij. ovibus et arura et seura et auxilio ut alii.
Johannes de Bugales j. acram et dimidiam pro iij.s. et j. ove et dimidia et arura et seura et auxilio ut alii.
Radulfus Kail ij. acras et dimidiam pro v.s. vj.d. et j. ove et j. agno et dimidio hogastro et auxilio ut alii.
Johannes Sor j. acram et dimidiam pro iij.s. et j. ove et dimidio hogastro et auxilio ut alii.
Willelmus de Kenagi j. acram et dimidiam pro iij.s. et j. ove et dimidia et auxilio ut alii.
Jordanus filius Thome j. acram pro ij.s. et j. ove et arura et seura et auxilio ut alii.
Ricardus Longus j. acram per idem servicium.
Robertus Ruffus iij. acras pro vj.s. et iij. ovibus et arura et seura et auxilio.
Benedictus de Trewardr' vj. acras pro ij.s. vj.d. pro omni servicio.
Radulfus de Hanton' vj. acras pro ij.s. vj.d. pro omni servicio.
Radulfus de Trekarl j. acram pro ij.s. pro omni servicio.
Radulfus de Penible j. acram pro ij.s. pro omni servicio.
Robertus Fetchin[2] ij. acras pro iiij.s. et ij. ovibus et arura et seura et auxilio ut alii supra.
Ricardus de Kylgat' viij. acras pro xvj.s. et viij. ovibus et arura et seura et auxilio ut alii.

---

[1] I. 874 reads Jau.   [2] I. 875 reads Seithin.

BISHOPRIC OF EXETER. 45

S. ij. 3.
I. 868–
877. De
Testa de
Nevill'
—cont.

Eadmarus Crune j. acram pro ij.s. et j. ove et arura et seura et auxilio ut alii.
Prior Sancti Germani ij. acras pro xx.d. pro omni servicio.
Lagat ij. acras pro iiij.s. et ij. ovibus et arura et seura et auxilio ut alii.
Ricardus de Trekarl pro ij.s. et j. ove et auxilio ut alii.
Reginaldus Meschin j. acram pro eodem servicio.
Johannes Clericus tenet in custodia iiij. acras pro viij.s. et iiij. ovibus et auxilio ut alii.
Hamelinus de Clinnoc j. acram et dimidiam pro iij.s. et j. ove et dimidia et auxilio ut alii.
Willelmus de Buthadan[1] j. acram pro ij.s. et j. ove et auxilio ut alii.
Coleville j. acram per idem servicium.
Rogerus de Trenant j. acram et dimidiam pro iij.s. et j. ove et dimidia et arura et seura et auxilio ut alii.
Henricus de Trevospor j. acram pro ij.s. pro omni servicio.
Henricus de Hull dimidiam acram pro xij.d. et dimidia ove et arura et seura et auxilio ut alii.
Rogerus Clericus dimidiam acram et dimidium ferlingum pro xv.d. et dimidia ove et viij. parte j. ovis et auxilio ut alii.
Henricus Foliot j. acram et dimidium ferlingum pro ij.s. iij.d. et j. ove et viij. parte j. ovis et auxilio ut alii.
Willelmus Travail j. acram et j. ferlingum pro ij.s. vj.d. et j. ove et quarta parte j. ovis et arura et seura et auxilio ut alii.
Johannes de Tragelst j. acram pro ij.s. et j. ove et auxilio ut alii.
Hamelinus de Huniton' iiij. ferlingos pro xviij.d. et iij. partibus j. ovis et arura et seura et auxilio ut alii.
Augerus Loggere iij. acras pro vj.s. et iij. ovibus et arura et seura et auxilio ut alii.
Laurencius de Trevothed' iij. acras et dimidiam pro vij.s. et iij. ovibus et dimidia et arura et seura et auxilio ut alii.
Thebaldus de Lancant dimidiam acram pro xij.d. et dimidia ove et arura et seura et auxilio ut alii.
Leggarda dimidiam acram per idem servicium.
Eustachius dimidiam acram per idem servicium.
Stephanus de Trebuthoc j. ferlingum pro vj.d. et quarta parte j. ovis et arura et seura et auxilio ut alii.
Johannes de Ruter j. acram pro ij.s. et j. ove et arura et seura et auxilio ut alii.
Walterus de Landu iiij. acras pro viij.s. et iiij. ovibus et arura et seura et auxilio ut alii.
Flora ij. acras et dimidiam pro v.s. et ij. ovibus et dimidia et auxilio ut alii.
Margareta de Deancumba dimidiam acram pro xij.d. et dimidia ove et arura et seura et auxilio ut alii.
Serlo de Penpol iij. acras pro ij.s. pro omni servicio.
Johannes de Trevoso iij. acras pro vj.s. et iij. ovibus et arura et seura et auxilio ut alii.

[*Endorsed* :—] *Cornubia. In libro.*

---

[1] I. 875 *reads* Rothadan.

HYDE ABBEY.

Abbacia de la Hid' non est in manu domini regis.

ISTI TENENT DE EADEM ABBACIA PER LIBERUM SERVICIUM.

Andreas filius Ade Blanchard' tenet de eodem abbate in Westratton' v. virgatas terre pro xxv.s. pro omni servicio.

Petrus Ingeniator tenet in eadem villa de eodem dimidiam hidam terre pro xv.s. pro omni servicio.

Agnes de Poppham tenet in eadem villa de eodem iij. virgatas terre pro xv.s. pro omni servicio.

David de Fercles tenet de eodem abbate in Serviton vj. hydas terre pro xl.s. pro omni servicio.

Radulfus filius Ricardi tenet de eodem abbate in Norhampton' iiij. virgatas terre et dimidiam pro xxij.s. pro omni servicio.

Herbertus Pincerna tenet de eodem abbate in Norhampton' iij. hidas terre pro xij.s. pro omni servicio.

Idem Herbertus tenet de eodem abbate in Weston' j. virgatam terre pro v.s. pro omni servicio.

Willelmus filius Gaufridi tenet de eodem abbate in Stratton' iij. virgatas terre pro xv.s. pro omni servicio.

Ricardus de Cufaud' tenet de eodem abbate in Strattone dimidiam virgatam terre pro iij.s. pro omni servicio.

Adam filius Willelmi tenet de eodem abbate in eadem villa j. virgatam et dimidiam terre pro x.s. pro omni servicio.

Osbertus de Crue' tenet de eodem abbate in Mucheldevr' dimidiam hidam terre pro x.s. iij.d. pro omni servicio.

Galfridus Nig' tenet de eodem abbate in Mucheldevr' dimidiam hidam terre pro x.s. et v.d. pro omni servicio.

Walterus Claviger tenet de eodem abbate in Mucheldevr' j. virgatam terre pro v.s. pro omni servicio.

Audoenus tenet de eodem abbate in eadem villa j. virgatam et dimidiam terre pro xiij.s. pro omni servicio.

Walterus Corveisir tenet de eodem abbate in eadem villa j. virgatam terre pro v.s. pro omni servicio.

Mauricius de Turevill' tenet de eodem abbate in eadem villa j. virgatam terre pro v.s. pro omni servicio.

Willelmus filius Gaufridi tenet de eodem abbate in Mucheldevr' iij. virgatas et xv. acras pro xvij.s. ij.d. pro omni servicio.

Ricardus de Cufaud' tenet de eodem abbate in Mucheldevr' iij. acras terre pro xij.d. pro omni servicio.

Robertus de Dunton' tenet de eodem abbate in eadem villa xij. acras terre pro xij.d. pro omni servicio.

Ricardus Grimbaud' tenet de eodem abbate in eadem villa iij. virgatas terre pro xv.s. pro omni servicio.

Ricardus de Husselie tenet de eodem abbate in Mucheldevr' dimidiam virgatam terre pro ij.s. vj.d. pro omni servicio.

Ricardus filius Audoeni tenet de eodem abbate in eadem villa v. virgatas terre pro xxv.s. pro omni servicio.

Johannes de Husselie tenet de eodem abbate in eadem villa dimidiam hidam terre pro x.s. pro omni servicio.

Radulfus filius Alani tenet de eodem abbate in eadem villa j. hidam terre pro xx.s. pro omni servicio.

HYDE ABBEY.   47

S. ij. 3.
II. 136–139
—cont.

Ricardus Marescallus tenet de eodem abbate in Mucheldevr' v. partes j. hide terre pro xvj.s. viij.d. pro omni servicio.[1]

Ricardus Pistor tenet de eodem abbate in eadem villa j. virgatam terre pro v.s. pro omni servicio.

Osbertus Duket tenet de eodem abbate in eadem villa j. virgatam terre et j. croftam pro v.s. et ij.d. pro omni servicio.

Emma de Cheldewell, tenet de eodem abbate in eadem villa j. virgatam terre pro v.s. pro omni servicio.

Hugo Lageman tenet de eodem abbate in eadem villa j. virgatam terre pro v. solidis pro omni servicio.

Nicholaus Cocus tenet de eodem abbate in eadem villa dimidiam hidam terre pro x.s. viij.d. pro omni servicio.

Hugo Bere tenet de eodem abbate in Weston' j. virgatam terre et dimidiam pro vij.s. viij.d. pro omni servicio.

Henricus Achard tenet de eodem abbate in Worting' j. hidam terre pro x.s. pro omni servicio.

Gilebertus de eadem tenet de eodem abbate in eadem villa j. virgatam terre pro v.s. pro omni servicio.

Petronilla de Laverkestok' tenet de eodem abbate in Laverkestok' dimidiam hidam pro x.s. pro omni servicio.

Godardus de la Pola tenet in eadem villa de eodem abbate j. virgatam terre pro v.s. pro omni servicio.

Gaufridus Niger tenet de eodem abbate in eadem villa j. virgatam terre pro v.s. pro omni servicio.

Johannes de Clive tenet de eodem abbate in eadem villa j. virgatam terre pro v.s. pro omni servicio.

Matillis de la Clive tenet de eodem abbate in Clive j. virgatam terre pro v.s. pro omni servicio.

Herbertus Pincerna tenet de eodem abbate in Candevr' j. hidam terre pro j.m. pro omni servicio.

Agnes de Popham.[2]

Rogerus de Molendino tenet in Stanham de eodem abbate j. hidam terre pro j. libra cimini pro omni servicio.

Galfridus de Ford tenet de eadem abbacia in Anna dimidiam hidam terre et j. molendinum pro xx.s. pro omni servicio.

Robertus de Kemesham tenet j. virgatam terre de eadem abbacia pro ij.s.

MILITES ABBATIS DE HIDA IN COMITATU SUDHANT'.

Petrus filius Herberti debet predicto abbati ij. milites.
Adam de Port' debet eidem abbati vj. milites.
Elyas Crok debet eidem iij. milites.
Henricus le Frye debet eidem v. partem j. militis et vicesimam partem j. militis.
Rogerus de Fraxino debet eidem v. partem j. militis.
Hugo de Wingeham debet eidem v. partem j. militis.
Agnes de Popham debet eidem iiij. partes j. militis.
Philippus de Toteford debet eidem de ij. hidis unde v. hide faciunt militem.

---
[1] *The word* servicio *cannot now be read in* S. ij. 3.
[2] *The entry is not finished, probably because the holding was already entered.*

S. ij. 3.
II. 136–139
—cont.
Herbertus Pincerna debet eidem de iij. hidis unde v. hide faciunt militem.
Willelmus de Druiton debet eidem de ij. hidis unde v. hide faciunt militem.
Dominus de Beneham apud Tria Vada debet eidem de ij. hidis unde v. hide faciunt militem.
Idem abbas debet domino regi de camera sua iiij. milites et dimidium.

[*Endorsed* :—] *Suht. In libro*.

A.D. 1211—1213.

THE Book of Fees contains a list of tenants in chivalry or in alms, tenants of lands of Normans, and tenants by monetary rent and by serjeanty in Gloucestershire, in the reign of John. The original has disappeared. There is, however, a copy, somewhat earlier than the copy in the Book of Fees, in a roll (formerly preserved at the Chapter House of Westminster) which contains transcripts of several returns to the writ of 1 June 1212, The writer of the roll presumably believed the list to belong to that year. There are obvious errors of transcription in both versions. The text here printed is that of the earlier copy, with annotations from the version in the Book of Fees where the readings of this latter seem preferable.

The list cannot in its present form be earlier than Easter 1211, when Theobald Blund obtained from the king land at Cheltenham exactly corresponding in value with that mentioned in the text.[1] On the other hand, it cannot be later than September 1213, when William de Munchensi was dead.[2] Roger de Mortimer and James de Neufmarché were dead in 1215.[3] The section concerning lands of Normans seems to connect it with an enquiry on this specific subject held in other counties, some results of which have been printed in the preceding pages.

[1] " Cunseilard Balistario c.s. in Chiltham de dimidio anno, et Theobaldo Blundo c.s. ibidem de dimidio anno per breve regis et annum totum." Pipe Roll, 13 John, Gloucester.

[2] *Rotuli Litterarum Clausarum*, vol. i. pp. 149, 151; *Rotuli de Oblatis et Finibus*, p. 514.

[3] Dugdale's *Monasticon*, vol. vi. p. 350; *Rotuli Litterarum Clausarum*, vol. i. p. 237.

GLOUCESTER.

S. ij. 4.   *ISTI TENENT DE DOMINO REGE PER SERVICIUM MILITARE*[1]
I. 356-.   *IN COMITATU GLOUCESTRIE.*
359. De
Testa de   Comes Cestrie tenet Campeden' in dominico et debet domino regi
Nevill'.   de Bisel' cum pertinenciis vj. milites.

Ernaldus de Bosco tenet feoda x. militum in Ebrichton' et Pebbewrth cum pertinenciis.

Comes W. Marescallus tenet in Begewrth' et Stanhus cum pertinenciis feoda trium militum.

Comes Warewiki tenet in Liden' et Cheddewrth cum pertinenciis feoda iij. militum et dimidii.

Comes Saresberie tenet in Heythrop cum pertinenciis feoda ij. militum et quartam partem j. feodi.

Comes Herefordie tenet in Hersefeld' cum pertinenciis xiiij. milites et dimidium.

[1] *For* per servicium militare I. 356 *reads* in capite.

50   A.D. 1211-1213.

S. ij. 4.   Feoda Roberti de Berkel' in honore de Berkel' v. milites.
I. 356–
359. De   Feoda Reginaldi[1] de Berkel' in honore de Dursel' vj. milites et
Testa de dimidium.
Nevill'   Feoda Walteri de Cormailles in Wunnestan et Elkestr[2] et Sid'
—cont.   cum pertinenciis v. milites.
    Feoda Radulfi Musard' in Musarder' cum pertinenciis ij. milites.
    Feoda Radulfi de Sutlegh' in Sutleg' cum pertinenciis iij. milites.
    Jame de Novo Mercato tenet in Dorham cum pertinenciis ij. milites et dimidium.
    Johannes de Halling[3] debet de Tormerton' et Suthrop et de toto feodo de Eton' v. milites.
    Johannes de Monem' tenet Tiberton', Hopp' et Huntel' in baronia sua.
    Robertus de Chandos tenet in Brockwrth' et Baginden', Sipton' iij. milites.
    Henricus de Scrupes tenet Wythinton' in dominico et debet domino regi de tenementis suis in Berk' et Oxon' iij. milites.
    Alardus Flandr' debet de Saperton' Risenden' et Frompton' j. militem.
    Comes de Insula in Sandhurst' cum pertinenciis j. militem.
    Feodum Willelmi filii Alani in Acton' j. militem.
    Feoda Henrici de Ver in Tormerton' ij. milites.
    Feoda Willelmi de Kaynes ij. milites.
    Rogerus de Mortuo Mari tenet Lechelad et Langeleg'[4] de hereditate uxoris sue.
    Willelmus de Mondchanesi tenet Wicham pro servicio j. hide.
    Elyas Giffard debet pro Brumesfeld et Rochamt' et omnibus aliis tenementis suis ix. milites.
    Honor Gloucestrie debet domino regi in Gloucestresir' xxvij. milites et dimidium et quartam partem j. militis.
    Feoda Walteri de Lacy in Gloucestresir' xiij. milites et xij^{am} partem j. militis.
    Honor Walingefford' in Gloucestresir' ij. milites et dimidium.
    Fulco filius Warini in Alwestan' j. militem.
    Ricardus Walensis de dono Henrici Regis in Wynterburn' j. militem.
    Robertus de Amenevill' de dono Regis Henrici in Button' j. militem.
    Archiepiscopus Eboracensis debet domino regi in Gloucestresir' iij. milites.
    Episcopus Wigorniensis debet domino regi in Gloucestresir' xiij. milites et dimidium et xx^{am} partem.
    Episcopus Bathoniensis debet de feodo Glaston' ij. milites.
    Abbas Evesham' debet unum militem et dimidium et viij^{am} partem.
    Abbas Westmonasterii debet iij. milites et dimidium et v^{am} partem militis.
    Abbas Winch' debet de omnibus terris suis in Gloucestresir' et Oxon' ij. milites.

---

[1] Read Rogeri, as in I. 356.   [2] Read Elkestan. I. 356 reads Elkesl'.
[3] Read Hasting, as in I. 357.   [4] Read Langeberg', as in I. 357.

GLOUCESTER.

S. ij. 4.
I. 356–359. De Testa de Nevill' —cont.

Abbas Gloucestrie tenet omnes terras suas in libera elemosina.
Prior Lanthonie tenet Harsepoll' de dono Regis Henrici.
Prior Derhustr' tenet l. hidas de dono Regis Edwardi.
Petrus filius Herberti tenet Tottebir'[1] que fuit W. de Brause de dono regis.
Ilbertus de Herefford' tenet in Hamtonett' vj. libratas terre que fuit eius W.
Walterus de Esseleg' tenet xiiij. libratas terre de manerio domini regis de Chilt' de dono Comitis Milonis.
Willelmus de Gamages tenet in Dimmok' et Mune xv. libratas terre de dono regis.
Theobaldus Blund tenet x. libratas terre in Chilt' de dono regis.
Wales de Cotes et Ever' de la Rever'[2] tenent xxx. libratas terre in Sloctres et in Westhall' de dono regis.
Monachi de Flexleg' tenent vj. libratas terre in Dimmoc in libera elemosyna de dono Regis Henrici.

TERRE NORMANNORUM.

Galfridus de Lucy tenet Heyles que fuit Camerarii de Tankervill' per regem.
Gadefridus de Craucumbe tenet Pinnocsir que fuit Radulfi de Ruper' eodem modo.
Warinus filius Geroldi tenet Dumamenel[3] que fuit Radulfi Tesun per regem.
Comes Sarisberie tenet Amenell' que fuit Johannis le Brek[4] per regem.

Prior Bekeford' tenet xxx. libratas terre de dono Regis Henrici senioris.
Abbas Cirencestrie tenet Cirencestriam et Minty ad firmam pro xxx.l.
Walterus de Aur' senior tenet Aur' ad firmam pro xxx.l.
Burgenses Gloucestrie tenent Gloucestriam ad firmam pro lxv.l.
Walterus Blund de Aur' tenet xx. solidatas terre per serianciam in Rucillaria[5] regis.
Petrus de Kingesham tenet j. carucatam terre et dimidiam per serianciam custodiendi hostium expense domini regis.
Idem tenet in Lechamton j. carucatam terre per servicium in coquina domini regis.
Osebertus de Grava tenet j. carucatam terre in Vycon[6] per archeriam.
Heres Isaac de Stradewy tenet j. virgatam terre pro c. sagittis.
Johannes Lungesp' tenet xx.s. terre in Trussebur' de dono regis.
Willelmus de Parco tenet j. virgatam terre in Bruewer' de dono regis.
Radulfus de Vernay tenet lxiij. solidatas terre in Pichenecumbe de dono regis.
Radulfus de Sudleg tenet Sudleg cum pertinenciis feodum iij. militum.[7]

[1] I. 358 *reads* Tettebir'.   [2] *Read* Beverer. I. 358 *reads* Beuer'er'.
[3] *Read* Dunamenel *as in* I. 359.   [4] I. 359 *reads* Bret.
[5] *This is the reading of both MSS. The natural correction* butillaria *seems doubtful. See* Bristol and Gloucester Arch. Transactions, vol. xii. p. 287.
[6] *Read* Upton *as in* I. 359.   [7] *This entry has already occurred above. Its repetition is probably a mere blunder.*

A.D. 1212.

THE chronicler of Waverley Abbey, in his account of the events of the year 1212, says that King John then issued certain writs :—
" Idem scripsit vicecomitibus ut per singulos hundredos facerent homines jurare quæ terræ essent de dominico prædecessorum suorum regum antiquitus, et qualiter a manibus regum exierint, et qui eas modo tenent, et pro quibus servitiis."[1]

The original writ which was sent to the Sheriff of Nottingham and Derby has been preserved, and a copy of the writ to the Sheriff of Stafford is prefixed to the return from that county. The former runs as follows :—
" Johannes Dei gracia Rex Anglie, Dominus Hybernie, Dux Normannie, Aquitanie et Comes Andegavie, vicecomiti Notinghamie et Derebie, salutem. Precipimus tibi quod sine dilacione in fide qua nobis teneris diligenter inquiri facias sicut melius inquiri poterit de omnibus feodis militum et omnimodis tenementis infra burgum sive extra que de nobis tenentur in capite in baillia tua per militare servicium vel per serianteriam qualemcunque, et qui ea teneant, et per quod servicium, et similiter de tenementis omnibus que antiquitus de nobis aut de progenitoribus nostris, regibus Anglie, teneri solent que sunt data vel alienata per maritagium, vel per servicium, vel per elemosinam, vel alio modo quo minus de nobis tenentur in capite ; et omnia illa tenementa qualiacunque illa fuerint inbreviari facias ; et nomina illorum qui ea teneant, et per quod servicium, et de quibus, et per quos data vel alienata fuerint et quibus occasionibus a capitali servicio nostro quod nobis vel antecessoribus nostris inde fieri solet ; et quod inde inquisitum fuerit nobis et baronibus scaccarii nostri scire facias per inquisicionem discrete factam in crastino Sancti Johannis Baptiste sub sigillo tuo ; et habeas tune ibi hoc breve. Teste W. Briwere, apud Westmonasterium, j. die Junii."[2]

From this it appears that the monastic chronicler's description of the scope of the enquiry is not strictly accurate. The sheriffs were not directed to enquire concerning alienations from the royal demesne, although, as will be seen below, several of them did so.

The terms of the writ itself are somewhat ambiguous, and it is not surprising to find that different sheriffs took divergent views as to the exact nature of the information to be supplied by them. Unless read with care, it might have seemed to require returns of all subinfeudations by tenants in chief since the introduction of the feudal system. In point of fact the enquiry does not appear to have been intended to extend to under-tenants. The Government wanted :—

Returns of all tenures in chief, by military service or by serjeanty.
Returns of such alienations by tenants in chief as might impair their capacity to render the service due to the Crown. Grants in frank marriage or in frank almoin fell into this category, as also grants conditioned by services other than military.

---
[1] *Annales Monastici*, vol. ii. p. 267.   [2] Exchequer, K.R. S. ij. 6.

Concurrent with the enquiry of June 1212 as to tenures in chief and alienations there was an enquiry as to rents and benefices given to clerks by English prelates who were living abroad in consequence of the Interdict. The chronicler of Waverley states that writs were sent to the different sheriffs in the following words :—
"Præcipimus vobis quod capiatis in manum nostram omnes ecclesias et redditus quos archiepiscopus et episcopi Angliæ, vel prior Cantuariensis, qui ultra mare sunt dederunt in bailiva vestra in absentia sua, et præcipiatis omnibus illis qui ea de dono illorum receperunt quod sine dilatione exeant de terra nostra ; et scire faciatis distincte, in crastino Sancti Johannis Baptistæ anno regni nostri xiv, baronibus de Scaccario ubi fuerint redditus illi, et quantum valeant, et qui illi sunt qui eos receperunt. Datum vii. id. Junii."[1]

Although royal writs were not wont ·to be dated according to the old Roman calendar, there is no reason for doubting the general correctness of the quotation. It is material to observe that the sheriffs' returns were to be at the Exchequer on the morrow of Midsummer, the very day on which their returns as to tenures in chief and alienations were to be delivered there. No separate lists have been preserved of the grants and collations made by the absent prelates, but several of the sheriffs included such grants in their returns to the writ of 1 June. Thus the Sheriff of Surrey states that the parsons of Wimbledon and Newington had been appointed by Stephen, Archbishop of Canterbury. John of Colchester had been nominated Archdeacon of Bath after the issue of the papal interdict, and the church of South Brent in Somerset had been taken into the king's hand because of its having been given to the Archdeacon of Wells. The Sheriffs of Nottingham and Lincoln made similar reports. The return from Worcestershire has a separate section headed :—"Inquisicio ecclesiarum," and a corresponding endorsement. In Surrey the churches were valued by juries of six parishioners.

It must be observed that the time allowed to the sheriffs in which to collect the information required and to forward it to London was extraordinarily short. Only one of them indeed is known to have delivered his return on the appointed day, and, curiously enough, this was the Sheriff of Cumberland, one of the most distant counties. It may be suggested that he only held one inquisition for the whole of his bailiwick, and that he based his return upon a somewhat earlier list of which a version is preserved in the Red Book of the Exchequer.[2] Returns from other counties followed at intervals of days or weeks.

This is perhaps the most convenient place at which to discuss very briefly certain lists of fees and serjeanties which occupy a considerable section of the Red Book of the Exchequer, and their relation to the returns of June and July 1212 transcribed in the Book of Fees and printed below. According to the heading, the former represent " Inquisitions made in the reign of King John throughout England that is to say in the 12th and 13th year (*anno*) of his reign, in every county, concerning the services of knights and others who hold of him in chief, according to the rolls delivered to the Treasurer by the hands of the sheriffs of England in the aforesaid time." They are followed by lists of the services due from the tenants of certain Honours, stated to be founded on inquisitions made in the 13th year of King John, that is to say between the

---

[1] *Annales Monastici*, vol. ii. p. 267. [2] P. 493

12th of May 1211 and the 2nd of May 1212. In the printed version of the Red Book, the first series is dated in the margin " 1210–1212 " and the second " 1211–1212."[1]

In 1899, however, a writer of recognised authority propounded a theory, described by himself as " revolutionary," that " there was but one inquest " at the period under consideration, and that the lists in the Red Book and in the Book of Fees were alike " derived from a single original," the former being " merely abstracts " from the returns made in June 1212.[2]

This theory was based upon a partial comparison of the text of the Red Book as printed in 1896 with that of the Book of Fees as printed in 1807 under the title of ' *Testa de Nevill.*' There is no need here to consider how far it would have held good if we had no other sources of information on the subject, if both texts might be regarded as independent compilations from documents no longer extant. Having now before us, as printed in the following pages, the text of the original returns made from more than a dozen counties in the summer of 1212, it is possible to compare it item by item with the text of the Red Book. To do this is no part of the present undertaking. It may, however, be permissible to submit a brief summary of the results so far attained by a fresh examination of the lists in the Red Book. The views now put forward with regard to them will be found to differ materially from those expressed on the one hand by the editor of the Red Book and on the other hand by the author of the essay quoted above.

In the first place, it seems clear that the lists in the Red Book are for the most part mere abstracts or notes, rather than exact copies of original returns, and that they abound in flagrant misreadings.

Secondly, it seems almost equally clear that the lists for some particular counties were compiled from more than one manuscript. The manifest contradictions and repetitions in the list for Wiltshire point to a composite origin, while the list for Dorset and Somerset specifically quotes a book as correcting some other source of information.[3] There are moreover grounds for believing that the valuable lists of the military tenants of certain prelates were originally distinct from the general lists of lay tenants in chief. Parts of the lists of the tenants of the Archbishops of Canterbury and York are entered twice[4]; the lists of the tenants of the Bishop of Norwich and the Abbot of Holme are obviously additions to the Red Book, detrimental to the symmetry of the manuscript. So again under London and Middlesex the section concerning lay fees is copied from an extant manuscript which has nothing to do with the list of the episcopal tenants immediately preceding it in the book. The Pipe Roll of 1210 contains references to an ' originale ' giving the names of the knights of the Archbishop of Canterbury and an ' originale ' giving the names of the knights of the Bishop of Hereford, and it would appear that other similar documents of that date were used in the compilation of the Red Book.

With regard to the fees of the lay tenants in chief, it seems impossible to accept the date in the general heading as correctly applicable to all the lists ranged under it. Those for several counties, such as Nottingham and Derby, and Worcester, have every appearance of having been founded upon the returns to the writs of 1 June 1212. These cases, however, do not prove that there was only one inquest at this period, still less that there were no other

---

[1] Pp. 469–574, 575–624. [2] J. H. Round, *The Commune of London*, pp. xiv. xv. 263, 273. [3] Pp. 481–489, 544. [4] Pp. 469, 724, 491, 495.

INTRODUCTION.   55

sources of information. The lists in the Red Book for several counties, such as Devon and Surrey, differ materially from the authentic returns of 1212, not merely in arrangement but also in substance, for they give other names and other information. The shorter list for Cumberland cannot possibly be evolved from the authentic return printed below. It should also be observed that some of the lists which do not agree with the returns of 1212 have sections "De terris Normannorum" or "De escaetis." While there is not a word about these subjects in the writ of 1 June 1212, there are mentions of them in some of the lists printed on previous pages of the present volume and on internal evidence there ascribed to a date slightly anterior to 1212.

In further support of the view that some of the lists in the Red Book, however irregular and unsatisfactory as a series, were prepared before 1212, attention may be called to the entry concerning Mendlesham in Suffolk, in which the testimony of John Briwere is quoted as to its tenure. This John Briwere was dead in 1210.

Upon the whole then it seems probable that the compilers of the Red Book had before them some genuine lists of the 12th and 13th years of John, which they thought fit to supplement by using various other documents, dated or undated. Among the 'inquisitions' professedly belonging to the 13th year of John there is an extract from the Pipe Roll of the 8th year, and a list of military tenants of the Honour of Richard's Castle which cannot be earlier than the 5th year of Henry III.[1] Reasons will be given later for believing that part of their list for Middlesex belongs to the year 1235. When regular inquisitions failed, the names of actual or recent tenants in chief could be obtained from the assessments for successive scutages; particulars concerning escheats and serjeanties could be obtained from the rolls of justices in eyre in different counties. The Pipe Roll of 1210 specifically mentions many lists of names which no longer exist.

The 'inquisitions' in the Red Book must therefore be regarded as a heterogeneous collection of notes made for fiscal purposes, rather than as a series of methodical digests of returns belonging to any particular year. Some of their many faults may be due to interlineations and alterations in the documents from which they were copied. Others are, however, due to extraordinary incompetence on the part of the transcribers.[2]

Some references to the Red Book will be found in the following notes on the returns of 1212 printed below, and an attempt has been made to indicate the sources of the very complex list for Somerset and Dorset.

SURREY. The text is printed from the original return, which was delivered at the Exchequer on the 30th of June 1212.

A list of fees and serjeanties in this county entered in the Red Book of the Exchequer appears to be somewhat earlier in date, as it contains the names of

---

[1] *Somerset Fines*, vol. i. p. 42; *Proceedings of Somerset Archæological Society*, vol. xliv. p. 208. 'Sivill'' in the text of the Red Book (p. 604) is a scribal error for 'Givile' or some such form of Yeovil, and it is wrongly identified with Swell in the printed index.

[2] In a list of fees of the Honour of Perche (pp. 621–622) avowedly derived from the Pipe Roll of 1206, 'Reginaldus de Cornhulle' appears as 'Rogerus de Kenhulle,' 'Leticia' as 'Lucia,' and 'Sobire' as 'Tabary.'

Ruelent Huscarl, who was dead at Michaelmas 1211, and Ralph Parmenter, who was dead at Midsummer 1210.[1]

SUSSEX. The text is printed from the original return, which was delivered at the Exchequer on the 1st of July 1212. A list of fees and escheats in this county entered in the Red Book of the Exchequer has the appearance of a compilation from more than one source.[2]

SOUTHAMPTON. The text is printed from the original return, which was delivered at the Exchequer on the 2nd of July 1212.

SOMERSET and DORSET. The text is printed from the original returns, which were delivered at the Exchequer on the 23rd of July 1212 by William Malet, who was sheriff of both counties. Each of them being now somewhat defective, the missing words have been supplied from the transcript in the Book of Fees.

A list of fees and serjeanties in these two counties entered in the Red Book of the Exchequer is avowedly compiled from more than one source.[3] It is not founded upon the authentic returns here printed, and it mentions certain estates which were not noticed by the sheriff in 1212, such as that of Gilbert de Say at Yeovil. It comprises eight sections.

In the first section of the list, the sequence of the names and the amounts of the different holdings are almost identical with those given in the Pipe Roll of 1202, in connexion with the assessment of 'the third scutage,' though not copied directly therefrom. These are followed by certain other entries apparently derived from the assessments of subsequent scutages. In its present form, the list contains the names of Henry Lovel and Otes of Wanstrow, the successors, in 1206–1207, of Ralph Lovel and Geoffrey of Wanstrow, who occur in the list of 1202.[4]

The second section, enumerating tenants of the Honour of Mortain, seems also to be closely connected with the corresponding list entered on the Pipe Roll of 1202.

The third section, enumerating tenants of the Honour of Kington, may represent the local portion of a general list of the tenants of that honour. Another portion of it is entered elsewhere (p. 600), and we know that such a list was produced at the Exchequer in 1210, at the audit of the account of the Sheriff of Hereford. The fourth entry is an interpolation, and the last entry is obviously misplaced.

The fourth section, purporting to enumerate fees of the Honour of Boulogne, begins with Bradford, which really belonged to the Honour of Kington. It does not mention Martock or certain other places which are known to have formed part of the Honour of Boulogne.

The fifth section enumerating royal serjeanties is presumably derived from some eyre roll of the reign of John. The entries concerning John Russell and Robert of Newburgh and various parts of other entries are obvious additions to the manuscript.

---

[1] Pp. 560–562. The Huscarl estate at Beddington is wrongly called Duntone in the MS. and also in the printed index. " Tomas Huscarl c.m. pro habendis terris que fuerunt Ruelent Huscarl, patris sui, cuius heres ipse est." Pipe Roll, 13 John, Berks, residuum. "Vicecomes reddit compotum de xiiij l. et xiij.d. de exitibus terrarum Radulfi Parmentarii de termino Sancti Michaelis." Pipe Roll, 12 John, Surrey. [2] Pp. 553–556. *Cf.* pp. 622–624.

[3] Pp. 544–549. [4] Pipe Roll, 9 John ; *Rotuli de Oblatis et Finibus*, p. 414.

INTRODUCTION. 57

The sixth section contains a confused list of lands of Normans which may be derived from an inquest taken in or about the year 1210.
The seventh section enumerates the knights of the fee of William Martel. His lands were in the king's hand in 1212, but the list is not based upon the Sheriff's return of that year printed below.
The eighth section, concerning tenants of the king's demesne, is closely connected with the lists of 'terre date' entered on the Pipe Rolls of successive years of the reign of John.

DEVON. The text is printed from the original return, which was delivered at the Exchequer on the 1st of July 1212. Although the arrangement of the matter is in the main according to hundreds, the names of the different hundreds are not stated. The return is manifestly incomplete, no information being given with regard to a considerable part of the county. It was equally incomplete when transcribed in the Book of Fees six centuries ago, but the original roll shows traces of having once been longer.
A list of fees entered in the Red Book of the Exchequer is clearly derived from some other source.[1] In its present form, however, it cannot be much earlier in date, and, if used with due caution, it may help to supply some of the deficiencies in the authentic return printed below.

HEREFORD. The original return of the sheriff of this county to the writ of 1 June 1212 is missing. The Book of Fees, however, contains a transcript of a return which appears to belong to that year, and there is an earlier transcript in a roll which contains copies of the returns of 1212 for several other counties. Neither of the manuscripts is free from manifest errors.
The date of this return for Herefordshire may be narrowed to within a few years by internal evidence. William de Cantelo is mentioned in it as guardian of the heir of Henry de Longchamp, and there is record of his having received a grant of that wardship in the financial year ending at Michaelmas 1211.[2] On the other hand, the statement that the fees of Walter de Lacy were in the king's hand can hardly be later than July 1213, when he obtained restitution of all his lands in England except Ludlow.[3] The date of the return may thus be placed between October 1210 and July 1213. Inasmuch as it enumerates tenants in chief by military service or by serjeanty, and alienations in free alms, it has every appearance of having been made in pursuance of the writ of 1 June 1212.
The Red Book of the Exchequer contains an almost contemporary list of tenants in chief in Herefordshire, differing materially in form and substance from the return here printed.[4] The section of it dealing with those who held by military service is supplemented by detailed lists of the knights of the bishopric of Hereford, and of the Honours of Kington, Brecknock, Abergavenny and Radnor, which may have been derived from documents produced by

---

[1] Pp. 556-560.
[2] "Willelmus de Cantilupo d.m. et v. palefridos pro habenda custodia terre que fuit Henrici de Longo Campo, cum custodia et maritagio Matildis que fuit uxor ipsius Henrici, sororis ipsius Willelmi, et cum maritagio heredum ipsius Henrici, etc." Pipe Roll, 13 John, Worcester.
[3] *Rotuli Litterarum Clausarum*, vol. i. p. 147.
[4] Pp. 495-497, 600-603. Cf. also p. 287.

58   A.D. 1212.

the sheriff at the Exchequer at Michaelmas 1210.[1] The section dealing with the king's serjeants may have had a similar origin.

OXFORD. The text is printed from the original return, which was delivered at the Exchequer on the 26th of June 1212.

BERKS. The text is printed from an original return, written in more than one hand and not at all similar to the return for Oxfordshire. Although the document does not bear any endorsement showing the date of its delivery at the Exchequer, there can be no doubt that it was made in the summer of 1212. The heading in fact reproduces some of the phraseology of the writ issued on the 1st of June in that year. The internal evidence is to the same effect. Richard le Waleys, who is mentioned as holding land at Eastbury with the daughter and heiress of Ralph de Lanvaley, obtained possession of it about Midsummer 1211.[2]

A list of tenants in Berkshire, somewhat different from this return, and much shorter, is to be found in the Red Book of the Exchequer.[3] The mention in it of the aforesaid Richard le Waleys in connexion with Eastbury seems to show that, in its present form, it cannot be more than a year earlier than the return printed below.

BOROUGH OF WALLINGFORD. The text is printed from an original return, which does not bear any endorsement recording its delivery at the Exchequer, and which was probably appended to the return of the Sheriff of Berkshire. Both the manuscripts have decorated capitals of a very similar type. The heading and the contents of the Wallingford roll also show its connexion with the later part of the writ of 1 June 1212 asking for information as to alienations in frank almoin or otherwise.

HONOUR OF WALLINGFORD. The Book of Fees contains a transcript of a letter from the Constable of Wallingford to the justices and barons of the Exchequer, which enclosed a schedule of the king's tenants with whom he was concerned. Although the original letter and schedule, both written in a peculiar hand, do not bear any note of the date of delivery at the Exchequer, they may with tolerable certainty be referred to the summer of 1212.

The Pipe Roll for the financial year ending at Michaelmas 1211 contains a detailed account of payments made by tenants of the Honour of Wallingford towards the scutage of Wales, and, while a general correspondence may be seen between it and the document here printed, there is clear evidence that the latter is posterior in date. Ruelent Huscarl of the Pipe Roll is replaced

---

[1] " De finibus pro passagio Ybernie. . . . Vicecomes reddit compotum de quater xx. et iij.l. et vj.s. et viij.d. de finibus militum de episcopatu Herefordensi quorum nomina annotantur in originali. . . . Idem vicecomes reddit compotum de xx.l. de finibus militum de honore de Kinton et de serianteriis quorum nomina annotantur in originali. . . . Idem vicecomes reddit compotum de xxvj.m. de finibus hominum de Bergeveni, et Brekinio et Radenour quorum nomina annotantur in originali." Pipe Roll, 12 John, Hereford.

[2] " Ricardo Walensi l.s. bl. in Estbiri de quarta parte anni cum filia et herede Radulfi de Lanvalei . . . Ricardus Walensis reddit compotum de c.l. pro habendo in uxorem Matildem de Lanval' cum hereditate ipsius Matildis." Pipe Roll 13 John, Berks.   [3] Pp. 513–514.

INTRODUCTION. 59

in the Constable's list by Thomas Huscarl, who is known to have been his son, Hamon Carbonel by Peter fitz Herbert as guardian, and Alan fitz Roland by the heir of Alan fitz Roland with John Marshal as guardian. There is also in the document here printed a note of the death of Warin Pinel who had contributed to the scutage of Wales.
While then this return of the Constable of Wallingford is later than the account rendered in 1211, it is not much later, for Ralph Dauvers, who is mentioned in it as one of the tenants, was dead in June 1213.[1]
A list of the tenants of the Honour of Wallingford, which is entered in the Red Book of the Exchequer and there apparently assigned to the 13th year of John (May 1211 to May 1212) agrees more closely with the list in the Pipe Roll of 1211 than with the return here printed.[2] It must, however, be somewhat earlier in date, for Alan de Valognes, who is mentioned in it as one of the tenants, was dead at Michaelmas 1210.[3] The source of it may have been a list of the tenants which was produced at the audit of that year.[4] The fact that the order of the names in the Red Book is very similar to that in the schedule here printed suggests that the Constable of 1212 had before him some version of the earlier list.

ESSEX AND HERTFORD. There is reason to believe that the issue of the king's writ of 1 June 1212 led to the taking of a series of inquisitions in these two counties. The original return or returns then made have long since disappeared, and nothing remains except a copy in the Book of Fees of a list of fees and serjeanties, which seems to be an abridgement rather than an authentic copy of the lost originals. The names of the different hundreds are omitted, an entry concerning Stanstead is copied twice, and the sections relating to some hundreds are divided. While the list deals with the whole county of Hertford, except the Hundred of Cashio which belonged to the Abbot of St. Albans, the part relating to Essex is very defective.
The date of the returns can be fixed within a few months. The Earl of Winchester, who is entered as holding Ware, did not obtain possession of that manor before the spring of 1212, after the death of his mother-in-law, the Countess of Leicester.[5] Henry fitz Ailwin, Mayor of London, who is entered as holding Watton, was dead at Michaelmas in that year.[6]
The Red Book of the Exchequer contains a list of fees and serjeanties in the counties of Essex and Hertford which seems to have been based upon the returns of 1212 and to have been compiled before the loss of those for several of the hundreds of the former county.[7] Thus it gives the names of many persons and places that do not occur in the list transcribed in the Book of Fees. On the other hand, most of the entries are curtailed to the fewest possible number of words, and the arrangement is not topographical. If used with due caution, it can be made to supplement the return printed below. Some idea of its character may be gathered from the fact that while Hubert of Anstey, who died in the early part of 1210, is entered as holding lands at

[1] *Rotuli de Oblatis et Finibus*, p. 467. [2] Pp. 579–600.
[3] See above, p. 17, note 1.
[4] " De finibus militum pro passagio Ybernie de honore de Warengeford. Tomas de Muncels constabularius reddit compotum de xviij.l. et xvj.s. et viij.d. de finibus hominum quorum nomina annotantur in originali." Pipe Roll, 12 John, Berks.
[5] *Rotuli Litterarum Clausarum*, vol. i. pp. 118, 130.
[6] *Ibid.* p. 124; *Liber de Antiquis Legibus*, p. 3.   [7] Pp. 498–508.

Anstey, Little Hormead and Berchesdon, his heirs are entered as paying a rent of 15*l.* from another place.

The list of fees and serjeanties in the counties of Essex and Hertford now assigned to the year 1212 is followed in the Book of Fees, but after a blank space, by a verdict of the men of Writtle, and this is, after another blank space, followed by a verdict of the half-hundred of Waltham. There is nothing in the outward aspect of the manuscript to suggest that they are in any way connected with the matter which precedes them, or, indeed, that they are necessarily connected with each other.

Of seven entries in the verdict of the men of Writtle, the first two may be compared with parallel passages in the general return for the county, among entries concerning the Hundred of Chelmsford, and it is worthy of special remark that these passages contain information which is not derived from the verdict now under consideration. The third entry in the verdict is unnoticed in the general return given in the Book of Fees, but there is an entry concerning the serjeanty of Ralph le Boder in the Red Book of the Exchequer. The fourth, fifth and sixth entries in the verdict do not recur elsewhere. The final entry mentions two fees and a quarter belonging to the Count of Aumale. This estate is not mentioned either in the extant portion of the general return or in the comprehensive summary of that return in the Red Book. The fees have yet to be identified, and it is possible that the entry may be a casual note unconnected with Writtle. In any case, it would appear that the verdict of Writtle represents either an independent return to the writ of 1 June 1212, overlapping that for the Hundred of Chelmsford, or a return to some purely local enquiry of approximately the same date.[1] While the entry concerning the heir of Richard de Monfichet cannot be earlier than 1203, that concerning Warin fitz Gerold can hardly be later than 1216, when his lands were seized by the king.[2]

If found by itself, the verdict of Waltham would certainly appear from its heading and contents to have been prepared in pursuance of the writ of 1 June 1212, and to be the only verdict from Essex of which the original phraseology has been preserved. Richard fitz Alcher and Menigar le Napper mentioned in it occur in the Red Book in the summary of the general inquest.

NORFOLK AND SUFFOLK. The text is printed from a very neatly written roll, which was delivered at the Exchequer on the 2nd of July 1212. The return is arranged topographically, hundred by hundred.

It differs materially from a list of fees, serjeanties and escheats in Norfolk and Suffolk which is entered in the Red Book of the Exchequer.[3] Like others in the same volume, the list in the Red Book is a classified abstract rather than a copy. The entries concerning Robert de Mortimer and William of Stokes must in the original have followed one or other of the entries concerning the Honour of Britanny. There is, however, no reason to doubt the explicit statement that the list was founded upon an inquisition, which may indeed have been taken in the eleventh regnal year of John. Thomas de Valognes, who is mentioned in it, seems to have succeeded his father Theobald shortly

---

[1] It will be seen in a later section of this volume that at the eyre of 1218–1219 there were separate findings in the hundred of Chelmsford and the township of Writtle.
[2] Pipe Roll, 5 John, Essex and Hertford; *Rotuli Litterarum Clausarum*, vol. i. pp. 277, 278, 281, 285. [3] Pp. 475–481

before Michaelmas 1209.[1] On the other hand, John Briwere, whose testimony is cited with regard to Mendlesham, was dead at Michaelmas 1210.[2] As stated above, the lists of the tenants of the Bishop of Norwich and the Abbot of Holme are additions.

WORCESTER. The text is printed from an original roll which does not bear any endorsement recording its delivery at the Exchequer. It has, however, an endorsement noting that it deals with the king's tenants and with churches alike. The two entries concerning churches have a special heading and were presumably made in pursuance of the writ of 7 June 1212 given by the annalist of Waverley.

A list of fees and serjeanties in Worcestershire entered in the Red Book of the Exchequer seems to have been prepared from this more satisfactory document upon a definite system.[3] It has some variants and several omissions, probably intentional.

STAFFORD. The text is printed from the original return, which was delivered at the Exchequer a week after the appointed day. It begins with a copy of the writ which led to its preparation.

SALOP. The text is printed from the original return, which was likewise delivered at the Exchequer a week after the appointed day. Although Thomas of Erdington was sheriff of the linked counties of Stafford and Salop, the returns from them are separate and written in different hands. The general classification of the matter is, however, similar, neither of the returns being arranged under hundreds.[4]

There is some connexion between this authentic return and a list of fees and serjeanties in Shropshire, which is entered in the Red Book of the Exchequer.[5] Several material discrepancies between them may, however, be observed.

NOTTINGHAM AND DERBY. The text is printed from the original return, which was delivered at the Exchequer on the 6th of July 1212. The original writ to the sheriff of these counties has been printed above in the general introduction to the returns of 1212.[6]

A list of fees and serjeanties in these counties which is entered in the Red Book of the Exchequer appears to be merely a brief compilation from the

---

[1] "Tomas de Valeines debet ccc.m. et iij. palefridos pro habenda terra que fuit Teobaldi patris sui. Termini, ad festum Sancti Michaelis hoc anno l.m. et iij. palefridos," etc. Pipe Roll, 11 John.

[2] " Robertus de Burgate reddit compotum de dcc.m. pro habenda in uxorem Galiena que fuit uxor Johannis Briewere cum hereditate sua et dote." Pipe Roll, 12 John. Norfolk and Suffolk. See also the return of 1212 printed below, and *Rotuli Litterarum Patentium*, vol. i. p. 130 ; *Rotuli Litterarum Clausarum*, vol. i. p. 162 ; *Rotuli Chartarum*, p. 60 ; *Rotuli Hundredorum*, vol. ii. p. 193 ; *Feet of Fines for Essex*, vol. i. p. 223.

[3] Pp. 566–568.

[4] It may be noted by way of caution that Eyton's quotations from a return of 1211 in *Testa de Nevill* refer to this inquest of 1212, the date of which was not established until long after the completion of his monumental work, the *Antiquities of Shropshire*.

[5] Pp. 509–513.   [6] P. 52 above.

return of 1212 and consequently of no intrinsic value.[1] The matter is, indeed, re-arranged in three sections, but it does not include any information that is not to be found as fully, or more fully, in the return printed below.

LINCOLN. The text, with an exception mentioned below, is printed from the original return, which, however, bears no endorsement as to the date of its delivery at the Exchequer. Having regard to the enormous amount of information here collected, we may fairly surmise that the Sheriff of Lincoln did not make his return until long after the appointed day. The original manuscript has suffered greatly. The first membrane, which was missing at the time of the compilation of the Book of Fees, has, within the last few months, been identified and reunited to the roll from which it had been separated for some six centuries. The second membrane is defective, and the compilers of the Book of Fees made no attempt to reproduce the earlier lines of it. There is no return for the wapentake of Flaxwell. A membrane dealing with the wapentake of Skirbeck is lost, and for the contents of it we are dependent upon the transcript in the Book of Fees.

Although this elaborate return is undated, there is no reason to doubt that it was prepared in the summer of 1212. The heading of the first membrane, now happily recovered, shows it to be connected with the general enquiry ordered on the 1st of June in that year, and there is on the dorse of another membrane an entry concerning the church of Sleaford made in pursuance of the writ of the 7th of that month already mentioned.

The Red Book of the Exchequer contains a useful list of the military tenants of the Bishop of Lincoln in different counties, followed by several ill-digested and unsatisfactory lists of fees in Lincolnshire in the reign of John, derived from some unknown source or sources.[2] An entry concerning Fulbeck is, in its present form, later than the return printed below.

CUMBERLAND. The text is printed from the original return, which was delivered at the Exchequer on the 25th of June 1212. It may be compared with a list of tenants in this county by military service, by cornage, or by serjeanty, which is entered in the Red Book of the Exchequer.[3] This latter gives various local particulars that are not to be found in the sheriff's return of 1212, and it mentions as actual tenants two persons, William fitz Ranulph and Odard of Hodalm, who were dead at Michaelmas 1211.[4] The information concerning Edenhall is also different.[5]

NORTHUMBERLAND. The text is printed from the original return, which was delivered at the Exchequer on the 5th of August 1212. It has been already printed by the Society of Antiquaries of Newcastle-upon-Tyne.[6]

A list of the king's tenants in this county which is entered in the Red Book of the Exchequer bears a very close relation to this return. The sequence of the names is identical and the phraseology, although curtailed, is very

---

[1] Pp. 565–566. [2] Pp. 517–524. [3] Pp. 493–494.
[4] Cf. Pipe Rolls, 11–13 John, Cumberland. In the edition of the early Pipe Rolls for Cumberland published in 1847, the A.D. dates assigned to those from the 5th year of John to the end of the reign (pp. 108–159) are each one year too late, and the roll there attributed to the 15th year (p. 149) is the Chancellor's duplicate of the roll of the 13th year (p. 140). The latter error is repeated in the *Victoria County History.*
[5] 'Carlun' is a scribal error for 'Carleolo.'
[6] *Archæologia Æliana*, 2nd series, vol. xxv. pp. 153–159.

INTRODUCTION. 63

similar.[1] The chief variant is with regard to Sewal fitz Henry, who appears in the Red Book as an actual tenant, whereas the return of 1212 mentions him as the predecessor of Philip of Ulecotes. From this it may be argued that the list in the Red Book was prepared before the death of Sewal fitz Henry, which is known to have occurred in the spring of 1210, and that it was used as a foundation for the more detailed return of 1212. On the other hand, it should be observed that the list in the Red Book does not contain a single name or a single scrap of local information that is not to be found in the authentic return of 1212. If then the entry concerning Sewal fitz Henry can be regarded as a mere blunder of the scribe, the whole list may fairly be described as an abstract of the document printed below and consequently of little value.[2]

LANCASTER (County and Honour). The text is printed from a roll which bears no note of delivery at the Exchequer, and which may possibly be an early copy made at Westminster. It consists of two main sections:—
  (1) An inquisition professedly dealing with lands alienated by various persons in the county of Lancaster 'within the Lyme,' but giving also the names of actual tenants in chief.
  (2) A list of tenants of the Honour of Lancaster 'without the Lyme,' in the counties of Lincoln, Leicester, Nottingham, Derby, Stafford, Suffolk and Norfolk.

The former was presumably taken by authority of the Sheriff of Lancaster. The latter may have been supplied to him by the steward or other officer in charge of the Honour, the sheriff having no jurisdiction outside his own county.

A translation of the roll was published in 1905, with valuable annotations concerning the persons and places mentioned in it. The learned editor ascribed the original to June 1212, largely because, a few years ago, it was on a file which contained the return of the Sheriff of Cumberland to the writ issued on the first day of that month.[3] It is therefore necessary to observe that the file in question contained also some records of the eyre of 1219, and that it was probably put together by Joseph Hunter in 1834. A medieval endorsement on one of the membranes relating to Lancashire shows that they formerly belonged to a file which did not include any document relating to Cumberland.

There are, however, other reasons for believing that the document printed below represents the return of the Sheriff of Lancashire to the writ of 1 June 1212. The heading of it refers to "tenements given and alienated," and the entries concerning gifts made by William fitz Gilbert and Roger de Muriell specifically state that the services due to the king had been thereby diminished. The heir of Arthur of Ashton (Eston) who is mentioned in the roll as holding a carucate of land accounted for relief on succession in the financial year ending at Michaelmas 1211. Adam of Marton (Merton) who is also mentioned as holding three carucates was probably 'the heir of Matthew of Merton' who accounted for relief in the same year.[4]

The only difficulty in ascribing the Lancashire inquisition to the summer of 1212 lies in the fact that Roger de Lacy, Constable of Chester, is mentioned

---
[1] Pp. 562–565.
[2] Two other blunders may be noted, the substitution of 'Radleg' for 'Bodle' and 'junior' for 'janitor.'
[3] *Lancashire Inquests, &c.* ed. by William Farrer, pp. viii, ix.
[4] *Lancashire Pipe Rolls*, pp. 242, 245.

in it twice as an actual tenant in chief. Chroniclers agree in stating that he died in 1211, and an account of the family, written indeed long afterwards, professes to give the very day of his decease, the feast of St. Remigius, that is to say the 1st of October.[1] The Pipe Rolls show that the king's agents received the profits of his lands at various places as from Michaelmas 1211, allowing to John his son 50l. a year to maintain himself in the king's service.

It should be observed that this inquisition systematically distinguishes between the dead and the living. In many cases it describes lands as held by the unnamed heir of some recent tenant. The information given with regard to minors is also very precise. Thus the heir of Theobald Walter is twice mentioned as being a ward of the king, and the heir of Randolf fitz Roger is mentioned as being a ward of Eustace of Moreton. If then the inquisition was taken in the summer of 1212, some nine months after the death of Roger de Lacy, it might be expected to mention his heir. On the contrary, it states that Roger held five fees of Clitheroe and four fees of his barony 'within the Lyme.' In both cases, the word 'tenet' is written without abbreviation. His fees of Clitheroe are indeed described as being in the king's hand, but the entry concerning the other four fees implies actual possession. It may therefore be argued that the inquisition was taken during his lifetime and that he had made over part of his property to the king as security for a debt. In support of this theory, it may be observed that John de Lacy, his son and heir, did not obtain livery of his inheritance until 1213, when he undertook to pay a vast sum to the Crown in discharge of his father's arrears, accounts and debts.[2] If, however, we are to ascribe the inquisition to the year 1211, we must suppose the Sheriff of Lancashire to have then received a writ very similar to that directed to the sheriffs of other counties in June 1212. If on the other hand the whole difficulty arises from clerical errors, the writer of the roll must be held to have blundered badly in two entries, for Roger de Lacy was a man of the highest consequence. In any case the date of the inquisition is known within a year or two. Subject to the foregoing observations, it is printed below under date of 1212.

In addition to the great Lancaster return considered above, there still survives an early abstract of it, presumably made at the Exchequer. As it is copied into the Book of Fees, it is printed below. It is, however, of no value except as an illustration of the unsatisfactory character of such abstracts. Another abstract, apparently made from the same manuscript, but disfigured by several misreadings, is to be found in the Red Book of the Exchequer.[3]

To recapitulate : the manuscript sources of the lists now assigned to the summer of 1212 and printed below are :—
Original returns, dated :—

Surrey,	Dorset,	Norfolk and	Nottingham and
Sussex,	Devon (im-	Suffolk,	Derby,
Southampton,	perfect),	Stafford,	Cumberland,
Somerset.	Oxford,	Salop,	Northumberland.

Returns, undated, but probably original :—

Berks,	Wallingford Honour,	Lincoln,
Wallingford Borough,	Worcester,	Lancaster (A.).

---
[1] Rogeri de Wendover *Flores Historiarum*, vol. ii. p. 58 ; Matt. Paris, *Chronica Majora*, vol. ii. p. 532 ; *Flores Historiarum* (ed. Luard), vol. ii. p. 140 ; Dugdale's *Monasticon*, vol. vi. p 315.
[2] *Rotuli de Oblatis et Finibus*, p. 494.   [3] Pp. 568–574.

INTRODUCTION.

Transcripts or abstracts :—
Hereford,   Essex and Hertford   Lancaster (B).
              (imperfect),

SURREY.

S. ij. 5.
II. 72-80.   Inquisicio facta in comitatu Surr' de omnibus feodis militum que tenentur in capite de domino rege et omnimodis tenementis que tenentur per militare servicium vel per serianteriam qualemcunque vel alio modo, quicumque ea teneant.

HUNDREDUM DE WUDETUN.

Padinden'. Petrus de Maulay tenet Padinden' per servicium feodi dimidii militis versus dominum regem et versus dominum feodi per servicium feodi j. militis, que capta fuit in manu Henrici Regis, patris domini regis, occasione amice Wilekini utlagi, quam Willelmus Buffari qui tune temporis tenuit Padinden' receptavit in domo sua, et inventa fuit in domo eiusdem Willelmi, et preterea occasione Benedicti cuiusdam Judei Cicestr' qui postea venit et exigebat Padinden', ut vadium suum per cartam Willelmi Buffari, quam inde habuit, et predictis occasionibus retenta fuit in manu domini regis, et postea dominus Rex Ricardus dedit predictam villam Alano Trenchemer et post mortem Alani dominus Johannes Rex dedit predictam villam W. de Braus', et post predictum Willelmum rex dedit illam villam Petro de Maulay qui nunc eam tenet per predictum servicium.

Westcote. Villa de Westcot' que fuit Gileberti de Aquila capta fuit in manum domini regis quia idem Gilebertus abiit in Normanniam contra voluntatem domini regis, ut dicitur. Et comes Warennie finivit pro sorore sua que fuit uxor ipsius Gileberti pro predicta villa quam habuit in dotem, et est in manu comitis et est in baronia Gileberti de Aquila.

HUNDREDUM DE BLAKEHETFELD'.

Bromlee. Bromlee quod fuit manerium domini regis, ut dicitur, fuit in manu cuiusdam episcopi qui vocabatur Eode et post mortem ipsius Od' devenit in manum domini regis, et postea Henricus Rex senior dedit predictum manerium Eustachio de Brutuil' et tempore ipsius Eustachii capta fuit in manum domini regis, et nescitur qua occasione ; postea Henricus Rex, pater domini regis, dedit predictum manerium Radulfo de Faya patri Radulfi qui nunc tenet, et tempore guerre inter dominum regem, patrem domini regis, et Henricum filium suum, predictus Radulfus disseisitus fuit, et Henricus Rex, pater domini regis, dedit predictum manerium Baldwino de Betthoun, et postea devenit in manum domini regis, et dominus Johannes Rex dedit predictum manerium Radulfo de Faia per servicium feodi iij. militum.

Gumesielve. Robertus de Wendeval' habuit medietatem manerii de Gumesielve quod fuit dominicum regis, et Willelmus de Clere habuit aliam medietatem eiusdem manerii, et nescitur per quod

S. ij. 5. serviciendum ; et postea Henricus Rex, pater domini regis, dedit pre-
I1. 72-80 dictum manerium Willelmo Malveisin et Engeramo de Funtaines pro xl.
—cont. libratis terre, et Sumerber', quod fuit membrum de Gumesielve et
quod residuum fuit, remansit in manu domini regis et tune reddidit
xj.s. et modo reddit xiiij.s. Et Ricardus Rex dedit unam partem
predicti manerii Willelmo de Ees et aliam partem Alano Trenchemer ;
et post mortem Alani dominus Johannes Rex dedit partem que fuit
Alani Willelmo de Braus', et postea Petro de Maulay qui nunc tenet ;
et Eustachius de Ees tenet aliam partem, et nescitur per quod
servicium.

HUNDREDUM DE WOCKING.

Stokes. Dominus Johannes Rex commisit Stokes quod fuit
dominicum regis episcopo Londoniensi pro c.s. ad firmam, et nunc
est in manu domini regis.

Wockinge. Ricardus Rex dedit Wocking' quod fuit dominicum
suum Alano Basset per servicium feodi dimidii militis, et nunc tenet
per idem servicium.

Merewe. Henricus Rex senior dedit quandam partem in Merewe
quod fuit dominicum regis Willelmo de Sancto Johanne pro ix. libratis
terre, et residuum remansit in manum domini regis, et predictus
Willelmus dedit partem illam Waltero filio Ingardi pro servicio feodi
unius militis ; et idem Walterus habuit duas filias, quarum senior
data fuit Rogero Craft cum medietate predicte terre, quam Rogerus
Craft heres ipsius nunc tenet, et junior filia remansit in custodia
prefati Willelmi et mortua est sine herede de se ipsa ; postea vero
idem Willelmus dedit aliam partem Willelmo de Feogieres, qui
dissaisitus fuit tempore Regis Ricardi qui[1] tenuit cum Britonibus
contra dominum regem, et dominus Johannes Rex dedit eandem
partem Willelmo de Leicestr' ; et Rogerus Craft et Willelmus de
Leicestr' faciunt servicium j. militis Willelmo de Sancto Johanne ;
et pars domini regis valet xxj.s.

Bacsiete. Bacshet, quod fuit dominicum regis, quidam Radulfus
tenuit ad feodam[2] firmam pro xl.s. ; et occasione servicii quod
aretro fuit Henricus Rex, pater domini regis, dedit predictum
manerium cuidam Hoppesiort per serianteriam valterie ; et Robertus
de Basing' emit eandem partem de eo et reddit domino regi quolibet
anne[3] xl.s., et habet inde cartam domini regis ; et Robertus de
Basing', heres predicti Roberti, nunc tenet.

Henricus Rex senior dedit aliam partem in Bacsiet' Johanni Belet,
et nescitur per quod servicium ; et Michael Belet heres ipsius nunc
eam tenet.

Geudeford. Robertus Testard habuit quandam partem in
Geudeford de dono Willelmi Bastardi, ut dicitur ; et mortuo herede
ipsius Roberti, Ranulfus de Broc habuit custodiam heredum Rogeri
Testard per Henricum Regem, patrem domini regis ; et postea habuit
cartam domini regis, et post mortem ipsius Randulfi Stephanus de
Turneham habuit predictam partem cum filia ipsius Randulfi per
servicium marscaucie.

---

[1] *So in original* (S. ij. 5). Possibly quia *should be read.*
[2] *Read* feodi. [3] *Read* anno.

SURREY. 67

S. ij. 5.
II. 72-80
—cont.

Suttun'. Sutton' quod fuit de honore de Eye saisitum fuit in manum domini regis per breve Henrici Regis, patris domini regis, et idem Henricus Rex dedit eandem villam magistro Urrico pro viij. libratis terre qui nunc eam tenet, et nescitur per quod servicium.
Maiford. Galfridus de Pourtun' tenet Maiford' in capite de domino rege per serianteriam cum aliis terris suis ad serviendum dominum regem cum j. albergo per xl. dies in Anglia.

HUNDREDUM DE GODELMING'.

Godelming. Henricus Rex, pater domini regis, dedit xxx. libratas terre in Godelming' quod fuit dominicum regis in escambium castelli Divisarum cum pertinenciis quod fuit episcopi Saresberiensis et predictus rex dedit Ertedun' quod fuit membrum de Godelming' cuidam magistro David, qui ivit in nuncium apud Romam ; et Randulfus de Broc habuit Ertedun' ad feodam[1] firmam de predicto David pro xv.l. et post mortem ipsius Randulfi Stephanus de Turneham habuit predictam villam cum filia ipsius Randulfi ; et Ricardus Rex dedit predictam villam predicto Stephano per servicium feodi dimidii militis, et inde habet cartam ipsius et cartam domini Johannis Regis.

Catteshull'. Henricus Rex senior dedit Catteshull' Oyno[2] Porcell', patri Randulfi de Broc,[3] et Henricus Rex, pater domini regis, fecit cartam suam Randulfo de Broc tenere de eo per serianteriam hostiarie de camera domini regis, ut dicitur ; et post mortem ipsius Randulfi Stephanus de Turneham habuit predictam villam cum filia ipsius Randulfi per predictum servicium.

Witle. Witle quod fuit Gileberti de Aquila captum fuit in manum domini regis, quia idem Gilebertus abiit in Normanniam ; et comes Warennie finivit pro sorore sua, que fuit uxor ipsius Gileberti, pro predicta villa, et nunc habet in manu sua.

HUNDREDUM DE FERNHAM.

Fernham. Manerium de Fernham datum est ecclesie Wintonie ante conquestum Anglie, et nescitur per quod servicium.

HUNDREDUM DE GODELE.

Certesee. Manerium de Certesee cum pertinenciis datum fuit ecclesie de Certes' in elemosinam ante conquestum Anglie.

HUNDREDUM DE EMELEBRIGG'.

Essiere. Esshere quam monachi de Cruce Sancti Leofredi tenent data fuit predictis monachis, et nescitur a quo rege ; et habent cartam Henrici Regis, patris domini regis.
Mulesee. Sanson de Mulesee tenet quandam partem in Mulesee per serianteriam j. baliste de conquestu Anglie.
Apse. Randulfus Blundus et Willelmus filius Gunnild' et Willelmus filius Gileberti et Osbertus Malherbe tenent in capite de domino

---

[1] Read feodi.   [2] II. 75 reads Dyno in error.
[3] See Rotuli Chartarum, p. 161.

S. ij. 5.
II. 72-80
—cont.

rege dimidiam hydam terre in elemosinam distribuendi et donandi unam cuvatam cervisie die Omnium Sanctorum pro anima domini regis et antecessorum suorum.

HUNDREDUM DE COPPEDETHORN'.

Hadlege. Thomas Malesmains tenet Hadleg' in capite de domino rege de dono Johannis Regis cum filia Gileberti de Tylers, et nescitur per quod servicium ; et predictus Gilebertus tenuit eandem villam.

Awell'. Henricus Rex, pater domini,[1] dedit quandam partem in Ewell' canonicis de Meretun' in elemosinam.

Lerred'. Ricardus Rex dedit Willelmo de Es x. solidatas redditus in Lerred', et Eustachius de Es nunc tenet eundem redditum, et nescitur per quod servicium.

Awell'. Henricus Rex, pater domini regis, dedit xliij.s. et iij.d. redditus in Awell' Mauricio de Creon'; et idem Mauricius dedit eundem redditum Gwidoni de la Val, et Gwido dedit eundem redditum Willelmo de Sancto Michaele, qui nunc tenet, et nescitur per quod servicium.

HUNDREDUM DE WALETUN'.

Waletun'. Henricus Rex, pater domini regis,[2] Mauricio de Creon quandam partem in Waletun', et idem Mauricius dedit eandem partem Gwidoni de la Val cum filia sua, et quia idem Gwido tempore gwerre tenuit contra dominum regem pars illa capta fuit in manum domini regis, et dominus Johannes Rex dedit eandem partem Johanni filii[3] Luce, et quia idem Johannes remansit in Normannia pars illa devenit in manum domini regis, et dominus Johannes Rex dedit eandem partem Eustachie de Curtenay que nunc tenet, et nescitur per quod servicium.

Edintun'. Bartholomeus del Chennay tenuit quandam partem in Edintun' in capite de domino rege per serianteriam coquine, et nescitur ex cuius dono ; et Ricardus Rex dedit eandem partem Petro filio maioris Londonie cum filia ipsius Bartholomei ; et dominus Johannes Rex postea dedit eandem partem Radulfo Parmentario cum filia predicti Petri ; et[3] nunc est in manu domini regis.[4]

Miccham. Robertus filius Wolfward' et Walterus le Poure tenent ij. hidas terre in Micham in capite de domino rege et reddunt inde x.s. per annum.

HUNDREDUM DE TENHRIGG'.

Limenesfeld'. Abbas de Bello tenet Limenesfeld' ex dono Regis Willelmi, ut dicitur, in elemosinam.

Acsted'. Hugo de Nevill' tenet quandam partem in Acsted' in capite de domino rege per servicium ij^{orum} militum et dimidii de honore Bolonie, quam cepit cum filia Henrici de Cornhull'.

Rollandus de Acstede tenet ibidem quandam partem de eodem honore per predictum servicium de conquestu Anglie.

[1] Supply regis.
[3] Read filio as in II. 77.
[2] Supply dedit.
[4] et to regis added in another ink.

SURREY. 69

S. ij. 5.
II. 72-80
—cont.

Tychesie. Gaufridus de Tychesie tenet quandam partem in Tychesie in capite de domino rege de honore Gloucestrie per servicium ij^{orum} militum de conquestu Anglie.

Thomas de Valoniis tenet quandam partem ibidem de eodem honore per servicium ij. militum de conquestu Anglie quam Hugo de Nevill' habet in custodia.

Pudinden'. Ricardus Rex dedit Willelmo de Es x. solidatas redditus in Pudinden', et Willelmus de Es tenet eundem redditum, et nescitur per quod servicium.

Blecingelee. Comes de Clare tenet Blecingel' in capite de domino rege in baronia sua, et nescitur per quod servicium

Wolcnested'. Ricardus de Lucy tenuit Wolcnested' in capite de domino rege de honore Bolonie, et nescitur per quod servicium, et idem Ricardus dedit medietatem eiusdem ville Odoni de Dammartin cum sorore sua in maritagium per servicium quarte partis feodi j. militis.

Idem Ricardus dedit aliam medietatem eiusdem ville cum sorore sua Rogero de Sancto Johanne in maritagium per servicium quarte partis feodi j. militis.

HUNDREDUM DE REIGAT'.

Reigate. Comes Warennie tenet Reigat' in capite de domino rege in baronia sua de conquestu Anglie.

Kingeswode. Henricus Rex, pater domini regis, dedit Kingeswod' et Selfwod' que sunt membra de Ewell' in elemosinam canonicis de Meretun'.

Gattun'. Robertus de Gattun' tenet Gattun' in capite de domino rege de honore Peverel Dovor', et nescitur per quod servicium.

HUNDREDUM DE BRICSISTAN'.

Baterichesee. Willelmus Rex dedit Baterichesee in escambium de Windleshor' in elemosinam monachis de Westmonasterio.

Beremundesee. Rex Willelmus Ruffus dedit Beremundesee in elemosinam monachis de Beremundes'.

Suwerc'. Henricus Rex senior dedit j. hydam in Suwerc in elemosinam predictis monachis de Beremundes'.

Meretun'. Henricus Rex senior dedit Meretun' in elemosinam canonicis de Meretun'.

Niwetun'. Reginaldus Aurifaber tenet j. acram in Niwetun' de domino rege in capite per servicium unius galonis de melle reddendo domino regi.

Camerwell'. Gaufridus de Tychesie tenet quartam partem feodi j. militis in capite de domino rege de honore Gloucestrie in Camerwell' ; et Willelmus comes Gloucestrie[1] eandem partem Alexandro de Tychesye qui fuit antecessor ipsius Gaufridi.

Martinus de Camerwell' tenet feodum j. militis in Camerwell' in capite de domino rege de honore Gloucestrie de conquestu Anglie.

Nicolaus Puinz tenet tres partes feodi j. militis in Camerwell' de predicto honore, et Willelmus comes dedit predictas iij^{es} partes antecessoribus ipsius Nicolai.

---

[1] *Supply* dedit.

S. ij. 5.
II. 72-80
—cont.

Magister Philippus tenet ecclesiam de Wimmeldun' de dono S. Cantuariensis archiepiscopi et in tali statu valet xx.m. per verum dictum Jocii de Wimmeldun' et Godefridi Alexandri de Wimmeldun', Osberti de Molendino, Alexandri de Hamton', Turb' de Sienes.

Rogerus de Susexx' tenet ecclesiam de Niwetun' de dono predicti S. et valet viij.m. per verum dictum Walteri de la Hull et Silvestrem[1] et Osbertum[1] Grundel et Ric' le May et Alan' Driebried' et Sim' Grundel.

HUNDREDUM DE KINGESTUN.

Syenes. Syenes quod fuit dominicum regis Henricus Rex vetus dedit manerium de Syenes antecessoribus Michaelis Belet qui nunc tenet per serianteriam pincerne.

Cumbe. Radulfus Postel tenet j. hydam terre in Cumbe per serianteriam, scilicet colligendi lanam regine per* *reddendo xx.s. ad scaccarium; et est in corpore comitatus; et Henricus Rex vetus dedit predictam hydam per predictum servicium predecessoribus ipsius Radulfi.

Hamme. Henricus Rex, pater domini regis, dedit in Hamme quod est membrum de Kingestun' vj. libratas terre, et postea eadem pars devenit in manum domini regis et dominus Johannes Rex dedit predictam partem Roberto de Moubray qui nunc tenet.

Dominus Johannes Rex dedit monachis de Clermund' l. solidatas in Hamm.

Kingeston'. Henricus Rex, pater domini regis, dedit Eustachie de Curtenay xxx. solidatas terre in Kingestun'.

[Endorsed :—] Hunc rotulum recepit W. thesaurarius per manum Reginaldi clerici in crastino apostolorum Petri et Pauli anno regni regis Johannis xiiij°.

[In a later hand:—] Surr'. In libro.

SUSSEX.

S. ij. 5.
II. 81-85.

IN COMITATU SUSSEX'.

VEREDICTUM MILITUM DE RAPO DE ARUNDELLO.

Dominus Henricus Rex, pater Matillidis Imperatricis, tenuit rapum de Arundello sicut escaitam suam; post decessum eius Henricus Rex, nepos eius, tenuit rapum illum et lapsu temporis dedit totum rapum cum pertinenciis Willelmo comiti Arundelli, avo nunc comitis Arundelli, tenendum de eo per servicium iiij[xx] et iiij. militum et dimidii.

Henricus Rex primus dedit archiepiscopo Cantuariensi ij. feoda militum in Slindun, de rapo de Arundello unde servicium exigitur a comite Arundelli et comes nichil inde tenet nec aliquid inde recipit.

Episcopus Exoniensis tenet de domino rege de capellaria de Boseham vij. feoda militum et dimidium, unde

---

[1] So in original (S. ij. 5).

SUSSEX. 71

S. ij. 5.
II. 81-85
—cont.

Ricardus de Thornie tenet ij. feoda militum ex antiquo tempore, Robertus de Elnestede ij. feoda militum, Nicholaus de Waney ij. feoda militum, Ricardus de Barentin unum feodum militis, Ricardus de Prestetun' dimidium feodum militis.

VEREDICTUM DE BOSEHAM.

Dominus Rex Willelmus qui venit ad conquestum Anglie dedit manerium de Boseham Willelmo filio Augeri et heredibus suis ad feodi firmam, reddendo inde ad scaccarium annuatim xlij.l. argenti arsas et ponderatas pro omni servicio, et sic tenuit tota vita sua manerium illud et heredes sui ; et postea Willelmus Marescallus tenuit manerium illud hereditario[1], reddendo inde predictam firmam, scilicet xlij.l. ad scaccarium domini regis arsas et ponderatas. Rex autem Henricus primus acquietavit ad scaccarium suum xxx.s. de predicta firma pro escambio quod fecit Willelmo filio Ernulfi de terra de Bradebrugg' pro terra in qua sita est abbacia Sancte Marie de Prato apud Rotomagum, et v.s. quos idem Rex dedit cuidam Willelmo in elemosinam.

Rogerus[2] de Wlbeding' tenet unam carucatam terre in Wlbeding' per serianteriam ex antiquo tempore, ipse et antecessores sui, ad deferendum gunfanum in Sudhamtesir' apud Sparkeford.

In rapo de Hasting', comes de Augo tenuit de domino rege lxiij. feoda militum per idem servicium, et sunt in manu domini regis.

In rapo de Lewes, Willelmus comes Warennie tenet de domino rege in capite lxij. feoda militum et hec feoda tenet per totam terram suam in Anglia, ut milites dicunt.

Heredes Bartholomei de Kedneto tenent in villa de Lewes duo mesagia de domino rege, set nescitur per quod servicium.

In rapo de Brembre, Willelmus de Brews' et antecessores eius tenuerunt rapum de Brembr' in capite de domino rege et antecessoribus eius ex conquestu Anglie per servicium x. militum ; dominus autem rex habet rapum de Brembre in manu sua.

In rapo de Pevenesel sunt xxx. feoda militum et dimidium de feodo Gileberti de Aquila que comes de Warenne tenet per finem factum cum domino rege.

Henricus de Palern' tenet tenementum suum per servicium custodiendi portam de Pevenesel.

Fulko de Cantolupo tenet manerium de Burn' de domino rege, unde antecessores Alardi Flameng faciebant domino regi servicium unius militis.

Robertus Peverel et Robertus Burnard' tenent iij. partes feodi j. militis per idem servicium.

Willelmus de Cresettes tenet manerium de Berling' per dominum regem, set nescitur per quod servicium.

[1] *Supply* jure, *or read* hereditarie.
[2] *There has been a heading to this entry which has been erased.*

S. ij. 5.
II. 81-85
—cont.

Abbas de Westmonasterio tenet iiij^{or} libratas terre in hundredo de Burn', set nescitur de quo nec per quod servicium.
Daniel pincerna domini regis habet vij. libras redditus in villa de Saiford per dominum regem de dominico quod fuit Gilleberti de Aquila.

Rogerus Tirel tenet j. feodum militis in Chilting' quod solet tenere de Hascuil de Praeres per idem servicium.

Robertus Marmiun tenet manerium de Berewike in dominico, set nescitur per quod servicium.

Sarra de Haya tenet manerium de Mildetun' in dominico, set nescitur per quod servicium.

Robertus Falconarius tenet Wdetun' per serianteriam ad servandum falkones domini regis.

Warinus filius Gerordi duo feoda militum, set nescitur per quod servicium.

Michael de Wahulle tenet unam partem terre in Subtun', set nescitur de quo nec per quod servicium. Et prior de Lewes tenet modo idem tenementum de ipso Michaele, set nescitur qualiter.

Johannes filius Hugonis tenet Hectun' per dominum regem, set nescitur per quod servicium.

Eustacia de Curtenay tenet Cumtun', set nescitur per quod servicium.

Abbas de Becco tenet Prestitun', set nescitur per quod servicium.

Willelmus de Mubray tenet j. feodum militis, set nescitur per quod servicium.

Abbas de Sancto Albano habet c. solidatas terre in Bedingeham, set nescitur de quo nec per quod servicium.

Abbas de Gresten tenet Wilmetun' cum pertinenciis, set nescitur per quod servicium.

Willelmus comes Warennie tenet dimidium feodum militis de honore[1] de Stanford.

Abbas de Bello tenet Alsiestun' cum pertinenciis, set nescitur per quod servicium.

Heres Hugonis de Diva tenet de domino rege iij. feoda militum et dimidium de feodo comitis Leicestrie.

Reginaldus de Trusanvill tenet j. feodum militis de eodem feodo.

Heres Randulfi de Wrthe j. feodum militis in eodem feodo.

Nicholaus Hereward tenet unum feodum militis de eodem feodo.

Philippus de Aubeni[2] unum feodum militis de eodem feodo.

Willelmus filius Radulfi de Kainnes tenet iiij. feooda militum de eodem feodo Leicestrie.

Willelmus filius Ricardi de Kainnes tenet de domino rege iij. feoda militum per idem servicium.

VEREDICTUM CIVIUM CICESTRIE SUPER INQUISICIONE FACTA PER BREVE DOMINI REGIS.

Martinesgrave et Draieton et Shapewike et Orrea Regis et Egelie tempore Regis Henrici senioris pertinentia fuerunt civitati Cicestrie

---

[1] *There is a gap between* honore *and* de Stanford.
[2] *After* Aubeni *supply* tenet.

SUSSEX. 73

S. ij. 5.
II. 81-85
—cont.

sic quod prepositi Cicestrie receperunt gabulum et tulerunt ad scaccarium et modo nichil inde recipiunt.

Idem Henricus Rex tempore pacis dedit Reginaldo Hareng' x. libratas terre de pertinenciis Cicestrie, quia diffactus fuit, videlicet Shapewike pro c.s. et terras cultas extra Cicestriam pro c.s., set nescitur qualiter ; heredes sui nunc tenent.

Item idem Henricus dedit de pertinenciis Cicestrie duobus militibus, scilicet Conano et Willelmo de Fraxino xx. libratas terre, scilicet Draitun' et Martinesgrava de quibus heredes eorum nunc nichil tenent ; set quando comes Arundelli Cicestriam et alias predictas terras recuperavit eas quibus voluit dedit.

Item quatuor crofte que solebant reddere civitati Cicestrie iij.s. iij.d. sunt inforestate et modo nichil reddunt.

Item Stormi habuit quandam terram extra Cicestriam ubi gardinum domini regis nunc est, que reddidit annuatim x.s. de qua comes de Arundello dedit ei in excambium terram in civitate et extra que solebat reddere annuatim xviij.s. iiij.d. ob. Et Hugo Sturmi, filius et heres, tenet illam terram quietam per cartam domini regis et per servicium vj.d. annuatim, set postquam idem Hugo habuit cartam domini regis, emit terras in civitate que solebant reddere ij.s. ix.d. et illas sicut alias tenet per predictam quietanciam.

H. Cantuariensis archiepiscopus, duobus postremis annis quibus fuit justiciarius domini regis, abstraxit a civitate Cicestrie portum de Werringes, qui a conquestu Anglie semper fuit pertinens ad civitatem Cicestrie et de omnibus consuetudinibus respondebat civitati.

Item vij. messuagia fuerunt extra civitate ubi fossatum nunc est, que solebant reddere annuatim vij.s., et modo nichil reddunt.

Item xl.s. de firma Cicestrie dati sunt annuatim monachis de Arundello et x.s. capelle de castello de Arundello ; set nescimus pro certo per quem.

[*Endorsed :*—] *Hunc rotulum recepit W. thesaurarius in octabis Sancti Johannis per manum vicecomitis anno regni Regis Johannis xiij°.*

[*In a later hand :*—] *Sussex. In libro.*

SOUTHAMPTON.

S. ij. 5.
S. ij. 4.
II. 117-122.

ISTI TENENT DE DOMINO REGE IN SUTH' IN CAPITE ET PER SERIANTERIAS.

Rogerus de Viliers tenet de domino rege feodum dimidii militis in Puttelesword'.

Stephanus de Hanton' feodum dimidii militis in Welewe.

Willelmus de Nevill' et Johannes de Monemue et Albreda de Boterel' j. hidam terre in Dune de baronia que fuit Walteri Walerand'.

Gaufridus de Porton' j. hidam terre in Westuterlie per servicium inveniendi j. servientem cum haubergello per xl. dies in Anglia.

Ricardus de Cardunvill' in eadem villa j. hidam terre per idem servicium.

74   A.D. 1212.

S. ij. 5.   Ricardus Archeruus dimidiam hidam terre in Benetlegh per
S. ij. 4.
II.117-122 servicium inveniendi j. servientem cum haubergello et arcu et
—cont. sagittis ad custum domini regis.
   Robertus[1] de Tresgoz tenet feodum ij. militum in Septon de honore de Ewias.
   Stephanus de Torneham tenet manerium de Frollebur' per serianteriam custodiendi hostium domini regis de hereditate uxoris sue.
   Willelmus de Edmundestorp' tenet j. virgatam terre per serianteriam foreste set illam non habet.
   Petrus filius Herberti tenet villam de Aclie per serianteriam in hospicio domini regis,.
   Radulfus Monachus tenet in Liuesulve j. hidam terre per serianteriam.
   Oliverus[2] de Ponchardon' et Willelmus Cosin' tenent ij. partes de Faccumb' et Tangelie per servicium duarum parcium j. militis.
   Willelmus de la Faleis tenet Rugenor per servicium inveniendi j. servientem in castro Wintonie.
   Ricardus Brito tenet medietatem de Lie et de Cherch per servicium tercie partis j. militis de honore de Richemond'.
   Rogerus Merkes tenet ij. partes de Lie per servicium maris versus Britanniam.
   Robertus Maudut tenet villam de Hertlie per camerariam ad scaccarium.
   Robertus de Venoiz tenet unam partem de Worildham per serianteriam in hospicio domini regis, scilicet per mariscaciam et Rex Willelmus dedit illam Galfrido mariscallo.
   Idem tenet la Flexland' per idem servicium.
   Gilebertus de Achangr' tenet Achangr' per veneriam.
   Elyas Croc tenet Eston cum pertinenciis per feodum j. militis.
   Gilebertus de Torn' tenet villam de Hacche per servicium inveniendi j. servientem cum arcu et sagittis per j. mensem in Anglia.
   Willelmus de Cosham tenet Cosham per servicium unius servientis in castro Porcestrie cum haubergello per xv. dies in tempore gwerre.
   Willelmus de Borhont j. carucatam terre in Borhont per idem servicium.
   Henricus de Wansted tenet v. solidatas terre in Wansted' per predictum servicium per viij. dies in castro Porcestrie.
   Robertus de Retham tenet iij. virgatas terre cum pertinenciis per servicium j. servientis ad pedes per viij. dies in castro Porcestrie.
   Robertus Camerarius tenet Litele de camera regis per servicium camere.
   Idem tenet in Ferly xl. solidatas terre de dono regis per idem servicium.
   Hugo de Chikeulle tenet Ulveston' per serianteriam unius servientis pedes per xl. dies cum arcu et sagittis in Anglia.
   Heres Henrici Biset tenet Samelhurst in capite de domino rege in parte baronie sue.
   Comes de Insula tenet honorem de Cristcurch' et Insule in parte servicii xv. militum quos debet domino regi in Anglia.

---

[1] *On margin opposite this entry is written* milit.
[2] *On margin opposite this entry is written* milit'.

SOUTHAMPTON. 75

S. ij. 5.
II. S. ij. 4.
1̄17-1̄22
—cont.

Andreas Mobert tenet iij. partes j. hide terre in Aven' per serianteriam j. servientis cum aubergello per xl. dies in Anglia. Willelmus Spileman tenet j. karucam terre in Brokenst' per serianciam j. servientis cum aubergello per xl. dies in Anglia, et preterea inveniet literam ad lectum domini regis et fenum ad palefridos suos, quando dominus rex jacuerit apud Brokenrst'.

Reginaldus de Buteston' et Matilldis de Yvetis tenent in Yvetis j. carucatam terre per servicium j. servientis cum aubergello per xl. dies in Anglia et preterea debent invenire domino regi quando jacuerit apud Yvez literam ad lectum suum et fenum ad palefridos.

Idem Reginaldus tenet in Totinton' j. virgatam terre per servicium j. servientis cum aubergello.

Andreas de Yvetis tenet ibidem j. virgatam terre ; hii duo faciunt unum servicium.

Willelmus de Warblinton' tenet Scirefeld per seriantiam marescaucie in domo regis.

Oliverus de Vallibus tenet Vargeburn' in barunia cum uxore que fuit Henrici de la Mare.

Willelmus de Feritate tenet Stokes de parte baronie sue de Normannia.

Waleranus de Munceus tenet Cumpton[1] per seriantiam mariscaucie.

Robertus de Mandewill' tenet lx. solidatas terre in Hulle de honore de Tillie.

Robertus de Meisy tenet Peniton' pro feodo dimidii militis de honore Glocestrie.

Walterus de Everlie tenet j. virgatam terre in Andevr' pro xij.d. per annum.

Elyas Croc tenet in Andevr' j. virgatam terre per seriantiam.

Rogerus de Mortemer tenet Wordiam de baronia sua quam habet in Wallia.

Angnes de Poppham tenet v. hidas terre in Bensted' in sockagio pro c.s.

Adam de Bendenges tenet Lis per feodum j. militis.

Idem tenet Morhal' et j. hidam terre in Helvetham per idem servicium.

Ysolda Bitet[2] tenet Rokeburn' de parte baronie que fuit Henrici viri sui.

Thomas Bloet tenet Wordie cum herede Almerici Despensatoris.

Willelmus Briewer tenet Sumburn' per servicium ij. militum.

Adam de Stapele tenet xxxvij. solidatas terre in Stapelegh' per serianciam.

Adam de Gurdon tenet xij. libratas terre in Thisted per idem servicium.

Heredes Cobbe fabri tenent in Elinges xxij. solidatas et vj. denariatas terre pro l. sagittis.

Aimericus de Sacy tenet de domino rege manerium de Berton' et lx.s. terre in Seleburn' per servicium j. militis.

Emma de Cler' tenet in Elinges cxvij. solidatas et viij. denariatas et obolatas terre per baillium regis.

---

[1] S. ij. 5 reads Cū Cumpton by dittography.   [2] Read Biset.

76   A.D. 1212.

S. ij. 5.   Thomas de Windlesor' tenet x. marcatas terre in Suberton' per
S ij. 4.
II.117-122 serianciam ad scacarium.
—cont.   Prior de Merton' tenet de tenemento domini regis in Basingestok[1]
j. hydam terre in Horselegh.
Magar' de Wernun tenet Freschewatere per servicium j. militis.
Walterus Foilet tenet in Ekeresbur' ij. carucatas terre per servicium
j. servientis ad aubergellum per xl. dies in Anglia.
Henricus de Lindehirst tenet in Lindhurst et in Yvez et in Brocle
j. karucatam terre et j. serianciam foreste unde reddit x.l.
Hugo de Godeshulle tenet in Linwod' j. carucatam terre et ballivam suam unde reddit per annum lx.s. et pro quadam vaccaria
xxx.s.
Galfridus de Badeslie tenet in Friham et in Badeslie dimidiam
carucatam terre et ballivam suam unde reddit per annum lx.s. et
pro j. vaccaria xxx.s.
Rogerus de Borlegh tenet ibidem dimidiam carucatam terre et
ballivam suam unde reddit per annum xxx.s. et pro j. vaccaria
xxx.s.
Heres Eustachii Folchir tenet in Batrameslie dimidiam carucatam
terre et ballivam suam pro xxx.s. et ij. vaccarias lx.s.
Radulfus de Kantarton' tenet ibidem de domino rege quartam
partem j. carucate terre pro xij.s. per annum pro omni servicio.
Alviva de Berlegh tenet in Borlegh de domino rege x. acras terre
pro xij.s. pro omni servicio.
Elias Peverell tenet ibidem vj. acras terre pro vj.s. pro omni
servicio.
Ricardus de Bottesasse et Rocelin tenent ibidem j. bovatam terre
in Batteseass pro vj.s.
Johannes de Evereus tenuit et Ricardus Bot et Basilia tenent in
Hardel' dimidiam carucatam terre pro j.m.
Ricardus de Hollebur' tenet in Hollebur' terciam partem j. carucate
terre pro v.s. per annum.
Reginaldus Bot et Walterus de Langeleye tenent ij. bovatas
pro xij.s.
Gilebertus de la Dene tenet de domino rege terram in Den' unde
reddit ad scaccarium per[2] xxxj.s. iiij.d.
Hugo de Wareburn' tenet terciam partem j. carucate et j. vaccariam
pro xxx.s. per annum.
Rogerus de Faleliegth tenet x. acras terre et xij.[3] vacc' pro xviij.s.
Johannes de Yppeleigh tenet ij. bovatas terre et j. vaccariam
pro xxx.s.
Willelmus de Brochleg' tenet ibidem dimidiam carucatam terre
et j. vaccariam pro xxx.s.
Stephanus Harpor tenet in Bremblessath iiij. acras terre pro ij.s.

Civitas Sud Hamt' tota est de dominico regis et omnes in illa
manentes feodati sunt de antecessoribus domini regis.

---

[1] *This word is badly written in the original return.* S. ij. 4 *reads*
Basingestok'; II. 119 *reads* Basingeshes.
[2] *After* per *supply* annum.
[3] *So in the original* (S. ij. 5), *but query.*

SOUTHAMPTON.

Civitas Wintonie.

S. ij. 5.   In civitate Wintonie est quedam terra quam Rex Henricus, pater
S. ij. 4. domini regis, dedit Wassall' cantatori et heredibus suis reddendo
II.117-122
—*cont.* annuatim ad scaccarium dimidiam libram scimini.

Dominus rex habet quoddam tenementum in civitate Wintonie ubi aula sua fuit antiquitus et valet per annum xv.s. et vj.d. quos constabularius Wintonie rescipit, set nescimus per cuius liberacionem.

Dominus Rex Johannes dedit Willelmo tailatori suo quandam domum in Wintonia que fuit de dominio suo que vocatur Chupmanneshalle.

Dominus Rex Henricus, pater domini regis, dedit G. filio Petri quandam domum in civitate Wintonie que fuit Thome le Brun' quam dominus rex habuit de excaeta cum aliis terris suis in Wintonia.

Heredes Arturi de Parrok tenent quandam terram vacuam de eodem tenemento per liberacionem Willelmi Eliensis episcopi qui fuit cancellarius Regis Ricardi, set non scimus per quod servicium.

Thomas Silvestr' tenet quandam terram de eodem tenemento per liberacionem eiusdem episcopi, set nescimus per quod servicium.

Idem Thomas tenet quandam terram de eodem tenemento quam Nicholaus de Limeseye tenuit per liberacionem eiusdem episcopi.

Petrus Piscator tenet quandam terram de eodem tenemento per liberacionem baronum de scaccario et reddit ad scaccarium annuatim iiij.s.

Dominus rex habuit de escaeta quandam terram vacuam in vico Judeorum quam dedit Alano Sparue, servienti G. filii Petri.

Willelmus de Feritate tenet Weston' et villam de Stokes in baronia ex conquestu Anglie.

Dominus Rex Ricardus dedit canonicis de Sancto Deonisio in elemosina c.s. terre extra burgum Sudh' que allocata est burgensibus de Sudh' pro c.s. in firma sua.

Henricus Rex, pater domini regis, dedit j. hidam terre in Lidesull' Radulfo Monacho.

Robertus Camerarius tenet Ferley per camerariam, et dominus rex dedit servicium Willelmo Brewer.

Rex Willelmus dedit abbacie de Hida dimidiam partem de Awelton' cum ecclesia et v. hidas terre cum ecclesia in escambium cuiusdam terre que fuit predicte abbacie ubi dominus Rex Willelmus fecit *   *

S. ij. 5.   Idem[1] Rex Willelmus dedit abbacie de Bello v. hidas terre in Anestie
S. ij. 4.   in elemosinam.

Rex Stephanus dedit monachis de Waverle xxxvij. libratas terre et j. marcatam terre in elemosinam.

Canonici de Merton' tenent quandam terram in Hesulle que
S. ij. 5.   vocatur L[2] *   * per dominum Regem Johannem, sed nescimus quo modo.

Uxor Andree le Seintir tenet j. mesuagium in Wintonia sine servicio quod sole *   * reddere manerio de Basingestok' ij.s.

---

[1] *From this point* II. 122 *ceased to copy* S. ij. 5
[2] *Read* La Garston'. *From this point* S. ij. 4 *ceased to copy* S. ij. 5, *with the note* Non potuit plus scribi de isto comitatu propter defectum in rotulo exemplaris.

A.D. 1212.

S. ij. 5 —cont.

Robertus de Hacch' tenet villam de Hacch' de Gileberto de Torn' et idem * * de domino rege per seriantiam.

Alanus Basset tenet Malveldurewell et Niuenham de domino rege.

Petrus filius Herberti tenet Weston' de domino rege, set nescimus * *

Robertus de Venuz tenet villam de Nutlie per serianciam.

Rex Johannes dedit Ricardo de la Lande xxxv. solidatas et iiij. denariatas terre in * * servicium.

Ricardus Rex dedit monialibus de Fonte Everrardi * molandinum in villa de Portesm'.

Willelmus de la Wike tenet domum in Portesm' que fuit * Wincent' de Hasting, et valet per annum xiiij.s. et dominus T * *

Matheus de Wallop tenet terram de La Wodecote cum cus[1] * *

Dominus Rex Johannes canonicis de Sudwic v. marcas redditus * * idem canonici tenent quandam partem de villa de * *

Gilebertus de la Den tenet in eod' * * et . . . per preceptum domini regis.

Henricus Rex senior dedit Roberto * . et Robertus Penar' * *

[*Endorsed* :—] *Hunc rotulum recepit W. thesaurarius in crastino octavarum Sancti Johannis Evangeliste per manus Radulfi de Novill' clerici anno regis Johannis xiiij°.*

SOMERSET.

S. ij 6.
I. 699-711.

Inquisicio[2] facta de omnibus feudis militum et de omnibus tenementis sive sint in burgo sive extra que[3] rege tenentur in capite per servicium militare vel per servicium qualecunque et qui ea teneant et per quod servicium : similiter de tenementis que antiquitus de domino rege vel de progenitoribus suis regibus Anglie teneri solent que sunt data vel alienata per maritagium vel per elemosinam vel alio modo quo modo minus tenentur de domino rege in capite in comitatu Sumerset'.

IN HUNDREDO DE SUMERTON.

Dominus Rex Henricus, pater regis Anglie, dedit Roberto filio Bernardi Hamme, quod pertinebat ad manerium de Sum[erton', quod] modo pertinet ad Niweton' ad foresteriam quam Willelmus de Wrotham modo tenet per servicium foresterie.

Ricardus Revel junior tenet Lamport et Cury ex dono Regis Ricardi per feudum ij. militum que pertinebant [ad] eundem[4] [manerium].

---

[1] *Read* custodia domorum regis et porte castelli et gaole Wintonie.
[2] S. ij. 6 *is in bad condition. Words in brackets are supplied from* I. 699–711, *which omits this heading.*
[3] *After* que *supply* de.   [4] *Read* idem.

SOMERSET. 79

S. ij. 6.
I. 699-711
—cont.

Ricardus Revel senior tenet ex dono Regis Ricardi lx. solidatas de redditu de Sumerton' per j. austurcum sorum.

Dominus Rex Johannes dedit Roberto de Novo Mercato[1] x. libratas terre in Herdecot'. in escambium de Polstoka[2].

Dominus Rex Henricus pater dedit Ricardo Robbe Sterta quod fuit escheta vigilatorum de Monte Acuto, reddendo inde j. gruem.

Hubertus de Burgo tenet Cammel de domino rege in dominico ex dono domini Regis Johannis.

IN HUNDREDO DE LA HORETHURN' ET DE MULEBORN'.

Dominus Rex Johannes dedit Roberto de Veteri Ponte xxx. libratas terre extra villam de Muleborn' pro servicio suo, s[et nesci]tur quod servicium inde facit.

Henricus Cornubiensis tenet j. molendinum cum pertinenciis apud Wika ex dono domini Regis Johannis, reddendo inde [an]nuatim xxx.s.

Ricardus de Muleborn' tenet dimidiam hidam terre de domino rege Anglie reddendo inde singulis annis xx.s., set [nescitur] de cuius dono antecessores sui illam primo receperunt.

Willelmus Malet tenet j. virgatam terre in Burgelea, reddendo inde singulis annis x.s. de domino rege, sed [nescitur quis] illam primo dedit.

Huwardus de Bikelegh tenet in Holewale viij. libratas terre de dono comitis Reginaldi, qui antecessori[bus suis illas] dedit per serianteriam servandi ancipitres domini regis.

Homines de Muleborn' tenent de domino rege forum et placita de Muleborn' ad firmam pro c.s.

Jacobus de Novo Mercato tenet Horsington' et Chireton' in dominico de domino rege.

IVELCESTR'.

Hundredus de la Stan' abstractus est de dominico domini regis de Ivelcestr' qui pertinebat ad burgum de Ivelcestr' tempore Henrici Regis Anglie, et burgenses inde reddiderunt xl.s. singulis annis et modo predicti xl.s. computantur eis in firma sua.

Willelmus Dacus tenet vj.l. x.s. de redditu in eodem burgo per donum domini regis et illos defendit per iiij. partem feudi j. militis que computantur eis in firma sua. Preterea tenet xl.s. de molendino domini regis qui computantur predictis burgensibus in firma sua. Idem etiam tenet pasturam que vocatur Hethinga absque servicio.

Preterea ecclesia Sancti Johannis est in donacione domini regis cum pertinentiis, sed Willelmus Dacus habet redditum de terra que pertinet ad ecclesiam, scilicet de x. acris fructiferis xvj.d. et de ij. acra et dimidia terre ij.d. ob. et de Alba Aula ij.d. q. sed inde non facit servicium.

Ricardus Revel tenet quoddam pratum quod pertinet ad dominicum domini regis et valet per annum ij.s. sed nullum facit servicium, et ita minus valet dominicum domini regis de ij.s. per annum.

Willelmus Hyuns dedit secum terram suam de Ivelcestr' ad hospitale Ierosolyme que pertinebat ad dominicum domini regis, [et] minus valet dominicum domini regis per annum de xij.d.

---

[1] *Read* Novo Burgo.   [2] *Read* Porstoka.

S. ij. 6.
I. 699–711
—cont.

Burgenses de Ivelcestr' tenent de domino rege Ivelcestr' ad feudum firmam respondendo inde annuatim ad scaccarium domini regis xix.l. x.s. in alba moneta.

IN HUNDREDO DE LA STAN'.

Ricardus de Heselbere tenet in capite de domino rege duas hydas terre in villa de Presteton' appendentes ad baroniam de Heselbere.
Willelmus Walensis tenet de domino rege in Niweton' j. hidam terre reddendo inde annuatim ad scaccarium Londoniarum ad festum Sancti Michaelis j. dubelerum et j. manutergium.

IN HUNDREDO DE KATESAISSE.

Ricardus Briwer' tenet de domino rege feudum j. militis et dimidii in hundredo de Katesaisse de honore Mortonie faciendo inde servicium domini regis.
Willelmus filius Martini tenet de domino rege feudum j. militis in eodem hundredo de honore de Blakedon' faciendo inde servicium.
Henricus Luvel tenet de domino rege Kary cum pertinenciis faciendo inde servicium regale, scilicet inveniendo inde iiij^{or} milites unde ij. sunt de honore Mortonie et ij. de honore de Kary.
Jacobus de Novo Mercato tenet feuda iij. militum et iiij^{or} partes j. militis in hundredo de Katesaisse unde v. hyde faciunt j. militem faciendo inde servicium regale. Idem Jacobus tenet Northkadebir' in dominico de domino rege.
Willelmus de Monte Acuto tenet de domino rege in dominico iiij^{or} partes j. militis in hundredo predicto, unde quinque partes faciunt feudum j. militis de honore Mortonie.
Johannes de Banavill' tenet de domino rege apud Lideford' feudum ij. militum de honore Glowecestrie.
Hubertus de Burgo tenet de domino rege in dominico Babekary, scilicet feudum j. militis de honore Mortonie.

IN HUNDREDO DE BRIWETON'.

Prior de Briweton' tenet de domino rege hundredum et forum de Briweton' et j. molendinum in eadem villa et j. carucatam terre in Cumba reddendo inde annuatim ad scaccarium ·n media quadragesima¹ ij. marcas argenti de feodo Camerarii de Tankarevill'.
Prior Cartusie tenet Witeham de domino rege in elemosinam de dono domini Regis Henrici.
Willelmus de Monte Acuto tenet Gerlingeton' de domino rege de feodo Mortonie et facit servicium cum corpore suo, sed nescitur quantum.
Henricus Luvel tenet de domino rege Hunewika et Pidecumba et Colna in hundredo de Briweton' et habet feudum iiij^{or} militum, scilicet in Mideldon' feudum i^{i}. militum de magno feudo, in Redlis feudum ij. militum de parvo feudo ; Pidecumbam et Colnam tenet Alicia mater sua in dote ; Hunewik tenet Matillis uxor fratris sui in dote de eo.
Henricus de Karevill' tenet de domino rege de feodo Camerarii de Tankarevill terram suam per servicium j. militis per xv. dies in

---
¹ S. ij. 6 has xl.

SOMERSET. 81

S. ij. 6. Anglia ad custum domini sui cum equis et armis, et est de antiquo
I. 699–711 fefamento.
—cont.

IN HUNDREDO DE NORTON'.

Reginaldus de Punz tenet Norton' cum hundredo in capite de domino rege, et est heritagium uxoris sue et dominus Rex Henricus primus illam Norton' cum predictis cum Juliana Jordano de Aufei[1] in maritagium', et facit servicium domino regi de corpore suo.

Walterus de Aslega tenet de domino rege Stokes et Cukelingeton' de feudo Mortonie et facit servicium cum corpore suo.

Willelmus de Monte Acuto tenet Septon' de domino rege de parvo feudo Mortonie et facit servicium cum corpore suo.

IN HUNDREDO DE FROMA.

Wandr' de Curcell' tenet iij^{am} partem j. militis in Froma de domino rege faciendo servicium regale.

Henricus de Cultura tenet de domino rege duas partes j. militis faciendo inde servicium regale.

Odo de Wandestr' tenet feudum dimidii militis apud Merston' faciendo inde servicium regale.

IN HUNDREDO DE WELEWE.

Comes Saresberie tenet Henton' et Norton' de domino rege in capite, set nescitur per quod servicium.

IN HUNDREDO DE BATHONIA INFRA ET EXTRA.

Prior Bathonie tenet de domino rege hundredum de Bathonia extra et la Berton' de Bathonia in perpetuam elemosinam ex dono Regis Johannis reddendo inde singulis annis ad scaccarium domini regis xx.l.

Idem etiam prior tenet tres hidas in Hamton' et villam de Claverton' ex dono Regis Henrici primi in perpetuam elemosinam nichil inde reddendo nisi oraciones.

Idem etiam prior tenet Bathoniam de domino rege dum domino regi placet, reddendo inde singulis annis xxx.l. ad scaccarium.

Johannes de Colecestr' tenet archidiaconatum de Bathonia ex dono episcopi Bathoniensis post interdictum sibi datum.

IN HUNDREDO DE KAINESHAM.

Fulco de Alneto tenet totam terram suam in Sumerset et alibi per feudum j. militis.

IN HUNDREDO DE CHIWETONA.

Chiwton' est de dominico domini regis et est in manu sua, et vicecomes Sumerset inde respondet.

IN HUNDREDO DE [CHIW].[2]

Radulfus filius Willelmi tenuit Timbresbergam per feudum j. militis, et est modo in manu domini regis.

---

[1] *Supply* dedit.
[2] *The name of the hundred is illegible in* S. ij. 6 *and is omitted in* I. 704.

S. ij. 6.
I. 699-711
—cont.

WELLES.

Episcopatus de Bathonia est in manu domini regis et Thomas Peverel de villa de Welles respondit, et respondeat de feudis militum et aliis tenementis.

HONOR GLASTON'.

Prior Glaston' tenet terram suam in elemosinam et facit inde domino regi servicium xxxij. militum et dimidii.

Episcopus Bathoniensis habet quartam partem de terris ecclesie que est in manu domini regis et debet domino regi vij. milites et dimidium.

Robertus de Columbariis tenet feudum j. militis de honore de Kington' qui est in manu domini regis.

Ecclesia de Subbrenta est in manu domini regis que data fuit archidiacono Wellensi.

IN HUNDREDO DE CUNGRESBIR'.

Willelmus de Hamton' tenet Bageworthe de domino rege per j. austurium sorum.

Hugo Witeng' tenet Grenmere quod fuit membrum de Cungresbir' de dominico domini regis; servicium inde nescitur.

Domina Custancia de Pukereleston' tenet Pukereleston' inveniendo j. hominem et j. equum et j. saccum et j. securim ad sumonicionem domini regis ad exercitum suum in Wallia.

Dominus Rex Henricus, avus[1] domini regis, dedit Lockin Gaufrido de Dun pro c. solidatis terre, et nescitur quod servicium inde [facit].

Idem dominus rex dedit Reginaldo filio Hugin Norton', Draicot, Rugeberg' pro feudo j. militis.

CEDDR'.

Dominus Rex Henricus, pater domini regis Anglie, dedit monachis de Chartusa Cedderford' in elemosinam et nihil modo reddit [que sole]bat ante reddere per annum xl.s.

Dominus Rex Henricus, avus[1] domini regis, dedit Roberto Malherbe dimidiam virgatam terre a la Huthe, set nescitur per quod [servicium].

Willelmus Merescaldus tenet in eodem manerio de domino rege j. hidam terre, et servicium inde nescitur.

IN HUNDREDO DE WINTERSTOK'.

Willelmus de Curtenay tenet in capite de domino rege feudum j. militis in Worle.

Willelmus filius Martini tenet Blakedon' pro feudo ij. militum.

Willelmus filius Johannis tenet Estharpetre pro dimidio feudo militis.

IN HUNDREDO DE BEDMESTON'.

Episcopus Bathoniensis dedit post interdictum decanatum de Welles Magistro Radulfo de Lechelada, sed est in manu domini regis.

---

[1] Read proavus.

SOMERSET. 83

S. ij. 6.
I. 699-711
—cont.

IN HUNDREDO DE PIRITONA.

Domina Matillis de Chandos tenet Piriton' de domino rege; pertinet ad baroniam de Staweie.

IN HUNDREDO DE HARECLIFE.

Fulco de Alneto tenet Aiston' de domino rege faciendo inde servicium domini regis sicut pro aliis terris suis.

IN HUNDREDO DE KINEMERESDON'.

Hascuill' de Sulleny tenet Kinemeresdon' in capite de domino rege pro quarte j. militis ex dono Regis Henrici [primi].

Hauisia de Curtenay tenet Hemmigton' in capite de domino rege pertinentem ad baroniam suam de Ocumeton', [set] nescitur per quod servicium.

Oliverus de Dinant tenet Bocland' in capite de domino rege pertinentem ad baroniam suam de Hertiland, sed nescitur per quod servicium.

IN HUNDREDO DE DULVERTON'.

Hugo de Turbervill' tenet manerium de Dulverton' in capite de domino rege pro warda facienda apud Brechinoc de dono Regis Henrici, avi Regis Henrici, patris Johannis Regis, qui manerium illud dedit H. de Turbervill'.

IN HUNDREDO DE KARENTON.

Reginaldus de Moiun tenet Dunestorre cum pertinenciis in capite de domino rege per servicium xl. militum et dimidii de conquestu Anglie.

Henricus de Pomeria tenet Hor' in capite de domino rege; nescimus quo servicio nec cuius dono.

Robertus de Mandevill' tenet Winemeresham et est de baronia sua de Merswd'.

Warinus filius Geroldi tenet Wtton' et est de baronia sua de Stok' Curcy.

Abel de Hunecot' tenet dimidiam virgatam terre in Hunecot de domino rege per oracionem, quam Willelmus Rex Anglie dedit Edithe in puram et perpetuam elemosinam quia vir suus occisus fuit in servicio domini regis.

IN HUNDREDO DE WILITON'.

Matillis de Chandos tenet Stawee cum aliis terris suis per servicium . x. militum de domino rege.

Mauricius de Gant' tenet Cantokesheved et Hiwis per servicium feodi dimidii militis.

IN HUNDREDO DE CANTINTON'.

Warinus filius Geroldi tenet Stok.

Mauricius de Gant tenet Stokland de domino rege per servicium iiij^e partis j. militis.

Helena Hostiaria tenet Wigeberga et alias terras suas in Sumerset' per hostiaritatem de domino rege.

A.D. 1212.

S. ij. 6.
I. 699-711
—cont.

IN HUNDREDO DE TANTON'.

Episcopus Wintoniensis tenet manerium de Tanton' cum pertinenciis in capite de domino rege pertinens ad episcopatum Wintonie, et est de baronia sua.

Johannes de Monte Acuto tenet Bradeford' et Nortun de domino rege per servicium ij. militum de honore Moretonie.

IN HUNDREDO DE NORPERETON'.

Johannes de Erleg' tenet manerium de Norpereton' et forinsecum hundredum de domino rege ad feodi firmam reddendo inde annuatim c.s. ad scaccarium.

Willelmus de Monte Acuto tenet Chedesie quod fuit antiquitus membrum de predicto manerio, set nescimus quo servicio; et illud membrum dedit Henricus Rex vetus Rogero de Mandevill', set nescimus quo servicio. Idem rex dedit Grandon' Fulconi de Alneto quod fuit manerium[1] antiquitus de predicto manerio pro dimidia marca solvenda ad scaccarium et heredes illius, qui nunc tenent Grandon', tantum solvunt ad scaccarium.

Mauricius de Gant tenet Poolet de domino rege per servicium dimidii feodi j. militis et fuit membrum antiquitus de predicto manerio; et illud membrum dedit Henricus senex Fulconi de Alneto.[2]

Willelmus de Wroteham tenet baroniam de Ambrevill'[3] de domino rege et etiam omnes alias terras et nescimus quo servicio de dono Ricardi Regis.

HUNDREDUM DE ANDREASFELD'.

Canonici de Tanton' tenent unam pasturam super Cantok de dono Johannis Regis in puram elemosinam que vocatur Kingeshill et solebat reddere per annum ad scaccarium apud London' xvj.d.

Willelmus de Monte Acuto tenet Uggesholl' de domino rege et est membrum de Sumerton' pro x.s. per annum, set nescimus de dono cuius.

HUNDREDUM DE MILVERTON'.

Walterus de Esseleg tenet Esse Britel in capite de domino rege per servicium j. militis de antiquo feffamento.

Adam de Stawell' tenet partem de Langeford' que fuit Ricardi de Buddevill' voluntate domini Johannis Regis per servicium feodi dimidii militis.

Willelmus Briwer' tenet manerium de Milverton' de domino rege cum herede de Torinton', et est de baronia sua.

HUNDREDUM DE MUERTOK.

Willelmus de Fienes tenet manerium de Mortok quod fuit de dominico domini regis de dono comitis Willelmi filii Reginaldi[4] filii

---

[1] *Read* membrum.
[2] S. ij. 6 *has here the following entry struck out:* Girardus de Bratton' tenet dimidiam virgatam terre de manerio Norpereton' ut sit serviens errans ad West de Perret, set non t'.
[3] *Read* Aubervill'. *Cf.* Exeter Domesday.
[4] *For* Reginaldi filii *read* Regis. *See* Calendar of Charter Rolls, vol. ii. p. 34, *and* Genealogist, vol. xii. p. 148.

SOMERSET. 85

S. ij. 6.
I. 699-711
—cont.
Stephani qui manerium predictum dedit [Faramo] de Bolonia pro servicio j. militis.
Galfridus de Sancto Claro tenet Stapelton' de domino rege per serianteriam [scilicet per] unam tualliam ferendam coram domina regina ad festa Pasche [et Pentecostes et] ad nativitatem Domini et ad domini regis coronacionem.

HUNDREDUM DE NORCURI.

Canonici Wellenses tenent manerium de Northcuri [cum pertinenciis in puram et perpe]tuam elemosinam de domino rege de dono Ricardi Regis.
Radulfus Malet tenet viij. libratas terre in eodem [manerio in escambio terre sue] de Wuttheham de dono Henrici Regis, patris Johannis Regis, [per servicium vicesime partis unius militis] quod facit Willelmo Malet.
Odo de Wandestr' tenet vij. libratas terre in eodem manerio in escambio [terre sue de Witheham] de dono predicti regis per servicium xxme partis feodi j. militis quod facit Jacobo de [Novo Mercato].

HUNDREDUM DE COCR'.

Robertus de Mandevill' tenet Hardinton' de domino rege per servicium j. militis de con[questu] Anglie.

HUNDREDUM DE CRUKERE.

Willelmus comes Devonie tenet manerium de Crukere de domino rege et defendit predictum manerium cum ceteris terris suis, set nescimus quo servicio.
Nicholaus de Meriet tenet Meriet in capite de domino rege per servicium ij. militum de conquestu Anglie, scilicet j. feodum de honore Glovernie et aliud de honore Mortonie.

HUNDREDUM DE HUNDESBERG'.

Ricardus de Haselberg' tenet Haselberg' de domino rege per servicium j. militis.
Johannes de Monte Acuto tenet Ciselberg' de domino rege per servicium j. militis.
Ricardus Briwer tenet Odecumb' cum pertinenciis de domino rege per servicium j. militis et est de baronia sua.
Monachi de Monte Acuto tenent manerium de Monte Acuto cum pertinenciis de domino rege de dono comitis Moretonie in puram et perpetuam elemosinam. Iidem monachi tenent unum parcum de dono domini Regis Johannis in puram et perpetuam elemosinam. Iidem monachi tenent Tetteburg' quod fuit membrum antiquitus de Norpereton' per donum Henrici Regis veteris. Iidem monachi tenent Hamme quod fuit me[mbrum] antiquitus de Northcuri de dono predicti Regis Johannis.

HUNDREDUM DE TINTEELL'.

Hubertus de Burgo tenet Stok' de domino rege cum herede Roberti de Bello Campo per servicium ij. militum de feodo Moretonie.

S. ij. 6.
I. 6⁰⁹-71¹ Rogerus de Vilers tenet Kingestan' de domino rege per servicium
—cont. feodi dimidii militis de feodo Moretonie.
Abbas de Alingenye tenet Alingn' et omnes alias terras suas per orationes pro domino rege.

HUNDREDUM DE ABBEDICK.

Willelmus Malet tenet Curi de domino rege et alias terras per servicium xx. militum.
Abbas de Mucheln' tenet Ileministr' et omnes alias terras suas pertinentes ad abbaciam suam per servicium j. militis.
Willelmus de Monte Acuto tenet Dunniete de domino rege set nescimus quo servicio.
Ricardus de Atrio tenet Bikehell' de domino rege per servicium j. militis.
Hubertus de Burgo tenet Hach' de domino rege cum herede Roberti de Bello Campo, set nescimus quo servicio.
Robertus de Vallibus tenet Esselle de domino rege, set nescimus quo servicio.
Johannes de Briwes tenet Staple de domino rege per servicium dimidii militis et est de feodo de Biard'.¹

HUNDREDUM DE BULESTAN'.

Walterus de Esseleg' tenet Swell' de domino rege ; nescimus quo servicio.
Willelmus de Wroteham tenet Cattangre de domino rege de dono R[icardi Regis et fuit] antiquitus de dominico ecclesie de Mucheln', set nescimus quo servicio.
Idem Willelmus tenet Westerenneshill' de dono domini Regis Ricardi ; [nescimus quo servicio.]
Ricardus Briwer tenet Ile de domino rege de feodo [Moretonie ; nescimus quo servicio].
Radulfus de Aure tenet Haath², et fuit membrum [antiquitus de dominico domini Ricardi] de Cury ; nescimus quo dono vel servicio.

HUNDREDUM DE SUPERETON'.

Theodoricus Theutonicus tenet manerium de Supereton' de [domino rege nescimus quo servicio]. Et Henricus Rex senex dedit illud manerium Hamelin de [Cheduana³ in escambium de Ambreres] et de Gurreham ; nescimus quo servicio.
Nicholaus de Meriet de domino rege per servicium iiij^{te} partis feodi [unius militis de dono] Henrici Regis senis.
Hubertus de Burgo tenet Septon' de domino rege cum herede [Roberti de Bello Campo] ; nescimus quo servicio.

[Endorsed :—] Sumersete.
Hunc rotulum recepit thesaurarius per Willelmum Malet, vicecomitem

---

¹ Les Biards, a fief of the Avenel family, now in the Arrondissement of Mortain, in the Department of Manche.
² S. ij. 6 reads Haath de apparently in error.   ³ Read Meduana.

SOMERSET. 87

S. ij. 6. *Dors', in crastino Sancte Marie Magdalene anni regni Regis Johannis*
I. 699-711 *xiiij°.*
—cont. [*In a later hand :*—] *Testa de Nevill'. Continet ix. pecias.*

DORSET.

S. ij. 6. ROTULUS DE INQUISICIONIBUS DOMINICORUM DORS'.
I. 712-725. Abbatissa de Sancto Edwardo tenet liberum manerium de Henleg' et manerium de Tarent' et manerium de Prusteton et j. hyde[1] terre in Pinpre et hudredus[2] de Sexpen' et Hainton' in hudredo de Niweton' et Stures et j. hydam in Liland' et Cheselburne et Kingeston' et Maperton' et Almere et in libero burgo de Sancto Edwardo l. solidatas terre, et inde facit servicium ij. militum, de domino rege de dono regum Anglie, antequam dominus Willelmus Bastart venisset in Angliam, et eciam in Stok per eundem servicium.

HUNDREDUM DE LANGEBURGH.

Willelmus de Kaines tenet manerium de . Tarent' in hundredo de Langeber' in capite cum pertinenciis per servicium iij. militum, scilicet Cumb' in hundredo de Winfrod, et Sumereford in Wiltesir'. Datur Radulfo de Kaines in maritagio cum filia Hugonis Maminot per dominum Henricum Regem primum.

Abbatissa de Cam tenet Tarent in capite, set nesciunt per quod servicium.

BURGUS DE SANCTO EDWARDO.

Radulfus filius Pagani tenet in burgo de Sancto Edwardo viij. libratas terre de Willelmo de Lanvelay per servicium v. partis j. militis datas per Henricum Regem, patrem domini Johannis Regis Anglie, avo predicti Willelmi de Lanveley.

NIWETON'.

Prior de Glastenesbir' tenet Niweton' in capite a domino rege cum pertinenciis suis in libera elemosina et inde debet invenire servicium iij. militum.

HUNDESBURG'.

Robertus de Insula tenet j. feodum militis in Blaneford' de domino rege non in capite per servicium j. militis et illum solebat tenere de Willelmo de Vernun qui modo est in Normannia, et est de dono domini Willelmi Bastard, progenitoris domini regis.

Ricardus de Estre tenet duas hidas at dimidiam in Knicteton' de domino rege, set nescitur per quod servicium, et est de conquestu Anglie.

HUNDREDUM DE PINPRE.

Hugo de Gundevill' tenet in Pinpre feodum j. militis de honore Glovernie per servicium j. militis.

Willelmus filius Johannis tenet in Stures ij. hydes et dimidiam de honore Glovernie ; set nescitur per quod donum nec per quod servicium.

---

[1] *Read* hydam.   [2] *Read* hundredum.

S. ij. 6.
I. 712-725
—cont.

Rogerus de Vilers tenet in eadem Stures duas hydes et dimidiam de honore Glovernie, et nescitur per quod donum nec per quod servicium.

Adam de Brinton' tenet feodum dimidii militis de honore Willelmi Martel per servicium dimidii militis de domino rege quia modo est in manu domini regis.

HUNDREDUM DE LANGEBERG'.

Galfridus de Luc' tenet Longam Blaneford' que fuit Radulfi de Till' de feudo Willelmi Martel in capite de domino rege et de dono ipsius, quia est feodum in manu eius; set nescitur per quod servicium.

HUNDREDUM DE CANEDON'.

Galfridus de Pourton' tenet j. dimidiam hyde terre in capite de domino rege in villa de Thornhill' unde Rogerus de la Bruere tenet j. virgatam terre que fuit data matri sue in liberum maritagium, et in hundredo de Cnolton' predictus Galfridus de Pourton' tenet in capite de domino rege j. carucatam terre in Cnolle, et in hundredo de Loseberge idem tenet in capite de domino rege iij. hyd' et dimidiam in Mordon', et tenet terras istas per servicium j. haubergelli cum aliis terris suis in aliis comitatibus, quas tenet per hoc idem servicium.

HUNDREDUM DE LOSEBERGE.

Galfridus de Nevile tenet Chereberge in capite de domino rege, scilicet que fuit Ricardi Turnebuo qui est in Normannia, de dono domini Regis Johannis, et est excaeta; set nescitur per quod servicium tenet.

HUNDREDUM DE SANCTO GEORGIO.

Robertus Belet tenet de domino rege in capite From, Winterburne, Werdesford, Lim, per servicium j. militis de conquestu Anglie in Dorset', et unum mesuagium in burgo Dorcestre quod pertinet ad feodum suum.

Item idem tenet Swere in Dorset' de dono Johannis Regis Anglie per servicium dimidii militis de honore Ade de Port de Kinton'.

Robertus Peverel tenet Bradefort in capite de dono domini Regis Johannis de feudo Ade de Port et est excaeta; et hundredum nescit per quod servicium tenet nec Robertus interfuit inquisicioni.

Eustacius Monacus tenet Bocameton et Winterburne de dono domini Regis Johannis de elemosina abbaċie de Wast; set nescitur per quod servicium dominus rex dedit illi.

Johannes Polein tenet in capite[1] domino rege j. feodum militis de feudo de Moretuinia de conquestu domini Regis Willelmi Bastard.

Adam de Herleg' tenet in capite de domino rege j. carucatam terre in Herleg' pro xx.s. per annum ad[2] firmam de Forthinton' et debet custodire boscum de Blakemor' qui pertinet ad Fordinton' et est de dono domini Regis Henrici primi.

Robertus Chantemerle tenet Dalewde pro quarta parte militis de dono domini Regis Johannis.

Item Robertus tenet Witewill' pro iiij.s. domino regi reddendis per annum de dono Reginaldi comitis Cornubie, scilicet v. virgatas.

---

[1] *After* capite *supply* de.
[2] ad . . . . . . Forthinton' *added subseaue tl* .

S. ij. 6.
I. 712-725
—cont.

Hamo de Almoditon' tenet Burton' de dominico de Fordinton' de dono domini Regis Johannis et reddit domino regi iiij.l. per annum de firma ad¹ firmam de Forthnton'.

Henricus de Sancto Paulo dicit quod tenet de domino rege iij. hyd' et dimidiam in capite de honore de Kington' qui fuit Ade de Port et reddit per annum dimidiam marcam ad custodiam de Kington' et tenet de conquestu domini Regis Willelmi ; set hundredum nichil scit quia Willelmus de Witefeld est contra.

HUNDREDUM DE WINFROD'.

Robertus de Novo Burgo tenet manerium de Winford' cum pertinenciis, scilicet Lolewrdhe et Bureton' et totum hundredum de Winfrot et duas partes hundredi de Haselore per servicium camerarii in capite de domino rege ; antecessores predicti Roberti tenuerunt ista tenementa a tempore Regis Henrici primi per predictum servicium camerarii.

Radulfus Monachus tenet manerium de Oweres cum pertinenciis a domino rege per servicium seriancie de quoquina ; antecessores eius tenuerunt ista tenementa a tempore Regis Henrici primi per predictum servicium.

Robertus de Welles tenet duas hyd' terre in Welles et j. in Galdon' quam idem dedit in perpetuam elemosinam ecclesie de Binedon' ; has iij. hyd' tenet de domino rege et antecessoribus suis a conquestu Anglie per servicium pistoris.

HUNDREDUM DE KINGESWINTERBURN'.

Rogerus de Millirs tenet in Kingeswinterburn' c. solidatas terre de dono domini Regis Johannis, scilicet terram illam que fuit Thome Maufilart, et reddit inde regi ij.m. et dimidiam per annum de firma.

HUNDREDUM DE HASELORE.

Robertus de Novo Burgo tenet iij. partes hundredi de Haselore in capite de domino rege a tempore Henrici Regis primi per eundem servicium² quod tenet Winfrod, scilicet per servicium camerarii.

Galfridus de Nevile tenet Cnolle et Stupel et Crihz que fuerunt Roberti de Tebovill' et Robertus tenuit prediċta tenementa de comite Glovernie, set nescitur per quod modum.

Abbas de Bec tenet villam de Povinton', set nesciunt utrum sit dominicum vel non.

HUNDREDUM DE BRUNESHILL'.

Henricus de Haddon' tenet in Candel ij. hydes et dimidiam reddendo j.m. per annum et servicium quarte partis j. militis Roberto Malherbe et idem Robertus tenet eandem terram in capite de domino rege per servicium quarte partis militis de.³

Thomas filius Thome filii Briani tenet in Candel totidem per servicium quarte partis militis de domino rege in capite de tempore Regis Willelmi.

Henricus Toneir' tenet terram suam in Caundel de feodo Willelmi

¹ ad . . . . . . Forthnton' *added subsequently.*
² *After* servicium *supply* per.
³ *The word* de *is followed by some obliterated words now illegible. Probably* de *should also have been obliterated.*

S. ij. 6.
I. 712-725
—co'lt.

Martel de excaeta que modo est in manu domini regis per servicium viij. partis militis de conquestu.

HUNDREDUM DE COCDENE.

Comes Saresberie tenet Caneford de domino rege in capite, set nescitur per quod servicium.

Hubertus de Burgo tenet Corf de domino rege de dono Regis Johannis, set nescimus per quod servicium.

Comes Marescallus tenet Sturminister et omnes pertinencias de comite de Meulent per servicium j. militis. Et comes de Meulent tenet de domino rege in capite et de dono Willelmi Regis Bastard'; set nescitur per quod servicium et est de conquestu terre.

HUNDREDUM DE SYREBURNE.

Episcopus Saresburiensis tenet in dominico liberum manerium de Syreburne et hundredum de Eteministre et hundredum de Beministre de antiquo tempore regum Anglorum ante conquestum Normannorum et debet de toto episcopatu suo servicium de x. militibus.

Abbas de Sireburne debet domino regi servicium ij. militum de antiquo fefemento.

Abbas de Alingenie tenet iiij. hydas in libera elemosina de fefemento domini Regis Alvredi.

Hervicus de Candel tenet dimidiam hydam terre reddendo inde j.d. per annum aput Gellingeham de dono Regis Willelmi.

MANERIUM DE PORTLAND' ET DE WIK'.

Pror[1] Wintonie et conventus tenent Portland' et Wik', Helewill' in liberam elemosinam de antiquo fefemento regum Anglorum.

Prior Montis Acuti tenet in eisdem maneriis dimidiam hydam terre de feudo Alvredi de Ninchol' in puram elemosinam.

Hugo de Tollard' tenet in eisdem maneriis j. virgatam terre de feodo Briani de Tollart.

Adam Scirart tenet in eisdem maneriis j. virgatam terre de feodo Thome Basset et pertinet feodo predicti Ade de Mein.

HUNDREDUM DE WITEWEIE.

Abbas de Midelton' tenet in capite de domino rege manerium de Midelton' cum pertinenciis scilicet Wuland'.et Liscumb' et Burdeleston' et Clive et Litelepidele et Hore et Sideling et Stok' et Cumbton' et Chelminton' et Hulfeld et Osminton' et Widecumb' et Holewrdhe et Stokeland ex fefemento [Regis] Athelstani et nullum servicium facit nisi oraciones.

HUNDREDUM DE WITEWEIE.

Comes de Insula tenet Hedbredinton' ex conquestu Anglic, set nescitur per quod servicium, nisi cum aliis feudis suis.

Ricardus filius Willelmi tenet Melecumb' de comite de Warrewik' per servicium j. militis et comes tenet de domino rege ex conquestu Anglie.

---

[1] *Read* Prior.

S. ij. 6.
I. 712-725
—cont.

HUNDREDUM DE FERENDON'.

Hawis de Curtenei tenet Ywern' in baronia de honore de Okemton'. Heredes Walteri Walerant tenent Sutton' in capite de domino rege per servicium j. militis, set nescitur cuius dono.

Radulfus de Acford tenet dimidiam Chiltacford de heredibus Walteri filii Godefridi per vj.l. per annum et per servicium j. militis, quam dominus Henricus, pater domini Regis Johannis, dedit Willelmo filio Johannis per servicium j. militis de quo predicti heredes tenent.

Galfridus de Serlant tenet Hanford de baronia Willelmi de Solers per servicium dimidii militis de feodo de Moretum[1] domino rege de dono eiusdem regis.

HUNDREDUM DE GILLINGEHAM.

Willelmus de Hanton' tenet dimidiam virgatam terre de dono Henrici Regis primi per servicium seriancie de luverez. Et idem Willelmus tenet quartam partem j. virgate terre de dono predicti regis, que solebat reddere manerio de Gillingeham ij.s. per annum per servicium predicte seriancie de luverez.

Willelmus Baillebien tenet iij. virgatas terre quas pater Johannis Regis ei dedit in elemosinam quia berciavit illum.

Adam filius Godefridi tenet iij. virgatas terre pro xxx.s. et v.d. qui pertinent ad custodiam domorum regis de Gillingeham.

Advocacio ecclesie de Gillingeham data fuit abbacie de Sancto Edwardo in escambium pro terra ubi castellum de Corf' positum est.

Henricus episcopus Wintoniensis subtraxit duas thudhing' in Henton' abbatisse Sancti Edwardi et dimidiam in Bureton' Galfridi filii Willelmi a libero manerio de Gillingeham tempore quo idem episcopus custodivit abbaciam Glaston' tempore patris Regis Johannis, unde rex perdit x.s. quolibet anno de redditu assiso.

Johannes filius Ricardi tenet Weston' de domino rege per servicium j. militis de feodo de Moretum de dono Willelmi Regis Anglie.

Gilbertus de Port tenet Thornton' per servicium dimidii militis de excaeta de feodo qui fuit Ade de Port fugitivi.

HUNDREDUM DE CNOLTON'.

Willelmus de la Besache tenet feudum j. militis in Gessiz de domino rege de parvo feodo de Moretum quem dominus Johannes Rex dedit Radulfo de Viri, avunculo predicti Radulfi de Viri.[2]

Domus Dei de Hanton' tenet c. solidatas terre de domino rege de dono Gervasii de Hanton' datas in elemosinam de feodo de Moretum que fuerunt W. de Huezun unde solebat facere servicium in Normannia predecessoribus domini regis.

HUNDREDUM DE BADEBIR'.

Dominus Rex Henricus primus dedit comiti de Meulent Kingeston' cum pertinenciis, scilicet Sapewic et Kerchel Freinel et Gessiz Dinant et Bernardesle et Cnolton' et Upwinburne, set nescitur per quod servicium ; et ipse comes dedit honorem Roberto filio ejus postnato qui post fuit comes Leycestrie et descendidit Roberto filio suo in hereditagio et de illo descendidit Roberto filio suo qui extremo

---

[1] *After* Moretum *supply* de.   [2] *So in original* (S. ij. 7).

92   A.D. 1212.

S. ij. 6.
I. 712-725
—cont.

obiit et ille Robertus dotavit uxorem suam Lorette de manerio de Kingeston'; et dominus rex tradidit manerium illud Henrico filio comitis qui adhuc tenet; honor iste partitus est per duas conillas scilicet Comitem Simonem et Comitem Seher; et pars Simonis Comitis est in manu domini regis et alia pars in manu Comitis Seher; et isti sunt tenentes qui tenent de domino rege in capite.

Sapwic' que fuit Comitisse Petronille et est modo in manu domini regis; Henricus de Champaines et Radulfus de Champaines tenent j. feodum militis de eodem; Walterus Mauclerk tenet duas partes j. militis de eodem; Petrus de Meulent tenet in Cnolton' feodum j. militis de eodem; Galfridus filius Petri tenet Gersiz que fuit Rolandi de Dinant in capite de domino rege, set nescitur per quod servicium.

Robertus de Berners tenet Opwinburne de domino rege, set nescitur per quod servicium et est de eodem feudo et de dono eiusdem regis.

Ricardus de Sifrewast tenet Mor Kerchel et Selfameton' pro duabus partibus j. militis de honore de Chiueton' qui modo est in manu domini regis et facit servicium domino regi.

HUNDREDUM DE ALVREDESBERGE.

Ricardus le Franc' tenet j. hyd' terre in Upwinborne quam Walterus Mobert dedit Alicie matri predicti Ricardi le Franc' in liberum maritagium, quam Willelmus Rex dedit Waltero Mobert in incrementum feodi sui haubergelli.

Abbas de Munteburc tenet manerium de Lodres cum pertinenciis suis in liberam elemosinam de dono Ricardi de Revers quod dominus Rex Henricus proavus domini Regis Johannis dedit predicto Ricardo de Revers.

Abbas de Hyda Wintonie tenet Pidele Trentehydes in pura elemosina ad vestiendum monachos suos de dono regum Anglorum.

Ricardus de Atrio tenet in Dorset' Durewneston' et Cern' cum pertinenciis que sunt Sumers' et Devon' de domino rege in capite per servicium trium militum de conquestu Anglie.

Willelmus de Morevile tenet Bradepol' de domino rege in capite per seriantiam de conquestu Anglie.

Abbacia de Cerne tenet Cerne cum pertinenciis et Simunisberge et Midelton' et Netelcumb' cum pertinenciis et Wintreburne et Langebrid' et Litlebrid' et Redpole et Pokeswll' et Effepidel' cum pertinenciis et Blokeswrd' et Rembescumb'. et Kimerich' de dono regum Anglorum, et inde facit domino regi ij. milites ad scutagium et j. ad sumonicionem.

Johannes Russel tenet Kingeston' pro dimidia hyda terre de domino rege ex tempore Willelmi Bastard' quondam Rege[1] Anglie per serianciam essendi marescallus buteilerie domini regis ad Natale Domini et ad Pentecosten.

Abbacia de Abbedesbir' tenet manerium de Abbedesbir' et Portesham et Helton' et Tolepidele et Wdeton', que data fuerunt per Oro[2] et Tolam uxorem suam et debet domino regi servicium j. militis.

---

[1] Read Regis.   [2] Read Orc.

S. ij. 6.
I. 712-725
—cont.

HUNDREDUM DE PIDELETON'.

Comes de Insula tenet duas partes de Pideleton' de dono Henrici Regis primi et tertiam partem exituum ville de Dorecest' per liberatam prepositorum.

Willelmus de Monte Acuto tenet tertiam partem eiusdem ville cum hundredo forinseco de domino rege in capite in excambicione pro clamocione[1] quam antecessores eius habuerunt in Huneton'.

Willelmus filius Martini tenet Pidela Walteri de domino rege in capite, et pertinet baronie sue.

Douelis est de feodo Glovernie et Galfridus de Nevill' tenet illam in manu sua per donum domini Johannis Regis Anglie.

HUNDREDUM DE UGESCUMB'.

Henricus de Lideton' tenet in Lideton' iij. feoda militum de feodo qui fuit Willelmi Martel, et est excaeta et modo est in manu domini regis a tempore Willelmi Bastardi Regis Anglie.

Ricardus de Sifrewast tenet tertiam partem militis de eodem feodo a tempore ejusdem regis per servicium iij. partis militis de domino rege.

Willelmus de Witefeld tenet Brodewaddon' de feodo de Mustervilers et inde respondit domino regi ; set nesciunt servicium, et est de dono domini Regis Johannis.

Robertus filius Ricardi tenet feodum dimidii militis in Langedon' de feodo Alvredi de Lincoln', et idem A. facit servicium domino regi.

Brian de Toulard tenet iij. hidas terre in Tattun' de honore Glovernie ; et nescitur servicium set est a tempore predicti regis.

Avicia de Tatton' quintam partem feodi j. militis in Tatton' de Alvredo de Lincol' qui facit servicium [domino] regi, et est de tempore predicti regis.

Hawisia de Ripariis tenet Flete de comite Devonie, et ipse facit servicium domino regi sicut de aliis feodis suis.

Robertus filius Pagani tenet duas hyd' terre in Ellewrd' de honore de Estriguil' pro tertia parte j. militis a tempore predicti regis.

Dionisia de Waddon' tenet quintam partem j. militis in Waddon' de feodo Rogeri de Mortemer, qui inde facit servicium domino regi a tempore predicti regis.

HUNDREDUM DE GODERISTHON'.

Jordanus de Stertel' tenet feodum unius militis de Alvredo de Lincoln', dimidium in Stertel et dimidium in Waldice de conquestu Anglie.

Elyas de Malpedyt' tenet feodum j. militis de Alvredo de Lincoln' dimidium in Stertel et dimidium in Waldice de conquestu Anglie.

Abbacia de Abbedesbir' tenet feodum j. militis de baronia Alvredi de Lincoln' de conquestu [Anglie].

HUNDREDUM DE POURSTOK'.

Dominus rex tenet Pourstok in dominico et excambium fecit Roberto de Novo Burgo in [Sumerset' ; set hii] sunt tenentes qui tenent de predicto feodo de Roberto de Novo Burgo ;

[1] Read clamacione.

94   A.D. 1212.

S. ij. 6.
I. 712-725
—cont.

Thomas de Munsorel [tenet feoda] trium militum in Witlakinton',
Thomas de Chanflurs tenet feoda ij. militum in Hyw[is,
Herbertus de Hauwee] feodum j. militis in Eisse,
Willelmus filius Roberti feodum j. militis in Wrchestr',
Willelmus filius H[enrici feodum unius militis] in Kendecumb,
Osbertus Dacus feodum ij. militum in Wrokeshal',
Willelmus Bubbe f[eodum unius militis] in Melebir',
Robertus de Well' feodum unius militis in Suanewik',
Willelmus de Windeham [et Hugo de Buxinton'] feodum j. militis.
Et Robertus de Novo Burgo facit servicium domino regi de conquestu [Anglie].
Monachi de Buxinton' tenent feodum j. militis in Buxinton' et idem tenent feodum j. mil[itis in Luk'] et Notinton de predicto Roberto.
Thomas de Windehor'[1] tenet Windesor' cum pertinenciis de conquestu et de dono Willelmi Bastardi [Regis] Anglie per seriantiam.

HUNDREDUM DE WITCHERCH'.

Robertus de Mandevill' tenet honorem de Mersewd' cum omnibus pertinenciis, set nescitur per quod servicium.
Robertus de Rosel tenet feodum dimidii militis de Alvredo de Lincoln' apud Lim, et idem Alvredus inde facit servicium domino regi.
Willelmus Herun' tenet feodum j. militis in Cernemue de Huberto de Burgo qui inde facit servicium domino regi.
Adam de Wdeton' tenet feoda duorum militum de Waltero de Esseleg' qui inde facit servicium domino regi, et est de conquestu Anglie.
Willelmus de Pont del Arch tenet de[2] Cumton' de Ada de Port per servicium ij. militum et Adam facit servicium domino regi.
Manerium de Cerministr' scilicet Stratton' et Grimeston' datum fuit episcopatui Saresberiensi in puram elemosinam de tempore Anglorum.

HUNDREDUM DE BOKELAND'.

Bokeland' est manerium quod datum fuit Glastonie a tempore Anglorum, et per Ricardum Regem et Savaricum episcopum Bathoniensem datum est episcopatui Bathoniensi et modo est in manu domini regis. Isti tenent de manerio ; Alvredus de Lincoln' tenet feodum j. militis, et Radulfus Hose feodum dimidii militis quinta parte dimidii militis minus ; Hugo Witteng j. feodum, et de eodem feodo tenet abbas de Cirescestr' j. hameletum, quod datum fuit in elemosinam et dicitur Pullam, set nescitur quis dedit.
Henricus de Glanvill tenet feodum j. militis de honore de Bramele de conquestu Anglie. Robertus Belet tenet j. virgatam terre omnino libere preter quod debet se erigere contra dominum manerii.
Prior de Fromton' tenet Fromton' cum pertinenciis de dono Henrici Regis primi, et pertinet abbacie de Cadamo in Normannia.

[1] *Read* Windesor'.   [2] *So in original.*

DORSET. 95

S. ij. 6.
I. 712-725
—co'it.
Nicholaus Puinz tenet Suttun' cum pertinenciis de honore Glovernie que pertinet vavvaserie sue, et facit servicium suum domino regi.

Nichil possumus inquirere de Brideporo', nisi quod scitis.

Herbertus de Sancto Quintino non interfuit coram[1] nec homines eius scierunt dicere quantum tenebat nec de quo nec per quod servicium.

DORCESTR'.

Ecclesia Saresberiensis tenet x. acras in villa et nichil domino regi. Hugo Creb' tenet in eadem villa xvj. acras de Hugone de Bosco et j. burgagium et reddit Hugoni de Bosco iij.s. et Hugo de Bosco de Willelmo de Begewrd' et nichil reddit ad firmam ville, set antiquitus solebat reddere v.s. ad firmam ejusdem ville ut dicitur.

[Endorsed :—] Dorsete.

Hunc rotulum recepit thesaurarius per manus Willelmi Malet, vicecomitis Dorset, in crastino Sancte Marie Magdalene anno Regis Johannis xiiij°.
[In a later hand :—] *In libro.*[2]

DEVON.

S. ij. 5.
S. ij. 4.
I. 836-840.
Inquisitio dominicorum tenementorum et feoffamentorum domini regis vel antecessorum suorum *in Devonia*.

Rex Willelmus primus dedit in puram elemosinam manerium de Oteriton' cum pertinenciis abbacie de Periculo Maris in Normannia *Montis Sancti Michaelis*.

Rex Henricus primus dedit in puram elemosinam manerium de Buddeleg' cum pertinenciis predicte abbacie in escambium ecclesie de Chausie quam idem Rex dedit abbacie de Radinges, quando eam fundavit.

Dominus Rex Johannes dedit ecclesie Sancti Nicholai Exonie totam terram de Bradeham cum pertinenciis in puram elemosinam, que terra solebat reddere per annum dum fuit in manu domini regis l.s., excepto tamen servicio Morini servientis qui pro ipso tenemento debet facere sumoniciones et districtiones in hundredo de Buddelegh et eidem l.s. computantur vicecomiti in corpore comitatus Devonie.

Gaufridus de Alba Mar' tenet manerium de Wdebir' cum pertinenciis in capite de domino rege per servicium j. militis de dono Regis Henrici primi antecessoribus suis per idem servicium.

Philippus de Fornell' tenet Fenoteri cum pertinenciis de domino rege per iiij.li. iiij.s. viij.d. per annum et respondet in quadam firma numero de dono Henrici Regis primi antecessoribus suis per idem servicium.

---

[1] *After* coram *supply* nobis.
[2] *These endorsements are not copied into* I. 724.

S. ij. 5.
S
I. 8⅜-8¼
—cont.

Robertus de Hokesham tenet hundredum de Buddelegh de domino rege per xl.s. per annum ad firmam comitatus Devonie perficiendam de dono Henrici primi antecessoribus suis per idem servicium.

Monachi de Dinant in Britannia tenent manerium de Herpeford cum pertinenciis in puram elemosinam de dono Oliveri de Dinant, quod manerium Rex Willelmus primus dedit antecessoribus suis set nescitur per quod servicium.

Johannes janitor tenet Bukint' cum pertinenciis de domino rege per sergenteriam custodiendi januam castri Exonie et gaiolam prisonum de dono Henrici Regis primi antecessoribus suis per idem servicium.

Nicholaus de Meriet tenet manerium de Coletun' cum pertinenciis quod aliquando fuit dominicum Regis Henrici primi per servicium j. militis. Idem vero Nicholaus facit illud servicium domino regi, quod Henricus Rex primus dedit antecessoribus suis in escambium manerii de Toppesham, quod modo est in manu comitis de Insula.

Willelmus Peverell' de Essex et Matildis soror sua feodaverunt antecessores Hugonis Peverel de Sanford tempore Henrici Regis primi de Sanford et Haure et Carswill per servicium j. militis, et ex quo baronia predictorum W. et M. cecidit in manum domini regis, antecessores predicti Hugonis tenuerunt predictas terras in capite de domino rege per servicium J^{us} militis et Hugo Peverell tenet modo predictas terras de domino rege in capite per idem servicium.

Monachi de la Bataille tenent terram de Bogeleg' cum pertinenciis cum ecclesia Sancti Olavi in Exonia in pura elemosina et similiter ecclesiam de Culumt' cum pertinenciis de dono Regis Willelmi primi.

Monachi Maioris Monasterii de ultra mare tenent manerium de Torverton' cum ecclesia eiusdem manerii cum pertinenciis in puram elemosinam de dono Regis Willelmi primi.

Henricus de Fornell' et Nicholaus Avenell' et Jacobus filius Gerardi tenent in capite de domino rege Childetun' et Sepewass per servicium J^{us} militis de dono Regis Willelmi primi antecessoribus uxorum predictorum Henrici et Nicholai et Jacobi per predictum servicium.

Moniales de Poleslo tenent in manerio de Culint' c. solidatas terre in puram elemosinam de dono Henrici Regis, patris domini Regis Johannis; et Thomas Basset tenet residuum manerii eiusdem et Witeford' in capite de domino rege per servicium J^{us} militis de dono domini Regis Ricardi ad peticionem Walteri de Dunestanvill', avunculi predicti Thome.

Ricardus de Droscumb' tenet dimidiam virgatam terre de domino rege per sergenteriam, ferendi scilicet j. arcum et iij. sagittas post dominum regem cum venerit venari in foresta de Dertemore, de dono Regis Willelmi primi antecessoribus suis.

Manerium de Wnford cum pertinenciis fuit aliquando in manu domini Regis Henrici primi et reddidit per annum xv.l. quod postea dedit Galfrido de Mandevill', set nescitur per quod servicium. Idem Galfridus dedit illud manerium cum pertinenciis Willelmo filio Johannis in maritagio cum filia sua. Et Henricus de Tilli tenuit illud manerium cum pertinenciis tota vita sua, cuius heredes sunt in Normannia. Robertus vero de Maundevill tenet modo illud manerium cum pertinenciis, set nescitur per quod servicium.

DEVON. 97

S. ij. 5.   Willelmus Bruere tenet manerium de Axeministre in capite de
S. ij. 4.
I. 836-840 domino rege per servicium dimidii militis et per xxiiij.l. de firma
—cont. per annum quod solebat reddere xvj.l. in corpore comitatus ; et
hundredum in manu domini regis.

Monachi Sancte Marie de Becco tenent dimidiam hidam cum
pertinenciis in Membir' in puram elemosinam, quam Robertus de
Chandos eis dedit de dominico baronie sue quam tenuit de dono
Regis Henrici primi.

Homines de Kent' tenent manerium de Kent' cum pertinenciis
ad firmam modo de domino rege per lx.l. quod solebat reddere
aliquando xxiiij.l.

Willelmus Briwere tenet Langeford cum pertinenciis in capite
de domino rege per servicium J^{us} militis de dono domini Regis
Johannis.

Rogerus de Mortuo Mari tenet manerium de Mouland cum pertinenciis occasione heredis Willelmi de Boterell' qui est infra etatem,
quod manerium Willelmus Rex primus dedit antecessoribus Willelmi
de Beumeis de quo Willelmus de Boterell' emit manerium illud, et
facit servicium unius militis.

Rex Henricus primus dedit antecessoribus Johelis de Meduana
Blaketorit' et Nimet' cum pertinentiis in escambium de Gorham
et Ambreres ut dicitur, set Galfridus de Luscy tenet modo terras
illas de precepto domini Regis Johannis.

Rex Henricus primus dedit manerium de Morba Britello de
Ambreres, set nescitur per quod servicium et ipse Britellus dedit
illud manerium Hugoni Ruffo in maritagio cum filia sua et heredes
sui tenuerunt manerium illud usque ad tempus Henrici le Boscu qui
dedit illud manerium Henrico filio comitis per assensum domini
regis, set nescitur per quod servicium.

Rex Henricus, pater domini Regis Johannis, dedit Reginaldo
comiti Cornubie manerium de Karswell cum hundredo et manerium
de Depeford cum hundredo, set nescitur per quod servicium. Et
Henricus filius comitis tenet modo illa maneria cum hundredis, et
Liskaret in Cornubia in capite de domino rege per servicium j^{us} militis
de dono Regis Ricardi.

Henricus primus dedit manerium de Hypelepenn' cum pertinenciis
Radulfo de Fugeres set nescitur per quod servicium, et heredes ejus
postea tenuerunt quousque dominus Rex Johannes tradidit illud
manerium Henrico filio Comitis ; set nescitur per quod servicium.

Robertus de Siccavilla tenet de dono domini Regis Johannis viij.
libratas terre cum pertinenciis in manerio de Bramt' per servicium
J^{us} militis et residuum manerii tenet ad firmam de domino rege pro
xxx.l. ; et forinsecum hundredum de Bramt' in manu vicecomitis ad
firmam comitatus Devonie perficiendam.

Petrus filius Hereberti tenet Berdestapl' cum feodo xv. militum
de dono domini Regis Johannis que fuit Willelmi Brause, set nescitur
per quod servicium.

Manerium de Taustok' quod est in manu domini regis dedit
Willelmus de Brause cum xiij. feodis militum comiti[1] Leycestrie in
maritagium cum filia sua. Dicunt autem quidam quod fuit aliquando

[1] *The word* com', *illegible in the original* (S. ij. 5), *has been supplied from* S. ij. 4.

98   A.D. 1212.

S. ij. 5. dominicum regis, set nesciunt cuius ; et Ricardus de Chartray tenet
S. ij. 4; illa feoda de anteceseria.
I. 836-840
—cont.   Simon filius Roges tenet in Madisheue dimidium ferlingum terre
in dote cum uxore sua, matre Ricardi de Hydun' qui heres est de
tenemento eodem, per servicium sergenterie, testificandi scilicet
summoniciones servientum de Hemmiac factas contra adventum
justiciariorum domini regis, quod tenementum Rex Henricus primus
dedit Roberto Foliot per predictum servicium.
    Ricardus Burdun tenet manerium de Teincton' cum dimidio hun-
dredo de Teinnebrig per servicium j. militis de dono Regis Henrici,
patris domini Regis Johannis, antecessori suo per idem servicium.
    David de Scyredun' tenet j. virgatam terre in Scyredun' et in
Sappeleg' per servicium sergenterie inveniendi duas sagittas cum
dominus rex venerit venari in foresta de Dertemore, et ita tenuerunt
antecessores sui post conquestum.
    Episcopus Wintoniensis habet in custodiam manerium de Hurbertun'
cum pertinenciis cum herede Rogeri de Valle Torta per dominum
regem, set nescitur per quod servicium, quod manerium Rex Henricus
primus dedit Rogero de Nunhant seniori, set nescitur per quod
servicium.
    Henricus filius Comitis tenet per assensum domini Regis Johannis
castrum et villam Toton' et maneria de Cornewrth et Lodiswill' cum
pertinenciis, set nescitur per quod servicium ; que maneria Reginaldus
de Brause tenuit de dono patris sui.
    Manerium de Cliston est in manu domini regis pro debito Henrici
de Nunant quod debuit Judeis ; quod manerium Robertus de Ver
tenet de dote cum Isabella uxore sua que fuit uxor predicti Henrici
quod manerium Rex Henricus primus dedit Rogero de Nunant
antecessori suo, set nescitur per quod servicum.
    Constancia de Touny tenet manerium de Suthtaut' cum pertinenciis
in[1] capite de domino rege, set nescitur per quod servicium, quod
manerium Henricus Rex primus dedit Roscelino de Bello Monte
in maritagium cum Constacia filia sua, et postea Ricardus de Bello
Monte filius Roscelini dedit illud manerium Rogero de Tony in
maritagium cum Constancia filia sua quia[2] nunc terram illam tenet.
    Ricardus Malherbe tenet terram de Wike et Ailrichestun' in capite
de domino rege Johanne de dono[3]*   *per quod servicium.
    Aderichescote est dominicum domini regis. In custodia Roberti
Peverel*   *l. sed dominus Rex Johannes dedit priori de
Ligh xx.s. redditus d
    Willelmus Probus de Giddelegh tenet terram de Giddelegh cum
pertinentiis per s*   *et antecessores sui tenuerunt
semper illam terram post conquestum ad*   *
    Willelmus filius Martini tenet manerium de Dertint' cum
pertinentiis de domino*   *mil' et antecessores sui de
conquestu ; set nescitur de cuius dono.

---
[1] *From this point I. 840 ceased to copy the original* (S. ij. 5).
[2] *Read* que.
[3] *At this point* S. ij. 4 *ceased to copy the original* (S. ij. 5), *with the note*
Non potest plus scribi de comitatu Devonie propter defectum magnum
qui est in rotulo exemplaris per quem iste scribitur.

DEVON. 99

S. ij. 5.
S. ij. 4.
I. 836-840
—cont.

Willelmus de Feritate tenet manerium de Aufint' cum pertinentiis in capite de domino rege set n* *servicium de dono domini Regis Johannis et Oliverus de Aubenni tenuit manerium illud in capite de domino rege et est ultra mare.

Adam de Faddecote tenet manerium de Faddecote cum pertinenciis in capite de domino rege per servicium sequendi curiam de Faddecote pro efforciamento judicii, de dono domini Regis Henrici primi antecessoribus suis.

Mabel Patric tenet Alvint' cum pertinentiis de domino rege in capite set nescitur per quod servicium, de dono Regis Henrici primi.

Oliverus de Trascy tenuit medietatem honoris de Berdestaple per servicium xxx. militum de antiquo feoffamento Regis Willelmi primi et Fremigt' et Nimet que sunt dominica maneria de illa dimidia baronia ; et hec predicta sunt in custodia Roberti Peverell'.

Rogerus la Zuche tenet manerium de Normout' cum pertinentiis in capite de domino rege, set . . scitur per quod servicium de dono Henrici Regis primi antecessoribus suis.

Episcopus Wintoniensis habet in custodiam per dominum regem cum heredibus Rogeri de Valle Torta S . . .[1] et Tamerton et Makerton per servicium j. militis que terre fuerunt aliquando dominica Henrici Regis . . . illa dedit antecessoribus Rogeri de Valletorta qui inde habuit servicium predictum, scilicet de Rogero de . . . Torta qui tenent duas predictarum terrarum et Johelus de Valle Torta et Radulfus filius Ricardi tenent terciam illarum terrarum per predictum servicium.

[*Endorsed at the head :—*] *Hunc rotulum recepit W. thesaurarius in octavis Sancti Johannis Baptiste per manum vicecomitis Devonie anno regni Regis Johannis xiij°.*
[*At the foot in a later hand :—*] *Devon. Cornub'. De Testa de Nevill'. Continet iiij^{or} pecias.*

HEREFORD.

S. ij. 4.
I. 324-327.

TESTA DE NEVILL'. HEREFORDSHIR'.

Comes Willelmus Marescallus tenet feuda duorum militum apud Castrum Codrici[2] et Trewen' de dono Johannis Regis.

Walterus de Lacy tenet[3] in hoc comitatu feuda xxv. militum a conquestu Anglie que modo sunt in manu domini regis.

Robertus de Mortemar' tenet in hoc comitatu de baronia Castri Ricardi feudum j. militis et dimidii de hereditate uxoris sue.

Robertus de Tresgoz tenet in hoc comitatu feudum j. militis et dimidii de hereditate uxoris sue.

De baronia de Kinton' xxij. feuda militum et dimidium et quinta pars et x^a pars, et sunt in manu domini regis.

Johannes de Munemue tenet feuda xv. militum a conquestu Anglie.

Walterus de Clifford' tenet feudum j. militis et dimidii a conquestu Anglie.

[1] *Read* Sutton.   [2] *Read* Goderici *as in* I. 324.   [3] I. 324 *reads* tenuit.

100   A.D. 1212.

S. ij. 4.
I. 324-327
—cont.
Walterus de Sancto Audoeno tenet in capite feudum dimidii militis de dono Johannis Regis.[1]

Walterus de Stoke et Godefridus de Craucumbe tenent feuda iiij. militum et dimidii de maritagio filiarum Willelmi de Cormayll', quod Johannes Rex dedit Petro de Stoke.

Comes Willelmus Marescallus tenet feudum unius militis apud Upleden' de hereditate sua a conquestu Anglie et facit servicium cum alia baronia.

Willelmus filius Garini tenet feudum j. militis apud Dilon' de dono Johannis Regis.[2]

Ricardus de Cormailles tenuit de dono Willelmi Regis primi feudum j. militis apud Eston' quod postea datum fuit uxori de[3] Cormaill'. Ricardus Ingan tenet feudum illud.

Ricardus Talebot tenuit feudum j. militis apud Linton'[4] Henrici Regis, patris Johannis Regis, quod Gilbertus filius eius tenet per servicium j. militis de Rege Johanne.

Willelmus de Cantilupo tenet de garda hered' Johannis de Kylpec feudum j. militis et dimidii.

Idem tenet feudum j. militis apud Wilton' de garda hered' H. de Longo Campo. Henricus Rex, pater Regis Johannis, dedit Wilton' H.[5] de Longo Campo.

Hugo Pantulfus tenet Stanford' de dono Henrici Regis, patris Regis Johannis, per servicium j. brachetti.

Robertus Malerbe tenet Magen per servicium quinte partis j. militis per dominum Johannem Regem de garda T. de Magen' heredis de[6] Magen'.

Robertus de Chandos tenet in hoc comitatu feuda iiij. militum et dimidii et xiij[am] partem a conquestu Anglie.

Robertus de Treget tenet feudum j. militis in Urchenesfeld' a conquestu Wallie.

Franci et Wallenses de Urchenesfeld tenent tenementa sua in capite de socagio de domino rege reddendo xxx.l. vij.s. vj.d. Et debent invenire xlix. servientes in servicio domini regis in Wallia per xv. dies ad proprium custum.

Hospitalarii tenent ibidem quasdam terras de dono Henrici Regis, patris Regis Johannis, qui[7] solebant reddere x.s. vj.d. et invenire de redditu j. servientem ut supra.

Dominus Henricus Rex primus dedit in puram elemosynam Leom' ecclesie Sancte Marie de Radinges que fuit de dominico suo.

Johannes de Brampton' tenet Eston' que data fuit predecessoribus suis in escambium pro Grimesby et facit servicium j. militis Rogero de Mortemar' ex dono Henrici Regis, patris Regis Johannis.

Canonici Herefordie tenent xxviij. burgagia in Hereford' que burgagia qui ea tenebant in capite legaverunt et dederunt canonicis

---
[1] After Regis, I. 324 adds wrongly Rex dedit Petro de Stoke.
[2] After Regis, I. 324 adds wrongly as a new paragraph Willelmus de Cormaill' Ricardus Ingan tenent feodum illud.
[3] I. 324 reads de Longo Campo and omits the rest of the entry.
[4] I. 324 interlines de dono after Linton'.
[5] I. 324 reads wrongly Hugoni ob gen.
[6] I. 325 omits de Mage
[7] Read que, as in I. 325.

HEREFORD. 101

S. ij. 4.
I. 324-327
—cont.

in elemosynam ecclesie Sancti Ethelberti tempore Henrici Regis primi. Et canonici reddunt inde xix.s.
Templarii[1] tenent vj. messuagia in Hereford' et dimidium que eis data sunt in elemosynam et plura alia que eis data fuerunt antiquitus ita quod non potest inveniri de vij. donatoribus et dominus rex aquietat eos inde ad scaccarium de xxx.s.[1]
Prior Herefordie reddit domino regi xlij.s. vj.d. de pluribus burgagiis que adeo antiquitus data sunt in elemosynam quod non potest inquiri nisi de vij. donatoribus.
Robertus[2] Malerbe tenet octavam partem j. militis apud Risebur' a conquestu Anglie.
Item Hospitalarii tenent quandam placiam in capite in Hereford' de dono Henrici Regis, patris[3] Regis Johannis, pro cauceis ememdandis in Hereford'.

DE SERIANTIIS.

Simon le Wafre tenet v. virgatas terre a conquestu Anglie per servicium sumonendi iiij[or] barones et conducendi thesaurum domini regis usque ad Londonias ad Pascham et ad festum Sancti Michaelis ad custum domini regis.
Ranulfus de Salewerpe tenet duas virgatas a conquestu Anglie per idem servicium.
Walterus de Maiordina tenet duas virgatas a conquestu Anglie per idem servicium.
Aldelina de Maiordina tenet j. virgatam a conquestu Anglie per servicium mensurandi fossata castri Herefordie et custodiendi operarios et habebit liberacionem j. militis.
Agnes Caperun tenet duas virgatas terre de dono Henrici Regis, patris domini Johannis Regis, per servicium custodiendi portam castri Herefordie. Et habebit singulis diebus j.d.
Hospitalarii tenent de dono Henrici Regis, patris domini Johannis Regis, unam virgatam apud Dunemor' in pura elemosyna.
Willelmus de Cantilupo tenet medietatem de Bradeford' de garda heredis[4] de Kilpec per seriantiam forinsecam et aliam medietatem tenent monachi de Radinges de dono Rogeri comitis Herefordie in puram elemosynam.
Hugo de Kingeston' et Alicia tenent j. hidam a conquestu Anglie per servicium sumonendi tres barones de comitatu Herefordie et conducendi thesaurum domini regis usque ad Londonias ad custum domini regis ad Pascha et ad festum Sancti Michaelis.

---

[1] *This passage is corrupt. The reading in* I. 325, *which follows, is correct* (*cf.* Rotulus Cancellarii 3 John, *p.* 107):—
Templarii tenent j. messuagium in Hereford' quod eis datum fuit in elemosinam set adeo antiquitus quod non potest inquiri de donatoribus.
Abbas de Radinges tenet xiiij. messuagia in Hereford' et dimidium que eis data sunt in elemosinam set antiquitus ut prius.
Hospitalarii tenent in Hereford' vij. messuagia que eis data sunt in elemosinam et plura alia que eis data fuerunt antiquitus ita quod non potest inquiri de donatoribus. Et dominus rex acquietat eos inde ad scaccarium de xxx.s.
[2] I. 326 *reads* Robertus de Malerbe.
[3] I. 326 *adds* domini *after* patris.
[4] I. 326 *reads* Johannis.

102   A.D. 1212.

S. ij. 4.   Henricus Franciscus tenet dimidiam hidam a conquestu Anglie
I. 324–327
—cont. per idem servicium.
    Hugo de Aqua tenet j. virgatam a conquestu Anglie per idem servicium.
    Rogerus[1] de Haya tenet j. hidam a conquestu Anglie per servicium sumonendi dominum de Castro Ricardi et conducendi thesaurum ut supra.
    Hugo de Stanford' tenet j. virgatam a conquestu Anglie per servicium sumonendi episcopum Herefordensem contra[2] justiciarium et conducendi thesaurum ut supra.
    Auda que fuit uxor Gilberti de Brai tenet iij. hidas a conquestu Anglie per seriantiam archerii ad custum domini regis ubi dominus rex voluerit et quamdiu.
    Hugo filius Roberti tenet Bromfeld per serianciam forestarie in Salop' de dono Henrici Regis primi.
    Hospitalarii tenent in Hereford' j. messuagium quod Philippus filius Odonis tenuit per seriantiam chachepolli quod eis legavit in puram elemosinam.
    Prior de Hereford' tenet j. messuagium in Hereford' quod Rogerus[3] de Haya legavit ecclesie Sancti Gutlaci in elemosynam. Et messuagium illud tenebatur de domino rege per servicium pistorie.

OXFORD.

S. ij. 5,   ROTULUS TENENTIUM IN CAPITE DE DOMINO REGE IN
S. ij. 4.   COMITATU OXONIE.
I. 583–586.
Testa de   Comes Willelmus Marescallus vj. milites.
Nevill'.   Comes Cestrie ij. milites et dimidium.
            Comes Saresberie j. militem.
            Comes Essex' ij. milites.
            Comes Wintonie ij. milites et dimidium.
            Comes de Insula iiij. milites et dimidium.
            Comes de Ferariis ij. milites et dimidium.
            Comes de Clare j. militem.
            Comes Warewich' ij. milites.
            Comes Bolonie j. militem.
            Henricus Doilly xxv. milites.
            Thomas de Sancto Walerico x. milites.
            Rogerus de Sancto Johanne ij. partes j. militis.
            Ricardus filius Nigelli j. militem.
            Radulfus Musart ij. milites et dimidium.
            Ricardus de Scrupes j. militem.
            Robertus de Roppeleh ij. milites.
            Johannes de Hastinges j. militem.
            Willelmus de Alcrintun' tres partes j. militis.
            Henricus de Neuwentun' quartam partem j. militis.
            Robertus Arsik iiij. milites et dimidium.
            Wiscardus Leddet j. militem.

[1] l. 327 reads Hugo as in the previous line.
[2] I. 327 reads infra.   [3] I. 327 reads Ricardus.

OXFORD. 103

S. ij. 5.
S. ij. 4.
I. 583–586.
Testa de
Nevill'
—cont.

Nicholaus de Verdun dimidium militem et ij. partes j. militis.
Willelmus de Aubeny j. militem.
Robertus de Lingiure j. militem.
Gaufridus de Kauz j. militem.
Thomas le Bretun dimidium militem.
Archiepiscopus Eboracensis dimidium militem.
Herveus Bagod ij. milites et quartam partem j. militis.
Rogerus de Mortuo Mari iij. milites.
Guarinus filius Geroldi vj. milites.
Robertus filius Aumaur' j. militem.
Stephanus de Hamptun' j. militem cum terra sua in Hantesira.
Gerardus de Kanville dimidium militem.
Ricardus de Hanrad j. militem et dimidium.
Gilebertus de Finemere j. militem.
Gaufridus filius Roberti j. militem.
Rogerus de Meisi dimidium militem.
Galfridus de Sakevill' j. militem.
Robertus Gredlegh iiij. milites et dimidium.
Helias de Bello Campo ij. milites.
Hugo de Gurnay j. militem.
Gilebertus de Gant j. militem.
Willelmus Faucilun x^{mam} partem j. militis.
Heredes Aumauri Dispensatoris qui sunt in custodia Thome Bluet c. solidatas terre et inde debent esse dispensarius domini regis.
Robertus de Ver ij. milites.
Heredes Ricardi de Greinvill' tenent ij. hidas per servicium ferendi dingnerium domini regis in Wichewude et sunt in custodia Ricardi le Fleming.
Abbas Westmonasterii tenet manerium de Itteslap per voluntatem domini regis.
Hugo de Sancto Martino ij. hidas et dimidiam per servicium esse hostiarius domini regis.
Henricus de Mara tenet vij. virgatas per servicium esse hostiarius domini regis et servandi meretrices.
Willelmus de Bocland'*   *dimidium militem.
Robertus Mauduit*   *iij. hidas per servicium servandi aves domini regis.
Robertus de Liddinton'*   *j. hidam per servicium servandi aves domini regis.
Episcopus Wintoniensis tenet Witteneie et Edburberi, set nescimus per quod servicium.
Thomas filius Ricardi tenet j. carucatam terre et inde debet esse forestarius de Wichewude et respondere ad scaccarium de vij.l. annuatim.
Guido de Dive*   *ij. milites.
Willelmus de Harecurt*   *tertiam partem j. militis.
Henricus de la Wade x. libratas terre per servicium sternendi edere bestiis domini regis apud Wudestok et falcandi et levandi pratum infra parcum de Wudestok.
Walterus de Hauville vij. libratas terre per servicium servandi aves domini regis.
Robertus de Mortuo Mari dimidium militem.

104   A.D. 1212.

S. ij. 5.   Robertus filius Alani j. carrucatam terre per servicium ferendi
S. ij. 4.
I. 583-586. banarium domini regis pedes infra iiij. portus Anglie, et inde debet
Testa de habere ij.d. per diem.
Nevill'   Emma de Hamptun' j. carucatam terre per servicium talliandi
—cont.   pannos domini regis.
       Adam de Mora c.s. terre de dono Regis Ricardi et inde debet esse
lardinarius domini regis.
       Adam de Simplinges*   *dimidium militem.
       De episcopatu Lincolniensi, qui est in custodia Briani de Insula,
xxvij. milites.
       Hugo de Plaiz tenet vij. hidas in Bereford', que date fuerunt
Ricardo de Meri in mento[1] baronie sue in conquestu Anglie pro
servicio suo et ipse dedit eas Eniuger de Bohun in maritagium et
ipse Eniuger dedit eas antecessoribus Hugonis de Plaiz.
       Walterus de Verdun*   *j. militem in Blokesham de dono
antecessorum domini regis.

       Thomas Basset tenet manerium de Hedindun' per xx.l. et per
feodum j. militis de dono Regis Johannis et abbas Dosen' habet in
elemosina xij.s. blanc' in eodem manerio de dono antecessorum
domini Regis Johannis; et Herbertus Cailluel tenet j. hidam in
eodem manerio de dono domini Regis Johannis et inde est forestarius.
Et manerium illud solebat reddere antiquitus xlij.l. x.s.

       In villa Oxonie. Leprosi Sancti Bartholomei habent annuatim
xix.l. xv.s. v.d. ad victum suum de dono Henrici primi Regis Anglie
et lxv.s. ad vestitum de eodem dono; et abbas Dosen' ix.s. v.d. de
quodam gurgite de dono imperatricis et confirmacione regum; et
prior Sancte Fretheswide habet de dono imperatricis annuatim
xlviij.s. vj.d.

       Comes Bolonie habet manerium de Bamptun' quod fuit antiquitus
dominicum domini regis de dono antecessorum domini regis.

       In manerio de Bensintun'. Monachi de Tame habent quandam
terram que vocatur Wifalde de dono Regis Ricardi et solebat reddere
antiquitus lx.s., et moniales de Godestowe habent centum solidatas
terre in elemosina de dono Henrici Regis, patris Johannis, et Walterus
Foliot tenet j. virgatam et j. molendinum quod solet reddere xxiij.s.
iiij.d. de dono Henrici Regis, patris Johannis, antecessoribus ipsius
Walteri; et Reginaldus Andeg' tenet x. libratas terre quas imperatrix
dedit antecessoribus ipsius Reginaldi per servicium dimidii militis,
et illud servicium attornatur ad castellariam de Walingef', set nescimus
qualiter.
       Imperatrix dedit ad hospitale de Craumersse quandam terram
in elemosina que solebat reddere iij.s., que modo nichil facit.
       Henricus Rex dedit Godardo armigero suo pro servicio suo j.
virgatam terre et ipse Godardus reddidit se cum terra illa ad abbaciam
Dosen' et solebat reddere vj.s. iiij.d. antiquitus; et si plus inquirere
poterimus vobis scire faciemus.

       [1] So in original (S. ij. 5). I. 585 reads in augmento. S. ij. 4 reads
inmenta.

S. ij. 5. [*Endorsed.*:—] *Rotulus. Hec sunt nomina tenentium in capite de*
S. ij. 4.
I. 583-586. *domino rege in comitatu Oxonie.*
Testa de *Hunc rotulum recepit W. thesaurarius die Martis proxima post*
Nevill'
—cont. *festum Sancti Johannis Baptisthe per manum Henrici Ruffi clerici*
anno Regis Johannis xiiij°.

BERKS.

S. ij. 8. Inquisicio[1] facta de omnibus feodis militum et de omnimodis
I. 558-564. tenementis in burgo sive extra que tenentur de domino rege in capite in Berkesir' per militare servicium vel per serianteriam qualemcunque et qui ea teneant et per quod servicium, et de tenementis omnibus que antiquitus de domino rege vel de progenitoribus suis regibus Anglie tenere solent.

Abbas Abendonie tenet feoda xxx. militum et tamen de eo exiguntur ulterius feoda trium militum, que non cognoscit.
Willelmus de Bochland tenet feodum j. militis.
Petrus filius Hereberti tenet feoda ij. militum.
Willelmus Achard tenet feodum j. militis quod Rex Henricus avus dedit Roberto Achard avo suo per cartam suam set tamen exiguntur ab eo feoda iij. militum, que non cognoscit.
Halanath de Sifrewast' feodum j. militis.
Ricardus de Sifrewast' feodum j. militis in Cliwar' et in Cestresham.
Hugo de Sottebroch feodum j. militis.
Johannes de Erleg' feodum j. militis.
Thuraldus de Pesemere feodum dimidii militis, quia dominus suus noluit recipere homagium suum.
Johannes Belet quintam partem feodi j. militis.
Hugo[2] de Sanford tenet decimam partem feodi j. militis de dono domini regis.
Willelmus de Neville tenet feodum dimidii militis in Morton' de dono eiusdem.
Alexander filius Ricardi tenet feodum[3] militis.
Johannes filius Hugonis tenet feodum dimidii militis de dono domini regis quod fuit Ricardi Doily in Falelegh'.
Walterus Wallensis tenet feodum j. militis cum filia Geroldi de Ripar' quod fuit Willelmi Martel.
Gilebert de Britenol' tenet feodum j. militis, quod fuit de feodo Simonis de Munfort.
Robertus Nel tenet feodum dimidii militis de feodo eiusdem.

Hugo de[4] Nefvill' tenet xij. libratas terre in Bennham et in Boxore que data fuit Hugoni Wach in escambio cuiusdam terre juxta Eboracum per dominum Regem Ricardum, sed nescitur per quod servicium.

---
[1] *This return appears to have been drawn up in skeleton form, and then completed in another hand.*
[2] *To this and the following entry is affixed a marginal note* Escaeta.
[3] *Between* feodum *and* militis *a word has been erased.*
[4] *On the margin opposite this entry is the word* Escaeta.

S. ij. 8.
I. 558-564
—cont.
Idem Hugo tenet c. solidatas terre in Boxore quam tenuit Augerus venator de dono Regis Johannis, set nescitur qualiter.

Thomas Malemeins tenet xij. libratas terre in Comton' quod fuit quondam dominicum cum filia Gileberti de Tileres, set nescitur per quod servicium, quam Rex Henricus avus dedit Giliberto Crispin, patri predicti Giliberti de Tilers.

Faukes serviens de Clamorgan' tenet Niwebir' de dono Regis Johannis quod fuit com' de Pertico sine servicio.

Willelmus de Fruges tenet Bastlesden' et Esshampsted' de dono Regis Johannis que fuerunt Henrici de Novo Burgo, sine servicio.

Galfridus de la Huse tenet in Ferendon' et Ingelesham l. solidatas terre per serianteriam custodiendi unum ancipitrem.

Baldewinus de Kantilup' tenet in Powrd' c. solidatas terre de dono Regis Johannis cum filia Alardi filii Willelmi, sed nescitur per quod servicium sed consuevit antiquitus esse serianteria custodiendi neccham, ut dicitur.

Philippus Ostriciarius tenet xl. solidatas terre per serianteriam custodiendi j. accipitrem.

Rogerus de Chauz tenet xx. libratas terre per serianteriam custodiendi j. falconem.

Willelmus de Bochampton' et Hubertus Hoppesort tenuerunt xl. solidatas terre per serianteriam custodiendi heyrez, sed medietas, scilicet pars que fuit Huberti Hoppesort', est in manu domini regis post mortem Huberti Hoppesort'.

Simon Pouncard tenet x. solidatas terre per serianteriam haste tornande.

Ricardus de Henred' tenet c. solidatas terre per serianteriam custodiendi cervisiam.

Hugo de Sancto Philiberto tenet l. solidatas terre in Bray per serianteriam serviendi de husa.

DOMINICA.

Comes de Aubemarle tenet l. libratas terre in Waneting' de dono Regis Ricardi; nescitur per quod servicium et tamen dicitur quod de tribus maneriis, scilicet Waneting', Luton', Norton', debet servicium iiij. militum.

Ricardus Morin tenet vij. libratas terre et x. solidatas terre in Gaing de dono domini Regis Johannis sine servicio nominato.

Petrus filius Berthram tenet ibidem vij. libratas et x. solidatas terre de dono domini Regis Johannis sine servicio nominato.

Hawisia[1] de Dinant tenet in Lamborn' xxij. libratas et x. solidatas terre per finem quem Fulco filius Guarini, quondam suus vir, fecit cum domino rege Ricardo et hanc terram tenuit Joceus de Dinan, pater suus, de dono Regis Henrici patris sine servicio nominato.

Willelmus Briwar' juvenis tenet x. libratas terre in Uplamborn' de dono domini Regis Johannis sine servicio nominato.

Ricardus Wallensis tenet ibidem vij. libratas et x. solidatas terre de dono domini Regis Johannis sine servicio nominato.

Idem tenet x. libratas terre in Estbir' cum filia Radulfi de Lanvalei et herede, per finem quem fecit cum domino Rege Johanne sine

---

[1] *There are erasures and additions in this entry.*

S. ij. 8. servicio nominato, quam Henricus Rex pater dedit antecessoribus
I. 558-564 uxoris sue.
—cont.
Willelmus de Lanvalei tenet c. solidatas terre in Blacgrave sine[1] servicio nominato quam Rex Henricus pater dedit Radulfo avo suo.
Willelmus le Grant tenet xxv. solidatas et iiij. denariatas terre in Scriveham de dono domini regis sine[2] servicio nominato quam Rex Henricus pater dedit Rogero patri predicti Willelmi.
Warinus filius Geroldi tenet xxxij. libratas terre in Spersholt' de dono Henrici Regis patris sine servicio nominato.
Idem tenet c. solidatas terre de manerio de Ferendon' eodem modo.
Robertus de Curtenay tenet l. libratas terre in Sutton' per finem quem fecit cum domino Rege Johanne sine servicio nominato, quam Rex Henricus pater dedit Reginaldo de Curtenay avo suo.
Episcopus Wintoniensis tenet Weregrave et Wautham et Warefeld' quas Rex Ricardus reddidit Godefrido episcopo Wintoniensi per finem quem fecit cum eo ut jus pertinens ecclesie Wintonie ut dicitur.
Adam de Burneham tenet quandam terram que fuit Willelmi Buggehasel in Cokam per cartam domini regis per j.m. et predictus Willelmus solebat inde facere in denariis et serviciis ad valenciam de xvj.s.
Jordanus de London' tenet avalagium de Tham' in Bray ad feodi firmam per v.m. de dono domini Regis Johannis.
Henricus filius Galfridi de Baggesite tenet quandam vaccariam in Cruchesfeld per xxv.s. quam Alanus de Nuvill' fecit et tradidit Galfrido avo predicti Henrici.
Abbas et monachi de Bello Loco tenent in elemosinam c. et v. libratas terre in manerio de Ferendon' de dono domini Regis Johannis.
Prior et canonici de Lantone tenent in elemosinam iiij. libratas terre et in feodifirmam iiij^{or} libratas terre per iiij^{or} l. quas reddunt annuatim custodi de Wdestoche, in Berninton' membro de Ferendon' de dono Regis Henrici patris.
Abbas de Stanlegh' et monachi tenent in elemosinam xxxij. libratas terre in predicto manerio de dono Regis Henrici patris.
Idem tenent vij. libratas terre in elemosinam in Mighale membro de Scriveham de dono Regis Henrici patris.
Idem tenent in elemosinam j. hidam terre in manerio de Lamborn' de dono Hugonis de Pluggenet per confirmacionem Regis Henrici patris.
Abbas et monachi de Rading' tenent in elemosinam lvj. libratas terre in Blubir' de dono Regis Henrici patris.
Idem abbas et monachi tenent in elemosinam manerium de Chausy de dono Henrici Regis avi.
Idem abbas et monachi tenent in elemosinam xxv. libratas terre in Hanred' de dono Henrici Regis patris.
Idem abbas et monachi tenent in elemosinam Rading' cum appendiciis suis de dono Regis Henrici avi.
Idem abbas et monachi tenent in elemosinam Pangeborn' de dono eiusdem.

---
[1] sine servicio . . . avo suo, *added partly over an erasure.*
[2] sine servicio . . . predicti Willelmi, *added partly over an erasure.*

S. ij. 8.
I. 558-564
—cont.

Idem abbas et monachi tenent in elemosinam Thacham de dono eiusdem.

Idem abbas et monachi tenent in elemosinam Burhildebur' de dono eiusdem.

Idem abbas et monachi tenent in elemosinam j. hidam terre in Windlesor' de dono Matillidis Inperatricis per confirmacionem Regis Henrici patris, que fuit Galfridi Porcel qui reddidit se monachum ibidem.

Abbas et monachi de Cluniacho tenent in elemosinam Ledecumbe de dono Henrici Regis avi.

Abbas[1] et canonici de Cirecest' tenent quoddam manerium Eston' de dono Regis Henrici avi, fundatoris domus.

Prior de Nugun et monachi tenent Grafton' scilicet lx. solidatas terre, sed nescitur ex cuius dono et fuit menbrum de Scriveham, ut dicitur.

Item abbas et canonici de Cirecest' tenent dimidiam hidam terre in Scriveham per v.s. que valet viij.s., et nescitur a quo data uit.

Idem abbas et canonici tenent ibidem pratum de Norford et j. acram terre per v.s. et valet viij.s. et nescitur a quo nec per quem datum fuit.

Johannes Bonvallet tenet j. hidam terre in Scriveham pro x.s. tantum que solebat valere in denariis et serviciis j.m., et sic factum fuit per baillivos manerii de Scriveham.

Idem tenet Riwurde, scilicet j. virgatam terre ibidem sine aliquo servicio, per bailliam baillivorum.

Idem tenet j. garam prati que appellatur Sirreveham pro xij.d. et valet ij.s. eodem modo.

Idem Johannes tenet j. hamnam prati infra dominicum pratum ad valenciam de duabus acris sine aliquo servicio et modo predicto.

WINDLESOR', PER CONSTABULARIUM.

Stephanus de Turneham tenet Walenton', scilicet duas partes j. carucate terre et xxij. solidatas terre de redditu assise per uxorem suam filiam Randulfi de Broc per serianteriam custodiendi hostium camere.

Willelmus Barbet habet lxx.s. x.d. de firma de Windlesor' pro domibus domini regis custodiendis de dono domini Regis Ricardi per Matillidem uxorem suam, cuius jus fuit.

Capellanus de capella domini regis de Windlesor' habet xxx.s. v.d. de eadem firma [pro][2] capella deservienda.

[Tur]stanus custos vinee domini regis habet xxx.s. v.d. de eadem firma pro vinea custod[iend]a [Incl]usa de Cokam habet xv.s. ij.d. ob. de eadem firma de dono Regis Henrici patris.

[Leprosi] de Windlesor' habent vij.s. de eadem firma de dono eiusdem.

---

[1] *From this point the MS. is written wholly in another hand.*
[2] *From this point the original (S. ij. 8) is imperfect. The portions in brackets are supplied from* I. 562-563.

BERKS. 109

S. ij. 8.　[Ricardus] de Sifrewast[1] habet de eadem firma xij.s. per eundem
I. 558-564　pro terra ubi domus domini regis [sunt apud] Windlesor', que est
—cont.　de feodo suo.
　　　　[Willelmus de] Windlesor' habet v.s. de eadem firma pro terra
ubi vinea domini regis est.
　　　　[Moniales de] Bromhal' habent viij.s. et ij.d. ob. de eadem firma
de dono regis.
　　　　[Item predicte mon]iales habent xl.d. de eadem firma de dono
domini Regis Johannis.

[*Endorsed* :—] *In libro.*
Bercsir.

BOROUGH OF WALLINGFORD.

S. ij. 8.　Rotulus[2] de inquisicione facta de tenementis et terris de burgo de
I. 563-　　Walengef' et que servicia reges Anglie inde habere solent et
574. De　modo nichil habent.
Testa de
Nevill'.

Abbas de Becco habet et tenet unum burgagium de dominico domini regis in Walengf', quod quidam Alvredus corvisarius vendidit predicto abbati inopia urgente. De hoc tenemento solent reges Anglie percipere singulis annis vj.d. pro landgabulo et modo inde nichil percipiunt.

Idem abbas de Becco tenet aliud burgagium in eodem burgo quod emit de quodam Philippo capellano, unde reges Anglie solent habere xv.d. et modo inde nichil habent.

Idem abbas tenet aliud burgagium quod recepit de quadam Mabille cum filio suo quando reddidit se monacum predicte abbacie et unde reges solent habere xv.d., dum modo nichil habeant.

Item tenet quandam particulam terre in Walengf' quod emit de quodam Galfrido Teil, unde reges solent habere. j.d. et modo nichil habent.

Item dictus abbas tenet quoddam tenementum in predicto burgo quod quidam Ricardus le Blake ei vendidit, unde reges solent habere v.d. de gabulo et modo nichil habent.

Item tenet quandam particulam terre quam quidam Jordanus Fisher dedit dicte abbacie cum filio suo quando reddidit se ibidem monacum, unde reges solent habere j.d. et nichil habent.

Item tenet aliam particulam terre quam emit de quodam Ailwardo Strichel et unde reges solent habere iij.d. et modo nichil habent.

Item tenet ibidem quandam terram in burgo quam emit de quodam Waltero sutore, unde reges solent habere j.d. et modo nichil habent.

---

[1] *This entry begins a new page in* I. 563. *On the margin is the note* De Testa de Nevill.

[2] *In the following return the words* et modo nichil habent *or* et modo nichil *are not always repeated for each entry, but are written once only and applied by brackets to two or more entries. To avoid typographical complications, the words have been repeated in each of such cases.*

S. ij. 8.
I. 563-
574. De
Testa de
Nevill'—
cont.

Item abbas de Radingiis tenet j. burgagium in Walengf' quod quidam Nicolaus prepositus dedit secum ecclesie de Rading' in elemosinam quando reddidit se ibidem monacum. De isto tenemento solent reges Anglie habere annuatim xv.d. de gabulo et modo nichil habent.

Item habet j. parvum tenementum infra burgagium quod quidam Randulfus le Gros dedit predicte ecclesie quando reddidit se monacum ibidem, unde reges solent habere ob. de gabulo et modo nichil habent.

Item abbas habet j. tenementum quod predictus Randulfus dedit secum predicte ecclesie, unde reges solent habere ij.d. ob. et modo nihil habent.

Item abbas tenet ij. tenementa in Walengf' que quidam Willelmus filius Edwardi dedit predicte ecclesie cum filio suo monaco et de quibus tenementis reges solent habere de gabulo vj.d. et modo nichil habent.

Item predictus abbas tenet j. acram terre de dominico domini regis de Walengf' pro anima Randulfi le Gros ex dono predicti Randulfi et rex nullum inde habet servicium.

Item[1] dicunt quod abbas de Rading' et monachi tenent de rege j. acram terre de dominico de Walengf' set nescitur per quem, et rex nullum inde habet servicium.

Item abbas de Abendone tenet j. burgagium in villa de Walengf', quod quidam Rogerus Haliman dedit secum Abendon' quando reddidit se ibidem monachum, unde reges solent habere iiij.d. et modo nichil inde habent.

Item tenet aliam terram quam Ricardus Albus dedit ad abbaciam in elemosina, unde reges solent habere ij.d. et modo nichil habent.

Item abbas tenet j. tenementum quod quidam Ailwinus filius Wulfreuen dedit secum Abendon' quando reddidit se ibi monachum, unde reges solent habere ij.d. et modo nichil habent.

Item tenet aliud tenementum quod quidam Wlfreuen presbiter dedit predicte abbacie in elemosina unde reges solent habere ij.d.

Item tenet j. tenementum quod quidam Burewune dedit secum in elemosina quando reddidit se ibi monachum unde reges solent habere ij.d. ob. et modo nichil habent.

Item abbas de Oseneia habet in Walengf' quandam terram quam quidam Robertus Boce clericus et Gilbertus filius suus dederunt secum ad Oseneiam quando ibi se canonicos reddiderunt, unde reges solent habere xvij.d. et modo nichil habent.

Idem abbas habet aliam terram ibidem, quam quidam Petrus clericus dedit ad abbaciam de Oseneia in elemosinam, unde reges solent habere v.d. et modo nichil habent.

Item prior de Sancta Fritheswitha habet in Walengf' j. burgagium quod quidam Ailwinus clericus dedit priorie cum filio suo Willelmo quando reddidit illum ibi canonicum, unde reges solent habere ix.d. et modo nichil habent.

---

[1] Item dicunt . . . habet servicium *written in part over an erasure.*

BOROUGH OF WALLINGFORD. 111

S. ij. 8.
J. 563–574. De Testa de Nevill'—cont.

Item prior tenet j. terram extra portam quam quidam Robertus cappellanus dedit secum predicte priorie quando ibi se reddidit canonicum, unde reges solent habere iiij.d. de gabulo et nichil habent.

Prior de Walengeford tenet unum messagium, quod quidam Sewold Graiessune dedit priorie cum filio suo Godwino quando reddidit se ibi monachum, unde reges solent habere de gabulo xv.d. et modo nichil habent.

Item idem prior habet j. messagium quod quidam filius Godwini Polsore dedit predicte priorie in elemosina tempore Willelmi Regis Rufi, unde reges solent habere iij.s. et modo nichil habent.

Item habet j. tenementum quod quedam femina, Dolewif nomine, dedit priorie in elemosina et preterea habuit de prioria cunredium suum tota vita sua ; de hoc tenemento solent reges habere vij.d. et modo nichil habent.

Item habet j. tenementum quod quidam Burewine dedit priorie cum Randulfo filio suo monacho, unde reges solent habere xv.d. Et preterea habet parvam terram retro illam ex dono predicti, unde reges solent habere iiij.d. ; et modo nichil habent.

Item prior habet j. terram ante portam curie sue que vacua est et Galfridus camerarius, qui ecclesiam illam fundavit, emit predictam terram, set nescitur de quo et dedit illam ecclesie, et tunc temporis solent reges habere de terra illa xxij.d. ob. et modo nichil.

Item prior habet et tenet j. viam quam Sewold Graiessune emit de tenementis vicinis et aperuit ad faciendam viam unam ecclesie hominibus qui juxta manebant, unde reges solent habere vij.d. ob. et modo nichil habent.

Idem prior habet j. terram ex dono et empcione Galfridi camararii unde reges solent habere xv.d. et modo nichil habent.

Item habet aliam terram ex dono et empcione Galfridi camararii unde reges solent habere xv.d. et modo nichil habent.

Item habet adhuc j. terram ex dono et empcione Galfridi camararii unde reges solent habere xv.d. ; hanc terram tenet prior in manu sua.

Item prior de Walengeford' habet j. terram extra portam occidentalem de Walengeford' que jacet juxta aquam que venit de Morton' ; hanc terram dedit Godwinus scriptor priorie in elemosinam, unde reges solent habere vij.d. ob. et modo nichil habent.

Item habet ibidem j. aliam terram juxta quam Sewold Graiessune dedit priorie in elemosina unde reges solent habere x.d. ; hanc terram prior colit et rex inde nichil habet.

Item habet j. terram juxta predictam aquam quam quidam Willelmus filius Ordnad dedit priorie in elemosinam, unde reges solent habere iij.d. et modo nichil.

Item prior habet j. terram citra aquam quam Hugo presbiter de Cramerse dedit priorie in elemosinam unde reges solent habere j.d. et modo nichil.

Item predictus prior habet j. terram juxta predictam terram quam quidam Rogerus de Porta dedit priorie, unde reges solent habere iij.d. et modo nichil.

Item habet terram j. ibidem extra portam quam Sewold Graisune dedit priorie in elemosina, unde reges solent habere x.d. et modo nichil.

§. 1, 8.
f. 563.
574. De
Testa de
Nevill'—
cont.

Item prior habet j. terram infra burgum quam terram quidam Mauricius sacrista predicte ecclesie emit de quodam burgense de Walengeford, unde reges solent percipere iiij.d., et modo nichil habent, et taliter optinet.

Item prior habet j. terram quam quedam Edwif Sperhauec dedit priorie in elemosina, unde reges solent habere x.d. et modo nichil habent.

Item habet j. terram quam quidam Ailmer pelliparius dedit predicte ecclesie in elemosina, unde reges solent habere vij.d. ob. et modo nichil habent.

Item habet j. terram quam quedam Emme Quinie dedit predicte ecclesie in elemosina, unde reges solent habere ij.d. et modo nichil habent.

Item habet j. terram quam quedam Iuette dedit predicte ecclesie in elemosina, unde reges solent habere xv.d. et modo nichil habent.

Item prior habet j. terram quam quidam Ailwinus de Buri dedit in elemosinam ecclesie, unde reges solent habere iiij.d. et modo nichil habent.

Item habet j. terram ibidem quam quidam Brictwi prepositus dedit priorie unde reges solent habere v.d. ob., unde nichil habent.

Item prior habet j. terram quam quidam Ailwinus Rufus dedit priorie, unde reges solent habere xij.d. et modo nichil habent.

Item habet j. terram quam quidam Alvric' Uniding dedit priorie, unde reges solent habere viij.d. et modo nichil habent.

Item prior habet j. terram ex dono Aldwine Blancpain, unde reges solent habere iiij.d. ob. et modo nichil habent.

Item habet j. terram ex dono cuiusdam Petri Gunwak, unde reges solent habere iij. quadrantes et modo nichil habent.

Item prior habet j. terram extra portam australem, quam quidam Alfwold presbiter dedit predicte ecclesie et illam inde dotavit, unde reges solent habere iij.d. ob. et modo nichil habent.

Item habet j. terram ex dono Brictric' le Blake unde reges solent habere iiij.d. et modo nichil habent.

Idem[1] prior habet j. terram quam quidam Rogerus Gosefot de Walengeford dedit cuidam Waltero molendinario cum filia sua Iselie in libero maritagio. De qua Iselie idem Walterus habuit unum filium; mortuo filio et matre, predictus Walterus dedit predictam terram in prioria contra libertatem burgi domini regis, et postea accepit terram illam de priore ad exheredacionem heredum predicti Rogeri et reddit singulis annis priori xij.d. de predicta terra quam prius tenuit de domino rege in capite. De hac terra solent reges habere de gabulo iij.d. ob. unde modo nichil habent et tali ingressione optinet prior terram istam.

Item habet j. terram juxta Thamisiam quam Godwinus Child dedit priorie, quando se reddidit monachum ibidem cum filio suo, unde reges solent habere j.d. Et idem Godwinus dedit secum aliam parvam terram ibidem, unde reges solent habere ob. et modo nihil habent.

Item[1] prior tenet in campis de burgagio Walengford' xxx. acras terre et dimidiam acram quas predictus Godwinus dedit secum et cum filio suo predicto modo; has acras tenuit Godwinus de dominico regis. Rex nullum inde habet servicium.

---

[1] *Opposite to these entries is a marginal note* A.

BOROUGH OF WALLINGFORD. 113

S. ij. 8.
I. 563-574.
Testa de Nevill'—
cont.

Item habet j. terram ad forum bladi, de qua quidam Willelmus Daubenny dotavit ecclesiam quando dedicata fuit, unde reges solent habere xxx.d. et modo nichil habent.
 Item prior habet j. terram ex dono cuiusdam Cecilie, unde reges solent habere xv.d. et modo nihil habent.
 Item habet j. terram quam quidam Luvricius Busemere dedit priorie in elemosina, unde reges solent habere xix.d. et modo nichil.
 Item prior habet j. terram quam predictus Willelmus Daubenny dedit predicte ecclesie in libera elemosina, unde reges solent habere xlv.d. et modo nichil.
 Item prior habet j. terram parvam quam quidam Walterus Rocelin dedit priorie, unde reges solent habere iiij.d. et modo nichil.
 Item habet parvam terram ex dono Fouere presbiteris, unde reges solent habere ob. et modo nichil.
 Item habet j. parvum tenementum quod quidam Ivo clericus dedit predicte ecclesie, unde reges solent habere iij.d. et modo nichil.
 Item prior habet j. terram ex dono cuiusdam Langlif in elemosina, unde reges solent habere ob. et modo nichil.
 Item habet j. terram quam Puce la Fraunceise dedit priorie in elemosinam, unde reges solent habere iij.d. et modo nichil.
 Item habet j. terram quam quidam Sewune Buele dedit priorie, unde reges solent habere iij.d. et modo nichil.
 Item prior habet j. terram quam magister Willelmus Porrie dedit priorie in elemosinam, unde reges solent habere j.d. et modo nichil habent.
 Item habet j. terram quam quidam Osmundus dedit in elemosina priorie, unde reges solent habere v.d. et modo nichil.
 Item habet j. terram in Hundestret ex dono Galfridi camerarii qui ecclesiam fundavit, unde reges solent habere j.d. et modo nichil.
 Item quidam sacrista predicte ecclesie emit quandam terram ex quodam Eilwino Reuening, unde rex solet habere xiij.d. et modo nihil ; et taliter possidet hanc terram prior.
 Item predictus sacrista emit de predicto Ailwino aliam terram unde rex solet habere de gabulo xj.d. quadrantem et modo nichil.
 Item prior habet j. terram ex dono cuiusdam Hatheburg', unde rex solet habere j.d. et modo nichil.
 Item habet j. terram ex dono Edmundi filii Osmundi, unde rex solet habere ij.d. ob. et modo nichil.
 Item prior habet j. terram ex dono Galfridi camerarii, unde rex solet habere xiij.d. et modo nichil.
 Item prior habet j. terram ex dono cuiusdam Arfast presbiteris unde rex solet habere iiij.d. et modo nichil.
 Item habet j. terram ex dono Ailwine Bringe, unde rex solet habere vij.d. et modo nichil.
 Item prior habet j. terram quam Athelwold presbiter dedit ecclesie predicte in elemosina, sed pro rigore tenencium prior non percipit servicium. De hoc tenemento solet rex habere vij.d. ob. et modo nichil.
 Item habet j. terram quam Petrus Gonwak' dedit ecclesie in elemosina quando reddidit se monachum, unde rex solet habere iiij.d. et modo nichil.

114   A.D. 1212.

S. ij. 8.   Item habet j. terram ex dono Godwini Lambessune, unde rex solet
[f. 563-
5, 4.   habere iiij.d. et modo nichil.
Testa de   Item habet j. terram quam Henricus quidam ad Portam dedit
Nevill'— priorie, unde rex solet habere iiij.d. et modo nichil.
cont.
         Item prior tenet duo tenementa ex dono Thome Fifpund et ex
dono Alfwune presbiteris, unde rex solet habere v.d. et modo nichil.
         Item habet j. terram ex dono cuiusdam Ailwine Bringe, unde
rex solet habere iiij.d. et modo nichil.
         Item habet j. terram ex dono cuiusdam Thome Purs, unde rex
solet habere iiij.d. et modo nichil.
         Item prior tenet v^{que} seldas in corveseria de Walengford quas
quedam Christiana puella et Alvive soror sua dederunt priorie in
elemosinam et habuerunt preterea cunredium illorum[1] de prioria
tota vita illorum.[1] De hiis seldis solet rex habere xv.d. et modo
nichil.
         Item tenet j. tenementum quod fuit cuiusdam Luvricii Ros unde
rex solet habere xv.d. ob. et jacet modo infra ambitum cimiterii.
         Item tenet aliud tenementum quod fuit cuiusdam Alfwy unde
rex solet habere xv.d., et est infra ambitum cimiterii.
         Item tenet iij^{um} tenementum quod fuit Reuening, unde rex
solet habere xiij.d., et est infra claustrum cimiterii.
         Item prior tenet ij. terras in loco illo ubi ecclesia fundata est,
unde reges solent habere antiquitus in parte xxvij.d. et in parte
xv.d.
         Item prior tenet j. tenementum quod fuit cuiusdam Ordmer,
unde rex solet habere antequam ecclesia esset fundata xv.d., et hec
terra est infra ambitum cimiterii.
         Item prior predictus possidet v. acras prati de communi pastura
hominum de Walengeford que sunt de dominico domini regis, quas
quidam Edwardus Monetarius optinuit de prestito multo tempore
peticione sua per concessum hominum de Walengford ad pasturam
palefridi sui, et in obitu suo predictus Edwardus legavit illam partem
commune[2] pasture ecclesie de Walengford contra jus, et taliter
optinent predictas v. acras monachi et prior.

         Walterus Foliot tenet unum mesagium in burgo de Walengeford',
quod cepit cum uxore sua que fuit filia Willelmi de Ibbestane, et
ille Willelmus fuit filius Henrici de Oxon' qui fuit burgensis de
Walengford. Item Henricus habuit predictum mesagium in custodia
de quodam Ivone portario Briencii filii Comitis, et ipse Ivo occupavit
mesagium illud super quendam Osmundum filium Swetman burgensem ;
et optinuit illud per rigorem Briencii filii Comitis qui tune temporis
fuit dominus de Walengford, et tali ingressione possident heredes
Henrici adhuc, unde reges solent habere xlij.d. et modo nichil habent.
         Idem Walterus Foliot habet dominium de quadam terra ibidem
quam Henricus de Oxon' predictus occupavit super plateam domini
regis. De hac terra habet quidam Ada de Monte Sorel qui eam
tenet xij.d. et rex nichil.
         Idem Walterus Foliot tenet j. mesagium quod quidam Randulfus
le Gros occupavit super quendam Swertling fabrum et postea

         [1] *Read* illarum.   [2] *Read* communis.

BOROUGH OF WALLINGFORD. 115

S. ij. 8.
I. 563-e
5/4. De
Testa de
Nevill'—
cont.

Radulfus Grossus, filius predicti Randulfi, vendidit illud predicto Henrico de Oxon', quod Walterus Foliot optinet cum nepte predicti Henrici predicto modo, unde reges solent habere x.d. de gabulo.
Item Walterus Foliot tenet j. terram quam Henricus de Oxon' emit de Radulfo le Gros, quam Walterus Filiot[1] tenet cum uxore sua, que fuit heres Henrici ; de qua terra reges solent habere de gabulo iiij.d. et modo nichil.
Item Walterus Foliot tenet j. terram cum uxore sua quam Henricus de Oxon' emit de predicto Radulfo le Gros, unde reges solent habere iij.d.
Item Walterus tenet j. tenementum quod Edmundus filius Osmundi tempore guerre invadiavit Henrico de Oxon' pro j. quarterio de sigalo, unde reges solent habere vij.d. ob. ; hanc tenet Walterus cum uxore sua.
Idem Walterus tenet cum uxore sua predicto modo j. terram quam Henricus de Oxon' emit de Radulfo le Gros, quam terram predictus Radulfus tenuit de abbacia de Bello ; set Walterus Foliot multo tempore elapso non fecit servicium abbati. De hac terra solent reges habere iiij.d. et nichil habent.
Item Walterus tenet predicto modo j. terram quam Henricus de Oxon' emit de Radulfo le Gros, unde reges solent habere iij.d. et nichil habent.
Idem Walterus tenet j. terram predicto modo cum uxore sua, que fuit neptis Henrici de Oxon', quam terram Radulfus le Gros invadiavit Henrico de Oxon', unde reges solent habere iiij.d. et modo nichil habent.
Item Matillis que est mater Johannis filii Hugonis tenet j. terram in Walengford, quam Henricus de Oxon' occupavit super regem et fecit tunc super illam grangiam suam, et Johannes episcopus Norwicensis qui fuit filius predicti Henrici dedit terram illam Hugoni filio Richer cum predicta Matilde nepte sua, et taliter possidet adhuc, unde reges solent habere ij.d. et modo nichil.
Item predicta Matillis tenet j. mesagium in Walengford quod Henricus de Oxon' de Radulfo Grosso emit et Johannes episcopus Norwicensis dedit illud predicto Hugoni filio Richer cum predicte[2] Matilde nepte sua. De hoc mesagio solent reges habere de gabulo xlv.d. et modo nichil habent.

Ricardus clericus de Witteham tenet j. terram in Walengeford de adquisicione sua, de qua rex solet habere iiij.d. et modo nichil.

Abbas de Dorkecestre habet unum tenementum in Walengeford ex dono domini Regis Johannis, unde rex solet habere ij.s. et habet illos quietos per dominum regem.

Sanctemoniales de Garinges habent in villa de Walengeford' xiiij^{cim} tenementa de quibus percipiunt singulis annis xij.s. de gabulo, et habent predicta tenementa quieta de dono domini Regis Johannis.
Rogerus de Strettone tenet de dominico domini regis xxv. acras in campis de Walengford' et ij. estaus et ij. alia tenementa infra

---
[1] *Read* Foliot.   [2] *Read* predicta.

S. ij. 8. burgum de quibus percipit annuatim xj.s. et vj.d. et habet predicta
I. 563-
574. De tenementa quieta ex dono domini Regis Johannis.
Testa de
Nevill'— [*Endorsed :*—] Walengeford.
cont.

HONOUR OF WALLINGFORD.

S. ij. 6. Dominis suis dilectissimis domini regis justiciariis et baronibus
I. 507-512,
521-522. 'scaccarii constabularius Walingheford', salutem cum fideli obsequio ;
De Honore sciatis me diligenter inquisicionem fecisse de mandato domini regis
Walingford per vicecomites ad me transmisso per milites de baillia mea ; et est
in Testa
de Nevill. hoc inquisicionis facte summa.

Wygodus de Walengheford tenuit honorem de Walingheford tempore Regis Haraldi et post tempore Regis Willelmi primi et habuit ex uxore sua quandam filiam quam dedit Roberto Doilli. Ipse Robertus habuit ex ea quandam filiam, Mathillidem nomine, que fuit heres eius. Milo Crispinus desponsavit hanc et habuit cum ea predictum honorem de Walingheford. Mortuo Milone, dedit dominus Rex Henricus primus predictam Mathillidem Briennio filio Comitis pariter cum hereditate sua. Ipse ex ea nullum habuit heredem. Idem Briennius et prefata Mathillis uxor eius tempore Regis Stephani reddiderunt se religioni et dominus Henricus, filius Mathillidis Imperatricis, qui eo tempore fuit dux Normannie saisivit predictum honorem.

Hee sunt terre et tenementa que remanserunt domino duci in dominico, quando honor ille excidit in manum eius et que post exciderunt in manum suam postquam fuit rex coronatus.

Post primam coronacionem eius, tenuit Wigainus de Walingheford burgum de Wicumbe et villam forinsecam, et post mortem ipsius Wigaini saisivit dominus Rex Henricus predictam terram in manu sua, et tenuit eam omnibus diebus vite sue, et dedit ecclesiam prefate ville domui et sanctimonialibus de Godestowe in perpetuam elemosinam ; dimidium ville forinsece habet modo Robertus de Veteri Ponte ex dono domini Regis Johannis per servicium J[us] militis. Alanus Basset habet modo aliam medietatem eiusdem ville forinsece ex dono eiusdem regis per servicium unius militis et tenet burgum de domino rege ad feudi firmam per xx.l. per annum.

Riulfus de Sessuns tempore Henrici Regis, patris domini regis, tenuit manerium de Huevere et manerium de Estune, et post mortem ipsius Riulfi saisivit dominus Rex Henricus predictas terras in manum suam et dedit Gileberto de Veer prefatum manerium de Huevere pro servicio suo ; hoc manerium habet modo Robertus filius Rogeri et tenet illud per servicium unius militis per cartam domini regis quam ipse inde habet.

Prefatus Rex Henricus saisivit in manum suam in manerio de Thenford id quod fuerat de predicto honore quod Robertus Basset habebat, pro forisfacto filiorum predicti Roberti et post dedit duas prefatas terras videlicet manerium de Estune et manerium de Thenford Alano filio Hanfray, scilicet Estune pro xxiiij.l. et Thenford pro vj.l. in exscambium manerii de Craumersche, quod Hanfray

S. ij. 6. filius Rohaldi, pater prefati Alani, prius habuit ex dono Regis Henrici
I. 507-512, secundi, quod idem rex post reddidit Waltero de Bolebec sicut ius
521-522.
De Honore suum.
Walingford Post primam coronacionem Regis Henrici, patris domini regis,
in Testa
de Nevill tenuit Petrus Boterel manerium de Chaugrave cum pertinenciis, et
—cont. post mortem eius saisivit dominus Rex Henricus prefatum manerium
in manum suam et dedit in hoc manerio Henrico Citharedo Emmam
que fuerat filia Willelmi de Grandune insimul cum hereditate sua,
et solebat ipsa per annum reddere domino regi de tenemento suo
lx.s., et dominus Rex Henricus per cartam suam perdonavit predicto
Henrico et heredibus eius de predicta femina predictum redditum
lx.s. per servicium unius denarii per annum. In prefato manerio
de Chaugrave habet modo Thomas Keret xxv. libratas terre per
voluntatem domini regis absque servicio nominato, et residuum
manerii est in manu domini regis, unde constabularius Walingheford'
respondet per annum per xx.l. ad scaccarium reddendas per preceptum
domini regis ad compotum suum.

Tempore domini Regis Henrici secundi, tenuit Henricus de Oxoneford' manerium de Wotthesdune ex dono eiusdem regis, et post mortem
ipsius Henrici tradidit dominus rex manerium illud Reginaldo de
Curthenay tenendum ; Simon de Patheshulle tenet modo manerium
istud per voluntatem domini regis.

De terra que fuerat Nicholai Basset de predicto honore, quam
dominus Rex Henricus secundus cepit in manum suam pro forisfacto
filiorum predicti Nicholai, habent abbas et monachi de Brueria
feuda duorum militum, scilicet in loco ubi abbacia eorum sita est
et in duabus grangiis suis scilicet Sandbroke et Tengle, que habent
partim ex dono prefati Nicholai, antequam filii eius fecissent forisfactum pro quo ipse fuit dissaisitus, et partim post ex dono eiusdem
Regis Henrici, postquam ceperat terras prefati Nicholai in manum
suam ; hec duo prefata feuda tenent abbas et monachi quieta de
scutagio per cartam domini Regis Henrici et per cartas successorum
suorum. De predicta terra que fuerat prefati Nicholai habet
Robertus de Toreigni feudum dimidii militis in Turkedene quam
Willelmus filius Henrici, pater eius, ante eum tenuit ex dono domini
Regis Henrici post forisfactum predicti Nicholai. De eadem
terra que fuit ipsius Nicholai, que remansit in manu domini regis,
est quidam redditus in burgo Oxonie, scilicet xxiij.s. et viij.d. per
annum unde constabularius quolibet anno ad festum Sancti Michaelis
respondet ad compotum suum ad scaccarium.

Item de supradicto honore tenuit Alardus filius Willelmi feudum
unius militis de hereditate uxoris sue in Gathamthune, et dominus
Rex Johannes concessit ei feudum illud tenendum de eo per quintam
partem servicii unius militis ; inde fecit dominus rex cartam suam ;
hanc terram tenet modo Walterus Pipard, quam habet in maritagio
cum uxore sua, filia predicti Alardi.

Robertus Napparius habet feudum unius militis de hereditate
uxoris sue in Pushulle, et dominus rex perdonavit predicto Roberto
et heredibus eius per cartam suam predictum servicium militis per
j. nappam de precio trium solidorum vel per tres solidos reddendos
pro precio illius nappe ad scaccarium ad festum Sancti Michaelis
ad compotum constabularii.

S. ij. 6. Galfridus de Chausie debuit de feudo suo servicium duorum militum,
I. 507–512, et Manasserus de Sandervile tenuit de eo feudem dimidii militis in
521–522.
De Honore parrochia de Clere in Suhamthesira ; hoc feudum adquisivit dominus
Walingford Rex Henricus secundus de predicto Manassero et dedit illud in
in Testa elemosinam abbacie de Godestowe, et perdonavit servicium pertinens
de Nevill
—cont. ad eum de predicto feudo, et ita relaxatus est predictus Galfridus
de servicio dimidii militis per cartam domini regis.

Item per inquisicionem quam facere potui est quoddam feudum militis in Wyrecestresira in manerio de Cliftune quod Robertus de Bavent consuevit tenere, ut audivi dici, de Nicholao Basset in predicto honore, et postquam ipse Nicholaus fuit dissaisitus pro forisfacto filiorum suorum debebat predictus Robertus tenere illud in capite de domino rege ; hoc feudum, quia remotum fuit a castello de Walengheford et aliquando per constabularios non potuit iustificari et distringi, alienatum est a predicto honore et non est amplius in potestate constabulariorum a tempore quo Thomas Basset tempore domini Regis Henrici, patris domini regis, habuit custodiam predicti honoris. Valete.

[*Endorsed :*—] Domini regis justiciariis et baronibus de scaccario.

NOMINA TENENCIUM DE DOMINO REGE IN HONORE DE WALINGHEFORD.

Ricardus de Kanvile debet ad servicium domini regis de hereditate uxoris sue vij. milites.
Turstanus Basset vj. milites et tres partes militis.
Walterus Pipard sex milites.
Idem in Gathamthune de maritagio uxoris sue pro j. milite quintam partem militis per cartam domini regis.
Amaureus filius Roberti de Suleham iiij. milites.
Willelmus Pahienel pro hereditate que fuit uxoris sue iiij. milites.
Walterus Crok iiij. milites.
Petrus filius Roberti de la Mare tres milites.
Hugo de Malo Alneto consuevit de manerio de Chaugrave facere tres milites.
Thomas Keret habet modo in eodem xxv. libratas terre et de residuo manerii respondet constabularius Walingheford' per annum ad scaccarium per xx.l. ad compotum suum.
Robertus filius Amaurei de Cestretune iij. milites.
Thomas Huskarle tres milites.
Robert de Harpedene tres milites.
Henricus de Thaydene iiij. milites.
Willelmus de Arches iij. milites.
Warinus filius Geroldi duos milites et dimidium.
Robertus filius Rogeri de duobus militibus et dimidio debet modo unum per cartam domini regis.
Abbas de Bruera de duobus militibus est quietus in scutagio per cartam domini regis.
Alanus Basset de hereditate uxoris sue duos milites.
Hugo de Druval duos milites.
Galfridus de Heppeltune duos milites.
Robertus de Valeines duos milites.

HONOUR OF WALLINGFORD. 119

S. ij. 6.
I. 507-512,
521-522.
De Honore
Walingford
in Testa
de Nevill
—cont.

Henricus Foliot duos milites.
Waltherus Foliot duos milites.
Robertus Foliot de Rowulvesham[1] duos milites.
Johannes[2] de Chesney pro hereditate uxoris sue de terra que fuerat Galfridi de Bella Aqua duos milites.
Milo Neirenuit pro parte sua de eadem terra duos milites.
Radulfus de Auvers duos milites.
Galfridus de Chausi duos milites, set dominus rex adquietat inde dimidium militem per cartam suam.
Hirvohi Malet j. militem et dimidium.
Gilebertus filius Reinfrei de hereditate neptis sue quam habet in custodia j. militem.
Johannes[2] filius Hugonis j. militem.
Andreas de Bello Campo j. militem.
Ricard Morin j. militem.
Feudum quod fuit Hamonis Carbonel j. militem. Petrus filius Herberti habet modo illud in custodia per dominum regem.
Simon Barre j. militem.
Rogerus de Stanford j. militem.
Willelmus Basset in Hoklie j. militem.
Waltherus de Bahienvile j. militem.
Alexander filius Ricardi pro Ruhicothe j. militem.
Robertus Corbet in Dalleghe j. militem.
Feudum Willelmi filii Galfridi in Hedeshore j. militem.
Robertus Naparius de j. milite est quietus per annum per j. nappam vel per tres solidos ad scaccarium.
Galfridus de Mara in Dudecothe dimidium militem.
Idem Galfridus in Kingestune quartam partem militis.
Heres Alani filii Rolandi dimidium militem. Johannes Marescallus habet modo illud in custodia per dominum regem.
Laurencius de Scaccario dimidium militem.
Robertus de Toreigni dimidium militem.
Reginaldus Angevin dimidium militem.
Petrus de Bixe dimidium militem.
Galfridus filius Angodi dimidium militem.
Radulfus Dhairel dimidium militem.
Willelmus Basset quartam partem militis in Hippesdene.
Waltherus Foliot quartam partem militis in Clopcothe.
Willelmus de Wudemundeslie quartam partem militis.
Milo de Morlie quartam partem militis.
Henricus de Whithefeld quartam partem militis.
Henricus Bernard quintam partem militis.
Willelmus de Kingestune quintam partem militis.
Feudum Warini Pinel qui mortuus est quintam partem militis.
Feudum Roberti de Ruhtom[3] quod est in manu justiciarii quintam partem militis.
Willelmus de Druval' quintam partem militis.
Robert de Buerghefeld quintam partem militis.
Elias Ghinant quintam partem militis.
Radulfus de Porta quintam partem militis.

---

[1] S. ij. 6 has for the w a rune resembling a thorn letter.
[2] S. ij. 6 has Jhoes.   [3] Read Rothomago.

120   A.D. 1212.

S. ij. 6;
I. 507–512,
521–522.
De Honore
Walingford
in Testa
de Nevill
—cont.

Johannes Kabuz debet servire domino regi in exercitu Wallie 'cum equo et sacco et j. broche et debet esse ad custum domini regis post primam noctem.

NOVA FEUDAMENTA.

Simon de Path'hulle tenet manerium de Wotthesdune quod fuit Reginaldi de Curthenay per voluntatem domini regis.

Robertus de Veteri Ponte habet dimidium ville forinsece de Wicumbe extra burgum ex dono domini regis Johannis per servicium unius militis.

Alanus Basset habet aliam medietatem ville forinsece de Wicumbe ex dono domini regis Johannis per servicium unius militis.

Idem Alanus tenet burgum de domino rege ad feudi firmam per xx.l. per annum.

SERVIENTES CASTELLI DE VETERI FEUDAMENTO.

Robertus de Basingis tenet tres virgatas terre cum pertinenciis partim in servicio partim in dominico et debet servire in coquina castelli sicut cocus.

Radulfus Saillard tenet j. virgatam terre cum pertinenciis et debet servire in castello in pistrino sicut pistor.

Henricus filius Ivonis tenet j. virgatam terre cum pertinenciis et debet servire in castello ad emendandum muros domorum regis in castello et muros castelli sicut cementarius ad custum domini regis.

Robertus filius Willelmi tenet j. virgatam terre et dimidiam et servit domino regi ad negocia castelli ad custum domini regis.

Radulfus arbelastarius consuevit servire domino regi in castello de arbelasta sua et per illud servicium tenuit tenementum suum.

[*Endorsed :—*] *Summa militum tenencium de domino rege in honore de Walingford cij. feoda et dimidium et xx. part'.*
Honor Walingeford. In libro.

ESSEX AND HERTFORD.

II. 253–259.

Abbas de Sancto Walerico tenet unam carucatam terre cum pertinenciis in villa de Walle de dono domini Regis Willelmi primi in elemosina.

Robertus filius Walteri tenet Burnham et Wudeham de domino rege, et pertinet ad baroniam suam.

Filius Boydini Ailet tenet iiij^{or} l. redditus in villa de Bradewell'[1] quas recipit per annum de Willelmo de Duna, quas dominus Henricus Rex secundus dedit Boydino patri suo per servicium glavie.

Willelmus Chen tenet in eadem villa vj. libratas terre per seriantiam glavie quas Rex Henricus secundus dedit patri suo.

Willelmus frater domini Regis Henrici dedit Bradewell per servicium unius militis Thome Bardulf, et Thomas Bardulf dedit tres partes

---

[1] de Bradewell' *repeated.*

ESSEX AND HERTFORD. 121

II. 253-259—cont. ville tribus filiabus suis in maritagio, scilicet Roberto de Sancto Remigio, Willelmo Bacun et Baldwino de Thoni, et idem Thomas retinuit dimidium feodum militis scilicet quartam partem quam Baldwinus de Thoni et Thomas de Borfare tenent et quartam partem quam Simon Cocus tenet in eadem villa, et quando Normanni amiserunt terras suas dominus Rex Johannes dedit partem Willelmi Bacun et partem Roberti de Sancto Remigio Thome filio Bernardi, et postea dedit Alicie de Garpenvill' que modo tenet per servicium dimidii militis.

Rogerus de Cramavill' tenet Danesy de honore Peverelli Londoniarum per ij. partes militis de conquestu.

Robertus de Mortimer tenet Parvam Wudeham de dono Regis Henrici secundi per dimidium militem, quam dominus Rex Henricus secundus dedit patri predicti Roberti in maritagio; Alicia de Hailesle tenet iiij. partem militis de eodem feodo.

Ricardus filius Ranulphi habet servicium unius militis in Magna Hailesle, quod Matheus Mantel' ei debet facere, et Johannes de Munvirun attornatur eidem Matheo per ipsum Ricardum.

Willelmus de Lungespee dedit Olivero filio Arnis' villam de Maldon' et post obitum Oliveri, Eudo filius Ernisii dedit medietatem Eudoni Paterik' quam adhuc tenet; et aliam medietatem fratribus de Bosco Herebald; et ipsi escambiaverunt illam medietatem episcopo Londoniensi per dominum Regem Johannem, quam modo habet in manu sua.

Abbas Colecestrie tenet Mundun' de dono Eudonis senescalli in elemosina.

Matheus Mantel' tenet feodum dimidii militis in Parva Maldon' de dono Regis Henrici.

Due prebende in ecclesia Sancte Marie de Maldon' pertinent ad ecclesiam Sancti Martini Londoniarum, set nescimus cuius dono vel per quem.

Honor Hagenet.[1] Purle est dominicum manerium de honore de Hagenet et est in manu domini regis.

Almaricus Batall' tenet feodum unius militis in Walla de eodem honore.

Willelmus de Huntingefeld' habet feodum unius militis in Lacendon', quem[2] Hugo de Lacendon' tenet, de eodem honore.

Bolonia.[1] Ricardus filius Alcheri tenet Lagefare Magnam in capite de domino rege per iiij. partem militis de feodo Bolonie quam Rex Henricus secundus dedit Willelmo filio Alcheri, et descendit Ricardo filio Alcheri ut heredi suo.

Radulfus de Roffa tenet Parvam Lagefare in capite de domino rege per dimidium militem.

Gilbertus de Tani tenet Fifhide in baronia sua de domino rege.

Willelmus de Averenches tenet Morton in baronia sua de domino rege.

Johannes de Sanford tenet Wlvermeston' per seriantiam camere domine regine.

---

[1] *In margin.*   [2] *Read* quam.

II. 253–
259—cont.
  Willelmus[1] de Munceus tenet Parvam Angr' de domino rege de mareschaucie que fuit de baronia Gilberti de Tani.
  Galfridus filius Petri tenet Waltham de domino rege in baronia sua.
  Comes Willelmus Arundell' tenet Haningefeld' de domino rege cum herede Willelmi de Munkanesy.
  Willelmus comes Ferrar' tenet Wudeham de domino rege et Robertus frater eius de eo.
  Radulfus de la Neweland tenet servicium ij. militum de domino rege in Neweland' de conquestu.
  Johannes de Borham tenet de domino rege Borham et Badewe per j. militem.
  Prioratus de Bikenacre est elemosina domini regis et est in manu sua.
  Petrus Picot tenet Springefeld in custodia de honore Peverel cum Radulfo de Besevill' per servicium ij. militum per dominum regem.
  Comes Cestrie tenet Badewe in baronia sua in capite de domino rege et dedit illud in maritagio cum sorore sua Comiti David.
  Robertus Marescallus tenet unam hydam terre in Badewe per serianciam ad custodiendum j. palefridum domini regis ad liberacionem suam.
  Johannes de Sanford' tenet Fingrith' et Gingam' per seriantiam talami regine.
  Willelmus de Kiveli tenuit in Borham dimidiam carucatam terre quam Rex Henricus dedit Hugoni de Kiveli, set nescitur per quod servicium, et solet pertinere ut dicitur ad manerium de Writele. Et Willelmus de Kiveli dimisit illam episcopo Londoniensi pro j.m. per annum illi reddenda. Et episcopus dimisit illam Rogero filio Alani per idem servicium, et est in manu domini regis pro debitis Judeorum.
  Brianus Aquarius tenet in Writele terram que fuit Willelmi Martiwas de dono domini Regis Johannis, reddendo inde per annum xx.s. scilicet manerio de Writel' et per seriantiam foreste.
  Ricardus de Messebir' tenet iiij. partem militis in Messeb' de honore Bolonie de domino rege.
  Gilbertus de Tani tenet Auvilers in baronia sua de domino rege.
  Johannes de Bassingburn' tenet Turrok' per dominum regem cum warda heredum Bartholomei de Briencun per servicium unius militis.
  Willelmus de Curtenay tenet Upminstr' de baronia de Banton' et est de pertinenciis de Bolewic'.
  Hugo le Bret tenet iiij. partem militis in Keliton' de domino rege de eschaeta Henrici de Essex'.
  Peverel de Dovor'.[2] Rogerus de Cramavill' tenet Renham de eschaeta Peverel' de Dovr' per j. militem.
  Michael de Huntidon' tenet Warle cum pertinenciis de feodo episcopi Londoniensis per j. militem cum herede Radulfi de Setmoles.
  Abbatissa de Berking' tenet Warle in elemosinam ; nescitur cuius dono.
  Abbas de Waltham tenet Waldam et Upminstr' in elemosina per dominum regem ex conquestu Anglie.

---

[1] *Cf.* p. 75, line 21.   [2] *In margin.*

ESSEX AND HERTFORD. 123

II. 253-259—*cont.* Villa de Wokendon' data abbatie Westmonasterii in elemosinam ; nescitur cuius dono.

Robertus filius Rogeri tenet Clavring' dono Regis Henrici secundi de feodo Henrici de Essex' per unum militem.

Johannes de Rochef' tenet Berdon' de domino rege per feodum unius militis de eodem feodo Henrici de Essex.

Comes Sancti Pauli tenet in villa de Farnham dimidiam hydam de dono eiusdem regis de feodo comitis Essexie.

Cestrehunt' de honore Britannie, quam tenent Simon de Campo Remigii et Eustachius frater suus de dono domini regis.

In eadem villa Willelmus Pincerna tenet de domino rege terciam partem j. militis et postea dedit wardam ad castrum de Richemunt.

Simon le Bret tenet iiij. partem feodi unius militis in eadem villa quam Alexander de Pointherne tenuit per simile servicium.

Philippus de Cestrehunt tenet iiij. partem feodi militis et debet wardam ad castrum de Richemunt.

Robertus de Roppeslea tenet Rinwell'[1] de baronia de Limesy per servicium duorum militum et tenet ut in warda per dominum regem.

Robertus filius Walteri tenet Hertfordingber' de honore de Valuines.

Hugo de Scalar' tenet Berkamsted' per feodum unius militis et pertinet ad baroniam.

Nicholaus de Anest' tenet in Braking' feodum unius militis de honore Bolonie quod Robertus filius Walteri habet cum eo in custodia.

Comes de Clar' tenet manerium de Standon' in capite de domino rege et pertinet ad honorem de Clara.

Comes Wintonie tenet manerium de Wares in capite de domino rege per tres partes feodi unius militis.

Galfridus de Say tenet Sabrichteswrth' in capite de domino rege et pertinet ad honorem Comitis Willelmi de Mandevill'.

Galfridus filius Petri habet feodum unius militis in Gedeliston' et pertinet ad baroniam Willelmi de Mandevill'.

Idem in Thorneley feodum unius militis et quintam partem unius militis que tenentur de eo.

Baldwinus Wak' habet in Estwic' et in Beningho feoda duorum militum et tenet de eo Ricardus de Tany.

Comes[2] Ricardus de Estriguil habuit in Staumstede feoda duorum militum que Michael de Wanci tenuit de eo, et modo tenet abbatia de Waltham de dono Regis Henrici, qui relaxavit predicto comiti servicium ij. militum eo quod idem comes relaxaret abbatie de Waltham predicta ij. servicia de Stanstede.

Willelmus de Bello Campo habet in Hamesdun' de domino rege feodum j. militis.

Ricardus de Mumfichet tenet in capite de domino rege feoda iij. militum vj. parte unius[3] militis in Westmelne et in Gatesber'.

Hugo de Baillol tenet Hiche in capite de domino rege in augmento baronie sue de dono Henrici Regis, avi[4] domini regis, et defendit terram cum alia baronia sua per feoda duorum militum.

---

[1] *Read* Amwell. [2] *For another version of this entry see below,* p. 124.
[3] *Read* et vj. partem unius *or* vj. parte minus. [4] *Read* proavi.

124   A.D. 1212.

II. 253–
259—cont.
Paganus de Chaurces tenet Linlee et Wilian de dono domini regis per servicium unius militis.

Robertus de Mara tenet de domino rege in Walden' feodum j. militis de conquestu.

Gilbertus de Meperteshale tenet duas hydas terre et dimidiam de domino rege per servicium de lardeneria.

Ricardus de Merston' tenet de feodo Baldewini Wake feodum unius militis in Rochamstede.

Simon Ylbert tenet iiij. partem feodi unius militis in Hodesdon'.

Item Baldewinus Wake tenet iij. partes unius militis in Hertford', Stapelford, et Chelse.

Gerardus de Furnivall' tenet Munden' de domino rege de honore Britannie de dono Comitis Galfridi.

Dominus Rex Henricus, pater domini regis, dedit villam de Eston' domui de Rading' in liberam elemosinam pro anima Regis Henrici, avi sui, et ob reverenciam corporis sui sepulti apud Rading' ad faciendum anniversarium suum et ceteras elemosinas que sibi fiunt assidue pro eo.

Ricardus de Argentun tenet Wilemundeslea de domino rege per seriantiam scilicet ad serviendum de una cupa argentea ad coronacionem domini regis, et antecessores sui tenuerunt de antecessoribus domini regis de veteri feoffamento per idem servicium.

Henricus maior Londonie tenet Watton per seriantiam inveniendi unum hominem peditem ad exercitum domini regis in Wallia cum arcu et sagittis, et antecessores sui tenuerunt per idem servicium de antecessoribus domini regis.

Villa de Trahing fuit data Comiti Eustacio ad gernums ad conquestum terre et idem habuit unam filiam que fuit uxor Regis Stephani et ipsi dederunt ipsam villam oblacione ad Favresham in liberam elemosinam.

Comes Leycestrie habet tres partes feodi unius militis quas Radulfus de Puteham tenet in Putenham.

Comes[1] Ricardus de Strigull habuit in Stanstede feoda duorum militum que Michael de Wancy tenuit de eo, que nunc abbatia de Waltham habet et dominus Rex Henricus, pater domini regis, relaxavit predicto comiti de servicio quod illi debuit feoda duorum militum eo quod idem comes predicta ij. servicia de Stanstede abbatie relaxaret.

Storteford' cum pertinenciis pertinens ad episcopum Londoniensem est in manu domini regis, et pertinent ad episcopatum xxxvj. milites et tercia pars militis.

Bolon'.[2] Johannes filius Bernardi in Ruth iiij. partes unius militis.

Willelmus Baset tenet de advocato de Bietun Ressenden' per vj.l. per annum quas reddit domino regi.

Willelmus de Chau tenet viij. partem unius militis et in eadem villa Rogerus Camerarius viij. partem unius militis.

Adam de Portu tenet feodum unius militis in Clahale, quod Ricardus de Clahale tenet.

Milo de Sumery feodum unius militis in Bigrave quod Adam de Sumeri tenet.

---

[1] *For another version of this entry see above, p.* 123.   [2] *In margin.*

ESSEX AND HERTFORD. 125

II. 253-259—cont.
Baldewinus de Bietun tenet feodum unius militis de honore de Gravene[1] in Waudlington'.
Abbas de Rames' in Tiresfeld' tenet feoda iiij. militum.
Keleshull', Hatfeld', Hadham, terre episcopi Eliensis sunt in manu domini regis.
Johannes de Samford' tenet Hormad' et Nuthamstede per seriantiam regine de veteri feoffamento.
Anesti et Parva Hormad' feoda duorum militum que Robertus filius Walteri tenet per dominum regem in custodia cum herede Huberti de Anesti et in Parva Anesti feodum dimidii militis de honore Ricardi de Sokavill'.
Idem feodum unius militis in Apseden'.
Idem feodum dimidii militis in Berkeden' de honore Bolonie de veteri feoffamento.
Radulfus de Roffa feodum unius militis et dimidii in Newesel' et in Berkeweya.
Comes Albricus habet feodum unius militis in Alfladewic et in Ykinton de honore Bolonie.
Adam de Portu feodum unius militis in Bocland' et feodum dimidii militis in Ykinton' et iiij. partem militis in Popleshal'.
Willelmus de Scalar' terciam partem unius militis in Horseden'.
Comes Saresberie tenet Gatesden' de domino rege quod pertinet ad baroniam suam.
Radulfus de Toany tenet Flamstede de domino rege.
Johannes Mareschal tenet Bareworthe de domino rege.
Milo de Sumeri tenet feodum unius militis de honore Gloucestrie in Mimmes.

II. 259-260.
VEREDICTUM HOMINUM DE WRITEL', MANERIO DOMINI REGIS.

Quedam terra in Borham quam Willelmus de Kiveli tenuit et dimisit illam episcopo Londoniensi Willelmo de Sancte Marie Ecclesia, et predictus episcopus dimisit eam Rogero filio Alani, pertinet ad manerium de Writel', et quod solet reddere per annum ad curiam de Writel' xx.s. et quod Godebold de Writel', qui eam tenuit, captus a Comite Galfrido, patre Willelmi de Mandevill', tempore Regis Stephani pro redempcione sua versus predictum comitem a quietanda posuit in vadimonium antecessori predicti Willelmi de Kiveli, et ab illo tempore predicti xx.s. non sunt soluti ad predictum manerium.

Brianus Aquarius tenet quandam terram in eadem villa per serianciam quam Willelmus de Martiwas facere[2] scilicet per foresteriam et reddit per annum xx.s.

Radulfus le Bodere tenet quoddam mesuagium in eodem manerio et est inde serviens domini regis in comitatu Essex' et reddit inde vj.d.

Comes Rogerus tenet quoddam mesuagium cum pertinenciis in eodem manerio quod fuit datum antecessoribus suis per liberacionem ad hospitandum a domino Henrico Rege avo,[4] et nullum inde faciunt servicium manerio.

Heres Ricardi de Mumfichet unum mesuagium cum pertinenciis eodem manerio.[3]

---

[1] Read Cravene.
[3] Read modo.
[2] After facere supply solebat.
[4] Read proavo.

126   A.D. 1212.

II. 259-260—cont. Warinus filius Geroldi unum mesuagium cum pertinenciis eodem modo.
Comes de Alba Marla ij. feoda et unum quarterium.

II. 260-261. Veredictum sex militum de dimidio hundredo de Waltham de inquisicione dominicorum domini regis et serviciorum et seriantiarum et de corum alienacionibus. Dicunt quod dominus Rex Henricus, pater domini nostri regis, quando amovit canonicos seculares de ecclesia Sancte Crucis de Waltham et in ea canonicos regulares pro salute sua et heredum suorum constituit, dedit eis in liberam elemosinam ad sustentacionem suam duo membra de manerio suo de Waltham, scilicet Prestberi et Siwardeston'. Post cuius obitum Rex Ricardus, filius eius, accepto regno, ad incrementum et promocionem elemosine Regis Henrici, patris sui, dedit predictis ecclesie et canonicis totum residuum memorati manerii de Waltham cum omnibus pertinenciis in feodi firma, tenendum in perpetuum pro lx.l. annuatim reddendis inde ad scaccarium domini regis, et attornavit omnes tenentes de predicto manerio de omnibus serviciis et consuetudinibus suis, que inde ante ei et antecessoribus suis facere solebant, predictis ecclesie Sancte Crucis de Waltham et canonicis per easdem libertates per quas ipse rex illud habuit et tenuit quando fuit in manu sua.

Dicunt eciam quod Ricardus filius Mathei[1] tenuit per seriantiam de acceindre coram domino rege terram quam Orgarus clericus, avunculus eius, tenuit per sex sol. annuatim in Eppingges et terram quam Matheus[2] pater eius tenuit in Waltham pro ij.s. annuatim reddendis. Et hec seriantia incepit tempore Regis Henrici, patris domini regis, et per ipsum regem. Preterea idem Ricardus filius Mathei[1] tenet terram que fuit Puhieri in Waltham unde solebat reddere domino regi unam marcam annuatim, et terram que fuit Philippi filii Fiel in Waltham unde solebat reddere annuatim x.s. domino regi; quam marcam cum x.s. Rex Ricardus eidem Ricardo filio Alcheri reliquit, et precepit in perpetuum ut computaretur in predictis lx.l. ad scaccarium suum predictis ecclesie et canonicis de Waltham.

Dicunt eciam quod de aliis demandis nichil sciunt.

Menigar' le Napier dicit quod Rex Henricus, avus[3] domini regis, feodavit antecessores suos per seriantiam de naperie et dicit quod quando comes de Arundel duxit Reginam Aliciam in uxorem removit illud servicium, et fecit inde reddere xx.s. per annum, et predictus Menigarus tenet illud feodum de abbate de Waltham per idem servicium xx.s.

NORFOLK AND SUFFOLK.

S. ij. §.
II. 336-352. Inquisicio facta per comitatum Norfolch' et Suff' qui tenent de domino rege in capite per militare servicium vel per serianteriam

[1] Read Alcheri. See Feet of Fines for Essex, vol. i. p. 85; Red Book of the Exchequer, p. 508; and p. 345.
[2] Read Alcherus.   [3] Read proavus.

S. ij. 8.
II. 336–
352—cont.
et qui ea teneant et per quod servicium, et que sunt data vel alienata vel per servicium vel elemosinam vel aliquo alio modo.

HUNDREDUM DE CLAKELOS'.

Comes de Clare tenet feoda vj. militum in capite et feodum dimidii militis per militare servicium in eodem hundredo, nec aliquid inde alienatur quo minus teneat in capite de domino rege.

Comes de Warenne tenet feoda vj. militum j. quarterio minus, in capite de domino rege per militare servicium, unde nichil alienatur quo minus teneat in capite de rege.

Comes Rogerus le Bigot tenet feodum j. militis in Bichham Welles de domino rege per militare servicium, et nichil inde alienatur.

Gaufridus filius Petri tenet Suldham et[1] servicium dimidii militis de domino rege, unde nichil alienatum est.

Hubertus de Burgo tenet Wyrmagaie de domino rege per servicium feodorum vj. militum j. quarterio minus, et ibidem xx. partem feodi j. militis, unde nichil alienatum est.

Gaufridus de Marham tenet feodum j. militis in Marham de honore de Hagenet.

Hermerus de Bekeswell' et Michaelus[2] de Snora tenent quasdam terras a domino rege unde reddunt ad firmam vicecomitis xx.s. in Berton' et in Bekeswell'.

Episcopus de Ely tenet feodum dimidii militis in Bekeswell' de domino rege.

Abbas Sancti Edmundi habet Rungeton' in elemosina que fuit antiquitus dominicum domini regis, sed nescitur de cuius dono.

SUTHERPINGHAM.

Hugo de Boues tenet Eylesham dominicum domini regis de domino[3] Regis Johannis, sed nescitur per quod servicium.

Sacrista Sancti Edmundi habet x. libratas terre de dono domini Regis Ricardi in Eylesham in puram elemosinam de eodem dominico.

Hubertus de Burgo tenet Causton' que fuit dominicum domini regis de dono domini Regis Johannis, sed nescimus per quod servicium.

Walterus Tursard' tenuit in Baningham arbalisteriam de dono domini Regis Henrici antiqui, et fuit membrum de Causton' que est dominicum domini regis, et adhuc tenet Aviz Tursard illud tenementum per arbalisteriam.

Hubertus Corndebof tenet in Banigh' et in Erpingh' arbalisteriam de dono Henrici Regis antiqui, et fuit membrum de Causton' qui est dominicum regis per servicium arbalisterie.

Willelmus May tenuit in Causton' xx. solidatas terre per veneriam de dono domini Regis Henrici antiqui et Willelmus Mai filius Roberti May tenet adhuc per idem servicium.

---

[1] Read per.
[2] So in original (S. ij. 8).
[3] Read dono.

THEOFORD.

S. ij. 8.
II. 336–
352—*cont.*
Canonici de Theoford' habent xx. solidatas terre de dominico de Theof' de dono Henrici Regis, patris domini regis, in puram elemosinam.

Dominus Rex Ricardus habuit totam villam de Theof' in dominicum suum et dedit eam Comiti Hamelin' in excambium de Columbers, sed nescimus per quod servicium.

HUMELGARD.

Robertus de Wrthelsted tenet de domino rege j. carucatam terre cum pertinenciis in Erlham per servicium arbalisterie.

Monachi de Norwico tenent Lakeham' de dono Henrici Regis primi in elemosinam, sed nescitur utrum fuit dominicum regis annon.

Radulfus de Karleton' et Willelmus filius Johannis tenent de domino rege in capite xxx. acras terre in Carleton' per servicium ferendi patillos de primo allece domino regi ubicunque inventus fuerit in Anglia.

SREPHAM.

Willelmus comes Arundell' tenet Bukeham de domino rege in capite, sed nescimus per quod servicium. Willelmus de Albeni, avus istius Willelmi comitis, dedit ecclesie Sancti Jacobi de Bukeh' duas carucatas terre in elemosinam de eodem feodo.

Episcopus Norwicensis tenet Eccles de domino rege in capite, sed nescitur si sit baronia vel elemosina.

Episcopus Elyensis tenet Brigh' de domino rege in capite, sed nescitur si sit baronia vel elemosina.

Radulfus de Toni tenet Wrethamtorp' de domino rege in capite et est de sua baronia, sed nescitur per quod servicium.

Abas[1] de Becco tenet Estwretham de elemosina antecessorum Radulfi de Toni et est de eadem baronia de Wrethamtorp'.

Abas[1] de Cunches tenet Westwretham de elemosina antecessorum ipsius Radulfi et est de eadem baronia de Wrethamtorp'.

Prior de Theford' habet unam carucatam terre in Kilverdeston' de elemosina comitis Arundell' et est de baronia sua de Bukeh', quam tenet de domino rege in capite.

GILDECROS.

Willelmus comes Arundell' tenet Keninghale de domino rege in capite, sed nescitur per quod servicium.

Comes Rogerus le Bigot tenet Lopham' de domino rege in capite, sed nescitur per quod servicium.

Comes Willelmus le Marescal tenet medietatem de Banham de domino rege, sed nescitur per quod servicium.

HOLT.

Rogerus la Velie tenuit xxiiij.s. redditus de domino rege per serianteriam, modo tenet per militare servicium. Et notandum

---
[1] *Read* Abbas.

S. ij. 8. est quod idem Rogerus tenet omnes terras suas citra mare et ultra
II. 336– per servicium quarte partis feodi j. militis.
352—cont.
Bathele pertinet ad Fakeham que[1] de dominico domini regis et Robertus Burnel tenet eam reddendo inde annuatim ad Fakeham x.l., sed nescitur per quem.

SUTGRENEHO.

Willelmus de Monte Canesin' tenuit Gurreston'[2] quam modo habet comes Arundell' in warda per dominum regem, et tenet per servicium feodi j. militis, et fuit quondam dominicum regis et data fuit antecessoribus predicti Willelmi per Henricum Regem, avum[3] domini regis.

Hubertus de Burgo tenet Neweton' de dono domini Regis Johannis, et fuit dominicum domini regis, sed nescitur per quod servicium tenet.

Ranulphus[4] filius Roberti tenet Houton' in capite de domino rege per servicium dimidii militis.

BROTHERCROS.

Fakeham cum pertinenciis fuit dominicum domini regis tempore Henrici Regis primi. Idem Henricus dedit eam Hugoni Capel per servicium feodorum ij. militum, et de Hugone descendit ad Hugonem Seinure et de Hugone ad Walterum filium suum et de Waltero ad filias ipsius Walteri et de filiis ipsius Walteri cecidit in manum domini regis ut terra Poer[5] et dominus Rex Johannes dedit eam comiti Arundell' qui eam tenet, sed nescimus per quod servicium.

Duntone cum pertinenciis fuit escaeta domini regis et fuit data Radulfo de Hauvill' primo per manum Henrici Regis, patris domini regis, et postea descendit ad Radulfum filium suum et de Radulfo ad Henricum filium suum qui eam tenet per falconeriam de domino rege in capite.

Cree.[6] Terra quam Radulfus de Bella Fago tenet[7] fuit dominicum domini regis tempore Henrici Regis primi qui eam dedit Radulfo de Bella Fago pro servicio dimidii militis, et de illo Radulfo descendit ad Radulfum filium suum et de illo Radulfo ad Emmam neptem ipsius Radulfi que eam tenet de domino rege per idem servicium.

HENSTED.

Comes Rogerus tenet Bramingh' de domino rege in capite de dono Henrici Regis primi et pertinet ad baroniam suam, sed nescitur per quod servicium.

Monachi de Norwico tenent Ameringehale de dono Henrici Regis primi in elemosinam.

---

[1] *After* que, *supply* est.   [2] *A curious form of* Gooderston.
[3] *Read* proavum.   [4] *Written so in the original.*
[5] Terra Poer *may mean land of a man of Poix. For* Poer *and* Puherius *see* J. H. Round, Feudal England, p. 478, *and* Peerage and Family History, p. 18. *See also* p. 619 *below.*
[6] *Read* Crec.   [7] *Read* tenuit.

S. ij. 8.
II. 336–
352—cont.

Heredes Johannis de Bidon' tenent quartam partem feodi j. militis in Kirkeby in capite de domino rege et pertinet ad baroniam suam sed uxor Johannis de Bokesford'[1] tenet illam partem in dotem de dono Johannis de Bidun', viri sui.

TUNSTED.

Rogerus la Velie tenet quandam partem terre in villa de Witton' que pertinet ad terram suam de Fissele et tenuit eam de dono Henrici Regis antiqui per austriceriam ; modo tenet per servicium militare.

Ysac de Felmingh' tenet quandam terram in Witton' quam Henricus Rex, pater domini regis, dedit patri suo Habrahe pro rumore quem illi narravit de rege Scocie capto, sed nescitur per quod servicium.

In Bradefeld' sunt xvj.s. redditus que pertinent ad x. libratas terre quas Ricardus Rex dedit Sancto Edmundo in elemosinam.

FOUREHO.

Comes Arundell' tenet de domino rege Wimundh', sed nescimus de cuius dono nec per quod servicium.

ERSHAM'.

Rogerus le Bigot vetus tenuit Ersham de antecessoribus domini regis in capite de conquesto Anglie et postea tenuit eam comes Hugo le Bigot et comes Rogerus le Bigot nunc eam tenet de domino rege in capite ut in baronia.

Warinus le Ostricer tenet unam carucatam terre in Redehaule in capite de domino rege per hostriceriam.

FLEG'.

Hugo de Gurnai tenet terram suam de Castre de domino rege in capite sed nescitur per quod servicium.

Ormesbi est de dominico domini regis et Johannes filius Hugonis tenet eam, que solet reddere domino regi xvj.l. sed nescitur qualiter, tenet.

Walterus de Evermu tenet Runham que fuit dominicum domini regis per duo modia vini et cc. piromagnos de domino rege in capite.

NORTHGRENEHO.

Willelmus de Kaiou tenet Wicton' de domino rege in capite, sed nescitur per quod servicium.

Oliver de Vallibus tenet Hocton' de domino rege in capite per servicium xx.s. et respondet ad corpus comitatus.

MUTEFORD.

Johannes Marescallus tenet feodum j. militis in capite de domino rege per servicium militare.

Hubertus de Burgo tenet feoda duorum militum in capite de domino rege per servicium militare.

---

[1] *Read* Rokesford.

S. ij. 8.
II. 336–
352—*cont.*

Radulfus de Cameis' tenet quartam partem feodi j. militis de domino rege in capite per servicium militare.

DEPWAD'.

Rogerus filius Willelmi tenet de domino rege iiij. libratas terre per servicium quarte partis feodi j. militis de dono domini Regis Johannis.[1]

HAPPING'.

Rogerus de Sancto Dionisio tenet in Hemsted' feodum dimidii militis de domino rege in capite per servicium militare.

Stannardus presbyter de Waxtonesham tenuit xij. acras terre de domino rege Willelmi[2] in Waxtonesh' per servicium vj.d. Et antiquus Rex Henricus dedit hos vj.d. redditus ad luminare altaris Sancti Benedicti de Holmo, et heredes Johannis de Yngh' tenent predictam terram de Sancto Benedicto.

DISCE.

Comes Arundell' tenet unum boschum et v. homines in villa de Fersfelde de domino rege in capite, set nesciunt quo modo nec per quod servicium. Set dominus Rex Ricardus reddidit patri istius comitis, sed nesciunt utrum reddidit ei ut hereditatem suam vel pro servicio suo ei dedit.

Henricus Rex senex reddidit Ricardo de Luci Disce, sed nesciunt quo modo nec per quod servicium. Nesciunt eciam utrum reddidit ei ut hereditatem suam vel pro servicio suo ei dedit. Predictus vero Ricardus dedit Waltero filio Roberti ipsam terram in maritagio cum filia sua, quam Robertus filius Walteri nunc tenet sicut heres, sed nescitur per quod servicium, et fuit dominicum regis.

Bartholomeus de Auviliers tenet v. solidatas terre in Selfhangr' de domino rege in capite, que pertinet ad suam serienteriam et debet seriancios ducere in servicium domini regis in exercitu, set nescitur quot et ad custum domini regis, et dicit se debere esse constabularium omnium serianciorum in Norf' et Suff'.

Willelmus de Meauling' tenet xl. solidatas terre in Burston' de domino rege in capite per serienteriam, scilicet vendendi averia in comitatibus Norf' et Suff' pro debitis domini regis.

Adam de Stawell' tenet c. solidatas terre in Osemundeston' de domino rege in capite que fuit de feodo Radulfi de Feugeres, sed nescitur per quod servicium.

WAINELUND.

Comes Warennie tenet Sculeton' de domino rege de hereditate Willelmi de Mortuo Mari, set nescitur per quod servicium.

Heredes Johannis de Bidun tenent villam de Sowe de domino rege per servicium feodi dimidii militis et uxor eiusdem Johannis tenet illam in dotem de dono Johannis de Bidun.

Robertus de Saham tenet feodum dimidii militis in Saham' de domino rege per servicium militare.

---

[1] *The last five words are an addition in the same hand.*
[2] *Read* de dono regis Willelmi.

S. ij. 8.
II. 336–
352—cont.
Willelmus de Hasting' tenet x. libratas terre in Asle per serianteriam, scilicet existendi dispensarius in dispensa domini regis.

Domina Laurette tenet in Sculeton' c. solidatas terre per serianteriam existendi lardarius in lardaria domini regis.

LAWENDICH'.

Johannes Marescallus et Rogerus de Cressi tenent Swaneton' de domino rege, sed nescitur per quod servicium.

Robertus filius Rogeri tenet Lechesh' de domino rege, sed nescitur per quod servicium sed pertinet ad baroniam uxoris sue.

Episcopus Norwicensis tenet Elmham de domino rege, sed nescitur per quod servicium.

Melham cum pertinenciis fuit dominicum domini regis quam Willelmus filius Alani tenuit in capite de domino rege per servicium feodi j. militis; modo habet Johannes Extraneus custodiam per dominum regem.

GRIMESHO.

Comes de Warenne tenet quoddam molendinum in capite de domino rege sed nescitur per quod servicium.

BLAFELD.

Odo de Danmartin tenet Strumeshag' cum pertinenciis in capite de domino rege per servicium feodi j. militis.

Hugo de Gurnai tenet Kantele de domino rege in capite, sed nescitur per quod servicium.

Episcopus Norwicensis tenet Blafeld cum pertinenciis de domino rege in capite, sed nescimus per quod servicium.

TAVERHAM.

Prior Norwicensis tenet Catton' in liberam elemosinam de dono domini Regis Henrici primi.

Abatissa de Cadamo tenet Horsted' in elemosinam de dono Willelmi Bastardi.

NORTH ERPINGH'.

Halnad' de Bidun' tenuit in Sypeden' quartam partem feodi j. militis de dono Henrici Regis antiqui, et fuit membrum de Eylesham' que est dominicum domini regis; et modo tenet illam partem Willelmus de Wirecestr' per quartam partem feodi j. militis.

NOREWIC'.

Norwicus est dominicum domini regis, sed moniales de Carhow habent quandam terram de progenitoribus domini regis in eadem villa in elemosinam, que conputatur ad scaccarium in firma Norwici pro xx.s.

NORTHERPINGHAM.

Henricus Rex, pater domini Regis Johannis, dedit in Bech' Abraham de Felmingh' quoddam tenementum quod fuit membrum de Eylesh'

S. ij. 8. et consuevit solvere dimidiam m. argenti manerio de Eylesh', et
II. 336– postquam Abraham habuit illud tenementum nichil solvit manerio
352—cont. de Eylesh' neque alicui, quod scitur.

EYNESFORD'.

Comes de Albemar' tenet in Folesh' de domino rege in capite de dono domini Regis Ricardi per servicium feodorum iiij. militum simul cum aliis tenementis que tenet de rege.

Comes de Warenne tenet de domino rege in Falesh' xj.l. terre in excambium terre sue de ultra mare de dono domini Regis Ricardi.

Willelmus Tresgoz tenet Billingeford' de domino rege in capite, scilicet per servicium feodi j. militis et dimidii.

Paganus de Chaurces tenet j. terram que fuit Alexandri de Riul in Salle et tenet de domino rege per servicium quarte partis feodi j. militis.

FRETHEBR'.

Well' cum pertinenciis data fuit abbacie de Cadamo in elemosinam per Regem Willelmum primum.

Gaufridus de Merlai tenet quoddam feodum in Illington' de Huberto de Burgo per heredem Willelmi de Warenne uxorem suam, quod Bernerus serviens tenuit quondam de progenitoribus domini regis per serianteriam; nescimus per quam; et postea datum fuit Reginaldo de Warrenn' per Henricum Regem, patrem domini regis; nescimus per quod servicium.

Terra de Babbingele quam Robertus de Tateshale tenuit de domino rege est in manu domini regis per mortem ipsius Roberti, sed nescimus per quod servicium tenuit.

Comes de Warene tenet Est Acre cum pertinenciis de domino rege, sed nescitur per quod servicium.

Comes Arundell' tenet Rising' de domino rege, sed nescitur per quod servicium.

Episcopus Norwicensis tenet Lenne cum pertinenciis de domino rege, sed nescitur per quod servicium.

SUFFOLCH.

BLITHING'.

Blieburg' fuit dominicum domini Regis Henricus, patris domini Regis Johannis, et dominus Rex Henricus dedit manerium illud Willelmo de Kesnet' per servicium feodi j. militis et modo tenet Robertus filius Rogeri manerium illud per idem servicium.

WAINEE',

Westhale est manerium domini regis et respondet per annum per manum vicecomitis de xvj.l. ad scaccarium.

Soca de Franchevill' in Wilingh' et Werlingh' fuit dominicum domini regis et fuit membrum de Mutford' regis scilicet Willelmi primi; et idem Willelmus dedit illam Hugoni de Monford', quam Henricus de Mailoc tenet modo de domino rege per servicium ij. partis feodi j. militis et de dono domini Regis Johannis, cum uxore que fuit Johannis de Jarpenvill'.

134   A.D. 1212.

S. ij. 8.   Soca Britonis de Werlingeham. Dominus Rex Henricus dedit
II. 336–
352—*cont.* eam antecessoribus Oliveri de Tintimac de Britannia, et Hamon
de Sibetou' tenet modo illam de dono domini Regis Johannis sed
nescitur per quod servicium, et fuit membrum de Mutford'.
  Soca Luvelli in Werlingh' et Weston'. Dominus Rex Henricus
primus dedit illam Willelmo Luvel, et Willelmus de Longo Campo,
tunc temporis cancellarius, emit illam de predicto Willelmo Luel
et dedit illam Henrico de Longo Campo, fratri suo, et idem Henricus
dedit illam Roberto Gresle in maritagium cum filia sua qui modo
eam tenet ; set nescitur per quod servicium, et fuit membrum de
Mutford'.
  Becles fuit dominicum domini regis et pertinebat ad manerium
de Lothewistoft ; et antiquitus datum fuit Sancto Edmundo in
elemosinam per reges predecessores.

SAUNFORD'.

  Alexander filius Ricardi tenet Soteleg' de domino rege in capite
per servicium feodi j. militis.
  Hugo Talemasch' tenet Benetleg' de domino rege per servicium
feodi j. militis ad custum regis.
  Ricardus Scorchevellie tenuit medietatem de Hintlesh' de domino
rege in capite per servicium feodi j. militis et medietas ipsa est in
manu justiciarii, et tenet per servicium feodi j. militis.
  Johannes de Vallibus tenet feodum j. militis in Hintlesh' de domino
rege per servicium j. militis.
  Willelmus filius Hervei tenuit Selflegam in capite de domino rege
per lij.s. quos Henricus Rex, pater domini Regis Johannis, dedit
ecclesie de Buttele in elemosinam, et dominus rex habet ipsam
modo in manu sua per mortem Roberti de Tateshal', cuius ipsa
fuit.
  Henricus primus, Rex Anglie, dedit Rogero de Tooni xx. libratas
terre in Bercolt de dominico suo in maritagio cum filia comitis de
Henou et retinuit c. solidatas in manu sua, de quibus Henricus Rex,
pater domini Regis Johannis, dedit Petro de Liscanp' iiij. libratas
et ipse Petrus dedit illas iiij. libratas Templariis ; et dominus rex
retinuit xx. solidatas in manu sua, de quibus Edwardus de Alneto
respondet inde per manum vicecomitis ad scaccarium.
  Adam Malveisin tenet feodum dimidii militis in hundredo de
Sanford' et dimidio et in hundredis de Cleidon et de Bosemere de
dono domini regis de soca Briton' per dimidium militem.
  Willelmus Oliver, Brito, tenuit feodum dimidii militis in hundredo
de Sanford et dimidio et in hundred' de Cleidon' et de Bosemere
de Rege Henrico, patre domini regis, in capite, quod feodum iustici-
arius tenet per servicium feodi j. militis.
  Bartholomeus de Avilers tenet xl. solidatas terre in hundredo
de Sanford de domino rege in capite per serianteriam ducendi seriantos
in Walliam ad custum domini regis.
  Henricus Rex primus dedit ecclesie Sancte Marie de Theof' vij.
solidatas redditus in parrochia de Chircheford de dominico suo,
scilicet servicium duorum sokemannorum quos Rogerus de Braham
tenet de predicta ecclesia.

OXEN'.

S. ij. 8.
If. 336—
352—cont.

j. Ricardus de Camera tenet in villa de Denham quartam partem carucate terre in capite de domino rege per servicium x.d. ad danegeld'. Et[1] per servicium iij.d. per annum per manum prepositi hundredi solvendorum et per quartam partem unius secte.
Ricardus Capellanus tenet in Denham vj. acras terre de domino rege in capite per servicium iij. ob. ad danegeld.

STOUE.

Willelmus Esturmi tenet feoda ij. militum in Buckeshale et in Ykene[2] unde antecessores sui solebant facere servicium iij. militum. Sed Henricus Rex, pater domini regis, condonavit servicium J^{us} militis pro quadam piscaria in Oreford quam dominus rex in manu sua tenet.

Robertus de Crec tenet Combes ad feodi firmam de domino rege et reddit firmam ad scaccarium et solebat tenere de Rodlando Avenel per xxij.l. et dimidiam m. et per xxv.s. de scutagio et nichil inde alienatum est.

Adam de Gedding' tenet quandam terram in Buckeshale, que fuit escaeta tempore Henrici Regis, patris domini regis, et prefatus Henricus dedit eam domui de Buttele, et prefatus Adam tenet eam de dono de Buttele ad feodi firmam per v.m.

Willelmus le Bretun et Robertus de Munteni et heres Ricardi de Munfichet et heres Odinel de Unfranvill' tenent Thorneie, quam Rex Henricus proavus tenuit in dominico suo, et illam dedit Ricardo de Luci, sed nescitur per quod servicium.

MUTFORD.

Antiquus Rex Henricus dedit Baldrico de Bosco manerium de Mutford' cum Gapeton' et Beleton' in aumentacione baronatus de Baldemund' propter xl. libratas terre quas sibi promisit pro servicio suo, scilicet Mutford' pro xxx.l. et Gapeton' et Beleton' pro x.l. Heredes vero predicti Baldrici dederunt Gapeton' et Beleton' in excambium pro j. villa in Normannia que vocatur Tyl, quas villas Osebertus de Gladefen et Radulfus Gernun tenent, sed nescitur per quod servicium.

Item Le Hussei pertinuit ad manerium de Mutford' et reddidit x.s. donec Rex Henricus, pater domini Regis Johannis, cepit eam in manum suam et adhuc tenet.

Item domina Heldeburga quando hereditas accidit ei de Mutfurd' ipsa dedit in elemosinam de dominico de Mutford viij. acras terre ecclesie Beate Marie de Bliburg' quas Warinus le Latimer tenet de eadem ecclesia per servicium ij.s.

Item predicta Heldeburga dedit Henrico de Ver filiam suam heredem de Mutford' in uxorem. Ipse vero Henricus de Ver de jure et hereditate uxoris sue adquisivit Mutford' et tenuit eam tota vita sua. Dictus vero Henricus genuit quendam filium de uxore

---

[1] *The words added subsequently are now almost illegible in the original* (S. ij. 8). *In the book* (II. 347) *they are clear.*
[2] Iken *is locally in* Plomesgate *hundred.*

S. ij. 8.
II. 336–
352—*cont.* sua qui heres est de Mutford' et est in custodia Roberti filii Rogeri tradicione domini regis.

[BOSEMERE.]

Brianus filius Radulfi tenet feodum j. militis in Briset' in capite de domino rege.

Robertus Grelle tenet feodum j. militis in Willavesh' in capite de domino rege.

Willelmus de Cresec tenet feoda ij. militum in Netlested in capite de domino rege.

Brianus Aquarius tenet quarterium feodi j. militis in Parva Briset' in capite de domino rege.

Adam Mauveisin tenet feodum dimidii militis in hundredis de Bosemere et de Claidon et de Sanf' in capite de rege.

Comes Rogerus Bigot tenet feoda v. militum et j. quarterium de baronia de Reimes per donum Roberti de Reimes, quos idem Robertus tenuit in capite de rege; et hii sunt milites qui tenent predictum feodum de comite : [Petrus de Nereford tenet feodum j. militis et dimidii in Stanh';] Radulfus de Nereford' et Hugo de Rikinghal' tenent iij. quarteria in Cropfeld ; Hugo de Gosebec tenet feoda ij. militum de eodem in Eston'; Edmundus de Tudeh' tenet feodum j. militis in Neweton' et in Eston'.

Alexander de Brumton' tenet serianteriam Rodlandi in capite de rege in Hemingeston' per saltum et siflum &c.

Henricus Rex dedit Brumford, et fuit dominicum suum, in perpetuam elemosinam ecclesie Beate Marie de Evereus.

Willelmus Bastardus Rex dedit Cretinges, et fuit dominicum suum, in elemosinam ecclesie Beate Marie de Bernai.

Comes Robertus de Moretoin dedit aliam Cretinges in elemosinam ecclesie Beate Marie de Gresteng', quam tenuit in capite de rege sed nescitur per quod servicium.

Hugo de Gurnai dedit Blakeh' in elemosinam Beate Marie del Bec, quam tenuit in capite de rege, sed nescitur per quod servicium.

NORF'. LODN'. KNAVERING.

Rogerus le Bigot vetus tenuit Dichingh' et Stocton' de antecessoribus domini regis in capite et post illum tenuit Comes Hugo le Bigot et post illum tenuit Comes Rogerus et adhuc tenet illas terras a domino rege in baronia sua.

NORF'. SMETHEDUN'.

Comes Arundell' tenet Snetesh' cum pertinenciis in capite de domino rege que pertinet ad suam baroniam, sed nescitur per quod servicium.

Comes de Clare tenet Chusele in capite de domino rege, sed nescitur per quod servicium.

Episcopus Norwicensis tenet Secheford' in capite de domino rege sed nescitur per quod servicium, sed pertinet ad suam baroniam.

Abbas de Rames' tenet Ringested' et Brancestr' cum pertinenciis de domino rege in capite, sed nescitur per quod servicium.

S. ij. 8. Willelmus Luvel tenet Docking' cum pertinenciis in capite de
II. 336–
352—cont. domino rege per servicium j. militis.
Willelmus Mai tenet j. carucatam terre in villa de Stanhoie in
capite de domino rege per serianteriam venacionis.

NORF'. WALSH'.

Rogerus Bigot vetus tenuit Acle et Halvergate et Walesh' de
dono antecessorum domini regis in capite de conquesto Anglie et
post illum tenuit Hugo le Bigot filius predicti Rogeri et post illum
tenuit Rogerus le Bigot filius ipsius Hugonis et nunc tenet terras
illas in capite de domino rege et defendit ut in baronia.
In Bastwich' pertinet j. carucata terre ad baroniam abbatis de
Sancto Benedicto quam tenet a domino rege in capite.
Nicholaus Pincerna tenet medietatem j. militis in Ubton' de
Hugone de Abervill' quam tenet de domino rege in capite.
Terra Rogeri Lavellie de Bastwich' fuit serianteria tempore domini
Regis Henrici, sed dominus Rex Johannes attornavit eam predicto
Rogero ad quartam feodi j. militis.

JERNEM'.

Nullum tenementum est in Jernem' quod antiquitus non tenebatur
de domino rege aut de progenitoribus domini regis regibus Anglie,
quod sit datum vel alienatum aliquo modo quo minus de domino
rege teneatur in capite, et illi quibus tenementa sunt[1] data faciunt
plenarie servicium domino regi de tenementis illis, scilicet sectam
placitorum in curia domini regis in Gernem' quod est commune
servicium debitum domino regi de omnibus tenementis in Jernemuth'.
Preterea dominus rex habet plenarie firmam suam de villa de
Jernem' sicut progenitores ejus habuerunt scilicet lv.l. per annum.

GIPESWIC'.

Rex Adgarus dedit Stokes membrum de Gipesw' Sancte Etheldrede
in elemosinam et tune valuit x.l.
Item Rex Edwardus dedit Brokes membrum de Gipesw' Alvrico
de Clare, sed nescimus per quod servicium et tune valuit x.l. et
Robertus de Badele tenet illam de comite de Clare per servicium
feodi unius militis.
Item Rex Henricus vetus secundum quod intelligimus dedit
Comiti Alano Britannie iiij.l. et xiij.s. de burgo de Gipesw' per manus
ballivorum ejusdem ville et in Wikes membro de Gipesw' lxvj.s.
et v.d. et ob. in homagio et illud habet Willelmus de Cresec ex dono
domini Regis Johannis, sed nescimus per quod servicium.
Item Rex Ricardus dedit Wikes villam supradictam membrum
de Gipesw' J. episcopo Norwicensi, antecessori Johannis presentis
episcopi, que respondebat Gipew' pro x.l. et illam tenet episcopus
Norwicensis, sed nescimus per quod servicium.

EYE.

Willelmus Bastardus Rex Anglie reddidit Roberto Malet honorem
de Eya pro servicio suo et idem Robertus tenuit eundem honorem

---

[1] *The original* (S. ij. 8) *repeats* sunt.

138   A.D. 1212.

S. ij. 8. quamdiu Willelmus Rex vixit et quamdiu Rex Rufus vixit ; postea
II. 336–
352—*cont.* suscepit Rex Henricus honorem illum et tenuit per vij. annos ; et
postea donavit eundem honorem comiti Stephano nepoti suo pro
servicio suo et tenuit xxij. annis dum fuit Rex et comes ; et post
illum suscepit comes de Warenne scilicet Willelmus filius eius et ·
tenuit illum honorem iij. annis, qui mortuus fuit in servicio regis
in exercitu de Tulos' ; post illum tenuit Henricus Rex, pater domini
Regis Johannis, plus quam xxx. annis ; postea successit Ricardus
Rex et dedit eundem honorem duci Loereng' cum nepte comitis
predicti Willelmi, que erat proxima heres ; et dux Lohereng' tenet
illum honorem sicut hereditatem uxoris sue ; sed nescitur per quod
servicium ; nec aliquid inde alienatur quo minus tenetur[1] domino
rege in capite, sed de illo honore sunt quater xx^{ti} milites.

DONEW'.

Quedam eschaeta fuit apud Donew' unde provenit iij.s. iiij.d. de
redditu tempore Henrici Regis, patris domini regis. Et idem
Henricus dedit predictum redditum monachis de Rading' faciendo
idem servicium ad firmam de Donewic'.

Quidam mariscus est apud Donew' unde homines de Donew'
solebant reddere per annum in firma sua x.s. quos dominus Rex
Johannes dedit magistro Milicie Templi in elemosinam et locati
sunt eis ad scaccarium x.s.

Mendlesh'[2] fuit dominicum domini regis set Henricus Rex primus
dedit illam Odoni de Danmartin' per servicium feodi j. militis.
Robertus vero de Burgate[3] tenet modo illam de domino rege per idem
servicium de dono domini Regis Johannis cum uxore sua, herede
Willelmi de Danmartin'.

Hubertus Corn de Bof tenet in eadem villa de domino rege j.
carucatam terre cum pertinenciis per servicium arbalisterie de dono
Willelmi Bastardi.

Bartholomeus de Auvilers tenet terram in Brom' de domino rege
per servicium ducendi serientos in servicium domini regis per custum
regis.

Adam Mauveisin tenet feodum dimidii militis in hundredis de
Claidon et Bosemere et Sanford' in capite de rege quod fuit socagium
Briton'.

Gaufridus filius Petri, justiciarius domini regis, tenet alteram
partem eiusdem socagii de domino rege in capite quam Willelmus
Oliveri tenet de eo per servicium feodi dimidii militis.

Rothulphus dedit ecclesie Beati Nicholai de Gipesw' redditum
v.s. et x.d. in elemosinam, quos tenuit in Witton de domino rege
in capite, sed nescitur per quod servicium.

Adhuc deficit veredictum de viij. hundredis et dimidio libertatis
Sancti Edmundi et de v. hundredis et dimidio Sancte Etheldrede

---
[1] *After* tenetur *supply* de.
[2] *The destruction of a portion of the roll makes it uncertain whether there was a new heading at this point or not. This remark applies to the remainder of this return.*   [3] *The original* (S. ij. 8) *reads* Burg'.

NORFOLK AND SUFFOLK. 139

S. ij. 8.
II. 336-
352—*cont.*
et dimidio hundredo de Luthingeland quod est in manu comitis Saresbirie.

[*Endorsed :*—] *Hunc rotulum recepit W. thesaurarius in crastino Decollationis Sancti Johannis Bapthiste per manum Radulfi de Esse clerici anno regis xiiij.*

[*In a later hand :*—] *Norff'. Suff'. Essex'. Hertford'. De Testa de Nevill.' In libro.*

WORCESTER.

S. ij. 6.
I. 196-
198. De Testa de Nevill'.

NOMINA TENENCIUM IN CAPITE DE DOMINO REGE IN COMITATU WIGORNIE.

HUNDREDUM DE PERSORA.

Abbas Westmonasterii tenet Bezfort', Burlingham, Cumbriton', Newinton', Grafton', Brocton', Flavel, Upton' Stephani, Poywik', Medresfeld', Langedon', Chadesleg' per servicium vij. militum.

Idem tenet Grafton', Periton', Piplinton', Clivelad' et Apperleg' in Glouc' per servicium iij. militum.

Idem tenet Strengesham per servicium duorum militum et Hugo de Fokinton de eo.

Idem tenet medietatem ville de Persora cum pertinenciis in elemosynam de dono Regis Eadwardi.

Comes Albemarlie tenet Savernestok' de dono Regis Ricardi per servicium j. militis et dimidii pro qua et pro Kenemerton' et Botinton' in Glouc' dominus Rex acquietat abbatem Westm' de iij. militibus.

Abbas de Persora tenet Beleg' et Goldicot' per servicium duorum militum et residuum baronie sue in elemosynam de donis plurimum.[1]

Thomas de Mara tenet Herdewik' de honore Gloucestrie per servicium dimidii militis de dono Willelmi comitis Gloucestrie.

Robertus filius Willelmi de Berkel' tenet Eldresfeld' de honore Gloucestrie per servicium j. militis de dono Roberti comitis Gloucestrie.

Abbas de Theokesbur' tenet Busseleg' de domino rege et reddit inde annuatim viij.l.

Dominus rex tenet la Pulle in manu sua quam Simon de Columbis tenuit de dono Regis Henrici, patris domini regis, pro custodienda haya de Bisseleg.

Willelmus de Kaerdif tenet Kuhull de honore Gloucestrie de dono Roberti comite Gloucestrie et reddit inde annuatim domino regi unum canem.

Hugo de Colcumba tenet dimidiam virgatam in Bisseleg' per serianteriam custodiendi hayam de Bisseleg'.

Richerius de Eldresfeld' tenet j. hydam terre in Eldresfeld' de honore Gloucestrie de dono Roberti comitis per servicium serviendi in rubeis caligis die natali.

---

[1] I. 196 *reads* plurium.

S. ij. 6.
I. 196–
198. De
Testa de
Nevill'—
cont.

Robertus Calvestail tenet sex acras terre in Merton' per serianteriam custodiendi forestam Malvernie.

Nicholaus Lefward iij. acras terre in la Pulle per serianteriam custodiendi forestam de Cors.

Prior Majoris Malvernie tenet unam virgatam in dominico manerio domini regis de Hanleg' in liberam elemosynam de dono Regis Henrici, patris domini regis.

Prior de Lyra tenet unam virgatam terre in Herdewik' et aliam virgatam in Bisseleg' et dimidiam virgatam in Kuhull de honore Gloucestrie de dono Willelmi filii Osberti comitis Glovernie[1] in liberam elemosinam.

Abbas Evesham' tenet baroniam suam de domino rege in comitatibus Wigornie, Glovernie, et Norhamton' per servicium iiij. militum et dimidii.

Gilebertus de Hanleg' tenet unam virgatam terre et dimidiam in manerio domini regis de Hanleg' per serianteriam custodiendi forestam Malvernie.

HUNDREDUM DE DUDINTR'.

Robertus de Mortuo Mari tenet Tametebir', Cliftm,[2] Sapy, Cura, Iadefen, Sheldesleg', Sutton, et Stanfort per servicium iiij^{or} militum et quinte partis unius militis de dono domini regis cum filia et herede Hugonis de Say.

Rogerus de Mortuo Mari tenet Suthinton' et Brok' per servicium j^{us} militis et terciam partem j^{us} militis.

Radulfus de Thoni tenet Estham, Rudmarleg', La Bergha', Wernesleg', La Mora, Schraveleg' et Sheldesleg' per servicium iiij^{or} militum et dimidii et quinte partis j^{us} militis.

Thomas de la Mara tenet Hanleg', Rudmarleg', Alreton' et Doddeham de honore Gloucestrie per servicium ij. militum.

Willelmus de Frisa tenet dominium domini regis de Martleg' de dono domini regis per servicium ij. militum.

HUNDREDUM QUOD VOCATUR DIMIDIUS COMITATUS.

Comes Saresberie tenet Frankeleg', Werdesleg', Belne, Pebemore, Swinford, Haggeleg', Cradeleg' terras que fuerunt Radulfi de Sumeri per servicium trium militum et trium partium j^{us} militis.

Walterus de Bello Campo tenet Upton', Stanes, Grafton', Hamt', Chadeleswik', Cokeseyam, Benetleg' Pancevot, Dovredal', Coston', Dunclent' per servicium vij. militum.

Thomas Esturmy tenet Russok' per servicium j^{us} militis de dono domini regis.

Robertus de Mortuo Mari tenet Croleam, Estwd', Purshull', Aumbrug' per servicium duorum militum de dono domini regis cum filia et herede Hugonis de Say.

Robertus Corbet tenet Imeneam et Estwd' per servicium j^{us} militis et dimidii.

Radulfus de Tony tenet Aumeleg' et Haddesour' per servicium j. militis et dimidii.

---

[1] *Rectius* Herefordie.   [2] *Read* Cliftun.

S. ij. 6.   Willelmus de Huntingefeld' tenet villam de Kidelministr' in
I. 196–
198. De   warda cum herede Henrici Biset quam Rex Henricus dedit Mansello
Testa de   Biset, set nescitur per quod servicium.
Nevill'—   Willelmus de Furnell' tenet manerium de Bremesgrava ad feudam
cont.   firmam pro lxiij.l. et dimidia marca per annum.

INQUISICIO ECCLESIARUM.

Maugerus episcopus dedit ecclesiam de Rippel', Willelmo de Bosco, clerico suo, et vicariam eiusdem ecclesie dedit Ricardo de Sancto Paterno, clerico suo. Qui Ricardus reddit predicto Willelmo x.m. de pensione. Ecclesia autem integra valet per annum l.m.

Idem episcopus dedit ecclesiam de Hambur juxta Wych' magistro Ricardo de Cirencestr' que valet per annum x.m.

[*Endorsed :—*] Rotulus de tenentibus de domino rege in Wigornia et de ecclesiis.

STAFFORD.

S. ij. 5.   Excellentissimo domino suo Johanni dei gracia illustri regi Anglie,
I. 248–251.
Testa de   domino Hibernie, duci Normannie et Aquitanie, comiti Andegavie,
Nevill'.   suus vicecomes Staff', salutem, et tam devotum quam debitum famulatum. Preceptum vestrum suscepi in hec verba :—Johannes dei gracia rex et cetera vicecomiti Staff', salutem. Precipimus tibi quod sine dilacione in fide qua nobis teneris diligenter inquiri facias, sicut melius in quiri poterit, de omnibus feodis militum et omnimodis tenementis sive infra burgum sive extra burgum que de nobis tenentur in capite in bailliva tua per militare servicium vel per serganciam qualemcunque et qui ea teneant et per quod servicium, et similiter de tenementis omnibus que antiquitus de nobis vel de progenitoribus nostris regibus Anglie teneri solent, que sunt data vel alienata per maritagium vel per servicium vel per elemosinas vel alio modo quo minus de nobis tenentur in capite, et omnia illa tenementa qualiacunque fuerint inbreviari facias et nomina illorum qui ea teneant et per quod servicium et de quibus et per quos data vel alienata fuerint et quibus occasionibus a capitali servicio nostro, quod de[1] nobis vel antecessoribus nostris inde fieri solet, et quod inde inquisitum fuerit nobis et baronibus scaccarii nostri scire facias per inquisicionem inde discrete factam in crastino Sancti Johannis Baptiste sub sigillo tuo etc.

Isti tenent de domino rege per servicium militare.

ISTI TENENT PER SERVICIUM MILITARE.

Comes Cestrie tenet vij. feoda militum.
Comes de Ferariis tenet unum feodum et dimidium.
Comes de Arundel tenet unum feodum quod habet in custodia cum herede Willelmi de Muntchanesy.
Willelmus filius Alani tenuit v. feoda et dimidium et quartam partem militis que sunt in custodia domini regis.

---
[1] *Omit* de *as in the other version of the writ.*

142   A.D. 1212.

S. ij. 5.
I. 248-251.
Testa de
Nevill'—
cont.

Herveius Bagot tenet l. feoda militum de quibus tria faciunt duo.
Hugo Pantulf tenet duo feoda.
Comes de Salesbir' habet in custodia x. feoda et iij. partes militis de honore Radulfi de Sumery cum herede ipsius Radulfi per preceptum domini regis.
Nicholaus de Verdun tenet feodum unius militis.
Warinus de Burwardesleg' tenet manerium de Esseleg' per servicium quinte partis militis, unde respondit ad wardam de Srawurthin.

ISTI TENENT PER SERGANTIAM IN COMITATU STAFF'.

Hugo de Nevill' tenet foresteriam de Canoe cum pertinenciis unde Hugo de Logiis, quondam forestarius, consuevit reddere ad scaccarium x.m. per manum suam.
Philippus filius Holegot' tenet foresteriam de Kenefar' cum manerio per cartam domini regis Henrici et reddit per manum suam ix.l., et tantum consuevit manerium reddere.
Randulfus de Perton' tenet Perton' et debet servire domino regi ad custum suum in Wallia cum duobus equis per viij. dies et postea ad stipendia domini regis et ultra mare ad stipendia domini regis.
Willelmus filius Wimari custodit vivarium domini regis de Staff' et reddit annuatim per manum[1] dimidiam marcam.
Willelmus Griffin tenet hundredum de Pirhull' et reddit inde per annum vj.m. per manum vicecomitis infra firmam comitatus.

ISTI TENENT DOMINICA DOMINI REGIS.

Rogerus de Sumervill' tenuit manerium de Alrewas per cartam domini Regis Johannis et reddit per annum xv.l. per manum suam et consuevit reddere infra firmam comitatus per manum vicecomitis x.l. et similiter facit quartam partem unius militis et modo est manerium predictum in custodia magistri Radulfi de Stok' cum filio ipsius Rogeri et idem servicium facit.
Comes de Salesbir' tenet maneria de Swinford' et de Clent et de Mere cum filio et herede Radulfi de Sumeri in custodia per voluntatem domini regis et reddit per annum xxvj.l. xix.s. iiij.d. unde vicecomes consuevit reddere xxj.l. xix.s. iiij.d. infra firmam comitatus.
Baldewinus de Hodenet tenet manerium de Bromleg' quod cepit cum uxore sua et habet cartam domini regis Johannis et reddit per annum per manum vicecomitis iiij.l. et tantum consuevit reddere infra firmam comitatus.
Willelmus Ruffus tenet manerium de Waleshal' de dono Regis Henrici et reddit per annum iiij.l. et tantum consuevit reddere infra firmam comitatus.
Willelmus de Herovill' tenet Wednesbur' in escambia de Stunttingefeld'[2] de jure uxoris sue et reddit per annum xx.s. per manum vicecomitis, et consuevit reddere iiij.l. infra firmam comitatus.

---

[1] *After* manum *the word* vic' *has been erased.*
[2] *i.e.* Stonesfield, co. Oxford. *See* Shaw's History of Staffordshire, vol. i. General Appendix, xvj.

S. ij. 5.   Burgenses de Staff' tenent viij. mesuagia et dimidium unde reddunt
I. 248-251.
Testa de per annum xij.s. ix.d. ; et preterea reddunt iiij.m. et iiij.s. per
Nevill'— manum suam et modo habent cartam domini Regis Johannis.
cont.   Willelmus de Gamages tenet manerium de Tetenhall' per
voluntatem domini regis ; et consuevit reddere lxxvij.s.
   Hugo Hose tenuit manerium de Pencriz per cartam domini Regis
Johannis et debebat servicium unius militis et consuevit reddere
x.l. infra firmam comitatus et modo est in manu H. de Nevill', quia
Hugo Hose est in custodia domini regis.
   Ricardus de Rushal' tenet Ruheleg' et molendinum de Cradeleg'
et reddit per annum xvj.s. iiij.d. per cartam domini Regis Johannis.
   Thomas de Burgo tenet manerium de Arnleg' de antiqua eschaeta
de Ada de Port de dono domini Regis Johannis et debet inde
servicium unius militis, et valet per annum xiij.l.
   Henricus de Waleton' tenet vj. virgatas terre in[1] Cesterton' per
cartam Regis Henrici et nichil reddit, et valent per annum xxx.s.
   Prior de Trentham tenet manerium de Trentham de elemosina
domini Regis Henrici et inde habet cartam suam et nihil reddit ;
et consuevit reddere c.s. infra firmam comitatus.
   Abbas de Bordesleg' tenet manerium de Terdebig' de elemosina
Matildis Imperatricis, et valet per annum x.l.

   ISTI SUNT SOKEMANNI DOMINI REGIS.

   Randulfus de Cnoton' tenet xxxvj. virgatas terre in Cnoton' in
Dimesdal' et in Hanchurche et in Claiton' et in Honeford' et in
Witemor' et reddit per annum iiij.l. xj.s. vj.d. de antiquo jure, scilicet
de conquestu Anglie.
   Willelmus de Henle tenet iij. virgatas terre in Henle et reddit
per annum vj.[2] et tenet de antiquo jure.
   Randulfus de Bevill' tenet vj. virgatas terre et dimidiam in
Longeton' et reddit v.s. per annum de antiquo jure.
   Willelmus de Erdinton' tenet iij. virgatas terre in Fenton' de jure
Philippe uxoris sue quam habet de dono domini Regis Johannis
et reddit per annum vij.s. et tenet illas de antiquo jure.
   Henricus de Alditheleg' tenet iiij. virgatas terre in Bradewell' et
in Thurfredesfeld' et reddit per annum xj.s. et tenet de antiquo jure.
   Henricus de Verdun tenet xij. virgatas terre in Tunstal et in
Chaderleg' et in Normannecot' et reddit per annum xv.s. et iiij.d.
et tenet de jure uxoris sue.
   In villa Novi Castri sunt viij^{xx} burgagii[2] quorum quodlibet reddit
per annum xij.d. ad iiij^{or} terminos.
   Fratres Milicie Templi tenent Kele menbrum Novi Castri de dono
domini Regis Henrici et nichil reddunt.

   [*Endorsed* :—] *Hunc rotulum recepit W. thesaurarius in crastino
octavarum Sancti Johannis Bapthiste per manum Roberti clerici anno
regni Regis Johannis xiiij°.*

   Rotulus inquisicionis comitatus Stafford'.
   [*In a later hand* :—] *In libro.*

---

   [1] in Cesterton *interlined in another hand.*
   [2] *So in original* (S. ij. 5).

SALOP.

S. ij. 5.
I. 252-257.

Hec est inquisicio facta per vicecomitem Salop'sire de tenentibus in capite de domino rege in eodem comitatu per servicium militare.

Willelmus filius Alani tenuit in capite de domino rege per baroniam et debuit servicium vij. militum, et terra eius est in manu domini regis.

Rogerus de Mortuomari, baro, tenet in capite de domino rege et debet servicium v. militum.

Walterus de Lascy tenuit similiter de domino rege et debuit servicium x. militum, cuius terra est in manu domini regis.

Robertus de Mortuomari tenet similiter et debet servicium v. militum.

Hugo. Pantulf', baro, similiter tenet in capite et debet servicium v. militum.

Robertus Corbet, baro, similiter tenet in capite et debet servicium v. militum.

Willelmus Curtenay, baro, similiter tenet in capite et debet servicium iij. militum.

Thomas Maudut, baro, similiter et Willelmus de Cantilupo scilicet de castris Halegot' et Pulrebeche et debent servicium v. militum.

Petrus filius Herberti, baro, tenet in capite similiter et debet servicium de dimidio milite.

Willelmus Boterealus, baro, tenuit in capite de domino rege per servicium dimidii militis.

Walterus de Witefeld', miles, tenet in capite de domino rege et debet servicium j. militis, et valet terra sua c.s.

Iggram de Pratellis, miles, tenet in capite de domino rege dotem uxoris sue et debet servicium j. militis, et valet eius terra x.l.

Hugo de Picheford', miles, tenet in capite de domino rege et debet servicium j. militis, et valet terra sua viij.l.

Thomas de Albo Monasterio et Griffinus de Sutton, milites, tenent de domino rege Weston' per servicium dimidii militis, et valet terra eorum v.m.

Stephanus de Thurneham tenet in capite de domino rege et nescitur servicium, set terra sua valet c.s.

Fulco filius Warini tenet in capite de domino rege per servicium j. militis, et valet terra sua x.l.

TENENTES IN CAPITE DE DOMINO REGE IN CAPITE PER SERGANTIAM.

Johannes filius Roberti de Estleg' tenet Estleg' antiquitus ex conquestu et debet de servicio unum servientem equitem cum uno haubergello ad eundum cum domino rege quando vadit in exsercitu in Walliam.

Robertus filius Roberti filii Aer' tenet per serganteriam et debet de servicio unum servientem peditem cum arcu et sagittis cum exsercitu domini regis in Wallia.

Robertus de Fagentre tenet eodem modo per eundum[1] servicium.

---

[1] *Read* idem.

SALOP. 145

S. ij. 5.
I. 252–257
—cont.

Adam de Beisin tenet per serganteriam et debet de servicio esse austrucerius domini regis.

Willelmus Burnell' tenet per serganteriam et debet de servicio ferre unum austurcum apud Stubbinges in Essex ad custum domini regis.

Nesta de Baskervill' tenet per serganteriam et debet de servicio unum servientem cum lancea in exsercitu domini regis in Wallia.

Alexander de Novo Burgo debet de servicio custodire vivivarium[1] domini regis de Novo Burgo.

Thomas filius Rogeri debet de servicio invenire unum servientem peditem ad conducendum Walenses de Powiz ad curiam ad custum domini regis.

Hugo de Beckebur', Alexander Piscator, Ricardus de Brug', Robertus de Loskesford', Willelmus de Longealr', Adam de Cherleton', Ricardus de Chesthull', Willelmus Mariscallus, Walterus de Beckebur', debent de servicio annuatim domino regi unum nisum sorum. *Loquendum*[2].

Thomas de Chabunhour' tenet per eundem' servicium. *Loquendum*[2].

Hugo filius Roberti tenuit de domino rege per servicium esse capitalis forestarius de comitatu Salop'sir', et est terra eius in manu domini regis per preceptum justiciariorum foreste ultimo itinerantum.

Walterus de Muneton' debet de servicio custodire forestam domini regis de Longa Muneta in comitatu Salop'.

Radulfus Mariscallus debet de servicio custodire Birewude forestam domini regis et Lyam hayam domini regis.

Rogerus de Lamere tenet per serganciam et debet de servicio esse constabularius peditum in exsercitu domini regis in Wallia ad custum regis per diem xij.d.

Willelmus Briwer' tenet per serganciam j. virgatam terre in Brocton' et debit invenire unum servientem peditem ad wardam castri domini regis de Srawurthin.

Ricardus de Ruton' tenet per eundem[3] servicium.
Willelmus Russell' tenet per eundem[3] servicium.
Matillidis de Stocton' tenet per eundem[3] servicium.
Walterus Hese et Rogerus de Yttefeld' tenent per eundem[3] servicium.

Adam de Leton' tenet per servicium quod debet facere varidam[4] in Castro Salop' cum sua balista per viij. dies ad proprium custum suum et si plus ibi moram fecerit ad custum domini regis.

Walterus Deudinas debet de servicio ferre bis in anno firmam comitatus Salop' ad scaccarium cum vicecomite ad custum domini regis.

Willelmus de Sutton' tenet per eundem[3] servicium.
Willelmus de Berdeleg' tenet per eundem[3] servicium.
Willelmus de Hales tenet similiter per eundem[3] servicium.

Predictus Willelmus de Berdeleg' tenet dimidiam virgatam terre et reddit annuatim iij.s. per manum vicecomitis ad scaccarium.
Rogerus de Bageshour'.[5]

---

[1] *Read* vivarium. [2] *Marginal notes.*
[3] *Read* idem. [4] *i.e.* wardam.
[5] *Delete* Rogerus de Bageshoure.

146   A.D. 1212.

S. ij. 5.
I. 252-257
—cont.
Rogerus de Bageshour' tenet unam **virgatam terre** et reddit inde annuatim vj.s. per manum vicecomitis ad scaccarium.

Thomas de Baskervill' tenet dimidiam virgatam et reddit annuatim per manum vicecomitis xvj.s. ad duos terminos.

Ricardus le Medler tenet j. virgatam terre et reddit inde annuatim ad festum Sancti Michaelis ij. knipulos.

Philippus filius Halegot' tenet de domino rege per servicium quod debet invenire ij. servientes pedites in exsercitu domini regis in Wallia.

Rogerus la Zusehe tenet de domino rege et debet de servicio invenire ij. servientes in exsercitu eius in Wallia.

HII SUNT QUI TENENT DE DOMINICIS REGIS A TEMPORE HENRICI REGIS, PATRIS DOMINI JOHANNIS REGIS.

Walterus de Clifford' tenet manerium de Corfham de dono Regis Henrici, patris domini Regis Johannis, per servicium j. militis et solebat reddere xxxj.l.

Thomas de Erdinton' tenet manerium de Welinton' de bailliva domini Regis Johannis et solet reddere ad scaccarium vij.l.

Emma quondam uxor David Regis Wallie tenet manerium de Hales de dono Henrici Regis, patris Regis Johannis, et debet inde annuatim unum nisum sorum et solet reddere ad scaccarium per annum xiiij^{or} l.

Johannes Extraneus tenet maneria de Nesse et de Chesewurthin' de dono Henrici Regis, patris domini Regis Johannis, et debet servicium j. militis que solent reddere ad scaccarium xj.l. x.s.

Prior de Wanelak' tenet manerium de Dudinton' de dono H. de Perrariis per concessum Henrici Regis, patris Regis Johannis, quod idem Hugo dedit cum corpore suo domui de Wanelak' in elemosinam et solet reddere xj.l.

Abbas de Hageman tenet dimidiam hidam terre in Leg' de Bottewud' quod fuit menbrum[1] de manerio domini regis de Cunedovr' de dono Henrici Regis, patris Regis Johannis, in perpetuam elemosinam et est de assarto.

Idem tenet de dono eiusdem Bechecot' in perpetuam elemosinam quod fuit assartatum de eodem manerio.

Abbas de Crokesden' tenet de dono domini Regis Johannis Eduney menbrum manerii de Egmudon'. in perpetuam elemosinam et solet reddere per annum xl.s. sed datum erat eis pro lx.s.

Nicholaus Pichun' tenet iij. virgatas terre in eodem manerio per servicium quod debet invenire iij. trusas feni ad cameram regis cum venerit apud Egmudon'.

Robertus Lupus tenet manerium de Ellesmere per bailliam Johannis Regis et solet reddere ad scaccarium x.l.

Johannes Extraneus tenet manerium de Wrocwurthin' ad firmam de bailliva Regis Johannis et solet reddere cum instairo[2] xij.l.

Robertus de Girros tenet Bureton' menbrum manerii de Claverleg' de dono Henrici Regis, patris domini regis, per servicium inveniendi unum servientem peditem in exsercitu Wallie quod solet reddere xxxij.s.

---

[1] *This scribe regularly writes* menbrum.   [2] *Read* instauro.

S. ij. 5. Wyrenocus filius Meuric' tenet viij. libratas terre de bailliva
I. 252-257 domini Regis Johannis pro x.l. in excambium de Wittenton' quod
—cont.   Fulco filius Warini tenet et debet esse de servicio latimarius inter
Angliam et Walliam.

Yvonus et Hugo filii Hugonis Pantulff' tenent manerium de Sttotesdin' de excaetha Mathei de Gamaches de bailliva domini Regis Johannis quod solet reddere xiiij.l. iij.s.

Hugo de Nevill' tenet manerium de Straton de bailliva domini Regis Johannis quod solet reddere iiij^{or} l.

Thomas de Albo Monasterio et Griffinus de Sutton' tenent Alvutheleg' per servicium dimidii militis.

Idem Griffinus tenet Ruelton', Ellewurthin', Sutton', Brocton' de dono Henrici Regis, patris domini Johannis Regis, per servicium de esse latinarius inter Angliam et Walliam.

HII SUNT QUI TENENT DE DOMINO REGE DE EXCAETIS GERARDI DE THURNAY.

Thomas de Erdinton' tenet Sachebur' de dono Johannis Regis et debet servicium j. militis.

Ricardus de Lopinton' tenet de domino rege per servicium j. militis.

Radulfus de Saneford tenet Saneford' per servicium dimidii militis.

Ricardus de Chesthull' tenet similiter per servicium dimidii militis.

Hugo de Wlonkeslawe tenet similiter per servicium dimidii militis.

Thomas de Cherinton' tenet per servicium quarte partis militis.

Baldwinus Wisehart tenet Hatton' de antiqua tenura et debet servicium quinte partis j. militis.

Hugo Pantulff' tenet xx. denariatas terre in Novo Burgo quas dominus Rex Ricardus dedit ei ad perficiendum viij. libratas terre quas ei dederat in comitatu Herefordie per servicium j. moleschi.

Episcopus Bangour' tenuit Kingesland' et reddit per annum xij.d.

Robertus Trainell' est in custodia domini regis, qui tenuit Hatton', unde vicecomes respondit ad scaccarium per annum xl.s.

Rogerus la Zusche tenet manerium de Thonke quod fuit de feodo Willelmi de Browus per servicium dimidii militis.

Leddebur' episcopi Herefordensis est in manu domini regis unde vicecomes Herefordie respondet.

Alexander piscator Novi Burgi tenet v. burgagia in Salop' cum ij. culturis infra servicium eius quod debet custodire vivarium domini regis Novi Burgi sicut supradictuest.[1]

Prior de Malverne tenet quandam terram in Quatte de dono Henrici Regis, avi[2] domini Regis Johannis, in perpetuam elemosinam et valet xxxvij.s. viij.d.

Radulfus de Picheford tenet in hundredo de Brug' Parvam Brug' cum pertinenciis suis de dono Henrici Regis, avi domini Regis Johannis, per servicium inveniendi sicca ligna ad cameram castri de Brug' in adventu domini regis et valet per annum xxxix.s.

---

[1] *Read* supradictum est.   [2] *Read* proavi.

148   A.D. 1212.

S. ij. 5. Burgenses Salop'bur' tenent villam de Salop' per cartam domini
I. 252-257 Regis Johannis et hundredum similiter et reddunt inde ad scaccarium
—cont.   per manum eorum per annum xlv.m.
    Burgenses de Brug' tenent villam de Brug' et respondent inde
ad scaccarium per manus eorum annuatim vj.l. xl.d.
    Castrum et villa de Lidielawe cum pertinenciis est in manu domini
regis, unde Engelardus de Cygon', vicecomes Hereford', respondet.

[*Endorsed* :—] *Hunc rotulum recepit W. thesaurarius in crastino octavarum Sancti Johannis Bapthiste per manum Roberti clerici anno Regis Johannis xiiij°.*

NOTTINGHAM AND DERBY.

S. ij. 6. Inquisicio facta coram Philippo Marc', vicecomite Notinghamie,
I. 75-83. de dominicis et feodis[1] domini regis et quo modo ab eo alienata fuerint
et coram militibus subscriptis, Adam de Sancta Maria, Nicholao de
Dayvill', Thoma Sanson', Adam de Muscamp, Ricardo de Furnell',
Thoma de Sandal', Hugone de Stoktun, Willelmo Basset, Roberto
de Appelby, Willelmo de Folevill', Ricardo de Curcun, Gaufrido
de Achoura, Radulfo de Bakepuz, Johanne de Ayncurt, Rogero de
Ayncurt et aliis viris discretis.

    Reginaldus de Colewic tenet j. carucatam terre in Colewic per
serianteriam per servicium xij. sagittarum. Item Reginaldus tenet
terciam partem j. carucate terre in Wilgeby, pro qua inveniet j.
runcinum cum uno sacco quando dominus rex ierit in Walliam de
honore Peverel.
    Emma de Beaufey tenet Ludham pro feodo j. militis de honore
de Tikehill'.
    Radulfus de Crumwell' tenet villam de Lameleia in feodi firma
reddendo inde annuatim infra firmam de Tikehill' x.l. que antiquitus
fuit feodum domini Rogeri de Buylly.
    In Wdeburg' est j. bovata terre de dominico Rogeri de Arnhal'
quam Hugo de Nevill' tenet infra firmam de Arnhal' de dono domini
Regis Johannis, que respondet de xxviij.s. x.d.
    In Oxton' est j. parva bovata terre que perficit illam magnam
bovatam de Wdeburg' et debet respondere ad Hernhal.
    In Wdeburg' sunt xxxiiij.s. redditus de prebenda que fuit canonici
Gaufridi et xxx. galline, quos archiepiscopus Eboracensis dedit
Thome de Ripun in absencia sua.
    In Muscamp est feodum j. militis, et Robertus tenuit illud de
archiepiscopo Eboracensi, et est in manu domini regis.
    Robertus de Chawrth' tenet duas partes j. militis in Marnham
de honore de Tykehill' in capite et terciam partem in Wadewrth'[2]
de honore de Tykehill'.

---
    [1] *This passage originally ran* de dominicis domini regis et coram militibus. *The other words were afterwards interlined by the scribe.*
    [2] *i.e.* Wadworth, co. York. I. 76 *reads* Wodeburg' *wrongly. For the confusion thence arising see* Feudal Aids, *vol. iv. p.* 116.

S. ij. 6.
I. 75-83
—cont.

Recordatum est per decanum et capitulum de Newere quod Matheus de Ripun clericus habuit medietatem ecclesie de Kelum ex dono archiepiscopi Eboracensi in absencia sua et aliam medietatem per presentacionem prioris de Selleford', et tota ecclesia valet x.m.
Terra que fuit Radulfi Teissun in Watteleya et in soka est in warda Briani de Insula que valet xxvj.l. xiij.d.
Archiepiscopus Eboracensis dedit ecclesiam de Bolun cum pertinenciis Willelmo de Lanum que pertinet ad prebendam de Eboraco in absencia sua, que potest valere x.m.

BROCULVESTOWE.

Lenton' cum pertinenciis fuit dominicum Willelmi Peverell', et ipse inde fundavit abbaciam de Lenton'.
In Lenton' et Radeford' sunt c.s. redditus, scilicet j. molendinum[1] et ij. bovate terre in Radeford', et j. molendinum et ij. bovate terre in Lenton' et xxiiij. galline et opera viij. hominum per j. diem in Augusto, que Willelmus filius Coste tenuit per falconariam *et[2] sunt modo saisite in manum domini regis.*
In Sutton' ij. bovate terre de soka de Arnal' que solebant aliquando reddere v.s. set H. de Nevill' tenet eas in manum suam.
In eadem villa tenet Robertus de Passeys j. serianteriam, scilicet ij. carucatas terre et dimidiam pro j. runcino et uno sacco in exercitu Wallie, et est suum feodum de honore Peverell'.
In Trowell' tenet Gaufridus j. carucatam terre et in Brunesleg' dimidiam carucatam per serianteriam, per j. runcinum de v.s. et j. saccum de iiij.d. quando dominus Rex ierit in Walliam, et est de honore Peverell.'
Walterus de Stretleg' tenet ij. bovatas terre in Stretleg' que antiquitus fuerunt de sokagio de Arnhal', reddendo annuatim iij.s. ; et Gaufridus de Broculvestowe tenet ij. bovatas terre in Broculvestowe per idem servicium de eodem sokagio et H. de Nova Villa recipit firmam illam.
Gaufridus de Broculvestowe tenet j. bovatam terre in Broc', reddendo xij.d. ad sokam de Arnhal'.
In Bulewell' est una carucata terre et dimidia et solebat defendere tempore Willelmi Peuerell' per j. runcinum et j. capistrum, et dominus Rex Johannis dedit illas Rogero Rastell', sed nescitur per quod servicium tenet.
[[3]In Lindeby sunt ij. carucate terre et dimidia unde Willelmus de Sancto Michaele tenet vij.l. et ˜x.s. pro j. pellicio de grisio, et residuum respondit ad scaccarium de vij.l. x.s. de honore Peverell'.
Monachi de Lenton' tenent j. molendinum et j. pratum pro l.s. que solebant pertinere ad Lindeby pro excambia de Papelwic.] *Dicunt barones de scaccario quod ista inquisicio falsa quia molendinum et pratum debent computari in firma de Lindeby scilicet contra xv.l. et iiij.s. quia Willelmus de Sancto Michaele non habet nisi vj.l. et viij. sicut continetur in rotulo Regis Johannis ij°.*

---

[1] *The original* (S. ij. 6) *seems to read* i'.j. molend', *but the exact reading is not clear.*   [2] *The words in italics are added in another hand.*
[3] *The words here printed within brackets are cancelled in the original* (S. ij. 6) *and the words in italics added.*

A.D. 1212.

S. ij. 6.
I. 75-83
—cont.

In Papelwic j. carucata terre de dominico domini regis de Mammefeld' quam canonici de Novo Loco tenent in elemosina de dono Henrici Regis et valet v.s.
In villa de Kirkeby sunt ij. bovate terre de terra Willelmi filii Coste quas Willelmus filius Gilleberti solebat tenere pro j. libra piperis, et modo sunt in manu domini regis eo quod tota terra que fuit Willelmi filii Coste ex precepto domini regis saisita est in manum suam.

Homines de soka de Mammefeld' dicunt quod contencio quedam est inter dominicum regis de Mammefeld' et Rogerum le Poer' qui tenet de Petro de Gauditun de honore Peverell', in qua contencione manet Rogerus de Holebroc, cuius antecessores solebant respondere de ij.s. versus illos de Mammesfeld', ut dicunt. Set Rogerus le Poher contradicit quod est infra feodum quod tenet de predicto Petro et nichil petit quod sit in Notinghamsir', nec illi de Mammefeld' aliquid de Derebysir', et petunt quod divise sint perambulate.

Idem dicunt quod Grimeston' cum pertinenciis se defendit pro ij. carucatis terre que date fuerunt ecclesie Lincolnie in elemosinam, quando ecclesia fundata fuit ante conquestum terre ; et Robertus Barduf' modo tenet eas de Waltero de Clifford' per servicium j. militis et Walterus in capite de episcopo et ecclesia ; et est senescallus episcopatus de feodo illo una cum reliquo feodo, quod similiter tenet de eisdem ; et tam antiquitus data fuit terra illa quod nescitur quis illam dedit.

Idem dicunt una cum villa de Kukeneia quod audierunt dici quod ij. carucate quas Willelmus de Quercu tenet in Cukeneia solebant esse de dominico de Mammefeld' et Henricus Rex, avus[1] domini Regis Johannis, inde feffavit Ricardum filium Gosce, ita scilicet quod deberet ferrare dominicum palefridum domini regis quando jaceret apud Mammefeld' de cloera domini regis. Et adhuc tenent heredes sui illas, scilicet Willelmus de Quercu et uxor sua ex jure uxoris sue.

Carleton' in Lindric est de soka de Mammefeld' unde Henricus Corbin habet xxxiij.s. et iiij.d. et Philippus Mimekan respodet[2] de residuo ad scaccarium.

Idem dicunt quod Hugo de Stiveton' et Johannes Dayncurt dederunt domino regi x.m. per sic ut possent claudere infra parcum suum j. acram terre cum aqua que discurrit inter parcum suum et quandam terram que pertinet ad sokam de Mammefeld'.

Prior et canonici de Novo Loco tenent in manerio de Oswardebec in Warcringham c. solidatas terre ex dono Henrici Regis, patris domini regis, et vij.l. et vj.d. in Walcringham et Sepewic et aliis menbriculis ex dono domini Regis Johannis quamdiu fuit comes et postea eam confirmavit et ex concessione domini Regis Ricardi.

Et Hugo filius Roberti solebat tenere c. solidatas terre et xij. solidatas in Clawrd' reddendo j. espervarium mutarium ex dono Henrici Regis, et defunctus est, et est in manu domini regis.

---

[1] Read proavus.   [2] Read respondet.

S. ij. 6. Rogerus de Lanum habet infra predictum manerium iiij.m. scilicet
I. 75-83 in molendino de Tilne iij.m. et in terra de Tilne j.m. reddendo inde
—cont. unum espervarium sorum, ex dono domini Regis Johannis.
Magister Alanus de Bolleshour' habet in eodem manerio lxxv. solidatas terre iij. denariatas ex dono domini Regis Johannis reddendo inde j. par calcarium.
Lisiardus de Musteris tenet xiij. bovatas terre in Legerton' reddendo manerio x.s.
Johannes de Orreby tenet iiij. acras terre in Tilne sine servicio faciendo, sed nesciunt per quem habuit ingressum et valet ij.s. per annum.
In Wiston' infra idem manerium iiij. bovate terre et dimidia que solebant antiquitus respondere de x.s. quas Rex Henricus, avus domini Regis Johannis, cuidam Willelmo Leharpur' dedit, reddendo xv.d. per annum, et adhuc heredes sui tenent illud.
Homines de Dunham dicunt quod comes de Bolonie habet l. libratas terre ex dono Henricus Regis qui illud dedit Matheo Comiti, et comes Bollonie illas habet ex parte uxoris sue. Infra idem manerium sunt x. librate terre quas B. de Insula' habet pro custodia de Kingeshag' in Derleton'.
Abbas de Wellebec habet xij. solidatas vj. denariatas terre in manerio de Edenestowe ex dono domini Regis Johannis.

Inquisicio facta.

DEREBISIR'.

Abbas de Derleg' habet x.s. redditus in burgo de Dereby in elemosina de dono domini Henrici Regis, patris domini Regis Johannis, in eodem burgo comes de Ferrariis habet c.s. redditus qui computantur vicecomiti Lancastrie infra firmam suam, et idem comes habet in burgo de Notingham totidem denarios eodem modo, sed nescitur quo autore vel quo tempore predicti denarii recesserunt de corpore comit' Notingh' et Dereby.
In Lutchurch' menbro burgi de Derby habet Petrus de Sandiacr' c.s. redditus pro excambia de Horseleia.
Idem Petrus tenet Chelmardon' de honore Peverell' in Pecco faciendo servicium j. militis et tercie partis j. militis domino W. Briwerr', precepto domini regis, cui idem servicium debebatur pro Horselee.
Idem Petrus tenet Sandiacr' cum pertinenciis per ostricariam et valet x.l. ; sed nescitur utrum antiquitus fuerit dominicum domini regis vel non.
Seledus faber de Dereby tenet j. masuagium in Dereb' de dono domini Regis Johannis dum fuit comes et reddit inde domino regi per annum duos cnipulos.
Abbas de Birton' tenet totas terras suas quas habet in Derbisir' in capite de domino rege in elemosina a tempore quo abbacia fundata fuit.
Comes de Ferrariis tenet Drakelawe quod est de honore Lancastrie in capite de domino rege per servicium j. arcus et pharetre cum xij. sagittis fleccatis quas reddit domino regi de dono domini Regis Johannis.

S. ij. 6.   Stephanus de Bello Campo tenet Cotes de domino rege in capite
I. 75-83
—*cont.* per j. brachettum cum ligamine, sed nescitur ex cuius dono antecessores
eius sic tenuerunt ; *et¹ sive fuerit de dominico domini regis an de
honore de Lancastr' similiter nescitur, et potest valere c.s.*

Melleburn' fuit antiquitus dominicum domini Regis Henrici, patris domini Regis Johannis, et dedit illam Hugoni de Bello Campo, et idem Hugo dedit canonicis de Cale ij.s. redditus in elemosinam et ad ecclesiam de Melleburn' j. virgatam terre, et Olivero de Waldebof l. solidatas terre in Normant' cum pertinenciis, quas idem Oliverus modo tenet de domino rege in capite, et habet inde confirmacionem domini Regis Johannis et idem H. de Bello Campo dedit Willelmo filio Colling' in eadem villa xij.s. viij.d. redditus, et Petrus heres eius tenet illas adhuc ex concessione domini regis reddendo inde annuatim cum firma soke ij.s.

Item post discessum predicti H. de Bello Campo senioris, Hugo filius eius tenuit villam de Melleburn' ex dono patris sui, postea veniens Oliverus frater suus primogenitus calumpniavit predictum manerium ; tandem sic confederati sunt quod idem H. quietum clamavit predicto fratri suo O. c.s. redditus in Chelardeston', quas idem O. dedit Willelmo filio Gaufridi cum filia sua in maritagio, et idem Willelmus illas tenet ex concessione et confirmacione domini regis.

Comes Cestrie quicquid tenet in Notinghamsir' et Derbysir' tenet in capite de domino rege cum aliis tenementis suis.

Comes de Ferrariis quicquid tenet in Notinghamsir' et Derbisir' tenet in capite de domino rege infra servicium quod debet domino regi pro aliis feodis suis.

Comes de Ferrariis tenet manerium de Wirkewrth' cum wapentakio, reddendo ad scaccarium annuatim vj^{xx} l.

Idem comes tenet molendinum de Wednesleg' ad feodi firmam de domino rege.

Radulfus Musard' tenet Staveleiam de domino rege in capite pro servicio dimidii militis.

Dominus W. Briwerr' tenet Cestrefeld' cum soka et magno wapentakio ad feodi firmam reddendo inde annuatim lxxix.l.

Item j. carucata in Cestrefeld' in Wringewrth' fuit antiquitus de soka de Cestrefeld' et data fuit antecessoribus Walkelini de Ferrariis per dominum Willelmum Regem Bastardum, ut dicitur.

Willelmus de Albeny tenet Oskinton' et sokam que fuit dominicum domini regis in capite de domino rege per servicium duorum militum ex dono domini Regis Ricardi et ex concessione domini Regis Johannis.

Item in eodem manerio sanctimoniales de Haverholm' tenent iiij. libratas terre in elemosina ex dono domini Henrici, patris domini regis, pro excambia de Pevereltorp'.

Fuky Painel solebat tenere Bingham in capite de domino rege per servicium j. militis et modo tenet Henricus de Baillol ex dono domini regis, retento sibi servicio Hugonis de Bingham et Johannis de Cruce, qui solebant facere illud servicium predicto Fulconi, dum saisinam habuit.

---

¹ *The words in italics are added in another hand.*

S. ij. 6. Gerardus de Rodes tenet Langare et Clifton' que sunt de honore
I. 75–83 Peverell' et que fuerunt dominica Willelmi Peverel de dono domini
—cont. Regis Johannis pro servicio j. militis de novo feffamento.
Petrus Picot tenet Radeclive in capite de domino rege per ostriceriam et potest valere x.l.
Hubertus filius Radulfi tenet feoda xv. militum de domino rege.
Leonina de Stutevill tenet totidem de domino rege.
Heres Oliveri Dayncurt tenet feoda xxv. militum per totum.
Heres Dodonis Barduf tenet feoda xxv. militum unde xv. milites sunt feffati et x. feoda sunt super dominicum, et baronia illa est in manu domini regis.
Baronia de Lexinton' est in manu domini regis unde Brianus de Insula debet respondere.
Gillibertus filius Reymfrey debet respondere de honore Lancastrie.
Item Brianus de Insula debet respondere de inquisicione facta in Alto Pecco et de Newerch' et si quid contingat quod pertineat ad dominum regem de archiepiscopatu Eboracensi.
Feoda militum tenencium de honore W. Peverell' et eorum nomina alia vice fuerunt reddita ad scaccarium per Eustacium clericum vicecomitis Noting' in manu domini archidiaconi Huntendon'.
Dominus Johannes de Basingeburn' tenetur respondere de feodis militum de honore de Tikehill'.
[*In a later hand :—*] *In libro.*

[*Endorsed :—*] *Hunc rotulum recepit thesaurarius per manum Eustachii clerici et inquisitoris coram baronibus de scacario die Sabbati proxima post octabas apostollorum Petri et Pauli anno regni Regis Johannis xiiij°.*
[*In a later hand :—*] *Continet xxiiij. pecias cum transcripto ex Testa de Nevill'. Not'. Derb'.*

LINCOLN.

S. ij. 7. Inquisicio[1] de feudis et tenementis que teneri debent de domino rege in capite et de illis que alienata sunt per maritagium vel per servicium vel per elemosinam vel alio modo que antiquitus tenebantur de domino rege vel de progenitoribus suis regibus Anglie.

Comes Britannie in Tavelesbia iiij. bovatas terre quas Johannes de Nevill tenet per servicium dimidii militis.
[Idem comes] in Kilingholm ij. carucatas et ij. bovatas et in Seuerbia iij. bovatas quas Rogerus de . . . . tenet per servicium j. militis.
Et idem in Kelesia j. carucatam quam Hugo de . . . . . . tenet per servicium j. militis.

[1] *The first portion of this roll was not transcribed into the Book of Fees. It is in a bad state and many of the readings must be treated as doubtful. There should have been a heading stating that the roll began with the fees in the Northriding of Lindsey, but there is nothing to show that such a heading ever existed.*

S. ij. 7
—cont.

Idem in Kirnigton iiij. bovatas terre quas Johannes de .... tenet ....
Et idem in Cadenaia j. carucatam et dimidiam quas Johannes de .... modo tenet per servicium ....
Comes Alanus Britannie tenuit de honore de Richemund in Halesbia ij. carucatas terre et dimidiam et in Fullestouwe ij. carucatas et ij. bovatas et in Sualowe j. carucatam, et idem totum tenementum illud dedit Pigot de Laceles per servicium ij. militum et dimidii.
Ricardus de Perci tenuit de domino rege in Caltorp et Covenham iiij. carucatas terre quas Simon de Kim' et Warinus de Hallai tenent de illo per servicium j. militis et octave partis j. militis.
Et idem in ...... iiij. bovatas et dimidiam quas Willelmus de Murerriis modo tenet de illo per servicium j. militis.
Et idem in .... ij. carucatas terre et ij. bovatas quas Robertus filius Willelmi modo tenet per servicium j. militis.
Et idem in Roxton ij. carucatas terre quas Ada de Widton modo tenet per servicium[1] j. militis.
Et idem in Parva Grimesbi ij. carucatas terre et iiij. bovatas quas Simon de Kim' modo tenet per servicium j. militis.
Et idem in Ho .. b .[2] ij. bovatas et dimidiam et terciam partem j. bovate et j. carucatam terre et iiij. bovatas in Torenton quas predictus Simon tenet per servicium quarte partis feudi j. militis.
Et idem in Himmingham ij. carucatas et dimidiam quas idem Simon tenet per servicium dimidii militis.
Wido de Croun tenuit de domino rege in Haskebi et Brighesle et Ravendal et Wada iiij. carucatas. Et Engeram filius Simonis tenet tenementum illud per servicium ij. militum.
Et idem Wido in Binnebroc j. carucatam quam idem Engeram filius Simonis tenet per feudum j. militis.
Wido de la Val in Haskebi et Ravendale et Wada et Brichisle iiij. carucatas j. bovata minus, unde Simon de Lindun tenet in Haskebi ij. carucatas et iij. bovatas per servicium dimidii militis, et Johannes de Laceles in Ravendale j. carucatam et dimidiam et in Cle et Tirnescog iij. carucatas de eodem feudo per servicium dimidii militis et trium parcium j. militis ; et preterea j. carucatam in Ellesham per servicium tercie partis j. militis.
Willelmus de Curci, modo Warinus filius Geroud, in Ronwell j. carucatam et vij. bovatas et in Hirebi et Cotes iiij. carucatas et vij. bovatas et in Media Rasun iiij. bovatas et[3] terciam partem j. bovate in Lindewde iiij. bovatas et in Normanbi v. bovatas et in Hundun j. carucatam et in Netelton' v. bovatas, quas omnes Petrus Malet et antecessores sui tenuerunt per servicium vj. militum.
Preterea idem Warinus de eodem feudo in Croxebi et Saltfletbi et Faldigwrd' servicium j. militis quod Simon de Kim' modo tenet.
Comes Cestrie in Wium et Hormesbi iiij. carucatas et ij. bovatas quas comes de Harundell tenet in maritagio cum uxore sua per servicium ij. militum et quartam partem j. militis.

---

[1] per servicium *seems to be repeated.*   [2] *Probably* Houresbi.
[3] terciam partem j. bovate *is interlined and should possibly be inserted before* et. *The sense is the same.*

LINCOLN. 155

S. ij. 7 —cont. Et idem comes Cestrie in Cle et Thirnescho dimidiam carucatam et septimam partem j. carucate quas Willelmus filius Druconis tenet per servicium dimidii militis.
Et idem comes in Humberstan et Tetenaia et Houton xv. carucatas terre et iij. bovatas unde Willelmus filius Druconis tenet iij. carucatas per servicium ij. militum et Ricardus de Houton' j. carucatam et ij. bovatas per servicium dimidii militis ; et Elias . . . . tenet ij. carucatas et ij. bovatis minus per servicium dimidii militis. Et Radulfus falconarius tenet iij. bovatas per servicium falconarie.
Et idem comes in Fulhestouwe vj. bovatas quas Eudo Arsic tenet per servicium quarte partis j. militis.
Et idem comes in Caburn' et Cukewald' et Norcotes iiij. carucatas terre et j. bovatam quas Gilbertus de . . . . . . tenet per servicium iij. militum.
Et idem comes in Parva Grimesbia j. carucatam et iij. bovatas quas Gilbertus de . . . . tenet per servicium j. militis.
Et idem comes in Tetenaia et Humberstan ij. carucatas quas abbas de Grimesbia modo tenet in elemosinam per Comitem Rann' ; et xvj. bovatas quas abbas de Parco Lude tenet modo in elemosinam de dono predicti comitis.
Et idem comes in Riebia iiij. carucatas et dimidiam quas Willelmus filius Druconis tenet de illo per servicium j. militis.
Et idem comes in Kilingholm iij. carucatas et mididiam quas Willelmus de Rideford' tenet per servicium j. parie calcariarum deauratarum pro omni servicio.
Willelmus de Haubin'[1] in Luburc' viij. carucatas terre et in Foterbi ij. carucatas et j. bovatam quas Radulfus de Clere tenet per servicium ij. militum et quarte partis feodi j. militis.
Et idem Willelmus in Foterbia ij. carucatas et ij. bovatas quas Teffania de Wildeker per servicium quarte partis quinte partis j. militis.
Et idem Willelmus tenet in Thurgrambi j. carucatam et in Croxebi j. carucatam et in Binnebroc j. carucatam et in Hirefed'[2] iij. carucatas et v. bovatas . . . . per servicium ij. militum.
Comes Albemar' in Wivelesbi et soka v. carucatas et iij. bovatas et Amica de Wivelesbi tenet per servicium j. militis, et idem in Barewe xj. carucatas unde Petrus de Campania tenet de illo ij. et dimidiam per servicium j. militis, et Elias . . . . j. carucatam per servicium j. militis et Petrus de Hamundevill' vij. et dimidiam per servicium j. militis ; et modo G. filius Petri et Walterus de Ver in Gousele ij. carucatas et dimidiam per servicium xxx. partis j. militis et Robertus de Munceus in Kilingholm . . caruc' per servicium dimidii militis et Johellanus de Torp' et Johannes de Funton' vj. bovatas per servicium lxxx. partis j. militis ; et Willelmus de Haraines in Ketelesbi iij. bovatas et terciam partem j. bovate per servicium cxx. partis j. militis ; et . . . . in Hangotebi v. bovatas per servicium xl. partis j. militis. Et comes Willelmus de Albemarl' dedit abbati de Torenton . . . .[3] et Gresebi et Adolfbi in elemosina xj. carucatas terre in elemosina

---

[1] *i.e.* Albini.   [2] *Read* Hireford.
[3] *The gap may be conjecturally filled up with the words* in Thorenton'.

S. ij. 7 unde fundavit abbaciam de Thorenton . . . .
—cont. j. carucatam quam Willelmus filius Rand' tenet per servicium xlviij.
partis j. militis. Et idem in Seuerbia ij. carucatas et ij. bovatas
Rogerus de Seuerbia tenet per servicium ij. militum, et idem tenet
in Hormesbia iiij. carucatas et dimidiam quas dedit Odoni de Fribos
per servicium xvij. partis j. militis.

Normannus de Arci in Cotum iiij. bovatas quas Johannes de
Nevill' tenet per servicium j. sumarii in exercitu Wallie ; et idem
in Torgrambi iiij. bovatas et in Himingham iiij. quas Walterus
filius Gerardi tenet per servicium j. militis.

Et idem in Haburc dimidiam carucatam, et in Kilingholm v.
bovatas quas Simon Berner tenet per servicium j. militis ; et idem
tenet . . . . j. carucatam et v. bovatas per servicium ij.
militum et dimidii. Et totum predictum feudum tenet Willelmus
de la Lande . . . . suo. Et Robertus de Kelebi tenet
de Normanno de Arci de eadem baronia in Kelebia dimidiam
carucatam et . . . . et terciam partem j. bovate per
servicium j. militis. Et Andreas de Nevill' in Wtton' et Lim'berg'
j. carucatam et ij. bovatas et dimidiam per servicium j. militis.
Et Robertus de Nevill' in Hulesbi vj. bovatas que antiquitus date
fuerunt in maritagio Sibille[1] uxori sue ei per Thomam de Arci, patrem
Thome de Arci. Et Gilbertus de Turribus tenet in Caburn' j.
carucatam per servicium quarte partis j. militis. Et Petrus de
Hamundevill' tenet in Houresbia ij. bovatas per servicium dimidii
militis et Cecilia de Fontibus in Kilingholm tenet iiij. carucatas et
dimidiam per servicium j. militis.

Radulfus de Crioill', modo Thomas de Scotin' et Willelmus
Scotin' qui ambo tenent in Stainton' iiij. bovatas et dimidiam de
domino rege per servicium tercie partis j. militis. Et Rogerus de
Millai tenet in Ottebi j. carucatam per servicium j. militis. Et
Willelmus de Cantulupo tenet vij. bovatas in Houton' per servicium
j. militis et Willelmus filius Rogeri tenet in . . . . j. carucatam et
vj. bovatas per servicium dimidii militis. Et fratres milicie Templi
tenet[2] in Linberg' ij. carucatas terre in elemosina. Set Willelmus
de Scotin' et Thomas faciunt inde servicium domino regi de duabus
partibus j. militis.

Hugo Painell' in Westrasen vj. carucatas et v. bovatas de domino
rege et preterea in eadem villa Willelmus de . . . . . tenet de illo
j. carucatam et ij. bovatas per servicium tercie partis j. militis.

Mauricius de Gant in Tavelesbia j. carucatam terre et vj. bovatas
quas Willelmus de Plaiz et heres Hugonis de Baiocis et Johannes
de Curci tenet[2] per servicium j. militis ; et Marmaduc de Tueng
in Wiveligham j. carucatam terre per servicium j. militis cum terra
sua de Leghesbia.[3]

. . . .
. . . . esbi ij. carucatas et vj. bovatas et in . . . . . .
. . . . . ij. carucatas . . . .
. . . . osturcum per annum cum
tota alia terra quam tenet de illo. Et idem Hugo . . . .

---

[1] *The reading is not clear.* [2] *Read* tenent.
[3] *At this point m. 1 of the roll ends.*

LINCOLN.

S. ij. 7
—cont.
.... Nevill
tenet per servicium trium parcium j. militis. Et in Netelton' ...
....
Heheling et Cle ij. carucatas et dimidiam et in Kelebi iiij. bovatas in.

.... carucatas. Et inde dedit Henrico de Longo Campo x. libratas terre per servicium dimidii militis ....
... vicium quinte partis j. militis ex dono Roberti de Gant et Willelmus de Willhebia c. solidatas terre ....
.... m j. militis et Nigellus filius Alexandri c. solidatas terre per servicium quarte partis feodi j. militis .....
.... enet per servicium quinte partis j. militis Mauricius de Gant iiij. bovatas per servicium xvij. partis
.... tenet v. bovatas per servicium xvj. partis j. militis Rogerus filius Hugonis v. bovatas per servicium .... ntu Lupo de dono domini regis x. libras terre que fuit eschaeta de terris Aaron. Et Radulfus filius .... per servicium dimidii militis de dono comitis Gilberti de Gant. Et Willelmus de Huntisford' iiij...................... j. militis. Preterea comes Gilbertus de Gant dedit v. bovatas terre abbacie de .... Et comes Simon dedit abbacie de Sempigham vij. bovatas. Omnes predicte sunt in elemosina.

.... ardolf in Wrahebia et Hellesham et Ketelesbia ij. carucatas terre quas Willelmus Anselin tenet per s .... pertinet ad custodiam de Notigham.
.... in Wrahebia et Ellesham et Ketelesbi ij. carucatas et ij. bovatas quas Robertus de Arches tenet per servicium..........

.... de Verdun in Linberg' de domino rege et in Staligburc tenet iiij. carucatas terre per servicium j. militis ....
..... de Costentin . . et Benedictus de Haveresham et Hugo de Hasbi in Bundebi et Saxebi vij. carucatas et dimidiam per servicium ij. militum .... de feudo de Humet.

S. ij. 7. Illaria Trussebut in Melton' et Wtton' et Gousele et Folnetebi
II. 561-564. et Messigham tenet feuda trium militum de domino rege et inde tenet Willelmus de Birun in Wtton' j. militem et in Gousele dimidium militem, et Galfridus de Nevill' in Folneteby dimidium militem, et Walterus de Ver' in Messigham dimidium militem, Galfridus de Colebi in Colcbi dimidium militem.

Robertus Grelle in Netelton v. bovatas de domino rege ; prior de Sixele tenet illas in elemosina.

Idem Robertus de Grelle in Bekebi j. carucatam terre, et Robertus de Arches tenet de illo per servicium dimidii militis, et Gilbertus de Funtenay tenet de eodem Roberto in Sumerdebi et Bernetebi j. carucatam terre per terciam partem j. militis.

158   A.D. 1212.

II. 561-562
—cont.
S. ij. 7.
Nicholaus de Stutevill in Torp et Bekebi j. carucatam et vj. bovatas quas Willelmus de Scoten' et Galfridus de Torp tenent de illo per servicium tercie partis j. militis, et Robertus de Hesell' tenet de eodem feudo ij. carucatas et iij. bovatas per servicium dimidii militis.

Radulfus de Mortuo Mari in Wtton' ij. carucatas quas Sibilla de Valones tenet per servicium ij. militum.

Comes Laicestrie in Stainton et Wlfricbi j. carucatam terre et dimidiam quas Johannes de Bassigburn' tenet per servicium j. militis.

Baronia de Creuker que est in manu domini regis. Templarii tenent in elemosina de dono Rain' de Creuker in Normanbia et Tavelesbia ij. carucatas terre. Et idem Rain' habuit in Wiveligham j. carucatam et iiij. bovatas et dimidiam quas Alexander de Creuker modo tenet per servicium j. militis.

Comes Willelmus de Rumar' in Hirebia j. carucatam terre quam Gilbertus de Benigwrd' tenet per servicium j. militis et idem tenet in Halesbia iij. bovatas et in Kilingholm j. carucatam et ij. bovatas et dimidiam per servicium dimidii militis quas Gilbertus de Benigwd' tenet.

Idem comes in Torgrambi vj. bovatas et in Croxebi v. bovatas et in Toresweia ij. bovatas et in Houtun' j. carucatam quas predictus Gilbertus tenet per servicium ij. militum et dimidii. Et idem comes in Claxebi et Normanbi cum pertinenciis iij. carucatas terre quas Ricardus de Braibof tenet per servicium iij. militum.

Et idem in Ottebi j. carucatam et in Normanbia iij. bovatas quas heres Roberti de Ottebia tenet per servicium j. militis et dimidii.

Et idem comes in Parva Lubirg j. carucatam et in Kettlesbia ij. bovatas et in Broclesbia iij. bovatas quas Rogerus de Sancto Martino tenet per servicium ij. militum.

Et idem in Neuhus v. bovatas quas Gilbertus de Turribus tenet per servicium j. militis.

Alanus de Lincolnia, modo Ricardus de Sanford, in Rouwell' et Cukewald v. carucatas et ij. bovatas et in Thoriswaia iiij. bovatas quas Willelmus de Rouwell tenet per servicium ij. militum.

Preterea idem in Toreswaia j. carucatam et iij. bovatas quas Willelmus de Sancto Licio tenet per servicium tercie partis j. militis. Et in eadem ij. carucatas et dimidiam quas Johannes de Baiocis tenet per servicium j. militis et quarte partis j. militis. Et idem in eadem villa iiij. bovatas et dimidiam quas Willelmus de Baiocis tenet per servicium decime partis j. militis cum viij. bovatis quas tenet alibi de eodem feudo in Sudriding[1]. Et idem in eadem villa ij. bovatas quas Walterus de Sancto Luc' tenet per servicium xx. partis j. militis. Et preterea sciendum quod Willelmus de Tilebroc tenet de eadem baronia scilicet in Gousele et Baruwe de dote uxoris sue servicium ij. militum. Et sciendum quod Hugo de Baiocis dedit abbati de Revesbi dcccc. acras terre in Thoreswaia in elemosina et xl. acras. Inde reddunt vj.s. per annum. Et idem dedit monialibus de Sixele lx. acras in elemosina et monialibus de Grimesbia j. bovatam.

---

[1] II. 562 reads Sudigton'.

S. ij. γ. Archiepiscopus Eboracensis in Heheling et Cle v. bovatas et in
II. 561·564 Staligburc' vj. bovatas quas Gilbertus de Righesbi tenet per servicium
—cont. dimidii militis, et Hugo de Verli in Swalue de illo archiepiscopo vj.
bovatas per servicium xxvj. partis j. militis. Et Robertus de
Munceus de illo archiepiscopo in Cukewald' j. carucatam per
servicium xxx. partis j. militis et Hugo de Verli in Kelebi vj. bovatas
per servicium xxvij. partis j. militis.

Dionisius Fleccarius tenet in Bradele cum pertinenciis, tenet j.
bovatam et terciam partem j. bovate per servicium de flechis et
preterea xj. bovatas quas tenet de domino rege et reddit annuatim
ad scaccarium iiij.m.

Galfridus de Costilers et Willelmus de Houdre tenent in Scardhou
et soka de dono domini regis xx. libratas terre, et necimus per quod
servicium.

Galfridus de Nevill' tenet in soka de Laissebi xiiij. carucatas terre
in escambio de Boret, sed necimus per quod servicium.

Episcopus Dunehelmensis in Fulhestouwe et Neuton' et Ravendale ij. carucatas et dimidiam quas Henricus Bek tenuit per
servicium j. militis. Et abbas de Sancto Carliolo[1] tenet de dono
Rannulfi episcopi in Covenham iij. carucatas in elemosina. Idem
episcopus in Halesbia vj. bovatas terre quas Simon de Kim' tenet
per servicium dimidii militis ; et idem in Foterbia vij. bovatas quas
Henricus Bek tenet per servicium dimidii militis ; et idem in Broclesbi
j. carucatam quam Simon de Kim' tenet per servicium j. militis.

Robertus Marmiun in Fulhestouwe xiiij. bovatas quas Rogerus
de Laceles tenet per servicium trium pareium j. militis.

Episcopus Lincolniensis in Wium et Hormesbia iiij. carucatas et
ij. bovatas quas Radulfus de Wium tenet per servicium ij. militum
cum dimidia carucata in Wlfricbia.

Idem in Belesbia j. carucatam et dimidiam, in Kelebia iij. bovatas,
in Hol' ij. bovatas, in Ravendale ij. bovatas et in Torgrambia j.
bovatam quas Simon de Kim' tenet per servicium j. militis.

Et idem in Gousele et Wtton iij. carucatas quas Walterus de Ver
tenet per servicium ij. militum.

Et idem in Kinierbia[2] et soka iiij. carucatas et in Wlfricbia j.
carucatam et in Croxton' dimidiam carucatam et in Hellesham
ij. carucatas et ij. bovatas quas Petrus de Hamundevill' tenet per
servicium ij. militum.

Et idem in Bekebi j. carucatam, et in Kelebi v. bovatas et in
Staligburc' ij. bovatas, et in Hulesbi iiij. bovatas quas Henricus
de Nevill' tenet per servicium iij. militum et quarte partis j. militis.

Simon de Canci in Suinehop et Belesbia ij. carucatas terre et iij.
partes j. carucate per servicium dimidii militis de domino rege.

Et idem Simon in Walesbia j. carucatam terre quam Willelmus
de Hardredeshill' tenet et Willelmus filius Hamonis per servicium
v. militum. Et sciendum quod Simon de Caney, pater predicti
Simonis, dedit inde in maritagium xx.s. redditus in Belesbi sorori
sue, et monalibus de Halvigham in Suinehop j. carucatam, et canonicis
de Neuhus v. acras et ij. bovatas.

---

[1] Read Carilefo.
[2] The word is badly written. II. 564 reads Bincrerbia.

160   A.D. 1212.

S. ij. 7.   Comes Steffanus in soka de Waltham xlij. carucatas terre unde
II. 561-564 Alanus filius Comitis dedit in elemosinam abbati de Belloport' xxij.
—co'it.   bovatas et residuum tenuit in manu sua. Et Hugo de Gurneto[1]
habet inde de dono domini regis xlj. libratas terre ; et Cunras de
Wilre xl. marcatas ; et Lambekyn de Culon' xx. libratas ; et
Tiricus le Tiais xx. libratas ; set necimus per quod tenent de domino
rege.
   Idem comes in Suinehop ij. carucatas et ij. bovatas et dimidiam
quas Simon de Canci tenet per servicium j. militis ; et idem in Cateby
iij. carucatas quas Osbertus vicecomes[2] tenuit per servicium dimidii
militis ; et idem in Grainesbia iij. carucatas et ij. bovatas per
servicium trium parcium j. militis.

CALSWAH' WAPENTACIUM.

S. ij. 7.   Philippus de Kim' tenet feodum j^{us} militis in Swaby de comite
II. 503-   Cestrie. Et idem comes tenet in capite de domino rege.
561.
   Graland' de Rungchamp' tenet in wapentacio de Calswah' ix.
bovatas terre per servicium dimidii militis de comite Cestrie, et ipse
comes de domino rege in capite.
   Gilbertus de Lekeburna tenet de comite Cestrie in eodem
wappentacio feoda ij. militum vj. parte minus, et ipse comes in
capite de domino rege.
   Robertus de Lekeburna tenet de comite Cestrie xx^{ma} parte
minus de quarta parte feodi j^{us} militis, et idem comes in capite
do domino rege.
   Rogerus senescallus de Monte Alto tenet feodum j^{us} militis in
Calswah' de comite Cestrie, et ipse comes tenet feodum in capite
de rege.
   Radulfus de Sulleye tenet terciam partem j^{us} militis scilicet v.
parte minus in Calswah' de comite Cestrie, et ipse comes feodum
de domino rege in capite.
   Simon de Kim' tenet feodum dimidii militis in Calswah' de comite
Cestrie, et ipse comes in capite de domino rege.
   Idem Simon tenet in Maubertorp iij. partem feodi j^{us} militis
de comite Cestrie, et ipse comes in capite de domino rege.
   Idem Simon tenet in Trustorp[3] iiij. partem j^{us} militis de comite
Cestrie, et ipse comes de domino rege in capite.
   Simon de Kim' tenet iiij^{tam} partem feodi j^{us} militis in Calswah'
de domino rege.
   Radulfus filius Simonis tenet in eodem wapentacio feodum dimidii
militis de comite Cestrie, et ipse comes de domino rege in capite.
   Muriell' de Farlestorp tenet quartam partem feodi j^{us} militis
in Calswah' de comite Cestrie, et ipse comes de domino rege in
capite.
   Radulfus de Billesbi tenet feodum iij. parcium j^{us} militis in
Calswah' de comite Cestrie, et ipse comes tenet feodum illud in
capite de domino rege.

---

[1] *Read* Gurnaco.
[2] *For Osbert the sheriff see* English Historical Review, *April* 1915, p. 277, *and* The Genealogist, N.S., vol. xxxii. pp. 1, 73, 153, 227.
[3] *The only part of this word that is clear is* T . . . torp. II. 503 *reads* Castorp, *which is impossible.*

S. ij. 7.   Walterus de Batvent tenet dimidiam villam de Billesbi per
II. 503-561 seriantiam de comite Cestrie, set servicium suum atornatum est
—cont.   domino regi.

Simon de Kim' tenet ^{xmam} partem feodi j^{us} militis in Asfordebi de comite Cestrie, et ipse comes tenet feodum illud de rege in capite.

Gilbertus de Benigwarh' tenet in Asfordebi quartam partem j^{us} militis de comite Cestrie, et ipse comes de domino rege in capite.

Philippus de Kim' tenet feodum dimidii militis in Clactorp de comite Cestrie, et ipse comes in capite de domino rege.

Walterus de Hambi tenet in Calswah' iij. partes j^{us} militis et xlvj. partem j^{us} militis de comite Cestrie, et ipse comes tenet feodum illud de domino rege in capite ; et comes Cestrie dedit terram illam comiti de Arundell' in maritagium cum sorore sua.

Simon de Kim' tenet in Hagnebi quartam partem j^{us} militis de comite Cestrie, et ipse comes tenet feodum illud de rege in capite.

Galfridus filius Petri tenet in Toresbi feodum j^{us} militis de comite Cestrie, et ipse comes de domino rege in capite.

Philippus de Kim' tenet in Calesbi feodum j^{us} militis de comite Cestrie, et ipse comes de rege in capite.

Radulfus de Grendala tenet in Calswah' duas partes de quarte[1] parte feodi j^{us} militis de comite Cestrie, et ipse comes de domino rege in capite.

Simon de Says tenet in Calswah' feodum j^{us} militis et dimidii de comite Cestrie, et ipse comes de domino rege in capite.

Philippus de Prahores tenet in Ulesbi quintam partem feodi j^{us} militis de comite Cestrie, et ipse comes de domino rege in capite.

Willelmus de Well' tenet in Calswah' feoda ij. militum et dimidii et j. quarterii de Gilberto de Gant, et ipse Gilbertus de domino rege in capite.

Willelmus de Wilhebi tenet in Calswah' feodum j^{us} militis de Gilberto de Gant, et ipse Gilbertus de domino rege in capite, scilicet[2] in Wilgheby.

Alanus de Mumbi tenet in Calswah' feoda ij. militum et j. quarterii de feodo de Richemund', scilicet in Mumby et soca.

Simon de Kim' tenet in Bruntorp feodum j^{us} militis de episcopo Dunolmensi, et ipse episcopus de domino rege in capite.

Thomas de Wddetorp tenet in Calswah' wapentacio feodum dimidii militis de Olivero de Vas, et ipse Oliverus de rege in capite de honore Crune, scilicet in Wdetorp.

Prior de Freston' tenet quartam partem feodi j^{us} militis in Claxeby in elemosina de dono Wydonis de Crum. Et ipse Wydo illam tenuit de domino rege in capite et[3] heredes sui faciunt inde servicium.

Domina Sibilla de Scoten' tenet in Calswah' feodum dimidii militis de Willelmo de Scoten' et Thoma de Scoten et ipsi tenent in capite de rege, scilicet in Cumberwrth'.

---

[1] *Read* quarta.
[2] *All the clauses introduced by the word* scilicet *in the remainder of the return for the wapentake of Calswath are in a different ink.*
[3] *The words* et .... servicium *are in a different ink.*

S. ij. 7.
II. 503-561
—cont.

Willelmus Arsic tenet in Calswah' feodum j. militis de Roberto Arsie, et ipse Robertus de domino rege in capite, scilicet in Maltebi.

Gilbertus de Riggesbi tenet feodum j. militis de archiepiscopo Eboracensi in Calswah', et dominus archiepiscopus in capite de domino rege, scilicet in Riggesby.

Johannes de Novill' tenet feodum dimidii militis in Calswah' de honore de Richemund', scilicet in Riggesby.

Radulfus de Heglinge tenet in Calswah', scilicet in Hotoft,[1] quartam partem j^{us} militis de Ricardo de Saneford'. Et ipse Ricardus tenet feodum illud in capite de domino rege.

Brianus de Insula tenet in Calswah' feodum j^{us} militis de Olivero de Wauus et ipse Oliverus de domino rege in capite de honore de Crun, scilicet in Saleby.

[Episcopus[2] Lincolniensis suscepit Radulfum filium Willelmi Arsic ad presentacionem Willelmi patris sui ad ecclesiam beate Elene in Todeltorp[3] ad medietatem predicte ecclesie in transmarinis partibus, et redditus dimidie ecclesie illius valet per annum v. marcas.]

CANDELESHOU WAPENTACIUM.

In Croft' et Wintorp et Freskena et Burgo tenet Simon de Kim' v. carucatas terre et dimidiam pro uno feodo militis de Gilberto de Gant. Et idem Gilbertus tenet illas de domino rege in capite. Et ex illis dedit Roulf' antecessor Simonis de Kim' lx. acras in elemosinam abbacie de Elnestou, et Nicholaus le Nunneman illas tenet per servicium xv.s. per annum.

Gilbertus de Gant tenet in villa de Partenay de domino rege iiij. carucatas terre et dimidiam et Eustacius de Vescy tenet illas de Gilberto de Gant pro tercia parte feodi j^{us} militis. Et de predicta terra dederunt antecessores Gilberti de Gant j. bovatam et dimidiam in puram elemosinam hospitali de Partenay. Et Willelmus frater sacerdotis tenet de predicta terra j. bovatam per sariantiam[4] per seriantiam de predicto Gilberto ad sumoniciones faciendas in curiam predicti Gilberti.

Idem Gilbertus tenet in capite de domino rege in Orrebi et Ardeltorp iiij. carucatas et dimidiam. Johannes de Orrebi illas tenet per servicium constabularie predicti Gilberti.

Idem Gilbertus tenet in capite de domino rege in villa de Steping' et Frisebi x. carucatas terre et ij. bovatas, et Hugo filius Radulfi tenet de predicto Gilberto iiij. carucatas per servicium dimidii militis. Et dominus Simon de Kim' tenet j. carucatam et dimidiam et j. bovatam per servicium quarte partis j^{us} militis. Et Walterus de Braitoft tenet de predicto Gilberto iij. bovatas. Et antecessores Gilberti de Gant dederunt in elemosinam abbacie de Bardenay iiij. carucatas et ij. bovatas.

Idem Gilbertus tenet in capite de domino rege in Scrembi, in Burg', in Wintorp' iiij. carucatas terre dimidiam carucatam quas

---

[1] *The words* scilicet in Hotoft *are interlined in a different ink.*
[2] *The words printed within brackets are cancelled.*
[3] *Read* Tedeltorp'.   [4] *So in* S. ij. 7.

S. ij. 7. Robertus de Scrembi tenet de predicto Gilberto per feodum j^{us}
II. 503-561 militis.
—con'. Idem Gilbertus de Gant tenet in capite de domino rege in Driebi
iiij. carucatas. Et Simon de Driebi tenet illas de dicto Gilberto
per servicium feodi j^{us} militis et tercia parte feodi j^{us} militis.

Robertus de Tatesala tenet in Drextorp in capite de domino rege
dimidiam carucatam terre, et Simon de Driebi tenet illam de dicto
Roberto pro sexta parte feudi j^{us} militis.

Comes Cestrie tenet in eadem villa de domino rege ij. carucatas
terre de quibus domina de Farlestorp tenet de predicto comite ix.
bovatas pro quinta parte feodi j^{us} militis. Et Philippus de Drextorp' scilicet Philippus de Praheres tenet inde iij. bovatas de predicto
comite et dimidiam bovatam pro quinta parte feodi j^{us} militis.
Et Gilbertus de Langeton' tenet inde duas bovatas pro vicesima
parte j^{us} militis.

Domina Matildis de Lacy tenet de domino rege in Ingaldemoles
et in Schekenessa et in Steping et in Burg' et in Partenay iij. carucatas
dimidia bovata minus, sed necimus per quod servicium.

Comes Cestrie tenet in Welleton' et in Boebi ij. carucatas terre
quas Walterus de Hambi per iij. partes j^{us} militis et xlvj. partem
j^{us} militis quas comes Cestrie dedit in maritagium comiti de Arundell'
cum sorore sua.

Cicillia de Crevequor tenuit[1] in eadem villa ij. carucatas terre
quas Hugo filius Radulfi tenet per ij. partes j^{us} militis.

Robertus de Tatersala tenuit in capite de domino rege in Candluobi
cum soka vij. carucatas terre et dimidiam quas Elyzabet mater
predicti Roberti modo tenet in dote. Et de istis vij. carucatis et
dimidia tenet Johannes de Orrebi xiiij. bovatas de quibus xxiiij.
bovate faciunt feodum j^{us} militis. Et Gilbertus de Burg' tenuit
inde viij. bovatas pro tercia parte feodi j^{us} militis. Et Johannes
filius Radulfi tenet inde viij. bovatas pro tercia parte feodi j^{us}
militis. Et Robertus de Acketorp tenet vj. bovatas pro iiij. parte
feodi j^{us} militis. Et Thomas de Bothebi tenet inde iiij. bovatas
pro sexta parte feodi j^{us} militis. Et Willelmus de Braytoft tenet
inde iiij. bovatas pro vj. parte feodi j^{us} militis. Et Ranulfus de
Marisco tenet inde ij. bovatas pro xij. parte feodi j^{us} militis. Et
Gunell' de Candlouby tenet inde ij. bovatas pro xij. parte feodi j^{us} militis.

Comes Cestrie tenet in Forthington' et in Ulesbi in capite de
domino rege feodum j^{us} militis quod dedit comiti David' in maritagium cum sorore ipsius comitis.

Idem comes tenet in capite de domino rege v. carucatas terre in
Askeby, de quibus Gilbertus de Tadewell' tenet j. carucatam de
predicto comite ad firmam pro xv.s. Et Warinus de Vernun tenet
inde ij. carucatas terre, sed necimus per quod servicium. Walterus
de Coventr' tenet j. carucatam, sed necimus per quod servicium.

Episcopus Dunolmensis tenet · in eadem villa j. carucatam in
capite de domino rege, et Alanus de Marton' tenet illam, sed necimus
per quod servicium.

Gerardus de Kanvill' tenet in capite de domino rege dimidiam
carucatam terre.

---

[1] tenuit *written over* teuit, *which is not deleted.*

S. ij. 7.
II. 503-561
—cont.

Alanus de Mumbi tenet de honore de Richemund' in Burg' viij. partem feodi j^{us} militis. Et prior de Bulington' tenet de eo, sed necimus per quod servicium.

Alanus de Mumbi tenet de eodem honore in Candlesbi et Gunnebi et Winetorp iij. partes j^{us} militis. Petrus de Girlincton' tenet de eo.

Simon de Kim' tenet unam carucatam terre in Gunneby et Burgo. Ketelbern de Keles tenet de eo, sed necimus per quod servicium.

Comes Cestrie tenet in capite de domino rege in Wainflet' et in Freskena et in Schekenessa et in Braitoft ij. carucatas terre et dimidiam. Et Philippus de Kim' tenet de predicto comite, sed necimus per quod servicium.

Episcopus Dunelmensis tenet in capite de domino rege j. carucatam terre in Grebbi et dimidiam carucatam in Freskena. Henricus Bec tenet illas de predicto episcopo.

Simon de Kim' tenet in Freskena ij. bovatas terre in capite de domino rege. Ketelburne de Keles tenet illas de predicto Simone.

Comes Cestrie tenet in capite de domino rege in Wainflet, in Irebi, in Braytoft ij. carucatas terre. Willelmus de Barwe tenet illas ad firmam pro xv.s. per annum.

Comes Cestrie tenet in capite de domino rege in Waynflet et Freskena, in Irebi ix. bovatas terre. Graland de Runchamp tenet illas in capite de comite, sed necimus per quod servicium.

Item comes Cestrie tenet in capite de domino rege in Suterbi j. carucatam et v. bovatas et dimidiam. Rogerus de Monte Alto tenet illas de predicto comite per servicium iiij. partis j^{us} militis.

HORNECASTR' WAPENTACIUM.[1]

Robertus Marmiun inter Scrivelb' et Tornet' et Ruct' et Dalderbi et Wilkesbi et Holtam xvij. carucatas et ij. bovatas ; sed nessimus per quod servicium.

Willelmus de Lisurs tenet inde tres carucatas et iiij. bovatas pro feodo unius militis *in Maring'*.

Monachi de Kirkested tenent vj. bovatas in elemosinam, salvo tantum forinseco servicio et idem j. mulinum in Holtam, reddendo annuatim xxx.s. et idem j. boscum apud Tornetun de c. acris in puram elemosinam, et idem in Wildemora iiij^{or} vacarias in puram elemosinam de dono Henrici Regis, patris Regis Johannis, et de dono Roberti Marmiun.

Rolandus de Wudehall' tenet unam dimidiam carucatam per xv^{cim} s. et j. libram piperis *in Wdehal'*.

Willelmus de Langetun et Matildis uxor sua tenent in Ructun' iij. bovatas pro x^{vcim} s. *De Roberto Marmiun.*

Hugo Pollard' tenet in Holtam j. carucatam pro j. libra piperis. Johannes de Fonten' tenet ij. bovatas in Holtam per iiij^{or} s.

Alanus et Rogerus de Dalderb' tenent dimidiam carucatam per duo paria de lorains de dono antecessorum Roberti Marmiun. *In Dalderby.*

Predictus autem Robertus Marmiun tenet inde ix. carucatas et vj. bovatas in dominico, unde fratres de hospitali Linc' tenent in

---

[1] *In the return for this wapentake are certain additions, here printed in italic.*

S. ij. 7.   Escrivelb' v. acras de dono eiusdem Roberti in puram elemosinam;
II. 503-561 ecclesia de Oltham j. bovatam; capella de Escrivelb' j. bovatam;
—cont. Willelmus capellanus in vita sua j. bovatam per duos solidos; Vincencius j. bovatam per vj.s. et vj.d. apud Cuningesb'; Adam dimidiam bovatam et j. toftum per iiij^{or} s.; Robertus filius Tholi dimidiam bovatam per dimidiam marcam; Toma filius Bertelmeui dimidiam bovatam pro iiij^{or} s.; fratres de Templo tenent dimidiam bovatam in puram elemosinam de dono Roberti Marmiun; ibidem dimidiam in puram elemosinam ex dono Roberti Marmiun.

Episcopus Doneholmiensis tenet in Kyrkeb', in Torp', in Martun, in Wispintun et in Wahinworg'[1] ix. carucatas et vj. bovatas, et Henricus Bec tenet totum illud de episcopatu, sed nescimus per quod servicium nec ex dono cuius.

Gilbertus de Gaunt tenet *de domino rege* in Edlingtun' et in Polum et in Baumbur' xxiiij. carucatas et in Askeb' j. carucatam et dimidiam, sed nescimus per quod servicium.

Abbas de Barden' tenet in Edlingtun' ix. carucatas et dimidiam in puram elemosinam de dono antecessorum predicti Gilberti.

Robertus de Barkewordg' tenet in Polum j. carucatam pro v^{ta} parte j^{us} militis de Gilberto de Gant.

Abbas de Barden' in Baumbur' iiij^{or} carucatas in puram elemosinam *de Gilberto de Gant.*

Eustacias de Vesci in Baumbur' viij. carucatas de predicto Gilberto per ij. partes feodi j^{us} militis de dono antecessorum predicti Gilberti.

Willelmus de Wilheb' tenet in Askeb' j. carucatam et dimidiam[2] iiij^{tam} partem j^{us} militis.

Ranulfus comes Cestrie tenet in Edlingtun' j. carucatam et dimidiam, unde Robertus de Barkeworh' tenet j. bovatam de dono Ranulfi Comitis, sed nescimus per quod servicium.

Johannes Camerarius tenet j. bovatam et dimidiam per iij.s. de dono comitis.

Gilbertus de Wahinwoh' ij.s. et forinsecum servicium de dono Ranulfi comitis.

Philippus de Kirkeb' j. bovatam pro vj.d. et forinsecum[3] de dono predicti Ranulfi.

David de Cotes dimidiam bovatam pro xij.d. et forinsecum[3].

Aldusa et filia sua j. bovatam pro xij.d. et forinsecum[3] de dono ipsius comitis.

Petrus Clericus ij. acras et dimidiam pro ij. libris piperis.

Andreas de Edlingt' ij. acras et dimidiam pro dimidia libra piperis de dono eiusdem.

Robertus filius Walteri ij. acras pro vj.d. de dono eiusdem.

Hugo de Edlingtun' iij. acras pro vj.d. de dono eiusdem.

Walterus filius Doding iiij. acras pro j. libra piperis de dono eiusdem.

Toraldus de Horsingtun' ij. acras pro vj.d. de dono eiusdem.

Fratres Hospitalis de Mauteb' v. acras in puram elemosinam de dono comitis.

Abbas de Kirkested' iiij^{or} acras in elemosina de dono comitis.

---

[1] *An unusual form of* Waddingworth.
[2] *After* dimidiam *supply* per.   [3] *So in the original* (S. ij. 7).

S. ij. 7.
II. 503-561
—cont.

Ecclesia Lincolnie j. acram et dimidiam in elemosina de dono comitis.

Petrus de Brus iiij. bovatas in Askeb' quas Simon de Kim' tenet de illo, set nescimus per quod servicium.

Comes Baldwi de Betun in Timelb' et in Langetun et in Cuningesb' v. carucatas et vj. bovatas unde Herbertus de Sancto Quintino tenet ij. carucatas in Langetun et iiij. et dimidiam bovatas pro decima parte unius militis de dono comitis Stefani de Aubmar' et Gilbertus de Langetun' de predicto Baldwino in Cuninghesb' ij. bovatas, sed nescimus per quod servicium.

Ricardus de Sanford' in Langetun in Timelb' et in Bocland' ij. carucatas quas Willelmus de Rowell' tenet de illo per ij. partes unius militis de dono Alani de Linc'.

Hugo Painel in Kirkeb' j. carucatam et ij. bovatas quas Rogerus de Patem' tenet de illo pro x^a parte j^{us} militis.

De feodo de Tatersall' in Tumb', in Kirkeb', in Martun, in Strattun et in Wispintun, in Wahinworg' xv. carucatas et iiij. bovatas, unde Simon de Dreheb' tenet ij. carucatas cum iiij^{or} bovatis in Drexptorp' pro feodo j^{us} militis de dono antecessorum de Tatersall'. Hugo Bretun tenet inde iiij^{or} carucatas pro feodo j^{us} militis de dono Roberti filii Hugonis. Willelmus de la Land' in Wispintun' ij. carucatas pro feodo dimidii[1] militis de dono predicti Roberti. Galfridus de Martun j. carucatam et dimidiam pro tercia parte j^{us} militis ex dono predicti Roberti. Simon de la Land' j. bovatam in Torp'. Abbas de Kirkested' ij. carucatas in Strattun in puram elemosinam de dono Hugonis filii Heudon'.

Comes Ranulfus Cestrie tenet in Escrivelb', in Cuningheb' v. bovatas unde comes David tenet iiij^{or} bovatas in Escriveb' per maritagium. Et Philippus de Kim' unam bovatam de dono comitis, sed nescimus per quod servicium.

Gerardus de Rodes in soca de Horn' lxxvj. libratas terre de dono Regis Johannis, sed nescimus per quod servicium.

Henricus de Nevill' in eadem soca, in Askeb' et in Tingtun' xv. libratam[2] terre de dono domini Johannis Regis per servicium j. militis unde Radulfus de Barkeworh' tenet c. solidatas pro iij. parte j. militis de dono ipsius Henrici de Newill', Radulfus filius Radulfi de Hoyland' v. marcatas pro v. parte j^{us} militis de dono predicti Henrici.

Walterus de Badvent tenet villam de Marum de domino rege scilicet vj. libratas et xiiij. solidatas scilicet per falconeriam.

Lazari de Lincolnia in Askeb' j. carucatam terre in puram elemosinam de eadem soca de dono Henrici Regis.

HILLE WAPPENTACIUM.

Radulfus de la Haye tenuit in Walmesgara sextam partem feodi j^{us} militis de domino rege de quibus abbas de Barling habet ix. bovatas in puram elemosinam de dono predicti Radulfi ; et fratres hospitalis Ierosolyme ij. bovatas ; et prior de Burewell' unam bovatam.

---

[1] j^{us} *is written on the line and not deleted;* dimidii *is interlined above it apparently as a correction.* [2] *Read* libratas.

LINCOLN. 167

S. ij. 7.
II. 503-561
—cont.

Comes Cestrie tenet in capite de domino rege in Walmesgara et Ketellesbi et Ormesbi et Roclund et in Swabi et in Stain feoda iij. militum que Radulfus filius Simonis tenet de eo.

Normanus de Arcy tenet de domino rege in Ormesbi et Enderbi feodum j[us] militis quod Ricardus filius Alani tenet de eo.

Robertus Arsic tenet de rege in Aby et Strubbi et Wlfrikebi feodum j[us] militis quod Willelmus Arsic tenet de eo.

Willelmus de Perci tenuit ij. carucatas terre et ij. bovatas in Wlfrikebi quas dedit capitulo beati Petri Eboraci in puram elemosinam, et canonici illas tenent.

Normanus de Arcy tenet de rege in Marton' et in Holm' et in Wlfrikebi et Scapwic et Reresbi et Snelleslund' feoda ij. militum, que Radulfus filius Simon tenet de eo.

Comes Cestrie tenet in Oxecumbe feodum dimidii militis et octavam partem feodi j[us] militis quod Simon de Kim' tenet de eo.

Episcopus Dunolmensis tenuit in Fuleteby et Oxecumbe feodum ij. militum quod Henricus Bec tenet de eo.

In villa de Brinckell' sunt ij. carucate terre de escaetta Normannorum quas Rogerus de Fontibus tenuit de feodo Dodonis Bardolf' quas dominus rex dedit Roberto de Mortuo Mari, sed nescimus per quod servicium.

Comes Cestrie tenet in villa de Brinckell' quartam partem feodi j[us] militis quam Warinus de Vernun tenet de eo.

Predictus comes Cestrie in Langeton', in Saztorp et Drextorp, Hacwarhingham, Dalby tenet feodum dimidii militis quod Gilbertus de Langeton'[1] tenet de eo.

Comes Cestrie tenet[2] de rege in Sauztorp et Langeton' quartam partem feodi j[us] militis quam Ricardus Malebis tenuit de eo.

Idem comes Cestrie tenet de rege in Langeton' feodum xij. partis j[us] militis quod Radulfus de Grendala tenet de eo.

Idem comes habet ij. bovatas terre et dimidiam quas Simon de Kim' tenet.

Hugo filius Radulfi tenet de rege, scilicet de baronia Cecillie de Crevequer, in Askebi, Sumerdebi et Enderbi et Teford' et Hamringham et Welleton' feoda ij. militum et tres partes feodi j[us] militis, et de feodo comitis de Aubemara X[mam] partem feodi j[us] militis, et de feodo de Crevequer tenet Robertus filius Willelmi de Teford' j. feodum militis et tres partes j[us] militis de Hugone filio Radulfi. Et Thomas de Welleton' tenet de predicto Hugone de predicto feodo feodum j[us] militis. Et monachi de Revesby tenent in elemosina ij. carucatas terre de dono Radulfi filii Gilberti in villa de Askeby.

Comes Cestrie tenet in Fuletebi feodum dimidii militis quod Simon de Kim' tenet de eo.

Idem comes tenet in Sauztorp et Langeton' quartam[3] partem feodi j[us] militis quam predictus Simon de Kim' tenet de eo.

Idem comes tenet in Aswardebi et Sauztorp et Langeton' terciam partem feodi j[us] militis quam Liholfus de la Spanna tenet de eo.

Idem comes tenet in Aswardebi ij. bovatas terre quas Hugo de Dunston' tenet de eo, sed necimus per quod servicium.

---

[1] Langeton' *repeated in error.*   [2] Tenet *repeated in error.*
[3] II. 514 *reads* quintam. S. ij. 7 *has* q[a]ntam.

A.D. 1212.

S. ij. 7.
II. 503-561
—cont.

Comes Cestrie tenet in Harington', Aswardeby, Freskena, Braitoft, Suterbi, Irebi, Sauztorp, Scremtorp, Swabi, Billesbi, Raidehebi, Askebi, Langeton', Halincton', Hortmedhestan, Wainflet et Winctorp servicium ij. militum quod predictus comes dedit Comiti David in liberum maritagium cum sorore sua. Et preter hoc dedit predictus comes predicto Comiti David manerium suum de Graham in maritagium, sed necimus per quod servicium.

Comes Cestrie tenet in Wincebi de domino rege vj. bovatas terre quas Walterus de Batvent tenet de predicto comite per servicium falconarie.

Idem tenet ij. bovatas de rege in Wincebi quas Simon de Kim' tenet de eo, sed necimus servicium suum.

Predictus comes tenet in Wincebi j. bovatam terre et dimidiam quas senescallus de Monte Alto tenet de eo, sed necimus per quod servicium.

Gilbertus de Gant tenet in Wincebi in capite de domino rege quartam[1] partem feodi j^{us} militis quam Simon de Kim' tenet de eo.

Comes Cestrie tenet in Hacwarhingham de rege terciam partem feodi j^{us} militis quam Willelmus de Hardredeshill' tenet de eodem.

Micchael de Hacwarhingham tenet de rege j. toftum per seriantiam ad faciendas sumoniciones cum serviente regis infra wapentacium.

Alanus de Mumbi tenet de honore de Richemund' in Hacwarhingham viij^{am} partem feodi j^{us} militis quam Gilbertus de Langeton' tenet de eodem Alano.

Walterus de Gant dedit in elemosinam abbacie de Bardenay feodum j^{us} militis in Hacwarhingham.

Comes de Albemar' tenet de rege quadagesimam[2] et octavam partem feodi j^{us} militis in Hagwarhingham quam Gilbertus de Langeton' tenet de eo per predictum servicium.

Comes Cestrie tenet de rege in Hamringham terciam partem feodi j^{us} militis quam Simon de Kim' tenet de eo.

Dodo Bardolf' tenuit de rege in Hamringham vj. partem feodi j^{us} militis quam Willelmus de Logevill' tenet de eo.

Comes Cestrie tenet de rege in Hamringham, Scraidhesfeld', Asfordebi feodum j^{us} militis quod Gilbertus de Beningwarh' tenet de eo.

Comes Cestrie tenet de rege in Salmundeby feodum j^{us} militis quod Gilbertus de Beningwarh' tenet de eo.

Comes Cestrie tenet in Hamringham et Claxebi v. bovatas terre quas Hugo de Cappella et Walterus Starling' tenent de eo sed necimus per quod servicium.

Comes Cestrie tenet in Claxebi feodum j^{us} militis quod senescallus de Monte Alto tenet de eo.

Robertus de Hesela tenet in Teford' feodum j^{us} militis de feodo archiepiscopi Eboracensis quod Hugo de Nevill' tenet de eo. Et archiepiscopus de domino rege in capite.

Comes Cestrie tenet quartam partem feodi j^{us} militis quam Simon de Kim' tenet de eodem, sed necimus servicium comitis.

---

[1] *The words* in capite . . . . . j^{us} *are written over an erasure.* II. 514 *reads* quartam. S. ij. 7 *has* q*ntam.
[2] *Read* quadragesimam.

GAYRETR' WAPPENTACIUM.

S. ij. 7.
II. 503-561
—cont.

Dominus episcopus Lincolniensis tenuit in capite de domino rege in Randebi et in Staunton' vj. carucatas terre, in Stratton' dimidiam carucatam et dimidiam carucatam in Falmettorp que est in Luthesk' wapentacio. Et hec tenementa tenet Henricus de Nevill' de eo per servicium ij. militum et dimidii.

Comes Cestrie tenet in capite de domino rege in Burret' dimidiam carucatam et illam tenet Henricus de Nevill' per servicium dimidii militis.

Comes Cestrie tenet in capite de rege in Horsincton ij. carucatas terre de quibus Walterus de Belesbi tenet j. carucatam per servicium militare unde xj. bovate faciunt feodum j^{us} militis. Et dominus Simon de Kim' tenet aliam carucatam per servicium militare unde xx. bovate faciunt feodum j^{us} militis.

Gaufridus filius Petri tenet in capite de domino rege ij. carucatas terre in Hemmingkebi de escaetta Normannorum de terris que fuerunt Roberti filii Ernisii et in Horsincton' et Bukenhala iiij. carucatas terre quas sanctimoniales de Stikeswald' tenuerunt de heredibus predicti Roberti ad firmam finalem per x.l. per annum.

Comes Cestrie tenet in capite de domino rege ij. carucatas et dimidiam in Hemmingkebi et in Aisterby iij. carucatas terre quas dedit Comiti David' in liberum maritagium cum sorore sua.

Idem comes Cestrie dedit dimidiam carucatam terre comiti David in Hemmingkebi cum sorore sua in liberum maritagium, quam predictus comes Cestrie tenet de domino rege in capite.

Idem comes Cestrie tenet in Stikeswald' vj. bovatas terre quas Nicholaus de Stutevill' tenet de predicto comite, sed necimus per quod servicium.

Idem comes tenet vj. bovatas terre et ij. bovatas in Bocland' quas Simon de Kim' tenet per servicium militare unde xx. bovate faciunt feodum j^{us} militis.

Idem comes tenet in Bukenhala j. carucatam terre quam sanctimoniales de Stikeswald' tenent in puram elemosinam.

Idem comes tenet in capite de domino rege ij. carucatas terre in Bukenhala, quas abbas de Cruyland' tenet in puram elemosinam.

Idem comes tenet in Stikeswald' ij. carucatas terre quas sanctemoniales de Stikeswald' tenent in puram elemosinam.

Ricardus de Sanford' tenet vj. bovatas terre in Stikeswald' in capite de domino rege quas Alexander de Crevequor tenet de eo ad firmam per x.s. per annum.

Gerardus de Kamvill' tenet in capite de domino rege in Stikeswald' de honore de la Haye j. carucatam terre quam Rogerus de Stikeswald' tenet de eo, set necimus per quod servicium.

Comes Cestrie tenet de domino rege in Stainigot ij. carucatas terre quas Baldewinus Wak de eo per servicium dimidii militis.

Normanus de Arcy tenet j. carucatam et dimidiam in capite de domino rege in dominico suo.

Comes Cestrie tenet in Cauwell' j. carucatam et dimidiam in capite de domino rege quas fratres de Templo tenent de eo in puram elemosinam.

Comes Cestrie tenet in Scamlesbi in capite de domino rege vj. carucatas terre unde Philippus filius Simonis de Kim' tenet j.

170 A.D. 1212.

S. ij. 7.
II. 503-561
—cont.

carucatam et dimidiam. Et residuum tenet Henricus le Despenser per servicium ij[orum] calcariorum deauratorum.

Idem comes Cestrie tenet in Golkesbi in capite de domino rege iij. carucatas terre ; de quibus fratres Templi tenent ix. bovatas in puram elemosinam de dono comitis ; et unam carucatam tenet mater comitis in dote sua, et Robertus Salemon' tenet ij. bovatas terre per seriantiam. Haraldus inde tenet de hospitali Cestrie ij. bovatas reddendo vj.s. per annum.

Idem comes Cestrie tenet in Torlaye et in Gautebi in capite de domino rege ij. carucatas terre quas Gaufridus de Fumechun tenet per seriantiam ad boscum custodiendum.

Idem in Gautebi et Mintingke vj. carucatas terrre quas prior de Mincting' tenet in puram elemosinam.

Idem comes tenet in Gauteby[1] ij. bovatas quas Gilbertus filius Berenger tenet, sed necimus quo servicio.

In Mintinges Gerardus de Kamvill' tenet de feodo de Lahaye in capite de domino rege, ut creditur, v. bovatas terre quas Willelmus filius Petri tenet, sed necimus quo servicio.

Hugo Painnell' tenet in capite de domino rege in Stratton, in Randebi et in Burret' v. carucatas terre et ij. partes j[us] bovate quas Gilbertus de Beningwarh' tenet de eo per fenda ij. militum.

Robertus de Tatersala tenet in Stratton' v. bovatas terre quas Radulfus de Barwarh' tenet de eo pro sexta parte feodi j[us] militis.

Et comes tenet in villa de Beautesford[2] vj. carucatas terre in capite de domino rege unde fratres hospitalis Lincolnie tenent xviij. bovatas terre in puram elemosinam et prior de Spalding' j. bovatam in puram elemosinam ; residuum tenet domina comitissa in dote sua.

Predictus comes tenet in capite de domino rege vj. carucatas terre in Dunigton' de quibus predictus comes dedit comiti de Ferres iij. carucatas in liberum maritagium cum sorore sua, et residuum est domine comitisse in dotem suam.

WRACKOU WAPENTACIUM.

Simon de Kim' tenet in capite de domino rege iiij. carucatas terre in Sottebi per servicium dimidii militis, unde Philippus pater predicti Simonis dedit Johanni Clerico iij. bovatas pro servicio xx. parte[3] feodi j[us] militis et Hugoni filio Roberti dimidiam carucatam terre pro x.s. et forenseco et Gaufrido de Cuningkesbi dimidiam bovatam pro xij.d. et forenseco.

Hugo de Scoten' tenuit in capite de domino rege vj. bovatas in Heinton' et in Barcwarh' iiij. bovatas et in Strubbi iiij. bovatas ; et illas dedit Haconi de Hainton' pro servicio j[us] militis ; dictus Haco et heredes eius illas tenent.

Archiepiscopus Eboracensis tenuit in capite de domino rege in Grisebi j. carucatam terre et dimidiam, in Wllingham ij. carucatas et j. bovatam et dimidiam, in Barcwarh' iiij. bovatas, et illas dedit Willelmo de Verli pro servicio dimidii militis.

Hugo de Scoten' tenuit in Wllingham in capite de domino rege j. carucatam et in Kinctorp ij. bovatas et dimidiam quas Willelmus

---

[1] *Original* (S. ij. 7) *has* in Gautib' in Gauteby.
[2] *Interlined as a correction of* Bautesford'.   [3] *Read* partis.

S. ij. 7. de Cantilupo tenet de heredibus Hugonis de Scoten' pro servicio
II. 503, 561 tercie partis j^{us} militis.
—co'it.
Manesser Arsic tenuit in capite de domino rege in Wllingham vj. bovatas terre ; idem Manesser dedit eas Haconi de Heinton pro servicio xx.s. ad firmam finalem, et Johannes de Orrebi illas tenet.

Hugo Painell' tenuit in capite de domino rege in Heinton' et Barcwarh' et Surray tres carucatas terre. Et idem Hugo dedit eas Waltero Falconario in feodo pro servicio j^{us} militis; et heredes eius eas tenent.

Archiepiscopus Eboracensis tenuit in capite de domino rege in Panton et Barcwarh' ij. carucatas et iij. bovatas. Et idem archiepiscopus dedit illas Osberto de Panton pro servicio j^{us} militis; et heredes illius adhuc tenent.

Hugo de Scoten' tenuit in capite de domino rege in Sixell' vj. bovatas et predictus Hugo vel heredes illius illas dederunt monialibus de Sixella in puram elemosinam.

Willelmus de Percy tenuit in capite de domino rege in Lufford iiij. carucatas et iij. bovatas. Et idem W. et heredes eius dederunt eas monialibus de Sixella ad firmam finalem pro xij.l.

Idem Willelmus de Percy tenuit in capite de domino rege in Leggesbi j. carucatam et dimidiam et idem Willelmus eas dedit in feodo Roberto de Tweing' pro servicio dimidii militis.

Willelmus de Percy tenuit in capite de domino rege in Hotham et Luford' j. carucatam et j. bovatam. Et idem Willelmus illas dedit Roberto de Tweing' pro servicio dimidii militis.

Idem Willelmus tenuit in capite de domino rege in Frimtorp et Luford dimidiam carucatam terre, et predictus Willelmus eam dedit Willelmo de Mureres pro servicio dimidii militis. Et heredes Willelmi eam tenent.

Idem Willelmus tenuit in capite de domino rege in Lufford' ij. bovatas et illas dedit Thome filio Jollani pro servicio octave partis unius militis. Thomas et heredes eius eas tenent.

Idem Willelmus tenuit in capite de domino rege in Keuermund' j. carucatam et dimidiam, et eas dedit Willelmo Malebis cum filia sua in liberum maritagium; et heredes Willelmi eius eas tenent.

Idem Willelmus tenuit in capite de domino rege in Keuermund' v. bovatas et dimidiam. Et idem Willelmus eas dedit Gilberto filio Folconis pro servicio v. partis j^{us} militis; et heredes eius eas tenent.

Idem Willelmus tenuit in capite de domino rege in Keuermund' vj. bovatas terre et dimidiam et eas dedit Roberto.

Episcopus Lincolniensis tenuit in capite de domino rege in
. Bulincton', Wrackebi et Langeton' iij. carucatas terre et ij. bovatas. Et Simon de Kim' tenet eas, sed necimus per quod servicium.

Hugo de Baioc' tenuit in capite de domino rege in Tirington' ij. carucatas. Et predictus Hugo dedit eas Rogero Mustaill' pro servicio dimidii militis. Heredes Rogeri adhuc tenent.

Reginaldus de Crevequer tenuit in capite de domino rege in Blesebi in Houtton' iij. carucatas terre. Et idem Reginaldus dedit eas

S. ij. 7. Gocelin Jocelino[1] de Blesebi pro servicio j^{us} militis. Et heredes
II. 503-561 eius tenent.
—cont.
Willelmus de Perci tenuit in capite de domino rege iij. carucatas terre cum pertinenciis in Wykingebi et Westlathebi. Et predictus Willelmus dedit predictas tres carucatas terre Osberto vicecomiti pro servicio j^{us} militis ; et heredes eius sunt tenentes.

Episcopus Lincolniensis tenuit in capite de domino rege j. carucatam terre in predictis villis. Et predictus episcopus eam dedit Osberto vicecomiti ad firmam finalem pro x.s. pro omni servicio; et heredes eius adhuc tenent.

Reginaldus de Crevequor tenuit in capite de domino rege ij. carucatas terre in Snelleslund' et Suntorp et Reresbi. Et illas dedit Osberto vicecomiti ad firmam finalem pro xx.s. pro omni servicio. Et heredes eius illas tenent.

Archiepiscopus Eboracensis tenuit in capite de domino rege iiij. carucatas terre in Lissington' et illas dedit Herberto filio Aubri pro servicio j^{us} militis; et heredes Herberti eas tenent.

Comes Cestrie tenuit in capite de domino rege v. carucatas in Neubell' et Stainton'. Et illas dedit Heltoni de Boydill' pro servicio ij. militum ; heredes Heltonis eas tenent.

Robertus Trussebut tenuit in capite de domino rege j. carucatam terre in Helghetorp. Et ipse eam dedit Johanni Burdet pro servicio quarte partis feodi j^{us} militis. Johannes predictam terram tenet.

Idem habuit iiij. carucatas in Rande et Bekering' in capite de rege et eas dedit Stephano Burdet pro servicio dimidii militis.

Idem Robertus tenuit in capite de domino rege j. carucatam terre in Bekering' et Houton' et Tirington'. Et eam dedit Roberto de la Barra pro servicio quarte partis j^{us} militis. Et heredes eius eam tenent.

Willelmus Trussebut tenuit in capite de domino rege dimidiam carucatam terre in Houton', et illam dedit Alano de Novill', sed necimus per quod servicium. Et heredes eius eam tenent.

Willelmus Trussebut tenuit in capite de domino rege ij. carucatas terre in Fuletebi. Et eas dedit Alano de Novill' per servicium dimidii militis. Et heredes Alani eas tenent.

Idem Gaufridus Trussebut tenuit in capite de domino rege vj. bovatas terre in Wrackebi, et heredes eius eas tenent in dominico, sed necimus per quod servicium.

Willelmus Trussebut tenuit in capite de domino rege ij. bovatas terre et dimidiam in Kinctorp et eas dedit Gervasio de Wrakebi ad firmam in feodo pro ij.s. et unam libram[2] piperis pro omni servicio, et heredes eius tenent.

Idem Willelmus tenuit in capite de domino rege ix. carucatas et ij. bovatas terre in Panton' et Hatton', Barcwarh'. Et eas dedit Ricardo Trussebut in feodo pro servicio ij. militum. Et heredes eius eas tenent.

Idem Willelmus tenuit in capite de domino rege iiij. carucatas terre et dimidiam et dimidiam bovatam in Tirington' cum per tinenciis et illas dedit Reginaldo de Jerpumvill' per servicium dimidii militis et octave partis j^{us} militis ; heredes eius eas tenent.

---

[1] So in original (S. ij. 7).   [2] So in original (S. ij. 7).

S. ij. 7.   Gilbertus de Gant tenuit in capite de domino rege iiij. carucatas
II. 503-561 terre in Bardhenay, Surraye, Butehat, Angoteby. Et eas dedit
—cont.   abbacie de Bardenaye in puram elemosinam.
  Rogerus Marmeun tenuit in capite de domino rege j. carucatam
terre in Butehate. Et eam dedit abbacie de Bardenaye in puram
elemosinam.
  Idem Rogerus Marmeun tenuit in capite de domino rege in Langeton'
j. carucatam terre et dimidiam. Et eam dedit Roberto Bigot pro
servicio j^{us} militis. Et heredes Roberti tenent vj. bovatas, et
Johannes del Holm vj. bovatas.
  Archiepiscopus Eboracensis tenuit in capite de domino rege ij.
carucatas terre et dimidiam in Beningwarh' et Robertus de Adredebi
et Margareta de Beningwarh' tenent de eodem feodo j. carucatam
terre per servicium xme partis unius militis.
  Comes Willelmus de Romar' tenuit in capite de domino rege in
Beningwarh' iij. carucatas terre et dimidiam et in Kinctorp ij. bovatas
et dimidiam et in Strubby ij. bovatas. Et predictus comes dedit
totam predictam terram Waltero de Beningwarh' pro servicio ij.
militum. Et heredes Walteri predictam terram tenent.
  Idem comes de Romar' tenuit in capite de domino rege dimidiam
carucatam in Lufford' et illam dedit Waltero de Beningwarh' in
servicio predictorum ij. militum.
  Episcopus Dunulmensis tenuit in capite de domino rege iij.
carucatas in Biscopetorp. Et eas dedit Waltero Bec.
  Willelmus de Percy tenuit in capite de domino rege in Stainfeld'
et Apelle v. carucatas terre. Et eas dedit monialibus de Stainfeld'
in puram elemosinam.

LUTHESKA WAPPENTACIUM.

  Comes Conanus de Britannia teniit[1] in capite de domino rege iij.
carucatas terre in Gayton' de quibus ipse comes dedit ij. carucatas
et dimidiam abbatie de Kirkesteda in puram elemosinam. Et dedit
predictis monachis de Kirkesteda dimidiam carucatam ad firmam
finalem reddendo per annum xx.s., quos xx.s. redditus Gaufridus
de Sauzesmara habet per balliam domini regis de escaetta
de terris Britannorum.
  Idem comes tenuit in capite de domino rege in Welleton' iiij.
carucatas quas iiij. carucatas terre dedit Johanni filio Meing' per
servicium dimidii militis ; et heredes Johannis modo tenent.
  Idem comes habuit in Magnebi iij. carucatas in capite de domino
rege quas Gaufridus de Sauzesmara habet per balliam domini regis
ut superius.
  Idem comes tenuit in capite de domino rege iij. carucatas et j.
bovatam in Grimnobi quas Gaufridus predictus habet per balliam
domini regis de predictis terris.
  Idem comes tenuit in Saltfletebi iiij. carucatas in capite de domino
rege de quibus Gaufridus predictus habet j. carucatam et dimidiam
per balliam domini regis.
  Idem comes dedit j. carucatam et dimidiam in Saltfletebi Ricardo
le Gimell' pro feodo dimidii militis. Et idem Ricardus predictam

---

[1] *Read* tenuit.

S. ij. 7. carucatam et dimidiam dedit abbatie de Langunet in puram
II. 503-561 elemosinam.
—cont.
Et idem comes tenuit in capite de domino rege iij. carucatas terre
in Schitebroc quas predictus comes dedit Rollando Haket pro feodo j^us
militis x^ma parte minus ; heredes predicti Rollandi adhuc illas tenent.
Idem comes tenuit in capite de domino rege iij. carucatas terre
de quibus predictus comes dedit Alano le Gimell' j. carucatam et
tres partes j^us carucate pro quarte¹ parte feodi j^us militis ; et
heredes predicti Alani illas tenent. Et predictus comes dedit j.
carucatam terre et quartam partem j^us carucate abbatie de Girovall'
in puram elemosinam, et monachi adhuc tenent.
Idem comes tenuit in Germuntorp ij. carucatas in capite de domino
rege de quibus Galfridus de Sauzesmara habet vj. bovatas per balliam
domini regis. Et Wimerus Camerarius habuit de dono comitis x.
bovatas terre et idem Wimerus Camerarius tenuit de dono comitis
ij. carucatam in Jerdburg', pro feodo dimidii militis cum x. bovatis
prescriptis de Germuntorp. Et heredes Wimeri illas tenent.
Idem comes tenuit in capite de domino rege v. bovatas terre et
terciam partem j^us bovate. Et predictus Gaufridus illas tenet per
balliam domini regis.
Idem comes tenuit in Alvingham in capite de domino rege j.
carucatam et duas bovatas et terciam partem j^us bovate, unde
Galfridus de Sauzesmara habet per balliam domini regis dimidiam
carucatam et j. bovatam et sextam partem j^us bovate. Et predictus
comes dedit Johanni filio Meink' aliam dimidiam carugatam et j.
bovatam et sextam partem j^us bovate in Alvingham ad dimidium
feodum militis perficiendum in Welleton' ut superius. Et heredes²
ipsius Johannis adhuc illas tenent.
Alanus de Richemund' tenuit in capite de domino rege j.
carucatam terre et dimidiam in Welleton' de honore de Richemund'.
Et predictus comes illam dedit Landreo pro feodo dimidii militis.
Et heredes Landrei modo tenent de Willelmo de Mandevill' per
preceptum domini regis ut dicitur.
Comes Ranulfus Cestrie tenuit in capite de domino rege iij. carucatas in Tadewell' et illas dedit Ricardo comiti de Clara in maritagium
cum sorore sua. Et fratres hospitalis Ierosolyme tenent x. bovatas
terre in Mautebi in puram elemosinam, sed necimus de quo dono,
scilicet de predicto feodo comitis Cestrie. Et Ranulfus comes Cestrie
tenuit in predicta villa de Mautebi x. bovatas in capite de domino
rege et illas dedit abbatie Sancte Werberge in puram elemosinam.
Et predictus comes tenuit in capite de rege in Raidhebi et
Halingtun' ij. carucatas et j. bovatam. Et illas dedit Roberto
filio Gilberti per feodum tercie partis j^us militis. Et heredes Roberti
adhuc illas tenent.
Et predictus comes tenuit in capite de Rege Johanne dimidiam
carucatam et iij. bovatas in Tadewell'. Et illas dedit Gilberto falconario per servicium falconarie. Et heres Gilberti adhuc illa tenet.
Et monachi de Cruiland' tenent x. bovatas terre in Halington'
de feodo predicti comitis Cestrie in puram elemosinam, sed necimus
de dono cuius ipsi monachi predictam terram habent.

¹ Read quarta.   ² Original (S. ij. 7) has h'eres.

LINCOLN. 175

S. ij. 7.
II. 503-561
—cont.
Et predictus comes Cestrie tenuit in capite de domino rege vj. bovatas terre et dimidiam in Halington' et Tadewell'. Et illas habet Simon de Says, sed necimus per quod servicium.

Et predictus comes tenuit in capite de domino rege in Raidhebi et Halincton' dimidiam carucatam terre et illam dedit Ricardo filio Aufridi; · et heredes Ricardi adhuc terram illam tenent sed necimus per quod servicium.

Comes Ricardus tenuit in capite de domino rege ij. carucatas terre in Roclund' et illas dedit Simoni le Rus. Et heredes ipsius Simonis adhuc illas tenent ; et pertinent ad feodum suum de Ormesbi.

Et predictus comes tenuit in Maidenwell' in capite de domino rege ij. carucatas. Et idem comes illas dedit antecessoribus Alani de Boydill', set necimus per quod servicium. Et heredes Alani adhuc illas tenent.

Idem comes tenuit j. carucatam et dimidiam in Farford in capite de domino rege. Et predictus comes illas dedit antecessoribus Philippi de Kim' per servicium j^{us} militis. Et heredes predicti Philippi adhuc illas tenent.

Et predictus comes tenuit in capite de domino rege ij. carucatas terre in Hagham et illas dedit abbati de Sancto Severo in puram elemosinam.

Et predictus comes tenuit omnia predicta tenementa de domino rege in capite, sed necimus per quod servicium.

Angotus de Burewell' tenuit ij. carucatas terre in capite de domino rege in Burewell' et ij. carucatas terre in Haghetorp, et in Muketon' j. carucatam et iiij. bovatas et in Carleton' iiij. carucatas, et iiij. bovatas in Welleton', et j. bovatam in Sumercotes. Et dominus Rex Henricus omnia ista tenementa habuit in manu sua de escaetta de Angoto. Et predicta tenementa dedit dominus Henricus Rex Radulfo de la Haye pro servicio j^{us} militis. Et Radulfus de la Hay dedit Hngoni Bardolf iiij. carucatas in Carleton' per servicium tercie partis j^{us} militis. Et ipse Radulfus dedit Thome Maucovenant j. carucatam et iiij. bovatas in Muketon' per servicium viij. partis j^{us} militis. Et heredes predictorum adhuc predicta tenementa tenent.

Alanus de Perci tenuit in capite de domino rege xviij. bovatas terre in Riston' et Carleton', sed necimus per quod servicium. Et illas dedit Osberto vicecomiti per servicium j^{us} militis ; heredes predicti Osberti illas tenent.

Idem Alanus tenuit viij. carucatas terre in Elkington' et unam carugam in Caltorp in Nortrihing' et illas dedit Foconi senescallo per servicium j^{us} militis, et heredes Folconis illas tenent, sed necimus servicium domini[1] Alani quod debuit domino regi.

Episcopus Dunolmensis tenuit in capite de domino rege j. carucatam terre in Luthenna et Schitebroc et illam dedit abbatie de Sancto Carileffo in puram elemosinam.

Idem episcopus Dunolmensis tenuit in capite de domino rege ij. carucatas terre in Kedington' et Kaillestorp, et in Welleton' ij. bovatas, et in Schitebroc ij. bovatas, et in Saltfletebi ij. bovatas, in Cocrington' dimidiam bovatam. Et predictus episcopus dedit omnia predicta tenementa antecessoribus Hugonis filii Pinchun per servicium ij.

---

[1] II. 526 reads dicti.

176   A.D. 1212.

S. ij. 7.   militum, set necimus servicium quod episcopus debuit inde domino
II. 503-561 regi.
—cont.
          Alanus de Lincolnia tenuit in capite de domino rege j. carucatam
terre in Catebi et in Kaillestorp[1] j. carucatam terre et in Wicham
v. bovatas et dimidiam, in Kaillesterna ij. carucatas vj. bovatas et
in Stiueton' ij. carucatas, in Corincton[2] iiij. bovatas, in Grimolbi
vj. bovatas. Ranulfus de Baiocis, heres Alani de Lincolnia, dedit
Rogero Punchardon' ij. bovatas terre et dimidiam $_{pro}$ v. parte feodi
j^{us} militis; et heredes Rogeri adhuc illam tenent. Et predictus
Ranulfus de Baiocis dedit Suspiro de Baiocis v. bovatas et dimidiam
in Wicham $_{per}$ servicium iiij. partis feodi j^{us} militis. Et heredes
eius adhuc tenent.
  Hugo de Baiocis, heres Ranulfi de Baiocis, dedit Willelmo de Baiocis
viij. bovatas terre et dimidiam in villa de Kelesterna $_{per}$ servicium
x. partis j^{us} militis.
  Idem Hugo dedit Jordano de Brakenberhe j. bovatam terre in Kelesterna pro xl. parte feodi j^{us} militis. Et heredes eius tenent adhuc.
  Predictus Hugo dedit sex bovatas in Kelesterna in elemosinam
prioratui de Kiseburna. Et predictus Ranulfus dedit fratribus
Templi unum tofftum et unam bovatam terre in liberam elemosinam.
  Hugo de Baiocis fundavit grangiam de Lambecroft cum cc. acris
terre arabilis et dedit monachis de Parco Lude in puram elemosinam.
  Ricardus de Sancford dedit eisdem monachis j. bovatam terre
arabilis in Kelesterna in puram elemosinam. Hugo de Baiocis dedit
Ivoni de Marisco iiij. bovatas terre in Kogrington' $_{pro}$ servicio feodi
dimidii militis, et heredes Ivonis illas tenent.
  Gaufridus filius Pagani tenuit in Grimbestorp,[3] in Welleton',
in Catebi in capite de domino rege ij. carucatas et ij. bovatas terre,
et heredes Radulfi filii Haconis tenent illa de honore de Lancastr'
pro servicio feodi j. militis.
  Willelmus Meschin tenuit in capite de domino rege iiij. carucatas
terre in Elkington'. Et illas dedit Waltero de Beningwarh' $_{per}$
servicium quarte partis feodi j^{us} militis. Alanus de Agketorp tenuit
j. carucatam terre de predicto Willelmo in Agketorp quam predictus
Willelmus tenuit in capite de domino comite Cestrie cum aliis tenementis suis $_{per}$ servicium quod debet domino comiti, set necimus
per quod servicium.[4]
  Episcopus Lincolniensis tenuit xij. carugatas terre in dominico
suo in capite de domino rege in villa de Luda, sed necimus $_{per}$ quod
servicium; et in Parva Wicham ij. bovatas quas Simon de Kim'
habet de dono predicti episcopi cum aliis tenementis que tenet de
predicto episcopo, sed necimus servicium ipsius Simonis quod debet
domino episcopo Lincolniensi neque servicium episcopi versus
dominum regem.
  Hugo de Valle tenuit in capite de domino rege iij. carucatas terre
et vij. bovatas et dimidiam in Widcala, et illas dedit Coste de Widcala
per servicium j^{us} militis et ij. parcium j^{us} militis. Et heredes

---

[1] *Original* (S. ij. 7) *seems to read* Catebi et Kaillestorp Kaillestorp.
Probably the former Kaillestorp *was meant to be cancelled.*
[2] *Read* Cocrinton.
[3] *Read* Grimbeltorp.   [4] servicium *repeated.*

LINCOLN.

S. ij. 7.
II. 503-561
—cont.
Coste adhuc tenent, sed necimus servicium quod Hugo de Valle fecit domino regi.

Idem Hugo tenuit iij. carucatas terre in Cocrington' de domino rege et duas partes j^{us} bovate et in Alvingham iij. bovatas terre et dimidiam, et in Sumercotes j. bovatam et dimidiam et in Saltfleteby iij. bovatas. Et Willelmus de Freston' illas tenuit de predicto Hugone per servicium ij. militum. Et heredes predicti Willelmi adhuc tenent ; necimus servicium Hugonis versus dominum regem.

Radulfus de Criholl' tenuit in capite de domino rege j. carucatam et vj. bovatas in Cocrington', et in Sumercotes j. bovatam, et in Saltfleteby j. bovatam et dimidiam et in Cocrington iiij. bovatas, et in Wicham j. carucatam et in Widcala j. carucatam et vij. bovatas et terciam partem j^{us} bovate. Et Hugo de Scoteny heres predicti Radulfi postea tenuit predicta tenementa. Et de predictis tenementis dedit predictus Hugo prioratui de Markebi in puram elemosinam ij. bovatas terre in Wicham. Et postea Thomas de Scoteny, qui fuit heres predicti Hugonis post Lambertum de Scoteni, dedit predicto prioratui j. bovatam in Wicham in puram elemosinam.

Willelmus de Cantelupo tenet de predictis tenementis in Widcala j. carucatam et vij. bovatas et terciam partem j^{us} bovate in Widcala de Thoma de Scoteny, sed necimus per quod servicium.

Lambertus de Scoteny heres Hugonis de Scoten' dedit de predicto feodo in Cocrington' sanctimonialibus de Alvingham l. acras de prato in puram elemosinam.

Idem Lambertus dedit monachis de Parco Lude xx. acras de prato de predicto feodo in Cocrington' in puram elemosinam.

Predictus Thomas de Scoten', heres predicti Lamberti, dedit predictis monachis de Parco Lude xij. acras de prato in puram elemosinam de predicto feodo de Cocrington'.

Rogerus de Millay tenuit iiij. bovatas terre in Kedincton' et unam bovatam et dimidiam in Saltfleteby de predictis Hugone, Radulfo Lamberto, Thoma, Willelmo, de Scoten' per servicium j^{us} militis.

Rogerus Marmiun tenuit j. carucatam terre in capite de domino rege in Tadwell', et Radulfus de Bulebec illam tenet de predicto Rogero per servicium quarte partis feodi j^{us} militis, set necimus per quod servicium. Dominus Rogerus tenet de domino rege in capite.

HEC EST INQUISICIO FACTA DE HIIS QUI TENENT IN CAPITE DE DOMINO REGE IN KETSTEVEN.

LANGHOU.

Baldewinus Wake tenet feodum unius militis in Bracebrig' quod Johannes de Bracebrig' tenet de eo.

Magister Alanus tenet dimidiam carucatam terre in villa de Kanewic de esketo, scilicet de feodo Ricardi filii Outi de dono domini regis, sed nescitur per quod servicium.

Monachi de Kirkested' tenent in eadem villa ij. bovatas terre, sed nescitur per quod servicium.

Willelmus Martell' tenet in eadem villa in capite de domino rege quartam partem j. militis.

S. ij. 7.
II. 503-561
—cont.

Gwarinus filius Geroud' tenet Washyngburg' et sokam de dono domini regis de esketo de feodo Britannie, sed nescitur per quod servicium.

Normannus de Arcy tenet feodum xx. militum in comitatu Lincolnie de baronia sua in capite de domino rege.

Baldewinus Wake habet feodum tercie partis j. militis in Methernham, quod Emma de Lisuris tenet.

Comes Cestrie habet feodum tercie partis j. militis in eadem villa, quod Philippus de Kim' tenet.

Heres Oliveri de Eyncurt habet in eadem villa feodum ij. militum quod Willelmus Basset tenet.

Idem heres habet in Branst' dominicum suum quod Henricus Episcopus tenet de dote uxoris sue de dono domini regis, sed nescitur per quod servicium.

Idem heres habet servicium dimidii militis, quod Robertus Patric tenet in eadem villa.

Idem heres habet feodum j. militis in Hanewrthe quod Willelmus de Eyncurt tenet.

Idem heres habet dominicum suum in Blankena quod Willelmus de Mortuo Mari tenet de dote uxoris sue de dono domini regis, sed nescitur per quod servicium.

Idem heres habet in eadem villa servicium xv. partis j. militis quod Ranulfus de Blanken' tenet.

Idem heres habet in eadem villa servicium vj. partis j. militis quod Rogerus Hoglamb tenet.

Idem heres habet in Skapewic feodum dimidii militis quod Gerardus de Fanecurt tenet.

Idem habet in eadem villa feodum iiij. partis j. militis quod Fulco de Oyri tenet.

Idem habet in Timberlund' feodum dimidii militis quod Philippus de Timberlund tenet.

Idem habet in eadem villa feodum dimidii militis quod Johannes de Bergate tenet.

Idem habet in villa de Thorp feodum dimidii militis quod Simon de Kim' tenet.

Idem habet in eadem villa feodum dimidii militis quod Fulco de Templo tenet.

Willelmus de Albenia habet servicium dimidii militis in Mere quod Robertus de Ropesle tenet.

Dominus rex habet in Kyrkebia et Skapewic servicium vj. partis j. militis et xv. partis j. militis de feodo Helpe Albrastarii quod Radulfus de Belevile tenet in capite de domino rege.

Dominus rex habet in eisdem villis j. carucatam terre quam Willelmus de Lisuris tenet de dono domini regis, sed nescitur per quod servicium.

Radulfus de Mortun habet in eisdem villis in capite de domino rege iij. partes feodi dimidii militis quas Alexander filius Bele et David de Mortun et Yvo filius Simonis tenent.

Robertus de Hascebi habet in Martun in capite de domino rege de feodo Helpe Albrastarii in Martun quod Walterus de Martun tenet.

Archiepiscopus Eboracensis habet in Billingeie et Walecote servicium j. militis quod Petrus de Bilingeie tenet.

ASWARDETHIRNE.

S. ij. 7.
II. 503-561
—cont.

In Kellebi et Roucebi tenentur ij. partes feodi j^{us} militis de baronia episcopi Dolonensis[1] quas Galfridus de Evermue tenet.

Idem Galfridus tenet in eadem villa de feodo Gilberti de Gant j. carucatam terre per terciam partem j. militis.

In Thorp de feodo Gilberti de Gant et in Swarebi tenet Robertus de Hascebi feodum j. militis.

In Thorp de feodo Widonis de Creona et in Kellebi et in Swarebi tenet Adam de Thorp terciam partem j^{us} militis.

In Swarebi de feodo Simonis de Cancy tenet Robertus de Hascebi per seriantiam.

In Silkebi de feodo Gilberti de Gant tenet Thomas de Silkeby feodum vj. partis j. militis.

In Wilgbi de eodem feodo tenet Radulfus de Wilgbi feodum iij. partis j. militis.

Rogerus de Stikeswald' tenet in eadem villa de eodem feodo quartam partem j. militis.

Idem Rogerus tenet in eadem villa de feodo Gerardi de Kanvill' terciam partem j^{us} militis.

Episcopus Lincolniensis habet in eadem villa ij. partes j^{us} militis, quas domina Bremunda tenet.

In Ywarbi de feodo Gilberti de Gant tenet Alvredus de Ywarbi v. partem j^{us} militis.

In eadem villa tenet Nichol' fil' Willelmi de episcopatu Lincolniensi feodum dimidii militis.

In Oustorp de feodo G. de Kanvill' tenet Willelmus de la Launde feodum j^{us} militis.

In Huuell' de feodo G. de Gaunt tenet Gilbertus de Huuell v. partem feodi j^{us} militis.

In Asgerby de eodem feodo G. de Gaunt tenuit Willelmus filius Walteri feodum iiij. partis feodi j^{us} militis, que est in manu domini regis.

Gilbertus de Gaunt tenet Heckingtun in dominico de baronia sua.

Gilbertus de Gaunt in eadem villa habet feudum xx. partis j. militis, quam Thomas Anglicus tenet.

In Hal de feodo Gilberti de Gant tenet Johannes de Hal xij. partem j. militis.

In Hal et Ingoldesby tenet Hugo de Nevill' crassus de eodem feodo feodum j. militis.

In Parva Hal de eodem feodo tenet Simon Camerarius vj. partem j. militis.

In Hekintun' et Skretintun et Hal de feodo Oliveri de Vas tenet idem Simon iij. partem j. militis.

In Helpringham de feodo Gilberti de Gant tenet Simon de Kima feodum dimidii militis.

In eadem villa et Thorp de feodo Eustacii de Vesci tenet Thomas le Latimer vij. partem j. militis.

In Burtun de feodo de Creona tenet Petrus Angevin ix. partem j. militis.

---

[1] *Read* Dunolmensis.

S. ij. 7.
II. 503-561
—cont.

In Scretintun de eodem feodo tenet Simon de Marham feodum dimidii militis.

In eadem villa de feodo Gilberti de Gant tenet Thebaldus feodum j. militis.

Idem tenet de eodem in eadem villa vj. partem j. militis.

In Aswardbi de eodem feodo tenet Simon de Kim' feodum j. militis.

In Querintun et Evedun tenet Hugo de Sancto Vedasto feodum j. militis de episcopatu Lincolniensi.

In Ingaldebi tenet Osbertus filius Nigelli xiij. bovatas terre de feodo Henrici de Clintun.

In Ywarbi tenentur de eodem Osberto ij. carucate terre de eodem feodo unde nullum habet servicium; tenentes sunt Nicholaus de Hoiland et Walterus frater eius.

AVELUND.

Baldewinus Wacke tenet in dominico Brunne et sockam de baronia sua.

Idem Baldewinus habet in Repighale feodum j^{us} militis quod Johannes Gubbaut tenet.

Idem Baldewinus habet in Ringesdun feudum dimidii militis quod Elias filius Ade de Ringesdun tenet.

Gilbertus de Gaunt tenet Fulkingham in dominico de baronia sua.

Gilbertus de Gaunt habet in Stoue quatuor partes feudi j^{us} militis quas Ricardus Pickenot tenet.

Idem Gilbertus habet in Trikingham et in Walecot quintam partem et quartam partem feudi j^{us} militis quas Hugo de Trikingham et Matildis mater ejus tenent.

Idem habet in Pointun servicium dimidii militis quod Alanus de Pointun tenet.

Idem habet in Locton feudum dimidii militis quod moniales de Sempringham tenent.

Idem habet in Hasceby quartem[1] partem feodi j^{us} militis quam Petrus de Amundevill' tenet.

Idem habet in Dembelby quartam partem feodi j^{us} militis quam Gilbertus de Lekeburn tenet.

Idem habet feodum demidii militis in Osberneb' quod Simon de Kyma tenet.

Gerardus de Kanvill habet Swaueton in dominico de baronia sua.

Idem habet feodum j. militis in Billigburg' quod Richerus de Billigburg' tenet.

Idem habet in Pickewrd' feodum j. militis et dimidii quod Robertus de Pickewrd tenet.

Idem habet in Neuetun et in Trikingham feodum dimidii militis quod Willelmus de Osberneby tenet.

Idem habet in Horbelling feodum quarte partis j. militis quod Andreas de Horbelling tenet.

Idem habet quintam partem feodi j. militis in Demelb' quod Adam Pes Canis tenet.

---

[1] *Read* quartam.

S. ij. 7.
II. 503-561
—*cont.*

Johannes Marescallus et Rogerus de Cressi tenent villatam de Aslockeby de dono domini regis, sed nescitur per quod servicium.
Matildis de Hauvill' tenet ij. carucatas terre in Hacuneby per seriantiam.

Dominus rex habet servicium dimidii militis in Mortun et in Scapewic quod Radulfus de Mortun tenet in capite de domino rege.

Walterus clericus de Hacuneb' tenet in capite de domino rege octavam partem feodi j^{us} militis in Hacnneby.

Abbas de Burgo habet tres partes feodi j. militis in Walecot quas Robertus de Hasceby tenet de eo.

Episcopus Lincolniensis habet feodum j. militis in Hacuneby quod Ricardus Silvanus tenet.

Idem episcopus habet in Ringesdun feodum dimidii militis quod Elyas de Ringesdun tenet.

Hervicus Baggot tenet in capite de domino rege quartam partem feodi j. militis in Brunne et in Hacuneb' et Philippus de Wastines et Robertus de Hacuneb' tenent illud feodum de eo.

Archiepiscopus Eboracensis habet in Duseby servicium dimidii militis quod Matildis de Gynai tenet in dote.

Idem habet in Horbelling feodum dimidii militis quod Rogerus Goylain tenet.

Rogerus Grossus tenet in capite de domino rege servicium octave partis j. militis in Hacunebi de antecessoria. Et idem Rogerus dedit in elemosina monialibus de Sempingham ij. bovatas terre, et abbacie de Brunne dimidiam bovatam terre, et fratribus Milicie Templi dimidiam bovatam, et ecclesie de Haeuneby et vicariis j. bovatam, unde nichil habet in manu sua preter j. toftum wastum et j. acram terre et dimidiam.

HEC EST INQUISICIO FACTA DE NES WAPENTACIO.

Abbas de Burgo habet in villa de Turleb' servicium unius militis et dimidii quod Brianus de la Mara tenet.

Hervicus Baggot habet in eadem villa et in Brunne et in Bressingburg' et in Karleb' servicium ij. militum quod Baldewinus Wacke tenet de honore de Stafford', et Philippus de Wasteneis tenet illud de predicto Baldewino.

Ricardus de Sanford' habet in Brunne et in Turleb' vj. partem feodi j^{us} militis quam Galfridus de Brunne tenet.

Comes Cestrie habet in Wivelestorp feudum j^{us} militis quod Baldewinus Wacke tenet, et Thomas filius Eustachii et Radulfus de Mortuo Mari tenent illud de Baldewino Wacke.

Abbas de Burgo habet in Estdeping et in Stoue et in Berham servicium iij. partis feodi j^{us} militis quod Baldewinus Wacke tenet in dominico.

Idem Baldewinus tenet Westdeping in dominico de baronia.

Abbas de Croyland habet *ex*[1] *antiquo tempore* in elemosina Langetoft et medietatem ville de Bastun, sed non potest inquiri quia dominus rex vel antecessores sui *nunquam*[2] habuerunt inde capitale servicium.

---

[1] ex antiquo tempore *interlined in another hand.*
[2] nunquam *interlined in another hand.*

S. ij. 7.
II. 503-561
—cont.

Willelmus de Aubeny tenet ij. partes ville de Huffigtun' et Talingtun et medietatem ville de Casewic in dominico de baronia in capite de domino rege, et nescitur per quod servicium, et inquirendum est per quod servicium illud tenet.

Thomas filius Eustachius tenet in capite de domino rege feudum dimidii militis de baronia de Caches in villa de Stanford et in Casewic.

Ricardus de Sanford habet in villa de Huffingtun feudum iiij. partis j^{us} militis quam Willelmus filius Rogeri de Huffingtun tenet.

Gilbertus de Gaunt habet servicium xij. partis j^{us} militis in Seldigtorp', quam Robertus Autein tenet.

Episcopus Lincolniensis habet in villa de Karleby servicium j. militis quod Ricardus de Cotes tenet.

Gilbertus de Gaunt habet servicium j^{us} militis in Wyham et in Karleby quod Radulfus filius Galfridi de Wyham tenet.

[Inquirendum[1] est per quod servicium Simon de Drebi tenet de Gilberto de Gaunt in Bastun et in Karleby.]

Gretford' et socka antiquitus tenuit per servicium ij. militum in capite de domino rege et Berengerus de Toni qui tenuit illam terram in capite de domino rege dedit illam terram abbatisse Wintonie in puram elemosinam.

Willelmus[2] de Rusmara tenuit j. carucatam terre in Obbetorp' in capite de domino rege de baronia de Bullingbrog et ille dedit illam terram in puram elemosinam priori de Spaudingges.

Gilbertus de Gaunt habet in villa de Bastun et de Karlebi servicium dimidii militis quod Simon de Drieb' tenet.

Gilbertus de Gaunt habet in Obbetorp' et Toft' feudum dimidii militis quod Walterus de Braitof tenet.

BELTESLAU.

Gilbertus de Gaunt tenet Edenham et socam in dominico de baronia sua.

Robertus de Tatersale tenuit tres partes feodi j^{us} militis in Toft de domino rege que sunt in manu domini regis.

Idem Robertus habuit in Wyham feudum j^{us} militis quod Radulfus filius Galfridi de Wyham tenet.

Idem Robertus habet[3] in Scotlantorp' feudum j. militis quod Robertus de Amundevill' tenet.

Idem Robertus habuit in Grimestorp' feodum xvme partis j. militis quod Hugo de Nevill' grassus tenet.

Robertus Marmiun habet in Kyseby de feodo Roberti de Tatersale feodum j. militis quod Radulfus de Kyseb' tenet.

Baldewinus Wacke habet in Wyham servicium quarte partis j. militis quod Radulfus de Briencurt tenet.

Abbas de Burg' tenet in Karlebi et in Bihamel feoda ij. militum que Baldewinus Wacke tenet.

Baldewinus Wacke habet in Cretun feodum j. militis quod Willelmus de Colevill' tenet.

Comes de Alba Mara tenet Helewell' in dominico de baronia sua.

---

[1] Inquirendum . . . . Karleby *cancelled*.
[2] Willelmus de Rusmara *interlined over* Comitissa Luce *which is cancelled*.
[3] *Read* habuit.

S. ij. 7.
II. 503-561
—cont.
Idem comes habet in Biham et in socka feodum dimidii militis quod Willelmus de Colevill' tenet.

Episcopus Lincolniensis habet in Loupingtorp' feodum xme partis j^{us} militis quam Elyas de Ringesdun tenet.

Comes David habet in Wime feudum dimidii militis quod Johannes de Sproxtun tenet.

Idem comes habet in Nortwime feodum j. militis unde Willelmus Grimbaud tenet dimidiam partem et Arnaldus de Bosco tenet alteram partem illius militis.

Archiepiscopus Eboracensis habet feodum j. militis in Estona quod Thomas Palefrei tenet.

Idem habet in Skilintun et Wlfthorp feodum dimidii militis quod Walterus de Scurei tenet.

Idem habet in Lopinthorp et in Wime et in Wlfesthor feodum dimidii militis quod Jordanus de la Lande tenet.

Ricardus de Sanford' habet in Bolebi feodum dimidii militis quod Adam de Sancto Laudo tenet.

Idem tenet feudum dimidii militis in Stiandeby quod Hugo de Verli tenet.

Idem tenet in Wime et Thisteltun et in Cretun feudum j. militis quod Willelmus de Rouuell' tenet.

Idem habet feudum dimidii militis in Eylestorp' quod Suspirus de Baius tenet.

Leonia de Reimes tenet in Gunneby in capite de domino rege v. carucatas terre, sed nescitur per quod servicium.

Episcopus Lincolniensis tenet in Coreby et in Birtun et in Billeffeld feuda ij. militum que Gilbertus Pecche et Ascelina de Watervill' et Matildis de Diva tenent.

Oliverus de Ainecurt habet in Swafeld' et in Swinamstede tenet terciam partem j. militis quam Hervicus de Arecy tenet.

Gerardus de Kanvill' tenet vj. bovatas terre in Westby quas Emma de la Cernellie tenet de eo de warda de Richemund.

Henricus de Clintun tenet in Westby feudum xix. partis j^{us} militis quam Osbertus filius Nigelli tenet.

Hervicus Baggot tenet in Torp' feudum j. militis quod Willelmus Grimbaud tenet.

Mauricius de Gaunt tenet Yrnam in dominico de baronia sua.

Abbas de Burgo tenet in Aggoteb' feuda ij. militum j. quarterio minus que Willelmus de Sancto Medardo et Alicia mater eius tenent.

Petrus filius Hereberti tenet in Lavintun feodum j. militis quod Hugo filius Radulfi tenet.

Oliverus de Wauus tenet[1] in Scillingtun quartam partem j. militis quam Osbertus de Boby tenet.

Henricus de Clintun' tenet in Handebec feudum xme partis j^{us} militis quam Osbertus filius Nigelli tenet.

Oliverus de Waus in Suttorp' sextam partem feudi j. militis quam Willelmus de Huntingfeld' tenet.

Henricus de Clintun tenet in Scillingtun xxv. partem j^{us} militis quam Osbertus filius Nigelli tenet.

---

[1] tenet *repeated*.

S. ij. 7.
II. 503-561
—cont.
Wido de Croun[1] dedit Templariis in puram elemosinam in villa de Kyseb' feudum dimidii militis.

HOC EST VEREDICTUM DE TREHOU WAPENTACIO.

In Wivelesford' de feodo et dominio Baldewini Wac sunt ix. carucate terre quas habent abbas et conventus de Bec in elemosinam de dono antecessorum ipsius Baldewini. In eadem villa habet Petrus Malet feodum dimidii militis de honore de Eia.
In Hundington' de feodo comitis Cestrie vij. carucate terre et iiij. bovate quas illi de Stikeswald' habent de dono antecessorum comitis. In eadem villa sunt iiij. carucate et iiij. bovate de feodo Gilberti de Gant, unde Henricus de Armenters tenet xij. bovatas pro quarta parte feodi j[us] militis, et Alexander de Crevequer iij. carucatas per servicium dimidii militis.
In Barkston habet Osbernus de Ingoudebi vicesimam quintam partem feodi militis de feodo de Clinton.
In Sithestan habet Michael Belet feodum j[us] militis de Wichard Leidet de Rokingham.
In Belton' habet abbas de Eboraco iiij. carucatas terre et iiij. bovatas in puram elemosinam de dono antecessorum Oliveri Deincort. In eadem villa idem abbas habet ij. carucatas et iiij. bovatas de dono antecessorum Osberni de Ingoudebi in puram elemosinam.
In Tuthorp et Guneuordebi de feodo de Crun habet Gerardus de Huwel feodum j[us] militis.
In Heidure Robertus de Picwrth habet iij. carucatas terre de cunstabularia Lincolnie per servicium dimidii militis.[2] In eadem villa habet Henricus de Longo Campo v. carucatas terre per servicium j. militis[3] de feodo de Gant. In eadem villa iiij. carucate terre quas Walterus de Rudestein habet de feodo de Crun per servicium j[us] militis.
In Wellebi Robertus Rok habet feodum j[us] militis et dimidii de feodo de Creona. In eadem villa xxv[tam] partem feodi j[us] militis habet Osbernus de Ingaudebi de feodo de Clinton.
In Sumerdebi habent heredes Thome de Sumerdebi feodum j[us] militis de feodo Oliveri Deincort.
In Bobi Osbernus habet v. carucatas de feodo de Gant per servicium j. militis.
In eadem villa habet Adam de Torp x. partem feodi j[us] militis de feodo de Creona.
In Roppele habet Robertus de Roppesle feodum j[us] militis de feodo Willelmi de Aubeneia.
In Breicebi habet Ascilla quartam partem feodi j[us] militis de feodo episcopi de Duram.
In Lundeltorp et Mannetorp habet Osbernus de Ingaudebi xxv. partem feodi j[us] militis de feodo de Clinton'.
In Herierebi Osbernus de Ingaudebi habet carucatam terre de feodo de Richemund, sed nescitur per quod servicium.

---

[1] de Croun *repeated*.
[2] per servicium dimidii militis *substituted for* nescimus quo servicio.
[3] per servicium dimidii militis *substituted for obliterated words*.

S. ij. 7. De soka de Graham habet comes de War' in wapentacio de Treou
II. 503-561 lij. carucatas et vj. bovatas de¹ dono domini regis.
—cont.

HOC EST VEREDICTUM DE WINEIREBRIG'.

Comes de War' habet in Graham et in soka lxxj. carucatas de² dono domini regis nescimus quo servicio.

In Guneuordebi Paulinus et Radulfus filii Roberti habent feodum j^{us} militis de feodo Oliveri de Eincort. Robertus Coffin in eadem villa habet j. carucatam et iij. bovatas de feodo de Duram ; nescimus quo servicio. In eadem villa habet Gerardus de Huwell' l. partem feodi j^{us} militis de feodo de Clinton'.

Villa³ de Neubo, quam abbas de Neubo tenet, solebat facere servicium dimidii militis de honore de Eya, que nunc est in pura elemosina de dono Ricardi Malebisse.

In Aligton' Willelmus de Beuver' habet tres partes de dimidio milite de feodo de Aubemar'. In eadem villa Willelmus Burdet et Thomas de Oili habent vj. carucatas terre per feodum j^{us} militis de honore de Eya.

Dux de Luvein tenet Seggebrog' de honore de Eya unde Reginaldus de Wou reddit per annum xiiij.l.

Walterus filius Rouland tenet feudum j^{us} militis in Berghebi de honore de Eya.

In Caskintorp Amalricus habet terciam partem feodi j^{us} militis de feodo comitis Cestrie. In eadem villa Hugo de Caskingtorp et in Heriherebi habet feodum j^{us} militis de feodo de Creona.

In eadem villa Willelmus filius Roberti habet x. bovatas terre de honore de Lancast' per servicium dimidii militis.

In Steinwath Robertus de Steinwath habet feodum dimidii militis de feodo Cestrie.

In Wlstorp et Wiwel et Huggeton' habet Willelmus de Aubenia pertinentes castello suo de Beuver ; nescimus quo servicio.

In Denton Alanus de Denton habet terciam partem j^{us} militis de feodo de Staford'.

In Stokes Osbernus de Ingaudebi et Lambertus de Oyri habent tres carucatas terre de honore Britannie per servicium j. militis.

Robertus de Ros tenet in Pantona et in alia Pantona et in Stroustuna et in Stokes xiij. carucatas terre de feodo de Aubemar' per servicium tercie part_{is} j. militis.

In Pantona et in alia Pantona et in Gerem' torp tenet Baldewinus filius Philippi xx. carucatas terre de feodo comitis David' feuda ij. militum.

In Hocton' Ricardus Giffard' tenet feodum j^{us} militis de feodo de Creona.

In Hocton et in Waleton' Willelmus de Diva et Rogerus de Croyland' habent octavam partem feodi j^{us} militis de feodo de Clinton'.

---

¹ de dono domini regis *substituted in another hand for* nescimus quo servicio.
² de dono domini regis *written in another hand over* nescimus quo servicio.
³ *This entry is interlined.*

LOVEDUN.

S. ij. 7.
II. 503-561
—cont.

In Ledenham et Fulbec tenet Conanus filius Briani feodum dimidii militis de honore Richemundie.

In eisdem villis tenet Johannes de Bosco feodum dimidii militis de eodem honore.

In eisdem villis tenet Magister Benedictus feodum dimidii militis de eodem honore.

In eisdem villis tenent heredes Radulfi filii Ricardi feodum dimidii militis de eodem honore.

Heredes Roberti filii Willelmi tenent in eadem villa feodum dimidii militis de eodem honore.

Osbertus filius Nigelli tenet in eadem villa feodum dimidii militis de eodem honore.

Terra Eustacii de Ledenham est in manu domini regis, scilicet quarta pars feodi j. militis de eodem honore ; saisita est in manu domini regis per Petrum de Leonibus.

Eustacius de Vesci tenet Catthorp et sokam in capite de domino rege in dominico de baronia sua.

Abbas de Chelesburg' tenet Hacke et socam de honore Richemundie quas Alanus comes Britannie dedit Willelmo filio Hamonis pro servicio suo et Willelmus filius Hamonis dedit canonicis de Sancto Hillario in puram elemosinam.

Comes de Warend' habet villam de Karleton quam domina Dionisia de Pusaz tenet de eo ; set non potest inquiri per quod servicium.

Robertus Camerarius tenet in Merstuna vj. carucatas terre cum pertinenciis per servicium j^{us} militis in capite de domino rege.

Ricardus de Sanford' habet in eadem villa ij. partes j^{us} militis quas Radulfus de Gousel tenet de eo.

Gerardus de Kanvill' habet in eadem villa et in Dodintun servicium dimidii militis quod Jordanus de Eisebi tenet.

Canonici de Haverholm tenent in Merstun vj. bovatas terre in elemosinam de dono Roberti Camerarii. Et idem Robertus facit servicium xij. partis j^{us} militis heredibus Mauricii de Creona.

Lambertus de Boiseto tenet in Hauham xix. carucatas terre per servicium ij. militum de episcopatu Lincolniensi.

Robertus de Karuesale tenet in eadem villa iiij. carucatas terre de Gerardo de Kanvill' unde v. carucate faciunt servicium j^{us} militis.

In Thorp tenent Richerus de Bilingburg' et Ada de Bukeminister vj. bovatas terre per servicium j. militis de Gerardo de Kanvill'.

Canonici de Kima tenent in Thorp et in Dodintun vj. bovatas terre de elemosina de dono Philippi de Kima que sunt[1] de feodo comitis Cestrie.

Walterus de Laudo tenet v. bovatas terre in Stubetun de feodo Thome de Arcy per servicium xij. partis j^{us} militis.

Robertus filius Willelmi tenet feodum dimidii militis in Cleypol de feodo Normanni de Arci.

Galfridus de Claipol tenet de baronia Dodonis Bardolf' et facit servicium dimidii militis.

---

[1] Sunt *repeated*.

LINCOLN. 187

S. ij. 7.   Robertus de Periis[1] tenet tres carucatas terre in Cleipol de feodo
II. 503-561 comitis Cestrie, set inquiri non potest per quod servicium.
—cont.
   Comes Cestrie habet in Benigtun et Fotstun terram que fuit Willelmi de Fugeres, totam scilicet preter servicium Ricardi de Scaudeford' quod de honore Richmund'.
   Ricardus de Sanford' tenet in Beningtun iij. carucatas terre unde facit servicium iiij. partis j^{us} militis domino regi.
   De eodem honore tenent fratres hospitalis Lincolnie xj. bovatas terre unde faciunt servicium iiij. partis j. militis.
   Gilbertus Cusin tenet in Fotstun xj. bovatas terre de feodo Willelmi Strubi, sed non potest inquiri per quod servicium.
   Johannes de Orrebi tenet in Fentun de feodo Gilberti de Gant, unde facit servicium tercie partis j^{us} militis.
   Galfridus de Cleipol tenet in Fentun feodum iiij. partis j^{us} militis de feodo Gilberti de Gant.
   Radulfus de Bruera tenet de eodem feodo Bekingham et Suttun feodum iij. partis j^{us} militis de feodo Gilberti de Gant.
   Magister Albertus inginiator habet in Bekingham et Fentun iiij. partem j^{us} militis de feodo Gilberti de Gant de escaeto domini regis.
   Idem Albertus tenet in Torp' de feodo Gilberti de Gaunt feodum dimidii militis de escaeto de dono domini regis.
   Gilbertus de Gaunt habet feudum j. militis in Tragertorp quod sanctimoniales de Sempingham tenent in puram elemosinam.
   Gilbertus de Gaunt habet feodum j^{us} militis quod Elyas de Brandun et Alanus de Hilderuuell' et Arnaldus de Brandun tenent.
   Rogerus de Mundegum[2] habet Bructan et sockam in dominico suo de honore de Richemund'.

GRAFHOU.

   Baldewinus Wacke tenet Sceldighou et Suthicham in dominico suo de baronia sua.
   Idem Baldewinus habet in Northicham ij. partes feodi j. militis quas monachii de Evermu tenent in libera elemosina ante conquestum.
   Abbas de Westmonasterio tenet Dodigtun et Torp in libera elemosina ante conquestum, et Willelmus Piccot tenet illam terram de eodem abbate pro xij.l. per annum.
   Dominus Henricus Reg'[3] dedit fratribus milicie Templi Eycle et sockam in libera elemosina de dono suo, et solebat reddere antiquitus xj.l. per annum.
   Baldewinus Wacke habet in Hadingtun et in Wisceby feodum j. militis quod Willelmus de Wasperee tenet.
   Episcopus Lincolniensis habet in villa de Turleb' terciam partem j. militis, et Hugo de Sancto Vedasto tenet illam terram de Waltero de Clifford.
   Eustachius de Vesci habet feudum j. militis in eadem villa quod Robertus de Bluckevill' tenet.

---

[1] *The word seems to be written* P'us. *Read* Praeriis.
[2] *The word is not clear. Read* Munbegun.   [3] *Read* Rex.

S. ij. 7.
II. 503-561
—cont.

Comes David habet in Nortun et in Stapelford' feodum ij. militum quod Adam de Yseny tenet.

Comes de Alba Mara habet in Carletun feodum j. militis quod Elyas de Amundevill' tenet.

Idem comes habet feudum j. militis in Basingham quod Robertus de Basingham tenet.

Willelmus de Aubenny habet in Auburg'[1] et in Hadingtun feodum j. militis quod Willelmus de Colevill' et Odinellus de Aubenni et Walterus de Prestun et Willelmus filius Aluured' de Hadingtun tenent.

BOBI.

Dux de Luvein tenet in Welleburn reditum viij.m. in capite de domino rege sed non potest[2] per quod servicium.

Hugo de Buluin tenet de feodo eiusdem ducis dimidiam marcam.

Custodia filie Baldewini 'de Ver val quam custodit Ricardus de Sanford'. Tenet in eadem villa vij. carucatas terre in capite de domino rege. Liberi homines eiusdem Ricardi tenent reditum in eadem villa xxxj.s. obolo minus.

Ricardus de Sanford' habet in villa de Bobi feodum dimidii militis quod Gilbertus de Huwell' tenet.

Willelmus de Lande habet in villa de Colebi xiij. libratas et xv. solidatas terre de dono domini regis de escaeta.

Comes David habet in villa de Colebi feodum dimidii militis quod Johannes de Merlei tenet.

Comes Cestrie habet in villa de Hermedestun ix. carucatas terre et j. bovatam terre quas Rogerus de Monte Altho tenet de eo per senescalciam ospicii sui.

Robertus de Mortuo Mari habet in Hermedestun feodum dimidii militis quod Robertus filius Rogeri tenet.

Comes Cestrie tenet medietatem ville de Wadintun quam comitissa mater eius tenet in dote.

Idem comes habet in eadem villa feodum dimidii militis quod Robertus Bardolf tenet.

INQUISICIO FACTA IN WESTRIHINC DE TENEMENTIS QUE TENEN-TUR DE DOMINO REGE IN CAPITE VEL SOLENT TENERI DE ANTECESSORIBUS SUIS REGIBUS ANGLIE.

In baronia de Creuker que est in manu domini regis babetur feudum xv. militum ad servicium domini regis.

In dominico baronie de Creuker habetur feudum j. militis in villa de Radburn.

Gerardus de Camvill' tenet de baronia illa feudum ij. militum in Ounebi et in Wiflincham de antiquo tempore.[3]

Simon de Kim' tenet inde feudum j. militis in Kotes et in Incham de antiquo tempore.[3]

Walterus de Ver tenet feudum j. militis in Botesford et in Askebi de antiquo tempore.[3]

Ricardus Wazelin tenet terciam partem j. militis in Radburn.

---

[1] *Read* Auburn. [2] *After* potest, II. 546 *adds* inquiri.
[3] *De antiquo tempore is only written after the first of these three entries and is made to refer to the following pair by lines drawn to them.*

LINCOLN. 189

S. ij. 7.
II. 503-561
—cont.

Willelmus Benait tenebat feuda iij. militum in Wadincham et Bliburg' et Scallebi et in Strettun qui mortuus est et terra in manu domini regis.

Galfridus de Nevill tenet feudum dimidii militis in Harpeswell' de dono Cecilie de Creuk'.

Hugo de Chenai tenet feudum dimidii militis in Haketorn de dono Cecilie in maritagio cum uxore sua. Idem Hugo tenet in Radburn de dominico baronie lx. acras terre ex una parte ville et xxxiij. acras terre et dimidiam ex alia parte ville de dono Cecilie et l. s. de redditu asiso in eadem villa cum uxore sua in maritagio.

Alexander de Creuk' tenet feudum dimidii militis in Haketorn et in Haneworh per concordiam factam · inter ipsum et Ceciliam de Creuk' pro clamio quod ipse posuit in tota baronia.

Petrus de Bekerinc tenet j. bovatam et j. toftum in Haketorn pro j. libra cimini de dono ipsius Cecilie faciendo forinsecum servicium quantum pertinet ad tantam terram.

Templarii tenent in Haketorn dimidiam bovatam terre et j. toftum in pura elemosina de dono predicte Cecilie.

Sanctimoniales de Bulinctun tenent in Haketorn xl. acras terre ex j. parte ville et xl. acras ex alia parte tam in prato quam in terra in pura elemosina ex dono Reginaldi de Creuk'.

Heedem[1] sanctimoniales tenent ibidem iiij. acras terre arabilis ex una parte ville ex dono Walteri de Nevill'.

Heedem[1] sanctimoniales tenent in villa de Radburn in pura elemosina c. acras terre et j. toftum de quibus Reginaldus de Creuk' dedit quater xx[ti] acras et Walterus de Nevill' xl. acras.

Prior de Tornholm tenet in eadem villa xviij. acras terre in pura elemosina ex dono Cecilie predicte.

Gilbertus filius Gocelin dedit in suo tempore ecclesie Marie Lincolniensis sex bovatas terre in pura elemosina.

Reginaldus de Creuk' dedit abbati de Selebi ecclesiam de Radburn in pura elemosina et vj. bovatas terre in eadem villa.

Abas de Kirkested tenet iij. carucatas in Scamtun et in Torp in pura elemosina de dono Walteri de Gant.

Idem abas tenet ibidem ij. carucatas terre de priore de Norewice et reddit inde per annum x.l.

Templarii tenent ibidem j. carucatam in pura elemosina de dono Walteri de Gant.

Norman Darci tenet de dominico[2] rege in capite feudum iiij[or] militum et dimidii et quartam partem feudi j. militis unde Herwicus Darci tenet de eo feudum iiij. militum et Radulfus Hurtquarter feudum dimidii militis et Otuer de Insula et Rogerus Pinzun quartam partem j. militis.

Comes Cestrie tenet in Phephelbi feudum ij. militum et in Cunincbi feudum ij. militum et in Derbi et in Haidbi feudum j. militis et in Wintrinctun quartam partem feudi j. militis. Rogerus de Laci qui mortuus est tenuit illa de eo per idem servicium.

In soka de Haltun quam Rogerus de Lasce tenuit de comite Cestrie habentur xxxiiij[or] carucate terre et ij. bovate et dimidia, sed non potest inquiri per quod servicium, et est in manu domini regis.

---

[1] Read Eedem.   [2] Read domino.

S. ij. 7.
II. 503-561
—cont.

Comes Cestrie tenet in Bliburg' feudum j. militis de domino rege. Hugo de Cauz tenet illud per idem servicium.

Comes Cestrie tenet in Halcbarge x. carucatas terre de domino rege in capite ; sed non potest inquiri per quod servicium.

Idem comes tenet in Normanbi feudum j. militis de domino rege de baronia de Rumar' unde Roais que fuit uxor Roberti de Tatershale tenet medietatem feudi j. militis.

Sanctimoniales de Goukewell' tenent j. bovatam et dimidiam in Normanb' in pura elemosina de dono Willelmi de Rumar'. Et prior de Spaldinc tenet dimidiam bovatam de eodem feudo de dono Lucie comitisse.

Gilbertus de Gant tenet feudum iij. militum in Wintrincham quod feudum Robertus Marmium tenet de eo.

Idem Gilbertus tenet in Risbi feudum j. militis ; Walterus de Folkenberg tenet illud de eo.

Idem Gilbertus tenet feudum j. militis in Wullincham ; Robertus Marmiun tenet illud de eo per idem servicium.

Johannes Malherbe tenet j. hundredum in Appelbi et soka pro feudo j. militis de onore Peverell' de Dovre.

Otuer de Insulâ tenet feudum j. militis in Saleclif de domino rege in capite de onore Peverel de Dovre.

Moricius de Gant tenet de domino rege in Rokesbi feudum j. militis ; Willelmus de Scotenei et Thomas de Scotenei tenent illud.

In Bergtun et soca habetur feudum j. militis de feudo Folkonis Painel ; Ada Painel tenet illud et debet tenere de heredibus Willelmi Painel.

Robertus de Tatesale tenet feudum j. militis in Saxeb' de domino rege. Jordan Foliot tenet illud.

Henricus de la Mara tenet feudum iij. militum in Lactun et Santun de domino rege de onore de Crun. Ingelram filius Simonis tenet illud de eo.

Simon de Chanci tenet in Wightun[1] iij. carucatas terre per servicium dimidii militis, et Templarii tenent xiiij^{or} bovatas et totum dominicum quod fuit antecessoribus suis. Hanc terram tenent predicti Templarii ex dono Simonis de Chanci patris[2] predicti Simonis que nunc est in puram elemosinam. Preterea predicti Templarii habent medietatem ecclesie ejusdem ville que solet esse in donacione antecessorum suorum.

Willelmus filius Roberti qui mortuus est tenuit de domino rege in capite per seriantiam ix. bovatas terre in Glentwurth, per seriantiam tali modo quod debet esse coram domino rege et coram justiciariis cum in partes illas venerint. Thomas filius Walteri tenet medietatem predicte terre de eo per servicium ij.s. per annum.

Radulfus de Berevill' tenet j. carucatam terre et j. bovatam in Sniterbi de domino rege in capite per alblastariam, et iij. bovatas et dimidiam in Figlincham, et iij. bovatas in Radburn. Herbertus de Nevill' tenet de eo.

Rogerus de Laci qui mortuus est tenebat feudum j. militis in Frisebi et in Haketorn de domino rege in capite. Jordan Foliot tenet illud de eo.

---

[1] *i.e.* Willoughton in Aslacoe wapentake.   [2] patris *is repeated.*

S. ij. 7. Idem Rogerus tenuit quartam partem feudi j. militis in Nortorp
II. 503-561 de domino rege. Radulfus Bardolf tenet illud de eo.
—cont.
Idem Rogerus tenuit quartam partem feudi j. militis in Claham.
Ricardus de Prestun tenet illud de eo.
Idem Rogerus tenuit in Dunham quartam partem feudi j. militis.
Juhel de Aula tenet illud de eo per idem servicium.
Radulfus de Strehantun tenet feudum ij. militum in Lee et in
Hepham et in Burtun et in Sumerteb' et in Uptun de domino rege
in capite de onore Britanie. Monachi de Revesbi tenent inde
dimidiam carucatam terre in Sumerterbi.
Et Templarii tenent in Uptun dimidiam carucatam, et Ospitelarii
tenent in Lee j. bovatam, et monachi de Spaldinc iij. acras in puram
elemosinam ex dono Rogeri de Trehantun, avi predicti Radulfi, qui
nunc est.
Comes Cestrie tenet de domino rege in capite feudum ij. militum
in Tunstal. Hugo de Cauz tenet illud de eo.
Idem comes tenet in Scottun feudum j. militis de domino rege.
Walterus de Ver tenet illud de eo per idem servicium.
Idem comes tenet in Hibaldstou feudum j. militis. Cecilia de
Creuk' que mortua est tenuit illud de eo per idem servicium.
Idem comes tenet in Gamelstorp feudum dimidii militis. Rogerus
de Sancto Martino tenet illud.
Idem comes tenet in Wadincham feudum dimidii militis. Hugo
de Cauz tenet illud de eo per idem servicium.
Willelmus de Albenai tenet in Graincham feudum dimidii militis
de domino rege in capite. Hanc terram habet ex parte uxoris sue
de hereditate sua.
Idem Willelmus tenet feudum j. militis in Corincham et in Branzceb'[1]
Henricus de Ba tenet illud de eo per idem servicium.
Hugo Paynel tenet feudum j. militis de domino rege in capite
in Scallebi. Walterus filius Otonis tenet illud de eo.
Idem Hugo tenet v. bovatas in Glentwurh de domino rege.
Willelmus de Welle tenet illud pro sexta parte j. militis.
Domina Ellaria Trussebut tenet in Messincham feudum dimidii
militis. Walterus de Veer tenet illud de eo[2] per idem servicium.
Abas de Burg tenet de domino rege in capite in Scoter et in
Scaltorp xj. carucatas terre in dominico et in Walekote vj. carucatas
et vj. bovatas et in Normanbi j. carucatam et in Fiskertun et in soka
xij. carucatas et ij. bovatas in pura elemosina, set non potest inquiri
per quod servicium.
Idem abas tenet de domino rege feudum j. militis in Hibaldstou.
Robertus Faluuel et Ricardus Besel tenent illud.
Idem abas tenet in Holm et in Ragnildtorp et in Askebi feudum
j. militis. Robertus de Nevill' tenet illud de eo.
Idem abas tenet in Malmetun duas partes tercie partis j. militis.
Robertus de Nevill' tenet illud de eo.
Idem abas tenet in Messincham feudum j. militis de domino rege.
Fober de Dovre tenuit illud de eo.
Idem abas tenet in Hioltorp quintam partem j. militis. Robertus
de Harebi tenet illud de eo.

---

[1] II. 552 *leaves a blank.*   [2] *Read* ea.

S. ij. 7.
II. 503-561
—cont.

Idem abas tenet in Scottun feudum j. militis et terciam partem feudi j. militis. Robertus de Nevill tenet illud de eo.
Idem abas tenet in Claham feudum dimidii militis. Robertus de Melletun tenet illud de eo.
Abas Eboraci tenet in Wintrinctun j. carucatam terre et iij. bovatas set non potest inquiri per quod servicium.
Idem abas tenet in Hiadeltorp j. carucatam terre set non potest inquiri per quod servicium.
Comes de Ferers tenet in Witen xij. carucatas terre de domino rege. Walterus de Falkenberg tenet illud de eo.
[*Eight cancelled lines, relating to fees of Munbray, omitted here. See below.*]
Comes de Almar tenet in Normanbi x. carucatas terre pro quarta parte feudi j. militis. Cecilia de Creuker tenebat illas de comite per idem servicium.
Idem comes tenet in Hameswell' et Haketorn feudum dimidii militis. Cecilia de Creuker tenebat illud de eo per idem servicium.
Gerardus de Camvill' tenet de domino rege in capite in Scotstern et in Risun feudum ij. militum. Robertus Bardolf tenet illud de eo per idem servicium.
Idem Gerardus tenet de domino rege in Faldincwurh' et Spridlinctun et in Scallebi feudum ij. militum. Simon de Kim' tenet illud de eo per idem servicium.
Idem Gerardus tenet de domino rege feudum j. militis in Engelbi. Willelmus filius Jollani tenet illud per idem servicium.
Idem Gerardus tenet de domino rege feudum j. militis et quartam partem feudi j. militis in Figlincham, unde Dun Bardolf qui mortuus est tenuit feudum j. militis de eo et Willelmus filius Winoc quartem[1] partem feudi j. militis per idem servicium.
Idem Gerardus tenet in Kestesbi feudum j. militis set iij. bovate et dimidia deficiunt. Thomas Olifard tenet illud de eo per idem servicium.
Idem Gerardus tenet vj. bovatas in Repham de domino rege pro decima parte feudi j. militis. Ricardus Pinzun et Robertus Sire tenent illud per idem servicium.
Idem Gerardus tenet in Sudbroc de domino rege vij. bovatas pro quinta parte feudi militis. Humfridus de Sudbroc tenet illud de eo per idem servicium.
Idem Gerardus tenet de domino rege feudum j. militis in Kamerincham et in Brotelbi. Idem Gerardus habet illud in dominico.
Abas de Barlinc tenet in pura elemosina ij. carucatas et j. bovatam in Barline ex dono Ricardi del Hai qui fuit predecessor domine Nicollae uxoris Gerardi predicti.
Willelmus de Munbray tenet in comitatu Lincolnie feodum iiij. militum et dimidii, et inde tenet Eustacius de Vescy in Gainesburg feodum ij. militum et Henricus filius Geroldi tenet illud feodum ij. militum in garda cum heredibus Simonis de Toleby; et Rogerus de Sancto Martino tenet de predicto feodo iiij. militum et dimidii feodum j. militis in Bliburg' et in Yoltorp', et Samson Takel tenet de predicto

---

[1] *Read* quartam.

LINCOLN.   193

S. ij. 7.   feodo [iiij^or^ militum¹] et dimidii feodum j. militis in Yoltorp. Et
II. 503-   Petrus de Brus tenet de predicto feodo iiij. militum [et dimidii feodum]
561—cont. dimidii militis in Scalleby, et Ricardus Wascelin et Engeramus filius
Simonis et Walterus filius [Otonis] tenent illud feodum dimidii militis
de predicto Petro.
    Idem Willelmus de Munbray tenet in Insula xlviij. carucatas
terre de domino rege in capite et hee sunt elemosine date de illo
feodo :—
    Abbas de Seleby tenet xiij. carucatas terre et dimidiam in
      Carul.
    Abbas Eboraci j. carucatam in Wrot. Templarii tenent unam
      carucatam et dimidiam.
    Ecclesia de Haxei j. carucatam terre, canonici de Novo Loco j.
      carucatam in Haxei ; abbatia² Sancti Nicolai de Angers j.
      bovatam, ecclesia de Appewrd' iij. bovatas, canonici de Welle-
      ford iij. carucatas.

ELLOU WAPPENTACIUM.

Tid et Suttun' et Flet sunt de feodo de Lancastre.
    Fulco de Oyri tenet in Gedenay et Holebech et Quappelade xiiij.
carucatas terre de comite Aubemarlie quas ipse comes tenet de domino
rege per servicium militis, unde xlviij. carucate terre faciunt feodum
j^us^ militis.
    Conanus filius Helie tenet in Holebech et Quappelade feodum
j^us^ militis de Willelmo de Mandevill' ut audivimus dici per dominum
regem quod solebat tenere de comite Britannie.
    Baldricus le Angevin tenet feôdum j^us^ militis in Holebech et
Quappelade de barunia Mauricii de Crun.
    Thomas de Muletun tenet iij. partes j^us^ militis in Westun' et Suttun
de feodo de Crun.
    Walterus de Pincebec tenet in Pincebec feodum j^us^ militis de
baronia de Crun.
    Prior Spalding' habet in Suttun duas carucatas et ij. bovatas terre
de feudo Lucie comitisse.
    Idem prior habet in Spauding' viij. carucatas terre et v. bovatas.
Abas Andegavie habet in eadem villa xj. bovatas terre.
    Item prior Spaldingie habet in West' et in Muletun x. carucatas
terre de quibus Tomas de Muletun tenet vj. de eo.
    Idem prior tenet in Pincebec viij. carucatas et dimidiam de quibus
Tomas de Muleton tenet j. de eo.
    Item abas Andegavie habet in eadem villa vij. bovatas et dimidiam
terre de feodo Mauricii de Crun. Omnes carucatas prenominatas
tenet prior Spaldingie de dono Lucie comitisse.
    Abas Croilandie habet in Holebec et in Quapelade iij. carucatas
terre et vj. bovatas, et nesscimus de quo dono propter antiquam
possessionem.
    Idem abas habet in Spauding et in Pinc'³ ij. carucatas et dimidiam
de dono Lucie comitisse.

---

¹ Words in square brackets supplied from II. 554.
² The words abbatia . . . carucatas are not transcribed in II. 554.
They can only be read with difficulty in S. ij. 7.
³ i.e. Pinchbeck.

KIRKETUN WAPPENTACIUM.

S. ij. 7.
II. 503–
561—cont.

Villa de Swenehyved quam Robertus de Grellay tenet est de honore de Lancastr'.

In Wiberton Joce Maureward tenet feodum j^{us} militis de barunia de Crun.

Conanus de Kirket' tenet in Kirket' quartam partem feodi j^{us} militis de barunia de Crun.

Lambertus filius Warini tenet in Kirket' quartam partem feodi j^{us} militis de barunia Richemunt'.

Radulfus filius Stephani tenet in Stevaning feodum dimidii militis et in Schirebec xj^{am} partem feodi j^{us} militis et in Wibertun xiiij^{am} partem feodi j^{us} militis de honore de Richemunt.

Walerand de Rocheford tenet in Schirebec xj^{am} partem feodi j^{us} militis de eodem honore.

Thomas de Huntingefeld tenet in villa de Biker quartam partem feodi j^{us} militis de baronia de Crun.

Robertus de Curcun tenet in Kirketon et in Framtun iij^{am} partem feodi j^{us} militis de honore de Richemunt'.

Gilebertus filius Alani tenet in Framtun viij^{am} partem feodi j^{us} militis de eodem honore.

Hugo de Wiketoft tenet in Wiketoft et alibi feoda ij^{orum} militum de barunia de Richemunt.

Alexander de Hiptoft tenet in Algarekirke quartam partem feodi j^{us} militis de honore de Richem'.

Brianus filius Alani tenet in Biker feodum j^{us} militis de eodem honore.

Robertus de Roppelye tenet in Frantun' et Wikes terram scilicet xiij. carucatas terre que fuerunt comitisse Margar' Britannie, reddendo domino regi per annum xviij.s. et vij.d. et ob. de socagio.

Philippus de Rye tenet in Gosberkirke j. carrucatam terre pro xxij^a parte feodi j^{us} militis de honore Richemunt'.

Idem tenet in Surflet et Gosberchirche et Quadhavering et Duningt' feoda ij^{orum} militum de episcopatu Lincolniensi.

Walterus de Brait' tenet in Surflet xxx. bovatas de terra que fuit [Helie[1] de dono] Regis Ricardi et de confirmacione domini Regis Johannis reddendo per annum domino regi [xl.s. pro omni servicio].

In socagio comitis Britannie in Hoyland sunt lxv. carucate terre unde quelibet reddit domino regi xx.s. et j. carucata terre de eodem socagio que reddit x.s.

Abbas Crilandie habet in Dunigtune et in Fotesdic et in Suineshevet iiij. carucatas terre. Iteratur quod domus Croilandie tam diu tenuit quod nescimus ex quo dono.

II. 557.[2]

HEC EST INQUISICIO DE SCIREBEC WAPENTACIO.

Simon le Bret tenet unum feodum militis de comite Britannie in Wrangle et in Leke et in Burgo de honore de Richem' qui est in manu domini regis.

Gilbertus de Righesby tricesimam septimam partem unius feodi militis de eodem honore in Leverton' et Leke.

---

[1] *Read* Helpe.   [2] *This inquisition is not now on the roll* S. ij. 7.

LINCOLN.

II. 557—
cont.

Gernegaud filius Hugonis tenet de predicto honore j. feodum militis in Benington' et Leverton' et Leke.

Oliverus de Vallibus tenet de predicto honore j. quarterium feodi militis in Escrahinghe et in Toft.

Waler' de Rocheford' et Andreas de Edlingt' et Robertus filius Stephani tenent unum quarterium de feodo militis in Scirebec et Fenne.

Andreas de Edlington' quintam partem unius feodi militis in Benigton'.

Thomas de Muleton' unum feodum militis in Schirebec et Francton'.

Soka in Hoyland' de eodem honore que est in minutis parcellis et homines ville Sancti Botulfi qui tenent lxx. carucatas terre excepta sexta parte unius bovate terre et quinta parte unius bovate terre et xvj. parte j. bovate terre minus, unde reddunt domino regi per annum lxxv.l. xiiij.s. iij.d. excepta feria Hoyland' cum pertinenciis ad feriam pertinentibus, que est in manu domini regis.

Abbas Eboraci habet in franca elemosina de eodem honore x. bovatas terre in Schirebec et in villa Sancti Botulfi habet in franca elemosina unam bovatam terre et sextam partem de dono comitis Britannie.

Lambertus[1] de Roppesle tenet maneria de Wyka et Franctona scilicet tres carucatas terre cum pertinenciis de predicto honore unde reddit domino regi xviij.s. vij.d. et ob.

Oliverus de Vallibus tenet de honore de Creun triginta feoda militum cum dominico suo per totam Angliam unde Walterus de Pincebec tenet unum feodum militis in Scirebec wapentacio.

Andreas de Edlington' unum feodum militis ibidem.

Alexander de Pointon' unum quarterium feodi militis ibidem.

Jacobus de Roch' unum feodum militis ibidem.

Willelmus de Huntingfeld' tenet tria feoda militum j. quarterio minus per comitatum Lincolnie.

Willelmus de Farcell' quintam partem unius feodi militis.

Robertus de Fenna viij. partem unius feodi.

Willelmus Walne xij. partem unius feodi.

Rogerus filius Alardi xl. partem unius feodi.

Wido filius Johannis x[am] partem unius feodi.

Ricardus de Mari' xx[am] partem unius feodi.

S. ij. 7
dorse.
II. 559.

STANFORD.

Villata de Stanford[2] quod in villa de Stanford exceptis feudis baronum et militum eiusdem ville qui tenent in capite de domino rege fuit in dominico domini Regis Henrici, patris domini Regis Johannis, qui dedit totam partem illam que erat in dominico suo Ricardo de Humez pro humagio et servicio suo ; et dicunt quod nessiunt si idem Ricardus faceret aliquod servicium inde domino regi nisi quia erat constabularius domini regis. Post mortem Ricardi de Humez, Willelmus de Humez heres suus tenuit eam ; modo habet eam dominus Willelmus comes Waren' per voluntatem domini Regis Johannis ; predictus Willelmus de Humez dedit de dominico illo Henrico de Grei servicium j. masuagii in Staford ij.d. quos

---

[1] *Cf.* p. 194. [2] *After* Stanford, *supply* dicit.

S. ij. 7 Stephanus Basset ei reddit et hoc alienatum est. Ricardus de
dorse.
II. 559— Humez dedit David filio Swein vij. acras terre quas Alexander filius
cont. eius tenet pro servicio ipsius David, que sunt alienate a dominico,
set nescitur per quod servicium.
 Stephanus Rex dedit et alienavit de dominico suo de Stanford'
x. acras terre arabilis et dimidiam, scilicet v. acras hospitali
leprosorum et ij. acras monialibus de Sancto Micaele et j. acram et
dimidiam hospitali de Sancto Sepulcro[1] et ij. acras domui Sancti
Leonardi in elemosinam.
 In villa de Stanford ultra Pontem versus Norhamtunsir' abbas
de Burgo Sancti Petri tenet x. libratas terre de domino rege, que
sexta pars ville de Stamford' ; sed dicunt homines illius tenementi
se nescire per quod servicium abbas illam terram tenet, et dicunt
quod ipse nichil inde dedit vel alienavit.
 Preterea ibidem ultra pontem est quoddam tenementum quod
est Rogeri de Sumeri quod tenet de domino rege, quod tenementum
Gervasius de Bernake tenet de eo hereditarie et recipit idem G.
annuatim de tenentibus illud tenementum v.s. sed dicunt se nescire
quod servicium idem Rogerus facit domino regi pro illo feodo, et
dicunt quod nichil inde alienavit.
 In villa de Stanford' Nigellus de Luvetot tenet in capite de domino
rege j. molendinum cum v. masuagis et monachi de Crokesdene tenent
ea de eo pro xx.s. per annum, et dicunt se nescire per quod servicium
Nigellus illud tenementum tenet.
 Bertram de Verdun tenet j. masuagium cum pertinenciis de domino
rege in villa Stanford' quod Willelmus filius Willelmi tenet de eo,
et idem Willelmus recipit inde xxj.d. per annum, sed dicunt se nescire
per quod servicium Bertram tenet de rege nec ipsum quicquam
alienasse.
 In villa de Stanford' Thomas filius Eustacii tenet de domino rege
viij. mesuagia cum pertinenciis que reddunt ei per annum, et dicunt
se nescire per quod servicium[2] tenementum suum de domino rege.
 Comes David tenet de domino rege de honore de Huntedun' in
villa Stanford j. mesuagium cum pertinenciis quod Achard' de
Sproxtun tenet de comite David, cum servicio alterius tenementi
sui quod tenet de comite David. Illud tenementum de Stanford'
tenet quidam burgensis de Stanford' qui Sanson vocatur de Achard'
de Sproxtun in libero burgagio, faciendo ei j. dinnarium[3] cum se
tercio annuatim vel xij.d.
 Willelmus de Lanvale tenet in capite de domino rege in villa
de Stanford' xiiij. mesuagia in libero burgagio que reddunt ei per
annum ix.s. j.d. j.q. ; et dicunt se nescire per quod servicium
Willelmus de Lanvale teneat et dicunt quod nichil inde dedit vel
alienavit.
 Abbas de Torneie tenet in villa de Stanford' in capite de domino
rege x. mesuagia que reddunt ei per annum vij.s. ij.d., et dicunt
se nescire per quod servicium teneat et quod nichil inde alienavit.

---

[1] II. 559 reads Legero wrongly.
[2] After tenementum II. 560 adds tenet.
[3] II. 560 reads denarium, which is wrong ; dinnarium is an unusual form for dignerium dinner.

LINCOLN. 197

S. ij. 7.
dorse.
II. 559—
cont.

Prior et monachi de Duram' tenent quoddam tenementum in villa de Stanford' quod reddit eis per annum xiiij.s. j.d.; dicunt quod tenent illud in libera elemosina de rege in regem per cartas suas quas habent.
Fratres Hospitalis de Gerusalem tenent in villa de Stanford' quoddam mesuagium cum pertinenciis unde recipiunt per annum xij.s.; illud tenementum tenuerunt a tempore Regis Henrici senioris per donacionem cuiusdem burgensis qui vocabatur Pigotus Lumbard', et illud tenuerunt de rege in regem per cartas quas habent. .
Willelmus comes Waren' dedit et alienavit de dominico de Stanford' Templariis j. mesuagium cum pertinenciis et cum Hugone ad Aquam possore[1] illius mesuagii, quod solebat reddere per annum ij.d. et ob.
Idem Willelmus comes dedit et alienavit j. culturam v. acrarum extra portam orientalem ad sepelienda corpora defunctorum post interdictum et ad faciend' ibidem basilicam et domos ad recipiendum fratres et pauperes.

Episcopus[2] Lincolniensis dedit ecclesiam de Lafford' que valet per annum xxx.m., et idem Elyas est ultra mare, et saisita est in manu domini regis per servientes Briani de Insula.

CUMBERLAND.

S. ij. 5.
II. 696–
699. De
Testa de
Nevill'.

Karissimis dominis suis baronibus domini regis de scaccario vicecomes Cumberland', salutem et se totum cum devotis obsequiis. Sciatis quod diligenter feci inquiri de feudis et tenementis que tenentur in capite de domino rege in Cumberland' secundum tenorem literarum domini regis et nomina tenencium et eorum tenementa et servicium vobis transmitto.
Robertus de Vallibus tenet terram suam de domino rege per servicium duorum militum quam Rex Henricus, pater domini regis, dedit Huberto de Vallibus, antecessori suo, per predictum servicium.
Ricardus de Lucy tenet Coupland' de domino rege per servicium unius militis et ibit ad preceptum domini regis in exercitu Wallie et Scocie. Hanc terram dedit Rex Henricus, avus Regis Henrici patris domini regis, Willelmo Messchin, antecessori predicti Ricardi, per predictum servicium.
Robertus de Brus tenet Edenhal' de domino rege per servicium dimidii militis. Henricus Rex dedit predictam terram Petro de Brus, antecessori suo, per predictum servicium.
Johannes de Reingny tenet Neuton' per serianteriam de domino rege et ibit ad preceptum domini regis in exercitu Scocie cum uno habbergeto. Henricus rex, avus patris domini regis, dedit predictam terram Turstano de Reingny, antecessori predicti Johannis, per predictum servicium.
Henricus et Thomas et Reginaldus tenent Racton' de domino rege per serianteriam et custodiunt aeria ancipitum domini regis

---

[1] Read possessore.   [2] This passage is not copied in II. 696.

S. ij. 5.
II. 696–
699. De
Testa de
Nevill'—
cont.

in foresta Karleoli. Henricus Rex Anglie, avus Henrici patris domini regis, dedit illam terram Edwino antecessori predictorum per predictum servicium.

Willelmus filius Ade tenet Hoton' de domino rege per serianteriam custodie haie domini regis de Plumton'. Henricus Rex Anglie, avus Henrici Regis patris domini regis, dedit predictam terram Edmundo antecessori predicti Willelmi per predictum servicium.

Robertus filius Alexandri tenet xx. acras juxta Karleolum de dono regis per serianteriam et debet invenire librum ad pannagium domini regis et custodire porchos donec apprecientur.

Ricardus de Lucy et Ricardus Gernun tenent terram que fuit Hugonis de Morvill' cum duabus filiis predicti Hugonis de domino rege per cornagium, reddendo annuatim x.l. ij.s. x.d. ob. Comes Ranulfus quondam dominus Cumberland' dedit predictam terram Roberto de Trivers, antecessori predicti Hugonis de Morvill', per predictum servicium. Predictus comes dedit predicto Roberto custodiam foreste de Cumberland' reddendo inde annuatim x.m. Dominus rex habet custodiam predicte foreste in manu sua.

Alicia de Rumilly tenet terram suam in Alredal' de domino rege per cornagium reddendo annuatim de cornagio xv.l. xiij.s. iiij.d. Rex Henricus, avus Henrici Regis patris domini regis, dedit predictam terram Waldevo filio Gospatric', antecessoris predicte Alicie, per predictum servicium.

Nicholaus de Stutevill' tenet terram suam de domino rege per cornagium reddendo annuatim de cornagio lvj.s. Comes Ranulfus Cestrie quondam dominus Cumberland' dedit predictam terram Turgisio Brundos, antecessori predicti Nich'olai, per predictum servicium.

Robertus de Veteri Ponte tenet terram in custodia de domino rege que fuit Willelmi filii Ranulfi simul cum herede predicti Willelmi et reddit annuatim de cornagio iiij^{or} l. Rex Henricus, avus patris domini regis, dedit illam terram Forne filio Siolf, antecessori predicti Willelmi, per predictum servicium.

Adam filius Odardi tenet terram suam de domino rege per cornagium, reddendo annuatim de cornagio xxvj.s. iiij.d. Rex Henricus, avus patris domini regis, dedit Odardo vicecomiti, antecessori predicti Ade, predictam terram per predictum servicium.

Ricardus de Levincton' tenet terram suam de domino rege per cornagium reddendo annuatim de cornagio iiij.l. viij.s. ij.d. ob. Rex Henricus, avus Regis Henrici patris domini regis, dedit predictam terram Ricardo de Boivill', antecessori predicti Ricardi, per predictum servicium.

Robertus de Stutevill' tenet villam de Thorpennou de domino rege per cornagium reddendo inde de cornagio xxiiij.s. ; predicta terra fuit de baronia Alicie de Rumill', et quia Reginaldus de Lucy qui quondam tenuit terram illam cum sorore predicte Alicie refutavit homagium Philippi de Valoines, antecessoris predicti Roberti, et uxoris sue dominus Henricus Rex, pater domini regis, cepit homagium suum et ideo servicium predicte terre est in manu domini regis.

Walterus filius Bernardi tenet terram que fuit Ricardi filii Truite de domino rege in custodia cum herede predicti Ricardi, reddendo inde annuatim de cornagio xij.s. j.d. Rex Henricus, avus patris

S. ij. 5.
II. 696–
699. De
Testa de
Nevill'—
cont.

domini regis, dedit predictam terram Hildredo, antecessori predicti Ricardi, per predictum servicium.

Galfridus de Lucy tenet terram que fuit Simonis de Tillol in custodia de domino rege cum herede predicti Simonis reddendo inde annuatim de cornagio xj.s. xj.d. ob. Rex Henricus, avus Henrici patris domini regis, dedit predictam terram Ricard Ridere, antecessori predicti Simonis, per predictum servicium.

Rex Henricus, avus Henrici patris domini regis, dedit quondam Waltero capellano suo Linstoc et Karleton', reddendo annuatim de cornagio xxxvij.s. iiij.d. ; predictus Walterus voluntate et concessione domini regis susscepit habitum religionis in prioratu Sancte Marie de Karleolo et voluntate et assensu predicti domini Henrici Regis dedit totam predictam terram predicte domui religiose in puram et perpetuam elemosinam per predictum servicium ; predictum servicium perdonatum est viris religiosis predicte domus per cartas predecessorum domini regis.

Rogerus de Monte Begonis, Simon filius Walteri, Alexander de Nevill' tenent terram que fuit Willelmi de Nevill' in Cumberland' per cornagium reddendo annuatim de cornagio cxij.s. viij.d. Rex Henricus, avus Regis Henrici patris domini regis, dedit predictam terram Ade filio Swein, antecessori predictorum, per predictum servicium.

Willelmus filius Odonis de Bochardeby tenet terram suam de Bochardeby per cornagium reddendo inde annuatim vj.s. ij.d. de cornagio. Rex Henricus, avus Regis Henrici patris domini regis, dedit predictam terram Wydoni venatori, antecessori predicti W. per predictum servicium.

Adam de Staveleia tenet Ravenewyc de domino rege per cornagium reddendo annuatim ij.s. viij.d. Rex Henricus, avus Regis Henrici patris domini regis, dedit predictam terram Ade filio Alani, antecessori predicti Ade, per predictum servicium.

Adam cocus domine regine tenet Saulhill' de domino rege de dono Regis Ricardi, reddendo annuatim unam libram piperis.

Willelmus de Ireby tenet Gamelesby et Glassaneby de dono domini Regis Johannis cum filia et herede Odardi de Hodalm' ; cuius antecessores habuerunt predictam terram de dono Regis Henrici, avi Regis Henrici patris domini regis, qui dedit illam terram Hildredo antecessori predicti Odardi reddendo annuatim de cornagio ij.m.

Nulla tenementa que antiquitus tenebantur de predecessoribus domini regis nec que debent teneri de domino rege nec servicia scio alienata per maritagium nec alio modo preter predictam terram Walteri cappellani domini Regis Henrici et preter servicium Ade salsarii cuius terra solebat dare de cornagio annuatim xxvij.s. xj.d. ; et perdonatum est ei pro servicio suo per cartam domini regis.

Omnes supradicti tenentes per cornagium ibunt ad preceptum domini regis in exercitu Scocie in eundo in anteguarda et redeundo in retroguarda.

[*Endorsed :—*] *Hunc rotulum recepit thesaurarius in crastino Sancti Johannis Baptiste per manum vicecomitis de Cumberl' coram baronibus de scaccario anno Regis Johannis xiiij⁰.*

A.D. 1212.

S. ij. 5. *De hiis qui tenent in capite de domino rege.*
Baronibus de scaccario ex parte vicecomitis Cumberland'.

[*In a later hand :—*] In libro.

NORTHUMBERLAND.

S. ij. 6.   *COMITATUS NORHUMBERLANDIE.*
II. 764–
775. De   Inquisicio facta de tenementis et feodis que tenentur in capite de
Testa de domino rege que sunt data vel alienata a capitali servicio domini
Nevill'. regis.

Comes Patricius tenet baroniam de Beneleya per servicium quod sit inborhe et hutborhe inter regiones Anglie et Scocie et pretere^a tenet iij^{es} villas in thenagio pro quibus reddit per annum domino regi xxx^{ta} s., et per eadem servicia tenuerunt omnes antecessores eius post tempus antiqui Regis Henrici qui eos feoffavit; et de feffamento isto nihil alienatum est vel datum per marritagium vel elemosinam vel aliquo alio modo unde dominus rex minus habeat de servicio suo.

Robertus de Muscampis tenet in capite de domino rege baroniam de Wullouer per servicium iiij^{or} militum; et omnes antecessores sui tenuerunt per idem servicium post tempus domini primi Regis Henrici qui eos feoffavit; et de feffamento isto nihil alienatum est vel datum per marritagium vel elemosinam vel aliquo alio modo, unde dominus rex minus habeat de servicio suo.

Robertus de Ros tenet in capite de domino rege baroniam de Werke per servicium ij. militum; et omnes antecessores sui tenuerunt per idem servicium post tempus domini primi Regis Henrici qui eos feoffavit; et de feffamento isto nihil alienatum est vel datum per marritagium vel elemosinam vel aliquo alio modo unde dominus rex minus habeat de servicio suo.

Eustachius de Vesci tenet in capite de domino rege baroniam de Alnewyc per servicium xij. militum. Et preterea tenet Bodle et Spinlestan', scilicet duas villas, et molendinum de Warnet, quas dominus Rex Henricus primus dedit Eustachio filii Johannis, antecessori ipsius Eustachii, ad incrementum servicii sui, et omnes antecessores sui tenuerunt per idem servicium; et de feffamento isto nihil alienatum est vel datum per marritagium vel elemosinam vel aliquo alio modo unde dominus rex minus habeat de servicio suo.

Robertus filius Rogeri tenet in capite de domino rege manerium de Wercwrth' cum pertinenciis per servicium j. militis et Rogerus filius Ricardi, pater eius, tenuit per idem servicium post tempus domini Regis Henrici, patris domini regis, qui predictum manerium ei dedit cum pertinenciis et feoffavit; et de feffamento isto nihil alienatum est vel datum per marritagium vel elemosinam vel aliquo alio modo unde dominus rex minus habeat de servicio suo.

Idem Robertus filius Rogeri tenet baroniam de Waltona in capite de domino rege per servicium iiij. militum quam dominus Rex Johannes ei dedit et carta sua confirmavit; et de tenemento isto nihil alienatum est vel datum per marritagium vel elemosinam vel aliquo alio modo unde dominus rex minus habeat de servicio suo.

S. ij. 6. Idem Robertus filius Rogeri tenet in capite de domino rege
II. 764–
775. De manerium de Robire cum pertinenciis per servicium j. militis, quod
Testa de dominus Rex Johannes ei dedit et carta sua confirmavit; et de
Nevill'— manerio isto nihil alienatum est vel datum per maritagium vel
cont. elemosinam vel aliquo alio modo, unde dominus rex minus habeat
de servicio suo.

Idem Robertus filius Rogeri tenet in capite de domino rege manerium de Neuburne cum pertinenciis et cum servicio Roberti de Throckelaue et heredum suorum per servicium j. militis, quod dominus Rex Johannes ei dedit et carta sua confirmavit; et de manerio isto nihil alienatum est vel datum per marritagium vel elemosinam vel aliquo alio modo unde dominus rex minus habeat de servicio suo, et reddit domino regi per annum xl.s.

Idem Robertus filius Rogeri tenet in capite de domino rege villam de Corebrige cum pertinenciis ad feodam firmam quam dominus rex ei dedit ad firmam et carta sua confirmavit, reddendo annuatim ad scaccarium xxx.l. de veteri firma et x.l. de incremento per annum.

Hugo de Baillol tenet in capite de domino rege baroniam de Biwelle cum pertinenciis per servicium v^{que} militum. Et inde debet ad wardam Novi Castelli super Tynam xxx. milites; omnes vero antecessores sui tenuerunt per eadem servicia post tempus domini Regis Willelmi Ruffi, qui eos feoffavit; et de feffamento isto nihil alienatum est vel datum per marritagium vel elemosinam vel aliquo alio modo unde dominus rex minus habeat de servicio suo.

Ricardus de Umfraville tenet in capite de domino rege baroniam de Prudehou per servicium ij. militum et dimidii; omnes vero antecessores sui tenuerunt per idem servicium post tempus primi Regis Henrici.

Idem Ricardus tenet villam de Parva Rihull' reddendo domino regi per annum xx.s., et antecessores sui similiter eam tenuerunt post tempus prefati Regis Henrici primi qui eos feoffavit; et de feffamento isto nihil alienatum est vel datum per marritagium vel elemosinam vel aliquo alio modo unde dominus rex minus habeat de servicio suo.

Idem Ricardus tenet vallem de Redesdale per servicium ut custodiat vallem a latronibus, de antiquo feffamento.

Rogerus de Merlaco tenet in capite de domino rege baroniam de Morpathe per servicium iiij. militum. Et omnes antecessores sui tenuerunt per idem servicium post conquestum Anglie; et de feffamento isto nihil alienatum est vel datum per marritagium vel elemosinam vel aliquo alio modo unde dominus rex minus habeat de servicio suo.

Rogerus Bertram tenet in capite de domino rege baroniam de Midford' per servicium v^{que} militum. Et omnes antecessores sui tenuerunt per idem servicium post conquestum Anglie; et de tenemento isto nihil alienatum est vel datum per marritagium vel elemosinam vel aliquo alio modo unde dominus rex minus habeat de servicio suo.

Hugo de Bolbec tenet in capite de domino rege baroniam de Stiphord per servicium v^{que} militum. Et omnes antecessores sui tenuerunt per idem servicium post tempus primi Regis Henrici qui eos feoffavit; et de feffamento isto nihil alienatum est vel datum

S. ij. 6.
II. 764–
775. De
Testa de
Nevill'—
cont.

per marritagium vel elemosinam vel aliquo alio modo unde dominus rex minus habeat de servicio suo.

Johannes et Jacobus de Calce tenent in capite de domino rege baroniam de Bolum cum filiabus Walteri filii Gilleberti de dono domini Regis Johannis per servicium iij. militum. Et omnes antecessores predictarum dominarum tenuerunt per idem servicium post conquestum Anglie; et de tenemento illo nihil datum est vel alienatum per marritagium vel elemosinam vel aliquo alio modo unde dominus rex minus habeat de servicio suo.

Johannes Vicecomes tenet in capite de domino rege baroniam de Emelesdona per servicium iij. militum et omnes antecessores sui tenuerunt per idem servicium de dono domini Regis Henrici primi qui eos feoffavit. Et preterea idem Johannes Vicecomes tenet vj. bovatas terre in burgo de Banburg' reddendo per annum vij.s. ad firmam burgi, quas dominus Rex Henricus, pater domini Regis Johannis, dedit Johanni filio Odardi, antecessori prefati Johannis; et de feffamento isto nihil alienatum est vel datum per marritagium vel elemosinam vel aliquo alio modo unde dominus rex minus habeat de servicio suo.

Gillebertus de Laval tenet in capite de domino rege baroniam de Calverdona cum pertinenciis per servicium ij. militum, et omnes antecessores sui tenuerunt per idem servicium post conquestum Anglie; et de tenemento isto nihil alienatum est vel datum per marritagium vel elemosinam vel aliquo alio modo, unde dominus rex minus habeat de servicio suo.

Robertus Bertram tenuit in capite de domino rege baroniam de Bothale per servicium iij. militum et omnes antecessores sui tenuerunt per idem servicium de antiquo feffamento. Et de feffamento isto nihil alienatum est vel datum per marritagium vel elemosinam vel aliquo alio modo unde dominus rex minus habeat de servicio suo. Robertus nunc mortuus est et terra sua cum Ricardo herede suo est in manu domini regis.

Adam de Tindale tenet in capite de domino rege baroniam de Langeleya per servicium j. militis, et omnes antecessores sui tenuerunt per idem servicium post tempus domini regis secundi Henrici de feffamento suo qui feffavit illos; et de feffamento isto nihil alienatum est vel datum per marritagium vel elemosinam vel aliquo alio modo unde dominus rex minus habeat de servicio suo.

Jordanus Hayrun tenet baroniam suam in capite de domino rege per servicium j. militis, et omnes antecessores sui tenuerunt per idem servicium post tempus primi Regis Henrici qui eos feoffavit; et de feffamento isto nihil alienatum est vel datum per marritagium vel elemosinam vel aliquo alio modo unde dominus rex minus habeat de servicio suo.

Hugo de Morwic tenet in capite de domino rege villam de Chiuingtona per servicium j. militis et omnes antecessores sui tenuerunt predictam villam per idem servicium post conquestum Anglie; et de tenemento isto nihil alienatum est vel datum per marritagium vel elemosinam vel aliquo alio modo unde dominus rex minus habeat de servicio suo.

Thomas de Diveleston' tenuit in capite de domino rege villam de Diveleston' per servicium tercie partis j. militis, et omnes

NORTHUMBERLAND. 203

S. ij. 6.
II. 764–
775. De
Testa de
Nevill'—
cont.

antecessores sui tenuerunt per idem servicium post conquestum; et de tenemento isto nihil alienatum est vel datum per marritagium vel elemosinam vel aliquo alio modo unde dominus rex minus habeat de servicio suo. Idem Thomas nunc mortuus est, et terra sua cum herede suo est in custodia Roberti filii Rogeri per commissionem domini regis, quamdiu placuerit domino regi.

Radulfus de Caugi tenet in capite de domino rege baroniam de Jhesem' per servicium iij. militum. Et omnes antecessores sui tenuerunt predictam baroniam per idem servicium post tempus primi Regis Henrici qui illos feoffavit, et de tenemento isto nihil alienatum est vel datum per marritagium vel elemosinam vel aliquo alio modo unde dominus rex minus habeat de servicio suo.

Ricardus Surtayse tenet in capite de domino rege villam de Goseford' per servicium duarum parcium j. militis, et omnes antecessores sui tenuerunt predictam villam per idem servicium post tempus primi Regis Henrici qui illos feoffavit; et de tenemento isto nihil alienatum est vel datum per marritagium vel elemosinam vel aliquo alio modo unde dominus rex minus habeat de servicio suo.

Alexander de Bradeford' tenet in capite de domino rege villam de Bradeford' cum pertinenciis per servicium j. militis. Et omnes antecessores sui tenuerunt predictam villam per predictum servicium post tempus primi Regis Henrici qui feoffavit Avenellum de Bradeford' antecessorem ipsius Alexandri; et de prefata villa nihil alienatum est vel datum per marritagium vel elemosinam vel aliquo alio modo unde dominus rex minus habeat de servicio suo.

Rogerus filius Radulfi tenet unam villam et dimidiam in capite de domino rege per servicium j. militis quas antecessores sui tenuerunt per sergantariam de forestaria; et dominus Rex Johannes removit de sergantaria ad feodum j. militis, tempore Radulfi patris ipsius Rogeri; et de tenemento isto nihil alienatum est vel datum per marritagium vel elemosinam vel aliquo alio modo unde dominus rex minus habeat de servicio suo.

Yvo Tailleboys tenet in capite de domino rege baroniam de Hephale cum uxore que fuit Willelmi Bardolf, quam habet de dono domini Regis Johannis. Et omnes antecessores predicte domine tenuerunt illam baroniam in thenagio et reddiderunt per annum domino regi l. solidos. Dominus vero Rex Johannes removit illud thenagium tempore Willelmi Bardolf ad feodum j. militis; et de tenemento isto nihil alienatum est vel datum per marritagium vel elemosinam vel aliquo alio modo unde dominus rex minus habeat de servicio suo.

Michael filius Michaelis et Willelmus Bataille et Robertus de Glentedun, qui habent sorores heredes Willelmi de Flammavill', et Matildis quarta soror ipsius Willelmi de Flammavill' tenent in capite de domino rege medietatem ville de Witingham cum pertinenciis per servicium unius spervari sori per annum et aliam medietatem in drengagio pro xl.s. per annum solvendis domino regi.

Dominus Hugo Dunelmensis episcopus et dominus Philippus Dunelmensis episcopus, successor eius, tenuerunt wapentacium de Sarberge de dono domini Regis Ricardi de dominico suo de corpore comitatus Norhumbrie.

204   A.D. 1212.

S. ij. 6.   Dominus Rex Scocie tenet in capite de domino rege x. libratas
II. 764–
775. De   terre in Tindale de dono domini Regis Henrici de dominico suo de
Testa de corpore comitatus Norhumbrie.
Nevill'—   Philippus de Ulkotes tenet terram que fuit Sewalli filii Henrici
cont.   quam terram predictus Sewallus tenuit per sergentariam ut'
custodiret placita corone ; prefata vero terra committitur eidem
Philippo custodienda per breve domini regis quamdiu placuerit domino
regi.
    Nicholaus de Byker tenet in capite de domino rege duas partes
unius ville, per servicium sergentarie ut faciat districciones pro
wardis Novi Castelli super Tynam et similiter pro debitis domini
regis inter Tynam et Coket, et ut portet brevia domini regis inter
Tynam et Coket, et omnes antecessores sui tenuerunt per idem
servicium de antiquo feffamento. De predicto feffamento nihil
alienatum est vel datum per marritagium vel elemosinam vel aliquo
alio modo unde dominus rex minus habeat de servicio suo.
    Willelmus filius Odonis tenet in capite de domino rege unam
carucatam terre cum pertinenciis in Banburg' per servicium
serganterie ut faciat districciones pro debitis domini regis et ut
portet brevia domini regis inter Tuedam et Coket. Et omnes antecessores sui tenuerunt per idem servicium post tempus Willelmi
Regis Ruffi ; et de tenemento isto nihil alienatum est vel datum, unde
dominus rex minus habeat de servicio suo.
    Robertus janitor de Banburg' tenet in capite de domino rege
dimidiam carucatam terre in burgo de Banburg' per servicium
iij.s. viij.d. per annum ; et antecessores sui tenuerunt per idem
servicium post conquestum Anglie ; et de tenemento isto nihil
alienatum est vel datum per marritagium vel elemosinam vel aliquo
alio modo unde dominus rex minus habeat de servicio suo.
    Galfridus faber tenet in capite de domino rege dimidiam carucatam
terre in burgo de Bamburg' per servicium sergentarie, scilicet fabricare
ferramenta de carucis castelli de Bamburg' ; et omnes antecessores
sui tenuerunt per idem servicium de antiquo feffamento, et de isto
feffamento nihil alienatum est vel datum, unde dominus rex minus
habeat de servicio suo.
    Thomas de Warnetham tenet in capite de domino rege unam
carucatam terre in burgo de Banburg' per servicium xx.s. per annum,
quam antecessores sui tenuerunt per idem servicium de dono domini
Henrici Regis, patris domini Regis Johannis. Et de tenemento
isto nihil alienatum est vel datum per marritagium vel elemosinam
unde dominus rex minus habeat de servicio suo.
    Gillebertus de Havill' tenet in capite de domino rege unam villam
per servicium serganterie de falconaria. De terra illa nihil alienatum
est vel datum per marritagium vel elemosinam vel aliquo alio modo
unde dominus rex minus habeat de servicio suo.
    Gillebertus de Calveleya tenet in capite de domino rege ij. villas
per servicium xxx.s. per annum et per thenagium, per quod debet
dare merchetam et auxilium et qualibet altera die a clauso Pentecostes
usque ad Vincula Sancti Petri inveniet unam caretam cum uno
trunco ad castellum de Banburg', et illuc debet cariare et interim
nullum aliud servicium faciet et debet sectam com' ; omnes vero
antecessores sui tenuerunt prefatas villas post tempus Regis Willelmi

S. ij. 6.
II. 764–
775. De
Testa de
Nevill'—
cont.

Bastardi, et de tenemento illo nihil alienatum est vel datum per marritagium vel elemosinam vel aliquo alio modo unde dominus rex minus habeat de servicio suo.

Willelmus de Hawelton tenet iij. villas in thenagio de domino rege per servicium xl.s. per annum et dabit merchetam et auxilia et faciet omnes consuetudines spectantes ad thenagium. Omnes vero antecessores sui fecerunt predicta servicia. De tenemento isto nihil alienatum est vel datum per marritagium vel elemosinam vel aliquo alio modo unde dominus rex minus habeat de servicio suo.

Alanus de Eslington tenet unam villam de domino rege in drengagium per servicium xl.s. per annum et dabit merchetam et auxilia et cariabit truncas ad castellum de Banburg'. Et faciet consuetudines spectantes ad drengagium. De predicta villa nihil alienatum est vel datum per quod dominus rex minus habeat de servicio suo.

Stephanus de Mulesfen tenet j. villam de domino rege in drengagio per servicium xxx.s. per annum et arabit cum caruca sua uno die in quadragesima ad cibum domini regis et metet in autumpno per tres dies quolibet die cum xij. hominibus ad cibum domini regis et cariabit truncas ad castellum de Banburg'; et dabit merchetam et auxilia et pannagium de porcis suis et ibit cum servientibus domini regis pro namis capiendis et pro debitis domini regis; omnes antecessores sui tenuerunt per idem servicium de antiquo feffamento, et de feodo isto nihil alienatum est vel datum unde dominus rex minus habeat servicium suum.

Thomas de Bedinhale tenet unam villam de domino rege in drengagium per servicium xx.s. per annum, et arabit cum caruca sua per j. diem ad cibum domini regis et metet in autumpno per tres dies quolibet die cum viij^{to} hominibus ad cibum domini regis et cariabit truncas ad castellum de Banburg; et dabit merchetam et auxilia et pannagium, et ibit cum servientibus ad nama capienda pro debitis domini regis; omnes vero antecessores sui tenuerunt per eadem servicia de antiquo feffamento et de feodo isto nihil alienatum est vel datum, unde dominus rex minus habeat servicium suum.

INQUISICIO INFRA BURGUM NOVI CASTELLI.

Burgenses Novi Castelli dicunt quod infra burgum nullum est tenementum quod sit datum vel alienatum a domino rege vel a servicio suo excepto redditu iiij.m. de quadam terra quam dominus Rex Ricardus dedit Sewallo filio Henrici et post obitum ipsius Sewalli dominus Rex Johannes eandem terram commisit Philippo de Ulkotes quamdiu placuerit domino regi.

[*Endorsed :—*] *Hunc rotulum recepit thesaurarius per manum domini R. de Mariscis die dominica proxima post festum Sancti Petri ad Vincula anno regni regis Johannis xiiij^o.*

[*In a later hand :—*] *Norhumberlaund. In libro. De Testa de Nevill. Continet viij^o pecias.*

LANCASTER.

S. ij. 6.
II. 808-
838. De
Testa de
Nevill.

ROTULUS INQUISICIONIS COMITATUS LANCASTRIE.

Hec est inquisicio facta per sacramenta fidelium militum de tenementis datis et alienatis infra limam in comitatu Lancastrie scilicet per Rogerum Gerneth de Burg', Robertum de Lanc', Adam de Midelton', Ricardum de Burg', Walterum filium Osberti, Walterum filium Swani, Willelmum de Wynewyc, Ricardum filium Swani, Ricardum filium Roberti, Willelmum Blundel, Robertum de Ainolvesdale, Ricardum de Orhul, Ricardum de Perpount, Alanum de Rixton', Willelmum de Radeclive, Alexandrum de Pilkinton', Henricum de Trafford.

Qui dicunt quod Gilbertus filius Reinfridi tenet feudum unius militis in comitatu Lancastrie. Et Willelmus de Lanc' dedit tempore suo in maritagium v. carucatas terre in duobus Eccliston' et in Lairbrec quas Ricardus de Mulinas et Willelmus Blundel et Radulfus de Eccliston' et Walterus filius Swani et Galfridus tenent.

Idem dicunt quod idem W. dedit Warino de Lanc' ij. bovatas terre in Forton' pro homagio suo et servicio in servicium militare quas Henricus de Le tenet.

Idem W. dedit Bernardo filio Eilsi ij. carucatas terre in Halecath et in Caterhale quas Ricardus filius Swani et Betricia filia Roberti et Michael de Athelakeston' tenent in servicio militari.

Idem W. dedit Herveo Falconario ij. bovatas in Wynemerislega quas Hugo de Wynermerisle tenet in servicio militari.

Idem W. dedit Grimbaldo de Ellale ij. bovatas terre in Crumbles.

Willelmus filius Gilberti primus dedit ij. carucatas terre in Kokerham canonicis de Laicestr' in elemosina unde heredes sui minus tenent de domino rege in capite.

Predictus W. dedit Grimbaldo de Ellale ij. carucatas terre in Ellale per servicium militare unde xxiiij. carucate faciunt feudum j. militis.

Idem W. dedit Hugoni Norman ij. carucatas terre in Scotford per idem servicium.

Idem W. dedit Radulfo de Thoroudesholm dimidiam carucatam terre in Lanc' et reddit iiij.s.

Idem W. dedit Roberto Falconario ij. bovatas terre in Corneford per servicium militare.

Idem W. dedit Gilberto de Eston' dimidiam carucatam terre in Eston' reddendo per annum j.m.

Idem dicunt quod Willelmus Pincerna tenet feoda viij. militum in capite de domino rege. Et dum Willelmus erat in custodia Radulfi filii Bernardi per dominum regem, idem Radulfus dedit villam de Croppul cum pertinenciis cuidam juveni cum sorrore eiusdem Willelmi quam Walterus de Stanton' tenet.

Idem dicunt quod Paganus de Vilers primus feodatus dedit Alano de Vilers filio suo v. carucatas terre in servicio militari.

Idem Paganus dedit Hospitali Ierosolyme j. carucatam terre in Bekaneshow in elemosinam.

Idem Paganus dedit Willelmo de Vilers, filio suo, terram de Neubold' per servicium militare quam Willelmus filius Pagani junioris tenet per idem servicium.

S. ij. 6. Idem **Paganus** dedit Alano filio suo terram de Trafford' in servicium
II. 808– militare, quam Robertus de Vilers tenet per idem servicium.
838. De
Testa de Idem **Paganus** dedit Thome de Vilers medietatem de Uuethorp
Nevill— et terram de Hole et terram de Calverton' in servicium militare,
cont. unde Robertus de Vilers tenet Hole et medietatem de Calverton'
preter j. carucatam quam Willelmus de Vilers tenet. Idem eciam
Robertus de Vilers tenet terram de Calverton' per idem servicium.
Idem **Paganus** dedit Rogero de Stainesbi Ines, scilicet iij. carucatas
terre, et preter hoc iiij. bovatas terre in Barton', quam Willelmus
Blundel tenet de Willelmo Pincerna per servicium militare, unde
x. carucate faciunt feudum j. militis.

Idem **Paganus** dedit Roberto de Mulinas j. carucatam terre in
Thorinton' per servicium militare, unde x. carucate faciunt feodum
j. militis, quam Robertus filius Ricardi tenet modo per predictum
servicium.

Idem **Paganus** dedit Elwino j. carucatam in Thorint' per predictum
servicium quam Gilbertus filius suus tenet modo de W. Pincerna.

Idem **Paganus** dedit vj. bovatas terre Willelmo Gerneth in Lidiate
per servicium militare, unde x. carucate terre faciunt feudum j.
militis, quas Benedictus filius Simonis et Alanus frater eius tenent
de Willelmo Pincerna.

Idem **Paganus** dedit j. carucatam in Windhul et j. carucatam in
Halsale Viviano Gernet in maritagio cum Emma filia sua per servicium
militare, unde x. carucate faciunt feudum j. militis. Et modo tenet
Alanus filius Alani de Roberto de Vilers terram de Wyndhul et
Alanus filius Simonis terram de Halsale de predicto Roberto per
predictum servicium.

Ragenaldus tenuit iiij. carucatas terre de Pagano de Vilers per
servicium militare. Et modo tenet Hugo filius Gilberti illas carucatas
de Willelmo Pincerna pro iiij.m. et facit servicium militare, unde
x. carucate faciunt feodum j. militis.

Alanus de Rixton' tenet de antiquitate de Willelmo Pincerna j.
carucatam in Rixton' pro j.m. et facit predictum servicium militare.

Henricus filius Willelmi tenet de antiquitate de eodem W. j.
carucatam terre in Aderton pro j.m. per predictum servicium militare.

Hugo filius Henrici tenet j. carucatam de eodem W. Pincerna
per predictum servicium militare.

Predictus **Paganus** dedit Girardo de Sanki carpentario j. carucatam
terre in Sanki per servicium militare. Robertus filius Thome tenet
illam per predictum servicium.

Idem **Paganus** dedit Ade le Vielur j. carucatam et Robertus filius
Roberti tenet modo illam per predictum servicium militare.

Ricardus Pincerna dedit Walthevo de Waleton' ij. bovatas terre
in Egergarh per servicium militare unde x. carucate terre faciunt
feodum j. militis. Henricus filius Gilberti tenet modo illam terram.

Predictus Willelmus Pincerna tenet de predictis viij. feodis iij.
feoda militum in Lindesheia, unde Robertus filius Ricardi tenet j.
feodum militis in Croxton' et in Philigham et in Higam. Robertus
Breton' tenet dimidium feodum militis in Haneworthe et in Helsam
et in Butheham. Henricus filius Radulfi tenet feodum j. militis
in Philigham. Willelmus filius Winnoc tenet de predicto W. dimidium
feodum militis in Higam.

208   A.D. 1212.

S. ij. 6.
II. 808-
838. De
Testa de
Nevill—
cont.

Item de villa de Croppul prior de Thurgarton' tenet j. carucatam terre in Croppul in puram et perpetuam elemosinam.
Ex dono Mathei de Vilers Willelmus Gerneth tenet xiiij. bovatas in Croppul. Nescitur per quod servicium.

Ricardus de Mulinas tenet x. carucatas terre et dimidiam de dono Rogeri Pictaviensis per servicium dimidii feodi j. militis.
Robertus de Mulinas, pater ipsius Ricardi, dedit ij. carucatas terre in Kirden cum sorrore sua Siwardo filio Outi, et modo tenet Henricus filius eius illas carucatas per servicium militare. Et de illis carucatis ipse dedit iij. acras terre Beate Marie de Kokersand in elemosinam.
Idem Robertus de Mulinas dedit Gilberto fratri suo j. carucatam terre in Thorinton' per servicium militare quantum pertinet ad j. carucatam illius feodi, et modo tenet Ricardus filius eius illam terram per predictum servicium.
Ricardus de Mulinas, filius ipsius Roberti, dedit Ricardo Branche et Roberto dimidiam carucatam per vj.s. et per servicium militare quantum pertinet ad tantum feodum.
Idem Ricardus dedit Roberto filio suo iij. bovatas terre per servicium militare quantum pertinet ad tantum feodum.
Idem Ricardus dedit Ranulfo de Litherland ij. bovatas in Litherland per servicium militare quantum pertinet ad tantum feodum et pro v.s. de firma.
Idem Ricardus dedit Simoni de Mulinas j. culturam pro ij.s. de firma.
Idem Ricardus dedit j. culturam terre Ricardo de Thorinton' pro j. libra piperis per annum.
Idem Ricardus de Mulinas tenet j. carucatam terre et dimidiam in escambio de Tokestath et inde solvit domino regi xx.s. Robertus de Waleton' tenet de eo vj. bovatas pro x.s. et Ricardus filius Siward tenet de eo vj. bovatas pro x.s.

Henricus de Melling tenet iiij. carucatas terre de domino rege et inde solvit xxij.s. in thanagio de quibus Matheus et Alanus tenent duas carucatas pro xij.s. de firma et Thomas tenet j. carucatam de illo pro v.s. Et predictus Henricus et Thomas dederunt Northcroft et Hengerth et Ructhwait, parvas culturas, Beate Marie de Kokersand in elemosinam.
Ricardus filius Roberti tenet de antiquitate iij. carucatas terre de domino rege per xx.s. in thenagio de quibus Siwardus filius Dunning dedit Gospatric' j. carucatam pro iiij.s. Et Ricardus et Johannes tenent j. bovatam de Rogero filio Gospatr' per xij.d. Et Willelmus de Stainford tenet iij. bovatas pro iij.s. Et Ricardus de Elsinton' tenet dimidiam carucatam de Ricardo filio Roberti pro iiij.s. Et predictus Robertus pater ipsius Ricardi fecit quandam domum religionis scilicet Buresscoch et dedit j. carucatam predicte domui in elemosinam.
Idem Robertus dedit j. essartum sanctimonialibus Cestrie in elemosinam.
Radulfus de Bikerstat tenet dimidiam carucatam terre et solvit v.s. domino regi in thenagio de qua Radulfus avus eius dedit ij. culturas in Helmes et in Stotfoldechage Hospitali Ierosolyme in

LANCASTER. 209

S. ij. 6.
II. 808–
838. De
Testa de
Nevill—
cont.

elemosinam. Et Adam pater eiusdem Radulfi dedit iiij. acras in elemosinam abbacie de Kokersand. Et modo Hugo de Moreton' et Margerie uxor eius tenent j. bovatam pro xxj.d. de Henrico filio Eilsi. Et Adam filius Walth' tenet terciam partem illius dimidie carucate per xx.d. de Radulfo filio Ade.

Adam filius Ricardi tenet iij. carucatas terre in Bolde et Lawyke de domino rege et solvit xxj.s. et iiij.d. in thenagio, de quibus Tugor senex, proavus ipsius Ade, dedit Alberto dimidiam carucatam pro iiij.s. et vj.d. Et modo tenet Henricus[1] filius eius de predicto Ada per eundem[2] servicium.

Et Gilbertus tenuit antiquitus iij. bovatas pro iiij.s. vj.d. et modo tenet Ricardus filius eius de predicto Ada.

Et Ricardus pater predicti Ade dedit j. acram hospitali Cestrie in elemosinam et j. essartum prioratui de Norton' in elemosinam.

Ricardus filius Martini tenet dimidiam carucatam de domino rege in Ditton' et solvit inde x.s. de firma et Ricardus filius Outi tenet de eo ij. bovatas per v.s. et Radulfus tenet de eo j. bovatam pro ij.s. et vj.d.

Adam, Robertus, Vincencius, Henricus de Ditton' tenent dimidiam carucatam de domino rege pro x.s. de firma.

Heres Ade de Gerstan tenet iiij. carucatas de domino rege pro xx.s. in thenagio. Hugo filius Henrici tenet iij. bovatas de antiquitate pro xxij.d. et ob. de dono Multon'. Thomas tenet iiij. bovatas pro ij.s. vj.d. ex dono Multon'. Henricus filius Mathei tenet iij. bovatas pro xxij.d. et ob. de dono Multon'. Et Simon tenet iij. bovatas pro xxij.d. ob. de dono predicti Ade fratris sui. Predictus A. dedit j. acram abbacie de Kokersand in elemosinam. Idem Adam dedit ij. acras Hospitali Ierosolyme in elemosinam.

Ricardus Walensis tenet j. carucatam de domino rege pro x.s. scilicet in villa de Litherland.

Simon de Crosseby tenet dimidiam carucatam de domino rege in Crosseby pro x.s.

Rogerus Mallocht tenet ij. bovatas de domino rege pro v.s. et alie due bovate alienate sunt ab eo quia antecessores eius eas posuerunt ad firmam rusticis domini regis.

Ricardus filius Thurstan tenet j. carucatam terre in Thingwalle de domino rege per j.m. in esscambio hereditatis sue in Smeddon' quam dominus rex posuit in forestam suam. Alanus tenet de eo ij. bovatas pro xl.d. Et Willelmus tenet j. bovatam pro xx.d. de eo. Et Hugo tenet dimidiam carucatam de eadem terra de Henrico filio Gilberti per dimidiam.[3]

Henricus de Le tenet vj. carucatas de domino per cartam domini regis et solvit inde xx.s. per annum. Warinus pater eius dedit inde abbati de Kokersand quartam partem j. bovate in elemosinam. Henricus dedit predicto abbati ij. mesuagia in elemosinam. Robertus filius Osseberti tenet ij. carucatas et ij. bovatas de antiquitate de eodem Henrico pro x.s. et pro esse prepositus. Alanus le Brun tenet de antiquitate ij. bovatas de eodem Henrico pro vj.s. Dionisia filia Thurstan tenet ij. bovatas per cartam ipsius Henrici et pro

---

[1] Henricus *seems to have been struck through*.   [2] *Read* idem.
[3] *Supply* marcam.

Wt. 3705. B 14

S. ij. 6.
II. 808–
838. De
Testa de
Nevill—
cont.

v.s. de firma. Willelmus frater ipsius Henrici tenet j. bovatam per j. libram piperis per annum de dono suo. Ricardus filius Henrici tenet ij. bovatas de eodem Henrico pro vj.s. per annum de dono Warini patris ipsius Henrici. Edwinus tenet ij. bovatas de Henrico de dono suo pro v.s. Robertus tenet j. bovatam de dono suo pro iij.s. Thomas filius Sigge tenet j. bovatam de eo pro iij.s.

Thomas de Bethum tenet ij. carucatas de domino rege in Botle pro viij.s. et viij.d. in thenagio cum filia Ricardi filii Rogeri. Et Rogerus filius Ramkel dedit Hospitali Ierosolyme in elemosinam j. carucatam terre in Linacre.

Jurdanus de Thornul tenet j. carucatam de domino rege pro iij.s. et viij.d. in thenagio cum filia Ricardi filii Rogeri.

Robertus filius Oseberti tenet dimidiam carucatam pro esse prepositus de manerio de Crossebi et foreste in Derbisir'.

Henricus de Waleton' tenet xiiij. bovatas terre in Waleton' et in Wastrete et in Neusum pro esse capitalis serviens de Hundredo de Derbisir' de domino rege, quas Willelmus comes Bulonie dedit Walthevo avo suo. Hugo filius Gilberti tenet j. bovatam de predicto Henrico pro dimidia libra piperis. Predictus Henricus dedit pro anima domini Regis Henrici, patris domini regis, xx. acras in elemosinam Ospitali Sancti Johannis Cestrie. Idem Henricus dedit in elemosinam pro anima eiusdem iij. acras domui de Birkeheueth.

Adam filius Gille tenet ij. bovatas pro esse serviens sub Henrico de Waleton'.

Ricardus prepositus tenet ij. bovatas pro wanagio et namiis domini regis custodiendis.

Quenilda de Kirkedale tenet j. carucatam de domino rege pro thessauro suo conducendo usque le Blakebroc. Et modo tenet Jurdanus illam carucatam pro ij.s. de predicta Quenilda cum filia Ricardi filii Rogeri de dono Willelmi filii Normanni.

In baronia de Penuertham sunt feoda v. militum infra limam et extra. Thorp feodus[1] unius militis data fuit Guthe sorrori Ranulfi de Glanvilla in dote et ita alienata fuit a baronia, et nessciunt quis tenet modo tenementum illud. Brocton' feodum unius militis datum fuit Galfrido de Valon' per Albertum Bussel et nessciunt quis tenet modo tenementum illud.

Warinus Bussel dedit Ranulfo filio Rogeri v. carucatas terre in maritagio cum filia sua. Et heres eiusdem Ranulfi est in custodia Eustacii de Moreton' cum tota terra illa.

Idem Warinus Bussel dedit Gillemichel filio Eward in maritagio cum filia sua iiij. carucatas terre quarum heredes eius tenent iij. carucatas terre et est in custodia archidiaconi de Stafford et Willelmi de Harewecurt. Et heres Theobaldi Walteri qui est in custodia domini regis tenet j. carucatam in Mithop de baronia illa.

Idem Warinus dedit Hamoni Pincerne in libero maritagio cum filia sua ij. carucatas terre in Heton' et in Etheliston'. Adam de Hocton' tenet eandem Heton', scilicet j. carucatam terre.

Albertus Bussel dedit j. carucatam terre in Etheliston' Hospitali Ierosolyme. Ricardus Bussel dedit Alano filio Swani in maritagio

---

[1] Feodum *is the more usual form.*

LANCASTER. 211

S. ij. 6.
II. 808–838. De Testa de Nevill— cont.

cum sorrore sua iiij. carucatas terre et dimidiam in Gunnolvesmores. Ricardus Fiton' tenet eandem terram per servicium militare de eadem baronia.

Idem Ricardus Bussel dedit Roberto Hikeling in maritagio cum sorrore sua j. carucatam ; heres eiusdem Roberti tenet terram illam.

Idem Ricardus Bussel dedit ij. carucatas Ricardo Spileman in maritagio cum sorrore sua scilicet Stanedis et Langeton' ; Thurstan Banastre tenet terram illam per j. nisum sorrum.

Warinus Bussel dedit iij. bovatas terre in Penuertham et ij. bovatas in Langeton' ecclesie de Penuertham in puram elemosinam. Ricardus Bussel dedit iiij. bovatas terre in Langeton' et j. carucatam terre in Farinton' eidem ecclesie in elemosinam. Albertus Bussel dedit ij. bovatas terre in Lailand in elemosinam eidem ecclesie. Abbas de Evesam tenet ecclesiam illam cum omnibus terris.

Ricardus Bussel dedit abbacie Cestrie j. carucatam terre in Ruchford in elemosinam quam abbas Cestrie tenet.

Ricardus Bussel dedit j. bovatam terre in Penuertham prioratui de Bothelton' in elemosinam.

Albertus Bussel dedit Geraldo de Claiton' iiij. bovatas terre pro homagio suo ut sit senesscallus eius.

Dominus Rogerus constabularius dedit ix. bovatas in Leiland Hospitali Ierosolyme quas Hugo Buss' tenet.

Rogerus de Lasci dedit Roberto Bussel ij. carucatas et ij. bovatas terre in Langeton' et in Leiland et servicium ij. carucatarum in Euckeston', faciendo servicium decime partis unius militis.

Ricardus filius Rogeri de Frequelton' tenet j. carucatam terre in Thorp de domino rege in capite et reddit inde x.s. et est in custodia archidiaconi de Stafford et W. de Harewecurt per dominum regem.

Robertus Gredle tenet iiij. carucatas terre in Burnul et in Anderton' de eadem baronia et nullum facit servicium.

Idem Robertus de Greddle tenet ij. carucatas in Eston' de eadem et debuit reddere inde annuatim j. austurcum vel xx.s. set non reddit.

Warinus Bussel dedit Normanno iij. carucatas terre in Kirkedale per servicium militare unde x. carucate faciunt feodum j. militis ; et modo tenet Quenilda filia Rogeri illam terram per eundem[1] servicium.

Theodbaldus Walter tenet feodum dimidii militis et inde Herveus pater Hervei Walter dedit Orm filio Magnus cum filia sua Aliz in maritagio iiij. carucatas terre in Routtheclif' et in Thistilton' et in Grenhole per servicium militare.

Mereton' sunt vj. carucate terre quarum iij. carucate terre sunt in manu domini regis pro herede Theodbaldi Walteri qui est in custodia sua. Et alias iij. carucatas tenet Adam de Merton' per servicium militare.

Rogerus de Laci tenet feoda v. militum de feodo de Cliderhou que sunt in manu domini regis. Hugo de Eland tenet iiij. carucatas et ij. bovatas de eodem tenemento pro xlviij.s. solvendo per annum

---
[1] Read idem.

212   A.D. 1212.

S. ij. 6.   eidem Rogero de Laci. Idem Rogerus dedit Roberto de Flainesburch
II. 808–
838. De   in maritagio cum filia Roberti de Liverseg x. bovatas terre et
Testa de   dimidiam et terciam partem dimidie bovate per xx.s.
Nevill—   Rogerus de Thorinton', et Thomas de Horbiri tenent x. bova-
cont.   tas et dimidiam et terciam partem dimidie bovate per xx.s. per
annum.
   Rogerus de Laci dedit Gilberto de Laci cum Agneta filia Johannis
de Himerum in maritagio x. bovatas terre et dimidiam et terciam
partem dimidie bovate per xx.s.
   Predictus Rogerus de Laci dedit monachis de Stanlawe vj. bovatas
terre in elemosinam.
   Heredes Ricardi filii Rogeri tenent quartam partem feodi unius
militis.

   Rogerus constabularius Cestrie tenet de baronia constabularii
infra limam iiij. feoda militum, unde Ricardus filius Roberti tenet
feodum unius militis per servicium j. militis.
   Willelmus filius Mathei tenet feodum unius militis per servicium
j. militis.
   Johannes Constabularius dedit Templariis Ierosolyme in
elemosinam j. carucatam terre. Idem Johannes dedit Hospitali
Ierosolyme in elemosinam ij. carucatas terre.
   Rogerus constabularius Cestrie dedit abbacie de Stanlawe iij.
carucatas terre in elemosinam.
   Ricardus de Mulinas tenet iij. carucatas terre de eodem feodo
unde x. carucate faciunt feodum j. militis.
   Hugo de Moreton' tenet de eodem feodo ij. carucatas unde xij.
carucate terre faciunt feodum unus[1] militis.
   Hugo de Tildesle tenet j. carucatam terre de eodem unde x. carucate
faciunt feodum militis.
   Alanus de Halsale tenet dimidiam carucatam de eodem tenemento
per servicium militare.

   Rogerus Gerneht tenet feodum j. militis in forestaria. Et de
feodo illo dedit Rogerus Gerneht, antecessor eius, ij. carucatas in
maritagio Ricardo de Mulinas in Spec.
   Vivianus Gerneht dedit Roberto Travers iiij. carucatas terre et
dimidiam per servicium tercie partis j. militis.
   Benedictus Gerneht, pater predicti Rogeri, dedit ij. bovatas Widoni
de Stub per servicium militis, unde xxj. carucate terre faciunt feodum
j. militis. Willelmus filius eius dedit ij. bovatas in Lecke Margerie
sorrori sue per j. libram piperis per annum. Idem Willelmus dedit
Osberto j. bovatam in Lecke per j. libram piperis. Item idem
Boud'[2] dedit xxx. acras in Altan' Gilberto filio Orm reddendo
inde annuatim quedam calcaria sive iij. d.

   Galfridus Arbalistarius tenet vj. carucatas terre de dono domini
regis scilicet per servicium ij. arbalistarum.
   Burgenses de Preston' tenent iij. carucatas terre in Preston' per
cartam domini Regis Johannis in libero burgago per xv.li.

---
[1] Read unius.   [2] The text is corrupt. II. 893 reads Benedictus.

LANCASTER. 213

S. ij. 6.
II. 808–
838. De
Testa de
Nevill—
cont.

Heredes Ricardi filii Rogeri tenent ix. carucatas terre in thanagio unde solebant reddere annuatim iij.m. Et dominus rex per cartam suam relaxavit domui de Lithum viij.s. iiij.d.
Walterus filius Osberti tenet in capite de domino rege x. carucatas terre in thanagio, unde heredes Galfridi de Barton' tenent ij. carucatas et reddunt inde domino regi iij.m.
Willelmus de Wynewic tenet v. carucatas terre in thanagio de domino rege et reddit inde xx.s. per annum et Robertus pater predicti W. dedit Huctredo filio Ucke j. carucatam terre pro homagio suo et servicio quam Alanus filius Ricardi tenet.
Petrus de Stalmin tenet iij. carucatas terre in thanagio de domino rege reddendo x.s. per annum, unde Robertus pater eius dedit j. carucatam terre monachis de Furneis per viij.s. per annum pro omnibus. Et idem Robertus dedit Siwardo filio Ucke cum filia sua in maritagio vj. bovatas quas heredes eius tenent. Idem Robertus dedit Henrico filio eius pro homagio suo et servicio ij. bovatas terre quas heredes eius tenent. Idem Robertus dedit Alano filio suo pro homagio suo et servicio ij. bovatas quas heredes eius tenent.
Helia de Hoton' tenet j. carucatam terre de domino rege in capite per viij.s. per annum quam Rogerus pater eius dedit in maritagio cum filia sua Benedicto Gerneth quam ipsa tenet per predictum servicium.
Heres Rogeri de Heton' tenet ij. carucatas et dimidiam de domino rege in thanagio per xvij.s. per annum.
Heredes Roberti filii Bernardi tenent xij. bovatas terre per xviij.s. viij.d. in thainagio.
Alanus filius Ricardi et Johannes de Billesburgh tenent ij. bovatas terre de domino rege in capite per vj.d. per annum.
Henricus de Holand tenet iij. carucatas et ij. bovatas terre de domino rege in capite per xxvj.s. Idem Henricus dedit de eodem tenemento j. carucatam terre Rogero de Leicestr' per viij.s. et iiij. sagittas per annum.
Robertus filius Wranow tenet ij. bovatas terre de maritagio per forinsecum. Idem Henricus dedit Ade fratri suo ij. bovatas pro homagio suo et per ij.s. Idem Henricus dedit Alano de Holand j. bovatam terre et dimidiam per xij.d. Idem Henricus dedit Roberto de Mulinas j. bovatam terre per xiiij.d. Idem Henricus dedit Henrico filio Gilberti iiij. bovatas terre per iij.s. vj.d. Idem Henricus dedit Hawise filie Ricardi ij. bovatas in libero servicio per ij.s. vj.d. Idem Henricus dedit abbacie de Kokersand j. culturam in elemosinam. Idem Henricus dedit hospitali Cestrie j. acram in elemosinam. Idem Henricus dedit Hospitali Ierosolyme ij. acras in elemosinam.
Swanus de Hudersale tenet ij. bovatas terre de domino rege in capite per cartam domini Johannis Regis per v.s.
Thomas de Burnul tenet dimidiam carucatam terre in capite per iiij^{ors}.
Heres Arthuri de Eston' tenet j. carucatam terre in capite per cartam domini Johannis Regis per x.s.

DRENGAGIA.

Homines de Hamelton' tenent iiij. carucatas terre per xxiiij.s. per annum.

S. ij. 6.
II. 80b.
838. D.o
Testa de
Nevill—
cont.

Adam filius Eilsi et Alanus filius Hagemundi tenent j. carucatam terre in drengagio per v.s. per annum.

Ricardus et Girardus tenent j. carucatam terre in drengagio per vj.s.

Gillemichel de Halicton' tenet ij. bovatas terre in drengagio per ij.s.

Brocton' j. carucata terre in manu domini regis et reddit per annum vj.m.

Rossall' in manu domini regis cum stauro suo unde vicecomes respondit.

Alanus filius Ricardi tenet dimidiam carucatam terre in Singelton' per sergantariam wapentaki de Aumundirnes.

SALFORDESIRE.

Robertus Gredle tenet feoda xij. militum in comitatu Lancastrie infra limam et extra.

Mahtheus filius Willelmi et Rogerus filius Willelmi tenent feodum j. militis de Roberto Gredle in Wythinton' de antiquitate et debent invenire j. judicem domino regi.

Gilbertus de Notton' tenet cum domina de Barton' feodum j. militis et dimidii de eodem.

Et Thomas de Withinton' tenet feodum dimidii militis de eodem Roberto de antiquitate.

Ricardus filius Roberti tenet v. carucatas terre et dimidiam de eodem, scilicet in Childewalle iij. carucatas terre et in Aspul j. carucatam, in Turton' j. carucatam, in Brochal' dimidiam carucatam, unde vj. carucate terre et dimidia faciunt feodum j. militis. Rogerus de Samelesbur' et Alexander tenent sextam carucatam in Harewode de predicto feodo militis.

Albertus Gredle senex dedit feodum j. militis Orm filio Ailward in maritagio cum Emma filia sua, scilicet in Dalton' et Perbold et Wrictinton'. Heredes ipsius Orm tenent predictam terram.

Alexander de Pilkinton' tenet de Roberto Gredle quartam partem feodi j. militis et j. judicem domino rege de antiqua tenura.

Albertus Gredle juvenis dedit Thome de Perepount iiij. carucatas terre in Ruwinton' et Lostoc per feodum tercie partis j. militis. Heredes tenent illam terram.

Robertus Gredle qui nunc est dedit Roberto de Burie seniori xiiij[cim] bovatas terre de dominico suo de Mamecestr' per servicium dimidii militis. Heredes eius tenent illam terram.

Idem Robertus dedit Radulfo de Einecot' ij. bovatas terre de dominico suo de Mamecestr' per vj.s. viij.d. per annum.

Albertus Gredle dedit Roberto de Bracebrugge ij. bovatas terre de dominico suo de Mamecestr' per iiij[ors]. per annum. Heredes eius tenent illam terram.

Albertus Gredle senior dedit Wlvrico de Mamecestr' iiij. bovatas terre de dominico suo per v.s. per annum. Heredes eius tenent illam terram.

Albertus Gredle dedit iiij. bovatas terre ecclesie de Mamecestr' in elemosinam de dominico suo.

S. ij. 6.
II. 808–838. De Testa de Nevill— cont.

Albertus Gredde[1] juvenis dedit Willelmo Norensi ij. carucatas terre in Heton' per x.s. Heredes eius tenent illam terram.
Idem Albertus dedit Alexandro filio Uuieth ij. bovatas in Parva Lefre per dimidiam m. et xij.d. vel j. nisum. Heredes tenent illam terram.
Albertus Gredle senior dedit Orm filio Eiward cum filia sua Emma in maritagio j: carucatam terre in Eston' per x.s. per annum. Heredes ipsius Orm tenent illam terram.
Idem Albertus dedit Henrico filio Siward j. carucatam terre in Flixton' per x.s. Heredes tenent illam terram.
Albertus Gredle junior dedit Elie de Pennilbur' Slinehal per xij.d. vel per j. nisum sorrum per annum. Idem Elias tenet illam terram.
Idem Albertus dedit Roberto filio Henrici ij. bovatas terre in Milafesharh[2] per iij.s. Heres ipsius tenet illam terram.
Rogerus de Samelisbur' et Alexander de Harewode tenent j. bovatam terre in Charples per iij.s. de Roberto Gredle.
Albertus Gredle dedit manachis[3] de Swinehauh' j. crofftum quod vocatur Wythacres in elemosinam.
Robertus Gredle qui nunc est dedit Ace clerico unam terram de dominico suo de Mamecestr' per iij.s. Idem Ace tenet illam terram.

Rogerus de Montebegon' tenet feoda viij. militum infra limam et extra.
Infra limam tenet Adam de Buri feodum j. militis de antiqua tenura.
Rogerus de Midelton' tenet fedum j. militis de antiqua tenura.
Predecessores Rogeri de Montebeg' dederunt antecessoribus Gilberti de Notton' xij. bovatas terre per servicium quarte partis j. militis ; Gilbertus de Nott' tenet illam terram.
Adam de Prestwych tenet iiij[or] bovatas terre in Alkinton' per iiij.s. de antiqua tenura.
Adam de Montebeg' dedit Eward de Buri iiij. bovatas terre in Totinton cum Aliz filia sua in maritagio. Et modo tenet illam terram Willelmus de Penieston' cum Cecilia filia predicte Aliz.
Rogerus de Montebeg' dedit Johanni Malerbe, fratri suo, x. carucatas et vj. bovatas terre in Croston' cum pertinenciis in servicium militare.
Idem Rogerus dedit Hospitali Ierosolyme j. bovatam terre in elemosinam in Croston'.

Idem Rogerus de Montebegon' tenet xiij. bovatas terre in Kaskenemor' in thanagio per ix.s. ij.d. et ob. et dimidium judicem. Gilbertus de Notton' tenet de eo iiij. bovatas in Kaskenemor'. Reinerus de Wambwall' tenet de eadem terra vj. bovatas. Adam de Glothic tenet ij. bovatas. Isti tenent predictum thainagium per predictos ix.s. ij.d. et ob. et per dimidium judicem predictum.
Willelmus de Nevilla tenuit xiij. bovatas terre in Kaskenemor' in thainagio de domino rege per x.s. et ix.d. ob. et per dimidium

[1] Read Gredle.
[2] Read Anlafesharh, *i.e.* Anglezarke near Chorley.
[3] Read monachis.

S. ij. 6. judicem de jure uxoris sue ; terra illa est manu[1] domini regis quia
II. 80§— heredes eius non locuti fuerunt cum domino rege. Radulfus Tagun
838. D°
Testa de tenet iiij^{or} bovatas de eodem Willelmo. Gilbertus de Notton' tenet
Nevill— iiij. bovatas de eodem Willelmo. Reginerus de Wambwalle tenet
cont. ij. bovatas. Adam de Glothic tenet ij. bovatas. Henricus de
Scholfele tenet j. bovatam. Isti tenent predictum thainagium per
predictos x.s. et ix.d. ob. et per predictum dimidium judicem.

Yarferth' de Hulton' tenet iiij. bovatas terre in Pennelton' de
domino rege in capite per servicium sexte p_ar_t_{is} j. militis. Helias
de Pennilbur' tenet ij. bovatas de ipso Yarfer' per iiij.s.

Gilbertus de Notton' tenet de jure uxoris sue xiiij. bovatas de
domino rege in thanagio per xxvj.s. Ricardus de Wyrkedele tenet
j. carucatam de eodem Gilberto per xvj.s. viij.d.

Rogerus de Midelton' tenet j. carucatam terre in Chetam in capite
de domino rege in thainagio per j.m. Henricus de Chetam tenet
totam illam terram de predicto Rogero.

Edwinus carpentarius tenuit j. bovatam terre in Cadwalesate in
capite de domino rege de dono Regis Henrici in carpentaria et
postea Swanus tenuit illam terram. Et modo tenet illam terram
Gilbertus de Notton' reddendo domino regi iiij.s. ; sed nessciunt
de quibus vel per quos terra illa sit alienata a servicio domini regis.

Alexander de Pikinton' tenet vj. bovatas terre in Ruhwinton'
in thainagio per x.s. et filii avunculi sui tenent illam terram de eo.

Willelmus de Radeclive tenet xij. bovatas in Eggewrthe et in
Heton' in thainagio per xvj.s. et viij.d. Gilbertus de Notton' tenet
iiij. bovatas de ipso Willelmo per dimidiam marcam ; pater ipsius
Willelmi dedit Roberto de Hennetwisel ij. bovatas terre in maritagio
cum filia sua.

Adam de Prestwich tenet x. bovatas terre in Prestwych et in
Faileswrthe in capite de domino rege in thainagio per xxiiij.s. Adam
de Heton tenet de ipso Ada iiij. bovatas per x.s. Gilbertus de Notton'
tenet de ipso Ada ij. bovatas terre in Faileswrthe per iiij.s.

Hugo de Blakerode tenet j. carucatam terre in Blakerode que
fuit de feodo Willelmi Peverel per xx.s. et habet cartam domini
regis.

Elias de Pennilbur' tenet ix. bovatas terre in capite de domino
rege in Pennilbur' et in Chadeswrthe in thainagio per xij.s. Et
Ricardus et Adam et Henricus et Robertus, nepotes sui, tenent j.
bovatam de eo per ij.s.

Robertus de Clifton' tenet iiij. bovatas terre in Clifton' in capite
de domino rege per viij.s. Rogerus Gerneth tenet de ipso Roberto
iij. bovatas per viij.s.

Willelmus filius Willelmi tenet xij. bovatas terre in Ruhwinton'
in thainagio per xx^{ti}iiij.s.

Rogerus filius Willelmi tenet j carucatam in Redich in thainagio
per vj.s. Matheus de Redich tenet illam terram de ipso Rogero
per eundem[2] servicium.

Gospatric de Chorleton' tenet ij. carucatas in Chorelton' in capite
de domino rege in thainagio per xx.s. Matheus filius Willelmi tenet de
eodem iiij. bovatas quas disracionavit per finem belli. Henricus

---

[1] *Read* in manu.   [2] *Read* idem.

LANCASTER. 217

S. ij. 6.
II. 808-
838. De
Testa de
Nevill—
cont.

de Trafford tenet v. bovatas terre per vj.s. iij.d. Adam de Chorelton' tenet de ipso Gospatric ij. bovatas per xl.d. Henricus de Chetam tenet iiij^{or} bovatas in capite de domino rege in thainagio per v.s. Henricus de Trafford tenet iiij. bovatas in capite per eundem[1] servicium.
Willelmus de Bothelton' tenuit j. bovatam in capite de domino rege in feodi firma. Heres eius es[2] custodia domini regis.
Gilbertus de Tange tenet j. bovatam de domino rege in Tange per iiij.s.
Ranulfus filius Rogeri tenuit iiij^{or} carucatas terre in capite de domino rege per x.s. et j. judicem. Heres eius et in custodia Eustacii de Moreton' per dominum regem. Willelmus de Notton' tenet j. carucatam de ipso herede per viij.s. Willelmus de Radeclue tenet j. carucatam de ipso herede per vj.s. Adam de Urmeston' tenet j. carucatam terre de ipso herede. Rogerus de Bothelton' tenet j. carucatam de eodem per servicium xij. partis j. militis.
Hamonus de Maci tenet j. carucatam terre in Stretford per servicium j. judicis. Hugo de Stretford tenet iiij. bovatas terre de ipso Hamone faciendo servicium illius judicis. Henricus de Traffort tenet ij. bovatas de eodem per iiij.s.

Prior et manchi[3] de Lenton' tenent Kereshole in elemosinam per cartam domini Regis Henrici.

Rogerus Pictaviensis dedit ecclesiam de Wynequic canonicis de Sancto Osewaldo cum duabus carucatis terre. Ricardus persona de Wynewyc tenet ij. partes et Robertus de Waleton' tenet terciam partem. Aldredus[4] de Ynes tenet de eodem Roberto iiij. bovatas illius terre ecclesie de feodi firma. Hugo de Haidoc tenet de eodem Roberto iiij. bovatas illius ecclesie de feodi firma.

Willelmus de Lauton' tenet vj. carucatas terre et dimidiam de domino rege in capite per servicium militare unde ix. carucate terre et dimidia faciunt feodum j. militis. Adam pater predicti Willelmi dedit Hugoni de Haidoc iiij. bovatas terre in maritagio cum filia sua et Roberto filio Siward' ij. bovatas in maritagio. Idem Adam dedit Galfrido Gerneth dimidiam carucatam terre in servicium militare. Galfridus dedit illas bovatas Thurstano Banastre in servicium militare. Idem A. dedit Orm de Midelton' ij. bovatas in servicio militari. Et idem A. dedit Roberto de Kenien ij. bovatas ad adquietandum se de judice. Willelmus de Lauton' dedit j. croftum quod vocatur Witerescroft Alano de Rixton' ad firmam pro xij.d. Adam de Lauton' dedit Fluttecroft Ospitali tempore Regis Henrici.

Thomas de Goldburne tenet terciam partem j. militis de domino rege et Ricardus de Wynequic tenet j. carucatam terre in servicio militari de antiquitate. Willelmus filius Hamonis tenet iij. bovatas in Goldburne de dono Augustini patris predicti Thome, tempore Henrici Regis.

---

[1] *Read* idem.
[2] *After* est *supply* in.
[3] *Read* monachi.
[4] *Read* Alfredus.

S. ij. 6.
II. 808-
838. De
Testa de
Nevill—
cont.

Alfredus de Ines tenet iij. carucatas terre in thanagio et reddit per annum xxx.s. et ij. judices. Hugo de Haidoc tenet j. carucatam de eo de antiquo feffamento. Willelmus de Haidoc tenet j. carucatam de eodem de antiquo feffamento. Ricardus de Perepount tenet de eo dimidiam carucatam de eo de antiquo feffamento. Orm pater predicti Alfredi dedit Ospitali j. croftum quod vocatur Kaile in elemosinam.

Thomas de Burnul tenet iij. carucatas et dimidiam de domino rege in thainagio per xxxv.s. et j. judicem et dimidium. Henricus de Eston' tenet j. carucatam de eodem Thoma de antiquo feffamento et Henricus filius Rogeri tenet j. carucatam de predicto Henrico de antiquo maritagio. Et Henricus de Eston' dedit Ospitali Ierosolyme xx. acras. Swanus filius Lofwini dedit Gospatric dimidiam carucatam in Hindele in libero maritagio, et Rogerus filius Gospatric tenet illam terram de Thoma de Burnul. Adam de Hindele tenet ij. bovatas in Hindele de antiquo fefamento. Robertus pater Ricardi de Hindele dedit Ospitali xxx. acras de illa dimidia carucata tempore Henrici Regis, et idem Robertus dedit ij. acras et dimidiam Ospitali tempore domini Regis Johannis, et idem Robertus dedit abbacie de Kokersand vj. acras tempore domini Regis Johannis.

Alanus de Pemberton' tenet ij. carucatas terre in thenagio et reddit per annum xx.s. et j. judicem. Adam de Pemberton' tenet illas carucatas de Alano predicto. Et Henricus filius Laurencii tenet de predicto Ada iiij. bovatas de antiquo feffamento. Alanus filius Aldith tenet de prenominato Henrico j. bovatam. Et Adam de Pemberton dedit Ospitali j. bovatam tempore Johannis Regis.

Ricardus de Horul tenet dimidiam carucatam in thainagio et reddit per annum x.s. et j. iudicem de antiquitate. Willelmus tenet de predicto Ricardo dimidiam bovatam de antiquo fefamento et idem Willelmus dedit Thome de Horul ij. bovatas in libero maritagio tempore Ricardi Regis. Predictus Ricardus dedit Johanni fratri suo j. bovatam tempore Johannis Regis. Idem Ricardus dedit Ospitali iiij^{or} acras terre tempore Henrici Regis.

Adam de Bulling tenet dimidiam carucatam in thainagio et reddit per annum x.s. et j. iudicem de antiquo feffamento. Simon tenet j. bovatam et terciam partem j. bovate de predicto A. de antiquitate et Rogerus de Winstanesleg' tenet de predicto Ada j. bovatam et terciam partem j. bovate de antiquitate. Huctredus Leute tenet j. essartum de predicto Ada et reddit xvj.d. Idem Ada dedit Beate Marie de Cokersand in elemosinam xviij. acras. Idem A. dedit Ospitali vj. acras. Rogerus de Winstanesle dedit domui de Cokersand iij. acras terre in elemosinam tempore domini Regis Johannis.

Ricardus de Edburgham tenet dimidiam carucatam terre in Edburgham de dono Regis Henrici in feodi firma et reddit per annum iiij.s. et de illis iiij. bovatis tercia pars data est in elemosinam.

Alanus de Burton' tenet j. bovatam et reddit per annum xij.d. in feodi firma.

Robertus de Midelton' tenet iij. bovatas in thainagio de antiquitate et reddit per annum v.s. et quartem[1] partem j. judicis. Et Johannes de Midelton' tenet j. partem per idem servicium.

---

[1] quartem *interlined*. *Read* quartam.

LANCASTER. 219

S. ij. 6.
II. 808–
838. De
Testa de
Nevill—
cont.

Henricus filius Siward tenet iij. bovatas et reddit per annum v.s. et quartem[1] partem j. judicis.
Willelmus de Midelton' tenet iij. bovatas et reddit per annum v.s. de feodi firma.
Ricardus filius Henrici tenet iij. bovatas et reddit per annum v.s. et quartem[2] partem j. judicis.
Gilbertus de Croft tenet j. carucatam in servicio ostricerii.
Hugo de Croft tenet v. bovatas et heres Rannulfi tenet iij. bovatas in servicio ostricerii.
Gilbertus de Croft tenuit j. carucatam terre et dimidiam in Suthewrthe et reddit per annum xx.s. et est in manu domini regis.
Willoth de Neuton' tenet ij. bovatas per sergenteriam de antiquitate et habet j. bovatam de antiquitate et reddit per annum xij.d.
Robertus prepositus tenet ij. bovatas in prepositoria de antiquitate.
Rogerus clericus de Neuton' tenet ij. bovatas de antiquitate et reddit per annum ij.s. viij.d.

Adam de Yseni tenet v. carucatas terre in Witington' per servicium militare quas dedit Gilberto filio Reinfridi.

Rogerus de Montebegon' tenet feodum viij. militum in comitatu Lancastrie infra limam et extra. Adam de Montebeg', antecessor eius, dedit Henrico de Rokesbi j. carucatam terre in Wenigton' per servicium militare, unde xiiij. carucate faciunt feodum j. militis. Idem Adam dedit Galfrido de Valon' vj. carucatas terre in Farelton' et in Cancefeld per servicium militare. Rogerus de Montebegon' dedit canonicis de Hornebi c. acras terre in Hornebi in elemosinam. Idem Rogerus dedit Elye de Wnington' j. bovatam terre in Farelton' per servicium militare.

Heres Willelmi filii Michaelis de Furneis tenet de domino rege in capite xx. carucatas terre et dimidiam in Furneis et reddit per annum x.l. Michael anntecessor eius dedit iij. carucatas terre in Adgareslith in maritagio cum filia sua Godit'. Idem dedit Ulf' filio Eward' dimidiam carucatam terre in Hursewic in maritagio, reddendo v.s. per cartam suam. Idem Michael dedit Ade filio Bernulfi ij. bovatas terre in eadem villa per cartam suam per xxxij.d. per annum. Willelmus filius Michaelis dedit Gilberto filio Reinfridi ij. bovatas in Ursewic per xxxij.d. per annum. Michael dedit Gamello Forestario j. carucatam terre in Ursewyc per x.s. per annum.

Abbas de Furneis tenet xx. carucatas terre et dimidiam in Furneis in elemosinam ex dono Stephani Regis.
Idem abbas tenet ij. carucatas in Stapelthurne et reddit domino regi xl.s. per annum.
Idem tenet dimidiam carucatam terre in Belmunt in elemosina ex dono Warini parvi.

Item de feodo Michaelis de Furneis. Idem Michael dedit Willelmo de Thurnum ij. bovatas terre in Belleclive per x.s. per annum.

---

[1] quartem *interlined*. *Read* quartam.   [2] *Read* quartam.

S. ij. 6.
II. 808–838. De Testa de Nevill— cont.

Willelmus filius suus dedit Ade filio Girarrdi xxx. acras terre in Aldingham per dimidiam marcam per annum. Predictus Michael dedit Ade filio Girardi j. bovatam terre in eadem villa per v.s. per annum.

Adam de Midelton' tenet j. carucatam terre in Midelton' per servicium militare. Ipse Adam dedit Ade filio Orm j. bovatam terre per quedam calcaria per annum sive per iij.d.

Adam de Kelleth filius Orm tenet iij. carucatas terre per sergenteriam in villa de Kelleth.

Thomas Gerneth tenet ij. carucatas terre in Hesaim per venerie scilicet per cornu suum.

Hugo de Oxeclive tenet j. carucatam terre in Oxeclive in carpenterie. Ipse vero dedit Waltero de Sparram ij. bovatas in maritagio cum sorrore sua, cuius heres illas tenet.

Radulfus de Bolron' tenet j̇. carucatam terre in Bolron' in masconerie. Vivianus pater eius dedit Benedicto Gerneth iiij. bovatas et iij. acras terre ; canonici de Cokersand tenent illam terram.

Johannes de Thoroldesholm tenet j. carucatam terre in lardenerie.

Rogerus de Skerton' tenet dimidiam carucatam terre in Skerton' per provosteriam. Willelmus pater eius dedit Johanni de Thoroldesholm' xl. acras terre reddendo per annum iiij.s. Idem dedit leprosis de Lanc' vj. acras in elemosinam et monachis de Furneis xij. acras.

Rogerus filius suus dedit Philippo clerico v. acras, reddendo v.d. per annum.

Robertus de Overton' tenet iiij^{or} bovatas in Overton' per provosteriam. Ipse vero dedit Orm filio Ade j. bovatam per xij.d. per annum.

Rogerus Albus tenet viij. acras in Lanc' per carpenteriam.

Rogerus filius Johannis tenet xij. acras et faciet ferra carucarum domini regis de ij. maneriis per annum.

Willelmus filius Mathei tenet in Lanc' j. mesuagium et j. gardinum in gardenerie.

Adam filius Orm tenet j. carucatam in Midelton' in thainagio per cartam domini regis et reddit per annum j.m.

Johannes de Overton' tenet j. bovatam in thainagio et reddit ij.s.

Walterus de Parles tenet j. carucatam terre in Pulton' per cartam domini regis et reddit per annum xv.s.

Heres Roberti filii Gilmichaelis tenet j. carucatam terre in Witington' et reddit xl.d.

Gilbertus de Croft tenet ij. carucatas terre in Dalton' in thainagio et reddit per annum x.s. Rogerus pater eius dedit xl. acras terre in maritagio cum filia sua, et Gospatric Prat xl. acras reddendo per annum xij.d.

Gilbertus de Kelleth tenet iij. carucatas terre in thainagio in Kelleth et in Bare et in Clacton' unde reddit xix.s. vj.d. Ex quibus Bernolf filius Orm, antecessor eius, dedit Ade de Yeland dimidiam carucatam terre in Bare per viij.s. Ormus filius predicti Bernardi dedit Ade fratri suo terciam partem tocius tenementi sui de Kelleth et de Clacton'. Willelmus pater predicti G. dedit Gospatricio Albo xxx. acras in Clacton' et reddit xij.d.

S. ij. 6.
II. 808–
838. De
Testa de
Nevill—
cont.

Matildis de Kelleth tenet ij. carucatas terre in thainagio in Kelleth et in Bare et reddit xv.s. vj.d. Ipsa dedit Gilberto filio Ade medietatem de Koupemoneswra reddendo per annum iij.s.

Thomas Gerneth tenet ij. carucatas terre in thainagio in Catton' per xx.s. Pater eius dedit Matheo iij. bovatas reddendo vj.d. Predictus vero Thomas dedit Ade fratri suo ij. bovatas terre reddendo per annum iij.d.

Heres Mathei Gerneth tenet unam pasturam de domino rege et reddit per annum dimidiam marcam.

Willelmus de Hest tenet j. carucatam in Midelton' et dimidiam carucatam in Hest in thainagio unde habet cartam domini regis et reddit per annum xxj.s. iiij.d.

Prior de Lanc' tenet ij. carucatas terre in Neuton et in Aldeclive in elemosinam ex dono Rogeri Pictaviensis.

Dominus rex dedit Kertmel Willelmo Maressello et ipse eam dedit canonicis de Bredenestoc in elemosinam scilicet ix. carucatas terre unde cartam predicti Willelmi et confirmacionem domini regis et antecessorum suorum habent.

Burgenses de Lanc' tenent j. carucatam terre in Lanc' in libero burgagio et libere per cartam domini regis et reddunt per annum xx.m.

Nicholaus dedit ij. burgagia in elemosinam que solebant facere servicium domino regi. Predicti burgenses dicunt quod Rogerus Pictaviensis dedit Warino parvo dimidiam bovatam terre in Lanc' et p'e[1] illam tenuit usque ipse et uxor sua se reddiderunt in religione in domum de Furneis et monachi de Furneis illam terram libere tenuerunt usque adventum Galfridi de Valon'. Ipse vero voluit ut villa domini regis in gra[2] esset et seisiavit illam terram in manu domini regis et fecit burgagia de ea, et fecerunt consuetudines et servicia sicut alii et iurati fuerunt ad arma et sic fuerunt usque adventum domini comitis de Moreton' qui nunc est rex, sed nessciunt si eis aliquam libertatem inde dedit, et tenent vij. burgagia unde nichil faciunt domino regi.

Gamel de Bothelton' et Dawe qui est in manu domini regis et Annais et Thomas et Gilbertus et Godit et Simon tenent ij. carucatas terre et dimidiam in Bothelton' et reddiderunt olim xl.s. cum consuetudinibus et postea, deletis consuetudinibus, dederunt domino regi de incremento ij.m. unde nunc reddunt per totum v.m.

In Sline est dimidia carucata que est in manu domini regis quam quidam carpentarius tenuit nomine Gilmichaelis filii Godwini.

Thomas filius Ade tenet vj. bovatas terre in Gersigham per foresteriam. Bernardus ancessor[3] eius dedit Bernardo filio suo ij. bovatas faciendo fornsecum.[4]

Galfridus filius Bernardi dedit Ade fratri suo dimidiam bovatam in eadem villa et reddit j. libram piperis. Idem Galfridus dedit priori de Lanc' v. acras terre in elemosinam.

Willelmus filius Dolfin et Willelmus filius Gilberti tenent ij. bovatas terre in Gersigham per foresterriam.

Willelmus filius Ricardi de Thataim tenet ij. carucatas terre in Thatham et in Yreby in thainagio et reddit per annum xxviij.s.

---
[1] *Read* ipse.   [2] *Read* integra.
[3] *Read* antecessor.   [4] *Read* forinsecum.

S. ij. 6.
II. 808–
838. De
Testa de
Nevill—
cont.

Antecessor eius dedit Bernardo filio Acke j. bovatam terre et reddit per annum xij.d. Idem dedit Walthevo filio Ricardi j. essartum et reddit per aunum xij.d. Willelmus filius suus dedit Willelmo filio Ade in maritagio cum sorrore sua xxij. acras terre. Idem dedit Elye de Wenington' iiij. acras. Idem Willelmus dedit Matheo Gerneth vj. acras per vj.d. per annum.

DE HONORE LANCASTRIE EXTRA LIMAM.

Rogerus de Montebegon' tenet in Lincolnesir' et infra limam et extra in capite de domino rege viij. feoda militum. Antecessores eius dederunt monachis de Rivesbi in elemosiam xix. bovatas et j. mesuagium in Suthorp, et Hospitali de Lincoln' duas toftas et xx. acras terre in Suthorp. Rogerus de Montebegon' dedit priori Thornholm xl. acras et j. mesuagium in Thunstal. Idem dedit redditum j.m. in elemosinam quam Ricardus filius Jacobi tenet in Lind'.

Petrus de Mundevill' tenet iij. bovatas in capite de domino rege in Angotebi per servicium unius bracheht j. coloris.

In Gringelthorp feudum j. militis quod Petrus Maleth debet tenere de heredibus Trussebut qui antiquitus solebant tenere in capite de domino rege, illud scilicet quod Willelmus filius Simonis tenet ad presens.

Prior de Wyngal' tenet j. carucatam in Keleseya de dono Rogeri Pictaviensis, set nesscitur per quod servicium.

Galfridus Carbonel tenet feodum dimidii militis in Lincolnesir' in capite de domino rege, scilicet in Ribi.

Abbas de Grimmesbi et domina de Coton' tenent feudum dimidii militis in Lincolnesir', scilicet in Swalewe de domino rege.

Advocatus de Beton' tenet feodum dimidii militis in Lincolnesir' in capite de domino rege in Boby de dono Regis Stephani.

Dominus rex habet in Navenebi xiij.l. per annum.

Domina de Marcenebi[1] habet in eadem villa de redditu v.m. et dimidiam de dono Henrici Regis, set nesscitur per quod servicium.

Domus hospitalis Lincoln' tenet vj. marcatas terre in elemosina in Navenebi de dono Agace Brethel. Antecessores ipsius Agacie habuerunt illam terram de dono Henrici Regis primi.

Willelmus de Basoges, Radulfus de Sancto Jorgio, et Ricardus de Furnell' tenent feodum dimidii militis in Wallingauere in capite de domino rege. Idem Willelmus in eadem villa feodum dimidii militis quod Adam de Yseni tenet de eo. Et hoc feodum integrum dedit dominus Rex Stephanus antecessoribus predictorum Willelmi et Radulfi et Ricardi.

Nicholaus de Verdon' tenet iij. partes j. militis de domino rege in Kirkebi quas Roays mater eius tenet de eo.

Domina Hyllaria Trussebut tenet feodum j. militis in Melton' et fecit inde servicium in tempore domini Regis Ricardi, set nunc non facit. Et nesscitur per quod warrantum.

LEICESTIRSIR'.

Robertus del Harestan tenet feodum j. militis in capite de domino rege in Lincolnesir'.

---

[1] *Read* Domus de Marceney.

S. ij. 6.　　Galfridus Luterel tenet Croxton' in capite pro dimidio feodo
II. 808-
838. D^e militis.
Testa de　Henricus Falconarius tenet feodum j. militis in Brocton' in
Nevill— Leicestersir' de dono Ricardi Bussel.
cont.

S. ij. 6.　　　　　　　　NOTINGHAMSIR' *in libro*.
I. 73-75.
　　　　Heredes Radulfi Fraser tenent feodum dimidii militis in Anestan
Parva.
　Michael de Malnowers tenet feoda ij. militum in capite de domino
rege unde j. feodum est in Notingamsir' et aliud in Eboracisir' de
dono Stephani comitis de Moreton'.
　Domina de Flintham tenet feodum j. militis in capite de domino
rege ex dono predicti Stephani.
　Willelmus filius Willelmi tenet j. carucatam terre et dimidiam in
Warrebere de domino rege per j. brachet et j. velusam et ij. linthea
et j. auriculam, sed nunc non facit servicium inde et nesscitur per
quod warantum.
　Radulfus de Sancto Jorgio et Ricardus de Furnell' tenent feodum
j. militis in capite de domino rege in Bothemmeshul.
　Heres Ranulfi de Mareseia tenet feoda iij. militum de domino rege
ex quibus ij. sunt in Notinghamsire et j. feodum in Hoilande.
　Villata de Notingham debet reddere honori de Lanc' c.s. per
annum, et villata de Derby c.s. quos comes de Ferrers capit nunc
et vicecomes Lancastrie non habet warantum inde.

　Willelmus de Gressele tenet Drakelawe in capite et reddit j. arcum
sine corda et j. quivfre de Tutesbir' et xij. sagittas et j. buszonem.
　Willelmus filius Wakelin tenet Stainesbi cum pertinenciis reddendo
per annum quendam nisum sorum ex dono Henrici Regis.

　Galfridus de Costetin tenet feodum j. militis in capite de domino
rege in Thorp in Staffordesire et facit inde servicium militare.

　Comes Rogerus tenet Sthonham in capite de domino rege, set
nescimus per quod servicium set dicitur quod tenet per socagium.
Idem comes tenet feodum Hugonis Ruffi, feodum iij. militum de
domino rege in capite.
　Willelmus Esturmi tenet feodum iij. militum in capite, set non
facit servicium nisi de duobus militibus.
　Adam de Ottele tenet feodum ij. militum in capite. Adam de
Glaidon' et Hugo de Hage tenent dimidium feodum de eodem
tenemento.
　Rogerus de Muriell' tenet feodum j. militis de feudo Bussellorum
quod est in manu domini regis.
　Thomas de Muleton' tenet feodum iij. partes feodi j. militis de domino
rege in capite scilicet Thurstaneston'. Gilbertus de Cantwall' tenet
in eadem villa quartam partem j. militis.
　Willelmus Hervi tenet in Boxstude feodum dimidii militis.
　Willelmus de Huntigfeld tenet feodum j. militis in Mendam de
domino rege in capite.
　Osbertus de Waichesha' tenet in Culfo in capite quartam partem
j. militis.

224   A.D. 1212.

S. ij. 6.   Willelmus de Verdon' in eadem villam¹ tenet quartem² partem
I. 73–75 j. militis.
—cont.
Margerie de Hasting' tenet feodum j. militis in Thorp.
Ansellus de Neuton' tenet de herede Theodbaldi Walteri septimam partem feodi j. militis.
Heres Willelmi de Ceresi tenet vicesimam partem feodi j. militis in Gretinge et nullum facit servicium domino regi.

S. ij. 6.   IN NORTHFOLC.³
Willelmus Albus tenet in Heineford feudum j. militis in capite de domino rege et Willelmus Rocelin tenet illud tenementum de eo.
Warrais de Cham tenet in Maideneton' quartem² partem feodi j. militis quod fuit Roberti le Waleis.
Rogerus le Pouerre tenet Fretham quod fuit Roberti Bertram per preceptum domini regis.

Hervi Gorge tenuit j. carucatam terre de domini rege et antecessoribus suis in feudo unde reddidit annuatim domino regi unum lintheum et unam velusam et j. auriculam, quam Rogerus de Muriell' abstulit ab eo et dedit terram illam in maritagio cuidam nepti sue ; predicta terra reddit per annum xx.s. et dominus rex amisit servicium suum.

Hugo de Aubervilla tenet in Eddoneston' j. carucatam terre sine waranto et deberet servare j. austurcum annuatim domino regi, set nullum facit servicium ad presens.

Antecessores Willelmi de Huntingfeld fundaverunt quandam domum religionis in Mendam in feudo de Lanc'.

Rogerus de Muriell' et antecessores eius dederunt Ospitali Ierosolyme⁴ x. acras scilicet de eadem terra quam abstulit de Hervi Gorge. Idem Rogerus dedit de suo dominico Rogero bomini suo ij. acras terre et dimidiam quas dictus Rogerus dedit Ospitali Ierosolyme. Predictus Rogerus et antecessores eius dederunt Sancto Bartholomeo unam acram terre. Idem dederunt priori de Butele servicium Hervei Senesscalli, scilicet viij.s. Idem dederunt domui de Butele reditum v.s. et domui de Batesford reditum ij.s.

Item Lancastr'. Cumb.

[Endorsed :—] De Testa de Nevill'. Dominica regis in subscriptis comitatibus ; continet xiij. pecias.
[Endorsed in a later hand :—] Northumberlaunde (struck out), Honor de Walingford, Sumersete, Dorsete, Notingtham, Dereby, Wigornia, Launcastir, in libro. Lancastre. Lancastr' in libro. De Testa de Nevil, Cumber'.

¹ Read villa.   ² Read quartam.
³ The return for the honour of Lancaster in Norfolk was not copied into the Book of Fees.
⁴ The exact nature of the contraction employed to represent this word is indeterminate.

LANCASTER.

(TEXT B.)

S. ij. 2.
II. 838–842. De Testa de Nevill'.

In hoc comitatu faciunt xxiiij. carucate feodum j. militis.

Lancastria. Gilbertus filius Rainfridi j. militem de quo Willelmus de Lancastria dedit v. carucatas in duabus Eccliston' et Lairbrec, quas Ricardus de Molinaus et Willelmus Blundus, Radulfus de Eccliston' et Walterus filius Swein et Galfridus tenent.
Dedit eciam in Forton ij. bovatas quas Her'[1] de Le tenet; et ij. carucatas in Halecath et Cathale[2] et ij. bovatas in Winemeresleg', et ij. bovatas in Crumbles et ij. carucatas in Cokeram et ij. carucatas in Ellehal', et ij. carucatas in Scotford', et dimidiam carucatam in Lancastria, et ij. bovatas in Corneford, et dimidiam carucatam in Eston'.
Willelmus Pincerna viij. milites; in Cropphul' et v. carucatas in Bekeneshow, Neubolde, Trafford, medietas de Uuetorp', Hole, Calverton, et iij. carucatas in Nesciliar,[3] et iiij. bovatas in Barton, unde x. carucate faciunt j. militem; item j. carucatam in Torinton' unde x. faciunt militem; item j. carucatam in Widehull' et Halsal' et x. et cetera, et j. carucatam in Rixton', j. carucatam in Aderton', j. carucatam in Sanki. De predictis viij. feodis tenet Willelmus Pincerna iiij. feoda in Lindesham, unde Robertus filius Ricardi tenet j. feodum in Croxton' et Fillingeham et Hiam, Robertus Brito dimidium feodum in Heneword' et Helsam et Butheham, Henricus filius Radulfi j. in Phillingeham, Willelmus filius Winnoc dimidium in Higham.
Ricardus de Molineus dimidium militem in x. carucatis terre et dimidia.
Baronia de Penuertham v. milites.
Theobaldus Walteri dimidium militem.
Rogerus de Lascy v. milites de feodo de Cliderho.
Heres Ricardi filii Rogeri quartam.
Rogerus constabularius Cestrie iiij. feoda infra limam de baronia constabularii, de quibus Ricardus filius Roberti j. militem, Willelmus filius Mathei j., Templarii j. carucatam, Hospitalarii ij. carucatas in elemosina, Abbas de Stanlawe iij. carucatas, Ricardus de Mulinas iij. carucatas, de quibus omnibus x. carucate faciunt j. feodum, Hugo de Morton' ij. carucatas unde xij. faciunt et cetera, Hugo de Tildesle j. carucatam unde x.j., Alanus de Hesele dimidiam carucatam.
Rogerus Gernet j. in forestaria.
Robertus Gresle xij. milites infra limam et extra, de quibus Matheus filius Willelmi et Rogerus tenent j. in Withton'[4] et de antiquitate debent invenire domino regi j. judicem, Gilbertus de Norton'[5] j. et dimidium, Thomas de Mitinton'[6] dimidium, Ricardus filius Roberti v. carucatas et dimidiam in Childewell, Aspel, Turton', Brokhal' unde vj. et dimidia faciunt militem, Rogerus de Saielesbir'[7] et Alexander tenent vj^{tam} carucatam in Harewode, heredes Orm

---

[1] *Read* Henricus.　　[2] *Read* Caterhale.
[3] *Read* Ines; *the text of the* 1212 *return has* in Ines *scilicet*.
[4] *Read* Withinton'.　　[5] *Read* Notton.
[6] *Read* Witinton'.　　[7] *Read* Samelesbir'.

S. ij. 2.
II. 838–
842. De
Testa de
Nevill'—
cont.

filii Ailward j. militem in Dalton, Perebold et Wictrinton', Alexander de Pakinton[1] quartam et j. judicem, Thomas de Pereton[2] terciam in Rowinton' et Lestok, Robertus de Beri dimidium in xiiij. bovatis de Mamecestr'.
Rogerus de Muntbegon viij. milites infra limam et extra, de quibus Adam de Buri j., Rogerus de Middelton' j., Gilebertus de Notton quartam, Johannes Malerbe x. carucatas et vj. bovatas in Croxton'.
Jarvord de Hilton' vj^{tam} partem j. militis de rege in Penyelton'.
Willelmus de Lauton' vj. carucatas et dimidiam de rege, unde ix. et dimidia faciunt j. militem et j. judicem.
Thomas de Goldburg'[3] terciam partem.
Ricardus de Winewike j. carucatam per servicium militis.
Adam de Middelton j. carucatam per idem servicium.
Rogerus de Montebegon' viij. milites in Lincolnesir'.
Petrus Malet j. feodum in Grungeltorp', modo heredes Trussebut.
Galfridus Carbonel dimidium in Ryby.
Abbas de Grimesbi et domina de Cotton' dimidium in Swalewe.
Advocatus de Betun' dimidium in Boby de dono Regis Stephani.
Willelmus de Besoches, Radulfus de Sancto Remi'o[4] et Ricardus de Fornellis vj.[5] milites in Walingeure. Idem Willelmus dimidium ibidem quod Adam de Yseny tenuit.
Nicholaus de Verdun iij. partes in Kirkeby.
Hyllaria Trussebut j. militem in Melton'.
Robertus de Harestan j. militem.
Galfridus Luterel dimidium in Croxton'.
Henricus Falconarius j. in Brocton' in Leicestresir'.
Heredes Radulfi Fraser dimidium in Anestan' Parva in Notinghamsir'.
Michael de Malnoers ij. unde j. est in Notinghamsir', alius[6] in Ebor' de dono comitis Moretonie.
Domina de Flintham j. de dono eiusdem.
Radulfus de Sancto Ordgo[7] et Willelmus[7] de Fornellis j. in Betremeshul.[8]
Ranulfus de Mareseye iij. de quibus ij. in Notingham' et j. in Ebor'.
Galfridus de Costantin j. in Torp in Staffordsir'.
Comes Rogerus Stonham ; nescitur per quod servicium, set dicit quod per sochagium ; in rotulo honoris[9] iiij. milites.
Idem tenet iij. feoda que fuerunt Hugonis Rufi qui[10] tenuit de hoc honore.
Willelmus Estormi iij. milites, non reddit nisi duos.
Adam de Otteleg' ij. milites.
Adam de Glaidon' et Hugo de Heye dimidium.

---

[1] *Read* Pilkinton
[2] *Read* Perepount.
[3] *Read* Goldburn'.
[4] *Read* Jorgio.
[5] *Read* dimidium militem.
[6] *Read* aliud.
[7] *Read* Jorgio et Ricardus.
[8] *Read* Bothemmeshul.
[9] *These three words are not in the* 1212 *return above. But cf.* Red Book, p. 478.
[10] *These words are not in the* 1212 *return.*

S. ij. 2.
II. 838–
842. De
Testa de
Nevill'—
cont.

Rogerus de Morevill'[1] j. de feodo Bussellorum.
Thomas de Muleton' iij. partes in Turstanestan'.
Gilebertus de Kentewell' quartam ibidem.
Willelmus Hervi dimidium in Boxstede.
Willelmus de Huntingefeld j. in Mendham.
Osbertus de Wachesham quartam in Culfo.
Willelmus de Verdun quartam ibidem.
Margar' de Hasting' j. in Torp.
Anselmus[2] de Neweton' septimam partem.
Heredes Willelmi de Cressi[3] vicesimam in Gretinge.

IN NORFULKE.

Willelmus Blundus, Willelmus Rocelin de eo, j. in Heingford.
Werrois de Kam quartam in Maideneton' quod fuit Roberti Walensis.
Rogerus le Poure Frakeham[4] quod fuit Roberti Berteram ; nescitur quo modo.

SERIANTERIE.

Henricus de Waleton' xiiij. bovatas terre in Waleton' et Wastputt'[5] et Neusom pro esse capitalis serviens de hundredo de Derbysir'.
Ada filius Gille ij. bovatas de eodem servicio sub Henrico.
Ricardus prepositus ij. bovatas pro wannagio et namio regis custodiendis.
Quenilda de Kyrkedal j. carucatam pro thesauro regis conducendo usque Blakebroc.
Galfridus Balistarius vj. carucatas de dono Regis Johannis per duas archibalistas.
Alanus filius Ricardi dimidiam carucatam in Syngelton' pro custodia de wapentac in Aumodernesse.
Edwinus carpentarius j. bovatam terre in Cadwalset' per carpentariam.
Hamo de Macy, Hugo de Strafford pro eo, j. carucatam terre in Strafford per servicium unius judicis.
Henricus filius Syward iiij. bovatas et quartam partem unius judicis.
Robertus de Middelton per servicium unius judicis.
Ricardus filius Hervici[6] iiij. partem judicis.
Gilebertus de Croft j. carucatam per servicium austurcarii.
Hugo de Croft v. bovatas per idem servicium.
Robertus prepositus ij. bovatas pro prepositura.
Adam de Kellot ij.[7] carucatas per serianteriam ibidem.
Thomas Gernet ij. carucatas per venerar',[8] scilicet per cornu.
Hugo de Oxeclive j. carucatam per carpentariam.
Radulfus de Bolronn j. carucatam per mazonariam.
Rogerus de Skerdon' dimidiam carucatam per servicium prepositure.
Robertus de Overton' iiij. bovatas per idem servicium.

---

[1] Read Muriellis.
[2] Read Ansellus.
[3] Read Ceresi.
[4] Read Freteham.
[5] Read Wastrete.
[6] Read Henrici.
[7] Read Kellet iij.
[8] Read venerie.

228 A.D. 1212.

S. ij. 2.
II. 838–842. De Testa de Nevill'—cont.

Rogerus Albus vij. acras in Lancastria per carpentariam.
Rogerus filius Johannis xij. acras et faciet ferramenta carucarum regis.
Gilebertus[1] filius Mathei j. mesagium in Lancastria pro gardinaria.
Thomas filius Ade vj. bovatas in Gersingeham per forestariam.
Willelmus filius Dolfini et Willelmus filius Gileberti ij. bovatas in Gersingham per servicium forestarie.

EXTRA LIMAM.

Petrus de Mandevill' iij. bovatas in Angoreby[2] per j. brachetum unius coloris.
Prior de Winghal' j. carucatam in Keles'; nescitur per quod servicium, de dono Rogeri Pictavensis.
Willelmus filius Willelmi j. carucatam in Waresbore per j. brachetum et j. velosam et ij. lintheamina et j. auricularium.
Willelmus de Gresle Drakelawe per j. arcum sine corda et faretram de Tutesbire et xij. sagittas et j. buzon.
Willelmus filius Waukelini Steynesbi per j. nisum sorum.
Hervi Gorge j. carucatam per j. lintheamen et j. velosam et j. auricularium; Rogerus de Muriell' tollit illud servicium.
Hugo de Aubervill' j. carucatam in Edeneston' pro custodia unius austurci.

[*Endorsed* :—] *Lanc'. In libro.*

---

[1] *Read* Willelmus. [2] *Read* Angotebi.

(229)

A.D. 1211–1213.

THE following list does not belong to any of the general series of returns transcribed in the Book of Fees. Nor is there any direct evidence as to whether it represents a return sent up from the country or a compilation made at the Exchequer.

The Archdeacon of Stafford, who is mentioned in the first entry as having the wardship of the heir of Oliver fitz Neal, obtained it in the financial year ending at Michaelmas 1207.[1] Brian de Lisle, who is mentioned in the second entry as responsible for the barony of Ralph Taisson, was entrusted with it in February 1208.[2] On the other hand, the statement that John of Bassingbourne was responsible for the Honour of Tickhill, cannot be later than the spring of 1214, when Ralph, Count of Eu, obtained restitution of his lands.[3] Michael de 'Maunuers,' who is entered as holding two fees at Holme, was presumably the predecessor of Leon de Malnoers who became accountable for a relief of 10l. before October 1213.[4] William de Harcourt, who is mentioned in the last entry in connexion with the fee of the Constable of Chester, occurs elsewhere as one of the administrators of the estate of Roger de Lacy, Constable of Chester, who died in the autumn of 1211.[5] Inasmuch then as John de Lacy, son and heir of Roger, obtained possession of most of his inheritance two years later, the list may apparently be ascribed to the period between October 1211 and September 1213.[6]

The entry concerning Clayworth affords some further evidence of date. According to the Pipe Rolls, land there to the yearly value of 112s. was for a considerable period in the possession of William fitz Robert fitz Hugh. For some two years from Michaelmas 1211, it was in the hand of the king. Hugh fitz Robert was returned as the late owner in the summer of 1212, and Marina his relict obtained a tardy assignment of dower there in August 1213,[7] but the Pipe Roll of 1212 ignores his brief tenancy. Before Michaelmas in that year, William of Hartshill undertook to pay the 100 marks mentioned in the text printed below:[8] At the time of the compilation of the list, he had not found the necessary sureties, and in point of fact he did not get the land falling to him by inheritance until 1221, when two great men became sureties for his payment of a fifth of the sum originally demanded by the Crown.[9]

---

[1] Pipe Roll, 9 John, Essex.
[2] *Rotuli Litterarum Clausarum*, vol. i. p. 104.
[3] *Rotuli Litterarum Patentium*, p. 116; Pipe Roll, 16 John, Nottingham and Derby.
[4] Pipe Roll, 16 John, Nottingham and Derby, in the 'Oblata' and therefore brought forward from the previous year, the roll for which is missing.
[5] *Rotuli de Oblatis et Finibus*, p. 472; *Rotuli Litterarum Clausarum*, vol. i. p. 120.
[6] *Rotuli de Oblatis et Finibus*, p. 494.
[7] *Rotuli Litterarum Clausarum*, vol. i. p. 147.
[8] "Willelmus de Hardredeshull debet c.m. pro habenda terra." Pipe Roll, 14 John, Nottingham and Derby. "Willelmus de Hardreshull debet c.m. pro habenda terra de Clawurde, set non debet summoneri quia non habuit nec habere potuit pro quo promisit." Pipe Roll, 16 John, Nottingham and Derby.
[9] Fine Roll, 6 Hen. III. m. 9. The entry is not printed in the *Excerpta*.

A.D. 1211-1213.

NOTTINGHAM AND DERBY.

I. 94-95. Heres Oliveri filii Nigelli tenet feodum unius militis in Langeford' et est in custodia archidiaconi Stafford'. Et est de episcopatu Cestrie.

Brianus de Insula debet respondere de baronia Radulfi Tessun in Watelay et soka.

Idem debet respondere de baronia Radulfi filii Stephani.

Johannes de Bassingburn' debet respondere de honore de Tykehill'.

Radulfus Musard' tenet feodum dimidii militis in Stanlee[1] de baronia de Musarderia.

Willelmus Briwer' tenet feoda x. militum in Notinghamsir' et Derbysir' de dono domini Regis Johannis de baronia de Burun'.

Fulco Painel defendebat baroniam suam de Bingh' per servicium j. militis. Ipse vero feffavit Hugonem de Bingham et Johannem de Cruce per servicium illud. Postea dissaisitus fuit idem Fulco de baronia illa occasione precepti domini regis de terris Normannorum et data fuit villa illa cum pertinenciis Henrico de Baillol pro xl. libratis terre, et servicium predictorum Hugonis et Johannis retentum fuit in manu domini regis.

Ricardus Basset tenet feodum j. militis in Coleston' et Radulfus Basset pro eo.

Ricardus de Sutton' tenet feodum j. militis in Sutton' de honore Richem', unde Petrus de Leonibus debet respondere.

Stephanus de Bello Campo tenet c. solidatas terre in Cotes in Derbysir', reddendo unum brachetum in adventu domini regis in Derbysir'.

Brocton' fuit terra Alvredi de Suleny, cuiusdam Normanni, et saisita fuit in manu domini regis, set dominus rex reddidit illam comiti Cestrie eo quod miles ille tenuit de eo. Et mater comitis tenet eam in dotem. Et est feodum j. militis.

Robertus de Chaurces tenet feodum j. militis in capite in Marnham et Waddewrth'.

Rogerus de Munbegun feodum j. militis in Tukesford' et soka in baronia.

Willelmus de Aubeny tenet xxvj. libratas terre in Orskinton' per servicium ij. militum.

Willelmus filius Roberti tenuit centum et xij. solidatas terre in Clawrth' reddendo inde annuatim unum spervarium muer'.[2] Et adhuc est in manu domini regis et Willelmus de Hardreshill' finem fecit pro terra illa per c.m. et nondum plegium invenit.

Magister Alanus de Bollesovere tenet lxxv. solidatas et tres denariatas terre et[3] Oswardebec per servicium unius $p^a ris$ calcarium ad aurum.

Rogerus de Lanun tenet iiij^{or} marcas redditus et molendinum de Tilne per servicium j. spervarii sori.

Henricus Corbin tenet ij. marcatas terre in Derleton', sed nescimus per quod servicium.

---

[1] Read Stavele. [2] Read mutarium or muez.
[3] Read in, or in soka de as in Pipe Roll, 13 John, Nottingham and Derby.

NOTTINGHAM AND DERBY. 231

I. 94-95
—cont.

Agatha Bretel tenet feodum j. militis in Flintham.
Willelmus Pincerna tenet feodum ij. militum in Crophill' et Kinelton' et alibi.
Michael de Maunuers tenet feodum ij. militum in Holm'.
Robertus de Gresley tenet feodum j. militis in Cotegrave.
Radulfus de Sancto Georgio et Ricardus de Furnell' tenent feoda[1] j. militis in Bothmeshill'.
Eustachius de Moretoin tenet feoda ij. militum in Gameleston' cum herede que fuit Randulfi de Marisco.[2]
Willelmus filius Walkelini tenet Steynesby per j. spervarium sorum.
Gilbertus filius Reinfridi debet respondere de toto feodo Lancastrie.[3]
Petrus de Sandiacr' tenet terram suam ad valenciam x.l. per ostriceriam.
Petrus Picot tenet terram suam ad valenciam x.l. per idem servicium.
Willelmus filius Willelmi tenet feoda v. militum de quibus Willelmus de Harecurt debet respondere, quia sunt de feodo constabularii Cestrie.

---

[1] *Read* feodum.
[2] " Eustacius de Moreton' debet c.l. pro habenda custodia terre et heredis Ranulfi de Mereseie" etc. Pipe Roll, 8 John, Nottingham and Derby.
[3] *This entry appears to be directly connected with the seven entries immediately preceding.*

(232)

A.D. 1214–1215.

IN the section of the Book of Fees devoted to the counties of Essex and Hertford there is a transcript of a list of fees of Richard de Raimes and of William de Helion in Essex, Norfolk and Suffolk. The first eleven entries concern the Raimes estate ; the other nine concern the Helion estate.
The date of the list is approximately fixed by the mention in it of Robert de Vere as tenant of half a fee at Hedingham and a fee at Tilbury (by Clare). The latter belonged at one time to Aubrey de Vere, Earl of Oxford, who was certainly living in the earlier part of the financial year beginning at Michaelmas 1213.[1] In October 1214, Robert de Vere undertook to pay 1,000 marks for having all the lands of his brother, Earl Aubrey, who had been dead some weeks.[2] The list seems therefore to have been made between the death of Earl Aubrey and the formal investiture of Robert de Vere as an earl. His title as Earl of Oxford was fully recognised at the time of the issue of the Great Charter in June 1215.[3]
Further evidence is to be found in the Pipe Roll of 1214, which contains a section headed :—" Feoda militum Willelmi de Helion que sunt in manu regis pro defectu ipsius Willelmi."[4] The names there given correspond with those in the list printed below, except that Earl Aubrey appears as the owner of Tilbury, and the heirs of William of Felstead occupy the place of Philip of Burnham. The holdings in Norfolk and Suffolk are not given. This section of the Pipe Roll is immediately followed by a heading :—" Scutagia Ricardi de Reimes," with no particulars, a space being left blank.[5]
Two versions of a list of the fees of Helion, which was possibly the foundation of the list transcribed in the Book of Fees, are to be found in the Red Book of the Exchequer. The first of these is appended, out of place, to the copy of the *carta* of Robert de Helion of the year 1166 ; the second is included among the inquisitions there assigned to the 13th year of the reign of John.[6] The Red Book contains also an altogether independent list of fees of the Honour of Helion in the counties of Essex and Hertford, which may have been derived from the sheriff's return to the royal writ of 1 June 1212.[7]

[1] Pipe Roll, 16 John, Essex and Hertford.
[2] *Ibid.* ; *Rotuli Litterarum Clausarum*, vol. i. pp. 171, 173, 211.
[3] *Ibid.* p. 215 ; Rymer's *Fœdera*, vol. i. p. 133 ; Matthew-Paris, *Chronica Majora*, vol. ii. p. 604.
[4] A later roll gives an explanation about the fees " que ipse Willelmus reddidit regi, quia non potuit milites suos distringere." Pipe Roll, 2 Hen. III, Essex and Hertford.
[5] Pipe Roll, 16 John. [6] Pp. 357, 601.
[7] P. 503.

FEES OF RAIMES AND HELION.

II. 279-280. *FEODA MILITUM QUE FUERUNT RICARDI DE REIMES IN ESSEX', NORFF' ET SUFF', ET DE HELIUN IN ESSEX'.*

Rogerus de Mescing' tenet feoda iij. militum in Mescing' et pertinenciis unde Willelmus de Fresnet' tenet feodum j. militis et

FEES OF RAIMES AND HELION. 233

II. 279-
280—cont.
iiij^{tam} partem j. militis in Parva Brisat' in Sudf' et prior Sancte Trinitatis de Gipeswic' iiij^{tam} partem unius militis in Tudeham in Sudf.'

Leona de Stutevill' tenet feodum unius militis in Byham[1] unde deberet facere unam medietatem heredi Ricardi de Reymes et alteram medietatem heredi Willelmi de Reymes.

Willelmus filius Goscelini tenet[2] feodum ij. militum in Ardel' et in Reimes; modo tenet Radulfus Pikot in seriantia ut dicit.

Philippus Parage tenuit feoda ij. militum in Toleshunt; modo tenet Adam filius Hugonis de Herdeber'.

Comes Rogerus habet in Akeham iij. p^{a}rt$_{es}$ unius militis quas Arnaldus Ruffus tenet de eo.

Idem comes habet in Heingham feodum dimidii militis quod Robertus de Ver tenet de eo et Robertus de Cant'[3] de predicto Roberto in Essex'.

Idem comes habet feodum dimidii militis in Reinstorp in Norff'.

Idem comes habet vj^{tam} partem j. militis in Hegham quod Johannes de Kemestorp[4] tenet de eo et Rogerus dé Reimes de eo.

Idem comes habet in Eston in Suff' feoda ij. militum que Hugo de Gosebec tenet de eo.

Idem comes habet in Sudfolch' feodum unius militis quod Edmundus de Tudeham tenet de eo.

Idem comes habet in Stanham et in Crofeld' iij. partes j. militis in Sudf' quod Radulfus de Neref' et Hugo de Rikingehale tenent de eo.

Willelmus de Helion tenet feodum j. militis in dominico in Brumstede.[5]

Robertus de Ver feodum j. militis in Tylebir' in Essex'. Henricus de Ver tenet de eo.

Robertus filius Rogeri feodum unius militis et tres p^{a}rt$_{es}$ unius militis in Gingeton', et Kaletorp in Norff' et Suff'.

Radulfus le Bret feodum unius militis et Alina de Arden'[6] in Essex' et Langeleg' in Sudf'.

Johannes Camerarius feodum dimidii militis in Sturmere in Essex'.

Philippus de Burnham tenet dimidium feodum militis ibidem.

Warinus filius Geroldi tenet dimidium feodum militis in Stivinton et Parva Radewinter in Essex'.

Arnaldus de Mandevill' feodum dimidii militis in Bumsted' Parva.

Johannes filius Rogeri iiij^{tam} partem unius militis in Bumsted'.

Henricus de Illeg' iij. feoda in Illeg' in Sudf'.

---

[1] *Read* Dyham. *Cf. J. H. Round*, Geoffrey de Mandeville, p. 403.
[2] *Read* tenuit. [3] *Read* Cantilupo. *See* Red Book, p. 356.
[4] *Read* Reinestorp. [5] *Read* Bumstede.
[6] *After* Arden, *supply* in Esse.

(234)

VARIOUS DATES.

The Book of Fees contains transcripts of two early lists of tenants of the Honour of Boulogne, which it will be convenient to designate as A and C. The Red Book of the Exchequer contains another, which may be designated as B, and the Little Black Book of the Exchequer contains a fourth, which may be designated as D.

The Patent Roll of the 2nd year of Henry III contains a list of reliefs due from various tenants of the Honour in December 1217, and also a list of tenants of the Honour in the counties of Cambridge and Huntingdon who had not paid their scutage. Lastly, the Pipe Rolls contain accounts of the scutages levied on the tenants in 1217-1218 and 1221-1222. These are given in the Appendix.

A.

The nucleus of this list seems to have been drawn up as early as the reign of Henry II, and to have been corrected, somewhat casually, in the first decade of the thirteenth century. Gervase of Cornhill, whose name stands unaltered in one entry, was dead at Michaelmas 1185.[1] The 'Comes Willelmus' whose name also stands unaltered, was presumably William de Mandeville, Earl of Essex, who died in 1189.[2] The list contains two mentions of Faramus de Boulogne, who died in 1183 or 1184.[3] In one case, an addition to the original gives his grandson, William de Fednes, as the actual tenant; in the other case, the heirs of Faramus de Boulogne are described as the tenants. So again, in an entry concerning Richard de Lucy, who was dead in 1182, there is an addition to the effect that his land had passed to 'the heir of Ongar.'[4] While Robert fitz Roger now figures in the list as the actual tenant of seven fees, the original version seems to have credited them to his father-in-law, William of Norwich, known also as William de Chesnay, who died in 1174.[5]

On the other hand, Oger de Curton, who is mentioned in the list as holding Tendring, did not obtain livery of that place until 1205.[6] The entry concerning (Great) Birch and Easthorpe can hardly be earlier than 1203, when William Blund obtained a lease of them, or later than 1206, when he seems to have conveyed to Ralph Gernon.[7] Hubert of Anstey, who was dead at Easter 1210, occurs six times in the list as the tenant of various lands.[8] It

[1] *Pipe Roll*, 31 Hen. II, p. 226.   [2] *Pipe Roll*, 25 Hen. II, p. 128.
[3] *Pipe Roll*, 30 Hen. II, p. 112.
[4] *Pipe Roll*, 27 Hen. II, p. 102; *Pipe Roll*, 28 Hen. II, p. 98; *The Genealogist*, N.S. vol. xv. p. 129.
[5] *Pipe Roll*, 20 Hen. II, p. 40; *Essex Archæological Transactions*, N.S. vol. viii. pp. 192-198; *The Genealogist*, N.S. vol. xviii. pp. 4-6.
[6] *Rotuli de Oblatis et Finibus*, p. 291.
[7] *Rotuli Chartarum*, p. 135; *Rotuli Litterarum Patentium*, p. 50; Morant's *History of Essex*, vol. ii. p. 179, note x; *Essex Archæological Transactions*, N.S. vol. xii. pp. 89, 90.
[8] " Robertus filius Walteri reddit compotum de cccc. marcis et iiij. palefridis pro habendo custodiam et maritagium heredis Huberti de Anestia cum terra que fuit ipsius Huberti die quo obiit—Termini, ad Pascham regni regis xj^{mi}," etc. Pipe Roll, 12 John. Essex.

is doubtful whether any corrections or additions were made after that date. William de Fednes, indeed, is entered as the tenant of six fees to which he did not succeed until after the death of his mother Sibyl, the daughter and heiress of Faramus de Boulogne, many years later, but she had surrendered a considerable part of the inheritance to him in 1206, and it is possible that the annotator of the list was ignorant of the details of the family arrangement then made.[1] Or again, it is possible that he merely blundered in transcription, misreading the letters 'Sib' as a 'W,' and so converting 'Sibill' into 'Will.'

The foregoing notes show the impossibility of assigning this document to any definite date.

B.

This list is identical with A, except with regard to a few details. The text is less corrupt. Being entered in the Red Book among inquisitions 'made in the 13th year of King John,' it is, in the printed edition, assigned to 1211-1212.[2] There is, however, nothing to show that it was the result of an inquisition, and an East Anglian jury of that date could not have returned Gervase of Cornhill, Earl William, or Hubert of Anstey as actual tenants. As explained in a previous section, the rubricated headings in the Red Book are not to be trusted. This List is not reproduced in the present volume.

C.

The sequence of some of the names and certain phrases in this list suggest that the compiler of it had before him the material which had been used in the preparation of lists A and B. The mention in it of Richard de Rivers with Maud de Lucy shows that it cannot be earlier than January 1214, when they obtained permission to marry.[3] On the other hand, the mention of Roger Bigod, Earl of Norfolk, shows that it is not later than his death in 1221, while the mention of Warin fitz Gerold shows that it is not later than 1218.[4] Lastly, the entry concerning Tendring can hardly be earlier than 1217, when Thomas de Longueville acquired a fee there from Oger de Curton.[5]

The date of the list seems therefore to be 1217–1218. It may have been made by the steward of the Honour. While it appears to be free from the anachronisms of A and B, the later part of it, dealing with the demesnes of the Honour, is, in its present form, so imperfect as to be almost unintelligible without the assistance of the other versions.

D.

While the sequence of fees in this list corresponds generally with that in C, the names of the tenants agree more closely with those in A and B. Thus it mentions among the tenants Hubert of Anstey, who, as has been seen, was dead at Easter 1210. Apart from the value of this version for purposes of collation with the others, it has some marginal and interlinear additions and corrections of obviously later date. The note concerning Ralph fitz Nicholas cannot be earlier than 1227, when he obtained a grant of lands of Hugh de Cantelo, who had been hanged for felony.[6] Nevertheless, the names of several

---

[1] *Rotuli Litterarum Clausarum*, vol. i. pp. 68, 79, 226.   [2] Pp. 575–583.
[3] *Rotuli de Oblatis et Finibus*, p. 517.
[4] *Rotuli Litterarum Clausarum*, vol. i. pp. 350, 363.
[5] *Feet of Fines for Essex*, vol. i. pp. 49, 63.
[6] *Calendar of Charter Rolls*, vol. i. p. 1.

tenants who had died long before that date were allowed to remain uncorrected.

Although this list was printed by Hearne, in his edition of the *Liber Niger Scaccarii*, he did not clearly discriminate between the original text and the additions. It is therefore reprinted in the Appendix to this volume.

HONOUR OF BOULOGNE.

(TEXT A.)

II. 271-274.   FEODA HONORIS BONONIE.

Comes de Gisnes xij. milites de eodem honore. De quibus iij. sunt in Stivinton' et Parva Wahull' in Bedeford'.

Comes W. Marescallus iiij.[1] milites de eodem honore[2] in Bed'[3] et Trumpeton'.

Abbas Sancti Albani iij. milites de eodem in Tholeshunt' et Goldhangr'.

Henricus de Merk' iij. milites de eodem in Holand' et Laleford.

Willelmus de Mustroil vj. de eodem honore. Inde Hubertus de Anesty in Redeswell' ij. milites.

Radulfus de Cornhull' j. militem et iij. quarteria in Clarette.

Comes Albericius ij. milites et j. quarterium in Gelham.

Pheramus de Bononia x. Willelmus[4] de Fenes vj. milites in Lamburn' in Essex'.[5] Fifide et La Blakehull' Lagefar' et unum membrum quod Radulfus de Marcy tenet et quedam p_ars in Wyham quam Templarii tenent et quedam p_ars in Herlaue quam Gilbertus tenet ; omnes iste particule ij. milites. In Alfladewyk' et Hichinton' in Hertford' et in Cotes in Cant' et quoddam socagium in villa de Cant' ; omnes iste iiij. particule ij. milites.

Baldewinus de Bodanvill'[6] v. milites in Glepton[7] in Hunt' cum quodam membro in Hulmo.

Willelmus de Norwich', modo Robertus filius Rogeri, vij. militesin Thorp Wydonis Andigavensis, Massingham Anemere,[8] * * Wychingham, in Norff',[9] et in Chishull' in Essex' j. feodum. Summa vij.

Robertus de Lucy v. milites quos Milo de Sumery tenet de eo in Dodenho, .Lebe[10] cum Craule in Essex'. Set negat j. feodum.

Radulfus de Roucestr' v. milites in Rivenhale in Essex', Bercweye et Niueselles in Hertf', et Erswelle et Coleworth[11] in Suff'.

Gervasius de Cornhull' et Radulfus de Axstede v. milites.

Comes Rogerus iiij^{or} milites in Parva Notle et Parva Stanford' juxta Angr'. Negat j. feodum.

Gilbertus de Lacy iiij^{or} milites in Niuenham in Essex' juxta Waleden'.

---

[1] *Read* iij.   [2] *Read* comite.
[3] *Read* Dukesword.   [4] x. Willelmus *may be an error for* modo Sibilla.
[5] *After* Essex' *supply* ij. milites.
[6] *Read* Dudauvill'. *He was also known as* Baldewinus de Riparia.
[7] *Read* Glatton'.
[8] *In the space left between* Anemere *and* Wychingham *insert* Frenge.
[9] *After* Norff' *supply* vj. feoda.   [10] *Read* La Le.
[11] *Read* Cukeleworth'.

HONOUR OF BOULOGNE. 237

II. 271–
274—cont.
Robertus de Rivaus[1] iiij⁰ʳ milites in Bren et Tunich' Kekesword' et Lokesword'[2] quam Gervasius de Sperkeford' tenet per j. militem in Somers'.
Ricardus de Lucy, modo heres de Angr', iiij⁰ʳ milites in Angr', Staunford', Roping.[3]
Hervi de Tornebu iij. milites in Brich' et Esthorp' quam Willelmus Blundus tenet in Essex'.
Hubertus de Anesty iij. milites in Anesty, Hormed, Braghing' in Hertford'.
Henricus de Merc iij. milites in Berdefeud', Lattun', Sortegrave juxta Neuport, Finchingfeud' quam Petrus filius Alewini tenet. Weston' juxta Clar' et Lonewell'[4] quam Eustachius Salvag' tenet.
Galfridus de Fercles iij. milites in Alesford' in Essex' et Grancete in Cant' cum pertinenciis in Cotes et Elveden', Stanfeld'.
Radulfus de la Neuland' ij. milites in Neuland et Luttewod' in Essex'.
Simon de Merc ij. milites in Dunemaue, Lonewell',[4] Stanemere, Damesden' juxta Plessetum et Bansted' quam Gilbertus tenet cum quarta parte j. militis quam Johannes Flandr' in eadem Bansted' in Essex'.
Emma de Cantelou ij. milites in Smepetun'[5] cum quodam membro de Pebeners in Essex' et Fineberg' et Buckeshal' in Suff' [quam heredes Ade Cokerel tenent in Suff'].[6]
Emgerard Maskerel ij. milites in Coln' et Leger' per j. feodum quas prior Sancti Botulphi tenet et in bosco de[7] Horseye quas abbas de Sancta Escha[8] tenet per j. feodum.
Arnulphus Anglicus ij. milites in Merseye quam Walterus de Haya tenet[9] et Legere quam Rosa de Haya pro iij. partibus et in Teye quam Walterus Anglicus tenet pro quarterio.
Johannes de Hort[10] ij. milites in Walmesford', Sibinton' et Stewinton' in Hunt' j. militem et in Estwikeland'[11] et Bluntliesh'[12] j. militem.
Reynfridus[13] de Kyrketot j. militem in Ouesden' in Suff'.
Willelmus de Wytsand j. militem in Perindon' in Essex'.
Hugo de Boxsted' j. militem in Boxstede in Essex'.
Alof Malegreffe j. militem in Hornigdon' in Essex'.
Willelmus de Merc j. militem in Cesterton' in Hunt'.
Garinus filius Gerardi j. militem in Gamenegeye in Cant'.
Alof de Bectun'[14] j. militem in Becton'[14] in Kancia.
Willelmus filius Otonis j. militem in Beltham[15] in Essex'.
Henricus Lohold' j. militem in Tolleber' in Essex'.
Comes Willelmus iiij^{tam} partem in Stok' in Hertford'.
Abbatissa de Berkyng' terciam partem in Hauekesbery in Essex'.

[1] Read Ewias.
[2] Read Cumich, Lekesword' et Lokeston.
[3] Read Roying'.
[4] Read Ronewell'.
[5] Read Smetheton'.
[6] These seven words are wrongly inserted after the first tenet in the succeeding entry. They are rightly placed in B.
[7] For bosco de read Bilcho et.
[8] Read Ositha.
[9] After tenet supply per j. militem.
[10] For Hort read Merc.
[11] Read Estduniland'.
[12] Read Blunteshal'.
[13] Read Heynfridus. Cf. Rotuli de Oblatis, p. 301.
[14] Read Boctun'.
[15] Read Belcham.

VARIOUS DATES.

II. 271-
274—cont.
Anselinus de Habington j. militem in Habington' in comitatu Cant'.
Willelmus Ruffus dimidium militem in Bassingburn' in Cant'.
Johannes de Borham j. militem in Borham, Badeue, Waltham cum quodam membro in Ronewell' in Essex'.
Enger' de Blendec j. militem in Merseye, Elteneye, Doniland'. De quibus Alexander de Britlingeseye tenet dimidium militem et prior de Bykenacr' de eo.
Ogerus de Curtun' j. militem in Tentindring'[1] et Fifid et quoddam membrum in Doniland' in Essex'.
Feoda de Chebbing'set[2] j. militem in Masseber' quod canonici de Sancto Martino tenent et Pelsingho[3] quam Hubertus de Anesy[4] tenet et j. membrum in Teye quam canonici Sancte Trinitatis Londoniarum tenent.
Feoda Guninghar[5] j. militem in Blecham[6] quam Thomas Daumartyn tenet et Thopesfeld' quam Abbericius[7] de Vica tenet.
Willelmus Martel, modo Robertus filius Walteri, j. militem in Teye in Essex' et Chauton' in Somers'.
Salamon v. partem j. militis quam Hugo filius Ascelini tenet in Tilleber' juxta Clare.
Hugo Triket, modo Simon Triket, v. milites in hiis terris—Sarnebroc in Bed', et in Hertford Ryd, Borkeden, Corneye, et in Essex' j. hida terre et in Lagefare et in Mocking' duo sokemanni et Foxhol' et Frintun', et in Suff' Egeham ; in hiis partibus partiti sunt iiij. milites Hugo[8] Triket hoc modo.
Sarnebroc per j. militem quam canonici de Bed' tenent.
Ryd j. militem quam Walterus filius Bernardi tenet.
Berkeden' dimidium feodum quam Hubertus de Anesteye tenet.
Corneye dimidium militem quam canonici Sancte Trinitatis tenent.
Edburton' cum medietate de Laufar' Triket dimidium militem quam Alexander de Britlingeseye tenet.
Frinton' iiij^{ta} pars j. militis quam Johannes filius Bernardi tenet.
Egham quarta pars j. militis quam monachi Colecestrie tenent.
Robertus de Wilmington' j. jugum et j. virgatam terre in parochia de Boctun' in Cantia per seriantiam reddendo per annum v.s.

Summa omnium feodorum militum cxij. feoda et dimidium iiij. pars iiij^{ta} pars et v. pars.

DOMINICA QUONDAM HONORIS BONONIE.

Treng' in Hertford' valet lx.l. Benedisse in Essex' valet xv.l.
Hos tenet abbas de Feveresham.

---

[1] *Read* Tendring'.
[2] B. *reads* Gelbingeto ; D. (*see Appendix*) *reads* Gewinget.
[3] *Read* Plesingho.   [4] *Read* Anesty.
[5] B. *reads* Cumingar ; D. (*see Appendix*) *reads* Cunigar'.
[6] *Read* Belcham.
[7] *Read* Albericus.   [8] *Read* Hugonis.

II. 271–
274—cont.
Ikelington' in comitatu Cant'. Inde tenet Rogerus de Lucy xv. libratas terre. Fratres de Monte Morelli vj.l. j.m. Moniales de Ikelington' l.s. Radulfus Bricho[1] l.s.
Mordon in Cant' xxx.l. Hubertus de Cremeseye de pertinenciis eiusdem.
Codreye quam Willelmus le[2] Keu tenet, et Clopton' quam abbas de Lesnes tenet valent xxxv.l. Bokebroc in Norhamtonsir' quam milites Ricardi de Lucy tenuerunt, modo comes Cestrie.
Gamegeye valet xxx.l. Inde tenent heredes Rogeri filii Reynfridi x.l. Ricardus Avenel x.l. heredes Gervasii de Cornhull' x.l.
Welcsted' in Surr' xxiiij.l. Reginaldus de Lucy tenuit, modo Odo[3] Daumartyn.
Notfene.[4] Ibidem canonici de Sancto Wlmaro tenuerunt, modo Hubertus de Anesty.
Westerham in Kent et Fobbing' in Essex' tenet Thomas de Canewyk'.[5]
Lillecherch' moniales.[6]
Bocton'[7] ibidem tenet Aluffus de Boctun'.
Marcog'[8] in Somers' xl.l. quam heredes Pharamusii de Bononia tenent.
Cogeshal' in Essex' tenent monachi de eadem.
Wykam[9] in Essex' tenent Templarii.
Lagefar'[10] in Essex' viij.l. quam tenet Henricus filius Alcheri.
Lagenho ibidem xv.l. tenet Herbertus de Lucy.
Braghing' in Hertford', partem tenent canonici Sancte Trinitatis Londoniarum pro tercia parte j. militis. Robertus de Rokella c.s. Residuum Hubertus de Anesty.

---

[1] *Read* Britho.
[2] *Read* de. *See* Close Rolls, 1234–1237, p. 661; 1237–1242, p. 631.
[3] *After* Odo *supply* de.
[4] *Read* Notfeud.
[5] *Read* Canvill'.
[6] *Supply* tenent.
[7] *From* Bocton' *to* Templarii *below is one paragraph in* II. 274.
[8] *Read* Martoc.
[9] *Read* Wytham.
[10] *From* Lagefar' *to* militis *below is one paragraph in* II. 274.

A.D. 1217–1218.

THE following is the text of the list referred to as C in the introduction to the preceding section :—

II.
274–278.

MILITES TENENTES DE HONORE BONONIE.

Comes[1] de Gines tenet xij. milites scilicet in Bedefordescira in Stiveton' et Parva Wahull' iij. milites. In Cantebr' in Dukesword' et Trumpeton' iij. milites quos comes W. Marescallus tenet in escambio pro terra sua de ultra mare. In Essex' Tholehunt' et Galdhangr' iij. milites. In Hoyland et Lalesford' ibidem iij. milites.

Engelramus de Musterell' vj. milites, scilicet in Redewell' ij. milites, in Claret j. militem et iij. partes unius militis, in Geldham ij. milites et iiij[tam] partem unius militis, et posuit totam illam ad firmam pro xxxv.l. Et est eschaeta domini regis et qui tenent terram illam nullum inde faciunt servicium domino regi nisi predictam firmam. Et si aliquod servicium fecerint computabitur illis in firma.

Sibilla de Fenes tenet vj. milites, scilicet in Lamburne ij. milites, in Fifide et Blakehall' et Lacfare et j. membro quod Radulfus de Marcy tenuit et una parte quam Gilbertus tenuit et una parte in Wykham[2] quam Ricardus Flandr' tenuit quam Templarii modo tenent ij. milites, et in Herfordsira in Hakbladewike,[3] Hihhinton' et in comitatu Cantebrigie in Cotes et in socagio in Cant' ij. milites.

Baldewinus de Dudavill' v. milites in Claiton[4] et in uno membro de Hulmo quod pertinet ad Claiton'.

Uxor que fuit Roberti filii Rogeri vij. milites, scilicet in Torpwidon' et[5] Andeg' et Massingham et Anemere et Freinges et Wikinham vj. milites[6] quos Hugo filius Roberti tenet.

Leticia de Lucy, Milo de Sumery, Rogerus de Neovill', Ema de Marcy iiij. milites scilicet in Heaumedon', Dubenhog,[7] La Lee, Crawell'.

Radulfus de Rouecestr' v. milites et dimidium, scilicet in Essex' in Rewenhal' et in Hertfordsir' et in Bercweie et Newehell',[8] et in Suff' Erewell' et in Cukeleswrth' v. milites, et in Essex' in Lawefare quam Ricardus de Rouecestr' et Eustachius frater suus tenent dimidium militem.

Baldewinus de Osterwic' v. milites, scilicet in Schopiland' ij. milites et dimidium et in Chicche quam abbas tenet et in Couel' quam Templarii tenent secus Oxoniam ij. milites et dimidium.

Comes Rogerus Bygot iiij[or] milites in Parva Nutleg' et in Parva Stanford' juxta Angr', set negat j. militem.

---

[1] *From* Comes *to* in firma *below is one paragraph.*
[2] *Read* Wytham. [3] *Read* Alfladewike.
[4] *Read* Glatton'.
[5] *Omit* et; *the name of the place is* Torp Widonis Andegavensis.
[6] *Between* milites *and* quos *supply* et in Chishull' in Essex j. feodum.
[7] *Read* Dodenho. [8] *Read* Newesell'.

HONOUR OF BOULOGNE. 241

II. 274-
278—cont.
Hugo de Balloell' iiij⁰ʳ milites in Neweham secus Weleden'.
Robertus de Tresgoys iiij⁰ʳ milites in Dewias,[1] Cunich'[2] et Lekeswrth' et de quibus Gervasius de Sperkeford' tenet j. militem in Lokeston' et in Somerford' in Somers'.[3]
Ricardus de Ripar' cum Matillide de Lucy iij. milites in Hangr', Roing', Stanford', Cristeshal' et in Codrelie[4] in Herfordsir'.
Radulfus Gernun' iij. milites in Brich' et Estrop'.
Nicholaus de Anesty iij. milites in Anesty, Hormade et Braching'.
Henricus de Merc' iij. milites in Berdefeld' et Linton'[5] et Scortewe[6] juxta Neuport et Finkingfeld' quam Petrus filius Aelwini tenuit et Weston' juxta Clare et Runnewell' quam Eustachius Salvagius tenet.
Galfridus de Fercles iij. milites in Aleford' in Essex', et in Granteset' in Cantebr', et in Cotes quodam membro pertinente ad Granteset', et in Elvesden' et in Stanefold' in Suff'.
Radulfus de Newelande ij. milites in Neweland' et Luttewod'.
Simon de Merc ij. milites in Dunmawe, Runewell', Stanemere, Damesden' et in Rethewikebroc et in Banefeld'[7] quam Gilbertus tenet, in eadem villa iiij⁺ᵃᵐ partem j. militis quam Johannes Flandr' tenet.
Emma de Cantilupo ij. milites in Smetindon' et quodam membro de Pebeners in Essex' et in Rineberg'[8] et Bukeshall quam heres Ade Kokerell tenet in Suff'.
Ermegardus[9] Maskerell' ij. milites in Colum[10] et Legr' in Essex' quas prior de Sancto Botulpho de Colecestr' tenet per j. militem, in[11] Bileche[12] et Horseheye in hundredo de Tendring' quas abbas de Sancta Ositha tenet per unum militem in Essex'.
Arnulphus Anglicus ij. milites unde Walterus de Haia tenet unum militem in Mereseia in Essex' et Roesia de la Haia tenet iij. partes unius militis in Legr' Walterus[13] Anglicus l.[14] partem unius militis in Eya.[15]
Johannes de Merc ij. milites, unum in Waumeford', Sibinton' et Stebinton', et in Edunelande[16] et in Blundeshall' j. militem in Essex'.
Reinfridus de Briketon'[17] j. militem in Ouesdon' in Suff'.
Ricardus de Witsand' j. militem in Perendon'.
Hugo Boxstede unum militem in Boxstede.
Robertus de Borham j. militem in Borham et in Badewe[18], Waltham, in Essex' et unum membrum de Runewell'.
Asulphus[19] Ma[20] j. militem in Hornindon'.
Asulphus[19] de Bocton' j. militem in Bocton'.

---

[1] The other MSS. read Bren.
[2] Read Cumich'.
[3] Somerford is in Wilts.
[4] Read Codred.
[5] Read Latton.
[6] Read Scortegrave.
[7] All the other MSS. read Banested' or the like.
[8] Read Fineberg'.
[9] Read Ermengard.
[10] Read Colun'.
[11] Read et.
[12] Read Bilecho.
[13] Walterus begins a new paragraph in error.
[14] Read iiij⁺ᵃᵐ.
[15] Read Teya.
[16] Read Estdunelande.
[17] Read Heinfridus de Kriketot.
[18] After Badewe supply et.
[19] Read Alulfus.
[20] Read Malegreff'.

242   A.D. 1217-1218.

II. 274–
278—cont.   Egidius de Merc j. militem in Cestreton' in Huntedon'sir' et in
            Laefar' in Essex'.
            Johannes de Blendek' j. militem in Merseia, Elteneya et Dunland'
            in Essex' unde prior de Bykenacr' tenet j. militem.
            Hugo de Nevill' et Roadlandus de Acsted' v. milites.
(Also in II. Feoda Simonis Triket v. milites, unde in Bedeford' Templarii
198.)   tenent ij. hidas in Sarnebroc.
(ditto.)   Canonici de Newenham in Sarnebroc tenent duas hidas.
(ditto.)   Canonici de Bedeford'[1] tenent Scarnebroc.[2]
            Johannes filius Bernardi tenet Ruth' cum filiabus Walteri de
            Kaune per j. militem.
            Nicholaus de Anesty tenet Berkeden' per dimidium militem.
            Canonici Sancte Trinitatis Londoniarum tenent Corneham[3]
            per dimidium militem.
            Alexander de Britlings' Edburgeton' cum medietate Lawefar'
            Triket per dimidium militem.
            Johannes filius Bernardi Frienton per iiij^{tam} partem unius
            militis.
            Abbas et monachi de Colecestr' Eggeham iiij^{tam} partem unius
            militis ut dicitur; quieti sunt per cartam.
            Warinus filius Geroldi tenet feodum unius militis in uno membro
            de Gameberggeya.[4]
            Matillis de Diva j. militem in Belcham.
            Thomas de Lungevill' j. militem in Tendringe, Fifide et j. membro
            de Dunlaund'.
            Rogerus le Houd j. militem in Tolesbir'.
            Canonici de Sancto Martino Londoniarum j. militem in Messebir'.
            Et in Pleissingho quem Nicholaus de Anesti tenet. Et Teya quodam
            membro quod canonici Sancte Trinitatis Londoniarum tenent.
            Thomas Danmartin j. militem in Belcham unde Albricus de Wikes
            tenet in Toppesfeld'.
            Gaufridus Martell' j. militem in Teya quam Robertus filius Walteri
            tenet[5] in Chiweton que est in manu domini regis.
            Hugo filius Ascelini v. partem j. militis in Tillesbir' secus Clare.
            Comes Willelmus de Maundevill quartam partem unius militis in
            la Stokka.
            Philippus filius Ascelini de Abbiton' tenet j. militem in Abbinton'.
            Robertus de Wilmiton' j. jugum et unam virgatam terre in Bocton'
            per v.s.
            Thomas de Camvill' iij. milites in Fobbing' et in Senef'[6] in Essex
            et in Westreham in Kent.
            Abbatissa de Berking' iij. partes unius militis in Hauesbir'.[7]
            Willelmus Ruffus dimidiam militem in Cantebr' in Bassingburn'.

                      DOMINICA DE HONORE BOLONIE.
            Trieng' que valet lx.l. in comitatu Hertford' et Benedis que valet
            xv.l. in Essex quas abbas et monachi de Faveresham tenent.

            [1] See Dugdale's *Monasticon*, vol. vi. p. 374.
            [2] After Scarnebroc, II. 198 *adds* per unum militem.
            [3] *Read* Corneiam.   [4] *Read* Gamelingeya.
            [5] *After* tenet *supply* et.   [6] *Read* Senefeud'.
            [7] *Read* Hauekesbir'.

HONOUR OF BOULOGNE. 243

II. 274–
278—cont.
Rogerus de Lucy tenet xv.l. in Iclinton'.
Munt Morillun,¹ ubi Comes Willelmus jacet, x.m.
Sanctimoniales de Iclinton' tenet l.s. in eadem, Thomas Brito l.s. ibidem.
Mordon' xxx.l. in Cantebr'.
Chordhee.²
Clopton' xxx.l.³ quam milites Ricardi de Lucy tenent.
Gamegeya xxx.l. unde Rogerus filius Reynfrey et Walterus Avenel xx.l. et uxor Hugonis de Nevill x.l.
Reginaldus de Lucy Wolcnestede xxiiij.l.
Nutfeld' canonici de Sancto Wolmerio tenent.
Sanctimoniales de Lillechirch' tenent eandem.
Heredes Farami tenent Martoke xl.l.
Coggeshal' quam abbas et monachi tenent.
Fratres milicie Templi tenent Wytham.
Ricardus filius Aucheri tenet Lawefar' que valet viij.l.
Reginaldus de Lucy tenet Langeho que valet xv.l.
Prior Sancte Trinitatis Londoniarum tenet Bracking' iij^{am} partem j. militis.
Robertus de Rockeleia c.s. ibidem et Ricardus de Anesty tenet superplus' quod pertinet ad milites suos.

Summa militum de honore Bononie vj^{xxti} et j. milites v^{ta} pars et tercia pars unius militis.

---

¹ *See* Calendar of Patent Rolls, 1247–1258, p. 382, and *Dictionnaire Topographique du Département de la Vienne*, p. 275.
² *Read* Codreye.
³ *The greater portion of the entry is here omitted. See above*, p. 239.

A.D. 1219.

In 1218, the Government of Henry III appointed justices to go on eyre into most of the counties of England, each group holding its first meeting on the quinzaine of Martinmas, that is to say on the 25th of November. The Patent Roll of that year gives the names of the justices, and the records of the fines levied before them indicate their respective itineraries.[1]

The Bishop of Durham and four others were sent into the counties of York and Northumberland. They sat at York and Newcastle on Tyne.

The Abbot of Ramsey and six others were sent into the counties of Bedford, Buckingham, Huntingdon, Cambridge, Northampton and Rutland. They sat at Dunstable, Cambridge, Huntingdon, Bedford, Northampton, and Ketton.

The Bishop of Salisbury and seven others were sent into the counties of Wilts, Southampton, Berks and Oxford. They sat at Oxford, Reading and Winchester. It is doubtful whether they sat in Wiltshire, and that county was included in an eyre of 1221 for counties which had not been visited in 1218 and 1219.

The Bishop of Bath and Glastonbury and five others were sent into Cornwall, Devon, Somerset and Dorset. They sat at different times at Sherborne, Ilchester and Exeter, but not continuously. It is doubtful whether they went so far as Cornwall, and that county was included in the eyre of 1221 mentioned above. Some years later, the Cornishmen fled to the woods fo fear of the justices in eyre.[2]

Philip of Ulecot, Thomas of Multon and three others were sent into the counties of Cumberland, Westmorland and Lancaster. They were directe to meet at Appleby and there is evidence of their sitting at Lancaster.

The Bishop of Rochester and five others were sent into Sussex, Surrey, Kent and Middlesex. They sat at Bermondsey, Westminster, Lewes Canterbury and Rochester.

Geoffrey of Bocland, Falkes de Breauté and six others were sent into th counties of Essex, Hertford, Norfolk and Suffolk. They sat at Chelmsford Norwich, Yarmouth, Ipswich, Dunwich, Bury St. Edmunds and Thetford.

The Bishop of Lincoln and five others were sent into the counties of Lincoln Nottingham and Derby. They sat principally at Lincoln and Nottingham

The proceedings before the different groups of justices lasted several months some of them were not ended until July 1219. While the usual records wer kept of the judicial business transacted at the eyres, separate returns wer prepared of the facts ascertained with regard to certain subjects specified i the articles (*capitula*) of enquiry. Thus the Exchequer obtained lists o serjeanties, escheats, widows in the king's gift, minors in the king's wardship advowsons pertaining to the king, and encroachments on the king's land.

It has been seen above that the total number of counties included in th eyres of 1218–1219 was thirty. The subtraction of Wiltshire and Cornwal reduces the number to twenty-eight. An endorsement on the return fro

---

[1] *Patent Rolls, 1216–1225*, pp. 206–208 ; Feet of Fines, *passim*.
[2] *Annales Monastici*, vol. iii. p. 135.

INTRODUCTION.

Yorkshire and Northumberland shows that the compilers of the Book of Fees had before them returns from twenty-one counties. They had no returns from Hertfordshire or from the six counties included in the eyre of the Abbot of Ramsey. In the course of the next six centuries, the return from Essex disappeared, and the other twenty originals got dispersed. They have, however, been brought together again during the progress of the present work. The identification of them has not been a difficult task, as such eyres were infrequent.[1] Very little need be said about them here.

YORK AND NORTHUMBERLAND.—The returns, written consecutively on one membrane, are dated.

OXFORD, BERKS AND SOUTHAMPTON.—The returns were delivered at the Exchequer on the 25th of July 1219.

DORSET, SOMERSET AND DEVON.—The returns were delivered at the Exchequer on Tuesday after the feast of St. Calixtus (14 October) in the 4th year of Henry III. According to the reckoning of the Chancery, this would be in 1220. As, however, it is unlikely that the Bishop of Bath retained the document for fifteen months after the termination of his eyre, it may be suggested that the clerk of the Exchequer who added the endorsement as to its delivery followed the peculiar reckoning of his own department, according to which the whole month of October 1219 belonged to the 4th year of Henry III. In addition to the original return for Devon, there is an early transcript of it headed "De Testa de Nevill" in a typical Exchequer hand.

WESTMORLAND, CUMBERLAND AND LANCASTER.—Adam fitz Orm, who is mentioned as holding land at Kellet by serjeanty, was dead in 1222.[2] The compilers of the Book of Fees omitted to transcribe the section relating to Westmorland, which is here printed for the first time. It is headed "Comitatus de Appelby." In the list of counties endorsed on the return for Yorkshire and Northumberland, Westmorland is the only county against which the words "in libro" are not placed.

KENT.—Falkes de Breauté is mentioned as holding three escheats. He incurred forfeiture in 1224.

MIDDLESEX AND SUSSEX.—The returns for these two counties are in one hand. The daughter and heiress of Richard de Camville is mentioned as a ward of the Earl of Salisbury. She had married his son and attained her majority before June 1226.[3]

SURREY.—Falkes de Breauté is mentioned as the guardian of his step-son, the heir of the Earl of Devon.

ESSEX.—As stated above, the original return is lost. The Honour of Peverel (of London) is mentioned as an escheat of the king, in the hand of Hubert de Burgh, to whom it was committed in 1218.[4] Of the three daughters and

---

[1] Pollock and Maitland's *History of English Law*, vol. i. pp. 201–202.
[2] *Excerpta e Rotulis Finium*, vol. i. p. 91.
[3] *Rotuli Litterarum Clausarum*, vol. ii. pp. 110, 123, 138.   [4] *Ibid.* vol. i. p. 357.

co-heiresses of Richard de Raimes, Alice is described as a widow, while Amice is described as the wife of William de Marini, and Joan as the wife of William of Herlawe. William de Marini was dead in 1223.[1]

NORFOLK AND SUFFOLK.—Gundreda de Warenne, who is mentioned twice as in the king's gift, was dead in 1224.[2] Falkes de Breauté, who incurred forfeiture in that year, is mentioned as holding the Honour of Eye.

LINCOLN.—Maud Banaster, who is mentioned as a widow in the king's gift, was dead in 1222.[3]

NOTTINGHAM AND DERBY.—Philip Marc is mentioned as sheriff. His tenure of office covered the period from 1209 to 1224.[4]

[1] *Feet of Fines for Essex*, vol. i. p. 68.
[2] *Excerpta e Rotulis Finium*, vol. i. p. 123.
[3] *Ibid.* p. 87.   [4] *List of Sheriffs*, p. 102.

YORK.

S. ij. 9.
II. 675–680. De
Testa de Nevill.

ESCAETE IN EBOR'.

Veredicta de comitatu Ebor' de vallettis et puellis que esse debent de custodia domini regis et de eschaetis et huiusmodi. In itinere domini R. Dunholmensis episcopi et sociorum suorum anno regni Regis Henrici filii Regis Johannis tercio.

HERTLE WAPENT'.

Juratores dicunt quod filius et heres Willelmi filii Radulfi debet esse in custodia domini regis. Robertus de Ros habet eum et terram suam, nesciunt quo waranto. Habet autem in Gremestorp' iiij^{or} carucatas terre, precium cuiuslibet bovate iij.s.; in Melteneby in liberis hominibus v. carucatas terre et sex bovatas terre, unde reddunt ad firmam xxxvij.s. et ix.d. Habet etiam in eadem villa in dominico suo ij. bovatas terre que valent x.s.; in Fangefosse vj. bovatas in liberis hominibus; et reddunt ad firmam viij.s. et viij.d.; in bondis et firmariis iij. carucatas terre et dimidiam, unde bovata reddit iiij^{or} s.; in Ulvestorp'[1] j. bovatam que valet iiij^{or} s.; in Beleby dimidiam carucatam terre que reddit xij.s.; in Geveldal' j. carucatam terre et dimidiam, unde bovata reddit ij.s. vj.d.; in soka iij. molendina que affirmata sunt iiij^{or} m.

Idem heres reddit domino regi iiij^{or} l. et viij.s. vij.d. pro istis tenementis.

Thomas filius Willelmi debet esse in custodia domini regis et terra eius in Beleby sunt vj. carucate terre, unde bovata valet iij.s. et in coteriis iiij^{or} s., duo molendina precii trium marcarum, et est in custodia domini Roberti de Veteri Ponte per dominum regem ut intelligunt. Mater eius est dotata de toto tenemento illo et nondum est maritata.

Heres Eustacii de Vescy debet esse in custodia domini regis, et terra eius in wapentaco illo valet xx.l. per annum.

[1] *The reading of the first letter is doubtful.* II. 675 *reads* Hilvestorp'.

S. ij. 9.　　Heres Willelmi filii Rannulfi eodem modo et Robertus de Veteri
II. 675–
680. De　Ponte tenet terram suam, et valet xx.l. per annum.
Testa de　　Heres Willelmi filii Radulfi eodem modo. Robertus de Ros terram
Nevill—　illam tenet, nesciunt quo waranto. Nesciunt valorem terre.
cont.　　Eularia Trussebut est de donatione domini regis, et terra sua valet
per annum xv.l. ut intelligunt.
　　Terra Agathe uxoris Willelmi de Albaniaco eodem modo valet xv.l.
　　Helewisa de Stutevill' est de donatione domini regis, et terra sua
valet xvi.l. per annum.
　　Terra uxoris Petri de Malo Lacu per totum comitatum valet
ccc.m. per annum et est de donatione domini regis.
　　Margeria de Vescy est de donatione domini regis, et terra sua
valet xx.l. per annum ut intelligunt.
　　Uxor Thome de Walingham est de donatione domini regis, et terra
sua valet ij.m. per annum.
　　Ecclesia de Wicton' aliquando fuit de donatione domini regis.
　　Johannes le Poher tenet de domino rege v. carucatas terre et
dimidiam per seriantiam reddendi j. archum ad castellum Eboraci,
et valet c.s. per annum.
　　Robertus Balistarius tenet iiij^{or} carucatas terre et dimidiam in
Geveldal' per servicium j. baliste ad predictum castellum, et valet
c.s. per annum.
　　Thomas de Walkingeham tenet iiij^{or} carucatas terre et dimidiam
in eadem villa per idem servicium ; valent ij.m. per annum.

VILLA EBORACI.

　　Doget homo Camerarii cepit terras in Eboraco cum filia Radulfi
le Porter que pertinent ad custodiam porte castelli, et valent per
annum iiij.s.
　　David le Lardiner tenet j. seriantiam et est custos gaole foreste
et venditor averiorum pro debito domini regis.

BULEMER.

　　Quedam puella de donatione domini regis maritata est Johanni
Doget per Gaufridum de Neovill' ; terra sua valet c.s.
　　Mabil' de Multhorp' de donatione domini regis maritata est
Petro de Neovill' per Robertum de Neovill' ; terra valet c.s.
　　Muriel uxor Radulfi filii Bernardi de donatione domini regis et
maritata est, nesciunt per quem ; terra valet dimidiam marcam.

HOLDERNESS.

　　Juratores dicunt quod comes Albemarlie debet presentare
servientem suum in comitatu Eboraci ad facienda negotia domini
regis infra wapentacum de Houderness' et reddit lx^{ta} s. per annum
comitatui Eboraci pro secta de wapentaco suo habenda quieta.

GILLING'.

　　Juratores dicunt quod terra Willelmi de Roulos in Richemundesir'
fuit escaeta domini regis et valet xxix.l. Roaldus filius Alani
eam tenet.

248   A.D. 1219.

S. ij. 9.
II. 675–
680. De
Testa de
Nevill—
cont.

LANGEBERGE.

Filius Andree de Feugeres debet esse in custodia domini regis ; terra sua valet xx^{ti} m. Philippus de Ulecot' habet eum et terram, nesciunt quo waranto.

Terra uxoris Petri de Malo Lacu in illo wapentaco valet xxx^{ta} l.

Manerium de Castellevinton' est escaeta domini regis. Philippus de Ulecot' illud tenet, et valet xx^{ti} m.

Petrus de Brus habet wapentacum de Langeberge per cartam Regis Johannis et reddit xl.m. per annum.

RYDAL'.

Heres Eustachii de Vescy cum terra sua in illo wapentaco est in custodia domini regis et valet per annum xxxviij.l. et viij.s. iiij.d.

Frethesanth' que fuit uxor[1] Willelmi Paynel est de donatione domini regis ; Henricus de Novo Mercato eam habet, nesciunt per quem ; terra sua de Barton' valet vij.l. per annum.

Filia Isabelle sororis Frethesanth' predicte eodem modo ; Eustachius de Greinvill' eam habet ; terra sua valet vij.l.

BRUDEFORD'.

Terra predictarum in illo wapentaco valet x.m., scilicet in Silton'.

BUCCROS.

Heres Eustachii de Vescy debet esse in custodia domini regis et mater sua de eius donatione ; terra eorum valet xxxvij.l. unde eadem habet terciam partem in dotem.

De escaetis, dicunt quod due bovate terre in Kyrkeby Crendale sunt escaete et valent iij.m. per annum. Et monachi de Beland' illas tenent.

INTER USAM ET DEREWENT.

De escaetis, dicunt quod Robertus del Mesnill' tenet duas bovatas terre in Torngramby de domino rege et valent per annum lij.s. Et tantum reddit Robertus.

PIKERING' CUM SOCA.

Terra heredis Eustachii de Vescy de Brunton' valet per annum xx.l.

De seriantiis dicunt quod Walterus Boye tenet tres carucatas terre in Loketon', nesciunt per quod servicium ; valet xlij.s.

Item Alanus de Kintorp' tenet tres carucatas terre per seriantiam, nesciunt per quod servicium ; valet xlij.s.

Item Ricardus filius With de Asalateby[2] tenet duas carucatas terre per servicium aptandi limerium domini regis ; valet xl.s.

ANESTY WAP'.

Ecclesia Sancti Andree de Thorp' est de donatione domini regis. Jakelinus illam tenet per donum Johannis Regis ; de valore nichil sciunt.

---

[1] *After* uxor, *supply* Galfridi Luterel, filia. *See Maxwell Lyte*, History of Dunster, p. 63, *and* York vol. Archæological Institute (1848), p. 119.
[2] *Read* Aslaceby.

YORK. 249

S. ij. 9. Due carucate terre in Thorp' sunt escaete domini regis. R.
II. 675–
680. De Buistard' illas tenet pro iiij.m. per annum.
Testa de Item tres bovate terre in Munketon' sunt escaete domini regis.
Nevill— G. filius Reinfridi illas dedit, dum fuit vicecomes, Ricardo Walensi
cont. servienti suo, qui adhuc illas tenet ; valent per annum x.s.

SCARDEBURG'.

Quedam vicaria in ecclesia de Scardeburg' est de donatione domini regis et valet per annum xx.m. Rex Ricardus illam dedit Giliberto de Turribus clerico qui illam tenet.

STRATFORD.

Terra uxoris Petri de Malo Lacu que est de donatione domini regis valet ccc.m.
Terra Frethesaunte Paynel, uxoris Henrici de Novo Mercato, valet x.l.
De escaetis, dicunt quod rex habuit xviij. bovatas terre et dimidiam in Goultorp', Billingelay et in Swinton', que fuerunt escaete sue et illas dedit Danieli pincerne per servicium unius sextarii vini cum flaschetis reddendis apud Londonias ad festum Sancti Michaelis ; valent v.m.

SNAYTH.

Matillis de Lascy est de donatione domini regis, et terra eius in soca valet xx.l.

BARKESTON'.

Johannes de Kawude tenet j. carucatam terre in Kawude per seriantiam custodiendi forestam domini regis inter Usam et Derewent'; nesciunt valorem.
Filius Ade de Briddeshal' est in custodia domini regis. Magister Robertus de Neovill' eum habet per regem ; terra sua in Clifford valet iiij^{or} m. cum dote uxoris que fuit ipsius Ade.

SKYREC.

Filius Alicie de Cresy que mortua est debet esse in custodia domini regis. Falkes' de Braut habet eum, nesciunt per quem ; terra eius valet xxx^{ta} l.
De escaetis, dicunt quod Certon', Colingeham et Berdessay fuerunt escaete, et abbas de Kyrkestede¹ illas tenet ad feodi firmam pro iiij^{xx} l. et x.
Dimidia carucata terre quam Henricus filius Widonis tenet in Bilet' est escaeta domini regis et reddit per annum dimidiam marcam ; nesciunt per quem tenet.

NORTHUMBERLAND.

S. ij. 9. *VEREDICTA DE COMITATU NORHUMBERL' DE EISDEM ET CORAM*
II. 758– *EISDEM JUSTICIARIIS AD EUNDEM TERMINUM.*
760. De
Testa de Philippus de Ulecot' tenet manerium de Divelsunt' quod est in
Nevill'. custodia domini regis, et valet per annum xx^{ti} l.

---

¹ *Read* Kyrkestall'.

S. ij. 9.
II. 758–
760. De
Testa de
Nevill'—
cont.

Alicia de Stuteville est de donatione domini regis et non est maritata ; terra eius valet xl.l.
Alicia de Merley de donatione domini regis et non est maritata ; terra eius valet c.s.
Matillis de Hauelton de donatione domini regis ; non est maritata ; terra eius valet l.s.
Margeria de Biker de donatione domini regis ; non est maritata ; terra eius valet xxx.s.
Alicia Bertram de donatione domini regis et est maritata Rogero filio Walteri per dominum regem ut intelligunt ; terra eius valet xx.l.
Emma que fuit uxor Walteri filii Giliberti de donatione regis et est maritata Petro de Vallibus per dominum regem ; terra eius valet x.l.
Anneys de Diveleston' de donatione domini regis et maritata cuidam Robillardo per dominum regem ; terra eius valet c.s.
Mabil' que fuit uxor Roberti Bertram de donatione domini regis non est maritata ; terra eius valet xv.l.
Alina de Morewyc' de donatione domini regis et maritata Rogero Gulafre per dominum regem ut intelligunt ; terra eius valet x.l.
De escaetis, dicunt quod Philippus de Ulecot' tenet Matefen' et Nafreton' per servicium seriantie ut sit coronator ; valent xx^{ti} l.
Nicholaus de Biker' tenet Biker' per seriantiam, set nesciunt per quam ; valet c.s.
Willelmus de Vescy debet esse in custodia domini regis ; terra eius valet per annum lxxj.l. xiij.s. iiij.d.
Margeria de Vescy de donatione domini regis ; terra eius valet per annum xxx.l.
Willelmus Bataille duxit in uxorem quandam dominam que fuit soror Willelmi Flamvull', que est de donatione domini regis ; terra eius valet xl.s. ; habet eam per regem ut intelligunt.
Uxor Ivonis Talleboys est de donatione domini regis, maritata est per dominum regem ; terra eius valet xl.s.
Quedam domina que fuit uxor Willelmi de Flamvill' de donatione domini regis maritata est Waltero de Burdun' ; terra eius valet v.m.
Michael de Rye habet unam puellam in custodia sua per dominum regem ; terra eius valet iiij.m.
Quedam domina que fuit uxor thein' de donatione domini regis maritata est Rogero de Hodeshagh' per dominum regem ; terra eius valet x.l.
Villa de Mullesfen est dringagium domini regis et est in manu Luce de Rysgeford' cum herede ; valet xxx.s.
Willelmus filius Odon' tenet per seriantiam quandam terram ; nesciunt per quam ; valet xx.s.
Galfridus faber de Bamburg' tenet terram suam per seriantiam fabricandi in castro.
Robertus le Porter tenet dimidiam carucatam terre per seriantiam custodiendi januam castri.
De escaetis, dicunt quod Luverbotle est escaeta domini regis ; Johannes de Neoville tenet illam, et valet c.s.
Hertfeud.[1] Abbas de Sancto Albano ponit loco suo Alanum de Wichton' vel Johannem de Shefford' versus Alexandrum de Middelcumb' de placito terre &c.

---

[1] *Not copied into* II. 760.

NORTHUMBERLAND.

S. ij. 9.
II. 758–760. De Testa de Nevill'— cont.

[*Endorsed :—An illegible list of counties.*]
Memorandum quod non habemus escaetas de itinere abbatis de Rameseye et sociorum eius.

Ebor'. In libro.	Sumerset'. In libro.
Norhumberland'. In libro.	Dorset'. In libro.
Westmeriland'.	Devon'. In libro.
Cumberland'. In libro.	Linc'. In libro.
Lancastr'. In libro.	Notingham. In libro.
Kent. In libro.	Derby. In libro.
Middelsex. In libro.	Norf' et Suff'. In libro.
Sussex. In libro.	Essex'. In libro.
Surr'. In libro.	Oxon'. In libro.
Sutht. In libro.	Berksir'. In libro.

OXFORD.

S. ij. 9.
I. 474–478.

OXONEFORD'SIR'.

ESCAETE DOMINI REGIS DE COMITATU OXONIE.

IN HUNDREDO DE BAMPTON'.

Heredes Wydonis de Diwa debent esse in custodia domini regis et nunc sunt in custodia Johannis de Bassingeburn', et terra sua valet xx.l. in villa de Dadintona et Willelmus de Breaute ipsam tenet.

Robertus Mauduit tenet x. libratas terre in Brochtona per sergenteriam portandi j. ostorium in seisona cum domino rege.

Ewa de Gray tenet in villa de Dadinton' x. marcatas terre de domino rege.

Henricus de la Mare tenet xiij. libratas terre in Elwescot' per sergenteriam custodiendi hostium aule domini regis.

Robertus de Lidintona tenet j. hidam terre in Estona et in Lewes, et valet terra ipsa xx.s. et debet portare j. falconem domini regis in seisona.

Domina Ewa de Gray tenet de herede comitis de Insula qui est in custodia domini regis, et terra ipsius Ewe quam tenet de ipso herede in ipso hundredo de Bamptona valet xx.l.

Aeliz Murdac, filia Radulfi Murdac, tenet in villa de Dadintona de domino rege xx. marcatas terre et est in custodia domini Eboracencis.

Ada que fuit uxor Almarici Dispensarii est de dono domini regis, et terra eius valet c.s.

IN DIMIDIO HUNDREDO DE BENSINTON.

Ecclesia de Chalgrave est in contentione inter dominum regem et Hugonem de Malo Alneto et valet xxx.m.

Manerium de Chalgrave est in manu Hugonis de Malo Alneto et valet xliij.l. et ipse Hugo tenet illud de donatione domini Regis Johannis.

Manerium de Bensintona valet c.l. cum iiij. hundredis et dimidio de Ciltre, et Johannes de Harecurt tenet illud de donatione domini Regis Johannis.

Ecclesia de Henleg' est de donatione domini regis et valet xxx.m.

A.D. 1219.

IN HUNDREDO DE LUUEKENOR.

S. ij. 9.
I. 474—
478—*cont.*

Milo de Nothoerecoht' esse debet in custodia domini regis et terra sua valet iiij.l. per servicium quarte partis j.militis, et Henricus de Scaccario habet custodiam.

Philippus de Wodemundesleg' tenet in capite de domino rege iiij. partem unius militis, et valet xl.s.

Rolandus filius Alani debet esse in custodia domini regis de feodo dimidii militis in Estona, et valet terra ipsa xxiiij.l. et Henricus Foliot habet custodiam terre illius.

Comes Wintoniensis tenet villas de Cheinora et Sideham per donum domini Regis Johannis, et villa de Chennora valet ix.l. et Sideham xj.l.

IN HUNDREDO DE CHADELINTONA.

Thurstinus le Despenser' tenet c. solidatas terre de domino rege per serganteriam dispensarie domini regis in Magna Rolendrich.

Henricus filius Willelmi tenet de domino rege in Midelinton' unam terram per sergenteriam inveniendi j. tualliam ad manus domini regis tergendas, quando venatur in foresta de Wigewde in partibus de Lankeleg', et valet xl.s. terra ipsa.

IN HUNDREDO DE BLOCKESHAM.

Heres Osberti de Hedendon' debet tenere in capite de domino rege in villa de Blockesham quandam terram que valet xxxij.s. de albis, et Walterus de Ferdun' habet custodiam terre et heredis.

IN HUNDREDO DE BULENDEN' ET DE SOTELEU.

Johannes de Sancto Johanne debet esse in custodia domini regis et est in custodia Falconis de Breaute, et valet terra eius xx.l.

Gundreda de Waren' debet esse de donatione domini regis, et terra eius in Niweham valet xv.l.

Petrus Mimechan tenet de domino rege forestariam de Hedendun' et valet c.s.

IN HUNDREDO DE LANGETROE.

Hugo de Druwall' debet esse in custodia domini regis et est in custodia Johannis Marescalli, et terra eius valet c.s.

Ecclesia de Stokes Basset est de donatione domini regis et valet xx.m.

Cescilia de Lanketot est de donatione domini regis, et terra valet c.s. in Gathamptona.

Egelina de Curtenai est de donatione domini regis, et terra eius valet c.s. in Craumerse.

IN HUNDREDO DE PURITONA.

Petrus filius Herberti tenet de dono domini regis j. feodum j. militis in Walinton', et valet xxiiij.l.

Robertus le Naper tenet in Pushulle de domino rege xl.s. terre per serganteriam inveniendi domino regi j. napam annuatim vel iij.s. loco ipsius nape.

OXFORD.

S. ij. 9.
I. 474–
478—cont.

IN HUNDREDO DE POCKEDELAU.

Heres Ricardi de Chanvilla est de donatione domini regis et est in custodia comitis Saresberie, et terra sua in Mideltona valet xv.l.

Egelina de Curtenai est de donatione domini regis, et terra eius valet in Burnecestre lv.l.

Manerium de Curtlintona est escaeta domini regis sicut terra Normannorum et illud integrum valet xv.l. unde Willelmus de Breaute tenet x.l. de dono domini Regis Johannis, et Herebertus de Montibus tenet residuum.

Hugo de Sancto Martino tenet ij. hidas terre et dimidiam in Lingestan' per serganteriam custodiendi hostium aule domini regis, et terra eius valet l.s.

Heres Ricardi de Greinwill' tenet ij. hidas terre in Blechesdun' per serganteriam faciendi verua ad hastas dignarii domini regis, et terra valet xv.s.

IN HUNDREDO DE WOTTON'.

Johannes de Sancto Johanne tenet de domino rege lij. libratas terre et j. unciam auri et est in custodia Falconis de Breaute.

Ecclesia de Stuntesfeld' est de donatione domini regis et valet ij.m.

Adam de Mora tenet villam de Ortona per serganteriam servandi falcones domini regis, et valet c.s.

Walterus de Hauvill tenet villam de Bladene de dono domini Regis Ricardi per serganteriam custodiendi aves domini regis, et valet vij.l.

Henricus heres Henrici de Waude debet esse in custodia domini regis et tenet de domino rege viij. libratas terre per serganteriam custodiendi falcones domini regis; et Willelmus de Harecurt habet custodiam.

Henricus de la Mare tenet in villa de Estona ij. marcatas terre per serganteriam custodiendi meretrices sequentes curiam domini regis.

Emma de Hamtona tenet de domino rege in villa de Niwentona xl. solidatas terre per servicium scindendi lineos pannos domini regis et regine.

Robertus filius Alani de Orton tenet in Orton de domino rege xl. solidatas terre per serganteriam portandi baneriam omnium peditum hundredi de Wotton' ad custum suum in ipso comitatu, et ipse Robertus extra comitatum debet habere de bursa domini regis ij.d. faciendo servicium predictum qualibet die.

Robertus de Estona et Jordanus de Wotton tenent de domino rege j. hidam terre in villa de Ludewell per serganteriam parandi herbarios domini regis in Wdestokes.

[*Endorsed :—*] *Hunc rotulum recepit E. thesaurarius die Jovis proxima ante festum Sancte Margarete virginis anno regni Regis Henrici tercii coram domino Londoniensi episcopo et aliis baronibus de scaccario de itinere domini R. Saresberiensis episcopi et sociorum suorum.*

BERKS.

S. ij. 9.
I. 478-480.

BERKESIRA.

ROTULUS ESCHAETARUM DOMINI REGIS IN COMITATU BERK'.

IN HUNDREDO DE LAUNBURN'.

Eva de Trascy est de donatione domini regis et non est maritata, et valet terra eius in Esgarestona quam tenet de domino rege, xx.l.

IN HUNDREDO DE OCFORD.

Mabilia de Appeltona tenet de domino rege in Appeltona lvij. solidatas terre et non est maritata.

Terra que fuit Galfridi de Appeltona in eadem villa et heres ipsius Galfridi debent esse in custodia domini regis et terra ipsa valet c.s. et Walterus de Tiwya ipsam habet per dominum Eboracensem.

IN HUNDREDO DE KENETEBIR'.

Jacobus Wack esse debet in custodia domini regis et est in custodia Hugonis de Nevilla, et terra eius quam tenere debet de domino rege in Benham et in Boxora valet xij^{cim} l.

Emma que fuit uxor Willelmi Luvel habet custodiam Willelmi filii sui per finem factum cum domino rege, et terra sua in Benham valet l.s. et ipsam tenere debet per servicium venandi.

Eustachia filia Ricardi de Camvill' est de donatione domini regis et esse debet in custodia sua set nunc est in custodia comitis Saresberie, et terra eius in Havintona valet x.l.

Laurentia comitissa de Leicestria est de donatione domini regis, et terra eius in Hungerford valet xx.l.

Margeria de Cauz est in donatione domini regis et terra eius in Saudeford[1] valet x.l. et ipsam tenet per seriaunteriam custodiendi falcones domini regis.

Philippus de Hurtrugge tenet de domino rege in villa de Chykedecumbe[2] unam hidam terre per seriaunteriam custodiendi j. ostorium domini regis.

Johannes Belet tenet j. hidam terre in Hungerford per servicium quinte partis feodi unius militis, et valet xx.s.

Symon Punchard' tenet duas virgatas terre in Hungerford per seriaunteriam hastillarie, et valent x.s.

IN HUNDREDO DE SLOTESFORDIA.

Radulfus de Porta tenet de domino rege in villa de Clopcota c. acras terre per servicium quinte partis j. militis, et valent xv.s.

Robertus de Basing' tenet in eadem villa c. acras terre per servicium quinte partis j. militis, et valent x.s.

Henricus Balistarius tenet de domino rege in eadem villa c. acras terre per seriaunteriam balistarie, et valent xij^{cim} s. et Robertus de Barevilla habet custodiam per dominum regem.

Radulfus Saillard tenet in eadem villa j. virgatam terre per vicesimam partem j. militis, et valet iiij^{or} s.

---

[1] *An impossible form of* Shalbourn.
[2] *An impossible form of* Titcomb.

BERKS. 255

S. ij. 9.
I. 478–
480—cont.

Henricus filius Ivonis tenet j. virgatam terre in eadem villa pro dimidia marca reddenda domino regi. *In rotulo.*
Robertus filius Willelmi tenet j. virgatam terre et dimidiam per servicium eundi in nuncium domini regis per quinque leucas, et valet terra ipsa viij^{to} s.

IN HUNDREDO DE GAMENESFELDIA.

Sibilla comitissa de Ferariis est de donatione domini regis et non est maritata, et valet terra eius quam tenet de domino rege in ipso hundredo xxx.l.

IN HUNDREDO DE WANETINGIA.

Ricardus de Hanreda tenet de domino rege in villa de Westhanred c. solidatas terre per servicium serviendi de cervisia in butillaria domini regis.

IN VILLA DE WINDLESOR'.

Adam de Stawell' tenet j. hidam terre in Waletona per seriaunteriam custodiendi ostium domini regis, et valet terra ipsa l.s.
Willelmus Barberel deberet custodire domos domini regis de Windlesor' et deberet habere pro ipsa custodia lxx.s. et x.d.
Quedam launda, *scilicet Losfeld'*,[1] est in foresta de Windlesore que reddere debet domino regi ad scaccarium suum annuatim v^{que} s. *In rotulo.*

IN HUNDREDO DE EGGELEYA.

Sibilla comitissa de Ferariis est de donatione domini regis, et terra eius de ipso hundredo in villa de Sibesfordia valet x.l.

IN HUNDREDO DE CUMPTONA.

Johanna que fuit[2] Uxor Thome Malesmeins qui obiit est de donatione domini regis et non est maritata, et valet terra eius in Cumptona c.s. et nunc est predicta terra in manu domini regis.

IN MANERIO DE BRAY.

Hugo de Sancto Phileberto tenet de domino rege in villa de Bray l. solidatas terre per seriaunteriam serviendi de ocreis domini regis.

IN BURGO DE WALINGEFORDIA.

Ecclesia Omnium Sanctorum est de donatione domini regis, et Thomas de Brauncestr' eam tenet.
Ecclesia Sancti Petri est de donatione domini regis, et Jordanus cappellanus de Norwicz eam tenet.
Ecclesia Sancti Michaelis est de donatione domini regis, et Radulfus clericus eam tenet.
Hugo de Cloptuna tenet per Ricardum filium regis quandam escaetam domini regis, et valet xij.s. et ij.d.

---

[1] *Interlined in another hand.*
[2] Johanna que fuit *added in another hand.*

256   A.D. 1219.

S. ij. 9.   [*Endorsed :—*] *Hunc rotulum recepit E. thesaurarius die Jovis*
I. 478–
480—cont. *proxima ante festum Sancte Margarete virginis per manum Radulfi
Hareng' anno regni Regis Henrici tercii coram domino Londoniensi
et aliis baronibus de scaccario de itinere domini R. Saresberiensis
episcopi et sociorum suorum.*
[*In a later hand :—*] *Oxon', Berks et Suht. De Testa de Nevill'.
Continet xx. pecias.*

SOUTHAMPTON.

S. ij. 9.   ROTULUS[1] ESCHAETARUM DE COMITATU SUHAMTESCIRE.
II. 123–
129.   IN HUNDREDO DE TORGATE.

Berewctona est de terris Normannorum et data est Pagano de
Chaurc' per dominum Regem Johannem et valet xx.m.
Poterua quoddam membrum de Wallopa data est Jacobo de
Poterua et valet xx.l.
Estdena est escaeta domini regis et data est Ricardo de Ripariis
per dominum Regem Johannem.
Matheus de Wallop tenet in villa de Wallopa duas hydas per
dominum Regem Johannem et valet iiij^{or} l.
Dimidia marcata redditus quam Jurvetus, Judeus convictus in
curia domini regis, tenuit in villa de Siptona est eschaeta domini
regis.
Gaufridus de Pourtona tenet de domino rege in villa de Westiderlega
c. solidatas terre per seriaunteriam inveniendi unum servientem cum
hauberiello et capello ferreo ad servicium domini regis per xl. dies
in regno Anglie et non extra regnum Anglie.
Ricardus de Cardunvilla tenet in eadem villa c. solidatas terre et
per idem servicium.

IN HUNDREDO DE RINGWODE.

Reginaldus de Butestorna tenet in villa de Butestorna de domino
rege per seriaunteriam inveniendi j. servientem cum hauberiello ad
servicium domini regis per xv. dies ad custum suum proprium.
Ringwode est escaeta domini regis et Waleranus Teutonicus eam
tenet de dono Terrici Teutonici cui dominus Rex Johannes ipsam
dedit et valet xx.l.
Ecclesia de Ringwode est de donatione domini regis, et eam
habet Gaufridus de Cauz, et valet xx.m.

IN HUNDREDO DE FORDINGEBRUGGE.

Brummora est in custodia domini Wintoniensis et est de feodo
comitis de Insula et valet xv.l.
Ricardus de Cardevilla tenet de domino rege in villa de Hale
dimidiam hidam terre per seriaunteriam inveniendi j. servientem cum hauberiello et propuncto et capello ferreo ad servicium
domini regis in regno Anglie ad custum suum proprium per xl.
dies.

[1] *On margin* in libro.

SOUTHAMPTON.

IN HUNDREDO DE CLERE.

S. ij. 9.
II. 123–
129—cont.

Edelina de Frolebir' tenet de domino rege in villa de Frolebir' vj. libratas terre per serianteriam custodiendi ostium domini regis.
Willelmus de Edmundestorpe tenet de domino rege in villa de Edmundestorpe j. virgatam terre per seriaunteriam custodiendi ibidem forestam domini regis, et valet terra ipsa xx.s.
Radulfus Monachus tenet medietatem ville de Lidescelve per seriaunteriam de coquina domini regis, et valet terra ipsa c.s.

IN HUNDREDO DE WULPUTTA.

Laurentia comitissa de Leycestria est de donatione domini regis et terra eius in Chaltona valet l.l.
Bideswurthe est de terra Normannorum et valet x.l. et Henricus Hoese eam tenet de dono domini Regis Johannis.
Mapeldureham est de feodo comitis Gloucestrie, et dominus Rex Johannes quando habuit comitissam et comitatum Gloucestrie dedit eam Terrico Teutonico, et Terricus dedit eam Rollando de Jenesta qui eam tenet et valet iiij^{or} l.

IN HUNDREDO DE AWELTONA.

Robertus Mauduit tenet villam de Erlega per servicium camerarie domini regis, et valet x.l.
Willelmus de Hachang' tenet Hachang' per seriaunteriam venandi, et valet c.s.
Johannes de Venoiz tenet villam de Werilleham per seriaunteriam marescautie, et valet xij^{cim} l.
Thomas de la Fede[1] tenet villam de Fede[1] per ponderationem denariorum ad scaccarium, et valet xl.s.
Willelmus de Pratellis tenet villam de Aweltona per servicium trium militum et eam habet pro vj^{xx}iij.l. annuatim.
Johannes de Venoiz tenet boscum de Alsiholt de domino rege pro xv.l.
Ada de Gurdun tenet in villa de Thistede et in villa de Seleburna xij. libratas terre per bailliam domini Regis Johannis.
Eymericus de Sacya tenet quandam terram apud Seleburna que valet lx.s. de dono domini Regis Johannis.
Robertus de Barevill' tenet in villa de Seleburn' quandam terram ex dono domini Regis Henrici que valet lx.s.

IN HUNDREDO DE HUSSEBURN'.

Johannes de Leonibus tenet Husseburn' de dono domini Regis Ricardi, et valet xxiiij^{or} l.
Rogerus de Burnevall' tenet Ferneham de dono domini Regis Henrici.
Ecclesia de Husseburn' fuit de donatione domini regis et nunc assignata est ad ecclesiam Saresberie per dominum Regem Johannem; et eam habet nunc magister Simon Pelagus, et valet xlij.m.

---

[1] *As the holding of the weigher was La Rode, it is possible that Rede should be read here.*

A.D. 1219.

IN LIBERO MANERIO DE FACUMBE.

S. ij. 9.
II. 123–
129—cont.
Nichol' fil' Willelmi Cusin debet esse in custodia domini regis et tenet terram in ipso manerio de Facumbe per servicium tercie partis unius militis et valet lviij.s. et ipse Willelmus Cusin habet custodiam et aliam nuper duxit uxorem.

IN HUNDREDO DE PORTENDUNA.

Portesmua est escaeta domini regis et valet cum pertinenciis xx.l. Gilebertus le Kaunpiun eam tenet per consilium domini regis.

Ricardus de la Launde xxxv. solidatas terre in eadem villa de dono domini Regis Ricardi.

Middeltona fuit eschaeta domini regis et Matheus filius Hereberti eam tenet de dono domini Regis Johannis et valet xij^{cim} l.

Willelmus de Burhunte tenet in Burhunta xl. solidatas terre per seriaunteriam quod sit in castro Porcestrie per xx. dies cum j. hauberiello tempore guerre.

Willelmus de Cosham tenet in villa de Cossham lx. solidatas terre per idem servicium de castro Porcestrie.

Henricus de Wanstede tenet x. solidatas terre in Wanstede per seriaunteriam inveniendi unum servientem cum uno propuncto et j. capello ferreo per viij. dies in castro Porcestrie tempore guerre.

Robertus de Ertham tenet in eadem villa tantum terre et per idem servicium de ipso castro Porcestrie.

IN HUNDREDO DE SUMBURNA.

Terra Willelmi de Moncellis in villa de Cumptuna pertinet ad marescautiam domini regis et respondet Willelmo de Warblintona de x.l.

IN HUNDREDO DE BOSEBURG'.

Manerium de Warblintona est eschaeta domini regis sicut terra Normannorum et valet xv.l. et inde habet Matheus filius Hereberti x.l. et Willelmus Agoeillun c.s.

IN HUNDREDO DE RUDBRUGG'.

Henricus Hoese tenet manerium de Eling' per Ceciliam uxorem suam, filiam Emme de Clera cui dominus Rex Johannes manerium illud dedit, et valet c.s.

Ecclesia de Eling' fuit de donatione domini regis antequam Ricardus Rex illud manerium dedisset Gervasio de Hamtona, et Rogerus de Hamtona eam tenet de dono predicti Gervasii et valet xx.s.

Reginaldus de Butestorna et Andreas de Ivez tenent xx. solidatas terre in Totintona per servicium inveniendi j. servientem cum uno hauberiello tempore guerre in regno Anglie per xl. dies ad servicium domini regis.

IN HUNDREDO DE TICHEFELD.

Willelmus de Faleisa tenet Rugunore per servicium inveniendi unum servientem in castro Wintonie tempore werre per xl. dies et valet c.s.

S. ij. 9. Tichefeld' est escaeta domini regis sicut terra **Normannorum** et
II. 123- Robertus de Veteri Ponte in ea tenet xv. libratas terre et Milo de
129—*cont.* Bello Campo c. solidatas terre.

IN HUNDREDO DE ODIAM.

Willelmus de Warbelingtona tenet Silefeld[1] de domino rege per seriaunteriam marescautie domini regis, et valet x.l. et ipse eam tenet hereditarie.

Johannes de Stapelega tenet xlvij. solidatas terre in Stapelega per servicium habendi unum servientem cum duobus equis ad summonicionem domini regis per xl. dies.

IN BURGO DE ODIAM.

Walterus Buske tenet in villa de Odiam quandam escaetam domini regis que valet xij.d.

Terra que fuit Ricardi Barecin est escaeta domini regis et valet viij^{to} s.

IN[2] HUNDREDO DE AUNDEVR'.

Terra Ricardi de Kundy qui evasit de carcere Wintonie est eschaeta domini regis.[2]

IN HUNDREDO DE BRUMELESPUTTE.

Matheus de Wallopa tenet duas virgatas terre in **Candevre** per servicium custodiendi gaolam Wintonie, et valet x.s.

Idem Matheus tenet in villa de Hacang' duas solidatas redditus que pertinent ad eandem custodiam.

Constantia de Venoiz tenuit x. libratas terre in Nutlega et pertinent ad marescautiam domini regis.

IN HUNDREDO DE HODINGETONA.

Ricardus de la Launde tenuit in villa de Wargheburn' quandam terram que est escaeta domini regis sicut terra Normannorum, et valet duas m.

IN HUNDREDO DE AUNDEVR'.

Manerium de Clatford est escaeta domini regis sicut terra Normannorum. Et sciendum quod Willelmus comes Mariscallus eam tenuit in manu sua et, defuncto ipso comite, cepit eam comes Saresberie in manum suam, et valet xx.l.

IN HUNDREDO DE ESSELEGA.

Matheus de Wallopa tenet c. solidatas terre in villa de Bromdena de dono domini Regis Johannis per servicium custodiende gaole Wintonie.

Henricus de Bromdena tenet xx. solidatas terre in Bromdena et eam tenet de conquestu terre per custodiam gaole Wintonie quam clamat ad se pertinere.

---

[1] *Read* Sirefeld.
[2] *The whole of this entry is added in a later hand.*

260   A.D. 1219.

S. ij. 9.   [*Endorsed :—*] *Eschaete in Suthamtesir', Oxenforsir', Berksir'.*
II. 123-
129—*cont.*   *Hunc rotulum recepit E. thesaurarius die Jovis proxima ante festum Sancte Margarete virginis per manum Radulfi Hareng' anno regni regis Henrici tercii*[1] *coram Londoniensi episcopo et aliis baronibus de scaccario de itinere domini R. Saresberiensis episcopi et sociorum suorum.*

SOMERSET AND DORSET.

S. ij. 9.   *ESKAETTE SUMERSET' ET DORSET'.*
I. 727-732.   DORSET'.

Henricus del Ortyey tenet terram de Chernebrug' que fuit terra Normannorum per Regem Johannem, et valet vij.l. In hundredo de Luseberg'.

Galfridus de Portun' tenet xl.s. terre in Mordun' per serianteriam in eodem hundredo.

Loretta comitissa Leycestrie est in donacione domini regis et terra sua*   *valet lx.l. In hundredo de Baddeberi.

Willelmus de Mandevill' tenet villam de Gissic per regem Johannem que fuit escaeta domini regis, et valet x.l. In eodem hundredo.

Galfridus de Portun' tenet dimidiam hidam terre in þhorhull' que valet x.s. per servicium venandi. In hundredo de Kenedun'.

Thomas Brian est in custodia Radulfi de Bray per Regem Johannem, et terra sua*   *valet xl.s. In hundredo de Bruneshill.

Johannes de Windleshor' tenet liberum manerium de Windleshor' per serianteriam fundatoris scaccarii, et valet xv.l.

Manerium liberum de Swere fuit escaeta domini regis et dominus Johannes Rex dedit illud Roberto Belet et idem Robertus Willelmo Belet filio suo, qui inde dotavit Margeriam de Novo Burgo que tenet illud, et valet x.l.

Willelmus de Welles tenet xl.s. terre in Welles per serianteriam faciendi panem domini regis. In hundredo de Winfrod.

Radulfus Monachus tenet manerium de Our' pro iiij. libratis terre per serianteriam emendi que spectant ad coquinam domini regis. In eodem hundredo.

Robertus de Novo Burgo tenet liberum manerium de Winfrod per serianteriam dandi aquam domino regi in diebus Natalis, Pasche, Pentecoste, et valet xxx.l.

Hawisia de Curten' est de donacione domini regis et terra sua de Iwerne valet xx.l. In hundredo de Ferendon'.

Hamo de Burton tenet iiij.l. terre per Regem Johannem in libero manerio de Fordintun'.

Abbas et monachi de Bininndon' tenent ij. molendina per Regem Johannem et solebant reddere domino regi per annum l.s. in eodem manerio.

Ecclesia Sancti Petri in libero burgo de Dorecestr' est de donacione domini regis, cuius quedam medietatas vacat et valet xxx.s. et aliam medietatem tenet magister Alexander de Dors' de dono Regis Johannis, et valet xxx.s.

[1] *Read* tercio.

S. ij. 9.
I. 727–
732—cont.

Ecclesia Sancte Trinitatis in eodem burgo est de donacione domini regis, et magister Alexander de Dors' tenet eam de dono Regis Johannis, et valet x.m.

Ecclesia Omnium Sanctorum in eodem burgo est de donacione domini regis et magister Henricus de Cerne tenet eam de dono Regis Johannis, et valet xxxiiij.s.

Robertus Peverel tenet Bradeford' per Regem Ricardum et est escaeta domini regis, et valet viij.l. In hundredo de Sancto Georgio.

Willelmus de Morevill' tenet liberum manerium de Bradepole per serianteriam faciendi sumoniciones ad comitatum, et valet c.s.

Loretta comitissa est de donacione domini regis, et pars comitisse in burgo de Blaneford' valet x.l.

Aluina que fuit uxor Drogonis de Monte Acuto est de donacione domini regis et est in custodia Alani Basset per Regem Johannem et est maritanda, et terra sua in Pideltun' valet x.l.

Vicecomes Dorset' debet respondere de firma cuiusdam domus capte in manu domini regis pro fuga Mathei filii Martini de Lingleg' pro apello Scolastice filie Radulfi Barnage in burgo Sancti Eadwardi de iij.s. quam domum Radulfus de Brochamtun' tenet nunc ad firmam.

Walterus de Godardvill' tenet dimidiam hidam terre in Pidrischesham per Petrum de Malo Lacu que fuit in manu domini regis ut vadium cuiusdam Judei Bristoll' et modo capta est in manu domini regis per justiciarios donec inde aliud precipiatur.

Thomas de Hinetun' tenet j. virgatam terre in Pidrischesham per comitem Glovernie que fuit in manu domini regis ut vadium cuiusdam Judei Bristoll' et valet x.s. et modo est in manu domini regis per justiciarios donec inde aliud precipiatur.

SUMERSET.

Henricus de Campo Florido tenet liberum manerium de la Sterte per servicium j. gruis per serianteriam.

Hawisia de Curten' est de donacione domini regis, et terra sua de Heminton valet x.l. In hundredo de Kinemeresdon'.

Prior Bathonie tenet bartonam Bathonie per Regem Johannem et valet xx.l. et respondet inde ad scaccarium.

Willelmus filius Drogonis filii Willelmi de Monte Acuto est in custodia Alani Basset, et terra sua de Turelberiz' valet vj.l. In hundredo de Northcur'.

Ysabella que fuit uxor Willelmi de Monte Acuto est de donacione domini regis et terra sua de Turlebere valet x.l. In eodem hundredo.

Matildis que fuit uxor Radulfi Luvel est maritata Radulfo le Buteler de Overle per Regem Johannem, et terra sua de Hunewick valet xv.l. In hundredo de Briwton'.

Albreda de Boterall' est de donacione domini regis, et terra sua de Ceddene valet c.s. In hundredo de Tantun'.

Helena de Wikeberg debet esse de donacione domini regis et est maritata Eustachio de Doueliz' et tenet per serianteriam ussarii ostii domini regis, et terra de Wykeberg valet xx.s. et terra sua de Peggenesse valet xl.s.

Hundredum de Andredesfeld' fuit membrum de Sumertun' dominicum domini regis et Willelmus Briwerr' tenet hundredum per Regem

S. ij. 9.   Johannem et hundredum respondet de redditu assiso de xxj.s. et vj.d.
I. 727–
732—*cont.*   Willelmus de Monte Acuto filius Drogonis est in custodia Alani Basset per consilium domini Regis Henrici et terra de Septun' valet xv.l. In hundredo de Nortun'.

Ysabella et Matildis[1] filie Jacobi de Novo Mercato sunt de donacione domini regis et Radulfus Russel et Johannes de Boterall' habent eas per consilium Regis Henrici et terre suæ de Kaddeberi et Maperton' valent xv.l. In hundredo de Katesse.

Reginaldus de Mohun est in custodia Henrici filii comitis Cornubie et terra sua de Dunnestorr' valet l.m. In hundredo de Karenton.

Item idem Reginaldus est in custodia eiusdem Henrici, et terre de Hosintun' et Chirintun'[2] valent l.m.

Heres Ricardi de Kanvill' est in custodia W. comitis Saresberie per Regem Johannem, et terra sua in hundredo de Horeþorn valet xl.s.

Robertus de Veteri Ponte tenet Kingkesbir' per Regem Johannem et est escaeta domini regis, et valet xxx.l. In eodem hundredo.

Henricus de Malo Lacu tenet Corftun' per Petrum de Malo Lacu et est escaeta domini regis, et valet x.l. In eodem hundredo.

Hawisia Wac tenet Trent' de donacione Regis Johannis et valet x.l. In eodem hundredo.

Galfridus de Sancto Claro tenet x.l. terre in Stapeltun' per serianteriam manutergii.

Christiana que fuit uxor[3] Luvel est de donacione domini regis et est maritata per licenciam consilii domini regis et terre de Almodeford' et de Clanefeld' valent x.l. In hundredo de Katesse.

Osbertus clericus de Stokes habuit quandam cartam in custodia que arestata fuit eo quod debuit esse falsa per Willelmum de Stoclinch qui mortuus est de xiij. acris terre et iij. percatis et j. mesuagio, quam cartam Philippus de Kingesbir' obtulit disracionari esse veram, et terra illa capta fuit in manum domini regis occasione illius falsitatis et Thomas de Cirenc' tenet nunc eam et pendente loquela mortuus est Philippus. Hamo filius eius et heres venit et dixit coram justiciariis quod noluit sequi loquelam istam nec aliquid juris clamavit in terra illa per cartam illam, et ita remansit terra illa in manu domini regis donec inde preceperit voluntatem suam ; et terra valet per annum iij.s. et preterea vestura primi anni valuit j.m. In hundredo de Abbedik.

Elienora filia Wandrig' est de donacione domini regis et maritata est Radulfo filio Bernardi per Regem Johannem, et terra sua de From' valet xxx.l. In hundredo de From'.

Petrus de Malo Lacu tenet villam de Orchardesleg' et est in manu domini regis pro debito Wydonis de la Cuture scilicet l.m. et terra valet c.s. et dominus episcopus Bathoniensis dedit ecclesiam Rogero filio Rogeri de Mortun' autoritate concilii, et valet ij.m. In eodem hundredo.

Hugo Trivet, Willelmus de Walton', Thomas le Border, Johannes de Lastocke tenent per uxores suas Crendon' hereditarie pro dimidia marca solvenda ad scaccarium, et fuit antiquitus membrum de Peretun' et data pro c. solidatis terre. In hundredo de Norpertun.

---

[1] *Read* Hawisia.   [3] *Before* Luvel *supply* Henrici.
[2] *These places really belonged to the fee of Neufmarché above.*

SOMERSET AND DORSET.

S. ij. 9.
I. 727–
732—cont.

Willelmus Briwerr' habet in custodia parcum de Peretun' per Regem Johannem, et est de dominico regis. In eodem hundredo.
Robertus de Novo Burgo tenet in Herdicot' de dominico domini Regis x.l. terre per Regem Johannem in escambium de Purstok'.
Willelmus Briwerr' tenet Kingeswer' ad firmam per Regem Johannem pro xx.s. solvendis ad scaccarium in libero manerio de Sumertun'.
Godefridus de Craucumb' tenet in Pettuni et in Werne xij. libratas terre de dominico regis per consilium domini regis in eodem manerio libero.
Dominus episcopus Bathoniensis tenet manerium de Cungresbir' ad feodi firmam per cartam Regis Johannis quam inde habet sibi factam et omnibus successoribus suis cum advocacione ecclesie eiusdem manerii et omnibus aliis pertinenciis suis et omnibus libertatibus quas alia maneria sua habent pro xxxv.l. Nunc respondet inde ad scaccarium.
Idem episcopus Bathoniensis habet de dono domini Lincolniensis, fratris sui, feodum dimidii militis cum pertinenciis in Nortun' quod Reginaldus de Alta Villa de eodem Lincolniensi tenuit et ipse Lincolniensis de domino rege, et feodum dimidii militis in Rugeberg et in Dreicote cum pertinenciis suis quod Mauricius de Barintun' et Galfridus Malreward de ipso domino Lincolniensi tenuerunt et ipse de domino rege cum homagio et servicio predictorum Reginaldi et Mauricii et Galfridi et heredum suorum per cartas domini Lincolniensis quas inde facit domino Bathoniensi et successoribus suis, quas idem episcopus coram justiciariis protulit. In hundredo de Ceddr'.
Dominus episcopus Lincolniensis habet ad feodi firmam maneria de Ceddre et de Axebrugg' cum pertinenciis que fuerunt dominica domini regis per Regem Johannem et per cartam suam quam inde habet pro xx.l. Respondet ad scaccarium. In eodem hundredo.
Dominus Bathoniensis habet advocacionem ecclesie de Axebrugg' de dono domini Lincolniensis per cartam suam quam inde habet sibi et successoribus suis quam idem Bathoniensis coram justiciariis protulit. In eodem hundredo.
Filia et heres Willelmi de Lamvale est in custodia H. de Burgo, justiciarii, per consilium domini regis et terra sua de Kingestan' valet x.l. quam terram Galfridus de Cerland tenet de baillio predicti H. In hundredo de Tintehull'.
Agnes de Cressy est de donacione domini regis et est maritata Thome de Mountsorell' per Regem Johannem et terra sua de Haselberg' valet lx.s. In hundredo de Hunddesberg.
Isabella que fuit uxor Ricardi de Haselberg' est de donacione domini regis et tenet in eadem villa x. libratas terre nomine dotis. In eodem hundredo.

[*In margin* :—] *In libro*.

DEVON.[1]

S. ij. 9.
I. 846–
848. De
Testa de
Nevill.

Falco de Braute tenet burgum de Hunetun' per custodiam Baldewini de Revers per dominum regem. Et valet ii[ij.m.].

[1] *On margin* Transcribitur per se. *The portions of the text in brackets are supplied from* I. 846–848.

S. ij. 9.
I. 846–
848. De
Testa de
Nevill—
cont.

Albreda de Boterell' est de donacione domini regis et terra sua de Plimtre valet c.s. In hundredo de Ha[rigg'].
Margeria que fuit uxor Baldewini filii Comitis est de donacione domini regis et est maritata domino Falconi per Regem Johannem. [Et terra] sua de Colintun' valet x.l. In eodem hundredo.

Baldewinus filius Baldewini de Revers est in custodia domini Falconis per consilium domini regis, et terra sua de Tivertun' [valet xx.m.]. In hundredo de Tivertun'.

Henricus de Ponte Audomar' tenet manerium de Wdeneford' per consilium domini regis. Et valet c.s. et est es[caeta]. In hundredo de Alberton.

Hawisia de Curten' est de donacione domini regis et terra sua de Wimple valet c.s. In hundredo de Cliston'.

Willelmus Briwerr' tenet manerium de Axemenistr' ad firmam de domino rege per cartam Regis Johannis pro xvj.l. blancz et j.m. argenti. Respondet inde ad scaccarium. In hundredo de Axemenistr'.

Hawisia de Curten' est de donacione domini regis et terra sua valet de Musbiri valet l.s. In eodem hundredo.

Falco de Breaute tenet manerium de Hunetun' per custodiam Baldewini filii Baldewini de Revers per dominum regem, et valet x.l. In eodem hundredo.

Philippus de Furnell' tenet villam de Fen Oteri ad feodi firmam de domino rege pro iiij.l. iiij.s. viij.d. Respondet inde vicecomiti et vicecomes ad scaccarium domini regis. In hundredo de Buddele.

Falco de Breaute tenet villam de Exemenistr' per consilium domini regis et valet xv.l. In hundredo de Exeministr'.

Hawisia de Curten' est de donacione domini regis et terra sua de Ken valet xx.l. et terra sua de Alfinton' xx.l. In eodem hundredo.

Falco de Breaute tenet villam de Topesham per consilium domini regis, et valet xv.l. In eodem hundredo.

Ricardus de Droscumbe tenet per serianteriam deferendi arcum domini regis, quando venatur in Dertemore, dimidiam virgatam terre, [et] valet dimidiam marcam. In eodem hundredo.

Hawissia de Curten' est de donacione domini regis, et terra sua de Winckele valet x.l. In libero manerio de Winkeleg'.

Henricus de Ponte Audomar' tenet villam de Tennewick per consilium domini regis, et valet vj.l. In hundredo de Teinnebrugg'.

David de Schiredon' tenet de domino rege per serianteriam ij. sagittarum terram de Sapesleg', et valet x.s. [In eodem hundredo.]

Eva de Tracy est de donacione domini regis, et terra sua de Bovy valet xv.l. In eodem hundredo.

Albreda de Boterell' est de donacione domini regis, et terra sua de Jorford valet iiij.l. In eodem hundredo.

Paganus de Chawrth tenet manerium de Aufinton' per Regem Johannem cum filia Willelmi de La Ferte et valet c.[s. In hundredo] de Stanberg'.

Henricus filius comitis Cornubie tenet manerium de Lodeswell' per Regem Johannem et valet vj.l. In eodem hundredo.

Falco de Breaute tenet manerium de Dertintun' per consilium domini regis, et valet c.s. In eodem hundredo.

DEVON. 265

S. ij. 9. Idem Falco tenet manerium de Hunne per consilium domini regis,
I. 846– et valet iiij.l. In eodem hundredo.
848. De
Testa de Henricus filius comitis Cornubie tenet Karswell' quod fuit domini-
Nevill— cum domini regis de dono Regis Ricardi, et valet xv.l. In hundredo
cont. de Heitorr.
Idem Henricus tenet manerium de Cornewrth per Regem Johannem et valet xvj.l. In hundredo de Corig'.
Loretta comitissa Leicestrie est de donacione domini regis, et terra sua de Taustok valet xliiij.l. In libero manerio de Taustok.
Rogerus de la Suche tenet Blaketorrintun' quod est dominicum domini regis et valet x.l. In hundredo de Blaketorrintun'.
Villa de Chelewrth est in manu domini regis ut escaeta de terris Normannorum et est de feodo Roberti de Mandevill' et valet xxxij.s. et vicecomes respondet inde ad scaccarium. In eodem hundredo.
Seftbere est manerium domini regis et valet xvj.l. blancz de quibus vicecomes respondet ad scaccarium. In hundredo de Seftbere.
Bramtun' est dominicum domini regis et valet xxviij.l. et Henricus de Tracy tenet inde xx.l. terre per comitem Saresberie et Philippus Chaucebof tenet inde viij.l. terre per Regem Johannem. In hundredo de Bramtun'.
Forinsecum hundredum de Bramtun' est in manu domini regis et vicecomes respondet inde ad scaccarium de iij.m. numero.

[*Endorsed* :—] *De escaetis de Dors' et Sumers'.*
Hunc rotulum recepit E. thesaurarius per manum JoceliniBathoniensis episcopi coram domino Londoniensi episcopo et aliis baronibus domini regis de scaccario die Martis proxima post festum Sancti Calixti pape anno quarto Regis Henrici filii Regis Johannis.

WESTMORLAND, CUMBERLAND AND LANCASTER.

S. ij. 9.   COMITATUS DE APPELBY.
Villa de Neuby que fuit Ranulfi de Sules capta fuit in manum domini Regis Johannis pro c.l. quas idem Ranulfus debuit ei de quadam misericordia. Et quia predicta villa fuit de feodo Gilleberti filii Reinfridi, tradita fuit eidem ad firmam pro iij.m. et dimidia per annum per dominum Regem Johannem. Et jurata dicit quod predicta villa valet per annum c.s. et quod predictus Gillebertus tenuit predictam villam per novem annos.
Heres Andree de Fougeroles est in custodia Philippi de Ulecotes per dominum Regem Johannem. Et habet in comitatu de Appelby c. solidatas terre. Thomas filius Johannis tenet terram illam per balliam Roberti de Veteri Ponte ut dicit.

S. ij. 9.   COMITATUS CUMBERLAND'.
II. 693–
695. De Robertus de Veteri Ponte habet Thomam filium Willelmi filii
Testa de Randulfi et terram suam in custodia per dominum Regem Johannem,
Nevill'. et eidem Thome filiam suam maritavit. Et valet terra sua l.l. per annum.

A.D. 1219.

S. ij. 9.
II. 693–695. De Testa de Nevill'— cont.

Galfridus de Lucy habet Petrum filium Simonis de Tyllol in custodia per dominum Regem Johannem. Et valet terra sua per annum xv.l.
Walterus filius Bernardi clericus habet Adam filium Ricardi filii Trute in custodia per dominum Regem Johannem. Et valet terra per annum xx.s.

Thomas de Muleton' habet duas filias Ricardi de Lucy in custodia per dominum Regem Johannem. Et maritavit illas duobus filiis suis. Et valet terra per annum xl.l.

Willelmus de Yreby habet alteram filiam Odardi de Hodhame de dono Regis Johannis ut dicit. Et valet terra per annum x.l. Et alia filia Odardi est in terra domini regis Scocye.

Domina Helewisa de Stutevill' est de donacione domini regis et non est maritata. Et valet terra sua xxx^{ta} l. per annum, sed finem fecit cum domino rege ut esset in sua propria donacione.

Ada de Morevill' fuit in donacione domini Regis Johannis et finem fecit cum eo ut possit se maritare ubi voluerit et pro habenda hereditate sua et dote sua per quinquentas[1] libras. Thomas de Muleton' habet eam modo. Et valet terra sua xxj.l. per annum.

Alicia que fuit uxor Odonis de Bochardby est in donacione domini regis et tenet per seriantiam, et valet terra sua j. marc. per annum.

Alicia que fuit uxor Ade de Hoton' fuit de donacione domini regis. Robertus de Neubigig' desponsavit eam. Et valet terra sua ij.s. per annum et tenet per seriantiam.

Eda que fuit uxor Roberti de Boelton' est de donacione domini regis et tenet per seriantiam, et valet terra sua per annum dimidiam marcam.

Hee sunt ecclesie que sunt de donacione regis in Cumberland'.

Ecclesia de Penred quam Radulfus de Nevill' tenet de dono Regis Johannis.

Ecclesia de Soureby quam Lodovicus clericus tenet per eundem.

Ecclesia de Sallachil quam Magister Macy medicus tenet per eundem.

Ecclesia de Karlatona quam Thomas de Aldefeld' tenet per eundem.

Ecclesia de Dalaston' quam Johannes de Kirkeby tenet per legatum, ut dicitur.

Hee sunt esscaete in eodem comitatu.

Villate de Soureby, Karlaton', Hubbricteby, Arfineby sunt esscaete domini regis. Dominus Robertus de Ros tenet eas per dominum Johannem Regem. Et valent per annum xxx.l.

Forestaria de Cumberland' solebat reddere per annum x.m. ad scaccarium domini regis. Et est jus Ade filie Hugonis de Morvill' quam Thomas de Muleton' habet in uxorem. Robertus de Veteri Ponte tenet illam forestariam modo.

Robertus de Hamton' tenet forestariam haye de Plumton' que valet per annum xl.s. Et seriantia illa est jus heredum Ade de Hoton'.

---

[1] *So in original* (S. ij. 9), *perhaps for* quingentas.

WESTMORLAND, CUMBERLAND AND LANCASTER. 267

S. ij. 9.
II. 693–
695. De
Testa de
Nevill'—
cont.

Villata de Racton' est seriantia ad custodiendum erias ancipitrum domini regis et valet per annum c.s. Henricus de Racton' et Reginaldus et Alanus filius Thome tenent eam. Et Willelmus de Yreby habet predictum Alanum in custodia per Hugonem de Nevill'.

Albertus filius Yarnan' tenet j. carucatam terre que valet per annum j.m. per seriantiam faciendi portas civitatis Karleoli.

S. ij. 9.
II. 804–
807. De
Testa de
Nevill'.

COMITATUS LANCASTRIE.

Reginaldus de Ponz habet in custodia heredem Tebbaldi Walteri cum terra de With . tun' et Treuels et Routheclive. Et valet per annum x.l.

Quenilda filia Ricardi filii Rogeri fuit in donacione domini regis et comes Cestrie maritavit eam Rogero Gernet occasione quod ipsa tenuit de comite per servicium militare et de domino rege per firmam. Et valet terra per annum xxiij.s.

Henricus de Waleton' tenet xiiij. bovatas terre in Waleton' et Wavere[1] et Neusum per serianciam wappentaci. Et valent per annum xiiij.s.

Ada Gerold' tenet ij. bovatas in Dereby per simile servicium. Et valet per annum iiij.s.

Ricardus prepositus de Dereby tenet ij. bovatas terre in Dereby per seriantiam essendi prepositus ; et valent per annum iiij.s.

Ada de Ainoldale tenet iiij. bovatas in Crosseby per seriantiam essendi prepositus ; et valent x.s. per annum.

Domina Helewisa de Stutevill' est de donacione domini regis et finivit cum domino Rege Johanne quod non esset maritata contra voluntatem suam. Et terra eius valet xxx.l.

Matilda de Stockeport fuit de donacione domini regis et finem fecit cum domino Rege Johanne. Et terra valet ij.m. per annum.

Beatrix de Mitton' finem fecit eodem modo, et terra eius valet dimidiam marcam per annum.

Domina Ada de Furneys finem fecit eodem modo et maritata est Willelmo Pincerne. Et terra eius valet v.m. per annum.

Uxor Gamelli de Boelton' fuit de donacione domini regis. Et valet terra eius iij.s. per annum.

Matilda de Kellet finem fecit cum domino Rege Johanne ut posset se maritare. Et terra sua valet xx.s. per annum.

Agnes de Hessam fuit in donacione domini regis et est maritata sine waranto ut dicitur. Et valet eius terra per annum j.m.

Uxor Hugonis de Oxeclive est in donacione domini regis. Et terra eius valet per annum iij.s.

Uxor Willelmi Gernet fuit de donacione domini regis et maritata est Hamoni de Macy sine waranto ut dicitur. Et terra sua valet per annum l.s.

Hee ecclesie sunt de donacione domini regis.

Ecclesia Sancti Michaelis super Wir', et magister Macy tenet eam per Regem Johannem.

---

[1] *The exact spelling in the original* (S. ij. 9) *is uncertain. Read* Wavertre.

S. ij. 9. Ecclesia de Prestona de donacione domini regis occasione terre de
II. 804–
807. De Aumundernes. Petrus Russinol tenuit ex dono domini Regis
Testa de Johannis et mortuus est.
Nevill'— Simon Albus tenet duas partes ecclesie de Kirkaim ex dono
cont. domini regis qui eas ei dedit racione heredis Tebbaldi Walteri quem
habet in custodia.

Ville de Aston' et de duabus Mertonis sunt esscaete domini regis de honore de Peverel. Dominus comes de Ferrariis tenet eas. Et valet per annum xl.s.

Idem comes Willelmus tenet Blacrode de eodem honore, et valet per annum xx.s.

Rogerus Gernet tenet Fyswic per seriantiam forestarie, et valet xx.s. per annum.

Idem tenet x. carucatas terre in Lonesdale per idem servicium, et valet per annum c.s.

Idem tenet vj. carucatas terre et dimidiam in wappentaco de Dereby, sed nichil habet inde in dominico.

Alanus de Singelton' tenet dimidiam marcatam in Singelton' per seriantiam de wappentaco. Et valet per annum x.s.

Willelmus de Neuton' tenet ij. bovatas terre per seriantiam de wappentaco. Et valet per annum iij.s.

Ada filius Orm tenet iij. carucatas terre in Kellet per seriantiam de wappentaco. Et valet per annum l.s.

Thomas Gernet tenet ij. carucatas terre in Hesam per seriantiam sonandi cornu suum contra dominum regem in adventu suo in partes illas, et valent per annum xxx^{ta} s.

Johannes filius Hugonis de Oxeclive tenet j. carucatam terre in Oxeclive per seriantiam carpentarie. Et valet per annum xij.s.

Robertus de Overton' tenet dimidiam carucatam in Overton' per seriantiam prepositure. Et valet per annum x.s.

Rogerus de Skerton' tenet dimidiam carucatam terre per simile servicium. Et valet per annum x.s.

Rogerus Blundus tenet terram in Loncastre per seriantiam carpentarie. Et valet iij.s. per annum.

Willelmus le Gardiner tenet terram ibidem per seriantiam gardinerie. Et valet per annum iij.s.

Radulfus de Bollerum tenet j. carucatam terre in Bollerrum per seriantiam cementarie, et valet per annum x.s.

Thomas filius Ade tenet vj. bovatas terre in Gersingham per seriantiam forestarie. Et valet per annum j.m.

Willelmus et Benedictus tenent ij. bovatas terre ibidem per seriantiam custodiendi eyras ancipitrum domini regis. Et valent per annum xl.d.

Rogerus filius Johannis tenet terram in Loncastre per seriantiam faverie. Et valet iij.s. per annum.

Walterus under Water tenet Milneflet per seriantiam, et terra illa valet dimidiam marcam per annum.

[*Endorsed* :—] *Rotulus de custodiis dominarum, puellarum, valetorum, que sunt de custodia domini regis in comitatibus Westmeriland',*

WESTMORLAND, CUMBERLAND AND LANCASTER. 269

S. ij. 9. *Cumberland', Loncastrie et de esscaetis et serianciis similiter et de*
II. 804– *ecclesiis que sunt de donacione domini regis et esse debent.*
807. De

Testa de
Nevill'— *In Kent. In Midelsex'. In Sussex'. In Surreia.*
cont.

KENT.

S. ij. 9.   ESKAETE COMITATUS KANCIE.
II. 32–36.
De feodis   In hundredo de Estrie est quedam eskaeta domini regis que
militum de vocatur Mainesse quam II. de Burgo dedit Nichol' de Dunwic', et
comitatu monachi de Dovor' illam modo tenent, set nescitur per quod servicium
Kancie et valet per annum c.s.
contentis
in eadem   In hundredo de Beauseberge, ecclesia de Ripera est de donacione
Testa. domini regis et Johannes de Ripera tenet illam de dono domini Regis
Henrici, pat$_{ris}$ Johannis Regis.
   Villa de Ripera est eskaeta domini regis ; castrum Dovor' tenet
inde unam partem ; canonici de Sancta Radegunda tenent inde
unam partem, et Salom' de Dovor' tenet unam partem de dono
Regis Johannis, et valet per totum xxx^{ta} l.
   Ewell est eskaeta domini regis de honore Peverelli ; fratres Milicie
Templi tenent illam per Willelmum Lungespeie in elemosina, et
valet per annum xx.l.
   Midelton'. Dominus Henricus Rex, pat$_{er}$ Johannis Regis, dedit
ecclesiam de Bradegare magistro Firmino ; et hospitale Sancti
Jacobi de Cant' tenet modo illam, set nescitur per quem.
   Idem dedit ecclesiam de Hartlep Thome filio Edwardi Blundi
de Londoniis quam adhuc tenet, et est in hundredo de Midelton'.
   Midelton. Dominus Ricardus Rex, frater Johannis Regis, dedit
ecclesiam de Bakechild magistro Olivero, qui illam adhuc tenet.
   Dominus Johannes Rex dedit ecclesiam de Milsted' Wydoni
clerico qui illam adhuc tenet.
   Idem Rex dedit Willelmo de Wrotham ecclesiam de Wardon' et
Robertus capellanus modo tenet eam, set nescitur per quem.
   Codested est eskaeta domini regis et dominus Johannes Rex
dedit eam Willelmo le Taillur qui eam tenet et valet per annum
xv.s.
   In hundredo de Otteford, Camesing' est eskaeta domini regis et
Falco de Breaute tenet illam, set nescitur per quem, et valet per
annum xxxvj.l.
   In hundredo de Schamele, dominus H. de Burgo habet
custodiam cuiusdam puelle que est heres Willelmi de Lanvalai cum
maneriis de Chauk' et de Henneherst, et valent per annum xl.l. ; et
pertinet ad donacionem domini regis, set nescitur per quem habet
illam in custodia.
   In villa de Derteford', terra Roberti Bacun est eskaeta domini
regis et Willelmus de Wrotham ex dono domini Regis Johannis
tenuit illam et dedit eam fratribus hospitalis Ierosolimitanis, set
nescitur per quod servicium et valet per annum c.s.
   In hundredo de Sutton, terra Gileberti de Foukarmont fuit eskaeta
domini regis et Willelmus de Wrotham tenuit inde iiij^{or} libratas terre

S. ij. 9.
II. 32–36.
De feodis militum de comitatu Kancie contentis in eadem Testa— cont.

de dono Johannis Regis, et hospitalarii de Ierosolima illas iiij. libratas tenent modo, set nescitur per quem.

Abbas de Lesnes tenet xx. solidatas redditus de eadem terra de dono ipsius Gilberti Fukarmont.

In eodem hundredo, heredes Roberti Walensis tenent quendam campum qui vocatur Rede et valet per annum x.s. et reddunt inde domino regi xiij.d. et antecessores sui erant custodes de placitis corone domini regis de lesto de Sutton' et heredes predicti Roberti ita esse debent ut intelligunt. *In rotulo.*

In hundredo de Brugg', medietas ville de Badrichesburn' que fuit Radulfi Teisuni est eskaeta domini regis et Gaufridus de Say tenet eam per dominum Regem Johannem, et valet per annum x.l. sine stauro.

In hundredo de Maidestane, Robertus de Bouton' tenet unam sergantiam in villa de Boxel', et valet per annum xl.s. et debet domino regi unum equum cum sacco, quando vadit in exercitu apud Walliam.

Willelmus de Longo Campo tenet Ovenell' in eodem hundredo que est sergantia domini regis et valet per annum c.s. et debet invenire domino regi unum equum et unum saccum cum brocha in exercitu Wallie.

In hundredo de Strete, villa de Selling' est escaeta domini regis et Willelmus de Putot tenet eam per Hubertum de Burgo, et valet per annum x.l.

In eodem hundredo, villa de Herst est sergantia domini regis et Robertus Falconarius tenet illam per sergantiam unius falconis, et valet per annum xv.l.

In hundredo de Faveresham, ecclesia de Ospreng' est de donacione domini regis et data fuit Thome de Boues per dominum Johannem Regem, qui adhuc eam tenet, et valet per annum xl.m.

Villata de Ospreng est eskaeta domini regis de honore Peverelli de Dovor' et Hubertus de Burgo tenet eam, set nescitur per quem, et valet per annum xl.l. sine stauro.

In hundredo de Eyhorn', ecclesia de Sutton' est de donacione domini regis et Anselmus Grassus eam tenet, set nescitur per quem.

Herietesham est eskaeta domini Regis et Rogerus de Cressy tenet eam, set nescitur per quem et valet per annum xx.l.

In hundredo de Wy, villa de Bouton' cum Helya herede Alulfi de Bouton qui esse debet in custodia domini regis est in manu Petri de Maulay et est de honore Bolonie, set nescitur per quem et valet per annum xx.l.

Ecclesia de Bouton que est de donacione predicti Elye heredis Alulfi; dedit dominus legatus Willelmo de Cirencestr'.

Robertus de Wilminton' tenet unam sergantiam de honore Bononie, scilicet Wilminton', et valet per annum ij.m. et tenet illam per sergantiam quod sit cocus comitis Bononie.

Willelmus de Burton' tenet Seten' in eodem hundredo de eodem honore per servicium quod debet esse veautrator eiusdem comitis, et valet per annum j.m.

In hundredo de Litlefeld', Emma de Bendevill' tenet quandam sergantiam, scilicet Pecham per servicium portandi j. hostorium domini regis a festo Sancti Michaelis usque ad purificationem Beate Marie, et valet per annum xv.l.

S. ij. 9. In hundredo de Bircheholt, Braburn' est eskaeta domini regis et Falco
II. 32-36. de Breaute tenet eam, set nescitur per quem, et valet per annum xl.l.
De feodis
militum de In hundredo de Newecherche, medietas ville de Bilsinton' est
comitatu eskaeta domini regis et fuit terra Roberti de Curcy, et comes de
Kancie Arundell' tenet eam per Johannem Regem, et valet per annum xxx.l.
contentis
in eadem In dimidio hundredo de Langeport, Aubrea de Jarpenvill' tenet
Testa— quandam seriantiam que vocatur Effeton' per servicium quod sit
cont. mariscallus de falconibus domini regis, et valet per annum c.s.

In hundredo de Wrth, Estbreg est eskaeta domini regis et
Stephanus Haringod tenet illam, set nescitur per quem nec per quod
servicium et valet per annum xij.l. et est de honore de Pertico.

Graneston[1] est eskaeta domini regis et Aubricus de Marinis tenet
eam de dono Johannis Regis per servicium j. militis, et valet per
annum v.m. *In rotulo.*

Sutton' est escaeta domini regis et Fulco de Breaute tenet eam,
et nescitur per quem, et valet per annum xl.l.

Filia Baldewini de Verevall' est de donatione domini regis et
Willelmus Taillur habet eam de dono domini Johannis Regis, et
seriantia illa infra Cantiam valet per annum xv.m.

Johannes Scambiator fecit quandam purpresturam super Sturam
et valet per annum ij.d. quos annuatim solvet domino regi, et idem
Johannes per licenciam justiciariorum cepit quandam terram juxta
gardinum suum versus aquilonem unde reddet annuatim domino
regi ij.d. et illa terra est de longitudine iiij. perticarum et in latitudine
ij. perticarum. *In rotulo.*

Lucas Bleche preocupavit cheminum domini regis de latitudine
duorum pedum et de longitudine duarum perticarum et valet per
annum iiij.d. quos solvet per annum domino regi. *In rotulo.*

Adam Percaminarius fecit purpresturam super keminum domini
regis versus castrum Cantuarie, et valet per annum vj.d. unde
respondet annuatim domino regi. *In rotulo.*

Adam Permentarius preocupavit quandam placiam in Strodes
super fletum in Stanbregg', et est ad commodum caucee, et valet
per annum ij.s. *Rofa.*

Radulfus Beatrix preocupavit quandam placiam in qua edificavit
quandam domum, scilicet inter molendinum Templariorum et pontem
Rofe, et valet per annum ij.s.

Simon Kidel preocupavit placiam in capite pontis apud Rofam
versus orientem qui fecit unam soppam, et valet per annum xij.d.

Golda de Rofa preocupavit super dominum regem quandam placiam
juxta cimiterium Sancti Andree, et valet per annum ij.d. *In rotulo.*

Godardus de ep[2] Pl'ane preocupavit super dominum regem
quandam placiam juxta cimiterium Sancti Andree, et valet per annum
iiij.d. et non est ad nocumentum civitatis. *In rotulo.*

Nichol de Newintune preocupavit super dominum regem in villa
de Newinton' per Reginaldum de Cornhulle seniorem, et valet per
annum xij.d. quos solvet domino regi. *In rotulo.*

In portu de Halegesto preocupatur super dominum regem per
Willelmum de Cornhull, et monachi Sancte Trinitatis tenent illud,
et valet per annum iiij.d. *In rotulo.*

---

[1] *Read* Traneston' *for* Trianston'.   [2] Ep *supplied over a caret mark.*

MIDDLESEX.

S. ij. 9.
II. 616–617. De Testa de Nevill'.

ESCHEETE IN MIDDELSEXE.

Comes Salesberiensis habet in custodia sua villam de Coleham cum filia et herede Ricardi de Camvill' que est de donatione domini regis. Et valet per annum xl.l., nescitur per quem.

Reginaldus Cabus tenet quandam serganciam in Ykeham. Et debet domino regi inde in excercitu suo in Walliam quando summonitus fuerit, unum equum et unum saccum cum broca et unum servientem. Et si amiserit in servicio domini regis equum vel saccum vel brocham, dominus rex ei restaurabit; et serviens et equus eius erunt ad custum domini regis.

Ecclesia Sancti Clementis est de donatione domini regis et Templarii eam tenent, set nescitur per quem. Et valet per annum vj.m.

Otho filius Willelmi tenet Lilleston' per seriantiam custodiendi cuneos monete. Et valet per annum xl.s.

Ida Triket tenuit quandam terram in Brembeleg' per seriantiam tenendi unum manutergium ad manus domini regis ad coronationem suam. Et valet per annum lx.s. et per heredes suos partita est per diversa loca, scilicet monialibus de Stratford' et canonicis Sancte Trinitatis et alibi.

Margeria de Leveland custodit aulam domini regis de Westmonasterio per sergantiam et recipit cotidie vij.d. de bursa domini regis.

Alexander le Goriurer preoccupavit super dominum regem quandam placiam que valet per annum iiij^{or} d. de quibus respondebit singulis annis ad scaccarium ad festum Sancti Michaelis. Et finem fecit de misericordia pro j.m.   *In rotulo.*

Lambertus Sacrista fecit purpresturam quandam super dominum regem in veteri vico extra Gosewell'. Et valet per annum j.m. cum edificiis que idem Lambertus ibi fecit, et sine edificiis valet terra illa per annum iij.s. Et preceptum est vicecomiti quod caperet purpresturam illam in manum domini regis et idem Lambertus nichil potest dare de misericordia quia pauper est.

SUSSEX.

S. ij. 9.
II. 93.

ESCKEETE IN SUSSEXIA.

Willelmus de Gundevill' tenet quandam seriantiam in Lovinton' scilicet unam hidam terre per quatuor albos capones reddendos quando dominus rex venerit ad rapum de Arundell', et terra valet per annum xx.s.

Rogerus de Wolpting qui mortuus est tenuit quandam sergantiam in hundredo de Estburn' que valet per annum x.m. per servicium portandi vexillum pedes in exercitu domini regis.

Petrus de Croim tenuit villam de Dum' per dominum Johannem Regem et nunc tenet eam quidam Almaricus de Sancto Amando per dominum Wintoniensem, et valet per annum xl.l.

SUSSEX. 273

S. ij. 9.
II. 93—
cont.

Henricus de Palern' custodit portam extra turrim de ballia per seriantiam illam, et valet per annum iiij^{or} m. et dimidiam.
Willa de Copton est eskaeta domini regis quam Henricus de Pontaldemer tenet, set nescitur per quem, et valet per annum iiij.l.

Memorandum[1] quod villa de Wincheles' est in misericordia. Et villata de Ria similiter in misericordia.

SURREY.

S. ij. 9.
II. 86.

ESKEETE IN SURREIA.

Edelina del Brok tenet quandam seriantiam in villa de Geldeford' et extra per mariscallciam in curia domini regis, et valet per annum c.s.

Eadem Edelina est de donatione domini regis et non est maritata et tenet manerium de Cateshell' per sergantiam servandi hostium camere domini regis, et valet per annum c.s.

Eustacius de Eya tenet x.s. redditus in villa de Leddred' de dono Regis Ricardi, set nescitur per quod servicium.

Ricardus Lewer tenet in eadem villa lx.s. redditus de dono Regis Johannis reddendo inde unum hosturium.

Ecclesia de Merewe est de donacione domini regis et dominus Rex Johannes dedit illam Baldewino capellano, et valet per annum xv.m.

Willa de Sutton' est eskaeta domini regis et Gilebertus Basset tenet eam per Marescallum,[2] et valet per annum viij.m.

Robertus de Basing' tenet quandam terram in Bagsete quam Rex Henricus dedit Hoppeschort per sergantiam de veautria, et valet per annum xlij.s.   *Loquendum.*

Gaufridus de Porton' tenet quandam terram in villa de Maiford' per sergantiam inveniendi unum servientem in excercitu domini regis cum una haubergello, et valet per annum xl.s.

Wimundus de Raleg' habet custodiam filie et heredis Michaelis Belet cum hereditate sua in Senes et debet esse in custodia domini regis, et valet per annum x.l. preter duas dotes, et idem Wimundus habet custodiam predictam per Willelmum Bruwere ; et[3] sergantia domini regis de buteleria sua.

Villa de Hamme est eskaeta domini regis et valet per annum vj.l. et episcopus Wintoniensis illam tenet.   *Loquendum.*

Terra Radulfi Postel est sergantia domini regis ad colligendam lanam regine, et si lanam non collegerit dabit per annum regi xx.s. et terra valet per annum xx.s.

Samson filius Samsonis de Moleseia tenet terram suam in Moleseia per servicium inveniendi unam balistam in exercitu domini regis, et valet per annum viij.l.

Willelmus le Frankelein, Osbertus Malherbe et Osbertus Blundus et Matildis vidua tenent in villa de Abse dimidiam hidam terre de libera elemosina domini regis Johannis per servicium faciendi

---
[1] *This entry and the next are not copied into the Book.*
[2] Marescallum *written over an erasure.*   [3] *Supply* est.

274   A.D. 1219.

S. ij. 9.   cervisiam per annum de uno quarterio de chefbrais cum secta et
II. 86—   dandi eam caritative pro animabus regum Anglie in festo Omnium
cont.   Sanctorum, et valet per annum x.s.
   Baldewinus filius et heres comitis de Insula est in custodia Falconis
de Breaute, qui deberet esse in custodia domini regis et terre eius
in hundredo de Bricsiston' valent per annum xviij.l.
   Willelmus de Bateilly tenet villam de Waleton' per episcopum
Wintoniensem que est eskaeta domini regis et valet per annum x.l.
   Robertus et Matheus de Micheham tenent j. hidam terre in Michham
de dono domini Regis Henrici senioris et reddunt inde vicecomiti
Surreie ad firmam suam x.s. per annum.
   Willelmus de Wauton tenet de antecessoribus xij. acras terre in
Micheham et reddit inde per annum vicecomiti Surreie ad firmam
suam xij.d.
   Hugo Bardolf qui habet in uxorem Isabellam filiam et heredem
Roberti Aguillon.
   Willelmus Aguillun tenet quandam terram in villa de Adinton
per seriantiam faciendi hastias in coquina domini regis die
coronacionis sue, vel aliquis pro eo debet facere ferculum quoddam
quod vocatur del Girunt et si apponatur sagimen tunc vocatur
malpigernoun.   *In rotulo.*

   [*Endorsed :*—] *De Testa de Nevill. Continet xij. pecias.*

ESSEX.

II. 244-   *ROTULUS ESCHAETARUM ET SERIANTIARUM ETC.*
250.   *IN COMITATU ESSEX'.*
                     HUNDREDUM DE HERLAUE.
   Walterus de Hauvill' tenet per seriantiam Halingber' de Walle
per dominum Regem Henricum avum et relicta Radulfi Purcel habet
sextam partem ville illius in dotem, et valet tota villa cum stauro vj.l.

                     HUNDREDUM DE HEINGEFORD'.
   Heres Radulfi Picot debet esse in custodia domini regis et est in
custodia Baldwini Fill', set nescimus per quem et debet tenere per
serianteriam scilicet custodiendi unum nisum ad custum domini
regis et valet terra sua in Parva Reynes xl.s.
   Heres Johannis filii Godefridi debet esse et cetera, et est in custodia
Comitis W. de Mandevill', set nescimus quo modo, et tenet per
seriantiam faciendi wafres domino regi, et valet terra sua in
Leston' iiij.l.
   Tres filie Ricardi de Raymes tenent per baroniam in Parva Reynes ;
primogenita scilicet Alicia est vidua ; secunda, scilicet Amicia
uxor est Willelmi de Marini per dominum regem ; tercia scilicet
Johanna uxor est Willelmi de Herlawe, set nescimus per quem ;
et Alicia que fuit uxor predicti Ricardi vidua est ; valet autem
predicta terra lx.s.
   Robertus de Ferrariis tenet de honore Peverelli de London'
in Stebbing' feodum unius militis per Regem Johannem, et valet xx.l.

ESSEX. 275

II. 244-250—cont. Johannes de Stebbing' habet in eadem villa quartam partem unius hyde terre per seriantiam ad custodiendum unum nisum ad custum domini regis, et valet x.s.
Willelmus Parmentarius tenet in eadem villa unam virgatam terre de domino rege, set nescimus per quem et reddit inde x.s. per annum.
Adam filius Nicholai tenet in villa de Feltstede de domino rege dimidiam virgatam terre per seriantiam custodiendi unum palefridum domini regis, et valet terra v.s.

HUNDREDUM DE WENSINTR'.

Estmereseya est eschaeta domini regis et Ricardus de Ripar' tenet per dominum Regem Johannem, et valet xvj.l. et est de feodo Henrici de Essex'.
Willelmus filius Johannis tenet quandam terram per seriantiam in villa de Leigre, et valet j.m. Debet autem invenire domino regi j. equum de precio v.s. et unum saccum et unam broch' ad eundum in exercitum domini regis in Wallia ad sumptus domini regis.

HUNDREDUM DE LEXEDEN'.

Esthorp' et Briche sunt eschaete domini regis de terra Normannorum et Radulfus Gernun tenet eas per Regem Johannem, set nescimus per quod servicium, et valent xx.l., et idem Radulfus dedit ecclesias illarum villarum Rogero de Moris.
H. de Burgo, justiciarius, habet filiam et heredem Willelmi de Launvall' et terra eius in hundredo de Lexeden' valet xx.l.
Vetus Horkeleg' est eschaeta de honore Henrici de Essex' et H. de Burgo tenet, et valet x.l.
Rogerus filius Yve de Mescing' tenuit terram suam de Mescing' de Ricardo de Reymes qui de domino rege tenuit et idem Rogerus filiam et heredem eius dedit Thome Baynard, set nescitur si idem Rogerus fecerit servicium domino regi post mortem predicti Ricardi.

HUNDREDUM DE TENDRING'.

Baldewinus Fill' tenet in villa de Ardeleg' quandam terram per seriantiam servandi unum nisum, et valet terra xl.s. et finem fecit inde cum domino Rege Johanne.

HUNDREDUM DE TURSTAPEL'.

Gaufridus filius Willelmi Tregoz debet esse in custodia domini regis et Stephanus Haring'[1] habet illum, set nescimus quo modo, et est de honore Peverelli, et valet terra eius c.s.

HUNDREDUM DE ANGRE.

Matillis de Lucy, domina de Angre, maritata est Ricardo de Ripar' per Regem Johannem et valet terra eius xl.l. in Angre.
Wulfelmeston' est de seriantia que pertinet ad thalamum regine et valet xl.s. et eam tenet Cecilia de Saunford' de dote.
Cecilia de Averench' est de donacione domini regis et valet terra sua lv.[2]

---

[1] *Extend* Haringod.   [2] *So in MS.*

II. 244-
250—cont.

HUNDREDUM DE BERDESTAPELL'.

Maria Malegreste[1] est de donacione domini regis et est vidua, et terra sua valet c.s.

Wichford fuit eschaeta domini Regis Ricardi et dedit illam Urrico Balistario. Et modo tenet illam Terricus le Tyes, set nescimus quo modo, et terra illa valet x.l.

Chaluedon' fuit de donacione domini Regis Henrici avi. Et illam dedit Alwardo Camerario, et modo illam tenent Willelmus de Hobrig' et Albricus de Wyke et Philippus de Hykewrth' per Robertum filium Walteri, et valet xx.l.

Willelmus Thorel tenet in Chaldewell' per seriantiam naperie et valet terra eius c.s. et diu tenuit.

Robertus de Sutton' tenet in Bures per seriantiam de cauderie, et valet terra eius c.s.

HUNDREDUM DE WYHAM.

Honor Peverelli est eschaeta domini regis et H. de Burgo, justiciarius, tenet per dominum regem.

Honor Bononie est in manu domini regis.

Willelmus Martell' et Radulfus de Coggeshal' tenent per hereditatem uxorum suarum de honore Bononie per seriantiam camerarie comitis Bononie et per duos denarios de custodia, et valet terra eorum iiij.l.

HUNDREDUM DE BEKINTR'.

Domina Milisenta de Mumfichet est de donacione domini regis et est maritanda, et valet terra eius in Esthamme c.s.

Ecclesia de Havering' est de donacione domini regis, et Rex Henricus avus dedit eam fratribus de Monte Jovis.

Terra Johannis Derewin fuit eschaeta domini regis et dominus Rex Johannes dedit eam comiti Arundell', et valet x.s. in Havering, et debet seriantiam custodiendi forinsecum boscum regis de Havering', et debet dare vj.d. de paunagio.

Johannes Hurell' tenet dimidiam hydam terre per seriantiam in Havering', et debet custodire parcum domini regis et dare vj.d. de paunagio.

VILLATA DE NEUPORT.

Ecclesia de Neuport est de donacione domini regis et spectat ad decanatum Sancti Martini Londoniarum quem dominus rex dare debet, et Galfridus de Bocklaund' habet per dominum regem.

VILLATA DE HATFELD'.

Nicholaus de Barenton' tenet dimidiam virgatam terre in Hatfeld per seriantiam custodiendi boscum domini regis, et valet terra illa dimidiam marcam et tenet hereditarie.

HUNDREDUM DE CHELMERESFORD'.

Petrus Picot tenet Springefeld' de feodo Willelmi de Besevill' per dominum regem, et valet xx.l.

---

[1] *Read* Malegreffe.

ESSEX. 277

II. 244–250—cont. Baldewinus de la Bernere tenet Borham per dominum regem ut dicit, et valet x.l. et preceptum est vicecomiti quod capiatur in manum domini regis donec et cetera.

In eadem terra sunt due vidue quarum terre valent iiij.l.

Robertus Maresc' tenet per seriantiam servandi unum palefridum et valet terra sua x.s.

Borham. Rogerus filius Alani debet domino regi unum saccum de cute et j. broch' ferreum, et valet xl.s.

Comes Arundell' tenet Parvam Wautham per wardam Willelmi de Kyvilby[1] et debet seriantiam pincerne domini regis, et valet lx.s.

HUNDREDUM DE DANESYA.

Hubertus de Burgo, justiciarius, tenet villam de Purle que est eschaeta domini regis, et valet xxx.l.

Hardekinus de Hailesl' tenet Hailesl', set nescimus quo modo, et valet xx.s.

Walterus Mailard' et Willelmus Canis tenent villam de Bradewell per seriantiam cum armis &c.; et Thomas de Dyva tenet terram illam de eis, et valet x.l.

HUNDREDUM DE CHAFFORD'.

Bartholomeus de Brinzun' debet esse in custodia domini regis et est in custodia Johannis de Bassingburn' et est maritatus per eundem Johannem per donacionem domini regis et valet terra sua x.l. et est de feodo comitisse Augi.

Henricus de Cramavill' tenet Renham de honore Peverelli de Dovoria et est maritatus per Johannem de Rocheford', et terra sua valet c.s.

Agnes relicta Bartholomei de Brizun est maritanda, et valet terra sua c.s.

Domina Egidia vidua tenet terram de Chiltendich', et valet l.s.

HUNDREDUM DE DUNMAWE.

Agnes Peverel vidua est et est de donacione domini regis et valet terra sua vij.l.

Walterus de Merk' tenet terram suam de Roing' per seriantiam falconarie, et valet x.l.

Radulfus Monachus tenet terram suam de Eyston' per seriantiam lardenarie, et valet xviij.l.

HUNDREDUM DE FRESCHWELL'.

Domina Amicia de Heliun est de donacione domini regis et est vidua et valet terra sua de Bumstede xx.s.

Simon de Achwell tenet per seriantiam et debet esse hastelarius domini regis, et valet terra sua x.s.

HUNDREDUM DE ROCHEF'.

Ecclesia de Hadleg' est de donacione domini regis, sicut de eschaeta baronie de Reylegh. Et Robertus de London' tenet illam de dono domini legati.

---

[1] *Read* Kyvilly.

Baronia de Reyleg' est eschaeta domini regis et H. de Burgo, justiciarius, tenet illam set nescimus per quod servicium; et valet in hundredo de Rochef' lx. et x.l. cum instauramento.

Kouedon'[1] est in manu Terrici Teutonici per dominum Henricum et valet xxvij.l. set nescimus per quod servicium.

Rareg' est in manu Hugonis de Bernevall' per dominum Regem Johannem, et tenet per servicium unius militis, et valet xv.l. cum instauramento.

Wakering' est in manu Hugonis de Neovill' per dominum regem cum filio[2] Henrici de Cornhull' et tenet per servicium j. militis, et valet xl.l. cum stauro.

Fulco de Cantilupo tenuit ante guerram Schopelaund per dominum regem; et post guerram recuperavit Baldwinus de Ostrewic terram illam sicut rectus heres, et valet xvj.l. cum stauro et tenet per servicium duorum militum.

VILLATA DE WRITL'.

Ecclesia de Writl' est de donacione domini regis et illam modo tenent fratres hospitalis Sancti Spiritus Rome, set nescimus per quem, et valet ecclesia c.m.

Willelmus de Herban,[3] tenet in Writl' unam virgatam terre per xx.s. ad firmam de Wrtil' scilicet terram illam que fuit Briani et debet custodire forestam, viride scilicet et venacionem.

Radulfus serviens tenet unum mesuagium in eadem villa per seriantiam ad faciendum summoniciones in comitatu et reddendum vj.d. ad firmam manerii de Writl'.

NORFOLK.

ROTULUS DE ESCAETIS ET SERGANTIIS ET CETERIS IN COMITATU NORFF'.

HUNDREDUM DE EYNEFORD.

Ecclesia de Falesham est de donatione domini regis et Anselmus Crassus habet illam per W. Marescallum juniorem.

Ecclesia de Timelthorp' est de donatione domini regis et Vincentius de Bec tenet illam per Baldewinum de Betun', comitem Albamarlie.

Ecclesia de Binetr' est de donatione domini regis et Philippus de Langebr' tenet illam per eundem Baldewinum.

Escaeta. Quedam escaeta est in Ringelond', et Weston', et Morton', et dominus Falk' tenet eam; iij.l.

HUNDREDUM DE GALEHO.

Comes Arundell' tenet Falkeham que est escaeta domini regis et valet xlviij.l. et iiij.s. et v.d., et tenet eam in escambium terre sue de Normannia per dominum Johannem Regem.

HUNDREDUM DE FRETHEBRIGGE.

Domina Gundreda de Warrenn' est de donatione domini regis in Dersingeham et valet terra eius xxx.l.

---

[1] *Read* Kanedon, *i.e.* Canewdon.   [2] *Read* filia.   [3] *Read* Herlau.

S. ij. 9. Domina Emma de Bella Fago similiter in Flicham et valet terra
II. 302–
305. De eius xxx.l.
Testa de   Escaeta. Terra Rogeri filii Hervici clerici de Appelton' fuit in
Nevill'— manu domini regis per unum annum et cetera pro falso sacra-
cont.   mento et valet dimidiam marcam. Set modo est in manu comitis
Arundell'.

HUNDREDUM DE NORTHERPINGEH'.

Escaeta. Terra Bunde filii Hervici Gamel imprisonati apud Norwicum pro morte uxoris sue, et postea deliberati per Hervicum Belet est in manu domini regis ; set nescitur quid valet.

Matillis de Becham que fuit uxor Abrahe de Felmingham est in donatione domini regis, et valet dimidiam marcam.

HUNDREDUM DE LODING'.

Sergantia. Willelmus le Enveise tenet in Langhal' quandam sergantiam per unum siflet et unum saltum et cetera et valet c.s. et habet terram illam per comitem H. le Bigod.

HUNDREDUM DE NORTHGRENEHO.

Advocatio. Medietas advocationis ecclesie de Holkham est de donatione domini regis et valet l.m. et magister Robertus de Gloucestria tenet per dominum Regem Johannem.

HUNDREDUM DE HERESHAM.

Alicia que fuit uxor Philippi filii Roberti data est Radulfo de Trublevill per dominum regem, et valet villa sua de Dunton' xiij.l. et est de dote ipsius Alicie.

Sergantya. Warinus Ostriciarius de Redenhal' tenet terram suam per sergantiam scilicet mutandi domino regi unum accipitrem et portandi illum in hieme ad sumptus domini regis, et valet terra illa xl.s.

HUNDREDUM DE DISCE.

Custodia. Petrus filius Bartholomei de Auvelers est de custodia domini regis et terra sua valet x.s. in Selfham.[1]

Femina Bartholomei de Auvelers maritata est Radulfo de Bello Campo, et finem fecit apud Londonias, quia set de donatione domini regis et Petrus predictus est in custodia illorum, set nescimus per quem.

Dominicum. Comes Arundell' tenet silvam unam que fuit de dominico domini regis in villa de Fersfeld' et habet in eadem villa xix.s. et iiij^{or} d. redditus pertinentis ad silvam illam, et per longum tempus tenuit, set nescitur quomodo.

Sergantia. Willelmo de Meaulinges tenet terram suam per sergantiam vendendi averia domini regis ad forum de Norwico, et valet terra sua in Binston'[2] xl.s.

Sergantia. Bartholomeus de Auvelers tenet terram suam per sergantiam ducendi servientes pedites in Wallia, et valet terra sua x.s.

---

[1] *i.e.* Shelfanger.   [2] *Read* Burston'.

S. ij. 9.   HUNDREDUM DE ESTFLEG'.
II. 302–
305. De   Custodia. Hugo de Gurnay debet esse in custodia domini regis
Testa de et Willelmus de Cantilupo habet terram suam de Castr', et valet
Nevill'— xvj.l. set nescimus per quem.
cont.
    Domina Margeria de Cressy est de donacione domini regis et valet terra sua in Fileby c.s.
    Domina Johanna que fuit uxor Radulfi Pelliparii est de donatione domini regis et est maritata Willelmo Aguilun per dominum Regem Johannem, et valet terra sua in Scrouteby vij^{tem} l.
    Advocatio. Quatuor ecclesie de Ormesby sunt de donatione domini regis, et dominus rex dedit illas hospitali Sancti Pauli de Norwico.

HUNDREDUM DE THAVERHAM.

Escaeta. Fretham fuit terra Roberti Bertram et Rogerus Pauper tenet illam per dominum Regem Johannem, et valet xij.l.

HUNDREDUM DE SUTHGRENEHO.

Escaeta. Oxeburc fuit escaeta domini regis, et vicecomes tenuit, et solebat valere x.l. et nunc reddita est recto heredi.

HUNDREDUM DE SUTHERPINGEHAM.

Isabella de Cressy est de donatione domini regis et Rogerus de Cressy habet illam de dono domini Regis Johannis, et terra sua valet xxx^{ta} l. in hundredo de Erpingeham.
    Escaeta. Quedam escaeta est in Oulton' de xl.s. redditus et est in manu Huberti de Burgo, justiciarii, et donatio ecclesie de Oulton' pertinet ad illum tenementum, et Johannes persona tenet illam ex dono patris sui.
    Sergantia. Willelmus le May tenet quandam sergantiam in villa de Causton', et pascit j. limerum, et valet xx.s.
    Avicia Tusard tenet quandam sergantiam in villa de Baningham per balistariam, et valet lx.s.
    Hubertus Corn de Buef tenet quandam sergantiam in eadem villa per balistariam, et valet xxviij.s.

HUNDREDUM DE BROTHECROS'.

Sergantia. Henricus de Hauvill' tenet villam de Dunton' per sergantiam de falconaria de dono Regis Ricardi, et valet xv.l.

HUNDREDUM DE FUGERHOWE.

Dominicum. Heingham fuit manerium domini regis, et Rex Henricus avus dedit ecclesiam Johanni de Brideport, et postea Rex Johannes dedit eandem filio predicti Johannis, et postea dedit manerium illud Johanni Marescallo.
    Escaeta. Costeseya fuit escaeta domini Regis Ricardi qui dedit illam Roberto de Mortuo Mari, et valet xxxv.l. et Rex Johannes dedit ecclesiam Willelmo de Reinges, set nescitur quid valet.
    Dominus Falk' habet Huningham et Heston', set nescimus per quem, et valent xx^{ti} l.
    Comes W. de Mandevill' habet Bauneburg', set nescimus per quem, et valet xv.l.

NORFOLK.

S. ij. 9.
II. 302-305. De Testa de Nevill— cont.

HUNDREDUM DE HUMELIORD'.

Escaeta. Terra Walteri Wuderoue utlagati est in manu domini regis et valet v.s.

Custodia. Heres Willelmi Peverel debet esse in custodia domini regis et Thomas de Baskervill' habet custodiam eius et terre sue de Melton' per dominum regem, ut dicunt, et valet x.l. et preceptum est vicecomiti quod capiat in manum domini regis donec &c.

Oliva Peverel est de donatione domini regis et est vidua et terra sua de Brake valet iiij^{or} l.

Sergantia. Radulfus de Erlham tenet terram Roberti de Wurthested' in Erlham per sergantiam faciendi xl. diebus balistariam in castello de Norwico, et valet terra illa xl.s.

Willelmus filius Johannis de Karleton' et Willelmus filius Radulfi tenent de domino rege per sergantiam ferendi xx^{ti}iiij^{or} pastilla allecis domino regi, et valent terre eorum ij.m.

BURGUM DE NORWICO.

Escaeta. Karolus de Gernemu habet terras et redditus magistri Henrici de Gernemu et Roberti filii sui per dominum Regem Johannem et valent per annum viij.s. et iiij.d. et ballivi de Norwico **apponunt** clameum.

VILLA DE GERNEMUE.

Escaeta. Karolus de Gernemu tenet terras et redditus magistri Henrici de Gernemu per dominum Regem Johannem, et valent iij.m. et ballivi de Gernemu apponunt clameum suum.

SUFFOLK.

S. ij. 9.
II. 306-308. De Testa de Nevill.

DE COMITATU SUFF'.
HUNDREDUM DE SAUNFORD'.

Custodia. Ricardus filius Bartholomei de Auvelers debet esse in custodia domini regis et est in custodia matris sue per H. de Burgo cum quo finem fecit per xx.s. et terra eius valet c.s. et tenet per sergantiam, sicut alibi dictum est.

Kassandra uxor eiusdem Bartholomei debet esse de donatione domini regis, set maritata est per predictum finem.

Advocatio. Ecclesia de Hintlesham est de donatione domini regis, set data fuit Mikaeli Belet per Regem Ricardum.

Ecclesia de Chelmondeston' data fuit Magistro Moysi per Matildem Reginam, unde Radulfus Gernun et Willelmus de Braunford' sunt **advocati**.

Ecclesia de Tatingeston' data fuit Alano de Bella Fago per Regem Henricum avum.

Terra Ade Mauveisin est escaeta domini regis, set dominus rex illam dedit Radulfo Gernun, et valet x.l.

HUNDREDUM DE WAYNEFORD'.

Advocatio. Ecclesia de Weston' et ecclesia Sancte Marie de Wilingham sunt de donatione domini regis, et magister Simon de Thanet illas tenet de dono domini Regis Johannis.

S. ij. 9.
II. 306–
308. De
Testa de
Nevill'—
cont.

Ecclesia Sancti Bothulfi de Cave est similiter de donatione domini regis, et Magister Willelmus de Bodham illam tenet de dono domini Regis Johannis.

Escaeta. Terra Thuneire fuit escaeta domini regis tempore Henrici Regis. Et Thomas filius Hervici Cobbe, Adam filius Andree, Walterus filius Thome, Johannes Hunteman, Constantinus filius Hagenild' filie Gerardi Benewill' tenent terram illam, set nescitur per quem ; et reddunt ad scaccarium per annum per manus vicecomitis v.s. et vij.d., et tantum valet terra et preceptum est vicecomiti quod capiat illam in manum et cetera.

HUNDREDUM DE BLITHING'.

Donatio. Margeria de Cressy est de donatione domini regis, et valet terra sua in hundredo de Blithing' xiiij.l.

Escaeta. Nicholaus de Dunewic' tenet villam de Westhal' de dono Regis Johannis, et valet xvj.l.

HUNDREDUM DE STOWE.

Advocatio. Ecclesiæ[1] de Hagenet et de Sevelond sunt de donatione domini regis, et magister Alanus de Becles tenet illas per dominum legatum.

Escaeta. Manerium de Hagenet est escaeta domini regis, et H. de Burgo, justiciarius, tenet illud per Regem Johannem, et valet xl.l.

HUNDREDUM DE HERTESMERE.

Sergantia. Bartholomeus de Auvelers tenet per sergantiam in Brom et debet ducere servientes in exercitu Wallie, et valet terra sua xl.s. et debet habere iiij.d. de quolibet serviente quem duxerit.

Hubertus Corndebuef tenet in Meleford'[2] per sergantiam balistarie, et valet per annum v.m.

Escaeta. Dominus Falk' de Breaute tenet honorem de Eya per Regem Johannem, et est escaeta.

HUNDREDUM DE LUDINGELOND'.

Advocatio. Ecclesiæ[1] de Parva Gernemuta' et de Gorleston', et de Lowistoft, et de Beleton', sunt de donatione domini regis, et magister Alanus de Stokes tenet illas per canonicos de Sancto Bartholomeo de Smethefeld', quibus dominus Rex Henricus avus illas dedit, ut dicunt.

Sergantia. Rogerus de Burgo tenet Burg' per servicium unius balistarii ad castrum Norwici, et valet terra c.s.

Domina Gundreda de Warrenn' est de donatione domini regis, et valet terra sua in hundredo de Blakebrunne x.l.

HUNDREDUM DE COSFORD'.

Domina Helewisa de Gwerres bis dotata fuit per dominum regem, primo Willelmo de Pynkiny, secundo Willelmo filio Roberti, et domina Matillis de Flamvilla similiter est de donatione domini

---

[1] *So in original* (S. ij. 9). [2] *Read* Mendlesham.

SUFFOLK. 283

S. ij. 9.
II. 306-
308. De
Testa de
Nevill'—
cont.

regis, et ambe sunt maritande set vetule sunt; et manerium de Bildeston' partitum est inter eas et valet xx.l. et est de baronia Godefridi de Luvein' per hereditatem uxoris sue.

HUNDREDUM DE RISEBREG'.

Sergantia. Gilibertus Pichard de Wrating' tenet per sergantiam, et debet domino regi in excercitu Wallie unum arcum et v. sagittas, et debet recipere cotidie iiij.d. et valet terra sua iij.s.

HUNDREDUM DE BABBEBERG'.

De custodia. Hamo filius Henrici de Clerbec debet esse in custodia domini regis, et Yda mater eius habet illam et terram eius per dominum regem, et valet terra x.l. et ipsa Ida maritanda est.

Johannes filius Andree de Bello Campo debet similiter esse in custodia domini regis, et Eva de Gray, mater eius, habet custodiam eius et terre sue de Asington' per dominum Falk', et valet terra eius xx.l. et ipsa Eva est maritanda.

Filius David de Lindeseye similiter debet esse et cetera, et Engelard' constabularius de Windleshore habet terram eius in Kaftnedich' et terra valet c.s., set nescimus per quem tenet.

Basilia de Limisi est de donatione domini regis, et est maritata Hugoni de Hodesell' per dominum Regem Johannem, et valet terra eius in Kavenedis c.s.

Escaeta. Villa de Eylaund est escaeta domini regis, et dominus H. de Burgo tenet illam sicut de baronia, et valet xx.l.

Hugo Talemasch' tenet quandam escaetam in Aketon' de dono Regis Johannis, et valet x.l. et debet servicium dimidii militis.

Reginaldus de Poinz tenet Wivermers' que est escaeta domini regis, et valet x.m. et tenet per regem ut dicunt.

HUNDREDUM DE BOSEMERE.

Sergantia. Alexander de Brunton' tenet dimidiam carucatam terre per servicium j^{us} salti et sibil' &c. et valet x.s.

BURGUS DE GYPESWIC'.

Advocatio. Ecclesia Sancti Mathei et ecclesia Omnium Sanctorum de Gypeswic' sunt de donatione domini regis et Johannes de Plessis est persona per dominum Regem Johannem.

Wykes est de dominico domini regis et membrum burgi de Gypeswic et dominus Legatus tenet, set nescimus per quem.

LINCOLN.

S. ij. 9.
II. 565-
567.

VEREDICTA JURATORUM DE COMITATU LINC' DE DOMINABUS, VADLETIS ET PUELLIS ET ESCAETIS ET SERIANTIIS ETC. DE SINGULIS WAPENTAKIS IN COMITATU LINCOLNIE.

JERDEBRUG' WAPENTACHIUM.

Cecilia de Albiniaco vidua est de donacione domini regis et habet in Bekeby redditum xiiij^{cim} s. et in villa de Aburc' redditum iiij^{or} m. et v.s. ij.d.

S. ij. 9.
II. 565-
567—cont.

Willelmus de Cantelup', nepos Fulconis de Cantelup', tenet x. libra^tas terre cum pertinenciis in Barton' de escaeta domini regis de terra que fuit Aaronis Judei Lincolnie per Fulconem de Cantelup' et nullum servicium inde facit domino regi et Willelmus predictus dederat Roberto Barat medietatem illius, qui illam dedit domui religiose, scilicet abbacie de Bardenay.

Matillis Banastr' vidua est de donacione domini regis, et terra sua valet x.m. per annum in Kirmington'.

Hugo filius Henrici de Nevill' de Hall' debet esse in custodia domini regis et Willelmus de Albiniaco habet illum in custodia per dominum regem, et terra sua valet in Kirington' per annum v.m. xvj.d. et in Haburg' v.m. et dimidiam et xviij.d. per annum.

Ecclesia de Kirmington' est de donacione domini regis et abbas de Neuhus tenet eam, set nesciunt per quod habet ingressum.

SOCHA DE CASTRE.

Ecclesia de Suthkellis' est de donacione domini regis et dominus Rex Ricardus dedit illam Jocali de Abbendon' et valet per annum x.m.

HAWARDISHOU WAPENTACHIUM.

Socha de Waltham est de donacione domini regis per Alanum filium comitis Britannie, et Henricus filius regis et Radulfus de Raleg' tenent inde xl. libratas terre per breve regis, et Hugo de Gurnay qui est in custodia Willelmi de Cantelupo per dominum regem xlj. libratas terre, et Cunradus de Vilers xl. marcatas terre per dominum regem.

Ecclesia de Leisseb' est de donacione domini regis et Johannes clericus Gaufridi de Nevill' habet de dono Regis Johannis illam ecclesiam.

Ecclesia de Parva Cotis est de donacione domini regis, et Fraricus clericus habet eam de dono Regis Johannis.

SOCHA DE HORNECASTR'.

Ecclesia de Hornecastr' et de Askeb' et de Superiori Thinton' et de Meringes et de Hinderby sunt de donacione domini regis. Et Osbertus persona tenet eas de dono Regis Ricardi.

Ecclesia de Marum' et de Morbi sunt de donacione domini regis et Nicholaus persona tenet eas de dono Regis Johannis.

Walterus de Bavent tenet in Marum vj. libratas terre et iiij^{or} solidatas per servicium falconarie.

GAIRTRE WAPENTACHIUM.

Willelmus de Mandevill' tenet xx. libratas terre in Hemingb' et in Bukenhall' et in Horsinton' de eschaeta domini regis de terra que fuit Roberti filii Ernisii.

HILLE.

Hubertus de Burgo tenet in Brincle lxij.s. redditus de dono Regis Johannis.

Walterus de Bavent tenet ij. bovatas in Winceb' per servicium falconarie, et valent per annum ix.s.

S. ij. 9.   Gilebertus de Beningwurth' tenet quandam terram in Salmodeby
II. 565–
567—cont. et Screchefeld' de hereditate uxoris sue per serganteriam portandi
unum osturcum in saisona, et valet per annum c.s.
Willelmus filius Michaelis tenet j. toftum in Hagwurthingham
per servicium existendi summonitor in wapentako, et valet per
annum vj.d.

CANDELISHO WAPENTACHUM.

Matillis de Lasci est de donacione domini regis ; terra sua valet
in Ingoldismelis xv.l.

LUTHESCH.

Socha de Gaiton' est eschaeta domini regis et valet per annum
xxv.l. et Gaufridus de Salicosa Mar' tenet eam per dominum Regem
Johannem.

KIRKETON'.

Preceptum est vicecomiti quod capiat in manum domini regis
vj. bovatas terre cum pertinenciis in Springthorp' et Sturegarth'
que fuerunt Thome filii Gileberti utlagati tempore quo G. filius
Petri habuit socham illam eo quod testatum fuit quod nunquam
fuerunt in manu domini regis, et quod teneat illas a festo Sancte
Margarete anno tercio regni Regis Henrici in j. annum et j. diem et
quod vicecomes sit inde respondens ad scaccarium de exitibus illius
terre.

MANLE WAPENTACHIUM.

Matillis de Lasci, mater constabularii Cestrie, est de donacione
domini regis, et terra sua valet in Halghton' xiij.l.

KIRKETON IN HOYLAND.

Walterus de Braitoft tenet terram que fuit Helpi Balistarii in
Surflet' reddendo inde per annum ad scaccarium iij.m. et habet
illam de dono domini Regis Johannis, et terra valet per annum x.m.

SCHIREB'.

Oliverus de Vallibus habet Petronillam que fuit filia Widonis de
Croum de donacione domini Regis Johannis, et terra eius valet per
annum l.l.

KESTEVEN.[1]
NESS WAPENTACHIUM.

Hugo Wach est et debet esse de custodia domini regis et est in
custodia Willelmi Briggwer' per dominum Regem Johannem, et terra
eius valet in isto wapentachio xl.l.
Agnes Wach est de donacione domini regis ; terra eius valet xx.l.

AVELUND.

Domina Nicholaa de Haya est de donacione domini regis et terra
eius de Swaveton' valet per annum xx.l.

---

[1] *At the head of this dorse* Lincoln. De Testa de Nevill' *is added in a later hand in* S. ij. 9.

S. ij. 9. Matillis de Hauvill' est similiter de donacione domini regis ; terra
II. 565–
567—cont. eius valet in Hacuneb' per annum x.m. ; eadem tenet terram que
fuit Rogeri le Gros que est escaeta domini regis pro xij.d. per annum,
set nescitur per quem.

[LOVED]ON'.

Matillis de Chauc' est de donacione domini regis ; terra eius valet
xij.l. in hoc wapentachio.

Margareta de Vesci est de donacione domini regis ; et terra sua
tam illa quam habet in dotem quam terra quam comes Saresbirie
habet in custodia cum filio suo valet per annum l.l. et tenet eam per
servicium iij. militum de domino rege.

Waleram' Theutonicus tenet in Ledinha' et in Fulebec quandam
terram de dono domini Regis Johannis, et valet per annum x.m.
et terra illa est de honore de Richemund'.

Magister Albertus tenet in Fuleb' et in Ledinha' xx. solidatas
redditus de eschaeta domini regis, set nescitur quo warranto.

WAPENTACHIUM DE [FLAX]EWELL'.

Matillis de Chauz est de donacione domini regis ; terra eius valet
in hoc wapentachio xv.l.

BOBY WAPENTAK'.

Oliverus de Albiniaco tenet xiiij^{cim} libratas et xv. solidatas terre
in villa de Coleb' de escaeta per dominum regem.

WAPENTACHIUM DE GRAFHO.

Ysabella de Douer est de donacione domini regis, et terra eius in
hoc wapentachio valet per annum ix.l.

Linc'. In libro.

Rotuli de escaetis et dominabus et puellis de comitatibus Linc',
Notig' et Derbi'.

NOTTINGHAM AND DERBY.

S. ij. 9. *VEREDICTA JURATORUM DE SINGULIS WAPENTAKIIS COMITATUUM*
I. 70.   *NOTING' ET DERB' DE ESCAETIS, DOMINABUS, VADLETIS
ET PUELLIS, ETC.*

BERSETELAW WAPENTACHIUM.

Matillis de Chauc' est de donacione domini regis et terra quam
tenet in hoc wapentachio valet xiij.l. vj.d.

Manerium de Wethelay est eschaeta domini regis per Radulfum
Theissun' qui eam tenuit. Comitissa de Augo tenet manerium
illud, et valet per annum xxvj.l.

TURGARTON' ET LITHE WAPENTACHIUM.

Matillis de Chauz est de donacione domini regis et terra sua valet
in hoc wapentachio viij.l. ij.d. et j. libram piperis et j. libram cimini
et j. unciam serice.

S. ij. 9.
I. 70—
cont.

Domina Amfelisia de Roldeston' que fuit uxor Jollani de Nevill' tenet terram suam in wapentachio de Turgarton' de honore de Richemund', et valet per annum x.m., set nesciunt utrum ipsa sit de donacione domini regis vel de donacione comitis Cestrie.

Emma de Bella Fago est de donacione domini regis et terra sua valet in hoc wapentakio xx.l. scilicet Ludham cum socha.

Reginaldus de Colewic' tenet villam de Colewic' per sergantiam, scilicet reddendi per annum xij. sagittas, et terra illa valet per annum c.s.

BINGHAM WAPENTAKIUM.

Heres Gervasii de Wiverton' debet esse in custodia domini regis et Philippus Marc', vicecomes Noting', habet custodiam terre et ipsius heredis per dominum regem ; terra sua valet per annum c.s. Et Sarra que fuit uxor eiusdem Gervasii est de donacione domini regis et habet custodiam terre et heredis predicti per ipsum vicecomitem.

Villa de Bingham est escaeta domini regis de terris Normannorum. Et Colinus de Lettris et frater eius habent terram illam de dono domini regis et similiter de dono Regis Johannis, patris domini regis, et valet per annum xl.l.

Villa de Langar' est de honore Peverelli de Noting'. Radulfus de Rodis' tenet manerium illud, et valet per annum xxx.l.

RISECLIVE.

Clifton' cum socha est escaeta domini regis et est de honore Peverelli de Noting' et valet per annum xl.l. et Radulfus de Rodis tenet eam per dominum regem per servicium dimidii militis.

BROCOLVISTOW.

Heres Walteri de Stradleg' tenet terram suam de honore Peverelli de Noting' et Philippus de Stradleg' habet custodiam terre illius et heredis per Gaufridum de Mandevill' cui dominus Rex Johannes custodiam illam concessit ; terra illa valet per annum c.s. unde Cecilia que fuit uxor eiusdem Walteri habet terciam partem illius terre in dotem.

Agatha de Cokefeld' est de donacione domini regis ; terra sua in Nuthehall' est de honore Peverelli de Notig', et valet per annum xxiiij.s.

Ecclesia de Bulewell' est de donacione domini regis et Henricus de Noting', canonicus Suwell', tenet illam, set nescitur per quem.

Manerium de Bulewell' est escaeta domini regis de honore Peverelli de Noting', et Philippus Marc', vicecomes Noting', dicit quod tenet manerium illud per dominum Regem Johannem.

Villa de Lindeby est escaeta domini regis de honore Peverelli de Noting' et Willelmus de Sancto Michaele de Lond' habet medietatem illius ville ex dono Regis Johannis, reddendo inde per annum in cameram domini regis unum pellicium de gris, et illa medietas valet per annum vij.l. vj.s. Et Petrus de Letris et frater eius habent aliam medietatem per consilium domini regis quamdiu domino regi placuerit, et valet illa medietas vij.l. vj.s.

NOTING'.

S. ij. 9.
I. 70—
cont.

Terra Theobaldi monetarii in Noting' est escaeta domini regis, et uxor ipsius Theobaldi tenet illam reddendo inde dimidiam marcam unde ipsa fuit atornata de predicto servicio Henrico de Gray per Philippum Marc', vicecomitem, et terra illa solet reddere ad scaccarium dimidiam marcam.

Gilebertus Glutun tenet quandam terram cum furno quodam in villa de Noting' que valet per annum xl.s. per servicium existendi summonitor et ferendi brevia domini regis per utrumque comitatum, scilicet Noting' et Derb', ad custum suum proprium.

COMITATUS DERBISIR'.

ALTUM PECHUM.

Castrum de Alto Peccho est escaeta domini regis de honore Willelmi Peverell, et comes de Ferariis illud habet cum tota foresta, ita quod servientes de foresta sunt respondentes ipsi comiti sicut prius fuerunt respondentes domino regi.

Ecclesia de Alto Peccho est de donacione domini regis et Willelmus de Furnellis habet eam de dono Regis Johannis.

Villa de Bathecwell' est de donacione domini regis et Radulfus Gernun' habet eam de dono Regis Ricardi, et valet per annum xvj.l.

Villa de Glotsop' est de donacione domini regis et Rex Henricus dedit eam monachis de Basingwerc' et valet per annum x.l.

Villa de Cruchull' est de donacione domini regis et Rex Johannes dedit eam canonicis de Welleb' et valet per annum xxv.s.

Comes de Ferrariis habet manerium de Wirkeswurth' cum socha ex dono Regis Johannis reddendo inde per annum ad scaccarium vj^{xx} l. et iiij.l.

RAPENDON'.

Magister Simon de Waltham tenet ecclesiam de Meleburn' de dono Regis Johannis, qui illam alias dederat, et dominus Rex Henricus, pater Regis Johannis, similiter dedit eam, set juratores nesciverunt, utrum illam dederunt ratione custodie quam habuerunt de episcopatu Karleoli vel alio modo.

Comitissa Cestrie, mater comitis, est de donacione domini regis; terra eius valet per annum viij.l. in hoc wapentakio.

SCARVISDALE.

Manerium de Bollesovor' cum socha est eschaeta domini regis de honore Peverelli, et W. comes de Ferrar' tenet illud per dominum Regem Johannem.

Notingh' et Derb. In libro.

A.D. 1220.

In 1220, 'the magnates and faithful' of the realm made a 'gift' to the King, for the discharge of his urgent debts and for the defence of Poitou, of 2s. on every plough as yoked (*sicut juncta fuit*) at Midsummer of that year. By writs dated at Oxford on the 9th of August, the several sheriffs were ordered to summon full meetings of their respective 'counties' and to cause two suitable knights to be elected in each, to assist them in making the necessary assessments and collecting the money. The assessments and the money were alike to be delivered in London on the morrow of Michaelmas. Archbishops and bishops and their villeins, and the monastic orders of Cîteaux and Prémontré were exempted from the assessment;[1] the Templars and the Hospitallers obtained respite.[2]

By subsequent writs of the 7th of September, the exemption was extended to all ecclesiastics, and by further writs of the 19th of October to all their military and free tenants, upon a definite understanding that the ecclesiastics would themselves collect the carucage from them.[3] It will be observed that these last writs were not issued until more than a fortnight after the date originally fixed for the payment of the money. Having regard to the means of communication in the thirteenth century, the task imposed upon the sheriffs in August seems to have been impossible.

Although there was some opposition to the tax, a considerable part of it had been received by the 24th of November.[4] None of the sheriffs, however, appear to have rendered their accounts of the carucage by May 1223, and there are scattered notices of it in records of even later years.[5]

There has been some difference of opinion on the question whether the carucage of 1220 was levied on plough-teams or on plough-lands.[6] The main facts, as revealed by the records, may be stated in a few words.

In the first place, although the government of Henry III was not necessarily bound by precedents of the previous reign, it seems desirable to note the mention of the carucage of the year 1200 by two independent chroniclers :—

"Collectum est caruagium in Anglia, scilicet tres solidi pro quolibet aratro"[7]

"Exiit ergo edictum a justiciariis regis per universam Angliam ut quælibet carruca arans tres persolveret solidos,"[8]

Secondly, the royal writs of 1220 seem clearly to point to the teams as the subjects of the tax, the words '*juncta*' and '*juncte*' being inapplicable to the land.

---

[1] *Rotuli Litterarum Clausarum*, vol. i. p. 437. The chroniclers of Winchester and Waverley call this gift a ' tallage.' *Annales Monastici*, vol. ii. pp. 83, 293.
[2] *Rotuli Litterarum Clausarum*, vol. i. p. 428.
[3] *Ibid.* p. 437 ; *Annales Monastici*, vol. iii. p. 60.
[4] *Royal and Historical Letters*, vol. i. p. 151 ; *Rotuli Litterarum Clausarum*, vol. i. p. 442. [5] Memoranda Rolls.
[6] *English Historical Review*, vol. iii. pp. 507, 702–704 ; vol. iv. pp. 108–110 ; *Lancashire Lay Subsidies* (ed. Vincent), vol. i. pp. 128–144 ; Mitchell's *Studies in Taxation*, pp. 129–136. [7] *Annales Monastici*, vol. iii. p. 27.
[8] R. de Coggeshale, *Chronicon*, p. 101.

Thirdly, the account for Buckinghamshire states that there was no *caruca* at Bradenham in 1220. In this connexion it is interesting to note that, in 1086, the land there was sufficient for two ploughs and that there were actually two ploughs there.[1]

Fourthly, the assessment for Hertfordshire contains numerous references to '*teste*,' presumably heads of cattle, which were, in almost every instance, charged at 3*d*. apiece, that is to say one eighth of the 2*s*. charged on the *caruca*.[2] If then the *caruca* was a full team of eight oxen, this rate was normal. On the other hand, the same assessment for Hertfordshire mentions a third of a *caruca* at Graveley and another third at Panshanger. Furthermore, in the accounts of the collectors for Berkshire and for the Honour of Wallingford various fractions (*partes*) of *caruce* yielded odd amounts such as 2*d*., 3½*d*., 7*d*., 7½*d*., 8*d*., 10*d*. and 17*d*. which cannot represent any integral number of oxen. In Northamptonshire there are specific mentions of fractions of the *caruca*, two-thirds, one-third, one-sixth and even one-twelfth. A half-ox (*semibos*) mentioned in 1086 seems to have represented one-sixteenth share in a full team.[3]

The identification of documents relating to the carucage of 1220 has been greatly facilitated by the discovery of abstracts of some of the accounts on the earliest of the series of Foreign Rolls of the Office of the Pipe.

BERKS.—The heading of a roll for this county shows that the assessment was not made there until the fifth year of the reign of Henry III, that is to say after the 28th of October 1220. The letter 'T' written several times in the margin shows it to be the roll which was produced at the Exchequer at the audit of the account, as mentioned in the Foreign Roll. This original was copied into the Book of Fees, but the compilers of that work do not appear to have had access to a supplementary list, which is now printed for the first time. This account of 'arrears' gives the names of various laymen who are not mentioned in the original collectors' account printed below. William de Wancy is named in both the documents as one of the assessors and collectors. In order to ascertain the number of '*caruce*' belonging to ecclesiastics in Berkshire, it is apparently necessary to add together the figures in the two lists. It may be noted that the 'arrears' collected from laymen at Winterbourne and Aldermaston bring the totals for those places to even sums of money representing whole *caruce*.

BAILIWICK OF WINDSOR.—An assessment at the rate of 2*s*. on the '*caruca*' on certain places not included in the main assessments of Berkshire appears to have been overlooked by the compilers of the Book of Fees. The total amount collected was 16*l*. 6*s*. and the Foreign Roll shows that this was the precise sum paid over by Engelard de Cigogné to the general receivers of this carucage at the New Temple in London.

GLOUCESTER.—An assessment for this county is entered in the Book of Fees. The sum total corresponds exactly with that for which Ralph Musard, the sheriff, accounted at the Exchequer, as shown on the Foreign Roll.

---

[1] Domesday Book, f. 153.
[2] Dr. Mitchell, having misread '*teste*' as '*toftœ*,' cites the word in support of the theory that the tax was levied on the land (p. 134).
[3] Domesday Book, f. 218*b* ; Maitland's *Domesday Book and Beyond*, pp. 142, 416, 417, 419.

INTRODUCTION. 291

Six original rolls now extant relating to this carucage, but not entered in the Book of Fees, are printed below.

HONOUR OF WALLINGFORD.—There is an account of Henry of the Exchequer for carucage at the rate of 2s. collected in this Honour in the counties of Oxford, Buckingham, Northampton, Berks, Wilts, Middlesex and Surrey. The sum total corresponds exactly with the amount which he is recorded to have paid at the New Temple, less some arrears which are mentioned in this document and in the Foreign Roll alike. It may be observed that in the original roll all the statements as to number of *caruce* at each place are clearly additions.

OXFORD.—There is a general account of the carucage in this county. The sum total corresponds exactly with the amount for which Ralph fitz Robert and Gilbert of Finmere, the collectors, accounted at the Exchequer.

NORTHAMPTON.—An account of the receipts for carucage in this county may, although undated, be referred to the year 1220, for it states that the Bishop of Salisbury had, by the king's order, collected the amounts due from the lands of Roland son of Simon of Lindun and Richard of Hendred, and his authority to do so is recorded in a contemporary roll of the Chancery under date of 1 September 1220.[1] The names of the assessors and the amount collected correspond exactly with those given on the Foreign Roll.

NORFOLK AND SUFFOLK.—A roll for these counties gives the total number of *caruce* in each hundred and deducts therefrom those belonging to ecclesiastics. The figures for both counties agree with those of the Foreign Roll.

HERTFORD.—A roll for this county is specifically dated as belonging to the fourth year of Henry III.

HUNTINGDON.—A brief account of carucage in this county 'in the time of Falkes de Breaute' on a single piece of parchment, was presumably written soon after his fall in 1224. As it relates to a levy of 2s. on the '*caruca*,' it may be founded upon an account of the year 1220. The total number of *caruce* mentioned in it differs from that given on the Foreign Roll by a quarter of a *caruca*, which yielded 6d.

BUCKINGHAM AND BEDFORD.—Seventeen years after the grant of the carucage of 1220, the Exchequer issued a writ, perhaps a series of writs, ordering immediate enquiry as to the assessments and payments made in connexion therewith. At a still later date, inquisitions were held in the counties of Buckingham and Bedford, which resulted in the preparation of lists naming the different persons to whom the money had been paid. In Buckinghamshire, most of it seems to have been paid to the authorised collectors. In Bedfordshire, many payments had been made to Henry of Bath, who was under-sheriff from Michaelmas 1220 to Michaelmas 1223. One payment had been made to a servant of Falkes de Breauté, who was Sheriff from Michaelmas 1217 to January 1224. The writ and the inquisitions will be found in the Appendix.

[1] *Excerpta e Rotulis Finium*, vol. i. p. 53.

A.D. 1220.

BERKS.

S. ij. 10.
I. 574–
583. De
Testa de
Nevill'.

Hec[1] est recepta carucagii ultimo assisi anno regni Regis Henrici tercii quinto, de terris comitum, baronum, militum et libere tenencium et aliorum laicorum terras excolencium, exceptis feodis ecclesiasticis, scilicet per manus Henrici de Scaccario, vicecomitis Berkesir', Willelmi de Stanford et Willelmi de Wancy ad illam collectam recipiendam electorum.

De Borewardescot' pro xx. carucis xl.s.
De Sriveham cum tenura pro xlvj. carucis et parte caruce iiij.l. xij.s. ij.d.
De Kingeston' Henrici filii Geroldi cum tenura pro xvij. carucis xxxiiij.s.
De Cumpton' Walteri de Bello Campo pro vj. car' xij.s.
De Ordeiston' Hugonis filii Hugonis pro vj. car' xij.s.
De Coleshull' Stephani filii Ynard' pro v. car' x.s.
De Eton' Willelmi de Hasting' pro x. car' xx.s.

HUNDREDUM DE EGEL'.

De Suthfallel' Ernulphi de Mandes pro ix. car' xviij.s.
De Sipford comitisse de Ferrariis pro xviij. car' et parte xxxvj.s. iij.d.
De Elphinton Ade et Galfridi pro iij. car' vj.s.
De Sipford' Henrici filii Willelmi pro viij. car' et dimidia et parte xvij.s. ix.d.

HUNDREDUM DE LAMBURN'.

De Uplamburn' pro xix. car' xxxviij.s.
De Lamburn' pro xxvj. car' lij.s.
De Estbir' pro xiiij. car' xxviij.s.
De Blacgrava pro xij. car' et parte xxiiij.s. vj.d.
De Esegareston' Eve de Tracy pro xxix. car' et dimidia et parte lix.s. iiij.d.
Bochampton'[2] Radulfi Hopesord, Radulfi de Stanton', Alicie de Blacgrava, Roberti Molendinarii, pro j. car' ij.s.

HUNDREDUM DE KENETEBIR.

De Locreslegh' Roberti de Erpeham pro j. car' ij.s.
De Tydecumb' Philippi[3] *   * pro iiij. car' viij.s.
De Benham pro xix. car' xxxviij.s.
De Enedburn' pro vij. car' xiiij.s.
De Wydehaye pro iij. car' vj.s.
De Ingepenn' pro xxij. car' et parte xliiij.s. vj.d.
De Saldeburn' pro xviij. car' et dimidia xxxvij.s.
De Bokesgat' pro xj. car' xxij.s.
De Sandon' pro x. car' terre xx.s.
De Ingeflod' pro iiij. car' viij.s.

---

[1] *To each entry in this list is prefixed the letter* T ; *and there is a marginal note* Totum solutum et in rotulo.
[2] *This entry is in another ink.*
[3] *After* Philippi *supply* de Hertrugge.

BERKS. 293

S. ij. 10.
I. 574–583.
De Testa
de Nevill'
—cont.

De Godingflod' pro iiij. car' viij.s.
De Deneford' pro iiij. car' et dimidia ix.s.

HUNDREDUM DE CUMPTON'.

De Chilton' pro vj. car' et parte xij.s. vij.d. ob.
De Cumpton' Johannis de Bakepus pro xxj. car' xlij.s.
De Westyldesl' pro xj. car' et dimidia et parte xxiij.s. vj.d.
De Hodicot' pro vj. car' xij.s.
De Estyldesl' pro v. car' x.s.
De Catmere pro v. car' et dimidia xj.s.
De Aldewrth' pro viij. car' xvj.s.
De Calrug' pro ij. car' et dimidia v.s.

HUNDREDUM DE RUGHEBURGH.

De Stanford' Willelmi pro xj. car' xxij.s.
De Fridlesham pro xj. car' xxij.s.
De Yetingeden' et Yevrinton' pro viij. carucatis xvj.s.
De Eling' pro v. car' x.s.
De Hamsted' pro xviij. car' xxxvj.s.
De Wyl pro iiij. car' viij.s.
De Migeham pro ix. car' xviij.s.
De Colethrop' pro iij. car' et dimidia et parte vij.s. vj.d.
De Waghesing pro ij. car' iiij.s.
De Brimton' pro iiij. car' viij.s.
De Cuserug' pro x. car' xx.s.
De Sagh' pro viij. car' et parte xvj.s. viij.d.
De Bagenor' pro[1] ij. car' iiij.s.
De Hauecrug' pro j. car' ij.s.
De Neubir' pro vj. car' xij.s.
De Pesemere pro xij. car' et parte xxiiij.s. iiij.d.
De Harlingeden' pro ij. carucatis iiij.s.
De Langelegh' pro vj. car' xij.s.
De Wintreburn' pro xvj. car' et dimidia et parte xxxiij.s. v.d.

HUNDRED' DE SLOTESF' ET BLEBIR'.

De Bastlesden' et Eshamsted' pro xxxvj. car' et parte lxxij.s. vij.d.
De Stratlye pro xxix. car' et parte lviij.s. iiij.d.
De Molesford pro ix. car' xviij.s.
De Eston' pro viij. car' et dimidia et parte xvij.s. iiij.d.
De Lollindon' pro j. car' ij.s.
De Hakeburn' pro x. car' xx.s.
De Upton' pro v. car' x.s.
De Northmorton' pro xj. car' et dimidia et parte xxiij.s. viij.d.
De Sudmorton' pro xij. car' et dimidia et parte xxv.s. vj.d.

HUNDRED' DE OCK' ET SUTTON'.

De Westwitteham pro xxiiij. car' et parte xlviij.s. viij.d.
De Sutton pro xxvij. car' liiij.s.
De Fifhida pro xix. car' xxxviij.s.

---

[1] pro *is repeated in* S. ij. 10

A.D. 1220.

S. ij. 10.
I. 574–583
De Testa
de Nevill'
—cont.

De Eppelton' pro vj. car' xij.s.
De Kingeston pro xiiij. car' et dimidia xxix.s.

HUNDRED' DE WANETING' ET GAMENEFELD.

De Hauedford pro x. car' xx.s.
De Berecot' pro vj. car' xij.s.
De Bocland' pro xx. car' et parte xl.s. vij.d.
De Henton' pro xvj. car' et dimidia xxxiij.s.
De Stanford' comitisse de Ferrariis pro xxvj. car' et dimidia liij.s.
De Pesy pro ij. car' et dimidia v.s.
De Est Hann' pro iij. car' et dimidia vij.s.
De Westlaking' pro vij. car' xiiij.s.
De Est Henred pro ij. car' iiij.s.
De Gaeng' pro vj. car' et dimidia xiij.s.
De Cherleton' pro vij. car' et dimidia xv.s.
De Waneting' pro xxiij. car' et parte xlvj.s. vj.d.
De Celrea pro xvij. car' et dimidia xxxv.s.
De Spersolt' Radulfi Musard pro vj. car' xij.s.
De Spersolt' Roberti Achard' pro xv. car' xxx.s.
De Westcot' pro ij. car' et dimidia et parte v.s. viij.d.
De Dencheswrth' pro v. car' x.s.
De Northdencheswrth' pro iij. car' vj.s.
De West Hann' pro iij. car' et dimidia et parte vij.s. viij.d.

HUNDREDUM DE RADING'.

De Aldremaneston' pro xxj. car' et dimidia et parte xliij.s. vij.d. ob.
De Englefeld' pro vij. car' xiiij.s.
De Bradefeld' pro xxviij. car' et dimidia lvij.s.
De Purl' pro ij. car' iiij.s.
De Hurtrug' pro vj. car' xij.s.
De Sutcot pro iij. car' vj.s.
De Padeworth' pro vj. car' xij.s.
De 'Uffinton' pro x. car' et dimidia xxj.s.
De Stratfeld' pro vij. car' xiiij.s.
De Wocfeld' pro vj. car' xij.s.
De Truncwell' pro j. car' et dimidia iij.s.
De Hurtlegh' pro v. car' x.s.
De Silhamsted' pro iiij. car' viij.s.

Summa carr' m.lxxij. carr' et dimidia.
Summa denariorum cvij.l. iiij.s. et x.d.

Hec est recepta carucagii de terris et feodis domorum religionis et personarum ecclesiasticarum.

De Tubbeneya Henrici pro x. car' xx.s.
Merecham. De Henrico de Esthyda et Vincencio de Hyd' pro j. carucata ij.s.
De Sudcot Radulfi pro iiij. car' viij.s.
De Lif' Cecilie pro vij. car' xiiij.s.
De Fridlef' abbatis de Abbendon' pro xij. car'. xxiiij.s.

S. ij. 10. Drayton'. De Lucia vidua, Willelmo Sewald', Emma vidua,
I. 574-583. Milone filio Radulfi, pro j. carucata et parte ij.s. vj.d.
De Testa
de Nevill' De terra abbatis de Nuteleye in Estwitteham pro iij. car' vj.s.
—cont.

HUNDREDUM DE WANETING'.

De Schalingef' abbatis de Abbendon' pro ij. car' iiij.s.
De Boclande feudo eiusdem pro v. car' x.s.
De Bocland' feodo prioris de Nuiun pro iij. car' vj.s.
De Stanf' prioris de Tuttebir' pro dimidia car' xij.d.
De Cerneya abbatis de Abbendon' pro iij. car' vj.s.
De Pesy feodo eiusdem pro j. car' et dimidia iij.s.
De Pesy feodo abbatis Sancti Petri super Divam pro iij. car' et dimidia vij.s.
De Pesy abbatis de Oseneya pro iij. car' vj.s.
De Pesy prioris de Chaucumbe pro j. car' ij.s.
De Esthenn' prioris de Longevill' pro j. car' et dimidia iij.s.
De Esthenn' abbatis de Abbendon' pro dimidia car' xij.d.
De Westhenn' prioris de Lungevill' pro j. car' ij.s.
De Esthenneya prioris de Nuium pro j. car' et parte ij.s. ij.d.

HUNDRED' DE HYLDESLAWE ET WIFHOLT'.

De Coleshull' feodo abbatisse Wintonie pro xij. car' xxiiij.s.
De Wechenesfeld abbatis de Abbendon' pro ij. car' et dimidia et parte v.s. vj.d.
De Uffinton' feodo eiusdem pro j. car' et parte ij.s. vj.d.
De Feauflor' feodo eiusdem pro iiij. car' et dimidia et parte ix.s. vj.d.
De Knighteton prioris Sancte Fridheswidh' pro iij. car' vj.s.
De Buccot prioris de Nuiun pro j. car' et parte ij.s. iiij.d.
De Hordewell' feodo abbatis de Abbendon' pro ij. car' iiij.s.

HUNDREDUM DE LAMBURN'.

De hominibus abbatis Glovernie in Lamburne pro j. car' ij.s.
De Petro homine decani London' in Estbir' pro parte car' vij.d.
De Boehampton' feodo episcopi Londoniensis pro v. car' x.s.

HUNDREDUM DE EGGELYE.

De libere tenentibus abbatis de Cluyny in Ledecumbe pro ij. car' iiij.s.
De Chadelewrdh' feodo abbatis de Abbendon' et abbatis Locy Dei pro xj. carucatis[1] xxij.s.
De libere tenentibus abbatis de Munteburgh in Wlvelye pro j. car' ij.s.
De Westsipf' prioris de Sireburn' pro ij. car' et tercia parte ij.s. viij.d.

HUNDREDUM DE KENETEBIR'.

De hominibus abbatis de Duref' in Bokesyat' pro j. car' ij.s.
De hominibus abbatis de Becco in Bokesgat' pro j. car' ij.s.

---

[1] *So in MS.*

S. ij. 10. De Radulfo Tapping, homine priorisse de Lutlemore, in Lewarton'
I. 574-583.
De Testa pro tercia parte carucate ix.d.
de Nevill' De Lewarton' feodo abbatis de Abbendon' pro xj. car' et dimidia
—cont. xxiij.s.
De Enedburn' feodo abbatisse de Rumesya pro vj. car' xij.s.
De Radulfo novo homine abbatisse de Werewell' in Yngepenn' pro dimidia car' xij.d.
De Roberto filio Johannis et Alicia braciatrice, hominibus prioris de Dudelegh', pro dimidia carucata xij.d.

HUNDREDUM DE RUGHEBURGH.

De Bede feodo abbatis de Abbendon' pro xxiij. car' et dimidia xlvij.s.
De Lekamsted' feodo eiusdem pro ix. car' xviij.s.
De Chyvelye et Bradelye feodo eiusdem pro v. car' et quarta parte x.s. vj.d.
De Welif' feodo eiusdem pro j. car' ij.s.
De Boxore feodo eiusdem pro iij. car' vj.s.
De Weston feodo eiusdem pro j. car' et dimidia et quadam particula iij.s. iij. ob.
De Pesemere prioris de Nuiun pro j. car' et tercia parte ij.s. viiij.d.
De Eston' abbatis de Abbendon' pro j. car' et dimidia iij.s.
De Verleston' feodo prioris de Nuiun pro v. car' et dimidia xj.s.
De Migham feodo prioris de Pokel' pro j. car' ij.s.
De Migham feodo prioris de Sandleford pro j. car' ij.s.
De Cuserugg' feodo abbatis Sancti Petri super Divam pro j. car' ij.s.

HUNDREDUM DE CUMPTON.

De Bricthwalton' abbatis de Bello pro j. car' ij.s.
De Cumpton' feodo prioris[1] de Kinton pro ij. car' iiij.s.
De Cumpton' feodo abbatisse de Werewell' pro ij. car' iiij.s.
De Ferenburgh' abbatis de Abbendon' pro ij. car' iiij.s.
De Chilton' feodo eiusdem pro vij. car' xiiij.s.
De Chylton' feodo abbatis de Oseneya pro j. car' et tercia parte ij.s. viij.d.

HUNDREDUM DE SLOTEF' ET BLEBIR'.

De Basteleden' feodo priorisse de Chyssadau pro iij. car' et dimidia vij.s.
De Essehamsted' feodo abbatis de Lyre pro partibus car' xvij.d.
De Molcf' feodo abbatis de Enesham pro j. car' et dimidia iij.s.
De Sattewell' abbatis de Hyda pro vij. car' et parte xiiij.s. iiij.d.
De Mortun' abbatisse Wintonie pro parte car' x.d.
De Mortun' prioris Walingeford' pro partibus car' xviij.d.
De Blebir' feodo prioris de Nuiun' pro j. car' ij.s.

HUNDREDUM DE RADING.

De Seffeld' prioris de Nuiun' pro iiij. car' viij.s.
De Thele priorisse de Garinges pro parte carucate viij.d.

---

[1] Read priorisse.

BERKS.

S. ij. 10.
I. 574-583.
De Testa de Nevill' —cont.

HUNDREDUM DE HORNEMERE.

De hundredo de Hornemere feodo abbatis de Abbendon' pro lxix. car' vj.l. xviij.s.

Summa caruc' cc. et quater xx. et xvj. carr' et dimidia.
Summa denariorum xxix.l. iiij.s. et iiij.d. et ob.

Subs.73/1b. *HEC SUNT ARRERA[1] CARUCAGII DE FEODIS LAYCORUM IN COMITATU BERKESIRE.*
Hundredum de Lamburn'.[2]
Meydenecote.
De Roberto de Bello Campo pro j. car' ij.s.
De Willelmo de Bermingham pro j. car' ij.s.
De Nicholao de Scortecumbe pro j. car' ij.s.
De Petro le King et Rogero de Prato pro j. car' ij.s.
De Roberto Nigro, et Roberto Ruffo, Petro cuperio pro j. car' ij.s.
De Bernardo filio Sansonis, Rogero fabro, Eudone, et Rocelino pro j. car' ij.s.
De Henrico Roscelin, Waltero Walense, Ricardo Draghelepp' pro j. car' ij.s.
De Willelmo Sesewald, Petro de Prato, Rand' filio Sesewald', Galfrido Bello pro j. car' ij.s.
De Seylda de Stane, Giliberto cuperio pro j. car' ij.s.
De Emma de Stapel' pro parte car' viij.d.

Lewarton'.
De Willelmo de Wancy, assessore et collectore carucagii, pro j. car' ij.s.

Enedburn'.
De Willelmo de Clervall' pro j. car' de feodo Marescalli ij.s.
De Eylwino Wrigg' et Adhelardo de Enedburne de eodem feodo pro j. car' ij.s.
De Waltero Fabro de eodem feodo pro dimidia car' xij.d.

Wydehaye.
De Johanne de Bagepuz pro j. car. ij.s.

Cumpton'.
De Hugone de Bathonia pro j. car. ij.s.
De Willelmo de Wancy, assessore et collectore carucagii, pro ij. car' iiij.s.

Winterburn'.
De Nicholao de Chausy pro j. car' ij.s.
De Edredo Cuperio pro parte car' vij.d.
De Roberto filio Edid de Yetingeden', consocio persone, pro parte car' vj.d.

---

[1] *So in MS.*
[2] *This heading applies only to* Meydenecote.

A.D. 1220.

Subs.73/1b. —cont. De Ricardo Halfreuse in Burghyldebir' de feodo Marescalli pro dimidia car' xij.d.

Pesy.
De Willelmo de Fonte pro parte car' vj.d.
De Godefrido et Ada de Pesy pro dimidia car' xij.d.

Gaeng.
De Radulfo de Fonte, Henrico et Rogero fratre suo pro dimidia car' xij.d.

Cherleton'.
De Willelmo de Pavely pro j. car' ij.s.
De Roberto de Fraxino, Rand' de Glanvill', Eva vidua pro dimidia car' xij.d.
De Galfrido de Chawelawe et Waltero Emeline pro j. car' ij.s.

Aldermaneston'.
De Sawale Blakeman, Willelmo Gocelin, Ada Berk' pro parte car' iiij.d. ob.

Uffinton'.
De Willelmo fratre Roberti de Uffinton' pro dimidia car' xij.d.

Weghfeld'.
De Alicia de Berghefeld' pro dimidia car' xij.d.

Summa dictorum denariorum xlvij.s. et vij.d. ob.

Item in terris comitis Marescalli de Spenes et Hamsted' nullum carucagium fuit assisum vel collectum.
In terris comitis Saresburie de Avinton' nullum carucagium fuit assisum vel collectum.
In Est Hyldeslye Sawali de Osevill' quia est de custodia episcopi Wintoniensis nullum carucagium fuit assisum vel collectum.
In terris episcopi Wintoniensis de Brightewell' et Harewell' nullum carucagium fuit assisum vel collectum.
In Hungerford' eo quod fuit et est in manu comitis Cestrie nullum carucagium fuit assisum vel collectum.
In terris abbatis Rading' nullum carucagium fuit assisum vel collectum et in predictis terris nullum carucagium fuit assisum vel collectum eo quod domini dictorum feodorum non permiserunt homines suos coram baylivis domini regis comparere ad dictum carucagium assidendum.

HEC SUNT ARRERAGIA DE TERRIS ET FEODIS VIRORUM RELIGIOSORUM IN COMITATU BERKESIRE.[1]

HUNDR' DE OKEFORD' ET SUTTON'.

De Merecham feodo abbatis de Abbendon' pro xxxiiij. car' lxviij.s.
De Garef' eiusdem pro iij. car' vj.s.

---

[1] *The words* In comitatu Berkesire *appear to be an addition to the MS.*

BERKS. 299

Subs.73/1b. De Goseya eiusdem pro vij. caruc' xiiij.s.
—cont. De Draycot' et Mora eiusdem pro xvj.[1] xxxij.s.
De Fridleford' eiusdem pro viij. car' xvj.s.
De ecclesia de Kingeston' pro dimidia caruc' xij.d.
De Est Witteham abbatis predicti pro xv. caruc' xxx.s.
De Eppelford' eiusdem pro xij. caruc' xxiiij.s.
De Sutton' feodo abbatis[2] pro v. caruc' x.s.
De Middelton' eiusdem pro xiiij. caruc' xxviij.s.
De Drayton' eiusdem pro xvj. caruc' xxxij.s.
De Stivinton' prioris de Prato pro xviij. caruc' xxxvj.s.
De ecclesia de West Witteham pro duabus partibus caruc' xvj.d.
De ecclesia de Sutton' pro j. caruc' ij.s.
De ecclesia de Fifhyd' pro j. car' ij.s.
Summa.[3]

HUNDR' DE WANETING' ET GAMENEFELD'.

De Schalengeford' abbatis de Abbendon' pro xiij. car' xxvj.s.
De ecclesia de Boclande pro ij. caruc' et dimidia et parte v.s. v.d.
De ecclesia de Hyenton' pro j. caruc' et dimidia iij.s.
De feodo Hospitalium[4] in Hyenton pro j. caruc' ij.s.
De Cerneya abbatis de Abbendon' pro xxviij. caruc' lvj.s.
De elemosina domini regis in Pesy pro dimidia caruca xij.d.
De Est Henneya prioris de Nuiun pro ij. caruc' et dimidia i.s.
De Est Henneya abbatis de Abbendon' pro vj. caruc' xij.s.
De West Henneya prioris de Lungevil' pro iij. car' et parte vj.s. iiij.d.
De Waneting' abbatis de Becco pro iij. caruc' et dimidia car' et parte vij.s. vj.d.
De Westcote Templariorum pro ij. caruc' iiij.s.
De Celreya Hospital' pro parte caruc' vj.d.
De ecclesia de Celreya pro parte caruce vj.d.
De Est Henrede abbatis de Cam pro ij. caruc' et partibus v.s. v.d.
De Est Henrede prioris de Nuiun pro iiij. caruc' et parte viij.s. iiij.d.
De Est Henrede feodo episcopi Saresburiensis pro j. caruc' ij.s.
De ecclesia de Henrede pro dimidia caruc' xiij.d.
De Est Henrede elemosina domini regis pro dimidia caruc' xij.d.
De West Henrede prioris de Walingeford' pro vij. caruc' et dimidia et quarta parte caruc' xv.s. vj.d.
De Lakinges abbatis de Abbendon' pro xj. caruc' xxij.s.
De feodo Templariorum in Sperholte pro j. caruca et parte ij.s. ij.d.
Summa.[5]

HUNDR' DE WIFHOLT' ET HYLDESLAWE.

De ecclesia de Coleshull' pro j. caruca ij.s.
De Wachenesfeld' abbatis pro xiij. caruc' et quarta parte caruc' xxvj.s. vj.d.
De feodo abbatis de Cyrencestr' in Sriveham pro iiij. caruc' et tercia parte viij.s. x.d.
De ecclesia de Sriveham pro dimidia caruca xij.d.

---

[1] *Supply* car'.   [2] *Supply* predicti.
[3] *Not filled in.*   [4] *So in MS.*   [5] *Not filled in.*

A.D. 1220.

Subs.73/1b.
—cont.
De Uffinton' abbatis de Abbendon' pro xviij. car' et dimidia et quarta parte xxxvij.s. vj.d.
De ecclesia de Uffinton' pro j. caruc' ij.s.
De[1] de Fauflor' pro quarta parte caruce vj.d.
De feodo prioris Sancte Fridheswide in Knightteton' pro ij. car' iiij.s.
De Wlvricheston' prioris Sancti Swidhyny pro xiiij. caruc' xxviij.s.
De ecclesia de Eton' pro j. caruc' ij.s.
De ecclesia de Burewardescote pro j. caruc' ij.s.
De Essebir' abbatis Glaston' pro xxj. caruc' xlij.s.
De Buccot' prioris de Nuiun pro j. car' et dimidia et parte car' iij.s. vij.d. ob.

Summa vij.l.

HUNDREDUM DE FARENDON'.

De Wrhd' feodo Hospitalis pro iij. car' et quarta parte caruce vj.s. vj.d.
De Stanlegh' feodo abbatis de eadem pro vj. car' et dimidia car' et quarta parte caruce xiij.s. vj.d.
De Farendon' abbatis Belli Locy pro xvij. car' et parte xxxiiij.s. x.d.
De Farendon' Walteri filii Willelmi pro ij. car' iiij.s.
De Selton' feodo abbatis Belli Locy pro xvj. car' et parte xxxij.s. vj.d.
De Ynglesham feodo eiusdem pro ij. car' et parte car' iiij.s. vj.d.
De Langef' feodo eiusdem pro viij. car' et dimidia et parte car' xvij.s. iiij.d.
De Parva Farendon' eiusdem pro xij. car' et parte car' xxiiij.s. viij.d.
De Westebrok eiusdem pro xj. car' et dimidia et parte xxiij.s. vj.d.
De Cogeswell' eiusdem pro xxv[2] et dimidia lj.s.
De burgo de Farendon' eiusdem pro xix. car' et parte car' xxxviij.s. iij.d.

HUNDREDUM DE LAMBURN'.

De Lamburne decani Londoniarum pro iij. car' vj.s.
De Uplamburne abbatis de Stanlegh' pro ij. car' iiij.s.
De persona de Esegarston' pro j. car' ij.s.

HUNDREDUM DE EGGELYE.

De Ledecumbe abbatis de Cluny pro xxiiij. car' xlviij.s.
De Chadelewrdh' prioris de Pokeleygh' pro j. car' et dimidia iij.s.
De Wlvelye abbatis de Monteburgh' pro x. car' xx.s.
De ecclesia de Estsipf' pro duabus partibus car' xvj.d.
De Sipf' Hospitalium[3] pro dimidia car' xij.d.
De Watecumbe prioris de Hurnlye pro ij. car' iiij.s.
De ecclesia de Westsipford' pro j. car' ij.s.
De Westsipf' Templariorum pro partibus car' xxj.d.

---

[1] *Some word omitted here.*   [2] *Supply* car'.   [3] *So in MS.*

BERKS. 301

Subs.73/1b. De Chawelawe eiusdem¹ pro vij. car' et dimidia xv.s.
—cont. De Northfalelye priorisse de Ambbresbir' pro ix. car' xviij.s.

HUNDREDUM DE KENETEBIR'.

De Templeton' Templariorum pro v. car' x.s.
De Sandon' abbatis de Becko pro ij. car' et dimidia et parte v.s. viij.d.
De Bokesyete abbatis de Duref' pro j. car' ij.s.
De Colecote prioris de Nuiun pro iiij. car' et dimidia et parte ix.s. ix.d.
De Lewarton feodo abbatis de Abbendon' pro j. car' ij.s.
De Edineton prioris Sancte Fridheswyde pro xij. car' xxiiij.s.
De Kenebir'² priorisse de Eton' pro xxv. car' l.s.
De Kenetebir' priorisse de Ambresbir' pro xxj. car' xlij.s.
De feodo ecclesie de Yngepenn' pro j. car' ij.s.
De feodo Templariorum in Yngepenn' pro partibus car' xviij.d.

HUNDR' DE RUGHEBURGH, BURGHILDEBIR' ET GORSIDHEFELD.

De Bede feodo abbatis de Abbendon' pro dimidia car' xij.d.
De Lekhamstede feodo ejusdem pro iiij. car' viij.s.
De ecclesia de Pesemere pro j. car' ij.s.
De Winterburn' feodo episcopi Saresburiensis pro iij. car' vj.s.
De ecclesia de Winterburn' pro j. car' et quadam particula ij.s. iiij.d.
De Chivelye et Bradelye feodo abbatis de Abbendon' pro xxiiij. car' et particula xlviij.s. ij.d.
De ecclesia de Langelegh' pro j. car' ij.s.
De Welif' abbatis de Abbendon' pro x. car' xx.s.
De Boxore eiusdem pro xvj. car' et dimidia xxxiij.s.
De Weston' eiusdem pro v. car' et dimidia xj.s.
De Holebenham eiusdem pro viij. car' xvj.s.
De Eston' eiusdem pro ix. car' xviij.s.
De ecclesia de Wikham pro j. car' ij.s.
De ecclesia de Fridlesham pro j. car' ij.s.
De ecclesia de Yetingeden' pro j. car' ij.s.
De ecclesia de Hamsted' pro j. car' ij.s.
De Hamsted' abbatis de Waverlegh' pro j. car' ij.s.
De Sagh eiusdem pro ij. car' iiij.s.
De Grenham Hospitalium³ pro xiij. car' xxvj.s.
De Brimpton eorundem pro vij. car' xiij.s.
De ecclesia de Waghesing' pro j. car' ij.s.
De Galfrido Martel de feodo prioris de Nuiun pro dimidia car' xij.s.

De Thoma Nuthech, homine abbatis Rading', in Burghildebir' pro parte caruce vj.d.⁴

---

¹ *So in MS.: opposite this entry in the margin is the letter* b, *opposite the following entry the letter* a, *to indicate that their order should be reversed.*
² *So in MS.* ³ *So in MS.*
⁴ *This entry is added on right hand side of membrane, opposite entries relating to Weston, Holebenham and Eston.*

WINDSOR.

Subs. 73/2. Rotulus de caruagio assiso et collecto in ballivia de Windesor' per assisores electos secundum formam mandati domini regis, videlicet Ricardum de Syffrwast et Hugonem de Sotebroc.

Windesor'.
Dominus Engelardus de Cigoin', ij. caruc'.
Alexander de Tyule, j. car'.
Alexander Parcarius, j. car'.
Gilibertus de Grangia, dim' car'.
Willelmus Poncon, dim' car'.
Simon Colemen cum parcenariis, dim' car'.
Willelmus de Fonte cum parcenariis, dim' car'.
Simon Keyne cum parcenariis, j. car'.
Dominus Matheus de Cigoin', j. car'.
Robertus de Sages, j. car'.
Wygot de Sages, j. car'.
Hugo de Hech', j. car'.
Ricardus Godman, dim' car'.
Hugo Brun cum parcenariis, dim' car'.
Robertus Carpentarius, j. car'.
Walterus de Wpenorr, j. car'.
Henricus de Mora, dim' car'.
Johannes Draparius, j. car'.
Robertus de Mora cum pertinenciar,[1] j. car'.
Osbertus filius Hugonis, dim' car'.
Hugo filius Andree Fabri, dim' car'.
Gilibertus de la Brocch', j. car'.
Summa xviij. car' dimid' xxxvij.s.

Bray.
Dominus Engelardus de Cigoin', iij. caruc'.
Edrich' cum parconnariis, j. caruc'.
Osmondus de Aukelay, j. car'.
Gervasius Dimars cum parconnariis, j. car'.
Edmondus de Aukeley, j. car'.
Willelmus Blundus cum parconnariis, j. car'.
Safredus de Dorneya cum parconnariis, j. car'.
Aldredus Adeseb' cum parconnariis, j. car'.
Godrich' le Hurt cum parconariis, j. car'.
Osmondus Choc cum parconnariis, j. car'.
Johannes de la Breche, j. car'.
Walterus de Burneham, j. car'.
Nigellus Suneme cum parconnariis, j. car'.
Michael filius Ernaldi, j. car'.
Walterus Bode cum parconnariis, j. car'.
Johannes de Mora, j. car'.
Osmondus Dyurst cum parconnariis, j. car'.
Syredus Carucarius, j. car'.

---

[1] *Read* parcenariis.

Subs. 73/2 —*cont.*	Rogerus Faber cum parconnariis, j. car'. Thomas filius Yvonis, j. car'. Ricardus de Lalana cum parconnariis, j. car'. Absalon cum parconnariis, j. car'. Nicholaus Blondus, j. car'. Ada de Sobehengr', j. car'. Johannes de Hech' cum parconnariis, j. car'. Willelmus Velutus, j. car'. Rogerus de Estwede, j. car'. Willelmus de Loch', j. car'. Robertus de Cruchefeld' cum parconnariis, j. car'. Summa xxxj. car' lxj.s.[1]

Chocham.
Dominus Engelardus de Cigoin', iij. car'.
Johannes de Suninguehull', j. car'.
Johannes de Cunbe cum parconnariis, dim' car'.
Ricardus de la Mare, j. car'.
Robertus de Luvesso, dim' car'.
Willelmus Jordanus, j. car'.
Henricus de Benefeld' j. car'.
Ricardus de Laho, j. car'.
Willelmus Seauwy, j. car'.
Simon juvenis, j. car'.
Simon del Ho, j. car'.
Bartholomeus de Laho, j. car'.
Robertus de Laho, j. car'.
Matheus Fenyum, j. car'.
Eva de Laho, j. car'.
Willelmus Marescallus, dim' car'.
Willelmus de Ellintun', j. car'.
Willelmus de Mora cum parconnariis, j. car'.
Willelmus Huuel cum parconnariis, j. car'.
Willelmus de Wyke cum parconnariis, j. car'.
Swenus Balistarius, j. car'.
Gilibertus de Sefteseya, dim' car'.
Edoardus Swyft, dim' car'.
Ricardus Aylmar, j. car'.
Robertus de Cocdun', dim' car'.
Ricardus de Bradeleg' cum parconnariis, j. car'.
Radulfus de Bradeleg', dim' car'.
Osbertus de la Dene cum parconnariis, dim' car'.
Ricardus de la Hull', dim' car'.
Willelmus Barst' cum parconnariis, dim' car'.
Torstanus, j. car'.
Elyas de Brenbel, j. car'.
Alixander de Wdemenechoc', j. car'.
Jordanus filius Milonis cum parconnariis, j. car'.
Robertus de Babeham cum parconnariis, dim' car'.
Reginaldus filius Odonis, dim' car'.

---

[1] *So in MS.*

Subs.73/2
—cont.

Juliana vidua, dim' car'.
Simon de la Felde cum parconnariis, j. car'.
Willelmus Anglicus cum parconnariis, j. car'.
Godoinus Swen cum parconnariis, j. car'.
Ada juvenis cum parconnariis, j. car'.
Robertus Faber cum parconnariis, j. car'.
Edrich' de Lestrod' cum parconnariis, j. car'.
Willelmus Godrich', dim' car'.
Osbertus de Bosco, j. car'.
Walterus Frend' cum parconnariis, di' car'.
Willelmus de Bocurst cum parcennariis, j. car'.
Esloynus de Bocurst cum parcennariis, dim' car'.
    Summa de Chocham cum pertinenciis
    xlij. car' iiij.l. iiij.s.

    Remeham.
Domina de Remehem, iij. car'.
Ricardus de Estun' cum parcenariis, j. car'.
Rogerus de Estun' cum parcenariis, j. car'.
Simon de Bosco cum parcenariis, j. car'.
Simon de Chocham cum parcenariis, j. car'.
Ada de Jorz, j. car'.
Willelmus de Lestrod' cum parcenariis, j. car'.
Thomas de Remeham, j. car'.
Walterus de la Merse, j. car'.
Simon Trussel cum parcenariis, j. car'.
Willelmus de Morvill' cum parcenariis, j. car'.
Thomas Avyce cum parcenariis, j. car'.
Radulfus Molendinarius, dim' car'.
    Summa xiiij. car' dim' xxix.s.

    Finchemsted'.
Alanus Banastr', j. car'.
Rogerus Banastr' cum parcenariis, j. car'.
Stephanus cum parcenariis, j. car'.
Hugo de Stonistrete cum parcenariis, j. car'.
Gilibertus de Stonistrete cum parcenariis, j. car'.
    Summa v. car' x.s.

    Swalofeld.
Johannes de Sancto Johanne, j. car'.
Osbertus de Laguerstun', j. car'.
Thomas Bot, j. car'.
Johannes de Mora cum parcenariis, j. car'.
Henricus Wowe cum parcenariis, j. car'.
Osbertus frater eius cum parcenariis, j. car'.
Ricardus Strech' cum parcenariis, j. car'.
Walterus Frankelanus cum parcenariis, j. car'.
Johannes Forestarius cum parcenaris, j. car'.
    Summa ix. car' xviij.s.

Subs. 73/2.
—cont.

Berkeham.
Thomas de Berkehem, j. car'.
Robertus de Berkehem, cum parcenariis, j. car'.
Willelmus Bolloc cum parcenariis, j. car'.
Summa iij. car' vj.s.

Herleg'.
Dominus Johannes de Herleg', j. car'.
Thomas de Erleg', j. car'.
Galfridus Chaucebrunet', cum parcenariis, j. car'.
Ricardus de Laleg' cum parcenariis, j. car'.
Walterus de Haschowell' cum parcenariis, j. car'.
Vyellus Presbiter, j. car'.
Ada de Erleg', j. car'.
Walterus filius fabri cum parcenariis, j. car'.
Radulfus Rouyn cum parcenariis, j. car'.
Gunnilda filia Byl, j. car'.
Willelmus Bastard', j. car'.
Summa xj. car' xxij.s.

Dydewrze.[1]
Domina Akina, j. car'.
Nicholas Faber cum parcenariis, j. car'.
Ada Carretarius, j. car'.
Summa iij. car' vj.s.

Ellynton'.
Willelmus de Colewrze,[2] j. car'.
Bartholomeus de la Hulle cum parcenariis, j. car'.
Robertus Dimars cum parcenariis, j. car'.
Henricus de Ellintun' cum parcenariis, j. car'.
Willelmus Pinchingny cum parcenariis, j. car'.
Alixander Dymars cum parcenariis, j. car'.
Aliz de Ellintun', j. car',
Summa vij. car' xiij.s.

Clywar'.
Dominus Ricardus de Sifrewast, j. car'.
Robertus Delhech' cum parcenariis, j. car'.
Osbertus de Lasenape cum parcenariis, dim' car'.
Vicencius cum parcenariis, j. car'.
Johannes de Wenekefeld cum parcenariis, j. car'.
Radulfus Novus cum parcenariis, dim' car'.
Herbertus cum parcenariis, j. car'.
Summa vj. car' dim' xiij.s.

Chedehengr'.
Colinus de Oxehaya, j. car'.
Summa j. car' ij.s.

---

[1] *Read* Dydewrthe.
[2] *Read* Colewrthe.

Subs. 73/2.
—cont.

Sotebroch.
Dominus Hugo de Sutebroch', ij. car'.
Rogerus de Leg', dim' car'.
Hugo Kayre, j. car'.
Radulfus de Laput', j. car'.
Hamondus de Laput', j. car'.
Radulfus de Camera cum parcenariis, j. car'.
Summa vj. car' dim' xiij.s.

Horipord'.
Hugo de Sancto Philiberto, ij. car'.
Rogerus de Bekenefeld' cum parcenariis, j. car'.
Summa iij. car' vj.s.

Jordanus Forestarius, ij. car' iiij.s.

Summa omnium carucarum clxiij. car' xvj.l. vj.s.

Sciendum autem est quod nulle eschaete sunt in baliva domini Engelardi de Cigoin', nec aliquis Normanus habet terram in ea, nec aliquis tenet in eadem de dominico domini regis preterquam dominus Engelardus, qui tenet Windesor' et Bray et Chocham.

[*Endorsed erroneously :*—] *Carrucagium in honore de Walingeford'.*

GLOUCESTER.

I. 365-370.

HUNDREDUM DE WESTBIR'.

In Stanre[1]
In Parva Dene
In Eluinton'
In Redleg'
In Eddeseta
In Chakeshull'
} cum omnibus pertinenciis xxxv. car'.

In villa de Niwham iiij^{or} car'.
In Westbir' iij. caruc'.
Item in eadem villa de feodo Galfridi de Longo Campo xij. car'.
In Blechesdon' iiij^{or} caruc'.
In villa de Hope viij. car'.
In Bulleg' iiij^{or} caruc' et dimidia.
In Morcota j. caruc'.
In Munestrewrth' ix. caruc'.

HUNDREDUM DE BLYCHESLAWE.[2]

In villa de Anra[3] xj. car'.
In Boxilme[4] ij. caruc'.

---

[1] *Read* Staure.
[2] *Read* Blytheslawe.
[3] *Read* Aura.
[4] *Read* Boxclive.

I. 365-370
—cont.

In Blicheslawe una car'.
In Pulton' iij. car' et dimidia.
In Ettelawe ij. caruc'.
In Periton' iij. caruc'.
In Lydeneya vj. caruc'.
In Elbrichtona iij. caruc'.

HUNDREDUM DE BOTTELAWE.

In Dimmok xij. caruc'.
In Buleston' iiij[or] caruc'.
In Tyberton' iiij[or] caruc'.
In Magna Teinton' v. car'.
In Parva Teintona j. car'.
In Panteleg' vj. caruc'.
In Hunteleg' vj. car'.
In Kenepeleg' iiij[or] car'.
In Bromesberg' iiij[or] car'.
In Oxenhall' iiij[or] car'.
In Kersewell' ij. caruc'.
In Lildikota[1] j. caruc'.
In Cumpton' dimidia car'.

HUNDREDUM DE WITTESTAN'.

In Kingestanleg' iiij[or] caruc'.
In Stanleg' Henr' ij. car'.
In Esteueneston' v. car'.
In Alerinton'[2] iij. car'.
In Frompton' viij. caruc'.
In Morton' v. caruc'.
In Stanhuse vj. car' et dimidia.
In Hersefeld vj. car'.
In Hwitehurste vj. caruc.'

HUNDREDUM DE DUDDESTANA.

In villa de Beggeworth' et Heyyerleg[3] de feodo Marisc' xiij. car'.
In Brochworth v. car'.
In Waddon' iij. caruc'.
In Langeford' ij. caruc'.
In Wotton' una car' et dimidia.
In Lessedon' iij. car' et dimidia.
In Berton' domini regis xvij. car'.
In Hupheberleg[4] iij. car'.
In Twigeworth' iij. car'.
In Sandhurst iij. car'.
In Elmoure vj. car'.
In Wlvrichtrop' una car' et dimidia.
In Periton' iij. car'.
In Telmebrug' ij. car'.
In Breithelminton' iij. car' et dimidia.

---

[1] Read Kildekòta.
[2] Read Alcrinton'.
[3] Read Heytherleg'.
[4] Read Huphetherleg'.

I. 365-370
—cont.

In Periton' una car'.
In Wydecomb j. caruc'.

HUNDREDUM DE CHILTEHAM.

In Chilteham cum pertinenciis xliiij^{or} car'.
In Lechampton' ix. caruc'.
In Swindon' iij.caruc'.

Johannes de Monem' debet respondere de caruagio car' subscriptarum.
In villa Sancti Briavelli xj. caruc'.
In villa de Bykenture[1] ix. car'.
In villa de Stanton' iiij. caruc'.
In Roworthin' v. car'.
In Dena iij. car'.
In Abbenhal' ij. caruc'.
In Lacu j. caruc'.
In Wellenton x. car'.

HUNDREDUM DE BYSELEG'.

In Lippegat' Ricardi iiij.caruc'.
In Byseleg de feodo Radulfi de Langecote vij. caruc'.
In Cappartona[2] v. car'.
In Fromptona iij. car'.
In Tunleg' iij. caruc'.
In Troham iij. caruc'.
In Wyca xvj. caruc'.
In Budefeld' iij. caruc'.
In Rindewyk iiij^{or} caruc'.
In Lopegat' Henrici iij. car'.
In Eggewrth' iiij^{or} car'.
In Musarder' vj. caruc'.
In Wonestan' v. caruc'.

HONOR WALINGFORD'.

In Alreleg' vij. caruc'.
In Chirinton' iiij^{or} caruc'.
In Turkeden' v. caruc'.

VII. HUNDREDA CIRENCESTRIE.

In Stretton' iiij^{or} caruc'.
In Daggelingewrth' v. caruc'.
In Duntesburn' Simonis iij. car'.
In Duntesburn' Hotot j. car'.
In Baggingeden' iij. car'.
In Baudinton' iiij^{or} caruc'.
In Wygewald' iij. car'.
In Auenel[3] Willelmi le Mareys iij. car'.

---

[1] *Read* Bykenoure.
[2] *Read* Sappertona.
[3] *Read* Amenell'.

GLOUCESTER. 309

I. 365-370
—cont.

In Dunamenell' xj. caruc'.
In Cernaya vj. car' et dimidia.
In Harnhull' v. caruc'.
In Sudinton' iiij^{or} caruc'.
In Cestreton' una car'.
In Sudinton Galfridi iiij^{or} car'.
In Cotes v. caruc'.

HUNDREDUM DE LANGETR'.

In Sippeton' xv. caruc' et dimidia.
In Culkerton' viij. car'.
In Weston' iiij^{or} car'.
In Tettebiria xxxij. caruc'.
In Rodmarton' iiij^{or} car'.
In Lusseberg' ij. caruc' et dimidia.
In Wodecestr' iij. caruc'.

HUNDREDUM DE BRETHWALDESBERGH'.

In Lechlad' xv. caruc'.
In Kynemeresford' xxij. car'.
In Suthrope xij. car' et dimidia.
In Lecche Cecilie vij. caruc'.
In Calmondesden' ij. car'.

HUNDREDUM DE RESPEREGATE.

In Cuthberleg' viij. car'.
In Elkestan' xj. car'.
In Colesburn' viij. car'.
In Cheddeworth' xvj. car'.
In Nutebeame ij. car'.

HUNDREDUM DE BRADEL'.

In Sippeton' x. caruc'.
In Witinton' xij. caruc'.
In Tormartona xvj. caruc'.
In Salpartona iiij^{or} caruc'.
In Hamptonet ix. caruc'.
In Stawell' viij. caruc'.
In Wynston' xj. caruc'.

HUNDREDUM DE AGEMEDE.

In Torteworth' v. caruc'.
In Stansage j. caruc'.

HUNDREDUM DE GRIMBALDESS'.

In Audeburia xj. caruc'.
In Dodemarton' iij. caruc'.
In Badminton' x. car'.
In Acton' v. caruc'.
In Tormarton' xxij. car'.

A.D. 1220.

I. 365-370
—cont.

In Derham xx. car'.
In Soppeburia v. caruc'.
In Hildesleg' iiij^{or} caruc'.
In Berton' Bristoll' xxxiiij^{or} car'.

HUNDREDUM DE BERKEL'.

In Eadbritthona xj. caruc'.
In Weston' xiiij. car'.
In Beverstan' xv. car'.
In Wottona xx. car'.
In Erlingeham xj. car'.
In Alcrintona vj. car'.
In Coueleg' xv. car'.
In Gosinton' x. car'.
In Camme xx. car'.
In Hamme xv. car'.
In Filton Elie Giffard' j. car'.
In Dursleg' iiij^{or} car'.
In Nimdesfeld iiij^{or} car'.
In Cromhale iiij^{or} car'.
In Enleg'[1] vj. car'.
In Kengescota ix. car'.
In Wodemonecota vij. car' et dimidia.
In Olepenne vij. car'.
In Hulle xj. caruc'.
In Neowentona v. car'.
In Oseleworth' iij. caruc'.
In Hineton' vj. car'.
In Slimbrug' iij. caruc'.

HUNDREDUM DE SLOTTR'.

In Wenriz xiij. caruc'.
In Combe vij. car'.
In Swelle xiiij. car' et dimidia.
In Heyford' ix. car'.
In Sloctres xx. caruc'.
In Caldicota una caruc'.
In Icombe iij. caruc'.
In Braderisendon' xxiiij^{or} car'.
In Widiford ij. car' et dimidia.
In Wyka xiij. caruc'.

HUNDREDUM DE OLEFORD' ET DE WINCH'.

In Catteslade vj. caruc'.
In Gettinges Poer xj. car'.
In Wykewanne xvij. caruc'.
In Worminton' iij. caruc'.
In Heyles xiiij. car'.
In Pinnoksir' xv. car'.

---

[1] *Read* Euleg'.

I. 365-370
—cont.

In Fernecota ix. car' et dimidia.
In Pottesleppe iiij︎ᵒʳ car'.
In Eston' Johannis vj. caruc'.
In Sudleg' cum pertinenciis xliij. car'.

HUNDREDUM DE KYFTESGATE.

In Weston' ix. caruc'.
In Nortona vj. caruc'.
In Seineburia ix. caruc'.
In Ullinton' ij. car'.
In Meston'[1] et Rebbeworth'[1] xv. car'.
In Dorsintona vj. caruc'.
In Weston' ij. caruc'.
In Quenton' vij. caruc'.
In Stok' ij. caruc' et dimidia.
In Mones iiijᵒʳ caruc'.
In Huldicote iij. caruc'.
In Clopton' ij. caruc' et dimidia.
In Eadbrithona x. car'.
In Bechesoure v. car' et dimidia.
In Snescota viij. car'.
In Langeberg' xvij. car'.
In Cundicote ij. car' et dimidia.
In Cheveringeworth' viij. car'.

Ballivi comitis Gloucestrie debent respondere de caruagio proveniente de carucis subscriptis:—

In Torneburi xxvj. car'.
In Tidrinton' iiijᵒʳ car'.
In Acton' iiijᵒʳ caruc'.
In Gervelda[2] iiijᵒʳ car'.
In Herdecota iiijᵒʳ car'.
In Faireford' xxij. car'.
In Tokinton' x. car'.
In Wycke viij. caruc'.
In Sopburia xxj. caruc'.
In Dodinton' vij. caruc'.
In Marsefeld' xxvj. caruc'.
In Rindecumb' ix. caruc'.
In Calemundesden' xiiij. car'.
In Trusseburi j. caruc' et dimidia.
In Wodemanecota iiijᵒʳ car' et dimidia.
In Overerindecumb' j. car' et dimidia.
In Cotes dimidia car'.
In Cernay vj. caruc'.
In Eyleworth' vij. caruc'.
In Hertford' vqᵘᵉ car'.
In Rodmarton' j. caruc'.
In Leche iiijᵒʳ caruc'.
In Amenell' xviij. caruc'.

---

[1] *Read* Merston' et Pebbeworth.   [2] *Read* Cervelda.

I. 365-370
—cont.
In Cundicota j. caruc'.
In Stanweya xix. caruc'.
In Lemelinton' iiij^{or} car'.
In Walesburn' vj. caruc'.
In Fitintona iij. car'.
In Teokesbur' xxviij. car'.
In Clifford' v. caruc'.
In Diclesdona et Auderinton' vij. car' et dimidia.
In Kenemarton' xij. car'.
In Oxendon' vij. car'.
In Walton' ij. caruc'.
In Stok' iij. caruc'.
In Botintona vj. car'.
In Senedon vj. car'.
In Swenecota j. car'.
In Hamptona ix. car'.
In Forthelminton' et Swineleg' x. car'.

Ballivi comitis Cestrie debent respondere de caruagio xxv. car' in Campeden'.

Ballivi comitis Saresberie debent respondere de xx. caruc' in Heytrop et de ix. caruc' in Amenell'.

HUNDREDUM DE ALEWESTAN'.

In Rochamton' iiij. carucate.
In Winterburn' xj. car' et dimidia.
In Frompton' v. car'.

Summa carucarum de quibus milites perceperunt caruagium m. cccc. et v. carucate.
Summa in denariis cxl.l. et iij.s.

HONOUR OF WALLINGFORD.

Subs.161/1. *RECEPTA HENRICI DE SCACCARIO DE CARUCAGIO HONORIS WALINGEF', SCILICET PRO QUALIBET CARUCA II.S.*

COMITATUS OXONIE HONOR.

De villa de Baldindon', xxij.s. pro[1] xj. car'. Pro xj. caruc'.
De villa de Eston', vj.l. vj.s. iiij.d. pro lxiij. car' et parte.
De Kingeston' et Linlegh', xxij.s. pro xj. car'.
De Witefeld', xiiij.s. pro vij. car'.
De Holecumbe, xiiij.s. pro vij. car'.
De Yppesden', x.s. x.d. pro v. car' et parte.
De Neweham, xviij.s. iij.d. pro ix. car' et parte.
De Adewelle[2], xij.s. viij.d. pro vj. car' et parte.

[1] *In each entry the words beginning* pro *and giving the number of* car' *are in a different ink.*
[2] Adewelle *written after* Suleham *expunged.*

HONOUR OF WALLINGFORD. 313

Subs.161/1 —cont.

De Aklye, xxj.s. pro x. car' et dim'.
De Heyford', x.s. pro v. car'.
De Alcretone, ix.s. pro iv. car' et dim'.
De Berencestre, lxiiij.s. pro xxxij. car'.
De Rolesham, xv.s. pro vij. car' et dim'.
De Heyford', xvj.s. pro viij. car'.
De Cestreton', xlij.s. viij.d. pro xxj. car' et parte.
De Hesellye, xxj.s. ij.d. pro x. car' et dim' et parte.
De Ruycot', x.s. vj.d. pro v. car' et quarta parte.
De Bretewelle, v.s. viij.d. pro ij. car' et dim' et parte.
De Brichtewelle, ix.s. viij.d. pro iiij. car' et dim' et parte.
De Draycot', ix.s. pro iiij. car' et dim'.
De Mapeldurham, xviij.s. pro ix. car'.
De Harpedene, xxij.s. iij.d. pro xj. car' et parte.
De Rudherefeld', xxiij.s. viij.d. pro xj. car' et dim' et parte.
De Nuderecot', vij.s. iiij.d. pro iij. car' et dim' et parte.
De Bixe, xv.s. pro vij. car' et dim'.
De Pushulle, iij.s. pro j. car' et dim'.
De Cukesham, x.s. xj.d. pro v. car' et parte.
De Gethamptone, viij.s. pro iiij. car'.
De Garinges, xx.s. vj.d. pro x. car' et parte.
De Watlington', xxx.s. iij.d. pro xv. car' et parte.
De Stokes, l.s. pro xxv. car'.
De Chaugrave, lx.s. viij.d. pro xxx. car' et parte.
De Hyenton', xvj.s. pro viij. car'.
De Coflye, iij.s. vj.d. pro j. car' et dim' et parte.
De Witchurche, xxij.s. pro xj. car'.
De Radulfo Bruncoste de Herdewik, ij.s. pro j. car'.
Summa xxxix.l. vj.s. x.d. pro ccc. et iiij^{xx} xiij. caruc' et parte.

HONOR WALINGEFORD' IN COMITATU BOKINGEHAM.

De Cleydon', xij.s. iij.d. pro vj. car' et parte.
De Cherdeslye, iiij.s. pro ij. car'.
De Clopham, xl.s. vj.d. pro xx. car' et parte.
De Messewrdh' et Chetendone, xliij.s. pro xxj. car' et dim'.
De Pichelesyorne,[1] vij.s. viij.d. pro iij. car' et dim' et parte.
De Stivelye, xvij.s. viij.d. pro viij. car' et dim' et parte.
De Wedone, iij.s. iij.d. pro j. car' et dim' et parte.
De Wengrave, xx.s. j.d. pro x. car' et parte.
De Etrop et Warmodeston' l.s. vj.d. pro xxv. car' et parte.
De Dorneya, ix.s. pro iiij. car' et dim'.
De Merlauia, xxiij.s. pro xj. car' et dim'.
De Wycumbe, c.s. et xxj.d. pro l. car' et dim' et parte.
De Pichecot', xvij.s. iij.d. pro viij. car' et dim' et parte.
De Merston', xvij.s. vj.d. pro viij. car' et dim' et parte.
De Bichendon', xvij.s. x.d. pro viij. car' et dim' et parte.
De Sulebir', x.s. viij.d. pro v. car' et parte.
De Hertwelle, vj.s. pro iij. car'.
De Santerdone, xviij.s. xj.d. pro ix. car' et parte.
De Hucham, xix.s. pro ix. car' et dim'.

---

[1] *Read* Pichelesthorne.

314   A.D. 1220.

Subs.161/1   De Evre, liiij.s. et viij.d. pro xxvij. car' et parte.
—cont.   De Ake, xv.s. pro vij. car' et dim'.
             De Sobinton', xxiij.s. pro xj. car' et dim'.
             De Ycford', xv.s. iiij.d. pro vij. car' et dim' et parte.
             De Wottesdon', xxxvj.s. iij. ob. pro xviij. car' et parte.
             De Quenton', xx.s. et j.d. pro x. car' et parte.
             De Heddesor', iiij.s. pro ij. car'.
             De Yselhamsted', xxv.s. pro xij. car' et dim'.
             De Stanton', xx.s. iiij.d. pro x. car' et parte.
             De Bradewell', vij.s. pro iij. car' et dim'.
                Summa xxxiij.l. iiij.d. ob. pro ccc. car' et xxx. car' et parte.

                 HONOR WALINGEFORD' IN COMITATU NORHAPTON'.
             De Crewelton', xxj.s. pro x. car' et dim'.
             De Teynford', xvj.s. pro viij. car'.
                Summa xxxvij.s. pro xviij. car' et dim'.

                   HONOR WALINGEFORD' IN COMITATU BERK'.
             De Berghefeld', xij.s. pro vj. car'.
             De Tedmerse, vij.s. pro iij. car' et dim'.
             De Suleham, iiij.s. pro ij. car'.
             De Purlye, ix.s. pro iiij. car' et dim'.
             De Hyda, viij.s. pro iiij. car'.
             De Upledecumbe, xv.s. pro vij. car'.
             De Ardinton', xx.s. viij.d. pro x. car' et parte.
             De Baterton', v.s. viij.d. pro ij. car' et dim' et parte.
             De Dudecot', xvj.s. pro viij. car'.
             De Fughelescot', x.s. pro v. car'.
             De Clopcot', xix.s. pro ix. car' et dim'.
             De Duninton', x.s. pro v. car'.
             De Appelton' et Etone, xviij.s. pro ix. car'.
             De Kerswelle, vj.s. pro iij. car'.
                Summa viij.l. iiij.d. pro iiij^{xx} car' et parte.

                                WILTESIR'.
             De Rudburne, x.s. pro v. car'.
             De Chilton', xxxix.s. pro xix. car' et dim'.
             De Walecot', iiij.s. pro ij. car'.
             De Draycot', xiiij.s. pro vij. car'.
             De Okeburn', iij.s. pro j. car' et dim'.
             De Chiseudon', ij.s. ix.d. pro j. car' et parte.
             De Okeburn', ij.s. pro j. car'.
                Summa lxxiiij.s. ix.d.[1]

             De Haselbir',[2] xiiij.s. pro vij. car'.

             De Chiriton',[3] xij.s. pro vj. car'.
             De Turkeden',[3] xviij.s. pro ix. car'.
             De Alrelegh,[3] x.s. pro v. car'.
                Summa vj.l. viij.s. ix.d. pro lxiiij. car' et parte.

[1] *This* summa *is cancelled.*   [2] Haslebury *is in Wilts.*   [3] *In Gloucestershire.*

HONOUR OF WALLINGFORD. 315

MIDDELSEXE.

Subs.161/1 —cont.
De Hanewrdh', xij.d. pro dim' car'.
De Huerdinton', xv.s. pro vij. car' et dim'.
De Ykeham, vj.s. pro iij. car'.
De Dallegh', iiij.s. pro ij. car'.
Summa xxvj.s. pro xiij. car'.

SUR'.

De Bedinton', vij.s. pro iij. car' et dim'.

Summa tocius iiij^{xx} l. x.l. vj.s. iij.d. ob. pro dcccc, car' et iij. car' et sexta parte car'.

[*Endorsed* :—] Honor Walelgeford'. Carucagium de laico tenemento illius honoris.

Areragia carucagii in honore Walingef'.
De Heyford xx.s. Falk' pro x. car'.
De Berncestr', xxxij.s. pro xvj. car'.
De Coleham, liij.s. pro xxv. car' (*sic*).
De Cumpton' xxiiij.s. pro xij. car'.
De Brodeton', viij.s. pro iiij. car'.
De Wotton' lj.s. pro xxv. car' et dim'.

De Ardinton', xx.s. viij.d. pro x. car' et parte.

OXFORD.

Subs.161/1. *HIC EST ROTULUS DE CARUAGIO POSITO AD II.S. PER COMITATUM OXONIE PER*[1] *RADULFUM FILIUM ROBERTI ET GILLEBERTUM DE FINEMERE.*

HUNDR' DE CHILTRE.

De Stok', vj. car' xij.s.
De Crawell', xiij. car' xxvj.s.
De Syreburn', xv. car' xxx.s.
De Chennora et Sideham, xxxv. car' et dim' lxxj.s.
De Amintun', x. car' xx.s.
De Wilehal', j. car', et dim' iij.s.
De Peritun', xlj. car' iiij.l. et ij.s.
De Warmundescumbe, iij. car' vj.s.
De Sthokes et de Chakend' Marmiun, xvij. car', xxxiiij.s.
De Mungewll', ix. car' xix.s.
De Mapelderham Gurnay, xiij. car' xxvj.s.
De Bagerugg', xiiij. car' xxviij.s.
De Rutherfeld', xij. car' xxiiij.s.
De Lewelm', xiij. car' xxvj.s.
De Bensintun' Munsorel', ij. car' iiij.s.
De Bixe v. car' et dim' xj.s.

---

[1] *The words* per .... Finemere *are in another hand.*

De Lachebroc, x. car' xx.s.
De Rucot', v. car' x.s.
De Ropeford', vj. car' xij.s.
De Lewelm' Wace, vij. car' xiiij.s.
De Bensintun', xlij. car' iiij.l. et iiij.s.
De Kaveresham, cum pertinenciis iiij^{xx} et j. car' et dim' viij.l. et iij.s.
De Ybbestan j. car' et dim' iij.s.
  Summa hundr' de Chiltre xxxvj.l. et viij.s.
  Summa[1] carrucarum ccc. et lxiiij. carr'.

HUNDREDUM DE BULENDEN'.

De Pedintun', ix. car' xviij.s.
De Blakethurn' et Hanbresdun', ix. car' xviij.s.
De Bekeleg' et Hortun', xiij. car' xxvj.s.
De Wdeperie v. car' x.s.
De Elsefeld', viij. car' et dim' xvij.s.
De Stauntun', xvj. car' xxxij.s.
De Waterperie xij. car' xxiiij.s.
De Audeber' ij. car' et dim' v.s.
De Hedindun', xxxvj. car' lx. et xij.s.
De Chelewrth' xiij. car' xxvj.s.
De Halctun' xj. car' xxij.s.
De Gersindun', xij. car' xxiiij.s.
De Baudindun' Willelmi, ix. car' xviij.s.
De Horspath', v. car' x.s.
De Neweham, xij. car' xxiiij.s.
De Hivetel', ix. car' xviij.s.
De Letlemore, xvj. car' xxxij.s.
De Meritun', ij. car' et dim' v.s.
De domina Gundreda in Baudindun', j. car' ij.s.
  Summa hundredi de Bulenden' xx.l. iij.s.
  Summa[1] carr' cc. et j. et dim' car'.

HUNDREDUM DE BAUNTUN'.

De Estale, xv. car' xxx.s.
De Clanefeld', ix. car' xviij.s.
De Alfescot', xv. car' xxx.s.
De Westwell', vij. car' xiiij.s.
De Bradewell', xxxv. car' lx. et x.s.
De Dukelintun', vij. car' xiiij.s.
De Stanlak', v. car' et dim'. xj.s.
De Broctun', x. car' xx.s.
De Burtun', xv. car' xxx.s.
De Canicot', viij. car' xvj.s.
De Elesford', iij. car' et dim' vij.s.
De Nortun', xvj. car' xxxij.s.
De Rutcot', ij. car' iiij.s.
De Bauntun' Comitis, xvj. car' xxxij.s.
De Estun' membrum Bauntun', viij. car' xvj.s.

---
[1] *This* summa *is in another hand.*

OXFORD.

Subs.161/1 —cont.

De Bauntun' de Oylli, xj. car' xxij.s.
De Lewes Margerie, ij. car' iiij.s.
De Estrop', ij. car' iiij.s.
De Bureford', xx. car' xl.s.
 Summa hundredi de Bauntun' xx.l. xiiij.s.
 Summa[1] carr' cc. et vij. carr'.

HUNDREDUM DE BLOCKESHAM.

De Belescot', iiij. car' viij.s.
De Broctun' et de Newentun', xxix. car' lviij.s.
De Edburber', xj. car' xxij.s.
De Bereford' Plaice, viij. car' xvj.s.
De Mildecumbe, ij. car' et dim' v.s.
De Wigintun', vij. car' xiiij.s.
De Alcrintun', iij. car' vj.s.
De Draitun', viij. car' xvj.s.
De Haneweie, x. car' xx.s.
De Mulintun', v. car' x.s.
De Boidecot', ij. car' iiij.s.
De Sibbeford' Goyer, viij. car' xvj.s.
De Blockesham, xvij. car' xxxiiij.s.
De Hornintun' Jurdan', j. car' et dim' iij.s.
 Summa hundredi de Blockesham, xj.l. xij.s.
 Summa[1] carr' c. et xvj. carr'.

HUNDREDUM DE CHADELINTUN'.

De Fulebroc, xx. car' xl.s.
De Fifhid', vj. car' xij.s.
De Ministr', xvj. car' xxxij.s.
De Ydebery, vij. car' xiiij.s.
De Cercenden', v. car' x.s.
De Kaingeham, vij. car' et dim' xv.s.
De Ceteltun' vij. car' xiiij.s.
De Saltford', viij. car' xvj.s.
De Magna Rolaunderit', xv. car' et dim' xxxj.s.
De Pudelicot', vj. car' xij.s.
De Nortun', vij. car' xiiij.s.
De Esterleg', vj. car' xij.s.
De Hoconortun' et Swereford', xxj. car' xlij.s.
De Dene et Chalcford', vij. car' xiiij.s.
De Speleberi, xxiij. car' et dim' xlvij.s.
De Chadelintun' Simonis, viij. car' xvj.s.
De Chadelintun' Belet, vij. car' xiiij.s.
De Chadelintun' Willelmi, vj. car' xij.s.
De Estcot', xiij. car' xxvj.s.
De Walecot', vj. car' xij.s.
De Simbroc, v. car' x.s.
De Etchrop', iiij. car' viij.s.

---

[1] *This* summa *is in another hand.*

A.D. 1220.

Subs.161/1
—cont.

De Siptun' xxvij. car' et dim' lv.s.
De Cornwell', vj. car' xij.s.
Summa hundredi de Chadelintun' xxiiij.l. x.s.
Summa[1] carr' cc. et xlv. carr'.

HUNDREDUM DE WTTUN'.

De Erdintun', xvj. car' xxxij.s.
De Beckebroc, viij. car' xvj.s.
De Wrtun', iij. car' et dim' vij.s.
De Cersintun' v. car' x.s.
De Bladen' vj. car' xij.s.
De Coges, vj. car' xij.s.
De Wivelecot', j. car' ij.s.
De Enstintun', ij. car' et dim' v.s.
De Glimtun', iij. car' et dim' vij.s.
De Siptun', viij. car' et dim' xvij.s.
De Withull', iiij. car' viij.s.
De Denneford', x. car' xx.s.
De Bertun' Johan, lviij. car' c. et xvj.s.
De Rolesham, iiij. car' et dim' ix.s.
De Stipelestun', ix. car' xviij.s.
De Cudintun', v. car' x.s.
De Midelestun', v. car' x.s.
De Norhestun', xj. car' xxij.s.
De Trop x. car' xx.s.
De Dunnesthiwe, x. car' xx.s.
De Nuthercot', ij. car' iiij.s.
De Uverortun', v. car' et dim' xj.s.
De Nitherortun', vj. car' xij.s.
De Eleberi, iij. car' et dim' vij.s.
De Wttun', xj. car'. xxij.s.
De Ludewell', iij. car' vj.s.
De Bertun', vj. car' xij.s.
De Newentun', v. car' x.s.
De Bereford' Olaf, vj. car' xij.s.
De Bertun' Odun, iiij. car' viij.s.
De Dadintun' Willelmi, xv. car' xxx.s.
De Dadintun' Radulfi Harang, xiij.[2] xxvj.s.
De Dadintun' Eve, viij. car' xvj.s.
De Bereford' Simonis, iij. car' vj.s.
De Eutun' Roberti, ij. car' iiij.s.
De Kudelintun', ix. car' xviij.s.
De Wdestok', cum pertinenciis scilicet xxiiij. car' x.l. viij.s.
Summa hundredi de Wttun', xxxj.l. v.s.
Summa[1] carr' ccc. et xij. car' et dim'.

HUNDREDUM DE POCKEDELOWE.

De Lillingestan', iiij. car' et dim' ix.s.
De Muxeberi Aregnes, j. car' ij.s.

[1] *This* summa *is in another hand.*
[2] *After* xiij. *supply* car'.

OXFORD. 319

Subs.161/1
—*cont.*

De Wllavestun', viij. car' xvj.s.
De Finemere, vij. car' xiiij.s.
De Wnleberi, v. car' x.s.
De Saldewell', vj. car' xij.s.
De Badintun' Pureel, j. car' ij.s.
De Hethe, vj. car' xij.s.
De Thuresmere, x. car' xx.s.
De Stokes et de Badintun', xxj. car' et dim' xliij.s.
De Strattun', j. car' ij.s.
De Sulthorn', xvj. car' xxxij.s.
De Herdewik', v. car' x.s.
De Buckehull', xv. car' xxx.s.
De Fretewll', xv. car' xxx.s.
De Hayford, vij. car' xiiij.s.
De Blechesdun', xv. car' xxx.s.
De Faringeford', viij. car' xvj.s.
De Sumertun', et de Northbroc, xij. car' xxiiij.s.
De Lake iij. car' et dim' vij.s.
De Medelintun', viij. car' xvj.s.
De Kurtlintun', xiij. car' et dim' xxvij.s.
De Bigenhull' de parte Jacobi le Bret, iiij. car' viij.s.
De Godendun', iij. car' vj.s.
    Summa hundredi de Pockedelow, xix.l. xij.s.
    Summa[1] carr' c. et quater xx. et xvj. carr'.
    Summa[1] summarum in denariis c. lxiiij.l. iiij.s.
Summa[1] summarum in carrucis preter honorem de Warengeford m. et dc. et xlij. car'.

NORTHAMPTON.

Subs. 242/29.   *CARUCAGIUM ASSISUM IN COMITATU NORHAMPT'.*

HUNDREDUM DE FALEWESLE.

De Falewesle, vij. car' xiiij.s.
De Lichesbarewe, de viij. car' et quarta parte et sexta parte unius car' xvj.s. x.d.
De Fardingeston', de viij. car' xvj.s.
De Parva Preston', de iij. car' vj.s.
De alia Preston' de ij. car' iiij.s.
De Doddeford' de xiij. car' et dim' xxvij.s.
De Norton' de xxiiij. car' et dim' xlix.s.
De Everdon' de j. car' ij.s.
De Bergeby, de xviij. car' xxxvj.s.
De Trop, de xj. car' et dim' xxiij.s.
De Catesby, de v. car' x.s.
De Heliden', de ix. car' xviij.s.
De Drayton' de x. car' xx.s.
De Davintre, de xv. car' xxx.s.
De Staverton', de xij. car' et tercia parte unius car' xxiiij.s. viij.d.
De Branteston', de xiij. car' xxvj.s.

---

[1] *This* summa *is in another hand.*

A.D. 1220.

Subs.
242/29
—cont.

De Stowe, de xiij. car' xxvj.s.
De Snokescumb' de iij. car' vj.s.
De Welleton', de vj. car' xij.s.
De Charewelton', de ij. car' iiij.s.
De Newebold', de vij. car' xiiij.s.
De Osseby,[1] de vij. car' xiiij.s.
Summa xix.l. xviij.s. vj.d.

HUNDREDUM DE SUTTON'.

De Brackele, de xviij. car' xxxvj.s.
De Halsho, de xiiij. car' xxviij.s.
De Sutton', de xij. car' xxvj.s.
De Evenle, de xiiij. car' et dim' et ij. partibus unius car' xxx.s. iiij.d.
De Purston' et Newebotle, de xj. car' xxij.s.
De Farningho, de v. car' x.s.
De Grimesbury, de vij. car' xiiij.s.
De Middelton', de iiij. car' et dim' ix.s.
De Wappehamm', de vij. car' et dim' xv.s.
De Walton', de xij. car' xxvj.s.
De Taneford', de iiij. car' et sexta parte unius viij.s. iiij.d.
De Eynho, de xvij. car' xxxiiij.s.
De Trop', viij. car' et dim' xvij.s.
De Stanes, de xij. car' xxvj.s.
De Culewrth', de xviij. car' xxxvj.s.
De Estwelle et Faucot', de xv. car' xxx.s.
De Whitefeld, de vij. car' xiiij.s.
De Siresham, de iiij. car' viij.s.
De Hinton', de xiij. car' xxvj.s.
De Helmedon', de vij. car' xiiij.s.
De Crowelton', de iij. car' vj.s.
De Cherleton', de ij. car' iiij.s.
Summa xxj.l. xix.s. viij.d.

HUNDREDUM DE WARDON'.

De Grettewrth', de viij. car' xvj.s.
De Wardon', de xviij. car' et dim' xxxvij.s.
De Bottendon', de xvij. car' xxxvj.s.
De Sulegrave, de xj. car' et dim' xxiij.s.
De Hinton', de vij. car' et dim' xv.s.
De Wudeford, de ix. car' et dim' et tercia parte unius xixs. viij.d.
De Eston' et Apeltr', de xiiij. car' xxviij.s.
De Ochecot', de xiiij. car' et dim' xxix.s.
De Bifeld, de iiij. car' et quarta parte unius viij[to] s. vj.d.
De Eyndon', de viij. car' et sexta parte unius xvj.s. iiij.d.
De Farendon', de iij. car' vj.s.
Summa xj.l. xiiij.s. vj.d.

HUNDREDUM DE CLEYLE.

De Wike de xiij. car' et tribus partibus unius xxvij.s. vj.d.
De Plumpton', de vj. car' et quarta parte unius xij.s. vj.d.

---

[1] Read Esseby.

NORTHAMPTON. 321

Subs.
242/29
—cont.

De Estaneston' et Hulecot', de xj. car' et dim' xxiij.s.
De Heymindecot', de viij. car' xvj.s.
De Westpery, de xiij. car' et tribus partibus unius xxvij.s. vj.d.
De Stokes et Aldrinton' et Shitelhanger, de xxx. car' et dim. lxj.s.
De Couesgrave et Fordho, de xxiij. car' et tercia parte xlvj.s. viij.d.
De Hertwelle et Rode et Eysse, de xxxvj. car' et duabus partibus lxxiij.s. iiij.d.
    Summa xiiij.l. vij.s. vj.d.

HUNDREDUM DE HECHAM.

De Irencestr' de j. car' et dim' iij.s.
De Ringstede et Cotes, de ix. car' et dim' xix.s.
De Strixton, de xj. car' xxij.s.
De Cotes et alia Cotes, de ix. car' et dim' xix.s.
De Eston', de xvij. car' xxxiiij.s.
De Bosigat', de xxiij. car' xlvj.s.
De Raunde, de iiij. car' viij.s.
De Cnoteston', de v. car' x.s.
De Newenton', de ix. car' et dim' xix.s.
De Wullaveston', de xxvij. car' et dim' lv.s.
De Haregrave, de vij. car' et dim' xv.s.
    Summa xij.l. x.s.

HUNDREDUM DE NEWEBOTLEGRAVE.

De Flora de xvj. car' et dim' xxxiij.s.
De Kiselingbury, de xv. car' et dim' xxxj.s.
De Bramton' et alia Bramton', de xxvj. car' et sexta parte unius lij.s. iiij.d.
De Whelton, de viij. car' xvj.s.
De Ravenestorp', de xvj. car' et sexta parte unius xxxij.s. iiij.d.
De Tekne de vj. car' xij.s.
De Esthaddon', de xxiij. car' xlvj.s.
De Upton', de xvij. car' et duabus partibus xxxv.s. iiij.d.
De Inferiore Heyford', de xij. car' xxiiij.s.
De Superiore Heyford', de xiij. car' xxvj.s.
De Horpol, de xix. car' et dim' xxxix.s.
De Brochole, de x. car' xx.s.
De Musecot', de vj. car' xij.s.
De Haldeneby, de xxj. car' xlij.s.
De Duston', de xv. car' xxx.s.
De Clacstorp', de v. car' et dim' xj.s.
De Olthorp', de v. car' et tribus partibus xj.s. vj.d.
De Herleston', de xiij. car' et tribus partibus xxvij.s. vj.d.
    Summa xxv.l. et xij.d.

HUNDREDUM DE NORTON'.

De Seuowell, de v. car' et dim' xj.s.
De Selveston', de vij. car' xiiij.s.
De Morton', de xiij. car. xxvj.s.
De Plumpton', de v. car' x.s.

A.D. 1220.

Subs.
242/29
—cont.

De Wedon', de xiij. car' et dim' xxvij.s.
De Maydeford', de iiij. car' et tribus partibus ix.s. vj.d.
De Maiore Blaculvesle, de xij. car' xxiiij.s.
De Esseby de iij. car' et dim' vij.s.
De Attaneston', de ij. car' et dim' v.s.
De Bradden', de v. car' x.s.
  Summa vij.l. iij.s. vj.d.

HUNDREDUM DE ORDLINGBER'.

De Herdwic, de vij. car' xiiij.s.
De Parva Harewedon', de x. car' xx.s.
De Maiore Harewedon', de xvij. car' xxxiiij.s.
De Ordlingber', de x. car' xx.s.
De Wimalue, de vj. car' xij.s.
De Isham de x. car' xx.s.
De Cranesle, de xv. car' et quarta parte unius xxx.s. vj.d.
De Hanyton' de x. car' et sexta parte xx.s. iiij.d.
De Bruchton', de xvij. car' et dim' xxxv.s.
De Pichtesle, de iij. car' et dim' vij.s.
De Baddeshasel, de ij. car' iiij. car'.[1]
  Summa x.l. xvj.s. x.d.

  Summa car' m.cc.xix. car' et quarta pars unius car'.

HUNDREDUM DE ANFORDESHO.

De Northesseby de xix. car' xxxviij.s.
De Wileby de vij. car' xiiij.s.
De Wendlingburgh', de iiij. car' et quarta parte viij.s. vj.d.
De Dudinton', de xxiiij. car' xlviij.s.
De Barton', de xviij. car' xxxvj.s.
De Holecot', de vij. car' xiiij.s.
  Summa vij.l. xviij.s. vj.d.

HUNDREDUM DE STOKES.

De Wilberdestoke[2], de xvj. car' xxxij.s.
De Karelton', de iij. car' vj.s.
De Bramton', de xij. car' et sexta parte xxvj.s. iiij.d.
De Dingele, de iij. car' et tribus partibus vij.s. vj.d.
De Weston' et Sutton' de[3] vij. car' et duabus partibus xv.s. iiij.d.
De Asshele de vij. car' xiiij.s.
  Summa c.s. xiiij.d.

HUNDREDUM DE CORBY.

De Wakerle, de xiiij. car' xxviij.s.
De Coreby, de v. car' x.s.
De Bulewic, de x. car' xx.s.
De Maiore Welledon', de vj. car' et dim' xiij.s.
De Minore Welledon', de viij. car' et dim' xvij.s.
De Bladherwic, de viij. car' xvj.s.

---

[1] *Read* s.   [2] *Read* Wilberdestone.   [3] de *repeated in MS.*

NORTHAMPTON. 323

Subs.
242/29
—cont.

De Laxton', de iij. car' et quarta parte vj.s. vj.d.
De Newenton' Maiore, de v. car' x.s.
De Newenton' Minore, de iiij. car' et dim' ix.s.
De Haringwrth', de xx, car' xl.s.
De Wiele, de xj. car' xxiij.s.
De Kirkeby, de j. car' ij.s.
De Stanerne, de tribus car' et v. partibus vij.s. viij.d.
De Buchton', de iij. car' vj.s.
De Gretton', de xvj. car' xxxij.s.
De Brikestoke, de vij. car' xiiij.s.
De Maiore Acle, de viij. car' xvj.s.
De Parva Acle, de v. car' x.s.
Summa xiij.l. xix.s. ij.d.

HUNDREDUM DE WILYBROC.

De Tanesour', de vij. car' xiiij.s.
De Nassinton', et Jarewell', de x. car' xx.s.
De Ludinton', de vij. car' xiiij.s.
De Hale de ij. car' iiij.s.
De Suwie, de vij. car' xiiij.s.
De Clive, de ix. car' xviij.s.
De Apethorp', de ix. car' et duabus partibus unius car' xix.s. iiij.d.
De Newenton', de v. car' x.s.
De Dudinton', de ix. car' xviij.s.
De Weston', de viij. car' xvj.s.
Summa vij.l. vij.s. iiij.d.

HUNDREDUM DE STOTFALD.

De Farendon', de x. car' et tercia parte unius xx.s. viij.d.
De Huthorp', de v. car' x.s.
De Keilmers, de viij. car' xvj.s.
De Parva Bughedon', de ix. car' xviij.s.
De Haselbeche, de ix. car' et quarta parte unius xviij.s. vj.d.
De Maiore Oxendon', de vj. car' xij.s.
De Minore Oxendon', de ij. car' iiij.s.
De Thorp' juxta Lubenho, de ij. car' iiij.s.
De Merston', de v. car' x.s.
De Sibertoft, de vj. car' xij.s.
De Clipston', de ix. car' xviij.s.
De Maydewell', de viij. car' xvj.s.
Summa vij.l. xix.s. ij.d.

HUNDREDUM DE ROWELL'.

De Deresburg', de viij. car' et dim' et xij[a] parte j[us] car' xvij.s. ij.q.
De Thorp Malesoures, de v. car' et dim' xj.s.
De Arningwrth', de ix. car' et dim' xix.s.
De Thorp' Belet, de ij. car' iiij.s.
De Clendon', de vj. car' xij.s.
De Braybroc, de xj. car' xxij.s.
De Riston', de ix. car' et quarta parte j[us] xviij.s. vj.d.

A.D. 1220.

Subs.
242/29
—cont.

De Lodinton', de v. car' et duabus partibus xj.s. iiij.d.
De Drauchton', de vj. car' xij.s.
De Rowelle, de xxiiij. car' xlviij.s.
Summa viij.l. xv.s.

HUNDREDUM DE GILTESBURGH'.

De Gelvertoft, de iiij. car' viij.s.
De Cotes Goldinton', de iiij. car' viij.s.
De Cold Esseby, de viij. car' xvj.s.
De utraque Creton', de viij. car' xvj.s.
De Welleford', de xij. car' et tribus partibus et viij[a] parte unius car' xxv.s. ix.d.
De Giltesburgh', de xj. car' et sexta parte unius xxij.s. iiij.d.
De Nortoft, de ij. car' et duabus partibus unius v.s. iiij.d.
De Cotesbroc, de xviij. car' xxxvj.s.
De Westhaddon', de vij. car' et tercia parte j[us] xiiij.s. viij.d.
De Turneby, de vj. car' et duabus partibus xiij.s. iiij.d.
De Buckeby, de xj. car' xxij.s.
De Watford', Morcot' et Sivelesworth', de xxj. car' xlij.s.
De Cree, de xj. car' xxij.s.
De Lilleburne et Cotes, de vj. car' et tribus partibus xiij.s. vj.d.
De Winewic, de v. car' x.s.
De Navesby, de xvj. car' xxxij.s.
Summa xv.l. vj.s. xj.d.

HUNDREDUM DE SPELHO.

De Pitesford', de xij. car' et dim' xxv.s.
De Abinton', de xiiij. car' et quarta parte xxviij.s. vj.d.
De Uviston', de xv. car' et dim' xxxj.s.
De Maiore Billing', de x. car' et dim' xxj.s.
De Weston', de xij. car' et dim' xxv.s.
De Parva Billing', de vij. car' xiiij.s.
De Sprotton', de xxj. car' et tercia parte unius xlij.s. viij.d.
De Buketon', de iiij. car' et tercia parte viij.s. viij.d.
De Multon', de xxiiij. car' et dim' xlix.s.
Summa xij.l. iiij.s. x.d.

HUNDREDUM DE MALESLE.

De Walde, de ix. car' xviij.s.
De Faxton', de vij. car' xiiij.s.
De Waldegrave, de xij. car' xxiiij.s.
De Scaldewelle, de vj. car' et tercia parte j[us] xij.s. viij.d.
De Hochton', de vij. car' et dim' xv.s.
De Langeport, de vj. car' xij.s.
De Thorp' juxta Norhampt' de xxxij. car' lxiiij.s.
Summa vij.l. xix.s. viij.d.

HUNDREDUM DE TOUECESTR'.

De Gayton', de xvj. car' et dim' xxxiij.s.
De Tiffeld, de iij. car' et xij[a] parte vj.s. ij.d.
De Grimescot', de v. car' x.s.

NORTHAMPTON. 325

Subs.
242/29
—cont.

De Potcot', de vij. car' et dim' xv.s.
De Pateshull', de xvj. car' xxxij.s.
De Touecestr', de xxxiij. car' lxvj.s.
De Foxle, de iij. car' et dim' vij.s.
　　　Summa viij.l. ix.s. ij.d.

HUNDREDUM DE WIMERESLE.

De Middelton' et Colintr', de xxiiij. car' xlviij.s.
De Maiore Houchton', de xxvj. car' et dim' liij.s.
De Trop Advocati, de x. car' et dim' xxj.s.
De Cugenho, de xiij. car' et quarta parte xxvj.s. vj.d.
De Wicheton', de xj. car' xxij.s.
De Parva Dudinton', de xv. car' et quarta parte unius xxx.s. vj.d.
De Esseby, et Chaddeston', de xxiij. car' et dim' xlvij.s.
De Blitheswrth', de xiiij. car' xxviij.s.
De Quenton', de iiij. car' et tribus partibus ix.s. vj.d.
De Jerdele, de xix. car' xxxviij.s.
De Wutton', de xxv. car' l.s.
De Preston', de vij. car' et dim' xv.s.
De Brawefeld, et Parva Houchton', de xlj. car' et sexta parte j^{us}
iiij.l. ij.s. iiij.d.
De Horton', de x. car' et quarta parte xx.s. vj.d.
De Pidinton', de ij. car' et sexta parte iiij.s. iiij.d.
De Hardingestorn, de xij. car' xxiiij.s.
De Hakelinton', de vij. car' et octava parte xiiij.s. iij.d.
De Grendon', de xix. car' et duabus partibus xxxix.[1] iiij.d.
　　　Summa xxviij.l. xiij.s. iij.d.

BALLIVA BURGI.

HUNDREDUM DE POKEBROC.

De Turming', de j. car' ij.s.
De Heminton', de iij. car' vj.s.
De Winewic', de ij. car' iiij.s.
De Benifeld et Liveden', de v. car' x.s.
De Lullinton', de iij. car' vj.s.
　　　Summa xxviij.s.

HUNDREDUM DE NAVERESFORD'.

De Deneford', de xv. car' xxx.s.
De Trapeston', de xj. car' xxij.s.
De Wadenho, de iiij. car' viij.s.
　　　Summa lx.s.

De Aldewincle, de iij. car' et dim' vij.s.
De Lilleford', de viij. car' xvj.s.
　　　Summa[2] lxvj.s. viij.d.

---

[1] *After* xxix. *supply* s.
[2] *This sum suggests that the heading of a new hundred* (Huxloe) *and most of the places in it are not entered on the roll.*

HUNDREDUM DE NORDNAVESLUND.

Subs. 242/29 —cont.

De Craneford' de ix. car' et tribus partibus xix.s. vj.d.
De Burton', de xiiij. car' et dim' xxix.s.
De Grafton', de vj. car' xij.s.
Summa lx.s. vj.d.

HUNDREDUM DE SUDNAVESLUND.

De Maiore Adinton', de vj. car' et quinque partibus xiij.s. viij.d.
De Minore Adinton', de viij. car' xvj.s.
De Wudeford', de ij. car' iiij^{or} s.
De Tingden' de xiiij. car' xxviij.s.
Summa lxj.s. viij.d.

NASSUS BURGI.

De Bernake, de ij. car' iiij.s.

Summa totalis cclxj.l. vj.s. vj.d. de mmdcxiij. car' et quarta parte unius caruee. Soluti sunt inde cclx.l. xviij.d. et debentur xxv.s.

Hec solucio facta est per Ascelinum de Sidenham et Robertum de Flora preter feoda inferius scripta de quibus nichil receperunt.

Feoda que non solverunt carucag', scilicet—
Feoda omnium prelatorum ecclesiasticorum per breve,
Feodum comitis Cestrie,
Feodum comitis de Ferrariis per breve,
Honor Walingford' per breve domini regis,
Terra que fuit Rollandi filii Simonis de Lindon' in Eston', scilicet ix. car' et terra Ricardi de Hanred in Barton', scilicet vij. car' et dim', quod carucagium dominus R. episcopus Saresberiensis collegit per breve domini regis.
Terra Hawisie de Cestria in Bukeby per Falkesium de Breaute.
Manerium de Roddeston' feodum comitis Albimarl' de xviij. car' per Falkesium de Breaute.
Falkesius de Breaute recepit xxj.s. de x. car' et dim' in Brikleswrth', et retinuit carucagium de quinque carucis suis propriis ibidem.
Terra Johannis Marescalli in Norton' de xvij. car' nihil solvit.
Caruee de burgo Norhampton'.

[*Endorsed* :—] *Carcucag' de Norhamtonsir' Pokebrok' et Ferrers.*

NORFOLK AND SUFFOLK.

Subs. 239/242.

CARRUCAGIUM NORF' ASSISUM ANNO REGNI REGIS HENRICI.
Loding'. In hoc hundredo fuerunt xlviij. caruce.
Quarum xij. car' fuerunt de feodo ecclesie. Et remanent xxxvj. carr'.
Summa denariorum exceptis carucis de feodo ecclesie lxxij.s.

NORFOLK AND SUFFOLK. 327

Subs.
239/242
—cont.

Cnavering'. In hoc hundredo fuerunt xxxvij. carr'.
Quarum xiiij. carr' fuerunt de feodo ecclesie. Et remanent xxiij. carr'.
Summa denariorum exceptis car' de feodo ecclesie xlvj.s.

Eresham. In hoc dimidio hundredo fuerunt lxxv. caruce.
Quarum xxv. carr' fuerunt de feodo ecclesie. Et remanent l. carr'.
Summa denariorum exceptis car' de feodo ecclesie c.s.

Disce. In hoc dimidio hundredo fuerunt cvj. carr'.
Quarum xxx. car' fuerunt de feodo ecclesie et viij. carruce Roberti filii Walteri et rusticorum suorum. Et remanent lxviij. carr'.
Summa denariorum exceptis carr' de feodo ecclesie vj.l. xvj.s.

Diepwad'. In hoc hundredo fuerunt iiij^{xx} et xj. carr'.
Quarum xv. carr' fuerunt de feodo ecclesie, et v. car' fuerunt Roberti filii Walteri et rusticorum suorum. Et remanent lxxj. carr'.
Summa denariorum exceptis car' de feodo ecclesie et Roberti filii Walteri vij.l. ij.s.

Humeliard'. In hoc hundredo fuerunt xxxiij. carr'.
Quarum j. car' est de feodo ecclesie. Et remanent xxxij. carr'.
Summa denariorum exceptis carr' de feodo ecclesie lxiiij.s.

Hensted'. In hoc hundredo fuerunt xxvij. carr'.
Quarum sex car' sunt de feodo ecclesie. Et remanent xxj. carr'.
Summa denariorum exceptis car' de feodo ecclesie xlij.s.

Gillecros. In hoc hundredo fuerunt iiij^{xx} et ij. car'.
Quarum vij. sunt de feodo ecclesie. Et remanent lxxv. carr'.
Summa denariorum exceptis car' de feodo ecclesie vij.l. x.s.

Scropham. In hoc hundredo fuerunt iiij^{xx} et xij. caruee cum tribus carr' de villa de Teiefford'.
Quarum ix. car' sunt de feodo ecclesie. Et remanent iiij^{xx}. et iiij. carr'.
Summa denariorum exceptis car' de feodo ecclesie viij.l. viij.s.

Wainlund'. In hoc hundredo fuerunt lij. car'.
Quarum viij. carr' sunt de feodo ecclesie. Et remanent xliiij. carr'.
Summa denariorum exceptis carr' de feodo ecclesie iiij.l. viij.s.

Grimesho. In hoc hundredo fuerunt xxxvij. carr'.
Quarum iiij. carr' sunt de feodo ecclesie. Et remanent xxxiij. carr'.
Summa denariorum exceptis car' de feodo ecclesie lxvj.s.

A.D. 1220.

Subs.
239/242
—cont.

Fourhog'. In hoc hundredo et dimidio fuerunt xliiij. carr'.
Quarum vij. car' sunt de feodo ecclesie. Et remanent xxxvij. carr'.
Summa denariorum exceptis carr' de feodo ecclesie lxxiiij.s.

Mitford'. In hoc hundredo et dimidio fuerunt xxvij. carr'.

Lawend'. In hoc hundredo fuerunt vij^{xx} et iij. carr'.
Quarum xvij. carr' sunt de feodo ecclesie. Et remanent c. et xxvj. carr'.
Summa denariorum exceptis car' de feodo ecclesie xij.l. xij.s.

Suthgreneho. In hoc hundredo fuerunt viij^{xx} et v. car'.
Quarum xvj. carr' fuerunt de feodo ecclesie. Et remanent cxlix. carr'.
Summa denariorum exceptis car' de feodo ecclesie xiiij.l. xviij.s.

Clakelos'. In hoc hundredo fuerunt cccxvij. car'.
Quarum vj^{xx} et xij. car' sunt de feodo ecclesie. Et remanent c.iiij^{xx} et v. carr'.
Summa denariorum exceptis car' de feodo ecclesie xviij.l. x.s.

Frethebrig'. In hoc hundredo et dimidio sunt d. et xiiij. carr'.
Quarum cc.iiij^{xx} et ij. carr' sunt de feodo ecclesie. Et remanent cc. et xxxij. carr'.
Summa denariorum exceptis carr' de feodo ecclesie xxiij.l. iiij.s.

Smethedon'. In hoc hundredo fuerunt clxviij. car'.
Quarum lvij. car' sunt de feodo ecclesie. Et remanent cxj. carr'.
Summa denariorum exceptis car' de feodo ecclesie xj.l. ij.s.

Galehog'. In hoc hundredo fuerunt iiij^{xx} vj. car'.
Quarum xvij. car' sunt de feodo ecclesie. Et remanent lxix. carr'.
Summa denariorum exceptis car' de feodo ecclesie vj.l. xviij.s.

Brothercros. In hoc hundredo fuerunt iiij^{xx} et xv. carr'.
Quarum xxxvj. car' sunt de feodo ecclesie. Et remanent lix. carr'.
Summa denariorum exceptis car' de feodo ecclesie cxviij.s.

Northgreneho. In hoc hundredo fuerunt lxxviij. car'.
Quarum xxvij. car' sunt de feodo ecclesie. Et remanent lj. carr'.
Summa denariorum exceptis car' de feodo ecclesie cij.s.

Holt. In hoc hundredo fuerunt xxix. car'.
Quarum sex car' sunt de feodo ecclesie. Et remanent xxiij. carr'.
Summa denariorum exceptis car' de feodo ecclesie xlvj.s.

Subs.
239/242
—cont.

Eynesford'. In hoc hundredo fuerunt xxxv. car'.
Summa denariorum lxx.s.

Northerpigh'. In hoc hundredo fuerunt xxvij. car'.
Quarum sex car' sunt de feodo ecclesie. Et remanent xxj. carr'.
Summa denariorum exceptis car' de feodo ecclesie xlij.s.

Sutherpigh'. In hoc hundredo fuerunt xxx. car'.
Quarum vij. car' sunt de feodo ecclesie. Et remanent xxiij. carr'.
Summa denariorum exceptis car' de feodo ecclesie xlvj.s.

Tunsted'. In hoc hundredo fuerunt xlij. carr'.
Quarum xvij. car' sunt de feodo ecclesie. Et remanent xxv. carr'.
Summa denariorum exceptis car' de feodo ecclesie l.s.

Taverham. In hoc hundredo fuerunt xj. car'.
Quarum j. car' est de feodo ecclesie. Et remanent x. carr'.
Summa denariorum exceptis car' de feodo ecclesie xx.s.

Walesham. In hoc hundredo fuerunt xxvj. car'.
Quarum iiij. car' sunt de feodo ecclesie. Et remanent xxij. carr'.
Summa denariorum exceptis car' de feodo ecclesie xliiij.s.

Blafeld'. In hoc hundredo fuerunt iiij. car'.
Quarum j. car' est de feodo ecclesie. Et remanent iij. carr'.
Summa denariorum exceptis car' de feodo ecclesie vj.s.

Estfleg'. In hoc hundredo fuerunt viij. carr'.
Quarum j. car' est de feodo ecclesie. Et remanent vij. carr'.
Summa denariorum exceptis car' de feodo ecclesie xiiij.s.

Westfleg'. In hoc hundredo fuerunt iij. carr' de feodo ecclesie.

Happing'. In hoc hundredo sunt xxiij. carr'.
Quarum xij. carr' sunt de feodo ecclesie. Et remanent xj. carr'.
Summa denariorum exceptis car' de feodo ecclesie xxij.s.

Summa omnium carrucarum m. et dcc. et lxiij. carruc'.
Summa denariorum omnium prescriptarum carruc' c. et lxxvj.l. et vj.s.

CARRUCAGIUM SUFF' ASSISUM ANNO REGNI REGIS HENRICI.

Luthingeland'. In hoc dimidio hundredo fuerunt xxv. carruce.
Quarum nulla fuit de feodo ecclesie.
Summa denariorum l.s.

Mutford'. In hoc dimidio hundredo fuerunt xxx. carr'.
Quarum j. est de feodo ecclesie. Et remanent xxix. carr'.
Summa denariorum excepta car' de feodo ecclesie lviij.s.

Blithing'. In hoc hundredo fuerunt lxxix. carr'.
Quarum tres carr' fuerunt de feodo ecclesie. Et remanent lxxvj. carr'.
Summa denariorum exceptis carr' de feodo ecclesie vij.l. et xij.s.

Wainefford'. In hoc hundredo fuerunt lvij. carr'.
Quarum vij. carr' fuerunt de feodo ecclesie. Et remanent l. carr'.
Summa denariorum exceptis carucis de feodo ecclesie c.s.

S. Atheldr'. In v. hundredis et dimidio et Thredling' Sancte Atheldr' fuerunt iiij. et iij. carruce.
Quarum iij. car' fuerunt de feodo ecclesie. Et remanent iiij^{xx} carr'.
Summa denariorum exceptis carr' de feodo ecclesie viij.l.

Hoxne. In hoc hundredo fuerunt xlv. carr'.
Quarum sex carr' fuerunt de feodo ecclesie. Et remanent xxxix. carr'.
Summa denariorum exceptis carr' de feodo ecclesie lxxviij.s.

[*In margin*] xxxij. caruee de honore Eye.

Bosemer'. In hoc hundredo fuerunt iiij^{xx} et xj. carr'.
Quarum iiij. carr' fuerunt de feodo ecclesie exceptis car' de Berking' episcopi Elyensis que non fuerunt infra hanc summam. Et remanent iiij^{xx}. et vij. carr'.
Summa denariorum exceptis carr' de feodo ecclesie viij.l. et xiiij.s.

Cleidon'. In his duabus partibus hundredi fuerunt xx. carr' et due carr' de villa de Brokes.
Quarum tres carr' fuerunt de feodo ecclesie. Et remanent xix. carr'.
Summa denariorum exceptis carr' de feodo ecclesie xxxviij.s.

Samford'. In hoc hundredo et dimidio fuerunt vj^{xx} carr'.
Quarum xxiiij. carr' fuerunt de feodo-ecclesie. Et remanent iiij^{xx} et xvj. carr'.
Summa denariorum exceptis carr' de feodo ecclesie ix.l. xij.s.

Hertesmer'. In hoc hundredo fuerunt lxviij. carr'.
Quarum xv. carr' sunt de feodo ecclesie et j. car' de feodo Hospitalis. Et remanent lij. carr'.
Summa denariorum exceptis carr' de feodo ecclesie ciiij.s.

Stowe. In hoc hundredo fuerunt lix. carr'.
Quarum xij. car' sunt de feodo ecclesie. Et remanent xlvij. carr'.
Summa denariorum exceptis car' de feodo ecclesie iiij.l. xiiij.s.

NORFOLK AND SUFFOLK. 331

Subs.
239/242
—cont.

S. Admund'. In viij. hundredis et dimidio Sancti Edmundi fuerunt, scilicet in hundredo de Lacford' vj^{xx} et iiij. caruce, in duobus hundredis de Blakebrun' c. et iiij. caruc', in hundredo de Risebrug' cc. et vij. caruc', in hundredo de Thinghog' lxxvij. caruc', in hundredo de Thedwarestre lxxvij. caruc', in duobus hundredis de Badberee cxix. caruc', in dimidio hundredo de Corsford' xlij. caruc'.
Summa carucarum in hac libertate dccl. caruc'.

Ixning. Novum Mercatum. In villa de Ixning et Novi Mercati fuerunt xix. carr'.
Quarum nulla fuit de feodo ecclesie.
Summa denariorum xxxviij.s.

Summa omnium carrucarum in hoc comitatu preter hundreda Sancti Admundi dc. et xix. carr'.
Summa denariorum earundem carruc' lxj.l. et xviij.s.

Summa carukarum in Norfuk' mille et dcc. et lxiij. carr'.
Summa carrucarum in Suffok' d. et xxxix. car' exceptis libertatibus Sancti Edmundi et Sancte Aldrede et honoris de Eya.[1]
Summa denariorum carucagii de Norfuk' et Suffok' cc. et xxiiij.l. iiij.s. Ex his in thesauro apud Templum iiij^{xx} et iiij.l. et iij.s. Restant solvendi vij^{xx} l. et xij.d. salvis predictis libertatibus.

HERTFORD.

Subs. 120/1.

ROTULUS DE CARUAGIO ASSISO ANNO REGNI REGIS HENRICI QUARTO.

Stokke comitis W. de Maundevil. xvij. car' solverunt xxxiij^{or} s.
Bisseg'. xxv. car' solverunt l.s.
Mimmes. xxvij. car' solverunt liiij^{or} s.
Puteham'. vj. car' solverunt xij.s.
Gatesdan'. xiiij. car' et dim' solverunt xxv.s. Debent iiij.s.
Redbourne. j. car' solvit ij.s.
Bacewrth'. iiij^{or} car' solverunt viij.s.
Aet'. v. car' solverunt x.s.
Wilie. viij. car' et dim' et j. testa solverunt xvij.s. et ij.d.
Knebbewrth'. De dominico Falc' nil solverunt. Solverunt de aliis xx.s. viij.d.
Welewen'. xv. car' solverunt xxx.s.
Aet' Munfichet'. v. car' solverunt vj.s. Debent iiij^{or} s.
Gravenl', Chivesfeld'. vij. car' et tercia pars solverunt xiiij.s. viij.d.
Langeleya. ij. car' et dim' solverunt v.s.
Wimundesl' utraque. xviij. car' solverunt xxxiiij.s. Debent ij.s.
Almesho. j. car' solvit ij.s.
Wlwenwyk'. iij. car' et iij. partes unius car' solverunt vij.s. et iij.d.
Peritun', Icleford, Bibbeswrth', Rammordewyk'. xxx. car' et dim' solverunt lxj.s.

---

[1] *The words* et honoris de Eya *are erased.*

332   A.D. 1220.

Subs. 120/1 —cont.
Senl'. vj. car' et vij. teste solverunt xiij.s. et ix.d.
Munden' Will'. xij. car' solverunt xxiiij.s.
Munden' Furnival'. xxij. car' et quarta pars unius car' solverunt xlj.s. et xj.d. Debent vij.d.
Lechchewrth'. v. car' solverunt x.s.
Watthun'. xix. car' et iij. teste solverunt xxxviij.s. Debent ix.d.
Tachchewrth'. xvj. car' et dim' solverunt xxxiij.s.
Linleg'. xj. car' et dim' solverunt xxiij.s.
Kembit'. x. car' et iij. teste solverunt xvj.s. vij.d. ob. Debent iij.s. et iiij.d. et ob.
Walden'. xv. car' solverunt xxx.s.
Hichch'. liij. car' et dim' solverunt v.l. et v.s. Debent ij.s.
Dinesleg'. ix. car' solverunt xviij.s.
Clahaudl'. xvj. car' et dim' solverunt xxxiij.s.
Ret'. viij. car' et dim' et vj. teste solverunt xvj.s. et vij.d. et ob. Debent ij.s.
Orewell'. j. car' solvit ij.s.
Hencstewrth'. j. car' solvit ij.s.
Kaldecot'. ij. car' et dim' solverunt v.s.
Radewell'. iij. car' et vj. teste solverunt vij.s. vj.d.
Bigrave. xiiij. car' solverunt xxviij.s.
Waulinget'. vij. car' et dim' solverunt xij.s. Debent iij.s.
Ressenden'. vij. car' et j. testa solverunt x.s. Debent iiij.s. et iij.d.
Codreth' Camerarii. xj. car' et dim' solverunt xxj.s. Debent ij.s.
Berle. iij. car' et quarta unius car' solverunt vj.s. et j.d. Debent v.d.
Kokenhach'. iij. car' solverunt iiij.s. Debent ij.s.
Berkewey. xj. car' et quarta unius solverunt xiij.s. et vj.d. Debent ix.s.
Anest', Hormad' Parva. xj. car' solverunt xxij.s. Item de v. testis xv.d.
Trokking'. iij. car' solverunt iij.s. ij.d. Debent xxij.d.
Widihal'. Solverunt xv.s. de viij. car' et dim'. Debent ij.s.
Wakeleg'. ij. car' solverunt iiij.s.
Boclaund'. viij. car' solverunt xj.s. et vj.d. Debent iiij.s. et vj d.
Hormad' J. de Saunf'. ix. car' et iij. partes unius car' solverunt xix.s. et viij.
Hormad Steph'. j. car' et vij. teste solverunt iij.s. ix.d.
Bordesdan'. ij. car' solverunt iiij.s.
Stoneberi. j. car' solvit ij.s.
Ailfla'dewik'. ij. car' et ij. teste solverunt iiij.s. et vj.d.
Hient'. iij. car' et solverunt v.s. vij.d. Debent v.d.
Hodesdun' J. de Bassing'. iiij. car' et dim' solverunt ix.s.
Hodesdun' Petronille, Amwell'. xiiij. car' et dim' et j. testa solverunt xxj.s. et iij.d. Debent viij.s.
Brikendun'. j. car' et dim' de Adam novo homine et Philippo clerico solverunt ij.s. vij.[d.] Debent v.d.
· Hertfordingeberi. v. car' et ij. teste solverunt viij.[s. vj.d.] Debent ij.s.
Tiwing'. vj. car' et dim' et ij. teste solverunt xiij.s. et vj.d.
Rochamested'. iiij. car' et dim' et iij. teste solverunt ix.s. et ix.d.
Paleshangr'. ij. car' et tercia pars solverunt iiij.s. viij.d.

HERTFORD. 333

Subs. 120/1 —cont.
Benigho, Chelse, Estwik'. x. car' et dim' solverunt xxj.s.
Bilechholt'. ij. car' solverunt iiij.s.
Sabritteswrth' de Say. vij. car' et iiij. teste solverunt xiiij.s. ix.d. ob'.
Sabritteswrth' Falc'. xxj. car' et dim' solverunt xliij.s.
Torleg'. vij. car' solverunt xiiij.s.
Gedelest'. v. car' et dim' solverunt xj.s.
Westmeln'. xiij. car' solverunt xxv.s. Debent xij.d.
Gatesberi. viij. car' solverunt xvj.s.
Brawing'. v. car' solverunt x.s.
Wikham. iij. car' solverunt vj.s.
Wares. xxv. caruce solverunt l.s.

Summa lxiiij.l. viij.s. et ij.d. ob' pacat'.
Summa arreragii lix.s. vj.d. ob' que superius annotantur ubi aretro sunt in qualibet villa per particulas.
Iste ville non reddiderunt karuagium:—Flamstede, Wivelestorn' Digoneswell', Knebbewoll' de dominico Falconis, Burlege, Br . . . de, Cestrehunte, Hunesdone, Standon', Thisecote, . . . ho, Nuthamstede, Apsedene, Oflege, Westone, . . . stede.
Summa carucarum clx. caruc' et dim' et una testa.
Summa denariorum de caruc' prenotatis xv.l. xij.s. viij.d.
Et sunt in Knebbewrth' preter dominium Falkonis xx.s. iiij.d.
Summa lxiiij.l. viij.s. ij.d. ob' non probata per manus subscriptorum :—Simonis de Furneus, Galfridi de Rocheford'.
Galfridus de Roynges recepit predictos denarios.

[*Endorsed :*—] Karucagium in comitatu de Hurtforde per Simonem de Furneaus et Galfridi[1] de Rocheford'.

HUNTINGDON.

Subs. 122/1. *CARUCAG' COMITATUS HUNTEDON' ASSISUM TEMPORE FALK' DE BREAUT'.*

HUNDREDUM DE HURSTINGESTON'.

De Stivecle Comitis David, xj. caruc' et dim'.

HUNDREDUM DE TOULESLUND.

De Hemingeford' Trublevill', xvj. car'.
De Gillinges, ix. car'.
De Weresle, xx. car'.
De Everton' et Tetteworthe, ix. car'.
De Stanton' et Hilton', xl. car'.
De Adbodesle, vij. car' dim'.
De Eynesbir', xiiij. car'.
De Touleslund, xj. car'.
De Pappeworthe, ij. car' dim'.
De Offord' Willelmi Daci, vij. caruce.

[1] *Read* Galfridum.

A.D. 1220.

Subs. 122/1 —cont.

De Magna Paxton', vj. car' et quarta pars unius caruc'.
De Parva Paxton', v. car'.
De Sudho et Weston', xxj. car'.
De Bichamstede, ij. car' dim'.
De Dudinton' et Buweton', xiij. car' dim'.
De Berkeford', ij. car' dim'.
De Granteden', iiij. car'.
De Gudmundecestr', xvij. car'.

HUNDREDUM DE NORTHMANNECROS.

De villata de Walton', v. car'.
De Saltereye Roberti de Bello Mesag', ij. car' dim'.
De Glatton', xxj. car' dim'.
De Coniton', viij. car'.
De Caldecote, iij. car'.
De Fulkesworthe, j. car' dim'.
De Stilton', iij. car'.
De Cestreton', vj. car'.
De Overton' Henrici de Longa Villa, ix. car'.
De Botulvesbrug', x. car' et dim'.
De Ludinton Olyveri le Moygne, iiij. car'.

HUNDREDUM DE LEYTTHONESTAN.

De villata de Covinton', xiij. car'.
De Ketelestan, xiij. car'.
De Catteworthe, iij. car'.
De Graffham, xv. car'.
De Branton', xij. car'.
De Alkmundebir', x. car'.
De Wolvele, iiij. car' dim'.
De Tirninge, ix. car'.
De Wynewic', j. car' dim'.
De Magna Giddinge, vj. car'.
De Gyddinge Willelmi Engaygne, iiij. car'.
De Hamerton', x. car'.
De Mulesworthe, xij. car'.
De Bukkesworthe, xiiij. caruce et dim'.

De villata de Huntedon', iij. car'.

Summa omnium car' in comitatu Huntedon' ccccxxiij. car' dim'.
Summa in denariis xlij.l. vij.s.
Ex hac summa solute sunt xlij.l. et aretro sunt vij.s.

[*Endorsed :*—] Huntedon'—Carucagium.

(335)

VARIOUS DATES.

It has been observed already that few of the documents transcribed in the Book of Fees are also transcribed in the Red Book of the Exchequer. A notable exception is a series of lists of serjeanties in different counties, given consecutively in the Red Book,[1] but distributed in various parts of the Book of Fees, which, moreover, has lists for Sussex and Cambridge and Huntingdon that do not appear in the earlier volume.

In the Book of Fees, many of these lists are entered twice and one is entered three times, one version being almost invariably headed—" De Testa de Nevill," and another—" De seriantiis arentatis per Robertum Passelewe tempore Henrici Regis, filii Regis Johannis." Other lists were apparently derived exclusively from the latter source. Inasmuch as Passelew's commutation of serjeanties is known to have been made between 1247 and 1250, it might at first sight be supposed that these lists were drawn up by him and his colleagues at that period. They are, however, considerably earlier, as will appear below.

In explanation, it may be suggested with come confidence that, when Passelew was about to begin his enquiry, he was supplied with lists of such serjeanties as were recorded at the Exchequer, that these lists were returned by him on the completion of his task, and that they were thenceforth preserved with his report. The Exchequer would thus have at least two series of these lists, one kept in the receptacle known as 'Testa de Nevill,' and the other, consisting of copies, preserved in a coffer, hanaper, or bundle, labelled " Serjantie arentate per Robertum Passelew," etc. as above.

It is abundantly clear that the parallel lists of serjeanties printed below from various parts of the Book of Fees and those collected under a general heading in the Red Book of the Exchequer were derived from a common original, which no longer exists. Not only is the sequence of the names practically identical in the different counties, but scribal blunders occurring in one volume are generally to be found in the other also. Four instances will suffice. In the list for Essex, the word 'glavie' has been transferred by both the copyists from the second entry to the third, thereby making nonsense. A misreading has in both books converted Overton in Lancashire into ' Cuerton' or ' Querton.' In the parallel lists for Wiltshire, Warin Doinel appears as Warin ' Puninel,' and Geoffrey Luveraz as Geoffrey ' Luterel.' This last error shows that the three versions now extant were derived from a list prepared at the Exchequer, rather than from an original return from Wiltshire, for whereas Geoffrey Luterel had no land in the south of England, he was known at Westminster as one of the principal ministers of the Crown.

In the printed version of the Red Book, the editor has tentatively ascribed the lists of serjeanties there given to the period between 1212 and 1217, and has accordingly affixed these dates in the margin. Subsequent researches, made during the preparation of the present volume, show that these limits are much too narrow.

---

[1] Pp. 451-468 in the printed edition.

VARIOUS DATES.

Having regard to chronological difficulties, it is altogether impossible to regard these lists of serjeanties as a uniform series belonging to any particular year. They were probably copied from compilations made at the Exchequer, and posted up from time to time in a very casual manner. In some cases, notably in the lists for Cumberland and Northumberland, additional names have been inserted without cancellation of the names of previous holders of the serjeanties mentioned. This has led to contradiction and confusion.

In general character and in historical value, these lists of serjeanties are more similar to the so-called 'inquisitions' in the Red Book than to the rest of the material collected in the Book of Fees. There is reason to believe that all of them were mere extracts or abstracts from returns made by sheriffs or by justices in eyre at different times in the first quarter of the thirteenth century. Owing to the loss of many of the records of the eyres of the period, it is now difficult to assign particular lists, or sections of lists, to definite years. The following notes upon some of them are more or less tentative. They may be amplified hereafter by persons who have studied the history of the different counties.

KENT. The list consists of extracts from a record of the eyre of 1219, in which the names of the serjeants occur in the same sequence.[1]

SURREY. Peter son of Henry fitz Ailwin, mayor of London, who is entered as holding Addington, was dead in 1207.[2]

SUSSEX. Alan of Woolbeding, who is entered as holding by serjeanty, was presumably the predecessor of Roger of Woolbeding, who paid relief in 1211 and who was entered as holding by the same serjeanty in 1212.[3]

SOUTHAMPTON. The long list for this county is divided into two parts in the Book of Fees. Both of them show a close resemblance to the sheriff's return of 1212.

WILTS. The list seems to have been compiled from several sources. An entry mentioning Warin fitz Gerold as the king's chamberlain can hardly be later than May, 1218, when he was dead.[4] On the other hand, the mention of the successor of Iseult Biset suggests a subsequent date, for that lady was living in 1219 and perhaps in 1222.[5] The second of the two entries concerning Robert Doinel presents a difficulty, for the marshalship there attributed to him had passed away from the Doinels before 1166.[6]

SOMERSET and DORSET. The list does not appear to be founded either upon the return of the sheriff in 1212, or upon that of the justices in eyre in 1219. In both those years, Geoffrey de St. Clair held Stapleton in Martock

---

[1] See p. 270 above.   [2] *Rotuli Litterarum Clausarum*, vol. i. p. 95.
[3] See p. 71 above. Pipe Roll, 13 John, Sussex.
[4] *Rotuli Litterarum Clausarum*, vol. i. p. 263; *Excerpta e Rotulis Finium*, vol, i. p. 11.
[5] Pipe Roll, 3 Hen. III, Wilts; *Rotuli Litterarum Clausarum*, vol. i. p. 568; *Excerpta e Rotulis Finium*, vol. i. p. 105.
[6] *Red Book*, p. 209; Round, *The King's Serjeants*, pp. 92-98; *Wiltshire Magazine*, vol. xxxix. p. 58.

INTRODUCTION. 337

by serjeanty.[1] Robert de St. Clair obtained livery in 1223.[2] The person of that name mentioned in the list may, however, have been a predecessor of Geoffrey.

HEREFORD. Most of the persons here named as serjeants occur also in the sheriff's return of 1212, but not in the same order. There are moreover some variants which seem to indicate that part of the list printed below was prepared before 1212. Thus Gilbert of Bray who figures in this list as a serjeant has by 1212 been replaced by Auda his relict.[3] That the list is not in its present form a homogeneous return of any one definite year is shown by the fact that the Caperun serjeanty is entered twice. In the first case, Hugh Caperun is stated to hold half a hide of land by some service unspecified. In the second case, Agnes Caperun is stated to hold an unspecified amount of land by a particular service. The return of 1212, printed above, shows that her holding consisted of two virgates, that is to say half a hide, the exact amount held by Hugh Caperun, who is not mentioned among the serjeants of 1212. The inference is that the entry concerning Agnes Caperun printed below was an addition to the original list, made at the Exchequer by a clerk who did not realise that there was only one Caperun serjeanty. Further research may reveal other additions of a similar kind.

BERKS. The version of the list given in the Book of Fees differs in several particulars from that given in the Red Book of the Exchequer. Neither of them can, however, be regarded as a satisfactory copy of an unaltered original. Some facts relating to West Hendred are instructive. It has been seen above that, in 1212, Richard of Hendred was returned as holding a hundred shillings of land by the serjeanty of keeping ale.[4] So again, in 1219, the justices in eyre reported that he held a hundred shillings of land at West Hendred by a service of ale in the king's buttery.[5] Turning now to the Red Book of the Exchequer, we find that William of Hendred is entered as holding a hundred shillings of land without any specified service, while Richard of Hendred is entered as keeping ale without any specified land. Inasmuch as Richard is known to have obtained livery of the lands of his father William in the financial year ending at Michaelmas 1209, it seems clear that the entry naming him is later than the entry naming William.[6] So far the case is exactly parallel with that of the Caperun serjeanty in Herefordshire. One of the manuscripts was, however, altered again after the death of Richard of Hendred, which must have occurred in 1219 or 1220.[7] In the list supplied to Robert Passelew in 1250, William of Hendred and Richard of Hendred are alike replaced by Adam, or Ada, of Hendred, but the clerk who made these changes did not venture to amalgamate the two entries. No Adam or Ada of Hendred has yet been identified.

ESSEX and HERTFORD. The list may be compared with a different list of the same period give in the Red Book of the Exchequer and apparently

---

[1] Pp. 85, 262 above. Mr. Round has (*The King's Serjeants*, p. 131) identified this place with Steepleton in Dorset, which was held of the Barony of Dunster by military service.   [2] *Excerpta e Rotulis Finium*, vol. i. p. 97.
[3] P. 102 above.   [4] P. 106 above.
[5] P. 255 above.   [6] Pipe Roll, 11 John.
[7] *Excerpta e Rotulis Finium*, vol. i. p. 53.

extracted from the lost return made by the sheriff in the summer of 1212.[1] The sequence of the names is, however, different, and there are various discrepancies.

NORFOLK and SUFFOLK. The last three words of the fourth entry must have been added after the death of Lauretta Picot, which seems to have occurred in the early part of the year 1224.[2] The fact that Robert of Worstead and William of Hastings are entered twice in the list might suggest that they held land by serjeanty in both counties. On the other hand the list includes two serjeants called Ostricer and two called Cordebof. The John Cordebof mentioned in the seventh entry may be the person of that name who was succeeded by his son Hubert in 1205.[3] If so, the list must have been compiled from at least two documents of different dates. Inasmuch as Hubert Cordebof held land at Banningham and Mendlesham by serjeanty in 1212 and 1219, it seems possible that the 'Hugo' of the text printed below is a clerical error for 'Hubertus.'

SALOP. The first nine entries in the long list for this county were probably founded upon the record of some eyre held in the early part of the reign of John. In all the remaining entries, the names of the serjeants are identical with those furnished by the sheriff in 1212, and the sequence in which they occur corresponds also with that of his return printed above. The clerk of the Exchequer who prepared the list was careful not to re-enter five serjeanties which already figured in the earlier part of his own compilation.

STAFFORD. The list for this county seems to have been compiled in a similar manner, the first seven entries being based upon an early record now lost, and the last two being taken from the return made by the sheriff in 1212.

LANCASTER. The list is a compilation from two or, more probably, three sources, of different dates. The first person mentioned in it, Geoffrey of Gressingham, was dead as early as the year 1205, when the marriage and inheritance of his daughter and heiress, Alice, were sold to Adam fitz Adam for the benefit of his son Thomas.[4] This Thomas fitz Adam occurs later in the list as holding land at Gressingham in virtue of the forestership, which had belonged to his father-in-law. Little or nothing is known about the second person mentioned in the list, Ketel of Gressingham. Of the next four persons mentioned, three occur in lists of the years 1212 and 1219 printed above, and one occurs only in the list of 1212.

From the seventh entry, beginning 'Henricus de Walton,' down to the end, the whole of the list printed below appears to be taken directly from the return of the justices in eyre of the year 1219 printed above.

YORK. Eight of the nine entries in the list for this county agree almost word for word with the return of the justices in eyre of the year 1219. The last entry is an addition from some other source, for the two persons named in it, Robert of Geveldale and Thomas of Geveldale, are clearly identical with Robert the Balister and Thomas of Walkingham, already entered as holding land at the same place by the same service.

---

[1] Pp. 506–508.
[2] *Excerpta e Rotulis Finium*, vol. i. p. 114.
[3] *Rotuli de Oblatis et Finibus*, p. 262.
[4] *Ibid.* p. 326.

INTRODUCTION.   339

CUMBERLAND. The list for this county is a compilation from at least three sources. In the first section of it, we find Adam of Levington, who was dead in 1210, Odard fitz Adam, who was dead in 1208, and Otes of Bochardeby. In the second section, we find Richard of Levington, the son and successor of the aforesaid Adam, and William the son of Otes of Bochardeby, who did not succeed his father until after Michaelmas 1210.[1]
The whole of this second section appears to be based upon the return made by the sheriff in the summer of 1212 and printed above.[2] The third section of the list comprises only the last four entries.

NORTHUMBERLAND. The first part of the list for this county can hardly be later than 1210, for Sewal fitz Henry, who is entered in it as holding by a serjeanty undefined, is known to have died in the spring of that year.[3] The last entry in the list, stating that the heir of Philip of Ulecot holds Matfen and Nafferton by the serjeanty of being coroner, must, however, be at least ten years later, for Philip of Ulecot did not die until the autumn of 1220.[4] He was the successor of Sewal fitz Henry in the office of coroner.

As stated above, some of the lists of serjeanties exist in duplicate and others in triplicate; all are alike mere copies of documents of questionable origin; neither of the three series has any claim to superior authority. Under these circumstances, it has not been thought necessary to base the text exclusively upon the copies made from documents formerly in the 'Testa de Nevill' (here called N), or upon those made from documents formerly in Passelew's collection (here called P). All important variants are, however, mentioned in the footnotes, which also give some emendations from the version in the Red Book (here called R) and other sources.

[1] "Ricardus de Leviton   ccc. m. et iij. palefridos pro habenda terra que fuit Ade de Leviton quondam patris sui, cuius heres ipre est et pro relevio suo." Pipe Roll, 12 John, m. 4. Item debita de Cumberland.   [2] P. 198.
[3] "In terris datis Sewhal servienti xiiij.l. et xvij.s. et vj.d. de dimidio anno. Et Philippo de Ulcote xiiij.l. et xvij.s. et vj.d. de alio dimidio anno, per breve regis." Pipe Roll, 12 John, Northumberland.
[4] *Excerpta e Rotulis Finium*, vol. i. pp. 56, 67, 197.

KENT.

II. 39. De Villa de Herst est seriantia regis, et Robertus Falconarius tenet
Testa de illam per seriantiam unius falconis, et valet xv.l.
Nevill'
Ibid. De Robertus de Wilminton' tenet Wilmiton'[1] per sergantiam de honore
seriantiis Bononie; valet ij.m. et debet esse cocus comitis.
areptatis in Willelmus de Borton'[2] tenet per seriantiam ut sit veltrarius[3] comitis;
co'i'itatu
Kancie per valet per annum j.m.
Robertum Emma de Bendevill' tenet Pecham per seriantiam portandi
Passeleve austurcum regis a festo Sancti Michaelis usque ad Purificacionem
tempore
Henrici Beate Marie; valet per annum xv.l.
Regis, filii Albreda de Jarpenvill' tenet Esseton'[4] per seriantiam quod sit
Regis marescallus de falconibus regis; valet per annum c.s.
Johannis.
        Heres Baldewini de Werevall' tenet per seriantiam; valet per annum x.l.

[1] N and R omit tenet Wilmiton.
[2] N reads Boxton; R reads Burton.
[3] N reads falconarius.   [4] Read Effeton.

SURREY.

II. 878. De fieri¹nt¹is arentatis regis. per Robertum Passelewe.
Michael Belet tenet in Cernes¹ per seriantiam pincerne domini regis.
Petrus filius maioris Londoniarum medietatem de Adinton' per seriantiam coquine.
Hoppescort et socii sui tenent xxx. solidatas terre in Bachesuth' per seriantiam.
Samson de Muleseie medietatem de Muleseie per balistam.
Gaufridus de Pourton' ad serviendum regi cum albergeto per xl. dies in Anglia.
Reginaldus Aurifaber tenet in Neuton' per servicium j. galonis de melle reddendi regi.
Radulfus Postel tenet in Cumba per servicium colligendi lanam regine.

SUSSEX.

II. 80. De Testa de Nevill'.
Henricus de Palern'² per servicium custodiendi portas de Pevenessell'.
II. 878. Robertus Falconarius per falconariam.
S. ij. 30. Alanus de Wildebiding³ tenet per seriantiam in hundredo per servicium portandi vexillum pedes in exercitu regis; valet per annum x.m.
Willelmus de Gundevill' tenet unam seriantiam in Leminton,⁴ scilicet j. hidam terre per iiij. albos capones cum rex venerit apud rapum de Arundel; valet per annum xx.s.

SOUTHAMPTON.

II. 130. De seriantiis arentatis per Robertum Passelewe in comitatu Suh't tempore Henrici Regis, filii Johannis.
Ricardus de Cardevill' tenet per seriantiam inveniendi unum servientem per xl. dies in Anglia ad expensas suas.
Andreas Moberd' tenet per seriantiam inveniendi servientem cum abbergeto per lx. dies in Anglia.
Willelmus Spilemond' tenet per seriantiam inveniendi literam ad lectum domini regis et fenum ad equos apud Brendek.⁵
Rogerus⁶ de Bestestorn' per seriantiam per idem servicium quando rex erit apud Yvez.
Ricardus Archerius per seriantiam.
Willelmus de Admundesthorp' per seriantiam.
II. 880. Gilbertus de Agkenagr' per vaneriam.⁷
Thomas de Wyndeshor' per sergantiam ad scaccarium.
Willelmus de Cosham per sergantiam inveniendi servientem in castro de Portesmue cum abbergeto⁸ in guerra.
Henricus de Wanestud' per seriantiam per idem servicium per xl. dies in tempore guerre.

---

¹ *Read* Shenes *or some such form.*
² *N reads* Palin; S. ij. 30 *reads* Pelem'.
³ *N and* S. ij. 30 *read* Wildebilding.   ⁴ *Read* Levinton, *as in* S. ij. 30.
⁵ Brockenhurst.   *R reads* Breuk'.   ⁶ *Read* Reginaldus, *as in R.*
⁷ *Read* veneriam, *as in R.*   ⁸ *R supplies* per xl. dies.

SOUTHAMPTON. 341

II. 880 —cont.

Willelmus de Borhunte per seriantiam et per predictum servicium.
Juliana la Wade per sergantiam.
Robertus de Venuz per seriantiam mariscaucie.
Galfridus de Perton'[1] per sergantiam inveniendi unum servientem cum albergeto.
Stephanus de Turnham per sergantiam custodiendi hostium regis.
Petrus filius Hereberti tenet Acle per sergantiam in hospicio domini regis.
Radulfus Monachus tenet j. hidam[2] sergantiam.
Willelmus de Faleseie per servicium inveniendi servientem in castro Wintonie.
Rogerus Merkes tenet Lye per servicium maris versus Britanniam.
Robertus Mauduit per camerariam ad scaccarium.
Gilbertus de Torinton'[3] per sergantiam inveniendi servientem cum arcu et sagittis per unum mensem in Anglia.
Hugo de Chikevill' per servientem peditem per xl. dies cum arcu et sagittis in Anglia.
Willelmus de Warblinton' per mariscauciam in domo regis.
Waleram de Muncellis tenet per idem servicium.
Elias Croc tenet per serianteriam.
Adam de Stapelford'[4] per sergantiam.
Adam de Turden'[5] per sergantiam.
Heres Cokke[6] fabri tenet per l. sagittas.
Walterus Foliot per servientem cum albergeto per xl. dies in Anglia.
Hugo Wake per sergantiam foreste, quam H. de Nevill modo tenet.
Turstanus filius Almarici per unum par calcarium deauratorum.

WILTS.

I. 641-642.
p e es t
qe we ill
I. 635-636.
De seriantiis arentatis per Robertum Passelewe tempore Henrici Regis, filii Regis Johannis.
I. 642-643.
Inter seriantias arentatas per R. Passel'.

Robertus Doinel tenet unam hidam per seriantiam.
Galfridus Monachus, Wynterburn' per seriantiam.
Warinus Puninel[7] x. solidatas terre per seriantiam.
Thomas filius Rogeri in Imedon' per seriantiam.
Matheus Turpin, Winterlawe per seriantiam faciendi claretum regi ad custum regis.
Reginaldus de Clifton' x. libratas terre per falconariam.
Willelmus Esturmi per seriantiam custodiendi forestam.[8]
Heres Isolde Bilet,[9] Cumbam[10] per dapiferiam.
G. filius Geroldi ut sit camerarius regis.
Robertus Barbeflet tenet per unum per calcarium deauratorum.
Robertus de Flexberge[11] eodem modo.
Galfridus Luterel[12] ut sit venator regis.

[1] Read Pourton.
[2] Supply per, as in R.
[3] R reads Torneie.
[4] Read Stapell', as in R.
[5] Read Gurdon, as in R.
[6] Read Cobbe, as in R.
[7] Read Doinel.
[8] N supplies regis.
[9] N reads Bibet. R reads Belet. Read Biset.
[10] N reads Cumba.
[11] N reads Fletberge.
[12] Read Luveraz. See Round, The King's Serjeants, pp. 294-296.

342 VARIOUS DATES.

I. 641-642.   Johannes de Wykeford' [Wycford'] ut sit forestarius.
De Testa.   Vitalis[1] tenet per servicium reddendi quatuor altilia.
de Nevill'. Henricus de Mara ut sit hostiarius regis.
I. 635-636.
De   Ricardus de Hairez[2] per seriantiam custodiendi canes regis.
seriantiis   Ricardus de Muleford' ut sit forestarius de Pancet.
arentatis
per   Robertus filius Jordani eodem modo.
Robertum   Ivo Patricii ut sit forestarius.
Passelewe
tempore   Willelmus de Pancet eodem modo.
Henrici   Robertus Duinniol ut sit marescallus.
Regis, filii Willelmus de Anesia ut sit dispensator.
Regis
Johannis.   Philippus de Lya ut sit archerius regis.
I. 642-643. Robertus de Venuz ut sit marescallus.
Inter   Galfridus de la Hose ut custodiat austurcum.
seriantias
arentatas   Johannes filius Galfridi ut custodiat hostium coquine regis.
per   Willelmus Norensis ut custodiat unum sparvarium.
R. Passel'   Rogerus de Cauz ut custodiat falcones regis.
—cont.   Willelmus de Bouclive[3] [Bocchective] ut sit forestarius.
             Johannes Russe per servicium duorum buttarum[4] de vino
             dispensabili ad iiij. festa principalia.
             Willelmus Michel ut custodiat duos canes luverettos ; et recipiat
             iij.d. et ob. per diem.

SOMERSET AND DORSET.

II. 878.   Robertus de Sancto Claro tenet per seriantiam.
           Helena hostiaria per serganteriam.
           Walterus de Rumilly[5] per serganteriam.
           Willelmus de Morevill' per serganteriam.
           Johannes Russel per seriantiam.

DEVON.

I. 853. De   Ricardus de Poscumb'[6] tenet Poscumb'[6] per seriantiam.
seriantiis   Rogerus Portarius tenet per seriantiam.
arentatis
per   Ricardus de Hydon' tenet Madescay per seriantiam.
Robertum   Morinus serviens tenet per seriantiam summonendi et distringendi
Passelew
tempore   in hundredo de Duddeleg'.[7]
Henrici   Willelmus de Gatesden' tenet manerium de Lyston' per unam
Regis, filii libram thuris ad capellam regis.
Regis
Johannis.

CORNWALL.

I. 883. De   Robertus Esprakelin[8] tenet xx. solidatas terre per seriantiam.
Testa de Nevill'. I. 877. Seriantie arentate per Robertum Passelewe etc.

---

[1] P and R read Vielus.   [5] Read Rumesy, as in R.
[2] N reads Hanez.   [6] Read Droscumb'.
[3] P reads Boucchclive.   [7] Read Buddeleg', as in R.
[4] N reads buz ; P reads vuz.   [8] N reads Escapelin.

CORNWALL. 343

I. 883. De Testa $\bar{q}^e$ Nevill'.
   Johannes de Pencot per seriantiam faciendi wardam in castello de Landstavest'.[1]

I. 877. Seriantie arentate per Robertum Passelewe etc.—*cont.*

HEREFORD.

I. 339-340. Inter seriantias arentatas per R. Passel'.

Hugo de Kyngeston' et Alicia tenent per seriantiam summoniendi barones iiij^{or}, scilicet ad conducendum thesaurum.
Rogerus de Haya unam hidam per seriantiam summoniendi barones ut supra.
Henricus Picot unam hidam.
Simon de Stamford' j. virgatam per seriantiam summoniendi episcopum Herefordensem coram justiciariis.
Simon Molendinarius j. hidam.
Walterus de Mawurderin'[2] tenet ij. virgatas pro summoniendo iiij^{or} barones ad conducendum [thesaurum regis ad Londonias ad custum domini regis.[3]].
Willelmus Ostriciarius j. hidam.
Simon le Wafrer tenet j. virgatam per idem servicium.
Ranulfus de Salewep' tenet ij. virgatas per idem servicium.
Hugo Caperon tenet dimidiam hidam terre.
Ascelina vidua tenet unam virgatam terre per seriantiam mensurandi castrum de Hereford' et custodiendi operarios.
Gilbertus de Bray tenet per seriantiam archerii ad custum domini regis.
Agnes Caperon tenet per seriantiam custodiendi portas castri; et habebit singulis diebus j.d.
Willelmus de Cantilupo tenet in Bredeford' per servicium forinsecum.
Henricus Franciscus tenet per servicium summoniendi barones ut supra.
Hugo de Aqua tenet j. virgatam per idem servicium.
Hugo filius Roberti tenet Bromsted'[4] per forestariam.

GLOUCESTER.

I. 373. De Testa de Nevill'.
I. 360. De seriantiis arentatis per Robertum Passelewe tempore Henrici Regis filii Regis Johannis.

Robertus Erchenbaud tenet per seriantiam.
Thomas de Blacene per seriantiam.
Radulfus Avenel eodem modo per seriantiam.
Willelmus filius Galfridi de Dene per seriantiam.
Robertus de Aubemarl' per seriantiam.
Godefridus de Boxclive per seriantiam.
Johannes de Lacu[5] per seriantiam.
Johannes Blundus per seriantiam.
Elias de Rudel per seriantiam.
Walterus filius Walteri per seriantiam.
Ricardus[6] de Blechesdon' per seriantiam.

---

[1] *N reads* Landstanestr'.   [2] *Read* Mawurdin.
[3] *These eight words are misplaced at the end of the previous entry. They occur in the right place in R.*   [4] *Read* Bromfeld, *as in R.*
[5] *N reads* Lascy.   [6] *P and R read* Walterus.

I. 373. De Petrus de Kyngesham per seriantiam custodiendi hostium expense
Testa de regis et in coquina per aliud tenementum.
Nevill'.
I. 360. De Osbertus de Grava per archeriam tenet in Upton.
seriantiis Heres Isaac de Stradewy per c. sagittas.
arentatis per Robertum Passelewe tempore Henrici Regis filii Regis Johannis—*cont.*

OXFORD.

I. 507. De Robertus de Lidinton' tenet per seriantiam servandi aves.
seriantiis
arentatis Robertus Maudut tenet eodem modo.
per R. Robertus filius Ricardi tenet j. carucatam per seriantiam forestarie
Passeleu de Wicchewode.
tempore
Henrici Walterus de Hauvill' per seriantiam servandi aves.
Regis, filii Henricus de la Wade per seriantiam sternendi ederam bestiis
Regis regis.
Johannis.
Robertus filius Alani [tenet j. carucatam[1]] per seriantiam ferendi banerium regis infra iiij^{or} portus Anglie, et debet habere per diem ij.d.

Heres Ricardi de Greinvill' tenet per seriantiam[2] dignerium regis in Wykewud.

Hugo de Sancto Martino tenet per seriantiam ut sit hostiarius regis.

Henricus de Mara tenet eodem modo et quod servet meretrices.

Emma de Hampton' tenet j. carucatam per serviciuun talliandi pannos regis.

Adam de Mora tenet per seriantiam ut sit lardenarius domini regis.

BERKS.

II. 881. Gaufridus[3] la Hose l. solidatas terre per seriantiam j. ancipitris.
Inter
seriantias Philippus de Herting'[4] tenet per custodiam unius ancipitris.
arentatas Walterus[5] de Bachanton tenet per seriantiam heiriz.
per R.
Passelewe. Simon Ponsard tenet per seriantiam haste cornande.[6]
Amia[7] vidua tenet xl.s. terre.
Rogerus de Sancto Philiberto tenet l. solidatas terre per seriantiam serviendi in husa.
Ad'[8] Henred tenet c. solidatas terre.
Rogerus de Cauz per sergantiam custodiendi falcones.
Ad'[9] de Henred per serientiam custodiendi cervisiam.

BUCKINGHAM AND BEDFORD.

II. 198. De
seriantiis Isabella de Clinton' per seriantiam.
arentatis Walterus Mauntell' per seriantiam.
per Robertum Passelewe in comitatibus Bed' et Buk' tempore Henrici Regis, filii Regis
Johannis. II. 192. Inter seriantias arentatas per R. Passel'.

[1] *These three words are misplaced in the book after* regis.
[2] *Supply* ferendi, *as in* R. [3] *After* Gaufridus *supply* de *as in* R.
[4] *R reads* Hertrege. [5] *R reads* Willelmus.
[6] *Read* tornande, *as in* R.
[7] *R reads* Emma, *i.e.* Emma *relict of* William Lovel. Rotuli de Oblatis et Finibus, p. 474.
[8] *R reads* Willelmus. [9] *R reads* Ricardus.

BUCKINGHAM AND BEDFORD.

II. 198. De seriantiis arentatis   Ricardus de Basevill' per seriantiam.
Nicholaus filius Bernardi per seriantiam.
per Robertum Passelewe in comitatibus Bed' et Buk' tempore Henrici Regis, filii Regis Johannis. II. 192. Inter seriantias arentatas per R. Passel'—*cont.*

ESSEX AND HERTFORD.

II. 280–281. De seriantiis arentatis per Robertum Passelewe.   Heres Johannis de Liston' per seriantiam faciendi canestellos.
Willelmus Chen in Bradewell per sergantiam [glavie[1]].
Terra Willelmi Parmentarii in Stebbinges reddit per annum x.s.
Robertus Mariscallus tenet j. hidam in Badewes per seriantiam custodiendi palefridum regis ad custum regis.

Simon de Essewell' per servicium de hastelerie et custodiendi palefridum ad liberacionem suam.

Gilbertus de Meperdeshal' tenet ij. hidas et dimidiam per seriantiam lardarie domini regis.

Thomas de Heyde[2] per sergantiam tuallie ad coronacionem domini regis.

Petrus filius Roberti Picot, medietatem de Heyden' per seriantiam bastinorum[3] ad coronacionem regis.

Willelmus Corell'[4] tenet in Turrok Parva per seriantiam naparie.

Radulfus Monachus tenet per seriantiam custodiendi lardariam regis.

Radulfus de Tony, Welcumstoue per servicium eundi in expedicionem in propria persona cum rege.

Willelmus filius Johannis per seriantiam eundi in Wallia cum domino rege cum uno equo, sacco, et brochia, ad custum regis.

Hunfridus de Barton'[5] in Hatfeld per sergantiam custodiendi parcum regis.

Walterus de Hauvill' in Hallingeber' per falconariam, et habet de dono domini Regis Johannis lx.s. per annum.

Radulfus Purcell' tenet per idem servicium, et habet de dono eiusdem lx.s. per annum.

Robertus de Sutton' tenet Bures per sergantiam escaldandi porcos regis.

Idem tenet hundredum de Berdestapl' pro xviij.l. redditus ad firmam comitatus.

Filius Beodini[6] tenet in Bradewell' per seriantiam glavie.

Heres Henrici maioris Londoniarum per servicium mittendi j. hominem peditem in Walliam cum arcu et sagittis.

Ricardus filius Aucheri tenet per sergantiam de asceindre coram rege.

Willelmus Alch' per seriantiam custodiendi parcum de Haveringes.

Johannes de Rewen' per seriantiam custodiendi forinsecum boscum regis.

Willelmus Flandrensis per seriantiam inveniendi literiam ad opus regis.

---

[1] *This word is misplaced at the end of the third entry in P and R alike.*
[2] *Read* Heydene, *as in R.*
[3] *Read* bascinorum *or* bacinorum, *as in R.*
[4] *Read* Torell, *as in R.*
[5] *Read* Barenton.
[6] *Supply* Ailet.

NORFOLK AND SUFFOLK.

II.359-360.
De
seriantiis
arentatis,
etc.

Willelmus de Mallinges tenet per sergantiam x. libratas de terra.
Robertus de Wrthstede c. solidatas terre per sergantiam.
Willelmus[1] Ostriciarius xl. solidatas terre per sergantiam.
Laur'[2] Picot iiij. libratas terre per sergantiam lardarie regis, vel heres suus.
Radulfus de Burgo c. solidatas terre per sergantiam.
De Bartholomeo de Auvilers xl.s. terre per sergantiam ducendi seriantes in Walliam ad custum suum.
Johannes Cordebof c. solidatas terre per sergantiam.
Hugo Talemach c. solidatas terre per sergantiam.
Willelmus de Hastinges vj. libratas terre per sergantiam.
Avicia Tusard tenet per arbalistariam.
Hugo Cordebof tenet per idem servicium.
Willelmus May per veneriam.
Robertus de Wrthstede per arbalistariam.
Radulfus de Carleton' per sergantiam ferendi pastillos de primo allece domino regi ubicunque sit.
Henricus de Hauvill' per falconariam.
Warinus Ostricer per sergantiam ostrucie.
Walterus de Evermue tenet Runham per duo modia vini et cc. piromagiis.
Willelmus de Hastinges tenet per sergantiam dispensarie regis.

CAMBRIDGE AND HUNTINGDON.

II. 878. De
Testa de
Nevill'.
II. 602. De
seriantiis arentatis per Robertum Passelewe, etc.

Willelmus Monachus tenet c. solidatas terre per seriantiam.
Arnaldus filius Roberti tenet per seriantiam.
Rogerus Malarcous tenet per seriantiam.

NORTHAMPTON.

II. 878.

Robertus filius Alani de Hale tenet per archeriam.
Robertus de Sybetoft tenet eodem modo.

WORCESTER.

I. 193. De   Gilbertus de Herleg' tenet unam virgatam terre per seriantiam.
seriantiis arentatis per Robertum Passelewe, etc.

SALOP.

II.879-880.
Inter
seriantias
arentatas
per
Robertu_rn
Pa_sselewə.

Ricardus de Ruton'[3] per seriantiam inveniendi servientem ad Sratham.[4]
Robertus de Treineill' manerium de Hoton[5] per seriantiam.
Galfridus Russel unam hidam per seriantiam.
Herebertus de Stoketon' unam hidam per seriantiam.

---

[1] R reads Rogerus.   [3] R supplies tenet unam virgatam et dimidiam
[2] Read Laurette, as in R.   [4] R reads Srathwardin.   [5] Read Haton.

ŠALÒP. 347

II. 879-880. Willelmus Burnell' dimidiam hidam per seriantiam ferendi austurcum apud Subhing'[1] in Essex ad custum regis.
Inter seriantias arentatas per austurcie.
Adam de Resin[2] manerium de Wyketon'[3] per seriantiam austurcie.
Robertum Pas^{se}lewe —*cont.*
Robertus de Fakinton'[4] per seriantiam inveniendi servientem peditem cum arcu et sagittis in Wallia.

Thomas filius Rogeri per seriantiam conducendi Wallenses de Powis ad curiam ad custum domini regis.

Radulfus de Pykefeld'[5] tenet Parvam Brug' per seriantiam inveniendi sicca ligna ad cameram regis.

Johannes filius Roberti de Esselee per seriantiam inveniendi servientem equitem cum albergetto in Wallia ad custum regis.

Robertus filius Roberti per seriantiam inveniendi servientem peditem cum arcu et sagittis in Wallia.

Nesta de Bachervill' per sergantiam inveniendi servientem cum lancea in Wallia.

Alexander de Novo Burgo per sergantiam debet custodire vivarium de Novo Burgo.

Hugo de Bekeburc et Alexander Piscator debent de servicio per annum j. nisum sorum.

.Thomas de Chabenhoure tenet per idem servicium.

Walterus de Mineton' debet custodire forestam regis in comitatu Salopie.

Radulfus Marscallus debet custodire haiam domini regis in Briwud.

Radulfus de la Mora per seriantiam esse constabularius servientium peditum in exercitu Wallie ad custum regis.

W. Briwer' tenet Bramton[6] per seriantiam inveniendi servientem peditem ad wardam.[7]

W. Russel' per idem servicium.

Matildis de Sutton'[8] per idem servicium.

Walterus Hese et ad custum regis[9] Rogerus de Yatfeld tenent per idem servicium.

Adam de Leton per seriantiam inveniendi wardam in castro Salopie per viij. dies ad custum suum ; si vero plus, ad custum regis.

[Walterus Deudinas debet ferre bis in anno firmam comitatus ad scaccarium cum vicecomite, ad custum regis.[10]]

Willelmus de Sutton[11] tenet per idem servicium.

Willelmus de Berdele[11] per idem servicium.

Willelmus de Hal'[11] per idem servicium.

Ricardus le Medler debet invenire ad scaccarium duos cnipulos.

Philippus filius Halegot per seriantiam inveniendi ij. servientes pedites in Wallia.

Rogerus de la Zusche tenet per idem servicium.

---

[1] *A corrupt form of* Stebbing.   [2] *Read* Besin *as in R.*
[3] *Read* Wyrketon.   [4] *Read* Fakintre.
[5] *Read* Pykeford.   [6] *Read* Brocton.
[7] *Supply* castri de Srawurthin, *as in the return of* 1212 (page 145 above).
[8] *Read* Stocton.
[9] *These three words belonging to the next entry are inserted here by error.*
[10] *The whole of this entry which is omitted in the MS. is supplied from R.*
[11] *These three entries are repeated by error.*

348   VARIOUS DATES.

II.879-880. Nicholaus Puncherun[1] per seriantiam inveniendi tres trussas feni
Inter   in camera regis.
seriantias
arentatas   Robertus de Guros per seriantiam inveniendi servientem peditem
per   in Wallia pro membro de Claverleg'.
Robertum   Wrennocus filius Meurici per seriantiam ut sit latimerus inter
Passelewe
—cont.   Anglos et Wallenses.
            Griffinus de Sutton tenet per idem servicium.

STAFFORD.

II. 880. Hugo de Loges tenet forestam de Canoc per seriantiam.
Henricus de Broc per seriantiam.
Robertus de Benesleg'[2] per seriantiam.
Jordanus de Canoc per sergantiam.
Ricardus de Stretton per sergantiam.
Philippus de Kenefar' tenet Kenefhar' cum foresta.
Willelmus Ruffus tenet Wylesham per archeriam.
Ranulfus de Perton debet servire regi ad custum suum in Wallia cum ij[bus] equis per viij. dies, si vero plus ad stipendia regis, et ultra mare.
Willelmus filius Wyneri per sergantiam custodiendi vivarium regis de Stafford ; reddit per annum dimidiam marcam.

NOTTINGHAM AND DERBY.

I. 95. De   Rogerus de Lanlum[3] tenet per sparvarium sorum.
Testa de   Hugo filius Roberti eodem modo.
Nevill'.
I. 96.   Wenhunwin[4] Walensis tenet xxx. libratas terre eodem modo.
S. ij. 11.   Petrus Picot, Radeclive per austurcum.

LINCOLN.

II. 582. De Walterus de Braytoft tenet per sergantiam.
seriantiis. Walterus de Bavent tenet Marum per seriantiam falconarie.
Radulfus Falconarius tenet per falconariam.
Dionisius Fleccarius tenet in Brad'[5] unam bovatam et terciam partem per flecchariam.
Willelmus filius Roberti tenet in Glentewrth' per seriantiam quod debet esse coram rege vel coram justiciariis cum in partes illas venerint.

---

[1] *Read* Punchun *or some such form.*
[2] *Read* Benetleg'.
[3] *N reads* Lanlinn ; *R reads* Lanlyon.
[4] I. 96 *reads* Wenimwen.
[5] *R reads* Bradele.

II. 582. De seriantiis —cont. Michael de Hawaringham per seriantiam faciendi sumoniciones cum serviente in wapentaco.

LANCASTER.

II.844–845.
De seriantiis arentatis per Robertum Passelewe. tempore Henrici Regis, filii Regis Johannis. II. 851. De Testa de Nevill' (part only).

Galfridus de Gersinges per forestariam.
Ketell' de Kersing' eodem modo.
Adam de Kellet tenet per seriantiam de wapentaco iij. carucatas terre in Kellet; valent per annum l.s.
Thomas Gernet tenet per seriantiam ij. carucatas terre in Hesam per seriantiam sonandi cornu suum contra regem in adventu suo in partes illas; valent xxx.s. per annum.
Johannes de Toroldesholm' tenet per seriantiam.
Hugo[1] de Oxeclive per seriantiam carpentarie; valet per annum xij.s.
Henricus de Waleton tenet xiiij. bovatas terre in Waleton et Wavere et Neusum per seriantiam vavasorie[2]; valent per annum xiiij.s.

Adam Gerold tenet ij. bovatas terre in Dereby per seriantiam; valent iiij.s. per annum.

Ricardus prepositus de Dereby tenet xij.[3] bovatas terre; valent iiij.s. per annum.

Adam de Moldal'[4] tenet iiij. bovatas in Crosseby per seriantiam ut sit prepositus; valet per annum x.s.

Rogerus Gernet tenet Fisewik[5] per seriantiam forestarie; valet per annum xx.s. Et x. carucatas terre in Lonesdal' per idem servicium; valent per annum c.s. Et vj. carucatas et dimidiam in wapentaco de Dereby per seriantiam de wapentaco, set nichil in dominico.[6]

Willelmus de Neweton' tenet ij. bovatas terre per seriantiam de wapentaco; valent per annum c.s.

Robertus de Curton[7] tenet dimidiam carucatam terre in Querton[7] per seriantiam prepositure; valet per annum x.s.

[Rogerus de Skerton' tenet dimidiam carucatam terre per idem servicium; valet x.s. per annum.[8]]

Rogerus Blundus tenet terram in Lancastria per seriantiam carpentarie; valet per annum iij.s.

Willelmus Gardinarius tenet terram ibidem per seriantiam gardinarie; valet per annum ij.s.

Radulfus Bolrun tenet unam carucatam terre in Bolrun per seriantiam cementarie.

Thomas filius Ade tenet vj. bovatas terre in Gersingham per forestariam; valent j.m.

---

[1] R reads Johannes.
[2] So in all three versions. See, however, p. 267 above.
[3] So in all three versions. See, however, p. 267 above.
[4] Read Ainosdale', as in R. N reads Mesdal'.
[5] P and R read Sisewic and Siswic in error.
[6] Between this entry and the next, the return of 1219 has an entry concerning Alan of Singleton.
[7] Read Overton, as on p. 268 above.
[8] The whole of this entry, omitted in N and P, is supplied from R.

350   VARIOUS DATES.

II.844-845. Willelmus et Benedictus tenent ij. bovatas terre ibidem per
De seriantiis seriantiam custodiendi eyras[1] regis ; valent per annum xl.d.
arentatis   Rogerus filius Johannis tenet terram in Lancastria per seriantiam
per faverie ; valet iij.s.
Robertum
Passelewe. Walterus Underwater tenet Milneflet per seriantiam ; valet per
tempore annum dimidiam marcam.
Henrici Regis, filii Regis Johannis. II. 851. De Testa de Nevill'—*cont.*

YORK.

II.690-691. Robertus Balistarius tenet per seriantiam iiij[or] carucatas terre et
De
Testa de dimidiam in Sevedal'[2] per servicium unius baliste [ad castrum
Nevill'. Eboraci ; valet] c.s.[3] per annum.
II. 680-681. Thomas[4] de Wallingham per seriantiam iiij[or] carucatas terre per
De
seriantiis idem servicium, valet per annum vj.m.
arentatis   Johannes le Poer[5] tenet quinque carucatas terre et dimidiam
per
Robertum per seriantiam ; reddit unum arcum ad castrum Eboraci, valet per
Passelewe annum c.s.
tempore   Doket homo Camerarii tenet terras in Eboraco que pertinent ad
Henrici custodiam porte castri, valet per annum iiij.s.
Regis, filii
Regis David Lardinarius tenet j. seriantiam et est custos gayole foreste
Johannis. et venditor averiorum pro debitis domini regis.
    Walterus Boye tenet tres carucatas terre in Loketon', set nescitur
per quod servicium, valet per annum xlij.s.
    Ricardus filius Wydonis de Aselakeby tenet duas carucatas terre
per servicium aptandi limerium regis, valet per annum xl.s.
    Johannes de Kawode tenet duas carucatas terre in Kawode per
seriantiam custodiendi forestam inter Usam[6] et Derewentam, sed
nescitur valor.
    Robertus de Geveldal' et Thomas de Geveldal' tenent totam
Geveldale per balisteriam ad castrum Eboraci.[7]

CUMBERLAND.

II. 704. De Adam de Levinton' tenet per cornagium.
Testa de
Nevill'. Odardus filius Ade eodem modo.
II.700-701. Odo de Burcardeby per seriantiam ; valet j.m.
De
seriantiis Ricardus de Ulveby[8] per drengagium.
arentatis Henricus de Ulveby[9] per drengagium.
per Robertum Passelewe tempore Henrici Regis, filii Regis Johannis.

[1] *Supply* ancipitrum, *as in R*.   [2] *Read* Gevedal *as in R*.
[3] *The first of these six words does not occur in N or P, and the other five
are misplaced in both as a separate entry at the head of the list. The sequence
of the words is correct in R only.*   [4] *N reads* Johannes.
[5] P *reads* Poher.   [6] *N reads* Husam.
[7] *This entry occurs in the Red Book, together with three other entries concerning serjeanties in Yorkshire, but in a different section (page 492). On
the other hand, the list corresponding with that printed here has two additional
entries, one of which, relating to Alan of Kingthorpe, seems to be derived from
the return of* 1219.
[8] *N reads* Wolenby.   [9] *N reads* Woletby.

CUMBERLAND. 351

II. 704. De   Robertus de Stuteville per cornagium.[1]
Testa de   Galfridus de Lucy tenet terram que fuit Simonis de Tylly per
Nevill'.
II.700–701.cornagium.
De   Johannes de Reigny[2] per seriantiam eundi in exercitu Scocie cum
seriantiis albergetto.
arentatis
per   Henricus, Rogerus,[3] Thomas, per seriantiam custodiendi aeria[4]
Robertum ancipitrum regis in foresta de Karleolo.[5]
Passeleẉe   Willelmus filius Ade per seriantiam custodiendi haiaṃ de Plumton'.
tempo'e
Henrici   Robertus filius Alexandri per seriantiam inveniendi librum ad
Regis, filii pasnagium regis et custodiendi porcos donec apprecientur.
Regis   Alicia de Rumilby[6] tenet per cornagium.
Johannis
—cont.   Robertus de Veteri Ponte, terram Willelmi[7] per cornagium.
Ricardus de Leveton' tenet per cornagium.
Walterus Bernard' eodem modo.
Rogerus de Monte Begonis et Simon filius Walteri et Alexander de Nevill' tenent per cornagium.
Willelmus filius Odonis de Bocardeby tenet per cornagium.
Adam de Stavel' tenet Ravenewyc eodem modo per cornagium.
Adam cocus domine regine tenet Suahull[8] per unam libram piperis.
Willelmus de Ireby tenet Gamelby per cornagium.
Et notandum quod omnes supradicti tenentes per cornagium ibunt ad preceptum domini regis in exercitu Scocie, scilicet in eundo in antewarda et in redeundo in retrowarda.
Willelmus de Racton' per seriantiam custodiendi aeria ancipitrum regis ; valet per annum c.s.
Albertus filius Bernardi[9] tenet unam carucatam terre per seriantiam faciendi portas[10] civitatis ; valet j.m.
Heres Ade de Hoton[11] tenet per seriantiam ; valet ij.s. per annum.
Heres Roberti de Boelton tenet per seriantiam ; valet dimidiam marcam per annum.

NORTHUMBERLAND.

II. 581. De   Willelmus de Bicre tenet per seriantiam Bikr', set nescitur per
Testa de   quam ; valet per annum c.s.
Nevill'.
II. 776. De   Willelmus filius Odonis per seriantiam, set nescitur, per quam ;
seriantiis valet per annum xx.s.
arentatis
per   Sewallus filius Henrici per seriantiam.
Robertum   Johannes filius Juelis per seriantiam.
Passelewe   Galfridus faber de Bamburg per seriantiam fabricandi in castro.
tempore
Henrici   Willelmus de Hampton' per thenagium.
Regis, filii   Robertus portarius tenet dimidiam carucatam terre per seriantiam
Regis custodiendi januam castri.
Johannis.
Heres Philippi de Ulecot' tenet Matfen et Naferton per seriantiam ut sit coronator ; valet per annum xx.[12]l.

---

[1] *P omits the whole of this entry, in error.*
[2] *N reads Feym in error, and the text is otherwise corrupt.*
[3] *Read* Reginaldus, *as in Pipe Rolls.*   [4] *For* custodiendi aeria *P reads* aerie.
[5] *N reads* Karlest, *in error.*   [6] *Read* Rumilli, *as in R.*
[7] *Supply* filii Ranulfi. *See Pipe Roll*, 11 *John, and pp.* 198, 265 *above.*
[8] *Read* Salchull', *as in* Rotuli de Oblatis et Finibus, p. 119. *N reads* Swahull'. *The place is* Salkeld.
[9] Yarnan' *on p.* 267 *above. R reads* Bartholomei.
[10] *N reads* portam.   [11] *N reads* Oton.   [12] *N reads* x. *in error.*

HONOUR OF PEVEREL.

I. 95. De Testa de Nevill'.
I. 96.

HONOR PEVERELLI LONDON[1].
Galfridus de Trowell tenet per sergantiam.
Robertus[2] de Passeys per sergantiam.
Reginaldus de Colewyk per sergantiam.
Hugo filius Willelmi filii Costi per sergantiam.

HONOUR OF TICKHILL.

II. 691.

HONOR DE TYKEHULL[3].
Willelmus de London' tenet per seriantiam.
Domina de Bekinton' tenet eodem modo.
Willelmus filius Hereberti et Willelmus filius Ade de Hayton' per seriantiam.
Hugo Forestarius tenet per seriantiam.

---

[1] *R reads* Honor Peverelli de Dovere. *Both headings are incorrect, as the serjeanties mentioned belonged to the Honour of Peverel of Nottingham.*
[2] *N reads* Johannes.
[3] *Cf. p. 33 above.*

A.D. 1226–1228.

BY writs dated 27 May 1226, 1 January 1227, and — August 1227, justices were appointed to go on eyre to most of the counties of England. The Chancery Rolls of the 11th and 12th years of Henry III give their names,[1] and the records of the fines levied before them illustrate their respective itineraries.

Martin of Patshull and others were sent into the counties of Lincoln, York, Northumberland, Cumberland, Westmoreland and Lancaster. Members of this commission sat at Lincoln, York, Lancaster, Appleby and Newcastle, at various dates between September 1226 and February 1227. It does not appear that they went to Cumberland, for which county other justices were afterwards appointed, who sat at Carlisle in September 1227.

After an interval of several months, Patshull and others were sent into the counties of Kent, Essex, Hertford, Norfolk and Suffolk. They sat at Canterbury, Chelmsford, Hertford, Norwich, Lynn, Yarmouth, Ipswich, Dunwich and Cattishall, at various dates between September 1227 and October 1228.

Robert of Lexinton and others were sent into the counties of Nottingham, Derby, Leicester, Warwick, Worcester and Gloucester. They sat at Nottingham, Leicester, Coventry, Warwick, Worcester, Gloucester, and Bristol, at various dates between September 1226 and February 1227. By a second commission, Lexinton and others were sent into the counties of Somerset, Dorset and Wilts. They sat at Ilchester, Dorchester, Bath and Wilton, at various dates between February and June 1227. By a third commission, Lexinton and others were sent into the counties of Hereford, Salop, Stafford, Devon, Southampton and Berks. They sat at Hereford, Shrewsbury, Lichfield, Reading, Wallingford, Winchester, Southampton, and Exeter, at various dates between September 1227 and August 1228.

Stephen of Segrave and others were sent into Oxfordshire, and they sat at Oxford in March and April 1227. After an interval, he and others were sent into the counties of Northampton, Bedford, Buckingham, Cambridge, Huntingdon and Rutland. They sat at Northampton, Dunstable, Bedford, Huntingdon and Cambridge, at various dates between September 1227 and May 1228.

By the autumn of 1228, therefore, the Exchequer should have received lists of serjeanties, escheats, widows, wardships, advowsons, and purprestures in thirty-three counties. At the time of the compilation of the Book of Fees, however, the lists available dealt with only eighteen counties. Since then many of the originals have disappeared.

YORK. The entry concerning Andrew Luttrell fixes the date between 1218 and 1229, and the list for this county connected with the eyre of 1219 has been printed above.[2]

---

[1] *Rotuli Litterarum Clausarum*, vol. ii. pp. 151, 153, 205, 206, 213; *Patent Rolls, 1225–1232*, pp. 83, 87, 142, 207.
[2] *Rotuli Litterarum Clausarum*, vol. i. pp. 353, 356, 393, 522; *Excerpta e Rotulis Finium*, vol. i. p. 83; *Close Rolls, 1227–1231*, p. 275.

354   A.D. 1226–1228.

The compilers of the Book of Fees, in copying from the list delivered by the justices, seem to have adhered to the order of the original, leaving the sections relating to Lincolnshire and Lancashire immediately after that relating to Yorkshire, instead of entering them among the other documents relating to Lincolnshire and Lancashire.

LINCOLN. The list mentions Oliva the relict of Roger de Montbegon as a widow in the king's gift. Her husband appears to have died in the early part of the year 1226.[1] Hugh Wake is mentioned as a ward of the king. He appears to have been of full age in 1229.[2] The date now assigned to the list is further confirmed by the entries concerning the soke of Waltham.[3] The section of the list relating to churches, escheats and encroachments in the city of Lincoln, as entered in the Book of Fees, must be read in conjunction with a longer and more detailed list which is not to be found there and is now printed for the first time. This latter is written on the dorse of the list for Norfolk and Suffolk belonging to Patshull's eyre in those counties in 1228, and it appears to be in the same hand. It may be a fair copy, almost contemporary, of the original notes taken in court, incorporating such additions as were made at subsequent sittings. The list in the Book of Fees, however, contains an entry about an encroachment by William, dean of Lincoln (1223-1239), which does not occur in the fuller list.

LANCASTER. The reference to Oliva de Montbegon seems to show that the list cannot be earlier than the year 1226.[4] Orm of Kellet, who is mentioned as holding by serjeanty, was dead in the early part of the year 1229.[5]

NORTHUMBERLAND. An endorsement on the original list shows that it was delivered on the 18th of May 1227.

NOTTINGHAM and DERBY. The original lists for these counties have disappeared, but there is an early copy of them as well as the transcript in the Book of Fees. The reference to Oliva de Montbegon seems to show, as before, that the date is not earlier than 1226. The mention of Philip Marc as tenant of Bulwell seems to show on the other hand that it is not later than the spring of 1227, when the King committed that manor to the Sheriff.[6]

LEICESTER, WARWICK, WORCESTER, GLOUCESTER, SOMERSET, DORSET and WILTS. There is an original roll containing lists for these counties, written consecutively, and clearly belonging to Lexinton's eyre of 1226–1227. Henry de Trubleville, who is three times mentioned in it as the guardian of the heir of William fitz Martin, obtained the wardship in September 1224.[7] Agnes the relict of Henry of Berkeley, who is described in it as marriageable, had married another husband by July 1227.[8] Philip de Albini, who is mentioned

---

[1] *Excerpta e Rotulis Finium*, vol. i. pp. 140, 149, 170 ; *Rotuli Litterarum Clausarum*, vol. ii. pp. 93, 105.
[2] *Close Rolls, 1227–1231*, p. 179.
[3] *Patent Rolls, 1225–1232*, pp. 140, 441.
[4] *Excerpta e Rotulis Finium*, vol. i. pp. 140, 149, 170 ; *Rotuli Litterarum Clausarum*, vol. ii. pp. 93, 105.
[5] *Excerpta e Rotulis Finium*, vol. i. p. 179.
[6] *Ibid.* p. 170.   [7] *Ibid.* vol. i. p. 120.
[8] *Rotuli Litterarum Clausarum*, vol. ii. p. 192.

INTRODUCTION. 355

in it as holding Chewton and South Petherton "ex ballio domini Regis" and only during the king's pleasure, obtained a more definite grant of these manors in August 1227.[1]
The roll is manifestly defective, a membrane or two having got detached from the top. The first entry now on it should, according to the transcript in the Book of Fees, be the fifth of those relating to Leicestershire, and we can scarcely doubt that the four missing entries relating to that county were immediately preceded by lists for the counties of Nottingham and Derby, where Lexinton began his eyre. As the roll does not deal with the counties into which Lexinton went on eyre in the autumn of 1227 under the third commission, we may fairly surmise that it was delivered at the Exchequer before his departure. It has some annotations which illustrate the proceedings taken in particular cases.

HEREFORD, SALOP, STAFFORD and BERKS. A dated roll for these counties cannot have been finished before 1228. It has no entries for the counties of Devon and Southampton, which were included in the commission for the eyre and duly visited by the justices. All the entries on it relating to Staffordshire are extracts from the record of Pleas of the Crown on the general eyre roll for that county, which is still extant.

KENT and ESSEX. For these two counties, which were visited by Patshull and his colleagues in the autumn of 1227, there are no separate lists of that date with regard to escheats, wardships, widows, churches and other subjects specified in the articles of the eyre. All the material for such lists is, however, to be found among the Pleas of the Crown on the rolls which record the judicial business then transacted in those counties. Extracts from these rolls, which were not known to the compilers of the Book of Fees, will be given in the Appendix to the present volume.

NORFOLK and SUFFOLK. The special lists for these two counties may be referred to the year 1228, when Patshull and his colleagues were sitting there. Henry of Hastings, who is mentioned as a tenant by serjeanty, obtained seisin of his paternal inheritance in 1226.[2] Ralph of Burgh, another tenant by serjeanty, succeeded his father, Roger, in the same year.[3] Margery de Cressi, who is twice mentioned as a marriageable widow, was dead in 1231.[4]

HUNTINGDON. There is no special list for Segrave's eyre of 1227 and 1228, but there is among the Pleas of the Crown for Huntingdonshire in the latter year an entry concerning the church of King's Ripton which will be found in the Appendix.

---

[1] *Calendar of Charter Rolls*, vol. i. p. 57.
[2] *Excerpta e Rotulis Finium*, vol. i. p. 137.
[3] *Ibid.* p. 145.   [4] *Ibid.* p. 209.

YORK.

II.649-653.   CIVITAS EBORACI, DE SERIANTIIS.

Johannes Doket debet custodire portam castri Eboraci per seriantiam. Ad seriantiam illam pertinent plures terre in Eboraco, quarum

II.649-653
—cont.
Rogerus de Alwardetorp' tenet unam pro xviij.d. per annum ; et valet v.s.

Agnes que fuit uxor Willelmi Sibry tenet unam terram de eadem seriantia per unam libram per annum ; et non valet plus quia vasta.

Eadem Agnes tenet inde aliam terram pro xij.d. per annum ; et valet iiij.s.

Thomas Chapenays tenet unam terram de seriantia Johannis le Poer pro vj.d. per annum ; et valet viij.s.

Walterus de Staingate tenet unam terram de seriantia predicti Johannis Doget pro xiiij.d. per annum ; et valet x.s.

David Lardinar' tenet unam terram in Eboraco per servicium custodiendi gayolam et vendendi averia, que capta sunt pro debitis domini regis ; et valet per annum v.s.

Willelmus de Malehouers tenet unam terram et advocacionem capelle Sancte Marie Magdalene per servicium inveniendi bancos ad comitatum.

BURGUS DE SCARDEBURGH'.

Ecclesia de Schartheburgh' fuit de donacione domini regis. Et dominus Ricardus Rex dedit eam ordini Cistrensi.

Alanus Engeram tenet quandam terram que fuit Haconis qui obiit sine herede, unde fuit eschaeta domini regis ; et valet per annum v.s.

BURGUS DE DRIFEUD.

Rogerus de Hal' tenet unam caruc' terre in Brigham que fuit Osberti Agium et fuit eschaeta domini regis. Idem Rogerus habet terram illam per dominum regem qui nunc est per breve suum pro ij.m. et dimidia per annum.

SCALLEBY.

Ecclesia de Scalleby est de donacione domini regis et prior de Bridelington' tenet eam de dono Eustachii filii Johannis et per confirmacionem domini regis ut dicit, sicut patet alibi.

Due bovate terre in Kirkeby Crandal sunt escaeta domini regis de quodam Judeo mortuo ; nullus tenet eas ; jacent vaste.

DIKERING'.[1]

Magister de Wycham tenet unam bovatam terre in Roston que fuit escaeta domini regis de Willelmo de Fribois et habet eam de dono G. de Nevill', camerarii.

Ricardus de Aslakeby tenet duas carucatas terre in Aslakeby per servicium aptandi unum limarium ad opus domini regis.

Willelmus Malekake tenet duas bovatas terre in Pickering' per servicium attachiandi placita corone in wapentaco de Pikering'.

Walterus Boye tenet tres carucatas terre in Loquinton per servicium custodiendi forestam de Pykering'. Et preterea dat tres m. per annum pro habendo herbagio et feno simul cum Alano de Kyntorp, et valet per annum lx.s.

Alanus de Kyntorp tenet tres carucatas terre in Kyntorp per idem servicium ; et valet per annum lx.s.

---

[1] *Read* Pikering'.

BULLEMERE.

Due filie Radulfi filii Bernardi de Hoton' sunt de donacione domini regis. Johannes Doget habet primogenitam per G. de Nevill', camerarium, tempore gwerre. Et Johannes tenet totam terram in Hoton'; et valet per annum c.s. per seriantiam custodiendi portam castri de Eboraco.

Alanus de Hoton' tenuit dimidiam carucatam terre de eadem seriantia et dedit eam Reynero quondam vicecomiti Eboraci. Et Reynerus dedit eam cuidam Gonano servienti suo, qui eam vendidit priori de Malton' qui adhuc tenet.

Radulfus filius Bernardi dedit de eadem seriantia duas bovatas terre Hancketillo Pendelu, qui eam vendidit predicto priori, qui tenet.

Item Johannes Doget dedit acras Radulfo le Waverer de eadem seriantia qui eas dedit hospitali de Brocton', quod tenet.

Radulfus filius Alani tenet medietatem ville de Hoton de eodem Johanne per concordiam factam inter Alanum patrem predicti Alani et predictum Radulfum filium Bernardi.

Item Radulfus le Waverer dedit inde duas acras terre Radulfo le Waverer qui eas dedit predicto hospitali de Brocton, quod tenet.

LANGEBRIGG'.

Isabella uxor Petri de Malo Lacu fuit de donacione domini regis; terra eius valet c.l.

Willelmus de Salceto, Normannus, tenuit v. carucatas terre et unum molendinum cum pertinenciis in Lofthus et terra illa fuit in manu domini regis qui eam reddidit Petro de Brus ut feodum suum. Idem Petrus, S. de Menil et Eudo de Humet eam tenent; et valet xj.l.

Eodem modo fuit villa de Walepol' predicti Willelmi. Et Petrus de Brus dedit eam fratribus de Grosmunt' et monialibus de Sandal'[1] qui tenent; et valet per annum c.s.

DICKERING.

Willelmus de Muletorp' tenuit duas carucatas terre in Oketon' per seriantiam de domino rege per servicium archerie, quam terram Johannes filius Johannis de Harpeham modo tenet de predicto Willelmo, reddendo inde per annum x.s.

BARKESTON'.

Soka de Drax fuit Fulconis Paynel, Normanni, et Hugo Paynel tenet eam de ballio domini Regis Johannis. Et Hugo presens fuit et cognovit quod habet eam in escambio pro terra Normannie quam amisit. Et valet lij.l. per annum et xij.s. et vj^{xx} gallinas et dcc. ova.

Item Karleton' et Kamesford' fuerunt Fulconis Paynel; Willelmus de Cameton, Bernardus de Fontibus, Johannes de Aton' illas tenent per Petrum de Brus, qui illas habuit ex dono domini Johannis Regis, et valent xl.l.

Johannes de Kawode tenet unam carucatam terre in Kawode per seriantiam custodiendi forestam domini regis inter Usam et Derewentam.

---

[1] *Read* Handal'.

II. 649-653   KNARESBURG'.
—cont.
Baldwinus filius Henrici tenet duas carucatas terre in Screvin per servicium custodiendi forestam de Knaresburgo ; antecessores sui feoffati fuerunt tempore Henrici senis.

Ecclesia de Veteri Burgo fuit de donacione domini regis tempore Henrici Regis avi et non est de communa Eboraci.

Nicholaus serviens de Veteri Burgo tenet unam bovatam terre pro servicio faciendi sumoniciones in wapentaco de Knaresburgo.

SKYRAIC.

Margeria de Rivers est de donacione domini regis et est maritanda ; terra sua in hoc wapentaco valet xx.l.

STRATFORD'.

Andreas Luterel debet esse in custodie domini regis. Et Philippus Marc' habet custodiam terre sue per dominum Johannem Regem ; terra sua de Hoton' valet xx.l.

Michael filius et heres Leonis de Anestan' est in custodia domini regis. Radulfus filius Nicholai habet custodiam terre sue per dominum regem ; et valet c.s.

Decem bovate terre in Goldtorp', iiij. bovate terre in Billinghey, et quatuor bovate terre et dimidia in Swinton' fuerunt eschaeta domini regis. Et dominus Johannes Rex dedit eas Danieli Pincerne ; et valent per annum v.m. Willelmus Pincerna tenet eas et dicitur quod bastardus ; ideo capiantur in manu domini regis.

HERTEL.

Johannes le Poer, Simon le Archer tenent in Japum duas carucatas terre et dimidiam et vj. bovatas terre in Bartheby[1] et duas carucatas terre in Wapelington per servicium unius archerie ; et terra valet per annum x.m.

Willelmus filius Roberti tenet iiij. carucatas terre in Giveldal' per servicium unius baliste per annum ; et valent c.s.

Johannes de Waukingham tenet iiij. carucatas terre et dimidiam in eadem villa ; et valent c.s.

Willelmus de Muletorp' tenet x. bovatas terre in Dalton' et duas carucatas terre in Oketon' ut supra in wapentaco de Dikering ; et valent per annum iiij^{or} m. per servicium unius archerie.

POKELINGTON'.

Radulfus filius Walteri tenet duas bovatas terre in Pokelington' que fuerunt de bondagio domini regis.

AYNESTY.

Ecclesia de Torp' est de donacione domini regis ratione duarum carucatarum terre que fuerunt eschaeta domini regis in eadem villa de quadam Lucia de Brus, qui[2] terram illam foresfecit, quam terram

---

[1] *Read* Barneby.   [2] *So in* II. 653.

YORK. 359

II. 649-653 —cont. Robertus Bustard modo tenet per dominum Johannem Regem ut dicit, reddendo inde ad scaccarium iiij^{or} m. per annum. Magister Laurencius de Wilton' habet ecclesiam per dominum archiepiscopum.

LINCOLN.
II. 653-662. *LINC'.*

NESSE WAPENTACUM.
Hugo Wake est in custodia domini regis ; terra sua valet xl.l.

AVELUND' WAPENTACUM.
Henricus de Hauvill' tenet terram que fuit Rogeri le Gras per dominum regem et reddit per annum xij.d.
Idem Henricus tenet terram suam per falconariam, et valet per annum x.m.

THREHO WAPENTACUM.
Thomas de Pavilly, Normannus, tenuit in villa de Braceby terram ad valenciam de x.m. quam modo tenet comes de Warenna.
Willelmus Maucundut tenuit in Bolton redditum de lxxix.s. et vj.d. de soka de Graham.

Oliva que fuit uxor Rogeri de Monte Bogonis est de donacione domini regis et non est maritata ; terra sua in Brocton' valet xv.l.
Henricus le Tyays habet in Fulebeck et Ledenham de ballia domini regis vij. libratas terre cum advocacione ecclesie que fuit Henrici filii Bertrami de Britannia ; Johannes le Tyays tenet ecclesiam de dono domini regis.
Johannes Teutonicus tenet ecclesiam per Waleranum Teutonicum ; et valet xx.m.
Johannes Marescallus tenet in Ledenham unam carucatam terre de eschaeta domini regis ; et valet xxxij.s.
Magister Albertus tenet in Fulebeck et in Ledenham xx.s. redditus de eschaeta domini regis.
Idem Magister Albertus tenet in Tragetorp et in Begingham terram que fuit Galfridi Bart, Normanni, de eschaeta domini regis ; et valet xv.l. cum redditu molendini.

WINARDEBR'.
Willelmus de Mortuo Mari tenet x. libratas terre in Herlaucston' quam dominus Johannes Rex dedit Roberto de Mortuo Mari, patri suo, de terra Normannorum ; et preterea c. solidatas terre in Denton' eodem modo.
Thomas de Aunou tenet xx. libratas terre de terra Normannorum in Pointon' et in Denton'.
Graham cum soca est eschaeta domini regis quam comes Warenn' modo tenet, et valet iiij^{xx} l.

Robertus filius Ricardi de Furneys debet esse in custodia domini regis ; dominus episcopus Karliolensis habet custodiam eiusdem

II. 653-662 Roberti per dominum regem. Terra eius in Welinghore valet xxj.s.
—cont. de honore Lancastrie.
Sarra mater euisdem Roberti est de donacione domini regis et est maritanda ; et terra valet x.s. viij.d.
Ecclesia de Coleby est de donacione domini regis. Walterus Martel habet eam ex dono domini regis de terra Normannorum.
Tres partes ville de Coleby sunt eschaeta domini regis causa Normannorum. Radulfus de Trubevill' habet eas per dominum regem ; et valent xiiij.l. et xv.s.
Martinus[1] filius Willelmi de Canewyck' est de donacione domini regis et est maritata. Terra sua valet xlij.s. viij.d.
Matillis, que fuit uxor Willelmi Martel, est de donacione domini regis et non est maritata ; et terra valet xxij.s.
Matillis, que fuit uxor Willelmi de Mortuo Mari, fuit de donacione domini regis et est maritata. Terra sua in Blakenay valet x.l.
Henricus le Eveske habet Amabilem de Ainet'[2] in Buketon'. Terra eius valet xv.l.
Ecclesia de Canewyk' est de donacione domini regis quam prior hospitalis Lincolnie tenet.
Dimidia carucata terre in Canewyk' est eschaeta domini regis que data fuit Alano de Bolleshour'. Willelmus Barun tenet inde duas bovatas terre et abbas de Kirkestede, nescitur per quod servicium. Terra valet xvj.s.
Willelmus de Lisurs tenet unam carucatam terre in Kyrkeby de eschaeta domini regis de dono Regis Ricardi, nescitur per quod servicium. Terra valet xx.s. Helpe Balistar'.

In villa de Norton' sunt xxxvj.s. redditus de eschaeta domini regis ; comes Bononie tenet.
Ranulfus de Hamwell'[3] tenet ix. bovatas terre in Glontwrth'[4] per seriantiam quod sit hostiarius coram justiciariis itinerantibus in comitatu Lincolnie.
Herbertus de Nevill' tenet unam carucatam in Suterby[5] et tres bovatas terre in Raburn' et tres bovatas terre in Filingham ; tenet eas de Radulfo de Berevill' et Radulfus tenet eas de domino rege per servicium balistarie.
Johannes filius Alexandri de Nevill' in Redburn' est in custodia Ricardi de Alazun per dominum regem. Terra sua valet c.s.
In Appelby sunt xx. librate terre unde Eudo de Lungvilers tenet medietatem cum uxore sua per dominum regem et Galfridus de Nevill' aliam medietatem, et sunt eschaeta.
Margeria que fuit uxor Alexandri de Nevill' est in custodia Ricardi de Alazun per regem pro terra de Redburn'.
Matillis mater constabularii Cestrie tenet xv. libratas terre in Halton' preter dominica de baronia filii sui in dotem.
In villa de Nortorp' sunt xij. bovate terre et sunt eschaeta domini regis, et comes Bononie tenet eas ; et valent xxxvj.s. ; qualiter sunt eschaeta patet in placitis corone.

---

[1] *This passage is corrupt. Possibly it ran originally* Martinus filius Willelmi de Canewyck est in custodia domini regis ; mater eius est de donacione &c.
[2] *Read* Ainecurt. [4] *Read* Glentwrth'.
[3] *Read* Helmeswell'. [5] *Read* Sniterby.

LINCOLN. 361

II. 653-662 Abbas de Neusum habet ecclesiam de Kyrington' de dono domini
—cont. regis.
Hiraria[1] Trussebut est de donacione domini regis ; terra sua apud Neuton' valet xx.l.
Robertus de Barevill' tenet x. libratas terre in Barton' de eschaeta domini regis.
Willelmus filius Hugonis tenet apud Crosseby duas bovatas terre et duo tofta per vic' de incremento x.s.
Elewis' que fuit uxor Jordani tenet in eadem villa unum toftum pro ij.s.
In villa de Felmetheby Simon frater Willelmi tenet unam bovatam terre et unum toftum pro iiij^{or} s. ij.d. per vic' de incremento xxij.d. et non valet plus.
Willemus filius Rogeri tenet quartam partem unius tofti in Castra pro xij.d. ; valet xij.d.
In eadem villa una perticata terre Galfridi fugitivi ; et valet j.d. per annum.
In Suthkelesey est una bovata terre et tercia pars unius tofti quam Adam frater Lene et Radulfus nepos eius tenent pro iij.s. xj.d. de incremento iiij.s. ij.d.
Alanus de West tenet in eadem villa dimidiam bovatam terre de eschaeta pro xx.d. et de incremento xxij.d.
Andreas filius Auty et Alanus nepos eius tenent in eadem villa unum pratum quod vocatur Northker pro xij.d. et non valet plus.
Apud Smithefeud' sunt xxxij. acre prati quas abbas de Grimesby Willelmus de Rowell', Ricardus filius Rogeri, Andreas prior de Sixili, prior de Otentesby[2] tenent pro viij.s. de firma, de incremento viij.s., et non valet plus.
In villa de Hauton' tenet Alanus Kere dimidiam acram terre sine servicio ; et valet xij.d.
Petrus de Lanc' tenet quatuor bovatas terre in Clyseby de donacione domini regis per falconariam.
Willelmus filius Galfridi tenet in eadem villa xxx. solidatas terre per idem servicium.
Henricus Falconarius tenet in Keleby iiij^{or} bovatas terre per idem servicium.
Stephanus serviens de Castr' tenet ij. acras terre et unum toftum per servicium faciendi sumoniciones.
Ecclesia Sancti Nicholai de Suthkelesey est de donacione domini regis.
Leseby. Johannes de Nevill' tenet xx. libratas terre in Leseby de dominico domini regis.
Templarii tenent duas bovatas terre in eadem villa et duo tofta ex dono Galfridi de Nevill'.
Ecclesia ejusdem ville est de donacione domini regis.
Braddeley. Radulfus le Fletcher tenet viij. libratas terre in Bradele de dominico domini regis per iiij. m. per annum et ij. bovatas terre pro xj. flecches per annum.
Robertus persona tenet in eadem villa duas bovatas terre et de eodem dominico per xvj.s. per annum. Et in terra illa sita est ecclesia ; nesciunt de cuius advocacione sit, set bene dicunt quod semper tenuit illam ecclesiam de persona in personam.

---
[1] *Read* Hilaria. [2] *Read* Ormesby.

II. 653-662 —cont. Scartho. Comes Cestrie tenet xx. libratas terre in Scartho de dominico domini regis. Robertus de Bassingburn' tenet ecclesiam ex dono domini regis.

Ecclesia de Cle est de donacione domini regis ; abbas de Grimesby tenet eam.

Cotes. Willelmus Russel tenet c. solidatas terre de dominico domini regis in Parva Cotes ex dono Galfridi de Nevill'.

Ecclesia eiusdem ville est de donacione domini regis.

Matillis de Lascy habet xx. libratas terre in dote in Thoresby et Northecotes ; et est de donacione domini regis.

Gracia uxor Briani de Insula est de donacione domini regis ; terra eius in Cukewaud valet xl.s.

Waltham. Tota soka de Wautham est de eschaeta domini regis de Alano filio comitis Britannie, unde Radulfus de Raleg' tenet x. libratas per dominum regem de ballia.

Henricus frater regis x. libratas.

Walterus de Faucunberge tenet de eadem soka xx. libratas terre.

Adam de Sancto Martino xl. marcatas terre in Belesby, Hadeclive et in Fenby ; Eudo de la Jayle tenet eodem modo xxx. libratas terre in Newenton'.

Walterus de Evermue tenet de eadem soka xj. libratas terre in Belesby, Fenby et Askeby.

Helienora de Baiocis est de donacione domini regis et est maritanda ; terra eius in Thoresby valet xl.s.

Feodum unius militis et dimidii est de soka de Gauton'[1], est eschaeta domini regis de terra Normannorum ; dominus Johannes Rex tradidit feodum illud Galfrido de Sauzusmara ; et valet xxvij.l. xij.s.

Una carucata terra in Turleby fuit terra Johannis Cordini, Normanni, de feodo comitis Cestrie, et idem comes dedit eam Waltero de Coningre. Terra valet xxx.s. cuius heres in custodia Alvredi de Sulleny cum eadem terra.

Maria de Mumby, Alicia, Beatricia et[2] sorores eius, heredes Alani de Mumby, sunt de donacione domini regis pro feodo Britannie ; Robertus de Turribus habet Beatriciam per dominum regem et similiter Mariam et Aliciam in custodia ; terra valet xiij.l.

Comes Cestrie tenet terram de Screvelby, que fuit Roberti Marmiun senioris, Normanni ; et valet xxiiij.l.

Idem comes habet terram de Coningby ; et valet xliiij.s.

Idem comes habet terram de Thorenton que fuit Willelmi Marmiun, clerici, per regem ; et valet x.l.

Ecclesie de Askeby, Hornecastr', Tanton' Superior, Moringk' et Enderby sunt de donacione domini regis. Osbertus persona tenet per regem.

Walterus de Bavent tenet vj. libratas terre et xiiij. solidatas in Marum per servicium custodiendi falcones domini regis.

Ecclesie de Marton' et Horby[3] sunt de donacione domini regis. Nicholaus clericus de Well' tenet eas.

Lxij.s. ix.d. in Brinkel sunt eschaeta domini regis de terra que fuit Rogeri de Funtaynes. Willelmus Bardolf tenet eam.

---

[1] *Read* Gayton'. [2] *Read* et Beatricia.
[3] *Read* Marum et Morby.

LINCOLN. 363

II. 653-662
—cont.
Helpe Balistarius tenet medietatem de Surflet per servicium balistarie ; valet x.l. ; reddit per annum iij.m.

Petronilla de Crohun est de donacione domini regis. Oliverus de Vallibus habet eam per regem ; terra valet l.l.

Abbas de Grimesby tenet ecclesiam Sancti Jacobi de Grimesby de dono domini regis.

Andreas le Norue tenet ecclesiam Beate Marie de Grimesby de dono legati Wales,[1] et est de donacione domini regis.

De Waltero filio Agnetis pro uno mesuagio quod Lina forisfecit ij.s. per annum.

De Waltero Lugemunt[2] pro placia vacua quam Alanus de Lugemunt[2] forisfecit vj.d. per annum.

De magistro Roberto de Gravele pro purprestura quatuor pedum que non est ad nocumentum ij.d. per annum.

De Petro de Ballia pro eodem apud Hornesty xij.d. per annum.

De Willelmo nepote Willelmi filii Fulconis pro purprestura unius pedis et dimidii que non est ad nocumentum iij.d. per annum.

De Roberto Hache de Stanley pro transgressione de eodem iij.d. per annum.

De Roberto Pytemus pro transgressione purpresture iij. pedum vj.d. per annum.

De Willelmo decano Lincolnie pro purprestura ad portam de Ballio vj.d. per annum.

Robertus filius Ywayn tenet unum mesuagium quod fuit Rogeri Peppercorn quod est eschaeta domini regis. Et reddit inde per annum ad scaccarium x.s. per justiciarios ; et nichil prius inde respondit ad scaccarium, quia nullum inde habuit.

Quedam vacua placia in Daynesgate fuit eschaeta domini regis per Walterum de Watervill, et valet xij.d. ; conceditur magistro Johanni de Bello Monte pro ij.s. per annum.

Tres solidatus[3] redditus de uno mesuagio in parochia Sancti Michaelis ad Cotes[4] sunt eschaeta domini regis per Walterum de Watervill.

Unum mesuagium in Staynegate quod fuit Radulfi de Grey est escaeta domini regis ; valet per annum vj.d.

De ecclesiis, dicunt quod cives Lincolnie tenuerunt plures ecclesias in civitate Lincolnie ita quod plures persone earum fuerunt. Dominus Henricus Rex avus fecit eos sumoniri ad respondendum de advocacionibus earum ecclesiarum. Et quia non venerunt, advocaciones capte fuerunt in manum domini regis. Et dominus rex tradidit eas decano Lincolnie qui illas dedit cantori maioris ecclesie, scilicet ecclesiam Sancte Marie de Wyggeford, Sancti Michaelis, Sancti P[etri], Sancte Trinitatis, Sancti Marci, Sancti Johannis, Sancti Swithuni, Sancti Edmundi, Sancte Trinitatis, Sancti Georgii, Sancti Petri, Sancti Michaelis, Sancti Augustini, Sancti Bavonis, Sancti Rumbaldi, Sancte Trinitatis, Sancti Clementis, et Sancti Petri.

Robertus le Flecher tenet octo libratas terre de soka de Grimmesby de domino rege pro iiij^{or} m. per annum quas reddit fine[5] de Grimesby et duas bovatas terre pro xx. flecch'.

---

[1] *Read* Gualonis.   [3] *Read* solidate.   [5] *Read* firme.
[2] *Read* Rugemont.   [4] *Read* Gates.

S. ij. 11. DE ECCLESIIS ET ESCAETIS ET PURPRESTURIS IN CIVITATE
LINCOLNIE.

De ecclesiis, dicunt quod tempore Henrici Regis avi cives Lincolnie tenuerunt ecclesias civitatis et plures fuerunt persone. Ita quod dominus Rex Ricardus eos summonivit coram eo ad respondendum de advocacionibus illis. Et quia advocati non venerunt, fuerunt advocaciones in manu domini regis. Et dominus rex illas tradidit domino Lincolniensi episcopo, qui illas dedit cantori maioris ecclesie. Nesciunt si rex illas dedit vel non ; scilicet ecclesias Sancte Marie de Wigeford', Sancti Michaelis, Sancti Petri, Sancte Trinitatis, Sancti Marci, Sancti Johannis, Sancti Swithun', Sancti Edmundi, Sancte Trinitatis, Sancti Georgii, Sancti Michaelis, Sancti Petri, Sancti Augustini, Sancti Bavonis, Sancti Rumaldi, Sancte Trinitatis, Sancti Clementis, Sancti Petri. Et ideo cantor summoneatur ad respondendum quo waranto etc.

De escaetis, dicunt quod Robertus filius Iwain tenet j. mesuagium quod fuit Rogeri Pepercorn' quod est escaeta domini H. Et justiciarii ultimo itinerantes de omnibus placitis illud ei tradiderunt. Et jurati dicunt quod illud fuit Aaron Judeo foris vadiatum et ideo escaeta, quia fuit de feodo domini regis. Et Robertus dedit dimidiam marcam pro habendo illud in feodo pro x.s. per annum, et conceditur ei et respondeat de cetero ad scaccarium de x.s. per annum. Et sciendum quod prius non respondit ad scaccarium quia non fuit ibi vel alibi irrotulatum, nec idem Robertus aliquid commodi inde habuit ut jurati testantur. *In rotulo.*[1]

Item quedam placia vacua in Danissegate quam Ricardus Brun tenuit est escaeta, et valet per annum xij.d., et fuit antiquitus Walteri de Watervill', Normanni, per quem escaeta. Assideatur. Conceditur Magistro Johanni de Bello Monte pro ij.s. per annum.
In rotulo.

Radulfus Geri de Neuport tempore Henrici Regis avi fugit in ecclesiam et abiuravit regnum et habuit unum mesuagium in Sextonesgate in parochia Sancti Nicholai ; et jacet vacua et valet per annum vj.d. Assideatur. *In rotulo.*

Tres solidi redditus de uno mesuagio in parochia Sancti Michaelis ad Gates sunt escaeta domini regis per Walterum de Watervill', qui redditum illum forisfecit ; valet per annum tres solidos. Assideatur. Gilbertus Fulke prius illud tenuit sine waranto. *In rotulo.*

Unum mesuagium in parochia Sancti Botulfi est escaeta domini regis per quendam Linum qui illud forisfecit, et valet per annum ij.s. et amplius. Angnes que fuit uxor Ricardi Suane[2] illud tenet sine waranto. Assideatur. Et Walterus filius ipsius Angnetis finivit per dimidiam marcam, ut teneat mesuagium illud pro ij.s. per annum per plegium Roberti Bero. *In rotulo.*

Quedam placia vacua est in Neuport ; est escaeta domini regis per Alanum Rugemunt, qui abiuravit regnum ; et valet per annum sex denarios. Assideatur. Post venit Walterus Rugemunt et cepit placiam illam et dabit inde domino regi vj.d. per annum per plegium Reginaldi de Neueport. *Nondum in rotulo.*

---

[1] *The reference is to Pipe Roll, 11 Hen. III (no. 71). Lincoln dorse.*
[2] *The reading of this name is uncertain.*

S. ij. 11
—cont.
Unum mesuagium in parochia Sancti Michaelis extra portam Bailii est escaeta domini regis per Ursellum filium Pucelle, Judeum, qui illud forisfecit apud Bristoll', et tenuit illud de Nicolaa de Haya, reddendo per annum x.s.; et Petrus le Weider illud tenet, et ideo summoniatur. *In rotulo.*

Medietas unius mesuagii in Alto Foro est escaeta domini regis per Jacobum filium Benedicti Judei, et valet per annum iiij^{or} s. Assideatur. Aliam medietatem tenet Benedictus filius Peytevin, Judeus, per breve domini regis. *Nondum in rotulo.*

Unum mesuagium in parochia Sancti Michaelis est escaeta per Mosse Bosse Judeum occisum. Nesciunt valorem, set Jordanus de Essebi illud tenet sine waranto. Assideatur. *Nondum in rotulo.*

Dominus rex emit quandam terram de Toly de Wikeford' pro x.m. per manum Alexandri de Dorset, et jacet vacua, et dominus rex nullum habet inde commodum. Solebat reddere xx.s. per annum, et ideo assideatur. *Nondum in rotulo.*

Quedam terra quam Elias de Bungheya, Judeus, tenuit est escaeta per Bristoll'. Deu le Crese Judeus illam tenet per finem factum ad scaccarium Judeorum, ut dicit. Solebat reddere per annum ix.s. Et ideo summoniatur. *Est in rotulo.*

Quedam terra quam Abraham filius Aaron, Judeus, tenuit est escaeta per ipsum Abraham Judeum. Solebat reddere inde abbacie de Haliwell' x.s. per annum, quia tenuit de ea, et nunc jacet vacua. Assideatur. *Nondum in rotulo.*

Quedam terra et quoddam mesuagium in Parmenteria sunt escaeta domini regis per Joceum filium Ave Judeum qui illa tenuit de Ricardo filio Jacobi per ix.s. per annum. Peytevinus filius Jocei Judeus illa tenet per finem factum ad scaccarium Judeorum. Summoniatur. *Est in rotulo.*

Mesuagium in Brantegate quod Elias Grossus, Judeus, tenuit de Petro de Ballio pro x.s. per annum est escaeta per ipsum Eliam. Jacet vacuum. Assideatur. *Nondum in rotulo.*

Mesuagium quod Jacobus et Samuel filii Vives Judei tenuerunt in Brantegate est escaeta per ipsos Judeos. Jacet vacuum et solebat reddere Johanni clerico, capitali domino, xx.s. per annum. Assideatur. *Nondum in rotulo.*

Claricia vidua tenuit j. mesuagium de domino rege per j.d., et est escaeta per vadium Judeorum et vacuum. Assideatur. *Nondum in rotulo.*

Duo mesuagia que eadem Claricia tenuit de Hospitalariis per decem s. per annum sunt escaeta per Benedictum Judeum, et non valent tantum, quia edificia destruuntur; et ideo Hospitalarii loquantur inde. *Nondum in rotulo.*

Claricia ad Fontem tenuit quandam placiam vacuam per ij.s. per annum de Willelmo filio Lamfrani, et est escaeta per eundem Benedictum Judeum. Assideatur. *Nondum in rotulo.*

Domus Aaron Judei in Ballio est escaeta per ipsum Aaron Judeum, et valet per annum vj.s. Nicholaa de Haya illam tenuit, et constabularius eam habet nunc occasione castri. *Nondum in rotulo.*

Terra Ringes que suspensa fuit est escaeta. Abbas de Neubot eam tenet per dominum regem per breve suum, quod ballivi civitatis ostendunt, reddendo inde per annum j.d. et ecclesie Lincolnie xij.d.
Nondum in rotulo.

S. ij. 11 —cont.

Magister Robertus de Gravenel fecit quandam domum et januam in Via Regis et cepit super dominum regem iiij^{or} pedes. Jurati dicunt quod non est ad nocumentum ville ; et ideo Magister Robertus finem fecit per ij.d. per annum. *In rotulo.*

Willelmus filius Warini tenet unam purpresturam de domino rege, reddendo sex d. per annum ad scaccarium. De antiqua purprestura.
In rotulo.

Reynerus filius Johannis tenet unam purpresturam eodem modo reddendo sex d. per annum ad scaccarium. De antiqua purprestura.
In rotulo.

Petrus de Ballio tenet quandam purpresturam apud Hornesty per xij.d. per annum per justiciarios qui ultimo itineraverunt qui eam ei tradiderunt. *In rotulo.*

Willelmus nepos Willelmi filii Fulconis cepit pedem et dimidium super murum regis, et xxiiij^{or} dicunt quod non est ad nocumentum. Ideo concessum est quod sic stet. Et Willelmus dat inde domino regi iij.d. per annum. *In rotulo.*

Henricus Hache de Stanlegh' cepit pedem et dimidium super murum regis et xxiiij^{or} dicunt quod non est ad nocumentum ville. Ideo concessum est quod sic stet. Et Henricus dat domino regi iij.d. per annum. *Nondum in rotulo.*

Robertus Pitemose posuit domum suam super murum regis, et cepit tres pedes super regem, et quia jurati dicunt quod non est ad nocumentum ville, ideo reddat per annum domino regi vj.d.
In rotulo.

LANCASTER.

II. 662–668.

Ecclesia de Lancastria est de elemosina domini regis, et comes Rogerus Pictavensis eam dedit abbati de Sees.

LOUNESDAL.

Alicia filia Galfridi de Gersingham fuit de donacione domini regis et est maritata Thome de Gersingham per Regem Johannem et habuit vj. bovatas terre in Gersingham per servicium servandi osturcos domini regis herentes in Lounesdal' donec firmi sint, et cum firmi fuerint debent committere eos vicecomiti Lancastrie ; que terra valet per annum ij.m.

Galfridus dedit inde duas bovatas Bernardo de Gersingham, et priori de Lancastria v. acras. Et Alicia mortua est et habuit unam filiam nomine Christianam et de eodem Thoma, que est de donacione domini regis ; et prohibitum est ne maritetur sine domino rege. Et Adam de Coupmanwra, avus ipsius Christiane, offert domino regi c.s. pro habendo maritagio.

LOUNESDAL.

Elewisa de Stutevill' est de donacione domini regis et non est maritata ; et terra sua in hoc wapentaco valet c.s., et in wapentaco de Aumundernes x.s.

II. 662-668 —cont. Oliva que fuit uxor Rogeri de Monte Bogonis est de donacione domini regis et non habet terram in hoc wapentaco.

Quenilda que fuit uxor Ricardi Walensis est de donacione domini regis, et terra sua valet dimidiam marcam.

Margareta que fuit uxor Ade de Gerstan fuit de donacione domini regis, et est maritata Ricardo Litherpol, et terra sua valet dimidiam marcam.

Waltania que fuit uxor Ricardi Bold' fuit de donacione domini regis, et terra valet dimidiam marcam ; maritata est Walderno de Reynham.

PRESTON.

Ecclesia de Preston' est de donacione[1] et dominus Johannes Rex dedit eam semel Petro Russinol qui obiit, et dominus Henricus Rex qui nunc est iterum dedit eam Henrico nepoti episcopi Wintoniensis et valet l.m.

Ecclesia Sancti Michaelis super Wer est de donacione domini regis, et filius comitis de Salvata[2] illam habuit ex dono domini regis qui nunc est, et dicitur quod electus est in episcopum et quod ecclesia vacat et valet per annum xxx.m.

Dominus Rex Johannes dedit duas partes ecclesie de Kyrkeham Simoni Blundo occasione custodie filii et heredis Theobaldi Walteri, et valent iiij^{xx} m.

Beatrix de Mitton' est de donacione domini regis terra eius valet j.m. ; testatum est quod dedit domino regi x.m. $_{pro}$ licentia maritandi se ubi voluerit.

Quenilda que fuit uxor Rogeri est de donacione[3] et est maritata, terra sua valet xx.s. Rogero Gernet per regem.

Matillis de Thorenton' est de donacione domini regis et non est maritata ; terra sua in hoc wapentaco valet xx.s.

Agnes de Clopwayt[4] debet esse in custodia domini regis pro duabus bovatis terre quas tenet de domino rege in Blothelay[4] pro xix.d. et medietate unius quadrantis et inveniendi sextam partem unius judicatoris et residuum ad opus suum valet ij.s.

Alexander de Kyrkeby debet tenere in capite de domino rege unam carucatam terre pro vj.s.

Avicia que fuit uxor Henrici de Stratford' est de donacione domini[5] et reddit per annum pro terra sua xx.d. ; et residuum valet iij.s.

Avicia que fuit uxor Rogeri de Midelton' est de donacione domini regis, et nichil tenet de domino rege.

Eugenia que fuit uxor Willelmi de Routhclive est de donacione domini regis et est maritanda ; reddit $_{pro}$ terra quam tenet xl.d.

Eva de Halt' est de donacione domini regis et est maritanda ; terra sua valet xij.d.

---

[1] *After* donacione *supply* domini regis.
[2] *i.e. Savoy.*
[3] *After* donacione *supply* domini regis. *The remainder of the entry should run* et est maritata Rogero Gernet per regem ; terra sua valet xx.s.
[4] *Read* Glothwayt. *Cf. Farrer's* Lancashire Inquests, *p.* 128.
[5] *After* domini *supply* regis.

II. 662-668
—cont.
Matillis filia Nicolai de Thoroldeholm' est de donacione domini regis ; tenuit terram suam per servicium lardenarie domini regis. Rogerus clericus de[1] * *habet custodiam.

Alicia que fuit uxor ipsius Nicholai[2] fuit de donacione domini regis.

Emma que fuit uxor ipsius Nicholai[2] fuit de donacione domini regis.

Sarra de Bothelton' est de donacione domini regis, et terra sua valet j.m.

Unum burgagium quod fuit Jordani de Katon' fuit eschaeta domini regis. Henricus de Winton' tenet illud pro xij.d. per annum.

Ormus de Kelet tenet iiij[or] carucatas de domino rege in capite per seriantiam custodiendi wapentacum de Lonesdal'.

Alicia filia Galfridi de Gersingham fuit de donacione domini regis et est maritata et tenet sex bovatas per servicium custodiendi osturcos domini regis herentes in Lounesdal', quousque firmi fuerint, et valet per annum ij.m.

Henricus de Waleton' tenet xiiij. bovatas terre in Waleton' per seriantiam custodiendi wapentacum, et valet xiiij.s.

Adam Girardus tenet duas bovatas terre per seriantiam faciendi sumoniciones, et terra valet iiij.s.

Lucas prepositus de Dereby tenet ij. bovatas terre in Dereby per servicium essendi prepositus et custodiendi averia, et terra valet iiij.s.

Adam de Heinelesdal tenet iiij[or] bovatas terre in Crosseby per servicium quod sit prepositus in Crosseby, et terra valet x.s.

Quenilda de Kirkedale tenet unam carucatam terre in Forneby per servicium conducendi thesaurum, et terra valet j.m.

Alicia que fuit uxor Ricardi filii Roberti fuit de donacione domini regis et maritata est ; terra sua valet xx.s.

Quenilda que fuit uxor Ricardi filii Rogeri fuit de donacione domini regis ; terra sua valet, scilicet una carucata terre quam tenet pro iiij.s. viij.d., valet j.m.

Robertus Banastr' tenet feodum unius militis de domino rege et est in custodia justiciarii Cestrie.

Cecilia uxor Turstani Banastr' fuit de donacione domini regis.

Robertus de Clyton'[3] debet custodire wapentacum de Lelandsir' in feodo ; nullum tenementum tenet de domino rege.

Quatuordecim bovate terre in Kaskesmores, quas Willelmus de Nevill' tenuit, sunt eschaeta domini regis.

Alwardus de Aldholm tenet duas bovatas terre in Vernet per xix.d. et medietatem unius quadrantis.

Hugo le Norays tenet j. carucatam terre in Blakerode que est eschaeta domini regis, et reddere debet domino regi per annum xx.s.

Edwinus carpentar' tenuit quandam terram in Kadewaldesir' per servicium faciendi carpentariam in castro domini regis de Dereby et obiit ; et Galfridus de Dutton' et Alexander de Caldewals' tenent terram illam per ij.s. per annum.

---

[1] *The lacuna may be filled up with* Derby. *Cf. Farrer's* Lancashire Inquests, *p.* 130.
[2] *So in* II. 664. *Cf.* Lancashire Inquests, *p.* 130.
[3] *Read* Clayton.

LANCASTER. 369

II,662-668 Ricardus de Hilton tenet wapentacum de Salforsir' in seriantia
—cont. ad voluntatem domini regis.
Alanus de Singleton' tenet wapentacum de Blakeburnesir' in feodo, et nichil tenet de domino rege.
Ricardus filius et heres Ricardi filii Iwani[1] est de donacione domini regis, et Henricus de Wykington' habet custodiam per regem.
Willelmus de Karleton' habet custodiam filii et heredis Michaelis fratris eius per regem.
Alanus de Singleton' tenet dimidiam carucatam terre per seriantiam custodiendi wapentacum de Aumundernesse.
Ricardus filius Radulfi tenuit duas bovatas terre per servicium quod sit prepositus in Singleton ; et valent per annum iiij.s. Ricardus filius tenet modo eas.
Merton' est eschaeta domini regis et valet xxiiij.s.
Aston' est eschaeta domini regis de feodo Willelmi Peverel.
Johannes de Oxeclive tenet Oxecumbe[2] in capite de domino rege per servicium carpentarie in castro in Lancastria ; terra valet xxx.s.
Robertus prepositus de Offerton' tenet dimidiam carucatam terre in Hofferton' per servicium quod sit prepositus domini regis in Hofferton' ; et terra valet per annum xvj.s. Idem Robertus dedit inde Ade filio Johannis unam bovatam et Ormo Kelet vij. acras. Preceptum est quod capiantur in manum domini regis.
Adam filius Gillemighel tenet dimidiam carucatam terre in Seline per servicium quod sit carpentarius domini regis, et terra valet xvj.s.
Rogerus carpentarius tenet x. acras terre in Lancastria, per servicium quod sit carpentarius in castro de Lancastria, et valet per annum v.s.
Robertus filius Rogeri de Scerturne[3] tenet dimidiam carucatam terre in eadem villa per seriantiam quod sit prepositus domini regis in Sutherton'[4], et terra valet xl.s.
Radulfus Barun tenet dimidiam bovatam terre per servicium quod sit cementarius in castro vel per v.s. per annum ad eleccionem domini regis.
Johannes[4] de Oxeclive tenet Oxeclive in capite de domino rege per servicium carpentarie in castro de Lancastria ; terra valet xxx.s.
Robertus prepositus de Hofferton' tenet dimidiam carucatam terre in Hofferton' per servicium quod sit prepositus ; terra valet per annum xvj.s. Idem Robertus dedit inde Ade filio Johannis unam bovatam terre et Ormo de Kelet vij. acras. Ideo capiantur in manum domini regis.
Adam filius Gilemichel de Scline tenet dimidiam carucatam terre in Scline per servicium quod sit carpentarius in castro de Lancastria ; terra valet xvj.s.
Rogerus carpentarius tenet x. acras terre in Lancastria de antiquo feoffamento per seriantiam carpentarie in castro predicto, et valet per annum v.s.

---

[1] *Read* Swani.   [2] *Read* Oxeclive.
[3] *Read* Skerton'. *Cf. Farrer's* Lancashire Inquests, *pp.* 123–124.
[4] *This and the five entries following are another version of the six immediately preceding them.*

Wt. 3705.   B 24

370   A.D. 1226-1228.

II. 662-668 Robertus filius Rogeri de Skertenay tenet dimidiam carucatam
—cont. terre in eadem villa per servicium quod sit prepositus domini regis
de Skerton'; et valet per annum xl.s.
  Radulfus Balrim'[1] tenet unam carucatam terre in Bolrun' per
servicium quod sit cementarius in predicto castro; et valet ij.m. et
dimidiam.
  Willelmus Gardinarius tenet vij. acras terre in Lancastria per
servicium quod inveniat in castro olera et porretta. Terra sua valet
ij.s. iiij.d.
  Walterus filius Walteri Fabri et Willelmus filius Willelmi Fabri
tenent de domino rege unam terram que vocatur Hefeld' per servicium
fabricandi ferramenta carucarum; et valet dimidiam marcam.
  Rogerus Gernet tenet tres carucatas terre in Halton' per servicium
quod sit capitalis forestarius per totum comitatum; integer est et
facit servicium.
  Wimanus[2] Gernet tenet duas carucatas terre de domino rege in
Heschin per servicium veniendi contra dominum regem ad fines
comitatus cum cornu suo et alba virga et ducendi eum in comitatum
et esse cum eo et iterum reducendi eum, et valet v.m.
  Willelmus et Benedictus de Gersingham tenent de domino rege
duas bovatas terre in Gersingham per servicium quod sint forestarii.
  Margeria que fuit uxor Bernardi filii Bernardi tenet duas bovatas
terre de seriantia de Gersingham.

NORTHUMBERLAND.

S. ij. 11.   NORTHKOKET.
II. 760-763.
                            De valletis et puellis.
  Matildis de Flamull' est de donacione domini regis. Michael
de Ryhyll' habet custodiam de ea per Robertum filium Rogeri.
  Willelmus de Calvele vallettus est et pheyn[3] et debet esse in custodia
domini regis. Rogerus de Hoddesagg' habet custodiam terre sue,
nescitur quo waranto.

                            De dominabus.
  Margeria de Vesey est de donacione domini regis et est maritanda;
terra sua valet xx.l.
  Christiana de Kalvesle maritata est Rogero de Hoddesagr' per
Philippum de Ulecotes.
  Elizabet Tayllebois maritata est Nicholao de Farindon', nescitur
quo waranto.

                            De seriantiis.
  Willelmus filius Odonis tenet unam carucatam terre in Bamburg';
terra eius valet xx.s.
  Galfridus Faber de eadem tenet dimidiam carucatam terre pro
ferris domini regis de Bamburg' fabricandis.

  [1] *Read* Bolrun.   [2] *Read* Wivianus.
  [3] *Read* theyn; *the* ph *has probably arisen from a misunderstanding of
a thorn letter. For the tenure see above, pp.* 204, 250.

NORTHUMBERLAND. 371

S. ij. 11. Robertus Taylleboys debet esse in custodia domini regis, et mater
II.760-763 eius tenet terram suam et finem fecit pro custodia sua habenda.
—cont.

SUTHKOKET.

De valletis.

Simon de Dineston'[1] debet esse in custodia domini regis. Stephanus de Segrave habet custodiam, nescitur per quem ; terra eius valet xx.l.

De dominabus.

Agnes de Dineston'[1] est de donacione domini regis et est maritata Roberto de Meynevill' per Johannem Regem ; terra eius valet c.s.

Matildis de Claverwrth vidua est et est de donacione domini regis ; terra eius valet xl.s.

Emma de Aydene est de donacione domini regis et maritata est Petro de Vallibus per Johannem Regem ; terra eius valet xv.l.

Alina et Aleysia filie predicte Emme maritate sunt Jacobo de Kauz et Johanni de Kauz per Johannem Regem ; terre earum valent xl.l.

Aleys Bertram est de donacione &c. et est maritata Rogero filio Walteri per Johannem Regem ; terra eius valet xx.l.

Alicia de Morewic est de donacione &c. et maritata est Rogero Golafre, nescitur quo waranto ; terra eius valet x.l.

Mabillia de Clere est de donacione &c. et vidua est ; terra eius valet xv.l.

Margareta de Milleburn' est de donacione &c. ; terra eius valent ij.m. ; vidua est.

Sorores Philippi de Ulecotes sunt de donacione &c. et maritate fuerunt ante mortem ipsius Philippi ; terre earum valent xx.l.

De seriantiis.

Nicholaus de Biker tenet c. solidatas terre per seriantiam, scilicet per servicium ferendi brevia domini regis inter Tynam et Coket et faciendi districcionem de warda Novi Castri.

BAMBURGH.

Thomas de Warnetham tenet j. carucatam terre in Bamburgh per Johannem Regem per servicium xx.s. per annum.

BURGUS DE NOVO CASTRO.

De ecclesiis.

Ecclesia de Novo Castro est de donacione domini regis ; et Gulbr' de Lascy eam tenet per Willelmum de Lungchamp' qui fuit justicia domini regis.

De eschaetis[2] *in rotulo.*

Dominus rex habuit in villa de Novo Castro c. et x.s. et vj.d. redditus quos dedit burgensibus eiusdem ville pro terris suis,

---

[1] *Read* Diveleston'.
[2] *On the margin applying to the whole of this entry is* in rotulo ; *there are also three signs resembling a capital* F, *but the parts of the entry to which they refer are not clear.*

S. ij. 11.
II.760-763
—cont.
quas amiserunt per fossatum domini regis, et preterea de domo Willelmi Monetarii x.s. et de alia domo eiusdem Willelmi xl.d. ; et iste due domus inciderunt in manum domini Regis Henrici avi domini regis pro debito quod Erkenbald' Monetarius ei debuit, et dicitur quod una domus quam Thomas de Karleolo modo tenet que prius non valuit nisi x.s. modo valet xx.s. et alia domus que non valuit nisi x.s. modo valet xl.s. Et dicitur quod quidam Hugo Beneyt pater duorum puerorum qui sunt infra etatem obiit seysitus de predicta domo et quod Willelmus filius Benedicti pater ipsius Hugonis habuit ingressum in domum illam per priorem de Finkale, cui Henricus de Puteaco, qui tunc fuit vicecomes Norhumbr', terram illam dedit, et Henricus habuit ingressum in domum illam per Willelmum filium Willelmi Monetarii, qui illam ei vendidit.

Loquendum.

Item de domo Torphini viij.d. de quibus Alicia que fuit uxor Willelmi respondet.   *viij.d.*
De terra Gilberti Marescalli iij.d. unde parochiani Sancti Andree respondent.   *iij.d.*
Item de domo Walteri tinctoris vj.d. unde Hawis uxor dicti Walteri respondet.   *vj.d.*
Item de domo Willelmi filii Hugonis ij.d. unde idem Willelmus respondet.   *ij.d.*

[*Endorsed :*—] Norhumberl[1]. Escheete per manum W. de Eboraco die Veneris ante Ascensionem Domini anno regni xj°.
Rotulus de Escaetis . . . . .

In libro. Michael filius Michaelis.

NOTTINGHAM AND DERBY.

S. ij. 11.[2]
I. 83-85.

NOTTINGHAM. TESTA DE NEVILL.[2]

DE CUSTODIIS, SERIANTIIS, ECCLESIIS[3] QUE SUNT DE DONACIONE DOMINI REGIS.[4]

WAPENT' DE BYNGHAM.

Crachinton'[5] cum soca est dominicum regis ; valet per annum xl.l. Willelmus de Albiniaco tenet per[6] donum Johannis Regis.

Langar et Berneston' sunt de eschaeta domini regis et valent per annum xl.l. Radulfus de Rodes tenet.

Terra Ricardi de Wiverton'[7] de donacione domini regis et valet per annum x.m. Idem Ricardus habet terram illam per Philippum Marc'.

[1] On the margin applying to the whole of this entry is in rotulo ; there are also three signs resembling a capital F, but the parts of the entry to which they refer are not clear.
[2] The MS. in S. ij. 11 from which this is printed is apparently an Exchequer transcript. I. 83 omits Testa de Nevill'.
[3] I. 83 adds et aliis after ecclesiis.
[4] I. 83 adds in comitatu Notingh'.   [5] I. 83 reads Orschinton'.
[6] I. 83 reads tenet per annum per dominum Johannem Regem.
[7] After Wiverton I. 83 adds est.

NOTTINGHAM AND DERBY.

S. ij. 11.
I. 83–85
—cont.

BERESETL'.[1]

Villa de Wetele est escaeta domini regis et valet[2] xxx.l. Nicholaus de Lettres tenet per dominum Johannem Regem.

Oliva que fuit uxor Rogeri de Monte Begonis' tenet Osewardbec, que est de donacione domini regis per dominum regem et valet per annum xl.l.[3] xix.s. Eadem Oliva est maritanda et est de donacione domini regis. Galfridus Gynn' tenet de eadem terra c. solidatas terre,[4] Galfridus de Nevill' ix.m. de dono eiusdem Rogeri de Monte Begonis.

Capella de Retford' debet esse de donacione domini regis. Robertus de Hampton' et Thomas clericus tenent, set nesciunt per quem.[5]

BYNGHAM.[1]

Sarra de Wiverton' est de donacione domini regis et terra eius valet v.m.

Ecclesia de Byngham est de donacione domini regis; filius comitis de Sauveye tenet eam per dominum regem.

Byngham est escaeta domini regis, et valet per annum xl.l. Nicholaus de Lettres tenet per dominum regem.

RISECLIVE.[6]

Filius et heres Leonis de[7] Malnuers est de donacione domini regis et terra eius valet x.l. viij.s. viij.d. in Hulmo. Radulfus filius Nicholai tenet per dominum regem, et est de honore Lancastrie.

Julia mater eiusdem vidua est et de donacione domini regis; terra eius valet v.l. iiij.s. iiij.d.

Villa de Radeclive est seriantia domini regis de ostriceria. Thomas de Hedon' tenet per dominum regem et valet per annum viij.m. et dimidiam x.s. et xxij.d.

Gervasius filius Gervasii de Rebercy tenet iij. bovatas terre in Clifton' de seriantia, et valent xv.s. per annum.

Reginaldus Marc'[8] xij. bovatas terre in Thurmundeston' de ostriceria, et valent xl.s[9] quas emit de Reginaldo Basset.

Johannes de Lek' tenet iij. bovatas ibidem pro ostriceria, et valent xv.s. et tenet eas per Ricardum de Rixton'.

Barthon' Henrici de Stutevill' est eschaeta domini regis de terris Normannorum, et valet per annum x.l.[10] Comes de Warren' tenet eam.

Terra eiusdem Henrici in Brademar' valet c.s.

BROCOLV'.[6]

Hokenal'[11] est seriancia domini regis ad custodiendum falcones, et valet viij.m. et dimidiam. Hugo filius Willelmi tenet eam.

---

[1] *Omitted in* I. 83.
[2] I. 83 *adds* per annum *after* valet.
[3] I. 83 *adds* et *after* xl.l.
[4] *After* terre I. 83 *adds* et.
[5] *After this entry* I. 83 *interpolates the following entry:* Malatisinus de Hersin' et Willelmo Ruffus summon' &c.
[6] *Omitted in* I. 83–84.
[7] I. 83 *omits* de.
[8] I. 84 *adds* tenet *after* Marc.
[9] I. 84 *reads* lx.s.
[10] I. 84 *reads* xx.l.
[11] I. 84 *reads* Hukenal'.

S. ij. 11.
I. 83-85
—cont.

Ecclesia de Bulewell' est de donacione regis. Henricus Medicus tenet eam, set nescitur per quem.
Villata de Bulewell' est eschaeta domini regis et valet per annum c.s. Philippus Marc tenet eam per dominum Johannem Regem.

TURG'.[1]

Reginaldus de Colewic' tenet per seriantiam de domino rege ; reddit xij. sagittas in adventu domini regis apud Notingham semel in anno.
Emma de Bella Fago est maritanda, et de donacione domini regis ; terra eius valet xx.l.

NEWERK.[1]

Wymetorp'[2] est de eschaeta domini regis et valet per annum xij.l. Episcopus Lincolniensis eam tenet de dono domini Johannis Regis.

DERBISCHIRE.

ALTUS PECKUS.[1]

Margeria, domina de Ashford', que fuit uxor Wenhunwin', est maritanda et est de donacione domini regis ; terra eius valet vij.l.
Ecclesia de Peck' est de donacione domini regis. W. de Furneis tenet eam.

RAPN.[1]

Eda filia Reingod est de donacione domini regis ; est maritata Gilberto de Drayc' per W. de Ferrariis, comitem Derb', dum habuit custodiam de Melburn' ; terra eius valet vij.s. vj.d. scilicet iiij. bovate terre.
Willelmus de Vernun tenet in Ermelegh' xj. marcatas terre, et iiij.[3] solidatas iiij. denariatas in Kotes de feodo Lancastrie per unum brachetum, quam terram Stephanus de Bello Campo tenuit ; nescitur per quem eam tenet.

MORLEYSTAN.[4]

Radulfus de Frecheuuill' xij. libratas terre de domino rege et est maritatus per Philippum Marc'.
Ricardus de Sandiacr' tenet x. libratas terre in Sandiacr' per seriantiam ad custodiendum ostur' et inveniendum ij.[5] portitores et seipsum ad ferrendum taborem.
Philippus Marc tenet de eadem seriantia viij. acras terre et j. pratum super Irewys.
Hugo de Stratlegh tenet quindecim acras.

LEICESTER, WARWICK, WORCESTER, GLOUCESTER, SOMERSET, DORSET AND WILTS.

I 421. De
Testa de
Nevill'.

LEYCESTRE.
WAPPENTACUM DE GERTRE.

Ecclesia de Buggedon' est de donacione domini regis ; Daniel de Nunchamp[6] eam tenet de dono domini regis.

[1] *Omitted in* I. 83–84.   [2] I. 85 *reads* Wymnethorp.
[3] I. 85 *reads* ij.s.   [4] *Omitted in* I. 85.   [5] I. 85 *reads* xij.
[6] *Read* Lungchamp. *Cf.* Lincoln Record Society, *vol.* xi., Rotuli Roberti Grosseteste, *p.* 397.

I. 421. De Ecclesia de Medburn' est de donacione domini regis ; Nicholaus
T**ta**¡de de Breaute tenet eam per legatum Wales.¹
—cont. Buggedon, Haverbergh sunt de dominico domini regis. Willelmus
de Cantilupo eas tenet de dono Johannis Regis, et valent xvij.l. x.s.
Stratton cum soca similiter de dominico regis. Ricardus de
Harecurt tenet eam ; valet xvj.l.
S. ij. 11. Willelmus Lestrange tenet ij. carucatas terre in Medburn' per
I. 421-
423. De dominum regem, et valent per annum xlvij.s. ix.d. Ibid'. *Capiatur*.²
Testa de Radulfus de Nevill' tenet c. et x. solidatas terre in Bladeston'
Nevill'. per Hugonem de Nevill'. Ibid'.
Babbegrave est de donacione domini regis ; Templarii eam tenent,
et valet per annum lxv.s. xj.d. Ibid'. *Summoneantur.*
Mardefeld' Luterel, membrum de Roelegh', est de donacione domini
regis et valet per annum xxxviij.s. et x.d. Andreas Luterel tenet
eam per dominum regem. Ibid'. *Custos summoneatur.*
Lewelinus tenet in Mardefeud' membro de Roelegh' lxiij. solidatas
terre et v.d. per dominum regem. Ibid'. *Capiatur.*
Pacinton' est ex donacione domini regis et valet per annum xv.l.
Rogerus de Akastr' eam tenet ex dono domini regis. Ibid'.
Ilveston' est ex donacione domini regis et valet per annum x.m.
Walterus de Sancto Audoeno eam tenet. Ibid'. *Capiatur.*
Idem Walterus tenet j. carucatam terre in Turneby de dono eiusdem,
et valet per annum xlviij.s. iiij.d. ob. *Capiatur.*

WAPPENTACUM DE FRAMELUND.

Kyrkeby est eschaeta domini regis et valet per annum xlv.s. et ix.d.
et j. libram cimini. Rogerus de Akastr' tenet eam per dominum
regem.
Garthorp est eschaeta domini regis et valet per annum xij.l.
Willelmus de Gaug' eam tenet. *Mandat' vicecomiti quod manumittat
homines.*

WARWIKESIR'.
Transcribitur.

BRINKELAWE.

- Hugo de Loges tenet in Sowe sexaginta solidatas terre per servicium
forestarie.
Henricus Boscher tenet iij. virgatas terre in Lodbroc de seriancia
per servicium ad custodiendum unum brachetum domini regis, et
valet per annum xv.s. Ibid'. *Summoneatur de servicio.*
Galfridus de Staverton' tenet villam de Staverton de seriantia ;
reddit inde unum spervarium domino regi, et valet xl.s. Ibid'.
Summoneatur de servicio.
Henricus de Waltham tenet j. carucatam terre et xvij.s. redditus
in Wylleby per seriantiam, scilicet quod erit mariscallus ad placita
domini regis, et valet per annum ij.m. et dimidiam. Ibid'.

¹ *Read* Gualonem.
² *The marginal notes on this portion of* S. ij. 11 *have here been transferred
to the end of the entries to which they refer and printed in italics. The
word* Ibidem *seems to have been placed before certain entries to show that
there is no change in the hundred. Note that* Pacinton *is in Goscote hundred.*

A.D. 1226–1228.

S. ij. 11.
I. 421–
433. De
Testa de
Nevill'
—cont.

Stephanus de Segrave tenet de eadem seriantia x. virgatas terre in Thurlaston' per W. de Cantilupo, et valent l.s. Ibid'. *Memorandum.* Manerium de Stanlegh' fuit dominicum domini regis; Abbas de Stanleg tenet eam de dono domini regi.

HUNDREDUM DE KYNTON'.

Petrus de Monte Forti est in custodia domini regis; terra eius valet xx.d.

Hugo de Loges tenet Cestreton', et valet xv.l.

Adricheston' valet c.s.; Godefridus de Craucumbe tenet eam per dominum regem. Ibid'. *Inquirend' per vicecomitem de valore et per quem tenet.*

Manerium de Kynton valet xx.l. Stephanus de Seggrave tenet inde xij.l. per cartam Johannis Regis, et Radulfus de Trublevill' viij.l. per servicium quarte partis j. militis de dono eiusdem Johannis. Ibid'.

HUMELIFORD'.

Bordeslegh'. Heres Perceval' de Duddelegh est in custodia comitis Cestrie. Terra eiusdem valet lx.s. in parochia de Eston'.

S. ij. 11.
I. 182.

WYRECESTRESIR'.

In libro.

Kideministr'. Sarra que fuit uxor Willelmi Biset est maritata Ricardo de Kaines et est de donacione domini regis. Terra eius valet xvij.l. *Summoneatur uterque de maritagio.*

Stokes est eschaeta domini regis. Willelmus de Force, comes Albemar' eam tenet, et valet xv.l. *Summoneatur. Inquiratur per vicecomitem de ingressu.*

S. ij. 11.
I. 371. De
Testa de
Nevill'.

GLOUC'.

Transcribitur.

Dunhauenel est escaeta domini regis. Godefridus de Craucumbe eam tenet.

HUNDREDUM DE BLIDESLAWE.

Ecclesia de Aure est de donacione domini regis. Henricus Clericus tenet eam per dominum regem.

GRETSTAN'.

Hailes est eschaeta domini regis et valet xxx.l. Thomas la Veile tenet.

CHILTHAM.

Lechampton' valet lx.s. Thurstanus le Despenser tenet eam per seriantiam, set nescitur per quod servicium. *Summoneatur per quod servicium.*

Petrus de Aula et Rogerus de Monemuta tenent de seriantia coquine domini regis xx.s. terre in Chiltham. Ibid'. *Summoneantur de servicio.*

DERHURSTE.[1]

S. ij. 11.
I. 371. De
Testa de
Nevill'
—cont.

Matill' filia Thome de Twigeworth est de donacione domini regis et est maritata Roberto de Marisco de dono Willelmi comitis Mariscalli; tenet j. virgatam terre per servicium v.s.

Margeria filia Isaac de Upton est de donacione domini regis et est maritata Thome de Hauekescumb' per dominum regem per servicium ducentarum sagittarum. Ibid'.

Capella de Aula Regis cum una hida terre est de donacione domini regis. Prior de Sancto Oswaldo tenet eam. Ibid'.

Maillard tenet j. virgatam terre et dimidiam et j. molendinum in Upton' per W. Marescallum, comitem Penbr'; et valet per annum xxij.s. Ibid'.

Osbertus Giffard tenet in Pichenescumbe iij. virgatas terre et dimidiam de dono domini regis, et valet lxij.s. Ibid'.

Henricus Ruffus tenet iij. virgatas terre in Brocthorp de dono domini regis. Et valent xxx.s. Ibid'.

Galfridus de la Grave tenet j. virgatam per archeriam per totam Angliam ad custum domini regis.

HUNDREDUM DE WYTESTAN'.

Comitissa Herford' est maritata Rogero de Antesye, nescitur per quem. Terra eius valet xv.l.

Ingelard tenet apud Stanlegh' c. solidatas terre per dominum regem.

BERKELAY.

Johannes filius Henrici de Berkelay est in custodia Ingelardi per dominum. regem Terra eius valet x.l.

Lucia que fuit uxor Roberti de Berkelay est maritata Hugoni de Gurney. Terra eius valet c.l.

HUNDREDUM DE HAGGEM'.

Domina de Dudinton, que fuit uxor Henrici de Berkeley, est maritanda. Terra eius valet viij.l.

SOMERSET.
Transcribitur.

S. ij. 11.
I. 744–747.
De Testa
de Nevill'.

HUNDREDUM DE CHIWTON'.

Cumpton' Martin valet x.l. Henricus de Trubevill' tenet eam ex ballia domini regis cum filio et herede Willelmi filii Martini; et Robertus de Welles habet ecclesiam illam ex dono domini regis.

Manerium de Chiwton' valet xx.l. Philippus de Albiniaco tenet eam ex ballia domini regis.

Welweton' valet xx.l. et fuit de terris Normannorum. Willelmus de Mar'[2] tenet eam per dominum regem.

Ranulfus de Hurlegh' tenet medietatem manerii de Norton' Martel pro x.l. quas reddit Philippo de Albiniaco per dominum regem; et valet xx.l.

---

[1] *Read* DUDESTON.   [2] *i.e.* Marisco.

s. ij. 11.　Ricardus de Greinvill' tenet manerium de Uvereston' et valet
I.744-747.
De Testa　viij.l. ex ballia domini regis.
de Nevill'
—cont.
HUNDREDUM DE WITSTAN'.

Scheopton' Malet valet xv.l. Hugo de Vivun' tenet eam cum filia Willelmi Malet per dominum regem.
Pille valet c.s. Henricus de Trubevill' tenet eam cum filio et herede Willelmi filii Martini per dominum regem.

HUNDREDUM DE TAUNTON'.

Albreda de Botereaus est de donacione domini regis et est maritanda ; terra eius valet c.s.

HUNDREDUM DE ABBEDIC.

Curi Malet valet x.l. Robertus de Mucegros habet eam per dominum regem cum filia Willelmi Malet.
Dunneshete valet x.l. Alanus Basset tenet eam cum Willelmo filio Drogonis de Monte Acuto per dominum regem.
Bikehale Ricardi de Atrio valet c.s. Petrus de Rusceaus tenet set nescitur per quem.

HUNDREDUM DE SUPERTON.

Eustachius de Douelis et Elena uxor eius tenent' Wigebergh, per seriantiam de domino rege ; et valet xl.s.
Philippus de Albiniaco tenet manerium de Superton in ballia ad voluntatem domini regis ; et valet per annum xl.l.

DORSET.
Transcribitur.

HUNDREDUM DE BEMENISTR'.

Willelmus de Morvill' tenet per seriantiam manerium de Bradeford[1] faciendo sumoniciones, et reddit per annum xj.s. per manum vicecomitis.

Ecclesia[2] de Wimburn' est de donacione domini regis. Martinus de Pateshull' eam tenet per dominum regem.
Walterus de Langeford' tenet Thornhull' per seriantiam de domino rege. Et valet per annum xij.s. Ibid'.
Manerium de Gissich' est eschaeta domini regis ; et valet per annum xv.l. Ibid'.

HUNDREDUM DE LUSEBERGH.

Moredon est seriantia domini regis de uno hauberione ; et valet per annum x.l. Ela comitissa Saresberie tenet eam ex dono Roberti de Potton'[3] per cartam suam.
Uxor eiusdem Roberti est de donacione domini regis et est maritata Willelmo de Luveraz, nescitur per quem. Ibid'.

---
[1] *Read* Bradepole.
[2] *The name of the hundred is omitted here and the entries marked as though in Beaminster hundred.*
[3] *Read* Porton'.

LEICESTER, WARWICK, ETC. 379

S. ij. 11.
I. 744-747.
P̃e Testa de Nevill'
—cont.

Chelebir' est eschaeta domini regis et valet per annum x.l. Henricus de Ortiaco eam tenet nescitur per quem. Ibid'.

HUNDREDUM DE PIDELETON'.

Manerium de Walterton' valet xv.l. Henricus de Trublevill' habet custodiam cum Nicholao filio Willelmi filii Martini.

Alina que fuit uxor Drogonis de Monte Acuto est de donacione domini regis et est maritata Ricardo Talebot per dominum regem, terra eius valet xv.l.

HUNDREDUM DE SANCTO JEORGIO.

Dalwude menbrum de Fordinton' valet per annum iiij.l. Robertus de Chauntemerle tenet per servicium iiij^{te} partis feodi unius militis de dono Johannis Regis.

Witewell' menbrum de Fordinton' ; idem Robertus et Willelmus de Bradeleg' tenent ex dono eiusdem regis ; et valet per annum xx.s.

Terricus Baril tenet j. virgatam terre in Fordinton' cum Alicia filia Thurstani ; et valet per annum v.s., et reddit j. libram cymini vicecomiti.

Burton' menbrum de Fordinton' valet per annum c.s. Hamo de Burton tenet ex dono Johannis Regis pro iiij^{or} l. et quibusdam calcaribus deauratis et computantur vicecomiti pro iiij^{or} l. super scaccarium blancis.

Abbas de Bynedon' tenet duo molendina in Fordinton' ; et valet[1] per annum l.s.

Ertleg' vaccaria domini regis menbrum de Fordinton' et reddit per annum xx.s. ; Cecilia que fuit uxor Ade de Ertleg' tenet eam cum custodia Roberti filii eiusdem Ade.

Mabilia que fuit uxor Roberti Belet maritata est Alexandro de Stafford' ; terra eius valet xl.s.

Bradeford est eschaeta domini regis, que fuit Ade de Port utlagati ; Robertus Peverel tenet eam et valet x.l.

S. ij. 11.
I. 690-693.

WILTESIR.[2]
Transcribitur.

HUNDREDUM DE CHICKELAW.

Abbas de Malmesbur' habet tria hundreda, scilicet Malmesbur', Sterkel', Cheggeslawe per dominum regem.

HUNDREDUM DE KAUNE.

Mauricius clericus tenet dimidiam virgatam terre in Kemerford' per seriantiam faciendi sumoniciones, et valet v.s.

Villata de Berwic' valet xv.l. Alanus Basset tenet eam de dono domini Regis Johannis.

HUNDREDUM DE MERE.

Mera est eschaeta domini regis de terra Normannorum et valet per annum xl.l. Lucas de Drumar' tenet eam ex ballia domini regis.

---

[1] Read valent.
[2] In margin here is Hucusque facienda sunt brevia et audita sunt capitula.

S. ij. 11.   HUNDREDUM DE CHIPHAM.
I. 690-693
—co'ut.   Gregorius de Turri tenet de filiabus Ricardi de Sancto Paulo xxx.s.
et vj.d. redditus in Barwe ; reddit unum spervarium sorum.

HUNDREDUM DE THORMGRAVE.

Radulfus de Sancto Germano tenet in Westkinton lx.s. terre de dono domini regis.

HUNDREDUM[1] DE CRICKELAD.

Margeria de Ripariis est de donacione domini regis et est maritanda.

Leticia que fuit uxor Willelmi de Kaynes est de donacione domini regis et est maritata Radulfo Paynel ; terra eius valet xx.l.

Heres eiusdem Willelmi de Kaynes est de donacione domini regis et est in custodia domini Saresberiensis episcopi.

Wentilien Thek est maritata Roberto de Brichewell', et est de donacione domini regis.

HUNDREDUM DE WURTH.

Hawisia filia Eve de Tracy est de donacione domini regis et est maritata Waltero de Breusa ; terra eius est in Wallia et ideo nescitur quid valet.

Stratton' est escaeta domini regis ; Margeria de Ripariis tenet eam de dono Johannis Regis, et valet per annum xij.l.

Albinus de Wudehull' tenet in Wudehull' lx. solidatas terre ad custodiendum kauderas domini regis.

HUNDREDUM DE MELKESHAM.

Ricardus Ruffus tenet in Humedon c. solidatas terre in manerio de Melkesham.

HUNDREDUM DE BLAKINTON.[2]

Sibilla de Ewyas est de donacione domini Regis et est maritata Rogero de Clifford ; terra eius valet x.l.

Mauricius clericus tenet in Walecote j. virgatam terre per seriantiam faciendi sumoniciones ; et valet per annum iij.s.

MARLEBERGE.

Terra que fuit Nicholai de la Putte est escaeta domini regis, eo quod idem Nicholaus est in Francia ; terra eius valet xij.d. ; burgenses respondent inde ad scaccarium.

Tenementum Gerardi Sutoris est escaeta domini regis, eo quod idem evasit de prisona Hugonis de Sanford ; burgenses respondent.

BURGUS DE DIVISIS.

Capelle Sancte Marie et Sancti Johannis sunt de donacione domini regis. Willelmus de Furneaus tenet eas.

---

[1] Hundredum *substituted for* burgus.
[2] *Read* Blakingrove.

LEICESTER, WARWICK, ETC. 381

S. ij. 11.
I. 690–693
—cont.

Willelmus de Kerdif habet custodiam Juliane[1] Thome de Rudes, et valet per annum xviij.s. et habet eam per Willelmum Briwer seniorem.

Ecclesia de Rudes est de donacione domini regis ; Walterus de Lenche tenet eam.

SWANEBERGH'.

Uphavene est eschaeta domini regis de terra Normannorum. Petrus de Malo Lacu tenet eam, et valet xl.l. per annum.
Meriden est de honore Leycestrie, et valet per annum xv.l.
Radulfus de Gernun tenet eam, et valet per annum xv.l.
Galfridus de Oynel tenet manerium de Hywis, et valet per annum c.s.

HUNDREDUM DE WERMENISTR'.

Heredes Jacobi de Novo Mercato sunt de donacione domini regis et sunt maritate Radulfo Russel et Johanni de Boterell', et terra earum valet x.l.

Thomas de Biseleg' est in custodia Godefridi de Craucumbe per dominum regem cui dominus rex commisit custodiam ; terra eius valet xx.l.

HUNDREDUM DE AMBREBIR'.

Matheus Turpin tenet de domino rege iiij^{or}l. terre in Wintreselawe ; Robertus de Barnevill' habet custodiam per dominum regem.

Mildeston' est eschaeta domini regis ; Willelmus de Kantilupo tenet eam ex dono Johannis Regis, et valet per annum c.s.

Ecclesia de Titholvestide est de donacione domini regis ; Henricus de Gamages tenet eam.

HUNDREDUM DE BRENCHEBERGH.

Albreda de Boterell' est de donacione domini regis et est maritanda ; terra eius valet c.s.

HUNDREDUM DE CADDEWURTH.

Robertus de Camera tenet dimidiam hidam terre in Dereford'[2] per seriantiam ad custodiendum forestam de Gravelinge, unde reddit per annum domino regi ix.s. et Nove Sar' xij.d. per preceptum domini regis.

HUNDREDUM DE ELESTUBBE.

Hakeneston est· eschaeta domini regis et valet per annum xv.l. ; R. comes Cestrie tenet eam per dominum regem.

HUNDREDUM DE KAUDON'.

Heredes Roberti de Potton'[3] tenent j. hidam terre in Bratford per seriantiam et valet per annum xxxij.s.

Walterus de Langeford tenet manerium de Langeford per seriantiam et valet per annum c.s.

---

[1] *After* Juliane *supply* filie ; *cf.* Close Roll, Henry III, 1227–1231, p. 71, *where* Willelmus de Ardis *is named as the guardian ;* Ardis *would seem to be a scribal blunder for* Kerdif.

[2] *Read* Bereford'.   [3] *Read* Porton'.

S. ij. 11.   VILLATA DE WILTON'.
I. 690–693
—cont.   Ecclesia Sancti Michaelis in Kingsbir' est de donacione domini regis ; prior hospitalis Sancti Johannis tenet eam.

HEREFORD, SALOP, STAFFORD AND BERKS.

S. ij. 11.
I. 313.   De excaeetis et serianteriis et dominabus et ecclesiis que sunt de donacione domini regis de itinere Thome de Muleton', R. de Lexinton' et sociorum snorum anno regni Regis Henrici xj°. et xij°.

HEREFORD'.

Transcribitur.

HUNDREDUM DE BROKESHASSE.

Henricus Picot tenet ij. virgatas terre cum pertinenciis in Stanford' per serianteriam scilicet ad conducendum thesaurum domini regis apud Londonias ad custum domini regis et ad summonendum barones ad exercitum. Valent per annum xx.s.

Hugo de Aqua tenet unam virgatam terre cum pertinenciis in eadem villa de serianteria et per idem servicium. Et valet per annum x.s.

Thomas de Haya tenet per seriantiam unam carucatam terre in Akes et debet per annum xl.s., et debet conducere thesaurum domini regis apud Londonias ad custum domini regis et sumonere barones ad exercitum.

Simon le Wafre tenet iij. virgatas terre cum pertinenciis in Mawordhin' per seriantiam sumonendi barones ad exercitum, scilicet Hugonem de Mortuo Mari, Reginaldum de Breaus', Walterum de Lascy et heredes eorum, et conducendi semel in anno thesaurum domini regis ad custum domini regis.

Rogerus de Munemue tenet j. virgatam terre ibidem faciendo idem servicium.

Ranulfus de Salewarp et Gocelinus tenet j. virgatam terre ibidem faciendo idem servicium.

Johannes Freman tenet j. virgatam terre ibidem per seriantiam mensurandi fossata et opera domini regis ad custum domini regis.

Willelmus Caperun tenet dimidiam hidam terre ibidem per seriantiam custodiendi portam castri Herefordie et habebit de bursa domini regis per diem j.d.

HUNDREDUM DE RADELAWE.

Rogerus filius Roberti de Chandos est de donacione domini regis et est in custodia Walteri de Clifford' per Willelmum de Cantulup' qui habuit custodiam illam per dominum regem. Terra eius valet xl.l.

Sarra mater eius est de donatione domini regis et est maritanda. Terra eius valet xv.l.

HEREFORD, SALOP, STAFFORD AND BERKS. 383

. ij. 11.
I. 244–
246.

SALOP'.

HUNDREDUM DE PUSSELAWE.

Rogerus de la More tenet villam de Mora per seriantiam, scilicet quod debet esse constabularius peditum in exercitu domini regis in Wallia et valet per annum ij.m.

HUNDREDUM DE CHIRISBIR'.

Henricus filius Hamonis de Wdeverton' est in custodia Hillarie Trussebut per dominum regem. Terra eius valet xx.s.

Heredes Walteri le Flameng tenent de domino rege in Winnesbir'; et due illarum sunt maritande. Terra illarum in hoc hundredo valet xxiiij.s. et habent ingressum in terram illam per Lewelinum, Principem Norwallie.

Ecclesia de Muntgumeri est de donatione domini regis. Willelmus de Boulers est persona.

Manerium de Chiresbir' est excaetta domini regis.

Medietas de Wlstanesmunede, Acled et Kilkewid sunt membra de Chiresbir' et Lewelinus abstulit omnem sectam quam facere solent ad Cheresbir' et omnes exitus preter firmam. *Loquendum.*

HUNDREDUM DE BRADEFORD'.

Alienora de Opinton' est de donatione domini regis; terra eius valet per annum iij.m cum terra Johannis filii Ricardi.

Matildis Le Estrange est de donacione domini regis et terra eius valet lxiij.s.

Maddoc filius eius tenet in hoc hundredo de domino rege. Terra eius valet per annum iij.m.

Terra Alicie que fuit uxor Elie de Borton' valet per annum x.s.

Terra Isabelle sororis eiusdem Alicie valet x.s. per annum.

Hugo filius Roberti tenet de domino rege per seriantiam custodiendi forestam domini regis in Salop'.

Robertus de Welinton' similiter tenet per seriantiam custodiendi hayam de Eyton'.

HUNDREDUM DE BRIMNESTR'.

Robertus Traynel tenet dimidiam hidam terre in Henton' per seriantiam inveniendi unum servientem peditem apud Shrewrthin per xv. dies ad custum suum si necesse fuerit, et valet per annum xl.s.

Willelmus de Fernlawe et Willelmus le Forcir tenent j. virgatam terre in Brochton' per servicium inveniendi unum servientem peditem apud Shrewrthin per viij. dies si necesse fuerit; valet per annum xv.s.

HUNDREDUM DE MUSSELAWE.

Ecclesia de Stratton' est de donatione domini regis. Walterus de Brackel' tenet ex dono domini regis.

Ricardus de Muneton' tenet v. marcatas terre in Muneton' per servicium custodiendi forestam.

Hugo filius Roberti tenet xx. sol'datas terre in Cotes per servicium custodiendi forestam de Salop'.

S. ij. 11.
I. 244
-246.
—cont.

Robertus de Sutton' tenet ij. marcatas terre in Sutton' per servicium inveniendi unum equum ad conducendum thesaurum domini regis versus Londonias bis in anno.

Ecclesia de Claverleg' est de donatione domini regis. Petrus de Orivall' eam tenet; valet xl.m.

Matildis le Estrange et Alicia de Harecurt et Johanna Noel tenent de domino rege manerium de Alvitheleg'; et valet per annum vj.l.

Ecclesia de Alvitheleg' est de donacione domini regis. Willelmus Extraneus tenet eam ex dono domini Regis Henrici.

Ecclesia Sancte Marie Magdalene de Bruges est de donacione domini regis et sunt ibi sex prebende.

Ecclesia de Forda est de donacione domini regis; valet j.m. Willelmus de Haverhull' tenet.

CUNEDOVERE.

Willelmus Burnel tenet villam de Langeleg' de domino rege per servicium portandi unum ancipitrem ad custum domini regis; et valet per annum ij.m.

Alicia de Bureton' est de donatione domini regis; terra eius in hoc hundredo valet vj.s., et tenet illam per seriantiam custodiendi hayam domini regis, et est maritanda.

S. ij. 11.
I. 246-
247.

STAFFORD.

HUNDREDUM DE SEISDON'.

Ecclesia de Kenefare est de donatione domini regis. Gilbertus de Lascy tenet eam de dono domini regis.

Nicholaus de Sumery est in custodia comitis Cestrie per dominum regem; terra eius in hoc hundredo valet xv.l.

Ecclesia decanatus de Wlfrunehampton' est de donatione domini regis. Egidius de Ardinton' tenet eam de dono domini regis qui nunc est.

Ecclesia de Tatenhal' est de donatione domini regis. Walterus de Brackeleg' tenet eam ex dono domini regis.

Radulfus de Perton' tenet per seriantiam de domino rege in Perton'. Terra eius valet xl.s.; et debet esse in exercitu domini regis cum ij. equis et uno hauberiun, et habebit de bursa domini regis per diem viij.d.

Ernleg' fuit Ade de Port et est excaetta domini regis. H. de Burgo tenet per dominum regem. Valet per annum xij.l.

Manerium de Tatenhal' est dominicum domini regis. Willelmus de Gamages tenet illud de dono regis Johannis. Valet per annum lx.s.

HUNDREDUM DE OFFELAWE.

Ecclesia de Waleshal' est de donatione domini regis. Magister Serlo tenet de dono Regis Johannis.[1]

---

[1] *The roll of the eyre* (Assize Roll 801, m. 12) *gives the following additional entry:*—

"Hundredum de Cutuluestan.

Ecclesia de Pencrich est de donatione domini regis. Dominus archiepiscopus Divilin' habet eam de donatione regis Johannis."

HEREFORD, SALOP, STAFFORD AND BERKS. 385

S. ij. 11.
I. 246
-247.
—cont.

Ecclesia Sancte Marie de Stafford' est de donatione domini regis. Bartholomeus archidiaconus Wintonie tenet eam ex dono domini Regis Johannis.

S. ij. 11.
I. 556-557.

BEROKESIR'.

Willelmus filius Willelmi de Hastinges est in custodia Osberti Giffard de Norfolk' per dominum regem; terra eius valet per annum xx.l.

HUNDREDUM DE KENETTEBIR'.

Nicholaa de la Leghe est de donatione domini regis et est maritanda; terra eius valet xv.l. in hoc hundredo, et tenet eam per falconariam.

Ricardus de Hertruge tenet j. hidam terre in Titecumba de domino rege per ostriceriam, et valet per annum xxx.s.

Ricardus Pessat[1] tenet j. virgatam terre in Hungerford' per seriantiam faciendi harz in coquina domini regis, et valet per annum x.s.

Willelmus Luvel tenet j. hidam terre et dimidiam in Benham per veneriam; valet per annum xl.s.

Hugo Wak tenet x. libratas terre in Benham per seriantiam hostiarie camere domini regis et est in custodia Hugonis de Nevill' per dominum regem.

HUNDREDUM DE LAMBURNE.

Hawisia filia Thome de London' est de donatione domini regis et est maritata Waltero de Breauss per dominum regem; terra eius valet per annum xx.l.

Matildis de Langvaley est de donatione domini regis et est maritata Ricardo Walensi; terra eius in hoc hundredo valet per annum x.l.

Raerus de Bachampton' et Radulfus Hoppeshort tenent iij. hidas terre in Bachampton' de domino rege per serianciam custodiendi canes hayraz.

Humfridus avus ipsius Raeri dedit unam virgatam terre, quam Johannes de Wodebergh tenet per j. libram piperis.

Idem dedit magistro Henrico de Hineton' j. virgatam terre quam Lucia relicta eiusdem Henrici tenet.

Idem dedit Waltero de Saheg[a] j. virgatam terre quam Johannes Herlecotin tenet.

Idem dedit dimidiam hidam terre cum Sarra filia sua quam Beatrix filia eiusdem Sarre tenet.

HUNDREDUM DE BLEBIR'.

Harewell'[2] est escaeta domini regis de terra Normannorum. Ricardus comes Cornubie tenet eam de ballio domini regis; valet per annum xiij.l. v.s.

Ecclesia eiusdem ville est de donatione domini regis. Thomas de Boues tenet eam ex dono Johannis Regis.

Ecclesia Omnium Sanctorum de Wallingford est de donatione domini regis. Thomas de Bramcester tenet ex dono Johannis Regis.

---

[1] *So in MS.*   [2] *There is a sketch of a bird's head on margin here.*

S. ij. 11.
I. 556-557
—cont.

Nicholaus Cocus tenet c. acras terre in Clopcot per servicium coquine domini regis; valent per annum xxx.s.
Henricus Balistarius tenet c. acras terre in eadem villa per servicium faciendi balistas; valet per annum l.s.
Nicholaus filius Roberti tenet j. virgatam terre et dimidiam in eadem villa per servicium eundi v. leucas de castello de Wallingford in nuncium domini regis; valet per annum x.s.
Henricus filius Ivonis tenet j. virgatam terre in eadem villa per servicium de maconeria; valet per annum dimidiam marcam.
Johannes Saillard tenet j. virgatam terre in eadem villa per servicium de pistoria; valet per annum dimidiam marcam.

HUNDREDUM DE EGGELE.

Adam de Stafwell' tenet Suthfaleleg' que est excaetta domini regis de dono domini regis qui nunc est; valet per annum x.l.
Hugo de Sancto Philiberto tenet de domino rege l. solidatas terre in manerio de Bray.
Ecclesia Sancti Michaelis de Wallingford est de donatione domini regis: Jacobus capellanus habet eam ex dono domini Regis Henrici.
Ecclesia Sancti Petri ibidem est de donatione domini regis; Rogerus capellanus tenet eam ex dono domini Regis Henrici.

[Endorsed :—] Hereford', Salop', Stafford', Berks. In libro.

NORFOLK AND SUFFOLK.

S. ij. 11.
II. 364–371.

NORF'.

LODDING'.

De seriantiis, dicunt quod Rollandus, le Pettus tenuit in villa de Langham seriantiam faciendi saltum, siffletum, pettum, et valet per annum c.s. Et Willelmus le Enveise tenet quandam partem de eadem seriantia per servicium dimidii militis. Et tenet de Rogero le Bigot per assensum domini regis ut credunt. Et Ricardus de Seing' tenet xx. acras terre de eodem Rogero per servicium vicesime partis j. militis, et valet per annum dimidiam marcam.

DIMIDIUM HUNDREDUM DE ERESHAM.

De dominabus, dicunt quod Alicia uxor Radulfi de Trubevil' est de donacione domini regis, et terra sua valet xx.l.
Johanna que fuit uxor Rogeri de Lenham tenet xij. libratas terre in Reddenhal' que fuerunt Walteri de Ag . . . [1] Normanni, et maritata est Ricardo de Argentem, nesciunt per quem.
De seriantiis, dicunt quod Warinus Austurcharius tenet c. solidatas terre per seriantiam de domino rege in Reddenhal' per servicium custodiendi austurcum domini regis.

AYNESFORD'.

De ecclesiis, dicunt quod ecclesia de Folesham solebat esse de donacion domini regis, et valet xl.m. Ascelmus le Gras habet eam per dominum Willelmum Marescallum.

---
[1] *Read* Aygneaus *as in* Rotuli Litterarum Clausarum, vol. ii. p. 117a.

S. ij. 11. Ecclesia de Binetre est de donacione domini regis et valet xxx.m.
II. 364–
371—cont. Ricardus de Langebr' habet eam per comitem Albemarlie.
De dominabus, dicunt quod Margeria de Creysi est de donacione domini regis ; terra sua de Ling valet xvij.l. xiij.s. iiij.d.

DIMIDIUM HUNDREDUM DE DISCE.

De seriantiis, dicunt quod Petrus de Meauling' tenet terram suam in Duston'[1] per seriantiam vendendi averia regis ad comitatum pro debito domini regis, et terra sua valet xlv.s.
Ricardus de Auvilers tenet terram suam in Spelhangr'[2] per servicium ducendi servientes domini regis in Walliam ; terra sua valet x.s. per annum.

BROTHERCROS.

De seriantiis, dicunt quod Henricus de Hauvill' tenet villam de Dunton' et de Oketon,[3] per serianciam falconarie ; valet per annum xiij.l. Et habet eas de dono Regis Henrici secundi.

GALEHO.

De dominabus, dicunt quod Emma de Bella Fago tenet feodum dimidii militis in Sudcreck de domino rege et valet x.l. et est maritanda.
De seriantiis dicunt quod Henricus de Hauvill' tenet duas partes de Ketleston' per seriantiam falconarie, et pertinet ad Dunton' et valet cum Doketon' xiij.l.
Thomas de Pavely, Normannus, tenuit Scullethorp' et medietatem de Stibbehrd, et Willelmus comes Warrenn' tenet terram illam et valet xxx.l.
Fakeham fuit Alani de Morevill' de Puntif', et dominus Johannes Rex saisivit manerium illud et dedit illud comiti de Arundell'.

WAYNLUND'.

De vatletis, dicunt quod Henricus de Hasting' tenet in villa de Aslegh c. solidatas terre de domino rege.
Willelmus de Burdeleg' tenet c. solidatas terre in villa de Sculeton'.
De escaetis, dicunt quod Radulfus de Touny tenet Swafham que solet esse de dominico domini regis.
De seriantiis, dicunt quod Henricus de Hassting' tenet c. solidatas terre in villa de Aselelegh' per seriantiam dispense.
Willelmus de Burlegh' tenet c. solidatas terre in villa de Scullethorp'[4] per seriantiam de lardario.

SUDGRENEHO.

De dominabus, dicunt quod Constancia de Touny est de donacione domini regis ; terra sua valet iiij^{xx}l. ; ipsa est in transmarinis partibus.
De escaetis, dicunt quod Swafham est comitis Britannie, et Ricardus de Gray tenet eam.

---

[1] *Read* Burston.   [2] *Read* Schelfanger.
[3] *Read* Doketon'.   [4] *For* Scullethorp' *read* Sculeton, as above.

NORGRENEHO.

S. ij. 11.
II. 364–
371—cont.

De escaetis, dicunt quod maneria de Welles et de Warham fuerunt Roberti Hernisii, Normanni, de feodo comitis Gloucestrie ; et comes tenet eas per feodum j. militis et valent xxxiij.l.

Item maneria de Parva Walsingham et Magna Walsingham fuerunt Johannis Briencurt, Normanni, de feodo eiusdem comitis, et valent xl.l.

Manerium de Wicton' fuit Willelmi de Kayhou, Normanni. Dominus rex tradidit illud Philippo de Albaniaco in custodia ; valet l.l.

FORHOU.

De vatletis, dicunt quod filius comitis de Arundell' est in custodia justiciarii per regem ; nesciunt quid terra sua valet.

De ecclesiis, dicunt quod Gaufridus de Appesgarth' habet ecclesiam de Costesheya de dono domini regis.

De escaetis, dicunt quod Henricus de Trubevill' habet villam de Costesheya et Caleton' et Babbing'[1] de dono domini regis, et valent lxv.l. et nesciunt per quod servicium tenet.

Dux de Luvaine tenet Eston' et Windham de dono domini regis et valent xx.l. set nesciunt per quod servicium tenet.

Johannes Marescallus tenet Hengham de dono domini regis per servicium j. militis et valet xxvj.l. xvij.s. iij.d. et ob. et fuit de dominico regis.

Johannes de Sancta Cruce de Oxon' habet ecclesiam de Haingford'[2] de dono domini regis.

TAVERHAM.

De dominabus, dicunt quod Margeria de Cheney est[3] donacione domini regis ; nesciunt valorem terre.

De escaetis, dicunt quod Frotheham est escaeta domini regis de terra Normannorum. Rogerus Pauper tenet eam de dono domini Johannis Regis.

HUMILHARD.

De vatletis, dicunt quod Willelmus filius Willelmi Peverel est in custodia domini regis. Thomas de Baschervill' habet custodiam per justiciarium ; terra sua de Melton' valet x.l.

De dominabus, dicunt quod Oliva que fuit uxor Willelmi Peverel est de donacione domini regis et est maritata Hugoni de Rising' ; terra sua valet per annum iiij.l.

De seriantiis, dicunt quod Radulfus de Heresham debet xl. dies alblasterie ad castrum de Norwico pro terra sua de Eresham et valet per annum v.m.

Willelmus filius Johannis de Karlton' et Willelmus socius eius tenent xxx. acras terre cum pertinenciis in Karlton' per servicium portandi allec de Norwico ad dominum regem ubicunque fuerit in Anglia ; terra valet xl.s.

---

[1] *Seemingly an error for* Baburg'.
[2] Hainford *in* Taverham *hundred, here misplaced.*
[3] *After* est *supply* de.

ESTFLEG'.

S. ij. 11.
II. 364–
371—cont.

De dominabus, dicunt quod Margeria de Creysy est de donacione domini regis ; terra sua in hoc hundredo valet xx.l. Vidua est.

De escaetis, dicunt quod una acra terre et dimidia quam Robertus filius Michaelis tenet in Waleton' est escaeta domini regis et reddit per annum iij.d. ad firmam comitis.[1]

SUTHERPINGEHAM.

De dominabus, dicunt quod Avicia Tusard est de donacione domini regis. Vidua est, et terra valet lxiij.s. et iij. ob.

De ecclesiis, dicunt quod medietas ecclesie de Ingewurth' est de donacione domini regis. Johannes de Sancto Edmundo habet eam, et valet per annum v.m.

De escaetis, dicunt quod Rogerus Pauper tenet terras in villa de Gouteshal' et de Hellehawe que fuerunt Roberti Bertram, Normanni, de dono domini regis ; et valent per annum xvij.s. et ix.d.

Willelmus May tenet xx. solidatas terre in Causton' de dono Henrici Regis avi per servicium custodiendi unum limarium.

SMETHEDUN'.

De seriantiis, dicunt quod Willelmus le May tenet quandam terram in Stanho per servicium custodiendi unum brachetum' et valet per annum xl.s., et habet eam ex dono Regis Ricardi.

CLAKELOSE.

De escaetis, dicunt quod Simon filius Ricardi tenuit j. carucatam terre in Bucgeton' de terris Normannorum, scilicet Bugardais per iiij.l. per annum. Et ipse et antecessores sui reddiderunt redditum illum, quousque Normanni amiserunt terram suam. Et idem Ricardus filius Simonis, qui tenet terram illam, respondeat de arreragiis postquam Normannia amissa fuit vel inveniat warantum suum.

SUFF'.

IXNING'.

De escaetis, dicunt quod Walterus de Evermue tenet x. libratas terre in Ixning' de ballio domini regis quamdiu ei placuerit, de terra Danielis de Cuiterai, Flameng.

Robertus de Dammartin' tenet x. libratas terre in eadem villa de ballio domini regis de terra comitis Bononie.

WAYNEFORD'.

De ecclesiis, dicunt quod ecclesie Sancte Marie de Wylingham ; et Sancti Petri de Weslton' sunt de donacione domini regis, et magister Simon de Thanet tenet eas de donacione domini regis.

Ecclesia Sancti Botulfi de Cove est de donacione domini regis, et magister Willelmus de Bodeham tenet eam de donacione Johannis Regis.

---

[1] *Read* comitatus.

STOWE.

S. ij. 11.
II. 364–
371—cont.

De escaetis, dicunt quod manerium de Hagehnet fuit escaeta domini regis de terra Henrici de Essex'; et H. de Burgo, justiciarius, habet eam de dono domini regis, et valet per annum xl.l.

Parva Fineberg' est in manu domini regis, et fuit Hugonis de Cantulupo suspensi et Radulfus filius Nicholai tenet eam per regem, et valet per annum x.l.

Item terra que fuit Hugonis de Bercking' vatleti in eadem villa fuit escaeta domini regis eo quod tenuit de predicto Hugone de Cantulupo, et Radulfus filius Nicholai tenet eam per regem.

Redditus xxij.l. et dimidie marce de manerio de Cambes est escaeta domini regis de Rann' Avenel, Normanno, de quo Bartholomeus de Crec tenuit manerium illud per servicium illud.

SANFORD'.

De seriantiis, dicunt quod Cassandria que fuit uxor Bartholomei de Avilers, qui tenuit per seriantiam eundi in Walliam ad custum regis, maritata est et per licenciam regis; et seriantia illa valet c.s.; tenet in dotem.

De ecclesiis, dicunt quod ecclesia de Intelesham est de donacione domini regis. Michael Belet tenet eam de dono domini regis.

Ecclesia de Tatingestun' est de donacione domini regis; Alanus de Bella Fago tenet eam.

Ecclesia de Clemundeston' est de donacione domini regis. Alanus de Bellafago tenet eam.

De escaetis, dicunt quod medietas ville de Intelesham fuit terra cuiusdam Normanni et est escaeta domini regis. Willelmus Talebot tenet eam de ballio domini regis, et valet xv.l.

Item de seriantiis dicunt quod Ricardus de Avilers tenet Everwaydeston' per seriantiam eundi in Walliam; et valet centum s.

HERTESMERE.

De seriantiis, dicunt quod Hubertus Cordebof tenet terram in Menlesham per servicium balistarii; et valet centum s.

Ricardus de Avilers· tenet terram in Brom per servicium ducendi pedites in Walliam; et valet per annum xl.s.

BOSEMERE.

De escaetis, dicunt quod Netlested' fuit terra Britonis. Philippus de Pirie tenet medietatem et Theobaldus de Belhus tenet aliam medietatem, et valet xx.l. et fuit escaeta de Petro Boterel, Britone.

Item Agnes de Alfleton' tenet terram in Emungeston' per servicium faciendi saltum, siflum et pettum; et terra valet xl.s.

Item x. librate terre que fuerunt Walteri de Ver, Britonis, in Bosemere, Claydun' et Sanford' fuerunt escaete domini regis. Radulfus Gernun' tenet eas de ballio domini regis.

HUNDREDUM DE LOSE.

De escaetis, dicunt quod villa de Ketelberg est escaeta domini regis de Wydone de la Vale, Normanno, et valet xxx.l. et Ricardus

S. ij. 11. Aguilun tenet eam de ballio domini regis. Et Willelmus de Sancto
II. 364–
371—*cont.* Albano habet ecclesiam de dono domini regis.
De ecclesiis, dicunt quod ecclesia de Eston' est de donacione domini
regis, et Johannes de Norwico clericus tenet eam de dono regis.

VILLATA DE GIPPESWIC'.

De ecclesiis, dicunt quod ecclesia Sancti Martini et ecclesia Omnium
Sanctorum sunt de donacione domini regis, et Henricus de Weston
tenet eas de dono domini regis.

RISEBRIGE.

De dominabus, dicunt quod Illaria Trussebut est de donacione
domini regis, et terra sua valet in hoc hundredo xx.l. de dote
sua.
Comitissa Saresberie est de donacione domini regis, et terra sua
in Culinges valet xx.l. de hereditate sua.
Alicia de Elm est de donacione domini regis, et terra sua in hoc
hundredo valet v.m. per annum.
De seriantiis, dicunt quod Walterus Pikard' tenet quandam
seriantiam de dono regis per servicium eundi in Walliam cum uno
arcu et v. sagittis in exercitu Wallie.

LACFORD'.

De seriantiis, dicunt quod Robertus de Hese tenuit unam seriantiam
in Berton' que valet ix.l. per annum, per servicium unius austurci
sori. Et abbas Sancti Edmundi tenet eam de dono Roberti de Hese
per confirmacionem regis.

BABBERGH'.

De vatletis, dicunt quod Hamo filius et heres Henrici de Clerbec
est infra etatem, et debet esse in custodia domini regis, quia est de
honore Peverel', et terra sua in Acketon' valet x.l., et Robertus de
Bosco habet eam, nesciunt per quem.
De escaetis, dicunt quod Acketon escavit in manum domini Regis
Henrici avi de honore Peverel, et rex dedit eam Willelmo Lung Espeye
seniori. Et idem Willelmus dedit inde Roberto Pikot xx. libratas
terre, et Robertus dedit eas Hugoni de Hodebovill', patri Johannis,
qui eas tenet nunc de rege per servicium unius militis. Idem
Willelmus dedit de eadem terra xx. libratas terre Ricardo Britoni,
et Ricardus dedit inde Hervico de Clerbec x. libratas et Hamoni
de Clerbec x. libratas; et x. libratas quas Hervicus habuit dedit
rex Hugoni Thalemach' per servicium dimidii militis.
Assington' de eodem honore Peverel cecidit in manum domini
regis, et dominus rex dedit eam eidem Willelmo Lungespeye, et
Willelmus dedit eam Roberto de Buissuns, et postea dedit eam
rex Johannes Andree de Bello Campo, cuius filius, nomine Johannes,
tenet eam per servicium unius militis et valet xx.l. per annum.
Eyland fuit escaeta domini regis de Henrico de Essex' et valet
xxx.l. per annum. Dominus rex dedit eam Huberto de Burgo,
justiciario.

S. ij. 11.
II. 364–
371—cont.

THEWARDESTR'.

De escaetis, dicunt quod Robertus Marescallus tenet in villa de Thurston' et Norton' et Totestok' xij. libratas terre de terra comitis Bononie de ballio domini regis.

SUDBIR'.

De dominabus, dicunt quod Amicia quondam comitissa de Clare est de donacione domini regis et est maritanda.

LUDDINGLAND'.

De ecclesiis, dicunt quod ecclesie de Parva Gernemwe et Gurleston' et Lowistoft sunt de donacione domini regis et magister Alanus de Stok' tenet eas reddendo inde per annum canonicis Sancti Bartholomei de Smethefeld' x.m.

Et Radulfus de Beleton' tenet ecclesiam de Beleton', reddendo inde per annum predicto Magistro Alano j. libram incensi.

De seriantiis, dicunt quod Radulfus de Burgo tenet Burgum per servicium inveniendi unum balistarium cum tribus equis per xl. dies ad custum suum, ad summonicionem domini regis, et valet per annum centum s. Et Radulfus ibit ubicunque dominus rex voluerit. Set Alicia mater predicti Radulfi tenet terciam partem in dotem.

De escaetis, dicunt quod medietas manerii de Mutford' que fuit hereditas Stephani de Longo Campo est escaeta domini regis et Henricus de Ver tenet illam medietatem, nesciunt per quem. Et valet per annum xv.l.

De dominabus, dicunt quod Alicia que fuit uxor Rogeri de Burgo est de donacione domini regis et est maritanda et terra quam habet in dotem de hereditate ipsius Rogeri valet centum s. Et Alicia venit et dat j.m. ne distringatur ad se maritandam, sicut patet in summonicione.

[*Endorsed :—*] *Hunc rotulum recepit thesaurarius die Lune proximo post festum Sancti Andree . . . . xiij°.*

(393)

A.D. 1228–1229.

THE following account records payments made in Cornwall at the rate of 16s. 8d. on the fee. Inasmuch as these fees were 'small fees of Mortain,' of which eight were equivalent to five ordinary fees, the payments were at the rate of two marks (26s. 8d.) on the ordinary fee. Several scutages were levied on this basis in the early part of the thirteenth century, and so it is necessary to examine the names given in the account in order to fix its date.

Huard of Bickleigh, who appears in it as a contributor, obtained livery of his lands in 1211.[1] The Pipe Roll of 1224 shows that John de Montagu had quittance of the scutage of Bedford in that year, and he may possibly be identified with a man of that name who died in the spring of 1228.[2] Anyhow, the account recording a payment made by his heir must be subsequent to 1224. On the other hand, William Briwere, another contributor, was dead in 1233.[3] Between 1224 and 1233, the only scutage at the rate of two marks on the fee was that of Kerry, in 1228 and 1229.

The account of the scutage of Kerry levied in Cornwall is not entered on the Pipe Rolls, because that county was, for a long period beginning in 1225, in the hands of successive Earls who took their title therefrom.

The compilers of the Book of Fees transcribed this Cornish account in the section relating to Devon, and omitted all mention of the payments. The printers of 1807 further concealed its nature by making it look like a list of tenants of the Bishop of Exeter.

---

[1] Pipe Roll, 13 John, Devon.
[2] Pipe Roll, 8 Hen. III, Cornwall; *Excerpta e Rotulis Finium*, vol. i. p. 172.
[3] *Excerpta e Rotulis Finium*, vol. i. p. 238.

CORNWALL.

S. ij. 16. De episcopo Exoniensi. Pacavit xiij.l. vj.s. viij.d.
I. 811. Reginaldus de Valle Torta tenet in Tremeton' cum pertinenciis lix. feoda. Pacavit xlviij.l. iij.s. x.d.

A. de Cardinan tenet in Cardinan et in Botardel cum pertinenciis lxxj. feoda. Pacavit lviij.l. xij.s. viij.d.

Robertus filius Walteri et Matildis de Luci tenent in Mineli et in Lantian xx. feoda. Pacaverunt xv.l. xij.d.

Willelmus Bruer tenet in Middelond cum pertinenciis x. feoda. Pacavit vj.l. ix.s. viij.d.

Willelmus de Boteraus tenet in Thalcarn cum pertinenciis xij. feoda et dimidium. Pacavit x.l. viij.s. iiij.d.

Rand' Blowio in Polrode cum pertinenciis tenet vij. feoda. Pacavit iiij.l. ij.s. vj.d.

Simon Pincerna tenet in Lanhou cum pertinenciis dimidium feodum. Pacavit viij.s. iiij.d.

Novum. Ricardus Burdun' tenet in Penros cum pertinenciis dimidium feodum. Pacavit viij.s. iiij.d.

S. ij. 16.
I. 811
—cont.

Henricus Heris tenet in Hebbeford j. feodum cum pertinenciis. Pacavit xvj.s. viij.d.

Bert' filius Thoroldi tenet in Stranton' unum feodum cum pertinenciis. Pacavit xvj.s. viij.d.

Hugo de Boley tenet in Hilton' cum pertinenciis v. feoda. Pacavit iiij.l. iij.s. iiij.d.

Gilbertus Anglicus tenet in Wadefat cum pertinenciis j. feodum. Pacavit xvj.s. viij.d.

Gervasius de Tinthagel tenet in Hornicote cum pertinenciis v. feoda. Pacavit lxviij.s. vj.d. ob.

Huward de Bykeley tenet in Trefris dimidium feodum. Pacavit viij.s. iiij.d.

Henricus filius Willelmi in Recradoc cum pertinenciis iiij. feoda. Pacavit xlix.s. viij.d.

Reginaldus Walensis tenet et Henricus de Tredaec tenent in Tregamedon, et Tredaec et in Treluyen iij. feoda. Pacaverunt xlvj.s. viij.d.

Willelmus filius Ricardi tenet in Plenint cum pertinenciis j. feodum. Pacavit xvj.s. viij.d.

Ricardus de Rupa'[1] tenet in Tremodered cum pertinenciis iij. feoda et tertiam partem unius feodi. Pacavit xxvij.s. x.d. ob.

Henricus de la Pomerey tenet in Treguni cum pertinenciis j. feodum. Pacavit xvj.s. viij.d.

Willelmus filius Ricardi tenet in Trenewyd cum pertinenciis dimidium feodum. Pacavit viij.s. iiij.d.

Heres Johannis de Munthagu tenet in Elerki j. feodum. Pacavit xvj.s. viij.d.

Archibald' le Flemag tenet in Bray cum pertinenciis vij. feoda. Pacavit xxv.s.

Willelmus de Walebreu tenet in Hutheno cum pertinenciis j. feodum. Pacavit xvj.s. viij.d.

Walterus de Donastanfile tenet in Thihidi cum pertinenciis j. feodum. Pacavit xvj.s. viij.d.

Abbas de Tavistoke tenet in Rame et in Sevioc cum pertinenciis vj. feoda et dimidium. Pacavit v.l. iij.s. iiij.d.

Radulfus de Sureni tenet in Fawyton' quartam partem unius feodi. Pacavit iiij.s. ij.d.

Radulfus de Toney tenet in Carneton', Bluston', Helleston' dimidium feodum. Pacavit viij.s. iiij^{or} d.

Henricus Thieys tenet in Alwarton' et Thywarneyl dimidium feodum.

Walterus de Godarvile tenet in Leskered et in Tiwarneyl dimidium feodum. Pacavit xxij.d. ob.

Gervasius de Tinthagel tenet in Merthin, Winiainton' et in Thamerton' vicesimam partem unius feodi. Pacavit x.d.

Memorandum quod feoda Glovernie nichil nobis responderunt.

---

[1] *The scribe originally wrote* Ripa', *and then corrected the word in an unintelligible fashion. Read* Rupe.

A.D. 1234.

WILLIAM Briwere the younger, a considerable landowner, died without issue in or shortly before February 1233.[1] By the middle of June, a provisional partition had been made of the manors and lands which had been in his actual possession between the co-heirs :—

(1) His great-nieces, the daughters of William de Braose, wards of the King.
(2) His nephew, Hugh Wake.
(3) His sister, Margaret de la Ferté.
(4) His sister, Alice de Mohun, relict of Reynold de Mohun.
(5) His nieces, the daughters of William de Percy, wards of their father.[2]

Arrangements were also made with regard to the dower of the widow, Joan Briwere.[3] Much longer time was, however, needed for the partition of the fees which had been held of the deceased by military service. On the 30th of October 1234, writs were issued to the sheriffs of divers counties giving particulars of the division of the fees held under William Briwere into five parts, and of the assignment of certain fees in each section to the widow, by way of dower. These writs should of course have been enrolled in Chancery, and a clerk there had actually begun to enter the first of them on the Close Roll when he found that it had been already entered on the contemporary Fine Roll, or rather on a membrane which was intended to form part of the Fine Roll for the nineteenth year of Henry III, which had begun only two days before. None of these writs are now to be found on the Fine Roll in question. There is, on the other hand, among the records of the Exchequer a membrane containing copies of the writs concerning the partition of the Briwere fees, the handwriting and style of which bear a striking resemblance to the Chancery enrolments of the period. An endorsement shows it to be the document from which the transcript in the Book of Fees was made.

The section relating to the portion of Alice de Mohun appears to be unfinished, and her heirs are known to have held Briwere fees which are not mentioned here.[4] It may therefore be suggested that the document was an enrolment discarded by the Chancery as unsatisfactory, but accepted at a later period by the compilers of the Book of Fees.

If the scheme of partition here given was actually carried out, there must have been a subsequent arrangement between some of the coheirs, for Thorn (Falcon) and Houndston, which are assigned by it to Hugh Wake, had passed to the Mohuns before 1279.[5]

---

[1] *Excerpta e Rotulis Finium*, vol i. p. 238.
[2] *Ibid.* pp. 242, 243; *Close Rolls, 1231–1234*, pp. 228, 229; Oliver's *Monasticon Dioecesis Exoniensis*, p. 190.
[3] *Close Rolls, 1231–1234*, pp. 198, 227, 230, 245, 451; *Calendar of Patent Rolls, 1232–1247*, p. 13.
[4] *Calendar of Inquisitions*, vol. ii. pp. 175–177, 353–354.
[5] *Ibid.* pp. 178, 352; vol. vii. p. 220.

A.D. 1234.

A book preserved among the records of the Duchy of Lancaster contains a very corrupt abstract of a partition of the fees of William Briwere not founded upon the document printed below.[1] The section concerning Alice de Mohun's share is fuller, but Thorn and Houndston are not included in it.

[1] Duchy of Lancaster, Knights' Fees, 1/11, p. 40.

FEES OF WILLIAM BRIWERE.

S. ij. 12. [*PARTICIO FEODORUM QUE FUERUNT WILLELMI DE BRIWERE FACTA*
I. 860-864. *INTER HEREDES EIUSDEM ANNO REGIS HENRICI NONO DECIMO.*][1]

Rex vicecomiti Devonie, salutem. Scias quod cum feoda militum et libere tenentium qui aliquando tenuerunt in feodo de Willelmo Briwer' in diversis comitatibus nuper coram nobis inter coheredes ipsius Willelmi divisa ac per sortem partita sint, acciderunt nobis ad partem filiarum et heredum Willelmi de Braus que sunt in custodia nostra usque ad earum etatem in comitatu tuo feoda ista, scilicet—

Feodum unius militis et quarta pars feodi unius militis quod Robertus de Hoxam de eo tenuit in Hoxam.

Et tercia pars feodi unius militis quam Johannes filius Ricardi de eo tenuit in Dune.

Et tercia pars feodi unius militis in Radewurh, Bykewurth, et La Fenne.

Et feodum dimidii militis quod Johannes de Culum de eo tenuit in Culum.

Et feodum dimidii militis quod Willelmus de Ros de eo tenuit in Chevethorn.

Et feodum unius militis quod abbas de Thorre de eo tenuit in Duningeston.

Et tercia pars feodi unius militis quam Wydo de Brettevill de eo tenuit in Dyakenesber'.

Et tercia pars feodi unius militis quam Hamelinus de Deaudon de eo tenuit in Brudewyk.

Et tricesima pars feodi unius militis quam Ricardus de Langeford de eo tenuit in Burewurth.

Et feodum unius militis quod Robertus de Leg' de eo tenuit in Leg'.

Et octava pars feodi unius militis quam Willelmus de Flexbir' de eo tenuit in Hermodeswurth.

Et octava pars feodi unius militis quam Jordanus Russel de eo tenuit in Wurthe.

Et feodum unius militis quod Willelmus de Clist de eo tenuit in Henoc.

Et feodum dimidii militis quod Nicholaus Fuker' de eo tenuit in Whiteweye, Upecot et Bere.

Et feodum dimidii militis in Middelmorwude.

Et tercia pars feodi unius militis quam Mauricius de Rotomago de eo tenuit in Radewurth.

[1] *This heading was probably in the margin of the original* (S. ij. 12).

FEES OF WILLIAM BRIWERE. 397

S. ij. 12.
I. 860–864
—cont.
Et ideo tibi precipimus quod de serviciis predictorum militum et libere tenentium de predictis tenementis sine dilacione plenam seisinam ad opus nostrum capias causa custodie filiarum et heredum predicti Willelmi de Braus. Ita quod cum inde seisinam habuerimus tunc habere facias et assignari Johanne que fuit uxor predicti Willelmi Briwere de parte que accidit nobis ad partem filiarum et heredum predicti Willelmi de Braus feoda de predictis, scilicet—
Predictum feodum unius militis quod Robertus de Leg' tenet in Leg'.
Et octavam partem feodi unius militis quam Willelmus de Flexbir' tenet in Hermodeswurth.
Et octavam partem feodi unius militis quam Jordanus Russel tenet in Wurth.
Et feodum unius militis quod Willelmus de Clist tenet in Henoc.
Et dimidium feodum unius militis quod Nicholaus Fuker' tenet in Whiteweye, Upecot et Bere.
Et dimidium feodum unius militis in Middelmorwude.
Et terciam partem feodi unius militis quam Mauricius de Rotomago tenet in Redewurth.
Tenendum et habendum eidem Johanne tota vita sua nomine dotis. Teste rege apud Wudest' xxx. die Octobris anno xix.

Item[1] porcio eciam earundem in comitatu Somerset; feoda ij. militum que Willelmus Fossard tenet,
et feodum j. militis quod Paganus et Michael tenent in Walton et Cumpton.
In comitatu Suhamt'; feodum quod Walterus Paganus tenet in Sumburn.
In comitatu Oxonie ; de feodo dimidii militis quod Willelmus de Moyun tenet in Clynton.
In comitatu Leycestrie; feodum dimidii militis quod Radulfus de Sechevill tenet in Thorp et Thwyford.[1]

Rex vicecomiti Suth', salutem. Scias quod, cum feoda militum et libere tenencium qui aliquando tenuerunt in feodo de Willelmo Briwere nuper coram nobis essent partita inter coheredes ipsius Willelmi et de singulis porcionibus ipsorum heredum assignata esset Johanne que fuit uxor predicti Willelmi Briwere racionabilis pars sua que eam contingit nomine dotis de feodis predictis, de porcione illa que remanet in manu nostra cum filiabus et heredibus Willelmi de Brause usque ad earum etatem assignata est eidem Johanne servicium feodi unius militis in Sumburn quod Walterus Paganus tenet, habendum et tenendum tota vita sua nomine dotis. Et ideo tibi precipimus quod de servicio predicti feodi unius militis ipsi Johannne plenam seisinam habere facias sicut predictum est. Teste ut supra.

Eodem modo mandatum est vicecomiti Bukinghamie de seisina facienda eidem Johanne de servicio feodi unius militis in Lavendon quod Amicia de Clinton tenet.

---
[1] *The passage from* Item porcio *down to* Thwyford *has been interlined.*

S. ij. 12.
I. 860-864
—cont.

Eodem modo mandatum est vicecomiti Leycestrie de servicio feodi dimidii militis in Thorp et Twyford.

Eodem modo mandatum est vicecomiti Oxonie de servicio feodi dimidii militis in Clynton.

PORCIO[1] WILLELMI DE PERCY CUM FILIABUS SUIS.

Rex vicecomiti Devonie, salutem. Scias quod, cum feoda militum et libere tenencium qui aliquando tenuerunt in feodo de Willelmo Briwere in diversis comitatibus nuper coram nobis inter coheredes ipsius Willelmi divisa ac per sortem partita sint, acciderunt ad partem filiarum et heredum Johanne que fuit uxor Willelmi de Percy, unius predictorum coheredum, in comitatu tuo feoda ista, scilicet—

De Saunford Gerardi de Spineto feodum unius militis,
et de Stodleg et Holecumb feodum dimidii militis,
de Aulescumbe Tremettes feodum dimidii militis,
de Parva Kidel et Furesden quarta pars feodi unius militis,
de Hampton Huardi de Bykel' feodum dimidii militis,
de Ketelberg Reginaldi de Punchardun' feodum unius militis et dimidii,
de Clifford[2] Sancti Laurentii feodum dimidii militis,
de Puteford Henrici feodum unius militis,
de Blakeburu' Boydin feodum unius militis.

Et ideo tibi percipimus quod eisdem filiabus predicte Johanne de homagio et servicio predictorum militum et libere tenencium de predictis tenementis sine dilacione plenariam seisinam habere facias; ita quod cum ipse seisinam suam habuerint tu habere facias et assignari Johanne que fuit uxor predicti Willelmi Briwer' de parte predictarum filiarum duo feoda et dimidium de predictis, scilicet predictum feodum unius militis in Puteford Henrici, et feodum unius militis in Blakeburu' Boydyn, et feodum dimidii militis in Clifford[2] Sancti Laurencii, habenda et tenenda eidem Johanne tota vita sua nomine dotis. Teste ut supra.

Eodem modo mandatum est vicecomiti Sumerset' de feodis duorum militum in Staunton' que Robertus de Staunton tenet et de tercia parte feodi unius militis in Holestoweye et Cristeham.

Eodem modo mandatum est[3] vicecomiti Derbysir', de feodo unius militis in Deneby quod Willelmus Russel tenet, et de tercia parte feodi unius militis in Ludchurch et Chelmerdon' quam Ricardus de Sandiacre tenet.

Eodem modo mandatum est[3] vicecomiti Wilt', de feodo unius militis in Cumpton quod Galfridus Camerarius tenet, et de feodo j. militis in Knuc quod Ricardus Auch' tenet, et de feodo dimidii militis in Thocham, Thidulfhid' et Burbach.

---
[1] *Marginal note in original* (S. ij. 12).   [2] *Read* Clist.
[3] *The words* Eodem modo mandatum est *are only written once and linked up to the entries for Derbyshire, Wilts, Southampton, and Cornwall by lines.*

FEES OF WILLIAM BRIWERE.   399

S. ij. 12.
I. 860-864
—cont.
Eodem modo mandatum est[1] vicecomiti Suhampt', de servicio duarum virgatarum terre in Wallop' quas Thomas Mauduyt tenet per servicium ij.s. quando scutagium currit, et de quarta parte feodi unius militis in Elleden' quam Alicia Musard tenet, et de feodo unius militis in Blakeburwe Bodin, et de feodo dimidii militis in Parva Sumburn' quod Ernulfus de Mandevill' tenuit.

Eodem modo mandatum est[1] vicecomiti Cornubie de feodis duorum militum de honore de Middelande que Herbertus de Pinu et Walterus Ruffus tenent,
et de feodo unius militis de baronia de Lucy quod Willelmus de Boterell', Reginaldus de Sancto Neotho, et Gervasius Bloysio[2] tenent,
et de tercia parte feodi unius militis in Meneli quam Hamelinus de Deaudon et Robertus de Hokessam tenent,
et de feodo j. militis de baronia de Lucy quod Willelmus de Boterell', Reginaldus de Sancto Neotho, et Gervasius Bloyo tenent ; et assignatur in dotem.

Eodem modo mandatum est vicecomiti Notingham de feodo unius militis et tercia parte feodi unius militis in Cottegrave que Radulfus filius Symonis et Henricus de Burun tenent.

Eodem modo mandatum est vicecomiti Lincolnie de feodo unius militis in Ingeldesby quod Osbertus filius Nigelli tenet.
Eodem modo mandatum est vicecomiti Norhamton.
Eodem modo mandatum est vicecomiti Bedeford.

[PORCIO] MARGAR' DE AFFERT'.

Consimiles litteras habet Margar' de Affert' de feodo j. militis in Iowe quod Thomas de Tetteburn tenet,
de feodis duorum militum in Pancrastwik, Suthwik et Maneton que Henricus Dacus tenet,
de feodo j. militis in Sullingford', Ferendon' quod Willelmus de la Bruer' tenet,
de feodo j. militis[3] quod abbas de Dunkeswell', Wymundus de Raleg' et Radulfus Springan tenent,
de quarta parte feodi j. militis in Pole quam Antonius de Pol' tenet,
de quarta parte feodi j. militis in Cuppelcote quam Walterus de Nmet[4] tenet in comitatu Devonie,
et de feodo unius militis in Spreyton quod Philippus Thalebot tenet,
et de feodo unius militis in Legh' quod Willelmus de Legh' tenet in eodem comitatu ; et assignatur in dotem.

In comitatu Dorset', de feodo unius militis in Sydelich' quod Thomas le Breton' tenet.

---

[1] *The words* Eodem modo mandatum est *are only written once and linked up to the entries for Derbyshire, Wilts, Southampton, and Cornwall by lines.*
[2] *Read* Bloyho.
[3] *Supply* in Colethon'.   [4] *Read* Nimet.

S. ij. 12.
I. 860-864
—cont.

In comitatu Sumerset', de feodo dimidii militis in Northwere quod Sibilla de Umfranvill' tenet,
et de feodo duorum militum et dimidii in Hors', Polet, Bure que Willelmus de Horsseya tenet,
et 1ᵐᵃ parte feodi unius militis extra Brug' quam Rogerus de Sydeh'[1] tenet.

In comitatu Suffolk, de feodo unius militis in Mellesham quod Ernulf de Mandevill' tenet.

In comitatu Cornubie, de feodo ij. militum de honore de Middeland que Herbertus de Pynu et Walterus Ruffus tenent,
et de feodo unius militis de baronia de Lucy quod Willelmus de Boterell', Reginaldus de Sancto Neotho et Gervasius Bloius tenent,
et de feodo j. militis predicte baronie de Lucy, quod assignatur in dotem.

In comitatu Noting', de feodis ij. militum in Quertlinstok que Philippus de Quertlincstok tenet.

[PO]RCIO HUGONIS WAK.

Consimiles litteras habet Hugo Wak de feodis duorum militum in Thorn' que Willelmus de Thorn' tenet in comitatu Sumers',

et de feodis duorum militum in Lambecote et Hokenhal' que Willelmus, Pyte et Henricus Torcarz tenent in comitatu Noting',

de feodis[2] unius militis in Baukewell' quod Radulfus Gernun' tenet in comitatu Derb',

et de feodo dimidii militis assignato in dote in Hundeston' quod Robertus Mile tenet in comitatu Sumerset,

et in comitatu Devon' de feodo dimidii militis in Luttestokeleg' et Hoppecote quod Robertus de Saccavill' et Willelmus de Bukinton' tenent,
et de j. feodo unius militis et quarta parte feodi unius militis in Aurescumb', Esse, Meddon', que Jordanus Speciarius tenet in eodem comitatu,
et de tribus partibus feodi unius militis in Horwode, Lefwynescot' quas Robertus de Hokessham tenet,
et de feodo unius militis in Cruk quod Robertus Burnel tenet,
de feodo unius militis in Peautton'[3] quod Hamelinus de Audon' tenet,
de feodo unius militis in Beautona quod Willelmus de la Briwere et Willelmus Giffard tenent, assignato in dotem;
et de feodo dimidii militis in Potteford quod Robertus Mile tenet in eodem comitatu, assignato in dotem,
et de feodo unius militis in Bery quod Philippus de Nerbert tenet in eodem comitatu,

---

[1] *Read* Sydenham.   [2] *Read* feodo.   [3] *Read* Deaudon.

FEES OF WILLIAM BRIWERE. 401

S. ij. 12.
I. 860–864
—cont.

et de feodo unius militis in Cumpton', Boclaund et Howia quod Osbertus Giffard tenet in eodem comitatu,
 de feodo unius militis in Godesleg' quod Rogerus Giffard, Willelmus Dabernon' et priorissa de Kauntinton' tenent,
 et de feodo dimidii militis in Neweton' et Weston' in eodem comitatu quod Simon de Parco tenet,
 et de feodo unius militis de honore de Middellaund quod Herbertus de Pynu et Walterus Ruffus tenent in comitatu Cornubie,
 et de feodis duorum militum de baronia de Lucy que Willelmus de Boterell', Reginaldus de Sancto Neotho et Gervasius Bloy tenent,
 et de feodo unius militis de predicto honore de Middelaund assignato in dotem quod predictus Herbertus de Pynu et Walterus Ruffus tenent.

PORCIO ALICIE DE MOYUN.

Consimiles litteras habet Alicia de Moyun de feodo duorum militum in Allideford que Simon de Raleg' tenet in comitatu Sumers',
 et de feodo unius militis in Dortecumb quod Thomas . . . tenet in eodem comitatu assignato in dotem,

et in comitatu Derbysire,
 de feodo unius militis in Kelleburn quod Radulfus de Kelleburn tenet,
 de feodo unius militis in Ludchirch, Chulemerdon quod Ricardus de Saundiacre tenet in eodem comitatu,
 et de decima parte feodi unius militis in Boythorp quam Laurencius de Burton tenet in eodem comitatu, assignata in dotem,
 et de feodis duorum militum in Winterburn' que Reginaldus de Moyun et Osbertus Giffard tenent in eodem comitatu,[1]
 et de quinta parte feodi unius militis in Tarente quam Willelmus Gregge tenet in eodem comitatu.[1]

---

[1] *Winterbourne (Houghton and Stickland) and Tarent are in Dorset. See Close Roll, 32 Hen. III, m. 12.*

A.D. 1235.

IN August and September 1234, eleven groups of justices were appointed to go on eyre in twenty-one specified counties. They cannot, however, have been intended to sit concurrently, for Robert of Lexinton was named in five of the commissions, and William of York in five others.[1] In 1236, Lexinton's jurisdiction was extended to four fresh counties, and York's to seven.[2] Any special lists that the justices in eyre between 1234 and 1236 may have made of serjeanties, escheats, widows, wards, and advowsons belonging to the King have long since disappeared. The Book of Fees contains a transcript of one such list for the counties of Norfolk and Suffolk, which were visited by Lexinton and other justices in the later part of 1234 and the earlier part of 1235.[3] Bartholomew Pecche is mentioned in it as the guardian of the heiress of Geoffrey de Fercles. He obtained the wardship in 1231.[4] Hubert Cordebof, who is mentioned as holding by serjeanty, was dead in February 1235.[5]

The eyre rolls of 1235 contain some scattered notices of escheats, serjeanties, wardships and churches in the counties of Essex, Middlesex, Surrey and Southampton, which will be found in the Appendix.

[1] *Calendar of Patent Rolls, 1232–1247*, pp. 76–78, 128.
[2] *Close Rolls, 1234–1237*, pp. 348–349.   [3] Feet of Fines.
[4] *Excerpta e Rotulis Finium*, vol. i. pp. 175, 212, 224, 433.
[5] *Ibid.* p. 273.

NORFOLK AND SUFFOLK.

II. 353–355.

DE ESCAETIS ET SERIANTIIS IN COMITATU NORFF'.

Philippus de Albinaco tenet villam de Witon' de dono domini regis que fuit Willelmi de Kau, et valet per annum l.l.

Henricus de Alta Villa tenet medietatem ville de Kettleston' per serianteriam falconarie, et pertinet ad Dunton'.

Item idem Henricus tenet manerium de Dunton' per eandem serianteriam per dominum Henricum Regem, avum regis qui nunc est, et valet xiij.l.

Henricus de Aynewes et Ricardus de Argenten tenent villam de Redhaule per comitem Britannie, et valet per annum x.l.

Warinus le Ostricer tenet terram suam de Redhaule per serianteriam custodiendi unum asturcum domini regis, et valet c.s.

Henricus de Hastinges tenet quandam serianteriam de panetria domini regis in Essele, et valet per annum c.s.

Hugo de Buidelag'[1] tenet unam serianteriam per serviciam lardarii domini regis et valet v^{que} m.

Amicia[2] Tusard de Banigham tenet in Banigham lxvj.s. iiij.d. terre per serianteriam balistarie ex dono Henrici Regis primi qui

[1] *Read* Burdegala.   [2] *Read* Avicia.

NORFOLK AND SUFFOLK. 403

II. 353-355—cont. dedit predictum redditum Gerardo Tusard, antecessori ipsius Amicie, tenendam de eo per serianteriam balistarie. Et filia ipsius Amicie, Isabella nomine, fuit de donacione domini regis et maritata est Galfrido de Castelacr', nescitur quo waranto.

Hubertus Cordebof tenet xxviij.s. redditus in Baningham per serianteriam balistarie et vendidit pluribus de serianteria illa.

Robertus de Winthstede[1] tenet unam serianteriam in Turston' de domino rege per serianteriam balistarie, et valet xxv.s.

Willelmus May tenet quandam terram in Stanhou per serianteriam custodiendi unum brachetum, et valet per annum xl.s.

DE ESCAETIS ET SERIANTERIIS IN COMITATU SUFF'.

Comes Britannie tenet Ketelberwe de terra Normannorum per balliam domini regis, et valet per annum xxx.l.

Johannes Lanceleve tenet Branteston de Willelmo de Averenches per servicium j. militis, et fuit terra Normannorum, et valet c.s.

Radulfus de Yueny tenet Gretingham de Philippo de Columbers per servicium dimidii militis, et fuit terra Normannorum, et valet per annum c.s.

Hubertus Cordefof[2] tenet terram in Mendlesham per servicium balistarie, et valet c.s.

Ricardus de Avillers tenet terram in Brom per servicium ducendi pedissecos in Wallia in exercitu domini regis, et valet per annum xx.s.

Ecclesia de Huntlesham est de donacione domini regis ; Michael Belet eam tenet.

Ecclesie de Chelningeston' et de Tatingeston' sunt de donacione domini regis. Alanus de Bella Fago eas tenet.

Ricardus de Avillers tenet terram in Edwardeston' per servicium ducendi petallium Norff' et Suff' in Wallia, et valet per annum x.s.

Ecclesia de Hagenet est de donacione. Magister Alanus de Beccles eam tenet, et valet per annum xxx.m.

Manerium de Hagenet est escaeta domini regis. Comes Ricardus tenet illud de dono domini regis, et valet per annum xxx.l.

Baronia de Hagenet est in manu domini regis, et Bartholomeus de Crec tenet terram in Hagenet[3] pro xxij.l. et dimidia marca per annum et reddit xxx.s. de scutagio.

Ecclesia[4] de Parva Jernemuta, Gurleston, Lewestoft, et Beleton' sunt de donacione domini regis. Magister Alanus de Stok eas tenet et reddit canonicis Sancti Bartholomei Londoniarum de Smethefeld x.m. per annum, et valent c.m.

Radulfus de Burgo tenet villam de Burgo per servicium j. balistarii ad custum suum per xl. dies, et valet per annum c.s.

Thomas de Emmegrave tenet manerium de Mutford per dominum Henricum Regem qui nunc est per cartam suam et que fuit eschaeta domini regis de Stephano de Longo Campo et Henrico de Ver, et valet xxx.l.

Ecclesia de Weston' est de donacione domini regis et Stephanus[5] de Tanet eam tenet de dono domini regis qui nunc est, et valet xv.m.

---

[1] *Read* Wurthstede.   [2] *Read* Cordebof.
[3] *I.e*, in Combo.   [4] *Read* Ecclesie.   [5] *Read* Simon.

II. 353-355—cont.

Ecclesia de Cove est de donacione domini regis et magister Willelmus de Bodeham eam tenet de dono domini Regis Johannis, et valet xij.m.

Ecclesia de Wilingham est de donacione domini regis et Robertus de Seintes eam tenet et valet xiij.m.

Willelmus de Cheny tenet socam Briton' in hundredo de Wainford' in custodia pro Willelmo Tintinioc et habet custodiam per Philippum de Albon' cui dominus rex custodiam illam dedit.

Edmundus de Brunton' tenet x. solidatas, terre que fuit de dominico domini regis per servicium saltus, sibile et bunbi faciendo servicium suum die Natalis coram rege.

Alicia de Heliun est de dono domini regis et est maritanda. Terra eius valet v.m. in Haverhill'.

Illaria Trussebut est de dono domini regis, et terra eius in Barmundefeld valet xx.l.

Ernaldus Pichard tenet lx. acras terre in Wratting per serianteriam unius arci et v. sagittarum in exercitu domini regis in Wallia. Terra eius valet v.m.

Quedam puella heres Galfridi de Fercles fuit de dono domini regis. Bartholomeus Peche eam habet de dono domini. Terra eius valet in Elvedon xl.s.

Cecilia la Blunde habet custodiam filii sui per dominum regem. Terra eius valet c.l.

Margeria de Ripariis est de dono domini regis et est maritanda, et terra eius valet x.l.

Laurencia de Pontibus tenet x. libratas terre in Wivermers, et est de donacione domini regis.

A.D. 1235-1236.

In November 1234, Frederick II, Emperor of the Romans, then a widower for the second time, announced his intention of marrying Isabel, sister of the King of England, a beautiful girl about twenty-one years of age. His envoys reached Westminster in February 1235, and definite terms were there settled on the 22nd of that month. Henry III undertook to provide his sister's outfit and to pay 30,000 marks (20,000*l.*) to the Emperor in six instalments. The chroniclers dilate upon the extraordinary magnificence of the bride's clothes, jewels and plate, and the ceremonies attending her journey from London to Worms, where the marriage was celebrated in July. The final payment of her dowry was made in June 1237.[1]

The marriage of a sister was not one of the three occasions on which an English king could as of right claim an Aid from his subjects. The treaty made with the imperial envoys moreover involved the sending of a vast sum of money out of the realm. Nevertheless, the magnates ' of their own free will and not according to usage (*spontanea voluntate sua et sine consuetudine*) ' resolved to give effectual aid to Henry III in carrying out his ' great undertaking (*magna negotia*).' For this purpose the archbishops, bishops, abbots, priors, earls, barons, and other tenants in chief undertook to obtain for him two marks (26*s*. 8*d*.) from each of their fees held by military service, one half to be paid at Michaelmas 1235, and the other half at Easter 1236.[2] One chronicler styles this levy a ' carucage ' ; another styles it a ' tallage,' confounding it with the tax of that name which was levied on the royal demesnes in the same year.[3] In official documents it is styled indifferently an ' aid ' and a ' scutage.'

On the 10th of July 1235, the sheriffs of various counties were directed to assist certain specified prelates in collecting money from their tenants, to be transmitted directly to the Exchequer.[4] There were, however, many religious houses in England which held lands in frank almoin, exempt from imposts levied upon lands held in chivalry. In order that they too should be made to contribute according to their means, abbots and priors in thirty-one counties who did not hold in chief by military service were summoned to confer with the king on certain specified days at Woodstock, Gloucester, Bath, Marlborough, Reading, London, Northampton, or Nottingham.[5] At a later date, commissioners were sent to different counties to stimulate the generosity of the churchmen, and a prelate who failed to appear before them was liable to distraint.[6] Promises of help, more or less voluntary, were thus obtained. In

---

[1] *Fœdera*, vol. i. pp. 220, 221, 223–228, 232, where several dates are given incorrectly ; Roger of Wendover, *Flores Historiarum*, vol. iii. pp. 108–114 ; Matthew Paris, *Chronica Majora*, vol. iii. pp. 318–327 ; *Historia Anglorum*, vol. ii. pp. 378–381.
[2] *Close Rolls, 1234–1237*, p. 186.
[3] Matthew Paris, vol. iii. p. 327 ; *Annales Monastici*, vol. i. p. 97 ; *Close Rolls, 1234–1237*, pp. 206, 208, 209, 212, 214–219, etc., 721 ; Madox's *History of the Exchequer* (ed. 1711), p. 488 ; Mitchell's *Studies in Taxation*, p. 213.
[4] *Close Rolls, 1234–1237*, pp. 186, 187.
[5] *Ibid.* pp. 187, 188.
[6] *Ibid.* pp. 211, 212 ; Fine Roll, 19 Hen. III, m. 1.

some counties mention is made of 'the aid of the prelates'; in other co
ties, we read of 'the gifts (dona)' of the prelates; at a subsequent peri
their contribution is explicitly described as coming 'de une curtesie.'[1]

A statement by the annalist of Tewkesbury that, while his abbot
contributed 30 marks, "the bishops gave nothing," may be technically t
as to some of them, although episcopal fees had been assessed like those of
earls and barons.[2] Abbots and priors of the orders of Citeaux and Prémon
were not required to meet the king, and certain religious houses eventu
obtained specific exemption or respite from the levy.[3]

In respect of the laity, writs were prepared, on the 17th of July, gi
directions to the stewards of the earls and barons and to the sheriffs of
different counties as to the collection of the money and the delivery of it
the king's receivers, for deposit in safe places before transfer to the Treasu
and Chamberlains of the Exchequer. Receivers were at the same ti
nominated, usually two for each county, men of good local standing. Accord
to their instructions, two marks were to be levied in respect of every fee b
of 'the new feoffment' and of 'the old.' In other words, all fees, wh
soever or howsoever created, were made liable.

As the names of the receivers in different counties will be found in
following pages, it is unnecessary to give them here. Some interest, howe
attaches to a list of the secure places in which they were to lodge the mo
temporarily, differing in a few cases from precedents of the year 1232[4]:—

Kent	Rochester Castle.
Surrey	Merton (priory).
Sussex	Chichester, the cathedral church
Hants	Winchester castle.[5]
Wilts	Salisbury castle.
Somerset and Dorsét	Sherborne castle.
Devon	Exeter castle.
Cornwall	Launceston (castle).
Hereford	Hereford castle.
Gloucester	Gloucester castle.
Oxford	Oxford castle.
Berks	Reading (abbey).
Bedford	Wardon (abbey).
Buckingham	Woburn (abbey).
Middlesex, Hertford and Essex	London, the Tower.
Suffolk	St. Edmund's (abbey).
Norfolk	Norwich castle.[6]
Cambridge	Barnwell (priory).
Huntingdon	Huntingdon priory.
Northampton	Northampton castle.
Rutland	Rockingham (castle).[7]
Leicester and Warwick	Kenilworth castle.[8]

---

[1] *Rotuli Parliamentorum*, vol. ii. p. 71.
[2] *Annales Monastici*, vol. i. p. 97; *Calendar of Patent Rolls, 1232-1247*, p.]
[3] *Close Rolls, 1234-1237*, pp. 187, 211, 212, 221, 223, 397, 409, 410, 429; *I 1237-1242*, pp. 39, 181; Fine Roll, 19 Hen. III, m. 1.
[4] *Close Rolls, 1231-1234*, pp. 157-160; *Ibid. 1234-1237*, pp. 189-191.
[5] Winchester priory in 1232.
[6] Norwich priory in 1232.   [7] Northampton Castle in 1232.
[8] Leicester abbey for Leicestershire only in 1232.

INTRODUCTION.

Worcester	Worcester priory.
Stafford	Burton (abbey).
Salop..	Bridgnorth (castle).
Derby and Nottingham	Nottingham castle.
Lincoln	Lincoln castle.
York	York, the cathedral church.
Lancaster	[1]
Westmorland	Carlisle castle.
Cumberland	[2]
Northumberland	Newcastle upon Tyne.[3]

In December 1235, the receivers were empowered to collect from the tenants such sums as had not been paid by them to the stewards of their overlords, and the sheriffs were ordered to enforce payment by distraint. The sheriffs were at the same time ordered to distrain such stewards as had not paid over the money received by them.[4]

Although some of the money levied for the Aid was, by the king's order, paid into the Wardrobe, the bulk of it was certainly delivered to the Chamberlains of the Exchequer. Several payments made to them on this account are duly recorded on the defective Receipt Roll for Michaelmas 1236.[5]

The rolls of the King's Remembrancer of the period contain information as to the exact dates at which the receivers for particular counties were required to appear at Westminster with their financial statements and vouchers. It was the duty of the experts there to reduce the accounts to some sort of uniformity and make them ready for audit by the barons. The accounts of the receivers in sixteen counties had not been delivered by Easter 1237, as appears by the following :—

"Norhumbria. Rex vicecomiti. Precipimus tibi, sicut alias precepimus, quod venire facias coram baronibus de scaccario ad quindenam Pasche collectores assisos in comitatu tuo ad colligendum auxilium nostrum nobis concessum ad sororem nostram etc. ad reddendum compotum suum de eodem auxilio per ipsos collecto coram eisdem baronibus. Et tu sis in auxilio eis ad distringendum omnes illos qui aliquid debent de dicto auxilio ad reddendum eisdem etc. ne pro defectu etc. Et provideant sibi dicti collectores quod distincte et aperte sciant respondere de quorum feodis et quibus terris et quot feodis militum dictum auxilium receperunt. Teste ut supra [*i.e.* A. archidiacono Salopie] apud Westmonasterium xj. die Marcii anno etc. xxj.

"Eodem modo mandatum est vicecomitibus Lanc', Ebor', Westm', Linc', Norff', Suff', Sussex, Surr', Lond', Midd', Berkes, Sumerset, Devon, Hereford."[6]

A memorandum made at a much later date shows that no accounts had yet been received from Herefordshire, Suffolk, or the West Riding of Yorkshire.[7] The general heading 'A.D. 1235-1236' prefixed to this whole section must not therefore be taken to imply that all the accounts included in it had been actually rendered before the close of the latter year.

---
[1] Lancaster Castle in 1232.
[2] Carlisle Castle in 1232.
[3] Durham Castle in 1232.
[4] *Close Rolls, 1234-1237*, pp. 329, 330. Some specific orders for distraint are also entered on K.R. Memoranda Rolls 14 and 15, and Fine Roll, 20 Hen. III.
[5] *See* Appendix.
[6] K.R. Memoranda Roll 15, m. 21d.   [7] See p. 573 below.

The accounts of the money levied for the Aid of 1235 were not entered on the normal Pipe Roll. There is, however, abundant evidence that they were eventually enrolled. Firstly, many of the receivers' accounts have marginal notes—" I.R." or "in rotulo," showing that they had been entered again on another roll, which was presumably analogous to the Pipe Roll. Secondly, an addition to an account for Gloucestershire, itself prepared at the Exchequer, refers to an entry "in magno rotulo de eodem auxilio," and there are similar references in the Pipe Roll of 32 Henry III. Thirdly, transcripts have been found of accounts for the counties of Oxford, Southampton, Warwick and Leicester, which differ in form from the receivers' accounts transcribed in the Book of Fees.[1] The first of these is headed "In rotulo de auxilio concesso regi ad maritandam sororem suam Romanorum imperatori." Although these transcripts cannot give fresh local information, it has been considered desirable to print those for Oxford and Southampton in illustration of the practice of the Exchequer in the reign of Henry III. The enrolment cannot now be found: it seems to have been unknown to the compilers of the Book of Fees.

The documents that have survived, either as original rolls or as transcripts, may be classified as follows :—

(a) Preliminary lists of fees.

(b) Statements of receipts at Michaelmas 1235, and at Easter 1236, and combined statements as to the result of both levies. These statements were delivered at the Exchequer as vouchers. Some of them exhibit marked peculiarities of diction and writing.

(c) Financial statements more or less uniform in style. That many of these were prepared at the Exchequer is clear from the fact that accounts for several distant counties are sometimes to be found entered on one roll or membrane.

(d) Accounts as eventually enrolled.

(e) Extracts and memoranda as to arrears, etc.

The number of documents relating to particular counties varies considerably. If we may assume that the compilers of the Book of Fees included in it all those that they could find relating to the Aid, it would seem that more of the originals perished between 1235 and 1302 than in the course of the next six centuries.

For the sake of convenience and clearness, the various documents relating to each county are printed consecutively in the present edition. None of them require to be dated by the names of the contributors, inasmuch as the names of the receivers in the different counties, as prefixed to their respective accounts, agree substantially with the list of them given in the Close Roll.

KENT. The accounts of Simon of Cray and Reynold of Cornhill, the receivers in this county, seem to have disappeared before the compilation of the Book of Fees. Some of their receipts are, however, mentioned in an anomalous document concerning 'Divers Counties,' printed below.[2]

SURREY. No traces have been found of the accounts of John of Chelsham and Gilbert de Baseville, the receivers in this county.

---

[1] Attention may be called to the double form of the account for Northamptonshire, as given in the Book.   [2] Pp. 569, 570.

INTRODUCTION.

SUSSEX. An extant document gives an account of the money which was received from the Honours of Lewes, Arundel and Bramber.[1] This account, written on the back of the account for Oxfordshire, was somehow overlooked by the compilers of the Book of Fees. It was not rendered at the Exchequer until after the death of one of the original collectors. The amount stated agrees exactly with that which was received from Sussex in February 1237.[2]

SOUTHAMPTON. For this county there is not only the main account of the receivers, but also a copy of the ultimate enrolment of it, not entered in the Book of Fees and hitherto unprinted. Some discrepancies may be observed. The fees held of the Bishop of Winchester are not entered because he accounted separately for them at the Exchequer.

WILTS. No remarks are necessary.

DORSET. Ralph le Moine, one of the receivers, was, in July 1236, authorised to depute William of Sibbertoft to go to Westminster with the account.[3]

SOMERSET. Hugh of Meriet, one of the two receivers, was dead in April 1236,[4] and the account for this county does not appear to have been rendered at the Exchequer until after Easter 1237. Nevertheless, he figures in it as the first accountant.

DEVON. On the dorse of a membrane containing the main accounts of the receivers in Devon and in Berks there are two supplementary accounts for the former county.

It has not been thought necessary to print in full a draft of the main account for Devon, written in an archaic hand on a separate membrane and transcribed in the Book of Fees. Every variant of importance in the case of proper names has, however, been noted.

The accounts do not record any payments in respect of the fees of the Honour of Gloucester in Devonshire, the money due therefrom having been collected by William de Claville, the bailiff, and "foolishly (*fatue*)" spent by him. After being twice summoned to appear before the barons of the Exchequer and having been cast into prison, he undertook to pay a fine of 40s. in addition to the 13l. for which he was responsible. The writs concerning him do not specify the fees of the Honour.[5] The portion of the main account relating to arrears cannot be earlier than February 1238.

CORNWALL. The great majority of the fees in this county were little fees of Mortain, eight of which were equivalent to five normal fees, here called "feoda integra."

HEREFORD. An early endorsement on one of the rolls relating to the Aid of 1235 specifies this county among those which had not rendered an account.[6] This default was not due to the death of either of the original receivers,

---

[1] P. 417 below.   [2] Receipt Roll 12. *See* Appendix.
[3] K.R. Memoranda Roll 14, m. 14.
[4] *Calendar of Inquisitions*, vol. i. p. 2; *Excerpta e Rotulis Finium*, vol. i. p. 302.
[5] K.R. Memoranda Roll 15, mm. 16, 21d, 22d.
[6] S. ij. 13.

Thomas of Anesie and Hugh of Croft, for they reappear as collectors of the Thirtieth in 1237[1].

The Book of Fees contains a section which purports to be the account of the collectors in Herefordshire of the Aid for the marriage of the king's sister. It cannot, however, be regarded as such. The four persons named at the head of it were the receivers for Gloucestershire, and, on collation, this account proves to be merely a series of verbatim extracts from their account for their own county. All the places mentioned in it are situate in Gloucestershire. Inasmuch as the account for Gloucestershire is printed in its proper place from the original manuscript, it has not been thought necessary to print these extracts from it separately.

As late as the year 1248, there is a definite statement that the king did not know the number of fees in Herefordshire from which he should have received two marks apiece for the marriage of his sister. The sheriff was accordingly ordered to make inquisition on the subject by the oath of twelve knights or other good and lawful men, to distrain such tenants as had not paid, and to deliver the money and the inquisition on the quinzaine of Trinity.[2] It is, however, doubtful whether anything was then done in the matter.

In November 1249, another writ was issued to the sheriff of Herefordshire, directing him to collect all the money still remaining unpaid, and to enquire in each hundred as to the number of fees therein held of the king in chief or of other lords. The writ and the inquisitions taken in pursuance of it will be found in the Appendix.

GLOUCESTER. There are still extant three documents relating to the Aid from this county, all of which are entered in the Book of Fees consecutively.

The first of them is a preliminary statement of the main account of the receivers, Ralph of Willington and William de Putot. Inasmuch as the charge is at the rate of two marks on the fee, it cannot have been prepared before the levy of the second instalment in the spring of 1236. No totals are shown. The names of the contributors are repeated in a later hand in the left margin, where almost all of them figure as the owners of 'honours.' This document does not seem to have been used in connexion with the ultimate enrolment of the receivers' account. Having been soon superseded by a fuller version, it is not printed below, but a few of its variant readings are given in footnotes.

The second document is in the hand of the clerk who prepared the first, and presumably very little later in date. It records the contributions of several persons who are not mentioned in the earlier version.

The third document is the main account of the receivers, in which the entries do not follow the order of the two previous documents. Before the presentation of it, the two original receivers had been supplemented by two colleagues, Oliver the clerk and H. de Wald', whose appointments do not appear to be enrolled. A note that the receivers in Gloucestershire should render their account at the Exchequer on the 2nd of December 1236 does not state whether they were two or four in number.[3]

OXFORD. Mention has been made above of a transcript of the account of the receivers as ultimately enrolled, which is not entered in the Book of Fees

---
[1] *Close Rolls, 1234–1237*, p. 551.
[2] Madox, *History of the Exchequer* (ed. 1711), p. 412.
[3] K.R. Memoranda Roll 15, m. 13.

INTRODUCTION. 411

and which is now printed for the first time. It includes the amounts entered as owing in the receivers' account, but afterwards collected by the sheriff.

BERKS. The original receivers of the Aid in this county appear to have been discharged after rendering an account of the first moiety, their duties being transferred to the sheriff.

BEDFORD. The account of the receivers in this county was overlooked by the compilers of the Book of Fees. It is now printed for the first time.

BUCKINGHAM. For this county we are entirely dependent upon transcripts in the Book of Fees.
The accounts make no mention of the fees held by Isabel, Countess of Oxford, of the Honour of Gloucester, because Richard de la Lade, the guardian, acounted separately for them at the Exchequer.[1]

MIDDLESEX. A list of fees, distributed under seven honours or baronies, for which there is an original manuscript, is transcribed in the Book of Fees and epitomised very incorrectly in the Red Book of the Exchequer among the 'inquisitions' assigned by the compilers to the twelfth and thirteenth years of the reign of John. The editor of that work has accordingly dated it "1210-1212," referring it to the period ending on the 2nd of May in the latter year.[2] Mr. J. Horace Round, perceiving that the texts in both books were derived from a common original, believed it to represent a return of June 1212, adding, however, that it was "made the basis for collecting the Aid for the marriage of the king's sister in 1235, the same personal names occurring in both lists."[3] He has been followed by others.[4] It is therefore necessary to explain in some detail why the original list is now referred to the year 1235.

(1) The writs of June 1212 required primarily lists of tenants in chief, and few of the dated returns thereto give much information about undertenants, whereas this document is a list of undertenants, specifying their respective holdings.

(2) The names in the document correspond exactly with those of the contributors to the Aid of 1235, there being no suggestion of any change of ownership between the preparation of the list and the actual collection of the money.

(3) Edmonton is mentioned in the document as belonging to the barony of William de Say, and William de Say, the tenant in chief of that manor, did not succeed his father, Geoffrey, until 1230.[5]

(4) Several of the names of tenants in the document are inconsistent with any date in the reign of John. Whereas Andrew Bukerel is entered in it as holding a fee at (West) Bedfont, Margery, the relict of Henry of Bedfont, had

---

[1] K.R. Memoranda Roll 14, m. 1.
[2] Pp. 542-544, cclxxxii-cclxxxiv. The only addition made in the Red Book is with regard to the surname of the tenant of East Bedfont, who may have been well known at Westminster as a clerk of the Earl of Cornwall. *Cf. Calendar of Patent Rolls, 1232-1247,* p. 456.
[3] *The Commune of London,* pp. xiv, 264, 265, 275, 277.
[4] V. C. H. *Middlesex,* vol. ii. p. 311.
[5] Historical MSS. Comm. *Ninth Report,* App. p. 30 ; *Excerpta e Rotulis Finium,* vol. i. p. 202.

dower in a third of 'the whole town' of West Bedfont as late as 1219.[1] Peter Butler (Boteiller), who is entered as holding three quarters of a fee in Northolt, is obviously the 'Petrus Pincerna' who bought that manor in 1230.[2] Richard de Plessi, who is entered as holding a fifth of a fee at Enfield, acquired land there by purchase in 1232.[3] The William Longespé mentioned in connexion with Coleham was not William Longespé, Earl of Salisbury, who died in 1226, but his son of the same name, whose claim to the title was not recognised.

(5) The account of the collectors of the Aid of 1235 shows that Ralph de Auvers paid 8s. altogether, and we know that the levy was made in two instalments. A moiety of 8s. would be 4s. and this is the amount set against his name in the list under consideration, in the writing of the original scribe. Although no sums are set against the names of other persons in the list who held whole fees or simple fractions of fees, the assessment of which needed little arithmetical skill, it may have been thought desirable to calculate beforehand the exact amount to be levied from this particular tenant in respect of his complex holding of a quarter and a twentieth of a fee.

The more normal account of the receivers for Middlesex here printed states that one moiety of the scutage, or Aid, was received by William de Dona, the sheriff. The name of this officer is not to be found in any list of sheriffs, but Master William de Dona, sheriff of Middlesex, occurs as the first witness to a deed, wherein his name is followed by the names of Gerard Bat and Robert Hardel, sheriffs of London, who held office in 1235–1236.[4]

ESSEX and HERTFORD. For these linked counties we are almost entirely dependent upon transcripts in the Book of Fees. The two receivers appointed for Essex, Richard Maudit and William de Amblie, seem to have acted separately in the autumn of 1235. Of the two receivers appointed for Hertfordshire Simon de Fourneaux alone gathered in the first moiety of the Aid. The money due from both counties at Easter 1236 was, by the king's order, received by William of Culworth, the sheriff. A joint account was eventually rendered by the four receivers, which includes not only the sums received by them in their respective counties in the autumn of 1235 and those received by the sheriff in the following spring, but also those received by Culworth from fees of the Honour of Boulogne in various counties, and those received by Peter de Tany, who succeeded him as sheriff and as keeper of the Honour in May 1236. A great part of the money was not paid into the Exchequer until nearly thirty years after the imposition of the tax, and the account, as entered in the Book of Fees, incorporates some references to the Pipe Roll of 1264. An extract from that roll is therefore printed below, in explanation.

It has not been considered necessary to print at length an inferior version of Culworth's statement of receipts at Easter 1236, which is transcribed in the Book of Fees. Footnotes, however, refer to it as 'B.'

From another source we learn that part of the money paid in Essex in respect of the fees of Matthew de Lovaine came from William fitz Robert, who held under him in Gloucestershire and in the bailiwick of the sheriff of Somerset and Dorset, presumably at Sezincote and at Godmanstone.[5]

---

[1] Feet of Fines, Middlesex. For Andrew Bukerel, see *Liber de Antiquis Legibus*, p. 7, and *Calendar of Charter Rolls*, vol. iii. p. 430.
[2] Feet of Fines, Middlesex.   [3] *Ibid.*
[4] *Catalogue of Ancient Deeds*, B. 2351.   [5] K.R. Memoranda Roll 14, m. 14d.

INTRODUCTION. 413

SUFFOLK. The brief and belated account of the receivers in this county, written below the account for Nottinghamshire, was overlooked by the compilers of the Book of Fees. It is now printed for the first time.

NORFOLK, CAMBRIDGE and HUNTINGDON. No remarks are necessary.

NORTHAMPTON. For this county we are entirely dependent upon transcripts in the Book of Fees. The first document evidently relates to the levy in the autumn of 1235. The third document combines the results of the two levies. Part of a subsequent account is entered twice, presumably by error, and there is also a transcript in the Book of another main account.

RUTLAND. No remarks are necessary.

WARWICK. The account of the receivers in this county concludes with a list of arrears which is not entered in the Book of Fees. Some of these arrears were collected by Philip de Ascelles, who was sheriff from Midsummer 1240 to March 1246.

LEICESTER. The receivers for this county were ordered to appear at the Exchequer a week after Michaelmas 1236.[1] The account which they then submitted was found to be unsatisfactory, and a writ was issued to the sheriff as follows :—
  " Scias quod Willelmus Burdet et Philippus de Gaunt, collectores auxilii nobis concessi in comitatu Leyc' ad maritandam sororem nostram Romanorum imperatori, accesserunt ad scaccarium nostrum et detulerunt denarios quos receperunt in predicto comitatu de predicto auxilio, parati ut dixerunt compotum suum de receptis suis reddere. Set quia non potuerunt nobis distincte et aperte respondere pro quibus et de quibus feodis et quot feodis denarios receperant, ne forte barones nostri distringerent per summonicionem etc. tales qui jam solverunt predictum auxilium, audire compotum illorum distulerunt donec super premissis plenius certiorentur.
  " Unde tibi precipimus quod efficax consilium prestes dictis collectoribus ad inquirendum pro quibus et de quibus et quot feodis et quantum receperunt, et quantum adhuc nobis de feodis predictis restat solvendum, infra octabas Sancti Marci, ita quod in predictis octabis possint nobis distincte et aperte respondere. Tu eciam ad predictum diem venire facias dictos collectores auxilii predicti in comitatu Warr' (sic) ita premisso modo instructos quod sufficienter possint respondere. Et habeas ibi tunc breve. Teste A. archidiacono Salopie viij. die Octobris anno xx."[2]
  Mention has been made above of a transcript of the account of the receivers as ultimately enrolled, which is not entered in the Book of Fees. The figures in it do not agree with those in the other version of the account.

WORCESTER. The receivers' account was not delivered until after Hilary 1237.[3]

---

[1] K.R. Memoranda Roll 14, m. 10.
[2] K.R. Memoranda Roll 15, m. 14.
[3] K.R. Memoranda Roll 14, m. 13d.

DERBY. No remarks are necessary.

NOTTINGHAM. The fees held of the Bishop of Lincoln in this county are not entered because he accounted separately for them at the Exchequer.[1] In pursuance of the system attempted with regard to Staffordshire, the compilers of the Book of Fees transferred the whole section concerning the Nottinghamshire fees of the Honour of Tickhill to Yorkshire.

SALOP. The receivers in this county had made the first levy by the 22nd of September 1235, and they appeared before the Barons of the Exchequer at Westminster on the 23rd of November to transact some business connected with the Aid.[2] The main account eventually rendered by them was overlooked by the compilers of the Book of Fees. It is now printed for the first time.

STAFFORD. The Book of Fees contains transcripts of two versions of a list of fees in this county prepared in connexion with the Aid of 1235. It has not been considered necessary to print more than one of them. The version omitted seems to be merely a copy of the other without any of the financial details.

Some portions only of the main account of the receivers in Staffordshire are given in the Book of Fees. The whole of it is now printed from another transcript made at the Exchequer. The section in the Book of Fees relating to the Aid in this county is very confused, the compilers having inserted in it extracts from the accounts of the receivers in Oxfordshire, Berkshire and Worcestershire concerning fees in those counties believed to be held of some barony whose *caput* was in Staffordshire.

LINCOLN. There were separate receivers for the parts of Lindsey, Holland and Kesteven.

YORK. There is no account for the West Riding. The Archbishop of York accounted separately at the Exchequer for the fees held of him.

LANCASTER, WESTMORLAND, CUMBERLAND and NORTHUMBERLAND. No remarks are necessary.

HONOURS of WALLINGFORD, PEVEREL and GIFFARD. An existing list of the fees of these three honours, being written on one membrane, must have been made at the Exchequer. The sequence of the names corresponds more or less with that which is to be seen in the financial statements of the receivers of the Aid of 1235 in the different counties mentioned. There are, however, several variants. It is interesting to note that the French surname Neyrnut, which has been misread as Neyrmit and also as Neyrvut, is here Latinised as ' Nigranox.'[3]

Although the several sections of the list are marked " transcribitur " in a later hand, a note at the end mentions only those concerning Oxfordshire and Northamptonshire as being ' in libro.' In point of fact, the fees of the Honour

---
[1] K.R. Memoranda Roll 14, m. 11.
[2] *Ibid.* m. 3d, where, however, William of Ercall and Robert of Stepeldon are by error described as the receivers in Staffordshire.
[3] Wood's *Antiquities of Oxford*, vol. i. pp. 349, 350, 353 ; Wood's *City of Oxford* (Oxford Historical Society), vol. ii. pp. 24, 27 ; Sharp's *History of Ufton Court*.

INTRODUCTION.   415

of Wallingford situate in Buckinghamshire are also entered in the Book, the copyist having apparently failed to notice the change of county duly marked in the margin of the roll.

AID OF THE PRELATES. The 'gifts' of the prelates, that is to say bishops and heads of religious houses, were, as seen above, additional to the general levy of two marks on knights' fees. The method of collection varied. In some cases the account was rendered by special commissioners, in other cases by the sheriff of the county, in other cases by the prelates themselves.

Three membranes lately brought together constitute a roll which may perhaps be the actual 'rotulus prelatorum' to which there are several allusions in documents connected with the Aid. On these a certain space was left for each county, and the accounts of the sums received therefrom were entered from time to time. The last entry under Kent is not anterior to 1240. It should be observed that some of the payments mentioned as 'gifts' were partly in respect of fees held by military service, and that the tallage levied on the men of Oxford is also included, presumably by mistake. Inasmuch as the roll was written by various persons and at different times, it has not been found practicable here to distinguish additions by the use of italic type.

There is clear evidence that the accounts on these membranes were eventually entered on one of the 'great' rolls of the Exchequer, presumably the lost roll which contained the accounts of the receivers of the Aid in various counties.

DIVERS COUNTIES. It has been seen above that the Aid of 1235 was, like early scutages, levied primarily from the tenants in chief of the Crown. Most of the labour and unpleasantness of collecting the money fell upon their stewards. Complications, however, arose with regard to persons who owned fees in more than one county. It will be shown later on that, as early as May 1236, the government applied directly to the principal tenants in chief for specific information, but it is necessary here to explain that a scheme was also devised at the Exchequer for the compilation of a general list of all the fees belonging to particular persons wheresoever situate. A specimen of the proposed work is to be found on the dorse of one of the documents connected with the Aid of 1235[1] :—

" Forma colligendi unum rotulum ex omnibus.

" Staffordsir'. Rogerus de Somery reddit compotum de c.m. de l. feodis de veteri feffamento. Et de ij.m. de j. novo feodo in Mere et Clent. In thesauro per Robertum de Grend' et socios suos, collectores auxilii in hoc comitatu, xiij.l. et dimidia marca de x. feodis in hoc comitatu. Et dimidia marca per eosdem de quarta parte j. feodi in Alrewas de novo feffamento.

" Et ij.m. per collectores Midd' de feodo Willelmi de Englef' de honore eiusdem R.

" Et ij.m. per collectores Wigornie pro j. feodo Hugonis de Belne de eodem honore. Et ij.m. per eosdem pro Henrico de Hagel' de eodem honore. Et xx.s. per eosdem pro Girardo de Peringeham de tribus partibus de eodem honore. Et ij.m. per eosdem pro Radulfo de Merston' de eodem honore de j. feodo. Et dimidia marca pro Simone de Frankel'

[1] S. ij. 14.

per eosdem de quarta parte de eodem honore. Et j.m. per eos pro M. de Somery de dimidio feodo de eodem honore.
" Et j.m. per collectores in Oxonefordsir' pro j. feodo in Chisehamton' de eodem honore."

This, it will be observed, consists of notes from the accounts of the receivers in four of the counties in which there were fees belonging to the barony of Dudley. The entry concerning Alrewas shows that the scribe supposed Roger de Somerville to be identical with Roger de Somery. Inasmuch as the account for Worcestershire cited was not rendered until Hilary 1237 at earliest, we may fairly conjecture that the official compilation was designed partly as a check upon the returns made by the barons in pursuance of the writs of May 1236 mentioned in a later section of this volume.

It is extremely unlikely that the scheme was ever actually carried out. For the present purpose it is necessary to call attention to preparatory work done by the addition of notes to some of the accounts of the receivers of the Aid of 1235. These notes, not entered in the Book of Fees and here printed in italic type, may be taken to show the county and the heading under which it was proposed to collect all the scattered fees of a particular person.

In this connexion it seems desirable to call attention to an anomalous document printed below at the end of the series covered by this introduction. A single membrane contains four paragraphs widely separated from each other and relating respectively to the counties of Kent, Worcester, Cambridge and Huntingdon, and Essex and Hertford. Transcripts of each of them are given separately in the Book of Fees. One feature common to all the entries is that the persons named figure as accountants, not merely as contributors to a tax.

In the unfortunate absence of any accounts of the receivers of the Aid of 1235 in Kent, the entries relating to that county in the first paragraph of the document now under consideration must stand by themselves. No comparison is possible except with regard to William de Say, who is credited with payments made to the receivers in Middlesex which exactly correspond with entries in their account of receipts for the Aid for the marriage of the king's sister. There is further internal evidence of date. The levy was at the rate of two marks on the fee, as in 1235; Adam de Quatremars, one of the persons named, succeeded his brother William in that year; Ralph fitz Bernard, another of them, was dead in 1240.[1] One of the accountants, Warin de Monchesni, obtained a writ, in October 1236, forbidding the sheriff of Kent to distrain him in respect of thirteen fees for which he had paid in Essex.[2]

The second paragraph, which relates to Worcestershire, may be compared with the financial statement rendered at the Exchequer by the receivers of the Aid of 1235 in that county. While the Abbot of Pershore is here represented as the accountant in respect of four marks and as obtaining acquittance therefor, the more authentic document represents the receivers as accounting for this very amount. The third and last entry for this county is more instructive. William de Beauchamp is here represented as accounting for eighty marks in respect of forty fees, of which only fourteen marks had been paid to the receivers. Their account shows that Walter de Beauchamp had duly paid fourteen marks for seven fees and says nothing whatever about any

---

[1] *Excerpta e Rotulis Finium*, vol. i. pp. 273, 332.
[2] K.R. Memoranda Roll 15, m. 14d.

INTRODUCTION.

other fees belonging to him on which payment had not been made. William de Beauchamp had succeeded his father, Walter, in April 1236.[1]

In the third paragraph, the Bishop of Ely is represented as compounding for two hundred marks, while the contribution of the Abbot of Ramsey is not specified because he answered in the roll of the Aid of the prelates. In point of fact, the bishop's payment was eventually entered on that roll. Baldwin de Frivill is represented as accounting for thirty marks on fifteen fees, as having paid eighteen marks, and yet as owing $9l.$ $10s.$ $6\frac{1}{2}d.$ This is impossible. The account of the receivers of the Aid in Cambridgeshire shows that Baldwin de Frivill had paid them nine marks in respect of nine fees and that he consequently owed nine marks. It further shows that the receivers, after debiting themselves with his eighteen marks, had to their credit $9l.$ $10s.$ $6\frac{1}{2}d.$, the exact sum wrongly supposed to be due from him. From this it is clear that the writer of the document under consideration had seen and had altogether misunderstood the account of the receivers. In the entry concerning Hamon Peche, the reference to the Pipe Roll of 1168 is obviously due to a clerk of the Exchequer, while the reference to the account of the receivers of the Aid in Kent shows that the previous paragraph relating to that county does not enumerate all the contributors.

The three entries in the fourth paragraph are clearly based upon the account of the receivers of the Aid of 1235 in the counties of Essex and Hertford.

Inasmuch as the document mentions some persons who had paid in full, it cannot be regarded as a statement of arrears outstanding; inasmuch as it mentions only a few persons in each county, it is obviously incomplete. On the whole it appears to be merely an experiment made by some ingenious clerk engaged in the study of the records of the Aid of 1235, and of little value except in regard to Kent.

[1] *Excerpta e Rotulis Finium*, vol. i. p. 300. It may be noted that their ancestor, in 1166, claimed to hold sixteen fees of the old feoffment by the service of seven knights. *Red Book of the Exchequer*, p. 299.

SUSSEX.

S. ij. 14. Godefridus Walensis, per G. heredem suum, per H. de Albeigny qui habet heredem in custodia, et Thomas Tregoz, collectores predicti auxilii in hoc comitatu, reddunt compotum, videlicet de xlij.l. et x.s. de feodis comitis Warenn' de honore de Lewes.

Et de xxxix.l. de feodis Hugonis de Albanico de honore de Arundel.
Et de xx.l. de feodis Comitis Ricardi de honore de Brembre.

Summa cj.l. x.s. In thesauro cj.l. et x.s. Et quieti sunt. *In rotulo.*

SOUTHAMPTON.

S. ij. 13.
II. 134–135.

SUHT' in libro.

WALTERUS DE RUMESY ET ROBERTUS LE HOUT,[1] COLLECTORES ASSIGNATI AD COLLIGENDUM AUXILIUM.

Iidem reddunt compotum de lxxiij.l. et dimidia marca de Willelmo de Sancto Johanne de lv. feodis Ade de Portu de veteri feffamento.

[1] Lohoud *in* Close Roll 19 Henry III, *m.* 6*d.*

S. ij. 13. In thesauro liij.l. xvij.s. et ix.d. De quibus allocantur Willelmo
II. 134–
135—cont. de Sancto Johanne xlj.l. et dimidia marca. Et debet Willelmus
de Sancto Johanne xxxij.l. Et habent collectores de superplusagio xij.l. xj.s. et j.d. quod totum allocatur eis infra preter j.d.
    Iidem reddunt compotum de ij.m. de j. feodo Emerici de Sascy de veteri feffamento. In thesauro nichil. Et in predicto superplusagio ij.m. Et quieti sunt.
    Iidem reddunt compotum de ij.m. de Avicia de Columbariis de j. feodo Elye Crok. In thesauro nichil. Et in predicto superplusagio j.m. Et debet Avicia j.m.
    Willelmus de Ponte Arche reddit compotum de j. feodo et dimidio et vicesima parte feodi. Et[1] thesauro nichil. Et in superplusagio predicto xlj.s. et iiij.d.

    Willelmus de Warblinton' debet ij.m. et dimidiam de j. feodo et quarta parte unius feodi de veteri feffamento.
    Oliverus de Punchardun debet ij.m. de j. feodo quod fuit Ricardi de Solariis de veteri feffamento.
    Petrus filius Herberti debet iiij.m. de ij. feodis de veteri feffamento.

    De hiis qui non habent capitales honores in hoc comitatu.

    Iidem collectores reddunt compotum de vj.l. de feodo comitis Herefordie in hoc comitatu. *Hereford*.
Et de xx.s. de feodo Willelmi Talesmasch.
Et de x.s. viij.d. de feodo Huberti de Burgo.
Et de x.s. de feodo Willelmi de Hanton.
Et de quatuor s. vj.d. de feodo Rogeri de Villers.
Et de quatuor s. vj.d. de feodo Gilberti Bret.
    Summa viij.l. ix.s. viij.d. In thesauro nichil. Et in predicto superplusagio viij.l. ix.s. viij.d. Et quieti sunt.
    Iidem collectores reddunt compotum de iiij.m. de duobus feodis comitis Marescalli apud Thuderleg'. *Glouc'*.
Et de vj.l. de feodis comitis Arundell'.
Et de j.m. de feodo Gilberti Basset in Maperdurewell'.
Et de ij.m. de feodo Johannis Byset in Rokeburn'.
Et de xxxvj.s. de feodo Pagani de Chaworces in Berton'. *Glouc'*.
Et de ij.m. de feodo Johannis de Munemue in Wyneketon'.
Et de ij.m. de feodo Nicholai de Mules in Wellop.
Et de xl.s. de feodo Roberti Tregoz de honore de Ewyas. *Hereford*.
Et de v.m. de feodo Radulfi de Mortuo Mari in Boteleg' et Candevre.
Et de dimidia marca de feodo Willelmi de Percy in Esleg'. *Sussex*.
Et de ij.m. de feodo Henrici de Sancto Walerico de feodo Comitis Ricardi in Norton' et Sudton'. *Oxon*.
Et de xj.s. iiij.d. de feodo Oliveri de Vallibus in Warneburn'.
Et de iiij.m. de feodo Margerie de la Ferte in Sunburn'.
Et de ij.m. de feodo Johannis de Stutevill in Stratfelde.
Et de vj.m. de feodo Simonis le Dun in Tudeworth.
Et de ij.s. viij.d. de feodo Cecilie Huse in Ellinges de novo feffamento.

---

[1] *Read* In.

SOUTHAMPTON. 419

S. ij. 13.
II. 134–
135—cont.
Et de j.m. de feodo Willelmi Buzun in Freskewatre in Insula de Wyth.
Et de j.m. de feodo Henrici de Braibof in eadem.
Et de ij.m. de feodo Johannis de Vatort in Wylehale.
Et de xxviij.s. viij.d. de feodo Willelmi de Nevill' in Foxcote et Oberleg'.
Et de dimidia marca de feodo Willelmi Aguilun in Grutam.
Et de xviij.s. de feodo Thome Salvag in Anne.
Et de viij.s. x.d. de feodo Radulfi Bluet.
Et de ij.m. de feodo Ade de la Bere' in Erdesleg'.
Et de ij.m. de feodo Radulfi filii Pagani in Sumburn' de feodo Johannis de Munemue.
Et de j.m. de feodo Roberti Mercatoris in Byssemarehale.
Et de j.m. de feodo Henrici de Ho.
Et de j.m. de feodo Ricardi de la Dene in Hocton'.
Et de j.m. de feodo Johannis de Cormeyles in Turcleston'.
Summa xlj.l. xviij.s. x.d. De quibus dicunt se liberasse vicecomiti Suht' per breve domini regis de computabitur, xlj.l. xij.s. viij.d. qui ideo non allocabantur eis quia contrabreve nondum fuerat missum ad scaccarium.
In rotulo.

S. ij. 14.   *SUTHAMPTON'.*

WALTERUS DE RUMESYE ET ROBERTUS LE HOT, COLLECTORES PREDICTI AUXILII IN HOC COMITATU, REDDUNT COMPOTUM.

De lxxiij.l. vj.s. viij.d. de lv. feodis Ade de Port.
Et de ij.m. de j. feodo Emerici de Sacy.
Et de ij.m. de j. feodo Amicie[1] de Columbers quod Elias Croc tenet.[2]
Et de iij.m. xvj.d. de j. feodo et dimidio xxa parte j. feodi Willelmi de Ponte Arche.
Et de ij.m. et dimidia de j. feodo et quarta parte j. feodi Willelmi de Wablinton'.
Et de ij.m. et dimidia de j. feodo et quarta parte j. feodi Oliveri de Punchardon.[3]
Et de ij.m. de j. feodo Ricardi de Solariis.
Et de iiij.m. de ij. feodis Petri filii Hereberti.
Et de ix.m. de iiij. feodis et dimidio comitis Herefordie in hoc comitatu.
Et de xx.s. de tribus partibus j. feodi Willelmi Talemasche.
Et de x.s. viij.d. de feodis Huberti de Burgo in hoc comitatu.
Et de x.s. de feodis Willelmi de Hampton'.
Et de iiij.s. vj.d. de feodis Rogeri de Vilers.
Et de iiij.s. vj.d. de feodis Gilberti le Bret.
Et de iiij.m. de ij. feodis comitis Marescalli in Childerleg'.[4]
Et de vj.l. de feodis comitis de Arundel in hoc comitatu.
Et de j.m. de feodis Gilberti Basset in Malpelderewell.
Et de ij.m. de feodis Johannis Biset in Rokeburn'.

[1] *Read* Avicie.   [2] *Read* tenuit.
[3] *The text here appears to be corrupt.*
[4] *Read* Thuderleg'.

420   A.D. 1235–1236.

S. ij. 14
—cont.

Et de xxxvj.s. de feodis Pagani de Chaurces in Berton'.
Et de ij.m. de feodis Johannis de Munem' in Wyneketon'.
Et de ij.m. de feodis Nicholai de Mol' in Wallop.
Et de xl.s. de feodis Roberti Tregoz de honore de Ewyas.
Et de v.m. de feodis Radulfi de Mortuo Mari in Botteleg' et Candevere.
Et de dimidia marca de feodis Willelmi de Percy in Esseleg'.
Et de ij.m. de feodis Henrici de Sancto Valerico.
Et de xj.s. iiij.d. de feodis Oliveri de Vallibus in Warneburne.
Et de iiij.m. de feodis Margarete de la Ferte.
Et de ij.m. de feodis Johannis de Stutevill'.
Et de vj.m. de feodis Simonis le Dun in Tudeworth.
Et de ij.s. viij.d. de feodis Cecilie Hose in Ellinges.
Et de j.m. de feodis Willelmi Buzun in With.
Et de j.m. de feodis Henrici de Breybof ibidem.
Et de ij.m. de feodis Johannis de Valle Torta.
Et de xxviij.s. viij.d. de feodis Willelmi de Nevill'.
Et de vj.s. viij.d. de feodis Willelmi Augulun'.
Et de xviij.s. de feodis Thome Salvagii.
Et viij.s. x.d. de feodis Radulfi Bloet.
Et de ij.m. de feodis Ade de la Ferte.[1]
Et de ij.m. de feodis Radulfi filii Pagani.
Et de feodo Roberti Mercatoris in Bisemerchal.
Et de j.m. de feodis Henrici de Ho.
Et de j.m. de feodis Ricardi de la Dune.
Et de j.m. de feodis Johannis de Cormayles.
    Summa cxxxv.l. xvj.s. vj.d. De quibus in thesauro liij.l. xvij.s. ix.d. Et debent iiij^{xx} j.l. xviij.s. xx.d.
Iidem reddunt compotum de eodem debito.
In thesauro ij.m. per manum Imberti Pugeys de feodo Ricardi filii Bernardi qui tenet de Willelmo de Sancto Johanne, herede Ade de Port. Et debent collectores iiij^{xx} l. xij.s. j.d., de quibus Henricus Bocland debet respondere de ij. m de uno feodo quod tenet de feodo predicti Radulfi[2] in comitatu Hertfordie sicut recepit pro Willelmo de Sancto Johanne. Et respondet in Essex. Et debent collectores lxxix.l. v.s. v.d. Set respondent inde in Suth' in magno rotulo xxxij.[3]

WILTS.

S. ij. 14.
I. 638–
639.

RECEPTA REGINALDI DE KALNA ET WILLELMI GEREBERTI[4] DE SCUTAGIO
IN COMITATU WILTES.

De Ela comitissa Saresberie xlij.l. iiij.d. per manum Petri de Salceto.
De Waltero de Dunstavill' xxvij.l. vj.s. viij.d. per manum Silvestri Lovel.
De comite Herefordie xv.l. iiij.s. per manum Thome de Greneford.

---

[1] *Read* Bere.   [2] *So in MS.*
[3] *See* Pipe Roll, 32 Hen. III. Southampton.
[4] Gileberti *in* Close Roll 19 Henry III, *m.* 6d.

WILTS. 421

S. ij. 14. De Johanne de Monemue iiij.l. viij.s. xj.d. per manum Johannis
I. 638–
639—cont. de Wyk.
De Albreda de Boterell' viij.l. per manum Hugonis de Erneshull.
De Willelmo de Nevill' vj.l. ij.s. viij.d. per manum Nicholai de Bosinton.
De Elya Giffard viij.l. per manum Willelmi le Vel.
De comite Wyntonie ix.l. iiij.s. viij.d. per manum Willelmi Trenchefeill.
De Johanne filio Galfridi iiij.l. per manum Willelmi de Chiriel.
De abbatissa de Wilton' vj.l. per manum Roberti de Hokesham.
De Johanne filio Alani xxvj.s. viij.d. per manum Willelmi filii Gileberti.
De Marioria de Ripariis xlvj.s. viij.d. per manum Nigelli de Medeburn.
De Roberto de Treygoz xvj.l. vj.s. viij.d. per manum Petri de Alingeton.
De Sampsone Foliot xx.s. per manum Ricardi Halewin.
De Egidio de Cancellis xxvj.s. viij.d. per manum Roberti de Cockelbergh.
De Waltero de Clifford vj.s. viij.d. per manum Ricardi de Aldinton.
De Petro de la Mare xxvj.s. viij.d. per manum Ade de Neuham.
De Rogero Gernun xxvj.s. viij.d. per Gilebertum Gernun.
De Pagano de Caorciis iiij.l. vj.s. viij.d. per Patricium de Berewyk.
De Johanne de Balun xiij.s. iiij.d. per Willelmum prepositum.
De Reginaldo de Moun xiij.s. iiij.d. per Johannem hominem suum.
De Willelmo de Cantelupo xiij.s. iiij.d. per Adam le Chamberlein.
De Matheo Hose xl.s. per manum Radulfi le Grant.
De Roberto de Mucegros vj.s. viij.d. per Ricardum de Fiscerton.
De Ricardo de la Rokel' xxvj.s. viij.d. per Walterum Ruscel.
De Simone de Cumb' xiij.s. iiij.d. per ipsum Simonem.
De Roberto de Mandevill' xxvj.s. viij.d. per Willelmum filium Gileberti.
De Thoma Maudut xiij.s. iiij.d. per Philippum Sticher.
De Andrea de Stock' xiij.s. iiij.d. per Reginaldum Drie.
De Willelmo filio Warini xiij.s. iiij.d. per Thomam filium Warini.
De Willelmo de Percy xxvj.s. viij.d. per Thomam de Suthinton.
De Johanne de Chereburg vj.s. viij.d. per ipsum Johannem.
In rotulo.[1] *In libro.*
[*Endorsed* :—] Wiltes'. Rotulus collectorum auxilii in comitatu Wilt'.

S. ij. 13. *WILTESIR'.*
I. 627–
630. REGINALDUS DE CALNA ET WILLELMUS GEREBERT, COLLECTORES ASSIGNATI AD COLLIGENDUM AUXILIUM.
Iidem reddunt compotum de lxxiiij.l. de xl. feodis de honore Sarisberie, et de xv. feodis et dimidio de honore de Trobrige. In thesauro iiij^{xx} vj.l. iiij.s. ij.d. Et in garderoba regis apud Sireburn' iiij^{xx} iiij.l. xvij.s. vij.d. ob. Summa clxxi.l. xxj.d. ob. De quibus allocantur comitisse xlij.l. iiij.d. Et debet comitissa xxxj.l. xix.s.

---

[1] *This note is placed against each entry.*

S. ij. 13. viij.d. Et habent collectores superiores de superplusagio cxxix.l.
I. 627–
630—*cont.* xv ij.d. ob. Quod totum locatur infra. *Wiltesir'.*
S. Iidem reddunt compotum de viij. feodis et tercia Willelmi de Nevill', scilicet de xj.l. ij.s. ij.d. In thesauro nichil. Et in superplusagio predicto vj.l. ij.s. viij.d. Et debet Willelmus iiij.l. xix.s vj.d.

S. Johannes de Monemue reddit compotum de xj.l. ij.s. ij.d. de viij. feodis et tercia Walteri Waleran. In thesauro nichil. Et in predicto superplusagio iiij.l. viij.s. xj.d. Et debet vj.l. xiij.s. iij.d.

S. Albreda de Boterell' reddit compotum de xj.l. ij.s. ij.d. de predictis feodis. In thesauro nichil. Et in predicto superplusagio viij.l. Et debet lxij.s. ij.d.

Walterus de Dunstanvill' reddit compotum de feodis que tenet de rege. In thesauro nichil. Et in predicto superplusagio xxvij.l. et dimidia marca.

S. Elias Giffard' reddit compotum de xij.l. de ix. feodis. In thesauro nichil. Et in predicto superplusagio viij.l. Et debet iiij.l.

Infra.

S. Comes Herefordie reddit compotum de xx.l. et dimidia marca de xv. feodis et qu^art^a honoris de Trobrug'. In thesauro nichil. Et in predicto superplusagio xv.l. iiij.s. Et debet cij.s. et viij.d.

Johanne filius Galfridi reddit compotum de feodis que tenet de rege, scilicet de j. feodo in Cyriel et ij. feodis in Wudebeg'. In thesauro nichil. Et in predicto superplusagio iiij.l. Et quietus est.

Johannes filius Alani reddit compotum de j. feodo in hoc comitatu. In thesauro nichil. Et in predicto superplusagio ij.s. Et quietus est. *Salop.*

Matheus Hose reddit compotum de feodo Henrici Hose in Litleton'. In thesauro nichil. Et in predicto superplusagio xl.s. Et quietus est.

Paganus de Chawrces reddit compotum de feodis que de rege tenet. In thesauro nichil. Et in predicto superplusagio iiij.l. vj.s. et viij.d. *Glouc.*

S. Thomas Maudut reddit compotum de j. feodo de veteri· feffamento. In thesauro nichil. Et in predicto superplusagio j.m. Et debet j.m.

Petrus de la Mare reddit compotum de ij. feodis de veteri feffamento unde Ricardus de la Rokele tenet j. feodum. In thesauro nichil. Et in predicto superplusagio iiij.m. Et quietus est.

Andreas de Stok' reddit compotum de dimidio feodo Thome de Wygor' de veteri feffamento. In thesauro nichil. Et in superplusagio j.m. Et quietus est.

Willelmus de Percy reddit compotum de j. feodo Willelmi de Bruer' de veteri feffamento. In thesauro nichil. Et in superplusagio ij.m. Et quietus est.

Robertus de Maundevill' pro se et Roberto Maudut et Willelmo Cumyn reddit compotum de j. feodo de veteri feffamento. In thesauro nichil. Et in predicto superplusagio ij.m. Et quietus est.

Willelmus de Kantilupo reddit compotum de dimidio feodo in Calestun' de veteri feffamento. In thesauro nichil. Et in predicto superplusagio j.m. Et quietus est.

S. ij. 13.   *S.* Walterus de Clifford reddit compotum de dimidio feodo in
I. 627–
630—*cont.* Aldinton' de veteri feffamento. In thesauro nichil. Et in predicto superplusagio dimidia marca. Et debet dimidiam marcam. *Oxon'*.
   S. Johannes de Baalun in Cheverel reddit compotum de j. feodo de veteri feffamento. In thesauro nichil. Et in predicto superplusagio j.m. Et debet j.m.
   S. Abbatissa de Wilton' reddit compotum de v. feodis de veteri feffamento. In thesauro nichil. Et in predicto superplusagio vj.l. Et debet j.m.

   S.[1] Galfridus Hose debet ij.m. de j. feodo in Stapelford'.
   Hugo de Champayne debet dimidiam marcam de qu^{a}rt^a parte j. militis de veteri feffamento.
   Henricus Hose de Fikelden' debet ij.m.
   Eva de Tracy debet ij.m. de j. feodo in Hanedun'.
   Radulfus Russel debet ij.m. de j. feodo in Corsl'.
   Lucas de Drumar debet ij.m. de j. feodo in Mere.
   Petrus filius Hereberti debet iiij.m. ij. de feodis in Standon' et Merdeford'.
   Fulco de Auno debet ij.m. de j. feodo.
   Ricardus de Grimested debet ij.m. de j. feodo.
   Robertus de Turvill' debet ij.m. de j. feodo in Worth.
   Walterus de Pavily debet ij.m. de j. feodo in Westbir' et Cheppeham.
   Matheus Wak' debet ij.m. de j. feodo in Ebbesburn'.
      Summa debitorum superannotatorum per capita lxxiij.l. xvij.s. iij.d.   Prob.
Supra. Robertus Tregoz reddit compotum de xvj.l. vj.s. et viij.d. de feodis Godefridi de Scudemor' et aliis feodis que tenet de domino rege. In thesauro nichil. Et in predicto superplusagio xvj.l. vj.s. et viij.d.

   De hiis qui non habent capitales honores in hoc comitatu.

   Margeria de Ripariis reddit compotum de xlvj.s. et viij.d. de feodis que de rege tenet. In thesauro nichil. Et in predicto superplusagio xlvj.s. viij.d. *Essex.*
   Comes Wintonie reddit compotum de ix.l. iiij.s. et viij.d. de feodis que de rege tenet in hoc comitatu. In thesauro nichil. Et in predicto superplusagio ix.l. iiij.s. et viij.d. *Leicestr'*.
   Sanson Foliot reddit compotum de xx.s. de feodis que de rege tenet in Chilton' et Dreycot'. In thesauro nichil. Et in predicto superplusagio xx.s. *Walingeford.*

   Iidem collectores reddunt compotum de xxvj.s. et viij.d. de feodo Egidii de Cancellis in Heselbere.
   Et de xxvj.s. et viij.d. de feodo Rogeri Gernun in Lavinton'. *Devon.*
   Et de xiij.s. et iiij.d. de feodo Reginaldi de Moun in Sutton'.
   Et de vj.s. et viij.d. de feodo Roberti de Mucegros.
   Et de xiij.s. et iiij.d. de feodo Simonis de Cumb' in Fitelton'.
   Et de xiij.s. et iiij.d. de feodo Willelmi filii Warini de Fifide quod tenet de Margeria de Ripariis in Fifide. *Essex.*

---
[1] *This appears to apply also to the next eleven entries.*

S. ij. 13.   Et de vj.s. et viij.d. de feodo Johannis de Chereburg in Seinde
I. 627–
630—*cont.* membro de Melkesham.
Summa cvj.s. et viij.d.   In thesauro nichil.   Et in predicto
superplusagio cvj.s. et viij.d.
Summa tocius allocacionis c. et xxix.l. vj.s. et xj.d.   Et debent
iidem collectores v.s. v.d. et ob.
Iidem reddunt compotum de eodem debito.   In thesauro nichil.
Et in quadam archa cum serruris que est in castro de Salesbir,
et parcameno et foril' iij.s.   Et debent ij.s. v.d. et ob.
Iidem reddunt compotum de eodem debito.   In thesauro
liberaverunt.   Et quieti sunt.
In rotulo. Transcribitur. In libro.

DORSET.

S. ij. 13.   *DORSET in libro.*
I. 739–744.
PETRUS DE RUSSELL' ET RADULFUS MONACHUS, COLLECTORES
ASSIGNATI AD COLLIGENDUM AUXILIUM.

Alvredus de Lincoln reddit compotum de xxxiij.l. xj.s. de xxiiij. feodis et dimidio et tribus quintis et sextadecima parte j. feodi de veteri feffamento. In thesauro xl.m. Et debet vj.l. xvij.s. et viij.d.

Robertus de Neuburg reddit compotum de xxx.m. de xv. feodis de veteri feffamento. In thesauro vij.l. xviij.s. et x.d. Et debet xij.l. et xiiij.d.

Rogerus filius Pagani reddit compotum de xxx.m. de xv. feodis de veteri feffamento. In thesauro viij.m. Et debet xxij.m.

Willelmus de Kaenes reddit compotum de vj.m. de iij. feodis de veteri feffamento. In thesauro dimidia marca de dimidio feodo in Cumbe. Et debet lxxiij.s. iiij.d.

Johannes Pulein reddit compotum de ij.m. de uno feodo in Pulleinston'. In thesauro xvj.s. viij.d. Et debet x.s.

Robertus Belet reddit compotum de ij. feodis quorum unum est de veteri feffamento in Frome. In thesauro ij.m. Et debet ij.m.

Abbas de Abbodesbir' reddit compotum de uno feodo de veteri feffamento. In thesauro j.m. Et debet j.m.

Robertus de Mandevill' debet xxix.m. et dimidiam de xiiij. feodis et dimidia et qu^{a}rt^a parte j. feodi.

Thomas Bryen debet ij.m. de uno feodo de veteri feffamento.

Rogerus filius Henrici debet ij.m. de uno feodo de veteri feffamento.

Willelmus de la Basoche debet٭   ٭de uno feodo Moretunye.

De hiis qui non habent capitales honores in hoc comitatu.

Iidem collectores reddunt compotum de xlj.s. et viij.d. de ij. feodis et dimidio Henrici filii Ricardi in Weston', Stodland et Holewell'.

Et de xvj.s. et viij.d. de Willelmo de Lestre in Hoke de uno feodo Morton'.

Et de ix.m. de iiij^{or} feodis et dimidio Reginaldi de Moyun in hoc comitatu, scilicet j. feodum in Crokeston', ij. feoda in Childefrome, dimidium feodum in Chauberge, et j. feodum in Hama.

DORSET. 425

S. ij. 13.
I. 739-744
—*ont.*

Et de ij.m. de Radulfo de Mortemer de uno feodo de Mapodre.
Et de viij.s. et iiij.d. de Philippo de Albiniaco de dimidio feodo Morton' in Lathirton'.
Et de ij.m. de Thoma de la Haye de uno feodo in Ramesham. *Allocatur in Oxon'.*
Et de ij.m. de Radulfo Russel de uno feodo in Alingeton'.
Et de ij.m. de j. feodo comitis Warewiki in Chavedon' Hareng.
Et de j.m. de dimidio feodo Johannis de Baiocis in Parva Pidele.
Et de j.m. de dimidio feodo Rogeri de Quency in Bradeford.
Et de xvj.s. et viij.d. de Philippo Hareng de j. feodo Morton' in Haringston.
Et de dimidia marca de domina de Wulveton de quarta parte jus feodi in Wuluuiton' de feodo Reginaldi filii Willelmi.
Et de ij.m. de Philippo Quentin de uno feodo in Stinteford de feodo Hugonis de Vivun.
Et de ij.m. de Roberto de Neuburg de j. feodo in Lullewurth' de novo feffamento.
Et de ij.m. de Neuton' de feodo Johannis de Munemue.
Et de dimidia marca de Roberto de Pimore de quarta parte j. feodi in feodo Morton'.
Et de xl.s. de abbate de Tavistok' de j. feodo et dimidio in Oskareswell' et Purton'.
Et de ij.m. de uno feodo comitis Warewyk in Melecumb'.
Et de j.m. de dimidio feodo Thome Cofin in Knichton'.
Et de j.m. de dimidio feodo domine Nicholae de Campo Florido in Westchikerel de honore de Curcy.
Et de xx.s. de Eudone Martel de iij. partibus j. feodi in Hineton' de feodo de Chiueton'.
[Et de viij.s. et x.d. de Johanne Russel de tercia parte j. feodi in Gauton' de feodo Roberti de Neuburg. (*Cancelled:—*) *Quia supra . . . . . inde Robertus.*]
Et de vj.m. de Henrico de Ludinton' de iij. feodis in Ludinton' de feodo de Chiueton'.
Et de ij.m. de Radulfo Barnag' de j. feodo Willelmi de Nevill' in Fifhide.
Et de ij.m. de Radulfo Belet et Philippo de Mortimer de uno feodo de Mortimer in Winterburn'.
Et de j.m. de dimidio feodo Mathei de Luvein in Godmarineston'.
Et de ij.m. de uno feodo de Strigoil in Frome.
Et de xxv.s. de j. feodo et dimidio in Fosardeston' de feodo de Odecumb' de feodo Moriton'.
Et de xvj.s. et viij.d. de j. feodo de Morton' in Upseteling de feodo de Odecumbe.
Et de ij.m. de j. feodo Andree Peverel in Bradeford'.
Et de xliiij.s. et vj.d. de feodo Simonis de Munford in Sepwik.
Et de xxj.s. et iiij.d. de iiij. partibus j. feodi in Hineton' de feodo comitisse de Insula.
Et de j.m. de dimidio feodo eiusdem comitisse in Sipton'.
Et de j.m. de dimidio feodo in Swere.
Et de ij.m. de j. feodo Johannis de Munemue in Manneston'.
Et de xx.s. de iij. partibus j. feodi Roberti de Mucegros in Bovinton'.
Et de ij.m. de uno feodo eiusdem Roberti in Staff'.

S. ij. 13. Et de vj.s. et iiij.d. de quinta parte j^{us} feodi Rogeri filii Rogeri
I. 739–744 in Dudesbir'.
—cont.
Et de ij.m. de j. feodo Johannis de Munemue in Sutton'.
Et de xvj.s. et viij.d. de j. feodo Willelmi de Launvelay de Morton' in Hendesworth, Winterburn' et Mortone.
Et de iiij.m. de ij. feodis de Strigoil in Litsed.
Et de j.m. de dimidio feodo de Mulent in Almere.
Et de dimidia marca de quart^a parte unius feodi de Mulent in Hamme.
Et de j.m. de dimidio feodo prioris de Cristeschirch in Flete.
Et de j.m. de dimidio feodo abbatisse de Wilton' in Felipston'.
Et de xvj.s. et viij.d. de Roberto de Pavili et Willelmo de la Pentiz de j. feodo de Morton'.

Summa lv.l. xvj.s. et ij.d.

Alvredus de Lincoln reddit compotum de xxv.s. de uno feodo et dimidio de Moretoin in Waya. In thesauro liberavit. Et quietus est. *Debet xvj.d.*

Reginaldus de Moyun reddit compotum de iij. partibus unius feodi in Stepelton'. In thesauro xvj.s. Et debet iiij.s.

Idem Reginaldus de Moyun reddit compotum de ij. feodis in Mapeldoreton' et Parva Windelessor'. In thesauro ij.m. Et debet ij.m.

Walterus de Esl' reddit compotum de vj. feodis et de quarta parte j. feodi de feodo de Morton'. In thesauro cj.s. Et debet vj.s. ix.d.[1]

Philippus de Albini reddit compotum de j. feodo de Morton' in Middelton', Kerchel, Selfhamptun'. In thesauro viij.s. iiij.d. Et debet viij.s. iiij.d.

Walterus Walerand reddit compotum de j. feodo in Tore. In thesauro j.m. Et debet j.m.

Ricardus Luvel reddit compotum de j. feodo in Parva Frome. In thesauro j.m. Et debet j.m.

Robertus de Bello Campo reddit compotum de viij. feodis de Moret'. In thesauro lxxv.s. Et debet lviij.s. iiij.d.

Adam de Kerescumb reddit compotum de tercia parte j^{us} feodi de feodis de Mort'. In thesauro ij.s. ix.d. ob. Et debet iij.s. ix.d.

Johannes de Baiocis reddit compotum de ij. quintis partibus feodi Radulfi de Mortimer in Stokingway et Wadun Cray. In thesauro ij.s. iiij.d. Et debet v.s. iiij.d.

Radulfus de Mortimer reddit compotum de dimidio feodo in Melebur'. In thesauro dimidia marca. Et debet dimidiam marcam.

Willelmus de Nevill' reddit compotum de j. feodo in Winterburn'. In thesauro j.m. Et debet j.m.

Margeria de Ripariis reddit compotum de quarta parte unius feodi. In thesauro xl.d. per Johannem de Baiocis. Et debet xl.d.

Willelmus de Monte Acuto reddit compotum de j. feodo de Mort' in Tore et Luveford. In thesauro viij.s. iiij.d. Et debet viij.s. [ix.d.][2]

Willelmus Bevin reddit compotum de dimidio feodo Vitalis Engayne in Candel. In thesauro dimidia marca. Et debet dimidiam marcam.

---
[1] I. 742 *reads* vj.s. ij.d. *The correct amount should apparently be* iiij.s. ij.d.
[2] *So in* I. 745, *but read* iiij.d.

DORSET.

S. ij. 13.
I. 739–744
—cont.

Warreys de Pillisdon' reddit compotum de dimidio feodo com' Insule in Morban. In thesauro dimidia marca; et debet dimidiam marcam.

Henricus de Haddon reddit compotum de quarta parte j^{us} feodi in Candel. In thesauro xl.d. Et debet xl.d.

Radulfus de Bray reddit compotum de quarta parte j^{us} feodi in Candel. In thesauro xl.d. Et debet xl.d.

Radulfus Russel reddit compotum de quinta parte j. feodi in Wttun. In thesauro ij.s. et viij.d. Et debet ij.s. et viij.d.

Thomas Tribot reddit compotum de j. feodo Willelmi de Mort' in Kertel. In thesauro j.m. Et debet j.m.

Andreas Peverel reddit compotum de tercia parte j. feodi de Moelent. In thesauro viij.s. iij. quadrantes. Et debet x.d. iij. quadrantes.

Willelmus de Moreton' reddit compotum de j. feodo Rogeri de Quency in Kerchel. In thesauro j.m. Et debet j.m.

Henricus de Tore reddit compotum de j. feodo Albric' de Boterell' in Tore. In thesauro j.m. Et debet j.m.

Summa totalis denariorum quos predicti collectores liberaverunt in thesauro cxviij.l. ij.s. et ij.d. in tribus talliis allocatis. Et debent v.s. iiij.d. Iidem reddunt compotum de eodem. In thesauro liberaverunt in j. tallia. Et quieti sunt.
In rotulo.

SOMERSET.

S. ij. 15.
II. 725–727.

DORSET[1] *in libro.*

RECEPTA SCUTAGII PER MANUS HUGONIS DE MERIET ET JOHANNIS DE AURE, COLLECTORUM TAM DE TERMINO SANCTI MICHAELIS ANNO REGNI REGIS HENRICI NONODECIMO QUAM DE TERMINO PASCHE ANNO REGNI REGIS HENRICI VICESIMO.

De Reginaldo de Moun de xxxiiij. feodis et j. quarterio xlv.l. x.s. et ij.d. per vj. tallias.

De Rogero filio Pagani de xiiij. feodis xviij.l. xiij.s. et iiij.d. per ij. tallias.

De comitissa Sarum de xiij. feodis xvj.l. xiij.s. et iiij.d. per ij. tallias.

De Ricardo Lovel xviij.l. et xij.s. per iij. tallias.

De Philippo de Columbariis de x. feodis xiij.l. vj.s. et viij.d. per ij. tallias.

De Hugone de Vivon' de ix. feodis et j. quarterio et xx^{ma} parte et j. feodo Morton' xiij.l. vj.s. et viij.d. per ij. tallias.

De Roberto de Mecegros ix.l. xvj.s. et ij.d. per iiij. tallias.

De Nicholao filio Martini de vj. feodis et dimidio viij.l. xiij.s. et iiij.d. per ij. tallias.

De Roberto de Curtenay de ij. feodis et j. quarterio et iij^{bus} quintis partibus cum v. feodis Morton' vij.l. xix.s. iiij.d. per vj. tallias. *Pars.*

De Michaele filio Radulfi de ix. feodis Morton' vij.l. x.s. iiij.d. per ij. tallias.

---

[1] *Read* Somerset.

S. ij. 15.
II. 725—
727—cont.

De Roberto de Bello Campo vj.l. v.s. ix.d. et ob. per ij. tallias.
De Roberto de Novo Burgo de iiij. feodis et dimidio v.l. xiij.s. iiij.d. per iiij. tallias.
De Willelmo de Monte Acuto de vij. feodis Morton' v.l. xvj.s. viij.d. per ij. tallias.
De David de Limesie de iiij^{or} feodis v.l. vj.s. viij.d. per ij. tallias.
De Sibilla de Euwyas v.l. iij.s. iiij.d. per ij. tallias.
De Nicholao de Meles de iiij^{or} feodis et quinta parte v.l. xij.s. viij.d. per ij. tallias.
De Johanne Marescallo de iij^{bus} feodis iiij.l. per ij. tallias.
De Hereberto filio Mathei de iij^{bus} feodis iij.l. vj.s. viij.d. per ij. tallias.
De Margeria de la Ferte de ij^{bus} feodis et dimidio et 1ma parte iij.l. vij.s. ij.d. per ij. tallias.
De Willelmo de Cantello de iij^{bus} feodis et dimidio iiij.l. xiij.s. iiij.d. per iiij. tallias.
De Radulfo Russel de ij^{bus} feodis et dimidio et ij^{bus} v^{tis} partibus iij.l. xvij.s. iiij.d. per ij. tallias.
De Gilberto Marescallo de vj. feodis et j. quarterio viij.l. vj.s. viij.d. per viij. tallias.
De Johanne de Nova Villa de ij^{bus} feodis liij.s. iiij.d. per iiij. tallias.
De Hugone de Dodingeshale de iij^{bus} feodis iiij.l.
De Henrico de Ortiaco de ij^{bus} feodis liij.s. iiij.d. per ij. tallias.
De Willelmo de Fenes de ij. feodis unde unum est de novo liij.s. iiij.d. per ij. tallias.
De comite Herefordie de ij. feodis et dimidio iij.l. vj.s. viij.d. per iiij. tallias.
De Henrico filio Ricardi de iij. feodis Morton' l.s. per ij. tallias.
De Johanna Bruere xlv.s. viij.d. per ij. tallias.
De Waltero de Esselege de iiij^{or} feodis Morton' iij.l. vj.s. viij.d. per iiij. tallias.
De Willelmo Longespeye de ij. feodis liij.s. iiij.d. per ij. tallias.
De Clopton' de j. feodo Morton' xvj.s. viij.d. per j. talliam.
De Godefrido de Auno de j. feodo xxvj.s. viij.d. per ij. tallias.
De Willelmo de Stutevile de j. feodo xxvj.s. viij.d. per iij. tallias.
De Willelmo de Breuse de j. feodo xxvj.s. viij.d. per ij. tallias.
De Roberto de Mandevile de ij^{bus} feodis liij.s. iiij.d. per iiij. tallias.
De Alicia de Moun de j. feodo et dimidio Morton' xxv.s. per ij. tallias.
De Hugone de Meriet de j. feodo et dimidio Morton' xxv.s. per ij. tallias.
De Hugone Wake de j. feodo et dimidio Morton' xxv.s. per ij. tallias.
De Cumton' de j. feodo Morton' xvj.s. viij.d. per iij. tallias.
De Odecumbe de dimidio feodo Morton' viij.s. iiij.d. per j. talliam.
De Roberto de Briwes de dimidio feodo Morton' viij.s. iiij.d. per j. talliam.
De Roberto de Merlande de dimidio feodo xiij.s. iiij.d. per ij. tallias.
De Roberto de Gurnay de dimidio feodo xiij.s. iiij.d. per ij. tallias.
De Johanne de Aure de dimidio feodo xiij.s. iiij.d. per ij. tallias.

SOMERSET. 429

S. ij. 15. De Radulfo filio Bernardi de dimidio feodo xiij.s. iiij.d. per ij.
II. 725– tallias.
727–c.⅚.t. De Johanne Daco de dimidio feodo xiij.s. iiij.d. per ij. tallias.
De Radulfo de Sulenie de dimidio feodo x.s. per ij. tallias.
De Galfrido Dinant de tercia parte viij.s. xj.d. per ij. tallias.
De Roberto Lebel de Withele de dimidio feodo Morton' viij.s. iiij.d.
per ij. tallias.
De Willelmo de le Estre de iiij^{ta} parte Morton' iiij.s. ij.d. per ij. tallias.
De Ricardo de Wrotham de j. feodo xxvj.s. viij.d. per ij. tallias.
In rotulo.[1]

S. ij. 13. *SUMERSETE in libro. Transcribitur.*
*II. 737–
739. HUGO DE MERIET ET JOHANNES DE AURE, COLLECTORES DE EODEM
AUXILIO IN HOC COMITATU, REDDUNT COMPOTUM.

Iidem reddunt compotum de lxviij.m. et dimidia de xxxiiij. feodis et quart^a parte unius feodi Reginaldi de Moun de baronia sua.
Et de xxviij.m. de xiiij. feodis Rogeri filii Pagani de baronia sua.
Et de xxvj.m. de xiij. feodis comitisse Saresberie de baronia sua in hoc comitatu.
Et de xx.m. de x. feodis Philippi de Columbers.
Et de xviij.m. et dimidia et xvj.d. de ix. feodis quart^a et vicesima unius feodi Hugonis de Vivon' que fuerunt Willelmi Malet.
Et de xiij.m. de vj. feodis et dimidio Nicholai filii Martini.
Et de v.m. et ix.s. de ij. feodis quart^a et tribus quintis unius feodi Roberti de Curtenay in hoc comitatu.
Et de ix.m. de iiij. feodis et dimidio Roberti de Novo Burgo.
Et de viij.m. de iiij. feodis David de Limeseye in hoc comitatu.
Et de viij.m. v.s. iiij.d. de iiij. feodis et quinta parte unius feodi Nicholai de Molis.
Et de vj.m. de iij. feodis Johannis Marescalli.
Et de vj.m. de iij. feodis Hereberti filii Mathei in hoc comitatu.
Et de v.m. vj.d. de ij. feodis et dimidio et 1ma parte unius feodi Margarie de la Ferte.
Et de vij.m. de iij. feodis et dimidio Willelmi de Cantolupo in hoc comitatu.
Et de v.m. x.s. iiij.d. de ij. feodis et dimidio et duabus quintis unius feodi Radulfi Russel in hoc comitatu.
Et de xij.m. et dimidia de vj. feodis et quarta parte unius feodi comitis Gilberti Marescalli in hoc comitatu.
Et de iiij.m. de ij. feodis Johannis de Nevill' in hoc comitatu.
Et de vj.m. de iij. feodis Hugonis de Dodingeshal'.
Et de iiij.m. de ij. feodis Henrici de Ortiaco.
Et de iiij.m. de ij. feodis Willelmi de Fenes in hoc comitatu.
Et de v.m. de ij. feodis et dimidia Henrici de Bohun, comitis Herefordie et Essex, in hoc comitatu.
Et de iiij.m. de ij. feodis Willelmi de Longa Spata, comitis Saresberie, in hoc comitatu.

---

[1] *This note is placed against each entry except the penultimate.*

430   A.D. 1235–1236.

S. ij. 13.
II. 737–
739—cont.

Et de ij.m. de j. feodo Godefridi de Auno.
Et de ij.m. de j. feodo Willelmi de Stutevill' in hoc comitatu.
Et de ij.m. de j. feodo Willelmi de Breusa in hoc comitatu.
Et de iiij.m. de ij. feodis Roberti de Maundevill'.
Et de j.m. de dimidio feodo Roberti de Merlande.
Et de j.m. de dimidio feodo Roberti de Gurnay.
Et de j.m. de dimidio feodo Johannis de Aure.
Et de j.m. de dimidio feodo Radulfi filii Bernardi.
Et de j.m. de dimidio feodo Johannis Daci.
Et de j.m. de dimidio feodo Radulfi de Suliny.
Et de viij.s. xj.d. de tercia parte unius feodi Galfridi Dinant.
Et de ij.m. de j. feodo Ricardi de Wrotham.
Et de xxvij.m. xij.s. de   Ricardi Lovel.
Et de ix.l. xvj.s. ij.d. de   Roberti de Mucegros.
Et de ix.m. v.s. ix.d. ob. de   Roberti de Bello Campo.
Et de c.s. iij.s. iiij.d. de   Sibille de Eyiwas.
Et de iij.m. v.s. viij.d. de   Johanne de Briwera.
             Summa ccxxxvij.l. xj.s. viij.d. ob.
Iidem reddunt compotum de parvis feodis in hoc comitatu, scilicet de xvj.s. viij.d. de j. feodo Hugonis de Vivion'.
Et de vj.m. iij.s. iiij.d. de v. feodis Roberti de Curtenay de eodem.
Et de xj.m. iij.s. viij.d. de ix. feodis Michaelis filii Radulfi de eodem.
Et de cxvj.s. viij.d. de vij. feodis Willelmi de Monte Acuto de eodem.
Et de iij.m. x.s. de iij. feodis Henrici filii Ricardi de eodem.
Et de v.m. de iiij. feodis Walteri de Esseleg de eodem.
Et de xvj.s. viij.d. de j. feodo in Clopton' quod est in manu domini regis.
Et de xxv.s. de j. feodo et dimidio Alicie de Moyun de eodem.
Et de xxv.s. de j. feodo et dimidio Hugonis de Meriet de eodem.
Et de xxv.s. de j. feodo et dimidio Hugonis Wake de eodem.
Et de xvj.s. viij.d. de j. feodo in Cumpton' quod est in manu domini regis.
Et de viij.s. iiij.d. de dimidio feodo Johanne de Briwer' de eodem.
Et de viij.s. iiij.d. de dimidio feodo Roberti de Briwes de eodem.
Et de iiij.s. ij.d. de iiij^a parte unius feodi Willelmi del Estre de eodem.
Et de viij.s. et iiij.d. de j. feodo Roberti le Bel.
             . Summa xxxj.l. xiiij.d.
Summa.summarum cclxviij.l. xij.s. x.d. ob. De quibus in thesauro per eosdem centum et xxxj.l. per j. talliam. Et in garderoba regis W. de Kirkham et W. de Haverhull' apud Dunden' cxxxij.l. xv.s. per breve regis quod est in forulo marescalli. Et debent iiij.l. xvij.s. x.d. ob. qui debent requiri de subscriptis ut dicunt, videlicet :—
De[1] Reginaldo de Moun iij.s. iiij.d.
De W. comite Saresberie j.m.
De Roberto de Novo Burgo dimidia marca.
De Hereberto filio Mathei j.m.
De Radulfo de Suleny iij.s. iiij.d.

---

[1] *Opposite these five names is placed* S.

SOMERSET. 431

S. ij. 13.
II. 737–
739—cont.
Summa xl.s. Et debent predicti collectores pro supra dictis lvij.s. x.d. ob.
Iidem reddunt compotum de eodem debito. In thesauro xl.s. per j. talliam. Et debent xvij.s. x.d. ob.

DEVON.

S. ij. 15.
I. 813–814.
RECEPTA WILLELMI PEVERELL' ET RADULFI DE SECHEVILL' DE AUSILIO DOMINI REGIS IN DEVON'.

Idem reddunt compotum de c. et lxxviij.m. de iiij^{xx} et ix. feudis Comitis Ricardi. In thesauro c. et lvj.m. (*sic*). Et debet xxj.m. xij.s. v.d. ob.
(*Twenty-four entries not printed here for reasons stated above, p.* 409.)
Idem reddunt compotum de xvj.s. et viij.d. de dimidio feudo et iiij^{ta} parte dimidii feudi Galfridi Dinant. In thesauro xvj.s. viij.d. *In libro.*

S. ij. 14.
I. 841–
846.
DEVON' in libro.

W. PEVEREL ET RADULFUS DE SECHEVILL', COLLECTORES AUXILII CONCESSI DOMINO REGI AD MARITANDAM SOROREM SUAM ROMANORUM IMPERATORI REDDUNT COMPOTUM, VIDELICET DE QUOLIBET FEODO II.M.

S. Iidem reddunt compotum de clxxviij.m. de quater viginti et ix. feodis Comitis Ricardi in hoc comitatu *de honore comitis Devonie.* In thesauro per eosdem clvj.m. x.d. ob. Et debet comes xxj.m. xij.s. v.d. obs.

S. Iidem reddunt compotum de c. et quater viginti et v.m. de iiij^{xx} feodis xij. et dimidio feodo Roberti de Curtenay *de baronia sua.* In thesauro ciiij^{xx} et iiij.m. et iij.s. iiij.d. per eosdem. Et debet idem Robertus x.s. *Sed respondet in dorso.*

S. Iidem reddunt compotum de c. et xij.m. de lvj. feodis Henrici de Tracy in hoc comitatu *de baronia sua.* In thesauro c. et j.m. vij.s. viij.d. per eosdem. Et debet idem Henricus x.m. v.s. viij.d. *Sed respondet in dorso.*

S. Iidem reddunt compotum de xxxj.m. de xv. feodis et dimidio episcopi Exoniensis *de baronia sua.* In thesauro per collectores xvj.m. et dimidia. Et[1] debet episcopus xiiij.m. et dimidiam. *Sed respondet in dorso.*

S. Iidem reddunt compotum de lvj.m. de xxviij. feodis Reginaldi de Valle Torta *de baronia sua.* In thesauro l.m. Et[1] debet idem Reginaldus vj.m. *Sed respondet in dorso.*

Iidem reddunt compotum de lvj.m. de xxvij. feodis Eve de Breusa in hoc comitatu *de baronia sua.* In thesauro lvj.m. Et quieta est. *Honor Totenesse.*

---
[1] Et *repeated.*

S. ij. 14.
I. 841-846
—cont.

S. Iidem reddunt compotum de xlij.m. de xxj. feodis Henrici de la Pomeray *de baronia sua*. In thesauro per collectores xxvj.m. et iiij.s. Et debet idem Henricus xv.m. ix.s. iiij.d.
S. Iidem reddunt compotum de xlij.m. de xxj. feodis Henrici de Trubevill' *de rege in capite*. In thesauro xl.s. Et[1] debet Henricus xxxix.m. *Respondet in dorso.*
S. Iidem reddunt compotum de xxxij.m. de xvj. feodis abbatis de Tauuistok'. In thesauro per eosdem collectores xxj.m. *Et ciij.s. iiij.d. per* collectores *Cornubie, sicut ibidem continetur. Item xl.s. per collectores Dorset', sicut continetur ibidem. Item in thesauro xl.d. per ipsum abbatem. Et quietus est.*[2]
S. Iidem reddunt compotum de xxij.m. xv.s. viij.d. de xj. feodis, duabus quintis j. feodi, et duabus quintis dimidii feodi Henrici de Merton'. In thesauro xx.m. Et debet idem Henricus ij.m. xv.s. viij.d. *Respondet in dorso.*
Iidem reddunt compotum de xj.m. et viij.s. de v. feodis et dimidio et v^a parte unius feodi et v^a parte dimidii feodi Gilberti de Humfranvill'.[3] In thesauro xj.m. viij.s. Et quieti sunt.
S. Iidem reddunt compotum de xj.m. et viij.s. de v. feodis et dimidio, v^a parte unius feodi et v^a parte dimidii feodi Reymundi de Sulye.[4] In thesauro xj.m. Et debet idem Reymundus viij.s. *Respondet in dorso.*
S. Iidem reddunt compotum de xj.m. et viij.s. de v. feodis et dimidio v^a parte j. feodi et v^a parte dimidii feodi Henrici de Tracy. In thesauro per eosdem viij.m. Et debet idem Henricus xlviij.s. *Sed respondet in dorso. Devon'.*
Iidem reddunt compotum de xj.m. de v. feodis et dimidio Nicholai[5] filii Martini. In thesauro xj.m. Et quietus est.
S. Iidem reddunt compotum de xiiij.m. de vij. feodis H.[6] filii Mathei. In thesauro vj.m. Et debet viij.m. *Sed respondet in dorso.*
S. Iidem reddunt compotum de xxij.m. de xj. feodis Roberti de Mandevill'. In thesauro per collectores viij.m. et xx.d. Et debet idem Robertus xiij.m. xj.s. viij.d. *Sed respondet in dorso.*
S. Iidem reddunt compotum de xx.s. de tribus partibus unius feodi Willelmi Peverel. In thesauro nichil. Et debet xx.s. *Respondet in dorso.*
Iidem reddunt compotum de j.m. de dimidio feodo Almarici de Sancto Amando. Et de j.m. de dimidio feodo Nicholai de Mol'.[7] Et de ij.m. de j. feodo Willelmi del Estre.[8] Et de ij.m. de j. feodo Roberti de Blakeford'. Et de ij.m. de j. feodo Nicholai Avenel. Et de ij.m. de j. feodo Ricardi Burdun. Et de ij.m. de j. feodo Joh' Biset et Reginaldi de Valle Tort'. Et de ij.m. de j. feodo Reginaldi de Alba Mara. Et de xvj.s. viij.d. de dimidio feodo et iiij^a parte dimidii feodi Galfridi de Dinan.[9] In thesauro liberaverunt. Et quieti sunt.

Summa totius thesauri superius allocati cccclxx.l. viij.s. x.d. ob. De quibus solverunt in thesauro cclxxij.l. per v. tallias. Et Walthero

---

[1] Et *repeated*.
[2] *Written over an erasure.*
[3] Hunfranevill *in draft*.
[4] Sully *in draft*.
[5] Colyn *in draft*.
[6] Herberti *in draft*.
[7] Colyn de Molys *in draft*.
[8] Willelmi de Lestr' *in draft*.
[9] Dinant *in draft*.

DEVON. 433

S. ij. 14.
I. 841-846
—cont.
de Kirkham et Willelmo de Haverhull' apud Berkeleg' die Martis in octabis Sancti Johannis Baptiste anno regni regis xx°, ciiij^{xx} et viij.l. per breve regis quod est in forulo marescalli,[1] de quibus respondent in compoto suo. Et debent predicti collectores x.l. viij.s. x.d. ob.
Iidem collectores reddunt compotum de eodem debito. In thesauro c.s. per Willelmum Peverel, unum collectorum, et iiij.l. per Radulfum de Sechevill', alium collectorum. Et debent[2] xxviij.s. x.d. ob.
Iidem reddunt compotum de eodem debito. In thesauro liberaverunt. Et quieti sunt.
In rotulo.

[*On the dorse :—*] Devonia. *In libro.*
De arreragiis illorum qui debent ex alia parte rotuli.

Robertus de Cortenay reddit compotum de x.s. de eodem auxilio sicut continetur in alia parte rotuli. In thesauro liberavit per j. talliam per Walterum de Bath', vicecomitem. Et quietus est.
Reginaldus de Valle Torta reddit compotum de vj.m. de eodem. In thesauro liberavit per eundem vicecomitem. Et quietus est.
Henricus de Traci reddit compotum de xlviij.s. de eodem. In thesauro liberavit per eundem. Et quietus est.
S. Idem Henricus reddit compotum de x.m. v.s. iiij.d. In thesauro lviij.s. iiij.d. per eundem vicecomitem. Et debet iiij.l. viij.d. *Sed respondet infra.*
S. Robertus de Mandevill' reddit compotum de xiij.m. xj.s. viij.d. In thesauro xij.m. viij.s. viij.d. per eundem vicecomitem. Et debet xvj.s. et iiij.d.
Henricus de Tracy reddit compotum de iiij.l. viij.d. sicut supra continetur. In thesauro liberavit. Et quietus est.
Willelmus Peverel reddit compotum de xx.s. de eodem sicut continetur ex alia parte rotuli. In thesauro liberavit. Et quietus est.
Henricus de Mereton' reddit compotum de xlij.s. iiij.d. sicut continetur ex alia parte rotuli. In thesauro liberavit. Et quietus est.
Reimundus de Suly reddit compotum de viij.s. sicut continetur ex alia parte rotuli. In thesauro liberavit. Et quietus est.
Episcopus Exoniensis reddit compotum de xiiij.m. et dimidia sicut continetur ex alia parte rotuli. In thesauro xvj.m. Et habet de superplusagio xx.s.
S. Henricus de Trublevill' reddit compotum de xxxix.m. de eodem, sicut continetur ex alia parte rotuli. In thesauro nichil. Et in perdonis ipsi Henrico per breve regis xxxvij.m. quod est in forulo marescalli. Et debet ij.m.[3]
Walterus de Baton' reddit compotum de viij.m. pro H. filio Mathei, sicut continetur ex alia parte rotuli. In thesauro.
Devon'. *In libro.*

---
[1] *The writ dated 1 July, 1236, is entered in the* Communia *of* Trinity Term, 1237. K.R. Memoranda Roll 15, m. 25.
[2] *The letter* s. *is interlined over a caret between* debent *and* xxviij.s.
[3] 25 February 1238. *See* Close Rolls, 1237–1242, p. 30.

A.D. 1235–1236.

S. ij. 14.
I. 841-846
—cont.

De defectibus auxilii ad sororem regis maritandam in comitatu Devonie, de quibus collectores eiusdem auxilii non responderunt in compotu suo de eodem auxilio.
Walterus de Baton', vicecomes, reddit compotum de iiij.m. et xxij.d. de ij. feodis xx. et 1ª parte unius feodi heredum de Torinton'. In thesauro xxj.l. iij.s. viij.d. Et habet de superplusagio xviij.l. viij.s. vj.d. quod totum est allocatum ei infra.
Idem reddit compotum de vj.m. de iij. feodis Nicholai filii Martini de baronia de Derdington'. In thesauro nichil. Et in predicto superplusagio v.m. Et debet j.m.
Idem reddit compotum de xvij.s. viij.d. de ij. partibus unius feodi Willelmi Avenel. In thesauro nichil. Et in predicto superplusagio xvij.s. viij.d. Et quietus est.
Idem reddit compotum de v.s. xj.d. ob. de vª et xlª viij. parte unius feodi Roberti de Merlaund' de eodem. In thesauro nichil. Et in predicto superplusagio v.s. xj.d. ob. Et quietus est.
Idem reddit compotum de ij.m. de j. feodo Willelmi de Ral' de eodem. In thesauro nichil. Et in predicto superplusagio ij.m. Et quietus est.
Idem reddit compotum de j.m. de dimidio feodo Thome de Orway de eodem. In thesauro nichil. Et in predicto superplusagio j.m. Et quietus est.
Idem reddit compotum de liij.s. vj.d. de tribus parvis feodis Willelmi Malherb'. In thesauro nichil. Et in predicto superplusagio liij.s. vj.d. Et quietus est.
Idem reddit compotum de ij.s. ij.d. ob. de viijª parte unius parvi feodi Johannis et Ricardi de Cherleton' de eodem. In thesauro nichil. Et in predicto superplusagio ij.s. ij.d. ob. Et quietus est.
Idem reddit compotum de iiij.s. v.d. de vj. parte unius feodi Roberti Revel de eodem. In thesauro nichil. Et in predicto superplusagio iiij.s. v.d. Et quietus est.
Idem reddit compotum de iiij.s. v.d. de vj. parte unius feodi Philippi Corbin de eodem. In thesauro nichil. Et in predicto superplusagio iiij.s. v.d. Et quietus est.
Idem reddit compotum de ij.m. de j. feodo Willelmi de Botereus de eodem. In thesauro nichil. Et in predicto superplusagio ij.m. Et quietus est.
Idem reddit compotum de xxiij.d. ob. de ixª parte unius parvi feodi Rogeri le Botor. In thesauro nichil. Et in predicto superplusagio xxiij.d. ob. Et quietus est.
Idem reddit compotum de xvij.s. x.d. de ij. partibus unius feodi Nicholai Meriet. In thesauro nichil. Et in predicto superplusagio xvij.s. x.d. Et quietus est.
Idem reddit compotum de viij.s. xj.d. de dimidio parvo feodo Willelmi de Grindeham. In thesauro nichil. Et in predicto superplusagio viij.s. xj.d. Et quietus est.
Idem reddit compotum de ij.s. ij.d. ob. de viij. parte unius parvi feodi Ade de Farendon' de eodem. In thesauro nichil. Et in predicto superplusagio.
Idem reddit compotum de v.m. de ij. feodis et dimidio Radulfi del Pin et Henrici de la Dun' de eodem. In thesauro nichil. Et in predicto superplusagio. Et quietus est.

DEVON. 435

S. ij. 14.
I. 841-846
—cont.

Idem reddit compotum de iij.s. iiij.d. de viij. parte unius feodi Roberti de Sakevill' de eodem. In thesauro nichil. Et in predicto superplusagio iij.s. iiij.d. Et quietus est.
Idem reddit compotum de xx.d. de xvj. parte unius feodi Mauricii de Kolteswrth'. In thesauro nichil. Et in predicto superplusagio xx.d. Et quietus est.
Idem reddit compotum de iiij.s. v.d. de quarta parte unius parvi feodi Johannis de Albamarl' de eodem. In thesauro nichil. Et in predicto superplusagio iiij.s. v.d. Et quietus est.
Idem reddit compotum de j.m. de dimidio feodo Nicholai de Mol' in Staunton. In thesauro nichil. Et in predicto superplusagio j.m. Et quietus est.
Idem reddit compotum de ij.m. de j. feodo Gervasii de Penteton' de eodem. In thesauro nichil. Et in predicto superplusagio ij.m. Et quietus est.

Reginaldus de Valle Torta eisdem defectibus.	vij.m. de iij. feodis et dimidio de
Willelmus de Ascema[1] eisdem.	iiij.s. v.d. de sexta parte j. feodi de
Patricius de Chaurces	ij.m. de j. feodo de eisdem.
Johannes de Nevill' dimidio et xija parte unius feodi de eisdem.	v.m. et ij.s. ij.d. ob. de ij. feodis et
Ricardus Drogonis	xx.d. de xvja. parte j. feodi de eisdem.
Heredes Willelmi Briwer' parte unius feodi honoris de Ottecumb de eisdem.	xj.s. et j.d. de quarta et vja
Singula feoda de Axmenistr' et aqua de Tambir et manerii de Normauton'	ij.m. de eisdem.

CORNWALL.

S. ij. 14.
I. 865-868.

CORNUBIA.

Henricus de Bodegrane,[2] Simon de Brakel', collectores auxilii comitatus Cornubie, reddunt compotum de xlix.l. iij.s. et iiij.d. de auxilio Reginaldi de Valle Torta. In thesauro xlviij.l. iij.s. x.d. de lix. feodis de feodis Morton'. Et debet xix.s. vj.d.
Iidem reddunt compotum de lix.l. iij.s. et iiij.d. de lxxj. feodis Andree de Cardinan de feodis Morton'. In thesauro lviij.l. xj.s. viij.d. Et debet xij.s. iiij.d.
Iidem reddunt compotum de xvj.l. et xiij.s. iiij.d. de xx. feodis Morton' honoris Matildis de Lucy et Roberti filii Walteri in Myneli et Lantyen. In thesauro xv.l. xij.d. Et debent xxxij.s. et iiij.d.
Iidem reddunt compotum de viij.l. vj.s. viij.d. de x. minutis feodis eiusdem honoris que Herebertus de Pinu et Walterus filius Willelmi de hereditate uxorum suarum tenent. In thesauro vj.l. ix.s. viij.d. Et debent xxxvij.s.
Iidem reddunt compotum de x.l. et viij.s. iiij.d. de xij. feodis et dimidio Willelmi de Botereus de minutis feodis in Talcarn cum pertinenciis. In thesauro liberavit. Et quietus est.

[1] *Read* Astuna *as in the 1242 return.*
[2] Bodrig' *in Close Roll, Hen. III.*

S. ij. 14.
I. 865-868
—cont.

Iidem reddunt compotum de vj.l. iij.s. et iiij.d. de vij. feodis Radulfi Blowyo in Polrede cum pertinenciis. In thesauro iiij.l. ij.s. vj.d. Et debet xl.s. x.d.

Iidem reddunt compotum de viij.s. iiij.d. de dimidio minuto feodo Simonis Pincerne in Lanho cum pertinenciis. In thesauro liberavit. Et quietus est.

Iidem reddunt compotum de viij.s. iiij.d. de dimidio minuto feodo Ricardi Bordon' in Penros cum pertinenciis. In thesauro liberavit. Et quietus est.

Iidem reddunt compotum de xvj.s. viij.d. de j. minuto feodo Henrici de Heriz in Ebbeford' cum pertinenciis. In thesauro liberavit. Et quietus est.

Iidem reddunt compotum de iiij.l. ij.s. iiij.d. de v. feodis minutis Roberti de Bikeleg' que Hugo de Bouey tenet de hereditate uxoris sue in Hylton'. In thesauro liberavit. Et quietus est.

Iidem reddunt compotum de xvj.s. viij.d. de j. minuto feodo Gilberti Anglici in Wadevat cum pertinenciis. In thesauro liberavit. Et quietus est.

Iidem reddunt compotum de iiij.l. ij.s. iiij.d. de v. minutis feodis Gervasii de Tintagel in Hornicote et Tintagel. In thesauro lxviij.s. vj.d. ob. Et debet xiiij.s. ix.d. ob.

Iidem reddunt compotum de viij.s. iiij.d. de dimidio minuto feodo Huwardi de Bykel' in Treveris. In thesauro liberavit. Et quietus.

Iidem reddunt compotum de lxvj.s. viij.d. de iiij[or] minutis feodis Henrici filii Willelmi in Recradoc cum pertinenciis. In thesauro xlix.s. viij.d. Et debet xvij.s.

Iidem reddunt compotum de l.s. de tribus minutis feodis Reginaldi Walensis et Henrici de Tredaec in Tregamedon, Tredaec et Trelowyen cum pertinenciis. In thesauro xlvj.s. viij.d. Et debent iij.s. iiij.d.

Iidem reddunt compotum de xvj.s. viij.d. de j. minuto feodo Willelmi filii Ricardi in Plenint cum pertinenciis. In thesauro liberavit. Et quietus est.

Iidem reddunt compotum de lv.s. vj.d. ob. de tribus minutis feodis et tercia parte Ricardi de Rupe in Tremoderet cum pertinenciis. In thesauro xxvij.s. x.d. ob. Et debet xxvij.s. viij.d. ob.

Iidem reddunt compotum de xvj.s. viij.d. de j. minuto feodo Henrici de la Pomeray in Tregeny cum pertinenciis. In thesauro liberavit. Et quietus est.

Iidem reddunt compotum de xvj.s. viij.d. de j. minuto feodo Johannis de Monte Acuto quod Michaelis filius Nicholai tenet cum uxore sua in Elerky cum pertinenciis. In thesauro liberavit. Et quietus est.

Iidem reddunt compotum de centum et xvj.s. viij.d. de vij. minutis feodis Archenbaldi le Flemeng in Bray cum pertinenciis aliis in Devonia. In thesauro xxv.s. Et debet iiij.l. xj.s. viij.d.

Iidem reddunt compotum de xvj.s. viij.d. de j. minuto feodo Willelmi de Walebrewes in Huthenho cum pertinenciis. In thesauro liberavit. Et quietus est.

Iidem reddunt compotum de xvj.s. viij.d. de j. minuto feodo Walteri de Dunstervill' in Tyhidi cum pertinenciis. In thesauro liberavit. Et quietus est.

S. ij. 14.
I. 865-868
—cont.
Iidem reddunt compotum de viij.s. iiij.d. de dimidio minuto feodo Willelmi filii Ricardi filii Ivonis in Trenowicht cum pertinenciis. In thesauro liberavit. Et quietus est.
Iidem reddunt compotum de xvj.s. viij.d. de j. feodo minuto quod fuit Bartholomei Toret in Streton'. In thesauro liberavit. Et quietus est.
Willelmus de Borard [xxxiij.s. iiij.d.[1]] de duobus feodis. Prior de Tywardeit [xvj.s. viij.d.[1]] de j. feodo.

Iidem reddunt compotum de viij.s. iiij.d. de dimidio minuto feodo Radulfi de Tony in Karneston', Bluston' et Helneston' de novo feffamento per R. Comitem. In thesauro liberavit. Et quietus est.
Iidem reddunt compotum de viij.s. iiij.d. de dimidio minuto feodo Walteri de Godarvill' in Liscaret et Tywarneil de novo feffamento per R. Comitem. In thesauro xxxiij.d. ob. Et debet v.s. vij.d.
Iidem reddunt compotum de x.d. de xx^a parte minuti feodi Gervasii de Tintagel de novo feffamento per R. Comitem in Wyniynton', Tamerton'. In thesauro liberavit. Et quietus est.

De hiis qui non habent capitales honores in hoc comitatu.

Iidem reddunt compotum de viij.m. de iiij[or] feodis integris in hoc comitatu abbatis de Tavenstoke. In thesauro c. et iij.s. iiij.d. Et debet xl.d. set abbas inde quietus est in Devonia.
Iidem reddunt compotum de iiij.s. et ij.d. de quarta parte unius minuti feodi Radulfi de Sollyny in Fauwyton'. In thesauro liberavit. Et quietus est.
Henricus Teutonicus debet viij.s. et iiij.d. de dimidio feodo minuto de novo feffamento per R. Comitem in Alwartton' et Tywarnail.

Iidem reddunt compotum de xiij.l. vj.s. viij.d. de x. feodis integris episcopi Exoniensis in hoc comitatu. In thesauro liberaverunt. Et quieti sunt.

Summa tocius thesauri superioris allocati ciiij[xx] v.l. x.s. x.d. quos recognoscunt se recepisse, de quibus solverunt in duabus talliis clx. et xix.l. xij.s. ix.d. Et debent cxviij.s. iij. ob. Set respondent in rotulo magno xxvj[to].[2]
Iidem reddunt compotum.
In libro.

HEREFORD.

I. 322-323. Radulfus de Wiliton' et Willelmus de Putot, Oliverus clericus et H. de Wald', collectores auxilii in comitatu Herefordie, reddunt

[1] *These figures are given in the Book only* (I. 867), *where they are clearly additions.*
[2] Henricus de Bodrigann' et Simon de Brakele c. et xviij.s. et iij. ob. de scutagio ad sororem regis maritandam, *sicut continetur in rotulo de eodem scutagio.* Pipe Roll, 26 Hen. III. Warwick, Cumberland, Cornwall, etc.

I. 322-323 —cont. compotum de auxilio assiso ad maritandam sororem regis, scilicet de scuto ij.m.
Iidem reddunt compotum de xxiij.m. et dimidia de xj. feodis et tribus partibus comitis Herefordie de veteri feffamento. In thesauro nichil. Et in predicto (*sic*) superplusagio xiiij.m. x.s. Et debet comes viij.m. et x.s.
(*Twelve entries not printed here for reasons stated above, p.* 410.)
Iidem reddunt compotum de ij.m. de uno feodo Walteri de Baskervill' de honore de Cormailles in Wyneston'. In thesauro nichil. Et in predicto superplusagio ij.m. Et quieti sunt.

GLOUCESTER.

S. ij. 15.
I. 342-346. Radulfus de Wilinton' et Willelmus de Puitot reddunt compotum de auxilio domino regi generaliter concesso per Angliam per manus eorum collecto in comitatu Gloucestrie.
De vij. feodis et quarta parte et octava parte militis de honore comitis Herefordie, xiiij.m. et dimidia, iij.s. et iiij.d. *De honore comitis Herefordie.*
(*Forty-three entries not printed here for reasons stated above, p.* 410.)
De dimidio feodo Radulfi de Wilinton' in Sandhurst, dimidia marca de termino Pasche. Et comes de Insula habuit de termino Sancti Michaelis. *Radulfi de Wilinton'.*
[*Endorsed :*—] Auxilium collectum in comitatu Gloucestrie per Radulfum de Wilinton' et Willelmum de Putot ad sororem domini regis maritandam Romanorum imperatori.
In libro. In Glouc'.

S. ij. 15.
I. 346-351. Radulfus de Wilinton' et Willelmus de Put[ot redd]unt compotum de auxilio domino regi generaliter concesso per manus eorum collecto in comitatu Gl[ouces]trie ad maritandam sororem suam Romanorum imperatori.
De[1] vij. feodis et quarta parte et octava parte unius militis de honore comitis de Hereford' xiiij.m. et dimidia iij.s. et iiij.d.
De j. feodo et dimidio comitis Warewik iij.m. scilicet in Dersington' j. feodus in Weston' Maudut dimidius feodus.
De v. feodis Thome de Berkel' x.m. per manus senescalli sui in grosso.
De ij. feodis et iiij[ta] parte j. militis Roberti Musard lx.s. scilicet in Eston' j. feodus et quarta pars et in Heiford j. feodus.[2]
De ij. feodis Radulfi de Sudleg' iiij.m. scilicet in Tutington' j. feodus, in Sudleg' j. feodus.
De j. feodo Willelmi de Putot' et Nicholai de Oxehaye ij.m. scilicet in Button' quod fuit Roberti de Amenevill'.
De ij. feodis et dimidio Willelmi de Hastingges v.m. scilicet in Thormerton' j. feodus quem uxor Osberti Giffart tenet. In Suthrop j. feodus quem uxor Willelmi de Hastingges tenet; in Stawell' dimidius feodus quem Galfridus Martel tenet.

[1] *All the entries have on the margin* In *rotulo, except the two which are on the dorse of the roll.*
[2] *The earlier version adds* que Radulfus de Sudleg' tenet.

GLOUCESTER. 439

S. ij. 15.
I. 346–351
—cont.

De iij. feodis Hereberti filii Petri vj.m. scilicet in Duntisburn' Matrisdon', Cernay, Parco Stanchawe et Opton'.
De j feodo et dimidio et v^a p^{a}rt_e j. militis iij.m. v.s. et iiij.d. scilicet in Estinton' j. feodus quem tenet Margeria de Balun *de Nicholao de Molis*[1] in Frethorn j. feodus quem tenet Johannes de Frethorn, in Torteworth' quinta p^{a}rs quam tenet Willelmus Mansel.
De iij. feodis et dimidio quos tenet Ingelardus vij.m. scilicet in Dursleg'.
De ij. feodis et octava parte j. feodi Radulfi Russel iiij.m. iij.s. et iiij.d. scilicet in Derham j. feodus et octava p^{a}rs quos tenet Radulfus Russel, et dimidium feodum in Cotes Cokerel quem tenet uxor que fuit Elye Cokerel.
De quint^a parte j. militis Willelmi de Gamag' v.s. iiij.d. scilicet in Mone quam idem tenet.
De j. feodo Huberti Hos ij.m. scilicet in Winterburn quem idem tenet.
De ij. feodis Johannis de Monemwe iiij.m. scilicet in Tiberton' j. feodus quem tenet Johannes Juvenis, in Hope j. feodus quem tenet idem Johannes de Monnemwe[2] (*et inde debet j.m. et iiij.d. cancelled*). *Quia solvit.*
De dimidio feodo Thurstani Dispens' j.m. scilicet in Stanleg' Regis quam idem tenet (*et inde debet dimidiam marcam cancelled*). *Quia reddidit.*
De vij^a[3] j. militis Johannis Cotel' iiij.s. et vj.d. scilicet in Framton' quam idem Johannes tenet.
De j. feodo Henrici Flandrici in Saperton' ij.m. Nescitur quis tenet.
De j. feodo Roberti de Gurnay *de honore Mauricii de Gant* ij.m. scilicet in Bevirston', Albirton' et Weston', quem idem tenet.
De dimidio feodo Nicholai filii Rogeri j.m. quem idem tenet in Nimdesfeld.
De vij. feodis et dimidio comitis Leicestrie x.l. quos Arnoldus de Bosco tenet, nescitur in quibus villis.
De viij. feodis et qu^{a}rt^a p^{a}rt_e feodi j. militis W.[4] de Lascy xvj.m. dimidia et ij.d. et ob. scilicet in Wikeresindon' ij. feodi quos tenet Henricus Flandricus, in Estleche ij. feodi quos nescitur quis tenet, in Cotes Randulfi j. feodus quem idem tenet, in Wormington' j. feodus excepta quinta parte quem tenet Berta, in Bulleg' dimidius feodus excepta dimidia hida et quarta p^{a}rt_e unius hide quem tenet Walterus de Mussegros, in Kenepeleg' dimidius feodus quem tenet Ysabel de Lunchamp, in Karswell' quinta p^{a}rs unius feodi quam tenet Gerardus de Hussemane, in Oxal' qu^{a}rt^a p^{a}rs j. feodi et x^{ma} p^{a}rs quam tenet uxor que fuit Stephani de Evereus. Et Walterus de Lascy recepit inde viij.s. x.d. et ob. In Stretton j. feodum, nescitur quis tenet.
Summa lx. *et* xij.l. *ij.s. ob.*[5]

---

[1] *The earlier version reads* Molendinis. *The words in italics are interlined.*
[2] *The earlier version adds* super Hope.
[3] De x^{ma}, xx^{ma}, xl^{ma} et octava decima parte *cancelled. Even as corrected the arithmetic seems faulty.*
[4] *The earlier version reads* Walteri.
[5] *The omission of this sum and other errors in the printed text of 1807 on which Sir Henry Barkly relied have vitiated his arithmetical calculations* Bristol and Gloucester Archæological Proceedings, vol. xiii, p. 310.

S. ij. 15.
I. 346-351
—cont.

De ij. hidis Willelmi Pantof x.s. et viij.d. scilicet in Gretton' j. hida, nescitur quis tenet; in Wormington' j. hida, nescitur quis tenet.
De ij. feodis Jacobi de Solariis iiij.m. scilicet in Poteslep' j. feodus quem tenet Willelmus de Solariis, in Bagesovere j. feodus quem tenet Thomas Gulafre.
De j. feodo Willelmi de Stutevill' ij.m. scilicet in Lutheton' dimidius feodus quem tenet Thomas de Hineton', in Ullington' dimidius feodus quem tenet Hugo de Ullington'.
De j. feodo Walteri de Baskervil' ij.m. scilicet in Wonestan' quam idem tenet de honore de Cormailles.
De iij. feodis comitis Cestrie[1] vj.m. scilicet in Biseleg' per manus senescalli sui in grosso.
De feodis abbatis de Westmonasterio viij.s. xj.d. scilicet in Hestfeld quem idem tenet.
De dimidio feodo Warini de Munchans j.m. scilicet in Eggeworth' dimidius feodus quem tenet Petrus de Eggeworth'.
De dimidio feodo de Cherleton', *membro de Chilteham*, nescitur cuius j.m. quod Walterus de Esseleg [tenet].
De ij. feodis et dimidio de Cormall' iiij.m. scilicet in Norton' quem tenet Hugo Giffard dimidius feodus, in Alkeston' ij. feodi quem tenet Johannes le Brun. Et debet inde ij.m.
De dimidio feodo comitis Arundell' j.m. scilicet in Campeden quam idem tenet.
De dimidio feodo Willelmi de Cantilupo j.m., scilicet in Salperton' dimidius feodus quem tenet Robertus Tingtor de Winch'.
De ij. feodis excepta xx^a parte Henrici de Penebrig' lij.s. *de honore de Cormeilles*, scilicet in Weston'[2] j. feodum quem idem tenet, in Wonestan' j. feodus excepta xx^a parte quem idem tenet.
De ij. feodis Radulfi de Mortuo Mari iiij.m. scilicet in Biseleg' et Langeberwe j. feodus et dimidius quos idem tenet, in Newenton' dimidius feodus quem tenet Baldewinus.
De ij. hidis Stephani de Evereus v.s. iiij.d. scilicet in Guttinges Templ' quas idem tenet.
De j. feodo episcopi Roffensis ij.m. scilicet in Eston' Johannis quem idem J. tenet.
De ij. feodis et dimidio Rogeri de Chandos iiij.m. et xij.s. scilicet in Chipton' Chamflurs j. feodus quem tenet Ricardus Tyrel. Et debet inde xvj.d. In Brockworth j. feodus quem tenet Radulfus de Chandos. (Et debet inde j.m. *cancelled*) *quia solvit*. In Bagingedon' dimidius feodus quem tenet Ricardus de Bagingedon'.
De ij. feodis Henrici de Ver iiij.m. scilicet in Thormerton' ij. feodos quos Johannes de Thormerton' tenet.
De iiij. partibus feodi j. militis Mathei de Scesnecot xx.s. *de feodo Mathei de Lovein* quas idem tenet in Scesnecot.
De dimidio feodo Ricardi de Harecurt j.m. scilicet in Quenton' quem Robertus Marmiun tenet.
De j. feodo Johannis filii Alani ij.m. scilicet in Aketon' quem tenet Robertus Turevil'.

---

[1] *The earlier version reads* Cestrensis *in full.*
[2] *The earlier version adds* Marmiun.

GLOUCESTER. 441

S. ij. 15.
I. 346-351
—cont.

De dimidio feodo Fulconis filii Warini j.m. scilicet in Alwestan' quem idem tenet.
De tercia pa_rt$_e$ j. militis viij.s. x.d. et ob. scilicet in Scipton' Johannis *filii Simonis Templarii*; nescitur cuius feodi idem Johannes tenet.
De j. feodo abbatis de Evesham ij.m. scilicet in Weston' et Lavirkestok' quem idem tenet.
De dimidio feodo comitis de Insula dimidia marca, scilicet in Sandhurst quem tenet Radulfus de Wylinton. Et comes habuit inde dimidiam marcam de termino Sancti Michaelis.[1]

[*On the dorse :—*]
De quarta pa_rt$_e$ feodi Godefridi de Craucumb' in Dunamenel, *novum feffamentum*, dimidia marca, quem idem tenet.
De j. feodo Walteri de Clifford in Framton' ij.m. quem tenet Ricardus de Clifford.
Summa xxxv.l iiij.s. v.d. ob.

Summa capitalium feodorum xlij.l. xj.s. viij.d.
Summa iiij^{xx} xvij.m. xvij.d. ob. converse in libras lxiiij.l. xiiij.s. ix.d. ob.[2]

Frewine vicecomes Cornubie interfecit vj. fratres qui vocabantur Tokienses Treveriis ultra Montem Sancti Michaelis.[3]

In libro.

Summa summarum cvij.l. vj.s. et vj.d.

S. ij. 14.
I. 351-355.

Radulfus de Wiliton' et Willelmus de Putot, Oliverus clericus et H. de Wald', collectores auxilii comitatus Gloucestrie, reddunt compotum de auxilio assiso ad maritandam sororem regis, scilicet de scuto ij.m.
Iidem reddunt compotum de x.m. de v. feodis Thome de Berkel'. In thesauro c. et vij.l. vj.s. vj.d. Et habent de superplusagio c.l. xiij.s. ij.d. quod totum allocatur eis infra.
S. Iidem reddunt compotum de vj.m. de iij. feodis Radulfi de Suley. In thesauro nichil. Et in predicto superplusagio iiij.m. Et debet ij.m. - *Tot' iterato sum'*.
Iidem reddunt compotum de ij.m. de j. feodo quod fuit Roberti de Amenevill' in Button' quod Willelmus de Putot et Nicholaus

---

[1] *The earlier version adds* et debet dimidiam marcam de termino Pasche.
[2] *Wrongly altered to* xvj.s. ix.d.
[3] *This curious entry has no connexion with the Aid of 1235. The killing of the brothers mentioned must have taken place more than a century earlier.* " Odo filius Alsi debet lx.s. pro occisione filiorum Tochi. Oliverus de Cail et Eduardus avunculus suus debent v.m. argenti pro eadem occisione. Osbertus Ruffus debet lj.s. et vj.d. pro eadem occisione. Eduardus et Aiulfus frater eius debent xxxvj.s. pro eadem occisione. Frawinus de Cornualia debet l.l. et xj.s. et j.d. de veteri debito suo. Et idem debet ccc.m. argenti pro rehabenda terra sua." Pipe Roll, 31 Hen. I. Cornwall.

S. ij. 14.
I. 3⁵1–355
—cont.

de Oxeeaie tenent. In thesauro nichil. Et in predicto superplusagio ij.m. Et quieti sunt.
S. Iidem reddunt compotum de vij.l. xj.s. j.d. de vj. feodis et dimidio et sexta parte Hereberti filii Petri. In thesauro nichil. Et in predicto superplusagio vj.m. Et debet H. lxxj.s. j.d. *Solvit postea xx.s.*
S. Iidem reddunt compotum de xv.m. de vij. feodis et dimidio que fuerunt Rogeri de Berkel' que Yngelardus de Cicon' habet in custodia cum herede. In thesauro nichil. Et in predicto superplusagio vij.m. Et debet viij.m.
S. Iidem reddunt compotum de ij.m. de j. feodo Willelmi de Gamages in Mene. In thesauro nichil. Et in predicto superplusagio vj.s. iiij.d. Et debet xxj.s. iiij.d.[1]
Iidem reddunt compotum de ij.m. de j. feodo Ricardi le Waleis in Winterburn' qui est in custodia Huberti Hose. In thesauro nichil. Et in predicto superplusagio ij.m. Et quieti sunt.
Iidem reddunt compotum de j.m. de dimidio feodo Turstani Dispensatoris in Stanl'. In thesauro nichil. Et in predicto superplusagio j.m. Et quieti sunt.
Iidem reddunt compotum de ij.m. de j. feodo Henrici Flandrensis in Saperton'. In thesauro nichil. Et in predicto superplusagio ij.m. Et quieti sunt.
Iidem reddunt compotum de j.m. de dimidio feodo Fulconis filii Warini in Halewestan. In thesauro nichil. Et in predicto superplusagio j.m. Et quieti sunt.
S. Iidem reddunt compotum de xxiij.m. et dimidia de xj. feodis et tribus partibus comitis Herefordie de veteri feffamento. In thesauro nichil. Et in predicto superplusagio xiiij.m. et x.s. Et debet comes viij.m. et x.s. *Hereford.*
S. Iidem reddunt compotum de x.m. de v. feodis Willelmi de Hastinges de Eton'. In thesauro nichil. Et in predicto superplusagio v.m. Et debet Willelmus v.m.
S. Iidem reddunt compotum de x_j.l. xiij.s. ij.d. ob. de viij. feodis et iiij[a] et iij[a] et v[a] unius feodi Radulfi Russel de hereditate Jacobi de Novo Mercato. In thesauro nichil. Et in predicto superplusagio iiij.m. iij.s. iiij.d. Et debet Radulfus viij.l. xvij.s. vj.d. ob.
S. Iidem reddunt compotum de xj.l. x_{iiij}.s. ij.d. ob. de viij. feodis iiij[a], iij[a], et v[a] unius feodi Nicholai de Mol' qui habet filiam predicti Jacobi in uxorem de feodo predicti Jacobi. In thesauro nichil. Et in predicto superplusagio xlv.s. iiij.d. Et debet Nicholaus de Mol' ix.l. viij.s. x.d. ob.
S. Iidem reddunt compotum de vj.m. de iij. feodis Ricardi de Crupes $_{qu^a s}$ idem Ricardus debet.
S. Paganus de Chaurcis debet xxv.m. de xij. feodis et dimidio Pagani de Montdublel.
Comes Marescallus vj^{xx} et xj.m. de lxv. feodis et dimidio de honore de Strigul preter Walenses. Et iiij.m. de ij. feodis de Castro Godrici.
Comes Gloucestrie cccxlviij.l. xiij.s. iiij.d. de cclxj. feodis et dimidio preter milites suos in Kent unde Ricardus de la Lade, custos terre ipsius comitis, debet respondere.

---

[1] *The arithmetic is faulty here.*

GLOUCESTER. 443

S. ij. 14.
I. 351-355
—cont.

Abbas de Winchecumbe respondet inter prelatos. Iidem reddunt compotum de j.m. de dimidio feodo Walteri de Esseleg' in manerio de Chilteham. In thesauro nichil. Et in predicto superplusagio j.m. Et quieti sunt.

De hiis qui non habent capitales honores in hoc comitatu.

Iidem reddunt compotum de iij.m. de j. feodo et dimidio comitis de Warewic in Dorsinton' et Weston' Mauduit. In thesauro nichil. Et in predicto superplusagio iij.m. Et quieti sunt. *Warewic comes.*
Iidem reddunt compotum de lx.s. de ij. feodis et iiij^a parte Roberti Musard in hoc comitatu in Eston' et Heiford'. In thesauro nichil. Et in predicto superplusagio lx.s. Et quieti sunt. *Dereby.*
Iidem reddunt compotum de iiij.m. de ij. feodis Johannis de Monemue in hoc comitatu in Tyberton' et Hope. In thesauro nichil. Et in predicto superplusagio iiij.m. Et quieti sunt. *Hereford.*
Iidem reddunt compotum de iiij.s. vj.d. de vij^a parte unius militis Johannis Cotel in Framton'. In thesauro nichil. Et in predicto superplusagio iiij.s. vj.d. Et quieti sunt.
Iidem reddunt compotum de ij.m. de j. feodo Mauricii de Gant quod Robertus de Gurnay tenet in Beverestan, Albricton' et Weston'. In thesauro nichil. Et in predicto superplusagio ij.m. Et quieti sunt. *Lincoln.*
Iidem reddunt compotum de j.m. de dimidio feodo Nicholai filii Rogeri in Nimedesfeld'. In thesauro nichil. Et in predicto superplusagio j.m. Et quieti sunt.
Iidem reddunt compotum de x.l. de vij. feodis et dimidio comitis Leycestrie in hoc comitatu que Arnaldus de Bosco tenet. In thesauro nichil. Et in predicto superplusagio x.l. Et quieti sunt. *Leic.*
Iidem reddunt compotum de xvj.m. et dimidia ij.d. ob. de vij. feodis et iiij^a parte unius feodi Walteri de Lascy in hoc comitatu in Wik Risindon', Estleche, Cotes Ran', Wurminton', Buuleg', Kenepeleg', Carswell', Oxehale et Stretton'. In thesauro nichil. Et in predicto superplusagio xvj.m. et dimidia ij.d. ob. Et quieti sunt. *Hereford.*
Iidem reddunt compotum de x.s. viij.d. de feodo W. Paunton' in Gretton' et Wurminton'. In thesauro nichil. Et in predicto superplusagio x.s. viij.d. *Salop. Quia nescitur de quot feodis.*[1]
Iidem reddunt compotum de iiij.m. de ij. feodis Jacobi de Solers in Poteslepe et Bechesofere. In thesauro nichil. Et in predicto superplusagio iiij.m. Et quieti sunt.
Iidem reddunt compotum de ij.m. de j. feodo Willelmi de Stutevill' de honore Castri Ricardi in Lutelton' et Wulinton'. In thesauro nichil. Et in predicto superplusagio ij.m. Et quieti sunt. *Salop.*
Iidem reddunt compotum de ij.m. de j. feodo Walteri de Barkervill' de honore de Cormailes in Wyneston'. In thesauro nichil. Et in predicto superplusagio ij.m. Et quieti sunt. *Hereford.*
Iidem reddunt compotum de vj.m. de iij. feodis comitis Cestrie in Biseleg'. In thesauro nichil. Et in predicto superplusagio vj.m. *Com' Cestrie.*

---

[1] *There is an obvious erasure probably removing the words*—Et quieti sunt, *which were not justified because the number of fees was not stated.*

S. ij. 14.
I. 351–355
—cont.

Iidem reddunt compotum de viij.s. et xj.d. de feodo abbatis Westmonasterii in Estfeld'. Et quieti sunt. *Wigorn'*.
Iidem reddunt compotum de j.m. de dimidio feodo Warini de Munchanesi in Egewrth. In thesauro nichil. Et in predicto superplusagio j.m. Et quieti sunt. *Kent*.
Iidem reddunt compotum de j.m. de dimidio feodo Hugonis Giffard in Norton' de honore de Cormailes. In thesauro nichil. Et in predicto superplusagio j.m. Et quieti sunt. *Hereford*.
S. Iidem reddunt compotum de iiij.m. de ij. feodis Johannis le Brun de eodem honore. In thesauro nichil. Et in predicto superplusagio ij.m. Et debet Johannes ij.m. *de quibus Willelmus de Putot solvit postea pro eo j.m. sicut continetur in magno rotulo de eodem auxilio. Et debet j.m. Hereford.*
Iidem reddunt compotum de j.m. de dimidio feodo comitis de Arundel de honore Cestrie in Kampedene. In thesauro nichil. Et in predicto superplusagio j.m. Et quieti sunt. *Sudsex*.
Iidem reddunt compotum de j.m. de dimidio feodo Willelmi de Cantolupo in Salpesdon'. In thesauro nichil. Et in predicto superplusagio j.m. Et quieti sunt.
Iidem reddunt compotum de lij.s. de ij. feodis xx^a parte minus Henrici de Penebrug de honore de Cormailes. In thesauro nichil. Et in predicto superplusagio lij.s. Et quieti sunt. *Hereford*.
Iidem reddunt compotum de iiij.m. de ij. feodis Radulfi de Mortuo Mari in hoc comitatu. In thesauro nichil. Et in predicto superplusagio iiij.m. Et quieti sunt.
Iidem reddunt compotum de v.s. iiij.d. de iiij^a parte et v^a parte unius feodi, scilicet in duabus hidis in Gutinges Stephani de Evereus. In thesauro nichil. Et in predicto superplusagio v.s. iiij.d. Et debet.
Iidem reddunt compotum de ij.m. de j. feodo episcopi Rofensis in hoc comitatu. In thesauro nichil. Et in predicto superplusagio ij.m. Et quieti sunt.
S. Iidem reddunt compotum de iiij.m. et xij.s. de ij. feodis et dimidio Rogeri de Chaundus in hoc comitatu. In thesauro nichil. Et in predicto superplusagio iiij.m. et xij.s. Et debet xvj.d.
Iidem reddunt compotum de iiij.m. de ij. feodis Henrici de Ver in hoc comitatu. In thesauro nichil. Et in predicto superplusagio iiij.m. Et quieti sunt.
Iidem reddunt compotum de xx.s. de iij. partibus unius feodi Mathei de Lovein in Shesnescote. In thesauro nichil. Et in predicto superplusagio xx.s. Et quieti sunt.
Iidem reddunt compotum de j.m. de dimidio feodo Roberti Marmiun in Quenton'. In thesauro nichil. Et in predicto superplusagio j.m. Et quieti sunt.
Iidem reddunt compotum de ij.m. de j. feodo Johannis filii Alani in Acton'. In thesauro nichil. Et in predicto superplusagio ij.m. Et quieti sunt.
Iidem reddunt compotum de viij.s. x.d. ob. de tercia parte unius feodi in Sipton'. In thesauro nichil. Et in predicto superplusagio viij.s. x.d. ob. Et quieti sunt.
Iidem reddunt compotum de ij.m. de j. feodo abbatis de Evesham in hoc comitatu. In thesauro nichil. Et in predicto superplusagio ij.m. Et quieti sunt.

GLOUCESTER. 445

S. ij. 14.   *S.* Iidem reddunt compotum de j.m. de dimidio feodo comitis de
I. 351-355 Insula in Sandhurst. In thesauro nichil. Et in predicto superplus-
—cont.   agio dimidia marca. Et debet dimidiam marcam.
Iidem reddunt compotum de dimidia marca de iiij^a pa_rt$_e$ j. feodi
Godefridi de Cracumb' in Dunhamenel. In thesauro nichil. Et in
predicto superplusagio dimidia marca. Et quieti sunt.
Iidem reddunt compotum de ij.m. de j. feodo Walteri de Clifford'
in Framton'. In thesauro nichil. Et in predicto superplusagio
ij.m. Et quieti sunt.
Summa totius superplusagii allocati superius cvij.l. vj.s. vj.d.
Et debent vj.s. v.d.
In rotulo.

[*Endorsed :*—] *Midd. in libro.*
Glouc. in libro.
Lanc' in libro.

OXFORD.

S. ij. 15.   *OXON.*
I. 493-501.
HIC EST RECEPTUS YDONIS FILLII ROBERTI ET BARDULFI FILLII ROGERI[1]
DE AUSILIO DOMINI REGIS A FESTO SANCTI MIKAELIS INCIPIENTE
ANNO REGNI REGIS HENRICI FILLII REGIS JOHANNIS XIX⁰ ET DE
TERMINO PASSE ANNO REGNI REGIS XX⁰.

De feudo Comitis Ricardi de honore Walingford. *Berkesira.*
T. de eodem de feudo unius militis in Neuham Morin ij.m.
T. de eodem de terra Johannis de Vernai de feudo dimidii militis
in Linleia j.m.
T. de eodem de terra Milonis Neirnut de feudo dimidii militis
in Linleia j.m.
T. de eodem de terra Milonis de Morleia de quarta parte militis
in Netherekot' dimidia marca.
T. de eodem de terra Rogeri de Harpisden' de feudo unius
militis in Harpisden' ij.m.
T. de eodem de terra Roberti Braunt de feudo dimidii militis
in Bixa j.m.
T. de eodem de terra Margarie de Riveres de feudo duorum
militum et dimidii in Witchuch, Heifor' et Clopham v^{que} m.
T. de eodem de terra Hugonis de la Mar' de quarta pa_rt$_e$ militis
in Kingeston' dimidia marca.
T. de eodem de terra Radulfi de Cestreton' de feudo duorum
militum in Cestreton' iiij.m.
T. de eodem de terra Petri de la Mar' de feudo duorum militum
in Heiford' et Baldindon' iiij.m.
T. de eodem de terra Ricardi Suard de[2] unius militis in Stok'
Basset ij.m.
T. de eodem de terra Rowaldi de Eston' de feudo dimidii militis
in Estton' j.m.

---
[1] Close Roll 19 Hen. III, m. 6*d.* '*reads* Bardulfus de Cestreton.
[2] *After* de_*supply* feudo.

446   A.D. 1235–1236.

S. ij. 15.
I. 493–501
—cont.

T. de eodem de terra Johannis de Berufeld' de quinta parte unius militis in Stok' v^{que1} et iiij.d.

T. de eodem de terra Ricardi Foliot de feudo duorum militum in Rolesham iiij.m.

T. de eodem de terra Folconis de Koudrei de quint$_a$ parte militis in Gethampton' v^{que} s. et iiij.d.

T. de eodem de terra Hugonis de Druval de feudo duorum militum in Garing' iiij.m.

T. de eodem de terra Folconis de Rukot', qui erat, de feudo unius militis in Rukot' ij.m.

T. de eodem de terra Willelmi Longaspeia de feudo duorum militum in Bernessesetre iiij.m.

T. de eodem de terra Elie de Withefeld' de qu^{a}rt^a parte unius militis in Withefeld' dimidia marca.

T. de eodem de terra Johannis de Plessis et Dru de Barentin de feudis duorum militum in Chalcgrava iiij.m.

T. de eodem de warda Radulfi fillii Nicolai de feudis trium militum in Hasel' et Lacford' et Rurefeud' vj.m.

de eodem de Alono Basset de quarta p^{a}rt$_e$ unius militis in Ippisden' xl.d.

de eodem de terra Radulfi de Auvers de feudo dimidii militis qu^{a}rt^a p^{a}rt$_e$ minus v^{que} s.

de eodem de terra Willelmi Huscarl' de quarta part^e militis xl.d.

de eodem de terra Radulfi de Chendut de feudo unius militis in Kixham j.m.

de eodem de terra Aumarici de Suleham de feudo unius militis in Henton' j.m.

de eodem de terra Aumarici de Suleham de quarta parte unius militis in Brutewell' xl.d.

T. de eodem de terra Galfridi de Chausea de feudo unius militis ij.m.

de eodem de terra Philippi de Wudemundele de qu^{a}rta parte militis xl.d.

de terra Mauricii le Angevin de feudo dimidii militis in Holcumbe ix.s. et viij.d.

de eodem de terra Thome de Kingiston' de quint^a parte militis xxxij.d.

de eodem de terra Comitis Ricardi de feudo unius militis in Watlinton' xxiiij.s. viij.d.

De feudo Marscalli de honore Giffard'. *Bokingeham*.

T. de eodem de terra Marscalli de[2] Sciplak et Craumerse de feudis trium militum vj.m.

T. de eodem de terra Marscalli de feudo dimidii militis in Ewelm' j.m.

T. de eodem de terra Roberti de Lill' de feudo unius militis in Stok' ij.m.

de eodem de Marschasia Reginaldi de Albo Monasterio de [feudo] unius militis in Bolehutha j.m.

De feudo comitis de Lill' de Cristischurck'. *Devon*.

---

[1] *After* v^{que} *supply* s.   [2] de *is repeated*.

S. ij. 15.
I. 493-501
—cont.

T. de eodem de terra Sansonis Foliot de feudis trium militum in Fritewell' et Ok' et Aldebir' vj.m.
T. de eodem de terra domine Eve de Grai de feudis iiij. militum viij.m.
De honore Peverel. *Notingeham*.
de eodem de terra Radulfi fillii Nicolai de feudo unius militis in Aminton' ij.m.
de eodem de terra Radulfi de Cestreton' de feudo unius militis in Mollinton' ij.m.
De terra Radulfi Hareng et Willelmi de Diva; de feudis ij. militum in Datinton' iiij.m.
De feudo comitisse Saresberie; de terra Roberti de Eston' de feudo unius militis in Norʒeston' ij.m. *Wiltesire*.
De feudo Willelmi Buffin qui tenet in capite de rege de quarta parte militis in Netherekot' dimidia marca.
De baronia Arsic.
de eodem de terra Heustasii de Greinvil' de feudis trium militum et dimidii et duabus quintis partibus c. et iiij.s.
de eodem de terra Thome de la Haia de feudo unius militis ij.m.
De feudo Hervi de Stafford de parvis feudis de Mortein. *Stafford*.
T. de eodem de terra Hugonis de Tiwa de j. parvo feudo in Dunnestiwa et Edburbir' xvij.s. et x.d.
T. de eodem de terra Ade de Brimton' de feudo dimidii militis in Mideleston' viij.s. et xj.d.
de eodem de terra Ricardi de Prestekot de feudo dimidii militis in Blecchesdon' iiij.s. et v^{que} d. et ob.
T. de eodem de terra Johannis de Parles de feudo dimidii militis in Rollendritt viij.s. et xj.d.
De feudo Walteri de Lacy. *Herford*.
T. de eodem de terra Radulfi de feudo unius militis et dimidii in Esterleia et Saltfor xl.s.
T. de eodem de terra Rogeri de Lion' de feudo unius militis in Beckbroc ij.m.
T. de eodem de terra Radulfi de Sauseia de feudo dimidii militis in Kudinton' j.m.
T. De eodem[1] de terra Letisie de Sauseia de feudo dimidii militis de feudo Willelmi de Stutevill' de honore Castri Ricardi in Kudinton' j.m.
De feudo Galfridi Despensarii quod habet in warda[2] herede Johannis de Sancto Johanne de feudo unius militis in Barton' et Stanton' ij.m.
De feudo Hugonis de Auben' de Coventre.[3]
T. de eodem de terra Genteschiu Pauperis et Scimonis de Ouvill' de feudo unius militis in Tackel' ij.m.
T. de eodem de terra Gydonis fillii Roberti de feudis duorum militum in Ueston' et Ardulflee iiij.m.
T. de eodem de terra Johannis de Preus de quarta parte militis in Magna Tiwa dimidia marca.

---

[1] *The words* De eodem *should be deleted.*   [2] *After* warda *supply* cum.
[3] *In the later accounts, these fees are described as fees of the Earl of Chester.*

S. ij. 15.
I. 493-501
—cont.

T. de eodem de terra Baudewini de Ver de visesima parte militis in Magna Tiwa xvj.d.

De feudo Gileberti Basset; de feudo unius militis in Kirtlinton' et Orton' et Bigehul' ij.m.

De feudo Ricardi de Harecurt; de feudo dimidii militis in Stanton' j.m.

De feudo comitis Uintonie de honore de Leisest'.

T. de eodem de terra Ydonis fillii Roberti de feudo dimidii militis in Scipton' j.m.

T. de eodem de terra Rogeri de Sancto Andrea de feudo unius militis in Litlemor' ij.m.

T. de eodem de terra Scimonis de Vitor de feudo dimidii in Sibbeford j.m.

De feudo domine Johanne Briuere; de terra Willelmi de Moun, de feudo unius militis in Glimton' ij.m.

De feudo Johannis fillii Alani; de feudo dimidii militis in Norton' j.m.

De feudo Willelmi de Bello Campo de Bedeford.

de eodem de terra Willelmi de Chisilhamton' de feudo unius militis in Chisilhamton' de termino Passe j.m. [et de termino Sancti Mikaelis tradidit Willelmo de Bello Campo unde non illum acquietavit[1]].

De baronia de Limesi; de terra Hugonis de Oddingesel' et David de Lindeseia de feudis ij. militum in Bradeuell' iiij.m.

De feudo Scimonis de Averenches de quarta parte militis in Retkot dimidia marca.

De feudo Willelmi de Hastinges de feudo unius militis et dimidii in Westuell' et Aleford et Alvaldesbur' xl.s.

De feudo Pain de Chaurses; de feudo dimidii militis in Burton' j.m.

De feudo Willelmi de Auben' de Beuuer de parvis feodis de Mortein.

T. de eodem de tribus feudis parvis in Brocton' et in Newinton' iiij.m.

De feudo Aumarici de Sancto Amando.

de feudo unius militis in Alcrinton' ij.m.

de eodem de terra eiusdem Aumarici de Sancto Amando de feudo dimidii militis in Edb'bir' j.m.

de eodem de terra abbatis de Cirencestr' de feudo dimidii militis in Edburbir' j.m.

de eodem de terra Roberti de Lingivera de feudo unius militis in Edburbir' ij.m.

De feudo Willelmi de Vernun; de feudo j. militis in Haneuell' ij.m.

De feudo Nicolai de Verdun; de terra Johannis de Lexinton' de feudo dimidii militis in Hornle j.m.

De feudo Wischard Ledet; de feudo unius militis in Urocstan ij.m.

De feudo comitis de Ferrariis.

de eodem de fendis duorum militum una virgata terre extracapta in Cershull' et de feudo dimidii militis in Fifhid.

de eodem et de duabus partibus unius militis in Den', et de feudo unius militis in Bagerugg' cx.s.

---

[1] *The words within the brackets appear to be cancelled.*

OXFORD. 449

S. ij. 15.
I. 493–501
—cont.

De comite Lincolnie, de honore Pontis Fracti[1] :—
T. de terra Johannis Medici et Reginaldi Forestarii de feudo dimidii militis in Linham j.m.
T. de eodem de terra Ricardi Foliot de Werpisgrava de feudo dimidii militis in Werpisgrava j.m.
T. de eodem de terra Willelmi de Klinton' de feudo unius militis in Karssinton' ij.m.
T. de eodem de terra Scimonis Scorchebef de feudo dimidii militis in Scipton' j.m.
T. de eodem de terra Willelmi de Scalebroc de feudis duorum militum et de quarta parte militis et de dessima parte unius militis de eodem[2] et de vicesima parte unius militis in Britthewell' et Thumel' et Haseleia Petri Oliveri, lx. et iiij.s.
T. De terra Johannis Lovel de Childiston' de quarta parte militis in Childiston' dimidia marca.
T. De feudo Johannis de Nefvil; de feudo unius militis de terra que fuit Scimonis de Wahull' in Cadelinton' ij.m.
De feudo Radulfi de Mortimer.
T. de eodem de terra Torstani Despensatoris de feudo unius militis, una hida excepta, in Rollendr' xxiij.s. iiij.d.
T. de eodem de terra Brien de Braunton' de feudo unius militis et dimidii in Idebir' xl.s.
De feudo episcopi Uygorniensis ; de terra Walteri de Bello Campo de feudo unius militis in Spelesbir ij.m.
De feudo comitisse Exsessie ; de terra Philippi de Maundevill' de feudo unius militis in Keingham ij.m.
De feudo comitis Warevic.
de terra domine Roeis de Verdun de feudo dimidii militis in Hetha j.m.
de eodem de terra Godefridi de Craucumb' ; de feudo unius militis in Sibbeford j.m.
De feudo Sewalli de Osevil' de feudis duorum militum in Wendelbir' iiij.m.
De feudo de Kaumvill' ; de terra Willelmi Longaspeia de feudo dimidii militis in Mudelinton' j.m.
De feudo Willelmi de Hamton' qui tenet de rege in capite de feudo dimidii militis in Hamton' j.m.
De feudo Nicolai de Bassingburn' ; de quarta parte militis in Lillingstan dimidia marca.
De feudo Margarie de Rivers ; de feudis vj. militum xij.m.
De feudo Roberti Musard.
de terra Alexsamdri de Cumb' de feudo unius militis in Cumb' ij.m.
de eodem de terra Ricardi fillii Johannis de feudo unius militis in Hettrop et Horspathe ij.m.
De terra Ricardi Suard de feudo unius militis in Hedindon' ij.m.
De terra Godefridi de Craucumb' de feudo unius militis in Pidinton' ij.m.
De feudo Ricardi Desscrup ; de feudo unius militis in Baldindon' ij.m.

---
[1] Fracti *substituted for* Frigidi.
[2] *The words* de eodem *should be deleted*.

Wt. 3705.

S. ij. 15.
I. 493-501
—cont.

De terra Uarini fillii Geraldi ; de feudo unius militis in Ifftell' ij.m.
De feudo Thome Greill' ; de feudis iiij. militum et dimidii feudi ix.m.
De feudo Willelmi de Sifreuas ; de feudo dimidii militis in Bensinton' j.m.
De feudo comitisse Oxonie.
T. de eodem ; de feudo unius militis in Bixa ij.m.
T. de eodem ; de feudo unius militis in Rukot' ij.m.
de eodem ; de feudo unius militis in Ewellm' Willelmi Wasce xx.s. et viij.d.
De feudo comitis Uintonie ; de feudo unius militis in Cennor' et Siddeham ij.m.
De feudo Roberti Marmium ; de terra Jordani de Budifort de quinta parte militis in Chakenden v.s. iiij.d.
De feudo Gileberti de Gaunt.
de terra Organi Pippard de feudo unius militis in Ewellm' xxj.s. iiij.d.
de eodem de terra Gileberti de Saunford de quarta parte militis in Ewelm' dimidia marca.
de eodem de terra Henrici fillii Juodoci de quarta parte militis in Ewelm' dimidia marca.
De feudo Comitis Ricardi de baronia Sancti Walrici de xx. et j. feudis et dimidio feudo xx. et viij.l. et j.m.
de feudo duorum militum in Stok' Talemache xlj.s. et iiij.d.
De feudo comitis de Warr' de baronia de Oylli ; de feudis xx. militum et de quarta parte unius militis xxvj.l. v.s. x.d. ob.
In rotulo.

[Endorsed :—] Particule auxilii domino regi concessi ad sororem suam maritandam scilicet de feodo ij.m.
Gloucestr', Oxon', et honor Wallingford', in libro.

S. ij. 14.
I. 513-519.
I. 240-241.
(parts only).

WYDO FILIUS ROBERTI ET BARDULFUS FILIUS ROGERI REDDUNT COMPOTUM DE AUXILIO CONCESSO DOMINO REGI AD MARITANDUM SOROREM SUAM ROMANORUM IMPERATORI.

Iidem reddunt compotum de xxviij.l. et j.m. de xxj. feodis et dimidio de Comite Ricardo de baronia Sancti Valerici. In thesauro cc. et viij.l. xvij.s. vij.d. Et in warderoba regis apud Wodestoke vj.l. ix.s. xj.d. Et pro quadam archa epmta[1] ad reponendum thesaurum regis iiij.s. vj.d. Et habent de superplus ciiij^{xx} vj.l. xvj.s. viij.d. De quibus allocantur infra ciiij^{xx} l. vj.s. xj.d. Et habent de superplusagio vij.s. ix.d.

S. Iidem reddunt compotum de iiij.m. de ij. feodis eiusdem honoris in Stoke Talesmasch'. In thesauro nichil. Et in dicto superplusagio xlj.s. et iiij.d. Et debent xij.s. De quibus abbas de Thame debet respondere ut dicunt. Et respondet in dorso.

S. Comes de Warewick' reddit compotum de xliiij.l. xviij.s. iiij.d. de xxxiij. feodis et dimidio et iiij. parte et viij^a de feodis Henrici Doyli. In thesauro nichil. Et in predicto superplusagio xxvj.l. v.s. x.d. ob. Et debet xviij.l. xij.s. v.d. ob. T.S. Idem reddit compotum

---

[1] Read empta.

OXFORD. 451

S. ij. 14. *de eodem debito. In thesauro viij.m. et dimidia per ipsum comitem.*
I. 513–519.
I. 240–241 *Et debet xij.l. xix.s. iij. ob.*
(parts only) *S.* Heredes Roberti Harsic, scilicet Eustachius de Greynvill' et
—cont. Thomas de Haia, reddunt compotum de xxvj.l. xvj.s. viij.d. de xx. feodis et quarta parte. In thesauro nichil. Et in superplusagio predicto vj.l. x.s. viij.d. pro iiij^{or} feodis E. de Greinvil', et j. feodo et quarta Thome de Haya. Et in Lincolnia iij.m. per Eustachium sicut continetur ibidem. Et debet Eustachius vj.l. xx.d. *Respondet in dorso. Et Thomas xij.l. iiij.s. iiij.d. Respondet in dorso.*
Robertus de Lingyfere reddit compotum de ij.m. de j. feodo. In thesauro nichil. Et in predicto superplusagio ij.m. Et quietus est.
S. Willelmus de Hampton' reddit compotum de ij.m. de j. feodo. In thesauro nichil. Et in predicto superplusagio j.m. Et debet j.m. *Respondet in dorso.*
Almaricus de Sancto Amando reddit compotum de ij.m. de j. feodo quod fuit Wakelini Hareng. In thesauro nichil. Et in predicto superplusagio ij.m. Et quietus est.
S. Comes Saresberie reddit compotum de ij.m. de uno feodo Gerardi de Kamvill' in Mudelinton'. In thesauro nichil. Et in predicto superplusagio j.m. et debet j.m. *Set respondet in dorso.*
Willelmus Buffin reddit compotum de dimidia marca de quarta parte unius feodi. In thesauro nichil. Et in predicto superplusagio dimidia marca. Et quietus est.
Warinus filius Geroldi reddit compotum de ij.m. de j. feodo Ricardi filii Nigelli in Yveteleg'. In thesauro nichil. Et in predicto superplusagio ij.m. Et q$_{uietus}$ est. *Dorsete. Fil' Ger.*
Almaricus de Sancto Amando reddit compotum de j.m. de dimidio feodo quod fuit Arnaldi de Maunfres. In thesauro nichil. Et in predicto superplusagio j.m. Et quietus est.

Iidem assessores reddunt compotum de iiij.m. de ij. feodis Willelmi de Diva et Radulfi Hareng in Dadinton'.
Et de j.m. de dimidio feodo Ricardi de Harecurt in Stanton'.
Et de ij.m. de j. feodo Rogeri de Quency in Chenovere.
Et de ij.m. de j. feodo Ricardi Siward cum comitissa de Hedindon'.
Et de j.m. de abbate de Cyrencestr' de dimidio feodo Thome Britonis in Adberbur'.
Et de ij.m. de j. feodo Willelmi de Moun in Clinton'. *Dorsette. Moyun.*
Et de j.m. de dimidio feodo Johannis filii Alani in Caldenorton'.
Et de dimidia marca de quarta parte unius feodi Simonis de Avereng' in Radcote que fuit Willelmi de Boclande.
Et de ij.m. de Godefrido de Craucumb' de j. feodo in Pidinton' de novo feffamento.
Et de ij.m. de herede Johannis de Sancto Johanne de j. feodo in Barton' et Stanton'.
Et de ij.m. de Gilberto Basset de j. feodo in Curtlinton'.
In thesauro nichil. Et in predicto superplusagio xiij.l. Et quieti sunt.
Iidem reddunt compotum de feodis militum de honore de Walingeford' in hoc comitatu, scilicet de xxxiiij.l. iiij.s. quorum nominibus

S. ij. 14.
I. 5¹3–519.
I. 240–241
(parts only)
—cont.

preponitur littera T. in rotulo quem liberaverunt in thesauro. In thesauro nichil. Et in predicto superplusagio xxxiiij.l. iiij.s. Et quieti sunt. *Berkesir. Walingf.*

S. Iidem reddunt compotum de dimidia marca de quarta parte unius feodi Alani Basset in Yppesdene. In thesauro nichil. Et in predicto superplusagio xl.d. Et debet idem Alanus xl.d. *Et respondet in dorso.*

S. Iidem reddunt compotum de tribus partibus feodi unius militis Radulfi de Auuvers. In thesauro nichil. Et in predicto superplusagio v.s. Et debet idem Radulfus v.s. *Berkes'. Walingef. Et respondet in dorso.*

S. Iidem reddunt compotum de iiij^a parte feodi Willelmi Huscard'. In thesauro nichil. Et in predicto superplusagio xl.d. Et debet Willelmus xl.d. *Et respondet in dorso.*

S. Iidem reddunt compotum de feodo unius militis Radulfi de Chendut in Kikesham. In thesauro nichil. Et in predicto superplusagio j.m. Et idem Radulfus debet j.m. *Berkehamsted.*

S. Iidem reddunt compotum de feodo unius militis Almarici de Suleham in Henton' et de quarta parte eiusdem in Brutewell. In thesauro nichil. Et in predicto superplusagio xvj.s. iiij.d. Et debet xvj.s. iiij.d. *Respondet in dorso.*

S. Iidem reddunt compotum de iiij^{ta} parte feodi unius militis Philippi de Wodemundelie. In thesauro nichil. Et in predicto superplusagio xl.d. Et debet xl.d. *Et respondet in dorso.*

S. Iidem reddunt compotum de dimidio feodo Mauricii le Angevin. In thesauro nichil. Et in predicto superplusagio ix.s. viij.[d.] Et debet xliiij.d. *Idem reddit compotum de eodem debito. In thesauro liberavit. Et quietus est.*

S. Iidem reddunt compotum de v^{ta} parte Thome de Kingeston'. In thesauro nichil. Et in predicto superplusagio xxxij.d. Et debet xxxij.d. *Et respondet in dorso.*

S. Iidem reddunt compotum de iiij. feodis Comitis Ricardi in Watlinton'. In thesauro nichil. Et in predicto superplusagio xxiiij.s. viij.d. Et debet idem comes vj.m. et ij.s.

Iidem reddunt compotum de iiij. feodis et dimidio militum comitis Marescalli de honore comitis Giffard, quorum nominibus preponitur littera T. in rotulo quem liberaverunt in thesauro. In thesauro nichil. Et in predicto superplusagio vj.l. Et quieti sunt. *Bok. Giffard.*

S. Iidem reddunt compotum de feodo Reginaldi de Albo Monasterio de eodem honore in Bulehude. In thesauro nichil. Et in predicto superplusagio j.m. Et debet j.m. *Set respondet in dorso.*

Iidem reddunt compotum de feodis vij. militum de honore comitis de Insula quorum nominibus preponitur littera T. etc. In thesauro nichil. Et in predicto superplusagio xiiij.m. Et quieti sunt. *De Ripariis.*

Iidem reddunt compotum de feodis duorum militum honoris Peverelli de Notingeham. In thesauro nichil. Et in predicto superplusagio iiij.m. Et quieti sunt. *Noting' Piperell'.*

Iidem reddunt compotum de feodo unius militis Roberti de Eston' in honore Saresberie. In thesauro nichil. Et in predicto superplusagio ij.m. Et quieti sunt. *Wiltesir'. Sarr.*

S. ij. 14. Iidem reddunt compotum de duobus feodis Hervici de Staford
I. 513-519. scilicet de parvis feodis Morton quorum nominibus [preponitur] littera
I. 240-241
(parts only) T. In thesauro nichil. Et in predicto superplusagio xxxv.s. v.d.
—cont. Et quieti sunt. *Staff'. Hervi.*
   S. Iidem reddunt compotum de feodo dimidii militis Ricardi de Prestcote de eodem honore. In thesauro nichil. Et in predicto superplusagio iiij.s. v.d. ob. Et debet iiij.s. v.d. ob. *Set respondet in dorso. Staff'. Hervi.*
   Iidem reddunt compotum de iiij.l. de feodis trium militum de honore de Lascy quorum nominibus preponitur littera T. In thesauro nichil. Et in predicto superplusagio iiij.l. Et quieti sunt. *Salop.*
   Iidem reddunt compotum de dimidia m. de honore Castri Ricardi in Cudinton'. In thesauro nichil. Et in predicto superplus j.m. Et quieti sunt. *Staff'. Stotevill.*
   Iidem reddunt compotum de iij. feodis qu^{a}rt^a et xx^a parte honoris comitis Cestrie quorum nominibus preponitur littera T. et cetera. In thesauro nichil. Et in predicto superplusagio iiij.l. viij.s. Et quieti sunt. *Lincoln'. Cestr'.*
   Iidem reddunt compotum de feodo duorum militum honoris Leycestrie quorum nominibus preponitur littera T. et cetera. In thesauro nichil. Et in predicto superplusagio iiij.m. Et quieti sunt. *Leic' honor.*
   S. Iidem reddunt compotum de feodo unius militis in Chiselehamton' de honore Paynel. In thesauro nichil. Et in predicto superplusagio j.m. Et debet j.m. de qua Willelmus de Bello Campo debet respondere. *Et respondet in dorso. Staff'. Somery.*
   Iidem reddunt compotum de iiij. feodis et dimidio et iiij^{ta} x^a et xx^a de honore Pontis Fracti quorum nominibus preponitur littera T. In thesauro nichil. Et in predicto superplus vj.l. x.s. viij.d. Et quieti sunt. *Ebor'. Constabul'.*
   Iidem reddunt compotum de feodis duorum militum et dimidii, una hida excepta, de feodo Radulfi de Mortuo Mari quorum nominibus et cetera. In thesauro nichil. Et in predicto superplusagio lxiij.s. iiij.d. Et quieti sunt. *Salop. Mortuomar'.*
   Iidem reddunt compotum de ij. feodis honoris de Bolebec quorum nominibus et cetera. In thesauro nichil. Et in predicto superplusagio iiij.m. Et quieti sunt. *Bok'. Bolebec.*
   S. Iidem reddunt compotum de j. feodo Willelmi Wace in Ewelle in eodem honore. In thesauro nichil. Et in predicto superplusagio xx.s. viij.d. Et debet vj.s. *Set respondet in dorso. Bok'. Bolebec.*
   Iidem reddunt compotum de duabus quarteriis unius feodi Gilberti de Gant. In thesauro nichil. Et in predicto superplusagio j.m. Et quieti sunt. *Lincoln. Gant.*
   S. Iidem reddunt compotum de uno feodo Organi Pipard in Hewelme. In thesauro nichil. Et in predicto superplusagio xxj.s. iiij.d. Et debet v.s. iiij.d. *Set respondet in dorso.*

De particularibus honoribus in hoc comitatu.
   Iidem reddunt compotum de feodis duorum militum honoris de Limiseye. *War'.*
   Et de feodo unius militis et dimidii Willelmi de Hasting'. *Norf.*
   Et de dimidio feodo Pagani de Chaurcis. *Glouc.*

S. ij. 14.
I. 513–519.
I. 240–241.
(parts only)
—cont.

Et de feodo unius militis Willelmi de Vernun.
Et de feodo dimidii militis Nicholai de Verdun. *Staff.*
Et de feodo unius militis Wiscardi Ledet. *Norhampton.*
Et de qu^arta parte feodi Johannis Lovel in Chiltesdon'.
Et de feodo j. militis Johannis de Nevill in Chadelinton'.
Et de j. feodo episcopi Wygorniensis in Spelesbur'. *Wygorn' ep'.*
Et de uno feodo honoris de Mandevill' in Keyngeham. *Essex. Mandevill.*
Et de dimidio feodo comitis de Warrewic in Hetha. *Warewic'. com'.*
Et de ij. feodis Sewale de Osevill' in Wendebur'.
Et de qu^art^a parte j. feodi Nicholai de Bassingeburn' in Lillingestane.
Et de ij. feodis Roberti Musard in Cumbe, Ethrope et Orspathe.
Et de j. feodo Ricardi de Scrupes in Baldindon'. *Lancaster. Glouc.*
Et de iiij. feodis et dimidio Thome de Greile.
Et de dimidio feodo Willelmi de Sifrewast.
Et de vj. feodis Margerie de Riveres. *Dorsete. Gerold'.*
Et de quinta p^art_e Roberti Marmyun in Chakesden'.
Et de ij. feodis una virgata minus scilicet xx. parte comitis de Ferrariis. Et de uno feodo et dimidio et duabus partibus feodi unius militis eiusdem.
Et de iij. parvis feodis Morton' de honore de Bauveir. *Leic. Belveir.*

Summa xliij.l. xiiij.s vj.d. In thesauro nichil. Et in predicto superplusagio xliij.l. xiiij.s. vj.d. Et qu_{ieti} sunt.

S. Iidem reddunt compotum de j. feodo Godefridi de Crocumb' in Sibbeford de honore de Warewic. In thesauro nichil. Et in p_{re}dicto superplusagio j.m. Et debet j.m. *Idem reddit compotum de eodem debito. In thesauro liberavit. Et quietus est.*

S. Willelmus de Brionie debet xxj.s. iiij.d. de dimidio feodo qu^arta et xx^a parte p_{ro} heredibus Ranulfi de Praeres. *In thesauro liberavit. Et quietus est.*

S. Willelmus filius Osberti de Edinden' iiij.s. v.d. ob. de vj^a parte. *Set respondet in dorso rotuli.*

On the dorse of the roll.

Johannes de Tywe, vicecomes Oxon', reddit compotum de xij.s. pro abbate de Tame de arreragiis predicti auxilii sicut continetur ex alia parte rotuli.
Et de j.m. p_{ro} comite Sarr' de arreragiis eiusdem auxilii.
Et de xl.d. p_{ro} Alano Basset de arreragio predicto.
Et de v.s. p_{ro} Radulfo de Auuvers de eisdem arreragiis.
Et de xl.d. p_{ro} Willelmo Huscard' de eisdem arreragiis.
Et de j.m. p_{ro} Radulfo de Chendedut de eisdem arreragiis.
Et de xl.d. p_{ro} Philippo de Widemundel' de eisdem arreragiis.
Et de xxxij.d. de Thoma de Kyngeston' de eisdem arreragiis.
Et de j.m. p_{ro} Reginaldo de Blancmuster de eisdem arreragiis.
Et de iiij.s. v.d. ob. p_{ro} Ricardo de Prestecote de eisdem arreragiis.
Et de j.m. p_{ro} Willelmo de Bello Campo de eisdem arreragiis in Chiselehamton'.
Et de vj.s. pro Willelmo Wace de eisdem arreragiis.
Et de v.s. iiij.d. pro Norgana Pipard de eisdem arreragiis.

OXFORD. 455

On the dorse of the roll —*cont.*

Et de iiij.s. v.d. ob. pro Willelmo filio Osberti de Hedinden' de eisdem arreragiis.
In thesauro liberavit in xiiij^{cim} talliis. Et quietus est.
Eustachius de Greinvill' reddit compotum de vj.l. xx.d. de eodem auxilio de medietate feodorum Roberti Arsic sicut continetur ex alia parte rotuli. In thesauro liberavit. Et quietus est.
Thomas de Haya reddit compotum de xij^{cim} l. ix.s. iiij.d. de eodem auxilio de alia medietate eorundem feodorum sicut continetur ex alia parte rotuli. In thesauro ij.m. per Thomam de Haya. Et per collectores eiusdem auxilii in comitatu Dorsette ij.m. sicut continetur ibidem. Et debet ix.l. xvj.s.
Almari de Suleham reddit compotum de xvj.s. viij.d. de eodem sicut continetur ex alia parte rotuli. In thesauro vj.s. Et debet x.s. viij.d.
Willelmus de Hampton' reddit compotum de j.m. de eodem sicut ex alia parte rotuli. In thesauro liberavit. Et quietus est.

S. ij. 14. In rotulo de auxilio concesso regi ad maritandam sororem suam Romanorum imperatori, videlicet de quolibet scuto ij.m.

Oxon.

Wydo filius Roberti et Radulfus[1] filius Rogeri, collectores predicti auxilii in hoc comitatu, reddunt compotum de xxviij.l. xiij.s. iiij.d. de xxj. feodis et dimidii Comitis Ricardi de baronia Sancti Valerici.
Et de iiij.m. de ij. feodis eiusdem baronie in Stoke Talemasche.
Et de xliiij.l. xviij.s. iiij.d. de xxxiij. feodis et dimidio, quarta parte et octava comitis Warr' de feodis Henrici Doyly.
Et de xxvj.l. xvj.s. viij.d. de xx. feodis et qu^art^a parte unius feodi Eustachii de Graynvill' et Thome de Haya.
Et de ij.m. de j. feodo Roberti de Lingefere.
Et de ij.m. de j. feodo Willelmi de Hampton'.
Et de ij.m. de j. feodo Almarici de Sancto Edmundo.[2]
Et de ij.m. de j. feodo Gerardi de Kaumvill' in Mudlinton'.
Et de dimidia marca de quarta parte j. feodi Willelmi Bussyn.[3]
Et de ij.m. de j. feodo Warini filii Geroldi quod Ricardus filius Nigelli[4] Yifteleg.
Et de j.m. de dimidio feodo Almarici de Sancto Amando quod fuit Ernaldi de Maunfres.
Et de iiij.m. de ij. feodis Willelmi de Dyva et Radulfi Haring in Dadinton'.
Et de j.m. de dimidio feodo Ricardi de Harecurt de Staunton'.
Et de ij.m. de j. feodo Rogeri de Quency.
Et de ij.m. de j. feodo Ricardi Siward cum comitissa Warr' in Hedindon'.
Etde j.m. de dimidio feodo Thome Britonis in Adbburbury quod abbas Cirencestrie tenet.
Et de ij.m. j. feodo Willelmi de Mony[5] in Clinton'.
Et de j.m. de dimidio feodo Johannis filii Alani in Caldenorton'.

[1] *Read* Bardulfus.
[2] *Read* Amando.
[3] *Read* Buffyn.
[4] *Supply* ten' in.
[5] *Read* Moun.

A.D. 1235–1236.

S. ij. 14
—cont.

Et de dimidia marca de quarta parte j. feodi Simonis de Abrinciz in Radcote.
Et de ij.m. de j. feodo Godefridi de Croucumbe in Padinton'.
Et de ij.m. de j. feodo heredis Johannis de Sancto Johanne in Barton' et Staunton'.
Et de ij.m. de j. feodo Gilberti Basset in Curtlinton'.
Et de xxxiiij.l. de feodis militum tenentium de honore de Walingford in hoc comitatu.
Et de dimidia marca de quarta parte j. feodi Alani Basset.
Et de xx.s. de tribus partibus j. feodi Radulfi de Auuvers.
Et de dimidia marca de quarta parte j. feodi Willelmi Huscard.
Et de ij.m. de j. feodo Radulfi Chenndut in Kikesham.
Et de ij.m. et dimidia de ij.[1] feodis et quarta parte feodi Almerici de Suleham in Henton'.
Et de dimidia marca de quarta parte j. feodi Philippi de Wydemindeleie.
Et de j.m. de dimidio feodo Mauricii Aungevyn.
Et de v.s. iiij.d. de quinta parte j. feodi Thome de Kingeston'.
Et de viij.m. de iiij. feodis Comitis Ricardi in Walinton'.
Et de ix.m. de iiij. feodis et dimidia comitis Marescalli de honore Giffardi in hoc comitatu.
Et de ij.m. de j. feodo Reginaldi de Albo Monasterio de eodem honore.
Et de xiiij.m. de vij. feodis comitis de Insula in hoc comitatu.
Et de iiij.m. de ij. feodis honoris Peverelli de Notingham in hoc comitatu.
Et de ij.m. de j. feodo Roberti de Eston'.
Et de xxxv.s. v.d. de duobus parvis feodis Morton' Hervici de Stafford.
Et de viij.s. xj.d. de dimidio feodo Morton' Ricardi de Prestcote.
Et de vj.m. de iij. feodis militum tenentium de honore de Lacy in hoc comitatu.
Et de j.m. de dimidio feodo de honore Castri Ricardi in Cudinton'.
Et de vj.m. viij.s. de iij. feodis quarta et xxx^a parte j. feodi comitis Cestrie in hoc comitatu.
Et de iiij.m. de ij. feodis honoris Leycestrie in hoc comitatu.
Et de ij.m. de j. feodo in Chiselehampton'.
Et de ix.m. x.s. viij.d. de iiij. feodis et dimidia quarta et x^{ma} et xx^{ma} parte j. feodi militum tenentium de honore Pontis Fracti in hoc comitatu.
Et de lxiij.s. iiij.d. de ij. feodis quarta et viij^a parte j. feodi Radulfi de Mortuo Mari.
Et de iiij.m. de ij. feodis honoris de Bolebec.
Et de ij.m. de j. feodo Willelmi Wace de eodem honore.
Et de j.m. de dimidio feodo Gilberti de Gaunt.
Et de ij.m. de j. feodo Organi Pipard in Hewell'.
Et de iiij.m. de ij. feodis honoris de Lymes'.
Et de iij.m. de j. feodo et dimidio Willelmi de Hastingges.
Et de j.m. de dimidio feodo Pagani de Chaurces.
Et de ij.m. de j. feodo Willelmi de Vernun'.

---

[1] Read j.

OXFORD. 457

S. ij. 14. —cont.
Et de j.m. de dimidio feodo Nicholai de Verdun.
Et de ij.m. de j. feodo Wiscardi Ledet.
Et de dimidia marca de quarta p$_a$r$_t$$_e$ j. feodi Johannis Lovel in Chiltesdon'.
Et de ij. m. de j. feodo Johannis de Nevill' in Chadelinton.
Et de ij.m. de j. feodo episcopi Wigorniensis in Spellesbur'.
Et de ij.m. de j. feodo honoris de Maundevill' in Keyngham.
Et de j.m. de dimidio feodo comitis War' in Hetha.
Et de iiij.m. de ij. feodis Sewale de Osevill' in Wendebur'.
Et de dimidia marca de q$_u$$_ar_t$a parte j. feodi in Nicholai de Bassingburn' in Lollingeston'.
Et de iiij.m. de ij. feodis Roberti Musard in Cumbe, Ethrope et Mispate.[1]
Et de ij.m. de j. feodo Ricardi de Scrupes in Baldindon'.
Et de ix.m. de iiij. feodis et dimidio Thome de Greslay.
Et de j.m. de dimidio feodo Willelmi de Cyfrewast'.
Et de xij.m. de vj. feodis Margerie de Ripariis.
Et de v.s. iiij.d. de q$_u$$_i$$_n$ta parte j. feodi Roberti Marmyun in Chakesden.
Et de iiij.m. de ij. feodis comitis de Ferrariis.
Et de lvij.s. viij.d. de j. feodo et dimidio et duabus partibus j. feodi eiusdem.
Et de l.s. x.d. de tribus parvis feodis Morton' de honore Beuveyr.
Et de ij.m. de j. feodo Godefridi de Grocumbe de honore War'.
Et de xxj.s. iiij.d. de dimidio feodo q$_u$$_ar_t$a et xx^a parte j. feodi heredum Ranulfi de Pratellis.
Et de iiij.s. v.d. ob. de vj^a p$_a$r$_t$$_e$ j. feodi Osberti de Edinden'.

Summa cclxvij.l. iiij.s. viij.d. ob. de. De quibus in thesauro ccix.l. iij.s. iij.d. p$_e$r predictos collectores pro illis p$_r$$_o$ quibus solverunt auxilium in rotulo particularium ; et viij.m. vi.s. viij.d. p$_e$r comitem Warewik p$_r$$_o$ seipso et xxj.s. iiij.d. p$_e$r Willelmum Brian' p$_r$$_o$ heredibus Ranulfi de Pratellis et vj.l. xx.d. p$_e$r Eustachium de Greynvill de medietate baronie de Arsic ; et xxvj.s. viij.d. p$_e$r Thomam de la Haye de alia medietate ; et de vj.s. p$_e$r Almaricum de Suleham ; et j.m. p$_e$r Willelmum de Hampton' ; et p$_e$r Johannem de Tiwe, vicecomitem, ciij.s. iij.d. p$_r$$_o$ illis p$_r$$_o$ quibus solvit auxilium in rotulo particularium.
Summa, ccxxix.l. viij.s. x.d.   Et sic debentur xxxvij.l. xiij.s. ix.d. ob.

BERKS.

S. ij. 14.
I. 523–526
I. 241 (part only).
WILLELMUS SYFREWAST ET WILLELMUS DE ENGLEFEUD, COLLECTORES, REDDUNT COMPOTUM DE MEDIETATE AUXILII ASSISI ET COLLECTI IN HOC COMITATU.

Iidem reddunt compotum de j.m. de j. feodo comitis Marescalli in Tencheswrth[2]. Et de xl.d. de q$_u$$_ar_t$a parte j. feodi eiusdem in Enleg'. Et de iiij.s. v.d. de feodo eiusdem in Witham. *Glouc'*.

---

[1] *Read* Orspathe.   [2] *Read* Dencheswrth.

S. ij. 14. Iidem reddunt compotum de j.m. de j. feodo Roberti Achard in
I. 523-526,
I. 24¹ (bar¹ Audermaneston'.
only) Et de j.m. de j. feodo Thome Maceis in Baterinton' de honore
—cont. de Walingeford'. Et de dimidia marca de dimidio feodo Hugonis
de Mara in Doudecote de eodem honore. Et de ij.m. de ij. feodis
Willelmi de Longaspata in Ardinton' de eodem honore. Et de
j.m. de j. feodo Ricardi de Cocland' in Doniton' de eodem honore.
   Summa   *Walingeford'*.
Iidem reddunt compotum de j.m. de j. feodo in Englefeud'
de feodo de Sumeri. Et de xl.d. de quarta parte unius feodi Nicholai
le Butiler de eodem honore. Et de j.m. de j. feodo Margerie de
Sumery in Cumton' Beucamp de eodem honore. Et de j.m.
de j. feodo eiusdem Margerie in Idesleg' de eodem honore. Et de
dimidia marca de dimidio feodo in Adecote de eodem honore. Et
de j.m. de j. feodo in Watindeden'[1] de eodem honore. Et de j.m. de
j. feodo in Stanford' de eodem honore. Et de dimidia marca de
dimidio feodo in Yngelpenne de eodem honore.
   Summa   *Stafford'*.
Iidem reddunt compotum de j.m. de j. feodo Roberti de Sotebroc.
Et de dimidia marca de j. feodo Willelmi de Sifrewast.
Iidem reddunt compotum de j.m. pro W. de Abrincis de j. feodo
quod fuit Willelmi de Bocland'.
Iidem reddunt compotum de j.m. de j. feodo Ricardi de Sifrewast
in Clifware.
   Summa   .

De hiis qui non habent capitales honores.
Iidem reddunt compotum de xx.s. de feodo et dimidio comitis
Derbeie in hoc comitatu. Et de j.m. de j. feodo eiusdem in
Estinden'. Et de j.m. de j. feodo eiusdem in Lokinges. Et de
dimidia marca de dimidio feodo eiusdem in Kingeston'. Et
de viij.s. x.d. de duabus terciis feodi eiusdem in Fridetheyn. Et de
dimidia marca de dimidio feodo eiusdem in Tencheswrth.
   Summa   *Dereby. Honor comitis de Ferrariis.*
Iidem reddunt compotum de dimidia marca de dimidio feodo
Hugonis de Boeles in Cherleton'.
Iidem reddunt compotum de ij.m. de ij. feodis Willelmi de Bello
Campo de Wigornia in Dedecumb'. *Wigorn'*.
Iidem reddunt compotum de j.m. de j. feodo Walteri le Waleis
in Hemmeye.
Iidem reddunt compotum de j.m. de j. feodo Ricardi de Scrupes
in Ordeston'. Et de j.m. de feodo eiusdem in Cherl'. *Glouc'*.
Iidem reddunt compotum de j.m. de j. feodo Henrici de Sancto
Valerico in Hentton'. *Oxon*.
Iidem reddunt compotum de j.m. de j. feodo Walteri de Say in
Cherl'.
Et de dimidia marca de dimidio feodo Nicholai de Mol' in Chelrey.
Et de j.m. de j. feodo Roberti Musard' in Persholt et Lamburn'.
Notingeham.
Et de dimidia marca de dimidio feodo Radulfi de Lanvaleye in
Estbere. *Essex*.

---

[1] *Read* Yatindeden'.

S. ij. 14.
I. 523–526.
I. 241 (Part only)
—cont.

Et de viij.s. x.d. de duabus terciis unius feodi prioris de Pocheleg'.
Iidem reddunt compotum de dimidia marca de dimidio feodo comitis Herefordie in Wasinges. Et de dimidia marca de dimidio feodo eiusdem comitis in Bernham.[1] *Hereford' in Wallia.*
Et de j.m. de j. feodo Henrici de Estleg'.
 Summa xxij.l. xv.s. v.d. In thesauro liberaverunt per j. talliam. Et $_{quieti}$ sunt.
Memorandum quod Ingelardus de Cygoniaco debet respondere de alia medietate huius auxilii collecta $_{per}$ manum Nicholai de Hadinton', clerici sui, dum idem Ingelardus fuit vicecomes Berkesire.

Robertus Braund', vicecomes, reddit compotum de quadam $p^a{}_rt_e$ predicti auxilii collecti $_{per}$ eundem, videlicet de j.m. de j. feodo Ricardi de Pesemere. *Berksir'. De Mortuo Mari.*
Et de j.m. de j. feodo quod fuit Willelmi de Stanford'. *Staff'. Somery.*
Et de ij.m. de j. feodo Gilberti de Sanford'. *Berkesir'.*
Et de dimidia de dimidio feodo magistri Roberti de Aimas.
Regis Alman'.
Et de xij.s. de feodo Petri de Watingeden'.[2] *Staff'. Somery.*
Et de viij.s. de feodo Walteri de Ridewar in Fridlesham. *Derebie. De Ferariis.*
Et de ij.m. de feodo Willelmi de Hasting'[3] in Eton'.
Et de dimidia marca de feodo Gervasii filii Nicholai.[4] *Staff'. Somery.*
Et de j.m. de dimidio feodo Walteri Maunsel. *Staff'. Somery.*
Et de dimidia marca de feodo Petri de Sukemund'. *Somery.*
Et de ix.s. j.d. de feodo Ade de Brinton'. *Regis.*
Et de ij.m. de j. feodo Walteri de la Wyle. *Sifrewast.*
 Summa viij.l. ix.s. j.d. de quibus respondet in proxima linea.
Item reddit compotum de viij.l. ix.s. j.d. sicut supra continetur. In thesauro liberavit in una tallia. Et quietus est.
Idem R. reddit compotum de j.m. de feodo H. de Pinkeigny in Micheham.
Et de dimidia marca de feodo de Wawesenge.
Et de iij.s. de feodo de Hole Benham.
Et de dimidia marca de feodo Johannis de Freiford' in Chelreie.
Et de j.m. de feodo Johannis Mautravers in Chelreie.
Et de j.m. de feodo Stephani de Corton in Lokinge.
Et de j.m. de feodo Someri in Cómpton'.
Et de j.m. de feodo de Sancto Walerico in Henton'.
Et j.m. de Matheo Hose in Standone de honore comitis de Ferrariis.
Et de dimidia marca de feodo Gileberti de Mariscis in Estbery.
 Summa ciij.s. In thesauro liberavit in x. talliis.
Et quietus est.
 Berk'. In libro.

---

[1] *Read* Benham. [2] *Read* Yatingeden'.
[3] Quod fuit Johannis *interlined here. The county on the margin corresponding to this entry is illegible. Possibly it is* Glouc'.
[4] de Ingepenne *interlined here.*

BEDFORD.

S. ij. 13.   BEDEFORD'.

Johannes Bossard[1] et Hugo de Lega, collectores auxilii in hoc comitatu, reddunt compotum de ix.l. xvij.s. viij.d. de comite Cestrie de honore de Huntigdon'.
Et de xvij.l. xvij.s. xj.d. (xv. feodis et qu^{a}rt^a et xx^a)[2] de feodo Willelmi filii Garini de honore de Wahull' ;
Et de xxxiij.l. xiiij.s. x.d. (xxxiij. feodis et dimidia et vj. parte) de feodo W. de Bello Campo de honore Bed' ;
Et de ij.m. (j. feodo et dimidio) de feodo comitis Albemar' in hoc comitatu ;
Et de lxiij.s. iiij.d. (vj. feodis quarta et viij^a) de feodo Galfridi de Bello Campo de parte sua de baronia Roberti de Albeinaco de Keinho ;
Et de lxiij.s. iiij.d. (vj. feodis qu^{a}rt^a et viij^a) de feodo Radulfi de Sancto Amando de p^{a}rt$_e$ sua de predicta baronia ;
Et de liij.s. iiij.d. (vj. feodis qu^{a}rt^a et viij^a) de feodo Isabelle de Aubeigny de parte sua de eadem baronia ;
Et de viij.m. (vj. feodis et tercia parte unius feodi) de feodo Johannis de Bello Campo de baronia de Eton' ;
Et de xvij.s. iiij.d. de feodo Hugonis de Bello Campo de Selton' qui tenet de rege in capite ;
Et de vij.l. vj.s. viij.d. de feodo uxoris Baldewini de Betun' de honore Roberti de Albeigny ;
Et de j.m. de feodo Roberti de Baiuse de honore Thome de Sancto Walerico qui est in manu Comitis Ricardi ;
Et de j.m. de feodo Elie de Costentin de honore de Homet ;
Et de ij.m. de feodo Huberto de Burgo de honore Reginaldi de Sancto Valerico ;
Et de viij.s. xj.d. (iij. feodis et dimidia et xxiiij^a) de feodo Willelmi de Gimeges qui tenet de rege in capite in Stakeden' ;
Et de ij.m. (j. feodo et dimidia quart^a) de feodo Garini filii Geroldi in Camelton', qui tenet de rege in capite ;
Et de j.m. de feodo Thome de Hesa for' qun[3] ten' de rege in capite per servicium militare.
Summa iiij^{xx} x.l. et x.s.   In thesauro per eosdem xxxvj.l. v.s. xj.d. per j. talliam.   Et Thome de Newerk et Willelmo de Lond', clericis W. de Kirkham et W. de Haverhull', in garderoba regis apud Sanctum Neotum dominica in media quadragesima anno regni regis xx°, ix.l. et xv.s. per breve regis quod est in forulo marescalli ; et fratri Galfrido elemosinario in garderoba regis apud Clive vigilia Sancti Egidii anno regni xx. primo xliiij.l. viij.s. iiij.d. per breve regis quod est in forulo marescalli.
Et debent ix.d.

BUCKINGHAM.

II. 213–215.   SCUTAGIUM RECEPTUM IN COMITATU BUK' ANNO REGNI REGIS HENRICI XIX°, SCILICET AD TERMINUM SANCTI MICHAELIS.

De Thoma de Valoines ij.m. de duobus feodis in Sobinton'.

---

[1] Close Roll 19 Hen. III. m. 6d. reads Bochard and De la Legh.
[2] The words enclosed in parentheses are interlined above the sums of money in the MS.   [3] Read qui.

BUCKINGHAM.

II. 213–
215—cont.

De Rogero de Staunford' j.m. de uno feodo in Sauntesdon'.
De heredibus Galfridi Angod dimidia marca de dimidio feodo in Wycumbe.
De Gilberto Basset j.m. de j. feodo in Wicumbe de novo feoffamento.
De Petro de la Mare j.m. de j. feodo in Bottecleidon'.
De Willelmo Pippard j.m. de uno feodo in Wengrave.
De Radulfo Dauvers j.m. de uno feodo in Dorneye.
De Willelmo Ginaunt ij.s. viij.d. de v^{ta} parte feodi in Wicumbe.
De Ricardo de Rotomago ij.s. viij.d. de v^{ta} parte feodi in Wicumbe.
De Petro Carbonel j.m. de uno feodo in Bichendon'.
De Galfrido de Hedesore j.m. de uno feodo in Hedesore.
De Willelmo de Opton' viij.d. pro xx^{ma} parte feodi in Opton'.
De Milone Nernut dimidia marca de dimidio feodo in Merston'.
De Johanne de Vernay dimidia marca de dimidio feodo in Merston'.
De Milone Neyrnut viij.s. de iij. partibus feodi in Pychestorn'.
De Henrico Dauvers ij.s. viij.d. de v^{ta} parte feodi in Wigham[1].
De Roberto Malet xx.s. de j. feodo et dimidio in Queinton'.
De Jordano de Arches iij.m. de iij. feodis in Herope.
De Roberto de Rival ij.s. viij.d. de v^{ta} parte feodi in Waremodeston'.
De Johanne filio Roberti j.m. de j. feodo in Evere.
De Radulfo de Wedon' dimidia marca de dimidio feodo in Messeworth'.
De Johanne le Brun dimidia marca de dimidio feodo in Messeworth'.
De Hegelina Burdun dimidia marca de dimidio feodo in Messeworth'.
De Matillide de Esserugh' dimidia marca de dimidio feodo in Messeworth'.
De Willelmo filio Elie j.m. de uno feodo in Acle.
De Radulfo Barri j.m. de j. feodo in Staunton'.
De Rogero de Craunford' dimidia marca de dimidio feodo in Dodereshull'.
De Almarico de Henton' j.m. de uno feodo in Bradewelle.
De Thoma de Appelton' j.m. de uno feodo in Cherdesle.
De Thoma le Maunsel j.m. de j. feodo in Lanle.[2]

De honore Peverel' per manus Willelmi le Frauncys :—
De abbate de Osneya. j.m. de uno feodo in Opton'.
De Waltero de Hertwelle j.m. de uno feodo in Hertwelle.
De Hugone filio Radulfi j.m. de uno feodo in Cleydon'.
De Willelmo Basset dimidia marca de dimidio feodo in Hedestok'.
De Nicholas de Heverham j.m. de uno feodo in Heversham.
De Petro de Goldinton' dimidia marca de iij. partibus feodi in Stokes. Et debet xl.d.

De honore Giffard' per manus Willelmi le Taillur :—
De Henrico Dayrel j.m. de j. feodo in Lullingeston'.
De Galfrido de Marisco j.m. de j. feodo in Linford'.

---
[1] *The other accounts here printed place this fee in* Soulbury.
[2] *Read* Senle.

462   A.D. 1235-1236.

II. 213-
215—cont.

De Willelmo de Bechampton' j.m. de uno feodo in Bechampton'.
De Johanne Morel j.m. de uno feodo in Adegrave.
De Ricardo filio Ricardi dimidia marca de dimidio feodo in Lechamsted'.
De eodem honore per manus eiusdem Willelmi.
De Cunebelle iij.m. de iij. feodis.
De Mussenden' et de Morton' ij.m. de ij. feodis.
De Fanle[1] j.m. de uno feodo.
De Essesdon' j.m. de uno feodo.
De Sincheburuwe dimidia marca de dimidio feodo.
De Mulesho j.m. de uno feodo.

De Hugone de Albineto x.s.[2]

De feodis Willelmi filii Hamonis per manus Hamonis Hasting':—
De Willelmo de Albineto ij.m. et dimidia de duobus feodis et dimidio in Chalfunte.
De Alano de Meydewelle dimidia marca de dimidio feodo in Heselburuwe.
De Willelmo de Bello Campo j.m. de uno feodo in Dreiton'.
De Nicholao de Saunford' j.m. de uno feodo in Eston'.
De Reginaldo de Fraxino j.m. de uno feodo in Torneburuwe.
De Willelmo filio Hamonis j.m. de uno feodo in Stokes.
De Willelmo filio Hamonis ij.m. de ij. feodis in Wolfrinton'.

De episcopo de Cardoyl xx.s. de uno feodo et dimidio in Wigham.[3]

De feodis Warini de Munchansy :—
De Willelmo de Sancto Claro x.s. pro tribus partibus feodi in Stanes.
De Willelmo de Clovile et Willelmo de la Mersse et Willelmo Blacston' x.s. pro iij. partibus feodi in Stanes.

De Thoma de Laceles iij.s. iiij.d. pro iiij^{ta} parte feodi in Boneya.[4]
De Willelmo de Cantelo dimidia marca de dimidio feodo in Hedesburuwe.[5]
De Galfrido de Hedenham x.s. de iij. partibus feodi in Hedenham.
De Hugone Howedeng' j.m. de uno feodo in Burnham.
De Thoma de Henglefeud iij.s. iiij.d. de Bygestrope.
De Willelmo de Fenes j.m. de uno feodo in Wendovere.
De Simone de Rual viij.s. iiij.d. pro iij. hidis in Bledelawe.
De Gilberto de Bracy xj.s. viij.d. de Stanes.
De Johanne de Carun j.m. de uno feodo in Sirigton'.
De Amicia de Bydun iij.s. iiij.d. de iiij^{ta} parte feodi in Lavenden'.
De Amicia de Bydun dimidia marca de dimidio feodo in Weston'.

[1] *Read* Faule.
[2] *This entry is placed with those relating to the fees of William fitz Hamon in the Book* (II. 214).
[3] *Read* Hucham. *See* Excerpta e Rotulis Finium, vol. i. p. 247; Close Rolls, 1231–1237, pp. 402, 416; Inq. post mortem, 2 Ric. II. 57.
[4] *Read* Boveneya.   [5] *Read* Heselburuwe.

BUCKINGHAM. 463

II. 213-215—cont. De Luca de Kaynes viij.s. et x.d. de duabus partibus feodi in Middelton'.
De Willelmo Maudut dimidia marca de dimidio feodo in Hawerugh'.
De abbate de Woburn' j.m. de uno feodo in Wavendon'.
De Hugone de Chastilun j.m. de j. feodo in Wavendon'.
De Willelmo de Wylien j.m. de uno feodo in Harewemede.
De domina Hermetruda j.m. de uno feodo in Wenge.
De Ricardo filio Ricardi dimidia marca de dimidio feodo in Lechamstede.
De Wartero de Woketon' xvj.s. iiij.d. de ij. feodis in Woketon'.
Parva feoda de Mortun'.
De Warino filio Gerardi j.m. de j. feodo in Bechampton'.
De Stephano de Eswelle ij.s. viij.d. pro v^{ta} parte feodi in Wicumbe.

II. 215-218. SCUTAGIUM DE TERMINO PASCHE ANNO XX⁰ REGNI REGIS HENRICI.

De Thoma de Valoines ij.m. de ij. feodis in Sobinton'.
De Roberto de Ruuel ij.s. viij.d. de v^{ta} parte feodi in Waremodeston'
De Petro de la Mare j.m. de uno feodo in Cleindon'.
De Willelmo de Opton' viij.d. de xx^{ma} parte feodi in Opton'.
De Willelmo Pippard j.m. de uno feodo in Wengrave.
De Willelmo de Cauntelo dimidia marca de dimidio feodo in Hedesburuwe.[1]
De Thoma de Appelton' j.m. de uno feodo in Hicford et Cherdesle.
De Willelmo filio Elie j.m. de uno feodo in Acle.
De Petro Carbonel j.m. de uno feodo in Bychendon'.
De Jordano de Arches iij.m. de iij. feodis in Herope.
De Henrico Dauvers ij.s. viij.d. de v^{ta} parte feodi in Selebur'.
De Rogero de Craunford dimidia marca de dimidio feodo in Doddingeshull'.[2]
De Johanne le Brun dimidia marca de dimidio feodo in Messeworth'. De feodo Turstani Basset.
De Hegelina Burdon dimidia marca de dimidio feodo in Messeworth'. De feodo Turstani Basset.
De Radulfo de Wedon' dimidia marca de dimidio feodo in Messeworth'.
De Matillide de Hesserugh' dimidia marca de dimidio feodo in Messeworth'.
De Willelmo de Sancto Claro x.s. de Stanes.
De Willelmo de Clovile, Willelmo Blacston et Willelmo de la Mersse x.s. de eadem.
De Jacobo de Herle iij.s. iiij.d. de iiij^{ta} parte feodi in Herle.
De Simone de Rual viij.s. iiij.d. de Bledelawe.
De Gilberto de Braci xj.s. viij.d. de Stanes.
De Galfrido de Hodenham x.s. de Hodenham.
De Radulfo Cheindut j.m. de uno feodo in Hisenhamstud.

---

[1] *Read* Heselburuwe. [2] *Read* Doddereshull'.

II. 215–
218—cont.

De Gilberto de Holebec[1] j.m. de uno feodo in Eye.
De Willelmo Maudut dimidia marca de dimidio feodo in Hawerugh'.
De Henrico de Scaccario ij.m. de uno feodo in Stivele.
De Waltero[2] de Wedon' j.m. de uno feodo in Bolesham.[3]
De Willelmo de Vernun xx.s. de uno feodo et dimidio in Pichecote.
De Nicholao de Wedon' dimidia marca de iiij^{ta} parte feodi in Wedon'.
De domina Hermetruwe j.m. de j. feodo in Wenge.
De domina Hermigerda de Bydun dimidia marca de dimidio feodo in Latebur'.
De Bartholomeo de Sauncunvile[4] j.m. de uno feodo in Fanle.[5]
De domina Johanna de Nodariis j.m. de uno feodo in Messenden'.
De Henrico de Sancto Andrea j.m. de uno feodo in Esseldon'.[6]
De Fulcone de Coudray j.m. de j. feodo in Mulesho.
De Galfrido de Sancto Martino dimidia marca de dimidio feodo in Simpleburuwe.
De Magna Cunebelle iij.m. de iij. feodis.
De Willelmo de Bechampton' j.m. de uno feodo in Bechampton'.
De Henrico Dayrel j.m. de uno feodo in Lillingeston'.
De Willelmo filio Regin' et Elia de Ruwes[7] j.m.
De Galfrido de Marisco j.m. de j. feodo in Linford'.
De Gilberto Basset j.m. de uno feodo in Wicumbe.[8]
De Radulfo de Bray ij.m. de uno feodo in Eye de utroque termino.
De Stephano de Heswelle ij.s. viij.d. de v^{ta} parte feodi in Wicumbe.
De heredibus Galfridi Angod dimidia marca de dimidio feodo in Wicumbe.
De Radulfo Dauvers j.m. de uno feodo in Dorneya.
De Willelmo de Simili ij.m. de uno feodo in Magna Byselburuwe[9] pro utroque termino.
De Jacobo de Herle iij.s. iiij.d. pro qu^{a}rt^{a} parte feodi in Herle.[10]
De Alexandro de Herle[11] Hamden' j.m. de uno feodo in Hedesore.
De Humfrido le Dun j.m. de uno feodo in Cunebelle.
De heredibus Rogeri de Staunford' j.m. de uno feodo in Sauntesdon'.
De Willelmo de Fenes ij.m. de Wendovere.
De Waltero de Morton' viij.s. x.d. ob. de tercia parte feodi pro utroque.
De Johanne filio Roberti j.m. de uno feodo in Evere.
De Warino filio Gerardi j.m. de uno feodo in Bechampton'.
De Rogero de Wimbervile viij.s. x.d. ob. de duabus partibus feodi in Quenton' pro utroque termino.

---

[1] *Read* Bolebec.
[2] *Read* Radulfo.
[3] *Read* Rolesham.
[4] *Read* Sauucuuile.
[5] *Read* Faule.
[6] *Read* Essesdon.
[7] *Read* le Drueys.
[8] *Opposite the Wicumbe entries is a sign on the margin resembling a trefoil.*
[9] *Read* Ryselburuwe.
[10] *This entry has occurred already.*
[11] *Delete* Herle, *which is inserted in error.*

BUCKINGHAM. 465

II. 215–
218—cont.
De Ricardo de Rotomago ij.s. viij.d. pro quinta parte feodi in Wicumbe.
De Willelmo Ginaunt ij.s. viij.d. pro quinta parte feodi in Wicumbe.
De Roberto Malet xx.s. de uno feodo et dimidio in Quenton'.
De Willelmo Rossel j.m. de dimidio feodo in Hedesburuwe pro utroque termino.
De abbate de Woburn' ix.s. de iij. partibus feodi in Dreyton' pro utroque termino.
De parvis feodis de Morton' iij.l. xiiij.s. xj.d. et noluit dicere feoda.
De abbate de Osneya j.m. de uno feodo in Opton'.
De Waltero de Hertwelle j.m. de uno feodo in Hertwelle.
De Nicholao de Heveresham j.m. de uno feodo in Heveresham.
De Willelmo Basset dimidia marca de dimidio feodo in Hedestoke.
De Petro de Goldinton' x.s. pro tribus partibus feodi in Stokes.
De Hugone filio Ricardi[1] j.m. de uno feodo in Cleydon'.
De Simone de Torvile j.m. de uno feodo in Weston'.
De Rogero de Croft ij.m. de duobus feodis in Weston'.
De Simone de Torvile et Rogero de Crofte xj.s. viij.d. de la Penne.
De Roberto de Chetwode ij.m. de uno feodo pro utroque termino.
De Milone Neirnut dimidia marca de dimidio feodo in Merston'.
De Milone Neirnut viij.s. de Pychelestorn'.
De Alexandro de Hamden' j.m. de uno feodo in Hamden'.
De Johanne de Rane iij.s. iiij.d. de Aumodesham.
De Amicia de Bydun x.s. de tribus partibus feodi in Lavendon'.
De Willelmo Baiues j.m. de uno feodo in Bradewell'.
De Radulfo Barri j.m. de uno feodo in Staunton'.
De Galfrido Scot v.s. iiij.d. pro quinta parte feodi in Cleidon'.
De Fulcone Coudray iij.m. de Wauton'.
De Simone de Besevile ij.m. de ij. feodis in Pychelestorn'.
De Wolsiston' x.s. et xl.d.
De Wauton' iij.m.
De Thoma Maunsel j.m. de uno feodo in Senle.
De Magistro Thoma le Waleys iij.m. de uno feodo et dimidio in Oggeston' pro utroque termino.
De Willelmo de Albineto ij.m. et dimidia de ij. feodis et dimidio in Clafunte.[2]
De Alano de Meidewell' dimidia marca de dimidio feodo in Heselburuwe.
De Willelmo de Bello Campo j.m. de uno feodo in Dreiton'.
De Nicholao de Saunford' j.m. de uno feodo in Eston'.
De Reginaldo de Fraxino j.m. de uno feodo in Thorneburuwe.
De Willelmo filio Hamonis j.m. de uno feodo in Stokes.
De Willelmo filio Hamonis ij.m. de ij. feodis in Wolfrinton'.
De domina Amiable de Bydun xx.s. de dimidio feodo[3] in Weston' et Lavendon'.
De Hugone Huwedeng' j.m. de uno feodo in Burnham.
De Thoma de Laceles iij.s. iiij.d. de Boveneya.
De Teppelawe ij.m. de ij. feodis.

---

[1] *Read* Radulfi. [2] *Read* Chafunte.
[3] *Read* tribus partibus feodi *or supply* quarta parte in *after* et.

466 A.D. 1235-1236.

II. 215-
218-cont.

De Chalfunte ij.m. de ij. feodis.
De Radulfo Cheindut[1] j.m. de uno feodo in Hisenhamsted'.
De Simone de Torvile x.s.
De Johanne de Vernay dimidia marca de dimidio feodo in Merston'.
De Johanne de Carun iij.m. de Sirigton'.
De episcopo de Cardoyl xx.s. de uno feodo et dimidio in Wigham.[2]
De Hugone de Albineto xj.s. de iij. partibus feodi in Olneya.
De Johanne filio Galfridi ij.m. de ij. feodis in Eylesbur'.
De Thoma de Appelton' xij.s. de Opton'.[3]
De Luca de Kaynes viij.s. x.d. de Middelton'.
De Radulfo Hareng' xxiiij.s. viij.d.

II. 223-
226.

HOC EST RECEPTUM DE AUXILIO PACATO IN COMITATU BUK' ANNO XIX° REGNI REGIS HENRICI.

De honore de Walingford' :—
De Thoma de Valoines iiij.m. de ij. feodis in Sobinton'.
De Rogero de Staunford' ij.m. de uno feodo in Sauntesdon'.
De heredibus Galfridi Angod j.m. de dimidio feodo in Wicumbe.[4]
De Gilberto Basset ij.m. de uno feodo in Wicumbe de novo feoffamento.
De Petro de la Mare ij.m. de uno feodo in Botecleydon.
De Willelmo Pippard ij.m. de uno feodo in Wengrave.
De Radulfo Dauvers ij.m. de uno feodo in Dorneya.
De Willelmo Dinant[5] v.s. iiij.d. de v^{ta} parte feodi in Wicumbe.
De Ricardo de Rotomago v.s. iiij.d. de v^{ta} parte feodi in Wicumbe.
De Petro Carbonel ij.m. de uno feodo in Bychendon'.
De Galfrido de Hedesore ij.m. de uno feodo in Hedesore.
De Willelmo de Opton' j.m. de dimidio feodo in Opton'.
De Milone Neirnut j.m. de dimidio feodo in Merston'.
De Johanne de Vernay j.m. de dimidio feodo in Merston'.
De Milone Neirnut xvj.s. pro iij. hidis in Pychelestorn'.
De Henrico Dauvers v.s. iiij.d. pro v^{ta} parte feodi in Solebur'.
De Roberto Malet xl.s. de uno feodo et dimidio in Quenton'.
De Jordano de Arches vj.m. de iij. feodis in Crope.[6]
De Roberto de Rival v.s. iiij.d. de v^{ta} parte feodi in Waremodeston'.
De Johanne filio Roberti ij.m. de uno feodo in Evere.
De Radulfo de Wedon' j.m. de dimidio feodo in Messewrth'.
De Johanne le Brun j.m. de dimidio feodo in Messewrth.
De Hegelina Burdon j.m. de dimidio feodo in Messewrth.
De Matillide de Esserughe j.m. de dimidio feodo in Messewrth.
De Willelmo filio Elie ij.m. de uno feodo in Acle.
De Radulfo Barre ij.m. de uno feodo in Staunton'.
De Almarico de Henton' ij.m. de j. feodo in Bradewelle.

---

[1] *This entry has occurred already.* [2] *See p. 462 above.*
[3] *The text here is corrupt.*
[4] *Opposite the Wicumbe entries is a sign on the margin resembling a trefoil.*
[5] *Read* Ginant. [6] *Read* Erope.

BUCKINGHAM.

II. 223-226—cont.

De Thoma de Appelton' ij.m. de uno feodo in Cherdesle et in Hicford'.
De episcopo de Cardoil xl.s. de uno feodo et dimidio in Wigham.
De Willelmo Maudut j.m. de dimidio feodo in Awerughe.
De Stephano de Eswelle v.s. iiij.d. de v^{ta} parte feodi in Wicumbe.
De Jacobo de Herle dimidia marca de iiij^{ta} parte feodi in Herle.
De Radulfo de Cheindut ij.m. de uno feodo in Hysenhamstud'.
De Henrico de Scaccario ij.m. de uno feodo in Stivle.
De Radulfo de Wedon ij.m. de uno feodo in Bolesham.[1]
De Willelmo de, Vernun et Nicholao de Wedon' ij.m. de j. feodo in Pichecote et in Wedon'.
De Galfrido Scot v.s. iiij.d. pro v^{ta} parte feodi in Cleydon'.
Omnes isti predicti sunt de honore Walingfordie.

De feodo Walteri de Cliff' :—
De Rogero de Craumford' j.m. de dimidio feodo in Doderes-hull'.

De Hugone de Albineto :—
De Thoma Maunsel ij.m. de uno feodo in Senle.
De Hugone de Albinaco xx.s. de iij. partibus feodi in Olneya.

De honore Peverelli :—
De abbate de Oseneya ij.m. de uno feodo in Opton'.
De Waltero de Hertwelle ij.m. de uno feodo in Hertwelle.
De Hugone filio Radulfi ij.m. de j. feodo in Cleydon'.
De Willelmo Basset j.m. de dimidio feodo in Hedestoke.
De Nicholao de Heveresham ij.m. de uno feodo in Heveresham.
De Petro de Goldinton' xvj.s. viij.d. Et debet xl.d.

De Henrico Dayrel ij.m. de uno feodo in Lillingeston'.
De Galfrido de Marisco ij.m. de uno feodo in Linford'.

De honore Giffard' :—
De Willelmo de Bechampton ij.m. de uno feodo in Bechampton'.
De Johanne Morel j.m. de uno feodo in Adegrave. Et debet j.m.
De Ricardo filio Ricardi j.m. de dimidio feodo in Lechamstud'.
De Magna Cunebelle vj.m. de iij. feodis.
De domina Johanna de Nodariis ij.m. de uno feodo in Mussenden'.
De Willelmo filio Reginaldi et Elia de Riueus[2] ij.m. de uno feodo in Morton'.
De Bartholomeo de Saucumbe[3] ij.m. de j. feodo in Fanle.[4]
De Henrico de Sancto Andrea ij.m. de j. feodo in Essesdon'.
De Galfrido de Sancto Martino j.m. de dimidio feodo in Sincleburuwe.
De Fulcone de Coudray ij.m. de j. feodo in Mulesho.

---

[1] *Read* Rolesham.
[2] *Read* le Drueys.
[3] *Read* Saucvile.
[4] *Read* Faule.

II. 223–226—cont.

De feodo Willelmi Hamonis :—
De Willelmo de Albineto v.m. de ij. feodis et dimidio in Chalfunte.
De Alano de Meidewelle j.m. de dimidio feodo in Heselburuwe.
De Willelmo de Bello Campo ij.m. de j. feodo in Dreiton'.
De Nicholao de Saunford' ij.m. de uno feodo in Eston'.
De Reginaldo de Fraxino ij.m. de uno feodo in Torneburuwe.
De Willelmo filio Hamonis ij.m. de uno feodo in Stokes.
De Willelmo filio Hamonis iiij.m. de ij. feodis in Wolvrinton'.

De feodo Warini de Munchansi :—
De Willelmo de Sancto Claro xx.s. pro iij. partibus feodi in Stanes.
De Willelmo de Clovile et Willelmo de la Mersse et Willelmo Blacston xx.s. pro tribus partibus feodi in Stanes.

De Thoma de Laceles dimidia marca pro iiij^{ta} parte feodi in Boveneya.
De Willelmo de Cantilupo j.m. pro dimidio feodo in Heselburuwe.
De Galfrido de Hedenham xx.s. pro iij. partibus feodi in Hedenham.
De Hugone Howedeng ij.m. de uno feodo in Burnham.
De Thoma de Henglefeud iij.s. iiij.d. de iiij^{ta} parte feodi in Bygestrope. Et debet xl.d.
De Willelmo de Wendovere[1] xl.s. pro uno feodo et dimidio in Wendovere.
De Simone de Ruel xvj.s. viij.d. pro iij. partibus feodi in Bledelawe.
[De[2]] Gilberto de Bracy xxiij.s. iiij.d. pro iiij. hidis et dimidio in Stanes.
De Johanne de Carun iiij.m. de ij. feodis in Sirigton'.
De domina Amicia de Bydun xx.s. pro iij. partibus feodi in Lavenden'.
De Luca de Kaynes xvij.s. viij.d. de ij. partibus feodi in Middelton'.
De abbate de Wuburn' j.m. de uno feodo in Wavendon'. Et debet j.m.
De Hugone de Castilun j.m. de uno feodo in Wavendon'. Et debet j.m.
De Willelmo de Wilien j.m. de j. feodo in Harewemede. Et debet residuum.
De domina Hermetruda ij.m. de uno feodo in Wenge.
De Warino filio Gerardi ij.m. de uno feodo in Bechehamton'.
De domina Hermegerda de Bydun dimidia marca de dimidio feodo in Latebir'. Et debet residuum.
De Radulfo de Bray ij.m. de uno feodo in Eya.
De Willelmo de Simli ij.m. pro uno feodo in Magna Riselburwe.
De Hunfrido le Dun j.m. de uno feodo in Cunebelle. Et debet dimidiam marcam.

---

[1] *i.e.* William de Fenes.
[2] [De] *not in Book* (II. 225), *is supplied here.*

BUCKINGHAM. 469

II. 223–226—cont.
De Waltero de Morton' viij.s. x.d. ob. de tercia parte feodi in Eye.
De Rogero de Wymbervill' viij.s. x.d. ob. pro ij. partibus feodi in Quenton'.
De Willelmo Rossel j.m. de dimidio feodo in Hedesburuwe.
De abbate de Wuburn' ix.s. pro iij. partibus feodi in Dreiton'.
De Simone de Torvile j.m. de uno feodo in Weston'. Et debet j.m.
De Rogero de Croft ij.m. de duobus feodis in Weston'. Et debet residuum.
De Simone de Torvile et Rogero de Croft xj.s. viij.d. de la Penne. Et debent tantum.
De Roberto de Chetwode ij.m. de j. feodo in Chetwode.
De Alexandro de Hamden' j.m. de uno feodo in Hamden'. Et debet residuum.
De Johanne de Rane iij.s. iiij.d. de iiij^{ta} parte feodi in Ammodesham. Et debet residuum.
De Fulcone de Coudray vj.m. de Wauton' de iij. feodis.
De Simone de Besevile ij.m. de uno feodo in Pichelestorn'.
De Wolsiston' j.m. de dimidio feodo.
De magistro Thoma le Waleis iij.m. de uno feodo et dimidio in Hoggeston'.
De domina Amable de Bydun xx.s. de iij. partibus feodi in Weston' et in Lavenden'.
De Teppelawe ij.m. de ij. feodis. Et debet residuum.
De Chalfunte ij.m. de ij. feodis. Et debet residuum.
De Johanne filio Galfridi ij.m. de j. feodo in Eylesbur'.
De Gilberto de Bolebec j.m. de uno feodo in Eye. Et debet j.m.
De Willelmo Maudut xlvj.s. de Hamslepe, et non dixit feoda.
De Simone de Torvile x.s. et non dixit feoda.
De parvo feodo de Mortoign iiij.l. xj.s. iiij.d. et noluit dicere feoda.

II. 193–198.
MILO NERNUT ET LUCAS DE KAYNES,[1] COLLECTORES AUXILII IN COMITATU BUK' CONCESSI DOMINO REGI ET CETERA, REDDUNT COMPOTUM, VIDELICET II.M. DE QUOLIBET FEODO MILITIS.

Iidem reddunt compotum de iiij^{or}m. de ij. feodis Johannis de Carum de rege in capite. In thesauro cxxviij.l. xviij.s. ix.d. Et habent de superplusagio cxxvj.l. v.s. v.d. quod totum allocatur illis infra.

Iidem reddunt compotum de iiij.m. de ij. feodis Thome de Valoniis de honore de Walingford'.
Et de ij.m. de uno feodo Rogeri de Stanford' de eodem.
Et de una m. de dimidio feodo heredum Galfridi Bangot[2] de eodem.
Et de ij.m. de uno feodo Gilberti Basset de eodem.
Et de ij.m. de uno feodo Petri de la Mare de eodem.
Et de ij.m. de uno feodo Willelmi Pippard' de eodem.
Et de ij.m. de uno feodo Radulfi de Aunvers de eodem.

[1] Caygnes *in Close Roll, 19 Hen. III, m. 6d.* [2] *Read* Angot.

II. 193–
198—cont.
Et de v.s. iiij.d. de v^{ta} parte unius feodi Willelmi Ginand' de eodem.
Et de v.s. iiij.d. de v^{ta} parte unius feodi Ricardi de Rotomago de eodem.
Et de ij.m. de uno feodo Petri Carbonel de eodem.
Et de ij.m. de uno feodo Galfridi de Edesovere de eodem.
Et de una m. de dimidio feodo Willelmi de Hupton' de eodem.
Et de una m. de dimidio feodo Milonis Neyrnut de eodem.
Et de una m. de dimidio feodo Johannis de Vernay de eodem.
Et de xvj.s. de dimidio feodo et x^{ma} parte unius feodi Milonis de Neyrnut de eodem.
Et de v.s. iiij.d. de v^{ta} parte unius feodi Henrici de Aunvers de eodem.
Et de iij.m. de uno feodo et dimidio Roberti Malet de eodem.
Et de vj.m. de iij. feodis Jordani de Arch' de eodem.
Et de v.s. iiij.d. de quinta parte unius feodi Roberti Drunal[1] de eodem.
Et de ij.m. de j. feodo Johannis filii Roberti de eodem.
Et de j.m. de dimidio feodo Radulfi de Wedon' de eodem.
Et de j.m. de dimidio feodo Johannis le Brun de eodem.
Et de una m. de dimidio feodo Egeline Burdon de eodem.
Et de j.m. de dimidio feodo Matillidis de Estrug' de eodem.
Et de ij.m. de uno feodo Willelmi filii Elye de eodem.
Et de ij.m. de j. feodo Radulfi Barey de eodem.
Et de ij.m. de feodo Almarici de Endon' de eodem.
Et de ij.m. de j. feodo Thome de Appeldon' de eodem.
Et de iij.m. de uno feodo et dimidio episcopi Karliolensis de eodem.
Et de j.m. de dimidio feodo Willelmi Mauduit de eodem.
Et de v.s. iiij.d. de v^{ta} parte unius feodi Stephani de Estwell'.
Et de dimidia marca de iiij^{ta} parte unius feodi Jacobi de Erleg' de eodem.
Et de ij.m. de feodo Radulfi Chendut de eodem.
Et de ij.m. de feodo Henrici de Scaccario de eodem.
Et de ij.m. de uno feodo Radulfi de Wedon' de eodem.
Et de ij.m. de j. feodo Willelmi de Vernun et Nicholai de Wedon' de eodem.
Et de v.s. iiij.d. de quinta parte unius feodi Galfridi Scoti de eodem.
Summa xl.l. xvj.s. viij.d. In thesauro nichil. Et in predicto superplusagio xl.l. xvj.s. viij.d.

Iidem reddunt compotum de ij.m. de j. feodo Henrici Deyrel de honore Giffardi.
Et de ij.m. de uno feodo Galfridi de Marisco de eodem.
Et de ij.m. de j. feodo Willelmi de Bechehampton' de eodem.
Et de ij.m. de uno feodo Johannis Morel de eodem.
Et de j.m. de dimidio feodo Ricardi filii Ricardi de eodem.
Et de vj.m. de iij. feodis in Magna Kynebell' de eodem.
Et de ij.m. de uno feodo Johanne de Maunuers[2] de eodem.

---

[1] *Read* Druual.   [2] *Read* Nodariis.

II. 193–
198—cont.

Et de ij.m. de j. feodo Willelmi filii Reginaldi et Elye Drines[1] de eodem.
Et de ij.m. de uno feodo Bartholomei de Sakevill' de eodem.
Et de ij.m. de j. feodo Henrici de Sancto Andrea de eodem.
Et de j.m. de dimidio feodo Galfridi de Sancto Martino de eodem.
Et de ij.m. de j. feodo Fulconis de Coudray de eodem.
Et de vj.m. de iij. feodis Godefridi de Lonhet et Willelmi Rigespand' de eodem.
Et de ij.m. de j. feodo Simonis de Besevill' de eodem.
Et de j.m. de dimidio feodo Radulfi de Cnovill' de eodem.
Summa xxiij.l. vj.s. viij.d. In thesauro nichil. Et in predicto superplusagio xxiij.l. vj.s. viij.d.

Iidem reddunt compotum de ij.m. de j. feodo abbatis de Osneya de honore Peverel.
Et de ij.m. de uno feodo Walteri de Hertwell'.
Et de ij.m. de uno feodo Hugonis filii Radulfi de eodem.
Et de j.m. de dimidio feodo Willelmi Basset de eodem.
Et de ij.m. de j. feodo Nicholai de Haveresham de eodem.
Et de xx.s. de tribus partibus unius feodi Petri de Goldinton' de eodem. Et xl.d.
Summa vij.l. In thesauro nichil. In superplusagio vij.l.

Iidem reddunt compotum de v.m. de ij. feodis et dimidio Willelmi de Albanico de baronia Willelmi filii Hamonis.
Et de j.m. de dimidio feodo Alani de Maydewell' de eodem.
Et de ij.m. de dimidio feodo[2] Willelmi de Bello Campo de eadem.
Et de ij.m. de j. feodo Nicholai de Sanford' de eadem.
Et de ij.m. de j. feodo Reginaldi de Fraxino de eadem.
Et de vj.m. de iij. feodis Willelmi filii Hamonis de eadem.
Summa xij.l. In thesauro nichil. In superplusagio xij.l.

Iidem reddunt compotum de j.m. de dimidio feodo Rogeri de Cranford' de baronia Walteri de Clifford'.
Et de ij.m. de j. feodo Thome le Mauncel de baronia Hugonis de Albanico.
Et de xx.s. de iij. partibus unius feodi Hugonis de Albinaco.
Et de xx.s. de tribus partibus unius feodi Willelmi de Sancto Claro de baronia Warini de Munchesy.
Et de xx.s. de tribus partibus unius feodi Willelmi de Glovill', Willelmi de Marisco et Willelmi Blakeston' de eadem.
Et de iiij.m. de ij. feodis prioris de Merton' de honore Leycestrie et [3] ij.m.
Et de iiij.m. de ij. feodis Willelmi Briton' de eodem et ij.m.
Et j.m. de j. feodo Simonis de Turevill' de eodem et m.
Et de iiij.m. de ij. feodis Rogeri de Crafte et ij.m.

---

[1] *Read* le Drueys.   [2] *Read* j. feodo.
[3] *The numerous* lacunæ *henceforward seem to have been left for the word* debet.

II. 193–198—cont. Et de xxiiij.s. iiij.d. de tribus partibus et viij. parte unius feodi Simonis de Turevill' et Rogeri Creft de eodem et xj.s. viij.d. Summa xv.l. x.s. In thesauro nichil. Et in predicto superplusagio xv.l. x.s.

Iidem reddunt compotum de dimidia marca de iiij. parte unius feodi Thome de Laceles.
Et de j.m. de dimidio Willelmi de Cantilupo.
Et de xx.s. de tribus partibus unius feodi Galfridi de Hadenham.
Et de una m. de uno feodo Hugonis Hodeng'.
Et de dimidia marca de iiij. parte unius feodi Thome de Englefeud' et xl.d.
Et de iij.m. de uno feodo et dimidio Willelmi de Fenes de rege in capite.
Et de xx.s. de tribus partibus unius feodi Simonis Drunel[1] et xl.d.
Et de xxiij.s. iiij.d. de tribus partibus et viij. parte unius feodi Gilberti de Bracy.
Et de xx.s. de tribus partibus unius feodi Amicie Bydun.
Et de xvij.s. viij.d. de duabus partibus unius feodi Lucie[2] de Chaynes.
Et de ij.m. de uno feodo abbatis de Woburn' et j.m.
Et de ij.m. de j. feodo Hugonis de Chastelun et j. m.[3]
Et de ij.m. de uno feodo Willelmi de Wylie et j. m.
Et ij.m. de uno feodo Ermetrue Talebot.
Et de ij.m. de j. feodo Warini filii Gerardi.
Et de j.m. de dimidio feodo Ermegar' Bydun et dimidiam marcam.
Et de ij.m. de uno feodo Radulfi de Bray.
Et de ij.m. de uno feodo Willelmi de Simily.
Et de ij.m. de uno feodo Umfridi de Dun et j. m.
Et de viij.s. x.d. ob. de tercia parte unius feodi Walteri de Morton'.
Et de xvij.s. ix.d. de duabus partibus unius feodi Rogeri de Wymbervill' et[4] viij.s. x.d. ob.
Et de j.m. de dimidio feodo Willelmi Russel.
Et de xx.s. de tribus partibus unius feodi abbatis de Woburn' et[4] xj.s.
Et de ij.m. de uno feodo Roberti de Chetwode.
Et de ij.m. de j. feodo Alexandri de Hamden' et j.m.
Et dimidia marca de iiij^{ta} parte j. feodi Johannis de Rayne et iij.s. iiij.d.
Et de iij.m. de uno feodo et dimidio Thome le Waleys.
Et de xx.s. de tribus partibus unius[5] Amabilis de Bydun.
Et de ij.m. Johannis filii Galfridi de rege in capite.
Et de ij.m. de uno feodo Gilberti de Belebet[6] et j. m.
Summa xxxij.l. xj.d. ob. In thesauro nichil.
Et in predicto superplusagio xxxij.l. xj.d. ob.

---

[1] *Read* Druel. [2] *Read* Luce.
[3] *The space for the word* debet *is here misplaced; other instances will be found below.*
[4] *There is no lacuna here.* [5] *Supply* feodi.
[6] *Read* Bolebec.

BUCKINGHAM. 473

II. 193-
198—*cont.*

Iidem reddunt compotum de xlvj.s. de Willelmo Maudut.
Et de x.s. de Simone de Turevill'.
Et de iiij.l. xj.s. iij.d. de parvis feodis Morton' in hoc comitatu.
Summa vj.l. xvij.s. viij.d. In thesauro nichil. Et in predicto superplusagio vj.l. xvij.s. viij.d. Summa superplusagii supra allocati cxxxvij.l. xj.s. xj.d. ob. Et debent xj.l. vj.s. v.d. ob. qui debent exigi a subscriptis, ut dicunt.

Debita superius scripta, videlicet :—
De Johanne Morel j.m.
De priore de Merton' ij.m.
De Willelmo Briton' ij.m.
De Simone de Turevill' j.m.
De eodem et de Rogero Craft xj.s. viij.d.
De Rogero de Craft ij.m.
De Thoma de Englefeud' xl.d.
De Simone Drunel[1] xl.d.
De abbate de Woburne j.m. et xj.s.
De Hugone de Chastelun j.m.
De Willelmo de Wylie j.m.
De Ermegardo[2] Bydun dimidia marca.
De Umfrido de Dun j.m.
De Rogero de Wymbervill' viij.s. x.d.
De Alexandro de Hamden' j.m.
De Gilberto de Bolebec j.m.

MIDDLESEX.

S. ij. 16.
II. 617-619.

MIDELSEX.

HEC SUNT FEUDA DE COMITATU MIDDELSEX.
DE HONORE DE WINDELESHORE.

In villa de Estbedefont' j. feudum unius militis quod Nicholaus Clericus tenet.
In villa[3] alterius Bedestfont Andreas Bucherel feudum unius militis.
In villa de Stanwell' Panus de Clermund' dimidium feudum unius militis.
In eadem villa Ernis Malemains dimidium feudum militis.
In villa de Puilla Walterus de Puilla dimidium feudum militis.

HONOR DE WALINGEFORD'.

In villa de Coleham Willelmus Lungespeie feudum unius militis et dimidii.
In villa de Herdinton' Rogerus de Hapinden' feudum militis.

---

[1] *Read* Druel.   [2] *Read* Ermegarda.
[3] *The contracted form of* villa *used here is very curious, resembling a badly made W, and the scribe of the Red Book of the Exchequer has united it to the following word and read the whole as* Walterius. *It may also be suggested that the scribe blundered, struck out his blunder, and then omitted the word* villa *altogether. For a third view see* Red Book of the Exchequer, *vol.* II, *p.* cclxxxij.

S. ij. 16. In villa Haneuurthe Henricus de Ayrel dimidium feudum militis.
II. In villa de Dalleye Matildis de Blancmust' feudum unius militis.
619–617. In villa de Hiceham Johannes de Trumpintun tres partes unius militis.
In villa de Hattun' Radulfus de Avers iiij.s.

HONOR DE MANDEVILL'.

In villa de Eneffued Ricardus de Pleissi quintam partem unius militis.
Willelmus de Fering' quintam partem unius militis.
Willelmus de Derecete[1] decimam partem j^{us} militis.
Magister Rogerus de Cantelo xx. partem j^{us} militis.
Rogerus Botiller ij. partes de iiij. parte j^{us} militis.
In villa de Norhale Petrus Boteiller tres partes j^{us} militis.
In villa[2] Rog' de la Dun' in una particula sextam partem j^{us} militis, in alia particula xx^{am} partem j^{us} militis.
In villa de Mimmes Ernaldus de Mandvill' feudum j^{us} militis.
In villa de Grenefford' Matilldis de Hintun' feudum j^{us} militis.
In eadem villa Rogerus de Messenden' terciam partem j^{us} militis.

DE BARONIA DE HUDLEYE.[3]

In villa de Crauford[4] feudum j^{us} militis.

HONOR DE CLAR'.

In villa de Herefeud' Rogerus de Bacheuurth feudum j^{us} militis et dimidii.
Memorandum quod asscheitores regis habuerunt xx^{ti} s. de villa de Herefeud.

BARONIA WILLELMI DE REYMES.

In villa de Parvo Stanmere domina Gill', mater eius, feudum j^{us} militis.

BARONIA WILLELMI DE SAY.

In villa de Edelmestun' Johannes Albus quartam partem j^{us} militis.
Willelmus filius Reyneri quartam partem j^{us} militis.
De feudo Radulfi[5] Heyrun quartam partem j^{us} militis.
De feudo Galfridi de Querend' quintam partem j^{us} militis.
De feudo Peverel quintam partem j^{us} militis.
Willelmus filius Galfridi decimam partem j^{us} militis.
Laurencius de la Ford duodecimam partem j^{us} militis.
Gilbertus Prudum' xl. partem j^{us} militis.
Summa recepti ix.l. et xv.s. iij.d. quadr.

In libro.

---

[1] *Corrected from* Derecepe.
[2] *Before* villa *in* S. ij. 16, eadem *is written and underlined for deletion. It is possible that the* Rog' *of the text should be extended into* Rogeri.
[3] *Read* Dudleye.   [4] *Read* Cranford.
[5] *Between* Radulfi *and* Heyrun, S. ij. 16 *has* filii *underlined for deletion.*

MIDDLESEX.

MIDDELSEX.

S. ij. 13.
II. 619–
622.

Transcribitur.

GALFRIDUS DE JARPENVILL' ET NICHOLAUS DE OSSEHAYE,[1] COLLECTORES, REDDUNT COMPOTUM DE AUXILIO CONCESSO DOMINO REGI IN HOC COMITATU AD MARITANDAM SOROREM SUAM ROMANORUM IMPERATORI, DE QUOLIBET FEODO MILITIS II.M.

Iidem reddunt compotum de ij.m. de j. feodo Nicholai clerici de honore de Wydesor'.
Et de ij.m. de j. feodo Andree Bukerel de eodem.
Et de j. m. de dimidio feodo Pagani de Claro Monte de eodem.
Et de j. m. de dimidio feodo Ernisii Malmains de eodem.
Et de j.m. de dimidio feodo Walteri de la Pyle de eodem.
   Summa vij.m.[2]   *Buking'.*[3]
Iidem reddunt compotum de iij.m. de j. feodo et dimidio Willelmi Longa Spata de honore de Walingeford'.
Et de ij.m. de j. feodo Rogeri de Harpinden' de eodem.
Et de j.m. de dimidio feodo Henrici Deirel de eodem.
Et de ij.m. de j. feodo Matildis de Albo Monasterio de eodem.
Et de xx.s. de tribus partibus unius feodi Johannis de Trunpinton' de eodem.
Et de viij.s. de iiij^{ta} et xx^a parte unius feodi Radulfi de Aunvers de eodem.
  Summa vj.l. xiiij.s. viij.d. *Berkesir'. Honor Wal'.*[4]
Iidem reddunt compotum de v.s. iiij.d. de quint^a p^{a}rt$_e$ unius feodi Ricardi de Plesset' de honore de Mandevill'.
Et de v.s. iiij.d. de v^{ta} parte unius feodi Willelmi de Feringes de eodem.
Et de ij.s. viij.d. de x^a parte unius feodi Willelmi Derceit' de eodem.
Et de xvj.d. de xx^a parte unius feodi Rogeri de Cantolupo de eodem.
Et de iiij.s. v.d. ob. de iiij^{ta} parte duarum parcium unius feodi Rogeri le Butiler de eodem.
Et de xx.s. de tribus partibus unius feodi Petri le Butiler de eodem.
Et de v.s. ix.d. ob. de vj^a parte et xx^a unius feodi Rogeri de la Dune de eodem.
Et de ij.m. de j. feodo Ernulphi de Maundevill' de eodem.
Et de ij.m. de j. feodo Matillis de Hinton de eodem.
Et de viij.s. x.d. ob. de tercia parte unius feodi Rogeri de Messingeden'.
  Summa cvij.s. j.d. et ob. *Essex.*[5]
Iidem[6] reddunt compotum de dimidia marca de qu^{a}rt^a p^{a}rt$_e$ unius feodi Johannis le Blund' de baronia Willelmi de Say.

---

[1] Close Roll, 19 Hen. III. m. 6*d reads* Oxehaye.
[2] *Corrected from* Summa lx.s. j.m. *which is altered from* Summa xl.s. j.m.
[3] *This note refers to the whole honour of Windsor.*
[4] *This note refers to the whole honour of Wallingford.*
[5] *This note refers to the whole honour of Mandevill.*
[6] *Over each entry is interlined* In rotulo in Kent, *or* In rotulo, *or the like. On the margin applying to the whole fee of Say is* totum in rotulo in Kent.

S. ij. 13.   Et de dimidia marca de quarta parte unius feodi Willelmi filii
II. 619–
622—cont. Reyneri de eadem.
Et de dimidia marca de quarta parte unius feodi Radulfi Heyrun de eadem.
Et de v.s. iiij.d. de quinta parte unius feodi Galfridi de Querendon' de eadem.
Et de v.s. iiij.d. de quinta parte unius feodi Peverill' in hac baronia.
Et de ij.s. viij.d. de x^a parte unius feodi Willelmi filii Galfridi de eadem.
Et de ij.s. ij.d. ob. q. de xij^a parte unius [feodi] Laurencii de la Ford de eadem.
Et de viij.d. de xl^a parte unius feodi Gilberti Brudume de eadem.
   Summa xxxvj.s. ij.d. ob. *Kent*.[1]
   Iidem reddunt compotum de ij.m. de j. feodo Willelmi de Englefeud' de baronia de Dudeleg'. *Staff*.
   Iidem reddunt compotum de ij.m. de j. feodo Egid' de Reynes de baronia Willelmi de Reynes. *Hereford*'.[2]
   Iidem reddunt compotum de j.m. de dimidio feodo per manum vicecomitis qui noluit recognoscere feodum.
   Summa v.m.
   Summa summarum xxj.l. xviij.s. De quibus. In thesauro per predictos xj.l. xiiij.d. de medietate dicti auxilii. Et debent x.l. xvj.s. x.d. De quibus Willelmus de Dona, tunc vicecomes, debet respondere ut dicunt quia ipse aliam medietatem collegit.
   Iidem reddunt compotum de eodem debito. In thesauro vij.l. x.s. per ipsum Willelmum, et j.m. per Ricardum de Craunford',[3] et dimidia marca per Henricum Dairel de dimidio feodo, et debet xlvj.s. x.d. set respondent in London' in rotulo vicesimo sexto.[4]

ESSEX AND HERTFORD.

II. 241. RECEPTA RICARDI MAUDUIT DE SCUTAGIO DOMINI REGIS IN COMITATU
       ESSEX' DIE JOVIS PROXIMA ANTE FESTUM SANCTI MICHAELIS
       ANNO REGNI REGIS HENRICI XIX. APUD STRATFORD'.

   De Roberto filio Walteri xvij.l. vj.s. viij.d. pro feodis xxvj. militum per manum domini Willelmi filii Ricardi et per dicam contra eundem.
   De Ricardo de Munfichet xvj.l. pro feodis xxiiij. militum per manum Michaelis Revel et per dicam contra eundem.
   De Warino de Munchenesy viij.l. xiij.s. iiij.d. pro feodis xiij. militum per manum Willelmi de Choteford' et per dicam contra eundem.

---

[1] *This note refers to the whole fee of Say.*
[2] *Read* Hertford.
[3] et dimidia marca per Ricardum Dairel *erased here with the correction* Henr'.
[4] " Galfridus de Jarpunvill et Nicolaus de Oxehaïe . . . . . . xlvj.s. x.d. de scutagio ad sororem regis maritandam, sicut continetur in rotulo de eodem scutagio." Pipe Roll, 26 Hen. III. London.

ESSEX AND HERTFORD. 477

II. 241 —cont. De Willelmo de Ferreres xx.s. scilicet de feodo de Colunses j.m. et de feodo de Wodeam Ferreres dimidia marca per manum Roberti Hostiarii et per dicam contra eundem.
De domino Hugone de Ver, comite Oxonie, xxj.l. iij.s. iiij.d. per manum A. filii Willelmi.
De domina comitissa de Plasiz xxj.l. iij.s. iiij.d. per manum Radulfi de Massingham, senescalli sui, et per dicam contra eundem.
Et memorandum quod Willelmus de Colewrth' tunc vicecomes recepit scutagium domini regis de termino Pasche proximo sequente per preceptum domini regis.

II. 242. Feoda[1] Margerie de Ripell':—
De feodo unius militis xiij.s. iiij.d. per Thomam de Indwlfestok'.
De Willelmo de Berners dimidia marca de feodo de eodem honore.
De Radulfo Gernun ij.m. de duobus[2] eiusdem honoris in Theyden'.
De Jordano le Brun j.m. pro uno feodo[3] eiusdem honoris in Arkeden'.
De Radulfo de Haia dimidia marca de dimidio feodo eiusdem honoris in Arkeden'.
De Johanna de Londonia dimidia marca de dimidio feodo eiusdem honoris in Arkeden'.
De Johanne Pigaz dimidia marca de dimidio feodo honoris in Arkeden'.
De eadem Margareta xxxij.s. viij.d. per manum Huberti ballivi sui.
Summa .

De Waltero de Lacra dimidia marca de feodo in Stanford'.
De priorissa de Capelhere[4] dimidia marca de dimidio feodo in Dyham de feodo Johannis de Stutevill'.
De Radulfo Perot ij.m. de ij. feodis que tenet de rege.

Honor comitisse Essex'.
De eadem comitissa per ballivum suum x.l. viij.s. viij.d.

Honor Peverelle London'.
De honore Peverell' per ballivum honoris xxvj.l. v.s. vj.d. ob.

Honor de Radeleye et de Hagenet.
De ballivo eiusdem honoris xxxviij.l. xiij.s. iiij.d.

II. 240–241. RECEPTA PER SIMONEM DE FURNELLO DE SCUTAGIO DIE SABBATI PROXIMA POST FESTUM SANCTI MATHEI APOSTOLI APUD HERTFORD' ANNO REGNI REGIS HENRICI XIX.
De Roberto filio Walteri pro feodis vj. militum et dimidii et uno quarterio de veteri feoffamento per manum Roberti de Ubbeston', senescalli sui, vj.m. x.s. per unam talliam.

---

[1] *The receipts of William de Aumbely begin here.*
[2] *After* duobus *supply* feodis.   [3] feodo *repeated*.   [4] *Read* Campsey.

II. 240–241—cont.

De Pagano de Chaorces pro feodo unius militis in Linleg' et Wilie de veteri feoffamento per manum Walteri clerici de Kinemerford, senescalli sui, j.m. per talliam.

De Ricardo de Montefichet pro feodis v. militum de veteri feoffamento per manum Rogeri de Totham, senescalli sui, v.m. per talliam.

De Willelmo de Bello Campo de Bedeford' pro feodo unius militis de veteri feoffamento per manum Roberti filii Umfridi, senescalli sui, j.m. per talliam.

De Hugone Wak' pro feodis iij. militum et iij. quarteriorum de veteri feoffamento per manum Willelmi de Pesemere, senescalli sui, iij.m. x.s. per talliam.

De Ricardo de Argenteym pro feodis ij. militum de veteri feoffamento per manum Johannis de Sancto Egidio, senescalli sui, ij.m. per talliam.

De Margeria de Riveres, comitissa Insule, pro feodis iiij. militum de veteri feoffamento per manum Werrici filii Fulcheri, senescalli sui, iiij.m. per talliam.

De Nicholao de Moles de Berkhamsted' pro feodo unius militis de feodo Galfridi de Scalar' per manum Walteri Marescalli, senescalli sui, j.m. per j. talliam.

De Galfrido de Scalariis pro feodis x. militum de veteri feoffamento per manum Henrici filii Radulfi, senescalli sui, x.m. per talliam.

De comitissa de Hereford' pro feodis viij. militum et dimidii per manum Thome filii Willelmi, senescalli sui, viij.m. et dimidia per talliam.

De Johanne de Baillol de Hiche pro feodo unius militis et dimidii de veteri feoffamento per manum Roberti de Cherleton', senescalli sui, j.m. et dimidia per talliam.

De comiti Wincestrie pro iiij. quarteriis militis de veteri feoffamento de villa de Ware per manum Johannis Monachi, senescalli sui, x.s. per talliam.

De Hugone de Veer, comite Oxonie, pro feodis ij. militum de veteri feoffamento per manum Alexandri Clerici, senescalli sui, ij.m. per talliam.

De Willelmo de Sey pro feodis v. militum de veteri feoffamento per manum Willelmi filii Michaelis, senescalli sui, v.m. per talliam.

De Willelmo filio Warini pro feodo j. militis et dimidii de veteri feoffamento per manum Mathei de Sotwell', senescalli sui, xx.s. per talliam.

De Gaufrido de Bello Campo pro feodo dimidii militis de veteri feoffamento per manum Willelmi clerici, senescalli sui, dimidia marca per talliam.

II. 229–238.
II. 283–285.

RECEPTA[1] SCUTAGII II.M. PER MANUM WILLELMI DE CULEWORTH' IN COMITATIBUS ESSEX ET HERTFORD'.

Feoda Roberti filii Walteri de Valoines :—[2]
De Willelmo de Aumblie[3] xxiij.s. iiij.d.

---

[1] For this heading B has Scutagium ad ij.m. In the B text the entries throughout are in the form Willelmus de Aumblie xxiij.s. iiij.d.
[2] B omits this line. [3] B reads Aumbely.

ESSEX AND HERTFORD.

II. 229-
238.
II. 283-
285—cont.

De Warino de Munchenesy[1] lx.s.
De Isabella comitissa Oxonie xl.s.
De Ricardo Filloel[2] lxiij.s. iiij.d.
De Sibilla de Kaune xl.s.
De Henrico de Essex' v.m.
De Willelmo de Heminghfeud'[3] ij.m.
De Willelmo de Bosco j.m.
De Willelmo filio Ricardi j.m.
De Roberto le Hout j.m.
De Roberto de Cohhefeud[4] j.m.
De Willelmo filio Reyneri j.m.
De Eva la Brette j.m.
De priore Sancte Trinitatis London' j.m.
De Galfrido de Essenden' j.m.
De Adgaro de Langel' j.m.
De Johanne de Mara[5] j.m.
De priore de Bisshopesgate x.s.
De Wyschardo Ledet dimidia marca.
De Roberto de Munteny dimidia marca.
De Henrico de Holewell'[6] dimidia marca.
De Warino Petitsire dimidia marca.
De Gregorio Child dimidia marca.
De Bertramo de Ulting'[7] dimidia marca.
De Gilberto de Saumford' vj.s.
De Eudone de Hauul'[8] xl.d.
De Roberto Capel iiij.s.
De Philippo de Cantilupo ij.s. ij.d. ob.[9]
De Johanne de Nevill' dimidia marca.
De Ricardo de Boxe j.m.
De Alicia de Rivera xl.d.
De Johanne de Tiwe xx.s.
    Summa[10] xxviij.l. vij.s. x.d. ob.

Feoda Ricardi de Mumfichet :—
    De Rogero senescallo Ricardi[11] de Mumfichet xxiij.s. pro eodem
Ricardo.
    De R. Cicestrensi episcopo xxj.s.
    De abbate de Sancta Ositha j.m.
    De Ricardo filio Reg'[12] ij.m.
    De Willelmo de Habrugg' j.m.
    De Willelmo filio Hamonis ij.s. ij.d. ob.
    De Willelmo Gernun dimidia marca.
    De Roesia de Verly dimidia marca.
    De Roberto de Beche j.m.

---

[1] B reads de Monte Caniso.   [4] B reads Tokefeud. Read Cokkefeud'.
[2] B reads Filloil.   [5] B reads de la Mare.
[3] B reads Hanningfeud rightly.   [6] B reads Olewell'.
[7] B reads Ulthing. After this entry B adds Johannes `de Ulting' dimidia marca.
[8] B reads Hauull'.   [9] B reads vj.d. ob.
[10] B omits the sum.
[11] B reads dicti Ricardi xx.s. pro domino suo.   [12] B reads Reginaldi.

480   A.D. 1235-1236.

II. 229–238.
II. 283–285—cont.

De Ricardo Bataille ij.m.
De Ricardo de Mumfichet[1] de Wandlington' xl.d.
De Radulfo de Besevill'[2] ij.s. ij.d. ob.
De Rogero de Wytenham dimidia marca.
De Nicholao de Barneton'[3] xxix.s. ij.d.
De Galfrido de Zoyn dimidia marca.
De Godefrido de Saumford' ij.s. ij.d.
De Johanne de Gatesbur' j.m.
De Johanne del Brok' xl.d.
De Johanne de Bassingburne iiij.s. viij.d.
De Lucia de Ardene[4] j.m.
De Alvredo de la Dene j.m.
De Anketillo filio Willelmi j.m.
De Thoma Tyrel xl.d.
De Stephano de Hormad' dimidia marca.
De Urbano[5] de Lecheworth' iiij.s. v.d.
De Wigano de Mara et Johanne de Nevill' viij.s. x.d.[6]
   Summa[7] xiij.l. vij.s. viij.d.

Feoda Margerie de River'[8] :—
De Thoma de Ingolvesthorp'[9] j.m.
De Randolpho filio Walteri dimidia marca.
De Johanna Ledet xl.d.
De Johanne Pigac'[10] dimidia marca.
De Radulfo de Berneres dimidia marca.
De Willelmo Flaumberd'[11] xl.d.
De Willelmo de Badewe ij.m.
De Jordano le Brun j.m.
De Matheo Britone dimidia marca.
De David de Fletwyk' dimidia marca.
De Ricardo de Aundevill' xl.s.
   Summa[12] vj.l. et j.m.

Feoda M. de Mandevill', comitisse Essex' :—
De[13] Radulfo de Massingham serviente ejusdem comitisse xiij.l.
   x.s. pro eadem comitissa.
De Radulfo de Kameys[14] ij.m.
De Roberto de Watevill' j.m.
De Roberto Passelewe j.m.
De Radulfo de Berners xl.s.
De Roberto de Ros j.m.
De Rogero filio Salomonis x.s.
De Ricardo de Roleya[15] xl.d.
De Petro de Tany xxj.s. iiij.d.

---
[1] B reads Ricardus Munfichet de Waudlinton'.   [8] B reads Ripariis.
[2] B reads Bosevill'.   [9] B reads Ingelvesthorpe.
[3] B reads Bartes.   [10] B reads Pygace.
[4] B reads Ardern'.   [11] B reads Flaumbert.
[5] B reads Vilianus Locheworth'. [12] B omits the sum.
[6] B reads viij.d.   [13] B reads De eadem comitissa xiij.s. x.d.
[7] B omits the sum.   [14] B reads Kaynes.
                        [15] B reads Rokeye.

ESSEX AND HERTFORD. 481

II. 229–238.
II. 283–285—*cont.*

De Cantuariensi archiepiscopo xxix.s. iiij.d.
De Thoma de Mandevill' iiij.m.
De Gilberto de Wauton' iiij.s. iiij.d.
De Ricardo de Torl'[1] dimidia marca.
De Roberto de Rupella dimidia marca.
De Roberto le Moyne j.m.
De Willelmo de Say xl.s.
De Willelmo de Torleg'[2] dimidia marca.
De Waltero le Frere xiij.d.
De Willelmo de Cantilupo j.m.
De Willelmo filio Ade j.m.
De Warino Fucher ij.s. j.d.
De Galfrido de Jarpevill'[3] ij.m.
De Petro filio Ogeri[4] et Willelmo de Burnham ij.m.
De Petro de Bieles[5] j.m.
De priore de Merton' ij.s. viij.d.
De Petro Cardun'[6] xl.s.
De Petro de Godinton' dimidia marca.
De Iuetta de Sancto Audoeno j.m.
De Johanna la[7] Manaunte j.m.
De Johanne de Frethorn' ij.m.
De Johanne de Jarpevill[8] xvj.d.
De Thoma Nigro j.m.
De Henrico de Merk'[9] j.m.
De Adam Wynd' unam marcam.
De Andrea de Thorp' dimidia marca.
De Adam de Sumeri j.m.
De Philippo de Rupella j.m.
Summa[10] xlij.l. v.s. vj.d.

De feodis Peverelli London':—
De magistro Thoma Aswy j.m.
De Willelmo de Ferrar' j.m.
De Luca de Terling' j.m.
De Laurencio de Flowyk'[11] j.m.
De Matheo Mantel'[12] j.m.
De Radulfo de Ardern' j.m.
De Muriel Ridel j.m.
De H. de Burgo, comite Kancie, j.m.
De abbate de Waleden' j.m.
De Rogero de Akeny j.m.
De Matheo Peverel j.m.
De Radulfo de Glanvill' j.m.
De Willelmo de Stutevill' j.m.
De Willelmo filio Ricardi de Frating' j.m.
De Gilberto Mauduit j.m.

[1] B *reads* Tork'.
[2] B *reads* Torle.
 B *reads* Jarpenvill'.
 B *reads* Rogeri.
[3] B *reads* Bueles.
[6] B *reads* de Gardino.
[7] B *reads* de.
[8] B *reads* Jarpenvill'.
[9] B *reads* Merc.
[10] B *omits the sum.*
[11] B *reads* Frowyk *rightly.*
[12] B *reads* Mauntel'.

482 A.D. 1235-1236.

II. 229-238.
II. 283-285—cont.

De[1] eodem Gilberto ij. pro comite Cestrie de eisdem feodis.
De Ricardo de Rupella ij.m. et dimidia.
De Thoma de Beynflet[2] ij.m.
De Radulfo de Besevill'[3] ij.m.
De Isabella de Agnis xx.s.
De Willelmo de Wytefeud[4] x.s.
De Galfrido Tregoz dimidia marca.
De Willelmo filio Warini de Middelmede[5] dimidia marca.
De Henrico de Tipetot[6] dimidia marca.
De Roberto Passelewe xx.s.
De Matillide de Jarpenvill' xl.d.
De Willelmo de Smalebreg' xl.d.
De Christiana de Hobreg' ij.s. ij.d. ob.
Summa[7] xixl. v.s. vj.d. ob.

Feoda Willelmi de Reymes :—
De Willelmo de Herdeberg'[8] pro Ada de Herdeberg' j.m.
De Thoma Baynard' xl.s.
De Willelmo de Reymes de[9] feodo suo xl.s.
Summa[10] vij.m.

Feoda de Hagenet et[11] de Relee :—
De Johanne de Gray v.m.
De W. Karliolensi episcopo xx.s.
De Thoma de Welles[12] j.m.
De Ricardo Fiolel xl.s.[13]
De Gilberto de Greinvill'[14] xx.s.
De Waltero filio Roberti dimidia marca.
Item de eodem j.m.
De Waleramo de Rocheford' dimidia marca.
De[15] Willelmo de River' dimidia marca.
De eschaetoribus per manum Thome de Plumberg' xxiij.l. xl.d.
Summa xxxij.l. xvj.s. viij.d.

De minutis feodis predictorum comitatuum :—
De Pagano de Chaworcis j.m.
De Gaufrido de Scalar' x.m. et per Nicholaum de Mol' j.m.
De Radulfo Pirot[16] ij.m.
De Waltero de Acra dimidia marca.
De Henrico de Lameseck[17] xij.s. viij.d.

---

[1] B reads Idem ij.m. per comitem Cestrie de eisdem feodis.
[2] B reads Beyntflet. [3] B reads Bosevill'.
[4] B reads Wateford'. [5] B reads Midelmete.
[6] B reads Typetat.
[7] B omits the sum, which should be xix.l. xij.s. ij.d. ob., that is half a mark more. [8] B reads De Willelmo de Herdebigg' j.m.
[9] B omits de feodo suo. [10] B omits the sum.
[11] B omits et de Relee. [12] B reads Wales.
[13] B reads Filoil. [14] B reads Grimevill'.
[15] B omits this entry and the next and the sum. [16] B reads Parec.
[17] B reads Kemeseck rightly.

ESSEX AND HERTFORD. 483

II. 229–
238.
II. 283–
285—*cont.*

De Johanne de Baillel[1] xx.s.
De Johanne de Mara xx.s.
De Matheo de Luvaine vij.l. dimidia marca.
De R. comite Pictavie[2] et Cornubie de feodo Berkhamsted' vij.s.
De Nicholao de Bello Campo[3] xx.s. et dimidia marca per Ricardum de Godding'[4] et j.m. per Willelmum de Sept'.[5]
Summa[6] xxxiiij.l. ix.s. viij.d.

De[7] feodis diversarum baroniarum in diversis comitatibus :—
Feoda[8] de Munchenesy :—
De Warino de Munchenesy xiij.m.
Feoda[8] Willelmi de Cantilupo :—
De R. episcopo Cycestrensi j.m. de[9] feodo Willelmi de Bello Campo.
De Vitali de[10] Engayne j.m.
De Margeria de Pateshill' ij.s. viij.d.
Feoda[8] H. de Albineto de Arundell' :—
De H. de Albenico[11] dimidia marca pro[12] feodo suo de Parva Wautham.
De Johanne Peyleoum.[13]
Feoda[8] de Culunces :—
De Willelmo de Ferrariis j.m. de feodo de Culunces.[14]

II. 229–
238.

Feoda comitis de Veer :—
De comite Hugone de Veer x.l. et dimidia[15] de feodis suis.
Feoda Hugonis de Wak' :—
De Willelmo de Pessemere, serviente Hugonis Wak', l.s. de feodis eiusdem Hugonis.
Feoda comitis Aubemar' :—
De Ricardo de Argentein de feodis comitis Aubemar' ij.m.
Feoda comitis Wintonie :—
De R. comite Wintonie x.s. de feodo de Wares.
Feoda de Say :—
Hugo Wyschard' et Johannes de Bernes xvj.s. vj.d. de feodo Willelmi de Say.
De Johanne de Gray dimidia marca.
De Baldwino de Veer x.s.
De Baldwino de Frevill' xx.s. de feodo de Wahull'.
Feoda de Lymesy :—
De David de Lindes' j.m. de feodo de Limesy.
De Roberto filio Nicholai iiij.m.
De Hugone de Oddingesel' dimidia marca.
De Alicia la Manante ij.m.

---

[1] B *reads* Baillol.   [2] B *omits* Pict' et.
[3] *The corresponding entry in the audited account is entered as* de honore Gilberti de Tany, *one of whose heirs was Nicholas de Bello Campo.*
[4] B *reads* Gedding'.   [5] B *reads* Septem Molis.
[6] B *omits the sum.*   [7] B *reads* De diversis baroniis.
[8] *Heading omitted in* B.   [9] B *omits* de feodo Willelmi de Bello Campo.
[10] B *omits* de.   [11] B *reads* Albinaco.
[12] B *omits* pro feodo sua de Parva Waltham.
[13] B *reads* Peyleum j.m.   [14] B *reads* Circunces. *At this point* B *ends.*
[15] *Supply* marca.

484   A.D. 1235-1236.

II. 229–238—cont. Feoda comitis Warr' :—
De Thoma Nigro j.m. de feodo comitis Warr'.
De Roberto de Bures j.m.
De Johanne de Cramavill' xl.d.
Feoda R. comitis Bigod :—
De Ricardo filio Hugonis dimidia marca de feodo R. comitis Bigod.
De priore de Teford' dimidia marca.
De Gilberto Mauduit j.m.
Feoda W. de Sancto Johanne :—
De Simone de Clahal' de feodo Willelmi de Sancto Johanne ij.m.
De Henrico de Bocland ij.m.
De Waltero de Hakun j.m.
De Andrea le Guyz dimidia marca.
Feoda comitis Cestrie :—
De heredibus Stephani de Bello Campo de feodis comitis Cestrie v.m.
Feoda comitisse de Algo :—
De Willelmo de Munceus ij.m. de feodis comitisse de Algo.
Feoda comitis Marescalli :—
De Arnaldo de Munteny de feodo comitis Marescalli dimidia marca.
De Reginaldo Blundo dimidia marca.
De abbate de Stratford' dimidia marca.
De Roberto de Bruys ij.m.
De Simone de Craye xl.d.
De Katerina que fuit uxor Radulfi le Breht xx.s. de feodo de Helyun.
De Reymbaudo de Chesewyk' xl.d. de feodo de Beuver.

Summa particularum de diversis baroniis xlix.l. ix.s. ij.d.

II. 238–239. RECEPTA SCUTAGII DE HONORE BOLONIE PER W. DE CULEWORTH', SENESCALLUM EIUSDEM HONORIS.

De comite de Gynes xvj.m. pro viij. feodis, et negat iiij. feoda.
De Willelmo de Fesnes iiij.m. ij.s. viij.d. unde per Gilbertum de Breaute ij.s. viij.d. et residuum pro Johanne[1] de Lamborne et dimidia marca per Vitalem de[2] Engayn pro sex feodis.[3]
De Baldwino de Dudavill' x.m. de quinque feodis.
De Rogero de Cressy vij.m. de vij. feodis.
De Rogero de Sumery et Henrico de Pinkeny viij.m. de quinque feodis, sed negant unum.
De Radulfo de Roffa xj.m. de v^{que} feodis et dimidio.
De Johanne de Nevill' et Rolando de Auxsted' x.m. de v^{que} feodis.
De feodo Triket ij.m. per Walterum filium Bernardi de v. feodis.
Et ij.s. de priore de Newenham.
De comite Warr' pro iiij^{or} feodis comitis Rogeri ij.m.
De Eva de Lacy viij.m. de iiij. feodis Bernardi de Baillel.

---
[1] *Read* per Johannem.   [2] *Omit* de.
[3] *Cf.* Madox's History of the Exchequer (1711), *p.* 451.

ESSEX AND HERTFORD.

II. 238–239—cont.

De Matillide de Lucy de iij. feodis iiij.l. et dimidia marca.
De Radulfo Gernun vj.m. de tribus feodis.
De Warino de Munchenesy de tribus feodis de Anestie vj.m.
De Henrico de Merk' v.m. de tribus feodis.
De Bartholomeo Peche vj.m. de iij. feodis Galfridi de Fercles.
De Radulfo de Neuland' iiij.m. de ij. feodis.
De Engeramo de Merk' iiij.m. de duobus feodis.
De abbate Sancte Osithe et priore Sancti Botulphi Colecestr' iiij.m. de ij. feodis.
De duobus feodis Arnoldi Anglici per Henricum de Tibetot ij.m. et dimidia, et per Radulfum Anglicum dimidia marca.
De Willelmo de Criketot ij.m. de uno feodo.
De Ricardo de Wytsand' ij.m. de uno feodo.
De Johanne de Boxstede ij.m. de uno feodo.
De Roberto de Borham ij.m. de uno feodo.
De Willelmo Dun de uno feodo Malegreffe ij.m.
De Elya de Bouton' ij.m. de uno feodo.
De Nigello de Amundevill' ij.m. de uno feodo pro Willelmo de Merk'.
De Johanne de Blendek' ij.m. de uno feodo.
De Otone filio Willelmi ij.m. de uno feodo per Ricardum filium Hugonis.
De Eustachio de Curton' j.m. de uno feodo per Simonem Blund'.
De Roberto Loht ij.m. de uno feodo per priorem de Novo Loco.
De Philippo de Daumartin xix.s. j.d. ob. de uno feodo, unde per Johannem de Sancto Claro iiij.s. v.d. ob.
De Roberto filio Walteri j.m. de uno feodo.
De Philippo filio Hugonis v.s. iiij.d. pro quinta parte unius feodi.
Philippus de Abbinton' ij.m. de uno feodo.
De Willelmo Ruffo j.m. de dimidio feodo.
De heredibus Thome de Kamvill' vj.m. de tribus feodis.
De Henrico de Tybetot lx.s. pro Sopilande, scilicet de tribus feodis.
De Egidio de Argentem ij.m. pro uno feodo de Cristeshal'.
De Ricardo filio Alcheri dimidia marca pro iiij. parte unius feodi.
De Gilberto filio Thome dimidia marca pro dimidio feodo in Gamegee.
De Herberto de Lucy x.s.
Summa cix.l. xij.s. v.d. ob.

II. 289–293.

SIMON DE FURNELLIS, WALTERUS DE GYNEI,[1] WILLELMUS DE AUNBELY ET RICARDUS MAUDUT, COLLECTORES, REDDUNT COMPOTUM DE AUXILIO CONCESSO DOMINO REGI AD MARITANDAM SOROREM SUAM ROMANORUM IMPERATORI IN HIIS COMITATIBUS.

Iidem reddunt compotum de lxiij. feodis et dimidio Roberti filii Walteri de veteri feoffamento.

Et de xxx. feodis et iij. parte unius feodi de honore Roberti de Valoniis.

---

[1] Close Roll, 19 Henry III, m. 6d *reads* Gynn', *printed* Tysun *in error*.

A.D. 1235–1236.

II. 289-293—cont.

Et de ij. feodis que fuerunt Galfridi de Valoniis de veteri feoffamento.
Summa denariorum vj^{xx} vij.l. xv.s. vj.d. ob. In thesauro iiij.l. x.s. per Simonem de Furnellis et sociam suum. Et xvij.l. vj.s. viij.d. per Ricardum Maudut et socium suum in iiij^{or} sum' talliis. Et xxviij.l. vij.s. x.d. ob. in particular' talliis per Willelmum de Coleworth, vicecomitem. Summa liiij.s. vj.d. ob.[1] Et debet lxxvij.l. xj.s. qui debent exigi a custodibus honorum predictorum, set respondent in Essex in magno rotulo xlviij° quia sunt in manu regis.

Iidem reddunt compotum de uno feodo Pagani de Chaurcis in Killi[2] et Wilje. In thesauro j.m. per Simonem de Furnell' et j.m. per vicecomitem. Et quieti sunt.

Iidem reddunt compotum de lxiij.l. de xlvij. feodis et iiij^{ta} parte honoris Ricardi de Munfichet. In thesauro v.m. per Simonem de Furnell' et xvj.l. per Ricardum Maudut et xiiij.l. vij.s. viij.d. per vicecomitem. Summa xxxiij.l. xiiij.s. iiij.d. Et debet Ricardus de Mumfichet xxix.l. v.s. viij.d. Set W. de Kirkham respondet in dorso.

Iidem reddunt compotum de iiij^{xx}j.l. ij.s. j.d. de lx. feodis et dimidio et duabus quintis xiiij. parte unius feodi minus de feodo Margerie de Ripar'. In thesauro iiij.m. per Simonem de Furnellis, et cxij.s. iiij.d. per Willelmum de Aumbely. Et x.m. per vicecomitem. Summa xiiij.l. xix.s. Et debent lvj. l.[3] iij.s. j.d. Set Margeri[a] de Ripar' respondet inde in Essex' in magno rotulo xxviij°.[4]

Iidem reddunt compotum de xx.l. de xv. feodis Galfridi de Scalar'. In thesauro xj.m. una cum feodo Nicholai de Molis per Simonem de Furnellis et xj.m. per vicecomitem. Et debet c.s. dimidiam marcam.

Iidem reddunt compotum de cxxxj.l. ij.s. ij.d. ob. de iiij^{xx} xviij. feodis et tercia parte honoris de Mandevill' comitisse Essex'. In thesauro viij.m. et dimidia per Simonem de Furnellis et x.l. viij.s. viij.d. per Willelmum de Amblye, et xxj.l. iiij.s. iiij.d. per Ricardum Maudut. Et xlij.l. v.s. vj.d. per vicecomitem. Summa lxxix.l.[5] x.s. ix.d. Et debent lj.l. x.s. iiij.d.[6]

Iidem reddunt compotum de xl.l. iij.s. iiij.d. de xix.[7] feodis et viij^{a}[8] comitis Alberici. In thesauro ij.m. per manum Simonis de Furnellis. Et xxj.l. iij.s. iiij.d. per Ricardum Maudut. Et xj.l. dimidia marca per vicecomitem. Summa xxxiij.l. xvj.s. viij.d. Et debent vj.l. vj.s. vj.d.[9]

Iidem reddunt compotum de x.l. j. marc. de viij. feodis Willelmi de Reymes. In thesauro iij.m. per vicecomitem. Et debent viij.l. j.m.

Iidem reddunt compotum de xx.m. iiij.s. v.d. de x. feodis et quarta[10] parte feodi Ricardi de Reymes. In thesauro iiij.m. per v:cecomitem. Et debent x.l. xvij.s. ix.d. qui debentur exigi a vicecomite quia honor est in manu regis, set respondet in Essex' in magno rotulo xlviij°.

[1] Read l.l. iiij.s. vj.d. ob.
[2] Read Linli.
[3] Read lxvj.
[4] Read xlviij°.
[5] Read lxxix.l. xj.s. x.d.
[6] Read iiij.d. ob.
[7] Read xxx.
[8] After viij^a supply parte.
[9] Read viij.d.
[10] So in book (II. 290).

ESSEX AND HERTFORD. 487

II. 289–293—cont. Iidem reddunt compotum de xv.m. de vij. feodis et dimidio de honore Gilberti de Tany. In thesauro xl.s. per vicecomitem. Et debent heredes viij.l.
Iidem reddunt compotum de xxxix.l. x.s. iij.d. de xx. feodis et dimidio et xx^{ma} parte extra Cornubiam. Et de ix. feodis et xij. parte infra Cornubiam de honore de Angr' Matillidis de Lucy. Et debet Matillis xxxix.l. x.s. iij.d. ; set respondet in Essex' in magno rotulo xlviij°.
Iidem reddunt compotum de lv.l. xj.s. vij.d. de xlj. feodis et dimidio et vj^{ta} parte honoris Piperelli de Londoniis de veteri secundum rotulum regis Henrici xiiij[1]. In thesauro xxvj.l. v.s. vj.d. ob. per Willelmum de Amblye ; et xix.l. v.s. vj.d. ob. per vicecomitem. Summa xlv.l. xj.s. j.d. Et debent x.l. vj.d. De quibus Adam filius Walteri et alii escaetores debent respondere ; set respondent in Essex' in magno rotulo xlviij°.
Iidem reddunt compotum de cxlij.l. ij.s. viij.d. de cvj. feodis et dimidio et decima parte feodorum de Hagenet et Reyleye Henrici de Essex'. In thesauro xxxviij.l. xiij.s. iiij.d. per Willelmum de Amblye. Et xxxij.l. xvj.s. viij.d. per vicecomitem. Summa lxxj.l. x.s. Et debent lxx.l. xij.s. viij.d. de quibus Adam filius Willelmi et socii sui escaetores debent respondere ; et respondent inde in Essex' in magno rotulo xlviij°.
Iidem reddunt compotum de clxij.l. x.d. ob. de cxxj. feodis quinta et tercia[2] honoris Bolonie. In thesauro cx.l. vj.s. iij. ob. per W. de Coleworth' vicecomitem, custodem eiusdem honoris. Et debet lj.l. xiiij.s. ix.d. qui debent exigi a P. de Tany, vicecomite.
Iidem reddunt compotum de xx.m. de x. feodis Andree de Helion. In thesauro xx.s. per vicecomitem de uxore Radulfi le Bret. Et debent xij.l. dimidiam marcam.
Iidem reddunt compotum de iiij.m. de ij. feodis Radulfi Pirot in hoc comitatu. In thesauro ij.m. per W. de Amblye, et ij.m. per vicecomitem. Et quietus est.

Minuta feoda que tenentur de rege in capite in hiis comitatibus.
Walterus de Acra dimidium feodum in Samford'. In thesauro dimidia marca per W. de Amblie et dimidia marca per vicecomitem. Et quietus est.
Henricus de Kemesek' dimidium feodum ibidem. In thesauro xij.s. viij.d. per vicecomitem. Et debet viij.d.
Priorissa de Campes' dimidium feodum in Diham. In thesauro dimidia marca per Willelmum de Amblye. Et debet dimidiam marcam.
Johannes de Baillol ij.m. et dimidia[3] in Hiche. In thesauro xx.s. per Simonem de Fornell' et per vicecomitem xx.s. Et debet ij.m.
Johannes de Mara j. feodum in Walden'. In thesauro xx.s. per vicecomitem. Et debet dimidiam marcam.

De militibus qui non habent capitales honores hic set in aliis comitatibus.
Iidem reddunt compotum de xxvj. m. de militibus Garini de Monchanes, scilicet xiij. feodis sicut dicit quorum nomina ignorant,

---
[1] Pipe Roll, 14 Hen. II, p. 40.   [2] *After* tercia *supply* partibus.
[3] *Read* ij. feoda et dimidium.

488   A.D. 1235–1236.

II, 289–
293—cont.
quia receperunt per ballivum Garini. In thesauro xiij.m. per Ricardum Maudut et xiij.m. per vicecomitem. Et quietus est de xiij. feodis hic.
Iidem reddunt compotum de j. feodo et dimidio de feodis de Colunces Willelmi de Ferrar' in Wodeham. In thesauro xx.s. per Ricardum Maudut et xiij.m[1]. per vicecomitem. Et debet dimidiam marcam.
Iidem reddunt compotum de uno feodo Willelmi de Bello Campo in Honesdon' et de v^{ta} parte eiusdem in Chelse. In thesauro j.m. per Simonem de Forn', et j.m. ij.s. viij.d. per vicecomitem. Et debet ij.s. viij.d.
Iidem reddunt compotum de iij. feodis et iij. quarteriis de feodo Hugonis Wokyn[2] in hoc comitatu. In thesauro l.s. per Simonem de Forn' et per vicecomitem l.s. Et quietus est.
Iidem reddunt compotum de ij. feodis comitis Albemarl' que Ricardus Argentein' tenet in hoc comitatu. In thesauro ij.m. de[3] Fornell' et ij.m. per vicecomitem. Et quietus est.
Iidem reddunt compotum de iji. partibus feodi comitis Wintonie in Warr'. In thesauro x.s. per Simonem de Fornell' et x.s. per vicecomitem. Et quietus est.
Iidem reddunt compotum de dimidio feodo Galfridi de Bello Campo de honore Roberti de Aubeygni in Welewe. In thesauro dimidia marca per Simonem de Fornell'. Et debet W. de Gysney dimidiam marcam qui tenet feodum illud.
Iidem reddunt compotum de feodis de Lymesye que David de Lindesie et Hugo de Oddingesel' tenent in hoc comitatu. In thesauro c.s. per vicecomitem.
Iidem[4] reddunt compotum de feodis comitis Rogeri le Bygot vj. feodis et vj^{ta} parte feodi, quorum nomina liberavit in rotulo suo. In thesauro ij.m. per vicecomitem. Et debet j.m.
Iidem reddunt compotum de feodis Willelmi de Sancto Johanne, quorum nomina liberavit in thesauro.[5] In thesauro v.m. et dimidia per vicecomitem.
Iidem reddunt compotum de feodis comitis Britannie in hoc comitatu, quorum nomina et cetera. Quia debent denarii solvi Alexandro Bacun, custodi eiusdem.
Iidem reddunt compotum de x. feodis et iiij^{ta} comitis Warenn', quorum nomina et cetera. In thesauro xxx.s. per vicecomitem qui inde respondet in magno rotulo.
Iidem reddunt compotum de feodis heredum Stephani de Bello Campo de honore de Certel', quorum nomina et cetera. In thesauro v.m. per vicecomitem.
Iidem reddunt compotum de feodis comitisse[6] Augi ; quorum nomina et cetera. In thesauro ij.m. per vicecomitem.
Iidem reddunt compotum de feodis Mathei de Lavein,[7] quorum nomina et cetera. In thesauro vij.l. dimidia marca per vicecomitem.

---
[1] Read ⅓.m.   Probably the original had un' m.
[2] Read Wake.   [3] Before de supply per Simonem.
[4] This entry is corrupt, and no means of correcting the number of fees has yet been discovered.
[5] Read rotulo suo.   [6] Com' in book.   [7] Read Luvein.

ESSEX AND HERTFORD. 489

II. 289- Iidem reddunt compotum de feodis de Berkhamsted' de xxij.
293—cont. parvis feodis et di. xij^a. Quorum et cetera. In thesauro lvij.s. per vicecomitem.
Iidem reddunt compotum de feodis Hugonis de Aubeigny, quorum et cetera. In thesauro xx.s. per vicecomitem.
Iidem reddunt compotum de feodis de Beuver, quorum et cetera. In thesauro xl.d. per vicecomitem.
Iidem reddunt compotum de uno feodo Johannis de Bello Campo in Roing'. In thesauro j.m. per vicecomitem.
Summa[1] tocius allocacionis superioris Simonis de Fornell' et socii sui xxxvj.l. iij.s. iiij.d. per iunam summam talliam allocatonis.
Summa[2] tocius superioris allocacionis per Ricardum Maudut iiij^{xx}v.l. vj.s. viij.d. per unam summam talliam allocacionis.
Summa tocius superioris allocacionis per Willelmum de Amblie iiij^{xx}ij.l. xix.s. x.d. ob. per ij. tallias allocationis.
Summa[3] tocius superioris allocacionis per W. de Coleworth', vicecomitem cccxxx.l. xiiij.s. x.d. ob. per xxj. tallias allocationis: Et quietus est.

Iidem reddunt compotum de feodis comitis de Merston'.[4] In thesauro l.s. per W. vicecomitem. Et quietus est. Aliud nescivit vicecomes dicere de feodis ipsius Mersc'.[5]

Summa istarum duarum particularum per vicecomitem lx.s.

Ricardus[6] de Monte Fichet reddit compotum de xxix.l. v.s. iiij.d. de predicto auxilio sicut cont[inetur] in alia parte rotuli.[7] In thesauro xxiiij.s. per Walterum de Kyrkeham de feodo Ernoldi le Enveise de honore de Munfichet. Et debet xxviij.l. et xvj.d.
Com' Essex' reddit compotum de lj.l. xj.s. iiij.d. de eodem auxilio. In thesauro xl.d. per Stephanum de Somery de eodem honore. Et xiiij.d. per Radulfum filium Bernardi. Et debet com' lj.l. vj.s. iiijd.[8]
P. de Tany, custos honoris Bolonie, reddit compotum de lj.l. xiiij.s. ix.d. In thesauro ij.m. per comitem Warrenne de feodo de Alba Nuttele de eodem honore et. xl.d. per Guidonem de Brescy de feodo de Mordon' et dimidia marca per Walterum de Leyc' de feodo de Gamelingeie, et dimidia marca per Willelmum

---

[1] *The correct sum is* xxxj.l. xvj.s. viij.d., *i.e.* 6 *marks and a half less than the sum given.*
[2] *The correct sum is* iiij^{xx}v.l. vj.s. viij.d., *i.e.* 1s. *more than the sum given.*
[3] *The correct sum is* cccxxviij.l. j.s. viij.d. ob., *i.e.* 2l. 13s. 2d. *less than the sum given.*
[4] *For* de Merston *read* Marescalli.
[5] *For* Mersc' *read* Marescalli.
[6] *This entry and the entries that follow seem to have been copied from the dorse of the original roll.*
[7] *The sum previously mentioned is* xxix.l. v.s. viij.d.
[8] *Read* x.d.

490   A.D. 1235-1236.

II. 289-293—cont. Avenel de feodo de Gamelingeie. Et debet[1] predictus xlix.l. xj.s. v.d.

Idem P. vicecomes Essex, reddit compotum de feodis quibusdam honoris Leyc' que invenit in hoc comitatu, scilicet de xiij.s. iiij.d. de Radulfo de Puteham, et de ij.m. et dimidia de comitissa de Penbroc de honore comitis Marescalli. In thesauro liberavit in ij. talliis. Et quietus est.

Pipe Roll, 48 Hen. II. Adhuc Essex. (A.D.1264.)

Simon de Furneaus et Walterus de Ginnay, Willelmus de Aumbly et Ricardus Mauduyt debent ccccl.l. x.s. vij.d. ob. de remanenti compoti sui, sicut continetur ex alia parte rotuli. De quibus custodes terrarum et honorum Roberti filii Walteri, Roberti de Valoines, et Galfridi de Valoines debent respondere de lxxvij.l. xj.s. sicut continetur in quodam rotulo in quo scribitur compotus predicti Simonis et aliorum de auxilio ad sororem regis maritandam hoc signo 'Essex et Hertford' anteposito, et est rotulus ille inter alios rotulos dicti auxilii qui sunt in thesauro.

Et Margeria de Ripariis de lxvj.l. iij.s. j.d. sicut continetur ibidem.

Et vicecomes Essex anno xix° de x.l. xvij.s. ix.d. sicut continetur ibidem.

Et Matillis de Lucy de xxxix.l. x.s. iij.d. de feodis suis infra Cornubiam et extra, sicut continetur ibidem.

Et Adam filius Willelmi et socii sui, excaetores anno predicto, de x.l. vj.d. de feodis honoris Peverelli de Londoniis, sicut continetur ibidem. Et de lxx.l. xij.s. viij.d. de feodis honorum de Hagenet et Redleye, sicut continetur ibidem.

Et Ricardus de Muntfichet de xxix.l. v.s. iiij.d. pro predictis collectoribus, sicut continetur ibidem.

Et comitissa Essex de lj.l. xj.s. iiij.d. pro eisdem collectoribus, sicut continetur ibidem.

Et Petrus de Thany, custos honoris Bononie anno xix°, de lj.l. xiiij.s. ix.d. pro eisdem, sicut continetur ibidem.

Et debent collectores xliij.l. iij.s. xj.d. ob.

SUFFOLK.

S. ij. 14.   SUFFOK'.

Herebertus de Alezon et Johannes filius Roberti, Ric[2] de Braham, collectores auxilii in hoc comitatu reddunt compotum de cj.l. de militibus honoris de Eye per senescallum Comitis Ricardi ;
Et de xl.l. de militibus Comitis Rogeri ;
Et de xl.s. de Willelmo de Amblie de feodis Margar' de Ripariis ;
Et de ij.m. de j. feodo Hamonis Pecche ;

---

[1] *After* debet *supply* custos.
[2] Close Roll, 19 Henry III, m. 6d, *gives the collectors for Suffolk as* Herebertus de Alencun *and* Rannulfus de Braham.

SUFFOLK. 491

S. ij. 14 —cont.

Et de x.m. de feodis Willelmi Blundi ; Summa clj.l. In thesauro liberaverunt in iij. talliis. Et quieti sunt.

In rotulo.

NORFOLK.

S. ij. 13.
II. 371–372.

NORF. *In libro.*

PETRUS BOZUN'[1] ET WILLELMUS RUSTENG' REDDUNT COMPOTUM DE EODEM AUXILIO ASSISO ET COLLECTO IN HOC COMITATU.

Ricardus de Muntfichet reddit compotum de xl.s. de j. feodo et dimidio. In thesauro xl.s. per predictos collectores. *Essex.*
Rogerus de Crescy reddit compotum de iiij.l. de iij. feodis. In thesauro iiij.l. p$_{er}$ eosdem. *Norf.*
Warinus de Montchenesi reddit compotum de j.m. de dimidio feodo. In thesauro j.m. p$_{er}$ eosdem. *Kent.*
Radulfus de Kamoiz reddit compotum de ij.m. de j. feodo. In thesauro ij.m. p$_{er}$ eosdem.[2]
H. de Burgo, comes Kantie, reddit compotum de vj.l. et j.m. de v. feodis. In thesauro vj.l. et j.m. per eosdem. *Norf.*
Robertus filius Walteri reddit compotum de xlvij.l. et xviij.s. de xxx. feodis et dimidio et de iiij^a p$_a$rt$_e$ et vj. parte. In thesauro xlvij.l. et xviij.s. p$_{er}$ eosdem. *Essex.*
W. comes Warrein' reddit compotum de xxxix.l. x.s. de xij. feodis et viij^a. In thesauro xxix.l. x.s. per eosdem. *Sudsex.*
Margeria de Ripariis reddit compotum de xxiiij.s. viij.d. de dimidio feodo et qu^{a}rt^a parte et xx^a. In thesauro xxiiij.s. viij.d. *Essex.*
Hugo de Gurnay reddit compotum de xij.s. iiij.d. de iiij^a viij^a et xij^a feodi. In thesauro xij.s. iiij.d. p$_{er}$ eosdem.
Hugo Daubeny reddit compotum de lxiiij.l. et dimidia marca de xlviij. feodis et qu^{a}rt^a parte unius feodi. In thesauro lxiiij.l. vj.s. viij.d. p$_{er}$ eosdem. *Sudsex.*
Maria de Meleham reddit compotum de j.m. de dimidio feodo. In thesauro j.m. *Sudsex.*
Radulfus de Gatele reddit compotum de ij.m. de j. feodo. In thesauro ij.m.
Robertus de Tateshal' reddit compotum de xij.l. xj.s. de ix. feodis et qu^{a}rt^a parte et xx^a unius feodi. In thesauro xij.l. xj.s. per eosdem. *Lincoln.*
Comes Ricardus reddit compotum de viij.m. de iiij. feodis *de honore de Eye.* In thesauro c. et vj.s. viij.d. per eosdem. *Norf.*
Johannes de Fleg' reddit compotum de iiij.l. et x.s. de iij. feodis et iiij^a et viij^a. In thesauro iiij.l. x.s. per eosdem.
Willelmus de Aubervill' reddit compotum de j.m. de dimidio feodo. In thesauro j.m. per eosdem.

---

[1] Close Roll, 19 Henry III, m. 6*d reads* Botun *or* Bocun.
[2] *If any county is here written, it is illegible.*

492   A.D. 1235-1236.

S. ij. 13.   Matillis de Rocheford' reddit compotum de xx.s. de tribus partibus.
II. 371-
372—cont. In thesauro xx.s. per eosdem.
          Summa tocius ciiij*xiiij. l. vj.s. In thesauro liberaverunt
          in tribus talliis. Et quieti sunt.

                              In rotulo.

                              CAMBRIDGE.

                              KANTEBRUG'.
S. ij. 14.
II. 599- GALFRIDUS DE BANNS ET HENRICUS EPISCOPUS,[1] COLLECTORES AUXILII
600.   CONCESSI DOMINO REGI AD MARITANDAM SOROREM SUAM
          ROMANORUM IMPERATORI IN COMITATU KANTEBRUG', REDDUNT
          COMPOTUM DE QUOLIBET FEODO MILITIS DE II.M.
          Iidem reddunt compotum de xviij.m. de ix. feodis Baldewini de
Frivill' de feodo Ricardi de Scalar' et   ix.m.   In thesauro
xxj.l. x.s. vj.d. ob. Et habent de superplusagio ix.l. x.s. vj.d. ob.
quod totum allocatur infra.
          Iidem reddunt compotum de vj.m. de iij. feodis Galfridi de Banns
de baronia Hamonis Pech' et   iij.m.
          Et de vj.m. de iij. feodis Roberti de Bech' de eadem et
iij.m.
          Et de ij.m. de j. feodo Roberti Luleman de eadem et   j.m.
          Et de j.m. de dimidio [feodo] Petri de Beche de eadem et
dimidiam marcam.
          Et de ij.m. de j. feodo Philippi de Stanton' de eadem et   j.m.
          Et de xx.s. de tribus partibus unius feodi Johannis de Burgo de
eadem et   x.s.
          Et de dimidia marca de iiij[ta] parte unius feodi Saeri de Haeselin-
gefeud' de eadem et   xl.d.
          Et de j.m. de dimidio feodo Alexandri Mangant de eadem et
dimidiam marcam.
                Summa xiij.l. et dimidia marca. In thesauro nichil.
                Et in predicto superplusagio xiij.l. et dimidia
                marca.
          Iidem reddunt compotum de iiij.m. de ij. feodis Ricardi de Haunde-
vill' de honore comitisse de Insula, et   ij.m. Et de iiij.m.
de ij. feodis Johannis de Kyly de feodo com' de Aubemarle et
ij.m. Summa viij.m. In thesauro nichil. Et in predicto superplusagio viij.m.
          Iidem reddunt compotum de vj.m. et ij.s. de iij. feodis et xij.[a]
parte unius feodi Galfridi de Scalar' de rege in capite et
iij.m. et xij.d.
          Et de iiij.m. de ij. feodis Radulfi Purot de eodem et   ij.m.
          Et de ij.m. et dimidia de j. feodo et quarta parte unius feodi Ricardi
de Munfichet de eodem et   j.m. xl.d.
          Et de ij.m. de j. feodo Willelmi de Hobrug' de eodem et   j.m.

[1] Close Roll, 19 Henry III, m. 6d *reads* Galfridus de Bancis *and*
Henricus le Eveske.

CAMBRIDGE. 493

S. ij. 14.
II. 599–
600 —cont.

Et de ij.m. de j. feodo Roberti le Noreis de eodem et j.m.
Et de ij.m. de j. feodo Johannis de Vallibus de eodem et j.m.
Summa xij.l. viij.s. viij.d. In thesauro nichil. Et in predicto superplusagio xij.l. viij.s. et viij.d.
S.[1] Summa summarum xxxj.l. ij.s. Et debent xxj.l. xj.s. v.d. ob.

Nomina illorum de quibus debent requiri predicta debita qui sunt supra in longo debito videlicet :—
De baronia Hamonis Peche :—
De Galfrido de Banns iij.m.
De Roberto Beche iij.m.
De Roberto Lulleman j.m.
De Petro de la Beche dimidia marca.
De Philippo de Stanton' j.m.
De Johanne de Burgo x.s.
De Saero de Heselingefeud' xl.d.
De Alexandro Mangant dimidia marca.
De Ricardo de Haundevill' ij.m.
De Johanne de Kyly ij.m.
De Galfrido de Scalar' iij.m. xij.d.
De Radulfo Pirot ij.m.
De Ricardo de Munfichet j.m. xl.d.
De Willelmo de Hobrug' j.m.
De Roberto le Noreis j.m.
De Johanne de Vallibus j.m.
De Baldwino de Frivill' ix.m.
Summa xxj.l. xj.s. Et debent v.d. ob. qui locantur eis pro forulis.
Cantebr'. In libro.
In rotulo.

HUNTINGDON.

S. ij. 30.
II. 600–
601.

JOHANNES DE LITLEBERY ET OLIVERIUS[2] MONACHUS, COLLECTORES AUXILII IN COMITATU HUNTINDON' DE EODEM AUXILIO.
De honore Johannis comitis Cestrie et Huntingdon'; et de honore de Lovetot; et de honore[3] Kenebalton'; et honore Rogeri Quency. In thesauro xxix.l. vj.s. iiij.d. De quibus allocantur :—
Pro Comite Johanne vij.l. iij.s. iiij.d.
Et pro heredibus honoris de Lovetot iiij.l. xix.s. viij.d.
Et pro heredibus de Kenebalton' ij.m.
Et pro Rogero de Quency j.m.
Et pro Ricardo filio Simonis j.m. de feodo quod Robertus Grimbald tenet de eo.
Summa xiiij.l. xvj.s. iiij.d. Et habent adhuc de superplusagio xiiij.l. x.s. De quibus allocantur in rotulo prelatorum xx.m. pro abbate de Rames'.
Et habent adhuc de superplusagio xxiij.s. iiij.d.

---

[1] S. *is written on the margin.*   [2] II. 600 *reads* Oliverus.
[3] *After* honore, II. 600 *adds* de.

A.D. 1235-1236.

NORTHAMPTON.

I. 126-129.

SCUTAGIUM IN COMITATU NORHAMT'.

De feodo Gilberti de Gaunt iiij.m. pro feodis iiij. militum, scilicet in Kyselingbir' et Heyford' ij. militum, in Stowe ij. militum ; per manus Petri Coci.

Eustachius de Watford' unam m. pro feodo regis de feodo unius militis in Watford' ; per manum Johannis de Watford'.

De feodo comitis Wintonie v.l. vi.s. viij.d. de feodo viij. militum, scilicet in Haselbeht unum feodum, in Sprotton' unum feodum, in Haldeneby unum feodum, in Maideford' unum feodum, in Wodeford' unum feodum, in Fanighou[1] unum feodum, in Sutton' unum feodum, in Buckeby unum feodum ; per manum Roberti Wallensis.

De Roberto Nonauncurt j.m. pro feodo Peverelli, scilicet pro feodo unius militis in Gildesburg' ; per manum Laur' de Gildesburg'.

De feodo comitis de Huntedon' viij.l. ij.s. iij.d. ob. pro feodo xij. militum et sexte partis unius militis, scilicet in Preston' et Witton' ij. militum, in Herdingeston' unum feodum, in Magna Houton' dimidium feodum, in Parva Houton' et Braufeld' ij. feoda, in Multon' unum feodum, in Herdwico dimidium feodum, in Pidington' feodum unius militis, in Cugenhou dimidium feodum, in Axeby unum feodum, et[2] Bosehate unum feodum et sexta pars unius, in Wullaveston' unum feodum, in Twiwell' dimidium feodum ; per manum Simonis servientis.

Robertus de Pavilhi ij.m. pro feodo Peverelli, scilicet pro feodo ij. militum, scilicet de Pirie et Houton' unum feodum, et Hekemundecot' unum feodum ; per manum Alani de Tiffeld'.

De Petro de Goudinton' xx.s. pro feodo regis, scilicet in Ravenestorp et Cotis et Tecne unum feodum et dimidium ; per manum Nicholai de Musecotis.

De feodo Hervici Bagot viij.s. xj.d. scilicet pro duabus partibus unius militis in Staunton' ; per manum Willelmi Rodman.

De feodo Henrici de Pinkeny de feodis viij. militum, scilicet in Morton' ij. feoda, in Siresham et Estwell' ij. feoda, in Sulegrave et Culewrth' iij. feoda, et Stanis et Wapham unum feodum ; per manum Walteri de Badewe.

De domina Johanna de Bruere j.m. pro feodo comitis de Warenn', scilicet pro feodo unius militis in Stokes ; per manum Ade servientis sui.

De feodo advocati de Wethon'[3] de feodo de Chokes c.s. scilicet pro septem feodis et dimidio feodo, in Cnoston' et Billing' unum feodum, in Hulecotis dimidium feodum, in Esteneston' et Westhaddon' unum feodum, et[4] Grimesby[5] unum feodum, in Trop unum feodum, in Fora[6] unum feodum, in Cranesl' unum feodum, in Cretton' dimidium feodum, in Neweton' et Buketon' dimidium feodum ; per manum Radulfi de Cotesden.

De feodo de Benifeld' j.m. scilicet pro feodo unius militis in Benifeld' ; per manum Nicholai de Benifeld'.

---

[1] *Read* Farninghou.
[2] *Read* in.
[3] *Read* Bethon'.
[4] *Read* in.
[5] *Read* Grimesbery.
[6] *Read* Flora.

NORTHAMPTON.

I. 126–
129—cont.

De feodo comitis de Arundel' iij.l. pro feodo iiij. militum et dimidio, scilicet in Jelvertoft unum feodum, in Bifeld' unum feodum, in Midelton' et Rodeston' unum feodum, in Botendon' dimidium feodum, in Slapton' unum feodum ; per manum Milonis Gerbode.

De feodo comitis de Huntedon' vi.l. vi.s. viij.d. de ix. feodis et dimidio, scilicet in Hareudon' ij. feoda, in Brouton' feodum et dimidium, in Clipston' et Hisham dimidium feodum, in Hochecotis unum feodum, in Waudegrave unum feodum, in Wyleby unum feodum, in Haniton' quarta pars unius feodi, in Hulcotis quarta pars unius feodi, in Gsaldewell'[1] et Houton' et Hudtorp dimidium feodum, in Sprortton'[2] dimidium feodum, in Trop dimidium feodum ; per manum Nicholai servientis.

De Willelmo filio Warini viij.l. xvj.s. viij.d. pro feodo de Wahull' pro feodis xiij. militum et quarta parte unius militis, scilicet in Potcot' dimidium feodum, in Piccessford ij. feoda, in Langeport et Wimawe, Horlingburgh feodum et dimidium, et in Cotesbroc duo feoda, in Witton' unum feodum, in Pateshull' unum feodum et quarta pars unius feodi, in Plumton' dimidium feodum, in Preston' dimidium feodum, in Evenle, Horton', Cherilton' et Estwik' iij. feoda et dimidium, in Horton' dimidium feodum militis ; per manum Reginaldi de Ho.

De feodo comitis de Warewik' xx.s. scilicet de feodo unius militis et dimidio in Narton'[3] ; per manum Thome janitoris.

De Willelmo Hauberg' j.m. pro feodo Peverelli, scilicet pro feodo unius militis in Keylmerse ; per manum Galfridi servientis sui.

De advocato de Bethana ij.m. pro feodo de Chokes, scilicet pro feodis ij. militum, in Wenegrave et Rollisham in comitatu de Buking-ham unum feodum et dimidium, et in Musele in comitatu Leycestrie dimidium feodum ; per manum Radulfi de Cotesden'.

De feodo comitis de Ferrariis v.l. et dimidiam[4] pro feodo Peverelli scilicet et Chokes et Bydun, in Heketon' ij. feoda de feodo de Tutebiry, in Parva Dudingtòn' tercia pars unius militis, in molendino de Dichesford' tercia pars, in Quenton' tercia pars, in Blithewurth' dimidium feodum de feodo Peverelli. In Wolaveston' de feodo de Chokes ij. feoda, in Tichesmerse unum feodum et dimidium de feodo de Tutebir', in Neweton' feodum unius militis, in Bosehate dimidium feodum ; per manum Nicholai servientis.

De feodo Oliveri de Nonauncurt[5] xx.s., scilicet in Branteston' unum feodum et dimidium ; per manum Rogeri Dolfini.

De Willelmo Burdon' xx.s. pro feodo Peverelli, scilicet pro feodo unius militis et dimidii in Deresburg'.

De feodo Gerardi de Furnivall' xl.s. pro baronia de Wardon' de feodis trium militum, scilicet in Hisham unum feodum, Cugenhou et Hareudon' unum feodum, in Burton' dimidium feodum, in Aude-winch' dimidium feodum ; per manum Helye de Wardon'.

De feodo Rogeri de Sumeri j.m. pro feodo unius militis in Bernak ; per manum Ricardi de Bernak.

De feodo domini Willelmi de Monte Acuto xxvj.s. ix.d. pro feodo Aquile et parvo feodo de Martuna,[6] scilicet de tribus feodis, in Parva

---

[1] *Read* Scaldewell. [2] *Read* Sprotton'.
[3] *Read* Norton'. [4] *After* dimidiam *supply* marcam.
[5] *Read* Aiencurt. [6] *Read* Mortun'.

A.D. 1235-1236.

I. 126–129—cont.

Preston' dimidium feodum, in Forhou unum feodum, in Tiffeld' unum feodum, in Couesgrave dimidium feodum ; per manum Walteri de Stoke.

De Rogero de Welton' xxvj.s. ix.d.[1] pro feodo de Mubray de parvo feodo de Mortuna, de tribus feodis, scilicet in Staverton' unum feodum, in Welton' unum feodum, in Grimescota unum feodum ; per manum Radulfi Russinel.

De domino Gilberto de Preston' dimidiam marcam pro feodo regis, scilicet pro dimidio feodo in Gretton'.

De Galfrido de Waundevill' viij.s. xi.d. pro feodo Willelmi de Aubeny, scilicet pro duabus partibus unius militis in Seuewell' ; per manum Ade de Waundevill'.

De feodo domine Eve de Grey dimidiam marcam pro honore de Walingford', scilicet pro dimidio feodo in Teneford' ; per manum Nicholai prepositi.

De domino Willelmo filio Hamundi xxiij.s. scilicet pro uno feodo et dimidio, in Maydewell' unum feodum, in Taneford' dimidium feodum ; per manum Galfridi Tapping'.

De feodo Radulfi Basset xl.s. scilicet in Blatherwyk' unum feodum, in Weston' et Sutton' unum feodum, in Brampton' et Buketon' et Weledon' unum feodum ; per manum Roberti le Notte.

I. 129–133.

RECEPCIO SCUTAGII IN SEPTIMANA PASCHE.

De feodo domine Eve de Grey dimidiam marcam pro honore de Walingford', scilicet pro dimidio feodo in Teneford' ; per manum Nicholai prepositi.

De Nicholao de Berifeld'[2] dimidiam marcam pro feodo domini regis ; scilicet pro uno feodo in Benifeld'.

De Ada de Waundevill' viij.s. xi.d. pro feodo de Aubeny, quod Gaufridus de Waundevill' tenet in Seuewell' ; scilicet ij. partes unius militis.

De domino Johanne Malehoisres ij.m. pro uno feodo in Midelton' et Colint', de duobus terminis ; per manum Lewin' Cole.

De Rogero de Messenden' duas marcas pro feodo de Maundevill' pro uno feodo in Culewrth' ; per manum Willelmi de Ecclesia, de ij. terminis.

De Rogero de Sancto Hilario ij.m. pro feodo Hugonis de Pateshull' de feodo de Cauz, scilicet in Midelton' et Colint' unum feodum et dimidium.

De Roberti de Nonauncurt j.m. pro feodo Peverelli pro feodo unius militis in Gildeburg' ; per manum Laurencii de Gildeburg'.

De domino Petro de Goldington' xx.s. pro feodo regis pro uno feodo et dimidio, scilicet in Ravenestorp et Cotis et Tecne et Goldington' ; per manum Roberti de Striccoud.

---

[1] *The normal rate for three fees of Mortain would be 25s. for the half year, i.e. at the rate of 8s. 4d. per fee. This payment is at the rate of 8s. 11d. Eight fees of Mortain equal five normal fees ; here as in some other cases* (cf. Red Book, *p.* 265, *Salt Society Collections, vol. i. p.* 160) *the equation is taken as three fees of Mortain equal two normal fees.*

[2] *Read* Benifeld'.

NORTHAMPTON. 497

I. 129–
133—cont.

De Radulfo Passelewe dimidiam marcam pro feodo de Burton', scilicet pro dimidio feodo in Harendon'[1]; per manum Wale de Picham.

De Rogero de Welton' xxvj.s. ix.d. pro feodo de Moubray de parvo feodo de Mortun', scilicet in Staverton' unum feodum, et Welton' unum feodum, et †Grimestorp† unum feodum; per manum Galfridi Dispensatoris.

De Ricardo de Loges ij.m. pro feodo domine Margarete de Ripariis pro uno feodo in Holecot de ij. terminis.

De Waltero Barfot viij.m. pro feodo Henrici de Pinkeni pro viij. feodis, scilicet in Morton' ij. feoda, in Siresham et Estwell' iij. feoda, in Sulegrave unum feodum, in Culeworth' unum feodum, in Stanes et Wapham unum feodum.

De Simone filio Simonis v.m. scilicet pro ij. feodis et dimidio in Briclewrth' de feodo domine Margarete de Ripariis; per manum Henrici Pistoris.

De Petro de Weston' ij.m. pro feodo Gerardi de Oddingesheles, scilicet pro uno feodo in Weston'; per manum Willelmi Ciue, de ij. terminis.

De Thoma de Suwik' ij.m. pro feodo de Warewik', scilicet pro uno feodo in Suwik'; per manum Willelmi Ciue, de ij. terminis.

De domino Bartholomeo de Horpol' ij.m. pro feodo Willelmi de Aubeny, scilicet pro uno feodo in Horpol', de ij. terminis.

De Radulfo de Clare[2] iiij.m. pro feodo Margarete de Ripariis et Radulfi de Mortuomari, scilicet in Billing' ij. feoda; per manum Gilberti prepositi, de duobus terminis.

De Roberto de Pavilli ij.m. pro feodo Peverell', scilicet pro duobus feodis, in Pirie et Hauton' unum feodum, in Hemundescot unum feodum; per manum Alani de Tiffeld.

De Hugone Russel vij.l. ii.s. viij.d.[3] de Berchamstede de parvo feodo de Mortun' pro viij. feodis; Ade de[4]∗ ∗iij. feodis, in Dingel' et Bugedon' et Farendon' unum feodum, in Oxendon' unum feodum, et in Aringwrth' et Karleton' unum feodum; de feodo Galfridi de Lucy in Haselbere[5] unum feodum, in Olttorp unum feodum; de feodo Willelmi de Listrid'[6] in Esteneston' et Scnoccumbe unum; de feodo Radulfi de Chenduit, in Hauton' unum feodum, in Trop et Weledon dimidium feodum, in Foxle et Blaolvile[7] dimidium feodum, in Farendon'[8] unum feodum'.

De Willelmo Hauberge j.m. pro feodo Peverelli, scilicet pro uno feodo in Keilmerse.

De Willelmo Rodman viij.s. xi.d.

De Reginaldo de Esseby xxvj.s. pro feodo comitis de Aubemar' pro xij. parte unius feodi in Chadeston', de ij. terminis.

---

[1] *Read* Hareudon'.   [2] *Read* Barre.
[3] *This is at the rate of* 17s. 10d. *per fee of Mortain. The normal rate would be* 16s. 8d. *for the whole year. Cf. above, p.* 496.
[4] *Possibly the missing name is* Oxendon'.   [5] *Read* Haselbeche.
[6] *i.e.* William del Estre, *a tenant in Somerset of the same honour.*
[7] *Read* Blaculvile.
[8] *This fee in* Farendon' *does not occur in the other lists; see below, pp.* 501, 504.

498   A.D. 1235-1236.

I. 129-133—cont.   De Willelmo de Duston' ij.m. pro feodo Peverelli pro ij. feodis in Duston ; per manum Willelmi Colbeyn.
De domina Eustacia de Wivilla xl.s. pro feodo de Mubray, scilicet pro uno feodo et dimidio in Welliford' ; per manum Willelmi de Helhal'.
De Henrico de Hisham pro feodo de Burton', scilicet pro uno feodo in Hisham.
De Galfrido de Armentar' lj.s. iiij.d. pro feodo Gilberti de Gaunt pro iiij^{or} feodis, in Kislingebir' et Heyford' ij. feoda, in Stowa duo feoda ; per manum Alexandri de Burgel'.
Gilbertus de Preston' dimidia marca pro feodo regis pro dimidio feodo in Gretton' ; per manum Radulfi clerici.
De Nicholao de Haveresham dimidia marca pro feodo de Waredon', scilicet pro dimidio feodo in Cugenhou ; per manum Everardi Huniman.
De Hugone Fauvell' xij.s. pro feodo Nicholai de Faveresham[1] de parvo feodo Mortun', pro ij. partibus unius feodi in Weston' ; per manum Roberti Nuholer.
De Rogero Gulafr' xx.s. pro feodo comitis de Warewik' pro uno feodo et dimidio in Norton' ; per manum Stephani de *   *
De Umfrido de Miliar' xvij.s. x.d. pro parvo feodo de Mortuna, scilicet unum feodum in Oveston' ; per manum Godefridi prepositi, de ij. terminis.
De Rogero Dolfine xx.s. pro feodo de Nonauncurt,[2] scilicet pro uno feodo et dimidio in Branteston'.
De Rogero Dolfine ij.m. pro feodo Peverelli, scilicet pro uno feodo in Cattesby quod Radulfus filius Nicholai et Radulfus de Normanvill' tenent.
De Willelmo de Cantelupo iiij.m. pro feodo Peverelli, pro duobus feodis in Berewe ; per manum Rogeri Dolfin.
De Jordano Briton' iiij.m. pro feodo comitis Oxonie pro duobus feodis in Waude ; tenentes Robertus de Hastinges, Jordan' Brito, Walterus de Sancto Leodegario, Willelmus de Omnibus Sanctis.
De abbate de Bitlesden' viij.s. xi.d. pro feodo de Averenches de parvo feodo de Mortuna, pro dimidio feodo in Magna Preston'.
De Radulfo Basset xl.s. ; per manum Roberti le Notte ut supra.
De Roberto Luveto j.m. pro feodo Hugonis Wake, pro dimidio feodo in Welleford'.
De Simon Minori pro feodo comitis de Huntedon' viij.l. ii.s. ii.d. ob. ut supra.
De Willelmo filio Hamundi xlvj.s. viij.d. pro ij. feodis j. quarterio minus, scilicet in Maydewell' unum feodum, in Taneford' dimidium feodum, in Wicne quarta p^{ars} unius feodi ; per manum Hamundi Halleng', de ij. terminis.
De Eustacio de Watford' j.m. pro uno feodo in Watford' per manum *   *

I. 133-141.   De baronia de Wardon' :—
De Gerardo de Fornivall' viij.m. de iiij^{or} feodis, scilicet in Isam unum feodum, in Cugeho et Harewedon' unum feodum, in

[1] Read Haveresham.   [2] Read Aiencurt.

NORTHAMPTON. 499

I. 133-141
—cont.

Burton' dimidium feodum, in Aldewincle dimidium feodum, in Sulleby unum feodum ; per manum Elye clerici.
De feodis domini regis :—
De Eustacio de Wateford' ij.m. pro uno feodo in Wateford' de feodo regis.
de Gilberto de Preston' j.m. pro dimidio feodo in Gretton' de eodem.
de Nicholao de Bassingburn' xx.s. de uno feodo in Benifeld' de eodem et debet dimidiam marcam.
de Henrico de Drayton' j.m. pro dimidio feodo de eodem in Drayton' et Yslep.
de Petro de Goldington' xl.s. pro feodo et dimidio in Ravenstorp, Cotes et Tecne.
De feodis Peverelli :—
De Roberto de Nonacurt ij.m. pro feodo unius militis in Gildeburg' de feodo Peverelli.
de Roberto de Pavilly iiij.m. pro ij. feodis de eodem, scilicet in Pery et Houhton'.
de Willelmo le Hauberger ij.m. pro uno feodo in Keylmers de eodem.
de Willelmo Burdon' xx.s. pro feodo et dimidio in Deseburg' de eodem et debet xx.s.
de Willelmo de Duston' ij.m. pro feodo in Duston' de eodem.
de Radulfo filio Nicholai et Radulfo de Normanvill' ij.m. pro uno feodo in Cattesby de eodem.
de Willelmo Cantilupo iiij^{or} m. pro ij. feodis in Bereweby de eodem.
De feodis comitis de Ferrariis, de feodis Peverelli, Bydun et Chokes :—
De Nicholao serviente x.l. x.s. pro viij. feodis et dimidio, de quibus v. sunt de feodo Peverelli, scilicet in † Neketon' † ij. feoda, in Parva Dudinton', in molendino de † Ycheford'†, in Quenton' unum feodum, in Blitheswurth dimidium feodum, in Tichemers unum feodum et dimidium ; de feodo de Bydun', in Newenton' unum feodum, in Bosiate dimidium feodum ; de feodo de Chokes, in Wllaston' ij. feoda ; et debet xvj.s. viij.d.
De Chokes :—
De advocato de Betun xvj.m. pro viij. feodis, scilicet in Cnoston' et Billing' unum feodum, in Ullecot' dimidium feodum, in Esteneston' et Westhaddon' unum feodum, in † Grimesby † unum feodum, in Trop unum feodum, in Flore j. feodum, in Cranesleg' unum feodum, in Cretton' dimidium feodum, in Neweton' et Buketon' dimidium feodum, in Trop juxta Davintr' dimidium feodum.
Item de advocato ij.m. pro ij. feodis, scilicet in Wenegrave et † Bollesham † feodum et dimidium, scilicet in comitatu Buk' ; in Mursle dimidium feodum in comitatu Leycestrie ; et debet ij.m.
De feodo de Pinkeny :—
De Henrico de Pinkeny xvj.m. pro viij. feodis, scilicet in Morton' ij. feoda, in Stanes et Wappeham j. feodum, in Estwell' et Siresham ij. feoda, in Sulegrave et Coleswrth' iij. feoda.

A.D. 1235-1236.

De feoda de Wahull' :—
De Willelmo filio Warini xvij.l. x.s. pro xiij. feodis et j. quarterio, scilicet in Pictesford' ij. feoda, in Langeport, Holingbere, Wymawe unum feodum, in dimidium, in Cotesbroc ij. feoda, in Witton' unum feodum, in Pateshull' unum feodum et unum quarterium, in Plumpton' dimidium feodum, in Preston' dimidium feodum, in Evedleg' ij. feoda et dimidium, in Horton', Sprotton', Estwik' et Evenleg' ij. feoda ; et debet iii.s. iiij.d.
De feodo Bardulf' :—
De Johanne Maleshoures ij.m. pro uno feodo, scilicet in Middelton' et Colentr'.
De feodo Margar' de Ripariis :—
De Simone filio Simonis v.m. pro ij. feodis et dimidio in Brikeleswrth'.
de Ricardo de Loges ij.m. pro uno feodo in Holecot'.
de Radulfo Barre ij.m. pro uno feodo in Billing'.
de Radulfo de Craneford' xx.s. pro tribus partibus unius feodi in Craneford' ; et fratres hospitalis Norhamtonie debent dimidiam marcam pro quarta parte illius feodi in Slipton'.
De baronia de Wlfrinton' :—
De Willelmo filio Hamonis xlvj.s. viij.d. pro duobus feodis preter unum quarterium, in Maydewell' unum feodum, in Taneford' dimidium feodum, in Wyk' quartam partem unius feodi.
De feodo de Mortuo Mari :—
De Radulfo Barre ij.m. pro uno feodo in Billing Maiori.
De feodo comitis Oxonie :—
De Jordano le Brittun' iiij.m. pro ij. feodis in Wald'.
De feodo Basset :—
De Radulfo Basset iiij.l. pro tribus feodis, scilicet in Blatherwyk' unum feodum, in Weston' et Sutton' unum feodum, in Brampton', Buketon' et Welledon' unum feodum.
De feodo comitis Warewyk' :—
De Rogero Gulafr' xl.s. pro uno feodo et dimidio, scilicet in Norton'.
de Thoma de Suthwyk' ij.m. pro uno feodo in Suthwyk'.
De honore de Walingford' :—
De Eva de Gray j.m. pro dimidio feodo in Thaneford'.
De feodo Willelmi de Albinaco :—
De Gaufrido de Waundevill' xvij.s. et x.d. pro duabus partibus unius feodi in Seuewell'.
de Bartholomeo de Horepoll' ij.m. pro uno feodo in Horepoll'.
De feodo de Mandevill' :—
De Radulfo filio Henrici ij.m. pro uno feodo in Howton' et Flore.
de Rogero de Messenden' ij.m. pro uno feodo in Colewrth'.
De feodo Gerardi de Hoddingeshel' :—
De Petro de Weston' ij.m. pro uno feodo in † Eston'. †
De feodo Hugonis Wake :—
De Roberto Luvet j.m. pro dimidio feodo in Welleford'.
De feodo de † Nonacurt † :—
De Olivero de † Nonacurt' † xl.s. pro uno feodo et dimidio in Branteston'.

NORTHAMPTON. 501

I. 133-141
—cont.

De feodo de Huntedon' :—
De Simone Minori xlvj.l. iiij.s. vj.d. pro xij. feodis et sexta parte unius feodi, scilicet in Preston' et Wotton' ij. feoda, in Hardingeston' unum feodum, in Magna Howton' dimidium feodum, in Parva Houhton' et Braufeld' ij. feoda, in Multon' unum feodum, in Herdwyk' dimidium feodum, in Pidinton' unum feodum, in Cugenho dimidium feodum, in Essebi unum feodum, in Boseiate unum feodum et sextam partem j. feodi, in Wllaxton' unum feodum, in Tyuewell' dimidium feodum.
Item de Simone Majori xij.l. xiij.s. iiij.d. pro ix. feodis et dimidio, scilicet in Harewedon' ij. feoda, in Bructon' unum feodum et dimidium, in Holecot' unum feodum et quartam partem unius feodi, in Ysham et Clipston' dimidium feodum, in Waldegrave unum feodum, in Wyleby unum feodum, in Haniton' quartam partem unius feodi, in Scaldewell', Hocton' et † Upthorp † dimidium feodum, in Sprotton' dimidium feodum, in Trop' unum feodum.
Item de Radulfo serviente c.s. et x.d. pro v. feodis, et debet xxxij.s. vj.d.
De feodo comitis Wintonie :—
De Willelmo Wallensi ix.l. iij.s. iiij.d. pro viij. feodis, de quibus iiij. sunt de feodo de Morteyn, scilicet in Haselbech unum feodum, in Sprotton' unum feodum, in Haldeneby unum feodum, in Maydeford unum feodum, in Watford unum feodum, in Farningho unum feodum, in Sutton' unum feodum, in Buckeby unum feodum.
De feodo de Berkamstede :—
De Hugone Russel vij.l. ij.s. viij.d. pro viij. feodis, scilicet de feodo de Morteyn, scilicet in Bowedon', Farendon', Dingel', unum feodum, in Oxendon' unum feodum, in Harengwrth, Karlton' unum feodum, in Haselbech unum feodum, in Holthorp unum feodum, in Esteneston' et Snokescumb' unum feodum, in Howton' unum feodum, in Trop et Welledon' dimidium feodum, in Foxle et Blaculvesleg' dimidium feodum.
De feodo de Averenches :—
De Humfrido de Milers xvj.s. viij.d. scilicet de feodo de Morteyn pro uno feodo in Oviston'.
de abbate de Butlesden' viij.s. iiij.d. pro dimidio feodo in Preston' de eodem.
De feodo Nicholai de Haveresham :—
De Hugone Fauvel xvij.s. viij.d. pro uno feodo de Morteyn in Weston'.
De feodo de Aquila :—
De Willelmo de Monte Acuto xxvj.s. ix.d. pro tribus feodis, scilicet de feodo de Morteyn, scilicet in Parva Preston' dimidium feodum, in Forro unum feodum, in Tiffeld' unum feodum, in Couesgrave dimidium feodum, et debet xxvj.s. ix.d.
De feodo de Munbray :—
De Eustacia de † Watervill' † xl.s. pro uno feodo et dimidio in Welleford'.

502   A.D. 1235–1236.

I. 133–141
—cont.

de Rogero de Welton' liij.s. vj.d. pro tribus feodis de feodo de Morteyn, in Staverton' unum feodum, in Welton' unum feodum, in Grimescot' unum feodum.
De feodo comitis Leycestrie et feodo Willelmi de Kaynes.
De Willelmo le Faukener vij.l. vj.s. pro vij. magnis feodis de feodo de Morteyn et ij. parvis et dimidio de suo proprio et iiij. parvis de feodo de Kaynes, scilicet in Lilleburne ij. magna feoda, in Estfeld'[1] unum magnum feodum, in Eydon' unum magnum feodum, in Bifeld' et Newebold'[2] ij. magna feoda, in Merston' Trussel unum magnum feodum, in Elmeden' unum parvum feodum et dimidium, in Haldeneby unum parvum feodum de feodo Willelmi de Kaynes, in Eyford et Herleston' unum parvum feodum, in Creton', Haldeneby et Haninton' unum parvum feodum, in Turneby et Greveltoft[2] unum parvum feodum. Et debet vi.l. xij.s. iiij.d.
De feodo de Bayllol' :—
De Ada de Piriton' iiij.l. pro iiij. feodis, scilicet in Faxton' Waldegrave iij. feoda, in Multon' unum feodum. Et debet ij.m.
De feodo Gilberti de Gaunt :—
De Galfrido de Armenters ciiij.s. viij.d. pro quatuor feodis, scilicet in Kyselingbur' et Eyford' duo feoda, in Stowe duo feoda ; et debet ij.s.
De feodo comitis Warrenne :—
De Johanna Bruer' j.m. pro uno feodo in Stokes ; et debet j.m.
De feodo de Sumery :—
De Ricardo de Bernak' ij.m. pro uno feodo in Bernak'.
De feodo Bagod :—
De Hervico Bagod xvij.s. x.d. pro duabus partibus unius feodi in Stanton'.
De feodo comitis Arundell' :—
De Milone Gerbode viij.m. xiij.s. x.d. ob. pro iiij. feodis et dimidio et xij. parte unius feodi, in Colvertoft[3] unum feodum, in Bifeld unum feodum, in Midelton' Rodeston' unum feodum, in Botendon' dimidium feodum, in Slapton' unum feodum, in Chadeston' xij. partem unius feodi ; et debet xx.d.
De feodo de Cauz :—
De Rogero de Seinteler' ij.m. pro uno feodo et dimidio, scilicet in Midelton' et Colentr' ; et debet unam marcam.
De feodo de Oune :—
De Willelmo de Scrlingford' ij.m. pro feodo unius militis, scilicet in Herton'.

I. 144–146.   GALFRIDUS DE ARMENTERS, GILBERTUS DE PRESTON', COLLECTORES, REDDUNT COMPOTUM DE PREDICTO AUXILIO ASSISO ET COLLECTO IN HOC COMITATU.

Iidem reddunt compotum de viij.m. de iiij. feodis Gerardi de Furnivall' de baronia sua de Wardon'.

[1] Read Essebi.   [2] Read Newebotle.   [3] Read Gelvertoft.

I. 144-146
—cont.

Iidem reddunt compotum[1] ij.m. de uno feodo Eustachii de Watford de rege in capite ; et de j.m. pro dimidio feodo Gilberti de Preston' de eodem ; et de ij.m. de uno feodo Nicholai de Bassingburn' de eodem, et debet idem Nicholaus dimidiam marcam ; et de una m. de dimidio feodo Henrici de Drayton' de eodem ; et de iij.m. de uno feodo et dimidio Petri de Goldinton' de eodem.

Summa xj.l. vj.s. viij.d.

Iidem reddunt compotum de ij.m. de uno feodo Roberti de Nonancurt de honore Peverelli ; et de iiij.m. de ij. feodis Roberti de Pavely de eodem ; et de ij.m. de uno feodo et dimidio Willelmi le Hauberger de eodem, et de iiij.m. de uno feodo et dimidio Willelmi Burdon' de eodem ; et debet idem Willelmus xx.s. ; et de ij.m. de uno feodo Willelmi de Duston' de eodem ; et de ij.m. de uno feodo Radulfi filii Nicholai et Radulfi de Normanvill' de eodem ; et de iiij.m. de ij. feodis Willelmi de Cantilupo de eodem.

Summa xij.l. xiij.s. iiij.d.

Iidem reddunt compotum de xviij.m. de viij. feodis et dimidio comitis de Ferrariis in hoc comitatu ; et debet idem comes xvj.s. viij.d.

Iidem reddunt compotum de xx.m. de x. feodis advocati de Bethum' de feodis suis in[2] Chokes ; et debet ij.m.

Iidem reddunt compotum de xvj.m. de viij. feodis Henrici de Pinkeny de baronia sua.

Iidem reddunt compotum de xxvj.m. et dimidia de xiij. feodis Willelmi filii Warini de baronia de Wahull' ; et debet xl.d.

Iidem reddunt compotum de ij.m. de uno feodo Johannis Malehoveres de feodo Bardulf'.

Summa liiij.l. vj.s. viij.d.

Iidem reddunt compotum de v.m. de ij. feodis et dimidio Simonis filii Simonis de feodo Margarie de Ripariis ; et de ij.m. de j. feodo Ricardi de Loges de eodem ; et de ij.m. de uno feodo Radulfi de Barre de eodem ; et de xx.s. de tribus partibus unius feodi Radulfi de Craneford' de eodem ; et de dimidia marca de quarta parte unius feodi fratrum hospitalis de Norhamton' de eodem, et debent iidem fratres dimidiam.

Summa vij.l. vj.s. viij.d.

Iidem reddunt compotum de iij.m. et dimidia et quarta parte unius feodi Willelmi filii Hamonis de baronia de Wlfrinton' ; et de ij.m. de uno feodo Radulfi Barre de baronia Radulfi de Mortuo Mari ; et de iiij.m. de ij. feodis Jordani Briton' de feodo comitis Oxonie ; et de vj.m. de iij. feodis Radulfi Basset de baronia sua ; et de iij.m. de uno feodo et dimidio Rogeri Gulafr' de feodo comitis War' ; et de ij.m. de uno feodo Thome de Suwyk' de eodem ; et de j.m. de dimidio feodo Eve de Grey de honore de Walingford' ; et de xvij.s. x.d. de ij. partibus unius feodi Galfridi de Waundevill' de feodo Willelmi de Albinaco ; et de ij.m. Bartholomei de Horepoll' de eodem, et de ij.m. de j. feodo Radulfi filii Henrici de feodo de Maundevill' ; et de ij.m. de uno feodo Rogeri de Messenden' de eodem ; et de ij.m. de j. feodo Petri de Weston' de feodo Gerardi de Hoddingeshel' ; et de j.m. de dimidio feodo Roberti Lovet de baronia Hugonis Wake ;

---

[1] *After* compotum, *supply* de.   [2] *Read* de.

I. 144–146 et de iij.m. de j. feodo et dimidio Oliveri de † Nonancurt † de baronia
—cont. sua.
Summa xxiij.l. iiij.s. vj.d.
Iidem reddunt compotum de liij.m. iiij.s. vj.d. de xxvj. feodis
et dimidio et sexta p_ar_te unius feodi comitis Cestrie de honore
Huntedon' ; et debet idem comes xxxij.s. vj.d.
Iidem reddunt compotum de x.m. de v. feodis comitis Wintonie
in hoc comitatu ; et de iij.m. x.s. de iij. parvis feodis de Morton'
de feodo eiusdem comitis ; et de x.m. ix.s. iiij.d. de viij. parvis
feodis Morton' comitis Ricardi de Berkhamstede ; et de xvj.s. viij.d.
de uno feodo Morton' Humfridi de Millers de feodo de Averenches ;
et de viij.s. iiij.d. domini abbatis de Butlesden' de eodem ; et de
xvj.s. viij.d. de uno feodo Hugonis Fauvel de eodem ; et de iiij.m. ij.d.
de tribus feodis Willelmi de Monte Acuto de feodo Aquile de eodem ;
et debet ij.m. j.d. ; et de liij.s. vj.d. de tribus feodis Rogeri de Welton'
de feodo de Monbray de eodem ; et de iij.m. de uno feodo et dimidio
Eustachie de † Watervill' † de eodem feodo de Mumbray ; et de xiiij.m.
de vij. magnis feodis comitis Leycestrie in hoc comitatu ; et de
iij.m. xx.d. de ij. parvis feodis de Morton' eiusdem comitis. Et de
iij.m. x.s. de tribus parvis feodis de feodo Willelmi de Kaynes que
sunt in custodia eiusdem comitis ; et debet idem comes ix.m. xij.s.
iiij.d.
Summa lxxv.l. iiij.s. ij.d.
Iidem reddunt compotum de viij.m. de iiij. feodis Ade de Piriton' ;
et debet ij.m. ; et de ij.m. de uno feodo Johanne de Briwer de feodo
comitis Warenne, et debet Johanna j.m. ; et de viij.m. de iiij. feodis
Galfridi de Armenters de feodo Gilberti de Gaunt, et debet ij.s. ;
et de ij.m. de uno feodo Ricardi de Bernak de feodo de Sumery ;
et de xvij.s. x.d. de ij. partibus unius feodi Herwici Bagot ; et de
ix.m. ij.s. iij.d. de iiij. feodis et dimidio et xij. p_ar_te unius feodi
comitis de Arundel ; et debet xx.d. ; et de iij.m. de uno feodo et
dimidio Simonis de Pateshull' de feodo de Chauz ; et debet idem
Simon j.m. ; et de ij.m. de uno feodo Willelmi de Simpringle de
feodo de Oune.
Summa xxiij.l. xiij.s. v.d.
Summa summarum omnium suprascriptarum ccvij.l. xv.s. v.d. de
quibus in thesauro p_{er} eosdem collectores ciiij^{xx} v.l. ij.s. ix.d. in
vj. talliis. Et debent collectores xxij.l. xij.s. viij.d.
Iidem reddunt compotum de xxij.l. xij.s. viij.d. sicut supra
continetur. Et in garderoba regis apud Norhamton' iiij.l. xv.s. vj.d.
p_{er} breve regis quod est in forulo marescalli. Et debent xvij.l.
xvij.s. ij.d. qui debent exigi a suprascriptis videlicet,
de Nicholao de Bassingburn' dimidia marca.
de comite de Ferrariis xvj.s. viij.d.
de advocato de Bethum' ij.m.
de Willelmo filio Warini xl.d.
de fratribus hospitalis Norhamton' dimidia marca.
de comite Cestrie xxxij.s. vj.d.
de Willelmo de Monte Acuto ij.m. j.d.
de comite Leycestrie ix.m. xij.s. iiij.d.
de Ada de Piriton' ij.m.
de Galfrido de Armenters ij.s.

I. 144-146
—cont.
de comite de Arundel xx.d.
de Simone de Pateshull' j.m.
de Willelmo Burdun xx.s.
Summa xv.l. xv.s. iij.d. Et debent predicti collectores xlj.s. xj.d.

I. 155-156; I. 161.
GALFRIDUS DE ARMENTERS ET GILBERTUS DE PRESTON', COLLECTORES AUXILII IN COMITATU NORHAMTONIE, REDDUNT COMPOTUM.

Iidem reddunt compotum de xxvij.m. de honore de Wardon' que[1] Gerardus de Furnivall' tenet cum herede Wychardi Ledet. In thesauro viij.m. et debent xix.m.

Iidem reddunt compotum de xxx.m. de xv. feodis honoris de Chokes que advocatus de Bethun' tenet. In thesauro xviij.m. et debent xij.m.

Iidem reddunt compotum de una m. de dimidio feodo Gilberti de Preston', et de duabus m. de uno feodo Eustachii de Watford, et de una m. de dimidio feodo Henrici de Drayton'. In thesauro iiij.m. et quieti sunt.

Iidem reddunt compotum de duabus m. de uno feodo Nicholai de Bassingburn'. In thesauro xx.s. et debent dimidiam marcam.

Iidem reddunt compotum de iij.m. de uno feodo et dimidio Willelmi Burdon' et Godefridi le Angetun'[2] de honore Peverell Notingham'. In thesauro xx.s. Et debent xx.s.

De hiis qui non habent capitales honores in[3] comitatu.

Iidem reddunt compotum de xxxv.l. ix.s. j.d. de xxvj. feodis et dimidio et sexta parte. In thesauro xxxiij.l. xviij.s. viij.d. Et debent xxx.s. v.d.

Iidem reddunt compotum de x.m. de quinque feodis comitis Wintonie in hoc comitatu maioribus et de l.s. de tribus feodis minoribus. In thesauro ix.l. iij.s. iij.d. Et quieti sunt.

Iidem reddunt compotum de ciiij.s. viij.d. de iiij. feodis Gilberti de Gant in hoc comitatu que Galfridus de Armenters tenet. In thesauro ciiij.s. viij.d. Et debent ij.s.

Iidem reddunt compotum de xvj.m. de viij. feodis Henrici de Pinkeny. In thesauro xvj.m. et quieti sunt.

Iidem reddunt compotum de xxvj.m. et dimidia de xij. feodis et uno quarterio honoris de Wahull'. In thesauro xvij.l. x.s. Et debent xl.d.

Iidem reddunt compotum de xj.l. de iij. feodis et dimidio honoris comitis de Ferrariis de Tutebir'. Et de iij. feodis et dimidio de honore de Chokes, et uno feodo et dimidio honoris de Bydon'. In thesauro x.l. x.s. Et debent x.s.

Iidem reddunt compotum de xj.l. viij.s. iiij.d. de vij. maioribus feodis et de ij. feodis et dimidio de feodo Morton' de honore Leycestrie. In thesauro vij.l. vj.s. Et debent.[4]

---

[1] I. 161 *reads* per *wrongly*. [2] *Read* Angevin.
[3] I. 161 *reads* in hoc.
[4] *Both manuscripts break off here, leaving the account unfinished.*

RUTLAND.

I. 176. RADULFUS DE NORMANVILL' ET RADULFUS DE NEVILL', COLLECTORES, REDDUNT COMPOTUM DE AUXILIO CONCESSO DOMINO REGI AD MARITANDAM SOROREM SUAM ROMANORUM IMPERATORI.

Iidem reddunt compotum de xv.m. de vij. feodis et dimidio de honore de Huntindon'. In thesauro xxxiij.l. iiij.s. vij.d. Et habent de superplusagio xxij.l. iiij.s. vij.d. Quod totum allocatur eis infra. Iidem reddunt compotum de vij.m. viij.s. xj.d. de iij. feodis et dimidio et tercia parte unius feodi de feodo Isabelle de Mortuo Mari. Et de xj.m. de quinque feodis et dimidio Petri de Monte Forti et Willelmi Maudut de honore Warr'.

Et de xx.s. de tribus partibus unius feodi Willelmi de Folevill' de honore Leycestrie.

Et de viij.s. xj.d. de tercia parte unius feodi Thome Tuschet de feodo comitis Cestrie.

Et de viij.s. xj.d. de tercia parte unius feodi Johannis de Amby de baronia episcopi Dunolmensis.

Et de viij.s. xj.d. de tercia parte unius feodi Roberti de Tollethorp'.

Et de iij.m. de uno feodo et dimidio Radulfi de Normanvill' de feodo comitis Warenne.

Et de ij.m. de uno feodo Nicholai de Alberes de honore Peverelli.

Et de viij.s. xj.d. de tercia parte unius feodi Ascoldi filii Petri.

Et de iiij.m. de ij. feodis Galfridi de Ermenters de honore de Gaunt'.

Et de j.m. de dimidio feodo Petri Danesy de baronia Hugonis Wake.

Et de ij.m. de uno feodo Hugonis Dispensatoris de rege in capite. Et de dimidia marca de quarta parte unius feodi in[1] Braybof et dimidiam marcam.

Et de viij.s. xj.d. de tercia parte unius feodi Roberti Lovet in Norlum Fenham[2] et viij.s. xj.d.

Summa xxxiiij.l. ij.d. In thesauro nichil. Et in predicto superplusagio xxxij.l. iiij.s. vij.d. Et debent xxxv.s. vij.d. qui debent requiri de subscriptis, videlicet :—

De Roberto de Braybof dimidia marca.
De Roberto Lovet viij.s. xj.d.
Et debent collectores xx.s. Iidem reddunt compotum de eodem debito ; in thesauro x.s. per Radulfum de Normanvill. Et debent alii x.s.

WARWICK.

S. ij. 15. RECEPTA[3] DE AUXILIO DOMINI REGIS IN COMITATU WAR' PER DOMINUM
I. 375- WILLELMUM DE LUDINTON' ET RICARDUM PECCH' DE TERMINO
381. SANCTI MICHAELIS ET PASCHE.

De feodo comitis War'.
In Walton' Deyvill' pro feodo unius militis ij.m.

---

[1] *For* in, *read* Roberti de.   [2] *Read* Norlufenham.
[3] *In this section of the MS. the Christian names of some tenants are given in the nominative case, those of others in the genitive. Many are unextended.*

WARWICK. 507

S. ij. 15.
I. 375–
381—cont.

De eodem in Wynterton' pro dimidio feodo unius militis j.m.
De eodem in Huningham' pro iiij^ta parte unius militis dimidia marca.
De Chelmendescot' Roger de Craft, Symon de Turvill', pro dimidio feodo j. militis dimidia marca.
De Burton' super Dunnesmor, quod Philippus de Esseby et Robertus de Garsale tenent, pro feodo j. militis ij.m.
De Brandon' Roiz de Verdun pro dimidio feodo j. militis j.m.
De Aisho Galfr' de Simili pro dimidio feodo j. militis j.m.
De Derceth Rob' Mauduth pro feodo j. militis et dimidia iij.m.
De Turlaweston' Will' le Franseiz pro feodo j. militis ij.m.
De Wlfhamecot', Fleckeho Roiz de Verdun', pro tribus partibus j. militis xx.s.
De Sheldon' Ansel' pro dimidio feodo j. militis j.m.
De Heumedon' Symon de Withacre pro dimidio feodo j. militis j.m.
De Upton' Steph' pro feodo unius militis ij.m.
De Willelmo de War' pro decima parte j. militis xxxij.d.
De Draiton' Symon pro dimidio feodo j. militis j.m.
De Buninton' Hanr'[1] pro duabus partibus j. militis xvj.s. et xxij.d.
De Buninton' Nich' pro iiij^ta parte j. militis dimidia marca.
De Seckindon' Will' de Camvill' pro dimidio feodo j. militis j.m.
De Dertsechul, Wilmundecot', Gemes[2] de la Lande, W. de Ludinton' pro dimidio feodo j. militis j.m.
De Burleye Joh' pro feodo j. militis j.m.
De Haleford' Rob' pro dimidio feodo j. militis j.m.
De Chirinton', Betleswrth, Wiggenhull' Will' Bonchevaler pro feodo j. militis j.m.
De Cumton' Ric' Pecch' pro dimidio feodo j. militis j.m.
De eadem villa de Hanrico pro iiij^ta parte j. militis dimidia marca.
De Cumton' Ph'[3] pro dimidio feodo j. militis j.m.
De Hodenhull' Germund pro v^ta p^arte j. militis v.s. iiij.d.
De Rotburne W. de Arderne pro decima p^arte j. militis xxxij.d.
De Wyleby Wygain pro dimidio feodo j. militis j.m.
De Cnapton' Thom' de Arderne, Rad' de Normanvill' pro dimidio feodo j. militis et pro decima parte j. militis j.m. et xvj.d.
De Suckeberue Oliver pro vicesima parte j. militis viij.d.
De Hodenhull' Osberti pro iiij^ta p^arte j. militis xl.d.
De Withacre pro decima p^arte j. militis xvj.d.
De Lotbroc Hanr'[1] Boscher pro v^ta p^arte j. militis xxxij.d.
De Barton' Thom' de Arderne pro iiij^ta p^arte j. militis et una virgata terre viij.s.
De Bercheston' Symonis pro dimidio feodo j. militis j.m.
De Bedewrth Sym' de Turvill', Roger de Craft pro feodo j. militis ij.m.
De Lillinton' Petrus de Wluuardinton' pro feodo j. militis ij.m.
De Rokeby Hanr' pro dimidio feodo j. militis j.m.
De Bilneya Hanr' de Rokeby pro iiij^a parte j. militis dimidia marca.

---

[1] *Extend* Hanricus *or* Hanrici.   [2] Gemes=Jacobus.
[3] *Extend* Philippus *or* Philippi.

S. ij. 15.
I. 375–
381—cont. v.s. iiij.d.

De Parva Lalleford' Roger de Craft pro v^{ta} parte j. militis
De Holm Rob' pro decima parte j. militis xxxij.d.
De Manecestre Hug' pro dimidio feodo j. militis j.m.
De Snitteffeud W. de Cantilupo pro feodo j. militis j.m.
De Cherlecot' W. de Lucy pro dimidio feodo j. militis j.m.
De Welesburne Petrus de Monte Forti pro feodo j. militis ij.m.
De Hodenhull' Hanr' le Franseiz et de Ludinton' W. de Ludinton' pro dimidio feodo j. militis dimidia marca.
De Morton' Agaze Trussebouth pro feodo j. militis ij.m.
De Billesleg' W. Trussel pro feodo j. militis ij.m.
De Wutton' Galfr' Savage pro feodo j. militis ij.m.
De Withchirch Petrus de Monte ·Forti pro feodo j. militis ij.m.
De Suckeberue Osberti pro tribus partibus j. militis x.s.
De Cumton' Murdac pro feodo j. militis ij.m.
De Sotteswelle Rob' Wandart pro feodo j. militis ij.m.
De Fulebroc et Wodecot' Sym' de Turvil', Roger de Craft pro dimidio feodo j. militis j.m.
De Litthethurne, Berkeswelle Ric' de Mundevill' pro feodo j. militis ij.m.
De Shotteswelle Wydonis pro iiij^{ta} parte j. militis dimidia marca.
De Eccleshale Galfr' Pancefot pro iiij^{ta} parte j. militis xl.d.
De Estleg' et Milverton' Thom' de Estleg' pro feodo j. militis et dimidii ij.m. et dimidia marca.
De Wetinton' Walter' de Estleg' pro feodo j. militis j.m.
De Herberburi Roberti Macri, pro feodo j. militis ij.m.
De Francketon' Will' pro feodo j. militis ij.m.
De Wilmelayton' Petronilla pro feodo j. militis ij.m.
De Merton' Rad' de Marchameleg' pro feodo j. militis ij.m.
De Lotbroc Joh' pro feodo j. militis ij.m.
De Morton' super Dunnesmor pro dimidio feodo j. militis dimidia marca.
De Wlveye monachi de Cumba pro feodo j. militis j.m.
De Lockesleg' multi sunt parcionarii pro feodo j. militis j.m.
De Baddesleg' ux' Galfridi Savage pro feodo j. militis j.m.
De Pakinton' pro dimidio feodo j. militis j.m.
De Pilardinton' Joh' de Hersy pro feodo j. militis ij.m.
De Hunstancot' pro dimidio feodo j. militis dimidia marca.
De Wyleby de Roberto Blundo pro tribus virgatis terre ij.s.
De Walecot' pro v^{ta} parte j. militis xxxij.d.
De Preston' Sym' Bagoth et Kington' Hanr' le Notte pro feodo j. militis j.m.

De feodo Johannis filii Halani.
De Wulfricheston', Lalleford', Stretton' pro feodis duorum militum et dimidii v.m.

De feodo Willelmi de Stotevill' de Castello Ricardi.
De Farneberue pro feodo j. militis et pro iiij^{ta} parte j. militis ij.m. et dimidia marca.
De Mollinton' pro feodo j. militis ij.m.
De Bereford pro dimidio feodo j. militis j.m.

WARWICK. 509

S. ij. 15.
I. 375–
381—cont.

De Dunneschirch' pro dimidio feodo j. militis j.m.
De Bilneye pro iiij^{ta} parte j. militis dimidia marca.
De Hilberwrth' pro dimidio feodo j. militis dimidia marca.
De Yppesleg' Hanr' Hubouth pro feodo j. militis ij.m.
De eodem feodo, set senescallus nesciebat de qua villa, dimidia marca.

De feodo Rogeri de Sumery.

De Burmingham pro feodo j. militis ij.m.
De Echebaldeston' pro dimidio feodo j. militis j.m.
De Erdinton' pro feodo j. militis ij.m.
De Eston' pro feodo j. militis ij.m.

De feodo Thome de Wappebury.

De Wappebury pro feodo j. militis ij.m.
De Neubold pro feodo j. militis ij.m.

De Brochamtoton'[1] de feodo domini regis pro iiij^{ta} parte j. militis dimidia marca.

De Derceth de feodo Radulfi de Suyle pro feodo j. militis ij.m.

De Beuton' Rogerus de Craft de feodo comitis Arundel pro feodo j. militis ij.m.

De Filungeleg' de feodo Marmeun H. de Hasting' pro iiij^{ta} parte unius militis dimidia marca.

De feodo comitis Wyncestrie.

De Wlveye pro iiij^{ta} parte j. militis dimidia marca.
De Pakinton' Pigoth pro iiij^{ta} parte j. militis dimidia marca.
De Bruneswavere pro dimidio feodo j. militis j.m.
De Napton' et Weston' pro feodis ij. militum iiij.m.
De Wuluuard pro feodo j. militis ij.m.
De Clifton' pro feodo j. militis ij.m.
De Edelmeslescot' pro dimidio feodo j. militis j.m.
De Weston' Hernaldi de Boiz cum pertinenciis pro feodo j. militis ij.m.

De Ichinton' terra Hugonis de Doddingeseles pro feodo j. militis ij.m.
De eadem villa pro v^{ta} parte j. militis v.s. iiij.d.
De eadem villa pro vicesima parte j. militis xvj.d.
De Ichinton' terra Roberti de Colingham' pro dimidio feodo j. militis j.m.
De eadem villa Nich' le Bretun pro iiij^{ta} parte j. militis dimidia marca.
De eadem villa Will' de Saiz pro iiij^{ta} parte j. militis dimidia marca.
De eadem villa de terra Kedi pro vicesima parte j. militis xvj.d.

---

[1] *Read* Brochamton'.

S. ij. 15.
I. 375–
381—*cont.*

De feodis Radulfi de Todneye.
De Stretton' pro dimidio feodo j. militis j.m.

De honore Staffordie viij.l. xvij.s. vj.d. et ob. unde dicunt quod semper tercia pars excipitur de feodo militis.

De feodis Roberti Musard.
De Leminton', Wihtenassh, Haseleg' pro feodis ij. militum iiij.m.
De Asshonere, Neubold Pacy pro ij. feodis j. militis et dimidii v.m.
De Fleckeho pro dimidio feodo j. militis j.m.

De feodo Petri de Monte Forti.
De Coppethorn, Chatleswich pro octava parte j. militis et iiij^{ta} parte x.s.

De feodis Roberti Marmiun.
De Withacre Rad' filius Radulfi pro feodo j. militis ij.m.
De Freseleg' Sym' pro feodo unius militis ij.m.
De Withacre Symonis pro dimidio feodo j. militis j.m.
De Arue Willelmus de Camvill' pro dimidio feodo unius militis j.m.
De Merstune Marmiun pro dimidio feodo j. militis dimidia marca.

De feodis H. de Albinico.
De Allespath' pro iiij^{ta} parte j. militis dimidia marca.
De la Wyke pro octava parte j. militis xl.d.
De Anesty pro dimidio feodo j. militis j.m.
De Eccleshale pro dimidio feodo j. militis j.m.
De Kinesbury pro feodo unius militis ij.m.
De Hardredeshul pro ij. partibus j. militis xvj.s. xxj.d.
De Allesleg' pro feodo j. militis ij.m.
De Pilardinton' pro iiij^{ta} parte j. militis dimidia marca.

De Wuchcheford de feodo Reginaldi Moun pro feodo j. militis ij.m.

De Haselovere de feodo W. de Hasting' pro dimidio feodo j. militis j.m.

De Bigemers de feodo Corbeth pro feodo j. militis ij.m.

De feodis comitis de Ferariis.
De Grendon' pro feodo j. militis ij.m.
De Adulvestr' pro dimidio feodo j. militis dimidia marca.
De Burton' et Sireford pro feodo j. militis ij.m.
De Bramcot' pro dimidio feodo j. militis j.m.
De Turlaweston' pro dimidio feodo j. militis j.m.

De Buddebroc de feodo David de Lindesia iiij.m.

De Ocsulve pro feodo j. militis quod est in manibus domini regis quousque comes Warewici et comes Leycestrie feodum illud dirationaverunt ij.m.

WARWICK. 511

S. ij. 15. De Etindon' de feodo comitis de Ferariis pro ij. partibus j. militis
I. 375–
381—cont. xvij.s. x.d.

De Grafton' de feodo de Stutevill pro v^{ta} parte j. militis et de Farnberue pro tribus virgatis terre vj.s. iiij.d.

[*All the entries appear to be noted :—*] *In rotulo.*
[*Endorsed :—*] *Devon', Wygorn', Dors', Warr', et Honor Lanc' infra corpus comitatus.* *In libro.*
Rotulus recepte de diversis comitatibus ad sororem regis maritandam.

S. ij. 14.   WAREWIC.
I. 410–
  416.   WILLELMUS DE LODINTON' ET RICARDUS PECHE, COLLECTORES,
          REDDUNT COMPOTUM DE AUXILIO CONCESSO DOMINO REGI AD
          [MARITANDAM SOROREM SUAM] ROMANORUM IMPERATORI, VIDE-
          LICET DE QUOLIBET FEODO II.M. IN COMITATU WAREWIC.

Iidem reddunt compotum de v.m. de ij. feodis et dimidio Johannis filii Alani in hoc comitatu. In thesauro [cxxvij.l. x.s.]. Et habent de superplus cxxiiij.l. iij.s. iiij.d. quod totum allocatum est illis infra.

Iidem reddunt compotum de iij.m. et dimidia de j. feodo et dimidio Walteri Deyvill' et iiij^a parte unius feodi de feodo comitis Warew[ici].

T. Et de j.m. de dimidio feodo Simonis de Turevill' de eodem et dimidiam marcam.

Et de ij.m. de j. feodo Philippi de Esseby et Ro[berti de] Grashale de eodem.

Et de j.m. de dimidio feodo Roesie de Verdun de eodem.
Et de j.m. de dimidio feodo Gaufridi de Symili de eodem.
Et de iij.m. de j. feodo et dimidio Roberti Mauduit de eodem.
Et de ij.m. de j. feodo Willelmi le Franceis de eodem.
Et de xx.s. de tribus partibus j. feodi Roesie de Verdun de eodem.
Et de j.m. de dimidio feodo Ansell' de Seledon' de eodem.
Et de j.m. de dimidio feodo Simonis de Withacre de eodem.
Et de ij.m. de j. feodo Stephani de Hupton' de eodem.
Et de xxxij.d. de x^a parte feodi unius militis Willelmi de Warewic'.
Et de j.m. de dimidio feodo Simonis de Drayton' de eodem.
Et de xvij.s. x.d. de duabus partibus unius feodi Henrici de Buninton' de eodem.

Et de dimidia marca de iiij^a parte unius feodi Nicholai de Buninton'.

Et de j.m. de dimidio feodo Willelmi de Canevill' de eodem.
Et de j.m. de dimidio feodo Willelmi de Ludinton' et Jacobi de la Lande de eodem.

T. Et de ij.m. de j. feodo Johannis de Burleg' de eodem, et j.m.

Et de j.m. de dimidio feodo Roberti de Haleford de eodem.
T.[1] Et de ij.m. de j. feodo Willelmi Bonchevaler de eodem et j.m.

---

[1] *This T. appears to be misplaced and to refer to the entry concerning Hillborough.*

A.D. 1235–1236.

S. ij. 14.
I. 410–
416—cont.

Et de j.m. de dimidio [feodo] Ricardi Peche de eodem.
Et de dimidia marca de iiij^a parte unius feodi Henrici de Cumton' de eodem.
Et de j.m. de dimidio feodo Philippi de Cumton' de eodem.
Et de v.s. iiij.d. de v^{ta} parte unius feodi Gurmundi de Hodenhull' de eodem.
Et de xxij.d. de x^a parte unius feodi Willelmi de Arderne de eodem.
Et de j.m. de dimidio feodo Wugani de Wyleby de eodem.
Et de j.m. et ij.s. viij.d. de dimidio feodo et x^a parte unius feodi Radulfi de Normanvill' de eodem, et xvj.d.
Et de xvj.d. de xx^a parte unius feodi Oliveri de Sukeberewe de eodem et viij.d.
T. Et de dimidia marca de iiij^a parte unius feodi Osberti de Hodenhull' de eodem et xl.d.
Et de ij.s. viij.d. de x^a parte unius feodi Simonis de Withacre de eodem, et ij.s. viij.d.
T. Et de v.s. iiij.d. de v. parte unius feodi Henrici Boscher de eodem, et ij.s. viij.d.
Et de viij.s. de iiij. et xx^a parte unius feodi Thome de Arderne de eodem.
Et de j.m. de dimidio feodo Simonis de Berkeston' de eodem.
Et de ij.m. de j. feodo Simonis de Turevill' et Rogeri Craft de eodem.
Et de ij.m. de j. feodo Petri de Wulwardinton' de eodem.
Et de j.m. de dimidio feodo Henrici de Rokeby de eodem.
Et de dimidia marca de iiij^a parte unius feodi Henrici de Bilneya[1] de eodem.
Et de v.s. iiij.d. de v. parte unius feodi Rogeri le Graft de eodem.
Et de ij.s. viij.d. de x^a parte unius feodi Roberti de Holm de eodem.
Et de j.m. de dimidio feodo Hugonis de Manecestre de eodem.
Et de ij.m. de j. feodo Willelmi de Cantilupo de eodem et j.m.
Et de j.m. de dimidio feodo Willelmi de Luscy de eodem.
Et de iiij^{or} m. de ij. feodis Petri de Monte Forti de eodem.
Et de j.m. de dimidio feodo Henrici le Franceis et Willelmi de Lodinton' de eodem. Et dimidiam marcam.
Et de ij.m. de j. feodo Agathe Trussebut de eodem.
Et de ij.m. de j. feodo Gaufridi le Sauvage de eodem.
T. Et de xx.s. de tribus partibus unius feodi Osberti de Sukeberge de eodem et x.s.
Et de ij.m. de j. feodo Murdac de Cumton' de eodem.
Et de ij.m. de j. feodo Roberti Mauduit[2] de eodem.
Et de j.m. de dimidio feodo Rogeri Craft et Simonis de Turevill' de eodem.
Et de ij.m. de j. feodo Ricardi de Mundevill' de eodem.
Et de dimidia marca de iiij^a parte unius feodi Wydonis de Soteswell' de eodem.
T. Et de dimidia marca de iiij^a parte unius feodi Galfridi Pancefot de eodem, et xl.d.

---

[1] *Written over an erasure.* [2] *Read* Wandard.

WARWICK. 513

S. ij. 14.
I. 410–
416—cont. et

T. Et de iij.m. de j. feodo et dimidio Thome de Estleg' de eodem dimidiam marcam.
Et de ij.m. de j. feodo Walteri de Estleg' de eodem et   j.m.
Et de ij.m. de j. feodo Roberti Macri de eodem.
Et de ij.m. de j. feodo Willelmi de Franketon' de eodem.
Et de ij.m. de j. feodo Petronille de Wymelayton' de eodem.
Et de ij.m. de j. feodo Radulfi de Marchameleg' de eodem.
Et de ij.m. de j. feodo Johannis de Lotbroc de eodem.
Et de j.m. de dimidio feodo in Mortonia de eodem, et dimidiam marcam.
Et de ij.m. de j. feodo prioris *vel abbatis* de Cumbe de eodem et j.m.
Et de ij.m. de j. feodo in Lokesleg' de eodem, et   j.m.
Et de ij.m. de j. feodo Galfridi le Sauvage de eodem et   j.m.
Et de j.m. de dimidio feodo in Pakinton' de eodem.
Et de ij.m. de j. feodo Johannis de Hersy de eodem.
Et de j.m. de dimidio feodo Willelmi de Norf' de eodem, et dimidiam marcam.
Et de ij.s. de tribus virgatis terre Roberti Blundi de eodem.
T. Et de v.s. iiij.d. de v^{ta} parte unius feodi in Walecote de eodem, et   ij.s. viij.d.
T. Et de ij.m. de j. feodo Simonis Bagot et Henrici le Notte de eodem, et   j.m.
Summa lxij.l. xvj.s. iiij.d.   In thesauro nichil.   Et in predicto superplus lxij.l. xvj.s. iiij.d.

Iidem reddunt compotum de ij.m. et dimidia de j. feodo et iiij^a parte unius feodi in Farneberge de feodo Willelmi de Stutevill' de Castro Ricardi. *Salop. Stotevill'.*
Et de ij.m. de j. feodo in Mollinton' de eodem.
Et de j.m. de dimidio feodo in Bereford de eodem.
Et de j.m. de dimidio feodo in Dunneschirch de eodem.
Et de dimidia marca pro iiij^a parte unius feodi in Billeg' de eodem.
T. Et de j.m. de dimidio feodo in Hilberwrth de eodem, et dimidiam marcam.
Et de ij.m. de j. feodo in Hippesleg' de eodem.
Et de dimidia marca pro iiij^a parte unius feodi de eodem.
Summa vij.l.   In thesauro nichil.   Et in predicto superplusagio vij.l.

Iidem reddunt compotum de ij.m. de j. feodo Willelmi de Birmengeham de baronia Rogeri de Sumery. *Stafford. Somery.*
Et de j.m. de dimidio feodo Henrici de Egemaneston' de eadem.
Et de ij.m. de j. feodo Egidii de Erdinton' de eadem.
Et de ij.m. de j. feodo eiusdem in Eston' de eadem.
Summa iiij.l. xiij.s. iiij.d.   In thesauro nichil.   Et in predicto superplusagio iiij.l. xiij.s. iiij.d.

Iidem reddunt compotum de iiij.m. de ij. feodis Thome de Wappebury.
Et de dimidia marca de iiij^a parte unius feodi Alicie Turbervill' de dominico Rogeri de Brochamton'.

S. ij. 14. Et de ij.m. de uno feodo Radulfi de Sule de baronia sua. *Glouc.*
I. 410–
416—*cont.* *Sudleg'.*
Et de ij.m. de j. feodo Rogeri de Grafte de feodo comitis de Arundel.
Sudsex. Arundel.
Et de dimidia marca de iiij[a] parte unius feodi Henrici de Hastinges
de baronia Roberti Marmiun. *Linc'. Marmiun.*
Et de ij.m. de j. feodo Radulfi filii Radulfi de eadem.
Et ij.m. de j. feodo Simonis de Withacre de eadem.
Et de j.m. de dimidio feodo eiusdem Simonis de eadem.
Et de j.m. de dimidio feodo Willelmi de Canvill' de eadem.
Et de j.m. de dimidio feodo in Mereston' de eadem.
Summa x.l. xiij.s. iiij.d. In thesauro nichil. Et in
predicto superplus x.l. xiij.s. iiij.d.

Iidem reddunt compotum de dimidia marca de iiij[a] parte unius
feodi abbatis de Cumbe de honore comitis Wintonie. *Leic'. Honor Leic.*
Et de dimidia marca de iiij[a] parte unius feodi in Pakinton' de
eodem.
Et de j.m. de dimidio feodo in Bronesweld[1] de eodem.
Et de iiij.m. de ij. feodis in Napton' et Weston' de eodem.
Ponuntur in fine rotuli magni.[2]
Et de ij.m. de j. feodo in Wolewarth de eodem.
Et de ij.m. de j. feodo in Clifton' de eodem.
Et de j.m. de dimidio feodo in Edelmescote de eodem.
Et de ij.m. de j. feodo in Weston' de eodem.
Summa viij.l. j.m. In thesauro nichil. Et in
predicto superplus viij.l. xiij.s. iiij.d.

Iidem reddunt compotum de ij.m. et dimidia de j. feodo v[a] et xx.
parte unius feodi Hugonis de Dodindeseles de baronia sua. *War.
Hodingeseles.*
Et de j.m. de dimidio feodo Roberti de Colingeham de eadem.
Et de dimidia marca de iiij[a] parte Nicholai le Bretun de eadem.
Et de dimidia marca de iiij[a] parte unius feodi Willelmi de Say de
eadem. *Kent. Say.*
Et de xvj.d. de xx[a] parte unius feodi Kedi de eadem.
Et de j.m. de dimidio feodo in Stretton' de feodo Radulfi de
Touny. *Tony.*
Et de ix. feodis et duabus partibus et tercia parte unius feodi
Hervici de Stafford viij.l. xvij.s. vj.d. ob. *Stafford. Hervi.*
Summa xij.l. xij.s. ij.d. ob. In thesauro nichil. Et
in predicto superplus xij.l. xij.s. ij.d. ob.

Iidem reddunt compotum de x.m. de v. feodis Roberti Musard.
Dereby.
Et de x.s. de viij[a] parte et iiij[a] unius feodi Hugonis de Arderne
de feodo Petri de Monte Forti.
Et de dimidia marca pro quarta parte unius feodi Hugonis de
Albanico. *Sudsex. Albeigny.*

---
[1] *Read* Broneswavere.
[2] *The following four entries are placed at the end of the enrolled account of
which there is a copy in* S. ij. 30.

S. ij. 14.
I. 410–
416—cont.

Et de xl.d. de viij˟ parte unius feodi in la Wik' de eodem.
Et de j.m. de j. dimidio feodo in Anesty de eodem.
Et de j.m. de dimidio feodo in Ecleshale de eodem.
Et de ij.m. de j. feodo in Kynesbur' de eodem.
Et de xvj.s. et xxj.d. de duabus partibus unius feodi in Hardredeshull' de eodem.
Et de ij.m. de j. feodo in Allesleg' de eodem.
Et de dimidia marca de iiij˟ parte unius feodi in Pilardinton' de eodem.
Et de ij.m. de j. feodo Alicie de Moun de baronia Reginaldi de Moun. *Sumersette. Moyun.*
Et de j.m. de dimidio feodo Roberti de Haselovere de feodo Willelmi de Hasting'. *Norfok. Hastinges.*
Et de ij.m. de j. feodo Roberti Foliot de baronia Corbet. *Salop. Corbet.*

Summa xvj.l. iiij.s. v.d. In thesauro nichil. Et in predicto superplus xvj.l. iiij.s. v.d.

Iidem reddunt compotum de ij.m. de j. feodo Roberti de Grendon' de honore comitis de Ferariis. *Dereby. De Ferrar'.*
Et de j.m. de dimidio feodo Matillidis de Hastinges de eodem et dimidiam marcam.
Et de ij.m. de j. feodo in Borton' et Syreford de eodem.
Et de j.m. de dimidio feodo Willelmi de Brancote de eodem.
Et de j.m. de dimidio feodo in Torleweston' de eodem.
Et de xvij.s. x.d. de duabus partibus unius feodi Sewal' de Edindon' de eodem.
Et de iiij.m. de ij. feodis Willelmi de Curly de feodo David de Lindeseye. *Lincoln. Limesye.*
Et de ij.m. de j. feodo Ade de Pyriton' de rege in capite.
Et de vj.s. iiij.d. de v˟ parte unius feodi et tribus virgatis Willelmi de Grafton' de feodo Willelmi de Stutevill'. *Salop. Stotvill'.*

Summa ix.l. xvij.s. vj.d. In thesauro nichil. Et in predicto superplus ix.l. xvij.s. vj.d.

Summa superplusagii totius superius in particulis allocati c. et xxxij.l. x.s. v.d. ob. Et debent viij.l. vij.s. j.d. ob. Qui debent requiri a subscriptis videlicet :—

S. Iterato summoneantur.[1]

T. De feodo comitis Warewic de Simone de Turevill' dimidia marca.
T. De Johanne de Burleg' j.m.
De Willelmo Bonchevaler j.m.
De Radulfo de Normanvill' xvj.d.
T. De Olivero de Sukeberewe viij.d.
T. De Osberto de Hodenhull' iij.s. iiij.d.
T. De Henrico Boscher ij.s. viij.d.
De Willelmo de Cantilupo j.m.
De Henrico le Franceys dimidia marca.
T. De Osberto de Sokeberewe x.s.
T. De Gaufrido Pancefot xl.d.

---

[1] *This note is on margin and applies to the whole following list.*

A.D. 1235–1236.

S. ij. 14.
I. 410–
416—cont.

T. De Thoma de Estleg' dimidia marca.
De Waltero de Estleg' j.m.
De uno feodo in Morton' dimidia marca.
De priore de Cumbe j.m.
De uno feodo in Lokesleg' j.m.
De Gaufrido le Saufage j.m
De Willelmo de Norf' dimidia marca.
T. De quinta parte unius feodi in Walecote ij.s. viij.d.
T. De Simone Bagot et Henrico le Not j.m.
T. De feodo Willelmi de Stutevill' de dimidio feodo in Hilberwrth dimidia marca.
De Matillide de Hastinges dimidia marca.
  Summa viij.l. xvij.s. iiij.d. Et habent collectores de superplus x.s. ij.d. ob.
    In rotulo.

Philippus de Ascell' reddit compotum de lxix.s. et iiij.d. de debitis plurium quorum nominibus supraponitur littera T. supra in proximis lineis. In thesauro liberavit. Et quietus est.[1]

[*Endorsed.*] Feoda comitatus Warewik' et aliorum comitatuum.

S. ij. 30. Auxilium baronum et militum concessum domino regi anno regni sui xix. ad maritandam Isabellam sororem suam Frederico.
  Warr'. De quolibet scuto ij.m.
 Willelmus de Ludinton' et Ricardus Pecche collectores predicti auxilii reddunt compotum de v. marcis de ij. feodis et dimidio Johannis filii Alani.
 (*Here follow names of tenants with sums entered against them, as in the account printed immediately above.*)
 Et de j.m. de dimidio feodo in Edelmescote. Et de ij.m. de j. feodo in Weston'.
 Summa cxxxv.l. xvij.s. j.d. ob. In thesauro cxxvij.l. x.s. Et debent viij.l. vij.s. j.d. ob. Set respondent[2] inde in magno rotulo xxxij.

LEICESTER.

S. ij. 15.
I. 417–420.

De feodo Hugonis de Anbey.
 De feodo unius militis quod Henricus de Hastingges tenet in Naylest' ij.m.
 De xij^a parte militis quam Willelmus de Wasteneys tenet in Hasgotetorp' ij.s. et iij.d.
 De j. feodo quod Hugo de Dichesvrthe tenet in Dicheswrthe ij.m.

---

[1] *This addition is in a hand similar to that used in the Pipe Rolls.*
[2] " Willelmus de Lodinton' et Ricardus Pecche, collectores auxilii ad sororem regis maritandam in comitatu War'   viij.l. vij.s. et iij. ob. de remanenti eiusdem auxilii sicut continetur in rotulo de eodem auxilio." Pipe Roll 32 Hen. III.

S. ij. 15.
I. 417–
420—cont.

De j. feodo quod Hugo Dispenser' tenet in Louteburc ij.m.
De quarta parte militis quam Hugo Dispensar' tenet in Hoclescot' v.s. et debet xx.d.
De tercia parte militis quam Philippus de Cortingstorp' tenet in Torp Munford' viij.s. x.d.
De v^{ta} parte militis quam Hog' Cantator tenet in Querd' iiij^{ors}. v.d.
De v^{ta} parte militis quam Rogerus fillius Hervyz tenet in Querd', iiij^{or} s. v.d.
De v^{ta} parte militis quam Stefphanus de Secgrave tenet in Monsorell' iiij^{or} s. v.d.
De dimidio feodo militis quod Ricardus Poterell' tenet in Hout' j.m.
De dimidio feodo militis quod Willelmus filius Herberti tenet in Prestwald' j.m.
De quarta parte militis quam Hugo de Nevill' tenet in Reresb' dimidia marca.
De dimidio feodo quod Robertus le Bret tenet in Retherb' j.m.
De xx^a parte militis quam Willelmus de Berminghurst tenet in Friseb' xvj.d.

Summa feodorum Hugonis de Aubey vij.l. xvij.s. et iiij.d.

De feodo Hugonis Wac.

De j. feodo quod Willelmus de Kileby tenet in Kileby xx.s. et viij.d.
De j. feodo quod Hugo de Boby tenet in Sproxtun j.m.
Summa Hugonis Wac xxxiiij.s.

De onore de Lancastre.

De dimidio feodo quod Robertus de Harestan' tenet in Kniptun et in Harestan j.m.
De j. feodo quod Radulphus[1] de la Marre tenet in Broctun ij.m.
Summa iij.m.

De feodo comitisse Cestrie.

De dimidio feodo quod Alexander de Vileres tenet in Brokesb' j.m.
Summa j.m.

De feodo de Thikehull'.

De j. feodo quod Ranulphus de Joryz tenet in Wimundewad' ij.m.
De Bernardo de Chevrecurt de Wivordesb' xxx.s.
Summa ij.l. xvj.s. viij.d.

De feodo Andree Loterell'.

De j. feodo quod Philippus de Gaunt et Stefphanus de Gaunt tenent in Bescaudeb' et in Sauteb' ij.m.
Summa ij. m.

De feodo Willelmi de Aubeny de veteri feffamento domini regis.
De feodo unius militis et dimidii et viij^a parte unius militis quod Thoma Denicoll'[2] tenet in Barkeb' et in Queneb' et in Hungret'

---

[1] *So in MS.*   [2] *Read* de Nicoll'.

A.D. 1235-1236.

S. ij. 15.
I. 417-
420—cont.

et in Croxtun, in Hameld' et in Torpe et in Houes et in Gniptun xliij.s. iiij.d.
De j. feodo quod Simon de Roppelee tenet in Claxtun xxvj.s. et viij.d.
De feodo j. militis quod Robertus le Bret tenet in Herdeb' et in Stacderne xxvj.s. et viij.d.
De tribus partibus unius militis quam[1] Galfridus de Fanecrut tenet in Herdeb' xx[tl] s.
De xvj[a] parte unius militis quam Willelmus filius Radulphi tenet in Herdeb' xx[tl] d.
De j. feodo quod Oidnellus de Aubeny tenet in Barkest' et in Plungard' ij.m.
De j. feodo militis quod Johannes de Chaveny tenet in Barkest' et in Plungard' ij.m.
De xvj[a] p[a]r[t]e unius militis quam Cescillia de Huntind' tenet in Barkest' xx.d.
De dimidio feodo quod Simon Borhard tenet in Stacthurna j.m.
De xvj[a] parte militis quod[2] Bartolomeus de Sancto Hilario tenet in Redmild' xx[tl] d.
De xvj[a] parte j. militis quam Robertus de Offintun tenet in Redmild' xx[tl] d.
De lx[a][3] parte j. militis quam Alanus de Scarvill' tenet in Redmild' v.d.
De lx[a][3] parte j. militis quam Stefphanus de la Tur tenet in Redmild' v.d.
De xxx[a][4] parte j. militis quam Ricardus le Porter tenet in Redmild' x.d.
De viij[a] parte j. militis quam Thomas de Winesbise tenet in Botleford xl.d.
De quarta parte militis quam Rogerus de Hottoft tenet in Botlesford dimidia marca.
De xxx[a][4] parte militis quam Willelmus de Haw tenet in Botlesford x.d.
De lx[a][3] parte j. militis quam Fulco de Hotoft tenet in Botleford v.d.
De xxxv[a][5] parte j. militis quam Rogerus Wade tenet in Botleford vij.d.
De xl. parte j. militis quam Hugo de Wotton' tenet in Bodlesford viij.d.
De xxx[a][4] parte j. militis quam Willelmus de Huntind' tenet in Botlesford x.d.
De viij[a] parte j. militis quam Johannes de Saxendale tenet in Botlesford xl.d.
De viij[a] parte quam Henricus de Colovill' tenet in Normant' xl.d.
De viij[a] p[a]r[t]e militis quam Andrea de Most' tenet in Most' xl.d.
De j. feodo quod Willelmus de Chawrcz tenet in Medburn' ij.m.
De dimidio feodo militis et viij[a] p[a]r[t]e militis et xvj[a] p[a]r[t]e militis xviij.s. et iiij.d.

   Summa xiij.l.

---

[1] Read quas.   [2] Read quam.
[3] Read lxiiij[a].   [4] Read xxxij.[a]
[5] The fraction is wrong.

LEICESTER. 519

De feodo comitis Cestrie honoris Huntindonie.
De ij. feodis que Johannes de Sproxt' tenet in Sproxtun et in Sexeby et in Torp iiij.m.
De ij. feodis que Willelmus de Folevill' tenet in Hesseby et in Neubold iiij.m.
De j. feodo et dimidio feodo quod Willelmus Burdet tenet in Louseby et in Reresby, in Sixteneby, in Brokesby et in Aleby iij.m.
De j. feodo quod Robertus de Grendun et Sibilla de Chairc tenent in Houtheby ij.m.
De dimidio feodo quod liberi homines de Cosseb' tenent in eadem villa j.m.
De dimidio feodo quod Hisabell' de Estleya tenet in Wileweby j.m.
De j. feodo quod Robertus de la Benviseuera et prior Sancti Andree de Norhamton tenent in Scaudeford ij.m.
De j. feodo quod Johannes de Bakepus tenet in Hathelokest' ij.m.
De j. feodo et dimidio quod Halanus Basset tenet in Foxtun et in Wimundeham iij.m.
Summa xiiij.l. et xiij.s. et iiij.d.

De feodo Willelmi de Fereres.
De j. feodo quod Willelmus de Fereres tenet in Staplford' et in Wymundeham et in Torp ij.m.
Summa ij.m.

De feodo de Moubray.
De j. feodo quod Willelmus de Belers tenet in Kedlesby ij.m.
De dimidio feodo quod Johannes de Stacthur' tenet in eadem villa j.m.
De j. feodo quod Jacobus de Byseht tenet in Halestorp ij.m.
De dimidio feodo quod Thoma de Wappinbur' tenet in Thurstant' j.m.
De j. feodo quod Gilebertus de Houby tenet in eadem villa ij.m.
De j. feodo quod Hugo de Pereres tenet in Sixtenesby et in Aleby ij.m.
De dimidio feodo quod Willelmus de Rodevill' tenet in Lindle j.m.
De j. feodo quod Ricadus de Curcun tenet in Queningburc ij.m.
De dimidio [feodo] quod Bernardus de Chevrecurt tenet in Wifordeb' j.m.
De dimidio feodo quod Hada de Quatremars tenet in Gouteb' j.m.
De dimidio feodo quod Thoma de Hendesovere tenet in Estwall' dimidia marca. Et debet dimidiam marcam.
De j. feodo quod Robertus de Hevill' tenet in Kirkeby ij.m.
De j. feodo quod Stefphanus de Scedgrave et Hugo Dispensator tenent in Fretheb' et in Aleby xij.s.
De j. feodo quod prior de Kirkeb' tenet in Kirkeb' xij.s.
De j. feodo quod Willelmus Burdet tenet in Neutun xxij.s. et viij.d.
De ij. feodis que Johannes de Sproxtun tenet in Picwell' iiij.m.
De dimidio feodo quod Ricardus de Nortun tenet in Nortun j.m.
De j. feodo quod Hugo de Morevihc tenet in villa de Picwell' xxiiij.s. et iiij.d.
Summa xviij.l. xj.s.

520   A.D. 1235-1236.

S. ij. 15.   De feodo Willelmi de Beauchap.
I. 417–
420—cont.   De j. feodo quod Johannes de Neut' tenet in Neut' ij.m.
De Alano Costeyn dimidia marca pro quarta [parte] militis quam tenet in Nort'.
De dimidio feodo quod Robertus de Diggeby tenet in Tiltun j.m.
        Summa de Bello Canpo iij.m. et dimidia.

De dimidio feodo quod Rogerus de Somervill' tenet in Cosintun, unam medietatem de comite de Ferreres et aliam medietatem de senescallo de Mouhaut j.m.
De dimidio feodo quod Nicholaus de Cardel' tenet in Cosint' unam medietatem de comite de Fereres et aliam medietatem de senescallo de Mouhut j.m.
De dimidio feodo quod Ricardus Corbet tenet in Houtun dimidia marca, et debet dimidiam marcam.
        Summa de Mouhaut xxxiij.s. iiij.d.

                    De feodo Peverell'.
De j. feodo quod Ricardus de Martivas tenet in Haluetun xxiiij.s. et x.[d.] et ob.
De ij. feodis que Hamundus Crevequer tenet in Billesd' iij.m. viij.s. viij.d.
De j. feodo quod Radulphus fillius Nicolai tenet in Hesseby ij.m.
De j. feodo quod Willelmus de Medburne tenet in Boreswrthe ij.m.
De j. feodo in Kerby quod Rogerus Venator tenet medietatem et Pakemon et monachi de Gerudun aliam medietatem j.m. Et debent j.m.
De quarta parte militis quam Galfridus Dispensar' tenet in Hernesb' dimidia marca.
De dimidio feodo et viij^{va} parte militis quam Hustachius Baret tenet in Lobestorp xvj.s. vj.d.
De j. feodo quod Hustachius de Greynvill' tenet in Haulet' xij.s. x.d. et xj.s. et xj.d.
De dimidio feodo quod Radulphus de Torp tenet in Tuyford ix.s. et iiij.d.
De quinta parte unius militis quam Nicollaus de Nevill' tenet in Cnossinton' v.s.
        Summa x.l. et ij.s. et iiij.d. et ob.[1]
[*All the entries in this document appear to be noted :—*] *In rotulo.*

I. 420–421.   De feodo comitis Wintonie.
De feodo comitis de Wincestr' xxxviij.l.

                    De feodo comitis Warrewici.
De dimidio feodo militis quod Hubertus[2] tenet in Norburgh' j.m.
De ij. feodis quod Ricardus de Harecurt tenet in Kibbeworth' et in Boreswrth, in Morton' et in Sceyton' iiij.m.
De ij. feodis et dimidio que Royse de Verdon' tenet in Brentingestorp' et in Stacthewell' ij.m. et dimidia. Et debet ij.m. et dimidiam.
De dimidio feodo quod Roesia de Verdon' tenet in Hibestok j.m.

─────────────
    [1] *The remainder of this document* (S. ij. 15) *is missing.*
    [2] *Supply* Hose.

LEICESTER. 521

I. 420– De ij. feodis et iiij^{ta} parte militis que Henricus de Hastinges tenet
421—cont. in Lorre et in Wistaneston,[1] Scaceston' et in Addeston' iiij.m. et
dimidia.
    Summa viij.l. xiij.s. iiij.d.

    De feodo Roesie de Verdun.
De dimidio quod Roesia de Verdun tenet in Cotesbac j.m.
    Summa j.m.

    De feodo Willelmi filii Hamundi.
De j. feodo quod Roesia de Verdun tenet in Luttewrth ij.m.
    Summa ij.m.

    De feodo Radulphi Basset de Weldon'.
De vij. feodis et dimidio xv.m. exceptis iiij.d. Inde x.l. iiij.d.
minus.
    De feodo Marmiun.
De iiij^{ta} parte unius militis et de dimidia quarte partis de Ada de
Quatremars x.s.
De Henrico Harent de Radeclive xiiij.s. viij.d.
    Summa xxiiij.s. viij.d.

    De feodo comitis de Ferr'.
De vj. feodis et de tribus partibus unius militis ix.l. x.s.

    De comite Albemarlie.
De iij. feodis et iij. partibus unius feodi vij. marcas et dimidiam.
    Summa v.l.

S. ij. 14.   *LEYCESTR'.*
I. 426–427. WILLELMUS BURDET ET PHILIPPUS DE GAUNT, COLLECTORES AUXILII
CONCESSI DOMINO REGI IN COMITATU LEYCESTRIE AD MARITANDAM
SOROREM SUAM ROMANORUM IMPERATORI, VIDELICET DE QUOLIBET
FEODO II.M. REDDUNT COMPOTUM.

Iidem reddunt compotum de xxxviij.l. de xxviij. feodis et dimidio
comitis Wintonie in hoc comitatu. *Leic.*
In thesauro clij.l. vij.s. ij.d. Et habent de superplus cxiiij.l. vij.s.
ij.d. quod totum allocatur infra.

Iidem reddunt compotum de ij.m. de j. feodo Henrici de Hasting
de baronia Hugonis Daubeny. *Sudsex. Arundel.*
Et de ij.s. et iij.d. de xij. parte unius feodi Willelmi de Wasteneis
de eadem.
Et de ij.m. de j. feodo Hugonis de Dieswrth de eadem.
Et de ij.m. de j. feodo Hugonis le Despenser de eadem.
Et de dimidia marca de quarta p^{ar}t$_e$ unius feodi Hugonis le
Despenser de eade n et   xx.d.
Et de viij.s. x.d. de tercia parte unius feodi Philippi de Cortinstorp
de eadem.

---

[1] *Read* Wistanestou.

S. ij. 14.
I. 426–
427—cont.

Et de iiij.s. v.d. de v. parte unius feodi Hugonis le Chantur de eadem.
Et de iiij.s. v.d. de v. parte j. feodi Rogeri filii Ervicii de eadem.
Et de iiij.s. v.d. de v^{ta} p^{a}rt_e j. feodi Stephani de Segrave de eadem.
Et de j.m. de dimidio feodo Ricardi Puterel de eadem.
Et de j.m. de dimidio feodo Willelmi filii Hereberti de eadem.
Et de dimidia marca de iiij^{ta} p^{a}rt_e j. feodi Hugonis de Nevill' de eadem.
Et de j.m. de dimidio feodo Roberti le Bret de eadem.
Et de xvj.d. de xx^a parte unius feodi Willelmi de Bremingehurst de eadem..
    Summa vij.l. xix.s. In thesauro nichil. Et in predicto superplusagio vij.l. xix.s.

    Iidem reddunt compotum de xliij.s. iiij.d. de feodo j. militis et dimidii et viij^a p^{a}rt_e Thome de Lincoln' de baronia Willelmi Daubeny. *Leic. Aubeigny.*
Et de ij.m. de j. feodo Simonis de Roppeleg' de eadem.
Et de ij.m. de j. feodo Roberti le Bret de eadem.
Et de xx.s. de tribus partibus unius feodi Galfridi de Fanecurt de eadem.
Et de xx.d. de xvj. parte unius feodi Willelmi filii Radulfi de eadem.
Et de ij.m. de j. feodo Odinelli Daubeny de eadem.
Et de ij.m. de j. feodo Johannis de Chaveny de eadem.
Et de xx.d. de xvj^a p^{a}rt_e unius feodi Cecilie de Huntindon' de eadem.
Et de j.m. de dimidio feodo Simonis Borard de eadem.
Et de xx.d. de xvj^a p^{a}rt_e unius feodi Bartholomei de Sancto Hillario de eadem.
Et de xx.d. de xvj^a parte unius feodi Roberti de Offinton' de eadem.
Et de v.d. de lxiiij^a parte unius feodi Alani de Scarevill' de eadem.
Et de v.d. de lxiiij^a p^{a}rt_e unius feodi Stephani de Turri de eadem.
Et de x.d. de xxxij^a parte feodi unius militis Ricardi le Porter de eadem.
Et de xl.d. de viij^a parte j. feodi Thome de Wyneb' de eadem.
Et de dimidia marca de iiij^a p^{a}rt_e unius feodi Rogeri de Hotot de eadem.
Et de x.d. de xxxij. parte unius feodi Willelmi de Hauf de eadem.
Et de v.d. de lxiiij^a parte unius feodi Fulconis de Hotot de eadem.
Et de vij.d. de xxxv. p^{a}rt_e unius feodi Rogeri Wade de eadem.
Et de viij.d. de xl. p^{a}rt_e unius feodi Hugonis de Wotton' de eadem.
Et de x.d. de xxxij. parte unius feodi Willelmi de Huntindon' de eadem.
Et de xl.d. de viij. parte unius feodi Johannis de Saxedale de eadem.
Et de xl.d. de viij. p^{a}rt_e unius feodi Henrici de Colevill' de eadem.
Et de xl.d. de viij. parte unius feodi Andree de Muston' de eadem.
Et de ij.m. de j. feodo Willelmi de Chaurces de eadem.

LEICESTER. 523

S. ij. 14. Et de xviij.s. iiij.d. de dimidio feodo, viij^a p^{a}r$_t$e et xvj^a unius
I. 426–t' militis Henrici de Braunton' de eadem.
42 7—cont'
    Summa xiij.l. In thesauro nichil. Et in predicto superplusagio xiij.l.

S. ij. 14 Iidem reddunt compotum de ij.m. de j. feodo Willelmi de Belers
continued. de baronia de Monbray. *Ebor. Mubray.*
II. 671–
672. Et de j.m. de dimidio feodo Johannis de Stacthurne de eadem.
Et de ij.m. de j. feodo Jacobi de Bisethe de eadem.
Et de j.m. de dimidio feodo Thome de Wapenbur' de eadem.
Et de ij.m. de j. feodo Gilberti de Honby de eadem.
Et de ij.m. de j. feodo Hugonis de Pereres de eadem.
Et de j.m. de dimidio feodo Willelmi de Rodevill' de eadem.
Et de ij.m. de j. feodo Ricardi de Cursun de eadem.
Et de j.m. de dimidio feodo Bernardi de Cheverecurt de eadem.
Et de j.m. de dimidio feodo Ade Quatremars de eadem.
Et de j.m. de dimidio feodo Thome de Hendeshovere, et dimidiam marcam.
Et de ij.m. de j. feodo Roberti de Heyvill' de· eadem.
Et de ij.m. de uno feodo Hugonis Dispensatoris et Stephani de Segrave de eadem, et   xiiij.s. viij.d.
Et de j.m. de j. feodo prioris de Kirkeby de eadem, et   xvj.d.
Et de ij.m. de j. feodo Willelmi Burdet de eadem, et   iiij.s.
Et de iiij.m. de ij. feodis Johannis de Sprokeston' de eadem.
Et de j.m. de dimidio feodo Ricardi de Norton' de eadem.
Et de ij.m. de j. feodo Hugonis de Morewyc de eadem, et iiij.s. iiij.d.
    Summa xx.l. In thesauro nichil. Et in predicto superplus xx.l.
In libro in comitatu Eboraci.

S. ij. 14 Iidem reddunt compotum de iiij.m. de ij. feodis Johannis de
continued. Sprokeston' de feodo comitis Cestrie. *Lincoln. Baronia Cestrie.*
I. 427–429. Et de iiij.m. de ij. feodis Willelmi de Colevill'[1] de eodem.
Et de iiij.m. de j. feodo et dimidio Willelmi Burdet de eodem.
Et de ij.m. de j. feodo Roberti de Grendon' et Sibille de Chaurces de eodem.
Et de j.m. de dimidio feodo hominum de Cosseby de eodem.
Et de j.m. de dimidio feodo Ysabelle de Edleg' de eodem.
Et de ij.m. de j. feodo Roberti de la Benveisouere et prioris Sancti Andree de eodem.
Et de ij.m. de j. feodo Johannis de Bakepus de eodem.
Et de iij.m. de j. feodo et dimidio Alani Basset de eodem.
   Summa xiiij.l. j.m. In thesauro nichil. Et in predicto superplus xiiij.l. j.m.

 Iidem reddunt compotum de ij.m. de j. feodo Ricardi de Martivaus de honore Peverelli, et   iij.s. ix.d. ob. *Notingeham. Honor Peverelli.*
 Iidem reddunt compotum de iiij.m. de ij. feodis Hamonis de Crevequer de eodem, et   iiij.[2] et viij.d.

---
[1] *Read* Folevill'.   [2] *Before* et, *supply* s.

S. ij. 14 continued.
I. 427–
429—cont.

Et de ij.m. de j. feodo Radulfi filii Nicholai de eodem.
Et de ij.m. de j. feodo Willelmi de Medburne de eodem.
Et de ij.m. de j. feodo Rogeri Venatoris et abbatis de Gueredone de eodem et j.m.
Et de dimidia marca de iiij[a] parte unius feodi Galfridi Dispensatoris de eodem.
Et de xvj.s. et vj.d. de dimidia et viij[a] parte unius feodi Eustachii Baret de eodem.
Et de ij.m. de j. feodo Eustachii de Greynvill' de eodem, et xxiij.d.
Et de j.m. de dimidio feodo Radulfi de Torp de eodem, et iiij.s.
Et de v.s. de v. parte unius feodi Nicholai de Cnossinton' de eodem.
  Summa xj.l. viij.s. ij.d. In thesauro nichil. Et in predicto superplus xj.l. viij.s. ij.d.

Iidem reddunt compotum de j.m. de dimidio feodo Huberti Hose de feodo comitis Warewici. *Warewik comes.*
Et de v.m. de ij. feodis et dimidio Ricardi de Harecurt de eodem et j.m.
Et de v.m. de ij. feodis et dimidio Ambrosii[1] de Verdun de eodem, et ij.m. et dimidiam.
Et de j.m. de dimidio feodo Roesie de Verdun de eodem.
Et de iiij.m. et dimidio de ij. feodis et quarta parte unius feodi Henrici de Hastinges de eodem.
  Summa xj.l. In thesauro nichil. Et in predicto superplusagio xj.l.

Iidem reddunt compotum de ij.m. de j. feodo Johannis de Neuton' de baronia W. de Bello Campo in hoc comitatu. *Bedeford. Honor Belli Campi.*
Et de j.m. de dimidio feodo Roberti de Digeby de eadem.
Et de dimidia marca de quarta parte unius feodi Alani Costeyn de eadem.
Et de j.m. de dimidio feodo Rogeri de Sumerevill' de feodo comitis de Ferariis. *Dereby. Comitis.*
Et de j.m. de dimidio feodo Nicholai Karl' de eodem.
Et de j.m. de dimidio feodo Ricardi Corbet de eodem, et dimidiam marcam.
Et de j.m. de dimidio feodo Roesie de Verdun.
Et de ij.m. de j. feodo Roesie de Verdun de feodo Willelmi filii Hamonis. *Norhampton. W. fil' Ham'.*
Et de xv.m. de vij. feodis et dimidio de feodo Radulfi Basset et iiij.d. *Leic.*
Et de x.s. de iiij[a] parte et viij. parte j. feodi Ade de Quatremars de feodo Marmiun. *Lincoln. Marmiun.*
Et de xiij.s. viij.d. de dimidio feodo et parte unius feodi Henrici Hareng de eodem.
  Summa xvij.l. xj.s. iiij.d. In thesauro nichil. Et in predicto superplusagio xvij.l. xj.s. iiij.d.

---

[1] *Read* Roesie.

LEICESTER. 525

S. ij. 14 continued. I. 427-- 429—cont.   Iidem reddunt compotum de xij.m. et x.s. de vj. feodis iiij^{ta} et viij^a unius feodi de feodo comitis de Ferariis in hoc comitatu. *Notingeham. Comes Ferr'.*
Et de vij.m. et dimidia de iij. feodis et tribus partibus unius feodi comitis Aubemarl. *Ebor. Albemare.*
Et de ij.m. de j. feodo Willelmi de Ferariis.
Et de ij.m. de j. feodo Willelmi de Kyleby de baronia Hugonis Wak, et vj.s. *Canteb'.*
Et de ij.m. de j. feodo Hugonis de Boby de eadem.
Et de j.m. de dimidio feodi Roberti de Harestan de honore Lancastrie. *Lancast'.*
Et de ij.m. de j. feodo Radulfi de Mora de eadem.
Et de j.m. de dimidio [feodo] Alexandri de Vilers de feodo comitisse Cestrie. *Lincoln, Cestria.*
Et de ij.m. de j. feodo Ranulfi de Jorsce de honore de Tykehull. *Notingeham, Tikehull.*
Et de xxx.s. de j. feodo et viij^a parte unius feodi Bernardi de Cheverecurt.
Et de ij.m. de j. feodo Philippi de Gaunt de baronia Andree Luterel. *Ebor', Luterel.*
[*All the preceding entries in this account appear to be noted :—*] *In rotulo.*
Summa xxiiij.l. vj.s. viij.d. In thesauro nichil. Et in predicto superplus xxiiij.l. vj.s. viij.d.

Summa totius superplusagii supra per summas allocati cxix.l. xviij.s. vj.d. Et debent cx.s. xvj.d. Qui debent requiri a subscriptis, videlicet :—
De baronia Hugonis Daubeny
 de Hugone le Despenser xx.d.
Et de baronia de Moubray.
 T. de Thoma de Endesovere dimidia marca.
 de Hugone le Despenser et Stephano de Segrave xiiij.s. viij.d.
 T. de priore de Kirkeby xvj.d.
 T. de Willelmo Burdet iiij.s.
 T. de Hugone de Morewic iiij.s. iiij.d.
De honore Peverelli.
 de Ricardo de Martivaus iij.s. ix.d. ob.
 de Hamone de Crevequer iiij.s. viij.d.
 de Eustachio de Greynvill' xxiij.d.
 de Rogero Venatore et abbate de Guerewedone j.m.
 de Radulfo de Thorp iiij.s.
De feodo comitis Warewici.
 T. de Ricardo de Harecurt j.m.
 T. de Roesia de Verdun ij.m. et dimidia.
De baronia Willelmi de Bello Campo.
 T. de Ricardo Corbet dimidia marca.
De baronia Radulfi Basset.
 de eadem iiij.d.
De feodo Hugonis Wak.
 de Willelmo Kyleby vj.s.
  Summa cvj.s. viij.d. ob. Et debent collectores predicti

526   A.D. 1235-1236.

S. ij. 14
continued.
I. 427–
429—cont.

iiij.s. vij.d. ob.   [*In the margin :—*] *S. et iterato summoneantur.*

[*Endorsed :—*] *Rotulus de superplus comitatus Leycestrie et aliorum comitatuum.*

S. ij. 30.   LEYC'.

Willelmus Burdet[1] et Philippus Gaunt, collectores predicti auxilii, reddunt[2] de xxxviii.l. de xxvi. feodis et dimidio comitis Wyntonie in hoc comitatu.
(*Here follow names of tenants with sums entered against them, as in the account printed immediately above.*)
  Et de ij.m. de j. feodo Philippi de Gaunt de baronia Andree Luterel.
     Summa clviij.l. xj.s. xj.d. De quibus in thesauro per predictos collectores clij.l. vij.s. ij.d. Et debent vj.l. iiij.s. ix.d. Set respondent inde in magno rotulo xxxij.[3]

                              WORCESTER.

S. ij. 15.   WIGORNIA.[4]
I. 182-183.
  De Waltero de Bello Campo xiiij.m. de vij. feodis suis.
  De abbate de Persora iiij.m. de ij. feodis suis in Buleg' et Goldicote.
  De Rogero le Poer ij.m. pro uno feodo in Croleg' de baronia Willelmi de Stutevill' Stotevill'[5].
  De eodem Rogero ij.m. pro j. feodo in Scraveleg' de baronia Radulfi[6] de Tony.
  De Willelmo Corbet ij.m. pro j. feodo in Imeneye de baronia de Stutevill'.
  De Ricardo de Estwode j.m. de dimidio feodo in Estwode de eadem baronia.
  De Sibilla de Peremort j.m. de dimidio feodo de eadem baronia.
  De Petronilla le Sauvage dimidiam marcam de quarta parte unius feodi in Estwode de eadem baronia.
  De Stephano de Ellebrug' v.s. iij.d. de quinta parte unius feodi in Ellebrug' de eadem baronia.
  De Hugone de Belne ij.m. de j. feodo in Belne de baronia de Dudel'.

---

[1] Close Roll 19 Henry III. m. 6*d.* has Burdet *altered from* Burdel.
[2] *After* reddunt *supply* compotum.
[3] "Willelmus Burdet et Philippus de Gaunt, collectores eiusdem auxilii in comitatu Leycestrie, reddunt compotum de vj.l. iiij.s. et ix.d. de remanenti dicti auxilii sicut continetur ibidem (sc. in rotulo de eodem auxilio). In thesauro lxxiij.s. et ix.d. Et debent lj.s." Pipe Roll 32 Hen. III.
[4] *The roll is also headed* Bedeford' *in error.*
[5] Stotevill' *added on margin.*
[6] Radulfi de Tony *is a correction for* Walteri de Bello Campo. *There is a marginal note* Bello Campo, *which has not been corrected. Both this and the entry of the Beauchamp fees first above have the letter* A. *set against them.*

S. ij. 15.   De Henrico de Haggel' ij.m. de j. feodo in Haggel' de eadem
I. 182-183 baronia.
—cont.   De Gifard de Pyringeham xx.d. de iij. partibus j^{us} feodi in Pebbemore de eadem baronia.
De Radulfo de Merston' ij.m. de j. feodo in Swineford de eadem baronia.
De Simone de Frankel' iij.s. iiij.d. de quarta parte j. feodi in Frangel' de eadem baronia. Et debet iij.s. iiij.d.
De Margareta de Sumery dimidiam marcam de dimidio feodo in Worveleg' de eadem baronia. Et debet dimidiam marcam.
De Waltero de Clifford j.m. de dimidio feodo in Temetebur' de baronia de Stutevill'.
De Ricardo de Karesy j.m. de dimidio feodo in Alreton' de eadem.
De Sibilla Esturmy et Matillide Pychard j.m. de dimidio in Sapy de eadem.
De Roberto de Clifton' ij.m. de j. feodo in Clifton' de eadem.
De Hugone de Mylevill' dimidiam marcam de quarta parte unius feodi in Karketon' de eadem.
De Johanne Wyard j.m. de dimidio feodo in Cure de eadem.
De Johanne de Loges dimidia marca de quarta parte unius feodi in Wedefen de eadem baronia.
De Johanne le Waleys j.m. de dimidio feodo in Seldeleg' de eadem.
De Roberto Pipart dimidiam marcam de dimidio feodo in Kington' de baronia R. Pichard. Et debet dimidiam marcam.
De Henrico de Ripeford xx.s. de tribus partibus j. feodi in Ripeford de baronia Mortuomar'.
De Radulfo de Sutinton' ij.m. de j. feodo in Sutinton' de eadem baronia.
De Baldwino de Rumely ij.m. de j. feodo in Estham de baronia Radulfi de Touny.
De Johanne de la Beche j.m. de dimidio feodo in Beche de eadem baronia.
De Johanne de Werneleg' j.m. de dimidio feodo in Werneleg' de eadem baronia.
De Willelmo de la Mare j.m. de dimidio feodo in Rudmareleg' de eadem.
De Willelmo filio Warini j.m. de dimidio feodo in Hadesovere de eadem.
De Roberto Olifard ij.m. de j. feodo in Parva Rudmarel' de eadem.
De Johanne Esturmy ij.m. de j. feodo in Sutton' de baronia Willelmi de Stutevill'.

S. ij. 14.   Petrus de Saucemar' et Ricardus de Selleg',[1] collectores auxilii assisi
I.184-185, ad maritandam Isabellam sororem domini regis Romanorum Impera-
Part also
on I. 242 tori in comitatu Wigornie, reddunt compotum de feodis militum
-243.   feffatorum in predicto comitatu preter feoda episcopi, abbatis Westmonasterii, abbatis de Evesham, qui per se respondent.

[1] Close Roll 19 Henry III. m. 6d. reads Petrus de Sautemareis and Ricardus de Selleye.

S. ij. 14.　Iidem reddunt compotum de iiij.m. de duobus feodis abbatis de
I. 184–185, Persora.　In thesauro xxxviij.l. iiij.s. et habent de superplus
part als
on I. 242– xxv.l. x.s. viij.d.
243—cont.　Iidem reddunt compotum de xiiij.m. de vij. feodis Walteri de
Bello Campo.　In thesauro nichil, et in predicto superplus xiiij.m.
Et quieti sunt.

Iidem reddunt compotum de ij.m. de j. feodo Rogeri le Poer de baronia Willelmi de Stutevill. *Salop'*. *Stotevill'*.
Et de ij.m. de j. feodo Willelmi Corbet de eadem.
Et de j.m. de dimidio Ricardi de Estwode de eadem.
Et de j.m. de dimidio feodo Sibille de Peremort de eadem.
Et de dimidia marca de quarta parte unius feodi Petronille la Sauvage de eadem.
Et de v.s. iiij.d. de quinta parte unius feodi Stephani de Ellebrug' de eadem.
Et de j.m. de dimidio feodo Walteri de Clifford de eadem.
Et de j.m. de dimidio feodo Ricardi de Karesy de eadem.
Et de j.m. de dimidio feodo Sibille Esturmi et Matillidis Pichard de eadem.
Et de ij.m. de j. feodo Roberti de Cliffton' de eadem.
Et de dimidia marca de quarta parte unius feodi Hugonis de Mylevill' de eadem.
Et de j.m. de dimidio feodo Johannis Wyard de eadem.
Et de dimidia marca de quarta parte j. feodi Johannis de Loges de eadem.
Et de una marca de dimidio feodo Johannis le Waleys de eadem.
Et de ij.m. de j. feodo Johannis Esturmy de eadem.
　　Summa xj.l. v.s. iiij.d.　In thesauro nichil.　Et in predicto superplusagio xj.l. v.s. iiij.d.　Et quieti sunt.

Iidem reddunt compotum de ij.m. de uno feodo Rogeri le Poer de baronia Radulfi de Tony. *Tony*.
Et de ij.m. de j. feodo Baldwini de Rumely de eadem baronia.
Et de j.m. de dimidio feodo Johannis de la Bech de eadem.
Et de j.m. de dimidio feodo Johannis de Worneleg' de eadem.
Et de j.m. de dimidio feodo Willelmi de la Mare de eadem.
Et de j.m. de dimidio feodo Willelmi filii Warini de eadem.
Et de ij.m. de j. feodo Roberti Olifard ·de eadem.
　　Summa vj.l. j.m.　In thesauro nichil.　Et in predicto superplusagio vj.l. j.m.　Et quieti sunt.

Iidem reddunt compotum de ij.m. de j. feodo Hugonis de Belne de baronia de Dudeleg'. *Stafford*. *Duddel'*.
Et de ij.m. de j. feodo Henrici de Hageleg' de eadem.
Et de xx.s. de tribus partibus feodi Giffardi de Piringham de eadem.
Et de ij.m. de j. feodo Radulfi de Merston' de eadem.
Et de dimidia marca de quarta parte feodi Simonis de Frankeleg' de eadem.

WORCESTER. 529

S. ij. 14.
I. 184–185,
part also
on I. 242–
243—cont.

Et de j.m. de dimidio feodo Margarete de Sumery de eadem. Summa vj.l. In thesauro nichil. Et in predicto superplus vj.l. Et quieti sunt.

Iidem reddunt compotum de xx.s. de tribus partibus feodi Henrici de Ripeford de baronia Radulfi de Mortuomari. *Salop. Mortuomar'.*
Et de ij.m. de j. feodo Radulfi de Sutinton' de eadem.
Et de j.m. de dimidio feodo Roberti Pipart de baronia Rogeri Pichard. *Salop'.*[1]
Summa lx.s. In thesauro nichil. Et in predicto superplus xlv.s. iiij.d. Et debent xiiij.s. et viij.d. qui debent exigi a Margareta de Sumery, Simone de Frankeleg', et Roberto Pipard, scilicet de Margareta dimidia marca, de.Simone xl.d., de Roberto Pipard dimidia marca. *Summoneantur.*

In libro.

DERBY.

S. ij. 15.
I. 89–90.

HOC EST RECEPTUM DOMINI ROBERTI DE HOCOVERE[2] ET DOMINI ROBERTI DE TOUK' ET DOMINI ROBERTI DE DUN, ADDITI CUM DOMINO ROBERTI DE TOUKE POST MORTEM DOMINI ROBERTI DE HOCOVERE, DE SCUTAGIO DOMINI REGIS.

De feodo domini comitis de Ferariis xlvj.l. xviij.s. ij.d. per manum Nicholai constabularii.

De feodo domini Willelmi Bardulf in Hokebroc vj.l. per manum Galfridi prepositi·

De feodo domini Willelmi Briwar' in Denneby xxvj.s. viij.d.
de eodem feodo in Kileburn' xvij.s. x.d.
per Hugonem de Makeneye.

De feodo de Coddenovere in Coddenovere xiij.s. iiij.d.
de eodem feodo in Schirlund' xxvj.s. viij.d.
de eodem feodo in Beweleg' xxvj.s. viij.d.
de eodem feodo in Henovere xxvj.s. viij.d.
per manum Mathei le Bretun.

De feodo domini Hugonis filii Radulfi in Hilkesdon' liij.s. iiij.d. per manum.Willelmi filii Ricardi.
De feodo domini Johannis de Heriz in Wynnefeld' iij.l. per manum Willelmi de Wyverton'.
De feodo domini Henrici Tuschet in Marketon' lvij.s. x.d. per manum Henrici de Mora.
De feodo domini Radulfi de Frescherwill' in Alvaldeston' viij.l. viij.s. iij.d. per manum Willelmi de H'.
De feodo domini Johannis de Stotewill' in Ekinton' vij.l. per manum Alexandri de Plumleg'.

---

[1] *The marginal note* Salop *is only written once in* S. ij. 14 *and linked up with the fees both of* Mortimer *and of* Pichard.
[2] Close Roll, 19 Henry III., m. 6d, *reads* Achoure.

Wt. 3705.   B 34

A.D. 1235-1236.

S. ij. 15.
I. 89-90
—cont.

De feodo domini Johannis de Eyncord' in Essovere xxvj.s. viij.d. per manum Willelmi de Wyverton'.

De feodo de Alfreton' in Alfreton' xvij.s. ix.d.
de eodem feodo in Blakwell' liij.s. iiij.d.
de eodem feodo in Normantone xxvj.s. viiij.d.
de eodem feodo in Penekeston' vj.s. viij.d.
de eodem feodo in Calwovere xiij.s. iiij.d. feodum de Mortoin.
de eodem feodo in Moniax' xxvj.s. viij.d. proprium feodum Radulfi filii Nicholai.
de eodem feodo in Midelton' xix.s. ij.d. ob. feodum de Moriton'.
de eodem feodo in Chilmerdon' viij.s. x.d. ob. proprium feodum R. filii Nicholai.
de eodem feodo in Eyum xiij.s. iiij.d. feodum de Moritoin.
de eodem feodo in Hatsope iiij.s. vj.d. feodum de Mortoin.
per manus Petri de Alfreton' et Henrici Irton'.

De feodo domini Roberti de Paveli in Riseleg' xxvj.s. viij.d. per manum Willelmi filii Comitis.

De feodo domini Rogeri le Bretun in Waleton' xxvj.s. viij.d. per Glay le Bretun.

De feodo de Bawquell' in Bauquell' xxvj.s. viij.d. per manum Nicholai de Pillesleg'.

De feodo domini Oliveri de Eyncurd' in Lanquat iij.l. vj.s. viij.d. per manum Johannis Cocus.

De feodo Willelmi Basset in Haddon' xxvj.s. viij.d. per manum Pyog'.

De feodo domini senescalli de Monte Alto in Valeton' liij.s. iij.d.
de eodem feodo in Rostlaveston' et Meissam liij.s. iiij.d.
per manum Willelmi de Lee.

De feodo domini comitis de Arundel in Childecot xiij.s. iiij.d.
de eodem feodo in Smythesbi xiij.s. iiij.d.
de eodem feodo in Bretteby vj.s. viij.d.
per manum Galfridi prepositi de Barwe.

De feodo domini Radulfi filii Nicholai in Lonkeleg' xiij.s. iiij.d. per manum Henrici de Irton'.

In libro.

S. ij. 14.
I. 89.

DEREBY.

Robertus de Tok' et Robertus de Achore, Willelmus de la Lee pro eo, assingnati ad colligendum auxilium regi concessum scilicet de scuto ij.m. tam de novo quam de veteri feofamento ad sororem regis inperatori Romanorum maritandam, reddunt compotum de xlvj.l. xviij.s. ij.d. de feodis comitis de Ferrariis.
Et de vj.l. de feodis Willelmi Bardulf.
Et de xliiij.s. vj.d. de feodis Willelmi Briwere.
Et de iiij.l. xiij.s. iiij.d. de feodis de Coddenovere matris Ricardi de Grayi.

DERBY. 531

S. ij. 14.
I. 89—
cont.

Et de iiij.m. de feodis Hugonis filii Radulfi.
Et de lx.s. de feodis Johannis de Heriz in Wynefeld.
Et de lvij.s. x.d. de feodis Henrici Tuket in Marketon'.
Et de viij.l. viij.s. iij.d. de feodis Radulfi de Frescherwill' in Alvadeston'.
Et de vij.l. de feodis Johannis de Stotevill' in Ekinton'.
Et de xxvj.s. viij.d. de feodo Johannis de Eyncurt in Essovere.
Et de x.l. x.s. iij.d. de Radulfo filio Nicholai de propriis feodis suis et de feodis Roberti filii Willelmi et Eustachii de Mortoin' que fuerunt in custodia sua.
Et de ij.m. de feodo Roberti de Paveily.
Et de ij.m. de feodo Rogeri le Bretun.
Et de ij.m. de feodo Radulfi Gernun.
Et de v.m. de feodis Oliveri de Eyncurt.
Et de ij.m. de feodo Willelmi Basset.
Et de viij.m. de feodis senescalli de Mohaut.
Et de ij.m. et dimidia de feodis comitis de Arundell'.
Et de j.m. de feodo Radulfi filii Nicholai in Langelee.
Summa c. et x.l. xix.s. et j.d. In thesauro liberaverunt. Et quieti sunt.

In libro.

NOTTINGHAM.

S. ij. 15.
I. 86–88.

FEODA MILITUM COMITATUS NOTINGH'.
Honor de Lancastr'. *In rotulo.*

Paganus de Vilers pro feodo j. militis in Neubot ij.m.
Walterus de Stantun' pro feodo j. militis in Crophill' ij.m.
Monachi de Suineshevid pro feodo j. militis in Cotegrave ij.m.
Galfridus Monacus pro feodo j. militis in Flintham ij.m.
Leonius de Malnuers pro feodo j. militis in Holm ij.m.
Ranulphus[1] filius Rogeri pro feodis ij. militum in Gamilistun' iiij^{or} m.
Filius Roberti de Furneus et Radulphus de Sancto Jeorgio in Bodmishil pro j. feodo militis ij.m.

Feoda domini regis. *In rotulo.*
Willelmus de Albin' pro feodis ij. militum in Hoxkintun' et in Screueton' iiij^{or} m.
Robertus de Lexsintun' pro feodo j. militis in Tukisford' ij.m.

Honor Peverelli. *In rotulo.*
Radulphus de Rodis pro feodo j. militis in Langar ij.m.
Ricardus de Wivertun' pro v^a parte j. militis in Wivertun' v.s. et iiij^{or} d.
Johannes de Heriz pro feodo j. militis et dimidii in Widmerpol et in Gunnolvistun' iij.m.
Reginaldus de Meudrei pro feodo j. militis in Radeclive ij.m.

---

[1] *So in MS.*

S. ij. 15.
I. 86–88
—cont.

Idem Reginaldus pro feodo j. militis in Touetun' et in Chilwell ij.m.
Willelmus Mailard' pro feodo j. militis in Suttun' ij.m.
Eustachius de Mortuin pro feodo j. militis in Cochal' et Wllavetun' ij.m.
Ricardus de Ribof pro feodo dimidii militis in Bilebur j.m.
Hugo de Insula pro feodo quarte partis j. militis in Torp dimidia marca.
Johannes de Horreby pro tribus partibus militis in Baseford' xx.s.
Rogerus de Wattenhou pro feodo dimidii militis in Wattenhou j.m.
Radulphus de Wdeburc pro feodo dimidii militis in Wdeburc.
Robertus de Stredleie pro feodo j. militis in Stredleie ij.m.
Miles de Bello Campo et Ricardus pro feodo j. militis in Bestun' ij.m.
Agatha de Nutehal' pro feodo dimidii militis in Nuteal' j.m.
Galfridus de Stapilford' pro feodo j. militis in Stapilford' ij.m.
Hugo filius Radulphi pro feodo j. militis in Gresley ij.m.
Petrus de Goldinctun' pro quarta parte j. militis in Colevic dimidia marca.
Robertus de la Sauce pro viij^{va} parte j. militis in Stantun' xl.d.

Baronia Deincurt. *In rotulo.*
Radulphus de Gousel pro feodo dimidii militis in Flintham j.m.
Jurdanus de Colistun' pro feodo dimidii militis in Colistun' j.m.
Willelmus et Walterus Croc pro feodo j. militis et dimidii iij.m.
Willelmus de Heriz pro feodo dimidii militis in Wivertun' j.m.
Gerardus de Fanecurt pro feodo j. militis in Hiclingg' ij.m.
Hugo de Hoverhingh' pro feodis ij. militum in Hoverhingh' iiij.m.
Henricus filius Tome pro feodo dimidii militis in Rollistun' j.m.
Idem Henricus pro feodo j. militis in Kelum ij.m.
Adam de Sancta Maria pro feodo j. militis in Bulecote ij.m.
Galfridus de Jorz pro feodo j. militis in Burtun' ij.m.
Hugo de Hoverhinggh' pro feodis j. militis et dimidii in eadem villa iij.m.
[Henricus filius[1]] Ric' de Anestan pro feodo dimidii militis in Horspol j.m.
Annorra Deincurt pro feodo dimidii militis in Knapetorp j.m.
Malgerus de Stantun' pro feodo dimidii militis in Stantun' j.m.
Robertus de Stok' pro feodo j. militis in Stok' ij.m.
In Granebi, in Suttun' et in [Oxkintun'[1]] pro feodis j. militis et dimidii iij.m.

Honor de Birun.
Johannes[2] Torcard pro feodis ij. militum in Hukenal' et in Lambecote iiij^{or} m.
Philippus de Cortlinctok' pro feodis ij. militum in Cortlinctok' iiij^{or} m.
Prior de Lentuna et Alanus Malet pro feodo j. militis in Cotegrave ij.m.

---
[1] *This name is apparently cancelled.*
[2] *Apparently corrected from* Homines, *misread as* Roes *in the Book* (I. 87).

NOTTINGHAM. 533

S. ij. 15.
I. 86–88
—cont.

Feoda Cestrie.
Johannes Bochard' pro tercia parte j. militis in Bochardistorp viij.s. x.d.
Alvredus de Suleny pro feodo j. militis in Broctun' ij.m.
Robertus Patric pro feodo j. militis in Buningtun' ij.m.

Baronia de Gant.
Adam de Novo Foro pro feodis iij. militum in Wattun' et in Hokiswrh' vj.m.
Abbas de Rufford' pro quarta parte j. militis in Hekringg' dimidia marca.

Feodum de Ferariis.
Robertus de Tuke de Leic pro feodo j. militis in Leic ij.m.

Feodum Ridel.
Radulphus Basset pro feodo j. militis in Colistun' ij.m.

Honor Limissie.
Tomas Samson pro iij. feodis et dimidio in Epistun' et in Wdeburc cum pertinenciis vij.m.

Feoda de Dovr'.
Walterus de Haira pro viij^a parte j. militis in Cotun xl.d.
Walterus de Wildeker pro v^{ta} parte j. militis in Siristun' v.s. et iiij^{or}d.

Baronia Bardolf.
Ricardus filius Willelmi de Birtun' pro x^{ma} parte j. militis in Birtun' xxxij.d.

Feoda domini regis. *In rotulo.*
Willelmus Bardolf pro feodis ij. militum et dimidii in Stoke et in Gedligg' v.m.

Honor de Tikehill'. *In rotulo.*
Willelmus de Bouis pro feodo j. militis in Kortlincstok' ij.m.
Nigellus de Luvetot pro feodis iiij^{or} militum in Wisou cum pertinenciis viij.m.
Emma de Bellofago pro feodo j. militis in Ludeham ij.m.
Ricardus Putrel pro feodo j. militis in Turmodistun' ij.m.
Johannes de Stutevil' pro feodis iiij^{or} militum et dimidii in Bartun' et in Kirkeby ix.m.
Simon de Hedun' et Gervasius de Huuetorp' pro feodis ij. militum in Huuetorp' iiij.m.
Warinus de Bassingburn' pro feodo j. militis in Brigeford' ij.m.
Alicia de Knivetun' pro quarta parte j. militis in Knivetun' dimidia marca.
Tomas filius Willelmi pro ij. militibus in Plumtr' et in Clipstun' cum pertinenciis iiij^{or} m.
Willelmus le Butilher pro feodo j. militis in Hokirtun' ij.m.
Henricus de Hekringge pro feodo j. militis in Heikringg' ij.m.
Henricus de Tuke pro feodo j. militis in Kelum ij.m.
Willelmus de Bevercotes pro feodo j. militis in Bevercote ij.m.
Philippus de Tilly pro feodo j. militis in Huptun' ij.m.

S. ij. 15.
I. 86–88
—cont.

Malvesinus et Willelmus Ruffus pro feodis ij. militum in Grave et in Westun' iiij^or m.
Johannes de Hetun' pro tercia parte j. militis in Hetun' viij.s. et x.d.
Robertus de Wlwrintun' pro feodo j. militis in Hetun' et in Wlwrintun' ij. m.
Matildis de Luvetot pro feodis v. militum in Wirkesop et Gringel' x.m.
Stephanus Malluvel pro feodo j. militis in Ramtun' ij.m.
Domina de Stirap pro feodo j. militis in Stirap ij.m.
Tomas Barbot pro vij^ma parte j. militis v.s. x.d.
Rogerus Monacus pro feodo j. militis in Strettun' ij.m.
Rogerus de Cressy pro feodo j. militis et dimidii iij.m.
Willelmus de Chauurc' pro duabus partibus j. militis xvij.s. ix.d. ob.
Radulphus filius Nicholai de uno termino, et fuit de Derebysire ij.m.
Johannes de Stutevil' de eodem comitatu ad unum terminum et non alias x.m. et dimidia.

Feoda domini regis. *In rotulo.*
Radulphus de Freschvil' pro feodis iiij^or militum et quarta parte j. militis viij^to m. et dimidia.

Feodum de Mortuin.
Ricardus de Trowell' pro feodo j. militis in Trowell' ij.m.
Ricardus filius Godefridi pro feodo j. militis in Sutton' ij.m.

Baronia de Cauz.
Robertus de Everhingham pro tribus partibus j. militis in Lessingtun' et aliby xx.s.

Feodum domini regis. *In rotulo.*
Willelmus de Fer' pro feodo j. militis in Bingham ij.m.

Baronia de Muntbray.
Henricus Hose pro feodis ij. militum in Egrum iiij.m.
Johannes Deivil' pro feodo j. militis in Egmantun' ij.m.
Matildis de Moles pro feodo dimidii militis in Serleby j.m.
Rogerus filius Ricardi pro feodo j. militis in Finhingl' ij.m.
Ricardus de Gray pro feodo dimidii militis in Lanford' j.m.

Radulphus[1] Morin pro feodo٭   ٭in Kilvintun' viij.s. viij.d.

Honor de Tikehill'. *In rotulo.*
Willelmus de Sandeby pro feodo dimidii militis et pro xx^ma parte militis xv.s.

Baronia de Cauz.
Robertus de Everhingham pro quarta parte j. militis in Gedling' et in Kariltun' dimidia marca.

[*Endorsed* :—] *In libro.*

---
[1] *This name is given as* Ran' *in the collectors' account below.*

NOTTINGHAM.

S. ij.14.
I. 91-93,
part in
II. 670-
671.

NOTINGEHAM.

In libro.

ALEXANDER DE VILERS ET WILLELMUS DE CHAURCES, COLLECTORES, REDDUNT COMPOTUM DE AUXILIO CONCESSO DOMINO REGI IN COMITATU NOTINGHAM' AD MARITANDUM SOROREM SUAM ROMANORUM IMPERATORI VIDELICET DE QUOLIBET FEODO MILITIS II.M.

Iidem reddunt compotum de v.m. de ij. feodis et dimidio Willelmi Bardulf. In thesauro cliij.l.

Honor Lancastrie.

Iidem reddunt compotum de ij.m. de j. feodo Pagani de Vilers de honore de Lancastr'.
Et de ij.m. de j. feodo Walteri de Stanton' de eodem.
Et de ij.m. de j. feodo abbatis de Swinehefd de eodem.
Et de ij.m. de j. feodo Galfridi Monachi de eodem.
Et de ij.m. de j. feodo Leonis de Maunewers de eodem.
Et de iiij.m. de ij. feodis Ran' filii Rogeri de eodem.
Et de ij.m. de j. feodo Roberti de Furnell' et Radulfi de Sancto Georgio de eodem.

Summa x.l. xiij.s. iiij.d. In thesauro nichil et in predicto superplusagio x.l. xiij.s. iij.d.

Honor Piperelli.

Iidem reddunt compotum de ij.m. de j. feodo Radulfi de Rodes de honore Piperelli.
Et de v.s. iiij.d. de v^a parte unius feodi Ricardi de Wyverton' de eodem.
Et de iij.m. de j. feodo et dimidio Johannis de Heriz de eodem.
Et de iiij.m. de ij. feodis Reginaldi de Meudray de eodem.
Et de ij.m. de j. feodo Willelmi Maylard de eodem.
Et de ij.m. de j. feodo Eustachii de Mortoyn de eodem.
Et de j.m. de dimidio feodo Ricardi de Ribof de eodem.
Et de dimidia marca de iiij^a parte unius feodi Hugonis de Insula de eodem.
Et de xx.s. de tribus partibus unius feodi Johannis de Baceford de eodem.
Et de j.m. de dimidio feodo Rogeri de Waterho de eodem.
Et de j.m. de dimidio feodo Radulfi de Wodeburc de eodem.
Et de ij.m. de j. feodo Roberti de Stradleg' de eodem.
Et de ij.m. de uno feodo Milonis de Bello Campo de eodem.
Et de j.m. de dimidio feodo Agathe de Ludhale[1] de eodem.
Et de ij.m. de j. feodo Galfridi de Stapelford' de eodem.
Et de ij.m. de j. feodo Hugonis filii Radulfi de eodem.
Et de dimidia marca de iiij^a parte unius feodi Petri de Godinton' de eodem.
Et de xl.d. de viij^a parte unius feodi Roberti de la Sauce de eodem.

Summa xviij.l. xv.s. iiij.d. In thesauro nichil. Et in predicto superplusagio xviij.l. xv.s. iiij.d.

---

[1] *Read* Nudhale.

S. ij. 14. [Baronia Oliveri de Aencurt.] Lincoln.
I. 91-93, Iidem reddunt compotum de j.m. de dimidio feodo Radulfi de
part in
II. 670- Gousele de baronia Oliveri de Aencurt.
671—cont. Et de j.m. de dimidio feodo Jordani de Coleston' de eadem.
Et de iij.m. de j. feodo et dimidio Willelmi et Walteri Crok de eadem.
Et de j.m. de dimidio feodo Willelmi de Heriz de eadem.
Et de ij.m. de j. feodo Gerardi de Fanecurt de eadem.
Et de iiij.m. de ij. feodis Hugonis de Overingeham de eadem.
Et de j.m. de dimidio feodo Henrici filii Thome de eadem.
Et de ij.m. de j. feodo de eadem.
Et de ij.m. de j. feodo Ade de Sancta Maria de eadem.
Et de ij.m. de j. feodo Galfridi de Joors de eadem.
Et de iij.m. de j. feodo et dimidio Hugonis de Overingeham de eadem.
Et de j.m. de dimidio feodo Ricardi de Anestan de eadem.
Et de j.m. de dimidio feodo Annore de Aencurt de eadem.
Et de j.m. de dimidio feodo Maugeri de Stanton' de eadem.
Et de ij.m. de j. feodo Roberti de Stokes de eadem.
Et de iij.m. de j. feodo et dimidio in Graneby et Sutton' de eadem.
  Summa xx.l. In thesauro nichil. Et in predicto superplusagio xx.l.

  Honor de Tykehull'. *In libro in comitatu Ebor'*.
Iidem reddunt compotum de ij.m. de j. feodo Willelmi de Boues de honore de Tykehull'.
Et de viij.m. de iiij. feodis Nigelli de Luvetot de eodem.
Et de ij.m. de j. feodo Emme de Bello Fago de eodem.
Et de ij.m. de j. feodo Ricardi Puterel de eodem.
Et de ix.m. de iiij. feodis et dimidio Johannis de Stutevill' de eodem.
Et de iiij.m. de ij. feodis Simonis de Hedon' et Gervasii de Huuetorp de eodem.
Et de ij.m. de j. feodo Warini de Bassingeburn' de eodem.
Et de dimidia marca de iij^a parte unius feodi Alicie de Cniveton' de eodem.
Et de iiij.m. de ij. feodis Thome filii Willelmi de eodem.
Et de ij.m. de j. feodo Willelmi le Butiler de eodem.
Et de ij.m. de j. feodo Henrici de Eykering de eodem.
Et de ij.m. de j. feodo Henrici de Tuke de eodem.
Et de ij.m. de j. feodo Willelmi de Boverecotes de eodem.
Et de ij.m. de j. feodo Philippi de Tyly de eodem.
Et de iiij.m. de ij. feodis Mauveysin et Willelmi Rufi de eodem.
Et de viij.s. x.d. de iij^a parte unius feodi Johannis de Eton' de eodem.
Et de ij.m. de j. feodo Roberti de Wlfreton' et Johannis de Heton' de eodem.
Et de x.m. de v. feodis Matillidis de Luvetot de eodem.
Et de ij.m. de j. feodo Stephani Maulovel de eodem.
Et de ij.m. domine de Stirop de eodem.
Et de v.s. x.d. de vij^a parte unius feodi Thome Barbot de eodem.

NOTTINGHAM. 537

S. ij. 14.
I. 91–93,
part in
II° 670–
671—cont.

Et de ij.m. de j. feodo Rogeri Monachi de eodem.
Et de iij.m. de j. feodo et dimidio Rogeri de Crescy de eodem.
Et de xvij.s. ix.d. ob. de duabus partibus unius feodi Willelmi de Chaurces de eodem.
Et de iiij^or m. de ij. feodis Radulfi filii Nicholai de eodem, et ij.m.
Et de xxj.m. de x. feodis et dimidio Johannis de Stutevill' de eodem, et   x.m. et dimidiam.
Et de xv.s. de dimidio feodo et xx^a parte unius feodi Willelmi de Sandeby de eodem.
    Summa lxiiij.l. xiiij.s. j.d. ob. In thesauro nichil.
    Et in predicto superplusagio lxiiij.l. xiiij.s. j.d. ob.

Honor de Belver.
Iidem reddunt compotum de iiij.m. de ij. feodis Willelmi de Albanico de rege in capite.
Et de ij.m. de j. feodo Roberti de Lexinton' de eodem.
Et de viij.m. et dimidia de iiij. feodis et iiij^a [parte] unius feodi Radulfi de Freschervill' de eodem.
Et de ij.m. de j. feodo Willelmi de Ferar' de eodem.

Et de iiij.m. de ij. feodis Johannis Torcart de honore de Birunt.
Et de iiij.m. de ij. feodis Philippi de Cortinglestorp de eodem.
Et de ij.m. de j. feodo prioris de Lanton' de[1] et Alani Malet de eodem.

Et de viij.s. x.d. de tercia parte unius feodi Johannis Bochard de feodo comitis Cestrie.
Et de ij.m. de j. feodo Alvredi de Solleny de eodem.
Et de ij.m. de j. feodo Roberti Patric de eodem.

Et de vj.m. de iij. feodis Ade de Novo Mercato de feodo Gilberti de Gaunt.
Et de dimidia marca de iiij^a parte unius feodi abbatis de Rufford de eodem.

Et de ij.m. de j. feodo Roberti de Tuk de feodo comitis de Ferariis.

Et de ij.m. de j. feodo Radulfi Basset de feodo Ricardi Ridel.

Et de vij.m. de iij. feodis et dimidio Thome Samson' de feodo Lymeseie.

Et de xl.d. de viij^a parte unius feodi Walteri de la Here de honore de Dovere.
Et de v.s. iiij.d. de v^a parte unius feodi Walteri de Wildequer de eodem.

Et de xxxij.d. de x^a parte Ricardi filii Willelmi de baronia de Bardulf.

---

[1] *Omit* de.

538   A.D. 1235-1236.

S. ij. 14.
I. 91-93.

Et de ij.m. de j. feodo Ricardi de Trowell' de feodo Morton'.
Et de ij.m. de j. feodo Ricardi filii Godefridi de eodem.

Et de ij.m. de j. feodo Roberti de Everingeham de baronia Radulfi de Chauz.

Et de iiij.m. de ij. feodis Henrici Hose de baronia Willelmi de Moubray.
Et de ij.m. de j. feodo Roberti de Eyvill' de eadem.
Et de j.m. de dimidio feodo Matillidis de Molis de eadem.
Et de ij.m. de j. feodo Rogeri filii Ricardi de eadem.
Et de j.m. de dimidio feodo Ricardi de Grey de eadem.

Et de viij.s. x.d. de iij^a parte unius feodi Ranulfi Morin.
In rotulo.
Summa xliiij.l. ij.s. iiij.d. In thesauro nichil. Et in predicto superplusagio xliiij.l. ij.s. iiij.d.
Summa tocius superplusagii superius allocati clxj.l. xj.s. ix.d. ob.
Et debent viij.l. xj.s. ix.d. ob. que debent requiri a suprascriptis[1]:—
De Stephano de Segrave ij.m. De Johanne de Stutevill' x.m. et dimidia. Et debent collectores v.s. iij. ob.

SALOP.

S. ij. 15.
I. 277-279.

RECEPCIO WILLELMI DE ERCALEWE ET ROBERTI DE STEPELTUN' DE AUXILIO DOMINI REGIS, SCILICET DE SCUTO II.M. IN CRASTINO SANCTI MATHEI APUD BRUG' ANNO REGNI REGIS HENRICI XIX. DE TERMINO SANCTI MICHAELIS.

De Johanne Extraneo de uno feodo et dimidio per manum Wydonis de Cleseleg' xx.s. de veteri feffamento.
De Waltero de Dunstanvill de uno feodo et dimidio de veteri feffamento per manum Willelmi Bloet xx.s.
De Rogero de Yttefeld de dimidio feodo quod tenet de domino rege in capite dimidia marca. Et est de feodo de Turney.
De Hereberto filio Petri de duobus feodis de veteri feffamento ij.m. per manum Radulfi de Allestun'.
De Ricardo de Harwecort et Matillide Extranea et Johana Noel de dimidio feodo dimidia marca per manum Willelmi de Alvitleg' de veteri feffamento. *Plene pacavit ut dicit.*
De Willelmo de Gamages de uno feodo de veteri feffamento j.m. per manum Gamel de Stotesdun'.
De baronia de Wemme de v. feodis de veteri feffamento v.m. per manum Rogeri de Wyke, senescallum[2] suum. *Plene ut dicit.*

---

[1] *On the margin is written in another hand* S. *The words* De Stephano . . . . . et dimidia *are repeated below with a note* De honore de Tikehull'. *Reference to the body of the account p. 534 and to the account for receipts p. 537 shows that the* ij.m. *are there stated to be due from Ralph son of Nicholas.*
[2] *Read* senescalli sui.

SALOP. 539

S. ij. 15.
I. 277–
279—cont.

De Willelmo de Cherintun' pro quarta parte unius feodi xl.d. ; et tenet de domino rege in capite et est de feodo de Thurney. *Plene pacavit ut dicit.*

De Hugone de Wlonkeslauwe pro dimidio feodo dimidia marca ; et tenet de domino rege in capite et est de feodo de Thurney. *Plene pacavit ut dicit.*

De abbate de Cumbremere de dimidio feodo de Chesthull' dimidia marca ; et tenet de domino rege in capite et est de feodo de Thurney. *Plene pacavit ut dicit.*

De Thoma Maudut de Castello Holegot de v. feodis et quarta parte unius feodi de veteri feffamento v.m. et xl.d. per manum Roberti de Aula, senescalli de Castello Holegot. *Plene pacavit ut dicit.*

De Ricardo de Sonford de dimidio feodo dimidia marca ; et tenet de domino rege in capite et est de feodo de Thurney. *Plene pacavit ut dicit.*

De Ricardo de Lopitun' de uno feodo j.m. ; et tenet de domino rege in capite et est de feodo de Thurne.

De Waltero de Clifford de uno feodo veteris feffamenti et de tercia parte feodi novi feffamenti et de decima parte feodi novi feffamenti xix.s. et j.d. per manum Alexandri de Cheyney, senescallum suum.[1]

De Willelmo de Boteraus de Longedun' de uno feodo et dimidio et de tredecima parte unius feodi de veteri feffamento xxj.s. per manum Willelmi fratris Galfridi Orry. *Plene pacavit ut dicit.*

De Radulfo de Mortuo Mari de xiiij^{or} feodis sexta pars unius feodi minus de veteri feffamento xiij.m. et xj.s. et j. ob. per manum Willelmi Litfot senescalli de Cleobr'.

De Willelmo de Stutevill' de iiij^{or} feodis et sexta parte unius feodi de veteri feffamento iiij^{or} m. et ij.s. et iiij^{or} d. per manum Roberti Busun senescallum[2] de Castello Ricardi. *Plene pacavit ut dicit.*

De Waltero de Lacy de viij. feodis de veteri feffamento viij.m. per manum Roberti de Stantun'.

De Johanne filio Alani de xxxij. feodis de veteri feffamento xxxij.m. et insuper ij.d. per manum Radulfi clerici.

De Thoma Corbet de ix. feodis de veteri feffamentio ix. m. et insuper xj.s. et x.d. per manum Ricardi clerici.

De Hugone de Kilpeck' ix.s. per manum Johannis Walensis.

De Baldwyno Wischard de quinta parte unius feodi ij.s. et viij.d.

De Willelmo de Cantolouwe de v. feodis v.m. et ij.s. et iiij^{or} den. de quinta parte unius feodi septima pars minus per manum Willelmi prepositi de Mole.

De Radulfo de Pichford de uno feodo j. m. per manum Galfridi prepositi de Pichford'.

[*The preceding entries are each noted :*—] *In rotulo.*

[*Endorsed :*—] *In libro.*

S. ij. 15.
I. 277.

DE TERMINO PASCHE.

De Johanne Extraneo xx.s.

---

[1] *Read* senescalli sui. [2] *Read* senescalli.

540   A.D. 1235-1236.

S. ij. 15.   De Waltero de Dunstavil xx.s.
I. 277—   De Rogero de Hittefeld dimidia marca.
cont.
De Herberto filio Petri ij.m. de honore de Pontesbiri.
De Ricardo de Arecurt et eius participes[1] dimidia marca.
De Willelmo de Gamages[2] j.m.
De baronia de Wemme de Fulco filio Warini v.m.
De Willelmo de Cherinton' xl.d.
De Hugone de Wlonckeslawe dimidia marca.
De abbate de Cumbremer' dimidia marca.
De Thoma Maudeut v.m. et xl.d.
De Ricardo de Sontford dimidia marca.
De Ricardo de Lopinton' j.m.
De Waltero de Clifford xix.s. et j.d.
De Willelmo de Boterels de honore de Longedon' xxvj.s.
De Radulfo de Mortemer xij.m. et xj.s. et x.d. de honore de Clebir';
item de honore.de Wigmore de feodo Johannis de Essford j.m.
De Willelmo de Stovil' iiij.m. et dimidia.
De Waltero de Lassi viij.m.
De Johanne filio Alani x.m. et dimidia.
De Thoma Corbet ix.m. et xj.s. et x.d.
De Hugone de Kylpec j.m. et iiij.s. et iiij.d.
De Baldewino Wicchard ij.s. et viij.d.
De Willelmo de Cantelo v.m. et ij.s. et iiij.d.
De Radulfo de Piccheford j.m.
De honore de Mungumbr' ultra Hathewaldesford de termino Sancti
Michaelis et Pasche xl.s. et v.d. et ob.
De Rogero de la Such' de honore de Tange de termino Sancte[3]
Michaelis et Pasche ij.m.

Auxilium comitatus Salopie de duabus marcis ad scutum.

In rotulo. In libro.

S. ij. 13.   *SALOP'.*

WILLELMUS DE ERCALEWE, ROBERTUS DE STEPELTON', COLLECTORES
ASSIGNATI AD COLLIGENDUM AUXILIUM.

Idem reddunt compotum de xl.s. de feodis unius militis et dimidii
de Johanne Extraneo de veteri feffamento. In thesauro cxix.l. xviij.s.
ob. et habent de superplusagio cxvij.l. xviij.s. ob.
   S. Idem reddunt compotum de W. de Dunstanvill' de uno feodo
quod fuit Ingeralm de Pratellis et de uno feodo in Ydeshall'. In
thesauro nichil, et in superplusagio predicto xl.s., et debet j.m.
   Idem reddunt compotum de j.m. de dimidio feodo Rogeri de
Hythefeld de feodis de Turnay de veteri feffamento.
   Et de iiij.m. de feodis Petri filii Herberti, unde alterum est de
veteri feffamento.
   Et de j.m. de dimidio feodo Ricardi de Harecurt et Matillidis
Extranee et Johanne Noel de veteri feffamento.
   Et de x.m. de v. feodis Willelmi Pantulf de veteri feffamento.

---

[1] *Read* participibus.
[2] *After* Gamages, S. ij. 15 *has an unintelligible sign.*   [3] *Read* Sancti.

S. ij. 13
—cont.

Et de dimidia marca de quarta parte unius feodi quod fuit Th' de Chirinton de veteri feffamento.
Et de j.m. de dimidio feodo Hugonis de Wancleslawe de veteri feffamento.
Et de x.m.[1] dimidia de feodis Thome Mauduit unde quinque feoda sunt de veteri feffamento.
Et de j.m. de dimidio feodo Ricardi de Sanford de veteri feffamento.
Et de ij.m. de uno feodo Ricardi de Lopiton' de veteri feffamento[2].
Et de xxxviij.s. ij.d. de uno feodo Walteri de Clifford de veteri feffamento.
Et de xvj.m. de viij. feodis Walteri de Lacy unde vij. sunt de veteri feoffamento.
Et de xiij.l. iij.s. viij.d. de feodis Thome Corbet unde quinque sunt de veteri feffamento.
Et de v.s. iiij.d. de quinta parte feodi Baldewini Wyschard.
Et de ij.m. de uno feodo Radulfi de Picheford.
Et de j.m. de abbate de Cumbermere de dimidio feodo Ricardi de Chesthull'.
Summa xlviij.l. xiij.s. x.d.   In thesauro nichil.   Et in superplusagio predicto xlviij.l. xiij.s. x.d.

S. Johannes filius Alani reddit compotum de xxx.l. de xxij. feodis et dimidio de veteri feffamento.
Et de xij.l. de ix. feodis que fuerunt Galfridi de V$_{er}$ de veteri feffamento.
Et de ij.m. de uno feodo quod fuit Albrede de Boterell'.
Summa xliij.l. vj.s. viij.d.   In thesauro nichil.   Et in predicto superplusagio xxviij.l. vj.s. x.d.   Et debet xiiij.l. xix.s. x.d.

S. Willelmus de Stutevill' reddit compotum de v. feodis de veteri feffamento. In thesauro nichil. Et in predicto superplusagio cxv.s. viij.d. Et debet xvij.s. viij.d.
S. Ada de Byrinton' debet ij.m. de j. feodo de veteri feffamento.
Non respondetur hic de uno feodo quod fuit H. de Burgo in Stratton' quia est in manu regis.

De hiis qui non habent capitales honores in hoc comitatu.
Radulfus de Mortuo Mari reddit compotum de xviij.l. ix.s. vj.d. ob. de feodis que de rege tenet in capite. In thesauro nichil. Et in predicto superplusagio xviij.l. ix.s. vj.d. ob.
Willelmus de Cantilupo reddit compotum de vj.l. xviij.s. de feodis que de rege tenet de honore de Mutgumery citra Hathewaldesford. In thesauro nichil, et in superplusagio predicto vj.l. xviij.s.

---

[1] After m. supply et.
[2] On margin opposite this word is written F or a sign resembling it.

542   A.D. 1235–1236.

S. ij. 13 —cont.   Johannes Extraneus[1] reddit compotum de xl.s. v.d. ob. de feodis de honore de Mungumery ultra Hathewaldesfold. In thesauro nichil. Et in predicto superplusagio xl.s. v.d. ob. *Mungomery.*
    Willelmus de Boterellis reddit compotum de xlij.s. de uno feodo et dimidio et tercia decima parte unius feodi eiusdem honoris. In thesauro nichil. Et in predicto superplusagio xlij.s.
    Hugo de Kilpek reddit compotum de ij.m. de feodis que de rege tenet. In thesauro nichil. Et in superplusagio predicto ij.m. *Hereford.*
    Willelmus de Gamages reddit compotum de ij.m. de feodis que de rege tenet. In thesauro nichil. Et in predicto superplusagio ij.m.
    Rogerus la Zuche reddit compotum de ij.m. de honore de Tonge. In thesauro nichil. Et in predicto superplusagio ij.m.
    Summa totius allocacionis superplusagii cxviij.l. vj.s. iiij.d. Et debent collectores viij.s. iiij.d. ob. Idem reddunt compotum de eodem debito. In thesauro vj.s. vij.d. et ob. Et pro huchia quadam in qua reponebatur idem thesaurus in castro de Briges xx.d.
                                                    Et quieti sunt.
                    In rotulo.

STAFFORD.

S. ij. 16.
I. 234–237.
Another version in
I. 257–261.

    Feouda comitis de Ferrariis in comitatu Staffordie.
    T. Sandun, j. feoudum.
    T. Scerteley, ij. feouda.
    T. Blihefeud, dimidium feoudum.
    T. Krakemerz, j. feoudum.
    T. Falede, dimidium feoudum.
    T. Chebbeshey, j. feoudum.
    T. Neubaude, j. quarterium.
    T. Herlaueston', j. feoudum.
    T. Clifton', j. feoudum.
    T. Lockesley, j. quarterium.
    Omnia ista feouda de veteri feffamento.
                    In rotulo.
Summa feoudorum viij. et dimidium, de quibus persolvit xvij.m.
    T. De eodem de assartis per plures particulas de novo feffamento v.s. viij.d. Persolvit.
    T. De Wichenovere et Sireskote de duobus minutis feoudis per manum eiusdem xxxv.s. viij.d. Persolvit per manum Willelmi de Burgo, servientis sui.
                    In rotulo.
Summa omnium denariorum xiij.l. viij.s.

[1] " Johannes Extraneus reddit compotum de xvj.l. x.s. et ix.d. de defectibus quorundum de auxilio ad sororem regis maritandum et auxilio Wasconie quorum nominibus preponitur littera T. in rotulis de eisdem defectibus " etc.
    " Radulfus de Mortuo Mari reddit compotum de vj.l. xv.s. vj.d. ob. de defectibus auxilii ad sororem, sicut continetur ibidem." Pipe Roll 32 Hen. III.

STAFFORD. 543

S. ij. 16.
I. 234–237.
Another version in
I. 257–261—*cont.*

Feouda Rogeri de Sumeri.
Eveneff' j. feoudum.
Morf' dimidium feoudum.
Emelecote et Himmeleg' j. feoudum.
Womburne, Swindun, Oxeleg' j. feoudum.
Overton', Bradleg' j. feoudum.
Penne Buffard j. feoudum.
Bissopesbr' et alia Penne j. feoudum.
Eselington' j. feoudum.
Barre et Alrewyz j. feoudum.
Pirihe j. feoudum.
Parva Barre dimidium feoudum.
Hunneswrht' quinta pars j. militis.
Trisel et Seyxdun j. feoudum.
Omnia ista feouda de veteri feffamento.
In rotulo in summa.
Summa feoudorum xj. feouda et quinta pars j. militis. Summa denariorum xxij.m. v.s. de quibus solvit xx.m. per manum Henrici de Herbrixton', senescalli sui, et ad solvendum restant xxxij.s.

Feouda Hervei de Stafford.
Saleshul j. feoudum.
Sardun j. feoudum.
Koven j. feoudum.
Streton' j. feoudum.
Htoherton'[1] dimidium feoudum.
Levedale j. feoudum.
Duneston', Draiton', Eaton', j. feoudum.
Kopenhale j. feoudum.
Blimenhul, Brimengton', ij. feouda.
Wilbrixton' j. feoudum.
Eaiton' j. feoudum.
Mitton' j. feoudum.
Halixton' j. feoudum.
Weston' Johannis j. feoudum.
Berdingeston' j. feoudum.
Hamstede Ridewale iiij\ua pars j. militis.
Akele j. feoudum.
Bubington' j. feoudum.
Chedlhe Basset j. feoudum.
Dilverne j. feoudum.
Thene j. feoudum.
Bramselwelf' j. feoudum.
Gretewyz j. feoudum.
Blore et Grenedun ij. feouda.
Adlacston' j. feoudum.
Kalwedun j. feoudum.
Maddelehy j. feoudum.
Bramley Bagot j. feoudum.
Kouton' dimidium feoudum.
Tixhale dimidium feoudum.

---
[1] *Read* Hotherton.

S. ij. 16.
I. 234–237.
Another
version in
I. 257–
261—cont.

Eston' et Burexton' ij. feouda.
Waleton' j. feoudum.
Titneshovere et Bleche ij. feouda.
Merhe j. feoudum.
Offeleyhe j. feoudum.
Norton' j. feoudum.
Berleston' dimidium feoudum.
Swilverston' j. feoudum.
Hopton' j. feoudum.
Ingrestre j. feoudum.
Saute j. feoudum.
Millewyz j. feoudum.
Rontun' dimidium feoudum.
Titlingeston' dimidium feoudum.
Hildolweston' dimidium feoudum.
Langenare v^a pars feoudi j. militis.
Omnia ista feouda de minutis feoudis et de veteri feffamento.
In rotulo in summa.
Summa feoudorum xliij. feouda et dimidium et iiij^a pars et v^a pars j. militis.
Summa denariorum qui pertinent ad tanta feouda xxxix.l. et xvij.d. ob. de quibus dictus Hervicus solvit xxxiij.l. et xiij.s. et vij.d. per manum Rogeri le Taillur, et Roges de Rideware solvit ij.s. iij.d., et restant ad solvendum c. et v.s. vij.d. ob.

Feouda comitis Cestrie.
T. Patingeham j. feoudum } de veteri feffamento de quibus
T. Draiton' j. feoudum } Radulfus Basset solvit iiij.m.
T. Elleford j. feoudum de veteri feffamento de quo Waukelinus de Ardene solvit ij.m. *In rotulo.*

Feouda comitis Warwici de baronia Henrici de Olly.
T. Wednesbr' dimidium feoudum de veteri feffamento de quo Willelmus de Heronwille solvit j.m.
P. Schenestan et Stanhale iij. p$_{ars}$ j. militis de veteri feffamento, et sciendum quod Robertus de Grend' solvit iiij.s. v.d. p$_{ro}$ Schenestan et abbas Oseneie tenet Stanhale et nichil inde solvit quia elemosinatur. *In rotulo.*

Feouda Johannis filii Alani.
Kotes juxta Stafford dimidium feoudum. (*Cancelled.*)
Cancellatur quia capitaliter respondet in Salop'.
T. Ridewale Mauvaisin dimidium feoudum.
Weston' juxta Brewde j. feoudum. (*Cancelled.*)
Kouton' dimidium feoudum. (*Cancelled.*)
Cancellatur quia capitaliter respondet in Salop'.
T. Morton' et Kingesley¹ dimidium feoudum.
Omnia ista feouda de veteri feffamento.
In rotulo.
Summa feoudorum iij. feouda de quibus solvit j.m. et v.m. restant ad solvendum.

---
¹ *Read* Kingeston.

STAFFORD. 545

S. ij. 16.
I. 234–237.
Anot^her version in
I. 257–261—cont.

Feouda Willelmi Pantun de Wemme.
Kressewell' j. feoudum. (*Cancelled.*)
Klisbillesdun j. feoudum. (*Cancelled.*)
Dudington' dimidium feoudum. (*Cancelled.*)
Cancellatur quia respondet in Salop'.
Summa feoudorum ij. et dimidium de quibus nichil solvit, et v.m. restant ad solvendum.

T. Asseley dimidium feoudum unde Philippus de Burward' solvit j.m. *In rotulo.*
T. Bramley Regis decima p^ars militis unde Thomas Corbet solvit ij.s. viij.d. *In rotulo.*
Roissa de Verdun dimidium feoudum in Auueton' unde solvit j.m.
T. Trorppe j. feoudum unde Galfridus Costantin solvit ij.m. *In rotulo.*
T. Alrewaz quarta p^ars j. militis unde Rogerus de Sumerwill' solvit dimidiam marcam. *In rotulo.*
Norbr' j. feoudum de veteri feffamento unde Hugo de Kilpec solvit ij.m.

Summa totius recepte lxx.l. x.s. xj.d.
[*Endorsed :—*] *Staff' in libro.*
Rotulus Staffordie de auxilio regi concesso.

S. ij. 25.
I. 243
(part only).

ROBERTUS DE GRENDON' ET ROBERTUS DE ESINGTON'[1], COLLECTORES REDDUNT COMPOTUM DE AUXILIO CONCESSO DOMINO REGI AD MARITANDAM SOROREM, ETC.

Iidem reddunt compotum de xj.l. dimidia marca de feodis comitis de Ferariis quibus feodis preponitur littera 'T. In thesauro lxx.l. x.s. xj.d. Et habent de superplusagio lxix.l. iiij.s. ij.d. quod totum allocatur eis infra.

Iidem reddunt compotum de viij^a et vj^a parte unius feodi de novo feodo eiusdem in assartis sicut recognoscit. In thesauro nichil. Et in predicto superplusagio v.s. viij.d. Et quieti sint[2].

Iidem reddunt compotum de duobus minutis feodis Morton' eiusdem comitis in Wychenore et Sirecote. In thesauro nichil. Et in predicto superplusagio xxv.s. viij.d. Et quieti sint[2].

Rogerus de Sumers'[3] reddit compotum de l. feodis de veteri feoffamento et de j. feodo in Mere et in Clent. In thesauro nichil. Et in predicto superplusagio xiij.l. dimidia marca de feodis suis in hoc comitatu, sicut continetur in rotulo quem iidem collectores liberaverunt in thesauro et debet lvi.l.

Henricus[4] Bagot reddit compotum de lx. feodis de veteri feoffamento. In thesauro nichil. Et in predicto superplusagio xxxiij.l. xv.s. x.d. de parte feodorum suorum in hoc comitatu. Et debet xlvj.l. iiij.s. ij.d.

---

[1] Close Roll, 19 Henry III, m. 6d, *reads* Eslington'.
[2] *Read* sunt. [3] *Read* Sumery *as in* I. 243.
[4] *Read* Hervicus *as in* I. 243.

S. ij. 25. Iidem reddunt compotum de iij. feodis comitis Cestrie quorum
I. 243
(part only) nominibus preponitur littera T. etc. In thesauro nichil. Et in
—cont. predicto superplusagio iiij.l. Et quieti sint[1].
Iidem reddunt compotum de dimidio feodo Henrici Doxli[2] in
Wodelesbur'. In thesauro nichil. Et in. predicto superplusagio
j.m. Et quieti sunt.
Iidem reddunt compotum de iij[a] parte j. feodi eiusdem baronie in
Denestan'[3] et Stanhalle. In thesauro nichil. Et in predicto superplusagio per Robertum de Grendon' iiij.s. v.d. et debet iiij.s. v.d.
ob. de quibus abbas de Oseney, qui tenet Stanhale, debet respondere,
ut dicunt.
Iidem reddunt compotum de j. feodo Johannis filii Alani in Ridewale
Mauveisin et Morton' et Kingesleye. In thesauro nichil. Et in
predicto superplusagio j.m. et debet j.m.
Iidem reddunt compotum de dimidio feodo Philippi de Durewardesley[4] in Asseleg' quod tenet de rege in capite. In thesauro
nichil. Et in predicto superplusagio j.m. Et quieti sunt.
Iidem reddunt compotum de x[a] parte j. feodi Thome Corbet
in Promleg'[5]. In thesauro nichil. Et in predicto superplusagio
ij.s. viij.d. Et quieti sunt.
Idem reddunt compotum de j. feodo Gaufridi de Constatine in
Thorp' de honore Lancastrie. In thesauro nichil. Et in predicto
superplusagio ij.m. Et quieti[6].
Idem reddunt compotum de iiij[ta] parte j. feodi Rogeri de Sumervill'
in Allerwas quod tenet de rege. In thesauro nichil. Et in predicto
superplusagio dimidia marca. Et quieti sunt.
Iidem reddunt compotum de j. feodo honoris[7] de Kilpec in Northure.[8]
In thesauro nichil. Et in predicto superplusagio ij.m. Et quieti
sunt.
Idem reddunt compotum de honore Nicholai de Verdon'. In
thesauro nichil. Et in predicto superplusagio j.m. et debet.

LINCOLN.
KESTEVEN.

II. 571- RECEPTA APUD LINCOLNIAM DE AUXILIO GENERALI DOMINO REGI
572. CONCESSO DE TERMINO SANCTI MICHAELIS ET DE TERMINO PASCHE
ANNO REGNI REGIS HENRICI XX⁰.

De Roberto de Tatersal' pro vj. feodis et dimidio iiij.l. vj.s. viij.d.
per manum Ran' de Marisco.
De Willelmo de Ros pro iij. feodis militum et dimidio et viij. parte
iij.m. et dimidia xx.d. per manus Johannis Pa.
De Eustachio de Greinvill' pro iij. feodis militum iij.m. per manum
Walteri filii Germani.
De Gilberto de Gaunt ix.m. per manum Roberti de Hekynton'.
De Normanno Dercy vij.l. xviij.s. per manum Willelmi Burdet.

---

[1] Read sunt.   [2] Read Doyli.
[3] Read Shenestan.   [4] Read Burewardesley as in I. 244.
[5] Read Bromleg' as in I. 244.   [6] After quieti supply sunt.
[7] Read Hugonis.   [8] Read Norburi.

II. 571–
572—cont.

De Willelmo de Lungespeie iiij.m. per manum Willelmi de Prestwde.
De Willelmo de Albinaco iiij.m. et dimidia per manum Roberti de Barkeston'.
De Olivero de Vallis[1] xx.s. per manum Radulfi de Qwappelade.
De Ricardo Alacun viij.l. per manum Thome clerici.
De comite de Ferariis xij.l. xiij.s. iiij.d. per manum Simonis Dauby.
De comitissa de Bulingbrok xxj.l. xvj.s. per manum Willelmi Beningwrth'.
De Philippo de Kyme iij.l. vj.s. viij.d. per manum Reineri de Sotteham.
De comite Lincolnie viij.l. iiij.s. per manum Johannis de Kriteleston'.
De Hugone Painel lj.s. ix.d. per manum Roberti de Neweton'.
De Radulfo de Haya xxvj.s. viij.d. per manum Petri Stille.
De comite Arundell' xiiij.l. vj.s. viij.d. per manum Willelmi Cusin.
De Philippo de Chauncy iij.l. vj.s. viij.d. per manum Willelmi Bastard'.
De Olivero de Vallibus xxvj.s. viij.d. per manum Radulfi de Quappelade.
De Willelmo de Albinaco liij.s. iiij.d. per manum Rogeri de Muuston'[2].
De Waltero de Killingeholm' iiij.l. vj.s. viij.d. per manum Radulfi Tusard.
De comitissa de Bulingbrok' xxiiij.l. xvj.s. viij.d. per manum Willelmi de Beningworth'.
De Roberto de Tatersal' iiij.l. vj.s. viij.d. per manum Ran' de Marisco.
De comite Albemarlie iiij.l. per manum Walteri de Cotingham.
De Normanno Derci xxxvij.s. j.d. per manum Michaelis Monachi.
De Ricardo Alacun viij.l. per manum Thome clerici.
De Gilberto de Gaunt x.l. vij.s. per manum Roberti de Hekinton'.
De Normanno Derci viij.l. vij.s. per manum Willelmi Burdet.
De Olivero de Vallibus iij.l. xiij.s. iiij.d. per manum Radulfi de Quappelad'.
De Hugone Paynel lj.s. ix.d. per manum Roberti de Neweton'.
De Olivero de Vallibus iij.m. per manum Radulfi de Quappelad'.
De comite de Ferariis x.l. x.s. per manum Simonis Dauby.
De Willelmo de Lungespeie iiij.m. per manum Willelmi de Prestwode.
De comite Lincolnie xxv.l. ix.s. j.d. per manum Johannis de Kriteleston'.
De Johanne de Bayocis xiij.l. x.s. per manum Gilberti de Brakenberg'.
De Willelmo de Ros xxxvj.s. iiij.d. per manum Johannis Pa.
De Normanno Derci lx.s. iiij.d. ob. per manum Willelmi Monachi.

---

[1] Read Vallibus.
[2] The reading is uncertain.

LINDSEY.

S. ij. 13. JOLLANUS DE NEVILL' ET WILLELMUS DE BAYLL'[1], COLLECTORES,
II. 578- REDDUNT COMPOTUM DE EODEM AUXILIO ASSISO IN COMITATU
579. LINCOLNIE IN LINDESEYE, VIDELICET :—

S. De viij.l. xiij.s. iiij.d. de feodo Roberti de Tateshal'. Et debet idem Robertus xxiiij.l. j.m., de remanenti scutagii xxv. feodorum que tenet de veteri feffamento.

S. Iidem reddunt compotum de xvj.l. viij.s. de feodo Gilberti le[2] Gaunt. Et debet lxxv.l. xij.s. x.d. ob. de remanenti scutagii lxviij. feodorum et dimidii iij^a et v^a parte j. feodi de veteri feffamento.

S. Iidem reddunt compotum de xxiij.l. xv.s. ix.d. ob. de feodo Normanni de Arcy. Et debet lvij.s. vj.d. ob. de remanenti xx. feodorum que tenet de veteri feffamento.

S. Iidem reddunt compotum de viij.m. pro W. Longaspata de feodo Nicholae de Haie. Et debet xvj.l. de remanenti xvj. feodorum de veteri feffamento.

S. Iidem reddunt compotum de viij.l. de Olivero de Vallibus de feodo honoris de Croum. Et debet xxij.l. de remanenti xxij. feodorum et dimidii de veteri feffamento, et ix.m. de iiij. feodis et dimidio de novo feffamento sicut continetur in rotulo xiiij. Regis Henrici secundi.

S. Iidem reddunt compotum de xvj.l. receptis per manum Ricardi de Alezun de feodis Cecilie de Crevequer que heres Alexandri de Nevill' tenet. Et debet ij.m. de remanenti de xiij. feodis de veteri feffamento.

S. Iidem reddunt compotum de xxiiij.l. iij.s. iiij.d. pro comite de Ferariis pro parte feodorum que fuerunt comitis Cestrie. Et de xlvj.l. xij.s. viij.d. pro comitissa de Bolinbroc pro parte sua de predictis feodis. Et debent predicti comes et comitissa xx.l. xvij.s. iiij.d. de remanenti lix. feodorum et quarta parte unius feodi comitis Cestrie in hoc comitatu de veteri feffamento, et de ix. feodis et dimidio que Willelmus de Rumar' relaxavit.

Iidem reddunt compotum de iij.m. iij.s. iiij.d. de feodo et dimidio de veteri feffamento et vj^a parte j. feodi de novo feffamento de feodo Philippi de Kime. In thesauro liberavit. Et quietus est.

Iidem reddunt compotum de v.l. iij.s. vj.d. de feodis Hugonis Paynel, scilicet de tribus feodis de veteri feffamento et de residuo de novo feffamento. In thesauro liberavit. Et quietus est.

Iidem reddunt compotum de ij.m. de j. feodo Roberti de Haia de veteri feffamento. In thesauro liberavit. Et quietus est.

S. Iidem reddunt compotum de v.m. de v. feodis Philippi de Kancy de veteri feffamento. Et debet v.m.

S. Iidem reddunt compotum de iiij.l. vj.s. viij.d. receptis de Waltero de Killingehol', tercio parcionario x. feodorum honoris de Scoteny. Et debet dictus Walterus xxvj.d. ob. Et alii duo parcionarii xiij.m. iiij.s. v.d. ob.

S. Iidem reddunt compotum de xiij.l. x.s. de feodis honoris de Baiocis[3]. Et debet Johannes de Baiocis viij.l. xv.s. iiij.d. de remanenti xvj. feodorum et dimidii et v^a parte j. feodi de veteri feffamento. Et lvj.s. de ij. feodis et x^a parte j. feodi de novo feffamento sicut continetur in rotulo xiiij. Regis Henrici secundi.

---

[1] Close Roll, 19 Henry III, m. 6d, *reads* Baioc'.   [2] *Read* de.
[3] Baiocis *substituted for* Baylol.

LINCOLN. 549

S. ij. 13.
II. 578–
579—cont.

De hiis qui non habent capitales honores.
Iidem reddunt compotum de iiij.l. xvj.s. iiij.d. de feodis Willelmi de Ros.
Et de iij.m. de feodis Eustachii de Greynvill'.
Et de viij.m. et dimidia de feodis Willelmi Daubeny.
Et de xxxiij.l. xiij.s. iij.d. de feodis comitis Lincolnie[1].
Et de c.s. de feodis comitis Albamar'.
Et de v.s. de feodo Odenelli de Albanico.
Et de v.s. de feodo Bartholomei de Cnapewell'.
Et de viij.s. de feodo Sayeri de Sancto Andrea.
Iidem reddunt compotum de xiiij.l. vj.s. viij.d. pro comite Cestrie.

Summa superiorum denariorum receptorum de feodis militum supra annotatorum ccxlv.l. iiij.s. ij.d. et ob. In thesauro ccxlij.l. xj.s. iiij.d. per iij. tallias. Et debent dicti collectores lij.s. x.d. ob. Idem[2] reddunt compotum de eodem debito. In thesauro liberaverunt in j. tallia. Et quieti sunt.
In libro. Scribitur per se.
In rotulo.

S. ij. 14.
II. 577.

HOYLAND'.

RADULFUS FILIUS RADULFI ET HUGO DE WICTOT[3], COLLECTORES PREDICTI AUXILII IN HOYLAND' REDDUNT COMPOTUM.

Iidem reddunt compotum de ix.l. ix.d. ob. de feodo Oliveri de Vallibus de honore de Croun. In thesauro x.l. ix.d. ob. Et habent de superplus xx.s. qui allocantur infra.
Iidem reddunt compotum de ij.m. de j. feodo Margerie Greyle de honore Lancastrie et   j.m.
Et de dimidia marca de quarta parte unius feodi Gaufridi Dory de honore de Aubemarle.
Summa xxxiij.s. iiij.d. In thesauro nichil. Et in predicto superplusagio xx.s.
S. Et debent xiij.s. iiij.d. qui debent requiri de Margaria de Gresle.
In rotulo. In libro.

S. ij. 14.
II. 577–578.

JOHANNES GRUMBALD'[4] ET ROBERTUS COFIN, COLLECTORES, REDDUNT COMPOTUM DE EODEM AUXILIO IN KESTEVENE SECUNDUM QUOD ILLUD RECEPERUNT.

Iidem reddunt compotum de xvj.l. v.s. de feodo Gilberti le[5] Gaunt.
Et de xiij.l. dimidia marca de feodo Nicholae de Haya.
Et de lij.s. iiij.d. de feodo Normanni de Arcy.
Et ix[6].l. vj.s. viij.d. de feodo Oliveri de Auncurt.
Et de iiij.l. vj.s. vj.d. de feodo Hugonis Wak'.

---

[1] Lincolnie *substituted for* Wintonie.   [2] *Read* iidem.
[3] Close Roll, 19 Henry III, m. 6d, *reads* Wigethoft.
[4] Close Roll, 19 Henry III, m. 6d, *reads* Gubaud.
[5] *Read* de.   [6] *The reading is uncertain.*

S. ij. 14. Et de xiij.l. de feodo Willelmi Bardulf.
II. 577–
578—cont. Et de lxx.s. x.d. de feodo Willelmi Daubeny.
Et de xxxvij.s. iiij.d. de feodo comitis Aubemarl'.
Et de xj.l. vij.s. iij.d. de feodo Oliveri de Vallibus.
Et de viij.l. xiiij.s. vj.d. ob. de feodo honoris comitis Huntindon'.
Et de vj.l. x.s. de feodo Johannis de Baiocis.
Et de liij.s. iiij.d. de honore Stafford'.
Et de vj.l. de honore Willelmi de Vescy.
Et de xl.s. de feodo Andree Luterel.
Et de xiij.s. iiij.d. de feodo Henrici Camerarii.
Et de lxiiij.s. de uxore Simonis de Cokefeud' de feodo de Byrckin.
Et de iiij.s. v.d. ob. de feodo Petri de Berevill' in Kirkeby quod tenet de rege de vj^a parte unius militis.
Summa cv.l. xij.s. iiij.d. de quibus in thesauro per manum Johannis Goubaut xliiij.l. xvj.s. vj.d. ob. et per manum Roberti Cofin lx.l. ij.s. ij.d. Et debet xiij.s. vj.d. de quibus Robertus Cofin debet respondere sicut recognovit.
Idem Robertus debet respondere de xiij.s. iiij.d. quos recognovit se recepisse de feodo Roberti de Everingeh' in Rescinton' quod tenet de rege.
Idem Robertus Coffyn reddit compotum de predictis duobus debitis. In thesauro liberavit. Et quietus est.
In rotulo.

YORK.
EBOR'.

S. ij. 13. NORDRIDING'.
II. 672–
673. *In libro.*

Ricardus de Ripar' et Willelmus de Herlesie, collectores auxilii in Nordriding, reddunt compotum de xxj.m. de x. feodis et dimidio Petri de Brus in hoc treding'.
Et de dimidia marca de iiij^{ta} parte j. feodi eiusdem ibidem.
Et de v.m. pro ij. feodis et dimidio Henrici de Nevill'.
Et de xxxij.m. x.s. de xvj. feodis et quarta et viij^a de feodo de honore de Munbray.
Et de xiiij.m. et dimidia de vij. feodis et quarta de feodo Fossard' Petri de Malo Lacu.
Et de xj.m. de v. feodis et dimidio Andree Loterell'.
Et de x.s. pro eodem de j. quarterio et viij^a.
Et de vj.m. de iij. feodis Hugonis Paganelli.
Et de vj.m. de iij. feodis Willelmi de Ros.
Et de viij.m. de iiij. feodis Johannis filii Roberti.
Et de ij.m. de j. feodo Willelmi de Filgeriis.
Et de xj.s. ij.d. de feodo Ricardi de Percy.
Summa lxxij.l. iiij^{ors}. vj.d. de quibus in thesauro lxxij.l. ij.s. x.d. Et debent xx.d. Iidem reddunt compotum de eodem debito. In thesauro liberaverunt. Et quieti sunt.
In rotulo.

YORK. 551

S. ij. 13.
II. 672–
673—cont.

ESTREDING.

In libro.

Gerardus Selveyn et Thomas de Lotton[1] reddunt compotum de eodem auxilio in Estreding, scilicet de xv.l. de honore Gilberti de Gaunt.
Et de xij.l. viij.s. iiij.d. de feodo Petri de Malo Lacu de honore Fossard'.
Et de xj.l. vj.s. viij.d. de honore com' Albemarl'.
Et de xl.s. de feodo Willelmi de Albanico.
Et de lxxiij.s. iiij.d. de feodo Andree Luterel.
Et de xiij.s. iiij.d. de feodo Ricardi de Percy per Albredam de Percy.
Et de iiij.l. de feodo Willelmi de Vescy.
Et de xxxij.s. de parte feodi Nicholai de Stutevill'.
Et de xxxvij.s. viij.d. de feodo Thome filii Willelmi.
    Summa lij.l. xj.s. iiij.d. In thesauro viij.l. v.s. Et ipsi regi in garderoba sua apud Eboracum in crastino Sancti Mathei anno xx⁰ xliij.l. x.s. per breve regis quod est in forulo marescalli. Et debent xvj.s. iiij.d.
    Iidem reddunt compotum de eodem debito. In thesauro liberaverunt. Et quieti sunt.

LANCASTER.

S. ij. 16.
II. 802–
803.

HEC SUNT FEODA MILITUM HONORIS LANCASTRIE INFRA CORPUS COMITATUS.

De Willelmo de Lanc'.	j. feodum.
De Adam de Midelton'.	xiiij^{am} partem j. feodi.
De herede Amauri Pincerne.	j. feodum.
De Adam de Merton'.	iiij^{am} partem et xx^{am} partem j. feodi.
De herede Thebaldi filii Walteri.	dimidium feodum.
De heredibus Ricardi filii Rogeri.	iiij^{am} partem j. feodi.
De comite Lincolnie per totum comitatum.	xij. feoda.
Item de herede Amauri Pincerne.	ij. feoda.
De herede Roberti Banastre.	j. feodum.
De Adam de Mulyneux.	dimidium feodum.
De herede Ricardi de Hulton'.	vj^{am} partem j. feodi.
De Thoma Greley.	v. feoda et dimidium.
De Rogero Gerneth.	j. feodum. Sed dicit quod tenet per foresteriam.
De Johanne de Mara.	j. feodum.
De Henrico de Muledene.	ij. feoda.

S. ij. 13.
II. 803–
804.

LANCASTR'.
Transcribitur.

WILLELMUS DE KARLETON' ET WILLELMUS DE CLIFTON', COLLECTORES, REDDUNT COMPOTUM DE AUXILIO ASSISO ET COLLECTO IN HOC COMITATU.

Willelmus de Lancastr' reddit compotum de ij.m. de j. feodo. In thesauro j.m. per collectores. Et debet idem Willelmus j.m.

---

[1] Close Roll, 19 Henry III, m. 6d, *reads* Lucton'.

552   A.D. 1235–1236.

S. ij. 13.   Adam de Middelton' reddit compotum de xxiij.d. de xiiij^a parte
II. 803–
804—cont. j. feodi. In thesauro xxiij.d. per collectores. Et quietus est.
  Heredes Almarici Pincerne reddunt compotum de vj.m. de iij.
feodis. In thesauro vj.m. per collectores. Et quietus est.
  Adam de Merton' reddit compotum de viij.s. de iiij^a parte et xx^a
feodi. In thesauro iiij.s. per collectores. Et debet iiij.s.
  Theobaldus Walteri reddit compotum de j.m. de dimidio feodo.
In thesauro j.m. per collectores. Et quietus est.
  Heredes Ricardi filii Rogeri reddunt compotum de dimidia marca
de iiij^a parte unius feodi. In thesauro dimidia [marca] per collectores.
Et quietus est.
  J. comes Lincolnie reddit compotum de xxiiij.m. de xij. feodis.
In thesauro xx.m. x.s. per collectores. Et debet comes iij.m. et xl.d.
  Heres Roberti Banastr' reddit compotum de ij.m. de j. feodo.
In thesauro ij.m. per collectores. Et quietus est.
  Adam de Mulinas reddit compotum de j.m. de dimidio feodo. In
thesauro j.m. per eosdem. Et quietus est.
  Heres Ricardi de Hulton' [reddit compotum] de iiij.s. v.d. de
vj^{ta} parte j. feodi. In thesauro iiij.s. v.d. per eosdem. Et quietus est.
  Thomas Graley reddit compotum de xj.m. de v. feodis et dimidio.
In thesauro x.m. per collectores. Et debet j.m.
  Johannes de la Mar' reddit compotum de ij.m. de j. feodo. In
thesauro j.m. per collectores. Et debet j.m.
  Henricus de Muledene reddit compotum de iiij.m. de ij. feodis.
In thesauro ij.m. per collectores. Et debet ij.m.
  Summa tocius allocacionis superioris facte in scaccario
xxx.l. xiij.s. viij.d. De quibus in thesauro per eosdem collectores
xxx.l. x.s. ij.d. per ij. tallias. Et debent iidem collectores iij.s. vj.d.

WESTMORLAND.
S. ij. 13.   WESTMERILAND'. In libro.
II. 851.
WALTERUS DE STRIKLAND' ET ROBERTUS HELLEBEC[1], COLLECTORES
DE EODEM AUXILIO IN HOC COMITATU, REDDUNT COMPOTUM.

  Iidem reddunt compotum de iiij.m. de ij. feodis Willelmi de
Lancastr' de baronia sua de Kendale.
  Et de viij.m. de iiij. feodis Johannis de Veteri Ponte de baronia
sua de Westmeriland.
  Et de ij.m. de j. feodo Radulfi de Aencurt et Patricii filii Thome
de baronia de Kendale.
  Et de iiij.s. de x^a et xx^a parte unius feodi Rogeri de Lancastr'
de eadem.
  Et de xvj.d. de xx^a parte unius feodi Mathei de Redmane de
eadem.
  Et de xvj.d. de xx^a parte unius feodi Ingelardi de Sancton' de
eadem.
  Et de xvj.d. de xx^a parte unius feodi Willelmi filii Gilberti de
eadem.

  [1] Close Roll, 19 Henry III, m. 6d, reads Walterus de Stirkleg' and
Robertus de Hellebot.

WESTMORLAND. 553

S. ij. 13.
II. 851—
cont.

Et de xvj.d. de xx^a parte unius feodi Lamberti de Busch' de eadem.
Et de xvj.d. de xx^a parte unius feodi Willelmi de Arundel de eadem.
Et de xvj.d. de xx^a parte unius feodi Nicholai de Alnet' de eadem.
Et de xvj.d. de xx^a parte unius feodi Walteri de Lancastr' de eadem.
Et de xvj.d. de xx^a parte unius feodi Hugonis de Camera de eadem.
Summa x.l. et xvj.d. quos liberaverunt in thesauro per j. talliam. Et quieti sunt.
In rotulo.

CUMBERLAND.

S. ij. 13.
II. 693.

CUMBER'.

WILLELMUS DE LANCASTR' ET THOMAS FILIUS JOHANNIS, COLLECTORES AD COLLIGENDUM AUXILIUM IN EODEM COMITATU.

Iidem reddunt compotum de iiij.m. de j. feodo Lamberti de Multon' de veteri feffamento et de j. feodo eiusdem de novo feffamento. In thesauro nichil, et in superplus quod habent infra ij.m. Et debent ij.m.

Iidem reddunt compotum de dimidio feodo Roberti de Turp' in Edenhal'. In thesauro iij.m. et habent de superplus ij.m. quod totum allocatur eis supra.

Heres Roberti de Vallibus debet iiij.m. de feodis duorum militum de veteri feffamento, et vj.l. ix.s. et iij.d. de iiij. feodis et tribus partibus j. feodi, et x^a parte j. feodi.
In rotulo.

NORTHUMBERLAND.

S. ij. 13.
II. 780–781.

NORHUMBERLAND.
In libro. Scribitur per se.

GALFRIDUS FILIUS GALFRIDI ET ALEXANDER DE HILTON' REDDUNT COMPOTUM DE EODEM AUXILIO ASSISO ET COLLECTO IN HOC COMITATU.

Willelmus de Vescy reddit compotum de xij. feodis de veteri. In thesauro xxvij.l. per predictos collectores.

Gilbertus de Hunfranvill' reddit compotum de ij. feodis et dimidio de veteri. In thesauro cxvij.s. iij.d. per predictos collectores.

Johannes filius Roberti reddit compotum de vj. feodis de veteri. In thesauro ix.l. xj.s. ij.d. per eosdem collectores.

Rogerus de Merlay reddit compotum de iiij. feodis de veteri. In thesauro vij.l. ix.s. vj.d. per eosdem.

S. Rogerus Bertram reddit compotum de vj.m.[1] et dimidia. In thesauro viij.l. v.s. iiij.d. Et debet viij.s.

Hugo de Bolebec reddit compotum. In thesauro xij.l. xviij.d. per eosdem collectores.

Johannes Vic' reddit compotum de iij. feodis. In thesauro iiij.l. Et quietus est.

---
[1] *For* m. *read* feodis.

554   A.D. 1235–1236.

S. ij. 13. Hugo de Morewic' reddit compotum de j. feodo. In thesauro ij.m.
II. 780–
781—cont. Et quietus est.
S. Johannes de Baylol reddit compotum de xxiiij. feodis et tribus partibus preter feoda atturnata episcopo Dunolmensi. In thesauro ix.l. xij.s. xj.d. per predictos collectores. Et debet xxiij.l. vij.s. j.d.
Jordanus Heyrun reddit compotum de j. feodo. In thesauro ij.m. per eosdem collectores. Et quietus est.
Robertus de Munchans reddit compotum [de] iiij. feodis de veteri. In thesauro ix.l. xvij.s. v.d.
Eustachius de la Val reddit compotum de ij. feodis. In thesauro iiij.m. per eosdem. Et quietus est.
Ad' de Tindale reddit compotum de j. feodo. In thesauro ij.m. per eosdem. Et quietus est.
Robertus de Ros reddit compotum de ij. feodis de veteri. In thesauro v.m. per eosdem collectores.
Ricardus Bertram reddit compotum de iij. feodis. In thesauro iiij.l. et iij.s. per eosdem. Et quietus est.
Radulfus de Gaugy reddit compotum de iij. feodis. In thesauro iiij.l. per eosdem. Et quietus est.
Johannes de Kauz et Jacobus de Kauz reddunt compotum de iij. feodis. In thesauro iiij.l. per eosdem. Et quieti sunt.
Rogerus filius Radulfi reddit compotum de j. feodo. In thesauro ij.m. per eosdem. Et quietus est.
Alexander de Bradeford reddit compotum de j. feodo. In thesauro ij.m. per eosdem. Et quietus est.
Radulfus super Teysam reddit compotum de duabus partibus j. feodi. In thesauro xvij.s. viij.d. per eosdem. Et quietus est.
S. Simon filius Thome de Divelesfon' reddit compotum de tercia parte unius feodi. In thesauro viij.s. ix.d. Et debet ij.d. ob. *In thesauro liberavit. Et quietus est.*
Rogerus de Butemund' et particeps,[1] tenentes feodum de Hephal. In thesauro ij.m. per eosdem collectores.
Iterato S. Summa superioris thesauri allocati cxxj.l. iiij.s. vj.d. Prob1. Quod totum liberaverunt in thesauro per iij. tallias. Et quieti sunt.
In rotulo.

HONOURS OF WALLINGFORD, PEVEREL AND GIFFARD.

S. ij. 30.   HONOR DE WALINGFORD.
I. 501–503.   OXON.

Newenham Morin j. feodum.
Johannes de Vernay dimidium feodum in Linleg'.
Milo Neyrenut dimidium feodum ibidem.
Milo de Morleg iiij^{tam} in Nedrecot'.
Rogerus de Harpeden' j. feodum in Harpeden'.
Robertus Braund dimidium feodum in Bixe.
Margeria de Ripariis ij. feoda et dimidium in Wytchirch', Heyford' et Clopham.

---
[1] Prob. *interlined over the amount of money.*

HONOURS OF WALLINGFORD, PEVEREL, GIFFARD. 555

S. ij. 30.
I. 501–
503—cont.

Hugo de la Mare iiij^{tam} in Kyngeston'.
Radulfus de Cestreton' ij. feoda in Cestreton'.
Petrus de la Mare ij. feoda in Heiford' et Baldinton'.
Ricardus Syward cum comitissa j. feodum in Stok' Basset.
Roaldus de Eston' dimidium feodum in Eston'.
Johannes de Beruefeld ^{Vtam} in Stok'.
Ricardus Foliot duo feoda in Rollesham.
Fulco de Coudray ^{Vtam} in Geythampton'.
Hugo de Druval ij. feoda in Garinges.
Fulco de Rucot' j. feodum in Rucot'.
W. de Longa Spata ij. feoda in Berencestr'.
Elyas de Wytefeud unum feodum in Wytfeud.
Johannes de Plessetis et Drogo de Barintyn ij. feoda in Chalgrave.
Radulfus filius Nicholai per custodiam iij. marcatas in Haseleg, Lacford', et Rotherefeud'.
Alanus Basset quartam in Ypesden'.
Radulfus de Auvers dimidium feodum iiij^{ta} parte minus in Dorleg'.
Willelmus Huscarl quartam.
Radulfus de Chendut j. feodum in Kyxham.
Almaricus de Suleham j. feodum in Enton' et quartam in Brutewell'.
Galfridus de Chause j. feodum.
Philippus de Wydemundel quartam.
Mauricius Aungevyn dimidium feodum in Holecumb'.
Thomas de Kyngeston' ^{Vtam}.
Comes Ricardus j. feodum in Watlinton'.

BUK'.

Willelmus Pypard unum feodum in Weregrave.[1]
Radulfus de Auuvers j. feodum in Dorneya.
Willelmus Guinont iiij^{tam} in Wycumb'.
Ricardus de Rotomago ^{Vtam} ibidem.
Petrus Carbonel j. feodum in Bychend'.
Galfridus de Heddesover j. feodum in Heddesovere.
Willelmus de Upton' dimidium in Upton'.
Milo Nigranox dimidium feodum in Merston'.
Johannes de Vernay dimidium in Merston'.
Milo Neyrenut tres partes in Pychenestorn'.
Henricus de Auuvers ^{Vtam} in Sollebir'.
Robertus Malet j. feodum et dimidium in Quenton'.
Jordanus de Archis iij. feoda in Ethrop.
Radulfus[2] de Ruval ^{Vtam} in Warmodeston'.
Johannes filius Roberti j. feodum in Evere.
Radulfus de Wodon[3] dimidium feodum in Messewrth'.
Johannes le Brun dimidium ibidem.
Matillis de Esserug' dimidium ibidem.
Willelmus filius Elye j. in Acle.
Radulfus Barr' j. feodum in Staunton'.
Almaricus de Enton' j. feodum in Bradewell'.
Thomas de Apelton' j. in Chedeseya et Ikeford'.

---

[1] *Read* Wenegrave.   [2] *Perhaps an error for* Robertus.
[3] *Read* Wedon.

A.D. 1235-1236.

S. ij. 30.
I. 501-
503—cont.
Heres de Wycheam j. feodum et dimidium in Wycheham.
Willelmus Maudut dimidium in Hawerug'.
Stephanus de Hassewell' vtam in Wycumb'.
Jacobus de Erleg' quartam in Herleg'.
Radulfus Chaendut j. feodum in Hyselhamstud'.
Henricus de Scaccario j. feodum in Stivcleg'.
Radulfus de Wodon' j. feodum in Rollesham.
Willelmus de Vernun et Nicholaus de Wodon' j. feodum in Pychecot' et Wedon'.
Galfridus Scot vtam in Claydon'.

S. ij. 30.
I. 147.

NORHAMPT'.

Eva de Grey dimidium feodum in Tenford'.

S. ij. 30.
I. 503.

BUK'.

Thomas de Valoniis ij. feoda in Sobbinton'.
Rogerus de Staunford j. feodum in Saunterdon'.
Galfridus Aungot dimidium feodum in Wycumbe.
Petrus de Mara j. feodum in Boteclaydon'.
Gilbertus Basset j. feodum in Wycumb'.

S. ij. 30.

HONOR PIPERELLI.

COMITATUS NOTINGHAM.

Radulfus de Rodes j. feodum in Langar.
Ricardus de Wyverton' quintam in Wyverton'.
Johannes de Helyz j. feodum et dimidium in Wynerpol et Gunnalveston'.
Reginaldus de Medrey j. feodum in Radeclive et j. in Touuiton' et Chldwell'.
Willelmus Maulard j. militem in Sutton'.
Eustachius de Morton' j. feodum in Cochal et Wallaveton'.
Ricardus de Rybof j. feodum in Dylebur.[1]
Hugo de Insula quartam in Torp'.
Hugo de Orreby tres partes in Saseford.[2]
Rogerus de Watenho dimidium feodum in Watenho.
Robertus de Wodeburc dimidium feodum in Wodeburc.
Robertus de Stradleg' j. feodum in Stradleg'.
Milo de Bello Campo et Ricardus j. feodum in Beston.
Agatha de Letenhal[3] dimidium in Notenhal.
Galfridus de Stapelford j. feodum in Stapleford'.
Hugo filius Radulfi j. feodum in Graceleg'.
Petrus de Goldinton iiij^{tam} in Colewik.
Robertus de Salceto viij^{am} in Staunton'.

S. ij. 30.
I. 147-148.

NORHAMPTON'.

Robertus de Nonancurt j. feodum in Buldeburc.[4]
Comes[5] de Ferrariis ij. feoda in Depford' et Tatebur' et Parva Dekington' et terciam partem in Mellinton' et Digeford' et terciam in Quenton' et dimidiam in Blicheword.

---

[1] *Read* Bylebur.   [2] *Read* Baseford.   [3] *Read* Notenhal.
[4] *Read* Guldeburc.   [5] *The whole of this entry is corrupt. See pp.* 495, 499.

HONOURS OF WALLINGFORD, PEVEREL, GIFFARD. 557

S. ij. 30. Willelmus Bordon' j. feodum et dimidium in Berseburc.[1]
I. 147-
148—cont. Robertus de Pavilly iij. feoda in Pyrie et Hampton' et j. feodum
in Hunedescot'.
Willelmus Hauberge j. feodum in Keylmerse.
Willelmus de Duston' ij. feoda in Duston'.
Rogerus Dauufyn j. feodum in Katteby quod Radulfus filius Nicholai
et Radulfus de Normenvill' tenent.
Willelmus de Cantalupo ij. feoda in Bereweby.

S. ij. 30.   BUK'.
Abbas Osen' j. feodum in Upton'.
Walterus de Ortwell' j. feodum in Ortwell'.
Hugo filius Radulfi j. feodum in Cleydon'.
Willelmus Basset dimidium feodum in Hedestok.
Nicholaus de Haveresham j. feodum in Haveresham'.
Petrus de Goudinton' ij. feoda in Goudinton'.

S. ij. 30.   OXON'.
I. 503.
Radulfus filius Nicholai j. feodum in Annington'.
Radulfus de Cestreton' j. feodum in Mollinton'.

                                [LEICESTER.]
S. ij. 30. Ricardus de Martivaus j. feodum in Hawerton'.[2]
Hamo de Crevequor ij. feoda in Billesdon'.
Radulfus filius Nicholai j. feodum in Haseleg'.[3]
Willelmus de Medburn' j. feodum in Boreswrth.
Pakemon et monachi de Gerewedon' et Rogerus Venator j. feodum
in Kereby.
Galfridus Dispensator quartam in Harmesby.
Eustachius Baret dimidium feodum in Labestorp.
Eustachius de Greynvill' j. feodum in Ha . . . ton'.
Radulfus de Torp dimidium feodum in Tyueford.
Nicholaus de Nevill' quartam in Cnossinton'.

S. ij. 30.   HONOR COMITIS GIFFARDI.
I. 503.   OXON'.
Marescallus iiij. feoda in Siplak' et Crawemerse.
Idem j. feodum in Hewell'.
Robertus de Insula j. feodum in Stok'.
Reginaldus de Albo Monasterio j. feodum in Bolehuth'.

S. ij. 30.   BUK'.
Henricus Dayrel j. feodum in Lillingeston'.
Galfridus de Marisco j. feodum in Linford'.
Willelmus de Bechehampton' j. feodum in Bechehampton'.
Johanna Morel j. feodum in Adegrave.
Ricardus filius Ricardi dimidium feodum in Lechamstud'.
Magna Kenebell' iij. feoda.
Johanna de Noers j. feodum in Messinden.
W. filius Rog'[4] et Elias de Ripariis[5] j. feodum in Morton'.

[1] *Read* Derseburc.   [2] *Read* Halueton.   [3] *Read* Hesseby.
       [4] *Read* Reginaldi.   [5] *Read* Le Drueys.

S. ij. 30 —cont.

Bartholomeus de Saukevill' j. feodum in Fawemere[1].
Henricus de Sancto Andrea j. feodum in Essisdon'.
Galfridus de Sancto Martino dimidium feodum in Slingeberewe.
Fulco de Coudrai j. feodum in Molesho.
Norht', Oxon', in libro.

AID OF PRELATES.

S. ij. 18.
I. 96.

NOTINGEHAM ET DERBY. *In rotulo. In libro.*

Radulfus filius Nicholai et Hugo filius Radulfi reddunt compotum de donis prelatorum concessis domino regi ad maritandum, etc.
Iidem reddunt compotum de v.m. de priore de Scelford'.
Et de x.m. de priore de Lenton'.
Et de v.m. de priore Thurkarton'.
Et de v.m. de priore de Blye.
Et de v.m. de priore Wyrkesope.
Et de v.m. de abbate de Derleg'.
Et de iiij.m. de priore de Repedon'.
Summa xxvj.l. In thesauro liberaverunt per xj. tallias. Et quieti sunt.

Transcribitur.

S. ij. 18.
I. 280
(part only).

SALOP. *In rotulo. In libro.*

Robertus de Haia, vicecomes, reddit compotum de donis prelatorum concessis domino regi in comitatu Salop', etc.
Idem reddit compotum de x.m. de abbate Salop'.
Et de x.m. de priore de Wenlok'.
Et de v.m. de abbate de Lileshull'.
Et de j.m. de priore de Wombrug'.
Et de xl.[2]s. de abbate de Hagemon.
Et de xl.s. de abbate de Wiggemore.
Summa xx.l. vj.s. viij.d. In thesauro liberavit per viij. tallias. Et quietus est.

S. ij. 18.
I. 237.

STAFORD. *In libro. In rotulo.*

Item vicecomes reddit compotum de[3] x.m. de abbate de Burton' de eodem auxilio.
Et[3] de iiij.m. de priore de Lappeleg'.
Et[4] de x.s. de abbate de Roucestr'.
Et[5] de x.s. de priore de Duddeleg'.
Et[3] de ij.m. de priore de Stanes.
Et de x.s. de priore de Calewyz.
Summa xij.l. iij.s. iiij.d. In thesauro liberavit per ix. tallias. Et quietus est.

Prior de Trentham reddit compotum de ij.m. de eodem auxilio. In thesauro liberavit in ij. talliis. Et quietus est.

---

[1] Read Falleye *or some such form.*
[2] *Altered from* xx. *There is a marginal note :*—Erratum fuit hic, et corrigitur in magno rotulo.
[3] T. *is interlined here.* [4] P. *is interlined here.*
[5] *On margin here* Non finivit.

AID OF PRELATES. 559

S. ij. 18.   OXON'. *In rotulo. In libro.*
I. 503-504.
II. 882.   Abbas de Osen' reddit compotum de xx.m. de predicto auxilio. In thesauro xx.m. Et quietus est.

Prior de Wrokeston' reddit compotum de   de eodem auxilio. In thesauro ij.m.
Abbas de Eynesham reddit compotum de v.m. de eodem auxilio. In thesauro liberavit. Et quietus est.
Prior de Bernecestr' reddit compotum de xl.s. de eodem auxilio. In thesauro liberavit. Et quietus est.
Prior Sancte Frideswide reddit compotum de c.s. de eodem auxilio. In thesauro liberavit. Et quietus est.
Abbas Dorkec' reddit compotum de vj.m. de eodem auxilio. In thesauro liberavit. Et quietus est.
Homines Oxonie debent c.l. de eodem, set respondent in magno rotulo inter tallagia.[1]
S. Abbas de Oseneya   xx.m. de eodem [*cancelled*] quia supra.
Transcribitur. [*In margin:*—] *Totus iste comitatus in rotulo.*

BERKESIR'. *In libro. In rotulo.*
Abbas de Rading' reddit compotum de c.m. de eodem auxilio. In thesauro c.m. Et quietus est.
Prior de Becco de Stivent' reddit compotum de xij.m. de eodem. In thesauro vj.m. Et debet vj.m.
Idem reddit compotum de eadem pecunia. In thesauro liberavit. Et quietus est.
Transcribitur.

S. ij. 18.   WIGORNIA. *In rotulo. In libro.*
I. 200.
Willelmus Episcopus Wigorniensis reddit compotum   de eodem auxilio. In thesauro lviij.l. et j.m.
Prior Wigornie reddit compotum de xx.l. de eodem. In thesauro liberavit. Et quietus est.
Abbas de Persor' reddit compotum de x.m. de eodem. In thesauro iiij.l. per j. talliam. Item in thesauro iiij.m. per manus collectorum auxilii in comitatu Wigornie de ij. feodis eiusdem abbatis sicut continetur ibidem. Et quietus est.
Prior de Magna Malvernia reddit compotum de x.l. de eodem. In thesauro liberavit. Et quietus est.
Transcribitur.

S. ij. 18.   SUDSEX. *In libro. In rotulo magno.*
II. 94.
Abbas de Bello reddit compotum de xx.l. de eodem auxilio. In thesauro xx.l. Et quietus est.
Abbas de Fiscauno reddit compotum de xl.m. de eodem auxilio. In thesauro liberavit per j. talliam. Et quietus est.
Prior de Arundel reddit compotum de xl.s. de eodem auxilio. In thesauro liberavit. Et quietus est.

---

[1] Pipe Roll.

A.D. 1235–1236.

S. ij. 18.
II. 94—
cont.

Abbas Sagiensis reddit compotum de c.s. de eodem. In thesauro liberavit. Et quietus est.
S. Prior de Boxgrave reddit compotum de v.m. de eodem. In thesauro iij.m. Et debet ij.m. Sed respondet infra.
S. Prior de Lewes reddit compotum de xl.m. de eodem. In thesauro xxx.m. Et debet x.m.
Prior de Tortinton' reddit compotum de xl.s. de eodem. In thesauro liberavit. Et quietus est.
S. Prior de Boxgrave reddit compotum de ij.m. de eodem sicut supra continetur.
Episcopus Cicestrensis reddit compotum de xxv.m. de eodem. In thesauro xiiij.l. xv.s. viij.d. Et debet xxxvij.s. viij.d.
Idem episcopus reddit compotum de eodem debito. In thesauro xvij.l. iiij.s. viij.d. ob. Et habet de superplus xv.l. vij.s. ob.

S. ij. 18.
I. 374.

GLOUC'.

Abbas Glouc' reddit compotum de c.m. de eodem auxilio. In thesauro liberavit. Et quietus est.
Abbas de Theokesb' reddit compotum de xx.l. de eodem auxilio.[1] In thesauro liberavit in ij. talliis. Et quietus est.
Prior de Derheste reddit compotum de xx.m. de eodem auxilio. In thesauro liberavit per ij. tallias. Et quietus est.
Prior de Bekkeford' reddit compotum de vj.m. de eodem. In thesauro liberavit per ij. tallias. Et quietus est.
Prior de Newent reddit compotum de x.l. de eodem. In thesauro liberavit in ij. talliis. Et quietus est.
Abbas Cirencestrie reddit compotum de xx.l. de eodem. In thesauro liberavit in ij. talliis. Et quietus est.
Prior de Lanton' reddit compotum de xx.m. de eodem. In thesauro x.m. Et debet x.m. Resp' in rotulo Item Glouc'.
Abbas Winchelcomb' reddit compotum de x.m. de eodem. In thesauro liberavit in ij. talliis. Et quietus est.
Abbas Sancti Augustini Bristold' reddit compotum de xx.m. de eodem. In thesauro liberavit in j. tallia. Et quietus est.
Respice in rotulo Item Glouc'.

ITEM GLOUC'. *In libro. In rotulo.*
Prior[2] de Esseling   lxvj.s. viij.d.
Prior de Horsleg' reddit compotum de c.s. de eodem. In thesauro liberavit. Et quietus est.
Prior de Lanton' reddit compotum de xx.m. de eodem, sicut supra continetur. In thesauro liberavit. Et quietus est.
Transcribitur.

S. ij. 18.
I. 858.

DEVON. *In libro. Transcribitur.*

Prior de Ypelepenne reddit compotum de xl.s. de eodem auxilio. In thesauro nichil. Et in perdono eidem xl.s. per breve regis quod est in forulo marescalli.[3] Et quietus est.

---

[1] " Abbas Theokesberiæ dedit triginta marcas ex parte sua." *Annales Monastici*, vol. i. p. 97.
[2] *This entry and the two that follow it are taken from the dorse of another membrane described as* 'Item Glouc.'   [3] Close Rolls, 1234–1237, pp. 221, 429.

AID OF PRELATES. 561

S. ij. 18.
I. 858
—cont.

Abbas de Hertilande reddit compotum de v.m. de eodem. In thesauro liberavit. Et quietus est.

DEVON. *In libro. Transcribitur.*
Walterus vicecomes reddit compotum de ij.m. de priore de Frithelarestok' de eodem.
Et de c.s. de priore de Plinton' de eodem.
Et de ij.m. de priore de Berdestapl' de eodem.
Et de xx.s. de priore de Pilton' de eodem.
Et de xx.s. de priore Sancti Jacobi de eodem.
Et de c.s. de priore de Totenesia de eodem.
Et de j.m. de priore de Cuwic de eodem.
Et de v.m.[1] de priore Sancti Nicholai Exonie de eodem.
Et de v.m. de priore de Oterinton' de eodem.
Et de xl.s. de priore de Lega de eodem.
In thesauro xxij.l. iij.s. iiij.d. per xv. tallias. Et debet xxxvj.s. viijd. Idem reddit compotum de eodem debito. In thesauro x.s. pro priore de Pilton'. Et j.m. de priore de Fridestok.
S. Et debet idem W. vicecomes xiij.s. iiij.d.
In rotulo.[2]

S. ij. 18.
II. 622.

LONDON' ET MIDDLESEX. *In rotulo. In libro.*
R. Londoniensis episcopus reddit compotum de lx. et x.m. de eodem. In thesauro liberavit per ij. tallias. Et quietus est.
Prior Sancte Trinitatis Lond' reddit compotum de x.m. pro eodem. In thesauro liberavit in ij. talliis. Et quietus est.
Transcribitur.

S. ij. 18.
II. 282.

ESSEX, HERTFORD. *In rotulo. In libro.*
Petrus de Tany, vicecomes, reddit compotum de auxilio eodem scilicet :—
De l.m. de abbate Sancti Albani de eodem.[3]
Et de v.m. de abbate de Colecestr', de eodem.
Et de x.m. de priore Sancti Walerici de eodem.
Et de xl.s. de priore Crucis Roesie de eodem.
Et de xl.s. de priore Sancti Botulfi, Colecestr', de eodem.
Et de v.m. de priore de Coln' de eodem.
Et de c.s. de abbate de Waleden' de eodem.
Et de x.l. de abbatissa Berkinge de eodem.
Et de j.m. de priore de Havering' de eodem.
Et de v.m. de priore de Merseye de eodem.
Et de j.m. de priore de Stangate de eodem.

---

[1] S. ij. 18 has v.m. m'c *in error.*
[2] In rotulo *applies to both the Devon entries.*
[3] " Abbas Sancti Albani finem fecit nobiscum per quinquaginta marcas pro auxilio suo nobis concesso de auxilio quod a magnatibus nostris in Anglie nobis communiter concessum fuit, et ideo vobis mandamus quod de scutagio quod ab eo exigitis de sex feodis militum que de nobis tenet in capite, occasione predicti auxilii, pacem ei facere habeatis, quia idem abbas scutagium suum per eundem finem habere debet." *Writ to the Barons of the Exchequer,* 15 April 1236. Fine Roll 20 Hen. III. m. 11.

Wt. 3705. B 36

S. ij. 18.
II. 282
—cont.

Et de ij.m. de priore Hertford, de eodem.
Et de v.m. de priore de Wares de eodem.
Et de xl.s. de priore de Hadfeld de eodem.
Et de x.l. de abbate Sancte Osithe de eodem.
    Summa iiij**vij.l. In thesauro liberavit in xx. talliis. Et quietus est.

Abbas de Waltham reddit compotum de xx.m. de eodem auxilio. In thesauro liberavit per ij. tallias. Et quietus est.
Prior de Pritelewell' reddit compotum de v.m. de eodem auxilio. In thesauro liberavit per ij. tallias. Et quietus est.
Idem vicecomes reddit compotum de xl.s. de priore de Lega, et de vj.m. de priore de Donmawe, et de x.s. de priore de Tipetre, et de j.m. de priore de Ginges. In thesauro liberavit in viij. talliis. Et quietus est.
S. Prior de Blakemor reddit compotum de ij.m. de eodem auxilio. In thesauro j.m. Et debet j.m. Sed respondet in magno rotulo de anno xxvj°.[1]
Prior de Pamfeld reddit compotum de c.s. de eodem. In thesauro liberavit in j. tallia. Et quietus est.
Ballivus Sancti Walerici de Takely   x.m. de eodem. Resp' supra in compoto Petri de Tany.
Abbatissa de Cadamo reddit compotum de xx.l. de eodem. Set respondet in mangno rotulo de anno xxvj°.[2]
    Transcribitur.

S. ij. 18.
II. 282
(under
Essex).

ROTELANDE. *In rotulo.*

Prior del Broc reddit compotum de ij.m. de eodem. In thesauro liberavit in ij. talliis. Et quietus est.

S. ij. 18.
I. 735–736.

DORSETTE, SOMERS'. *In libro.*

Episcopus Bathoniensis reddit compotum de c.l. de eodem auxilio pro se et abbate Glastonie. In thesauro l.l. per ij. tallias. Et debet l.l. Set respondet infra.
Prior Bathonie reddit compotum de x.l. de eodem auxilio. In thesauro liberavit in ij. talliis. Et quietus est.
S. Prior de Tanton' reddit compotum de x.m. de eodem auxilio. In thesauro v.m. Et debet v.m.
S. Prior de Briweton' reddit compotum de v.m. de eodem auxilio. In thesauro ij.m. et dimidia. Et debet ij.m. et dimidiam.
S. Abbas de Michelneye reddit compotum de c.s. de eodem. In thesauro l.s. Et debet l.s.
S. Abbas de Adelingeye reddit compotum de c.s. de eodem. In thesauro l.s. Et debet l.s.
Episcopus Bathoniensis reddit compotum de l.l. de predicto auxilio sicut supra continetur. In thesauro nichil. Et W. de Kirkham in garderoba regis apud Radinge l.l. per breve regis quod est in forulo marescalli. Et quietus est.

---

[1] "Prior de Blakemore j.m. de auxilio ad sororem regis maritandam, set Johannes de Watton debet eum aquietare sicut recognovit." Pipe Roll 26 Hen. III.
[2] "Abbatissa de Cadomo reddit compotum de xx.l. de eodem. In thesauro x.l. Et debet x.l." *Ibid.*

AID OF PRELATES. 563

S. ij. 18. *S.* Abbatissa Sancti Edwardi reddit compotum de xx.l. de eodem
I. 735–736 auxilio. In thesauro x.l. Et debet x.l.
—*cont.*
  Abbas de Tavistok debet xxxij.m. de eodem auxilio pro xvj. feodis, set non debet sumoniri quia inde quietus est in compoto collectorum eiusdem auxilii in Devon in rotulo collectorum eorundem.
  Prior de Monte Acuto   c.s. de eodem, set Thomas de Cyrcest' debet eum aquietare ut recognovit.
    Transcribitur.

S. ij. 18.   WILTESIR'. *In libro. In rotulo.*
I. 644.
  Prior de Bradenestok' reddit compotum de c.s. de eodem auxilio. In thesauro liberavit per j. talliam. Et quietus est.
  Prior de Okeburne reddit compotum de l.m. pro se et priore de Ruslepe de eodem. In thesauro xxv.m. [per j.] talliam. Et in garderoba regis W. de Kirkham apud Merleberg' die Jovis proximo ante Epiphaniam [anno regni eius] xx° xxv.m. per breve regis quod est in forulo marescalli. Et quietus est.
  Abbas de Malmesbir' reddit compotum de xx.m. de eodem. In thesauro liberavit. Et quietus est.
  Prior de Farleg' reddit compotum de c.s. de eodem. In thesauro liberavit. Et quietus est.
  Prior de Clafford reddit compotum de xl.s. de eodem. In thesauro liberavit. Et quietus est.
  Prior de Avebiry reddit compotum de c.s. de eodem. In thesauro liberavit. Et quietus est.
  S. Heres Willelmi Gerbert debet xl.s. pro priore de Middelton'; et ij.m. de terra monialium[1] abbatissa de Wilton' sicut idem recognovit. Idem reddit compotum de eadem pecunia.
  Abbatissa Wiltonie debet x.m. set respondet in proxima linea.
  Abbatissa Wiltonie reddit compotum de x.m. de eodem auxilio. In thesauro nichil. Et in perdono [eidem abbatisse] x.m. per breve regis quod est in forulo marescalli. Et quieta est.
  Episcopus Saresberiensis reddit compotum de quaterviginti m. de eodem. In thesauro liberavit [in tribus talliis. Et quietus est].
    Transcribitur.
  [*Endorsed* :—] *Rotulus de donis prelatorum.*

S. ij. 18.   LINCOLN. *In rotulo. In libro.*
II. 584.
  Prior de Simplingeham reddit compotum de l.m. de eodem auxilio pro se et toto ordine suo, sicut continetur in originali. In thesauro liberavit per j. talliam. Et quietus est.

  R. vicecomes reddit compotum de xxx.m. de abbate de Croyland' pro se et cella sua de Freston' de eodem auxilio.
  Et de x.m. de abbate de Torenton de eodem.
  Et de x.l. de abbate de Grimesby de eodem.
  Et de v.m. de abbate de Umberstan de eodem.
  Et de ij.m. de priore de Ellesham de eodem.
  Et de xv.m. de abbate de Bardeney de eodem.
  Et de xl.s. de priore de Covenham de eodem.

---
[1] *After* monialium *supply* pro.

A.D. 1235–1236.

S. ij. 18.
II. 584
—cont.

Et de j.m. de priore de Wengale de eodem.
Et de v.m. de priore de Stikeswald' de eodem.
Et de ij.m. de priore de Menting' de eodem.
Et de xx.s. de priore de Burewell' de eodem.
Et de ij.m. de priore de Hacham de eodem.
Et de xl.s. de priore de Markeby de eodem.
Et de v.m. de priore de Stainfeld' de eodem.
Et de xl.s. de priore de Kima de eodem.
Et de iiij.m. de priore de Nocton' de eodem.
Et de ij.m. de priore de Hack de eodem.
Et de iij.m. de priore de Wivelesford' de eodem.
Et de iiij.m. de priore de Thornholm' de eodem.
Et de ij.m. de priore de Thorkeseye de eodem.
Et de j.m. de priore Sancti Leonardi in Stanford' de eodem.
In thesauro xlviij.l. et dimidia marca. Et debet xxx.l.
Idem reddit compotum de eodem debito. In thesauro liberavit.
Et quietus est.

S. Prior de Spalding   xxx.m. de eodem.
Transcribitur.
[*In margin :*—] *Totus iste comitatus perfecte in rotulo preter illos qui non fecerunt finem.*

S. ij. 18.
II. 669.

EBOR'. *In rotulo. In libro.*

Prior de Giseburn' reddit compotum de xxv.m. de eodem auxilio. In thesauro liberavit in j. tallia. Et quietus est.

Episcopus Dunholmensis reddit compotum de cc.l. de eodem auxilio. In thesauro liberavit. Et quietus est.

Prior de Drax reddit compotum de v.m. de eodem auxilio. In thesauro liberavit. Et quietus est.

Prior de Boelton' reddit compotum de v.m. de eodem auxilio. In thesauro liberavit. Et quietus est.

Prior de Novo Burgo reddit compotum de x.m. de eodem auxilio. In thesauro liberavit. Et quietus est.

Prior de Marton' reddit compotum de ij.m. In thesauro liberavit. Et quietus est.

S. Prior de Sancto Oswaldo[1] *reddit compotum de* x.l. *de eodem. In thesauro liberavit. Et quietus est.*
S. Prior de Bridelington   xx.m. de eodem.
S. Prior de Kirkeham   xx.m. de eodem.[2]

---

[1] *In January 1236, a writ was addressed to the sheriff of Northumberland as follows :*—" Monstravit nobis prior de Sancto Oswaldo quod tu distringis eum eo quod non fuit coram Willelmo Britone et sociis suis, quos assignavimus ad auxilium nostrum petendum de viris religiosis qui auxilium nobis non promiserunt in comitatu tuo. Et quia idem prior finem fecit nobiscum apud Notingham per x.l. et nichil habet in comitatu tuo nisi ecclesiam de Banburc, quam tenet in proprios usus, ut dicit, tibi precipimus quod ipsum priorem ea occasione non distringas." K.R. Memoranda Roll, No. 14, m. 1.
[2] Close Rolls, 1232–1237, p. 223.

AID OF PRELATES.   565

S. ij. 18.   S. Prior de Wartre   v.m.
II. 669
—cont.   S. Prior de Bretton'   xx.s. de eodem.
                      Transcribitur.
     Totus iste comitatus in rotulo preter illos qui non fecerunt finem.

S. ij. 18.   NORHAPTESIR'. In libro. In rotulo.
I. 173.
     Abbas de Burgo reddit compotum de iiij^{xx}iiij^{or}l. et j.m. de eodem
auxilio $_{pro}$ lxiij. feodis et dimidio. In thesauro iiij^{xx} l. $_{per}$ ij. tallias.
Et debet iiij.l. j.m. set dicit quod est superdemanda.
     Abbas Sancti Jacobi extra Norhamton' reddit compotum de c.s.
de eodem. In thesauro liberavit. Et quietus est.
     Prior Sancti Andree reddit compotum de x.m. de eodem. In
thesauro liberavit. Et quietus est.
     Prior de Davintre reddit compotum de v.m. de eodem. In thesauro
liberavit. Et quietus est.
     Prior de Esseby reddit compotum de xl.s. In thesauro liberavit.
Et quietus est.
     Prior de Luffeld reddit compotum de xl.s. In thesauro liberavit.
Et quietus est.
     Prior de Chaucumbe reddit compotum de xl.s. In thesauro libera-
vit. Et quietus est.
                      Transcribitur.
     [In margin :—] Totus iste comitatus in rotulo.

S. ij. 18.   KENT. In rotulo magno. In libro.
II. 48.
     E. archiepiscopus Cantuariensis reddit compotum de ccc.m. de
eodem auxilio, videlicet de c.m. ultra omnia [feoda] sua que non
debet ut dicit, sicut continetur in rotulo. In thesauro liberavit in
tribus talliis. Et quietus est.
     Abbas de Lesnes reddit compotum de c.s. de eodem. In thesauro
liberavit. Et quietus est.
     Abbas de Faverham reddit compotum de x.m. de eodem. In thesauro.
     Prior de Ledes reddit compotum de v.m. de eodem. In thesauro
liberavit. Et quietus est.
     Prior de Hortun' reddit compotum de v.m. de eodem. In thesauro
liberavit. Et quietus est.
     Prior de Leueseham reddit compotum de xl.s. de eodem. In
thesauro liberavit. Et quietus est.
     Prior de Folkestan reddit compotum de xl.s. de eodem. In thesauro
liberavit. Et quietus est.
     Prior de [Cumbewell'] reddit compotum de xl.s. de eodem. In
thesauro liberavit. Et quietus est.
     Prior Sancte Trinitatis Cantuarie reddit compotum de lx.m. de
eodem. In thesauro nichil. Et in perdono ipsi priori lx.m. Que
quidem assignantur ad operacionem feretri Sancti Thome Martiris
per breve regis quod est in forulo marescalli.[1]

                      HEREFORD.
     [The second section of entries for this county printed on p. 569 below.]

     [1] This pardon was granted in March 1240. Close Rolls, 1237–1242,
p. 181.

566   A.D. 1235–1236.

S. ij. 18.   NORFOK.[1] *In rotulo. In libro.*
II. 311.
Abbas Sancte[2] Edmundi reddit compotum de vj^{xx} m. de auxilio concesso ad maritagium imperatricis, sororis regis. In thesauro liberavit in iij. talliis. Et quietus est.
Prior de Buttele reddit compotum de xx.m. de eodem auxilio. In thesauro liberavit in ij. talliis. Et quietus est.
Prior de Wimondeham reddit compotum de x.m. de eodem auxilio. In thesauro v.m. Et debet v.m. Respondet infra.
Ballivus de Bernay reddit compotum de xl.s. de eodem. In thesauro liberavit. Et quietus est.
Prior Sancti Petri de Gippewich' reddit compotum de v.m. de eodem. In thesauro liberavit. Et quietus est.
Prior de Kokford' reddit compotum de c.s. de eodem. In thesauro liberavit. Et quietus est.
Prior de Westacr' reddit compotum de c.s. de eodem. In thesauro liberavit. Et quietus est.
Prior de Pantenay reddit compotum de v.m. de eodem. In thesauro liberavit. Et quietus est.
Prior de Wermegay reddit compotum de ij.m. de eodem. In thesauro liberavit. Et quietus est.
Prior de Bukeham reddit compotum de xl.s. de eodem. In thesauro liberavit. Et quietus est.
Prior de Castelacre reddit compotum de x.l. de eodem. In thesauro liberavit. Et quietus est.
Prior de Eye reddit compotum de c.s. de eodem. In thesauro liberavit. Et quietus est.
Prior de Brisete reddit compotum de xl.s. de eodem. In thesauro liberavit. Et quietus est.
Prior de Bliburgh' reddit compotum de v.m. de eodem. In thesauro liberavit. Et quietus est.
Prior de Binham reddit compotum de v.m. de eodem. In thesauro liberavit. Et quietus est.
Prior de Wimundeham reddit compotum de v.m. de eodem, sicut supra continetur. In thesauro liberavit. Et quietus est.
Prior de Bromholm' reddit compotum de c.s. de eodem. In thesauro liberavit. Et quietus est.
Prior de Walsingeham reddit compotum de v.m. de eodem. In thesauro liberavit. Et quietus est.
Prior de Norwich'[3]   de l.m. de eodem.
Episcopus Norwicensis reddit compotum de c.l. de eodem. In thesauro liberavit. Et quietus est.
Transcribitur.

S. ij. 18.   BOKINGEHAM, BED'. *In rotulo. In libro.*
II. 227.
W. de Bellocampo, vicecomes, reddit compotum de v.m. de abbate de Messenden, de dono.
Et de ij.m. de priore de Caudewell', de eodem.
Et de xl.s. de priore de Bissemed'.
Et de x.l. de priore de Dunstaple, de eodem.

---

[1] *Add* ET SUFF'.   [2] *Read* Sancti.
[3] *The book* (II. 311) *fills up the gap with* reddit compotum *in error*.

AID OF PRELATES. 567

S. ij. 18.
II. 227
—cont.
Et de x.m. de priore de Newenham.
In thesauro liberavit in v. talliis. Et quietus est.
Transcribitur.

S. ij. 18.
II. 147.
SUHAMPTESIR'. *In rotulo. In libro.*
Galfridus de Insulis, vicecomes, reddit compotum de xl.m. pro abbate de Hyda de eodem ; et de xl.s. de priore de Andevre pro eodem. In thesauro liberavit in iij. talliis. Et quietus est.
Prior de Brummer' reddit compotum de iij.m. de eodem auxilio. In thesauro nichil. Et in perdono eidem iij.m. per breve regis quod est in forulo marescalli.[1] Et quietus est.
Transcribitur.

S. ij. 18.
I. 143.
NORHUMBERLANDE. *In rotulo. In libro. In comitatu Norh't.*
[Hugo] de Bolebec, vicecomes, reddit compotum de c.s. de priore de Tinemue de auxilio ad maritandam sororem regis imperatori.
Et de xx.[s. de] priore de Brinkeburn' de eodem auxilio.
Et de xx.s. de priore de Boelton' de eodem.
Et de x.m. de priore de Heicpedes[ham]', sed respondet inde in magno rotulo anno xxjº.[2]
Transcribitur.

S. ij. 18.
II. 94.
SURR'. *In libro.*
[Prior de] Bermundese reddit compotum de x.m. de eodem auxilio. In thesauro liberavit. Et quietus est.
[Prior de] Sudewerk reddit compotum de v.m. de eodem auxilio. In thesauro liberavit. Et quietus est.
Transcribitur.

S. ij. 18.
II. 606.
CANTEBR', HUNTIND'. *In rotulo. In libro.*
Abbas Ramesie reddit compotum de lx.m. de eodem auxilio. In thesauro xxvj.l. j.m. per manum Henrici vicecomitis in iij. talliis. Et debet xiij.l. vj.s. viij.d. set respondet infra.
Prior de Bernewell' reddit compotum de c.s. de eodem auxilio. In thesauro liberavit per vicecomitem in ij. talliis. Et quietus est.
Prior de Suaveseye reddit compotum de ij.m. de eodem. In thesauro liberavit in una tallia per vicecomitem. Et quietus est.
Prior de Sancto Neoto reddit compotum de x.l. de eodem. In thesauro c.s. per vicecomitem. Et debet c.s.
Prior Huntendon' reddit compotum de x.l. de eodem. In thesauro liberavit per j. talliam per vicecomitem. Et quietus est.
Prior Sancti Ivonis reddit compotum de v.m. de eodem. In thesauro liberavit per vicecomitem. Et quietus est.

---
[1] *See* Close Rolls, 1234–1237, p. 409, *and* K.R. Memoranda Roll 15, m. 18*d*.
[2] "Vicecomes reddit compotum de xiij.l. et j.m. de auxilio prelatorum ad maritandam sororem regis Romanorum imperatori quorum nomina annotantur in rotulo de auxilio prelatorum. In thesauro nichil. Et ipsi vicecomiti in parte solucionis cc.m. quas percipit pro custodia castrorum Novi Castri et Bamburc et comitatus Norhumbrie xiij.l. et j.m." Pipe Roll 21 Hen. III. Northumberland.

568 A.D. 1235–1236.

S. ij. 18.
II. 606
—cont.

Abbas de Torneye reddit compotum de xx.m. de eodem. In thesauro nichil. Et in garderoba regis apud Burgum W. de Kirkham et Willelmo de Haverhull' vij° die Octobris anno xx° decem m. per breve regis quod est in forulo marescalli. Et eisdem in garderoba regis apud Westmonasterium die Pasche anno eodem x.m. per aliud breve regis quod est in forulo marescalli.[1] Et quietus est.

Abbas Ramesie reddit compotum de xx.m. de remanenti eiusdem auxilii sicut supra continetur. In thesauro nichil. Et in superplusagio quod collectores auxilii militum Huntendon' habent in suo compoto xx.m. Et quietus est.

H. episcopus Elyensis reddit compotum de cc.m. de eodem auxilio. In thesauro liberavit. Et quietus est.

Transcribitur.

S. ij. 18.
Subsidies
239–240.
I. 416–417.

WAR', LEIC'. *In libro. In rotulo.*

Abbas Leic' reddit compotum de x.m. de eodem auxilio. In thesauro liberavit. Et quietus est.

Prior Coventr' reddit compotum de xx.m. de eodem. In thesauro viij.m. Et debet viij.m. Set respondet infra.

Abbas Alencestr' reddit compotum de xx.s. de eodem. In thesauro liberavit. Et quietus est.

Prior de Stodleg' reddit compotum de ij.m. de eodem. In thesauro liberavit. Et quietus est.

Prior de Kenilleword' reddit compotum de x.m. de eodem. In thesauro liberavit. Et quietus est.

Prior de Coventr'   xij.m. de eodem sicut supra continetur.
Prior de Kyrkeby   v.m. de eodem.
Prior de Landa reddit compotum de c.s. de eodem. In thesauro liberavit. Et quietus est.

Abbas de Osolveston' reddit compotum de xl.s. de eodem. In thesauro liberavit. Et quietus est.

Prior de Hyngeley reddit compotum de xx.s. de eodem. In thesauro liberavit. Et quietus est.

Transcribitur.

S. ij. 18.
I. 883.

CORNUBIA. *In libro. In rotulo.*

Prior de Landstsechan reddit compotum de v.m. de eodem. In thesauro liberavit. Et quietus est.

Prior de Sancto Jermano reddit compotum de iiij.m. de eodem. In thesauro liberavit. Et quietus est.

Prior de Tywardry reddit compotum de iiij.m. de eodem. In thesauro liberavit. Et quietus est.

Prior de Bomen' reddit compotum de v.m. de eodem. In thesauro liberavit. Et quietus est.

Prior de Monte Sancti Michaelis reddit compotum de iij.m. de eodem. In thesauro liberavit. Et quietus est.

Prior de Tregoni   ij.m. de eodem.
Prior de Sancto Karroc' j.m. de eodem.
Prior de Sancto Antonio j.m. de eodem.

---

[1] *The abbot of Thorney obtained a writ of* computate *to the barons of the Exchequer in respect of both payments.* K.R. Memoranda Roll, No. 15, m. 16.

AID OF PRELATES. 569

S. ij. 18. HEREFORD'. *In rotulo. In libro.*
I. 340.
Prior de Morkelen' pro se et prioratu de Werkeham' in comitatu Norff' reddit compotum de v.m. In thesauro dimidiam marcam. Et debet lx.s. De quibus heres Aumarici de Sancto Amando debet eum acquietare sicut attinctum est coram baronibus, ut continetur in rotulo de placitis.
Prior de Akeis iij.m.
Prior de Pione ij.m.

Prior de Pione reddit compotum de ij.m. de eodem. In thesauro nichil et in perdono ipsi priori ij.m. per breve regis quod est in forulo marescalli.[1] Et quietus est.
Episcopus Herefordensis xxxvj.m.
[Prior de Morkel v.m.] [Prior de Akle xl.s.]

DIVERS COUNTIES.

KENT.

S. ij. 15. Abbas Sancti Augustini Cant' reddit compotum de xxx.m. de
II. 41-42. xv. feodis. In thesauro liberavit per manus collectorum. Et quietus est.
Robertus de Crevecuer reddit compotum de xliij.m. de xxj. feodis et dimidio de honore de Abbrincis de veteri feffamento. In thesauro xxj.l. et ij.s. per eosdem, et debet vij.l. xj.s. et iiij.d.
Idem debet v.m. de ij. feodis et dimidio de novo feffamento, sicut continetur in rotulo xiiij. Regis Henrici.[2]
Idem reddit compotum de xxviij.m. de xiiij. feodis de baronia propria de honore de Crevecuer. In thesauro xiiij.l. per eosdem. Et debet iiij.l. xiij.s. iiij.d.
Warinus de Muntchenesy reddit compotum de lxj.m. de xxix. feodis de veteri feffamento et de j. feodo et dimidio de novo de baron' Willelmi de Muntchen' et Hugonis de Aubervill' sicut in rotulo xiij. Regis Johannis continetur.[3] In thesauro xj.l. vj.s. et viij.d. per eosdem. Et debet xxix.l. vj.s. et viij.d.
Willelmus de Say reddit compotum de lvij.l. vj.s. et viij.d. de xxvij. feodis de honore Mamynnot de veteri feffamento et j. de novo, et xv. feodis honoris Ingelrami Patrich'. In thesauro xxj.l. per eosdem. Et debet xxxvj.l. et dimidiam marcam. Sed respondet infra.
Ricardus filius Regis reddit compotum de xx.l. de xiiij. feodis de veteri et j. feodo de novo honoris Folberti de Dovor'. In thesauro xvj.l. et j.m. per eosdem. Et debet v.m.

[1] "Pro priore de Pyone. Rex perdonavit eidem priori ij.m. quas ei debuit de auxilio concesso ad maritandam sororem regis imperatori per breve suum quod est in forulo marescalli, et mandatum est vicecomiti Hereford'." K.R. Memoranda Roll, no. 16, m. 7. Easter, 1238. Close Rolls, 1237-1242, p. 39.
[2] *See* Pipe Roll, 14 Hen. II. p. 212.
[3] "Comes de Arundell' de xxix. feodis de veteri feffamento et de j. feodo et dimidio de novo feffamento Willelmi de Munchenes et Hugonis de Albervill." Pipe Roll 13 John. Kent.

570   A.D. 1235–1236.

S. ij. 15.
II. 41–42.
—cont.

Robertus de Setvanz reddit compotum de xxxj.s. j.d. et ob. de j. feodo et vj. parte j. feodi. In thesauro ij.m. Et debet[1] iij.s. et ix.d.

Willelmus de Moriston' reddit compotum de ij.m. de j. feodo in Middelton' de novo feffamento. In thesauro liberavit per eosdem. Et quietus est.

Radulfus filius Bernardi reddit compotum de j.m. de dimidio feodo. In thesauro liberavit per eosdem. Et quietus est.

Willelmus de Cyrinton' et Johannes Marescallus[2] reddunt compotum de iiij.l. et xviij.s. et viij.d. de iij. feodis et dimidio de veteri feffamento et de v^{ta} parte de novo, sicut continetur in rotulo xiiij. Regis Henrici.[3] In thesauro xxvj.s. et viij.d. Et debent lxxij.s. scilicet de honore Willelmi filii Helt, de quibus Robertus de Setvanz supra respondet de ij.m. qui tenet j. feodum de eodem honore. Et debent xlv.s. et iiij.d.

Jolanus de Nevill' reddit compotum de ij.m. de j. feodo. In thesauro j.m. per eosdem. Et debet j.m.

Arnulphus de Meudr' reddit compotum de j.m. de dimidio feodo Roberti Bardolf. In thesauro liberavit. Et quietus est.

Radulfus de Barbeling' reddit compotum de ij.m. de j. feodo. In thesauro liberavit. Et quietus est.

Ad' de Quatremars reddit compotum   in Cobbeham. In thesauro dimidia marca per eosdem.

Henricus Malemeyns reddit compotum de   in Ho et Becham. In thesauro ij.m. per eosdem.

Heres Roberti de Sancto Johanne reddit compotum de ij.m. de j. feodo. In thesauro j.m. per eosdem. Et debet j.m.

[MIDDLESEX.]

Willelmus de Say reddit compotum de xxxvj.l. et dimidia marca sicut supra continetur de remanenti predicti auxilii. In thesauro per collectores in Middelsex' dimidia marca de quarta parte feodi Johannis Blundi, et dimidia marca pro quarta parte feodi Willelmi filii Reg', et dimidia marca per eosdem de quarta parte feodi Radulfi de Heyrun, et v.s. et iiij.d. de v^{ta} parte feodi Galfridi de Querendon', et v.s. et iiij.d. de v^{ta} parte feodi Peverell' in hac baronia, et ij.s. et viij.d. de x^{ma} parte feodi Willelmi filii Galfridi, et ij.s. et ijd. et ob. et quadrantem de x^{ijma} parte feodi Laurencii de la Forde, et viij.d. de quadragesima parte feodi Gilberti Brudhume. Et debet xxxiiij.l. x.s. et v.d.

Kanc'. In libro.

S. ij. 15.
I. 195.

WIGORNIA.

Episcopus Wigorniensis, abbas Westmonasterii, abbas de Evesham non reddunt hic compotum quia respondent in rotulo de auxilio prelatorum.

Abbas de Persor' reddit compotum de iiij.m. de ij. feodis de eodem auxilio. In thesauro liberavit per collectores auxilii. Et quietus est.

---

[1] *The arithmetic is wrong.*
[2] "*Et Johannes Marescallus*" *interlined before* de Cyrinton, *presumably by error.*   [3] *See* Pipe Roll, 14 Hen. II, p. 212.

DIVERS COUNTIES. 571

S. ij. 15.
I. 195
—cont.
Willelmus de Bello Campo reddit compotum de iiij^{xx} m. de xl. feodis de eodem auxilio. In thesauro xiiij.m. per eosdem collectores. Et debet lxvj.m.
In libro. Transcribitur.

S. ij. 15.
II. 606–607.
CANTEBR' ET HUNTEDON'.

Episcopus Elyensis   cc.m. de fine pro militibus suis.
Abbas Rames' non reddit hic compotum quia respondet in rotulo de auxilio prelatorum.
Baldewinus de Frivill', qui habet heredem Ricardi de Scal'[1] in uxorem, reddit compotum de xxx.m. pro xv. feodis de eodem auxilio. In thesauro xviij.m. per collectores auxilii. Et debet ix.l. x.s. vj.d. ob.
Hamo Peche reddit compotum de xxxviij.m. de xix. feodis sicut continetur in rotulo xiiij. Regis Henrici.[2] In thesauro j.m. per collectores auxilii de Kancia de feodis Nicholai de Marinis, sicut continetur ibidem. Et debet xxxvij.m.
Galfridus de Scalariis   de xxx.m. de xv. feodis.
Henricus de Kemesek   de j.m. de dimidio feodo.
Johannes comes Huntedonie   de iiij.m. de ij. feodis.
Robertus Pikot   de ij.m. de ij. feodis.
Heredes Nigelli de Luvetot   de xx.m. de x. feodis.
In libro. Transcribitur.

S. ij. 15.
II. 294.
ESSEX', HERTFORD'.

Robertus filius Walteri reddit compotum de vj^{xx} et vij.l. xv.s. vj.d. ob. de lxiij. feodis et dimidio de propria hereditate. Et xxx. feodis et iij. parte de hereditate uxoris sue de honore de Valoynis et ij. feodis Galfridi de Valoniis. In thesauro l.l. iiij.s. vj.d. ob. per collectores. Et debet lxxvij.l. xj.s. De quibus custodes dictorum honorum debent respondere ut dicunt.
Paganus de Chaurces reddit compotum de ij.m. de j. feodo in Wilye. In thesauro liberavit per eosdem collectores. Et quietus est.
Ricardus de Munfichet reddit compotum de lxiij.l. de xlvij. feodis et iiij. parte. In thesauro xxxiij.l. et j.m. per eosdem. Et xxiiij.s. per Walterum de Kirkeham de feodis Ernaldi Lenveise.

II. 861–862.
DE AUXILIO AD SOROREM REGIS MARITANDAM.
CANTEBRIGIA.

Andreas de[3] Goyz debet ij.m. de eodem auxilio.

LINC'.

Johannes de Nevill' et Willelmus de Baill', collectores eiusdem auxilii,   de v.m. de ij. feodis et dimidio Philippi de Kauncy. Et de xiij.m. iiij.s. v.d. ob. pro duobus parcionariis x. feodorum honoris Willelmi de Scoteny, preter Walterum de Killinholm.

---

[1] II. 606 *reads* Scalar'.   [2] *Cf.* Pipe Roll 14 Hen. II. p. 102.   [3] *Read* le.

II. 861-
862—cont.

SALOP'.

Johannes filius Alani de xiiij.l. xix.s. x.d. et Willelmus de Stutevill' xvj.s. viij.d.

DORSET.

Petrus de Russeus et Radulfus Monachus, collectores, vel tenentes feoda, debent lxxiiij.l. iij.s. viij.d. ob.

SOMERSET.

Hugo Meriet et Johannes de Alre, collectores, debent lxij.s. x.d.

OXONIA.

A Widone filio Roberti et Radulfo[1] filio Rogeri vel a tenentibus feoda debentur xxxvij.l. xiiij.s. ix.d. ob.

CORNUBIA.

Ab illis quorum nomina continentur in rotulo particularium debentur xviij.l. iij.s. iij.d. ob.

ESSEX ET HERTFORD.

Simon de Furnellis, Walterus de Gisneto, Willelmus de Ambly, et Ricardus Maudut, collectores in hiis comitatibus, vel tenentes feoda contenta in rotulo compoti eiusdem auxilii, debent cccc.l. x.s. vij.d. ob.

STAFFORD.

Robertus de Grendon' et Robertus de Essington', collectores, debent cj.l. x.s. x.d.

DEVON'.

Willelmus Peverel et Radulfus de Sichevill', collectores predicti auxilii in hoc comitatu, non computaverunt de tempore suo. Ideo summoneantur quod veniant ad computandum.

GLOUC'.

Radulfus de Wiliton' et Willelmus de Putot, collectores, vel tenentes feoda debent cliiij.l. v.s. viij.d.

NORFOLK.

Petrus Buzun et Willelmus Rusteng, collectores, in hoc comitatu, non reddunt compotum. Ideo et cetera.

SUFFOLK.

Herebertus de Alenzun, Johannes filius Roberti, et Ricardus de Braham, collectores in hoc comitatu, non reddiderunt compotum. Ideo et cetera, ut supra.

Ricardus de la Lade, custos honoris Gloucestrie et de Clare, reddit compotum de xxxiiij.l. xvj.s. viij.d. de dictis honoribus, set non continetur in eodem compoto quo denarii devenerunt.

KANCIA.

Simon de Gray et Reginaldus de Cornhill, collectores in hoc comitatu, reddunt compotum de xx.l. de feodo abbatis Sancti Augustini, et

---

[1] *Read* Bardulfo.

DIVERS COUNTIES. 573

II. 861-
862—cont.
de xxj.l. ij.s. set in eodem compoto non continetur quo denarii devenerunt.

MIDDELSEX.

Abbas Westmonasterii   l.m. de eodem auxilio.

SUHT'.

Prior de Motefunt'   iiij.m. de eodem.
Prior de Shireburn   v.m. de eodem.
Prior Sancti Swithuni   debet xiij.l. vj.s. viij.d.

EBOR'.

Prior de Wartre   v.m. de eodem.
Prior de Bretton   xx.s. de eodem.

GLOUCESTRIA.

Prior de Esselegh   de v.m. de eodem.

CORNUBIA.

Prior de Tregoni   ij.m. de eodem.
Prior de Sancto Kateroco   j.m. de eodem.
Prior de Sancto Antonio   j.m. de eodem.

Memorandum quod Radulfus de Leycestria clericus debet xv.m. de eodem auxilio pro episcopo Lincolniensi.

S. ij. 13.
On a schedule.
In thesauro de feodo W. de Sancto Johanne in Suth' xlj.l. et dimidia marca, et iterum de Willelmo de Pondelarch' xlj.s. et iiij.d., et collectores habent adhuc dimidiam marcam.
    In comitatu Cantebrigg'. De Johanne de Waus de j. feodo j.m. et debet j.m.
    In comitatu Dorset. Robertus de Pondelarch' de iiij^{or} m. pro ij. feodis in Cumton' que adhuc debentur.
    In comitatu Hertford'. In thesauro v.m. et dimidia.
    In comitatu Warewik. In thesauro ij.m. de j. feodo Rogeri de Croft et sui participis ; et Rogerus Hay debet pro ij.m. pro j. feodo, que debentur.
    In comitatu Kantie. xiiij.l. in thesauro, et j.m. de feodis Roberti de Sancto Johanne, et debentur viij.m. que debentur.

S. ij. 13.
On the do'se.
Isti comitatus computaverunt de auxilio. (*A list of counties, partly illegible, with* in libro *added to some in a later hand.*)
    Isti non reddiderunt compotum de eodem auxilio :—Hereford in Wallia, Dereby (*cancelled with a note* computavit), Suff', Westrithing. (*Other memoranda.*)

(574)

A.D. 1236.

Soon after the collection of the second instalment of the Aid for marrying the king's sister to the Emperor, measures were taken to ascertain whether any of the persons who should have contributed thereto had evaded payment. Early in May 1236, letters were sent through the sheriffs to all the barons holding honours in the different counties, directing them to furnish the Barons of the Exchequer by the end of the following month with lists of the places at which they had fees, whether of the old feoffment or the new, and of the names of their tenants, with details as to the payments to the Aid that had been made in respect of them. The sheriffs were at the same time ordered to furnish lists of the smaller military tenants in chief who held single fees or fractions of fees (*singularia feoda et minora*), and also lists of tenants in chief by serjeanty or by socage. Letters were at the same time sent direct to the great barons who held fees in several counties.[1] None of the original replies are now extant, and only a few of them have been preserved in the Book of Fees.

Two documents enumerate the fees of Robert fitz Walter, who had died in December 1235, after the payment of the first instalment of the Aid.[2] One of these relates to his own barony of Baynard, the other to that part of the barony of Valognes which he held for life in right of his first wife, Gunnora de Valognes. A mention in the latter of 'C. Comitissa de Mandevill'' as recently responsible for some of the fees seems to call for a few words of explanation. Christiana de Mandeville was the daughter of Robert fitz Walter by Gunnora de Valognes, and the relict of William, Earl of Essex. On the death of her mother, her father had become tenant by the courtesy of England of the lands of which his wife had been in seisin and of about two thirds of the fees. The rest of the estate had remained in possession of Gundreda de Warenne, the relict of Peter de Valognes, the elder brother of Gunnora's father, and, on the death of Gundreda at an advanced age in 1224, Christiana, Gunnora being dead, became entitled to succeed to it directly. Christiana herself died in or before 1232, in the lifetime of her father, and an attempt on his part to secure the Valognes inheritance for his son by a second wife, Rose, proved unsuccessful.[3] The uncertainty prevailing as to the ownership is reflected in the return printed below.

The replies of Roger fitz Payn and Ralph Pirot specifically mention the Aid for marrying the king's sister; those of Henry de Pinkeny and William Patrick and the certificate of the honour of Peverel of Dover name the receivers of that Aid as the persons to whom money had been paid. The reply of

---

[1] See Appendix.
[2] *Annales Monastici*, vol. i. p. 99; Matthew Paris, *Chronica Majora*, vol. iii. p. 334; *Excerpta e Rotulis Finium*, vol. i. p. 294.
[3] *Rotuli Litterarum Clausarum*, vol. ii. p. 169; *Close Rolls, 1231–1234*, pp. 75, 76, 221; *Excerpta e Rotulis Finium*, vol. i. pp. 241, 301, 317; *Close Rolls, 1234–1237*, pp. 226, 230, etc.; *Notes and Queries*, series vi, vol. v. p. 142; *English Historical Review*, vol. xix. p. 707; *The Ancestor*, no. xi. p. 133, where, however, the dates of the deaths of Christiana de Mandeville and Robert fitz Walter need amendment. A charter (B. M. Cotton MS. Claudius D. XIII. f. 183b) which represents Gundreda de Warenne as the "soror" of Christiana de Mandeville appears to be spurious.

INTRODUCTION.   575

Sir Andrew de Helion is similar in character to the others, and the copy of it in the Book of Fees comes between copies of documents which clearly belong to the year 1236. The reply of Robert de Beauchamp of Somerset, which is not entered in the Book of Fees, will be found in the Appendix.

All the four replies received from ecclesiastics of which copies have survived contain allusions to the Aid of 1235. The abbot of St. Edmunds, having promised to pay more than the Exchequer could claim if two marks were levied upon every fee, seems to have considered himself absolved from the order to supply a list of his tenants. His reply is interesting on account of his disclaimer of exact knowledge. He has, he says, forty fees of the old feoffment, held of the king in chief, and twelve others have been created out of the monastic demesnes, but in what places, or to what amount in each he may have fees "God knows."[1]

The account of the receivers in Essex and Hertfordshire of the Aid for marrying the king's sister contains references to rolls delivered by various persons enumerating the fees belonging to them respectively.

Turning from the replies of the great barons to the sheriffs' lists of the smaller tenants in chief by military service and the tenants in chief by serjeanty, we find four original returns. For the others we are entirely dependent upon transcripts in the Book of Fees.

WILTS. The original writ of 4 May 1236 is attached to the sheriff's return.

OXFORD. The return is in accordance with the terms of the writ.

ESSEX and HERTFORD. The heading of the list is clearly inapplicable to all the contents, and it may have been added by the compilers of the Book of Fees. There is internal evidence of date. Catherine la Bret, who is entered as holding three quarters of a fee, did not obtain the wardship of the lands of her deceased husband until May 1235.[2] Ralph le Moine, who is entered as holding Easton by serjeanty, was dead in May 1238.[3]

NORFOLK and SUFFOLK. The compilers of the Book of Fees prefaced their transcript of an inquisition taken in these counties by a copy of the original writ of 6 May 1236.

STAFFORD. The return is in accordance with the terms of the writ.

NORTHUMBERLAND. The return was made by Hugh de Bolbec, who became sheriff on the 12th of May 1236, and it has a fragment of his seal attached. It begins with a recital of the king's writ, which, however, was not delivered until shortly before Midsummer.

LANCASTER. In the absence of the officer in charge of the Honour of Lancaster, the sheriff of Lancashire did his best to furnish a list of the fees belonging to it in various counties, but he was unable to give any information as to the amount of money that had been levied for the Aid.

---

[1] For the fees of the abbey in 1166 see the *Red Book of the Exchequer*, pp. 392-394. See also *Memorials of St. Edmund's Abbey*, vol. i. pp. 233, 269, 287-289.
[2] *Excerpta e Rotulis Finium*, vol. i. p. 282.
[3] *Close Rolls, 1237-1242*, pp. 52, 65.

SUFFOLK. A list of tenants in chief of the king within the Liberty of St. Edmund's enumerates not only those who held single fees and fractions of fees and one man holding by serjeanty, but also some who held several fees, to whom, however, the king had not written separately for information. Although the name of Andrew de Helion figures in it, his own reply shows that he had actually received one of the king's letters, presumably through the sheriff of Essex, where the chief place of the Honour of Helion was situate. His reply that all his military tenants had answered to the king direct accords with the statement that the Honour of Helion was in the king's hand.[1] It has been seen above that, in 1218, William de Helion had little or no authority over his tenants.[2] The Honour of Helion had apparently ceased to exist except in name. Some of the entries in this list may be compared with those dealing with the same places in the list of tenants of the Honour of Lancaster immediately preceding it.

---

[1] Cf. *Feudal Aids*, vol. v. pp. 28, 68, 105 ; *Calendar of Inquisitions*, vol. ii. p. 444.
[2] P. 232 *above*.

ROBERT FITZ WALTER.

II. 300–302.

Certificacio super feoda militum Roberti filii Walteri de baronia Baynard', scilicet qui feoda illa teneant et in quibus comitatibus et in quibus villis et quot sunt nova et quot vetera, que quidem idem Robertus tenuit in capite de rege.

Fulco Baynard' in comitatu Norff' viij. feoda militum et dimidium, scilicet in Hadeston', Merton', Kerdeston', Riston', Scegeton', Crosthweyt et Wyleby.

Heres Roberti filii Thome in comitatu Norff' iiij^{or} feoda in Ravenigham, Chattegrave, Watteacr', et idem in comitatu Suff' j. feodum in Breninton'.

Willelmus de Wattacr' in comitatu Norff' unum feodum, scilicet in Wattacr'.

Rogerus de Hales in comitatu Norff' j. feodum in Hales.

Rogerus Curpeil in comitatu Norff' j. feodum in Hemenhale et Fincham.

Nigellus de Risley et Robertus de Aungers j. feodum in Wyclewode in comitatu Norff'.

Ricardus de Witewell' et Em' de Hakeford' j. feodum in Runhale in comitatu Norff'.

Hawisia de Cestr' j. feodum in Bradeham in comitatu Norff'.

Robertus de Preseny ij. feoda in Hulmo in Norff' et Stanesfeud' in Suff'.

Robertus de Hulmo dimidium feodum in Hulmo in comitatu Norff'.

Rogerus de Buketon' dimidium feodum in Buketon' in Norff'.

Willelmus de Clere dimidium feodum in Sterston' in Norff'.

Robertus Curpeil et Matillis Curpeil iiij^{tam} partem unius feodi in Hemenhale in comitatu Norff' et in Kedington'.

Heredes Walteri de Valoines iiij^{tam} partem j. militis in Hemenhale in Norff'.

II. 300-302—cont.

Hamo Thevre[1] ij. feoda in Titteleshale in Norff' et in Wydekesho in comitatu Suff'.
Alicia Pointel ij. feoda in Frostenden' in comitatu Norff'.
Rogerus de Tresk'[2] in Reindon' ij. feoda in comitatu Suff. Non solvit nisi pro j. feodo.
Item Rogerus filius Osberti in Heneham j. feodum in Suff'.
Willelmus de Aubeny, Cratefeld' dimidium feodum in comitatu Suff', de novo feoffamento.
Johannes filius Roberti in Hubeston' iiij[tam] partem feodi in Suff', de novo feoffamento.
Robertus filius Reginaldi in Hubeston' iiij[tam] partem feodi in Suff'.
Robertus de Hauwill' in Hubeston' xl. partem j. feodi in Suff'.
Thomas Maddut, Humfridus filius Walteri, iij. feoda in Selfeton'[3] in Essex' et Pentelawe in Suff'.
Item Henricus de Hastinges et Willelmus Norgant in Poselingworth' j. feodum in Suff'.
Thomas filius Willelmi et Willelmus Fauvel' in Simpling' j. feodum in Suff'.
Rogerus Galina in Poselingworth' ad scutagium xx. solidorum xij.d. ad plus plus et ad minus minus.
Rogerus filius Galfridi in Simpling' ad scutagium j. marce j.d. ad plus plus et ad minus minus.
Walterus de Ambli in Langeford' et Norton' ij. feoda et iiij[tam] partem in Suburcham[4] in Essex.
Hugo de Veer, comes Oxonie, in Raveneshera iij. feoda et dimidium, et non solvit nisi pro iij. feodis in Essex'.
Ricardus Fillol in Hacles et Badowe, Toleshont', Micleston' v. feoda et dimidium in comitatu Essex'.
Willelmus de Hanimgfeld' in Hamigfeld' et Midelmad' ij. feoda in Essex'.
Johannes de Hultinge in Hultinge j. feodum in Essex'.
Wyschard Ledet et[5] Toleshonte j. feodum in Essex.
Robertus de Cokefeud' in Querelesa j. feodum in Essex' de novo feoffamento.
Warinus Petitsyre in Mundane dimidium feodum in Essex'.
Philippus de Cantelouhe tenet vj[tam] partem unius feodi in Scolond' et Langeford' in Essex'.
Radulfus de Genges in Pachesham dimidium feodum in Essex' in Hundredo de Rocheford'.
Thomas Baynard' in Burnham sextam partem j. feodi in Essex.
De Honore Baynard'.[6]
Galfridus de Estendon' j. feodum in Essex'.
Robertus Louhot in Wendon' in Essex' et in Wrautham in Norff' ij. feoda.

---

[1] *Read* Chevre. [2] *Read* Cresci.
[3] Celvestuna *in Domesday. Cf.* Calendar of Inquisitions, vol. vii. p. 128.
[4] *Apparently* Somersham *now in* Suffolk. *Cf.* Essex Fines, vol. i. p. 47.
[5] *Read* in.
[6] *This heading is evidently superfluous. It probably represents the commencement of a fresh membrane of the original return now lost.*

II. 300–302—cont.

Prior Sancte Trinitatis, Gilbertus de Samford', in Alswic' j. feodum et dimidium in comitatu Hertford'.

Radulfus Gubiun in Wimbis iiij^{tam} partem feodi in Essex' de novo feoffamento.

Robertus de Cymay in Wimbis decimam partem feodi in Essex' de novo feoffamento.

De Templariis in Reindon' iiij^{tam} partem j. feodi et ad quolibet scutagium ij.s. in Essex'.

Willelmus de Sarnebroc' in Reindon' xx^{am} partem unius feodi in Essex'.

Feod' de Baylod'[1] in Baylod j. feodum in comitatu Norff'.

Robertus Capeles xx^{am} partem j. feodi in Hemenhaul' in Norff'.

Wydo de Verdun v^{tam} partem unius feodi in Muleton' in Norff'.

Summa de feodis honoris Baynard' lxj. feoda et dimidium et viij. p^{a}r$_{s}$ j. feodi.

Omnes isti pa averunt primam medietatem termino Sancti Michaelis Willelmo filio Ricardi, tunc senescallo domini Roberti filii Walteri, et aliam medietatem vicecomiti.

II. 263–264.

Hec est certificacio feodorum militum baronie de Valoniis in comitatu Hertford'.

Johannes de Tywe feodum unius militis et dimidii in Watton et in Hegxsteworth' et in Tipmere in comitatu Hertford'.

Johannes de Nevill' tenet feodum unius militis in Walden' et in Wavenden' in eodem comitatu.

Radulfus de la Haye et Robertus de la Haye tenent feodum unius militis in Cheuesfeld' et in Graveley in eodem comitatu.

Ricardus de Boxe feodum unius militis, scilicet in Boxe, et in Horemade feodum dimidii militis in comitatu Hertford' et feodum dimidii militis in comitatu Norff'.

Heres Ricardi de Tiwynge feodum dimidii militis in Tiwynge in comitatu Hertford'.

Eudo de Hameley tenet feodum dimidii militis in Tiwinge in eodem comitatu.

Alicia Wyschard' tenet iiij^{tam} partem unius militis in Crobberwe in eodem comitatu.

Item de eadem baronia in Essex'.

Henricus de Essex' tenet v. feoda, scilicet in Sprigefeld' et in Leyre et in Parva Suthenia in comitatu Essex, et Deningham in comitatu Suff', et Ikenton' in comitatu Hertford'.

Willelmus de Boscho tenet feodum dimidii militis in Thadenia in Essex'.

Gregorius filius Radulfi tenet feodum dimidii militis, scilicet in Thadenia in Essex' unum quarterium, et in Hertfordigber' j. quarterium in comitatu Hertford'.

Willelmus filius Ricardi tenet feodum j. militis in Lattonia in Essex' et iiij^{tam} partem unius militis in Rudham in comitatu Norff'.

---

[1] *i.e.* Boyland in Morningthorpe.

ROBERT FITZ WALTER.

II. 263–
264—cont.
Johannes de la Mare tenet feodum unius militis et viij^{vam} partem militis in Parndon' et Luketonia in Essex et in villa de Welwe in comitatu Hertf'.
Villata de Seringe feodum dimidii militis in Seringe in Essex'.
Radulfus de Assartis tenet viij^{vam} partem militis in Luketonia in Essex'.
Henricus de Holewell' tenet feodum dimidii militis in Barthesden' et in Nevendon' et in Barlinge in Essex'.
Hugo de Marini iiij^{tam} partem feodi in Luton' in Essex'.
Feoda Folke de Monte Pinzin iiij. feoda in Belidon' in Essex' et in Yghulvesthorp' et in Riburge in comitatu Norff'.
Galfridus de Naringes in Dersingham iiij^{tam} partem feodi in Norff'.
Prior de Theford' in Nesseworth' dimidium feodum in Norff'.
Philippus de Naringes in Cestreton' terciam partem unius feodi in Norff'.
Johannes Bret in Highulvesthorp' j. feodum in comitatu Norff'.
Margareta de Rivers in Parva Fakeham et in Thorp' et in Sapston' j. feodum et dimidium et iiij^{tam} partem feodi in comitatu Suff'. Set non sumus inde bene certificati.
Isti pacaverunt primam medietatem termino Sancti Michaelis Willelmo filio Ricardi, tunc senescallo domini Roberti filii Walteri, et aliam medietatem vicecomitibus.
Sciendum est quod C. comitissa de Mandevill' debuit respondere ad scaccarium domini regis pro domino Roberto filio Walteri de honore de Valoniis de xiij. feodis, scilicet in Dersingham, Riburg', Dauligg', Babingley, Cestreton', Wekes in comitatibus Norff' et Suff' et Lockeley et Radewell' in comitatu Hertf' et in Wedley dimidium feodum in comitatu Cantebr' et in Fanbrigg' et Faukeburn' in Essex'.
Summa est de feodis honoris de Valoniis xxxvj. feoda et terciam partem et tercia p$_{ars}$ feodi, preter Haswelle, quia nondum inde certificati sumus.

HENRY DE PINKENY.

II. 870–
871.
Venerabili domino Henrico dei gratia illustri regi Anglie, domino Hibernie, et duci Normannie, Aquitanie et comiti Andegavie, suus fidelis et devotus Henricus de Pynkeny, salutem et debitum in omnibus famulatum. Super hoc quod michi mandastis vobis significo quod de vobis teneo feoda xv. militum totum de veteri feoffamento et nullum novum,
unde Simon de Pynkeny tenet de me feoda iiij^{or} militum et dimidii, scilicet in comitatu Norhamton' feodum iiij^{or} militum, et in comitatu Buk' feodum dimidii militis; et Willelmus de Culewrth' tenet de eodem feodo feoda ij. militum et dimidii, in comitatu Norhamton' feoda ij. militum, et in comitatu Berk' feodum dimidii militis;
et Robertus de Wauncy feodum unius militis in comitatu Norhamton';
et Robertus de Pynkeny feodum unius militis in eodem comitatu;
et Richerus Neyrnuyt feodum unius militis in comitatu Buk';
et heredes Roberti de Pynkeny de Migham feodum unius militis in comitatu Berk',

A.D. 1236.

II. 870-871—cont. Et tria feoda et dimidium teneo in dominio meo, unde unum feodum est in comitatu Buk', et duo feoda et dimidium in comitatu Norhamton'. Iterum[1] teneo de vobis feoda ij. militum in comitatu Essex', scilicet de feodo de Buloyn'.
Et sciatis quod de predictis xv. feodis militum solvi xvj. marcas sterlingorum, scilicet Gilberto de Preston' et Galfrido de Armenters in comitatu Norhamton', et per manum meam v.m. ad scaccarium vestrum. Solvi eciam de feodo de Buloyn' iiij^{or} m. Willelmo de Culewurth', tunc vicecomiti Essex. Valete et valeat dominacio vestra in perpetuum.

WILLIAM PATRICK.

II. 871. Viris venerabilibus domini Henrici Regis scaccarii London' dominus W. Patric, salutem. Sciatis me tenere in capite a domino rege terciam partem x. feodorum militum in comitatu Huntind', videlicet de feodo domini Nigelli de Lovetot. Quorum predictorum feodorum terciam in villa de Suho teneo, dominus prior de Huntindon' unum feodum integrum de nobis tenet in villa de Geddinge, Robertus le Fleming tenet in Pokebroc et in Churing[2] et in Clopton' tres partes unius militis, W. Cardun tenet in Winewic tres partes unius militis, et prefatus W. Patric tenet in Overton' terciam dimidii militis.
De pertinenciis scutagii ad hoc feodum soluta fuit media pars ad festum Sancti Michaelis domino Olivero Monacho et Johanni de Litlebir', et reliqua dimidia pars soluta fuit ad Pascham vicecomiti Huntind'. Unde vobis significamus per litteras nostras patentes quod non amplius a domino rege in capite tenemus.

ANDREW DE HELION.

II. 872. Viris venerabilibus dominis baronibus regis de scaccario Andreas de Heliun, miles, salutem. Mandatum domini regis recepi in hec verba, scilicet ad significandum vobis de feodis meis que de eo tenere deberem.
In Bumstede in comitatu Essex j. militem quem personaliter teneo.
Comes Hugo de Ver j. militem in Tillebr' in Essex in[3] patria de Hugham.
Comitissa de Wrth[4] dimidium in Steventune et in Radewinter in Essex, unde Johannes Camerarius tenet iiij^{tam} partem in Steventune et Martinus Camerarius aliam in Radewinter.
Johannes filius Rogeri iiij^{tam} partem militis in Bumstede in Essex quam Simon Pecche tenet.
Johannes filius Roberti j. militem quem Rogerus de Calletorp' tenet in Calletorp' in comitatu Norff'.
Simon Pecche tres partes militis in Gukentune in Norff'.

[1] *Read* Item. [2] *Read* Thurning.
[3] *These words are corrupt. Mr. J. H. Round suggests that* Hugham *is a blunder for* Hengham *i.e.* Castle Hedingham, *and that the words were inserted to identify the particular Tilbury meant.*
[4] *Read* With, *a title of* Margery de Reviers.

ANDREW DE HELION. 581

II. 872 —cont.

Johannes Camerarius et Emme de[1] Ostrange j. militem in Sturemere in Essex, unde Johannes tenet medietatem et Emme predictam[2] medietatem.
Henricus de Illeg' iij. milites in Illeg' in Suff'.
Radulfus le Bret j. militem, unde tres partes sunt in Langel' in Suff' et una pars in Esse in Essex.
Willelmus Gernun dimidium militem in Bumstede in Essex.
Unde vobis significo quod omnes isti milites respondent domino meo regi de scutagiis suis excepto uno milite in Bumsted' quem ego ipse teneo, ita quod nullus militum dictorum in aliquo michi respondet. Noveritis quod omnes tenent de veteri feoffamento. Valete.

ROGER FITZ PAYN.

II. 872–873.

Baronibus domini regis de scaccario Rogerus filius Pagani, salutem. Noveritis quod mandatum domini regis suscepimus ut vos certificaremus de feodis militum que nobis respondent et de nominibus militum in diversis comitatibus et villis de nobis feoda tenencium et de nominibus collectorum auxilii promisi[3] ad maritandam sororem domini regis Imperatori Romano. Nos vero certiorare vos desiderantes secundum formam mandati domini regis nobis editi, vobis significamus quod respondimus Johanni de Aure et Hugoni de Merechet, collectoribus de Somerseta, de feodis xiiij^{or} militum. Nomina vero feoda tenencium sunt hii subscripti :—

Henricus de Erleia feoda ij. militum in Berkintuna et Durstona.

Reginaldus de Albo Marisco[4] feoda iij. militum in Beancheve[5] et Cari et Scilegate.

Galfridus de la Rode feodum unius militis in Sampford'.

Adam Wecheford', Galfridus de Kentenore, Robertus de Vigne, Ricardus de Ludeham, hii quatuor feodum unius militis in Tymbercumbe.

Walterus de Regni feodum unius militis in Stauleyg'.

Willelmus de Kedeford, feodum unius militis in Kedeford' et La Penna.

Alanus de Forneaus feodum unius militis in Kudewurth'.

Willelmus de Bingeham feodum unius militis in Suttona.

Warinus de la Lude feodum unius militis in Lude, Meidenebroc et Stefford'.

Radulfus de Munsorel feoda ij. militum in Withlakinton' et Rodemeston'[6] et Fitinton'.

Collectoribus autem de Dorseta, videlicet Petro de Russeaus et Radulfo le Moigne, respondimus de feodis iiij. militum. Nomina vero feoda tenencium sunt hii subscripti :—

Willelmus de Kentacumba feodum unius militis in Kentecumba.

Ricardus de Beynvill' feodum unius militis in Estwurth.

Ricardus de la Tille feoda de ij. militibus in Parva Blaneford' et Radelinton'.

---

[1] *Read* Lestrange. *See* Essex Fines, vol. i. p. 94.
[2] *Read* predicta.   [3] *Read* promissi.   [4] *Read* Alba Marla.
[5] *Read* Berkele.   [6] *Read* Bodemeston.

582   A.D. 1236.

RALPH PIROT.

II. 873. Nobilibus viris baronibus de scaccario R. Pyrot, salutem. Quoniam nuper recepi in mandatis per litteras domini mei Henrici regis Anglie ut vos certificarem per litteras meas patentes de quot feodis meis veteribus et de quot novis auxilium ad maritandam sororem suam Romanorum Imperatori fuit solutum, item ut certificarem vos in quibus comitatibus feoda illa sint et qui illa teneant, vobis significo quod in universum quatuor feoda militum teneo de domino meo Henrico rege Anglie una cum militibus meis quorum duo sunt in comitatu Essex', et de illis unum teneo in Lyndeseles et Jordanus le Brun aliud tenet in Hakewell', apud Sausiton' duo in comitatu Cantebrigie quorum septem partes teneo et dominus Johannes filius Willelmi de Sausiton' octavam partem tenet; et de omnibus hiis plenarie satisfeci. Valete.

HONOUR OF PEVEREL OF DOVER.

II. 877. Certificacio militum de honore Peverelli de Dovere, videlicet :—
Heredes Hamonis de Gatun' tenent tria feoda in comitatu Kancie in villa de Trulee et Buktun', Werneshöll', et in comitatu Suther' tenent duo feoda scilicet in Gattun' et Katerham' unde et ballivus de Ospreng' recepit sicut de termino Sancti Michaelis anno regni xix⁰, scilicet iij.m. de iij. feodis in comitatu Kancie et de duobus feodis nichil quia W. de Eboraco debet inde respondere. Et de termino Pasche nichil recepit.
Johannes de Mares tenet feoda trium militum in [comitatu] Kancie in villis de Wychelesmere, Shelves et Sentlinghes. Et idem ballivus de duobus terminis predictis recepit vj.m. de scutagio.
Nicholaus de Gyrunde tenet in Wransted' in comitatu Kancie feodum unius militis, et in Dudintun' cum pertinenciis in comitatu Buk' feoda duorum militum, unde idem ballivus de predictis duobus terminis totum recepit.
Rogerus de Cressy tenet in Hereyetesham in comitatu Kancie feodum unius militis, unde idem ballivus totum scutagium recepit.
Heredes Henrici de Cramavill' tenent in Graveshende in comitatu Kancie feodum unius militis, et in Renham et in Daneseya in comitatu Essex feoda ij. militum, unde predictus ballivus recepit de termino Sancti Michaelis iij.m. et de termino Pasche xx.s. Et dicunt quod solverunt vicecomiti Essex de eodem termino viginti s.
Willelmus de Viane tenet quarterium feodi unius militis in villa de Ospring' in comitatu Kancie. Et heredes Hereberti Inimici Dei tenent aliud quarterium in eadem villa, unde ballivus recepit unam m. de duobus terminis. Et totum predictum scutagium quod recepit de predictis secundum quod predictum est liberatum est Reginaldo de Cornhull' et Simoni de Craye, collectoribus de scutagio, per dicam. Et sciendum quod omnia feoda predicta sunt de veteri feoffamento.

PRIOR OF COVENTRY.

I. 430. Reverentissimo domino suo dei gratia regi Anglie, domino Hibernie, duci Normannie Aquitanie et comiti Andegavie, devotus suus R. humilis prior Coventrie, salutem et devotum debitum servitutis obsequium. Mandatum vestrum ea qua decuit reverentia suscepimus, in quo continebatur quod per litteras nostras patentes baronibus de scaccario directas vobis significaremus de quot feodis vestris[1] veteribus et de quot novis auxilium ad maritandam sororem vestram promissum vobis fuit solutum. Ad quod excellencie vestre significamus quod nullum feodum tenemus nisi de veteri feoffamento unde respondemus de octo feodis et auxilium promissum scilicet de quolibet feodo ij. marcas pro viij. feodis plene persolvimus. Quorum quidem feodorum particulas et qui illas de nobis tenent et in quibus comitatibus juxta formam precepti vestri dominacione vestre duximus significandum.

In comitatu Warr' apud Greneberg' domina Alicia de Harecurt tenet dimidium feodum et domina Johanna soror eius dimidium feodum apud Schukeberg'.

Willelmus de Leninton'[2] dimidium feodum et Simon de Bercheston dimidium feodum apud Leninton'[2] juxta Warr'.

Prior de Kenilworth' dimidium feodum apud Cobinton'.

Simon de Cubinton' dimidium feodum apud Napton'.

Robertus de Alneto dimidium feodum in Veteri Fillingel'.

Gerard de Allespade tenet iiij[tam] partem j. feodi in Cherlecote.

Petrus de Monte Forti iiij[tam] partem in Merston'.

Thomas de Aula x[am] partem et[3] in eadem villa.

Galfridus de Gignes x[am] partem in Suham.

Johannes filius Willelmi' decimam partem in Offechir'.

Galfridus de Wilnhal' decimam partem in Honiton'.

Petronilla de Tymmor x[am] partem in comitatu Leycestrie apud Burbach', Barewell', Sekeitesclive, Stapelton', Eston' cum pertinenciis.

Henricus de Hastinges tenet duo feoda in comitatu Norhamton' apud Haddon' et Elby.[4]

Johannes le Poer unum feodum quod quidem feodum abbas de Pipwell' et prior de Davintr' tenent in comitatu Gloucestrie apud Druemeston'.

Willelmus de Bello Campo dimidium feodum.

Leycestr'. Jordanus de Fontibus tenuit xx. marcatas terre in Melton' quas Johannes filius Willelmi et Willelmus Orgar tenent.

ABBOT OF PERSHORE.

I. 199. Viris venerabilibus thesaurario et aliis baronibus domini regis de scaccario R. permissione divina abbas Persore, salutem et debitum honorem. Litteras domini regis suscepimus continentes quatinus vobis per litteras patentes significaremus de quot feodis solverimus auxilium promissum ad sororem suam maritandam et

---

[1] *Read* nostris.
[2] *Read* Leminton'.
[3] *Delete* et.
[4] *Read* Esby.

I. 199 —cont. in quibus comitatu et villa illa sint et qui illa teneant. Inde est quod vobis tenore presencium significamus quod nos tenemus in capite de domino rege in comitatu Wigornie duo feoda militum, quorum unum tenet de nobis W. de Bello Campo in villa de Beleg' et respondet nobis de uno milite, medietatem alterius feodi tenent de nobis Petrus de Wyka et Willelmus de Goldicote in villa de Goldicot' et respondent nobis de medietate unius militis, et nos de camera nostra de altera medietate, et ista feoda sunt de veteri feoffamento et inde solvimus per preceptum domini Petro de Salso Marisco et Ricardo de Selleg' quatuor marcas. In huius rei testimonium presentes litteras patentes vobis transmisimus.

BISHOP OF WORCESTER.

I. 199-200. Viris venerabilibus et amicis in Christo karissimis domini regis baronibus de scaccario W. permissione divina Wigorniensis episcopus, salutem et sinceram in domino dilectionem. Ad breve domini regis quod nobis transmisistis per litteras nostras patentes vobis rescribimus quod de xlix. feodis et dimidio militum de quibus ad scaccarium antecessores nostri et nos respondere consuevimus, tantum que de domino rege tenemus in capite, solvi fecimus ad scaccarium de quadraginta et quatuor feodis, videlicet de quolibet feodo ij. marcas de auxilio domino regi concesso. De residuis quinque feodis et dimidio dominus rex tenetur et consuevit nos acquietare de tribus feodis, item G. Marescallus, comes de Penbrok, de uno feodo et dimidio unde nichil recepimus, item W. de Bello Campo de uno feodo in comitatu Oxonie de quo satisfecit collectoribus illius comitatus ad hoc per dominum regem deputatis. Scientes[1] quod omnia predicta feoda sunt de veteri feoffamento. De novis enim respondere nescimus quia nullum habemus.

ABBOT OF ST. EDMUND'S.

II. 868–869. Viris venerabilibus dominis et amicis in Christo karissimis domino H. de Pateshull', domini regis thesaurario, ceterisque baronibus de scaccario H. permissione divina abbas Sancti Edmundi, salutem temporalem et eternam in vero salutari et cum devocione et reverentia quicquid scit et potest honoris et obsequii. Ex precepto domini regis volentis certiorari quantum solverimus ad scaccarium suum de auxilio nuper ei concesso ad maritandam sororem suam Romano imperatori, et quantum adhuc restat solvendum de eodem, et quot feoda teneamus de ipso in capite, et in quibus comitatibus et in quibus villis, et quot de veteri feoffamento et quot de novo, excellencie vestre per has litteras nostras patentes significamus nos concessisse domino regi sexies viginti marcas, ex quibus jam solvimus ad scaccarium medietatem, scilicet sexaginta marcas, alia vero medietas adhuc restat solvenda.

Feoda vero militum de veteri feoffamento habemus quadraginta que tenemus in capite de domino rege et si[2] respondemus pro illis

---

[1] *Read* Sciatis. [2] *Read* sic.

ABBOT OF ST. EDMUND'S. 585

II. 868–869—cont. pro temporis necessitudine. Alia vero xij. feoda habemus de novo feoffamento que capta sunt et feoffata de nostris propriis dominicis et pertinent ad nostram,[1] que nulli respondent nec unquam responderunt nec respondere debent nisi soli abbati Sancti Eadmundi. Et ipse abbas nemini respondet de illis. Predicta vero feoda partim sunt in Norfolk et Suffolk partim in Essex. In quibus vero villis sint constituta vel quid et quantum in quo loco Deus novit ; nos autem ignoramus. Omnem tamen diligenciam et sollicitudinem adhibuimus et adhuc adhibere non cessamus ad inquirendum plenarie predictorum veritatem, set de numero locorum et quantitate feodorum in eis contentorum credimus non posse certiorari magis quam jam sumus certiorati. Valeat reverenda dominacio vestra in Christo per tempora longissima, necnon in eternum et ultra.

WILTS.

S. ij. 17. Henricus dei gracia rex Anglie, dominus Hibernie, dux Normannie Aquitanie et comes Andegavie vicecomiti Wiltes', salutem.

Quia feoda baronum nostrorum qui capitales habent honores in comitatu tuo sunt in diversis comitatibus de quibus auxilium nobis concesserunt ad maritandam sororem nostram Romanorum imperatori, mandamus illis per litteras nostras quas tibi mittimus illis porrigendas quod per litteras suas patentes significent citra octabas Sancti Johannis baronibus de Scaccario nostro apud Westmonasterium de quot feodis suis tam veteribus quam novis quilibet nobis solverit auxilium predictum et quibus et in quibus comitatibus, et qui feoda illa teneant et in quibus villis sint feoda illa, ut sic scire possumus an totum auxilium nobis fuerit solutum sicut nobis liberaliter fuit concessum.

Et quoniam plures alii sunt in comitatu [tuo] qui singularia feoda et minora de nobis tenent in capite quibus non scribimus, tibi precipimus quatenus in fide qua nobis teneris nomina singulorum illorum qui talia feoda de nobis tenent in comitatu tuo, et in quibus villis feoda illa sint, per litteras tuas patentes citra predictum terminum significes predictis baronibus de scaccario nostro, et similiter nomina omnium illorum qui de nobis tenent per serianteriam vel socagium, et ubi et in quibus villis sint dicte serianterie et socagia et quales sint ille serianterie, distincte et aperte, ita curiose et diligenter premissa omnia exsequens quod ad te propter negligenciam tuam capere non debeamus.

Teste me ipso apud Westmonasterium iiij^{to} die Maii anno regni nostri xx^o.

S. ij. 17.
I. 619–621.
Matheus Wace tenet feodum j. militis in Eblesburn' de domino rege in capite.

Walterus de Pavelly tenet feodum j. militis in Westbir' et Chippeham.

Galfridus de Mandevill' tenet feodum j. militis in Bratton' et Hetheworth.

---

[1] *Supply a word.*

S. ij. 17.
I. 619-621
—cont.

Robertus de Turvill' tenet dimidium feodum militis in Worth.
Lucas de Drumare tenet manerium de Mere pro feodo j. militis.
Godefridus de Alno tenet Rusteshal' et terras suas in Somerset pro feodo j. militis.
Johannes[1] de Gremestede tenet unum feodum militis in Gremestede.
Robertus de Mandevill' tenet feodum j. militis in Sutton' et Swaleweclive.
Radulfus filius Nicholai tenet Cosham, nescitur per quod servicium, et est de escaetâ Normannorum.
Reginaldus de Bernevall' tenet Budeston', nescitur per quod servicium.
Hugo de Vivon' tenet Westkington', nescitur per quod servicium.
Walterus de Godarvill' tenet quandam partem de Chippeham per servicium quarte partis j. militis.
Jacobus Hose tenet terram que fuit Hodierne nutricis ad Chippeham ad voluntatem domini regis, nescitur per quod servicium.
Johannes de Gray tenet Scorestan pro esse falkonarius domini regis.
Gregorius de Turri tenet tres hidatas terre in Barewe per unum spervarium sorum per annum.
Ricardus de Harecurt tenet Scoreston' pro feodo j. militis.
Walterus de Gordarvill tenet j. virgatam terre in Chippeham per servicium j. arcus de auburn' per annum.
Ricardus de Anesye tenet quatuor hidas et dimidiam in Dulton' et Bratton' per serianteriam inveniendi unum servientem ad haubergun.
Willelmus Haket tenet duas carucatas terre in Penlegh in soccagio, reddendo domino regi x.s. et monachis de Ferlegh xx.s. per annum de elemosina domini regis.
Jacobus de Lye tenet dimidiam hidam terre ad Herste in socagio reddendo x.s. per annum.
Ricardus de Derneford tenet duas carucatas terre in Hywys per servicium inveniendi unum servientem ad haubergun.
Johannes le Rus tenet duas carucatas terre in Imimere pro esse in camera domini regis.
Johannes de Wyke tenet j. virgatam terre sub Ywode pro foresta de Savernac custodienda.
Joecius de Wike tenet j. virgatam terre in Wik' per iddem servicium.
Ricardus Baxman tenet dimidiam hidam terre in Grafton' pro esse in buteilleria domini regis.
Galfridus Sturmy tenet terram suam in Burbach', Durle et Cuuelesfeld' pro foresta de Savernac custodienda et per unum servientem ad haubergun.
Willelmus Sturmi tenet j. hidam terre in Burebach per unum servientem ad haubergon.
Ricardus Michel tenet j. cotsetlum in Midelton' pro duobus canibus loverez custodiendis ad custum domini regis.
Ricardus de Dantesye tenet iij. acras terre in Hareden' pro bruill' de Bedewind' custodiendo.

---

[1] *This passage is interlined.*

S. ij. 17.
I. 619-621
—cont.
Thomas de Sanford tenet Chelesworth' pro foresta de Braden' custodienda.

Robertus de Camera tenet dimidiam hidam terre in Bereford in socagio reddendo x.s. per annum.

Henricus de la Mare tenet c. solidatas terre in Wintreburn, pro esse marescallus domini regis de literia.

Hugo le Burgenun tenet c. solidatas terre in Porton' inveniendi[1] unum servientem ad haubergun.

Walterus de Langeford tenet Langeford et terram suam in Hamtescir' inveniendi[1] unum servientem ad haubergun.

Ricardus de Muleford tenet dimidiam hidam terre in Muleford pro foresta de Clarendon' custodienda.

Robertus de Laverkestok' tenet dimidiam hidam terre in Laverkestok' pro foresta de Clarendon'· custodienda.

Jacobus de Putton' tenet dimidiam hidam terre in Putton' pro foresta de Clarendon custodienda.

Ricardus de Heyraz tenet dimidiam hidam terre in Alwarebir' pro heyrez domini regis custodiendis.

Willelmus de Loverez tenet unam hidam terre in Cuuelesfeld pro loverez domini regis custodiendis.

Willelmus Spileman tenet unam hidam terre in Cuuelesfeld, et terram suam in Hamtesir' inveniendi[1] unum servientem ad haubergun.

Walterus de Kaleston' tenet duas carucatas terre in Kaleston' in socagio reddendo lx.s. per annum.

[*Endorsed:*—] *Wiltesir'. Feoda Wiltes' liberata per manum vicecomitis.*

OXFORD.

I. 519-520. Viris venerabilibus et discretis dominis baronibus de scaccario domini regis vicecomes Oxonie, salutem. Mitto vobis nomina illorum qui singularia feoda vel minora tenent in capite de domino rege in comitatu Oxonie, videlicet :—

Radulfus filius Nicholai tenet feodum j. militis in Dunton'.

Ricardus Siward' tenet Hedindon' per servicium j. militis et per servicium reddendi annuatim xx.l.

Warinus filius Geroldi tenet Feteleg[2] feodum unius militis.

Godefridus de Craucumbe tenet Pidinton' pro feodo j. militis.

Galfridus Dispensator tenet Stanton' per iij. partem feodi j. militis.

Domina Margeria de Ripariis tenet Newenham per servicium j. feodi militis.

Abbas Cirencestrie tenet in Edburubir' dimidium feodum.

Robertus Lingiur' in eadem j. feodum.

Willelmus de Acrenthon' tenet in eadem villa j. feodum.

Willelmus de Middelton' et Willelmus de Hedindon' tenent vij. partem unius feodi in Blockesham.

Ricardus de Harecurt tenet in Stanton' feodum dimidii militis.

Willelmus Buffin tenet in Nethercote iiij^{am} partem j. feodi.

Johannes de Haneber' tenet in eadem villa feodum dimidii militis.

---

[1] *Before* inveniendi *supply* per servicium.
[2] *Read* Ifeteleg *for* Iffley.

A.D. 1236.

I. 519–520
—cont.

Willelmus de Hainton' tenet in eadem villa feodum dimidii militis.
Gilbertus Bassat tenet in Kertlinton' iiij^{am} partem j. feodi.
Gerardus de Oddingseles tenet feodum j. militis in Bradewell'.
David de Lyndeseie tenet j. feodum in eadem villa.
Simon de Aberincis tenet in Reccot iiij^{am} partem j. feodi.
Philippus de Albinaco tenet manerium de Bampton' cum hundredo ad voluntatem domini regis, set nescitur per quod servicium.

Mitto eciam vobis nomina omnium illorum qui de domino rege tenent in capite per socagium vel per seriantiam et quales sint seriantie et in quibus villis sint dicta socagia et seriantie.

Thomas Naparius tenet terram suam in Pichull' per seriantiam reddendo singulis annis unam nappam de precio iij.s. vel tres s. et debet esse naparius domini regis.

Ingelardus Cigon' tenet manerium de Bensinton' cum quatuor hundredis et dimidio ad voluntatem domini regis, set nescitur per quod servicium.

Abbatissa de Godestowe tenet in eodem manerio ij. carucatas terre, set nescitur per quod servicium.

Abbas Oseneie tenet in eodem manerio unam carucatam terre et j. virgatam, et nescitur per quod servicium.

Abbas de Tham' tenet lx.s. terre in eodem, et nescitur per quod servicium.

Hospital' de Craumerse tenet in eodem j. virgatam terre, nescitur per quod servicium.

Rex dedit Willelmo de Huntercumbe unam hidam et dimidiam virgatam terre in eodem manerio que solet reddere xxij.s. vj.d.

Item idem Willelmus tenet in eodem manerio cl. acras de proprio bosco domini regis per servicium quorundam calcarium deauratorum.

Item Mauricius Aungevin tenet in eodem ij. hidas terre et dimidiam, set nescitur per quod servicium.

Item Bartholomeus de Sakevill' tenet j. virgatam terre in eodem per servicium ij.s. j.d.

Item Robertus Brant tenet in eodem manerio unam hidam terre et iiij^{tam} partem j. virgate per servicium xx.s. et viij.d.

Item heredes Willelmi de Sanfort tenent in eodem manerio dimidiam hidam terre per servicium viij.s.

Item Walterus le Cornur in eodem j. virgatam terre per servicium iiij.s.

Item in eodem Ernaldus Neel unam hidam terre per servicium x.s.

Item in eodem Gilbertus Martel dimidiam virgatam terre per servicium iiij.s.

Item in eodem prior de Walingford unam pescheriam per servicium xlij.d.

Episcopus Lincolniensis tenet in eodem unum gurgitem et j. acram terre per servicium ij.s.

Abbas de Derkecestr' tenet in eodem manerio unum pratum per servicium iij.s. et vj.d.

Item in eodem prior Cantuariensis tenet unum pratum per servicium ij.d.

Turstanus Dispensator tenet in villa de Ewelme v. hidas terre per seriantiam videlicet quod dispensarius debet esse domini regis.

OXFORD.

I. 519-520
—cont.

Abbas de la Bataill' tenet x.l. terre in Craumerse, nescitur per quod servicium.

Philippus Mimecan tenet j. hidam terre in Hedindon' per forestariam.

Hugo de Capes tenet in Blockesham duas partes unius carucate terre per servicium j.m.

Henricus de la Wade tenet terram suam in Stanton' per seriantiam custodiendi falcones domini regis.

Galfridus de Hauvill' tenet villam de Bladen' per idem servicium.

Nicholaus de Molis tenet Overton' ex dono domini regis, nescitur per quod servicium, set Adam de Mora prius tenuit eandem villam per seriantiam custodiendi falcones domini regis.

Robertus filius Alani tenet j. carucatam terre et dimidiam in Netherorton' per servicium portandi unum penecellum ante petalliam hundredi de Wotton infra comitatum Oxonie.

Henricus de la Mar' tenet j. carucatam terre in Middeleston' per servicium custodiendi hostium domini regis.

Willelmus de Sancto Audoeno in Haneber' iiij. virgatas terre per servicium xij.s.

Willelmus Cissor tenet xl.s. terre in Neuinton' per servicium reddendi quasdam forffices ad warderobam domini regis.

Item Turstanus Dispensator tenet in Rolindrich v. hidas terre per seriantiam videlicet quod dispensarius debet esse domini.

Hugo de Sancto Martino tenet terram suam in Lillingstan' per seriantiam custodiendi hostium camere domini regis quando portat coronam.

Beatrix Murdac tenet villam de Brocton' per seriantiam custodiendi unum ancipitem et in seisona portandi illum.

Henricus de la Mare tenet Elfeiscot per seriantiam de esse hostiarius domini regis.

Robertus de Elefort tenet in Lewes iiij^{or} virgatas terre per seriantiam custodiendi unum falconem in seisona.

Item idem tenet tres virgatas terre in Eston' per seriantiam eundi in equitaturam cum domino rege cum capello ferreo et lancia et perpuncto.

ESSEX AND HERTFORD.

II. 243-244.

Feoda que tenentur in capite de domino rege in comitatibus Essex et Hertford'.

Gilbertus de Saunford tenet manerium de Magna Hormad, Fingrie, Ginges et partem de Wlfhameston' per seriantiam quod sit camerarius domine regine.

Thomas Pikot de Radeclive tenet medietatem de Heyden' per seriantiam tenendi bacinum ad coronacionem domini regis.

Thomas Pikot tenet aliam medietatem eiusdem manerii de Heydon' per seriantiam tenendi manutergium ad coronacionem domini regis.

Rogerus de Eswell' tenet unam virgatam terre in Esswell' per seriantiam quod sit hastillarius domini regis.

II. 243-244—cont.

Walterus de Merk' tenet in Alba Raynges per seriantiam essendi falconarius domini regis.

Radulfus le Moine tenet Eystane ad Motam per seriantiam ut sit emptor ad cauderam domini regis.

Petrus le Mareschal tenet in Magna Badewe per seriantiam servandi ij. palefridos.

Henricus de Tybetot tenet in Bradewell per seriantiam inveniendi domino regi unum hominem ad gleyve in exercitu suo Wallie.

Walterus Maillard tenet in eadem villa eodem modo et per idem servicium.

Willelmus filius Willelmi Tarel tenet in Parva Turrak' et in Chaudewell' per seriantiam essendi custos naparum domini regis.

Margeria la Bagode tenet hundredum de Berdestapel' per seriantiam annui redditus xviij.l. xvj.s. iij.d.

Godefridus de Liston' tenet in Liston' et Gosfeud' per seriantiam faciendi wafras ad coronacionem domini regis.

Prior Sancti Botulphi Colecestr' tenet in Legra de Haya per seriantiam inveniendi unum equum precii v.s. et unum saccum et j. broch' in exercitu domini regis Wall' ad custum suum quando dominus rex preceperit.

Walterus de Acra tenet in Magna Saumford' per servicium feodi dimidii militis.

Henricus de Kamesek' tenet in eadem villa per idem servicium.

Willelmus filius Humfridi in Alba Royng' Bertramus le Gros in Dunmawe, Bartholomeus le Bigod et Robertus de Monasterio in Alfreston', et Radulfus Haket in Farenham, tenent de feodo Comitis Sancti Pauli feoda duorum militum.

Radulfus Pirot tenet in Lindesel' et Hakewell' feoda duorum militum.

Henricus de Cramavill' tenet in Daneg' et Renham per servicium feodi unius militis et dimidii. Idem debet de eadem terra et de terra sua quam habet in Kancia wardam ad castrum de Dovra se tercio milite per unum mensem, scilicet tales quinque wardas per duos annos.

Emma Extranea tenet in Sturemere feodum dimidii militis.

Johannes Camerarius tenet in Sturemere et Stevinton' feodum dimidii militis.

Katerina la Brette tenet in Sturmere tres partes feodi unius militis.

Arnaldus de Mandevill' tenet in Parva Bumsted' feodum dimidii militis.

Rogerus de Cressy in eadem Bumstede tenet quartam partem feodi unius militis.

Thomas Baynnard tenet in Mescing' feodum unius militis et dimidii.

Priorissa de Kaunpess' tenet in Dyham feodum dimidii militis.

Johannes de Bailloel tenet in Hich' feoda unius militis et dimidii.

Johannes de Mara tenet in Walden' Regis feodum unius militis.

Robertus la Wayte tenet in Dinesl' per servicium reddendi thesaurario de scaccario domini regis xiij.d. per annum.

Willelmus Agulun tenet in Watton' per servicium inveniendi unum garcionem cum arcu et sagittis ad exercitum domini regis in Wallia.

ESSEX AND HERTFORD. 591

II. 243–
244–c⁶it. Prior de Wymundel' tenet in Dinesl' unam virgatam terre per cartam domini regis solvendo inde per aunum ad scaccarium domini regis v.s.

NORFOLK AND SUFFOLK.

II. 297–300. Henricus dei gracia rex Anglie, dominus Hibernie, dux Aquitanie Normannie, comes Andegavie, vicecomiti Norff' et Suff', salutem. Quia feoda baronum nostrorum etc. (*as above*, p. 585). Teste me ipso apud Westmonasterium vj^{to} die Maii anno regni nostri xx°.

Inquisicio de singularibus feodis militum, de socagiis et seriantiis que tenentur de domino rege in capite in comitatibus Norff' et Suff'.

Que dicit quod Ricardus de Hadesco tenet redditum in homagiis in Costeseye, Stratton', Tybeham, ad valenciam c.s. per servicium iiij^{te} partis feodi unius militis.

Item Matheus Peverel tenet terram in Mealthon', Brakene, et alias terras suas per servicium v. militum.

Item Emma de Beaufo tenet de domino rege feodum dimidii militis in Suthcrek' quod Radulfus de Beaufo tenet de ea.

Item Philippus de Albinaco tenuit villam de Witton' cum pertinenciis per servicium feodi unius militis quod Comes Ricardus tenet modo.

Item Thomas la Veile tenuit totam terram suam de Anglia et Normannia primo per servicium austurcarie, set modo eas tenet per servicium quarte partis feodi unius militis.

Item Ranulphus filius Roberti tenet Houton' cum pertinenciis per servicium feodi dimidii militis.

Item Warinus de Munchenesy tenet Gurleston' per servicium feodi unius militis.

Item Johannes Marescallus tenet manerium de Hengham per servicium feodi unius militis.

Item Radulfus de Cameys tenet Flokethorp' per servicium feodi unius militis.

Item Rogerus de Sancto Dionisio tenet Henested' per servicium feodi dimidii militis.

Item heres Odonis de Danmartin tenet Strumeshag' per servicium feodi unius militis.

Item Willelmus de Aubervill' tenuit feodum dimidii militis in Upethon' quod Ricardus Pincerna modo tenet.

Item Johannes Luvel tenet Docking' cum pertinenciis per servicium feodi unius militis.

Item Hugo Talemach' tenet Bentleg' per servicium dimidii militis.

Item Willelmus Talebot tenet feodum dimidii militis in Hentlesham per unum spervarium sorum.

Item Willelmus Pippard tenet aliam medietatem in Hentlesham per servicium feodi dimidii militis.

Item heredes Briani le Ewer tenent ij. partes quarte partis feodi unius militis in Parva Bresete et terciam partem quarte partis feodi militis in Gosebec et Eston'.

II. 297–
300—cont.
Item Egidius de Wachesham tenet in Quilfo feodum dimidii militis.
Item Thomas de Oteleg' tenet in Oteleg' feodum unius militis.
Item Rogerus Esturmy tenet in Ikene feodum unius militis.
Item heredes de Bersingham,[1] scilicet Henricus Baillol, Petrus de Maune, et David Cumyn, per uxores suas, tenent in Bersingham[1] feodum unius militis.

ITEM DE SOCAGIIS.

Galfridus filius Johannis filius Hervei tenet villam de Ormesby cum pertinenciis de domino rege reddendo per annum xvj.l.
Item Rogerus filius Osberti tenet Wathe reddendo per annum v.s.
Item Thomas Cobbe et socii sui tenent socagium in Willingham Weston' de terra Tuneyre de domino rege in capite reddendo inde per annum iiij.s.
Item Hubertus de Burgo, comes Cantie, tenet manerium de Westhal' reddendo inde per annum xvj.l.
Item idem Comes tenet manerium de Causton' de domino rege set nescitur per quod servicium, set creditur quod per antiquam firmam.
Item villata de Aillesham est in manu domini regis.
Item Thomas de Hemegrave tenet Mutford' de domino rege in capite per cartam domini regis, set nescitur quid inde reddat.
Item Bartholomeus de Crek' tenet villam de Caumbes ad feodi firmam de domino rege reddendo inde xxij.l. dimidiam marcam et quolibet anno de annuo scutagio xxx.s.
Item Johannes Extraneus tenet in Bukethon' sex marcatas terre per cartam domini regis, set nescitur per quod servicium.

ITEM DE SERIANTIIS.

Ricardus de Auvlers tenet quandam seriantiam in villa de Selfhanger per servicium ducendi pedites de comitatu Suff' in exercitu Wallie ad summonicionem domini regis.
Item Petrus de Meauling' tenet quandam seriantiam in Burston' per servicium vendendi ad comitatus Norff' et Suff' averia capta pro debitis domini regis. Et illam seriantiam dimisit in feodo Roberto de Bosco, militi.
Item Willelmus May tenet quandam seriantiam in Causton' et Stanho per servicium servandi unum limarium.
Item Walterus Tusard tenuit quandam seriantiam in Baningham cum pertinenciis per servicium balistarie. Et quedam Avicia Tusard vendidit terram illam Rogero le Bygot, avo istius comitis qui nunc tenet.
Item Hubertus Cordebof' tenuit quandam terram in Baningham per servicium balistarie. Et idem Hubertus similiter vendidit terram illam eidem comiti le Bygot, qui eam modo tenet.
Item Henricus de Hasting' tenet quandam terram in villa de Asseles per servicium dispensarie.
Item Hugo de Burdeleys tenet quandam seriantiam in Sculethon' per servicium lardarie domini regis.

---

[1] Read Dersingham.

II. 297-
300—cont.
Item Willelmus filius Radulfi et Willelmus de Curcon tenent quandam seriantiam in Karlethon' per servicium portandi domino regi ubicunque fuerit in Anglia circa festum Sancti Michaelis xxiiij^{or} pastillos de primo recenti allec' ex parte ballivorum Norwici. *Appliard*[1] *modo tenet.*
Item Johannes de Erlham tenet terram in Erlham per seriantiam balistarie in castro de Norwic' per xl. dies.
Item Henricus de Camvill'[2] tenet terram in Dunton', Doketon', et Reinham per seriantiam falconarie.
Item Warinus le Ostricer tenet in Redenhale c. solidatas terre per seriantiam austurcarie.
Item Oliverus de Tintimat[3] tenuit vij. libratas terre in Werlingham, Barsham, Weston' etc. per homagium suum.
Item Johannes Cardebof tenet terram suam in Mendlesham, Brocfor.l', Wetheringsete, Akeholt, Wicham et Baningham in Norff' per servicium balistarie.
Item Eadmundus de Brompton' tenet terram in Hemingeston' per servicium suffli, saltus et petti. Et Willelmus le Enveyse tenet manerium de Langehal' pertinens ad illud feodum.
Item Ricardus de Harecurt tenet x. libratas terre in Wytham, set nescitur per quod servicium.
Item Walterus de Evermu tenet Runham cum pertinenciis per servicium duorum modiorum vini et cc. de permeyns.
Item heres Ricardi de Wrthstede tenet terram in Erlham et Sweinestorp' per seriantiam balistarii.
Item Radulfus de Burgo tenet terram in Burgo per seriantiam balistarii.

STAFFORD.

S. ij.,
I. 238-240.
Inquisicio facta per vicecomitem Stafford' de militibus qui tenent singularia et minora feoda de domino rege in capite et de tenentibus per socagium et per seriantiam, et ubi et in quibus villis.

In primis Andreas Blundus tenet quandam partem manerii de Pencrich' per servicium feodi unius militis.
Item Rogerus de Sumervill' tenet manerium de Alrewas reddendo per annum xv.l. faciendo eciam servicium quarte partis feodi unius militis.
Item Thomas Corbet de Hetleg' tenet manerium de Bromleg' reddendo per annum iiij^{or} l. faciendo eciam servicium decime partis feodi unius militis.
Item Willelmus Rufus tenet manerium de Waleshal' ad feodi firmam reddendo per annum iiij.l.
Item Philippus de Ruwele tenet villatam de Ruwele ad feodi firmam reddendo per annum xvj.s. et iiij^{or} d.
Item Johannes de Cnotton' tenet villatam de Cnotton' ad feodi firmam reddendo per annum ad Novum Castrum iiij.l. xj.s. vj.d. faciendo eciam custodiam eiusdem castri per xl. dies ad custum domini regis.

---

[1] *Added in a 16th century hand.* [2] *Read* Hauvill'. [3] *Read* Tintiniac.

A.D. 1236.

Item Willelmus de Erdintun' tenet villatam de Fenton' ad feodi firmam reddendo per annum ad predictum castrum vij.s. iiij.d. faciendo eciam predictam custodiam per predictum terminum.

Item Willelmus de Hanleg' tenet villatam de Hanleg' ad feodi firmam reddendo per annum ad predictum castrum vj.s. faciendo eciam predictam custodiam per predictum terminum.

Item Ranulfus de Bevill' tenet villatam de Langeton' ad feodi firmam reddendo per annum v.s. ad predictum castrum faciendo eciam predictam custodiam ad predictum terminum.

Item Willelmus Muriel tenet unam virgatam terre infra predictum manerium Novi Castri in villa de Selton' per seriantiam custodiendi hayam domini regis ibidem que vocatur Haya de Clive.

Item Henricus de Auditheleg' tenet infra predictum manerium villatas de Tunstal, Chadderleg', Bradewell', Turvedesfeld' et Normannecot per seriantiam unius servientis peditis cum arcu et sagittis infra predictum castrum per viij. dies tempore guerre ad custum proprium.

Item Galfridus Griffin tenet hundredum de Pirhul' per seriantiam custodiendi idem hundredum reddendo inde per annum vj.m. et dimidiam.

Item Johannes filius Philippi tenet manerium de Kenefar' per seriantiam custodiendi forestam de Kenefar' reddendo inde per annum ad scaccarium xv.l.

Item Ranulfus de Perton' tenet villatas de Perton' et de Treskot' per seriantiam eundi cum domino rege in exercitu ad custum suum proprium per viij. dies et postea de die in diem habendi viij.d. de liberacione domini regis ut dicit.

Item Hugo de Loges tenet villatam de Rodbaldeston' et quandam partem terre in Wyrle per seriantiam custodiendi forestam de Kanok reddendo eciam per annum ad scaccarium x.m.

Item Robertus del Brok' tenet villatam de Huntendon' que est infra Kanok de Episcopo Cestrensi quam prius tenuit de domino rege in capite et habet seriantiam custodiendi hayam domini regis de Teddesl' unde reddit per annum ij.m. Hugoni de Loges ad firmam suam faciendam.

Item Ricardus de Puteo tenet unam carucatam terre in Rugleg' de Episcopo Cestrensi ut dicit per seriantiam custiodiendi hayam de Rugleg' que est infra Kanok, quam prius tenuit de domino rege in capite et tunc reddidit predicto Hugoni de Loges dimidiam marcam per annum pro ipsa custodia unde idem Hugo nichil percepit postquam foresta de Kanok concessa fuit predicto episcopo.

Item Robertus Trumwine tenet de eodem episcopo ut dicit unam virgatam terre in villa de Kanok quam prius tenuit de domino rege in capite per servicium custodiendi hayam de Chistlin, et tunc reddidit predicto Hugoni unam m. per annum pro ipsa custodia, unde ad presens nichil percipit.

Item Willelmus de Benetleg' tenet villatam de Benetl' per seriantiam custodiendi hayam de Betleg' pro qua consuevit reddere Hugoni de Logis j.m. per annum.

Item Philippus de Burwardesl' tenet manerium de Esseleg' per seriantiam inveniendi unum servientem equitem ad custum proprium ad castrum de Srawurthin per xv. dies.

S. ij. 17.
I. 238-240
—cont.

Item Willelmus de Herovill' tenuit villatam de Wodnesbur' que quondam fuit regum Anglie et data fuit antecessoribus predicti Willelmi in escambium pro villata de Stuntesfeld' que est extra parcum de Wudestok' et quondam fuit de feodo comitis Warewik', unde predictus Willelmus de Herovill' facit pro predicta villata de Wonesbur' predicto comiti de Warewik' servicium feudi dimidii militis, et preterea dat domino regi per annum xx.s. pro superplusagio extensionis predictarum villarum.

Item Willelmus Wymer' habet custodiam vivarii domini regis de Stafford' et reddit inde per annum dimidiam marcam ad scaccarium.
[*Endorsed* :—] *In libro.*
Feoda comitatus Stafford'.

LANCASTER.

S. ij. 17.
II. 848-850.

Viris venerabilibus et dominis suis karissimis domino Hugoni de Patesul', domini regis thesaurario, et aliis baronibus domini regis de scaccario suus ligius et devotus Symon de Thorneton', vicecomes Loncastrie, salutem et se totum. Sciatis pro -vero quod littere domini regis de novo fefamento et veteri venerunt apud Loncastriam vigilia Translacionis beati Thome Marthiris ; unde statim visis litteris illis transcriptum misi custodi Loncastrie honoris qui custodit honorem Loncastrie per diversos comitatus Anglie, tamen vero, absente illo, certitudinem feodorum in quantum potero vobis significo, set quantum fuerit solutum de auxilio domini regis apud scaccarium non possum scire tam in brevi tempore ut bene scitis si placet. Set particulas feodorum vobis significo :—

Dominus J. de Lascy, comes Lincolnie, tenet xij. feoda militum de veteri fefamento in Clyderou et Penwirtham et in Wydnis infra comitatum.

Dominus Willelmus de Loncastria tenet unum feodum militis cum pertinenciis de veteri fefamento in Warton' et in Gayrstan similiter.

Heredes domini Ricardi filii Reg'[1] tenent quartam partem unius feodi in Kelgrimisarhe et in Birstabrunninc ex antico fefamento.

Ada le Mulyneus tenet dimidium feodum in Ceffton ex antico fefamento infra comitatum.

Ricardus de Hulton tenet sextam partem unius feodi in Penilton de dono domini Regis Johannis infra.

Ada de Midilton tenet quatuor decimam partem unius feodi militis in Midilton ex antico infra.

Ada de Merton tenet quartam partem et vicesimam partem unius feodi in Merton ex antico fefamento infra.

Tebaut Water tenet dimidium feodum in Witheton et in Routheclive ex antico fefamento infra.

Heredes domini Amauricii[2] Pincerne tenent duo feoda in Werinton et in Laton ex antico infra.

Thomas Greley tenet quinque feoda et dimidium in Mamecestria cum soca ex antico infra.

---

[1] *Read* Rogeri.   [2] Amauricii *substituted for* Willelmi.

S. ij. 17.
II. 848–850
—cont.

Henricus de Muledene tenet duo feoda in Totinton et in Bury ex antico infra.

Predictus heres domini Amauricii Pincerne tenet in Croppl' et in Neubolt duo feoda ex antico in Nottinghamsir'.

Idem heres Amauricii tenet in Crocston et in Bultham et in Filingham iij. feoda in Lyncolnsir', per totum viij. feoda.

Predictus Thomas Greyley tenet in Sixle et in Swinishevit et in Blockssham et[1] in Cotegrave in Notinghamsiria[1] iij. feoda in Lyndisey.

Idem Thomas tenet in Tonstude et Wylosham cum pertinenciis iij. feoda et dimidium in Norfoc et in Sufoc per totum xij. feoda.

Predictus Henricus de Muledene tenet in Tonayc et in Thorp et in Thid et in Sutton iiij[or] feoda in Lincolnisir'.

Idem Henricus tenet in Muledene unum feodum in Sufoc per totum viij. feoda.

Radulfus de Sancto Jeorgio dimidium feodum in Bothimisul' ex antico in Notinghamsyrya.

Ricardus de Furneus in eadem villa dimidium feodum.

Rogerus de Maresey ij. feoda in Gameliston et in Maresey ex antico in Notinghamsyrya.

Heres Leonis de Maunuers j. feodum in Holme ex antico in Notinghamsyrya.

Phelippus Daubeny in Flintham j. feodum ex antico in Notinghamsyrya.

Symon filius Willelmi in Grimbilthorp j. feodum ex antico in Lincolnisyr'.

Ricardus de Hoton in Ryby dimidium feodum ex antico in Lincolnisyr'.

Abbas de Grimisby et moniales de Coton dimidium feodum in Swalwe ex antico in Lincolnisyr'.

Robertus de Sancto Jeorgio et Ricardus de Furneus et fratres hospitalis Lincolnie tenent unum feodum in Welinghure ex antico in Lincolnisyr'.

Advocatus de Beton dimidium feodum in Boby in Lincolnisyr'.

Heres Nicholay de Verdon tres partes unius feodi in Kirkeby ex antico in Lincolnisyr'.

Rogerus de Maresey unum feodum in Flet et in Lutton in Lincolnisyr'.

Robertus filius Willelmi unum feodum in Harstan ex antico in Laycestrisir'.

Radulfus de la More unum feodum in Brocton in Laycestrisir'.

Hubertus de Burgo tres partes unius feodi in Crocston de dono regis in Laycestrisir'.

Heres Leonis de Maunuers j. feodum in Hanestan' in Eborasyr'.

Robertus Deyvilla dimidium feodum in Hanestane Parva quod recuperavit de novo per placitum super heredem Radulfi Frasel in Eborasyr'.

Heres Galfridi de Costantin unum feodum in Thorp in Stafordisyria.

Johannes filius Roselin unum feodum in Haymford de[2] herede Willelmi Blundel[2] in Norfouc.

---

[1] The words et . . . Notinghamscira are interlined.
[2] The words de . . . Blundel seem to be marked for deletion.

S. ij. 17. Robertus Pauper unum feodum in Fretenam per cartam domini
II. 848-850 Regis Johannis in Norfouc.
—cont. Rogerus de Muriellis j. feodum in Thorp Bussel in Sufouc.
Katerina de Hastingis j. feodum in eadem villa.
Thomas de Otheley ij. feoda in Hotheley et in Preston in Sufouc.
Robertus de Kocfeut dimidium feodum in Wadinfeut in Sufouc.
Isabel de Wachesham dimidium feodum in Culfo in Sufouc.
Willelmus Hervi dimidium feodum in Bocstude in Sufouc.
Thomas de Multon j. feodum in Thorestaniston in Sufouc.
Antecessores Rogeri Esturmi feffati fuerunt de iij. feodis in Bukishal et in Icoma, set quidam rex relaxavit eis servicium tercii feodi in escambio unius piscarie quam habuit sub castello suo de Horford, et Rogerus Esturmi tenet duo feoda unde dominus rex adhuc habet servicium.

Rogerus de Untingfeldt tenet unum feodum in Mendham in Sufoc.
Heres Rogeri Bigot tenet tria feoda in Witincham et in Hachinehame et in Clopton in Sufoc.
Aunsel de Neuton tenet septimam partem unius feodi in Neuton in Sufoc.
Item sciatis quod antecessores Rogeri Gernet feffati fuerunt de uno feodo in Halton infra comitatum unde dictus Rogerus non facit servicium domino regi, set dicit quod tenet illud feodum propter forestam domini regis custodiendam.

Dominus Rogerus de Mundegume vel Monte Beconis feffavit Johannem de la Mare de uno feodo in Croston infra comitatum.
Unde vestrarum discrecionum benignitates ad presens affectuose supplico quatinus velle vestrum super hiis et aliis mihi ut vestro per latorem presencium si placet significare velitis, et sciatis si placet quod nullam summonitionem scaccarii domini regis post ultimum compotum meum de aragiis comitatus adhuc recepi. Valete in domino.

NORTHUMBERLAND.

S. ij. 17. Viris venerabilibus et dominis domino Hugoni de Pateshil,
II. 749- thesaurario domini regis, et consociis suis baronibus de scaccario
753. domini regis, suus H. de Bolebec, vicecomes Norhumbrie, salutem.
Noveritis me mandatum domini regis in hec verba suscepisse :—
Henricus dei gracia et cetera vicecomiti Norhumbrie, salutem.
Quia feoda baronum (etc. as above, p. 585). Teste et cetera.
Et sciatis quod hoc breve venit ad me paulo ante Nativitatem Sancti Johannis Baptiste.

Ego vero huius mandati execucionem cum omni qua potui diligencia et per discretam inquisicionem facere procuravi in forma subscripta.
Jordanus Hayrun tenet in capite de domino rege per servicium unius militis Hadistonam, Colewel, Swineburn' occidentalem, Parvam Bentonam, Chirtonam occidentalem, Flatford, de veteri feodo.
Nicholaus de Bolteby et Walterus de Tunstal tenent in capite de domino rege per servicium unius militis Wardun, Fourstanys, Alrewas, Hayden, Langeley, Blencanhishop, Wyden, Fetherstanhishalu, de veteri feodo.

S. ij. 17. Hugo de Morwyc tenet in capite de domino rege West Chivington'
II. 749–
753—cont. per servicium unius militis de veteri feodo.
Simon de Divilhistona tenet in capite de domino rege Divilhistun
per terciam partem servicii unius militis de veteri feodo.
Nicholaus de Farendun et Elizabet uxor de jure ipsius Elizabet'
tenent in capite de domino rege Heppal, Bikertun, Flotwaytun,
Wartun, Tossin et Mangnam Tossin, Tyrwyt, et alteram Tyrwit,
per servicium unius militis de veteri feodo.
Alexander de Bradeford tenuit Bradeford in capite de domino
rege per servicium unius militis de veteri feodo, que quidem Bradeford
est in manu domini regis.
Rogerus filius Radulfi tenet in capite de domino rege Dicheburn'
et alteram Dicheburn', Mangnam Ryhil, Kertindun, per servicium
unius militis de veteri feodo.
Idem Rogerus tenet in capite de domino rege tres partes de
Toggisden pro x.s. annuatim solvendis pro omnibus serviciis.
Alicia de Stirap, Hamelinus et Marieria uxor eius, Averay de
jure Juliane que fuit uxor eius, Thomas de Strattona et Ysabel uxor
eius, et Constancia, heredes Philippi de Ulecotis, tenent in capite
de domino rege Natfertun, Matfen et Loverbothill' per seriantariam
pro corona domini regis custodienda infra comitatum Norhumbrie.
Willelmus filius Avenell' tenet de jure Betricie uxoris sue in capite
de domino rege unam carucatam terre in villa de Bamburg' per
seriantariam in ballia de Bamburgsir' et est pro servicio suo intendens
negociis domini regis sicut serviens comitatus, et debet recipere
namia in north' de Koket pro debito domini regis in parco suo.
Comes Patricius tenet in capite de domino rege Benley, Hiddisley,
Edelingham, Lemoutun, Bromdun, Bremtun, Wttun, Schepley,
Harop, Wittun, Stantun, Horseley, Windegatis, et Rittun per inboru
et wtboru inter duo regna.
Idem Comes tenet in capite de domino rege Suth' Middiltun, et
le Midlest Middiltun et pro una villa tenet North' Middiltun et Rodum,
et hoc totum est drengagium et reddit domino regi per annum xxx.s.
Et tenentes predicti comitis de predictis villis debent talliari cum
dominicis domini regis et faciunt truncagium castello de Bamburg'
annuatim.
Johannes de Hawiltun tenet Hawiltonam, Claverwrht', et Witing-
tonam in capite de domino rege in drengagio et reddit per annum
xl.s. et debet talliari cum dominicis domini regis, et debet heriet et
merchet.
Michael de Ryhil tenet de jure Alicie que fuit uxor eius, Robertus
de Glentedun et Cristiana uxor eius, Willelmus de Redham et
Constancia uxor eius, et Matildis de Flaunvill' tenent in capite de
domino rege Witingham, Throingtun, Bartun et medietatem de
Glentedun pro uno niso muer' vel pro dimidia marca pro omnibus
serviciis.
Willelmus de Caluley tenet Caluley et Yetlingtun in capite de
domino rege in drengagio et reddit per annum xxx.s. et facit
truncagium castello de Bamburg', et debet talliari cum dominicis
domini regis, et debet heriet et merchet.
Et reditarii de Yetlingtun ubicunque fuerint manentes debent per
annum xxiiij.s. et hoc non pertinet ad tenementum predicti Willelmi.

S. ij. 17.
II. 749–
753—cont.

Johannes de Eslingtun tenet in capite de domino rege Eslingtun in drengagio et reddit per annum xl.s. et facit tale servicium quale Willelmus de Caluley facit, scilicet facit truncagium castello de Bamburg', et debet talliari cum dominicis domini regis, et debet heriet et merchet.

Gilbertus de Parva Ryhil tenet Parvam Ryhil in capite de domino rege et reddit per annum xx.s. et debet talliari cum dominicis domini regis.

Thomas de Warnetham tenet in capite de domino rege unam carucatam terre in villa de Bamburg' de dominico et reddit per annum xx.s. pro omnibus serviciis.

Thomas de Bedenhal tenet de domino rege in capite Bedenhale in drengagio et reddit per annum xx.s. et facit truncagium castello de Bamburg' annuatim et debet talliari cum dominicis domini regis, et debet de cornagio xiiij.d. et de mercheta xvj.s. et de heriet xvj.s. et debet arare semel in quadragesima cum viij. carucis ad unum repastum domini regis, et debet metere annuatim per tres dies in autumpno quolibet die cum viij. hominibus ad unum repastum domini regis, et debet pannagium et de forefacto xvj.s. et de relevio xvj.s. et sectam molendini domini regis ad xiij. vas.

Henricus de Mullisfen tenet de domino rege in capite Mullisfen in drengagium et reddit per annum xxx.s. et facit truncagium castello de Bamburg', et debet talliari cum dominicis domini regis, et debet de cornagio xiiij.d. et de mercheto xvj.s. et de heriet xvj.s. et de relevio xvj.s. et de foresfacto xvj.s. et debet arare semel per annum ad voluntatem servientis cum vj. carucis ad unum repastum domini regis et cariare bladum per annum semel in autumpno cum xij. plaustris ad unum repastum domini regis, et debet metere in autumpno per tres dies annuatim quolibet die cum xij. hominibus ad unum repastum domini regis, et debet sectam molendini domini regis ad xiij. vas et pannagium.

Petrus de Strand tenet de domino rege in capite dimidiam carucatam terre in Bamburg' pro fabro inveniendo ad ferramentum faciendum trium carucarum et debet invenire j. bil' et j. bolakys, et debet adquirere carbones cum homine domini regis ad predictum ferramentum ; rex autem inveniet ferrum.

Dominus Johannes Rex dedit Roberto filio Rogeri Neuburn' cum pertinenciis pro servicio unius militis cum servicio et homagio et consuetudinibus Roberti de Throclau de tenemento ipsius Roberti in Throclau, salvo tamen domino regi redditu xl.s. per annum et quod ipse Robertus talliatur cum dominicis domini regis.

Johannes filius Roberti tenet Corbrig' quod est burgum pro xl.l. per annum ad feodi firmam ; ita tamen quod dominus rex talliat burgenses eiusdem ville cum dominicis suis comitatus.

Nicholaus de Biker tenet duas partes de Biker et Pampeden unum vicum vicinum Novo Castello in capite de domino rege per seriantariam et debet recipere et custodire namia capta pro debito domini regis in parco suo et cum deliberata fuerint ad vendendum predictus Nicholaus debet esse unus eorum qui debet ea vendere ad precium domini regis, et debet portare brevia domini regis inter Tynam et Koket et debet attachiare loquelas spectantes ad coronam domini regis ubi serviens domini regis presens non fuerit. Et debet esse

600   A.D. 1236.

S. ij. 17. serviens ad placita justiciariorum itinerancium apud Novum
II. 749–
753—cont. Castrum.
[Endorsed :—] Feoda comitatus Norhumbrie. In libro.

LIBERTY OF ST. EDMUND'S.

II. 869– FEODA ILLORUM QUE TENENTUR DE DOMINO REGE IN CAPITE INFRA
870.   LIBERTATEM SANCTI EDMUNDI QUIBUS DOMINUS REX NON
          SCRIBIT.

Willelmus de Kenthewell' tenet de domino rege in capite iiij^{or} feoda militum et dimidium in Meleford'.
Johannes de Hodebovill' tenet unum feodum in Aketun' de baronia Peverelli que est in manu domini regis.
Hugo Talemasch et Hamo de Clerbec tenent unum feodum in eadem villa de eadem baronia.
Robertus de Seltun' tenet iij. feoda in Illeg' de baronia de Heliun que est in manu regis.
Egidius de Wachesham tenet iij. quarteria in Stansted de domino rege in capite.
Reginaldus de Ponte tenet in Wyvermersse dimidium feodum de domino rege.
Willelmus filius Willelmi tenet in eadem iij. quarteria de domino rege.
Robertus de Cokfeld' tenet dimidium feodum in Parva Waldingf' de honore Lancastrie que est in manu regis.
Hospitalarii tenent in Proston' dimidium feodum de Willelmo de Kentewell', et idem Willelmus de rege in capite.
Matheus de Luveyn tenet unum feodum in Bildestun' de rege in capite.
Rogerus de Murius tenet unum feodum de honore de Lancastria in Torp' qui est in manu regis.
Ricardus de Hasting' tenet in eadem villa unum feodum de eodem honore.
Thomas de Otel' tenet dimidium feodum in Proston' de eodem honore.
Willelmus filius Hervei tenet dimidium feodum in Boxstede de eodem honore.
Hugo de Polsted' tenet ij. feoda et ij. partes unius feodi in Polsted' de honore de Reyle.
Thomas de Plumberg', Gilbertus de Rel' et Girardus le Cunstable tenent iiij^{tam} partem unius feodi in Wyvermersse de honore de Reyle.
Biretta de Fonton' tenet dimidium feodum in eadem villa de eodem honore.
Rogerus Camerarius tenet v^{tam} partem unius feodi in eadem villa de eodem honore.
Johannes de Bello Campo tenet unum feodum in Esington de honore Peverel.
Petrus Braunche tenet ij. feoda in Neuton' et Cornerth de David de Lyndes', et idem David de domino rege in capite.
Willelmus de Oddingesel' tenet ij. feoda in Cavendiss' de Hugone de Odingesel', et idem Hugo de domino rege in capite.

LIBERTY OF ST. EDMUND'S.

II. 869-870—cont.

Margareta de Colingham tenet X^{am} partem in eadem villa de dicto Willelmo de eodem feodo.

Willelmus Blundus tenet in capite iiij^{or} feoda in Assefel, Walesham, Torp', Wykes et Langham.

Rogerus de Clar' tenet in capite de domino rege unum feodum in Norton' et Lithehag'.

Andreas de Heliun tenet de domino rege in capite dimidium feodum in Haverhill'.

Willelmus de Criketot tenet de domino rege in capite unum feodum in Uvesden' de honore Bolonie.

Walterus Pichard tenet virgatam terre in Wretting' de domino rege in capite per seriantiam unius arci v. sagittarum et j. buzenn' in exercitu regis in Wallia.

(602)

A.D. 1236 ?

THIS seems to be the most convenient place at which to print three lists which may be connected with the enquiry of 1236, but which, for one reason or another, cannot definitely be assigned to that year. All of them are known to us only by transcripts in the Book of Fees and elsewhere, the originals having disappeared.

The first of these lists enumerates certain lands in the county of Northampton which were held by military service or by serjeanty. One of the tenants named in it, Robert le Archer, made arrangements in June 1239 for the payment of 50s. by way of relief on succession to the land of his father, William le Archer, at Sibbertoft, the place mentioned in the text.[1] Two of the other tenants named, Richard de Cahaignes and John de Heriz, were dead in 1241.[2] At first sight, therefore, it would seem clear that the list was compiled in 1239, 1240, or 1241.

On the other hand, it must be observed that no mention has been found of any enquiry as to tenures in the course of those three years. Furthermore, the document has the characteristics of a sheriff's return to the writ of May 1236. It ignores all the owners of numerous fees, the principal tenants in chief, whose names are given in the accounts of 1235, and the returns of 1242. Two persons are indeed entered as owning respectively three fees and a half and five fees, but these were little fees of Mortain, which might be considered by the sheriff to come into the category of " feoda minora."

The entry concerning Sibbertoft is the only obstacle to the inclusion of this document among the returns of 1236. Several explanations of it are possible. There may have been a blunder on the part of the sheriff's clerk, or on that of the scribe of the Book of Fees. Or William le Archer may have handed over the administration of his property to his son. Or again Robert le Archer may have been long in coming to an agreement with the Crown as to the amount which he should pay in order to obtain seisin of land not held by military service. In this connexion it may be observed that the value of his paternal inheritance was very small in comparison with that of the lands which he had obtained by marrying an heiress.[3]

---

[1] *Excerpta e Rotulis Finium*, vol. i. p. 326.
[2] *Ibid.* pp. 359, 437 ; *Close Rolls, 1237-1242*, pp. 288, 378.
[3] *Excerpta e Rotulis Finium*, vol. i. pp. 304, 329, 411, 419.

NORTHAMPTON.

I. 122-125. DE FEODIS IN COMITATU NORHAMT'.

Willelmus de Ferrariis, comes Derb', tenet de domino rege in capite manerium de Hecham cum pertinenciis Rissendon', Rande, Ringested', Chelutston', Caldecote, Irencestr', Cestr', Knoston', Newebotle et Blitheswrth' pro feodo unius militis.

NORTHAMPTON. 603

I. 122-125 —cont. Nicholaus de Bassingburn' feodum unius militis in Benifeld' et Abinton' cum pertinenciis in aliis comitatibus.

Alanus de Lindon' duo feoda de quibus septem partes unius feodi sunt in Eston' in comitatu Norhamt', et viij. pars unius feodi in Castreston' in comitatu Roteland', et unum feodum in Budenho et Beston' in comitatu Bedeford'.

Eustachius de Watford' feodum unius militis in Watford', Morcote et Siveleswrth'.

Nicholaus Malesmains et Walterus de Godardvill' tenent de ipso Nicholao unum feodum et dimidium in Burton'.

Henricus de Drayton' dimidium feodum in Drayton'.

Gilbertus de Preston' dimidium feodum in Gretton'.

Gilbertus de Clare tenuit de domino rege in capite feodum unius militis in maneriis de Rowell', Touccestr' in comitatu Norhamt' et manerio de Schipton' in comitatu Oxonie, in manerio de Kercbroc in comitatu Norf'. Dominus autem rex modo habet custodiam predicti manerii Rowell' cum Ricardo filio et herede predicti Gilberti de Clare.

Simon de Monte Forti, custos terre que fuit Radulfi de Kahaygnes in comitatu Norhamt', tenet in capite de domino rege racione custodie terre illius tria feoda et dimidium de parvis feodis Moretann de quibus :—

Simon de Greton' tenet de predicto custode unum parvum feodum in Creton' et Sproton'.

Radulfus de Say, custos terre et heredis Rogeri de Heyford', unum parvum feodum in Heyford' et † Berleston' †.

Ricardus de Curezun dimidium parvum feodum in Jelvertoft.

Walterus de Widvil' dimidium parvum feodum in Thirneby.

Hugo de Vallibus quartam partem unius parvi feodi in Haldeneby.

Et Henricus de Sancto Mauro quartam partem unius parvi feodi in Haniton'.

Ricardus de Kahaygnes tenet in capite de domino rege quinque parva feoda Moretann de quibus :—

Walterus de Gatesden' tenuit unum parvum feodum in Fardingeston'.

Hugo Luvel, qui est in custodia Silvestri de Everdon', duas $p^a{}_rt_{es}$ unius parvi feodi in Fardingeston' et terciam partem unius parvi feodi in Kyselingbyri.

Heres Ricardi de Brinton' duas $p^a{}_rt_{es}$ unius $p^a{}_rv_i$ feodi in Brinton' et terciam partem unius parvi feodi in Charewelton'.

Rogerus Revel unum parvum feodum in Tiffeld, † Rokesle †, Couesgrave et Buckeby.

Et Ricardus de Fardingeston' unum parvum feodum in Evenle et Purston'.

Willelmus de Cantilupo junior et Vitalis Engayne tria feoda et sextam partem unius feodi de feodo Willelmi de Curtenay in Bulewic' in comitatu Norhamt' cum pertinenciis in aliis comitatibus, set non potest inquiri pro quanta parte feodi militaris predictum manerium de Bulewic teneatur.

Robertus de Novo Burgo duo feoda de honore de Chokes in Wullaugston' et Strixton' que Robertus filius Radulfi tenet de eo.

I. 122-125
—cont.

Rogerus de Quency unum feodum de eodem honore in Buckeby quod Hawisia de Cestre tenet de eo in dotem. Et tenebatur ut dicitur antiquitus pro duobus feodis.

Robertus de Pavilly duo feoda de honore Peverelli de Notingham in Westpery, Heydmundekote et Houcton'.

Heredes Roberti de Salceto, scilicet Petrus de Goldington', Robertus Lupus, Alanus de †Rumely†, †Walterus† de Mortuo Mari, Adam de Napton', et Simon de Trop cum Maria uxore sua, quartam partem unius feodi de eodem honore in Horpol, et quartam partem unius feodi de eodem honore in Plumpton' quam Beatrix que fuit uxor predicti Roberti de Salceto tenet de eis in dotem.

Petrus de Goldinton' unum feodum et dimidium de eodem honore in Cotes, Ravenestorp', Tekne, Halewell', Winewic, Thirneby et Coldesseby.

Willelmus Bardolf' feodum unius militis in Midelton' et Colentre de eodem honore, quod Johannes Malesoures tenet de eo.

Radulfus filius Nicholai, qui habet custodiam terre que fuit Roberti filii Willelmi de Catesby, feodum unius militis de eodem honore in Catesby et Newebold'.

Willelmus de Cantilupo, qui habet custodiam terre et heredum Katerine filie Hugonis de Insula, duo feoda de eodem honore in Bereweby.

Prior hospitalis Ieorosolyme in Anglia unum feodum de eodem honore in Blaculvesle.

Michael filius Radulfi cum Katerina uxore sua, filia et herede Johannis de Monte Acuto, unum feodum in Gildesburg' de eodem honore quod Robertus de Nunancurt tenet de Roberto de Cokefeld' qui medius est inter eos.

Johannes de Heriz unum feodum in Keylmers de eodem honore, quod Willelmus le Hauberger tenet de eo.

Egidius de Erdinton', qui habet custodiam terre que fuit Willelmi de Duston', unum feodum de eodem honore Peverelli in Duston'.

Willelmus Burdun unum feodum et dimidium de eodem honore in Deresburg'.

Robertus le Archer tenet in capite de domino rege manerium de Sibertoft cum pertinenciis per seriantiam inveniendi domino regi in exercitu suo quendam servientem cum arcu et sagittis et halbergello per xl. dies.

Vitalis Engayne manerium de Laxton' et quinque virgatas terre cum pertinenciis in Henewic per seriantiam currendi ad lupum.

Johannes de Cancell' manerium de Upton' cum hundredo ad illud pertinente et octodecim solidatas redditus cum pertinenciis in Herleston' per seriantiam inveniendi domino regi in exercitu suo quendam servientem cum halbergello per xl. dies.

Umfridus de Monte manerium de Whitefeld' cum pertinenciis per seriantiam affectandi unum brachetum ad opus domini regis cum ipse dominus rex preceperit ad currendum ad cervum et bissam et damum et damam.

Alanus de Hale unam virgatam terre cum pertinenciis in Hale per seriantiam inveniendi domino regi unum servientem cum arcu et sagittis in exercitu suo per xl. dies.

NORTHAMPTON. 605

I. 122-125
—cont.
Henricus de Jarevill', qui est forestarius de feodo in foresta de Clive, tenet unam virgatam terre cum pertinenciis in Jarewell' per seriantiam forestarie illius et insuper reddendo per annum tres solidos quos Johannes de Nevill' recipit qui tenet ad firmam forestam comitatus Norhamt'.

Gilbertus de Jarewell', qui similiter est forestarius de feodo in eadem foresta de Clive, tenet unam virgatam terre cum pertinenciis in Jarewell' per seriantiam forestarie illius et insuper reddendo per annum quinque solidos quos predictus Johannes de Nevill' recipit.

Walterus Mantel tenet dimidiam hidam terre de feodo Peverelli de Notingham in Sumerhale, scilicet quinque virgatas terre cum pertinenciis per seriantiam inveniendi domino regi in exercitu suo in Wallia unum equum precii quinque solidorum cum capistro precii unius denarii ad summagium portandum per xl. dies.

Radulfus de Keylmers tenet de soka de Goytenton' dimidiam carucatam terre cum pertinenciis in Keylmers et duas virgatas terre et dimidiam et unum molendinum cum pertinenciis in* * et redditum tresdecim solidorum et decem denariorum in Clipston', Oxindon' et Keylmers reddendo inde annuatim ad firmam de Geytenton' xx.s.

Preterea mandatum est ballivo abbatis de Burgo Sancti Petri quod nobis[1] significet nomina omnium tenencium de domino rege in capite in balliva sua tam per servicium militare quam per seriantiam et socagium secundum formam precepti domini regis quod inde suscepi.

[1] *Read* vobis.

MARGERY DE REVIERS.

DURING the process of rearranging the contents of the Book of Fees for the purposes of the present edition, various fragments were put aside as having no direct connexion with the matter immediately preceding or succeeding them. The lines of demarcation are, it may be repeated, far more evident in the Edwardian manuscript than in the text so badly printed in 1807. Eight of these fragments are now brought together below, because, apart from their general similarity in form, they all appear to relate to the property of Margery de Reviers, heiress of her father Warin fitz Gerold, co-heiress of her mother Alice de Curci, and relict of Baldwin de Reviers, eldest son of the Earl of Devon.

A list of the fees of Margery de Reviers in various counties may have been required at any time between the fall of her second husband, Falkes de Breauté, in 1224, and her own death in 1252.[1] If, however, we may regard all the extracts printed below as parts of one document, the limits of date are much narrower. The entry concerning William fitz Richard in Essex can hardly be earlier than 1235,[2] and three out of six tenants named in Kent were dead in 1242. It is therefore not unlikely that we have here some disjointed fragments of a general return made by the steward of Margery de Reviers in

[1] Matthew Paris, *Chronica Majora*, vol. iii. pp. 87, 88 ; vol. v. p. 323.
[2] See p. 607 below.

pursuance of the writ of May 1236. The collectors of the Aid for marrying the King's sister held her responsible, in Essex and Hertfordshire, for rather more than sixty fees.[1]

The first fragment is the only one which has a heading. Out of the six tenants named in it, three appear again in the lists of the fees of Margery de Reviers in Kent in 1242, when the other three, William Butler, William de Ros and William fitz Robert, were represented by their respective heirs. The names of their predecessors in 1166 can be identified in the *carta* of Henry fitz Gerold.[2]

The second fragment mentions four places in Dorset. Two of these, Silton and Milton (on Stour) belonged, at the time of the Domesday Survey, to William de Falaise, whose daughter and heiress, Emma, is believed to have married William de Curci.[3] The fee at the former place held by John of Stane may fairly be identified with the fee which Robert of Stane held of William de Curci in 1166.[4] In 1285, it was held of the Countess of Aumale, the granddaughter and eventual heiress of Margery de Reviers.[5] Crawford and (West) Chikerell are mentioned elsewhere in the Book of Fees as held of Margery herself in 1242.

The third fragment relates only to the manor of Fyfield in the hundred of Kinwardstone in Wiltshire. The tenant called William of Fyfield may clearly be identified with the William fitz Gerold who held there under Margery de Reviers in 1242. It afterwards belonged to a family called Warin, which may have derived its surname from Warin fitz Gerold.[6]

The fourth fragment relates to fees at Kingston Lisle in Berkshire, Sarsden in Oxfordshire, and Blunsdon in Wiltshire.[7] The two persons named occur again as tenants of Margery de Reviers in 1242. The first of them, Warin fitz Gerold, was a first cousin of Margery.[8]

Most of the persons mentioned in the fifth fragment occur again in the Book of Fees as tenants of Margery de Reviers in 1242, though sometimes under different names. Brian fitz Aunsel, who held half a fee at Ringshall, may be identified with Brian of Ringshall, and Alexander of Brettenham, who held half a fee at Brettenham, may be identified with Alexander of Roothing, who held the like amount at the same place in 1242.

The sixth fragment mentions sixteen persons. Six of these occur again in the Book of Fees as tenants of Margery de Reviers contributing to the Aid of 1235. It appears furthermore that the Abbot of Walden's land at Arkesden was, at a later date, held of her representatives.[9] It has been seen above that her father was the mesne lord of Little Radwinter and Stevington, which occur in the list.[10] Lastly the holding of William de la Haie corresponds exactly with that of Ralph de la Haie, who was a tenant of Henry fitz Gerold in 1166.[11]

Looking at this sixth fragment from another point of view, we may observe that it seems to include all the lands which a certain Sasselin held in Essex at the time of the Domesday Survey, that is to say Windhill, Notley, Layer

---

[1] P. 486 above.   [2] *Red Book of the Exchequer*, pp. 354, 355.
[3] Historical MSS. Comm. Report IX, App. i. p. 353.
[4] *Red Book of the Exchequer*, p. 225.
[5] *Feudal Aids*, vol. ii. p. 22.   [6] See pp. 421, 423 above ; *Feudal Aids*, vol. v. p. 263.
[7] *Calendar of Inquisitions*, vol. iii. p. 261, where " Curtys " is obviously an error for " Curcys."
[8] *Cartulary of Eynsham Abbey*, vol. i. pp. 422-423.
[9] *Feudal Aids*, vol. ii. p. 149.   [10] P. 233.
[11] *Red Book of the Exchequer*, p. 355.

INTRODUCTION. 607

(Breton), Pinchpoles in Manewden, Childerditch and Bonhunt. Although "the descent of his fief cannot be traced," the list printed below suggests that it eventually passed to Warin fitz Gerold.[1] William fitz Richard, who is mentioned as a tenant at Elmstead, succeeded his father in 1235 and died in 1246.[2] No connexion has, however, been established between him and Margery de Reviers, and the estate which he and his successors held at that place was considerably larger than the fifth of a fee specified here, namely half a fee held of the Honour of Rayleigh.[3]

The four places mentioned in the seventh fragment are alike stated to have been held of Margery de Reviers in the returns of the year 1242 printed below, though for a smaller number of fees. For a later list see Close Roll, 42 Edw. III, m. 6d.

---

[1] V.C.H. Essex, vol. i. p. 556.
[2] Excerpta e Rotulis Finium, vol. i. pp. 291, 448, 449.
[3] Calendar of Inquisitions, vol. i. pp. 248, 302; vol. iii. pp. 201, 202; vol. iv. p. 13; vol. vi. p. 69; Feudal Aids, vol. ii. pp. 129, 154, 218.

KENT AND OXFORD.

S. ij. 30.   Feoda Margarete de Redeware.[1]
II. 49.
Rogerus de Leiburn' feoda vij. militum in Leiburn', Beaurepeir, Langel', Redlich, Crennbroc et Stepeleston'.
Willelmus Botiler feoda vij. militum in Culinges, Wycham et Craye.
Willelmus de Ros feoda ij. militum in Lullingeston', Ocham[2] et Lehe.
Willelmus filius Roberti feodum dimidii militis in Hecham.
Amis de Shelves feodum dimidii militis in Schelves.
Domina Muriela de Somery feodum j. militis in Faunesse et Sutton'.

DORSET.

II. 881. Johannes de Stane unum feodum in Selton'.
Henricus Mariscot feodum dimidii militis in Cramford'.[3]
Hugo Hareng' iiij^{am} partem unius militis.
Radulfus de Hauvill' feodum dimidii militis in Middelton'.
Johannes de Bayus feodum dimidii militis in Chikerel.

WILTS.

I. 641. Willelmus de Fiffide feodum dimidii militis in Fiffide in comitatu Wiltes.

BERKS, OXFORD AND WILTS.

I. 526. Warinus filius Geroldi feodum unius militis in Kyngeston'.
Rogerus Gulafre feoda ij. militum in Cerdene et Bluntesdon'.

---

[1] S. ij. 30 reads Redeiar'.   [2] S. ij. 30 reads Ochia.
[3] Read Crawford'.

608   A.D. 1236 ?

ESSEX, NORFOLK AND SUFFOLK.

II. 308. Willelmus le Breton ij. milites in Lehere in Essex et in Herkestede.
Galfridus de Ambely feoda iij. militum in Aumesette et Sumersham.
Henricus de Mere feoda iij. militum in Wenham, Toleshunte, Baduhe, Fuleton'.
Matheus de Leyham feoda iij. militum et dimidii in Leyham et Tudenham.
Willelmus de Auberevill' feodum j. militis in Ringesell'.
Brianus filius Aunselli feodum dimidii militis in eadem villa.
Radulfus de Tinill'[1] feoda ij. militum in Huntewod,[2] Bodham, Gouthorp.
Alexander de Brethenham feodum dimidii militis in Brethenham.

CAMBRIDGE, ESSEX AND HERTFORD.

II. 271. Radulfus Gernon feoda ij. militum in Taiden, Chiltendig, Bonhunt et Windhell'.
David de Flettewyk feodum dimidii militis in Herlaue.
Henricus de Maneheden feodum dimidii militis in Maneheden.
Johannes Perigaz[3] feodum dimidii militis in Arkesden.
Jordanus le Brun feodum unius militis in eadem villa.
Radulfus filius Walteri feodum dimidii militis in eadem villa.
Abbas de Waleden' feodum dimidii militis in eadem villa.
Johannes de Chishell' feodum unius militis in Chishell'.
Radulfus de Berners feodum dimidii militis in Dunmauhe.
Willelmus de Haunle feodum dimidii militis in Lebere.
Willelmus filius Ricardi quintam partem j. militis in Elmestede.
Willelmus de la Haye feodum dimidii militis in Pakelesham quod vocatur Le Gardin, et terciam partem j. militis in Dikelehe.
Comes Bygod X^{am} partem unius militis in Nutelehe.
Martinus Camerarius feodum dimidii militis in Parva Radwintr'.
Johannes Camerarius feodum dimidii militis in Stiventon'.
Ricardus de Andvill' feoda vj. militum in Cnebbeworth, Clopton' et Winepol.

NORTHAMPTON, NORFOLK AND SUSSEX.

I. 172. Simon filius Simonis feoda xij. militum et dimidii in Brikelesworth' in comitatu Norhamt', in Hout et in Clay in comitatu Norff', et in Sutton' in comitatu Sussex, que monachi de Ponte Roberti tenent de vendicione Cecilie de Averenches.

YORK.

II. 688.   De Honore de Curcy.
Margeria de Redver' feodum unius militis et dimidii in Harewode.

---

[1] *Read* Tivill. Cf. Red Book, p. 354 ; Feudal Aids, vol. iii. pp. 443, 476, 532, 589.   [2] *i.e.* Intwood.   [3] *Read* Pigaz.

INTRODUCTION. 609

The Book of Fees contains three lists of certain fees in Worcestershire which may, for convenience, be called A. B. and C. None of them belong to any of the general series.
List A. enumerates fees and parts of fees held of William de Stuteville, the Earl of Gloucester, Ralph de Mortimer and Ralph de Toeni. Apart from the transcript of it in the Book of Fees, there are still extant two earlier versions. Neither of them can, however, claim to be regarded as an original. Both of them are obviously copies, made at the Exchequer on membranes containing extracts from other documents in no wise connected with them, one, indeed (S. ij. 19) being specifically, though erroneously, described as a list made at the time of the scutage of Gascony, that is to say in 1242.
Lists B. and C. are practically identical, and it has not been considered necessary to print both of them. The sequence of the names in them corresponds with that in List A, but there is no mention of the overlords and the last two entries of List A. are out of place. The manuscript from which they were transcribed into the Book of Fees is itself merely a copy, immediately following a copy of a document relating to Berkshire. Hence the error which caused a version of this Worcestershire list to be entered in the Book of Fees under Berkshire.
Although the origin of List A. has not been ascertained, there are some clues with regard to its date. Ralph de Mortimer, one of the overlords mentioned in it, succeeded his brother Hugh in 1227.[1] He was dead in 1246.[2] The services of Robert de Clifton, who is entered here as one of the tenants of William de Stuteville, were, in 1243, transferred by him to Hugh de Mortimer.[3] The list, therefore, seems to belong to the period for which fuller lists, made in connexion with the Aid for the marriage of the King's sister and the scutage of Gascony are available for comparison.
In 1236, the receivers of the Aid in Worcestershire became responsible for money levied on part of a fee held by Stephen of Elmbridge under William de Stuteville.[4] This Stephen may fairly be identified with Stephen fitz Isnard who, in 1220, contributed to the carucage in respect of ploughs or ploughlands at Coleshill in Berkshire.[5] In 1242, he is represented in Worcestershire by Isnard of Elmbridge, and in Berkshire by Isnard fitz Stephen, a tenant of William de Stuteville. Inasmuch then as the lists now under consideration give Isnard as the tenant at Elmbridge, they cannot be earlier than 1236. Ralph de Toeni, one of the overlords mentioned, was dead in 1241.[6]

---

[1] *Excerpta e Rotulis Finium*, vol. i. p. 166. [2] *Ibid.* vol. ii. p. 4.
[3] Feet of Fines, Divers Counties, 27 Hen. III. ; Eyton's *Antiquities of Shropshire*, vol. iv. p. 316.
[4] P. 526 *above*.   [5] P. 292 *above*.
[6] *Excerpta e Rotulis Finium*, vol. i. pp. 334, 338, 344, 345, 373.

(A.)

S. ij. 19. Willelmus Corbet j. feodum in Ymmenie de Thoma Corbet, et
S. 1. 25. Thomas de W. de Stutevil', et W. de rege.
f. 192.   Johannes de Munvirun dimidium feodum in Purihell' de W. de Stutevil'.
Robertus de Estwod' dimidium feodum in Estwode de Thoma Corbet, et ipse de W. de Stutevil'.

A.D. 1236 ?

S. ij. 19.
S. ij. 25.
I. 192
—cont.

Ychenard de Crunge[1] iij. partem in Helrung de W. de Stutevil'.
Galfridus Dispensator iiij. partem in Estwod' de eodem W.
W.[2] de Milevile iiij. partem in Carkedon' de eodem.
Rogerus le Poer j. feodum in Croueleg' de W. de Bellocampo, et ipse de W. de Stutevil'.
Johannes Wyard dimidium feodum in Cure de W. de Stutevil'.
Robertus de Clifton' j. feodum in Clifton' de eodem.
Rogerus de Clifford' dimidium feodum in Tamettebir' de eodem.

Feoda comitis Gloucestrie in hoc comitatu.
Prior Wygornie dimidium feodum in Doddeham de Willelmo de Mara, et ipse de comite Gloucestrie.
Thomas de Haunleg' dimidium feodum in Haunleg' de W. de Mara, et ipse de comite.
Henricus de Ribbeford' iij. partes unius feodi in Ribbeford' de Radulfo de Mortuo Mari.
Rogerus le Poer j. feodum in Scraveleg' de W. de Bello Campo, et ipse de Radulfo de Tony.
Scribitur per se.   *In libro.*

(B and C.)

S. ij. 30.
S. ij. 25.
I. 555.
I. 192-193.

Willelmus Corbet j. feodum in Ymeneye.
Johannes de Munvirun dimidium feodum in Purteshull'.
Robertus de Estwod' dimidium feodum ibidem.
Henricus de Ribbefford' tres partes ibidem.
Ychenard' de Elrug' terciam partem ibidem.
Galfridus Dispensator quartam in Estwod'.
Hugo de Melevill' iiij. in Kardunn.
Rogerus le Poer j. feodum in Crouel'.
Rogerus le Poer j. feodum in Scraveleg'.
Johannes Wyhard dimidium feodum in Cure.
Robertus de Cliffton' j. feodum in Cliffton'.
Rogerus de Clifford' dimidium feodum in Themettesbur'.
Prior Wigornie dimidium feodum in Doddeham.
Thomas de Hanleg' dimidium feodum ibidem.

---

[1] *Read* Elrunge.   [2] *So in the MSS.*

(611)

A.D. 1237.

ON the 15th of December 1236, Alexander of Swereford, archdeacon of Salop, a baron of the Exchequer, issued writs to the different sheriffs of England, directing them to make enquiry at their next county courts concerning the tenants and the values of lands formerly held by Normans, Bretons and other aliens in their respective bailiwicks.[1] As the returns were to be delivered at the Exchequer by the 3rd of February following, the date of the enquiry is fixed within a few weeks.

None of the original returns have survived, and only three of them are entered in the Book of Fees. Those from the sheriffs of Devon and Essex and Hertford are prefaced by copies of the writ, and that from the sheriff of Oxford cites some of its words. These three returns can therefore be assigned to the month of January 1237.

Further information with regard to this enquiry is available from another source. A book compiled at the Exchequer in the thirteenth century, but now preserved at the British Museum, contains a section headed :—" Inquisitiones de seriantiis et terris Normannorum," a heading which would have applied better to the returns of 1244.[2] Here, however, we find abstracts of the returns of 1237 from the sheriffs of Oxford and Essex and Hertford which are given more fully in the Book of Fees, and similar abstracts relating to the counties of Cambridge and Huntingdon, Lincoln, Surrey, Gloucester, Sussex, Nottingham and Derby, Rutland, and Norfolk and Suffolk. Curiously enough, there is no abstract of the contemporary return from Devon.

All these abstracts were printed in 1896, in an appendix to the edition of the Red Book of the Exchequer, but without any marginal date.[3] Those of them which supplement the three returns transcribed in the Book of Fees are reprinted below with a few emendations.

[1] Memoranda Roll, K.R., 21 Hen. III, m. 18d.
[2] Hargrave MS. 313, ff. 138–139.
[3] Pp. 798–806.

DEVON.

I. 856–858. Henricus dei gracia rex Anglie, dominus Hibernie, dux Normannie, Aquitanie et comes Andegavie, vicecomiti Devonie, salutem. Precipimus tibi quod in fide qua nobis teneris in proximo comitatu tuo post festum Sancti Hillarii diligentem facias inquisicionem de terris Normannorum et Britonum et aliorum extraneorum qui terras aliquando tenuerunt de domino patre nostro vel de nobis in comitatu tuo, videlicet qui terras illas teneant modo et quantum valeat quelibet terra et de cuius dono terras illas teneant. Et distincte et aperte scire facias baronibus de scaccario nostro apud Westmonasterium in crastino Purificacionis nomina singularum terrarum et valorem earum et nomina singulorum qui terras illas

I. 856-858
—cont.

tenent per litteras tuas sub sigillo tuo. Et ita diligenter istud exequaris quod ad te capere non debeamus. Teste archidiacono Salop' apud Westmonasterium xv. die Decembris anno regni nostri xxj°.

Inquisicio facta de terris Normannorum Britonum et aliorum extraneorum secundum formam litterarum domini regis.
Willelmus Flandr' tenet quandam terram que vocatur Holedig que valet per annum c.s. quam terram Willelmus de Saucey, Normannus, tenuit, et cum dicta terra fuisset in manu domini regis ut eschaeta, veniens[1] Ricardus le Flamanc, avus dicti Willelmi qui nunc terram illam tenet, et satisfecit domino Regi Johanni ita quod illam concessit predicto Ricardo eo quod predictus Ricardus predictam terram dederit Ricardo de Saucey, patri predicti Willelmi, in liberum maritagium cum quadam sorore sua.
Theobaldus de Englechevill' tenet Winborneford' que valet per annum vij.l. quam terram Lucas filius Johannis, Normannus, tenuit, quam dictus Theobaldus habuit de dono Henrici Regis filii Johannis.
Idem Theobaldus tenet Teyngewyk' cum medietate hundredi forinseci, que valent per annum xij.l. et iiij^{or} s. per annum, quas supradictus Lucas habuit, et Theobaldus illa nunc tenet de dono Henrici Regis.
Amaricus de Sancto Amando tenet Ippelpenne de dono Henrici Regis, que valet per annum xx.l. quam Radulfus de Muilland, Normannus, tenuit.
Rosa de Cambernun tenet Rewy in dote de dono Roberti de Sicca Villa, quondam viri sui, que valet per annum lxxij.s. quam Gilbertus de Vilers, Normannus, tenuit. Et dominus Johannes Rex illam dedit Roberto de Sicca Villa, que debuit descendere Philippo Causebuf, nepoti et heredi predicti Roberti, et de illo Roberto de Blakeford et Avicie uxori eius, filie et heredi predicti Philippi.
Robertus de Blakeford' et Avicia uxor eius tenent Dunisford' que valet per annum vj.l. quam Willelmus Bacon, Normannus, tenuit, quam dictus rex dedit supradicto Roberto de Sicca Villa, que descendidit Philippo Causebuf tanquam heredi Roberti de Sicca Villa et de illo Roberto de Blakeford' et Avicie uxori eius, filie dicti Philippi et heredi.
Walterus Gervese et Alanus de Halliswrth' tenent Wnford de dono Roberti de Mandevill' que terra fuit Henrici de Tilly, Normanni, quam dictus Johannes Rex dedit Roberto de Mandevill' et valet per annum xv.l.
Rogerus de Acastr' tenet Warbritteslegh' et medietatem de Cumbe de dono Roberti de Mandevill', que terra fuit dicti Henrici de Tylly, quam dominus Johannes Rex dedit Roberto de Mandevill' et valet per annum vj.l. et xiij.s. x.d. Item Johannes de Reigni' tenet medietatem de Cumbe de dono dicti Roberti de Mandevill, que terra fuit dicti Henrici de Tylly.
Rogerus la Zuche tenet Nemieton' de dono Henrici Regis filii Johannis que fuit Joelis de Mayne, Normanni, et valet per annum xij.l. xviij.s. vj.d.

---

[1] *Read* venit.

DEVON. 613

I. 856–858
—cont.
Idem Rogerus tenet Blaketoriton' de dono Henrici Regis, que fuit dicti Joelis et valet per annum xij.l. xix.s. et vij.d.

Ricardus de Burton' tenet Chelliswrth' de dono Johannis Regis, que terra fuit Roberti de Sancto Dionisio et valet per annum xxxij.s.

Robertus de Blakeford' et Avicia uxor eius tenent Couelegh que fuit Gilberti de Vilers modo supradicto, quam Robertus de Sicca Villa habuit de dono Johannis Regis, et valet per annum lx.s.

OXFORD.

I. 526–528. Inquisicio facta de terris Normannorum et Britonum et aliorum extraneorum qui terras aliquando de domino rege nunc existente[1] vel de patre suo, videlicet qui terras illas teneant modo et quantum valeat quelibet terra et de cuius dono terras illas teneant.

Comes Ricardus tenet baroniam que fuit Roberti de Druis de dono domini Henrici Regis, fratris sui, nunc existentis. In qua sunt omnes ville subscripte quas dictus comes tenet in dominico:—
Beckele valet xv.l.
Wylaveston' vij.l.
Blakethurn', Amberden' xx.l.
Estal x.l.
Erdinton' xvj.l.

Petrus Gaudin tenet de eadem baronia Haleuton' de dono Comitis Ricardi ad voluntatem ipsius comitis, et valet x.l.

Walterus de Fontibus tenet Rolesham de predicto comite, et est de eadem baronia de hereditate sua et est valor viij.l.

Abbas Loci Dei tenet de eadem baronia Northleg' in puram et perpetuam elemosinam de dono Thome de Sancto Walerico, et est valor xij.l.

Philippus Molendinarius et Philippus Ridi tenent de eadem baronia de predicto comite Wurton' de dono Willelmi de Fremcurt, et valet c.s. et modo tenent eam de comite per servicium iiij^{or} m.

Henricus le Tyeis tenet de eadem baronia de dono predicti comitis in Schireburn' xij. libratas terre.

In quatuor hundredis et dimidio que Engelardus de Cigon' tenet de domino rege ad voluntatem ipsius comes Wintonie in Cennore et Sydham xxvij. libratas terre de domino Henrico Rege, quam tenuit Willelmus Vernun, Normannus, et quam Johannes Rex dedit Saero de Quency. In Sydham tenet Saerus de Wahull unam carucatam terre cum pertinenciis de dono predicti Saeri de Quency et valet vij.l.

Abbas de Thame tenet in eadem villa de dono Radulfi de Bray dimidiam carucatam terre quam Saerus de Quency predicto Radulfo dedit, et valet ij.m. et dimidiam.

Johannes de Plassetis et Drugo de Barenten tenent manerium de Chaugrave de domino Henrico Rege nunc existente et de dono ipsius, quod quondam fuit manerium Hugonis de Malhaunei et Petri filii eius, et valet l.l.

---
[1] *Supply* tenuerunt.

I. 526–528
—cont.

In hundredo de Powedel', tenet Gilbertus Basset in villa de Kerlinton' terram quam dominus Johannes Rex Johanni filio Hugonis dedit, que fuit quondam Willelmi de Homaz, et postea dominus Johannes Rex dedit eam W. de Breuse[1] et ipse eam tenuit usque ad sedem de Bedeford', et tunc eam dedit dominus Henricus Rex nunc existens Thome Basset per servicium quarte partis feodi unius militis, et post decessum Thome dedit eam dictus Henricus Rex G. Basset per predictum servicium qui eam nunc tenet, et valet xx.l. Item in eadem villa tenet Baldewinus de Montibus redditum x.m. de dono Willelmi de Homaz.

Willelmus de Curci, Normannus, tenuit villam de Istelep cum pertinenciis tempore domini regis[2] et postea abbas Westmonasterii eam recuperavit per assisam coram eodem rege, et valet xxv.l.

Radulfus de Karevill' tenet quendam terram in Lillingstan que fuit Radulfi Martel et postea Willelmi fratris sui qui suspensus fuit ad sedem castri de Bedeford' et tunc dominus rex dicto Radulfo dedit ut jus et hereditatem uxoris sue, et valet iiij.l.

In hundredo de Blokesham. Apud Atborebur' Amaricus de Sancto Amando tenet quandam terram que fuit Ernaldi de Marlei ex feodo Ricardi de Oyli de dono domini Regis Henrici nunc existentis, et valet x.l. In eadem villa abbas de Cirencestr' tenet quandam terram que fuit Hascul de Praeres quam Thomas le Bretun emit ab eo, et de Thoma descendebat Willelmo de Brome de quo dictus abbas dictam terram tenet. Valet x.l.

Godefridus de Craucumbe tenet quandam terram apud Sybeford' ex dono domini Henrici Regis nunc existentis, que quondam fuit domine Isabelle Gorcher,[3] et valet x.l. et nunc eam tenet de comite Warrewyk.

Item idem Godefridus tenet manerium de Pydinton' ex dono domini Henrici Regis nunc existentis, et valet xx.l. et fuit quondam Geodonis de Bado[4] qui eam tenuit ad voluntatem regis.

Abbas de Cirencestr' tenet manerium de Bampton' cum pertinenciis ex ballio domini Philippi de Albinaco qui illud ei tradidit ad terminum trium annorum, autoritate crucesignatorum, et valet lxj.l. iiij.s. iij.d.

Johannes filius Alani tenet iiij. partes ville de Kaldemorton' quas ei tradidit dominus Rex Henricus nunc existens ut jus et hereditatem suam pro fine tricentarum m. quam ei fecit, que terra quondam fuit comitis Bolonie. Et iiij^{tam} partem dedit dictus comes abbati de Sancto Jocio pro x.l. terre quam dictus abbas dedit Rogero le Duc per servicium c.s. per annum, et modo eam tenet Robertus le Duc, heres predicti Rogeri le Duc.

ESSEX AND HERTFORD.

II. 265–267.

Henricus dei gracia rex Anglie, dominus Hibernie, dux Normannie, Aquitanie et comes Andegavie, vicecomiti Essex' et Hertford', salutem. Precipimus tibi in fide qua nobis teneris in proximis comitatibus tuis post festum Sancti Hillarii diligentem facias

---

[1] Read Breaute.   [2] Supply Johannis.
[3] Guher in Charter Roll, vol. i. p. 135.   [4] Read Joldewini de Doe.

ESSEX. 615

II. 265-267—cont. inquisicionem de terris Normannorum et Britonum et aliorum extraneorum qui terras aliquando tenuerunt de dicto[1] patre nostro vel de nobis in comitatibus tuis, videlicet qui terras illas teneant modo et quantum valeat quelibet terra et de cuius dono terras illas teneant[2] distincte et aperte scire facias baronibus de scaccario nostro apud Westmonasterium in crastino Purificacionis nomina singularum terrarum et valorem earum et nomina singulorum qui terras illas tenent per litteras tuas sub sigillo tuo. Et ita diligenter istud exequaris quod ad te capere non debeamus. Teste A. archidiacono Salopie apud Westmonasterium xv° die Decembris anno regni nostri xx°.[3]

Inquisicio facta de terris Normannorum et Britonum et aliorum extraneorum in comitatu Essexie.

Willelmus de Ferrariis tenet in Stebbing' xx[ti] libratas terre cum pertinenciis de dono domini regis quas Hugo de Colunces, Normannus, tenuit.

H. de Boun, comes Essex, tenere debet manerium de Depeden' quod est in manu domini Cantuariensis archiepiscopi. Quod manerium dominus Johannes Rex dedit Galfrido filio Petri, et valet per annum l.l. et fuit Roberti filii Arnisii, Normanni.

H. de Burgo, comes Kancie, tenet manerium de Hadfeld' Peverel de dono Willelmi le Blund'. Quod manerium dominus Johannes Rex dedit Galfrido filio Petri, scilicet tres carucatas terre cum pertinenciis, et valet per annum xxx.l. et eadem terra fuit predicti Roberti filii Arnisii, Normanni.

Bartholomeus le Bygot et Robertus de Musters tenent in Alfreton' duas carucatas terre cum pertinenciis que valent per annum xiiij.l. Et Willelmus filius Umfridi tenet in Alba Royng' unam carucatam terre cum pertinenciis que valent per annum x.l. Et Bertramus le Gras tenet in Parva Dunmawe unam carucatam terre cum pertinenciis que valent per annum x.l. Quas terras dominus rex dedit quamdiu ei placuerit predictis Bartholomeo, Roberto, Bertramo, et Willelmo, et fuerunt comitis de Sancto Paulo.

Rogerus de Akyniy tenet in Badewell'[4] duas carucatas terre cum pertinenciis que fuerunt Roberti de Sancto Remigio et Willelmi Bakun, Normannorum, et valent per annum x.l. Quam terram dominus Johannes Rex dedit Willelmo de Lungespey, comiti Sarisberie, fratri suo. Qui comes eandem terram dedit huic Rogero qui modo tenet.

Henricus de Tybetot tenet in la Waule sex libratas redditus cum pertinenciis de dono Saeri le Chen, Flandrensis.

Thomas de Duna tenet unam carucatam terre in la Waule de qua reddere debet per annum ad scaccarium domini regis xx.s. et heredibus Walteri Maillard' iiijor l. ut idem Thomas recognoscit. Set ut dicit nescit ingressum antecessorum suorum in eadem terra nec quomodo nec quo waranto eam tenere debet.

Willelmus de Ripariis tenet in Estmereseya duas carucatas terre cum pertinenciis que valent per annum x.l. que fuerunt Danielis de Briburg', Flandrensis, et quas dominus Johannes Rex dedit Ricardo de Ripar', patri ipsius Willelmi.

---

[1] *Read* domino.   [2] *After* teneant *supply* et.
[3] *Read* xxj.   [4] *Read* Bradewell'.

II. 265-267—cont.

Radulfus Gernun tenet in Esthorp' et Briche iij. carucatas terre cum pertinenciis que valent per annum xx.l. Que fuerunt Willelmi de Planes, Normanni, quas dominus Johannes Rex dedit eidem Radulfo.

Comes de Gynnes tenet in Taleshunt' duas carucatas terre cum pertinenciis que valent per annum x.l. Tenet eciam in Hoylaund' ix.l. terre cum pertinenciis quas idem comes et antecessores sui tenuerunt de conquestu Anglie.

HERTFORD.

Paganus de Chaurcis tenet in Wylie et Linlegh' iiij. carucatas terre que valent per annum xxiij.l. et xl.d. de ballio domini Regis Johannis. Que fuerunt Willelmi Malet de Gerardvill', Normanni.

Willelmus de Kan[1] tenet in Coddr' sex libratas redditus cum pertinenciis quas tenet de jure antecessorum suorum de conquestu Anglie.

Dominus W. electus Valencis tenet manerium de Cestrehunt cum pertinenciis, que valet per annum xliij.l. Quod manerium tenet de dono domini Johannis Regis, et quod manerium comes Britannie tenuit.

B.M.
Hargrave
MS. 313.
ff. 138-139.

CANTEBRIGESIRA ET HUNTINGDONESIRA.

Rogerus de la Zusche tenet Swavesham[2] per escambium quod fecit cum Alano de Reham.[3] Valet per annum lx.l.

Eborardus de Trumpeton' duas hidas terre in Gretton' de Roberto de Cant' de terris G. de Conneres.[4] Valet per annum c.s.

Electus Valencie tenet Basingburne que fuit comitis Britannie. Valet per annum xx.l.

Willelmus de Kaeu tenet Morden de dono regis. Valet per annum xx.l.

Robertus de Cant' tenet j. hidam terre in Berton' que fuit G. de Miners de ballio regis. Valet v.m.

Alanus de Neuvill' tenet Hinton' que fuit comitis Britannie de dono regis. Valet per annum xx.l.

Rogerus de la Zusche tenet terram que fuit Alani de Roham in Sulburn'[5] per escambium. Valet xxv.l.

Regina Scocie tenet Staunton' que fuit Agnetis de Rupe de dono regis. Valet per annum lx.l.

LINCOLNESIRA.

Comes Warenn' tenet Greitwell' que fuit Willelmi de Thyly, Normanni, de dono regis. Valet x.l.

Comes Ricardus tenet manerium de Kirketon' quod fuit comitis Bononie de dono regis. Valet ccviij.l.

Magister Albertus le Enginiur tenet Wellenhovere de dono regis Johannis. Valet per annum xiiij.l. xj.s.

Ricardus Duket sextam partem unius feodi que fuit Roberti de Sancto Georgio de dono Regis Henrici tercii. Valet per annum lx.s.

---

[1] *Read* Kau.   [2] *Read* Swavesheye.   [3] *Read* Rohan.
[4] *Read* Mineres.   [5] *Read* Fulburn.

LINCOLN. 617

B.M. Robertus de Furnellis tenet sextam partem unius feodi in eadem
Hargrave villa. Valet per annum lx.s.
MS. 313.
ff. 138-139 Comes Warenn' tenet Graham cum soca de dono Regis Johannis.
—cont. Valet per annum c.l. sine feodis militum.
Johannes Maucondut tenet x. libratas terre in Belton' et Hacelokeston'.
Hugo de Mortuomari tenet c. solidatas terre in Bouton'.[1]
Willelmus de Mortuomari tenet x. libratas terre in Haclokeston' et Ulestorp'.
Henricus de la Mare tenet x. libratas terre in Lundentorp' et Herlaceston'.
Thomas de Aunou tenet xx. libratas terre in Magna Paunton' et Denton'.
Willelmus le Chein tenet x. libratas terre in Karleston'.[2]
Willelmus Caperun tenet tres partes de Coleby que fuerunt Willelmi Malet. Valent per annum xiiij.l. xv.s.
Electus Valencie tenet terram que fuit comitis Britannie de dono regis.
Henricus filius regis tenet de soca Waltham xlj. libratas terre.
Henricus de Capella tenet ex eadem soka xxxj. libratas terre, xiij. solidatas, iiij. denariatas.
Johannes filius Philippi tenet ex eadem soca xxx. libratas terre.
Hospitale de Hofspring c.s. de eadem soca.
Abbas de Beuport de eadem soca x. libratas terre de dono Alani filii comitis.
Prior de Sancto Karlesio[3] x.l. in Coveham.
Hawisa de Quency xxj. libratas terre.
Ricardus de Kauz x. libratas terre in Ermungeby quas Rex Johannes dedit Galfrido filio Petri.

SURREYE.

Comes Marscallus tenet manerium de Witle quod fuit quondam G. de Aquila. Valet xxx.l.
Idem comes tenet manerium de Westcot quod fuit predicti Gilberti. Valet x.l.
Johannes de Say[4] tenet manerium de Bromleye pro ij. feodis de rege. Valet per annum iiij^{xx} l.
Mattheus Besille tenet medietatem manerii de Gomeselve que fuit Eustachii de Ees. Valet xv.l.
Idem Mattheus x.s. redditus in Leddrede, quos tenuit Magister Urricus Ingeniator de dono regis.
Episcopus Cycestrensis xix.[5] terre xiiij. solidatas iiij. denariatas in Hamme, Waletone et Hewelle, de dono domini regis quas prius tenuit Almaricus de Croim.

GLOUCESTRESIRA.

Ingelardus de Cyconiis tenet manerium de Heiles de ballio domini regis quod fuit Camerarii de Tankervill'. Valet lx.l.

---

[1] Read Denton.   [2] Read Barkeston.   [3] Read Karilefo.
[4] Read Fay.   [5] After xix. supply libratas.

B.M. G. de Craucumbe tenet Kimoesyr'[1] et Fordam de dono Regis Johannis. Valet per annum c.s. Idem tenet manerium de Dunamenel de dono predicti regis, et valet per annum xl.l., cuius manerii medietas fuit Johannis de Praues.

Hargrave MS. 313.
ff. 138–139
—cont.

SUSSEXA.

Hugo de Albiniaco tenet manerium de Bendreton' per escambium terre Willelmi comitis de Arundel tempore regis Johannis. Valet per annum xl.l.

Willelmus de Picheford' tenet quandam terram in eodem rapo de Arundel[2] in hundredo de Boxe que vocatur la Grave de dono domini regis. Valet x.l.

Episcopus Cicestrensis tenet manerium de Burne ad voluntatem regis quod fuit Almari de Creliun.[3] Valet x.l.

Theobaldus de Engleschevill' tenet terram de Cumpton' de dono domini regis que fuit terra Luce filii Johannis, Normanni. Valet c.s.

Comes Ricardus frater regis tenet baroniam de Aquila tam in hoc rapo quam in aliis per voluntatem Comitis Marscalli, cui dominus rex, mortuo Gilberto de Aquila, ipsam per cartam suam dedit. Hanc tenet Comes Ricardus exceptis serviciis militum ipsius honoris, advocacionibus ecclesiarum et castro de Pevenesell', que Marscallus sibi retinuit. Valet tota baronia in hoc comitatu ccl.l.

Hugo de Guinay[4] tenet manerium de Berling quod fuit Johannis de Gisors extranei. Valet xl.l.

NOTINGEHAM ET DEREBY.

Hubertus de Burgo tenet manerium de Hwetele de dono comitisse Augensis quod eadem comitissa recuperavit versus Radulfum Tessun. Valet per annum xl.l.

Radulfus filius Nicholai tenet manerium de Dunham quod fuit comitis Bononie. Valet per annum xl.l.

Eustachius de Ludeham tenet quinque bovatas terre de dono domini regis in Karleton' quas Henricus Corkin[5] tenuit de dono regis. Valent per annum xxx.s.

Willelmus de Ferariis tenet manerium de Bynham de dono domini regis quod fuit Fulconis Paynel, Normanni. Valet per annum xl.l.

ESSEXA.

(*Here follows an abstract of the inquisition printed on pp. 615–616.*)

Radulfus Haketton' c. solidatas terre in Farneham de feodo comitis Sancti Pauli.

Gilbertus de Walton' tenet c. solidatas terre in Boliton' que fuerunt Wydonis de Thonevil.

ROTELAND'.

Willelmus comes Warrenne tenet Ketene quod fuit Willelmi de Humaz. Valet per annum xiiij.l.

Hugo le Dispenser tenet Ryhale et Belmesthorpe que fuerunt comitis Bononie.

---

[1] *Read* Pinnocsyr'.   [2] *So in MS.*   [3] *Read* Crohun.
[4] *Read* Gurnay.   [5] *Read* Corbin.

RUTLAND. 619

B.M. Willelmus de Gamages tenet medietatem manerii de Cottesmor
Hargrave que fuit Warini de Gnapun.¹ Valet per annum x.l.
MS. 313.
ff. 138–139 Hugo de Mortuo Mari tenet medietatem manerii de Beautone,
—cont. et valet xl.s.
Domina I. de Mortuo Mari tenet Ocham. Valet per aunum lx.l.

NORF' ET SUFF'.

Willelmus de Kau tenet manerium de Wyghton'. Valet per annum l.l., j. summam frumenti et j. libram piperis.

Elienora de Britannia tenet manerium de Swafham quod fuit comitis Britannie. Valet per annum xxxviij.l. x.s. iij.ob.

Robertus le Pouere tenet x. libratas terre in Frethenham de dono regis, quod fuit Normanni.

Electus Valencie tenet manerium de Costeseye de dono regis quod fuit comitis Britannie. Valet per annum c.m.

Comes Arundell' tenet Fakeham de dono Regis Johannis quod fuit Walteri le Segne,² Normanni. Valet per annum lij. l.iiij.s. viij.d.

Galfridus le Sire tenet xviij. acras terre in Magna Massingham que fuerunt Roberti filii Ernisii de dono G. filii Petri. Valent per annum xx.s.

Elyas de Chenedut tenet ix.l. xiij.s. vj.d. in eadem Massingham que fuerunt Roberti filii Ernisii de dono predicti G. filii Petri; unde Gaufridus le Sire et Johannes de Helegeton' tenent c. solidatas terre, et residuum Johannes filius Galfridi.

Oliverus de Tintiniac tenuit socam Britonis in Suffolcia de dono Regis Johannis que valet per annum viij.l. Et post obitum dicti Oliveri dominus rex qui nunc est dedit Philippo de Albiniaco custodiam dicte soke; et Philippus dedit illam custodiam Willelmo de Chayni qui illam nunc tenet.

Electus Valencie tenet manerium de Wisete quod fuit comitis Britannie. Valet per annum xxx.l.

Ricardus Schorcheneleye³ Normannus habuit in villa de Hintlesham x. libratas terre, et post obitum eius Rex Johannes dedit terram illam Willelmo Talebot.

Prior de Lega tenet xv. libratas terre in villa de Bercloch que fuerunt Walteri le Verer⁴ et Willelmi Oliveri, Normannorum.

Comes Ricardus, frater regis, tenet manerium de Hagenet quod fuit com' Perchie. Valet per annum xl.l.

Idem comes tenet manerium de Eye de dono regis, quod valet per annum clx.l.

Electus Valencie tenet Methlested'⁵ quod fuit comitis Britannie. Valet per annum xx.l.

---

¹ *Read* Glapiun. ² *Read* Segnure. ³ *Read* Schorcheveleye.
⁴ *Read* de Vere. ⁵ *Read* Nethlestede.

(620)

A.D. 1240.

An entry on the Close Roll of 6 September 1240 shows that an enquiry was held into the administration of the King's manor of Alton, after the removal of Walter de Burgo from the custody of crown lands which had been committed to him in 1236.[1] The following document seems to give the results of like enquiries in the manors of Ospringe, co. Kent, and Essendon and Bayford, co. Hertford. There are two small membranes, one of which has slits for slips bearing the seals of the jurors.

The return for Essendon and Bayford is entered irregularly and appears to be incomplete.

---

[1] *Close Rolls 1237–1242*, p. 186 ; Pipe Roll, 22 Hen. III, mm. 1–3 ; *Calendar of Patent Rolls, 1232–1247*, pp. 146, 156.

S. ij. 12.　　　　　　　　　OFSPRUNG'.
II. 42-47.
De *Testa*　Johannes de Ofsprung', Thomas Chereman, Lucas de Hornesclyve,
de Nevill'. Ernoldus Cate, Willelmus Frankeche, Alexander de la Grete, Willelmus Blake, Anfridus de Aqua, Willelmus Putewod', Ernaldus de Hornesclyve, Alanus Bedellus, Ricardus Kenteys, Alexander de Hornesclyve, jurati ;

Ad primum articulum dicunt quod instaurum in festo Pentecostes tale fuit :—Fuerunt ibi due caruce, una de octo stottis et altera de septem stottis, duo equi herciatores et carettant quando necesse fuit, octo vacce, una $_{gen}$icia biennis, oves matrices lj., hoggastri xlij., multones v., agni ^{gen}xliiij., porci iiij^{xx} et ij. inde superannati xl., de dimidio anno xlij., purcelli xiiij.

De blado dicunt quod estimant frumentum in tasso, sicut fuit in festo Pentecostes, triginta et quatuor quarteria, quod quidem frumentum totum est ibi.

De vescis dicunt quod fuerunt ibi in predicto festo Pentecostes sexaginta et ij. quarteria. Inde in prestito facto in locis diversis xix. quarteria, residuum in granario ibidem. Et preterea quinque quarteria debentur de predictis vescis de prestito facto ante predictum festum. Residuum totum est in granario, scilicet xiij. quarteria.

De consuetudinibus male levatis nichil sciunt nisi id quod dictum est de hominibus de Wall' in rotulo placitorum, qui venire deberent tantum per duos homines ad curiam.

De prisis.

De capcionibus ballivorum dicunt quod Emma que fuit uxor Ricardi de Hornesclyve tenuit tenementum quod fuit predicti Ricardi, viri sui, post mortem ipsius Ricardi et recessit de tenemento predicto et maritavit se alibi sine licentia. Et ideo cepit Hamo de la Dune, tunc ballivus W. de Burg', decem s. Et dicunt quod hoc injuste

S. ij. 12.
II. 42-47.
De Testa
de Nevill'
—cont.

fecit quia quelibet vidua bene potest se maritare sine licentia et catalla sua secum portare si velit.
Dicunt eciam quod Willelmus Clericus, ballivus eiusdem W., cepit de duobus pistoribus pro transgressione assise panis de uno dimidiam marcam, et de altero quinque s. Et de quadam femina pro transgressione assise cervisie quoddam parvum dolium cervisie quod valuit xviij.d. Item perquisitis forinsecis de quodam peregrino novem s. et septem d. De nuncio decani Dublin' dimidiam marcam. De duabus meretricibus sex s. De quodam homine de Londoniis quinque ₅s. Et de quodam homine de Londoniis xij.d. Summa lj.s. v.d.

Extenta.

De redditu assiso dicunt quod sunt in prefato manerio decem et novem l. xvj.s. ix.d. et ob.

De consuetudinibus debitis, centum et septem galine et dimidia precium cuiuslibet j.d. et ob. et una auca precii ij.d., quarum summa est tresdecim s. septem d. et quadrans. De allec septem milia, et valent communibus annis viginti et octo s.

De redditu salis quatuor quarteria, et valent communibus annis decem s.

Item viginti et octo vomeres, quorum quodlibet[1] valet decem d. et unus vomer precii trium d.

Due esperdute ferri precii quatuor d. Summa tocius ferramenti viginti et tres s. et undecim d. et de hiis vomeribus debetur unus abbati de Faveresham.

Item tres carri precii novem s. Item tria paria rotarum ad carucam precii decem et octo d.

Item porcus unus precii quindecim d. Et de quibusdam hominibus eiusdem manerii pro licencia arandi dimidia marca.

Item debentur arure bis in anno per ipsos de manerio que valent deductis expensis decem et octo s.

Summa omnium consuetudinum centum et xj.s. j.d. quadrans, excepto vomere quem abbas recipit.

Item mercatum eiusdem manerii valet per annum sex s.; placita cum fortuitis valent communibus annis sexaginta s. Item boscus sine dampno in eo faciendo valet singulis annis decem s. salvo sustentamento manerii.

Sunt eciam in prefato manerio ccc. acre terre arabilis et septuaginta et quatuor quarum quelibet locari potest per annum pro x.d. et est summa quindecim l. undecim s. et octo d. Herbagium eiusdem manerii valet per annum unam m. Et si dominus rex posuerit ibi duodecim vaccas valebit per annum viginti et quatuor s. Est eciam in prefato manerio pastura ad cc. oves per totum et potest locari singulis annis pro duabus m. et dimidia. Et si dominus rex posuerit ibi predictas oves, valebit singulis annis centum s. Item dominus rex potest habere in eodem manerio quinquaginta porcos, et valebunt per annum quinque m. set de hoc nichil capi potest nisi fuerint ibi porci.

Summa valoris manerii nudi et sine instauro xlvij.l. ij.s. ij.d. iiij. quadrantes. Et valet si ponatur ibi

---

[1] *Read* quilibet.

S. ij. 12.
II. 42–47.
De Testa
de Nevill'
—cont.

predictum instaurum liiij.l. vj.s. duos d. iij. quadrantes et potest frequenter plus valere cum emolumento wannagii.

De prisis.

Dicunt quod Hamo de la Dune, ballivus W. de Burgo, cepit de hominibus de Wallis viginti et sex s. et ipse presens est et confitetur se recepisse eosdem, set fecit hoc per judicium curie ut dicit pro quadam defalta, et juratores et curia hoc bene testantur. Item Willelmus Clericus, ballivus eiusdem W. cepit de bosco domini regis primo anno quinquaginta s. et secundo anno sexdecim s. set ipse[1] presens est et hoc confitetur, set dicit quod cepit eosdem denarios de eodem bosco sine deterriacione[2] bosci. *Summa iiij.l. xij.s.* Ceperunt eciam Walterus de Burgo et ballivi sui de minutis amerciamentis viij.l. xj.s. iij.d. et ob.

De aliis articulis nichil sciunt, nec habent hundredum vel ballias forinsecas unde aliud emolumentum proveniat.

Manerium de Ospreng' commissum est Willelmo Clerico servienti et Ernulpho Cade qui jurati sunt et Luce de Horneclive jurato ad consulendum fideliter. Et juratores dicunt quod manerium dimittitur eis in bono statu, tam in boscis clausis et custoditis quam in pasturis et stauro. Et dicunt quod bladum quod est in terris valet hoc anno ut videtur et sicut apparet multo melius quam valeret aliis annis, et serviens cui commissum est manerium confitetur quod ipse credit quod veleat[3] de sexta parte plus quam consuevit. Et receperunt manerium custodiendum die Dominica proxima post octabas translacionis beati Thome Martiris anno regni regis xxiiij° per Petrum de Tany et Walterum de Merton' clericum.

Hamo de la Dune cepit singulis diebus suo tempore, quamdiu fuit ballivus predicti Walteri duos d. Willelmus Clericus adhuc nichil cepit.

Willelmus Carpentarius de La Thynden et Emma uxor eius et Gunnora que fuit uxor Baldewyni et Agnes que fuit uxor Johannis Litel conqueruntur quod Willelmus Clericus, ballivus W. de Burgo de Ofsprung, injuste fecit eos claudere fossato et haya quandam partem bosci domini regis quam ipsi nec predecessores eorum unquam claudere consueverunt.

Et predictus ballivus presens est et dicit quod invenit predictum boscum nondum clausum et fecit inquiri per veredictum curie utrum posset de jure claudi et qui eum claudere deberent. Et fuit veredictum curie tale quod dominus rex claudere deberet ex opposito dominici sui et omnes alii ex opposito dominicorum suorum, et bene potuit dominus rex habere predictum boscum in separali suo, et in hunc modum fecit claudi boscum predictum ad comodum domini regis tam per predictos conquerentes quam per alios ; ita quod de istis conquerentibus non cepit ad valorem custi secundum quod alii custum ad hoc posuerunt.

---

[1] MS. *reads* dipe, *wrongly inserting a* d.   [2] *So in MS.*
[3] *Read* valeat.

S. ij. 12.
II. 42–47.
De Testa
de Nevill'
—cont.

Et juratores dicunt quod predictus boscus claudi potest sine alicuius injuria et quod unusquisque claudere debet contra tenementum suum, et quod predictus ballivus hoc fecit per veredictum curie sicut predictum est. Ad judicium.

Dulcis que fuit uxor Nicholai de Ofsprung' conqueritur quod predictus ballivus injuste distrinxit eam ad claudendum predictum boscum contra terram et boscum eiusdem Dulcis quod ipsa nec antecessores sui unquam facere consueverunt, et dicit quod per districcionem illam amisit illa sexdecim oves. Dicit eciam quod per defectum custodie porcorum domini regis exierunt iiij^{xx} porci de bosco predicto qui magna dampna fecerunt in blado suo.

Et predictus ballivus presens est et dicit quod ipse distrinxit eam ad claudendum sicut alios, et per veredictum curie patet quod ipsa claudere debet quia episcopus Roffensis qui aliquando illud tenementum in dominico tenuit fecit ibi levari fossatum quoddam unde retroduna fuit in quadam parte contra dominum regem et in quadam parte contra prefatum episcopum, et dicit quod porci domini regis de quibus predictum est egressi fuerunt de bosco predicto usque ad bladum ipsius Dulcis pro defectu clausure predicte, ita quod per ipsam interfecti fuerunt de porcis ipsius regis circiter octo vel novem.

Et juratores dicunt quod episcopus predictus fecit levari predictum fossatum set non clausit haya. Et bene videtur eis quod quicunque tenuerit tenementum predictum debet claudere contra dominum regem unde curia aliquando dixit quod in illa parte fossati ubi retroduna est versus regem deberent ipsi qui tenementum illud tenent claudere de propria ramilla et ubi retroduna est versus tenementum illud debent ipsi habere de bosco domini regis ad claudendam hayam illam. Set dicunt quod nec vir eius nec pater viri sui unquam clauserunt nec aliquis hoc ab eis vel ab aliquibus aliis eo tempore exigebat. Et heredes viri sui sunt infra etatem. Et ideo nichil voluit curia inde judicare, set bene videbatur eis et adhuc videtur quod ipsi claudere deberent sicut predictum est. Et dicunt quod de dampno domini regis de porcis suis nichil sciunt nec de dampnis predicte Dulcis aliquid sciunt. Sciunt tamen quod quedam pars bosci ipsius Dulci est de empto et non de elemosina et de illa parte claudere debet ut videtur, licet non deberet de altera parte. Ad judicium.

Homines de Wall' spectantes ad predictum manerium queruntur quod Hamo de la Dune, ballivus ipsius Walteri, injuste cepit de ipsis viginti et sex s. quia non venerunt omnes ad curiam que vocatur Lagheday ubi non debent venire nisi tantum per duos homines de singulis hamelettis ut dicunt.

Et idem Hamo presens est et bene cognoscit quod cepit predictos xxvj.s. set dicit quod cepit eos per judicium curie ad opus domini regis pro defalta quam fecerunt in curia predicta.

Et juratores et curia dicunt quod sive predicti homines debeant venire vel non, serviens ipse non deliquit quia fecit hoc per consideracionem curie. Ad judicium.

624   A.D. 1240.

S. ij. 12.   ESENDEN' ET BEYFORD'.
II. 42–47.
De Testa   Symon de la Grene, Willelmus Aluote, Rogerus de Esenden',
de Nevill' Robertus Forestarius, Lucas le Moine, Philippus de Esenden', Ricardus
—cont.   Clericus, Azo de Esenden', Willelmus Alsy, Thomas Byweste, Ricardus
        Brid, Walterus de Bedewell.
        [*Endorsed :*—] *Kanc. In libro.*

   Simon de la Grene, Willelmus Aluote, Rogerus de Esenden', Robertus
Forestarius, Lucas le Moine, Philippus de Esenden, Ricardus Clericus,
Azo de Esenden, Willelmus Alsy, Thomas Byweste, Ricardus Brid,
Walterus de Bedewell', jurati, dicunt quod instaurum die Pente-
costes tale fuit. Fuerunt ibi due caruce de iiij. bobus et xij. equi,
vacce iiij., vituli ij., oves ccclvlij. Inde matrices xxxvj., multones
iiij^{xx}. Residuum hoggastri et preter illum numerum xxiiij. agni.
Porci superannati xlij., porci de dimidio anno et purcelli xxiiij.

A.D. 1242.

WARNER Engayn and Walter de Burgo were, in 1236, appointed to take charge of all the King's lands and to make enquiry as to their value.[1] The former was dead in 1253, when his brother, James Engayn, arranged to discharge his debt to the Exchequer in half-yearly instalments of 5l.[2] The latest year mentioned in the following rough notes is 1242.

[1] *Calendar of Patent Rolls, 1232–1247*, pp. 146, 156.
[2] *Excerpta e Rotulis Finium*, vol. ii. p. 166.

II. 863. De compoto Warneri Engayn' de maneriis regis.
Idem Warnerus debet dxvij.l. xvj.s. ij.d.
Idem Warnerus de exitu grangie manerii de Kyngeshawe anni xxiiij^{ti} antequam illud liberaret Rogero Cissori per preceptum regis.
Idem de exitu grangie manerii de Ludeham de annis xxv^{to} et xxvj^{to}.
Idem de exitu molendinorum de anno xxvj^{to}.
Idem de residuo bladi de Pekko quod recepit de Thoma de Furnivall' anno xxiij°.
Idem de bobus et vaccis quas recepit ibidem de Thoma de Furnivall' de exitu earum et de xvij. vaccis emptis.
Idem de exitibus maneriorum de Stanford', Graham et Gretewell'.
Idem de exitibus manerii de Stanford' a morte comitis Warennie usque ad xvj. diem Januarii anno xxv^{to}. Et de instauro castri invento ibidem post mortem comitis predicti.
Johannes Gubaud de Boleshovres a clauso Pasche anno xxij° usque ad xvj. diem Junii anno eodem.
Warnerus Engayne dé exitibus Pecci a xxvij° die Januarii anno xxvj^{to} usque ad Dominicam proximam post Ascensionem eodem anno.

(626)

UNCERTAIN DATES.

THE two following documents give the names and the rents of the free tenants of certain religious houses in the counties of Oxford and Essex and Hertford. They may be fragments of a general survey of ecclesiastical revenues made during the period of the Interdict (A.D. 1208–1213)[1]. As most of the holdings mentioned were small, it is difficult to identify their owners, but various names corresponding to those in these lists may be found in the Feet of Fines for Essex of the reigns of Richard I and John, and in early documents transcribed in the Chartulary of Eynsham Abbey.

[1] See above, pp. 34, 35.

OXFORD.

I. 530.   Libere tenentes prioris de Derherst.
Thomas de Bensinton' iij. virgatas terre per ix.s.
Willelmus Capellanus unam virgatam terre per ij.s.
Nicholaus Francolenus dimidiam hidam per v.s.
Walterus de Arpeleg' iiij^{or} acras per ij.s.
Ricardus de Mora unam virgatam per iij.s.
Walterus de Talamo pro quodam molendino per xxx.s.

Libere tenentes prioris de Hurleh'.
Johannes le Weite unam hidam terre per j.m.
Idem tenet unam hidam terre in Kaingham per j.m.

Libere tenentes abbatis de Einesham.
Walterus de Chadelintun' unum pratum in Pudilicote per iiij.s.
Homines de Chadelintun' dimidiam virgatam pro ij.s. vj.d.
Willelmus de Frid dimidiam bidam terre pro j.m.
Ricardus le Scrivein dimidiam bidam et j. virgatam per viij.s.
Johannes Janitor unum mesuagium cum pertinenciis per iiij^{or} s.
Ernaldus unum mesuagium cum pertinenciis per unam libram cimini.
Gilbertus Taillard' dimidiam bidam cum pertinenciis per vij.s. vj.d.
Robertus dimidiam et dimidiam virgatam per viij.s.

Libere tenentes abbatis de Winchecumbe.
Radulfus filius Gilberti unam hidam per x.s. in Cliveleh'.

ESSEX AND HERTFORD. 627

II. 286-288. De liberis tenementis et libere tenentibus et eorum serviciis annuatim solutis abbacie de Colecestr' de balliva vicecomitis Essexie.
Walterus de Terra Maluiluert in Belcholt' de iij. acris v.d.
Robertus filius Petri tenet in Legr' v. acras pro xvj.d.
Gilbertus de Balentun' tenet in eadem villa xl. acras pro ij.s.
Nicholaus de Gedding' tenet in Ardleg' circiter iiij^{xx} acras pro x.s.
Roesia de Haya tenet circa Colecestr' quinquies xx. acras pro x.s.
Thomas de Serte tenet ibidem circiter l. acras pro x.s. et debet auxilia.
Mahalt filia Galfridi tenet juxta Colecestr' xij. acras pro iij.s.
Elias et Adam filii Anketilli tenent in Briche xvj. acras pro xl.d.
Relicta Jordani de Leges tenet in eadem villa v. acras pro xij.d.
Radulfus Perdix tenet in Falkeburn' circiter xvj. acras pro v.s.
Alexander filius Osberti tenet in Adburgeton' pro vj.s.
Adam Pipere tenet in Leges* *pro iiij.s.
Reginaldus de Boxsted tenet in eadem villa iij. acras pro x.d.
Ricardus de Bures tenet in eadem villa circiter xl. acras pro x.s. et vj.d.
Godefridus de Wyham tenet in eadem villa c. acras pro xj.s.
Willelmus Cocus tenet in Estreford' j. acram pro viij.d.
Henricus filius Alcheri j. carucatam terre in Witteham pro xx.s.
Hamo Camerarius tenet in Legr' x. acras pro ij.s.
Simon filius Marc' tenet de feodo Willelmi de Bortingeham pro ij.s.
Alexander filius Osberti tenet in Brithlinges duas virgatas terre pro xxviij.s.
Robertus Turc tenet in Piches' iiij^{xx} acras pro x.s. vj.d.
Robertus de Sutton' tenet in Piches' vj. acras pro viij.d.
Andreas de Bures tenet in Piches' circiter l. acras pro x.s. et debet auxilia in denariis et stagnare ad eosdem.
Willelmus de Straford'. tenet in Reileg' xxx. acras pro viij.s.
Johannes filius Radulfi et Robertus filius Galfridi tenent circiter Colecestr' l. acras pro xv.s.
Theobaldus de Fering' et Willelmus filius Germ' et Alexander tenent in Teia l. acras pro xvij.s.
Radulfus Gernun et* *filius Bernardi tenent in Wydermundeford' lx. acras pro xvj.s.
De bordellis intra muros Colecestrie et in suburbio viij.l. et iij.s.
Qui si forte combusti fuerint incendio, de eis ante reedificacionem nichil recipietur.

Libere tenentes abbatis de Faveresham in eodem comitatu.
Willelmus filius Johannis ij. virgatas et reddit iij.s.
Hugo Frankeleyn j. virgatam pro xviij.d.
Radulfus de Cacle j. virgatam pro xviij.d.
Ricardus de Thanit dimidiam virgatam pro xij.d.
Galfridus de Wyvelesthorn' ij. virgatas pro iij.s.
Radulfus filius Johannis de Burgo j. virgatam pro xij.d.
Willelmus de Wyvelesthorn' ij. virgatas pro xxx.d.
Simon de Merston' xiiij. virgatas pro xxiij.s. ij.d.

628   UNCERTAIN DATES.

II. 286–   Radulfus de Coblicot' dimidiam virgatam pro xij.d.
288—cont.   Willelmus de Hamele sex virgatas pro xv.s. iij.d.
Gerardus de Wyderore dimidiam virgatam pro xij.d.
Samuel de Wygenton' dimidiam virgatam pro xij.d.
Robertus Diaconus j. virgatam pro iiij.s.
Willelmus Basset xij. acras pro ij.s.
Johannes de Belenden' j. assartum pro vij.s.
Walterus de Berghamstede, j. assartum pro vij.s. vj.d.
Willelmus de Akingeham✴ ✴pro dimidia libra piperis.
Henricus de Tenerchebray ij. acras pro una libra cimini.
Rogerus de Argentom' dimidiam virgatam pro j. libra piperis.
Ricardus persona unum mesuagium pro xij.d.
Ricardus de Stonhalle j. virgatam pro ij.s. iij.d.
Radulfus Marescallus j. pasturam pro xij.d. et dimidiam hidam pro iij.s.
Radulfus de Bello Campo ij. acras pro vj.d.
Johannes de Londonia dimidiam hidam pro iij.s. vj.d.

Liberi tenentes abbatis de Rading' in eodem comitatu.
Willelmus filius Cane unam hidam pro ix.s.
Hamo de Eston' xx. acras pro xl.d.
Elias de Eston' unam virgatam pro j.m.
Ricardus filius Cane dimidiam hidam pro dimidia marca.

The following is a list of persons who held land in the north-eastern part of Cambridgeshire, and the adjoining part of Norfolk of the bishop of Ely and other ecclesiastics either by military service or in free socage.
Richard of Melksham, who is mentioned in it as holding a quarter of a fee at Elm and Wisbeach, may be identified with a person of that name who, in 1230, received from Hugh, bishop of Ely, a grant in tail of two carucates of land there, to be held by the service of a third of a fee in lieu of his former service of an eighth of a fee.[1] Jocelyn of Walpole, who is mentioned as holding lands at various places, seems to have lost them in 1216, either by death or forfeiture.[2]
The document may date from the time of the papal Interdict on England (1208–1213).

[1] Feet of Fines, Cambridge, 14 Hen. III. Cf. *Excerpta e Rotulis Finium*, vol. i. p. 130.
[2] *Rotuli Litterarum Clausarum*, vol. i. pp. 251, 267.

CAMBRIDGE AND NORFOLK.

II. 608–   Hec sunt nomina militum de balliva Gervasii qui servicium debent
611.   domino Eliensi.
Rogerus de Mariscis dimidium feodum in Elm'.
Robertus de Banstede dimidium feodum militis in Brok'.
Ricardus de Argentem feodum militis in Elm'.

CAMBRIDGE AND NORFOLK. 629

II. 608–611—cont.

Willelmus de Longo Campo xij. partem unius militis in Wyseb'.
Simon de Insula sextam partem feodi militis in Elm'.
Jocelinus de Wapl' vj^{tam} partem unius militis in Wyseb'.
Ricardus de Melkesham iiij. partem unius militis in Elm' et Wyseb'.
Ricardus de Litleb' octavam partem j. militis in Wyseb'.
Stephanus de Marisco in Walsok' et Neuton' feodum unius militis.
Jocelinus de Walpl' dimidium feodum militis in Walpel', Waltun, Hakeb'.
Robertus filius Walteri iiij^{tam} partem j. militis in Tredd'.
Gerardus de Vernun vj^{tam} partem j. militis in Elm'.

Hec sunt nomina libere tenencium in eadem balliva.

Welles.

Magister Adam de Sancto Edmundo cc. acras de marisco pro xx.s. de episcopo.
Robertus filius Hugonis iij. acras et dimidiam in eadem villa pro xiij.d. de episcopo.
Henricus filius Radulfi xxxiij. acras pro v.s. vj.d. de episcopo.
Robertus filius Rag' xxv. acras pro xviij.d. de priore de Lewes.
Johannes filius Alli vj. acras de priore de Acr' pro ij.s.
Radulfus de Hauvill' xx. acras de marisco pro ij.s. de episcopo.

Elm'.

Gerardus de Vernun iiij^{xx} acras pro j.m. de episcopo.
Galfridus Vernun xl. acras de marisco pro dimidia marca de episcopo.
Simon Clere xxiiij. acras pro v.s. vj.d. iij. qu. de episcopo.
Heres Eustachii de Koldam cc. acras de marisco pro xl.s. de episcopo.
Rogerus de Ely c. acras de marisco pro xx.s. de episcopo.
Robertus de Rossebi de marisco c. acras pro x.s. de episcopo.
Haldelfus filius Hugonis ij. acras et tres rodas pro viij.d. et iij. qu. de episcopo.
Radulfus de Gernun cc. acras de marisco pro xxx.s. de episcopo.
Hugo filius Moh' viij^{xx} acras et xvj. pro xxxvj.s. ob. de episcopo.
Johannes filius Galfridi viij^{xx} acras iiij. pro xxx.s. iiij.d.
Johannes filius Reineri iiij. acras et dimidiam pro xxvij.d. de priorissa de Eton'.
Hildebrond Clericus ij. acras et j. perticatam pro xiij.d. ob. de eadem.
Johannes de Croylande xxx. acras pro xxx.s. cum quadam piscaria de abbate de Croyland'.
Radulfus de Croyland' xxx. acras pro xxx.s. cum quadam piscaria de eodem.
Herveus Unol' c. acras de marisco pro xxx.s. de episcopo.
Walterus Vinetarius xxx. acras pro ij.s. vij.d. iiij. qu. de episcopo.
Magister Walterus iiij^{xx} acras pro xiiij.s. de episcopo.

Wyseb'.

Amis de Norff' x. acras pro xl.d. de episcopo.
Walterus Bed xliij. acras pro xiiij.s. de episcopo.

630 UNCERTAIN DATES.

II. 608–611—cont.

Magister Nigellus xxij. acras pro xiiij.s. de episcopo.
Petrus de Dettaniis xxvij. acras pro x.s. de episcopo.
Jocelinus de Walpol c. acras de marisco pro x.s. de episcopo.
Willelmus de Longo Campo cc. acras de marisco pro xx.s. de episcopo.

Leverigton.

Willelmus de Longo Campo cccc. acras de marisco pro ij.m. de priore de Ely.
Alanus de Fittun iiij^{or} virgatas et quarterium unius virgate pro xvj.s. ij.d. de episcopo.
Idem Alanus c. acras de marisco pro x.s. de episcopo.
Radulfus de Tirington' iij. virgatas terre pro v.s. iiij.d. de episcopo.
Walterus filius Walteri c. acras de marisco pro xx.s. de episcopo.

Neuton.

Reginaldus de Mariscis unam virgatam terre pro iiij.d. de episcopo.
Adam de Mundeford' v. virgatas pro dimidia marca de episcopo.
Reginaldus de Oiland in Neuton et Tid j. virgatam et dimidiam pro viij.d. de episcopo.

Tyd.

Robertus filius Walteri viij. virgatas et xl. acras pro xx.d. de episcopo.
Ricardus de Litleburg' ij. virgatas et dimidiam pro iiij.s. vj.d. de episcopo.
Hugo de Stabulo iiij^{or} quarteria j. virgate pro x.s. iij.d. de episcopo.
Johannes filius Galfridi de Elm' dimidiam virgatam pro xj.d. ob. de episcopo.

Hakb'.

Robertus filius Reginaldi iiij^{xx} acras et x. pro xviij.s. iij.d. ob. de episcopo.
Ricardus de Berking xxxij. acras pro xxxij.d. de episcopo.
Robertus filius *   *xx. acras pro dimidia marca de episcopo.
Willelmus Musket viij^{xx} acras pro xl.s. de episcopo.
Thomas de Hingaswestorp'[1] xxx. acras pro v.s. de episcopo.
Alanus de Hakeb' v^{xx} acras x. pro xxxiij.s. viij.d. de episcopo.

Walsok'.

Lucas filius Ivonis ij. virgatas et dimidiam pro xxxiij.s. de episcopo.
Simon filius Ade unam virgatam pro vij.s. de episcopo.
Robertus Mautalent in eadem villa xij. acras pro ij.s. de episcopo.
Henricus de Dekeswell' dimidiam virgatam pro xij.d. de episcopo.

Scalt'.[2]

Adam de Walpol dimidiam virgatam pro vj.s. ij.d. de episcopo.
Jocelinus de Walpol dimidiam virgatam pro iij.s. de episcopo.
Osbernis de Strateste iiij^{tam} partem j. virgate pro dimidia marca de eodem.
Johannes Norman, Willelmus de Skulan iiij^{tam} partem virgate unius pro vj.s. de episcopo.

Walpol'.

Alanus filius Algari j. virgatam et dimidiam pro xxiiij.s. de episcopo.

---

[1] *Read* Ingalvestorp'.   [2] *Read* Waltun.

CAMBRIDGE AND NORFOLK. 631

II. 608–
611—*cont.*
Adam de Walpol dimidiam virgatam pro xij.s. vj.d. de episcopo.
Willelmus Fraunceys, Thomas de Morwode (*or* Northwode) dimidiam virgatam terre pro dimidia marca de episcopo.
Magister Adam de Sancto Edmundo duas acras et dimidiam pro xij.d. de episcopo.
Jocelinus de Walpol unam pasturam pro j.m. de episcopo.
Radulfus filius Petri dimidiam virgatam pro xvij.s. vj.d. de episcopo.
Radulfus filius Jocelini, Rogerus frater suus, j. virgatam et dimidiam pro v.s. iiij.d. xxvj. cumbis salis de episcopo.
Willelmus de Camera j. virgatam pro xxij.d. viij. cumbis de episcopo.
Andreas de Tiringtun' dimidiam virgatam pro xvij.s. x.d. de episcopo.
Magister Ricardus j. virgatam pro j.m. de episcopo.

Puella de Lenn', que est in custodia domini regis et comitis, iij. acras iij. rodas pro x.s. de episcopo.
Eadem puella tenet in Lenn' salinas unde reddit vij. modia salis dimidium episcopo.
Willelmus Curteis in Hakeb' dimidiam virgatam, lx. acras pro dimidia marca abbati de Rames'.
Stephanus de Marisco dimidiam virgatam pro v.s. de eodem.
Alanus de Hakeb' ix. acras pro xx.d. de episcopo.
Nicholaus filius Petri iiij^{tam} partem unius virgate pro iij.s. de eodem.

About half of the persons named in the following list occur again in the Book of Fees as military tenants of the Honour of Weobley, belonging to Walter de Lacy in 1242. The object of its compilation and its exact date are alike unknown.

HEREFORD.

II. 867.
Willelmus Devereus tenet quatuor feoda militum et dimidium.
Cecilia Devereus et Nicholaus filius suus et Willelmus de Furches iiij^{or} feoda militum.
Hugo de Verlei duo feoda militum et dimidium et iiij^{tam} partem feodi militis. Et Johannes de Granden' quartam partem unius feodi militis.
Philippus de Chernefeld' unum feodum militis.
Gilebertus de Lacy unum feodum militis.
Ricardus de Bello Foco dimidium feodum militis.
Galfridus de Langele dimidium feodum militis.
Philippus de Hileton' quintam partem feodi.
Johannes le Gern' de Buford' v. partem unius feodi.
Rogerus Tyrel tenet ij. feoda militum. Et Henricus de Penebrug' j. feodum.
Willelmus de Stapinton' dimidium feodum.
Nicholaus de Horton' unum feodum militis.
Willelmus Devereus dimidium feodum militis in Heyton'.

632   UNCERTAIN DATES.

II. 867   Johannes de Winterton' x. partem feodi militis.
—cont.   Summa xix. feoda et iiij^{ta} pars unius feodi et due quinte
          partes et x^{ma} pars unius feodi.

The following document consists of four sections, of which the first relates to the hundreds of Framland, Goscote and Gartree, and the other three to the hundred of Framland alone.

The first section gives the number of carucates in the different towns and sometimes the names of the fiefs to which they belonged and the tenants. The second section shows the amount of Sheriff's Aid payable by various places. The third section enumerates the townships which owed suit to the court of the hundred or the county. The fourth section shows the payments due for view of frank pledge.

There are very few personal names in the document which can indicate its date. Henry de Tibetot and Stephen of Segrave who are mentioned in it were presumably the men of those names who died in 1241.[1] The whole document may have been based upon materials preserved in the sheriff's office.[2]

[1] *Excerpta e Rotulis Finium*, vol. i. pp. 356, 364.
[2] Cf. *Liber Memorandorum Ecclesie de Bernewelle*, pp. 238 *et seq.*

LEICESTER.

I. 381-387.   FRAMELUND.

DE TESTA DE NEVILL'.

De Overton' xij. caruc'.
De Sumerdeby Tatisale iij. carue' minus ij. bovatis.
  De feodo Quatremars j. caruc' et vj. bovat'.
De Bourc ij. caruc'. De feodo de Tatissale ibidem j. caruc'.
De Dauby Tatissale iiij. caruc'.
  Ibidem de feodo Paynel ij. caruc'.
De Sixtenby Perer et de Dauby Perer iij. caruc' et ij. bovat'.
De Burton' de feodo de Tatishale j. car'.
  Ibidem Petrus Burdet j. caruc'.
  Item ibidem Willelmus Aumari vj. bovat'.
De Kettelby Beler v. caruc'.
In Kirkeby Prioris iiij^{or} caruc' et dimid'.
De feodo Deivill' j. caruc'.
De Aleby ij. caruc'.
De Kettelby et Holewell' vij. caruc' et unam caruc' in Herdeby.
De Stakethirne iiij. caruc'.
De Estwell' Edeneshouere iiij^{or} caruc'.
  Ibidem de feodo Arraby iij. caruc'.
De Gouteby Quatremars ix. caruc'.
De Eyton' iiij^{or} caruc' et dimid' de feodo Aubelmar.

LEICESTER.

I. 381-387 —cont.

De Brandiston' de feodo episcopi vij. caruc' et dimid'.
Ibidem de feodo de Wandevill' iiij. caruc'.
De Berscaldeby ij. caruc'.
De Sauteby ij. caruc' et vj. bovat'.
De Sproxton' Boby iiij. caruc'.
De Caston' vij. caruc' et ij. bovat'.
De Bukemenstr' et de Seuesterne de feodo episcopi vij. car' et dimid'.
Ibidem Willelmus j. carue' et dimid'.
De Garthorp' vij. carue' et vij. bovat'.
De Wymundham Ricardus le Moyne iij. caruc' et dimid'.
Radulfus Hamelin' iiij. car'.
Hugo Purleg' et Willelmus Charneles iij. caruc'.
Reginaldus Pepin ix. bovat'.
De Reginaldo de Thorp' j. caruc' et iij. bovat'.
De feodo Henrici de Tybetoft de Thorp et de Wimundham ix. car'.
De Willelmo de Chawars de Thorp v. car'.
De Stapilford' x. car'.
De Wivordeby j. caruc' et dimid'.
De Melton' vj. carue' et dimid' de feodo Templi et Stephan' de Segrave iij. carucat'.

GOSEKOTE.

In Sceile ij. caruc'. Neuton' Botiler unam caruc'.
In Neubolt Butiler j. caruc'.
In Wodescote et Bothorp' dimid' caruc'.
In Hoverton' Quatremars j. caruc'.
In Hoverton Saucee j. caruc'.
In Worinton' iiij. caruc'.
In Staunton' Harel dimid' caruc'.
In Bredon v. caruc'.
In Swaniton Arraby j. caruc'.
In eadem Hugo de Dyseworth' ij. carue'.
In Kegworth' vj. carue'.
In Hoeton' Putrel iiij. caruc'.
In eadem Sampson de Leke j. car'.
Item in eadem Ivo de Prestwoud dimid' car'.
In Prestwoud j. caruc'.
In Wymundwaud ij. caruc' et dimid'.
In Grimiston' iij. caruc'.
In Radeclive en Wyluwis vj. car'.
In Thurstinton' vj. caruc'.
In Cosinton ij. caruc'.
In Radeclive Burdet j. car'.
In Houby Gilebert vij. carue' ij. bovat'.
In eadem Trussebot ij. caruc'.
In eadem Deivill' ij. caruc'.
In Friseby Hernis j. caruc'.
In eadem Philippus de Staunton' j. caruc'.
In eadem Henricus Murdac j. caruc'.
In Rethirby ij. carucat'.

UNCERTAIN DATES.

I. 381-387
—cont.

In Brokesby ij. carue'.
In Rerisby Chauberleing iiij. caruc'.
In eadem Hugo de Nevill' j. caruc'.
In Quenigborc viij. caruc'.
In Barkesby cum soka vij. car'.
In Thorp' et Twyford' ij. caruc'.
In Tilton' Diggeby iij. caruc'.
In Neuton' Burdet iiij. caruc'.
In eadem Johannes Koldelouere iij. car' iij. bov'.
In Sceftinton' Davi j. car' et dimid'.
In Norton' Ricard ij. caruc'.
In Lodinton' j. caruc'.

Thorp[1] de feodo Basset iij. caruc' et ij. bovat'.
Welleham de eodem feodo vj. caruc'.
Slaweston' de eodem feodo ij. caruc' et dimid'.
Medburn' Slaweston' de feodo Dauby v. car' et dimid'.
Ilueston' ij. caruc'. Caythorp' ij. caruc'. Bourc' j. car'.
Neubold' j. caruc'.
Sconosinton ij. caruc'.
Picwel de feodo Morwyk' x. caruc'.
Hocton' de feodo de Feres ix. caruc'.

GERTRE.

Lobehou de feodo Trussel viij. car' in eadem.
De feodo de Aubeny iiij. caruc'.
Thedingworth' viij. caruc'.
Baresworth' x. caruc'.
Musle iij. caruc'.
Gomundeleg' iij. caruc' de feodo Harecurt.
Sadinton' xij. caruc'.
Fleckeneye vij. carue' vij. bovat'.
In eadem de feodo Hastingis iiij^{or} caruc'.
Wistenestowe de feodo Hastinges viij. caruc'.
De Neuton' de feodo de Harecurt viij. carue'.
Kibbeworth' Harecurt viij. caruc'.
Carleton' xij. caruc'.
Glen de feodo de Warewyk' ij. caruc'.
Kybeworth' de feodo Basset j. caruc'.

AUXILIA VICECOMITIS DE FRAMELUND.

De Overton' v.s. viij.d.
De Sumerdby Quatremars xiiij.d.
De Sumerdby Tateshal' xxij.d. Neubold iiij.d.
Burgh' ij.s. Dauby Tateshale xxxij.d.
Dauby Paynel xvj.d. Dauby Perer iiij.d.
De Burton' Pantouf' viij.d.
Burton' Burdet xiiij.d.

---

[1] *This entry originally read* De feodo Basset &c. Thorpe *was afterwards added by the scribe. This and the following ten places are all eleven in Gartre hundred.*

LEICESTER. 635

I. 381-387
—cont.

Ketilby Beler xliiij.d.
Kirkeby Prioris iij.s. vj.d.
Kyrkeby de Auvill' xviij.d.
De eadem Wasteneys xviij.d.
De Sancto Amante xviij.d.
De eadem de Fouker xvj.d.
De Sixteneby Perer xiiij.d.
De Sixteneby Johanna viij.d.
De Aleby xvij.d.   De Holewell' et Kettilby iiij.s. vij.d.
De Gouteby vj.s.   Herdeby viij.d.
Stakethirne xxxij.d.   De Estwell' Edenishouere xxxij.d.
De Estwell' Arraby ij.s. vj.d.
De Brandiston' iiij.s. x.d.
De Brandiston' Wandevill' ij.s. vj.d.
De Berscaldeby xv.d.
Sauteby ij.s. vj.d.   Sproxton' Boby xxxij.d.
Caston' iiij.s. x.d.   Garthorp' v.s. iij.d.
Bukeminstr' v.s.   Seuesterne xij.d.
De Wymundham de Radulfo Hamelin xxxij.d.
De Ricardo Monacho ij.s.
De Hugone de Purley xxv.d.
Thorp' Chauars xl.d.
Thorp' Tybetoft vj.s.
De Reginaldo de Thorp' xj.d.
Stapilford' vj.s. viij.d.
Wivordeby xij.d.
Picwell' xviij.d.
Meuton' iiij.s.

Summa cx.s.

SECTA.   Overton' ij.s.
Sumerdby iij.d.
Kyrkeby ij.s.
Holewelle et Ketilby ij.s.
Brandeston' ij.s.
Caston' ij.s.
Wimundham xij.d.
Seuestern' vj.d.

Sumerdby et Burgh Tateshal xij.d.
Dauby xij.d.
Burton' vj.d.
Gouteby ij.s.
Salteby, Bescaldeby xij.d.
Garthorp ij.s.
Stapelford' xij.d.
Estwell' xij.d.

Summa xxx.s. iij.d.

FRANCIPLEG[1] ij.s.

Bourc et Wyvordeby xij.d.
Ketilby xij.d.
Sixteneby et Aleby xij.d.
Gouteby iiij.s.
Brandiston' vj.s.
Sproxton' xij.d.
Garthorp' v.s.
Stapilford' vij.s.
Sumerdeby xij.d.

Dauby iij.s.
Kirkeby iij.s.
Holewell' et Kettilby ij.s.
Estwell' ij.s.
Sauteby et Berscaldeby ij.s.
Caston' v.s.
Suesterne et Bukemenstr' ij.s.
Meuton' iiij.s.

---

[1] *It seems possible that the name* Overton *has been omitted here.*

UNCERTAIN DATES.

Nothing is known as to the origin of the two following scraps, or as to the reason of their being transcribed in the Book of Fees.

SALOP AND STAFFORD.

I. 247. Nomina eorum qui respondent per manum suam ad scaccarium ad summonicionem.
Burgus de Salop' respondet per manum suam.
Burgus de Bruges respondet per manum suam.
Burgus de Stafford' respondet per manum suam.

SOUTHAMPTON.

II. 135. Andevere que consuevit reddere iiij^{xx} l. et xx.l. de incremento que faciunt c.l. traditur hominibus eiusdem ville pro cvj.l. numero.

Extenta manerii de Hagelton' iiij^{xx} x.l. sine hundredo.
Basingstok' extenta iiij^{xx} l. sine hundredo.

The following appears to be an Exchequer note connected with the levy of the Aid of 1235 in Hampshire.

II. 135. In thesauro de feodis Willelmi de Sancto Johanne in Suht' xlj.l. dimidia marca, et iterum de Willelmo de Pondelarch' xlj.s. iiij.d. et collectores habent adhuc dimidiam marcam.

CPSIA information can be obtained
at www.ICGtesting.com
Printed in the USA
BVHW01s1045110318
510283BV00018B/703/P